北京市社科基金青年项目"西学东渐与'利玛窦与外国传教士墓地'碑文研究"（16CZC016）

中共北京市委党校 北京行政学院
学术文库系列丛书

特此鸣谢

美国旧金山大学利玛窦中西文化历史研究所
(Ricci institute, University of San Francisco, San Francisco)

意大利利玛窦研究中心
(Centro Studi Li Madou, Macerata)

THE HISTORY
ON THE TOMBSTONES
Research on the History and Inscriptions of
Chala Cemetery

春秋石銘

北京栅栏墓地
历史及现存碑文考

陈欣雨◎著

人民出版社

序一

张立文

古来万事东流水，但见西园明月在。四百年前，意大利传教士利玛窦的生命逝去，中国皇帝钦赐其一块墓地，是对他生前功绩的奖励和尊重，这里也成为在中华大地上百余来华西士的安息之所。这片不很大的墓地，历经时代沧桑。然而时空颇为眷顾，栅栏墓地几经修缮，已成为中西交流的文化象征。当前不仅为全国重点文物保护单位，承载着多元文化沟通、交往、理解、互鉴的历史见证，更为值得庆幸的是，被历史尘世遮蔽了几百年的栅栏墓地，再次呈现出来，彰显了中华文明深度的融入和合性，成为西方各国首相、总理、大使前来拜谒之地，见证中华文明海纳百川的"以他本化之谓和"的博大情怀和爱好和平合作的愿景。

四百余年功名事，流水无情草木春。人间沧桑水自流，草木芬芳花还是。这应记起《春秋石铭——北京栅栏墓地历史及现存碑文考》这本书的作者陈欣雨博士。该书是她精心构思、纵横自如，探赜索隐、钩深致远，虚心求教、随处得益，水积成川、土积成山，新裁斯出，创前未有的成果。

精心构思、纵横自如。在完成传教士《白晋易学思想研究——以梵蒂冈图书馆现存中文文献为基础》一书后，陈欣雨博士每经过她所在教研单位的栅栏墓地时，那些墓碑无形无影中会向她召唤：书写我们吧，再现我们吧，不然永远被尘埃所遮蔽。每每都会激起她试图再现它们的激情，似乎成为不可推卸的责任。于是在教学之余，精心构思，多方收集资料、各种墓碑图片，可谓马不停蹄，奔波于各图书馆资料室之间，由于涉及各色各样的资料和众多来源，若无精心构思，细心排比，分类概括，就会杂乱无章，然经过她艰苦深入研究，终于"意匠如神变化生，笔端有力任纵横"。神明灵变，她使其化成厚重的书稿，文辞也有力而纵横自如。

探赜索隐，钩深致远。栅栏墓地毕竟是历史的遗存和古迹，四百年间，中国社会、政治激烈变化，各种运动接踵而至，不免要影响栅栏墓地完善性，而墓地内部亦几经变故，从最初的滕公栅栏到杨太监的栅栏别墅，1610 年因利玛窦去世，钦赐为传教士墓地。随着越来越多的传教士逝于中国，栅栏墓地发生了内部划分，由于葡萄牙人享有"保教权"，栅栏墓地称为葡萄牙人墓地，罗马教廷传信部又在栅栏墓地南边墙外修建意大利人的墓地，称为"传信部墓地"或"西堂墓地"。白晋去世后不久，在京城正福寺附近建成"法国人墓地"，法国人在 1735 年，从栅栏墓园中的葡萄牙墓地，迁到正福寺墓地，随后栅栏墓地由法国人管理。由于内外因缘变化，使很多墓地的墓碑惨遭破坏，以至墓碑散落各处，石棺不知所踪，这就为研究墓碑主人事迹造成重重困难，有的已无法知晓。然而陈欣雨博士，探赜索隐，追根究底，不辞辛苦地求索，复原隐去的陈迹，使得《春秋石铭》一书全面化、系统化，亦使远去的栅栏墓地的故事再现于世。

虚心求教，随处得益。栅栏为墟人代改，慨望长思而怀古。隐去事迹若再复，举目风景已不殊。于是只有向人求教，向书求教，向历史记载求教，才能掌握基本线索和大致情况，如管理过栅栏墓地的樊国梁（1837—1905）主教的日记和安德烈修士、法国驻北京公使毕盛，仁爱会米歇尔神父等的日记；汉学家亨利·考狄（高第）的《中国书目》等，其中都提及栅栏墓地的情况，并配有栅栏墓地的示意图等；曾在栅栏墓地工作过的遣使会历史学家包世杰（1870—?），在他一系列著作中如《栅栏的天主教墓地及其事业1610—1927》，保存了可贵的资料。他又在《正福寺墓地1732—1917》、《北京传教史》等著作中对栅栏墓地历史情况的诠明，法国耶稣会士裴化行（1889—1975）著《栅栏墓地的起源：中国赠予利玛窦的厚礼》中，重点记述栅栏墓地形成的历史、利玛窦的去世和影响，墓地的选址来源、利玛窦坟及栅栏天主堂等。遣使会士方立中的《1697—1935年在华遣使会士列传》记载了来华遣使会士的生平；保罗·伯尼特的《俄罗斯传教士在1820—1821的接管，栅栏墓地的两通石碑》，书中对两通石碑进行了详细解读。陈欣雨博士又对改革开放以后的有关栅栏墓地的资料、著作、信息均进行了全面的搜集。只要哪里有关于栅栏墓地传教士的资料、墓碑拓片，她就去请教，以坚韧不拔的精神，终于能获得较全面的资料以及墓碑碑文，如此对墓地安息的传教士生平、传教事迹做到精准的把握。

水积成川，土积成山。善学无有不积，好问汇集成海。善学好问，一切难题迎刃而解，该书集聚墓碑碑主的传记。西园现存耶稣会士利玛窦、汤若望、南怀仁3人墓碑；东园有邓玉函等49通墓碑，2018年新整理墓碑有郑玛诺等5人。其他修会墓碑碑主现存碑文与传记：方济各会有陆安等3人，奥斯定会有山遥瞻1人，圣家会有黄之汉1人，遣使会有福文高1人，修会不详者有李保禄等4人。墓地佚失人物碑文与传记补遗：耶稣会存有拓片者有龙华民等10人，无拓片者有贾方济等9人；遣使会存有拓片者有德理格等47人，无拓片者有文华等3人。其他修会中存有拓片者：多明我会有郭多明1人，奥斯定会有张中一1人，十字会士有夏真多1人，方济各会有汤世选等6人，圣母圣心会有王恩利格等11人，圣言会有穆若瑟等2人，苦修会有杨本笃1人。修会不详者有邹斐理伯等20人。除此之外，法文碑有石殷等6人，2018年新整理西文碑有马尔特·亨利等十余通碑。

如此众多的修会、各国传教士安息墓地，在长期社会历史的变迁和各种运动中破坏、遗失、毁坏等等的遭遇中，能够幸存的又散落各处，收拾实属不易，唯有一种为学术、为中西文化交流，而虚一而静地钻研，不断地寻找、不断地求索，不断地整理、不断地收藏，积少成多，而成川成山，才能有呈现于我们面前的大著。

新裁斯出，创前未有。有我而无古，有古而无我。借鉴古人的研究成果，更应该有自己的新见。经典求旧，观点求新。前人（包括中西学者、传教士）已有诸多关于栅栏墓地的记载，但随着新资料的发现，使墓碑数量有所增加，这是前人研究中所未涉及的。该书含有大量的第一手文献，其中诸多是从未面世的档案资料及实物拓片，对其进行梳理和

春秋石铭 北京栅栏墓地
历史及现存碑文考
THE HISTORY
ON THE TOMBSTONES

考证，填补栅栏墓地研究的空白，使栅栏墓地历史演变的曲折过程得以澄明。而对每个墓碑上的拉丁文、法文、满文进行解读，并作英译和汉译，对墓主生平作简要介绍，这是前人从未如此做过的，同时附墓碑拓片的图片。对墓碑上拉丁文、满文、汉文文字的残缺采取各种方法进行补全和做对比研究，如东园墓碑碑主艾启蒙。在其生平介绍中记载为1708年生于波西米亚的捷克内代克，在《清史稿·列传291·艺术3》中载："艾启蒙，亦西洋人，其擅画人物肖像、马、狗动物，尤工翎毛"，1766年郎世宁去世后，他继承郎世宁工作，为乾隆皇帝及朝廷其他官员作画，1777年任三品官，同年70岁大寿，获乾隆御赐朝服和"海国耆龄"匾额，1780年10月因病逝世于北京，皇帝赐葬银，其碑文拉丁文有点模糊，书中作拉丁文解读及英语、汉译。尤对其墓碑的汉文与拉丁文进行比较，而获较为全整的事迹。书中凡有墓碑拓片者均作如此的研究，使该书具真实的科学性、准确的学术性。对现存墓碑外的葬于栅栏墓地传教士（仅存拓片或文献记载）以所属修会不同进行了整理，并对在栅栏修院发愿、晋铎或工作过的传教士进行了首次的梳理，使墓地历史原貌得以恢复，对传教士碑文进行全面系统的，而不是孤立的单个研究，再现了天主教在中华大地的第一块官方墓地的整体风貌。对墓地碑文的学术研究，为清朝外交史、科学技术史、中西学术交流史等研究开拓了新视角、新层面、新空间，作出了新贡献；在中国传教的一些人在回国时，带去中国古典著作，并对中国典籍作研究、翻译、注解，对传播中华文化具有重要贡献，这是中华文化走出去的一条重要途径，使当时西方知识界开始了解、认识中华文化，同时传教士到中国也介绍西方科技、学术文化，使中国一些知识分子开始关注西方文化，既促进西方的汉学研究，也打开中国人学习西方思想的大门，为西学东渐与东学西传作出重要贡献。

陈欣雨博士的《春秋石铭——北京栅栏墓地历史及现存碑文考》大著，可谓新裁斯出，必能影响国内外；创前人所未有，也受国内外学界的赞誉，期盼中国学界有更多创新著作问世。

是为序。

2019年2月22日于中国人民大学孔子研究院

序二

吴梦麟

　　川妹子陈欣雨将她倾尽心血的大作送到我家时，顿时40年来的记忆又浮现在我的脑海中。真是往事如烟，一晃我已从中年进入耄耋之年。令我欣慰的是目前还未变成"老年痴呆"，那么就应陈女史的盛情，回忆这段相关的历史吧。

　　1954年，中国天主教爱国会献出了除西什库教堂（北堂）等四座教堂之外的北京市所有教堂用来支援国家建设。马尾沟栅栏墓地和教堂也成为捐赠的项目，变成了北京市委党校的仓库，后建成规模较大的校园。但直到1966年前，利玛窦、汤若望、南怀仁三位的墓地还是作为文物保护的项目。1966年，中国大地上发生了'文化大革命"，八月的某天，一批青年学生要求党校立即将墓碑拆毁。北京市委党校的工作人员急中生智，答应将墓碑深埋，这样可保护碑石，也可应付学生。三座墓碑就此被埋在一米深的地下。

　　之后不久北京市委党校也被撤销，原校舍和办公用房变为国务院第四招待所。1974年招待所需要建食堂，于是决定拆除教堂。时任中国社会科学院考古所所长夏鼐给余杰打电话询问这件事情。碰巧余杰先生的朋友在党校传达室工作，看到利玛窦、汤若望、南怀仁三座墓和教堂处于岌岌可危的状态，就跑到余先生家里将紧急情况告诉他，让他去现场看一看。余杰先生和我都是北京大学历史系考古学专业毕业生，当时又从事北京市文物保护工作，因此当我们接到夏所长的电话后，认为应该有个答复。余杰先生问我，愿不愿意去看看？我因为从来没有去过，于是就一同骑车赶往党校。那三座墓碑已被埋在地下，教堂正在由工人们拉倒拆除，我们当时还看到了教堂顶上的油画和精致的内柱。我们看着着实心痛，于是恳请工人师傅们手下留情，只要把碎石留下来即可。他们主要是要精致的木柱，因此也就答应了。这样，碑石就堆放在教堂的场地上，原有镶嵌在教堂外墙上的77座传教士墓碑则散落在院中，但龙华民、徐日昇、索智能的碑却下落不明了。

　　1976年"文化大革命"结束，各项工作提上了日程。1978年9月，中国政府派许涤新先生率中国社会科学院学术代表团赴意大利参加欧洲研究中国协会举行的会议，会议期间访问了威尼斯、罗马等城市。对方常常谈到为中国几何学和天文学做过贡献的利玛窦，认为他是他们国家优秀的儿子。在罗马访问时，中国代表团还遇到了一位来自利玛窦故乡马切拉塔的大学教授科拉迪尼，他在大学讲授中文，是应邀接待中国客人的意大利友人之一。当时他对许涤新团长说，上半年他与意大利政府交通部和意中经济文化交流协会会长科隆博先生一同访华，其间了解到北京市委党校院内的利玛窦墓碑已被平毁。他转达了科隆博先生的愿望，希望按照意大利保存的这座碑的仿制品，用大理石镌刻一尊新碑竖立原处，以表达对这位 300 多年前将毕生致力于意中文化交流的先哲的纪念。

许涤新回国后立即写信给时任中国社会科学院院长胡乔木，针对此事作了报告，拟请中国社会科学院向中央建议保护这个中西学术交流的重要史迹。胡乔木随即上报给李先念主席。报告得到了多位国家领导人的认可，并于 1978 年 10 月 24 日向北京市革命委员会发出了关于"修复意大利学者利玛窦墓地"的函件。1979 年 1 月 13 日，许涤新主持了会议，并将此批示送给北京市民政局。民政局刘建山先生来到北京市文物管理处，诚恳地希望我们能够给予帮助。我当时主要负责地上文物保护，便接下了修复墓碑的工作。当时同意的只是修复利玛窦墓，其余两座不予考虑。再三请示下，同意将汤若望、南怀仁二人的墓碑进行修复，但是不加碑罩。事实上，也因为拨款不够用，只好退而求其次，先动工再说。修复工作首要的问题是要寻找到墓碑，当时党校刚刚恢复，校领导对今后如何安置还拿不定主意，但房管科的负责人徐万泽十分支持我们的工作，给予了积极配合。我们选用考古打探沟的方式找墓碑。首先找到了南怀仁的墓碑，然后再找到其他两位。根据 1958 年的文物普查资料，我按照保持现状、恢复原样的原则开始了修复工作。当时请了修建人民英雄纪念碑的曲阳老工匠担此重任，从 1979 年开始，一年后竣工。不仅修复了三座墓碑，而且还保留了黄杨树。三座墓碑在苍松翠柏的掩映下又恢复了昔日的风采，成为北京市委党校内的特殊一景。在党校学习的干部每路过此处都驻足观看，很多人由此也知道了这三位国际友人的生平事迹。

1984 年北京市文物局将教堂上拆下来的 60 余墓碑放置在利玛窦、汤若望、南怀仁三墓的东侧，形成东西两园的格局，后被列为北京市全国重点文物保护单位。三墓修复后对新闻界的第一次开放盛况空前，作为参与者的我也感到十分欣慰。虽然承担的任务已经完成，但我对这里也产生了一定的情感，这可能与亲身经历和曾经接待过马爱德神父以及伊世同二位先生有关。但那时我并不知道形势已经变化，理应跟上时代的脚步，继续深入挖掘并进行研究。所幸的是，北京市委党校的几位老师与马爱德神父一起完成了关于墓地的精诚之作《虽逝犹存：栅栏——北京最古老的天主教墓地》，将栅栏墓地的现状推向了世界！后来我有空余时间就与余三乐先生通电话，有时也到党校转转，并关注相关的情况。比如在校内礼堂背后堆砌的杂物中，我曾见过"日下佳城"的刻石，希望它能够得到保护利用。2019 年，我在党校重新看到了久违的墓碑、刻石、建筑构件等。在现场看到这些劫后余生的文物，我热泪盈眶，能和他们一起保护这些文物是我的分内之责。

欣雨利用这次良机，完成了她的大作，是年轻人的锐意和理想之举！拜读她的大作后，我感到很欣慰。她能够与时俱进，利用自己所学的哲学专业知识和在国外留学研修的优势，靠一己之力完成这样一个大题目，并且有深度，真是不易！她不辞辛苦寻求档案和其他材料，如教堂的历史和一些关键人物的文献，著作细致入微，又能把握分寸，在他人的研究基础上进行深入分析，以新的视角研究了中西文化交流。我期盼大作早日问世，让一位年轻女士成为研究中西文化交流的中流砥柱！

2019 年 8 月暑假

序三

余三乐

就我所知，第一位将"栅栏墓地"作为历史研究课题的是法国人包士杰（Planchet, Jean Marie Vincent 1870—?）。他 1928 年出版的 *Le Cimetière et Les Oevres Catholiques de Chala 1610–1927*（《栅栏的天主教墓地及其事业 1610—1927》）一书系统地梳理了栅栏墓地从创建到 20 世纪初叶的盛衰兴替。当然它是用法文写成的。

再次把目光聚焦到这处墓地的是美国当代耶稣会士、旧金山大学利玛窦历史文化研究所所长马爱德神父。当"利玛窦与外国传教士墓地"恢复重建，并列为北京市文物保护单位后不久，他就于 1990 年造访了栅栏墓地。1992 年，在德国科隆召开的"纪念汤若望诞辰 400 周年"的学术研讨会上，马神父以《汤若望迷失的羔羊》为题，首次用英文报告了栅栏墓地自创建到 20 世纪 90 年代的历史。

当时作为墓地所在地的北京市委党校（北京行政学院）对栅栏墓地的研究刚刚起步。根据市领导的指示，校方决定成立以高智瑜教授为所长的"中西文化交流研究所"，并出版一册有关利玛窦墓地的资料集《历史遗痕》。

当时我们的分工是这样的：高智瑜为全书的总策划，并撰写题为《一段不应忘却的历史》的主题文章。林华负责收集整理墓碑的拓片的图片，录入碑文的原文并做了注释。我的任务是撰写一篇关于墓地历史的文章。钟志勇则负责收集有关这一领域的资料索引。

对于初涉这一领域的我来说，马爱德神父的《汤若望迷失的羔羊》这篇文章成了最重要的参考资料。那时我还读不懂英文，是林华的先生金培华将此文译成中文。该文对栅栏墓地历史的描述对我无疑具有启蒙作用，但是有一处则存在明显的错误，即文中提及"文化大革命"后栅栏墓地的重修是由"北京市长刘仁向周恩来总理提议而促成的"。显然这是由于马神父对中国当代史不够熟悉所致。我于是感到，此研究大有可为。

由于时间紧迫，我在初步的调查和访问的基础上草就了《几度沧桑说"栅栏"》一文。1994 年《历史遗痕》由中国人民大学出版社出版。虽然该书远算不上学术价值很高的专著，但毕竟是有关栅栏墓地的第一部中文著作。我的这篇处女作短文也可以说是关于墓地历史的第一篇中文论文。《历史遗痕》的出版，对我来说仅仅是个开始。我继续收集资料，走访调查。我们从马神父处获得包士杰一书的复印稿，请外交学院的法文老师夏教授，作了口头翻译讲解。在查找档案方面，相继到中国社会科学院经济学研究所、北京市档案馆、北京市文物局档案室、北京市民政局档案室、北京市宗教局、北京市宗教房地产管理处等单位查看档案。功夫不负有心人，我终于在民政局档案室看到了有关 1978 年利玛窦墓地重修的重要原始资料，即许涤新写给胡乔木的信（附有中央领导批示）和中国社会科学院给北京市政府的函。这两份文件解开了墓地重修的关键谜团。我于是撰写了《利玛窦墓地修复的前前后后》一文，于 1994 年发表。

几乎在《历史遗痕》编纂的同时，马爱德神父申请到了澳门文化局的项目——由他组织编写一本关于栅栏墓地的图文并茂的精装版图书，先后用英、中、葡三种文字出版。马神父来到我校，相约与我们"中西文化交流研究所"合作完成，由他与高智瑜共同主编。到北京图书馆翻拍墓碑拓片工作是他与林华二人共同进行的。高智瑜撰写《青石镌刻的历史》一文，林华撰写《移人间情达灵境意——话说栅栏墓地的艺术美》。马神父则撰写自 1610—1949 年栅栏墓地的历史。他得知了我找到上述关键性的档案资料，特意将撰写 1949—1994 年栅栏历史的任务交给了我。该书的英文版（中英文翻译工作由北京外国语大学文庸教授承担）于 1995 年出版，葡语版于 1998 年出版。中文版《虽逝犹存：栅栏——北京最古老的天主教墓地》一书则到 2001 年（即利玛窦进京 400 周年之际）才面世，可惜那时马神父已经离开我们三年了。

1995 年我的一位师长、中央民族大学历史学教授陈梧桐负责主编一套《中国文化杂说》大型丛书。我受邀以《群星陨落之地》为题，为该书的宗教卷撰写栅栏墓地历史，容量约 10 万字。我将墓地历史与利玛窦、汤若望、南怀仁等耶稣会士的事迹合并为一文。该书于 1996 年出版。之后，我就产生了将此课题扩充为一本专著的打算。

2000 年兼任北京市委党校校长的市委副书记李志坚，对党校的这处文物的历史和利玛窦等传教士事迹发生了兴趣，曾向我索要有关资料。我趁机提出希望得到北京市哲学社会科学理论著作出版基金的资助，就此出版一本专著的想法。李书记非常爽快地同意了。我于是就将《群星陨落之地》扩充为 30 万字，以《早期西方传教士与北京》为名由北京出版社于 2001 年出版，且随后获得北京市哲学社会科学优秀成果二等奖。

在这之后的十余年，我致力于其他课题，没有进一步深化栅栏墓地历史的研究。2010 年是利玛窦逝世 400 周年。在我校国际交流部主任梁骏的组织和斡旋下，党校决定出版一本关于利玛窦等外国传教士事迹和墓地的历史大型画册，我是主要撰稿人，将上述两份重要档案的复印件公布于世。该书书后附录的 83 通墓碑碑文拓片和碑文注释，基本上沿用了《历史遗痕》和《虽逝犹存：栅栏——北京最古老的天主教墓地》的版本，只是增添了原来没有的 4 通墓碑（徐日昇、利类斯、安文思、樊继训）碑阴的内容。特别是辨认录入徐日昇墓碑碑阴 1000 多字的《康熙容教令》对罹患青光眼、视力衰退的我，是一个不小的挑战。中、英文两个版本的《青石存史》画册由北京出版集团于 2011 年和 2014 年相继出版。

2015 年，我撰写了《利玛窦墓地恢复重建 36 年（1978—2015）》一文，将我收集的这一期间的独家档案资料和亲身经历的事件发表出来。该文收集在 2016 年出版的《寻访利玛窦的足迹》一书中。

有道是"长江后浪推前浪，一代新人胜旧人"，进一步深化和扩展这一课题的使命落在新一代研究者的肩头。现在奉献在读者面前的是陈欣雨博士的新作《春秋石铭——北京栅栏墓地历史及现存碑文考》(简称《春秋石铭》)一书。

陈欣雨为中国人民大学和罗马大学联合培养博士,博士论文为《白晋易学思想研究——以梵蒂冈图书馆现存中文文献为基础》。就职北京市委党校以来,潜心于"栅栏"墓地的历史研究,她以年轻学者特有的活力与勤奋,先后走访了数十位中外学术界、宗教界人士,查阅了十数家档案馆、图书馆,阅读了诸多中外文文献资料,对"栅栏"墓地的历史资料做了超过以往任何学者的大量的收集。相继发表《二○一八年北京滕公栅栏墓地新整理文物考》《庚子前后的栅栏墓地》《栅栏墓地前史考》等多篇论文。此次又推出煌煌巨著《春秋石铭》,使每一位有兴趣于此的读者得到极大的满足。

与以往的研究比较,我以为,《春秋石铭》至少在三个方面实现了超越:

第一,以上论及的《虽逝犹存:栅栏——北京最古老的天主教墓地》和《历史遗痕》所披露的葬于"栅栏"墓地的传教士墓碑皆为83通,而《春秋石铭》则收录了178通。2018年作者花费很大的精力,投入墓地残碑的整理记录工作,抢救了闵明我、杨秉义等几位著名耶稣会士的残碑,使之重见天日。以往著作的研究对象偏重于耶稣会士,她则广泛收集了包括方济各会、遣使会、奥斯定会、多明我会、圣言会、圣母圣心会、苦修会(即本笃会之熙笃会)、十字会等所有修会的传教士墓碑,不仅收录了他们的墓碑拓片,而且介绍了他们的生平。

第二,对墓地历史的各个重大节点和有关事件,如"庚子事件"、上义小学、上义师范和上义酒厂等等,甚至与栅栏墓地相邻的陆徵祥墓地,都做了潜心的拾遗钩沉,给读者提供了更为丰富翔实的史实资料。

第三,作者以其所掌握的外语优势,录入墓碑的拉丁文碑文,且先英译,再汉译,更将部分墓碑的拉丁文与中文碑文做了比较。这是以往研究者所没有做过的。

先贤有诗曰:"江山代有才人出,各领风骚数百年",希望欣雨博士再接再厉,不断探索,继续做出超越前人的新成果。

2019 年夏

目　录

CONTENTS

春秋石铭　北京栅栏墓地
历史及现存碑文考

THE HISTORY
ON THE TOMBSTONES

春秋石铭
北京栅栏墓地
历史及现存碑文考
THE HISTORY
ON THE TOMBSTONES

前　言

　　兹地古称滕公栅栏墓地，明末意国传教士利玛窦陨世，万历皇帝悯其才，念其功，钦赐京西平则门外二里沟一隅作为安息之所。茔地乃皇家规制，且中西合璧，四百载阅尽人间沧桑。利玛窦葬于斯，亦"生"于斯，亡殁之憾终以在华获赐墓地稍有所缓，其在世生命之完结终启历史生命之发端。此茔地亦为教士在华之首处安息之所，自利玛窦后，诸教士蹑屏历荒，浮槎蹈海，才华出众，造诣精深，在中西哲学、宗教、艺术、天文、科技、数学、医学、地理学、地质学、测绘学、工程学等方面造诣精深，建树颇丰，如璀璨星光耀于浩瀚之中。除利玛窦外，还有汤若望、南怀仁、龙华民、安文思、利类思、刘松龄、戴进贤、郎世宁等，早已化之为中西文化交流之世范，不仅引入西方之宗教信仰及科学、技艺、文化等，促东西方互通有无，且使欧土骤起"汉学热""中国热"之潮流。诸教士以生之健动履文化交流之使命，虽身陷贫病苦厄，然信仰虔诚，终其一生，魂遗中华，德至矣哉、大矣！

　　探寻墓地之前身今世，可叹其境遇多舛。因世事莫测而历代数易其主，诡谲多变而碑冢亡佚多方。终尘埃落定，安息闹市，石门移立，六十余碑尚存。最初"滕公栅栏"转而为杨氏太监"栅栏别墅"，又以宦官宅邸摇身一变为供奉地藏菩萨之"仁恩寺"，籍没后归于"栅栏官地"。万历三十八年因利玛窦去世，改造为教士墓地，此乃来华传教史上事业推进之标的。因来华教士相继命殒中华，栅栏墓地亦时移其貌。因葡人享有"保教权"，故此地初称"葡萄牙人墓地"。而罗马教廷传信部为削葡人之势，在栅栏之南墙修建意大利人墓地，史称"传信部墓地"或"西堂墓地"。此外，又因法国传教团之独立，在京西正福寺建造"法国人墓地"，诸多法人自栅栏迁出。康熙年间"礼仪之争"使清廷与罗马教廷之间兴起关乎中国祭祀祭孔等礼仪问题之辩论，凸显教内分歧与矛盾。自雍正始，中华禁教政策愈演愈烈，加之教皇克莱孟十四世签署取缔耶稣会之短谕，耶稣会在华事务终被中断。后栅栏墓地由法人管理，先后入驻法国遣使会、圣母小昆仲会、仁爱会、若瑟修女会等，新修之教会墓地以及信徒、非信徒等使栅栏范围不断得以扩大。庚子年间义和团运动却使墓地遭遇灭顶之灾，团民砍木伐树，推墙损碑，开棺掘尸，挫骨扬灰，整个墓地面目全非。栅栏之祸预示来华教士在华境遇，亦凸显时局之错综复杂。遣使会樊国梁主教力保墓地，坚守中华传教之硕果。《辛丑条约》使墓地得以重建，清政府允诺以万两帑银恢复墓地，且立"涤垢雪侮"碑示以为记。墓园修葺后，残碑单立或者镶嵌于诸圣堂之外墙，庚子遇难之六千余名教徒名字皆被刻之于墙，骸骨合葬致命亭中。随后遣使会、圣母小昆仲会和仁爱会等在墓地周围陆续修建教堂、修道院、教会学校、医院、孤儿院、手工酒厂作坊、农场等教产，蔚为可观。新中国成立后，中共北京市委党校①之筹建使原墓地中大部分遗骨和墓碑被迁移到海淀区西北旺乡（如今天主教陵园内），余碑在党校内得以保全，利玛窦、汤若望、南怀仁、龙华民、徐日昇、索智能、刘保禄等人墓碑单立。动荡十年使墓园再次遭遇损毁，利、汤、南三人墓碑埋于地下，龙、徐、索、刘等碑不知所踪。后诸圣堂被拆，教堂外壁墓碑散落各处，其遗骸、石棺等不知所踪。直至 20 世纪 70 年代末，中国社会科学院许涤新副院长请示中央建议修复利玛窦墓地，加之 80 年代中叶因寻找郎世宁墓碑之机缘使院内墓碑得以重立，初定如今墓地规模与布局。而 2018 年小暑，院内散落遗留残碑墓石得以整理，以期修复。如今栅栏青松荫蔽，墓碑屹立，残碑断碣镌刻着传教士在华衍教之行迹，碑身断纹罅隙怀远着传教士历史功绩之不朽遗痕。

关于栅栏墓地之研究，已有百余年历史。樊国梁（Pierre Marie Alphonse Favier，1837—1905）曾管理栅栏墓地，在其日记中记载义和团时期栅栏墓地的遭遇。此外曾工作于栅栏之安德烈修士（Júles André，1863—1900）、法国驻北京公使毕盛（Stephen Jean-Marie Pichon，1857—1933）、仁爱会米歇尔神父（C. F. Louis-Michel，1871—1946）等日记、书信皆有极高参考价值。汉学家考狄（Henri Cordier，1849—1925）在《中国书目》（Bibliotheca sinica. Dictionnaire bibliographique des ouvrages relatifs à l'Empire chinois, Vol. 2.）中专章论述栅栏墓地时况，配以栅栏墓地示意图。而在教会档案资料中亦涉及栅栏墓地。如《遣使会北京宗座代牧区传教团状况》（Vicariat Apostolique de Pékin）对栅栏遣使会文声修道院、圣母小昆仲会修院有专门之介绍，并存有诸多葬于栅栏墓地教士之生前图片资料。《遣使会年鉴》（Annales de la Congregation de la mission, 1910）专章（Le séminaire interne des Lazaristes à Cha-la）介绍栅栏遣使会内部修院，对栅栏墓地大致情况、在义和团时期遭遇以及新修诸圣堂结构作了概述。在《圣母小昆仲会文书》（Bulletin de l'institut des Petits Frères de Marie, 1916）中专章（La Maison Provinciale de Chala-Eul）介绍栅栏省院，在梳理圣母小昆仲会来华历史同时，对北部修院选址于栅栏、栅栏文声修道院历史情况、山字楼修建过程及首次弥撒皆有所涉。遣使会历史学家包世杰(Jean-Marie Planchet，1870—?）在其一系列著作中，论及栅栏墓地历史。其《栅栏的天主教墓地及其事业（1610—1927）》（Le Cimetière et Les Oevres Catholiques de Chala 1610—1927，1928）以遣使会士视角介绍当时传教士墓地历史发展状况，从耶稣会过渡至遣使会以及圣母小昆仲会与仁爱会对墓地之管理，还有栅栏墓地中重要人物生平介绍。此外，包世杰在《正福寺墓地，1732—1917》（Le cimetière et la paroisse de Tcheng-Fou-Sse，1732—1917，1918）、《北京义和团时期殉难记录》（Documents sur les martyrs de Pékin pendant la persécution des Boxeurs，1922）、《北京传教史》（Histoire de la mission de Pékin，1923—1925）等书亦涉及栅栏墓地情况。《北京公教月刊》（或译为《北京天主教会杂志》（1913—1948）（Le Bulletin Catholique de Pékin，1913—1948）中涉及栅栏墓地遣使会、圣母小昆仲会、仁爱

---

① 中共北京市委党校创建于 1950 年 11 月，"文化大革命"期间被迫撤销，1978 年复校，北京行政学院正式成立于 1993 年 3 月。此后校（院）实行"两块牌子，一套班子"的管理体制。

会等修会来华历史和教业管理，此外还刊有些许神职人员生平，这为研究庚子年后栅栏墓地发展变迁提供重要文献支撑。法国耶稣会士裴化行（Henri Bernard-Maitre，1889—1975）著《栅栏墓地的起源：中国赠予利玛窦的厚礼》（*Aux origines du cimetière de Chala : le don princier de la Chine au P. Ricci* (1610—1611)，1934）一书介绍栅栏墓地形成历史、利玛窦去世和影响、利玛窦墓地选址经过、利玛窦坟以及栅栏天主堂等。遣使会士方立中（Joseph van den Brandt）之《来华的遣使会士，1697—1935》（*Les Lazaristes en Chine，1697—1935*，1936）主要就来华遣使会士之生平进行记载，其中包括在栅栏墓地晋铎、发愿、工作和去世之遣使会士。保罗·博尼特（Paul Bornet，1878—1949）所著《北京天主教文书中的栅栏墓地圣母堂》（*La chapelle votive de la Vièrge au cimetière de Chala in Le bullletion Catholique de Pékin*，1947）对栅栏墓地圣母堂予以介绍。在《俄罗斯传教士在1820—1821 的接管，栅栏墓地的两通石碑》（*La relève de la Mission Russe en 1820—1821. Deux stèles historique au Cimitière de Chala*，1948）一文中对墓地中两通纪念石碑进行详细解读。仁爱会米歇尔神父的《关于栅栏墓地的烧杀抢掠》（*Incendie et massacre de Cha-la-eul, document no.681*）亦记载义和团时期栅栏墓地遭遇。

在北京图书馆金石组（徐自强主编）《北京图书馆藏中国历代石刻拓本汇编》（1989）中首次展示栅栏墓地所存墓碑拓片信息。而《北京图书馆藏北京石刻拓片目录》（1994）中另存有未收入《北京图书馆藏中国历代石刻拓本汇编》之栅栏墓地墓碑以及致命亭墓表、合葬记等拓片若干。林华、余三乐、钟志勇、高智瑜等人所编《历史遗痕：利玛窦及明清西方传教士墓地》（1994）一书当属国内最早对利玛窦及外国传教士墓地的发展历史及其现状进行系统介绍之中文著作。

高智瑜、马爱德（Edward J. Malatesta, S.J., 1932—1998）主编《虽逝犹存：栅栏——北京最古老的天主教墓地》（2001）一书论述自 1610 年至今墓地之历史，注释现存墓碑碑文及部分遗失碑文中文、拉丁文，对墓地艺术审美进行概述，附录列有墓地大事年表，此为首部中西学者针对栅栏合著之作，其英译版（*Departed, yet present, The oldest christian cemetery in Beijng-Zhalan*）于 1995 年在澳门出版，葡语版（*Parto, ainda presente, O cemitério cristão mais antigo em Pequim-Zhan*）于 1998 年出版。马爱德在《汤若望遗失的羔羊：反省今昔的栅栏墓地》（*The Lost sheep of Johann Adam Schall: reflections on the past and present of the Zhalan [Shala] cemetery*）一文 ① 对墓地自利玛窦以来历史沉浮作详细阐释，并把重点放置于汤若望墓地，以现存一只石雕羔羊呈现墓地在历史上所遭受灾难尤以义和团时期被毁状况为论述重点。北京市档案馆所编《北京档案史料》（2004）中收录《栅栏墓地墓志铭文》，其中选辑了包世杰《栅栏的天主教墓地及其事业（1610—1927）》一书中111 篇铭文，对墓碑汉文部分进行记载。梅谦立在《耶稣会的北京导览：天主教与中国文

---

① *The Lost sheep of Johann Adam Schall: Reflections on the Past and Present of the Zhalan* [Shala] *cemetery*, EDWARD J, MALATESTA, S.J. (1932-1998), *Western Learning and Christianity in China, The Contribution and Impact of Johann Adam Schall von Bell*, S.J.[1592-1666] . Edited by Roman Malek, S.V.D. Volume 1.Jointly published by China-Zentrum and the Monumenta Serica Institute, Sankt Augustin. pp.191-270.

化的相遇》（2005）中亦谈及利玛窦墓地。而其所著《在北京步履耶稣会士之足迹》（2006）以一个学者游记方式介绍墓地现存样貌。北京行政学院所编《青石存史——"利玛窦与外国传教士墓地"的四百年沧桑》一书除了现存和已佚墓碑的碑阴拓片外，还增加利玛窦、邓玉函、罗雅谷、龙华民、汤若望、南怀仁、徐日昇等人生平事迹和历史贡献概述，此外附有目前国际交流现状以及现存墓碑位置图及备注名录。余三乐常年致力于墓地研究，其文章《几度沧桑说栅栏》（1994）、《利玛窦墓地修复的前前后后》（1994）、《栅栏：从1949到1994》（1995）、《走进北京栅栏墓地》（2005）、《论利玛窦对中西文化交流的贡献及历史地位》（2007）、《滕公栅栏传教士墓地的400年沧桑（1611—2011）》（2008）等；其著作《早期西方传教士与北京》（2001）、《望远镜与西风东渐》（2013）、《"利玛窦和外国传教士墓地"恢复重建36年（1979—2015）》（2016）、《寻访利玛窦的足迹》（2016）；译著《一代巨人：明末耶稣会士在中国的故事》（2016）等等，对墓地的变迁、修复以及碑文目录等都做了论述，且对一些重要传教士的生平贡献作了详尽的阐释。佟洵《基督教与北京的教堂文化》（1994）一书中有专门的"滕公栅栏墓地"一节，就墓地情况做了简介。梁骏在《连接世界与中国的一个重要窗口——利玛窦和外国传教士墓地的重建及其作用》（2011）、《利玛窦的现代启示——纪念中西文化交流先行者利玛窦逝世400周年》（2010）等文中着重介绍墓地之现代影响及意义。王和平在《明清来华天主教传教士北京墓地考略》（2004）一文将栅栏墓地放在首要位置进行介绍，特别阐释了利玛窦、汤若望、南怀仁、安文思等人墓地，总结栅栏墓地之历史意义。

栅栏墓地虽历经坎坷，然生生不息。本书致力概述现存碑主生平，诠释铭文大意。身微力薄，不甚惶恐。然以三寸之坎显其万仞之深，力求爬梳大量一手文献参互考寻，力求还原栅栏墓地之原貌，考究其墓碑之真义，于栅栏墓地研究之阈，多有填补空白之志。

其一，本书详细梳理栅栏墓地发展历史，使墓地前史、墓地演变过程、重大事件等得以清晰呈现，迄今乃为对栅栏墓地历史最为完整之研究。

其二，本书首次辑录2018年新整理墓碑情况。并及时对碑文进行学术考察及研究，传教士与教徒墓碑二者兼有之，故有更正传统学术界对栅栏墓地现存墓碑数量、墓碑拓片之功。

其三，本书首次系统对比现存68通墓碑文字之别，对碑上满文、汉文、拉丁文三种些许残缺文字进行补全和对比研究，真实再现传教士在华经历，且分析在华传教时教权与皇权之抗衡。

其四，本书对现存墓碑碑主作生平小传，以示其历史功绩。从赫赫有名之利玛窦、汤若望、南怀仁、郎世宁等到名不见经传的本土神父，其墓碑不仅显示真实身份以及标志在世生命之终结，更为其一生奉献精练之总结。而传教士中文名、号凸显其对中华传统文化研习与认同，亦彰显中西文化之交融。

其五，本书首次对仅存拓片或文献记载葬于栅栏墓地之传教士以所属修会进行整理。还对曾在栅栏文声修道院发愿、晋铎或工作之传教士进行梳理，尽可能还原栅栏墓地之历史面貌。

其六，本书突破传统墓地碑文研究视阈。在以往碑文研究中，重点放置于佛道二教及民间墓葬碑文研究，针对基督宗教碑文及墓地规制研究甚少，六多只停留于大秦景教流行碑或对个案碑进行孤立研究。本书不仅丰实了基督宗教墓地碑文研究，亦从墓地历史、所属修会、墓地艺术、教会产业等多方面再现基督宗教在华第一块官方墓地之整体风貌。

其七，本书所载传教士碑文，不仅记载了传教士生平及重要功绩，而且还刻有清朝历代皇帝所颁谕旨，凸显出传教士在华政治处境及官方地位。故墓地碑文对研究清朝外交史、科学技术史等方面提供重要参考价值。

其八，本书凸显传教士作为海外汉学研究开端之历史地位。窥探西方传教士作为中西文化交流的"虹"如何将中国文化带回欧洲，从而兴起西方汉学研究。

此书因文献繁多，时间有限，仍存舛误之语，多有纰漏之处，以待方家批评指正。

说　明

一、墓碑拓片说明

在关于栅栏墓地系统研究成果中，已载有相关传教士拓片若干，如林华、余三乐、钟志勇、高智瑜等人所编《历史遗痕：利玛窦及明清西方传教士墓地》（1994），高智瑜、马爱德（Edward J. Malatesta，S. J.，1932—1998）主编《虽逝犹存：栅栏——北京最古老的天主教墓地》（2001）皆含墓碑拓片 83 张。而本书所引用的栅栏墓地所载墓碑拓片总数为 195 张。栅栏墓地现存墓碑 75 通。在数量上弥补先行研究之不足。而大部分拓片文献来自国家图书馆碑帖菁华馆藏资源，部分参考北京图书馆金石组（徐自强主编）《北京图书馆藏中国历代石刻拓本汇编》（1989）一书。此外，还参考了美国旧金山大学利玛窦中西文化历史研究所提供的图片、文献资料。

二、语言翻译说明

本书涉及多种语言，因受助多方，才得以成稿。书稿中墓碑拉丁文原文、解读以及转译英文部分，中国人民大学教授雷立柏（Leopold Leeb）教授负责部分碑文的翻译及审定。部分内容还参考了高智瑜、马爱德主编的《虽逝犹存：栅栏——北京最古老的天主教墓地》一书的英文版（*Departed, yet Present, The Oldest Christian Cemetery in Beijng-Zhalan*，1995）。此外，部分拉丁文转译英文工作由意大利宗座传信部大学弥维礼神父（F. Wilhelm K Müeller）、宗座圣十字架大学法学博士韦欢神父进行审定。书稿中满文部分由北京市社会科学院满学研究所所长赵志强研究员负责翻译。

三、关于正文中名字介绍说明

书中关于人物标题，括号内为其外文名。若外国人，则含其碑文名（多为拉丁文）及本名，如利玛窦（MATTHAEUS RICCIUS/Matteo Ricci）；若中国人，则含其碑文名（多拉丁文），拼音及其教名，如何天章（FRANCISCUSXAV. ÀROSARIO/He Tianzhang/Francisco Xavier à Rosario）。本书关于碑主介绍，生卒年多以拉西文为主。

四、关于墓碑所记载时间说明

由于墓碑的汉文部分关于碑主生平时间节点多以农历表示，而拉丁文多以公历为准，故存在不一致的地方。

五、栅栏墓地涉及宗教修会缩写

耶稣会：S. J.——Societas Jesu（Jesuits）

方济各会：O. F. M.——Ordo Fratrum Minorum（Franciscans）

奥斯定会：O. S. A.——Ordinis S. Augustini

圣家会：S. F. I. C.——Sanctae Familiae Iesu Christi

圣若翰保弟斯大会（洗者若翰会）：C. S. I. B.——Congregationis S. Ioannis Baptistae

遣使会：C. M.——Congregatio Missionis（Lazarists，Vincentians）

多明我会：O. P.——Ordo Fratrum Praedicatorum（Dominicans）

圣母圣心会：C. I. C. M.——Congregatio Immaculati Cordis Mariae（Scheut）

圣言会：S. V. D.——Societas Verbi Divini（Steyl）

加尔默罗会（苦修会）：O. C. S. O.——Cisterciensium Strictioris Observantiae（Trappist）

圣母小昆仲会：F. M. S.——Frères Maristes

第一章
栅栏墓地前史

　　"栅栏墓地"史称"滕公栅栏墓地"，自明代始至今已四百余年。墓地位于北京平则门（今阜成门）① 外的二里沟。《明史》中记载利玛窦"以三十八年四月卒于京。赐葬西郭外"②。在万历三十八年（1610），万历皇帝钦赐利玛窦坟茔之所，由此成为北京第一座来华传教士墓地。③ 裴化行认为栅栏墓地能够在自 1610—1860 年期间的各种迫害中得以幸存，在某种程度上它"是中国天主教不可动摇的基石"（le fondement inebranlable de l'église catholique en Chine)④。"栅栏石门是中国天主教传教史最古老的见证之一"⑤。"毫无疑问，北京城附近的栅栏墓地是天主教在华传教史上最值得敬重的地方之一"⑥。然而，学界关于栅栏墓地之前的历史探讨较少，具体情况尚不明晰。

第一节　滕公栅栏名字来源考

　　"栅栏"二字一直沿用至今，外文翻译颇为繁多。法文译为"Chala"⑦"Cha-

---

① "元京，城门西之左曰平则，明改平则曰阜成，《大清一统志》（臣等谨按）阜成门明正统四年改。本朝因之。"参见（清）于敏中：《钦定日下旧闻考》卷九十六，北京古籍出版社 2000 年版，第 1600 页。

② （清）张廷玉等：《外国七》，《明史》卷三百二十六，中华书局 1974 年版，第 8460 页。

③ 在元代时，聂斯托利派所遗留下的大秦景教流行中国碑（Nestorian Stele）是景教传播中国的证据，而孟高维诺所建立的教堂和他的墓地都早已湮灭。Cf. Henri Bernard-Maitre, *Aux origines du cimetière de Chala: le don princier de la Chine au P. Ricci*, Hautes Études, Tientsin, 1934. p.1.

④ Cf. Henri Bernard-Maitre, *Aux origines du cimetière de Chala: le don princier de la Chine au P. Ricci, Hautes Études, Tientsin*, 1934. p.1.

⑤ *Peking, Ses palais, ses temples et ses environs: guide historique et descriptif*, illustré par Y. Darcy, compositions originals de J. Malval.Tien-tsin, Chine, Librairie Française, 1937. p.280.

⑥ *Le Bulletin Catholique de Pékin*, Pékin: Imprimerie des Lazaristes du Pei-T'ang, 1916. p.131.

⑦ Jean-Marie Planchet, C.M. *Le Cimetière et Les Oevres Catholiques de Chala 1610—1927*, Pékin:Imprimerie des Lazaristes, 1928.p.1.

la"①"Tchala-ell"② 或者 "Chala-Eul"③。"法国人称之为夏洛尔，俗称石门"④。德文中将其译为 "Chala"⑤"Zhalan"⑥。意大利文译为 "Sciala"⑦。英文译为 "Shala""TenggongZhalan"⑧"Ch'a La"⑨"Ch'a La'rh"⑩ 或 "Cha-la（n）"⑪ 等。与此对应，国外学人在对"栅栏"进行中文翻译时各有理解，比如英国学者布莱登（Juilet Bredon）将 "Shala cemetery" 译为"邓公栅栏"⑫，实为"滕公栅栏"的近音翻译。法国汉学家考狄在其《汉学书目》里面对"滕公栅栏"（Cha-la-eul）有专门介绍⑬，记载 "Cimetière portugais（Cha-la-eul 滕公栅栏）T'eng kông tchâ-lân" 对应着 "石栏 Chê-lân'ou 石栏儿 Ch$_a^ê$-lâeul"⑭ 的称谓。法国遣使会士包世杰在《北京宗教圣地旅游导览》中将墓地全称

---

① *Bulletin Bulletin de l'Institut des Petits Freres de Marie*. Pékin:Imprimerie des Lazaristes, 1909.p.260.

② Jean-Marie Planchet, C.M. *Le Cimetière et Les Oevres Catholiques de Chala 1610—1927*, Pékin: Imprimerie des Lazaristes, 1928. p.70.

③ 关于栅栏的最早法文翻译，一受翻译对照差异，二受当时语言环境影响。由于关于栅栏墓地的最早书籍由法人包世杰所写，他入京时，"栅栏位于阜成门外右侧，以前是鞑靼营地，周围居住的大多数人为满族人"。Cf. Jean-Marie Planchet, C.M. *Les Martyrs de Pekin -Pendant la Perscution des Boxeurs*, Pékin:Imprimerie des Lazaristes 1922.p.202. 京城主要是满语，且栅栏附近居住为满族人，故在发音上更接近于满语的"栅栏儿"（Shîlàer）。Cf. *Bulletin de l'Institut des Petits Freres de Marie*. Pékin:Imprimerie des Lazaristes, 1916.p.19。

④ 张宗平、吕永和：《清末北京志资料》，北京燕山出版社 1994 年版，第 561 页。

⑤ Sebald Reil. *Kilian Stumpf（1655—1720）: Ein Wurzburger Jesuit Am Kaiserhof Zu Peking, Aschendorff.* 1977. p.187.

⑥ Christian Stücken. *Der Mandarin des Himmels: Zeit und Leben des Chinamissionars Ignaz Kögler SJ（1680—1746）*, Sankt Augustin, 2003. p.378.

⑦ P.Paaquale M.d'ella S.I.*Le Origini dell'arte Cristiana Cinese（1583—1640）*, Roma: Reale academia d'Italia, 1939. p.41.

⑧ Nicolas Standaert. *Handbook of Christianity in China, Volume One: 635-1800.* Leiden, Boston: Brill, 2001. p.588. Cf. Nicolas Standaert, *Handbook of Christianity in China Volume Two: 1800-present.* Edited by R.G.Tiedemann. Leiden. Boston: Brill, 2010.p.733.

⑨ L.C.Arlington, William Lewisohn. *In Search of Old Peking*, Heri vetch, The French Bookstore, Peking, 1935. pp.251-251.

⑩ Ch'a La'*rh* 的称谓来自早前所围成的栅栏。Cf. L.C.Arlington , William Lewisohn. *In Search of Old Peking*, Heri vetch, The French Bookstore , Peking, 1935. pp.251-252.

⑪ *Catalogue of Chinese Rubbings from Field Museum*, Fieldiana Anthropology, New Series, No.3. Edited by Hartmut Walravens. Reseached by Hoshien Tschen and M.Kenneth Starr. 1981.p.273.

⑫ Juilet Bredon.*Peking, A historical and Intimate Description of its Chief Places if Interest.*Kelly&Walsh, limited.1922.p.518.

⑬ Cf. Henri Cordier. *Bibliotheca sinica. Dictionnaire bibliographique des ouvrages relatifs à l'Empire chinois*, Vol. 2.Paris: Librairie Orientale & Americaine. 1905. p.1027.

⑭ Henri Cordier. *Bibliotheca sinica. Dictionnaire bibliographique des ouvrages relatifs à l'Empire chinois*, Vol. 2.Paris:Librairie Orientale &Americaine. 1905.p.1027.

为"平则门外石门栅栏"①。另在《天主教栅栏墓地及其业绩（1610—1927）》②中言及"称'栅栏'即为'滕公栅栏'的缩写，就如称德国科隆（Cologne）实为科隆尼亚－阿格里皮娜（Colonia-Agrippina）的缩写，或者达克斯（Dax）实为达奎那－奥古斯大（D'Aquae-Augustae）的缩写"③。"栅栏，在中国公教传教会历史言之，北京附近有栅栏镇，为被教最先诸地点之一"④。故"栅栏"在某种意义上即为在华传教士北京墓地的代称，可见其在历史上的重要地位。

然而此墓地为何冠以"栅栏"之名？关于"滕公"具体指何人，学界之前并没有做过详细探讨，且说法不一。

一种说法是来自包世杰，他认为"滕公"即为明时太监⑤，他是隆庆年间（1567—1572）最有权势的人，"滕公栅栏"即为他的私人财产，滕太监在栅栏地修筑了豪华的住宅⑥。裴化行在其书中有相同的陈述，认为之所以称为滕公栅栏最早是与滕太监相关，"在平则门外二里沟的村庄附近，大多是佛塔或太监的私产。这片官地被称为滕公栅栏，是太监的私产。杨太监是从滕太监那里接过来的，滕太监是隆庆年间权极一时的人，'栅栏'是对他家产的缩写"⑦。在钟鸣旦书中亦称"这个地方之所以叫滕公栅栏，是因为石墙环绕着滕公之前的财产"⑧。滕太监具体为何人，并没有交代。

根据《明史》，若要符合既生活于隆庆年间又为滕姓太监的，且生前受到重用、死后有文献记载的，仅隆庆年间司礼监太监滕祥（？—1569）一人。在《明史·宦官》中对滕祥有零星记载，"而是时，司礼诸阉滕祥、孟冲、陈洪方有宠，争饰奇技淫巧以悦帝意，作鳌山灯，导帝为长夜饮。……芳锢，祥等益横"⑨。此外，亦提及"罗秀本太监滕祥奴，贿入禁卫"⑩。可见，他势力很大，备受皇帝宠幸。在《虽逝犹存：栅栏——北京最古老的

---

① J.M.Planchet, C.M.*Guide du touriste aux Monuments religieux de Pekin*, Imprimerie des Lazaristes du Petang, 1923.p.144.

② *Le Cimetière et Les Oevres Catholiques de Chala 1610—1927*, Pékin:Imprimerie des Lazaristes 1928，亦翻译为《栅栏天主教墓地及人物考》，参见明晓艳、[美] 魏扬波主编：《历史遗踪：正福寺天主教墓地》，文物出版社 2007 年版，第 2 页。

③ Cf. Jean-Marie Planchet, C.M. *Le Cimetière et Les Oevres Catholiques de Chala 1610—1927,* Pékin: Imprimerie des Lazaristes .p.8.

④ 《近事：本国之部 栅栏》，《圣教圣教》1916 年第 5 期。

⑤ Jean-Marie Planchet, C.M., *Le Cimetière et Les Oevres Catholiques de Chala 1610—1927,* Pékin:Imprimerie des Lazaristes .p.8.

⑥ Cf. Jean-Marie Planchet, C.M., *Le Cimetière et Les Oevres Catholiques de Chala 1610—1927,* Pékin:Imprimerie des Lazaristes .p.8.

⑦ Henri Bernard, S.J. *Aux origines du cimetire de chala: Le don peincier de la Chine au P.Ricci（1610—1611）.* Tientsin, 1934.p.35.

⑧ Nicolas Standaert, *Handbook of Christianity in China, Volume One :635-1800.* Leicen, Boston: Brill, 2001.p.588.

⑨ （清）张廷玉等：《明史》卷三百五，中华书局 1974 年版，第 7799—7800 页。

⑩ （清）张廷玉等：《明史》卷二百二十，中华书局 1974 年版，第 5791 页。

天主教墓地》一书中称"1569年曾有一个太监埋葬在这里"①。其卒年和滕祥一致。然而滕祥死后，"葬于西面山中，靠近香山皇家园林"②，并非"栅栏"处。按照当时风气，在明代，太监资助建造或者重修佛之寺、庵，道之宫、观以及传统儒之庙、堂、祠等现象蔚为大观，明代沈榜（1540—1597）在《宛署杂记》中记载在北京范围内由太监资助建造和修葺的寺庵多达70余处。罗列如下③（见表1-1）：

表 1-1 北京范围内由太监资助建造和修葺的寺庵

编号	寺庙名称	建制时间	太监名称
1	大隆善寺	元皇庆元年（1312）建	无具体名字，然受宫人助修
2	万善寺	万历九年（1581）重建	王臻重建
3	正觉寺	成华二年（1466）重建	韩谅等重建
4	弘善寺	唐开元年创（713—741），成化二年（1466）重建	崔安等重建
5	碧峰寺	正统初年重建	夏时等建
6	寿明寺	天顺初年重建	段信等建
7	兴德寺	正统十二年（1477）修宅，掘地得元至正二年碑，龙泉寺旧址	阮太监改建
8	广济寺	弘治年制，正德二年（1507）赐名	马永成重建
9	弥陀寺	嘉靖二十三年（1544）修	刘淮修
10	万宁寺	正德五年（1510）建	兴安建
11	青塔寺	天顺初年建	普安感梦赐名
12	广济寺	成化元年（1465）建	刘嘉林赐名
13	正法寺	成化十一年（1475）建	黄高建
14	宝禅寺	元武宗时建，为普庆寺旧址	麻俊修宅赐名
15	普安寺	嘉靖四十三年（1564）修	黄锦修
16	祝寿寺	正德八年（1513）重建	吴亮、焦宁重建
17	衍法寺	成化四年（1468）重建	阮安重建
18	广通寺	元朝创，嘉靖十四年（1535）重建	黄锦重建
19	广恩寺	宣德十年（1435）重建	钱安重建
20	地藏寺	成化年间建	覃章建
21	福宁寺	成化年重建	吴忠重建
22	圆广寺	隆庆三年（1569）救修	冯保救修
23	广福寺	嘉靖中期建	刘宗政建

---

① 高智瑜、[美]马爱德主编：《虽逝犹存：栅栏——北京最古老的天主教墓地》，澳门特别行政区政府文化局、美国旧金山大学利玛窦研究所 2001 年版，第 27 页。

② Jean-Marie Planchet, C.M. *Le Cimetière et Les Oevres Catholiques de Chala 1610—1927*, Pékin:Imprimerie des Lazaristes.p.8.

③ 参见（明）沈榜：《宛署杂记》卷十九，北京古籍出版社 1980 年版，第 223—229 页。

春秋石铭 北京栅栏墓地
历史及现存碑文考
THE HISTORY
ON THE TOMBSTONES

编号	寺庙名称	建制时间	太监名称
24	普庆寺	弘治十一年（1498）建	何忠建
25	镇国寺	正德四年（1509）重建	张银重建
26	洪庆寺	成化八年（1472）建	金鉴建
27	普觉寺	正统三年（1438）建	阮昌建
28	极乐寺	嘉靖二十七年（1548）建	暨擢建
29	永禧寺	景泰年间建	黎汤建
30	真空寺	景泰初，赐名广济庵，天顺元年（1457）建，赐名真空寺	兴安赐名
31	资福寺	正统初年建并赐名，嘉靖初年重修	马海重修
32	弘法寺	天顺二年（1458）建	魏俊建
33	永隆寺	正统十一年（1446）重建	童海重建
34	云惠寺	正德初重建	张永重建
35	延恩寺	正德八年（1513）建	赖义建
36	灵福寺	洪武末期建	钢铁葬所
37	昭化禅寺	正德五年（1510）重建	阮普耳等重建
38	华严寺	正统十年（1445）建	吴弼建
39	洪光寺	未知	郑友建
40	翠岩寺	正德三年（1508）建	秦文建
41	普陀寺	正统年间重建	唐慎等重建
42	观音禅寺	正统年间建	黄建创
43	玉华寺	正统九年（1444）建	韦敬、黎福喜建
44	隆教寺	成化十六年（1480）建	邓铿建
45	香山永安禅寺	正统六年（1441）建	范弘建
46	弥陀寺	万历二年（1574）重修	王太监重修
47	靖安寺	未知	吴弼建
48	佑善寺	景泰三年（1452）立，成化丁亥年（1467）重建	尚太监立，罗太监重建
49	奉福寺	正统五年重修（1440）	黄太监建，韦太监等重修
50	永安寺	宣德十年（1435）建	但住建
51	大慧寺	正德八年（1513）建	张惟建
52	万寿戒坛寺	宣德九年（1434）重建	阮简等重建
53	开元寺	弘治六年（1493）建	罗秀重修
54	崇化寺	正统二年（1437）重建并赐今名	吴亮重修
55	西峰寺	正统元年（1436）重建	陶镕等重建、赐名
56	广慧寺	正统元年（1436）重修	张轩等重建，王念等重修
57	净德寺	成化四年（1468）建	李棠建
58	福昌寺	正统十年（1445）重建	阮安等重建

编号	寺庙名称	建制时间	太监名称
59	宝峰寺	天顺二年（1458）建	梁英建
60	常觉寺	正统十三年（1448）赐名，嘉靖四年（1525）重建	柴升赐名，黄英等重建
61	宝林寺	正统三年（1438）重建	王直等重建
62	宝觉寺	正统二年（1437）重建	杨瑛重建
63	圆照寺	成化七年（1471）重建	覃祥重修
64	弘恩寺	弘治十三年（1500）重建	戴蒙重建
65	潭柘寺	旧名龙泉寺，正统年间重修，弘治十年（1497）赐金重建	王振重修，戴义重建
66	楼隐寺	正统年建，天顺年重建	王振重建，吴琪重建
67	涌泉庵	正德二年（1507）建	李荣建
68	翠峰庵	万历年间建	张诚建
69	摩诃庵	嘉靖二十五年（1546）建	赵政建
70	延寿庵	万历元年（1573）重修	张名重修
71	静妙庵	正德十二年（1517）建，嘉靖元年（1522）重建	李太监建，滕祥重修
72	观音庵	嘉靖四十一年（1562）重建	黄锦重修
73	弥勒庵	嘉靖三十五年（1556）重建	华果重建
74	普济庵	嘉靖三十年（1551）建	王忠建
75	延寿庵	嘉靖年间建	鲍太监建
76	静妙庵	嘉靖年间建	滕太监建

　　其中记载有两处静妙庵与滕祥有关，一处"在八里庄，离城八里，正德丁丑年李太监建，嘉靖元年太监滕祥重修"[1]，嘉靖元年即1522年。另一处静妙庵"嘉靖年滕太监建，俱在翠微山"[2]。《山行杂记》载："中峰下南过龙泉禅林，为静妙庵，亦名滕公寺，盖滕中贵墓也"[3]。《宸垣识略》载："滕公寺即静妙庵，在香山之麓"[4]。此外，法国汉学家蒲意雅（G.Bouillard）也认为"在西边，有静妙庵，还有滕公寺，滕公寺即是现在的 Pao ti sze（宝谛寺，笔者译），它曾经是明代太监滕公的墓，去世具体日期不得而知"[5]。由此可知，滕祥去世后葬于京西南麓，并不在栅栏，而栅栏官地可能为滕祥生前地产。

---

① （明）沈榜：《宛署杂记》卷十九，北京古籍出版社 1980 年版，第 230 页。
② （明）沈榜：《宛署杂记》卷十九，北京古籍出版社 1980 年版，第 230 页。
③ （明）宋彦：《山行杂记》，《四库全书存目丛书》史部第二五一册，齐鲁书社 1996 年版，第 875 页。
④ （清）吴长元辑：《宸垣识略》卷十三，北京古籍出版社 1982 年版，第 310 页。
⑤ G.Bouillard. *Péking et ses environs Huitième Série-Les Temples autour de Hsiang ShanTien t'ai sze-Wo fo sze*, Pekin:Albert Nachbaur Editeur, Kanyu Hutung 16, 1924.p.72.

另一种说法"滕公"即"滕国公"的简称，乃明代皇帝所赐爵位。在《明史》中有两人死后被皇帝赠以"滕国公"。一为明朝开国将领济宁侯顾时（1334—1379），"顾时，字时举，濠人。倜傥好奇略。从太祖渡江，积功由百夫长授元帅。……葬钟山。追封滕国公，谥襄靖，祔祭功臣庙"①。"十二年十一月甲寅卒。追封滕国公。谥襄靖"②。"赠特进光禄大夫左柱国，追封滕国公，谥襄靖"③。顾时跟随明太祖朱元璋南征北战，战功赫赫，后镇守北平，去世后安葬于明孝陵北面的钟山，朝廷追封他为"滕国公"，谥"襄靖"。然其子顾敬因被卷入胡惟庸谋反一案中，被除爵位，无法沿袭其封号"滕国公"，"二十三年追论胡惟庸党，榜列诸臣，以时为首，敬坐死，爵除"④。"敬，洪武十二年袭，后除"⑤。由于其人卒时，明廷还未迁都北京，其墓地亦在南京，因此顾时与"栅栏墓地"并无任何关系。

另一位死后赠以"滕国公"的人即开国功臣孟善（1344—1412）。在《明史》《明史稿》《明功臣袭封底薄》《皇明开国功臣录》《皇明泳化类编》中皆有其传，在《明史》中记载：

> 孟善，海丰人，仕元为山东枢密院同金。明初归附，从大军北征，授定远卫百户。从平云南，进燕山中护卫千户。燕师起，攻松亭关，战白沟河，皆有功。已，守保定。南军数万攻城，城中兵才数千，善固守，城完。累迁右军都督同知，封保定侯，禄千二百石。永乐元年镇辽东。七年召还北京，须眉皓白。帝悯之，命致仕。十年六月卒。赠滕国公，谥忠勇。⑥

由此传可知，孟善为山东武定府海丰县孝理村人，相传为孟子第五十五代孙，曾在元代时就已任职于山东枢密院，担任枢密院同金。而后弃元投明，随军南征北战，在沙场上屡建功勋，先后册封为定远卫百户、燕山中护卫千户、指挥使等。随后由于保卫河北保定，晋升为右军都督，封为保定侯，食禄一千二百石。后召还北京，明太祖怜悯其功，对其庶子恩宠有加。为表彰其功，孟善死后，明成祖朱棣颁旨谥号"忠勇"，并进爵"荣禄大夫柱国滕国公"，原配苏氏封"滕国公夫人"。其子嗣皆袭其爵位：

> 保定侯孟善，九月甲申封，第六，勋号前同，禄一千二百石，世袭。永乐十年六月甲戌卒，追封滕国公，谥忠勇。瑛，永乐十一年六月癸亥袭。仁宗即位，十一月以罪多爵，流云南。宣德十二年二月乙未召还，授京卫，世袭指挥使。俊，天顺元年七月癸酉以承天门灾，诏予伯爵，禄八百石，四年六月卒。昂，天顺四年十一月戊寅袭。成化八年十二月卒。子达仍袭指挥使。⑦

---

① （清）张廷玉等：《明史》卷一百三十一，中华书局1974年版，第3839—3840页。

② （清）张廷玉等：《明史》卷一百五，中华书局1974年版，第3019—3020页。

③ （明）黄金撰，周骏福辑：《皇明开国功臣录》（一），台湾明文书局1991年版，第504页。

④ （清）张廷玉等：《明史》卷一百三十一，中华书局1974年版，第3840页。

⑤ （清）张廷玉等：《明史》卷一百五，中华书局1974年版，第3020—3021页。

⑥ （清）张廷玉等：《明史》卷一百四十六，中华书局1974年版，第4101页。

⑦ （清）张廷玉等：《明史》卷一百六，中华书局1974年版，第3109—3110页。

从《明史·功臣世表》中可以看到孟善的三个儿子孟瑛、孟俊、孟昂及孟昂之子孟达世袭其爵位，担任指挥使一职。孟善于永乐七年（1409）回到北京，在北京居住三年去世，葬于其故里山东武定府海丰县孝里村村西（孟家坟）。然而由于"滕国公"简称"滕公"之说法并无实证来源，更无一手文献直接证明其与"滕公栅栏"的关系，尽管孟善在京居住过，然不敢妄自断定他与"滕公栅栏"的关系。结合史料记载，由于栅栏官地后被杨姓太监所购买占有，而太监没有子嗣，太监之间的财产买卖是被允许的。因此"滕公"为滕祥最为可能。

第二节　栅栏墓地前身——仁恩寺

至明代中叶，"滕公栅栏"官地被一位杨姓太监重金买下，而杨姓太监具体为何人，囿于所查文献，无从考证。在《熊三拔日记》里面讲到杨太监音译为"Yâm Yù"[1]，而巴笃里（Daniello Bartoli）称这个太监名叫"Iamie"，德礼贤还原中文为"杨爷"[2]。杨太监大概于1582年开始在这片地上修筑私人别墅，俗称"栅栏别墅"。在他犯事入狱前，将此别墅改成了专供地藏菩萨的"仁恩寺"以期逃避审查，然而最终籍没。通过利玛窦去世时当时官员和传教士对墓地选择的情形，我们对仁恩寺有大致了解。明代王应麟（生卒年不详）在《利子碑记》中记载，"宗伯廼移文，少京兆（顺天府府丞）黄吉士行宛平县，有籍没杨内宦（太监）私刱二里沟佛寺房屋三十八间，地基二十亩。牒大司徒（户部尚书）禀成命而畀之居"[3]。"伏乞勅下本部，转行顺天府，查有空闲寺观隙地亩余，给与已故利玛窦为埋葬之所。见在庞迪峨等许就近居住，恪守教规，祝天颂圣"[4]。"皇帝将平则门外的一片地和住宅赠予了传教士，曾经居住的僧人被遣散了"[5]。而艾儒略（Giulio Aleni，1582—1649）在《大西利先生行迹》中更加详细地记载道：

> 利子殁后，朝中诸公议欲请葬地，而庞子顺阳、熊子有刚始具疏奏请，命下礼部题覆。相国吴公讳道南，适以小宗伯署部事，遂偕正郎林公讳茂槐，福清人，员外郎洪公讳世俊，主政韩公讳万象，具言其慕义远来，勤学明理，著述有称，伏乞收葬等情。上报可。于是吴公牒下京兆黄公讳吉士，有籍殁杨内宦私创二里沟佛寺，

---

① 刘耕：《利玛窦墓园的前七年（1610—1616）》，《北京行政学院学报》2018年第1期。

② 汤开建汇释、校注：《利玛窦明清中文文献资料汇释》，澳门特别行政区政府文化局、上海古籍出版社2017年版，第18页。

③ （清）黄伯禄：《正教奉褒》，见中国宗教历史文献集成编纂委员会编纂：《东传福音》第六册，黄山书社2005年版，第514页。

④ （明）杨廷筠：《绝徼同文纪》，见《法国国家图书馆明清天主教文献》第六册，台湾利氏学社2009年版，第326页。另参见《绝徼同文纪》卷五，见艾儒略：《合校本大西西泰利先生行迹》，向达校，上智编译馆1947年版，第30页。

⑤ Alphonse Favier, *Péking*, Imprimerie des Lazaristes au Pé-T'ang, 1897.p.142 .

房屋三十八间也，地基二十亩，畀葬利子，并为庞、熊诸子恭敬天主，焚修祝厘之所。京兆玉沙王公立石为文以记之。①

利玛窦去世以后，朝中大臣众议，当时在京传教士庞迪我（Diego de Pantoja，1571—1618）、阳玛诺（Emmanuel Diaz，1574—1644）和熊三拔（Sabbatino deUrsis，1575—1620）等人上奏万历皇帝，请求赐地安葬。"四十六年四月，迪我等奏：'臣与先臣利玛窦等十余人，涉海九万里，观光上国，叨食大官十有七年。近南北参劾，议行屏斥。窃念臣等焚修学道，尊奉天主，岂有邪谋敢堕恶业。惟圣明垂怜，候风便还国。若寄居海屿，愈滋猜疑，乞并南都诸处陪臣，一体宽假'"②。加上礼部署部事右侍郎兼翰林院侍读学士吴道南（1547—1620）、主客清吏司郎中林茂槐（1562—1623/1630）、员外郎洪世俊（生卒年不详）、主事韩万象（生卒年不详）等人请奏万历皇帝赐墓地给利玛窦，内阁大学士叶向高（1559—1627）积极推动奏章从户部转至礼部处置，通过诸多官员的再三上奏、商议，万历皇帝终于批准。随后顺天府府丞黄吉士（生卒年不详）安排宛平、大兴两县知县陪同庞迪我、熊三拔一起在北京城选择墓地。一连十天，他们在近郊看了四所寺院，最后勘定栅栏佛寺最宜作为墓地选址，"经过幸运的交涉，终于皇上恩准赐予北京城门外一块坟茔地。他们几经寻觅，选定在一个太监的地产上"③。而这片地产是"西门外离城六百尺的一大块地，上有宽大美观的房屋及花园"④。而阜成门外滕公栅栏这片官地作为杨太监籍没寺院，"皇上即命赐给庞迪我等，永远承管，以资筑坟茔葬，改建堂宇，为供奉天主，及祝釐之所。遂饬寺僧移居他庙"⑤。庞迪我偕熊三拔前往接收佛寺。关于当时佛寺的情况如下（见图1-1）：

栅栏赐地广二十亩，房屋三十八

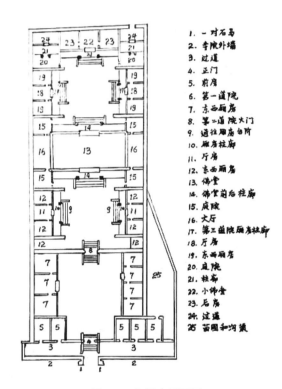

1. 一对石马
2. 寺院外墙
3. 过道
4. 正门
5. 前房
6. 第一道院
7. 东西厢房
8. 第二道院大门
9. 通往厢房甬所
10. 厢房柱廊
11. 厅房
12. 东西厢房
13. 佛堂
14. 佛堂的后柱廊
15. 庭院
16. 大门
17. 第三道院厢房柱廊
18. 厅房
19. 东西厢房
20. 庭院
21. 柱廊
22. 小佛堂
23. 后房
24. 过道
25. 苗圃和沟渠

图1-1 仁恩寺平面图

① ［意］艾儒略：《大西利先生行迹》，法国国家图书馆，Chinois 1016，第19—20页。另外参见艾儒略：《合校本大西西泰利先生行迹》，向达校，上智编译馆1947年版，第24页。
② （清）张廷玉等：《外国七》，《明史》卷三百二十六，中华书局1974年版，第8460页。
③ ［法］裴化行：《利玛窦评传》，商务印书馆1993年版，第623页。
④ ［法］潘国阴：《遣使会在华传教史》，吴宗文译，台湾华明书局1977年版，第64页。
⑤ ［法］樊国梁：《燕京开教略》（中），救世堂清刻本，1905年，第13页。

间，原名"滕公栅栏"，位于阜成门外半里的二里沟。房屋分四进，大门外两石凳，为上马石。大门内一横廊，廊中房屋五间。由横廊下石级，到第一进庭院。两傍，七间厢房。在第一第二庭院之间，有一高墙，中有一门，两旁有石级，第二进庭院两傍，各有厢房四间。由第二进庭院拾级进第三院，院的中心原为寺院正殿，供奉地藏王。①

故利玛窦茔地的前身即杨太监所修建的仁恩寺，供奉地藏菩萨。而寺庙面积约二十亩，房屋三十八间，且分四进四出，规模较大。寺院后面即筑坟茔。在寺院的基础上，改建其堂宇，以供奉天主以作弥撒使用，并且当时饬令寺僧移居其他庙宇，这势必引起当时僧人的反对。起初几年，为保护茔地，神父们屡受僧人及太监的仇视，最终"寺僧争论不获"②，然而最后此地还是被赐予利玛窦作为坟茔之地。而寺庙被拆毁，一些材料被用来修筑刻有"钦赐"的石门（mortuary）。③ 庞迪我"将佛寺改建圣堂，名救世堂。其余砖木等料，皆作利玛窦筑坟之用"④。然而杨太监虽然被判了死刑，但后得以释放，出狱后"派他的仆役来骚扰看墓园的教友"⑤。南京礼部侍郎沈漼（？—1624）抵京后，坚决支持杨太监收回墓园，甚至要夷平利玛窦墓园，在李之藻的保护下，此次争论终得以平息。而杨太监去世以后，原本葬于栅栏墓地内北墙边，后不知所踪。

第三节　栅栏墓地与三塔寺关系

此地区现被称为"三塔社区"，公交站台亦称"三塔寺"站，故很多人将三塔寺（古称"西域寺"）与栅栏墓地前身仁恩寺等同，以为三塔寺即栅栏墓地前身，这与史实相左，在此厘清。

"三塔寺"渊源可追溯到明代初期大觉寺的智光大师（约1348—1435）。在北京，诸多寺庙的兴建和重修与他相关，达到九所之多⑥，其中就包含三塔寺。智光大师于洪武、永乐两朝数次奉旨前往西藏、尼泊尔等地，成就卓著。加上其佛学造诣深厚，翻译佛经，后奉诏前往北京，受到历代皇帝恩宠。明成祖朱棣（1360—1424）赐号"圆融妙慧净觉弘济辅国光范衍教灌顶广善大国师"，并赐以金印，足以见其地位。随后明宣德十年(1435)，

---

① 罗光：《利玛窦传》，台湾学生书局1979年版，第231页。

② ［法］樊国梁：《燕京开教略》（中），救世堂清刻本，1905年，第13页。

③ Cf. L.C.Arlington, William Lewisohn. *In Search of Old Peking*, Heri vetch, Peking: The French Bookstore，1935.p.251.

④ ［法］樊国梁：《燕京开教略》（中），救世堂清刻本，1905年，第13页。

⑤ 汤开建汇释、校注：《利玛窦明清中文文献资料汇释》，澳门特别行政区政府文化局、上海古籍出版社2017年版，第18页。

⑥ 包括吉祥法云寺、崇国寺（后称护国寺）、大能仁寺、大觉寺、西竺寺、西域寺、弘仁寺、广善寺和广寿寺。参见俞秋秋：《高僧智光与北京的几所寺庙》，见《纪念北京市社会科学院建立十周年历史研究所研究成果论文集》，1988年，第113页。

明英宗（1427—1464）又加封为"西天佛子"。同年农历六月十三日，智光大师圆寂，"火葬地在三塔寺址"①。十年后，负责智光大师善后事宜的宦官出资修成一座寺庙，将其称为"西域寺"，而其弟子布达实哩为住持。历代对此寺多有记载：

> 顺天府西有西域寺，《明一统志》。（臣等谨按）西域寺在阜成关外马家沟，俗呼三塔寺，明宣德年间建。今已颓圮，仅存数楹，阶下二碑犹屹立：一正统十门僧乌巴迪呢雅实哩等为其师雅尔鼐罗密克立，吏部郎中金陵曹义撰文；一弘治十七年太仆寺卿金陵李纶撰文。门外仆碑二：一没土中；一碑面反贴赑屃间，尚可见者，成化十四年六月李哲立石等字。至三塔止存二，其一已废。西南隅蓁壤中别有一塔，相距较远，制亦不同。僧云是为普同塔，不在三塔之列也。②

> 西域寺在阜成关外马家沟，俗呼三塔寺，明宣德年建，为灌顶广善西天佛子大国师荼毗之所。其大弟子乌巴迪呢雅宝哩等建灰塔立寺，告成之日，赐名西域。③

> 西域寺，在平则关，旧名三塔。我朝僧雅纳使西域，还朝，敕赐为西域寺。吏部尚书曹义记。④

> 京都阜成之西三里许，有古刹三塔寺，乃灌顶广善西天佛子大国师荼毗之所也。⑤

> 都城之西三里许，有梵刹曰西域。圆融妙慧净觉宏济辅国光范衍教灌顶广善大法师大通法王智光上师优于先见，于此创建以为道场。⑥

"西域寺""西域庙"俗称"三塔寺"之名由来已久，且基本无异议，均称源于智光国师荼毗后建塔存放舍利子之所。西域寺碑中介绍，"明正统十年（1445）四月八日刻。碑在北京西城区三塔村。拓片阳碑身高 133 厘米，宽 80 厘米，额高、宽均 27 厘米；阴碑身高 135 厘米，宽 82 厘米，额高 30 厘米，宽 28 厘米。□义撰，季淳正书，周濂篆额。阴额梵文"⑦。明弘治十七年(1504)7 月，明代太仆寺少卿安成李纶撰并正书西域寺重修碑(其旧照见图 1–2，其碑阳拓片见图 1–3)。

---

① 邓锐龄：《明西天佛子大国师智光事迹考》，《中国藏学》1994 年第 3 期，第 40 页。
② （清）于敏中：《钦定日下旧闻考》卷九十六，北京古籍出版社 2000 年版，第 1608—1609 页。
③ （清）吴长元辑：《宸垣识略》卷十三，北京古籍出版社 1982 年版，第 275 页。
④ （明）沈榜：《宛署杂记》卷十九，北京古籍出版社 1980 年版，第 225 页。
⑤ （明）曹义：《西域寺碑略》，见（清）于敏中：《钦定日下旧闻考》卷九十六，北京古籍出版社 2000 年版，第 1609 页。
⑥ （明）李纶：《西域寺重修碑略》，见（清）于敏中：《钦定日下旧闻考》卷九十六，北京古籍出版社 2000 年版，第 1609 页。
⑦ 根据历史文献，应为"曹"字，即曹义撰。参见北京图书馆金石组编：《北京图书馆藏中国历代石刻拓本汇编》第 51 册，中州古籍出版社 1989 年版，第 135 页。

图 1-2　西域寺重修碑旧照	图 1-3　西域寺重修碑碑阳拓片
图片来源：中国文化遗产研究院。	图片来源：中国文化遗产研究院。

　　三塔寺原建面积已经无史料可循。到了乾隆年间，寺庙就已破败。根据《日下旧闻考》记载，在清代的时候一塔遭毁，仅剩二塔。在距离两塔西南方较远处本还有一座僧人墓塔，但是形制与两塔迥异。后三塔寺得以重修，且属于寺庙僧人管理。"寺建于明代，民国四年（1915）重修。占地面积约 8 亩，耕地 6 亩。内有殿房共 33 间，其中土瓦房 27 间，土房 6 间。寺内有泥佛像 12 尊，尼神像 14 尊"①。"三塔寺坐落西郊第一分署三塔寺村三号，建立年代失考，民国四年重修，属私建。本庙面积八亩，土瓦房二十七间，外有破烂不堪土房六间。管理及使用状况为供佛僧众住宿，余房租赁。庙内法物有泥塑菩萨，铁钟三口，铁盘五个"②。1948 年冬三塔寺毁。在新中国成立前，三塔寺附近曾有乱坟岗（亦称乱葬岗子）③。1954 年修展览馆路，西域寺重修碑至此佚失。（见图 1-4）当时有条铁路经三塔寺，从栅栏墓地诸圣堂西墙与乱坟岗之间向南开去。"这个大乱坟岗子还阻住了东入护城河的二里沟的水流。于是，岗子以东的那段水沟就变成了干沟，直到把天主教

---

① 刘季人：《三塔寺位在何方》，《西城追忆》2006 年第 3 期。

② 北京市档案馆编：《北京寺庙历史资料》，中国档案出版社 1997 年版，第 92 页。

③ 乱坟岗毗邻诸圣堂，"这大片地方由于长年累月地掩埋尸骨，而成为乱坟岗子。那真是坟挨坟，坟挤坟，坟压坟，坟摞坟"参见张国庆：《老北京忆往》，北京燕山出版社 2015 年版，第 77—78 页。约 1952 年，由于兴建北京展览馆，在乱坟岗需开出一条新马路。由于乱坟岗的坟大多是无主坟，所以挖出来的尸骨只好装进小火匣子（用薄板钉成的小棺材）里，放在尚未铺沥青的路边，后被运走。资料来自北京教区孙尚恩神父口述。

春秋石铭　北京栅栏墓地
历史及现存碑文考

堂改建成为市委党校时，才把沟填平修
成柏油马路"①。当时三塔寺早已坍塌，
只剩了残塔（见图1-5、图1-6）。由于
此塔是安放僧人骨灰的灵塔，俗称和
尚坟。② 到了20世纪60年代，两塔位
于铁路东侧，"铁路途经今中共北京市
委党校西墙外，后因铁路改线拆除"③。
"（天主教墓地）的入口位于高墙尽头，
紧靠着铁路轨道"④。其具体位置在北京
市委党校（以下简称"党校"）的西墙边，
一塔在党校院内，另一塔在党校院外，

图1-4　三塔寺旧照

图片来源：中国文化遗产研究院。

距离车公庄大街二十米左右的距离。后在"文化大革命"期间，两塔俱毁，整个寺庙也不
复存在，唯名称继续沿用。

　　关于滕公栅栏与三塔寺的关系，就时间而言，三塔寺修建在前，约1445年前后建成。
若滕公栅栏为滕祥私人地产，滕祥1509年入宫，十年后升奉御，随后供职惜薪司，后晋
升为御用监太监，最后职为司礼监太监。具体何时拥有此地不得而知，但应为任御用监太
监以后才获得赐地并修筑宅院，因此滕公栅栏可能形成于嘉靖中晚期以后。就具体位置而
言，二者虽都位于阜成门外，然而"滕公栅栏"位于阜成门外半里的二里沟，"阜成门外
偏北一公里外"⑤。"三塔寺"位于阜成门外三里许的马家沟。根据"钦赐房地共三十八间，

图1-5　三塔寺残塔两座

图片来源：中国文化遗产研究院。

图1-6　三塔寺残塔两座及另一座僧人墓塔

图片来源：中国文化遗产研究院。

---

① 　张国庆：《老北京忆往》，北京燕山出版社2015年版，第77页。

② 　参见张国庆：《老北京忆往》，北京燕山出版社2015年版，第76页。

③ 　刘季人：《三塔寺位在何方》，《西城追忆》2006年第3期。

④ 　L.C.Arlington，William Lewisohn, *In Search of Old Peking*, Heri vetch, The French Bookstore, Peking,
1935.p.251.

⑤ 　林华、余三乐、钟志勇、高智瑜编：《历史遗痕——利玛窦及明清西方传教士墓地》，中国人民大学出
版社1994年版，第7页。

周围墙垣二十亩，南至官道，北至嘉兴观地，东至嘉兴观，西至会中墙"①；"至嘉兴观，土人云在利玛窦茔东北，今遗址莫辨矣"②；"欧罗巴修士利玛窦坟在白石桥西"③；"嘉兴观在阜成门稍北而西，径路两旁多树，自此至双峰寺，北通白石桥观有小阁绝高，西即利玛窦坟"④。可知"滕公栅栏"的西边为三塔寺。就面积而言，滕公栅栏占地 20 亩，三塔寺面积初建未知，到民国规模仅 8 亩。由此可知二者东西相邻但却并不重合。

在栅栏地还未成为传教士墓地之前，经历了从太监府邸到佛教寺庙的转变，且与三塔寺毗邻，由此成为一处佛教用地。而在杨太监犯事以后，此座佛教寺庙房产也籍没入官地，日益衰败，这也为日后成为传教士墓地埋下了伏笔。

---

① （清）黄伯禄：《正教奉褒》，见中国宗教历史文献集成编纂委员会编纂：《东传福音》第六册，黄山书社 2005 年版，第 515 页。

② （清）于敏中：《钦定日下旧闻考》卷九十六，北京古籍出版社 2000 年版，第 1609 页。

③ （清）吴长元辑：《宸垣识略》卷十三，北京古籍出版社 1982 年版，第 275 页。

④ （清）于敏中：《钦定日下旧闻考》卷九十六，北京古籍出版社 2000 年版，第 1609 页。

第二章
栅栏墓地庚子年前的历史流变

论及传教初期来华传教士葬身之所，在利玛窦之前去世的耶稣会士，按照明朝律法规定，都只能葬在澳门的教会公墓内①。由于澳门为葡属殖民地，传教士们一般都在澳门学习中文以后，再前往大陆传教。而死后亦葬回澳门。比如1591年10月17日，葡萄牙籍耶稣会士麦安东（Antonio d'Almeida，1556—1591）殁于韶州，利玛窦只有将其"把棺材厝封起来，等待澳门院长来的时候，再决定埋葬的地方"②。费赖之记载当时等到意大利籍耶稣会士石方西（Francois de Petris，1563—1593）于1593年11月5日去世时，二人尸体最终"由水路载到澳门埋葬"③。利玛窦在致罗马总会长阿桂委瓦神父的书信中（1593年12月10日）言及"由于中国不能把亡者葬在教堂中，外面也无地好葬，视察员神父愿意把两位去世的神父遗体迁到澳门，葬在'圣地'中"④。1606年黄明沙（Francisco Martins Houang，1569—1606）修士在广州受刑而死，"他的遗骸运往澳门，安葬在教会公墓"⑤。1607年8月苏如望（João Soerio，1566—1607）殁于南昌，遗体亦运回澳门得以安葬。故在利玛窦之前，"所有在中国传教逝世的人都葬在澳门神学院的墓地，而且有命令规定凡死在别处的人其遗体都必须迁回澳门葬在一起"⑥。因此，利玛窦在京去世，成为第一位葬于京的传教士。

第一节　始建：利玛窦茔地

1610年为利玛窦去世之年。时间正值会试，诸多士人有大半入京拜谒利公。又时值

---

① 参见［法］藩国阴：《遣使会在华传教史》，吴宗文译，台北华明书局1977年版，第63页。

② ［意］利玛窦：《利玛窦全集》I之《利玛窦中国传教史》（上），刘俊馀、王玉川、罗渔译，台湾光启出版社、辅仁大学出版社1986年版，第219页。

③ ［意］利玛窦：《利玛窦全集》I之《利玛窦中国传教史》（上），刘俊馀、王玉川、罗渔译，台湾光启出版社、辅仁大学出版社1986年版，第231页。

④ ［意］利玛窦：《利玛窦全集》I之《利玛窦中国传教史》（上），刘俊馀、王玉川、罗渔译，台湾光启出版社、辅仁大学出版社1986年版，第135页。

⑤ ［意］利玛窦、［法］金尼阁：《利玛窦中国札记》，何高济等译，中华书局1983年版，第539页。

⑥ ［意］利玛窦、［法］金尼阁：《利玛窦中国札记》，何高济等译，中华书局1983年版，第617页。

斋戒期，利玛窦每日大斋，此外还主持建造天主堂，故体力难支，在 5 月 3 日终于病倒了，自此卧病不起。众医诊治，服药无效。病后第六日利玛窦请作"总告解"，忏悔一生过愆①。第七日领完"临终圣体"，病情加重，下午便陷入昏迷，神志不清，"传教中国救灵魂事"等谵语不绝①。第八日突然清醒，请求施行"临终傅油圣事"，在弥留之际，为诸神父、修士祝福，"我把你们置于敞开的大门之前，可向着丰功伟业而前进，也向着辛劳艰难而前进"②。1610 年 5 月 11 日晚上安然长逝。当时游文辉（亦作尤文辉，Manuel Pereira Yeou，1575—1633）③、熊三拔、费奇观（Gaspard Ferreira，1571—1649）以及钟鸣礼（Jean Fernandez Tchong，1581—1620）、钟鸣仁（Sébastien Fernandez Tchong，1562—1622）④ 两兄弟等在其身旁，均跪于床前，同为利玛窦祈祷。下午 6 时左右，利玛窦"头向里面一转，好像入睡一般，合上双眼，安然断气。享年五十八岁又七个月零五日。在中国二十七年"⑤。而"兹以年老病故，道途险远，势难将榇返国"⑥。朝廷考虑他在华之功，不仅熟习

---

① 参见［法］高龙鞶:《江南传教史》第一册，周士良译，台湾辅仁大学出版社 2009 年版，第 103 页。

② ［法］高龙鞶:《江南传教史》第一册，周士良译，台湾辅仁大学出版社 2009 年版，第 103 页。

③ 游文辉，字含朴。1575 年出生于澳门，其父母为基督教教徒。1593 年前往日本，在耶稣会学校学习绘画。他跟随意大利画家乔瓦尼（Giovanni Cola，Nicolao 或 Nicdcolò，1560—1623）学习绘画。当时由于所有人都受到日本丰臣秀吉（とよとみひでよし Toyotomi Hideyoshi，1537—1598）入侵朝鲜国的威胁，丰臣秀吉驱逐在日本国的传教士（1587 年突然发布了传教士驱逐令，采取禁教令与锁国政策）。当时日本传教省省长范礼安派遣游文辉、郭居静（Lfizaro Catfino，1560—1640）、钟鸣仁等人由澳门进入内地。后来，1598 年游文辉陪同利玛窦和郭居静一起前往南京和北京。1603 年在南京任传道员，准备进初修院，同时又学习了拉丁文。1605 年 8 月 15 日在南京进入初修院。1610 年在北京，协助垂危状态的利玛窦工作。在利玛窦去世后不久，为了安抚众人，游文辉为利玛窦画了肖像，1614 年此画可能被金尼阁带往罗马，目前藏于罗马耶稣会总堂的会院客厅中，画像下面用拉丁文写有:"P.MATTHEVS RICCIVS MACERATENSIS QVI PRIMVS E SOCIETAE IESV E VANGELIVM IN SINAS INVEXIT OBIIT ANNO SALVTIS 1610 ATATIS, 60." 译为汉语为:利玛窦神父，马切拉塔人，为耶稣会将福音传入中国的第一人，1610 年去世，享年 60（虚岁）。1613 年游文辉在南京做传道员和画家，1617 年 12 月 25 日在杭州府城外杨廷筠家中的小祈祷室发愿，署名为 Manoel Pereira。然而在同年，由于当时沈㴶发起南京教案，游文辉一度在澳门躲难，直到 1623 年才重新返回到北京，1628 年回到杭州，1633 年逝世于杭州，享年 58 岁。Cf. *Diccionario Histórico de la Compañía de Jesús: Biográfico-temático*, Carlos E. O' Neill, Joaquín María Domínguez, Universidad Pontificia Comillas, 2001.p.4060. 另参见［法］费赖之:《在华耶稣会士列传及书目》，冯承钧译，中华书局 1995 年版，第 105 页。在高龙鞶书中，他引自金尼阁的说法，认为利玛窦遗像的作者是倪雅阁修士。而后，各地流传的利玛窦遗像，皆以此为蓝本。参见［法］高龙鞶:《江南传教史》第一册，周士良译，台湾辅仁大学出版社 2009 年版，第 110 页。

④ 钟鸣仁，又名钟念江、钟巴相，广东广州府新会县人，早年同其父钟念山、其弟弟钟鸣礼前往香山入天主教。1599 年随利玛窦前往北京进贡，在北京待了七八年的时间。后 1622 年 6 月 10 日去世，享年 60 岁。参见［法］费赖之:《在华耶稣会士列传及书目》，冯承钧译，中华书局 1995 年版，第 53 页。

⑤ 罗光:《利玛窦传》，《罗光全书》第二十八册，台湾学生书局 1996 年版，第 241 页。

⑥ 韩琦、吴旻校注:《熙朝崇正集熙朝定案（外三种）》，中华书局 2006 年版，第 22 页。

春秋石铭 北京栅栏墓地
历史及现存碑文考

THE HISTORY
ON THE TOMBSTONES

中华教义习俗，且勤学明理，著述有称。加上庞迪我等传教士恳请真挚，且愿生死相依。按照《大明会典》明确规定："凡夷使病故，如系陪臣未到京者，所在布政司置地营葬，立石封识。"又一欸"夷使在馆，未经领赏病故者，行顺天府转行宛、大二县给与棺木银领赏之后，病故者听其自行埋葬"[1]。故顺天府查得有空闲寺观隙地庙余，给予已故利玛窦为埋葬之所，是年，利玛窦卒，为其立碑[2]。"利先生卒，上震悼，特赐葬地二十亩于阜成门外"[3]。"利公没，礼部题请，奉旨钦恤赐葬阜成门外，地二十亩，房屋三十八间，为其同会庞迪我等供奉天主及祝釐之所"[4]。可见利玛窦埋葬之所不单单是墓地，而且是天主教在京获得官方认可的供奉天主和进行祈祷等宗教仪式之所，以此，利玛窦在华的坟茔"就等于认可教会和基督教在中国的合法存在了"[5]。庞迪我等人将仁恩寺改造为教堂，取名"救世主堂"。在改造中，先要拆去寺庙中的部分佛像，其中包括大殿神坛上的地藏菩萨。"凡泥胎塑像就予以粉碎，拆出来的木头焚烧，墙面则以刷白"[6]。救世主堂中祭坛供天主圣像。在左边新设一小圣母堂，供罗马圣母大殿的圣母像。而教堂内天主、圣母玛利亚以及圣约翰的画像皆由游文辉所绘。而仁恩寺其余砖木等料，皆作为利玛窦筑坟之用。

利玛窦墓则由龙华民（Niccolò Longobardo，1559—1654）亲自设计。其墓园（见图2-1）为方形规制，四角各放置一石墩，在四棵古柏中央为利玛窦墓。"利玛窦之墓，在旧茔地东西二墙之正中。墓首有八角亭一座。南北有石墁甬道一条。由修士宅院，可以直达利玛窦坟"[7]。裴化行描述："墓地占地二十亩（约四分之一公顷），并且以长850英尺，宽170英尺的细长甬道延伸。由坚实的石砖作为围墙，并且大致有一人头高，尽管这些墓碑没有被精细

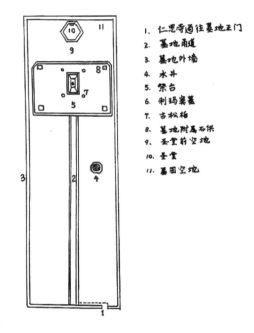

1. 仁恩寺通往墓地正门
2. 墓地甬道
3. 墓地外墙
4. 水井
5. 祭台
6. 利玛窦墓
7. 古松柏
8. 墓地附属石供
9. 圣堂前空地
10. 圣堂
11. 墓园空地

图2-1 利玛窦墓地初始图

① （明）杨廷筠：《绝徼同文纪》，见《法国国家图书馆明清天主教文献》第六册，台湾利氏学社2009年版，第324页。
② 参见向以鲜：《中国石刻艺术编年史》（愉悦卷），东方出版中心2015年版，第1152页。
③ 杭州后学何文豪、张星曜、杨达等同述：《昭代钦崇天教至华叙略》，见韩琦、吴旻校注：《熙朝崇正集熙朝定案（外三种）》，中华书局2006年版，第204页。
④ （明）黄明乔撰：《天学传概》，见韩琦、吴旻校注：《熙朝崇正集熙朝定案（外三种）》，中华书局2006年版，第228页。
⑤ ［意］利玛窦、［法］金尼阁：《利玛窦中国札记》，何高济等译，中华书局1983年版，第617页。
⑥ 刘耿：《利玛窦墓园的前七年（1610—1616）》，《北京行政学院学报》2018年第1期。
⑦ ［法］樊国梁：《燕京开教略》（中），救世堂清刻本，1905年，第30页。

保护起来，但是他们被恰到好处地有序排列，从墓碑可以看出墓主人高贵的身份"[1]。在吉隆神父（F.Guillon）于 1863 年 8 月 20 日的旅行日记以及法兰西埃德尔神父（F.Edel）于 1874 年 12 月 26 日在给格朗迪迪埃（Grandidier）信中所画的写生图[2] 中可见利玛窦墓异于传统。墓碑（其旧照见图 2-2，其现状见图 2-3）为汉白玉石碑，螭首方座式。"利玛窦的碑高三尺"[3]，"碑高 2 米，宽 0.9 米，厚 0.25 米"[4]，碑阳为十字架和利玛窦所属修会耶稣会标志缩写 IHS。碑阳正中书写"耶稣会士利公之墓"八个大字，碑文由中文、拉丁文双语书写，拉丁文部分字迹残缺。墓碑后的墓棺为上圆下方，顶圆拱式的长方形砖砌坟墓，墓高 1.5 米、长 2.4 米、宽 1.3 米。"其坎封也，异中国，封下方而上圜，方若台圮，圜若断木"[5]。日本学者那波利贞在 1988 年走访时描述其石碑后面墓形为"马鬣坟"的形式，又称"蒲鉾型の坟"。蒲鉾型的坟为长方形，下有台座，台座高三尺三寸，

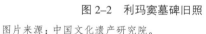

图 2-2　利玛窦墓碑旧照　　　　　　　　图 2-3　利玛窦墓碑现状

图片来源：中国文化遗产研究院。

---

① Henri Bernard. *Aux origines du cimetière de Chala: le don princier de la Chine au P. Ricci（1610—1611）*，1934.p.35.

② 参见高智瑜、[美] 马爱德主编：《虽逝犹存：栅栏——北京最古老的天主教墓地》，澳门特别行政区政府文化局、美国旧金山大学利玛窦研究所 2001 年版，第 31—32 页。

③ [日] 那波利贞：《北京阜成门外栅栏儿の耶苏会地》，《历史と地理》1921 年第 7 卷第 3 号。

④ 高智瑜、[美] 马爱德主编：《虽逝犹存：栅栏——北京最古老的天主教墓地》，澳门特别行政区政府文化局、美国旧金山大学利玛窦研究所 2001 年版，第 32 页。

⑤ （明）刘侗、于奕正：《利玛窦坟》，见《帝京景物略》，北京古籍出版社 1980 年版，第 207 页。亦参见（清）于敏中：《钦定日下旧闻考》卷九十六，北京古籍出版社 2000 年版，第 1610 页。

蒲鉾型幅二尺三寸五分，高一尺四寸七分，奥行六尺一寸五分，总高四尺七寸七分①。其墓穴"七尺深，四壁是砖与长石，壁厚一尺半，棺上压了几块条石，石上铺一层砖，砖上埋土"②。而后方六角亭，供奉着象征天主教信仰的"十字文"③。其六角亭屋脊由螭尾（又名螭吻）装饰，象征传统皇权礼制。肩纹为花蝶纹饰，旁纹以若干象鼻相勾连，组成四方连续纹样④。在墓地前堂还有一个双重庭院，祭祀圣贤之人。而庭院门前本有一日晷，日晷底座铭文为"美日寸影，勿尔空过，所见万品，与时并流"⑤，然而日晷早已不复存在⑥。

关于此墓地，朝廷不仅颁发了钦赐法令，而且赐予葬资、派遣大臣祭祀。黄吉士送上"慕义立言"方匾，顺天府京兆王应麟作碑记，名为《钦敕大西洋国士葬地居舍碑文》（或《钦敕西儒葬地居舍碑文》），内容如下：

> 粤稽古用宾，在九州广万余里者，斯为辽绝仅已。我国家文明盛世，怀柔博洽。迄万历庚辰，有大西洋国士利玛窦号西泰，友辈数十，航海九万里，观光中国。始经肇庆（明时广东以肇庆为省垣），大司宪（制台）刘公旌之，讬居韶阳郡（广东韶州）。时余奉刺凌江（广东南雄州），窃与有闻，随同傅伴，赍表驰燕（北京），跋庾岭（山界广东江西），驻豫章（江西）。建安王（宗室）抱遘，若追欢笃交谊之雅。宗伯（礼部尚书）王公宏诲，竟倾盖投契合之孚，相与沂游长江，览景建业（南京）。箴尹（给事中）祝公世禄、司徒（户部尚书）张公孟男，淹款朋侪，相杼情素。西泰同庞子迪我号顺阳者，仅数友辈，廼越黄河，抵临清（属山东）。督税宫官（太监）马堂持其贡表，恭献阙廷，皇上启阅。天主圣像、珍藏内帑、自鸣钟、万国舆图、琴器类，分布有司。欣念远来，召见便殿，宠颁一职，辞爵折风（《文选西都赋》注《三辅故事》曰："建章宫东有折风阙"。《关中记》曰："折风，一名别风"），馔设三辰，叨燕陛阙。欲亲貌颜，更工绘图。上命礼部宾之，遂享。大官（光禄寺）廪饩。是时大宗伯（礼部尚书）冯公琦，讨其所学，则学事天主，俱吾人禔躬缮性，据义精确。因是数数疏义，排击空幻之流，欲彰其教。嗣后，李冢宰（吏部尚书）、曹都谏（给事中）、徐太史（翰林苑）、李都水（工部郎中）、龚大参（布政使）诸公问答，

---

① 参见［日］那波利贞：《北京阜成门外栅栏儿的耶苏会地（上）》，《燕吴载笔录（十三回）》之《杂录》第七卷第三号，第 72 页。

② 刘耿：《利玛窦墓园的前七年（1610—1616）》，《北京行政学院学报》2018 年第 1 期。

③ "十字文"有可能指刻有字母"INRI"（拉丁文"Iesus Nazarenus Rex Iudaeorum"的缩写，意为犹太王—拿撒勒的耶稣）的十字架。

④ 参见（明）刘侗、于奕正：《利玛窦坟》，见《帝京景物略》，北京古籍出版社 1980 年版，第 207 页；（清）于敏中：《钦定日下旧闻考》卷九十六，北京古籍出版社 2000 年版，第 1610 页。

⑤ （明）刘侗、于奕正：《利玛窦坟》，见《帝京景物略》，北京古籍出版社 1980 年版，第 207 页。

⑥ 关于日晷来源，余三乐推断为利玛窦亲手所制。参见余三乐：《寻访利玛窦的足迹》，世界图书出版公司 2016 年版，第 354 页。《燕京开教略》（中）提及庞迪我屡赠西洋新奇之物给官员："曾以象牙制小日晷，奇巧无似"。参见［法］樊国梁：《燕京开教略》（中），救世堂清刻本，1905 年，第 13 页。因庞迪我利用在朝中的友好关系而为利玛窦申请墓地，不知墓地中日晷是否与庞迪我有关，待考。

勒板成书。至于郑宫尹（晋事府）、彭都谏（给事中）、周太史（翰林苑）、王中秘（翰林苑）、熊给谏（给事中）、杨学院（学政）、彭柱史（御史）、冯金宪（按察司副史）、崔诠司（吏部司员）、陈中宪（按察司副史）、刘茂宰（知县）同文甚都，见于叙次。衿绅秉翰墨之新，槐位贲行馆之重，斑斑可镜已。

历受馆饩十载，适庚戌春，利氏卒。迪我偕兼具奏请恤。诏议礼部少宗伯（侍郎）吴道南公署部事，言其慕义来，勤学明理，著述有称。且迪我等顾以生死相依，宜加优恤。伏乞敕下顺天府查给地亩，收葬安插，昭我圣朝柔远之仁。奉圣旨：是。宗伯廷移文少京兆（顺天府）黄吉士，行宛平县，有籍没杨内官私创二里沟佛寺房屋三十八间，地基二十亩，牒大司徒（户部尚书），禀成命而畀之居。覆奏，蒙允。余职江右（江西）岳牧，转任广阳（顺天府）师表，实有承流宣化之责，欣闻是举，因而感节抵寓，顺阳子与其友人龙精华（名华民，意大理国人）、熊有纲（名三拔）、阳演西（名玛诺，葡萄牙国人）辈，晋接久，习其词色，洵彬彬大雅君子。殚其底蕴，以事天地之主，以仁爱信望天主为宗，以广爱诲人为功用，以悔罪归诚为入门，以生死大事，有备无患为究竟。视其立身谦逊，履道高明，杜物欲，薄名誉，澹世味，勤德业，与贤智共知，挈愚不肖共由。理穷性命，玄精象纬，乐工音律，法尽方圆，正历元以副农时，施水器以资民用。翼我中华，岂云小补？于是赞我皇上，盛治薰风，翔洽遐际，真夐绝千古者矣。斯时也，余承命辖东南，宁无去思之慨。附居郊处，虑有薪水之忧。赫赫王命之谓何，余与有责焉。用识颠末于贞珉，纪我皇上柔远休征，昭示万禩，嘉惠远人于无穷至意，为之记，以辛亥　月　日。记以　乙卯三月朔日。

钦赐房地共三十八间，周围墙垣十二亩。南至官道，北至嘉兴观地，东至嘉兴观，西至会中墙。清漳王应麟。①

文中首先详细介绍了利玛窦来华经历，历肇庆、韶州，然后北上，往返江西、南昌，候于南京，过山东临清而最终前往北京。其次对他在京将西洋礼物进献皇帝且与士大夫的交际做了概述。再次是在利玛窦去世后，针对其墓地申请、选址的详细过程。最后就利玛窦在华功绩和其德行进行了高度的褒奖。其中提及的传教士还包括龙华民、熊三拔和阳玛诺等人。

1611 年 11 月 1 日利玛窦下葬时，当时文武百官、神父修士、天主教徒甚至教外人士都来参加了葬礼，"发引日，大呈仪物，于诸圣瞻礼日举行大祭，柩至茔地，葬于六角亭前，茔地门额大书'钦赐'二字"②。葬礼的情形如下：

---

① 王应麟所撰碑文内容详见杨廷筠：《绝徼同文纪》，见《法国国家图书馆明清天主教文献》第六册，台湾利氏学社 2009 年版，第 333—338 页；（清）黄伯禄：《正教奉褒》，见中国宗教历史文献集成编纂委员会编纂：《东传福音》第六册，黄山书社 2005 年版，第 512—515 页；（清）王应麟：《钦敕西儒葬地居舍碑文》，见韩琦、吴旻校注：《熙朝崇正集熙朝定案（外三种）》，中华书局 2006 年版，第 231—233 页。

② ［法］樊国梁：《燕京开教略》（中），救世堂清刻本，1905 年，第 13 页。

四月二十二日（阴历三月十日）天神之后圣堂修改完竣了，光启与熊、庞两司铎议定迁利氏的遗体入堂。迁柩日，光启率信友等与礼。十字前导，信友持烛相随，而司铎护柩而行。柩入堂，存放堂中。万历三十九年十一月一日，诸圣节期，举行安葬利氏礼。当天，先行诸圣节大礼弥撒，北京信友全体到堂。大礼弥撒后，继之以追思弥撒。追思礼毕，熊三拔司铎登台致哀词，述说利氏一生的事迹。安葬时，光启与众信友，持烛前行，信友四人异棺出堂，抵墓穴，下棺入圹，拿所毁二里沟寺内佛像的铜铁，填入圹内。光启亲自举铲抛土，双眼满泪，他哭自己的恩师，自己的良友。葬后，他收藏下棺的绳索，留作纪念①。

4月22日，利玛窦的遗体已从南堂移至墓园，徐光启率领诸多教徒参加了迁柩仪式。到了11月1日诸圣节这天，在栅栏墓地正式举行安葬礼。整个仪式肃穆庄重，由龙华民主持弥撒，教徒俱在，其中也包括钟鸣礼、钟鸣仁两兄弟。"玛窦殁，鸣礼兄弟同往北京会葬"②。弥撒过后，在救世主堂举行了追思礼，熊三拔讲述了利玛窦一生的德行事迹。"弥撒毕，由神父讲道赞扬利公生平德行，后来封墓，越去世之日已一年矣"③。接下来便是下葬仪式，徐光启和众教徒手持蜡烛走在前面，四人抬棺而出，到达墓穴后，放下棺材，并将仁恩寺所拆佛像铜铁填入墓穴中。徐光启哭泣着亲自铲入第一抛土，仪式结束，徐光启收好下棺绳索以作纪念。裴化行的书中记载，"1611年诸圣日，利玛窦神父的灵柩下穴于此处净化了的土地。从此，在复活了的中国天主教会起源上有了一座墓地"④。利玛窦在京传教受洗第一人本笃老人（姓氏未详），领洗时已84岁。在利玛窦死后，每逢瞻礼日"必赴城外利神父茔地，先入堂祈祷片刻，即赴利神父墓前，再四叩首，以表其仰慕之诚"⑤。

而在利玛窦去世6年后的1616年5月，沈㴶向朝廷控告传教士，8月20日礼部下令逮捕和驱逐传教士。当时在北京龙华民为全区会长，熊三拔为住院院长。此外，尚有庞迪我、艾儒略、毕方济（Francois Sambiasi，1582—1649）三位神父及倪雅各、游文辉二位修士。1618年万历皇帝颁发谕旨，"在京之西洋人，俱归澳门。又严禁中国人奉天主教"⑥，而所有的圣堂邸地被没收或封禁。龙华民上疏恳请皇帝收回成命，但却被拒绝。无奈之下，龙华民和其他耶稣会士只好离京南下。当时"北京诸神父听到驱逐的命令，如听到晴天霹雳。事前一无准备，依照各位友好官员的意见，神父们想上疏抗辩。但沈㴶对这一着早已料到，故已贿赂内监，拒不接受神父们的奏章，因此不得不料理出发"⑦。临走前，由于国籍耶稣会士李清、张儒汉二人不在驱逐之列，所以栅栏墓地由二人照管，当时朝廷发

① 罗光：《徐光启传》，《罗光全书》第二十八册，台湾学生书局1996年版，第332—333页。
② ［法］费赖之：《在华耶稣会士列传及书目》，冯承钧译，中华书局1995年版，第127页。
③ 佚名：《徐文定公事实》，［比利时］钟鸣旦、［荷］杜鼎克、王仁芳主编：《徐家汇藏书楼明清天主教文献续编》第十四册，台湾利氏学社2013年版，第200页。
④ ［法］裴化行：《利玛窦评传》，商务印书馆1993年版，第623页。
⑤ 吴德辉：《青龙桥茔地志》（1940年版），中国国家图书馆2007年（缩微品），第14页。
⑥ ［法］樊国梁：《燕京开教略》（中），救世堂清刻本，1905年，第16页。
⑦ ［法］高龙鞶：《江南传教史》第一册，周士良译，台湾辅仁大学出版社2009年版，第168—169页。

以执照。内容如下：

> 礼部为远人荷恩归国恳乞垂慈曲全圣德事主，客清吏司案呈奉本部送。据大西洋国陪臣庞迪峨等呈前事，内称峨等伏诵，催疏于峨等曲赐矜全，随蒙温旨，遣归本国，感戢恩私，铭心刻骨。峨等去来本无系累，但念先臣利玛窦葬坟、房屋已蒙钦赐，卷在部司令峨等未行地方之人已声言夺占，惟恐去后或致掘毁，岂不负皇上之大恩，贻海外之剧痛乎！且圣朝德厚向已，传扬四海，自非终赐慈悯，恐仁声义闻，不无小损。伏乞允留一人守视赐茔。令峨等归国，仍将本坟、畦地、房租供其食用。恳恩准给执照以便遵守。则峨等万里之外，永颂圣恩。与迨台之巨庇无量矣！等情呈部送司，据此相应俯准。批给执照，案呈到部。看得西洋远人利玛窦流寓中华，竟而物故。所葬坟地、房屋原奉有明旨在卷。今其徒庞迪峨等，虽蒙诏谕遣回该国，而玛窦之枯骨岂能越数万里而扶榇以归。迪峨辈虑留此地无人典守，或致占毁一段，迫切之情，殊为可悯！为此。此给印照，令都门诚实人氏执照管畦地、房租永给养瞻。如有强梁之徒，横肆侵削，许赴该管衙门呈禀法究庶，远人本源之念以安，而圣朝体恤之恩有终矣。须至执照者。万历四十五年正月二十二日右执照给付看守利玛窦坟所中国人李清、张儒汉等。准此。①

在费赖之书中言及"徐光启命一忠实教徒看守教堂与利玛窦神甫之坟墓，缘其为钦赐之物，他人不得强夺，故得保存"②。此外，未受处分的倪雅各与游文辉，两人移居于利玛窦的茔地。而栅栏墓地内的小堂，成为京师唯一的教堂，其余圣堂院落全被官府封禁，不许出入。1621年，阳玛诺为北京住院院长，他偕邱良厚（Pascal Mendez，1584—1640）来京。此时，毕方济匿居在栅栏墓地的小堂中，然而不断遭到宫中太监的骚扰驱逐。一直到1622年，龙华民和汤若望才返回南堂，栅栏墓地重归为传教士管理③，此后栅栏墓地不断迎来新的主人。

第二节 扩大：耶稣会管理时期

在墓地初期，耶稣会士去世后都葬于利玛窦墓地甬道的两旁。"利玛窦神父的坟墓是园子头上的第一座墓，它的位置很突出，表明他是在华传教士事业的创始人。其他的坟都在他之下排成两排"④。而离利玛窦最近的即邓玉函（Johann Terrenz，1576—1630）和罗雅

---

① 杨廷筠：《绝徼同文纪》，见《法国国家图书馆明清天主教文献》第六册，台湾利氏学社2009年版，第339—341页。

② [法]费赖之：《在华耶稣会士列传及书目》，冯承钧译，中华书局1995年版，第109页。

③ 参见《北堂图书馆藏西文善本目录》（附录部分），国家图书馆出版社2009年版，第18页。

④ [法]杜赫德编：《耶稣会士中国书简集：中国回忆录》I，郑德弟、朱静等译，大象出版社2001年版，第268页。

谷（Giacomo Rho，1593—1638）的墓地。邓玉函位其左，罗雅谷位其右。至明朝结束，栅栏墓地仅三座墓。

龙华民的墓地是清以来第一座传教士墓地，其葬礼非常隆重，皇帝赐帑银三百两，并为龙华民绘制画像，派遣官员祭奠。"顺治十一年七月，龙华民卒，上赐银三百两，绘容一轴，遣官祭奠"[1]，这样的葬礼规制使得"北京便又成了一次大规模的宗教殡葬仪式的目击之地了"[2]。其墓安置于邓玉函墓地之南。随后是多明我会修士郭多明（Domingo Coronado，1614—1664）的墓，他是耶稣会以外修会葬于此地的第一人。

1666 年，汤若望去世后墓地格局开始发生改变。早在 1654 年，顺治帝便将利玛窦坟茔两旁的地亩赏赐给了汤若望，为其日后安息之所（见图 2–4）。"利玛窦坟茔两旁地亩，赏给汤若望，为日后窆厝之所"[3]。并建造了一座圣母堂，亦有碑文铭记此事，皇帝"赐地一区，以为他日窆厝所，所以昭异眷也"[4]。故"于赐地之中央构椽，内供圣母抱天主耶稣，名圣母堂，以资焚祝"[5]。圣母堂 1660 年竣工。汤若望墓碑（其旧照见图 2–5，其现状见图 2–6），即位于利玛窦茔地西墙之外，照传统墓地局格筑成。在诸多史料中对其有所记载：

> 前云汤若望之墓，乃依中国格局筑成，即是墓之北首，有半圆土冈围绕，以象山阿，墓长一丈余，宽六尺有奇，皆以方石砌成。墓前有大理石碑一通，高一丈二尺，上镌皇上谕旨，及汤若望之姓名年岁。官衔爵秩，碑前有

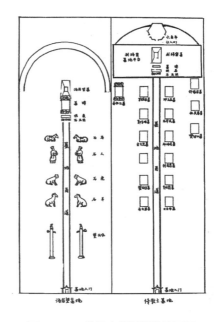

图 2–4 17 世纪末栅栏墓地平面图

图 2–5 汤若望墓碑碑阴旧照

图片来源：中国文化遗产研究院。

---

[1] （清）黄伯禄：《正教奉褒》，见中国宗教历史文献集成编纂委员会编纂：《东传福音》第六册，黄山书社 2005 年版，第 558 页。

[2] [德] 魏特：《汤若望传》第二册，杨丙辰译，知识产权出版社 2015 年版，第 49 页。

[3] （清）黄伯禄：《正教奉褒》，见中国宗教历史文献集成编纂委员会编纂：《东传福音》第六册，黄山书社 2005 年版，第 554 页。

[4] （清）黄伯禄：《正教奉褒》，见中国宗教历史文献集成编纂委员会编纂：《东传福音》第六册，黄山书社 2005 年版，第 556 页。

[5] （清）黄伯禄：《正教奉褒》，见中国宗教历史文献集成编纂委员会编纂：《东传福音》第六册，黄山书社 2005 年版，第 557 页。

图2-6　汤若望墓碑现状

供案一面，上陈盘果等物。案前复有五供，即香炉一座，镫烛一对，供瓶一对，连座高六尺有余。五供前有石马二。石人二，手捧象笏，亦高六尺，皆大理石镂成，精致无似。中有甬路一条，由墓所直达茔门。凡此供物，皆皇上所赠，以酬汤若望苶绩，奉教人不得用之。故皇上遣官致祭时，修士等俱不与焉。①

汤若望的墓地规制非常高，当时康熙皇帝赐予524两帑银作为葬资，筑建汤若望坟茔，并表立墓碑石兽。按照既定规制，其墓葬规格如下：

《封演闻见记》秦汉以来，帝王陵前，有石麒麟，石辟邪，石马之属。人臣墓前，有石羊、石虎、石人，石柱之属。皆所以表饰坟垅，如生前之象仪卫。《前汉西域传注》辟邪兽，似鹿，长尾两角。《宋敕编古玉图谱》汉符玺十有六之一，辟邪兽钮，玉色淡碧。满斑晕赤。方二寸六分。高二寸二分。玺文曰：永昌。虫鱼篆，辟邪图，鹿首鹿身，两角尾业，骤锐长而未蜷。《明会典》《明太祖实录》职官一品墓碑，螭首龟趺，石人石马、石羊石虎，石望柱各二。

二品至四品墓碑，麒麟首龟趺，石人等同一品。五品石羊马，石望柱各二。《大清律》职官一品至三品墓碑，螭首龟趺，石兽并六，四品五品墓碑，螭首龟趺，石兽并四。六品以下许用碣。方趺圆首。庶人止用矿志。②

又按照清廷定例，"一品官病故，恩予恤典者，给与全葬银五百两，一次致祭银二十五两，遣官读文致祭。应否与谥，请旨定夺。凡与谥者，内阁撰拟谥号，工部给碑价银三百五十两，本家自行建立，祭文碑文交翰林院撰拟，不与谥者，祭文交内阁撰拟等语。若加级至二品侍郎，病故者，照伊加级品级，给与全葬之价，并给一次致祭银两，遣官读文致祭，应否与谥，请旨定夺。凡与谥官员，工部给与碑价，本家自行建立；碑文、祭文内阁撰拟"③。汤若望作为二品官员，其墓碑规制为螭首方座碑。碑阳满汉文合璧，为康熙皇帝谕祭之文125字，生平汉文83字④。除碑前石五供外，石像生沿甬道分列左右，石马、石人、石狮、石羊、石望柱各二，如今墓园里仅存一只石羊。"（汤若望）墓地的规制确乎很高，他的墓，同时象征着关于汤若望的纪念得以恢复，除了供桌以外，还有象征供品的陈列，这里有成对的大理石人物和动物，这些人物是为了在另外一个世界服务死者的"⑤。

① ［法］樊国梁：《燕京开教略》（中），救世堂清刻本，1905年，第31—32页。
② （清）黄伯禄：《正教奉褒》，见中国宗教历史文献集成编纂委员会编纂：《东传福音》第六册，黄山书社2005年版，第629页。
③ 方豪：《中国天主教史人物传》中册，中华书局1988年版，第166页。
④ 参见北京石刻艺术博物馆馆藏：《石刻拓片编目提要》，学苑出版社2014年版，第27页。
⑤ Le Bulletin Catholique de Pékin, Pékin:Imprimerie des Lazaristes du Pei-T'ang, 1916, p.34.

1726 年《世界新闻报》（*Welt-Bott*）载文评论说："汤若望神甫安息在一架真可以说帝王一般的墓架之中"[①]。"汤若望神父的墓在另一边，颇具皇家气派"[②]。其中汤若望的墓地是至为重要的，规制如同皇家贵族，一系列的大理石雕塑分列左右。在墓地甬道的尽头是一个祭坛，两步一台阶，阶梯平台上放置有大理石中式花瓶（有十字花纹香炉），祭坛的左右两侧分别有八步台阶，入口处立有圣人像[③]。1699 年 12 月 8 日，皇帝命令三位官员去汤若望的墓地焚香敬拜，又命令赐给当时在朝传教士安文思等人修筑汤若望墓地葬资。当时诸多官员和在京的大部分教徒都参加了这场庄重而又新奇（Cerimónia que foi muito bela e muito curiosa）的葬礼[④]。

1688 年南怀仁去世时亦受到朝廷的隆重礼遇，康熙在谕旨中先赐"银二百两，大缎十端"[⑤]以作葬资，后又赐予帑银资建坟、树、碑等。南怀仁的墓并不在两排之列，而是自为一处，但仍在利玛窦茔地西墙之内。他的葬礼由耶稣会士洪若翰神父（Jeande Fontaney,1643—1710）在致拉雪兹神父（F.Lachaise）的信中记录下来。[⑥]5 月 11 日发丧当日，场面非常隆重。当时京道上跪满了为他送行的人。南怀仁的棺枢很大，棺木厚达三到四指，表面涂漆抹金，密封严实。而放置棺木的圆顶车有四柱，挂满了幔布，以示吊丧。圆顶车由两根横木固定，六十或八十个壮汉分立两旁，用肩扛着枢车缓缓前行。在京耶稣会士紧跟其后，不时跪拜，教徒痛哭流涕。而红底金字，写有南怀仁的姓名、头衔的牌子，走在送葬队伍的最前面，高 25 尺、宽 4 尺。紧跟其后的是吹鼓手和旗队，随后是放在大壁龛里的十字架、丝绸材质的宗教书籍、圣母圣子像、守护天使像等，而教徒不时穿插其中，悲伤欲绝。诸多官员也骑马随行，队伍后面还有五十位骑士。

> 次年洋历五月十一日发引。午前皇上遣佟国舅，及朝员五人挽绋，执事遍历宣武门、阜成门二大街。有铭旌一架，高三丈余，红地金字，大书南怀仁之姓名官职，有十字圣架亭一座，饰以彩绸，奉教之人，排于两边，随班而行，十字圣架居中，又有圣母圣像亭一座，总领天神圣像亭一座，御亭一座，内悬上谕，以黄缎书成，枢上覆以绣龙彩罩，杠夫六十余人舁抬[⑦]。

抵达栅栏墓地后，传教士及教徒们三叩遗体，号哭不止，早已准备好的祭坛上摆放着十字架和蜡烛。院长神父穿着白色祭衣举行弥撒，整个葬礼悲伤肃穆，下葬棺枢时，大家再次

---

① ［德］魏特：《汤若望传》第二册，杨丙辰译，知识产权出版社 2015 年版，第 202 页。

② ［法］杜赫德编：《耶稣会士中国书简集：中国回忆录》I，郑德弟、朱静等译，大象出版社 2001 年版，第 268 页。

③ Cf. Henri Cordier. *Bibliotheca sinica. Dictionnaire bibliographique des ouvrages relatifs à l'Empire chinois*, Vol. 2.Paris:Librairie Orientale & Americaine, 1905.p.1027.

④ Cf. Gabriel de Magalhães, *Luís Gonzaga Gomes.Nova relação da China : contendo a descrição das particularidades mais notáveis deste grande Império*. Noticias de Macau.1997.p.236.

⑤ 方豪：《中国天主教史人物传》中册，中华书局 1988 年版，第 165 页。

⑥ 参见［法］杜赫德编：《耶稣会士中国书简集：中国回忆录》I，郑德弟、朱静等译，大象出版社 2001 年版，第 266—268 页。

⑦ ［法］樊国梁：《燕京开教略》（中），救世堂清刻本，1905 年，第 36 页。

图 2-7　南怀仁墓碑碑阳旧照　　　　　　图 2-8　南怀仁墓碑碑阳现状

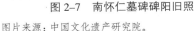
图片来源：中国文化遗产研究院。

落泪。南怀仁墓碑仍为汉白玉螭首方座制（其旧照见图 2-7，其现状见图 2-8），碑上镌有上谕等文。墓穴坑有 6 尺深，7 尺长，5 尺宽，坑穴四周以砖砌墙，底部是两道约 1 尺高的砖砌支架，棺柩被放在其上。然后人们把坑穴四周的砖墙再砌高大约 6 尺或 7 尺，将墓穴以拱形封上，并在墓顶上放一十字架①。南怀仁终在栅栏墓地得以安息。

　　徐日昇去世后，其墓亦安置于西墙内，但是利玛窦和汤若望两块茔地合二为一，甬道移于西墙旧址之上。在新的甬道旁，复开两排，葬有安多、闵明我等人②，"据传此茔地自 1708 年徐日昇葬于墙西之后，加以合并，于西墙旧址兴建了新塔"③。由此栅栏已名副其实地扩展为一片墓地。

　　随着来华传教士去世人数的增多，加上天主教在华保教权的变化，栅栏墓地内部开始有了划分。最初，由于葡萄牙人享有保教权的绝对支配，在利玛窦与汤若望墓地的南边相邻处，葡萄牙人专门扩展了一片占地 72 亩的墓园，"这块墓地到最后竟成了南堂与东堂葡国传教会士最后之安息所"④。因此统称为"葡萄牙人墓地"（Portugiesischer Friedhof）⑤，

---

① 参见［法］杜赫德编：《耶稣会士中国书简集：中国回忆录》I，郑德弟、朱静等译，大象出版社 2001年版，第 266—268 页。
② 参见［法］樊国梁：《燕京开教略》，见中国宗教历史文献集成编纂委员会编纂：《东传福音》第六册，黄山书社 2005 年版，第 331 页。
③ 张宗平、吕永和：《清末北京志资料》，北京燕山出版社 1994 年版，第 567 页。
④ ［德］魏特：《汤若望传》第二册，杨丙辰译，知识产权出版社 2015 年版，第 202 页。
⑤ 在考狄和包世杰的书中，均记载古老葡萄牙人墓地总共葬有 88 人（四通无碑文），二人统计总数虽一样，然在人物上略有差别，在此略。Cf. Jean-Marie Planchet, C.M. *Le Cimetière et Les Oevres Catholiques de Chala 1610−1927*, Pékin:Imprimerie des Lazaristes 1928.p.34. 后来葡萄牙入华的遣使会士们亦被安葬同地。墓园一直到 1900 年被义和团拆毁。修复后被用来安葬入华的欧洲天主教传教士、

日后这里成为栅栏墓地的主体部分。"百余年后，其处墓数，共积至八十有八"①。葬于此处的传教士最多，在考狄和包世杰的书中，均记载古老葡萄牙人墓地总共葬有 88 人。二人统计总数虽一样，然在碑主排序上略有差别，笔者综合整理如下（见图 2-9）：

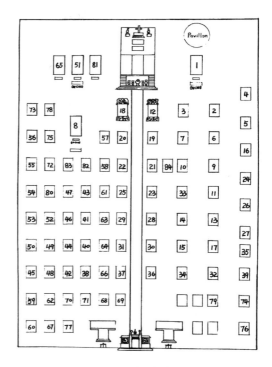

图 2-9　1900 年前栅栏墓地示意图

图片来源：Henri Cordier, *Bibliotheca sinica. Dictionnaire bibliographique des ouvrages relatifs à l'Empire chinois*, Vol. 2. Paris: Librairie Orientale & Americaine. 1905.p.1027.

（1）利玛窦（Matteo Ricci），耶稣会士，意大利马切拉塔人，卒于 1610 年 5 月 11 日。

（2）邓玉函（Johann Terrenz），耶稣会士，德国巴登－符腾堡人，卒于 1630 年 5 月 11 日。

（3）罗雅谷（Giacomo Rho），耶稣会士，意大利帕维亚人，卒于 1638 年 4 月 26 日。

（4）徐福园/徐复元（Christophorus），耶稣会辅理修士，中国人，卒于 1640 年 7 月 20 日。

（5）仇良厚（Pascoal Mendez），耶稣会辅理修士，中国人，卒于 1640 年 8 月 26 日。

（6）龙华民（Niccolò Longobardo），耶稣会士，意大利卡尔塔吉罗内人，卒于 1654 年。

（7）郭多明（Domingo Coronado），多明我会士，法国人，卒于 1664 年 5 月 2 日。

（8）汤若望（Johann Adam Schall von Bell），耶稣会士，德国科隆人，卒于 1666 年 8 月 15 日。

（9）郑玛诺（Manuel de Sequeira），耶稣会士，中国澳门人，卒于 1673 年 5 月 2 日。

（10）安文思（Gabriel de Magalhães），耶稣会士，葡萄牙莱里亚人，卒于 1677 年 5 月 6 日。

（11）利类思（Lodovico Buglio），耶稣会士，意大利米内奥人，卒于 1682 年 10 月 7 日。

（12）南怀仁（Ferdinand Verbiest），耶稣会士，比利时彼滕人，卒于 1688 年 1

修院学员和修士们了。参见［法］荣振华、方立中、热拉尔·穆赛、布里吉特·阿帕乌：《16—20 世纪入华天主教传教士列传》，耿昇译，广西师范大学出版社 2010 年版，第 532 页。

① 《近事：本国之部　栅栏》，《圣教杂志》1916 年第 5 期，第 217 页。

月 28 日。

（13）郭天爵（Francisco Simões），耶稣会士，葡萄牙人，卒于 1694 年 5 月 13 日。

（14）翟敬臣（Charles Dolzé），耶稣会士，法国梅斯人，卒于 1702 年 7 月 24 日。

（15）南光国（Louis de Pernon），耶稣会士，法国蒙托邦人，卒于 1702 年 11 月 4 日。

（16）樊继训（Pierre Frapperie），耶稣会辅理修士，法国昂古莱姆人，卒于 1703 年 11 月 18 日。

（17）习圣学（Jean-Charles-Étienne Froissard de Broissia），耶稣会士，法国多尔人，卒于 1704 年 9 月 8 日。

（18）徐日昇（Tomé Pereira），耶稣会士，葡萄牙布拉加人，卒于 1708 年 12 月 24 日。

（19）安多（Antoine Thomas），耶稣会士，比利时那慕尔人，卒于 1709 年 7 月 28 日。

（20）庞嘉宾（Caspar Castner），耶稣会士，德国慕尼黑人，卒于 1709 年 11 月 9 日。

（21）石可圣（Léopold Liebstein），耶稣会士，波希米亚人，卒于 1711 年 4 月 26 日。

（22）闵明我（Filippo Grimaldi），耶稣会士，意大利库内奥人，卒于 1712 年 11 月 8 日。

（23）山遥瞻（Guillaume Bonjour-Favre），奥斯定会士，法国图卢兹人，卒于 1714 年 12 月 15 日。

（24）罗德先（Bernard Rhodes），耶稣会辅理修士，法国帕米耶人，卒于 1715 年 11 月 10 日。

（25）杨秉义（Franz Thilisch），耶稣会士，德国布雷斯劳人，卒于 1716 年 9 月 8 日。

（26）陆伯嘉（Jacques Brocard），耶稣会辅理修士，法国沙泰尔布朗人，卒于 1718 年 10 月 7 日。

（27）鲍仲义（Giuseppe Baudino），耶稣会辅理修士，意大利人，卒于 1718 年 12 月 24 日。

（28）纪理安（Kilian Stumpf），耶稣会士，德国维尔茨堡人，卒于 1720 年 7 月 24 日。

（29）杜德美（Pierre Jartoux），耶稣会士，法国埃夫勒人，卒于 1720 年 11 月 30 日。

（30）麦大成（João Francisco Cardoso），耶稣会士，葡萄牙莱里亚人，卒于 1723 年 8 月 14 日。

（31）汤尚贤（Pierre Vincent de Tartre），耶稣会士，法国蓬塔穆松人，卒于 1724 年 2 月 25 日。

（32）麦有年（Paulo de Mesquita），耶稣会士，葡萄牙巴斯托人，卒于 1729 年 3

月 5 日。

（33）张安多（António de Magalhães），耶稣会士，葡萄牙科尔蒂索斯人，卒于1735 年 3 月 24 日。

（34）严嘉乐（Karl Slaviček），耶稣会士，捷克摩拉维亚人，卒于1735 年 8 月24 日。

（35）贾方济（Francisco Calado），耶稣会士，副执事，中国澳门人，卒于1735 年。

（36）何天章（François Xavier à Rosario），耶稣会辅理修士，中国澳门人，卒于1736 年 5 月 11 日。

（37）苏霖（José Suarez），耶稣会士，葡萄牙科英布拉人，卒于1736 年 9 月 14 日。

（38）任重道（Giacomo Antonini），耶稣会士，意大利乌迪内人，卒于1739 年11 月 7 日。

（39）林济各（Franz Stadlin），耶稣会士，瑞士楚格人，卒于1740 年 4 月 14 日。

（40）费隐（Ehrenbert Xaver Fridelli），耶稣会士，奥地利林茨人，卒于1743 年 6月 4 日。

（41）徐懋德（André Pereyra），耶稣会士，葡萄牙波尔图人，卒于1743 年 12 月2 日。

（42）吴直方（Bartolomeu de Azevedo），耶稣会士，葡萄牙维亚纳堡人，卒于1745 年 10 月 29 日。

（43）戴进贤（Ignatins Kögler），耶稣会士，德国兰茨贝格人，卒于1746 年 3 月30 日。

（44）高嘉乐（Carlos de Rezende），耶稣会士，葡萄牙旦斯本人，卒于1746 年 2月 5 日。

（45）罗怀忠（Giuseppe da Costa），耶稣会辅理修士，意大利那不勒斯人，卒于1747 年 3 月 1 日。

（46）陈善策（Dominique Pinheiro），耶稣会士，葡萄牙洛里什人，卒于1748 年6 月 16 日。

（47）马德昭（António Gomes），耶稣会士，葡萄牙基因特拉·达拉巴人，卒于1751 年 4 月 20 日。

（48）孙觉人（Joseph de Aguiar），耶稣会士，中国江苏人，卒于1752 年 1 月 1 日。

（49）樊守义（Louis Fan），耶稣会士，中国山西人，卒于1753 年 2 月 28 日。

（50）许立正（Ignatius Hiu），耶稣会士，中国人，1757 年 7 月 29 日去世。

（51）索智能主教（Polycarpe de Souza），耶稣会士，葡萄牙科英布拉人，卒于1757 年 12 月 19 日。

（52）鲁仲贤（Johann Walter），耶稣会士，斯洛伐克日利纳人，卒于1759 年 6月 27 日。

（53）利博明（Ferdinando Bonaventura Moggi），耶稣会士，意大利佛罗伦萨人，卒于1761 年 8 月 26 日。

（54）罗启明（Manuel de Matos），耶稣会士，葡萄牙维塞乌人，卒于1764年11月12日。

（55）郎世宁（Giuseppe Castiglione），耶稣会辅理修士，意大利米兰人，卒于1766年7月16日。

（56）沈东行（Joseph Saraiva），耶稣会士，中国上海人，卒于1766年12月17日。

（57）魏继晋（Florian Joseph Bahr），耶稣会士，德国法尔肯贝格人，卒于1771年6月7日。

（58）鲍友管（Anton Gogeisl），耶稣会士，德国齐根堡人，卒于1771年10月12日。

（59）侯若翰（John Hou），耶稣会辅理修士，中国人，卒于1773年2月12日。

（60）贾克兴（Paul Kia），耶稣会士，中国北京人，卒于1774年3月14日。

（61）刘松龄（Augustinus Von Hallerstein），耶稣会士，斯洛文尼亚卢布尔雅那人，卒于1774年10月29日。

（62）陈圣修（Jean-François Xavier Régis），耶稣会士，中国广东人，卒于1776年8月7日。

（63）艾启蒙（Ignaz Sichelbart），耶稣会士，捷克内代克人，卒于1780年10月6日。

（64）傅作霖（Félix da Rocha），耶稣会士，葡萄牙里斯本人，卒于1781年5月22日。

（65）方纪谷主教（François-Marie Magi de Dervio，又名方方济各），方济各会士，意大利人，卒于1785年2月13日。

（66）林德瑶（João de Seixas），耶稣会士，葡萄牙里斯本人，卒于1785年1月22日。

（67）艾若翰（Jean Simonelli），耶稣会士，中国江西人，卒于1785年2月11日。

（68）叶宗孝（Eusèbio da Cittadella），方济各会士，意大利帕多瓦人，卒于1785年4月22日。

（69）高慎思（José de Espinha），耶稣会士，葡萄牙拉梅古人，卒于1788年7月10日。

（70）刘保禄（Paul Lieou），耶稣会士，中国湖南人，卒于1791年4月21日。

（71）伊克肋森细亚诺（伊客善）主教（Crescenziano Cavalli of Ivrea），方济各小兄弟会士，意大利伊夫雷亚人，卒于1791年12月24日。

（72）张依纳爵（张舒）（Inácio Francisco），耶稣会士，葡萄牙孔拉利亚人，卒于1792年12月9日。

（73）吴若翰（João a Remediis），修会不详，中国澳门人，卒于1793年。

（74）崔保禄（Paul Soeiro），耶稣会士，中国山西人，卒于1795年。

（75）安国宁（André Rodrigues），耶稣会士，葡萄牙科英布拉人，卒于1796年12月2日。

（76）格雷戈里（Gregório a Cruce），耶稣会士，中国澳门人，卒于 1799 年。

（77）傅安多尼（António Duarte），修会不详，中国上海人，卒于 1799 年 10 月 6 日。

（78）安东尼（Antoine da/a Purificacao），方济各会士，出生地不详，卒于 1800 年。

（79）李保禄（Paul of the Cross），耶稣会士，中国山西人，卒于 1802 年。

（80）索德超（José Bernardo de Almeida），耶稣会士，葡萄牙佩内拉人，卒于 1805 年 11 月 12 日。

（81）汤士选主教（Alexander de Gouvea），方济各会士，葡萄牙埃武拉人，卒于 1808 年 7 月 6 日。

（82）福文高（Domningos Joaquim Ferreira），遣使会士，葡萄牙里斯本人，卒于 1824 年 2 月 1 日。

（83）李拱辰（Joseph Nunez Ribeiro），遣使会士，葡萄牙人，卒于 1826 年 10 月 14 日。

（84）毕学源主教（Cajetan Pires Pereira），遣使会士，葡萄牙卡武埃鲁人，卒于 1838 年 10 月 6 日。

在考狄和包世杰的书中皆共计 88 通碑，其中有 4 通无字碑。

随着耶稣会士在东亚传教事业的不断发展，罗马教廷成立传信部以此削弱葡萄牙在华的保教权，中国传教区事务渐渐从耶稣会转移向传信部。1640 年，传信部明确宣布它对所有传教区的控制权。1706 年随教皇特使铎罗（CharlesThomas Maillard de Tournon，1668—1710）来华的意大利医生索格蒂（Pierre Sigotti，？—1706）在京去世，一时之间无处安葬①。由于传信部与耶稣会在对华传教策略上的意见不合，耶稣会士并不愿意为他提供墓地，铎罗本来向皇帝申请一块地将其埋葬，皇帝很快便应允了一大块地，然而不知道事出何因，墓地的面积缩小了很多。因此，在栅栏墓地南边墙外还有一处意大利人的墓地，被称为"传信部墓地"，又被称为"西堂方济各会墓地"②；"阜成门外利玛窦坟地路南西堂墓地"③；"信德部西堂之茔地"④ 等（见图2–10）。它和葡萄牙墓地仅一路之隔，举行葬礼时，铎罗通知耶稣会士们必须参加，并且以天主教礼仪为其举行葬礼和弥撒。当时中国副省视察员闵明我接到信息时，认为此事不符合中国习俗，不合时宜。但是铎罗执意为之，这导致当时耶稣会内部出现了分歧，最后仅部分传教士参加了葬礼。传信部的

---

① Cf. Jean-Marie Planchet, C.M. *Le Cimetière et Les Oevres Catholiques de Chala 1610—1927*, Pékin: Imprimerie des Lazaristes 1928.p.35.

② 考狄的 *bibliotheca Sinica*（《汉学书目》）中名为"西堂方济各会墓地"。Cf. Henri Cordier, *Bibliotheca Sinica. Dictionnaire Bibliographique des Ouvrages relatifs à L'empire Chinoise*. Volume II, Paris: Librairie orientale & Américaine, 1905-1906, pp.1031-1032.

③ [法] 樊国梁：《燕京开教略》，见中国宗教历史文献集成编纂委员会编纂：《东传福音》第六册，黄山书社 2005 年版，第 347 页。

④ [法] 樊国梁：《燕京开教略》，见中国宗教历史文献集成编纂委员会编纂：《东传福音》第六册，黄山书社 2005 年版，第 348 页。

墓地最初面积不超过一亩，随后来自教廷传信部的传教士们都安葬同地。包世杰书中记载在1895年的传信部墓地所葬人员名单如下①。

（1）哆啰（Giuseppe Francesco della Torre），圣若翰保弟斯大会士，意大利人，卒于1785年4月29日。

（2）阿占（Archan，音译），加尔默罗会士，米兰人，卒年不详。

（3）德理格（Théodorico Pedrini），遣使会士，意大利人，卒于1746年12月10日。

（4）夏真多（Hyacintus Jordanus），十字会士，意大利人，卒于1736年6月26日。

（5）陆安（Angelo da Borgo San Siro），方济各会士，意大利人，卒于1724年5月15日。

（6）张中一（Serafino di San Giovanni Battista），加尔默罗会士，意大利人，卒于1742年8月9日②。

（7）碑主不明。

（8）中国司铎。

（9）碑主不明。

（10）中国司铎。

（11）中国司铎。

（12）碑主不明。

（13）碑主不明。

（14）碑主不明。

（15）碑主不明。

（16）李保禄（Ly Paul），中国天津人，卒于1895年。

而在考狄的（《汉学书目》）③中名为"西堂方济各会墓地"。"方济各会墓地是三个当中最

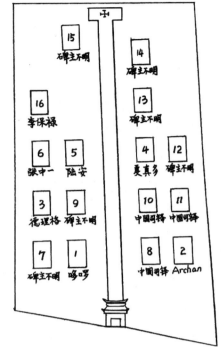

图 2–10　传信部墓地（西堂墓地）示意图

---

① Cf. Jean-Marie Planchet, C.M. *Le Cimetière et Les Oevres Catholiques de Chala 1610—1927*, Pékin: Imprimerie des Lazaristes 1928.p.40.

② 关于张中一的修会所属问题，拉丁文记载为奥斯定会，而不是加尔默罗会。

③ Cf. Henri Cordier, *Bibliotheca Sinica.Dictionnaire Bibliographique des Ouvrages relatifs à L'empire Chi-

小的，它位于道路的另一边，其中六个墓碑都没有具体的说明，其余的都不完整或者很难辨认了"①。其中记载墓地葬有 15 人，可知姓名的 7 人，即哆啰、阿占、德理格、夏真多、陆安、张中一、李保禄，其他人已不可考。到了 1811 年，西堂的四名传信部传教士被迫离开北京，从此栅栏墓地由法国遣使会接管。②

此外，17 世纪后半叶，葡萄牙保教权旁落，法国耶稣会和巴黎外方传教会凭借法国在欧洲的政治经济强势相继入华，成为最主要的传教力量。在 1724 年之前法国耶稣会士没有单独的墓园，他们都寄葬在葡萄牙墓园里。但随着法国传教团的独立，他们在白晋（Joachim Bouvet，1656—1730）去世后不久在京师正福寺附近获得了一片土地作为专门的"法国人墓地"，并于 1732 年正式落成。汤尚贤成为了"最后一位葬于栅栏的法国传教士"③，诸多法国人都于 1735 年从栅栏墓地中的葡萄牙墓地迁到了正福寺墓地④，墓地的第一位主人为法国耶稣会士张诚（Jean-François Gerbillon，1654—1707）。在 1900 年以前，法国来华遣使会士都被安葬在正福寺。然而 1900 年正福寺被义和团捣毁，庚子赔款墓地修复以后，由于离城太远，正福寺遂被放弃。⑤ 由此可看到栅栏墓地在耶稣会掌管时期主要是由葡萄牙墓地和西堂墓地构成。

第三节 发展：遣使会接管时期

耶稣会在华事业随着"礼仪之争"中的矛盾激化而日益凋敝，教皇克莱孟十二世（Clement XII）于 1733 年宣布含有八项特许的牧函"为完全和永远地无效、无用和废止"⑥。而教皇本笃十四世（Benedict XVI）在 1742 年 7 月 5 日所颁布的《自上主圣意（Ex QuoS-

noise. Volume II, Paris: Librairie orientale & Américaine, 1905-1906. pp.1031-1032.

① Henri Cordier, *Bibliotheca sinica. Dictionnaire bibliographique des ouvrages relatifs à l'Empire chinois*, Vol. 2. Paris: Librairie Orientale & Americaine, 1905. p.1027.

② 1900 年以后，亦有专门安葬天主教女信徒的墓地。参见王和平：《明清来华天主教传教士北京墓地考略（上）》，《历史档案》2004 年第 3 期。

③ 明晓艳、[法] 魏扬波主编：《历史遗迹——正福寺天主教墓地》，文物出版社 2007 年版，第 5 页。

④ 直到 1900 年为止，法国入华遣使会被安葬在正福寺，在 1900 年被义和团捣毁之前，这座公墓内共埋葬了 74 名神父和修士，以及 10 多位外籍军人和平民。参见明晓艳、[法] 魏扬波主编：《历史遗迹——正福寺天主教墓地》，文物出版社 2007 年版，第 3 页。然而被修复以后，由于离城太远，而被放弃。参见 [法] 荣振华、方立中、热拉尔·穆赛、布里吉特·阿帕乌：《16—20 世纪入华天主教传教士列传》，耿昇译，广西师范大学出版社 2010 年版，第 532 页。

⑤ 参见 [法] 荣振华、方立中、热拉尔·穆赛、布里吉特·阿帕乌：《16—20 世纪入华天主教传教士列传》，耿昇译，广西师范大学出版社 2010 年版，第 532 页。

⑥ [美] 苏尔、诺尔编：《中国礼仪之争——西文文献一百篇》，沈宝义、厘卫民、朱静译，上海古籍出版社 2001 年版，第 110 页。

ingulari)》宪章①宣布在华适应传教政策的无效。由此，"礼仪之争"的不可调和导致了在华的全面禁教。关于耶稣会在华工作接续问题上，法国的本笃会（Ordo S.Benedicti）和奥拉多利修会（Société de l'Oratoire de Jésus et de Marie Immaculée，Congregatio Oratorii Iesu et Mariæ）②均无法胜任，最后"只有遣使会可以代替北京耶稣会的工作"③。到了18世纪，经过法国国王路易十六（Louis XⅥ，1754—1793）与教廷的协商，1783年12月7日罗马传信部特颁部谕，将北京各教堂宅院、茔地田园以及一切传教事业，全都交由遣使会接管。1784年1月25日教廷以诏书的形式将耶稣会士在华开创的天主教在华财产（教堂、学校、北堂图书馆、医院、墓地等）交于遣使会接管。遣使会成为"入华的天主教五大修会和传教会(耶稣会、方济各会、多明我会、外方传教会和遣使会）之一"④。当时派遣入华的遣使会士，"皆智勇素著，才德兼优之人"⑤，"俱系出类拔萃，切于荣主救人之人，兼之善于接物，蔼然可亲"⑥。据在华遣使会士助理主教方立中《入华遣使会士列传》（1936年北平版）统计，在1697—1935年间，在华遣使会士共有946人（其中有些是由他们培养的华人司铎）。他们之中绝大部分来自法国，少数也有来自荷兰、波兰、意大利、葡萄牙和德国的人。他们的主要活动区是北京、直隶、浙江、江西、上海、内蒙古、四川等地区，特别是在京、津、沪和宁波地区力量最强，也最为活跃。⑦

　　论及遣使会与栅栏墓地的关系，要追溯到德理格，他于1711年2月5日以音乐

①　此宪章被称为"有关中国礼仪的最后的，也是最明确有力的决议"。参见［美］苏尔、诺尔编：《中国礼仪之争——西文文献一百篇》，沈宝义、顾卫民、朱静译，上海古籍出版社2001年版，第88页。

②　法国的奥拉多利修会（L'Oratoire de Jésus-et-Marie-Immaculée de France），即"法兰西耶稣和无玷圣母的奥拉多利修会"，港台地区翻译为"祈祷会"（Oratoriens），为了强调与圣内里（St. Philip Neri，1515—1595）的"奥拉多利修会"的区别，故称为"法兰西奥拉多利修会"。"奥拉多利修会"（拉丁文：Confoederatio Oratorii Sancti Philippi Nerii，即圣菲利普内里的奥拉多利修会）是被称为"罗马的使徒"的圣菲利普·内里创办的，并于1575年被教皇承认。法国的奥拉多利修会成立于1611年11月11日，由法国红衣主教皮埃尔·德·布吕尔（Pierre de Bérulle，1575—1629）创办。德·布吕尔主教是"法兰西灵性学派"（École française de spiritualité）的主要倡导者和推行者，其创立法兰西奥拉多利修会的目的就是试图践行"法兰西灵性学派"的主张，所宣扬的教条是忠于"基督中心论"胜过"三位一体"思想；重视"道成肉身"理论轻"救赎论"等。在宗教改革的时代，固守天主教信仰，同时与经院哲学中的亚里士多德主义保持距离——在教派上的表现就是与耶稣会士的教育理念相区别。就教理而言，耶稣教会一直以拥护中世纪的亚里士多德主义和托马斯哲学，同时以打击和排斥笛卡尔主义在欧洲的传播为己任。与之相对，巴黎外方传教会、奥拉托利会以及杨森教派都以奥古斯丁主义为旨归，并且一定程度上都是笛卡尔主义者或者具有笛卡尔主义倾向。

③　［法］樊国阴：《遣使会在华传教史》，吴宗文译，台湾华明书局1977年版，第117页。

④　《遣使会传教士的在华活动（代序）》，见［法］荣振华、方立中、热拉尔·穆赛、布里吉特·阿帕乌：《16—20世纪入华天主教传教士列传》，耿昇译，广西师范大学出版社2010年版，第531页。

⑤　［法］樊国梁：《燕京开教略》（下），救世堂清刻本，1905年，第3页。

⑥　［法］樊国梁：《燕京开教略》（下），救世堂清刻本，1905年，第4页。

⑦　《遣使会传教士的在华活动（代序）》，见［法］荣振华、方立中、热拉尔·穆赛、布里吉特·阿帕乌：《16—20世纪入华天主教传教士列传》，耿昇译，广西师范大学出版社2010年版，第532页。

家的身份来华供职于朝廷。1723 年在北京购买房屋建造西堂，此后作为遣使会士的住所。① "西堂乃遣使会士德理格所置，后献与传信德部，以居此部所差之司铎"②。1746 年 12 月 10 日逝世后葬于栅栏传信部墓地，成为第一位葬于栅栏墓地的遣使会士。论及遣使会对栅栏墓地的管理，1785 年 5 月，汤士选③ 主教任命法兰西遣使会会长罗广祥（Nicolas-Joseph Raux，1754—1801）④ 为法兰西在华传教区的长上。他抵京后，即制定《临时协定》（Modus vivendi），目的是调解遣使会与原耶稣会及其他修会传教士之间的关系，包括瓜分耶稣会遗产等敏感问题，特别是每年为文学工作的拨款、北京住院与地产的收入问题⑤，其中也涉及栅栏墓地的归属问题。在罗广祥去世后，吉德明（Jean-Joseph Ghislain，1751—1812）⑥ 继任其职务，他负责培养北京遣使会修院的学生，有效维系了法国传教团在北京的地位，不仅促进了遣使会士在学术和艺术方面的发展，还使得清朝京师及各省中的传教工作得以开展。葡萄牙又派遣数名遣使会士来华，以继耶稣会士事业，其中包括李拱辰及福文高二人。而后汤士选本来擢选葡萄牙遣使会士沈东行⑦

① 参见［法］樊国阴：《遣使会在华传教史》，吴宗文译，华明书局 1977 年版，第 103 页。

② ［法］樊国梁：《燕京开教略》，见中国宗教历史文献集成编纂委员会编纂：《东传福音》第六册，黄山书社 2005 年版，第 364 页。

③ 汤士选著有《立圣母始胎明道会牧训》、《婚配训言》，参见［比利时］钟鸣旦、［荷］杜鼎克、王仁芳主编：《徐家汇藏书楼明清天主教文献续编》，利氏学社 2013 年版。

④ 罗广祥，又名罗尼阁，1785 年 4 月 29 日抵京。1785 年 5 月 8 日正式任命为法兰西在华传教区的长上，在高慎思去世后成为钦天监监正，为法国人首任此职。1801 年 2 月 18 日，任命为教皇法庭官。由于他通晓满汉文字，著有《满语文法字汇》等书，代替钱德明担任翻译官。后由于中风，于 1801 年 11 月 16 日在北京去世，墓地在正福寺。参见［法］荣振华、方立中、热拉尔·穆赛、布里吉特·阿帕乌：《16—20 世纪入华天主教传教士列传》，耿昇译，广西师范大学出版社 2010 年版，第 552 页。"圣味增爵会士罗公之墓。罗先生讳尼阁，圣名尼各老，系法郎西亚国人。缘慕精修，弃家遗世。（于）乾隆五十年东来中华，乃味增爵会修士首入中国（者）。通晓天文，精于历法，在钦天监效力有年。于嘉庆六年（十）月初二日卒于京都，在中国十八年，在会三（十）年。升铎德品位二十五年。享年四十有八。"参见明晓艳、［法］魏扬波主编：《历史遗迹——正福寺天主教墓地》，文物出版社 2007 年版，第 173 页。

⑤ 参见《遣使会传教士的在华活动（代序）》，见［法］荣振华、方立中、热拉尔·穆赛、布里吉特·阿帕乌：《16—20 世纪入华天主教传教士列传》，耿昇译，广西师范大学出版社 2010 年版，第 536 页。

⑥ 吉德明，墓碑上汉姓作"冀"，而非"吉"。1812 年 8 月 12 日在北京正福寺去世。参见［法］荣振华、方立中、热拉尔·穆赛、布里吉特·阿帕乌：《16—20 世纪入华天主教传教士列传》，耿昇译，广西师范大学出版社 2010 年版，第 552—553 页。

⑦ 在耿昇书中，沈东行即若亚敬·德·苏萨·撒莱瓦（Joaquin de Souza Saraiva），1774 年 10 月 23 日生于莱里亚教区（Lrira 葡萄牙），后入里斯本修院。1804 年 9 月 16 日到达澳门，于 1804 年 12 月 20 日被任命为提帕萨（Tipasa）的主教和北京主教的助理，1805 年 10 月 20 日在澳门祝圣。由于教案的原因，他的北京之行受阻。他于 1808 年 7 月 6 日继任了主教，实际上却从未真正拥有其位置。沈东行于 1818 年 1 月 6 日在澳门去世，其墓地位于圣若瑟修院的教堂（St. Joseph's convent and the church）。参见［法］荣振华、方立中、热拉尔·穆赛、布里吉特·阿帕乌：《16—20 世纪入华天主教传教士列传》，耿昇译，广西师范大学出版社 2010 年版，第 561 页。

继任北京副主教，且在澳门授主教礼。待 1808 年汤士选去世后，即升为北京正主教。然后沈东行遭遇各种阻挠无法进京。因此北京事务由李拱辰代管。1808 年汤主教去世后，李拱辰为北京副主教，他居住南堂，且以宗座署理名义管理教区，栅栏墓地由于隶属南堂，故也归于遣使会管辖①。李拱辰成为负责管理栅栏墓地的第一位遣使会士。然而嘉庆皇帝（1760—1820）于 1805 年发布上谕对天主教在华活动进行严格的限制，"在京禁止传教士私刻书籍，禁止与满汉人民往来讲习。传教士有官职的只准在职务上进行必要的来往出入，禁止擅自走出堂外"②。故墓地在遣使会监管期间，情况并未好转。在李拱辰去世后，毕学源开始管理栅栏墓地，然而情形愈加艰难。一方面在华遣使会面对的是严厉的禁教政策，举步维艰。另一方面在 1800—1829 年之间，没有任何法国遣使会士被派往中国，以至于修会力量薄弱。道光皇帝（1782—1850）本打算没收南堂等附属教产归内务府管理③，但由于毕学源在弥留之际将栅栏墓地委托给了俄罗斯东正教修士大司祭（Архимандрит）、第十一届北京传教团首领（Начальник11 Пекинской Миссии）魏若明（Вениамин Морачевич /Beniamin Morachevich，生卒年未详）代管，并照顾南堂、南堂的西洋书库和正福寺的墓园等④，这才使得此计划被迫取消。在栅栏墓地中，毕学源的墓碑左下角用花体字刻有拉丁文"由俄罗斯人安葬（A Russis sepultus）"⑤。"尚有滕公栅栏与正福寺之坟茔园圃，及南堂之西洋书库，亦俱赖俄教士照管，不至荒废损失"⑥。《清中前期西洋天主教在华活动档案》中记载毕学源病故时，魏若明代管天主教墓地，其中包括栅栏墓地和正福寺墓地。1840 年 9 月 21 日内务府"奏准西洋人毕学源病故其身后一切事务曾遗嘱达喇嘛魏若明代为料理"⑦。当时呈现给内务府栅栏墓地房间及堂中器具对象清单，并且提到只有在天主教墓地存贮有西洋经书。按照道光皇帝的禁教令，官吏在正福寺村搜查出 610 本天主教经书及为数不少的圣像、圣牌、十字架、念珠等物。⑧ 而在栅栏墓地搜出天主教各类中文经书 2692 本、外文经书 348 本以及十字架、圣像、圣牌、

---

① 参见高智瑜、[美] 马爱德主编：《虽逝犹存：栅栏——北京最古老的天主教墓地》，澳门特别行政区文化局、美国旧金山大学利玛窦研究所 2001 年版，第 54 页。

② 张宗平、吕永和：《清末北京志资料》，北京燕山出版社 1994 年版，第 583 页。

③ 参见张宗平、吕永和：《清末北京志资料》，北京燕山出版社 1994 年版，第 583 页。

④ 参见 [奥地利] 雷立柏编：《中国基督宗教史辞典》，宗教文化出版社 2013 年版，第 284 页。

⑤ *Zhalan: Departed, yet present, the oldest christian cemetery in Beijing*, edited by Edward J.Malatesta, S.J.and Gao Zhiyu, Instituto cultural de Macau Ricci instititute, University of San Francisco, 1995.p.297.

⑥ [法] 樊国梁：《燕京开教略》，见中国宗教历史文献集成编纂委员会编纂：《东传福音》第六册，黄山书社 2005 年版，第 370 页。

⑦ 第一历史档案馆：《清中前期西洋天主教在华活动档案》，中华书局 2003 年版，第 1274 页。

⑧ 当时北堂书库在禁教风波中转移至正福寺茔地，交由教徒托管，而教徒恐被搜查，便将书盛放在筐篓中，然后埋于地下。本计划等禁教风波过后，再将其挖出。然而不料藏书之人全都被拿获，被发往新疆充军。他人不知所藏之处，尽行迷失。后来北堂书库所存六千余部，皆为俄国传教士魏若明所寄还之物。参见 [法] 樊国梁：《燕京开教略》，见中国宗教历史文献集成编纂委员会编纂：《东传福音》第六册，黄山书社 2005 年版，第 373 页。

弥撒用具等物千余件。其中栅栏地方所获天主教经卷对象清单见表2-1。

表2-1 栅栏墓地所获天主教经卷对象清单

编号	书名	数量
1	《洋字经》	（大小）348部
2	《圣母行实》	55部（每部2本）
3	《圣经直解》	23部（每部8本）
4	《天主实义》	58部（每部2本）
5	《默想规程》	322本
6	《幼学四字文》	235本
7	《天主圣教十诫真诠》	53部（每部2本）
8	《轻世全书》	22部（每部2本）又零碎8本
9	《圣教要理问答》	309本
10	《初会问答》	260本
11	《早课小引》	520本
12	《善生福终正路》	7部（每部2本）
13	《轻世契要》	10本
14	《默想指掌》	100本
15	《默想规程》	31本
16	《慎思指南》	2部（每部四本）
17	《要理问答》	33本
18	《立圣母始胎明道会牧训》	3本
19	《圣教日课》	31部（每部4本）又9部（每部1本）
20	《七克》	2部（每部4本）
21	《明道会规》	38本
22	《悔罪经解》	7本
23	《涤罪正规》	6本
24	《圣教切要》	2本
25	《真道自证》	10本
26	《言行纪略》	17部（每部2本）
27	《盛世刍荛》	8本
28	《盛年广益》	28本
29	《圣经广益》	1本
30	《哀矜行诠》	1本
31	《性理真诠》	3本
32	《主教缘起》	2本

编号	书名	数量
33	《逆目忠言》	1 本
34	《圣母小日课》	14 本
35	《圣母圣衣会恩谕》	3 本
36	《圣母七苦会规》	2 本
37	《铎德要理》	4 本

以上天主教经卷 2692 本，洋字经大小共 348 部。此外，其他天主教物品见表 2-2。

表 2-2　栅栏墓地所获天主教杂物对象清单

编号	物品名称	数量
1	天主经板	1512 块
2	十字架	5 个
3	钉铜人十字架	10 个
4	钉象牙人十字架	1 个
5	钉木人十字架	1 个
6	天主图像	14 轴
7	天主镜像大小	5 个
8	天主木板像	1 个
9	杂色绸锦花夷衣	52 件
10	方巾	6 顶
11	白布抽领大小衣	13 件
12	杂色绸锦花方单	15 块
13	杂色绸带子钉十字	70 条
14	杂色绸纸夹板	13 块
15	杂色绸锦花桌搭	8 件
16	锦花绸带走水桌围	1 件

这些物品归向何处，无从考证。栅栏墓地在俄罗斯东正教代管的二十余年中相对完好。东正教管理时期大约是 1838—1860 年间，"到鸦片战争之前，滕公栅栏墓地已葬有外国传教士 80 余人"[1]。1860 年 10 月 25 日，清朝钦差大臣奕䜣与法国全权代表葛罗在京签订《中法北京条约》（原称《中法续增条约》），其中第六条使得栅栏墓地重新回到遣使会手中。

第六款应如道光二十六年正月二十五日上谕，即晓示天下黎民，任各处军民人等传习天主教、会合讲道、建堂礼拜，且将滥行查拿者，予以应得处分。又将前谋害奉天主教者之时所充之天主堂、学堂、茔坟、田土、房廊等件应赔还，交法国驻

---

① 晓马：《滕公栅栏天主教士墓地的变迁》，《党校教学》1987 年第 6 期，第 28 页。

扎京师之钦差大臣，转交该处奉教之人，并任法国
传教士在各省租买田地，建造自便。①

图 2-11　孟振生主教

图片来源：美国旧金山大学利玛窦中西文化历史研究所。

这里提及"坟茔"之地，在京最主要的就是栅栏墓地和
正福寺墓地。"咸丰十年九月初四日，《法钦差葛罗为其
侵略暴行狡辩并胁要赔款之照会》称，康熙年间，各省
所建之天主堂暨奉教人之坟茔、房屋、庄田俱已入官，
今宜将所建之堂暨坟茔、房屋、庄田全数交出为要"②。
在条约中退赔所禁原天主教教产，外国传教士可在中
国自由传教和买地造屋。当时俄国使臣伊格那季耶夫
（Ииколай Павлович Игнатьев，1832—1908）将军在法
国使臣格罗（Jean Baptiste Louis Gros，1793—1870）男
爵提出要求之前就曾命俄国东正教会将南堂及附属茔地
归还给直隶省代理教区孟振生（Joseph-Martial Mouly，
1807—1868）主教③（见图 2-11）。10 月 28 日孟振生在
觐见完恭亲王以后，随即"在法国、英国、俄国官兵、
使节，以及东正教大司祭固里（Gury Carps）及其侍从
的护卫下，重新打开栅栏的大门，同地安葬了战死在北
京郊区通州的六位士兵"④，为他们举行了葬礼，数月后，
迁葬于正福寺墓地。11 月 5 日恭亲王以公文的形式告知格罗归还"栅栏墓地、图书馆、钟、
圣礼用的祭服及其他物品的通知"⑤。故栅栏墓地重新由法国遣使会管理，孟振生成为这段
时期管理栅栏墓地的负责人。这时的栅栏墓地得到了进一步扩大，在南面，有孤儿院、神
父住宅和医院。

　　自 1861 年，孟振生开始着手于栅栏慈善事业的发展，栅栏墓地办起了男孤儿院⑥，
还有一个诊疗所，两名医生轮流给北京及郊区地方的孩子看病，并给危在旦夕的病人施
洗。"这个诊疗所备有宗座代牧区所通用的中草药"⑦。此后遣使会在北京直隶地区公开
传教。孟振生去世后，由樊国梁主教（见图 2-12）代管栅栏墓地。一些教内机构和慈善

①　参见王铁崖：《中外旧约章汇编》第一册，生活·读书·新知三联书店 1957 年版，第 147 页。
②　"中央研究院"近代史研究所：《教务教案档》，见《中国近代史资料汇编》第一辑，台湾"中央研究院"
　　近代史研究所 1974 年版，第 1 页。
③　参见［法］荣振华、方立中、热拉尔·穆赛、布里吉特·阿帕乌：《16—20 世纪入华天主教传教士列
　　传》，耿昇译，广西师范大学出版社 2010 年版，第 573 页。
④　明晓艳、［美］魏扬波主编：《历史遗踪：正福寺天主教墓地》，文物出版社 2007 年版，第 38 页。
⑤　高智瑜、［美］马爱德主编：《虽逝犹存：栅栏——北京最古老的天主教墓地》，澳门特别行政区政府
　　文化局、美国旧金山大学利玛窦研究所 2001 年版，第 55 页。
⑥　参见［法］樊国阴：《遣使会在华传教史》，吴宗文译，台湾华明书局 1977 年版，第 314—315 页。
⑦　高智瑜、［美］马爱德主编：《虽逝犹存：栅栏——北京最古老的天主教墓地》，澳门特别行政区政府
　　文化局、美国旧金山大学利玛窦研究所 2001 年版，第 56 页。

事业在墓地及其周围兴建①，其中包括由他负责修建的圣米歇尔医院。1873 年，樊国梁在栅栏墓地修建了圣弥厄尔堂（Saint-Michael）、育婴堂（孤儿院）等等，由当地的神父负责。在他卓有成效的领导下，除了教堂，他还建立了一座育婴堂、一个出版社、数所学校还有一座墓地等等②。与此同时，1871 年田嘉璧（Louis-Gabriel Delaplace，1820—1884）③主教（见图 2–13）在栅栏墓地的东边修筑了本堂和两所修道院供本教区的传教

图 2–12　樊国梁主教

图片来源：*Chine. Temples. Tours et Portes chinoises. Églises. Portiques. Ponts. La Grande Muraille de Chine*.Bibliothèque nationale de France, 1912.

图 2–13　田嘉璧主教

图片来源：美国旧金山大学利玛窦中西文化历史研究所。

①　参见 [法] 樊国阴：《遣使会在华传教史》，吴宗文译，台湾华明书局 1977 年版，第 360 页。

②　Cf. Juilet Bredon. *Peking, A historical and intimate description of its chief places if interest*, Kelly & Walsh, limited. 1922. p.478.

③　田嘉璧，遣使会士，法国人。1820 年 1 月 21 日出生于法国约纳省（Rnne）的欧克塞尔（Auxerre），幼时在本城小修院读书，后在遣使会士管理的省巴城的修院学习神学，1842 年升为六品铎德后，与父母不告而别，同年 8 月 9 日在巴黎加入遣使会，1843 年 6 月 11 日被祝圣为神父，在丰德弗传教，1844 年 8 月 10 日发愿。1846 年 3 月 13 日到达澳门，一年后到河南传教。1852 年 2 月 27 日被任命为江西代牧，领衔安地纳不城（Adrianopolis）主教，同年 7 月 25 日在河南省鹿邑县冯桥天主堂举行祝圣礼，由河南代牧主教安若望（Baldus）主礼，河南代牧区副主教贺安德（Jandard）、遣使会士周雅各布襄礼。主持江西教务一年多，半年住九江、半年住三桥。1854 年 6 月 12 日调任浙江代牧。1870 年 6 月 28 日在罗马参加梵蒂冈大公会议时接到新任命，调任直隶北境代牧，同年 11 月 1 日到北京上任。1884 年 5 月 24 日在北京去世，终年 64 岁，葬于正福寺墓地。参见[法]荣振华、方立中、热拉尔·穆赛、布里吉特·阿帕乌：《16—20 世纪入华天主教传教士列传》，耿昇译，广西师范大学出版社 2010 年版，第 581—582 页。

士和修道院的学生休息或者度假。且设立了农场，使年龄稍大的孤儿去工作。1873 年孤儿院又扩建规模以接受穷人家的病弱儿童，并且利用农场教授大龄孤儿耕种和农业技艺，然而效果并不理想，财政出现赤字。[1] 随着仁爱会（Filles de la charité de Saint-Vincent-de-Paul）和法国圣母小昆仲会（Frères maristes）的陆续入驻，栅栏墓地变得更加多元和活跃。当时除了管理育婴堂，仁爱会修女们还在圣米歇尔医院当护士。1887 年，戴济世（Fransois Ferdinond Tagliabue，1822—1890）[2] 主教 (见图 2-14) 在栅栏墓地东面又修建了 30 多间房子。此外又添了一座医院，及一座年龄较小的男孤儿院，二者由仁爱会修女管理。[3]1888 年，栅栏墓地以西又新增约 20 亩的地皮。同年仁爱会将在仁慈堂孤儿院 7 岁以上的男孤儿全都送至栅栏农场，由仁爱会修女管理。[4]1891 年由伯纳蒂（Bernardi）修女建立了工作坊，他们的成员曾经在圣米歇尔医院（Hôpital Saint-Michel）工作。而圣母小昆仲会来到后一年，北京教区就将栅栏的孤儿院让与该会。1893 年，都士良（Jean-Baptise-Hippolyte Sarthou，1840—1899）主教 (见图 2-15) 任职时，他完成了圣弥厄尔儿堂的内部装修工作，当时孤儿院及农场已让于圣母小昆仲会管理。他们成立了总院，建立了初学院，发展甚速。1900 年 6 月 17 日前的栅栏圣弥厄尔堂，由当时有圣母小昆仲会士范雅东（Joseph Marie-Adon Fàn，？—1900）、任有安（Paul Jèn, 1873—1900）和 50 余位孤儿以及佣人等。

图 2-14　戴济世主教

图片来源：Jean-Marie Planchet, C.M. *Le Cimetière et Les Oevres Catholiques de Chala 1610—1927*, Pékin: Imprimerie des Lazaristes, 1928. p.64.

到了 1900 年，栅栏文声修道院本堂神父是遣使会士邹焕章神父，圣母小昆仲会的弗雷斯（Fraisse）修士则管理孤儿院，安德烈修士则管理孤儿院及农场。故当时栅栏墓地主要涉及：栅栏墓地、石门天主堂、栅栏圣母小昆仲会修院、栅栏遣使会修院等机

---

① 参见高智瑜、[美] 马爱德主编：《虽逝犹存：栅栏——北京最古老的天主教墓地》，澳门特别行政区政府文化局、美国旧金山大学利玛窦研究所 2001 年版，第 57 页。

② 戴主教又名达里布主教。1853 年来华，1854 年 6 月 17 日来到中国的宁波，9 月 27 日发圣愿。1884 年 8 月 5 日主教被调任北京代牧。1886 年戴主教被大清皇帝赐予二品顶戴，是年他派六名若瑟会修女赴保定协助传教。1887 年他派遣刘克明、武致中二位神父在天津成立路易学校，以培养西洋人子弟，开设法文、英译、商业等课程。1890 年 3 月 13 日在北京去世，葬于正福寺墓地。参见 [法] 荣振华、方立中、热拉尔·穆赛、布里吉特·阿帕乌：《16—20 世纪入华天主教传教士列传》，耿昇译，广西师范大学出版社 2010 年版，第 586—587 页。

③ 参见 [法] 樊国阴：《遣使会在华传教史》，吴宗文译，华明书局 1977 年版，第 360 页。

④ 参见 [法] 樊国阴：《遣使会在华传教史》，吴宗文译，华明书局 1977 年版，第 360 页。

构。① 此后遣使会管理栅栏墓地 40 年，历任管理栅栏墓地的遣使会主教及本堂司铎汇总如下（见表 2-3）：

图 2-15　都士良主教

图片来源：美国旧金山大学利玛窦中西文化历史研究所。

表 2-3　历任管理栅栏墓地的遣使会主教及本堂司铎

编号	遣使会主教 / 本堂司铎	国籍	掌管栅栏时期
1	孟振生主教	法国	1860—1868 年管理栅栏墓地，1861 年建立孤儿院和诊所。
2	樊国梁主教	法国	1868—1905 年管理栅栏墓地，一些教内机构和慈善事业在墓地及其周围兴建。1873 年，樊国梁同地修建了圣弥厄尔堂、孤儿院、出版社、学校等。
3	田嘉璧主教	法国	1871 年在栅栏墓地的东边修筑了本堂和两所修道院，并且设立了农场。
4	刘永和司铎（M.Lieou Fraçois，1822—1885）	中国	1872—1873 年管理栅栏教堂和孤儿院。他是第一位中国司铎。

---

① Cf. J.M.Planchet, C.M. *Guide du touriste aux Monuments religieux de Pekin*, Imprimerie des Lazaristes du Petang, 1923. p.152.

编号	遣使会主教 / 本堂司铎	国籍	掌管栅栏时期
5	武连城司铎（Jean-Baptiste Ou，1884—1878）	中国	1873—1874、1875—1876 年栅栏文声修道院短期任本堂司铎。
6	谢凤来司铎（Jean-Louis-Marie Chevrier，1826—1893）	法国	1875 年短期任本堂司铎。
7	王巴尔纳伯司铎（Barnabas Wang，生卒年不详）	中国	1876—1881 年任本堂司铎。
8	蓝保禄司铎（Paul Lan，1833—1883）	中国	1881 年 9 月—1882 年 3 月任本堂司铎。
9	戴济世主教	法国	1887 年，在栅栏墓地东面又修建了 30 多间房子、一座医院及男孤儿院，二者由仁爱会修女管理。
10	都士良主教	法国	1893 年，在栅栏墓地负责修筑教产，完成了圣弥厄尔堂内部装修工作。
11	张弥额尔司铎（Michael Zhang，1843—1897）	中国	1894—1896 年任本堂司铎。
12	李儒林司铎（Barthélemy Li，1836—1903）	中国	1896—1897 年任本堂司铎。
13	邹焕章司铎（Augustine Zou，1851—1924）	中国	1897—1900 年栅栏本堂司铎。

在这 40 年中，栅栏墓地不单单只是墓地，诸多教内事业亦发展起来。遣使会在栅栏墓地除了教堂、修道院、墓地外，还有男孤儿院和诊所，并且有手工作坊，其中涉及到花草培育、木工制造、制鞋、理发、珐琅工艺等多个领域。樊国梁写信给其总长说："我们在北京有一座孤儿院，有农场及工场可以发展，共有二百五十八名八岁至十八岁的儿童。他们上午读书，下午年龄较大的去工作。我们请你派四位会士，管理这院。你若有意在中国建立你们的会院，圣召不会缺少，我们赞成你们在栅栏广大的面积中，设立你们的初学院"①。1893 年开始管理孤儿院及农场，百余孤儿在栅栏地生活。他们精于此道，成功地将死气沉沉的栅栏墓地变成了儿童欢乐的乐园。按照光绪二十四年（1898）的报告，共有 106 名儿童，由教会所收养，其中 18 名由贫苦教友家庭而来，有一木匠间、裁缝店，亦制筛，至外面去卖，十余儿童学做珐琅；其余儿童则种蔬菜，至北京市场去卖。试验了 5 年后，修士报告说："成绩与所作的牺牲，及所用的钱财不相配，这可证实我们前

---

① ［法］樊国阴：《遣使会在华传教史》，吴宗文译，台湾华明书局 1977 年版，第 315 页。

图 2-16　1900 年前栅栏墓地旧貌

图片来源：美国旧金山大学利玛窦中西文化历史研究所。

面的意见，在栅栏将成立重要的事业，即大修院"①。直到 1900 年，栅栏墓地里面教内机构繁多，而主要事务已转为修院学校，而墓地也得以良好管理（见图 2-16）。1900 年 8 月 11 日莫涅（Marcel Monnier，1853—1918）在北京传教活动的描述中涉及栅栏墓地圣母小昆仲会的教学活动。"在城墙外大约一英里，靠近栅栏村（Village of Cha-la-eul）古老的法国人墓地的地方，有一所圣母小昆仲会创办和管理的优秀学校，约有一百名本土学生在此就读。这所学校不负盛名，许多曾经在这里学习过的年轻人现在在政府和海关中占据着很好的职位。中国驻巴黎公使馆的一名新成员——曾（Tsing）公使，就曾经是这所学校的学生"②。可知，栅栏修院已形成一定规模（见图 2-17），且声名在当时已远播国际。

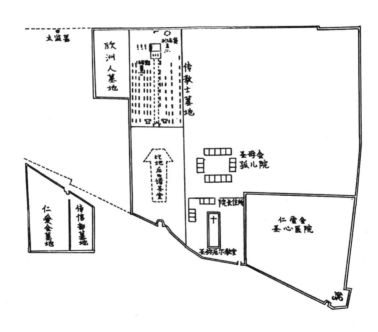

图 2-17　1900 年前栅栏墓地示意图

---

① ［法］樊国阴：《遣使会在华传教史》，吴宗文译，台湾华明书局 1977 年版，第 315 页。

② ［美］弗拉里：《在北京的中心：樊国梁的围困日记》，载路遥主编：《义和团活动文献资料汇编》（英汉译卷上），山东大学出版社 2012 年版，第 402 页。Cf. J.Freri, D.C.L: *The Heart of Pekin Bishop A. Favier's Diary of The Siege 1900*. p.5.

第四节 损毁：义和团运动时期

庚子年（1900）的北京被外国人描述为"l'année terrible"（糟糕的一年）①。时年义和团运动使栅栏墓地遭遇前所未有的损毁。当时的情形是"直、东交界之区，遍地皆义和团"②。关于义和团运动的爆发原因纷繁复杂，美国学者卜舫济（Francis Lister Hawks Pott，1864—1947）将其内因归结为"民众贫穷、官员腐败、固有排外风气"③。随着1840年鸦片战争的爆发愈演愈烈，西方政治谈判、军事战争、商业贸易、传教活动在当时已被混为一谈，故教会为清政府所诟病，"近观在中国传者所行所为，实与本王大臣所闻各节大不相同，犹之一国之中有无数敌国而自专自主者"④。加上第二次鸦片战争、天津租界设定、甲午战争后台湾的割让和赔款、戊戌变法等一连串政治事件以及引进铁路所导致的外国资本的输入，更是激起了民众的不满。这种民族危机感所生发出的敌对情绪在义和团运动中完全释放了，他们除了拆毁教堂外，还发展到拆毁铁路、电线等。义和团的口号"扶清灭洋"中的"洋"除了外国人，"显然包括外国宗教、基督教以及它的中国信徒"⑤。在城里各地通衢大道，特别是教堂周围，到处都是义和团的揭帖。而清政府对义和团的态度从最初表面上的镇压到对拳民、教徒一视同仁，"是教徒，拳民，均为国家赤子，朝廷一视同仁，不分教会"⑥。后来义和团拳民更是被收编为官军，庄亲王载勋（1854—1901）、协办大学士刚毅（1837—1900）统率义和团，鼓励"该团众努力王家，同仇敌忾，总期众志成城，始终毋懈，是为至要"⑦。而慈禧更是给义和团拳民赏赐银两，称拳民之忠勇。整个北京城实被义和团的声势所控制，正是由于"义和拳得到了'来自上面的密令'，因此任何用来对付他们的武装都不可能成功"⑧。所以民众的仇视和政府的放任、支持最终导致了栅栏墓地遭遇损毁。

栅栏墓地当时属于遣使会直隶北部代牧区，主教是樊国梁，副主教是林懋德（Stanilas

---

① Cf. *Études/publiées par des Pères de la Compagnie de Jésus*. Tome 84（Jullet-Aout-Septembre 1900）. Paris, Administration Victor Retaux, Libraire-Éditerur 82, Rue Bonaparte. p.520.

② 《庚子大事记》，《义和团运动史料丛编》第一辑，中华书局1964年版，第2页。

③ [美]弗拉里：《在北京的中心：樊国梁的围困日记》，见路遥主编：《义和团活动文献资料汇编》（英汉译卷上），山东大学出版社2012年版，第425页。

④ [美]明恩溥：《动乱中的中国》，见路遥主编：《义和团活动文献资料汇编》（英汉译卷上），山东大学出版社2012年版，第25页。

⑤ [美]周锡瑞：《义和团运动的起源》，张俊义、王栋译，江苏人民出版社1995年版，"序言"第2页。

⑥ 故宫博物院明清档案部：《义和团档案史料》上册，中华书局1959年版，第118页。

⑦ [美]明恩溥：《动乱中的中国》，见路遥主编：《义和团活动文献资料汇编》（英汉译卷上），山东大学出版社2012年版，第94页。

⑧ [美]明恩溥：《动乱中的中国》，见路遥主编：《义和团活动文献资料汇编》（英汉译卷上），山东大学出版社2012年版，第72页。

Jarlin，1856—1933）。"北境有正副主教各一，总堂在京师西什库左近，所属教徒四万余，住堂二十有二，内五堂在京城，即北堂、东堂、西堂、南堂、栅栏堂"①。由于义和团知晓除北京四堂外，居住在栅栏文声修道院的外国传教士、修女人数最多。当时义和团运动使得北京"三处大教堂、七处大礼拜堂、修院、医院和（本土的）若瑟院的建筑全部被毁"②，其中就包括栅栏墓地的圣弥厄尔堂。根据基督广学会季理斐（Donald MacGillivray，1862—1931）的不完全统计，在义和团运动中死去的天主教主教 5 人、司铎 48 人、修女 9 人、修士 9 人及中国教徒近 3 万人③。清代李杕（1840—1911）④在《增补拳匪祸教记》一书中亦记载"庚子之祸，被害亡者，主教五，教士三十，教徒二万"⑤。在义和团正式攻击栅栏墓地之前，栅栏墓地已事先做了一些防范工作。仁爱会、圣母小昆仲会相继离开栅栏墓地，大多数人都逃向了北堂。而根据樊国梁以及王玛弟亚（Ouang Mathias，1852—1908）司铎的日记，关于栅栏墓地被毁坏的情况略知一二。当时栅栏在 6 月初收到了警告，当时圣母小昆仲会士安德烈（见图 2–18）和菲力斯特（Joseph Félicité，1872—1900）⑥（见图 2–19）随即去北堂见了樊国梁，菲力斯特时任栅栏孤儿院院长，同时至少有 120 名栅栏孤儿被送往了南堂，二人皆不幸丧于义和团运动中⑦。

在安德烈 6 月 14 日的日记中，记载了当时他离开栅栏（当时栅栏孤儿院"Cha-la-Eul Orphelinat"的简称）的时间是 6 月 11 日，而戴法纳（Joseph-Marie Thèophane）在 6 月 13 日晚上与栅栏百位孤儿匆忙前往了南堂。其中栅栏包括他在内有 8 位弟兄前往了北堂⑧。"战

---

① （清）李杕：《庚子教难记》，1902 年石印本，第 1 页。

② Alphonse Favier. *The Heart of Pekin: Bishop A. Favier's Diary of the Siege, May-August, 1900*. edited by J. Freri. Boston: Marlier, 1901. p.15.

③ 参见张力、刘鉴唐：《中国教案史》，四川省社会科学出版社 1987 年版，第 513 页。

④ 李杕，原名浩然，字问舆，后改称问渔，教名老楞佐（Laurentius），别署大木斋主。江苏川沙（今上海浦东）人。专习拉丁文、哲学和神学。1856 年 8 月 18 日加入圣母始胎会，1862 年入耶稣会修道，1869 年 7 月晋为司铎，辗转传教于苏南与皖南地区长达 6 年。1879 年创办《益闻录》（后《益闻录》与《格致新报》合并为《格致益闻汇报》，1908 年改称《汇报》）。1887 年又创办《圣心报》。著译有《辨惑危言》《圣母传》等 60 余种；编有《徐文定公集》《古文拾级》《墨井集》等。1906 年起兼任震旦学院院长哲学教授。在其《增补拳匪祸教记》中著有《栅栏葬尸》一篇。此外，还著有《庚子教难记》。

⑤ （清）李杕编：《增补拳匪祸教记》，见中国宗教历史文献集成编纂委员会编纂：《东传福音》第六册，黄山书社 2005 年版，第 127 页。

⑥ 其图参见 *Le Bulletin Catholique de Pékin*，Pékin:Imprimerie des Lazaristes du Pei-T'ang, 1919, p.404。

⑦ 安德烈修士，1863 年 7 月 17 日出生于法国里昂，1893 年 8 月 26 日来华，1896 年任教区视察员，1900 年 8 月 12 日在北堂去世。菲力斯特修士，1872 年 2 月 4 日出生于法国尚贝里，1891 年 4 月 12 月来华，1897 年任栅栏孤儿院院长。1900 年 7 月 18 日他在北堂视察坑道时，因意外爆炸而亡。Cf. *Bulletin de l'institut des Petits Freres de Marie*.1909.p.260.

⑧ 当时北堂包括樊国梁、林懋德副主教，3 名神父，2 名遣使会弟兄，8 名圣母小昆仲会士，32 名仁爱会士，111 名大小修院的学生，30 名法国海军和指挥官亨利（M. Henry）先生，11 名意大利海军和指挥官奥利弗瑞（M. Olivieri）先生，900 名男性难民，1800 名女人和孩子，450 名女学生或者孤儿，50 名育婴堂婴儿，总共 3420 人，其中包括 70 名欧洲人。

春秋石銘 北京栅栏墓地
历史及现存碑文考
THE HISTORY
ON THE TOMBSTONES

图 2-18　安德烈像

图片来源：Jean-Marie Planchet, C. M. *Le Cimetière et Les Oevres Catholiques de Chala 1610—1927*, Pékin: Imprimerie des Lazaristes, 1928.p.112.

图 2-19　菲力斯特像

图片来源：Jean-Marie Planchet, C.M. *Le Cimetière et Les Oevres Catholiques de Chala 1610—1927*, Pékin: Imprimerie des Lazaristes, 1928.p.112.

图 2-20　范雅东像

图片来源：Jean-Marie Planchet, C.M. *Le Cimetière et Les Oevres Catholiques de Chala 1610—1927*, Pékin: Imprimerie des Lazaristes, 1928.p.112.

祸即在目前，八下钟栅栏地方训蒙修士齐来北堂"[1]。当时栅栏大约有 120 位孩子，3 位圣母小昆仲会弟兄，6 位神父，8 位仁爱会修女等都前往了南堂，还剩下任有安依然坚守在栅栏。

当时栅栏墓地诸多建筑都毁于大火之中。"平则门外栅栏地方坟屋均毁于火"[2]，当日困于栅栏墓地的圣母小昆仲会士范雅东[3]（见图 2-20）让人给北堂带去了信，告知了他还有孩子仍困于栅栏地。5 月 21 日[4]，范雅东给樊国梁寄去了第三封紧急求救信，"雅东与学生二十五，待援甚急"[5]，告知当时他与 25 名学生皆困于栅栏，"二十一日，得栅栏雅东修士第三书，其第二书未到北堂。度迁者遇害"[6]。"第三书所以能到，因携书者肩菜一担，扮作卖菜人，故得入城。雅东与学生二十五待援甚急"[7]。同日，栅栏育婴堂被烧成灰烬。5 月 26 日，义和团对栅栏墓地发起了正式进攻，曾保存完好的近百余坟茔遭到了彻底的破坏，墓碑和纪念碑全部被推倒或砸碎。除墓地以外，栅栏圣弥厄尔医院、修女院、大

---

① （清）李杕：《庚子教难记》，石印本，1902 年，第 3 页。

② （清）李杕：《庚子教难记》，石印本，1902 年，第 16 页。

③ 范雅东于 6 月 17 日被杀害于栅栏，"我们相信儿童与 Adon 修士死在圣堂中"。参见 [法] 樊国阴：《遣使会在华传教史》，吴宗文译，台湾华明书局 1977 年版，第 362 页。

④ 在安德烈的日记中，记载的是 17 日、19 日栅栏地屡次起火。

⑤ （清）李杕编：《增补拳匪祸教记》，见中国宗教历史文献集成编纂委员会编纂：《东传福音》第六册，黄山书社 2005 年版，第 132 页。

⑥ （清）李杕编：《增补拳匪祸教记》，见中国宗教历史文献集成编纂委员会编纂：《东传福音》第六册，黄山书社 2005 年版，第 132 页。

⑦ （清）李杕：《庚子教难记》，石印本，1902 年，第 6 页。

图 2-21 任有安像

图片来源: Jean-Marie Planchet, C.M. *Le Cimetière et Les Oevres Catholiques de Chala 1610—1927*, Pékin: Imprimerie des Lazaristes, 1928.p.112.

教堂、育婴堂、中西学堂等均被焚毁,如今,"我们已经很难寻求到在 1900 年被义和团毁坏的这些墓碑的历史遗迹了"①。与此同时,栅栏墓地又成为新的坟场,在义和团运动中教徒遇难人数已难以确切估计,事后死尸移至栅栏墓地集中掩埋。"北京王玛弟亚神父,奉主教命,于光绪二十八年冬至平则门外,栅栏地方,修造大堂,并坟地五处"②。北京教区从省、县、乡到家庭,丧命于义和团运动中的教徒近六千人③,他们的名字后来镶嵌在石门天主堂里墙高约六英尺的黑色大理石纪念碑上。④ 包世杰在《拳时北京教友致命》(1920)⑤、《北京义和团时期殉难记录》(1922)⑥ 以及《栅栏的天主教墓地及其业绩(1610—1927)》⑦ 中均有部分记载,其中对圣母小昆仲会士任有安⑧(见图 2-21)的生平有较为详细的传记,他丧命于栅栏石门天主堂中。⑨

1909 年在栅栏墓地曾有"拳匪之乱中殉难的传教士之碑",对义和团运动中遇难的传教士作了说明。"圣母小昆仲会修士中,四名亦同时致命。二系法人,一名澎安德,一名潘若瑟。二君于北堂围困时,遭匪枪伤殒命。二系华人,一名范若瑟,一名仕保禄。均于

① Henri Cordier. *Bibliotheca sinica. Dictionnaire bibliographique des ouvrages relatifs à l'Empire chinois*, Vol. 2. Paris: Librairie Orientale & Americaine.1905. p.1027.

② (清)李杕编:《增补拳匪祸教记》,见中国宗教历史文献集成编纂委员会编纂:《东传福音》第六册,黄山书社 2005 年版,第 148—149 页。注:王玛弟亚司铎(Ouang Mathias,1852—1908),他去世后亦葬于栅栏墓地。

③ "从省、县、乡到家庭,大致有 5800 名教徒在义和团运动中被杀害"。Cf. *Annales de la Congrégation dela Mission*, Paris, Librairie F. Didot frères et fils, 1910, p.51. 2018 年 1 月 4 日上午笔者在北京市委党校老年活动中心拜访党校原基建处工作人员宋志新时,他提及在当时在散落的石碑中还有一些红色的木盒,里面装有骸骨。然在新建食堂的前期整理中全都扔弃。

④ Cf. J.M.Planchet, C.M. *Guide du touriste aux Monuments religieux de Pekin*, Imprimerie des Lazaristes du Petang, 1923.p.153.

⑤ 参见 [法] 包世杰辑:《拳时天主教友致命》,见中国宗教历史文献集成编纂委员会编纂:《东传福音》第七册,黄山书社 2005 年版,第 140—141 页。

⑥ Cf. Jean-Marie Planchet, C.M. *Documents sur les martyrs de Pékin pendant la persécution des Boxeurs*, Pékin: Imprimerie des Lazaristes, 1922.pp.195-199.

⑦ Cf. Jean-Marie Planchet, C.M. *Le Cimetière et Les Oevres Catholiques de Chala 1610—1927*, Pékin: Imprimerie des Lazaristes, 1928. pp.114-116.

⑧ 参见 [法] 包世杰辑:《拳时天主教友致命》,见中国宗教历史文献集成编纂委员会编纂:《东传福音》第七册,黄山书社 2005 年版,第 141 页。

⑨ 其图见于 *Le Bulletin Catholique de Pékin*, Pékin:Imprimerie des Lazaristes du Pei-T'ang, 1919.p.404.

栅栏地方，遭匪所害致命，二君尸骸亦未寻获"①。包世杰论及栅栏墓地"对于唤起人记忆的没有比这更好的赤裸裸的见证了，使人难忘。在教堂周围是传教士的墓地，紧靠着曾经的传教士墓地是如今的传教士墓地"②。当时皮埃尔·洛蒂（Pierre Loti，1850—1923）在他的著作《在北京最后的日子》（*Les Derniers Jours de Pékin*，1902）里面描述到栅栏墓地被毁后的苍凉，本来充满着年轻活力和未来希望的地方，变成死气沉沉的荒凉之所（见图2–22）。

图 2–22　1900 年义和团运动栅栏墓地被毁图

图片来源：Malatesta, Edward J.& Zhiyu, Gao. *Zhalan: Departed, yet present , the oldest christian cemetery in Beijing*, Instituto cultural de Macao Ricci instititute, University of San Francisco, 1995.

　　栅栏墓地遭遇义和团损毁时樊国梁主教已经63岁了。在此之前，作为北京教区的主教，他不断给清政府、外国使馆警示，致函给总理衙门，认为面对这样的情况，如果不及时阻止，便会酿成大祸。"若不作速想法严办，势必酿成大祸，致招外国之干预也"③。5月7日樊国梁前往庆王府"附请剿拳匪"④，然而并没有获得支持。随后多次前往法国使馆，当时外交使臣亦不以为然。无奈之下，樊国梁只好自己事先做好准备，储存食物、购买枪支，让所有的教内人士随时做好准备守卫北堂以及献出自己的生命。⑤ 他写信给法

①　其中提及"仕保禄"疑误，应为任保禄，即任有安。参见［日］中野江汉：《北京繁昌记》，韩秋韵译，北京联合出版公司 2017 年版，第 330 页。

②　J.M.Planchet, C.M. *Guide du touriste aux Monuments religieux de Pekin*, Imprimerie des Lazaristes du Pet-ang, 1923, p.144.

③　杜春和等编：《荣禄存札》，齐鲁书社 1986 年版，第 386 页。

④　（清）李杕编：《增补拳匪祸教记》，《北堂被围》，见中国宗教历史文献集成编纂委员会编纂：《东传福音》第六册，黄山书社 2005 年版，第 131 页。

⑤　Cf. Henry keown-Boyd, The Boxer Rebellion, Dorset Press, New York, 1995.p.31.

国公使毕盛，预言"攻击将会从教堂开始，然后转向使馆"①。在读到樊国梁的信后，5月28日毕盛最终决定派海军去帮助樊国梁抵御义和团的进攻。在亨利·伯德（Henry keown-Boyd，1932—？）的书中将樊国梁描述为对当时时局能够保持冷静的人，是知情者（well-informed）②、老中国通（Old China Hands）③、比其他任何老中国通更了解当时状况的人（with his ear closer to the ground than any of the diplomatsand most of the other Old China Hands）④、远见者 far-sighted⑤ 等等。而随后的北堂保卫战中樊国梁亦是起到了决定性的作用，"在天主教堂，樊国梁（Favier）主教在 40 多名海军陆战队员的帮助下与敌人作战，成功地抵御了两个月。尽管英国使馆的防御十分勇敢和机智，但在整个围困中最为杰出的地方是天主教堂"⑥。

　　而对于栅栏墓地，樊国梁见证了它的原貌、被义和团损毁以及后期修复整个过程。首先，自 1868 年孟振生去世以后，墓地基本由樊国梁代管。除了保护墓地外，还负责墓地医院、教堂、孤儿院等教产设施的修建，这与他本身的建筑才能紧密相关。其次，关于栅栏墓地在义和团时期的损毁情况，在他的围困日记中也有记载，成为了解栅栏墓地被毁过程的重要历史文献。在义和团进攻之前，正是由于他的先见之明和提前安排，居住在栅栏仁爱会的修女们才能提前离开栅栏墓地，从而逃脱劫难。"武装起义的义和团于 5 月 26日联合运动，攻击了紧靠北京城门的栅栏（Cha-la）。这个地方那天晚上未被毁掉，真是一个奇迹。幸运的是，我们提前采取了预防措施，把仁爱会的修女们带进了城"⑦。最后，正是由于樊国梁的努力，为栅栏墓地的修复争取了最大的可能。他对于栅栏墓地的遭遇痛心疾首，于是在随后的八国联军和清政府议和中，他将栅栏墓地作为教会最主要的受损名单之一，将相关赔款修葺内容作为商议事项。当时直隶布政使周馥（1837—1921）前往坟茔查看，在奏折中写道："阅法兰西茔地各碑，有顺治、康熙年间汤若望、南怀仁供职钦天监有功，恩礼优渥，予谥赐葬。以后效力外臣，赐藏银者甚多。今横遭此乱，莫不仆碑破冢，实属惨目"⑧。于是在《议定约章》（《辛丑条约》）中第四款规定付一万两帑银修复坟茔，并且建立"涤垢雪侮"碑。《附件十》"被损外国坟墓单"中规定："京都左近被污渎之诸国之坟茔，须建碑者有：英国一处，法兰西五处，俄国一处，共计七处"⑨。栅栏

① ［美］明恩薄：《动乱中的中国》，见路遥主编：《义和团活动文献资料汇编》（英汉译卷上），山东大学出版社 2012 年版，第 86 页。

② Cf. Henry keown-Boyd. *The Boxer Rebellion*, Dorset Press, New York, 1995.p.57.

③ Cf. Henry keown-Boyd. *The Boxer Rebellion*, Dorset Press, New York, 1995.p.111.

④ Cf. Henry keown-Boyd. *The Boxer Rebellion*, Dorset Press, New York, 1995.p.192.

⑤ Cf. Henry keown-Boyd. *The Boxer Rebellion*, Dorset Press, New York, 1995.p.215.

⑥ ［美］司米德：《中国危机的故事》，见路遥主编：《义和团活动文献资料汇编》（英汉译卷上），山东大学出版社 2012 年版，第 252—353 页。

⑦ Alphonse Favier. *The Heart of Pekin: Bishop A. Favier's Diary of the Siege, May-August, 1900*. edited by J. Freri. Boston: Marlier, 1901. p.10.

⑧ 故宫博物院明清档案部：《义和团档案史料》续编，中华书局 1959 年版，第 1095 页。

⑨ 梁为楫、郑则民主编：《中国近代不平等条约选编与介绍》，中国广播电视出版社 1993 年版，第 429 页。

图 2-23 "殉难者藏骨堂"("致命亭")旧照

图片来源：中国文化遗产研究院。

图 2-24 "殉难者藏骨堂"("致命亭")左侧，
七位耶稣会士墓碑，皆有碑罩

图片来源：美国旧金山大学利玛窦中西文化历史研究所。

墓地属于法兰西坟茔，因此得以修复。利玛窦、汤若望、南怀仁、龙华民、徐日昇、索智能、刘保禄等七人的墓碑单立，而被义和团损毁的 77 块石碑镶嵌在新建石门天主堂的外壁上。而在义和团运动中丧生的教民遗骸则埋葬在墓地北端坟丘中，俗称"肉丘坟"，在坟上建了一座带有祭台的圆顶六角亭，称为"殉难者藏骨堂"，亦称"致命亭"①（法语称为 L'église des Martyrs②）（其正面见图 2-23，其左侧见图 2-24，其右侧见图 2-25，其两侧墓碑示意图见图 2-26）。

图 2-25 "殉难者藏骨堂"("致命亭")右侧，
多为遣使会士

图片来源：Jean-Marie Planchet, C.M. *Le Cimetière et Les Oevres Catholiques de Chala 1610—1927,* Pékin: Imprimerie des Lazaristes, 1928.p.230.

 （1）利玛窦（Matteo Ricci），耶稣会，意大利人，卒于 1610 年。

 （2）汤若望（Johann Adam Schall von Bell），耶稣会，德国人，卒于 1666 年。

---

① 高智瑜、［美］马爱德主编：《虽逝犹存：栅栏——北京最古老的天主教墓地》，澳门特别行政区政府文化局、美国旧金山大学利玛窦研究所 2001 年版，第 43 页。

② Cf. *Annales de la Congrégation dela Mission,* Paris, Librairie F. Didot frères et fils, 1910.p.52.

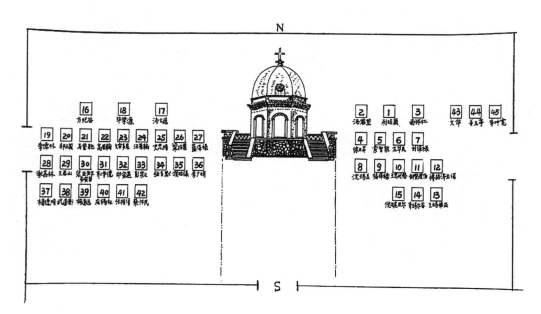

图 2-26　1927年"殉难者藏骨堂"("致命亭")两侧墓碑示意图

（3）南怀仁（Ferdinand Verbiest），耶稣会，比利时人，卒于 1688 年。

（4）徐日昇（Tomé Pereira），耶稣会，葡萄牙人，卒于 1708 年。

（5）索智能主教（Policarpo de Souza），耶稣会，葡萄牙人，卒于 1757 年。

（6）龙华民（Niccolò Longobardo），耶稣会，意大利人，卒于 1654 年。

（7）刘保禄（Paul Lieou），耶稣会，中国人，卒于 1791 年。

（8）沈玛豆（Matthieu Chèn），修会不详，中国人，1907 年自核桃园移此。

（9）福保禄（Paul Fou），修会不详，中国人，1907 年自核桃园移此。

（10）王恩利格（Henricus van Damme），圣母圣心会，比利时人，卒于 1706 年。

（11）邹斐理伯（Philippus Tseou），修会不详，中国人，卒于 1901 年。

（12）穆路济亚诺（Lucuanus Maugey），修会不详，法国人，卒于 1904 年。

（13）王玛弟亚（Ouang Mathias），修会不详，中国人，卒于 1908 年。

（14）李玛尔谷（Marcus Ly），修会不详，中国人，卒于 1909 年。

（15）倪达尼厄尔（Daniel Yturriarte），方济各会，意大利人，卒于 1924 年。

（16）方纪谷主教（François-Marie Magi de Dervio），方济各会，意大利人，卒于 1785 年。

（17）汤士选主教（Alexander de Gouvea），方济各会，葡萄牙人，卒于 1808 年。

（18）毕学源主教（Cajetan Pires Pereira），遣使会，葡萄牙人，卒于 1838 年。

（19）李儒林（Barthélemy Li），遣使会，中国人，卒于 1903 年。

（20）郝正国（Paul Ho），遣使会，中国人，卒于 1883 年。

（21）马誉驰（Jules Martin），遣使会，法国人，卒于 1905 年。

（22）高若翰（Jean Capy），遣使会，法国人，卒于1912年。

（23）文德来（Antoine-Claude Chavanne），遣使会，法国人，卒于1900年。

（24）汪若翰（Joan-Baptista Wang），遣使会，中国人，卒于1911年。

（25）史思绪（Jacques Che），遣使会，中国人，卒于1906年。

（26）梁报国（Charles Rambaud），遣使会，法国人，卒于1912年。

（27）蓝保禄（Pual Lan），遣使会，中国人，卒于1883年。

（28）谢嘉林（Emmanuel-Joseph-Marie Catheline），遣使会，法国人，卒于1906年。

（29）王君山（Paul Wang），遣使会，中国人，卒于1913年。

（30）裴亚伯尔多安当（Albert-Antoine-Pontique Périer），遣使会，法国人，卒于1894年。

（31）齐净德（Joseph Ts'i），遣使会，中国人，卒于1917年。

（32）邱安遇（Joseph Tsiou），遣使会，中国人，卒于1861年，1906年迁葬于此。

（33）彭宗义（Joseph Ponzi），遣使会，意大利人，卒于1917年。

（34）张多默（Thomas Tchang Pignero），遣使会，中国人，卒于1851年。

（35）濮贻谋（Louis-Eugène Barrué），遣使会，法国人，卒于1918年。

（36）李广明（Pierre Li），遣使会，中国人，卒于1909年。

（37）褚德明（Martin Tch'ou），遣使会，中国人，卒于1918年。

（38）武道衡（Pierre Lacroix），遣使会，法国人，卒于1919年。

（39）梅道远（Cyprien Hermet），遣使会，法国人，卒于1919年。

（40）庞锡祉（Paul Bantegnie），遣使会，法国人，卒于1921年。

（41）任桂清（Paul Jen），遣使会，中国人，卒于1922年。

（42）蔡怀民（Benoît Ts'ai），遣使会，中国人，卒于1922年。

（43）文华（Alexandre Waelen），遣使会，荷兰人，卒于1917年。

（44）姜玉亭（Thaddée Kiang），遣使会，中国人，卒于1921年。

（45）李冲宽（André Li），遣使会，中国人，卒于1917年。

1903年秋邹弢（1850—1931）[1] 留有《题栅栏致命坟亭》，以诗的形式描述当时义和团运动对墓地的损毁，并且说明立致命坟亭的缘由。在其《三借庐集》和《善导报》上所刊题名为《京都致命亭题词并引》，内容与《题栅栏致命坟亭》大致相同，个别字词稍异。其中言及原因为"庚子北京拳匪酿祸，天主教中信人被杀者尸横满堂，事平在顺治门合葬之筑亭以为纪念"[2]。而在《新民报》上载有"瘦鹤词人"的《题教会致命亭》（见图2–27），

---

[1] 邹弢，字翰飞，号酒丐、瘦鹤词人、潇湘馆侍者，亦称司香旧尉。江苏无锡人，清代小说家，早期为《苏报》主笔，后自创《趣报》。1900年在上海入天主教，1905年为启明女校国文教员，教授古文词章以及应酬文等。此校为李杕拟章并定名。由于李杕又为《益闻录》《格致益闻汇报》主编，故二人共事多年。1923年创办无锡最早民办乡报《泰伯市报》，任总编辑。晚年辑成《万国近政考略》16卷。1931年在家乡金贵去世，享年82岁。

[2] 邹弢：《京都致命亭题词并引》，《三借庐集》，民国二十一年常熟开文社铅印本，第107页；另参见《善

图 2-27 《题栅栏致命坟亭》拓片

图片来源：中国国家图书馆，馆藏号：北京 2082。

其中称此为"庚子拳乱北京教会被难之人而筑亭，中即业葬处也"①。

> 毒尘卷地凝龙走，宫府流腥鬼车吼。
> 烽火骊山惊洛钟，长星亘野骄苍狗。
> 苍狗奔驰扰北燕，跳梁群起义和拳。
> 狐群潜把声援结，鼠社争将幻法传。
> 扶清妄想洋人灭，昏谬无知顽如铁。
> 星使衙前拥甲兵，天神堂外流膏血。
> 赵李端刚集庙谋，思齐翼夏许同仇。
> 雷车电炮掀天震，象燧狼烟满地愁。
> 大千性命等鸿毛，致命群真拜手谢。
> 红灯妖妇宝刀横，白衣天使灵旗下。
> 灵旗下引入天间，万古长生白骨香。
> 视死如归风节壮，舍生取义姓名扬。
> 联军一入狂魔逐，气象重新翻大陆。
> 约成天子恤忠魂，巍亭当作孤坟筑。
> 深埋浅葬殡宫分，土弃尘荣喜合群。
> 无量头颅无量血，年年感慨对斜曛。

除《题栅栏致命坟亭》外，其余关于栅栏致命亭墓碑石皆被凿泐，字迹完全模糊不清，勉强辨得其中些许。《栅栏致命亭墓表》②（见图 2-28）后有"金贵邹弢敬撰"字样，可知《栅栏致命亭墓表》亦为邹弢所撰。其中对义和团的所作所为进行了生动的描述，并且赞扬了教徒在面对死亡时的坚定信仰。整理内容如下：

导报》1915 年第 20 期。

① 《题教会致命亭》，《新民报》1915 年第 4 期，第 110 页。
② 碑文参见《石门致命亭墓表》，《善导报》1915 年第 35 期，第 414 页。

图 2-28 《栅栏致命亭墓表》拓片

图片来源：中国国家图书馆，馆藏号：北京 2078。

栅栏致命亭墓表

光绪庚子有顽匪名义和拳者，结党徒起，事于北燕。以灭洋之本旨，为闹教之先声。霹雳车摧，橇枪星恶。教中致命者腥血膏野，义声薄云，大乱既平，幽芳益扇。爰聚忠骸而合葬之，覆以坟亭表以辞曰：呜呼！群魂效忠真主，匪起之时，京华禾黍。卷地烽烟，掀天鼙鼓。下结团民，上闻政府。溢毒流腥，灭洋召侮。正教何辜，视如粪土。岳摇川沸，石破天惊。片刻功罪，须史死生。忠义山重，性命毛轻。不欺冥漠，不畏刀兵。淑媛伏锁，烈士就烹。五年逢比，八百田横。视死如归，舍生遂志。圣宠坚牢，尘缘吐弃。天使承近，上方矜异。直造长生，真灵不阅。联军麇集，丑类虹藏。帝王恓难，教士悯亡。新亭四匝，义墓一方。永留表式，为正教光。凡我同志，愿矢勿忘。

金贵邹弢敬撰

《栅栏致命坟亭诗》（见图 2-29）主要论及庚子义和团运动栅栏墓地建屋封藏教徒残尸，借此记录此奇事，并附有挽联，落款为"三拙居士题"，参考《善导报》所载《挽光绪庚子石门致命教友文》③，整理内容如下：

庚子之难，阜成门外，杀戮教友无算，尸首狼藉于护城河滨，继嫌不嘉，尽抛之茔园四大井内，填塞已满。越十有四月之久乃得开掘捞出，竟未腐坏。一小孩完好如睡，共收敛于数十大箱砌屋封藏之。癸卯夏启封秽葬尤虑或有恶味。既启，并无恶味，且有云香者仍不朽烂，惟皮肉干枯更有血迹犹存，肤容可辨者，甚可奇，故援笔志之。

挽曰

忆尔群亡者，临刑志可哀。巽如羊被戮，坚胜铁难回，誓死崇真主，捐躯挽弱孩，芳名瑗石载，香骨净区埋，安憩俟公判，复苏脱尘埃，神形无限好，福域共追陪。

三拙居士题

而在《栅栏遇难信人合葬记》（见图 2-30）中对栅栏墓地中的育婴堂、传教士墓地被

---

③ 参见《挽光绪庚子石门致命教友文》，《善导报》1915 年第 31 期，第 286 页。

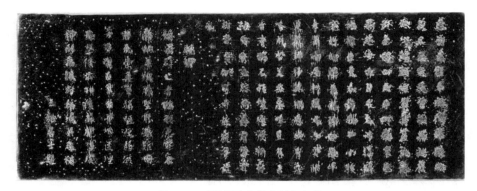

图 2-29 《栅栏致命坟亭诗》拓片

图片来源：中国国家图书馆，馆藏号：北京 2075。

毁情况作了说明，在栅栏墓地中被残害的教徒多达 260 人。进而又对樊国梁、王玛弟亚等人重修教堂，建亭以葬尸骨之功做了记载。落款处写有"云间仞□李枨题"。整理内容如下：

栅栏遇难信人合葬记①

　　庚子仰哀，凝云妖雾突起，北燕一时盲风怪雨相趋。而□若□□□白骨广丞，仿佛崑冈火烈出，□不分而辇毂□揖，无一尺干净土。尔栅栏为教中之旧有大堂，一堂之西南名育婴堂，著中西学。堂□节□暨国朝教士之墓哉。合而信人之聚谈，同居者亦椒□蕃，主□真明，乃自拳匪倡乱与教寻仇，假邪术以煽愚氓，讬仇洋以锄善类。数月之内，燃教堂、处教士、戕教徒，如蒙之灾，宛如狼之奔如饿虎之不择一而噬。栅栏信人之残罹凶□者二百有六十。呜呼哀哉！呜呼哀哉！当极凶

图 2-30 《栅栏遇难信人合葬记》拓片

图片来源：中国国家图书馆，馆藏号：北京 2080。

---

① 未寻获相关文献记载，因字迹模糊，碑文由笔者初步整理，恐有误。

□滋也，□幽绍信人曰尔命迹可刀杀，而拜神可刀杀，诸宧人笃信主荣，视□窥□其□□□神□□可□□曾在多时□开世界中之凝云妖雾、盲风怪雨一扫而空。而圣教历劫永□□□灵光，归然独立彼被戕，诸信人志□笃节□坚死甚苦，虽忠魂凌霄汉，□□□□绍永□其义□□□之尘，藏□□诸方于记□觉□。爰是樊主堂、有安、王司铎等请重筑教堂，外将尸骨合葬，并建亭信主以□□□。人生历□浮云幻梦，转瞬皆虚。□□□□能□□□。诸信人以敬天主为寻访。以杰灵魂为□□以□□□□□贵惜怜命。有旋踵而至启名□遗□无□长相去矣。侮处壤哉！

　　光绪二十九年十一月

　　云间仞□李杕题

《栅栏致命信人赞》①（见图2-31）损害尤为严重，为李杕所作，从存留文字中可知其主要对义和团的兴起以及栅栏墓地的损毁做了说明。参照《善导报》上所刊载的《北京栅栏致命信人赞》②，整理内容如下：

图 2-31　《栅栏致命信人赞》拓片

图片来源：中国国家图书馆，馆藏号：北京 2076。

栅栏致命信人赞

　　维我圣教，亘古传扬。上钦主宰，下化愚狂。辟俗谬妄，导众归真。崇德辩惑，革故鼎新。进我于善，覆我以仁。俾居沙界，早脱红尘。长逝一朝，获祐种种。万寿无疆，瞻光蒙宠。性灵臻是，悦乐靡穷。惟彼恶鬼，嫉忌罔终。恒施伎俩，张网塞途。为群生患，为圣贤虞。岁在庚子，煽惑权奸。唆使拳党，练术设坛。一声仇教，在在揭竿。迤北十省，堂宇毁残。二万信人，冤亡创戕。致命栅栏，几近二百。厥志坚城，视死如宝。魂入帝乡，长生不老。福哉群哲，聚首天庐。与救主偕，与慈亲居。天神为侣，列圣为朋。尚祈代祷，援我同升。

南沙李杕题

---

① 中国国家图书馆命名为"栅栏致命词并赞"。

② 参见《北京栅栏致命信人赞》，《善导报》1915 年第 31 期，第 285 页。

其中文字凿泐严重，全文内容已不可考，然诸首亭诗、题记、墓表，皆以天主教的立场阐释了义和团运动给栅栏墓地带来的致命性摧毁。根据《辛丑条约》第四款，"大清国国家允定在于诸国被污渎及挖掘各坟墓建立涤垢雪侮之碑，已与诸国全权大臣合同商定，其碑由各该国使馆督建，并由中国国家付给估算各费银两，京师一带，每处一万两，外省每处五千两。此项银两，业已付清。兹将建碑之坟墓，开列清单附后（附件十）"①。清政府于1903年在墓园中刻下"涤垢雪侮"石碑（其原貌见图2-32，其现状见图2-33）：

图2-32 "涤垢雪侮"碑从诸圣堂取下原貌图　　　　图2-33 "涤垢雪侮"碑现状

图片来源：美国旧金山大学利玛窦中西文化历史研究所。

> 此处乃钦赐天主教历代传教士之茔地。光绪二十六年拳匪肇乱，焚堂决墓，伐树碎碑，践为土平。迨议和之后，中国朝廷为已亡诸教士雪侮涤耻，特发帑银一万两，重新修建。勒于贞珉，永为殷鉴。大清光绪廿九年秋月立。②

在碑上可明显看到"一万两"是覆盖于"为茸欤"三字之上的，说明碑文被更正过，强调出明确的赔款金额。尽管墓地的损失是不可复原的，然而碑文铭刻了栅栏墓地的遭遇，也佐证了樊国梁的努力，栅栏墓地在赔款的支持下得以修复，此碑原本镶于诸圣堂正面上方，20世纪70年代中叶教堂拆毁后，此碑镶嵌于现东园墙内。除此之外，为了纪念殉难教徒以及当时奉教的旗人，由于他们在义和团运动中致力保护教堂，因此在栅栏墓地内还修筑一塔，"高二丈余，以为殉难诸人之彰表，而护守之旗兵亦得序入其列云"③。现已不存。

义和团运动的发生错综复杂，过程反复无常，整个国家处于内忧外患的风雨飘摇之

---

① （清）李杕：《拳祸记》，见中国宗教历史文献集成编纂委员会编纂：《东传福音》第六册，黄山书社2005年版，第270页。

② 林华、余三乐、钟志勇、高智瑜编：《历史遗痕——利玛窦及明清西方传教士墓地》，中国人民大学出版社1994年版，第17页。

③ 金醒吾著，冈本正文编，刘倩、郝琦校注：《京华事略北京纪闻》，北京大学出版社2018年版，第191页。

中。当时京畿一带，莫不人心惶惶，几有草木皆兵之象。从栅栏墓地来看，其实是天主教在华遭遇的表现。当时整个天主教都遭到义和团的攻击，而作为官方赐予的传教士安息之所，栅栏墓地不但是作为"洋人"入华的历史证据，亦是当时北京"洋人"的聚集地。针对现实情况，攻击栅栏墓地即是赶走"洋人"的最直接表达。这种带着强烈的朴素的"'自卫'组织"[1] 运动在特定时期内得到清政府的支持，官方令其"挂号"，封为"官团"，官方也将其视为"爱国行动"[2]，这样的"官民齐心"使 300 余年的传教士安息之地成为无辜的"泄恨处"，这无疑成为基督宗教史上的一次重创。而栅栏墓地的前后变化不仅反映出来华传教士的在华境遇，也呈现出当时错综复杂的政治环境，正是中西方文明在近代冲突的有力缩影。法国遣使会士樊国梁等人在其间对墓地的保护展现出传教士对在华传教事业的坚守。

---

[1] ［日］佐藤公彦：《义和团的起源及其运动：中国民众的 Nationlism 的诞生》，彭曦、宋军译，中国社会科学出版社 2007 年版，第 517 页。

[2] ［日］佐藤公彦：《义和团的起源及其运动：中国民众的 Nationlism 的诞生》，彭曦、宋军译，中国社会科学出版社 2007 年版，第 509 页。

第三章
栅栏墓地庚子年后的恢复及变迁

图 3-1 《遣使会年鉴》所载 1902 年
诸圣堂正面图

图片来源：*Annales de la Congrégation de la Mission*（ou recuel de lettres édifiantes écrites par les prêtres de cette Congrégation et par les Filles de la Charité, Autres édtions des annales）, 1910. p.221.

庚子年后，在西方诸国的诉求和所获赔款的支持下，栅栏墓地得以重新修葺。1901 年，承担修复工作的林懋德（Stanislas Jarlin，1856—1933）主教修建了一座装饰精美的教堂以纪念北京教区在义和团运动中的 6000 名殉难者，称为"诸圣堂"或"致命圣教堂"（其绘制图见图 3-1，其旧照见图 3-3，其拆毁前旧照见图 3-4）。其堂 1902 年基本建成，1903 年竣工。[1] 由于地处马尾沟[2]，此教堂也被称为"马尾沟教堂"。而由于进入栅栏地需通过康熙赐予汤若望的石门，门楣上有满、汉文的"钦赐"二字，故又被称作"石门教堂"。"石门教堂楼顶，周垣用墓碑砌成，堂内四周遍刻庚子殉教中西人姓名，约三万人，楼额刻赐茔建堂缘起及建堂年月"[3]。此外，因管理者为法国人，还被称为法国教堂、基督教堂等。而当时服务于教堂的有米歇尔神父和安东尼神父（C.F.Antonin，

---

[1]　Cf. *Annales de la Congrégation de la Mission*（ou recuel de lettres édifiantes écrites par les prêtres de cette Congrégation et par les Filles de la Charité, Autres édtions des annales）, 1910.p.221.

[2]　马尾沟，曾位于诸圣堂的南边，北营房的北面，亦被称为北大沟。对应如今的百万庄大街，从阜成门外北礼士路（旧称北驴市口）往北走。本有一条水沟，约在 20 世纪初渐渐干涸，旁有土路，在 1941 年前后还有一座白石桥，然到 1949 年时，石桥早已坍塌，桥墩、桥柱、桥栏、桥板呈南北走向，就地垫于低洼处，供行人车辆穿行。20 世纪 40 年代成为一条土路，90 年代初改名为百万庄大街。1952 年左右，整条马尾沟由土路变成灰渣路，石桥旧址变成十字路口。如今马尾沟化为百万庄大街的一部分。1945 年曾在育才小学（即石门小学）读书的张国庆记忆当时已经是十米左右的土路了。参见张国庆：《马尾沟的消逝》，《老北京忆往》，北京燕山出版社 2015 年版，第 73—75 页。

[3]　呆生：《国史研究专号：沟通中西文化的几位先锋：滕公栅栏教茔简史（附照片）》，《北辰画刊》1935 年第 2 期。

1871—1942）。诸圣堂最初模样 ① 是典型的罗马式教堂。随后林懋德所修复的正福寺教堂 ②（见图 3–2），与诸圣堂规制几近一致。

图 3–2　1907 年正福寺教堂图示

图片来源：*Le Bulletin Catholique de Pékin*, *Pékin*: Imprimerie des Lazaristes du Pei-T'ang, 1918.p.224.

第一节　修复：诸圣堂外墙上的墓碑

诸圣堂两侧墙壁上整齐排列着传教士墓碑，墓碑基座下方安置着小木盒，其中盛放骨骸。除了利玛窦、汤若望、南怀仁、龙华民、索智能、徐日昇、刘保禄等人墓碑单立以外，其余散落在栅栏墓地及大道南侧西堂墓地的残损墓碑全都收集起来，镶嵌在教堂墙上（见图 3–5）。"迨乱事既平，重兴教堂，遂乃有提议将若干已倒之墓碑，移砌于新堂外墙脚，以志纪念云" ③。包世杰书中所记载的诸圣堂外墙四周的墓碑排列顺序是先为教堂北边，然后是南边。其中奇数表明是教堂西边，偶数表示东边。序号 1—4 号是在教堂北边的地基上。具体情况如下 ④：

---

① Cf.Communauté et Juvenistés, *Remaruqer la disparition des arbres derniere le monument*, Voir ancienne photo de 1944.

② 1900 年正福寺墓地亦毁于义和团运动。随后在林懋德主教的主持下，开始修复正福寺，修复工程长达十年。先是重建了教堂以及附属的几座住房。同时还修补了残存的墓碑，至于被盗或者无法恢复的，则重立新碑并补刻了铭文，共计 67 块。所有墓碑并没有复归原位，而是镶嵌在祭坛两侧新修的围墙上，传教士们的遗骨经悉心整理后埋在墓碑下面。然而由于新坟地和整个墓园隔开，原来的墓地被整平为绿地，故墓地面积大为缩小，且隐蔽在正福寺的后面，此后不再用作墓地，而只是留作此前来京的法国传教团的纪念陵园。参见明晓艳、[美] 魏扬波主编：《历史遗踪：正福寺天主教墓地》，文物出版社 2007 年版，第 38 页。

③ 《近事：本国之部　栅栏》，《圣教杂志》1916 年第 5 期，第 217 页。

④ 在墓碑中，耶稣会士占绝大多数，因此若对碑主没有明确标注修会的，即为耶稣会士。

图 3-3　诸圣堂旧照

图片来源：中国文化遗产研究院。

图 3-4　20 世纪 70 年代中叶诸圣堂拆毁前旧照

图片来源：美国旧金山大学利玛窦中西文化历史研究所。

第 1 号：赐汤若望茔地谕旨碑 [1]。（见图 3-6）

此碑于顺治十二年（1655）10 月 15 日立。篆额天宫高 30 厘米，宽 23 厘米，题为"御赐茔地碑记"。碑身汉、满文合璧。阳高为 160 厘米，宽 85 厘米。汉、满文内容相同，主要介绍了当时户部将阜成门外利玛窦茔地两旁地亩赏赐给汤若望，作为其日后窀穸（即墓地）之所。

满文转译拉丁文

šoo boo bime taidzi taiboo hebei amban fiyanggūhese be ulame wasimbuhangge: kin tiyan giyan i doron jafaha hafan tang žo wang

图 3-5　诸圣堂后墙墓碑镶嵌情况

图片来源：美国旧金山大学利玛窦中西文化历史研究所。

ni giran sindara babe baime dele wesimbuhe dergi hese tungyi de afabufi ini baire babe giyan giyan i fonjifi wesimbu sehe:hese be gingguleme dahafi genefi tuwaci: ini emu bai li ma deo i giran sindaha, tang žo wang ni booi juwe dalbade cin wang ni booi nirui janggin wang guwe dung ni kadalara yafan i da wang jio dzung ni boo ninggun giyan, usin uyun cimari, booi nirui janggin tambu i beye i yafan i boo jakūn giyan, usin emu cimari, jiyūn wang ni booi nirui janggin dung kui kadalara yafan i da yang

---

[1]　参见北京图书馆金石组编：《北京图书馆藏中国历代石刻拓本汇编》第 61 册，中州古籍出版社 1989 年版，第 81 页。

62　春秋石铭　北京栅栏墓地 历史及现存碑文考

THE HISTORY ON THE TOMBSTONES

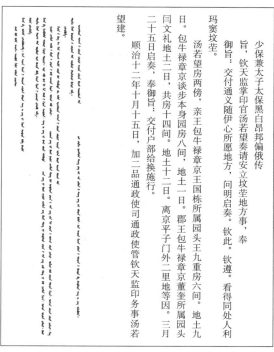

图 3–6　赐汤若望茔地谕旨碑拓片及其碑文

图片来源：中国国家图书馆，馆藏号：北京 1882。内容参见（清）黄伯禄：《正教奉褒》，见中国宗教历史文献集成编纂委员会编纂：《东传福音》第六册，黄山书社 2005 年版，第 555 页。

wen li yafan i usin juwe cimari, uheri boo juwan duin giyan, usin juwan juwe cimari, ging hecen i ping dzi men dukai tule juwe bai dubede bi seme ijishūn dasan i juwan juweci aniya ilan biyai orin sunja de wesimbuhe.

dergi hese boigon i jurgan de afabufi hūlašafi bukini sehe:

ijishūn dasan i juwan juweci aniya juwan biyai tofohon de jai jergi nonggiha tung jeng ši sy yamun i tung jeng ši hafan bime, kin tiyan giyan yamun i doron i baita be kadalara tang žo wang ilibuha.

汉译

少保兼太子太保黑白昂邦偏俄传旨，钦天监掌印官汤若望奏请安立坟茔地方的事情，奉御旨：根据惯例，按照你所期许的地方，确定以后上报朝廷。钦此。与我同为传教士的利玛窦的坟茔地方，我希望能够安葬在旁边，亲王包牛禄章京王国栋所属的园头王九重房六间，地土九日（一日约六亩余）。包牛禄章京谈步本身园房八间，地土一日。郡王包牛禄章京董奎所属园头闫文礼地土二日，共房十四间，地土十二日。离京城平则门外二里地等因。三月二十五日启奏，奉御旨：交付户部办理。

一六五五年十月十五日，加二品通政使司通政使管钦天监印务事汤若望建碑。

第 2 号：张中一墓碑 ①。

第 3 号：圣母保护在华传道碑（1730）。（见图 3-7）

图 3-7　圣母保护在华传道碑拓片及其碑文

图片来源：中国国家图书馆，馆藏号：北京 2242。

记载北京圣堂的建立以此颂扬中华主保圣母玛利亚。

拉丁文

D. O. M.

Et Virgini dei Parenti Missionis Sinensis protectrici Sacellum lapso saeculo ex voto erectum secundum idem votum denuo instaurari fecere patres Societatis Iesu Coll.Pekin.Anno sal 1730.

英译

To God Most Good and Most Great

And to the Virgin Mother of God Protectress of the China Mission, The chapel built in the last century, Because of a vow, has been restored. By reason of the same vow. By the Jesuit Fathers of the College of Peking. In the Year of Our Savior 1730.

汉译

献给至善至尊的天主与天主童贞之母，中国教会的主保，本圣堂建于 17 世纪，北京耶稣会司铎建此还愿，主历 1730 年。

第 4 号：圣母堂碑。（其碑阳见图 3-8，其碑阴见图 3-9）

---

① 凡编号涉及人物墓碑者，详见后章人物传记。

今皇帝在位十有一年，为顺治甲午，臣若望蒙恩轸念犬马齿衰，赐地一区，以为他日窀穸所，所以昭异眷也。窃惟九万里孤踪，结知英主，既荣其生，复哀其死，得若将终其身，而又预为之计，久远如此，宠施优渥，出于格外，岂人力也哉？古圣贤于遇合之际，率归之天。今子之得遇主上，用西法以定历，进修士以演教，道之将行，日升月恒，鱼水相欢，殆未可量，又不特一身之感恩称知遇而已，乃于赐地之中央构椽，内供圣母抱主耶稣，名圣母堂，以资焚祝，自是岁时趋谒，行弥撒礼。诵祈普庇无数，而奉教友辈，有默作合于其间乎？用是昕夕输诚，仰图报答，计莫如崇祀，乃于赐地之中央构椽，内供圣母抱主耶稣，名圣母堂，以资焚祝，自是岁时趋谒，行弥撒礼。诵祈普庇无数，而奉教友辈，有造门瞻叩申虔者，其务识所从来，伏祷上佑曰：致吾君于尧舜，绵国祚于无疆。斯为实获我心者矣。

（满文略）

顺治十七年岁次庚子孟秋穀旦

敕赐通微教师、通政使司通政使加二品又加一级、掌钦天监印务汤若望

图 3-8 圣母堂碑碑阳及汉文碑文

吾

师汤道未先生讳若望、西海热尔玛尼亚人，幼龄学道，入耶稣会以宣传天主正教为务三十游中华，为天启二年嗣以凤谙历学，岁巳巳（己巳）由大学士徐文定公荐应召来京修历成十余载，恭遇国朝建鼎，遂用西洋新法造历，颁行溥荷。恩礼优异，迄今未艾云。

门人李祖白谨识

图 3-9 圣母堂碑碑阴及其碑文

顺治十七年（1660）汤若望又在栅栏墓地建造圣母堂一座，于 1660 年 7 月竣工，因此镌刻碑文以记载其事。

满文转译拉丁文

šeng mu tang de ☐ bei gisunte

hūwangdi soorin de bifi juwan emuci aniya fonde ijishūn dasan niowanggiyan morin aniya bihe. amban tang žo wang minde

kesi isibume morin indahūn i gese hūsun ebereke be gosime gūnifi emu farsi babe bufi amaga inenggi eifu arara ba obuhangge, ferguwecuke gosiha be tuwabuhangge kai. gūnici uyun tumen ba i emhun beye

sure ejen de ucarafi wesihun banjire de wesibunehe bime bucere be geli gasahangge, uthai aga muke be baha adali, beye uttu de duhembumbi sembihe. tuttu bime geli doigonde enteheme goidara jalin ere gese buyecukengge doshon kesi

isibume dabali gosime an kooli ci dabanahabi: ere niyalmai hūsun i uttu ohongge semeo. julgei enduringge saisa ucaraha acaha unenggi be abkai eniye de obuhabi. te bi

dergi ejen de ucarafi si yang ni fa be baitalafi, hūwangli be toktobume tacire urse be dosimbufi tacihiyan be badarambume doro be yabuburengge šun mukdere biya yabure adali bilame toktobuci ojorakū.

ere gese mini buya beye kesi be hukšeme ucaran be maktame gisurere teile de akū

abkai ejen dergi di dorgideri acabuhangge waka seci ombio. tuttu ofi cimari unenggi be tucibume garulara be kicere jalin gubci wesihulere juktere de isarangge oci, buhe ba i dulimbade udu giyan boo arafi

enduringge eniye abkai ejen ye su be tebeliyehe nirugan be ☐☐ šeng mu tang seme gebulefi hiyan dabume jalbarifi ereci amasi aniya ☐ dari genefi hengkišeme mi sa doro be yabume uheri elhere be jalbarime bairengge enteheme mohon akū damu

yaya tacihiyan de dosika gucusa duka de jifi hargašame hengkileme unenggi be tucibuki serengge bici urunakū erei da jihe turgun be algici acambi

dergi abka de wehiyere be baire gisun mini

ejen be yoo šūn de isibu

gurun i doro be enteheme ☐ ang obu serengge ☐☐☐ i mini mujilen be bahangge kai:

ijishūn dasan i juwan nadaci aniya bolori biya sain inenggi

hesei temgetulehe tung wei gioo ši tung jeng ši sy yamun i tung jeng ši juwe jergi nonggiha bime kin tiyan giyan yamun i doron i baita be kadalara tang žo wang ilibuha

此碑碑阳、碑阴皆有满文与中文，内容相同。碑阳为顺治十七年（1660）七月所刻，主要表达了汤若望对顺治皇帝赐予葬资以及允许修筑圣母堂的感谢，体现出当时朝廷对天主教在华传教持宽容态度。在其碑阴，有汤若望的学生李祖白（？—1655）[①] 对汤若望生平

---

① 李祖白（？—1655），字然真，中国明朝末年至清朝初年天文学家、天主教教徒。早年受教于汤若望，且供职于钦天监，任钦天监夏官正。1626 年他协助汤若望著有《远镜说》一书，将伽利略的文章译

的简要介绍和赞美之词。

满文转译拉丁文

mini sefu tang doo wei siyan šeng, gebu žo wang, wargi mederi i že el ma ni ya bai niyalma ajigen de doro tacifi ye su tacin de dosifi

abka ejen i jingkini tacihiyan be selgiyere be □ faššame gūsin sede dulimbai gurun de jifi šurdeme yabume tiyan ki jai aniya bihebi. amala hūwangli weilere be daci urebuhebi seme sohon meihe aniya da siowei ši

sioi wen ding gung sain seme tukiyefi gajiha be dahame ging hecen de jifi hūwangli be dasataha hūwangli šanggafi juwan aniya duleke manggi

gurun □□□□□ si yang gurun i ice fa be baitalame hūwangli arafi selgiyefi yabubume ferguwecuke dabali

kesi □□□□□ šabi li dzu be gingguleme ejeme araha

第 5 号：德理格墓碑。

第 6 号：圣若瑟纪念碑（其碑阳见图 3–10，其碑阴见图 3–11）以及圣伊纳爵与圣沙勿略纪念碑（其碑阳见图 3–12，其碑阴见图 3–13）。

这两通石碑，几乎是同一时间，即乾隆四年（1739）春所立，分别为圣徒约翰（St.

成汉文，其中介绍望远镜、近视及远视眼镜的相关原理，被视为最早出版的介绍西方光学理论和望远镜技术的书籍。1663 年李祖白为答复杨光先《辟邪论》而著《天学传概》，有为其师汤若望辩护之意。1664 年 4 月，杨光先呈礼部《请诛邪教状》，给汤若望、李祖白等人定了邪说惑众、潜谋造反、历法荒谬等罪状。1665 年 4 月 15 日，经议政王会议，李祖白及其子李实一同被处死。其亲属责打流徙宁古塔。"李祖白的处死，对当时西方科学在华的传播也是一个损失"（侯海洋：《不该被遗忘的青龙桥天主坟——北京基督教史迹拾遗》，《北京文物》2017 年第 6 期）。李祖白死后，其墓位于青龙桥墓地，其碑为子李式为李祖白所立，碑上内容为"康熙十年柒月十五日皇清敕赠承德郎钦天监夏官正祖白李公之墓男式立"。直到康熙八年（1669）7 月 20 日在给汤若望平反时，亦给李祖白平反，将其"流徙家属，取回来京。有职者各还原职"。参见（清）黄伯禄：《正教奉褒》，见中国宗教历史文献集成编纂委员会编纂：《东传福音》第六册，黄山书社 2005 年版，第 618 页。康熙十年(1671)11 月 21 日，刑部议覆题称"李祖白既以冤枉给还原官，取回子弟，伊等家产似应给还"。参见（清）黄伯禄：《正教奉褒》，见中国宗教历史文献集成编纂委员会编纂：《东传福音》第六册，黄山书社 2005 年版，第 642 页。关于其墓地，在《青龙桥茔地志》中含《李公祖白迁葬记》，"民国二十九年七月十日，适值重修茔地之际，以李祖白之墓碑，埋没地中，仅露碑头尺余，未遭拳匪之捣毁，遂就碑位之北，发掘墓穴，深至七尺，乃现朽木一方，质系黄柏，下即全俱尸骸，余无他物。李公之遗骸既获，时值阴雨，不及置棺木，仅以缸盆二具，装殓骨骸，上下覆合，迁葬于重修墓内，上覆一石，铭其圣德，及其致命之经过，以待来日之考据也"。参见吴德辉：《青龙桥茔地志》（1940 年版），中国国家图书馆 2007 年版（缩微品），第 24 页。而在方豪所记《青龙桥茔地志校后记》中记载 7 月 12 日吴德辉神父偕张致中神父为青龙桥茔地志与墓碑进行校勘，校正、补漏多处，方立中神父亦进行勘误。参见方豪：《青龙桥茔地志校后记》，《上智编译馆馆刊》卷一，1946 年，第 32 页。

图 3–10 圣若瑟纪念碑

图片来源：中国国家图书馆标记为《圣母堂楼基刻石》，中国国家图书馆，馆藏号：北京 1956。

图 3–11 诸圣人、中华主保及仆人纪念碑

图片来源：中国国家图书馆标记为《圣母堂楼基刻石》，中国国家图书馆，馆藏号：北京 1958。

图 3–12 圣伊纳爵纪念碑

图片来源：中国国家图书馆标记为《圣母堂楼基刻石》，中国国家图书馆，馆藏号：北京 1960。

图 3–13 圣沙勿略纪念碑

图片来源：中国国家图书馆标记为《圣母堂楼基刻石》，中国国家图书馆，馆藏号：北京 1962。

Joseph）、耶稣会创始人圣伊纳爵·罗耀拉（St.Ignacio de Loyola，1491—1556）和圣方济各·沙勿略（St.Francis Xavier，1506—1552）所立，以示纪念耶稣会来华 150 周年。碑文为拉丁文，汉文和满文如今碑已不存，仅存其拓片。

拉丁文

ANNO A PARTU VIRGINIS MDCCIXL. AB INGRESS A PEKINUM SOCIETATE.

SQUI SÆCULO VIRGINI SPONSO AC MISSIONIS TITULARI D.JOSEPHO. DEVOTI UTRIUSQUE CULTORES LAPIDEUM HOC MONUMENTUM TATUERE.

SANCTIS ANGELIS. SINAE CUSTODI. ET SERVATORI SUO BENEFICII MEMORES JESUITAE. AD FONTEM GRATIAE HUNC LAPIDEM POSUERE.

英译

In the 1739th Year since the Virgin Birth.In the 150th Year since the Society's Entrance into Peking. To the Spouse of the Virgin and the Protector of the Mission to Blessed Joseph. The Devout Worshippers of Each. This Stone Monument have Placed.

To the Holy Angels.To the Protector of China.And to Its Servant.The Jesuits Mindful of Such a

春秋石铭
THE HISTORY
ON THE TOMBSTONES
北京栅栏墓地
历史及现存碑文考

Benefit. At the Fountain of Grace.Have Placed this Stone.

汉译

圣母童贞受孕后第 1739 年。耶稣会进入北京 150 年。献给童贞圣母净配教会的主保圣若瑟，虔诚的崇拜者树立这座石碑。

献给诸圣人、中华主保及仆人。满怀感恩的耶稣会士，以圣宠之源，树立此碑。

拉丁文

ANNO DOMINI MDCCXXXIX. AB ERECTA JESU SOCIETATE. BIS SÆCULARI SANCTO FUNDATORI ET PARENTI SUO IGNATIO. MINIMI UTRIUSQUE EILII HUNC LAPIDEM IN TITULUM EREXERE .

S. FRANC XAVERIO OB VITAE AETERNAE PRAEDICATIONEM HUMANIS DESTITUTO MORIENTI FRATERNUS AMOR COR OFFERT IN TUMULUM ET LAPIDEM HUNC IN MAUSOLEUM.

英译

In the Year of Our Lord 1739. Of the Founding of the Society of Jesus.The Second Centenary.To Its Holy Founder and Parent Ignatius.The Least Sons of Both.

This Titular Stone have Placed.

To St.Francis Xavier. Because of His Preaching of Eternal Life. Bereft as He Died of Human Helps.Fraternal Love.Offers Its Heart for a Grave .And this Stone .As a Mausoleum.

汉译

主历 1739 年。为纪念耶稣会成立 200 周年。献给其会祖圣伊纳爵，最卑微的后人们建立此碑。

献给圣方济各·沙勿略。纪念他关于永生的教导，为帮助众多兄弟，将生命献作感恩祭，建立此碑。

两通石碑中文标识于"大清乾隆四年莫春立"，1739 年春天，保罗·博尼特（Paul Bornet）在《俄罗斯传教士在 1820—1821 的接管，栅栏墓地的两通石碑》（ *La relève de la Mission Russe en 1820—1821. Deux stèles historique au Cimitière de Chala* ）书中涉及对这两块碑文的时间考证：

"La forme romaine de çette date nous semble vraiment étrange. Faut-il lire MDCC+I+XL=1741 ou MDCC+L-IX=1741, dont la forme romaine régulière est MDCCXLI; ou encore MDCC-I+XL= 1739. qui concorderait avec la date chinoise, mais dont la forme romaine vraie est MDCCXXXIX"[1]。其中提及碑上罗马数字的写法较为奇怪，而根据碑上所刻汉文

① Paul Bornet. *La relève de la Mission Russe en 1820—1821*. Deux stèles historique au Cimitière de Chala. Bulletin Catholique de Pékin 1948.p.24.

"乾隆四年"，可确定立碑时间为 1739 年。关于
此碑的建立背景，有可能与 1739 年中国日本教
区视察员徐茂盛（又称徐大盛，Jacques-Philippe
Simonelli，1680—1755）[1] 和法国传教团总会长胥
孟德（Joseph Labbe，1677—1745）[2] 来华有关[3]，
他们前往栅栏墓地纪念为耶稣会在华传教事业作
出贡献的耶稣会士们，从而建立此碑。

第 7 号：李拱辰墓碑。

第 8 号：李保禄（天津宝坻人）墓碑。

第 9 号：圣母纪念碑。

其碑阳为"圣宠之源"（见图 3–14）。义和团
运动后，镶嵌于诸圣堂之上。其碑石长 109cm，
高 86cm，厚 35cm，底座高 13cm，厚 37cm。碑
阳仿摆屏饰，上部为横额式，四框浮雕缠枝草蔓
纹饰，框芯剔地阳刻榜书——"圣宠之源"。而
底部有如意纹，上下为斧剁无纹饰，左右两侧抛
光。碑阴中榜刻有"议大夫宣大总督兵部右侍郎
兼督察……治拾捌年岁次辛丑仲秋"[4]。两侧有金
属条镶嵌其中，已风化生锈。

第 10 号：耶稣会纪念碑。

图 3–14　"圣宠之源"碑

图 3–15　"常生之根"碑

---

[1] 　徐大盛，字茂盛，意大利人。1680 年 6 月 25 日出生于意大利马切拉塔，为文学士。1703 年 10 月 21
日进入初修院，1715 年 4 月 16 日启程，1719 年 10 月 30 日到达澳门。以天文学家身份居于北京。
且于 1732—1734 年、1738—1741 年、1745—1751 年先后三次担任中国和日本的视察员。参见 [法]
荣振华、方立中、热拉尔·穆赛、布里吉特·阿帕乌：《16—20 世纪入华天主教传教士列传》，耿昇
译，广西师范大学出版社 2010 年版，第 329 页。他"于 1748 年命令北京、澳门两地神甫聚会讨论
教略。并奉命在澳门将中国政府颁给澳门的'札'译为葡文"（转引自叶农：《试论清朝前中期耶稣会
士与澳门的汉学活动》，《广东社会科学》2004 年第 3 期）。

[2] 　胥孟德，字若瑟，法国人，1677 年 8 月 30 日出生于布尔热，1701 年 9 月 11 日进入初修院。1710 年出发，
1712 年 7 月 25 日到达广州。1725 年任广州住院长上，1728—1731 年在澳门为中国副省专设的圣若
瑟神学院的创始人。1736 年 11 月 26 日至 1740 年任法国传教区总会长。1745 年 6 月 12 日逝世于澳门。
参见 [法] 荣振华、方立中、热拉尔·穆赛、布里吉特·阿帕乌：《16—20 世纪入华天主教传教士列
传》，耿昇译，广西师范大学出版社 2010 年版，第 199—120 页。

[3] 　Cf. Paul Bornet, *La relève de la Mission Russe en 1820-1821. Deux stèles historique au Cimitière de Chala.*
Bulletin Catholique de Pékin 1948. pp.24-26.

[4] 　2018 年 6 月在北京市委党校校内残碑清理过程中重新发现。通过碑阳、碑阴比较，碑阳为完整底座
和碑身，碑阴字体不全。可能是后世对碑石的二次利用。根据其官职名称"通议大夫宣大总督兵部
右侍郎兼督察……"以及时间"顺治十八年"即 1661 年，推测原碑所指人物可能为宣大总督、兵部
右侍郎兼都察院右副都御史佟养量（生卒年不详）。

其碑阳为"常生之根"①（见图 3–15）。"常生之根"为耶稣会纪念碑（其中包含编号 6 圣若瑟光荣碑 *Restes d'un monument en L'honneur de S.Jpseph* 和编号 6+ 圣伊纳爵和沙勿略纪念碑一些残片 *Autres fragments d'un monument à SS.Ignace et François Xavier*）。

第 11 号：无字碑。

第 12 号：耶稣会标志碑（IHS Monogramme du Christ:IHS）。

第 13 号：魏继晋墓碑。

第 14 号：许立正墓碑。

第 15 号：郑玛诺（郑惟信）墓碑。

第 16 号：孙觉人墓碑。

第 17 号：郎世宁墓碑。

第 18 号：翟敬臣墓碑。

第 19 号：刘松龄墓碑。

第 20 号：高慎思墓碑。

第 21 号：福文高（福多明我）墓碑。

第 22 号：利博明墓碑。

第 23 号：索若瑟（索德超）墓碑。

第 24 号：罗德先墓碑。

第 25 号：杨秉义（阳广义）墓碑。

第 26 号：沈东行墓碑。

第 27 号：陆安墓碑。

第 28 号：利类思墓碑。

第 29 号：哆啰墓碑。

第 30 号：山遥瞻墓碑。

第 31 号：闵明我墓碑。

第 32 号：张安多墓碑。

第 33 号：林德瑶墓碑。

第 34 号：鲍仲义墓碑。

第 35 号：鲍友管墓碑。

第 36 号：罗雅谷墓碑。

第 37 号：郭天爵墓碑。

第 38 号：邓玉函墓碑。

第 39 号：麦大成墓碑。

第 40 号：汤尚贤墓碑。

第 41 号：庞嘉宾墓碑。

第 42 号：杜德美墓碑。

---

① 现存于北京市石刻艺术博物馆内。

第 43 号：陈圣修墓碑。

第 44 号：安多墓碑。

第 45 号：习圣学墓碑。

第 46 号：傅作霖墓碑。

第 47 号：艾启蒙墓碑。

第 48 号：徐懋德墓碑。

第 49 号：夏真多墓碑。

第 50 号：郭多明墓碑。

第 51 号：苏霖墓碑。

第 52 号：安文思墓碑。

第 53 号：任重道墓碑。

第 54 号：樊继训墓碑。

第 55 号：樊守义墓碑。

第 56 号：艾若翰墓碑。

第 57 号：无字碑。

第 58 号：陈善策墓碑。

第 59 号：南光国墓碑。

第 60 号：严嘉乐墓碑。

第 61 号：罗启明墓碑。

第 62 号：李保禄（山西太原人）墓碑。

第 63 号：吴直方墓碑。

第 64 号：高嘉乐墓碑。

第 65 号：罗怀忠墓碑。

第 66 号：马德昭墓碑。

第 67 号：傅安多尼墓碑。

第 68 号：张依纳爵（张舒）墓碑。

第 69 号：叶宗孝墓碑。

第 70 号：陆伯嘉墓碑。

第 71 号：何天章墓碑。

第 72 号：纪理安墓碑。

第 73 号：崔保禄墓碑。

第 74 号：侯若翰墓碑。

第 75 号：戴进贤墓碑。

第 76 号：伊克肋森细亚诺（伊客善）主教墓碑。

第 77 号：费隐墓碑。

第 78 号：鲁仲贤墓碑。

第 79 号：黄之汉墓碑。

第 80 号：吴若翰墓碑。

第 81 号：麦有年墓碑。

第 82 号：林济各墓碑。

在诸圣堂外墙上黑底白字镌刻着在义和团运动中受难者的名字，多达 6000 余人。由于损坏严重，整个西堂墓地仅存遣使会士德理格、方济各会士陆安等 5 通墓碑，这 5 通墓碑与栅栏墓地的 72 通墓碑一同镶嵌在诸圣堂的外壁，且在每块石碑下，都存放着在义和团运动中残留下来的骨骸①。如今在众多墓碑上，"依然可以清晰地看到将墓碑固定于墙体中的金属钉留下的痕迹"②。随后，遣使会、圣母小昆仲会亦陆陆续续入驻栅栏墓地，西边是圣母小昆仲会修士墓地和在北京去世的教徒墓地，东边一部分是存留给遣使会修院的。而仁爱会墓地和传教士墓地相对，此外还有婴孩（孤儿）的墓地。而从栅栏墓地石门走出去半里地的河沟子（马尾沟下坡）又新开辟了一片教徒墓地③。在日本学者那波利贞的报告中描述到当时在墓地中央的最北端是一个小堂。而靠近中心第一列西边依次为汤若望、利玛窦、南怀仁，第二列是徐日昇的墓，而大多数的墓碑都在教堂西、北、东的外墙上④。根据日本记者中野江汉回忆，当时从上义师范学校宿舍南面出去，便是整个墓地的北面。墓地中间为甬道，分东、西两片区域，东面为普通教徒墓地，墓地中间有一座十字架，以此为基准，左右整齐排列着墓碑。西面为传教士墓地。推开铁门，中央有一碑亭，正面安置着十字架和基督像，左右皆为墓碑（通高五尺，约 150 厘米）。其中还有一座"拳匪之乱中殉难的传教士之碑"，此碑前两侧是卧式墓碑，墓石上有铁制十字架。卧石长约六尺（180 厘米），宽两尺（约 61 厘米）有余，所刻内容包含生卒年、所属修会、姓名、死亡地、享年以及在会年岁。而在下方侧面会写上"为彼祈祷"的字样。⑤ 穿过此墓地，便前往圣堂，圣堂正面有十字架和耶稣像。在圣堂左方即北面有 24 座墓碑，右方有 7 座墓碑，后方中央是利玛窦墓碑，对面左为汤若望墓碑，右为南怀仁墓碑，其前方由左至右分别为徐日昇、索智能、龙华民和刘保禄等 4 块石碑⑥。而当时他所取墓碑拓片即为栅栏墓地墓碑的首次拓本，墓碑碑面皆施金粉，非常漂亮。1933 年清华历史系师生与些许外系同学一起参观了栅栏墓地，由蒋廷黻先生讲述栅栏墓地历史，当时利玛窦墓地在义和团运动中

---

① Cf. *Annales de la Congrégation de la Mission* (ou recueil de lettres édifiantes écrites par les prêtres de cette Congrégation et par les Filles de la Charité, Autres édtions des annales), 1910. p.51. 关于骨骸的遗失时间，根据党校原基建处工作人员宋志新回忆，他提及 1983 年在为新建食堂做前期清理工作时，即把散落石碑中的装有骨骸的红色木盒扔弃。

② 中国国家文物局、意大利外交部发展合作司、中国文化遗产研究院、意大利中央修复研究所：《利玛窦和外国传教士墓地保护修复方案》，2010 年，第 7 页。

③ 新开辟的墓地在 1954 年建立北京市委党校时随同栅栏墓地内一部分教徒墓地一起被迁到海淀区西北旺地区。

④ 参见［日］市来京子：《北京栅栏墓地の宣教师墓碑について》，见东北大学中国文史哲研究会编：《集刊东洋学》1988 年第 60 号。

⑤ 参见［日］中野江汉：《北京繁昌记》，韩秋韵译，北京联合出版公司 2017 年版，第 331 页。

⑥ 参见［日］中野江汉：《北京繁昌记》，韩秋韵译，北京联合出版公司 2017 年版，第 332 页。

毁伤殆尽，"今碑碣仅存已残缺不完，而其他款式皆无覆当年之旧矣"①。当时在利玛窦坟旁边，尚有汤若望、南怀仁、汤士选、徐日昇等以至最近死去之林懋德诸人坟墓。除此之外，郎世宁墓碑也被文献记载镶于诸圣堂外墙之上，"以画马出名供奉清廷之郎世宁亦有碑嵌于教堂壁间，其墓则已不知去向矣"②。而 1941 年日本学者安藤更生所编的《北京案内记》中记载郎世宁的碑在诸圣堂西壁上。③

第二节　遣使会文声修道院

文声修道院是遣使会在栅栏墓地所创立的重要教育机构。在 1910 年的法文文献《遣使会年鉴》(Annales de la Congrégation de la Mission) 中记载其名称为栅栏文声修道院 (Le Seminaire de Cha-La-Eul)④。而在其信笺抬头正式名称为 "SEMINARIUM MAJUS REGIONALE SANCTI VINCENTII CHALA-Peiping 北京阜成门外文声总修院"（见图 3–16）。

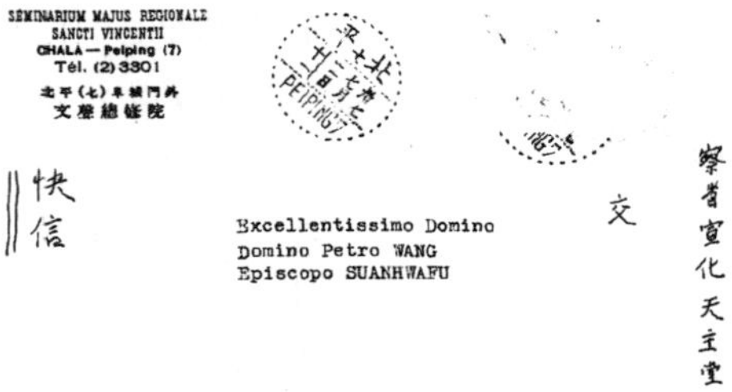

图 3–16　信件中文声修道院标识

早在 1902 年，遣使会已在浙江嘉兴建立了在华第一所文生修道院⑤，曾一度为天主教中国遣使会唯一总修院。为了传教事业的发展，考虑到北方的神父、修士无法适应南方的气候，遣使会又打算在北方成立培养年轻修士的修院。几经考虑，最终选址栅栏墓地。遣使会一方面认识到栅栏墓地有特殊的历史意义，"栅栏之所以趣意横生，是因为它饱含伟大的纪念意义，古老的和现实的都在此得以体现。来华最杰出的传教士都葬于此"⑥；另一方面，栅栏墓地的地理位置刚好适中。它在城郊，空气清新，静谧安宁，比较适合修建医院、学校。而又离政治中心不远，可切实地关注中国政治及社会生活的发展。于是中国遣使会总会长刘克明 (Claude-Marie Guilloux, 1856—1924)⑦ 于 1906 年从林懋德

---

① 《校闻：历史学系主办之两处参观：利玛窦墓》，《清华副刊》1933 年第 3 期。

② 《校闻：历史学系主办之两处参观：利玛窦墓》，《清华副刊》1933 年第 3 期。

③ 转引自 [日] 市来京子：《北京栅栏墓地的宣教师墓碑について》，见东北大学中国文史哲研究会编：《集刊东洋学》1988 年第 60 号。

④ Cf. *Annales de la Congrégation de la Mission* (ou recueil de lettres édifiantes écrites par les prêtres de cette Congrégation et par les Filles de la Charité, Autres édtions des annales), 1910.p.50.

⑤ 嘉兴文生修道院中的"文生"与栅栏文声修道院中的"文声"皆是对遣使会会祖名字中"Vincent"的音译。

⑥ *Annales de la Congrégation de la Mission* (ou recueil de lettres édifiantes écrites par les prêtres de cette Congrégation et par les Filles de la Charité, Autres édtions des annales), 1910.p.51.

⑦ 刘克明于 1856 年 1 月 10 日生于法国索恩－卢瓦尔省 (Saone-et-Loire) 的特雷卫 (Trevy)，1878 年

春秋石铭 北京栅栏墓地
THE HISTORY 历史及现存碑文考
ON THE TOMBSTONES

主教手里买下葡萄牙墓地和诸圣堂以东的一块地皮，开始修建修院楼（部分残留即如今的口字楼）。而在修道院还没有入驻之前，栅栏墓地南面和诸圣堂的东面已经新建了一些房屋，以供传教士和修士们学习、起居所用。刘克明在原有建筑的南北面进行了加层以及在东西面重新修建，形成了四合院规制。最初规模即自南往北分别为一、二、三层建筑。从马尾沟街的正门进入以后，先是一个前院，然后一层平房中为客厅，西为院长室，东为宿舍。随后便是办公室院，自西向东分别有会议室、祈祷室、教室、厨房、图书馆、财务室等。再往北即为修士院，主要是宿舍和餐厅。"自一千九百年起，已于教堂东首，兴筑二大房，约有四十五至五十米之长，其一在南者，为宿舍。凡本地之传教士及自京师来往者，皆处其中。其一在北，与宿舍中隔广场一，为保守者之学校。一千九百零九年，又在栅栏兴建修道院一所，及读书室一处，以栽培其会中之青年子弟"①。1909 年 6 月，刘克明神父从嘉兴把遣使会文生修院的院长都止善神父、司账柴聊抱神父（Jean-Henri Serre，1880—1931）②、赵氏弟兄和五位辅理修士、两位学生调往栅栏。③1909 年 7 月 2 日栅栏文声修道院（见图 3–17）正式建立，栅栏地成为中国遣使会总会长住院和遣使会北方总修院所在地。"该传教省分称南北省，栅栏味增爵修会遂被名为传教北省会焉"④。

在平面图中，依次标明了整个修道院的结构和设施：

  I 诸圣堂外墙为大理石碑，1900 年前耶稣会墓碑，镶嵌在砖石中，共 80 通。

  II 诸圣堂内部为大理石纪念碑，上刻有在义和团运动中遇害的教友名字 5800 个。

C- 墓地

Ca- 北京传教士（神职人员）墓地

Cb- 信徒墓地

Cc- 修院修士墓地

1–1901 年诸圣堂内庭

---

10 月 9 日在巴黎入修院，1880 年 10 月 10 日同地发愿，1882 年 6 月 3 日在同地晋铎，1885 年 10 月 6 日抵京，后赴浙江北部做传教士。1905 年被任命为省会会长和上海的司库。1910 年，当中国教省被重新划分时，他仍留任该省南部的会长。于 1924 年 12 月 25 日在嘉兴去世，葬于嘉兴。参见 [法] 荣振华、方立中、热拉尔·穆赛、布里吉特·阿帕乌：《16—20 世纪入华天主教传教士列传》，耿昇译，广西师范大学出版社 2010 年版，第 616 页。

① 《近事：本国之部　栅栏》，《圣教杂志》1916 年第 5 期，第 218 页。

② 柴聊抱，生于法国康塔尔省（Cantal）的圣博内德撒勒（Saint-Bonnet-de-Salers），1901 年 11 月 9 日在巴黎入修院。1903 年 11 月 10 日在荷兰的潘宁恩（Panningen）发愿，1905 年 6 月 17 日在巴黎晋铎。同年 10 月 6 日抵达上海，现在嘉兴修院担任教职，1909 年在栅栏修院，1915 年在北京宗座代牧区做传教士，1922 年在正定府宗座代牧区，1931 年 11 月 9 日在定州附近去世，葬在柏棠。参见 [法] 荣振华、方立中、热拉尔·穆赛、布里吉特·阿帕乌：《16—20 世纪入华天主教传教士列传》，耿昇译，广西师范大学出版社 2010 年版，第 658 页。

③ Cf. *Annales de la Congrégation de la Mission* (ou recueil de lettres édifiantes écrites par les prêtres de cette Congrégation et par les Filles de la Charité, Autres édtions des annales), 1910.p.52.

④ 《近事：本国之部　栅栏》，《圣教杂志》1916 年第 5 期，第 218 页。

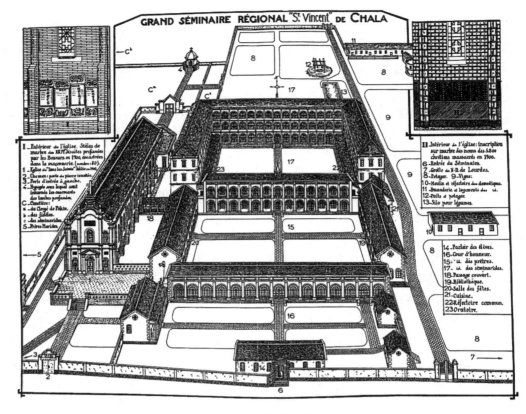

图 3-17　文声修道院平面图

图片来源：高智瑜、[美] 马爱德主编：《虽逝犹存：栅栏——北京最古老的天主教墓地》，澳门特别行政区政府文化局、美国旧金山大学利玛窦研究所 2001 年版，第 69 页。

2– 石门：独特的石雕大门

3– 左侧入门

4– 栅栏致命亭，葬有（在义和团运动中）被亵渎的墓地尸骨遗骸

5– 圣母小昆仲会修院

6– 文声修道院入门

7– 露德圣母山

8– 菜园

9– 葡萄园

10– 磨坊和佣人食堂

11– 洗衣房和佣人宿舍

12– 水井和菜园

13– 蔬菜储仓

14– 修生会客室

15– 神父院

16– 荣誉庭院

17– 修生院

18– 穹顶走廊

19—图书馆

20—会客大厅

21—厨房

22—公用食堂

23—祈祷室

1910 年 12 月 7 日，刘克明神父任命罗德芳神父（François-Xavier Desrumaux，1870—?）① 为北方省会长和栅栏遣使会总会长。1910 年 3 月 4 日，庇护十一世任命遣使会士富成功（Joseph-Sylvain-Marius Fabrègues，1872—1928）② 为中国直隶省宗座代牧。当时直隶省已经发展到 225 个教堂或礼拜堂、38 位遣使会士（欧洲的或者本土的）、7 万名天主教徒，主教住在保定府。下图为 1912 年遣使会主教、神父以及修生在栅栏文声修道院内合影（见图 3–18）。

其中对主教及部分神父进行了标号。次序如下：

标号 1 罗德芳神父，1912 年为北方省会长和栅栏遣使会会长。

标号 2 武致中主教（Ernest-François Geurts，1862—1940），1940 年 7 月 21 日在永平教区卢龙主教座堂病逝，享年 78 岁，逝世后安葬于卢龙城东驴槽村教会公墓。③

---

① 罗德芳，1870 年 12 月 3 日生于法国北方省里尔区的邦杜（Bondues），1893 年 10 月 8 日在巴黎入修院，1895 年 10 月 13 日在同地发愿，1898 年 6 月 4 日在同地晋铎，同年 9 月 14 日到达上海，先在直隶北部做传教士，后于 1910 年 12 月 7 日被任命为中国北方省会长。参见 [法] 荣振华、方立中、热拉尔·穆赛、布里吉特·阿帕乌：《16—20 世纪入华天主教传教士列传》，耿昇译，广西师范大学出版社 2010 年版，第 638 页。

② 富成功主教，1872 年 11 月 26 日生于法国埃罗省的蒙佩利耶（Montpellier），1890 年 10 月 6 日在巴黎入修院，1894 年 6 月 13 日发愿，1896 年 5 月 30 日晋铎。同年 10 月 1 日到达上海，后赴直隶北部做传教士。1910 年 2 月 19 日当选为阿拉利（Alali）的主教和直隶中部的首任宗座代牧，同年 5 月 22 日在保定府由林懋德主教祝圣，1923 年 6 月 12 日被任命为林懋德主教的辅理主教。1928 年在西伯利亚鄂木斯克（Omsk）附近的铁路上去世，墓地在鄂木斯克。参见 [法] 荣振华、方立中、热拉尔·穆赛、布里吉特·阿帕乌：《16—20 世纪入华天主教传教士列传》，耿昇译，广西师范大学出版社 2010 年版，第 634 页。

③ 武致中主教其遗体于 1967 年在卢龙县赵庄子小学被挖出，其棺材被改为学生上课桌凳。当时尸身未腐，暴尸多日后被于氏教友偷偷安葬附近一坑内。1992 年卢龙盗墓成风，由于盗墓者认为外国人墓穴中必有财物，故试图开棺寻宝，武主教原坟墓被盗，同时被盗的另外还有国籍金凤祥神父。此外墓地还葬有荷兰籍王德山神父（Racesteiu Van Koos，1867—1927），荷兰籍凤瑞岐神父 (Vonk Laurens，1897—1930)，荷兰籍司天铎神父（Romme Piet，1900—1927），国籍兰廷宴神父和国籍安忠神父。1992 年 11 月教区主教、神父在曾管理墓地教友家人带领下上山清理被毁墓地，且四处奔走为亡者寻

栅 栏 味 增 爵 会 修 道 院

SÉMINAIRE ET SCOLASTICAT DES LAZARISTES
a Chala. 1912

1. M. Desrumaux 罗, *Visiteur*.
2. Mgr Geurts 武主牧, V. A.
3. M. Serre 柴, *Directeur*
4. M. Schraven 文　　》
5. M. Castel 甘　　》
6. M. Loïez 罗
7. M. Fiandin 方
8. M. J. Gasté 艾, *Séminariste*
9. M. Jh Tsi 齐 † 1917
10. M. Benoit Tsai 蔡 † 1922

图 3-18　1912 年文声修道院神父与修生合影

图片来源：Planchet, Jean-Marie.C.M, *Le Cimetière et Les Oevres Catholiques de Chala 1610—1927*, Pékin: Imprimerie des Lazar- istes, 1928.p.262.

　　标号 3　柴聊抱神父（Jean-Henri Serre，1880—1931），1922 年在正定府宗座代牧区，1931 年 11 月 9 日在定州附近去世，葬在柏棠。

　　标号 4　文致和主教（Franciscus Hubertus Schraven，1873—1937），1937 年 10 月 9 日在正定天宁寺凌霄塔被日军烧死，享年 64 岁。此事件被称为"正定天主教惨案"，1938 年 3 月在正定教区主教府内立蒙难纪念碑。①

标号 5　甘春霖神父（Eugène-Gustave Castel, 1885—?），1911 年在栅栏文声修道院。

标号 6　陆云平神父（Eugène-Alfred-Ferdinand Loïez, 1889—?），1912 年在栅栏文声修道院。

标号 7　方义模神父（Constant-André Fiandin , 1876—?），1912 年在栅栏文声修道院。

标号 8　艾耆荣神父（Joseph-Louis-Marie Gâté, 1879—?），1912 年在栅栏文声修道院。

标号 9　齐净德神父（Joseph Ts'i, 1890—1917），1917 年 4 月 18 日在北京去世，其墓地在栅栏。

标号 10　蔡怀民神父（Benedictus Ts'ai, 1889—1922），1922 年 6 月 3 日在北京房山立教村去世，其墓葬在栅栏。

1915 年栅栏文声修道院院长文贵宾（Jean de Vienne de Hautefeuille，1877—1957）升为正定府副主教，"1915 年 8 月 10 日当选为阿布里图斯（Abrytus）的主教和顾其卫主教的辅理主教"①。与此同时，其他教务事业在栅栏相继发展。到 1916 年，已发展教堂一所，男子修道院一处，华籍神父一人驻宿其中管理一切教务。②

1918 年文声修道院应永平府和天津宗座代牧区的请求，接受他们的修生来攻读哲学、神学。1922 年，北方教省的其他宗座代牧也将他们的修士送到栅栏深造，从此文声修道院学生源源不断。1927 年 3 月 10 日，文声修道院为 1926 年在罗马由教皇庇护十一世(Pio

---

柴神父慎诚 泊神父林芝 贝神父德良 毕神父安当卫神父之纲。"与此同时，还立有一碑详细记载正定府天主教发展始末，特别提及传教士、修女创办医院、学校、育婴堂、养病院等功绩以及在义和团运动间教会对人民护佑之功，内容抄录如下："一视同仁 大仁无畛域，物我何间铭？感出至诚，彼此攸同。施惠者本其慈善之怀，济世救人固得获身家之安，履险若夷能不景仰高深？粤自圣教传入正定域内，人民被其流泽，所及者屈指难以枚举。荦荦大端厥为惠堂养孤会，建育婴堂以活幼稚，设医院以施医药，置养病院以拯危亡，成立学校。无不革面洗心，和蔼可亲，街衢鲜悖逆之人，民众无拂情之举，此不过平日之善举。光绪庚子之役，各地糜烂，法兵莅正，教内教外一民不扰，倘非前主教力为维护，皆previous 感戴者，莫不镂骨铭心。迨至客岁秋末事变，枪林弹雨之下，人民惊惶万状，不息处所，男女老幼纷纷逃避，其中接踵摩肩为数何止亿万？乃蒙文主教及诸司铎等收容安置，不遗余力。男则以首善堂为栖止之所，男教士照料安息之处。女修士安抚之左宜右当，有条不紊且也。饮食之供无间于朝夕饔飧，顶摩踵放，捐躯利人，勤恳之诚始终罔懈。民等得出水火而仍获安居，戴山知重，人□遂释，抚思为愧，无以报用，特遂资鸠□将沐恩经过略述梗概，泐石以志不忘云。贡生白鸣岐撰写，后学高肇敏书丹 中华民国二十七年岁次戊寅桃月"。现碑存于正定府主座教堂旧址现正定解放军二五六医院内。

① ［法］荣振华、方立中、热拉尔·穆赛、布里吉特·阿帕乌：《16—20 世纪入华天主教传教士列传》，耿昇译，广西师范大学出版社 2010 年版，第 641 页。

② 参见《近事：本国之部　栅栏》，《圣教杂志》1916 年第 5 期，第 217—218 页。

图3-19　栅栏文声修道院

图片来源：*Le Bulletin Catholique de Pékin*, Pékin:Imprimerie des Lazaristes du Pei-T'ang, 1916.p.132.

XI）亲自祝圣的孙德祯主教（1869—1951）①、赵怀义主教（1880—1927）② 举行晋牧庆祝会，庆祝会由修院院长家辣伯（Henri-Cyprien-Alfred Crapez，1881—?）③ 主持。同年10月27日，也是基督普世君王节，宗座第一任驻华代表刚恒毅（Celso Benigno Luigi Cardinal Costantini，1876—1958）总主教前往栅栏文声修道院与修士们一起过圣节。修士们也选择这一天庆祝教皇庇护十一世晋铎50年，以表达中国教会和普世教会的共融。而在修院成立后期，又修建了东、西平房等附属建筑。"此两栋平房与口字楼建筑的外观基本上是一样的，据分析应是民国时期仿其风格后建的"④，至此修道院全貌即得以展现（见图3-19）。

---

① 孙德祯主教，1869年11月19日生于北京，13岁入修道院学习。1897年1月24日在北京晋铎，赴天津、盐山等地传教。1899年11月24日入遣使会，发愿后，在北京小修院教授拉丁文达12年之久。1912年被委任为京兆牛房村天主堂本堂神父。1924年4月15日任命为蠡县宗座监牧（即现在的安国教区）。1926年6月1日，教皇擢升其为主教。6月24日教皇诏书颁布任命孙主教为蠡县代牧，领衔里斯本主教。同年9月10日，与其他五位新主教候选人（赵怀义、陈国砥、胡若山、朱开敏、成和德）一起，在教皇代表刚恒毅主教带领下赴罗马接受祝圣。10月28日，由教皇庇护十一世在圣伯多禄大殿举行祝圣大典，刚恒毅与传信部长王老松枢机襄礼。雷鸣远神父特地从比利时赶去参与大典。1929年7月5日任安国宗座代牧。1951年8月23日逝世于北京清河镇耀汉小兄弟会院内。参见［法］荣振华、方立中、热拉尔·穆赛、布里吉特·阿帕乌：《16—20世纪入华天主教传教士列传》，耿昇译，广西师范大学出版社2010年版，第639页。

② 赵怀义，又名秉义，圣名斐理伯，1880年10月4日出生于北京正福寺，父亲死于义和团运动，两位兄弟皆为神父。1893年进入北京修院学习，1894年晋铎，在北京备修院任教四年，在宣化传教两年半，之后在新安传教十年，任北京毓英中学校长4年。1923年1月8日出任宗座驻华代表刚恒毅华文秘书。1927年10月14日逝世于宣化。

③ 家辣伯，1881年2月18日生于法国北部省的凯努瓦（Quesnoy），1899年9月20日在巴黎入修院，1904年3月25日同地发愿，1906年6月9日在达克斯晋铎。他于同年9月6日到达上海，此后先于江西东部做传教士，后于1918年调任嘉兴修院，1923年任栅栏修院院长，1929年调任上海司库部。参见［法］荣振华、方立中、热拉尔·穆赛、布里吉特·阿帕乌：《16—20世纪入华天主教传教士列传》，耿昇译，广西师范大学出版社2010年版，第660页。

④ 20世纪90年代由于新建住宅楼两栋，其拟建新楼的地理位置与平房相冲突，所以将其拆除。参见《关于在马尾沟教堂保护范围内新建楼房须拆除两栋旧平房的申请报告》，1993年10月4日，京党校函（1993）第21号。

1945—1949 年战乱期间，国民党占用了文声修道院的部分建筑。"1948 年，国民党军队将口字楼修道院变成了一座军营，他们在这里挖战壕，修道院曾被置于火线之上"[1]。其间，修院学生有的搬离栅栏前往城内天主教圣母圣心会（Congregatio Immaculati Cordis Mariae，简称 C. I. C. M.），也有前往菲律宾马尼拉继续学业。直到 1949 年 2 月，一些神父、修士才重回栅栏文声修道院。然而 1950 年修院又被占用，当时遣使会总会长狄俊仪（Joseph-Hippolyte Tichit, 1903—?）[2] 决定将权力移交给孙战魁（Pierre Souen, 1905—?）[3]，并任命李妙轩（Augustin Li, 1905—?）[4] 神父为修院院长，1950 年 9 月栅栏修院共有修生 75 人。1951 年 7 月初，5 位修道院教授荷兰人马振东（Henri Marijnen, 1886—?），柏永清（Antoon Op Heij, 1890—?），安乐善（Henri-Pierre Alers, 1896—?）和法国人彭锡永（Jean-Adolphe-Marius Poncy, 1910—?），安德烈（André Rabaux，生卒年不详），[5] 从天津启程由水路前往香港，然后从香港启程回欧。7 月 25 日狄俊仪被捕入狱，和他同时被捕的还有他的助手荷兰人于惠民（Jacques Corneille-Adrien Huysmans, 1888—?）[6] 神父、孙战魁神父，此外还有三位中国神父。孙战魁神父于被捕后几个月死于狱中。1951—1952 年新学年开始时栅栏修院还有来自二十个教区的修生 95 人。到了 1953 年 1 月底，最后一任外国院长夏雨田（Robert Cartier）离开中国，那时修院仍有修生 138 人。曾在文声修道院教授哲学、神学的田志康神父（1914—1991）[7]（见图 3–21），1954 年 3 月 3 日在

---

① 吴彤：《市委党校大院西方传教士墓园沧桑》，见吴勇主编：《北京大院记忆》，学苑出版社 2015 年版，第 236 页。

② 狄俊仪，1903 年 2 月 3 日生于法国洛泽尔省（Lozère）的圣 – 阿尔班区的沙巴纳（Chabannes），1922 年 9 月 25 日在巴黎入修院，1928 年 6 月 29 日同地发愿，1930 年 6 月 30 日在达克斯晋铎。他于同年 10 月 16 日到达上海，后赴北京宗座代牧区做传教士。参见 [法] 荣振华、方立中、热拉尔·穆赛、布里吉特·阿帕乌：《16—20 世纪入华天主教传教士列传》，耿昇译，广西师范大学出版社 2010 年版，第 718 页。

③ 孙占魁，1905 年 10 月 18 日生于直隶省宣化府景家垴，1925 年 9 月 1 日在嘉兴入修院，1927 年 9 月 1 日同地发愿，1932 年 2 月 21 日在同地晋铎，后赴北京宗座代牧区做传教士。参见 [法] 荣振华、方立中、热拉尔·穆赛、布里吉特·阿帕乌：《16—20 世纪入华天主教传教士列传》，耿昇译，广西师范大学出版社 2010 年版，第 706 页。

④ 李妙轩，1905 年 8 月 22 日出生在北京，1926 年 9 月 7 日在嘉兴入修院，1928 年 9 月 8 日同地发愿，1929 年 6 月被派往达克斯以继续完成其学业，1933 年 7 月 2 日在同地晋铎。他于同年 9 月 22 日返回中国，后赴北京宗座代牧区做传教士。参见 [法] 荣振华、方立中、热拉尔·穆赛、布里吉特·阿帕乌：《16—20 世纪入华天主教传教士列传》，耿昇译，广西师范大学出版社 2010 年版，第 708 页。

⑤ 安德烈为音译，生卒年不详。

⑥ 于惠民，1888 年 2 月 20 日生于荷兰奥尔特亨斯普拉特（Ooltgensplaat）阿赫推增（Achethuizen），1909 年 9 月 19 日在潘宁恩入修院，1911 年 9 月 21 日同地发愿，1916 年 7 月 16 日在同地晋铎。1918 年 5 月 7 日到达上海，后赴北京宗座代牧区做传教士。参见 [法] 荣振华、方立中、热拉尔·穆赛、布里吉特·阿帕乌：《16—20 世纪入华天主教传教士列传》，耿昇译，广西师范大学出版社 2010 年版，第 689—690 页。

⑦ 田志康神父，圣名安多尼。1914 年 9 月 3 日出生于山西平遥县道备村，自幼丧父，家境贫寒，12 岁

图 3-21　田志康神父

图 3-22　傅铁山主教

图 3-23　赵景荣神父近照

图片来源：田志康神父侄女　　图片来源：北京教区副主教赵建敏神父。
田贞德女士。

文声修道院被捕，这也预示了文声修道院的没落，随即不久，修院停办。其修院在半个多世纪中，培养了诸多神职人员。其中北京教区前主教傅铁山（1931—2007）[①]（见图 3-22），北京教区南堂赵景荣神父（1923—　）[②]（见图 3-23），北京市天主教爱国会前副主席、前教区咨议会咨议长孙尚恩神父（1926—2020）[③]（见图 3-24），以及杭州市天主教爱国会名

入当地修道院。1932 年由汾阳教区选送至瑞士弗利堡大学攻读神学及哲学，1937 年晋铎。之后在巴黎、罗马、芝加哥等地学习、考察、传教。1947 年回国，先后在辅仁大学、文声修道院、北京外国语大学及山西大学任教；也在北京及山西神哲学院兼任部分课程。1991 年 7 月 1 日耶稣圣体圣血瞻礼日，在太原神堂沟村的感恩祭中，举扬圣体时脑出血倒在祭台上。经医治无效于 7 月 14 日去世，享年 78 岁。资料来源于其侄女田贞德女士。

[①]　傅铁山主教，1931 年 11 月 3 日出生在河北省清苑县，早年（1941—1956）在北京天主教备修学院、北京教区小修道院、大修道院、文声学院哲学系、神学系学习。1956 年 7 月 1 日晋铎，先后担任北京西什库教堂神甫、宣武门教堂神甫、北京教区神学院教师。1979 年 12 月 21 日晋牧，为改革开放后天主教第一位自选自圣的主教。2007 年 4 月 20 日在北京去世。参见《傅铁山副委员长生平》，《人民日报》2007 年 4 月 28 日。

[②]　赵景荣神父，1923 年出生于黑龙江省海伦市海北镇，1938 年进入修道院学习教会知识、法文、拉丁文以及传统文化。1955 年 7 月 17 日晋铎。后在南口农场劳动工作 27 年，1985 年回到南堂，先后参与修建北堂，培育修生、修女，任教区秘书长。出版《信仰人生透视》《人生锦集》《信仰明志》《基督信仰实践论谈》等 4 本著作。赵景荣神父回忆 1950 年 1 月抵达北京，从北堂前往栅栏修院，1955 年晋铎。据其口述，当时附近村庄名即为大栅栏儿村。栅栏修院主要分两部分，一部分属于遣使会的栅栏大修院（东边口字楼），另一部分是上义酒厂（西边山字楼），属于圣母小昆仲会。中间是教堂。而在酒厂的西边就是墓地，利玛窦、汤若望、南怀仁三人的墓单独放置一园中，此外还有修士住院。

[③]　孙尚恩神父，1926 年 4 月 15 日出生，圣名保禄。1940 年 9 月至 1942 年 9 月在西直门备修院读书；1942 年 9 月至 1950 年 9 月在北堂小修院读书；1950 年 9 月至 1956 年 7 月在北京大修院读书；1956

图 3-24　孙尚恩神父近照　　　　　图 3-25　曹湘德主教近照

誉主任、杭州教区主教曹湘德（1926—　　）[1]（见图 3-25）等人皆毕业于栅栏文声修道院。如今文声修道院剩余部分建筑面积约 5600 平方米，其平面呈"口"字形，灰砖砌筑，全楼皆为木质结构，肃穆安详，自鸣钟楼仍在，现作为北京市"党员干部党性教育基地"（见图 3-20），继续发挥其现代教育功能。

当时在栅栏墓地的修会还有由遣使会管理的仁爱会。因从事慈善事业，故称仁爱会。该会专办育婴堂、孤儿院、养老院和医院等慈善事业，因此最初有 12 名修女于 1848 年来华开始传教，"有遣使会所属之仁慈贞女十二名，由法国抵华，溯中国仁慈堂之创设，自是而始"[2]。她们在北堂附近，建立了仁慈院，由修女若干名管理此院。"不久幼女孤儿、

<hr />

年 7 月 1 日在天主教北京教区晋铎；1956 年 7 月至 1958 年 6 月任西什库天主堂副本堂神父；1958 年 6 月至 1959 年 7 月在南口农场管理菜园；1957 年 7 月至 1966 年 8 月任辅仁天主堂副本堂神父；1966 年 8 月至 1972 年 10 月在西北旺农场管理菜园和果树；1972 年 10 月至今在宣武门天主堂居住。多届连任北京市天主教两会副主席。曾管理教区总务、财务、修院和教会房产等。据其口述，在栅栏修院待了 7 年的时间。当时住在井字楼（即为现在的口字楼）。栅栏修院最后一任法国院长为夏雨田神父，随后是本土大李神父担任院长。当时管理酒厂的是一位法国老神父，还有一些修士。栅栏修院还有一部分地是稻田。

[1]　曹湘德主教，杭州天主教区荣休主教。1926 年 9 月 16 日生于上海浦东新区唐镇。1950 年在嘉兴文生总修院学习。1952 年在北京阜成门外文声学院学习。1954 年在浙江海门西门街 3 号做神学生。1972 年在农场劳动。1980 年在台州椒江光学玻璃厂工作。1985 年在上海佘山修院复习，11 月 21 日在上海徐家汇天主堂晋铎。1986 年在杭州天主堂服务。1988 年受任萧山、金华两地区天主堂本堂神父。1999 年 12 月选为杭州教区主教，2000 年 6 月 25 日在杭州主座堂晋牧。晋牧后至今，牧羊杭州教区。生平资料由浙江省杭州市富阳天主堂骆玛利教友提供。

[2]　[法] 樊国梁撰：《燕京开教略》，见中国宗教历史文献集成编纂委员会编纂：《东传福音》第六册，黄山书社 2005 年版，第 376 页。

图 3-20　文声修道院（口字楼）现状

疾病衰老之人，俱收入院中，不令失所"①。在栅栏墓地，她们除了管理育婴堂、男孤儿院以外，还在圣米歇尔医院工作。时在栅栏地创设育婴堂一所，医院及施药局共两所，还有女子制造花边艺场一所。她们去世后，亦都葬于栅栏墓地，当庚子赔款后，栅栏墓地得以修复。在诸圣堂对面即为仁爱会修女、若瑟会修女及修道女的墓地，总称为修女墓地。②仁爱会亦将被毁修女墓冢中的遗骸收集起来，统一埋葬在一座公墓里，随后去世的仁爱会修女们皆葬于同一块墓地。埋葬于栅栏墓地的仁爱会修女名单（囿于材料，中文名字毕为音译，按卒年先后排列）如下③（见图 3-26）：

图 3-26　栅栏墓地中的仁爱会墓地示意图

---

① ［法］樊国梁撰：《燕京开教略》，见中国宗教历史文献集成编纂委员会编纂：《东传福音》第六册，黄山书社 2005 年版，第 381 页。

② 参见《近事：本国之部　栅栏》，《圣教杂志》1916 年第 5 期。

③ 在包世杰及马爱德书中，此仁爱会墓地示意图标号有误，此墓地实为 65 人，原书遗漏标号 65，总数变为 66 人，故在此更正。Cf. Jean-MariePlanchet. C.M. *Les Martyrs de Pékin -Pendant la Perscution des Boxeurs*, Pékin:Imprimerie des Lazaristes 1922. pp.274-278.另参见高智瑜、［美］马爱德主编：《虽逝犹存：栅栏——北京最古老的天主教墓地》，澳门特别行政区政府文化局、美国旧金山大学利玛窦研究所 2001 年版，第 80—81 页。

（1）玛丽·巴尔热（Marie Barge），法国人，1867年6月3日去世，享年36岁。[25] ①

（2）朱莉·玛德琳·范·德·德莉施（Julie-Madeleine Van der Driesch），比利时人，1868年2月22日逝世，享年40岁。[1]

（3）薇尔琴·海伦娜·儒奥（Virgine-Hélène Jouhaud），法国人，1868年4月15日去世，享年36岁。[2]

（4）玛丽·塞茜儿·多渡（Marie-Cécile Dodot），法国人，1868年8月13日去世，享年35岁。[24]

（5）亨丽埃特·斯蒂芬妮·卡洛卡（Henriette-Stéphanie Clerc），法国穆瓦朗（Moirans）人，1868年9月5日去世，享年32岁。[9]

（6）伊丽莎白·塞茜儿·卡兰蒂维尔（Elisabeth-Cécile Qarantelivre），法国人，1869年6月29日去世，享年32岁。[8]

（7）珍妮·文生·马佛登（Jeanne-Vincent Marfondet），法国圣叙尔皮斯（St-Sulpice）人，1870年2月5日去世，享年37岁。[3]

（8）玛丽·玛格丽特·盖伊恩南德（Marie-Marguerite Guyonnard），法国人，1875年12月20日去世，享年43岁。[7]

（9）玛丽·加布里埃尔·皮埃尔（Marie-Gabrielle Pierre），法国萨尔佐（Sarzeau）人，1876年6月13日去世，享年29岁。[17]

（10）维克多·玛丽·费洛朗（Victoire-Marie Florent），法国瓦朗谢讷（Valenciennes）人，1876年12月31日去世，享年45岁。[6]

（11）路易·玛丽·布里卡尔（Louise-Marie Bricard），法国朗格勒（Langres）人，1877年5月24日去世，享年26岁。[4]

（12）玛丽·塞茜儿·培尼尔（Marie-Cécile Prignon），德国策勒（Celle）人，1880年1月12日去世，享年29岁。[16]

（13）玛丽·德·卡门·加林多（Marie del Carmen Galindo），墨西哥萨尔提略（Saltillo）人，1882年2月26日去世，享年34岁。[15]

（14）玛丽·克拉丽丝·伦杜（Marie-Clarisse Rendu），法国人，1883年4月26日去世，享年35岁。[26]

（15）玛丽·居雪（Marie Ducheix），法国吉勒斯（Gilles）人，1884年5月6日去世，享年31岁。[14]

（16）伊丽莎白·约瑟夫·德·诺伊（Elisabeth-Joséphine des Roys），法国里昂（Lyon）人，1884年11月14日去世，享年76岁。[10]

（17）奥古斯丁·奥雷莉·拉扎洛维茨（Augustine-Aurélie Lazarowicz），波兰人，1885年1月31日去世，享年51岁。[12]

（18）王玛丽·卡瑟琳（Marie-Catherine Wang），中国北京人，1887年8月26日去世，享年47岁。[13]

---

① 方括号内数字为图3-26中所标示的墓碑位置号码。下同。

（19）欧仁妮·科洛（Eugénie Collot），法国赛特（Cette）人，1889 年 6 月 18 日去世，享年 30 岁。[18]

（20）康斯坦丝·玛德琳·维拉尼（Constance-Madeline Verany），法国尼斯（Nice）人，1890 年 3 月 29 日去世，享年 72 岁。[19]

（21）约瑟琳·勒克拉克（Joséphine Leclercq），法国圣洛朗（St-Laurent）人，1890 年 4 月 20 日去世，享年 62 岁。[20]

（22）塞茜儿·劳热·德·贝纳第（Cécile-Laure de Bernardi），意大利克雷马（Crema）人，1891 年 5 月 8 日去世，享年 41 岁。[11]

（23）玛德琳·杜特鲁伊（Madeleine Dutrouilh），法国人，1892 年 3 月 19 日去世，享年 65 岁。[27]

（24）玛丽·瑞安（Marie Ryan），爱尔兰人，1898 年 12 月 3 日去世，享年 29 岁。[28]

（25）克莱尔·弗洛尔·杜库隆比耶（Clarie-Flore Ducoulombier），法国图尔昆（Tourcoing）人，1900 年 5 月 1 日去世，享年 27 岁。[29]

（26）玛丽·特蕾莎·德鲁（Marie-Thérèse Dereu），比利时圣洛朗（St-Laur）人，1900 年 10 月 11 日去世，享年 53 岁。[48]

（27）卡瑟琳·蒙迪克斯（Catherine Mondeux），法国彭杜（Pontoux）人，1903 年 4 月去世，享年 27 岁。[40]

（28）玛丽·马塞林·加布里雷特（Marie-Mathurine Gabillet），法国人，1904 年 4 月 14 日去世，享年 31 岁。[45]

（29）安娜·勒孔特（Anna Leconte），法国卢浮（Rouvres）人，1904 年 4 月 23 日去世，享年 32 岁。[46]

（30）欧仁妮·波蒂尔（Eugénie Boutier），法国圣塞列夫（St-Symph）人，1904 年 5 月 25 日去世，享年 33 岁。[47]

（31）戴葆拉（Paula Taé），中国北京人，1904 年 10 月 29 日去世，享年 33 岁。[49]

（32）张芭布（Barbe Zhang），中国北京人，1907 年 11 月 7 日去世，享年 68 岁。[50]

（33）珍妮·拉拉辛（Jenny Laracine），法国朗克朗（Lancrans）人，1908 年 12 月 19 日去世，享年 87 岁。[51]

（34）若瑟琳·佩卡尔弗（Rosalie Pecalvel），法国罗特列克（Lautrec）人，1910 年 3 月 10 日去世，享年 49 岁。[58]

（35）康斯坦丝·奥莱考瓦斯基（Constance Olechowska），波兰克拉科夫（Cracovie）人，1910 年 5 月 16 日去世，享年 33 岁。[57]

（36）柔丝·高蒂尔（Rose Gauthier），法国蒙托邦（Montauban）人，1912 年 4 月 3 日去世，享年 75 岁。[56]

（37）安娜·泰翰（Anna Tailhan），法国利夫龙（Livron）人，1912 年 6 月 24 日去世，享年 35 岁。[55]

（38）玛撒·梅拉德（Marth Maillard），法国圣弗洛朗塔（Saint-Florentin）人，1912 年 12 月 10 日去世，享年 74 岁。[54]

（39）阿加特·派特里斯（Agathe Partrissey），法国塞穆尔（Semur）人，1913年10月1日去世，享年70岁。[53]

（40）露易丝·德·拉维赫内特·圣莫里斯（Louise de Lavernette St-Maurice），法国塞利（Serey）人，1914年5月29日去世，享年45岁。[52]

（41）欧仁妮·马格特（Eugénie Marguet），法国图尔昆（Tourcoing）人，1914年7月2日去世，享年51岁。[30]

（42）玛丽·古奥洪（Marie Gouojon），法国波尔多（Bordeaux）人，1915年5月17日去世，享年36岁。[31]

（43）玛德琳·格里尔（Madeleine Gril），法国布特纳克（Boutenac）人，1915年5月28日去世，享年38岁。[32]

（44）雷恩·杜瓦尔（René Duval），法国巴黎人，1917年5月14日去世，享年35岁。[33]

（45）瓦伦汀尼·波尔多（Valentine Bordeaux），法国托农莱班（Thonon-les-Bains）人，1917年12月24日去世，享年46岁。[34]

（46）奥雷娅·达·席尔瓦（Aurea da Silva），中国香港人，1918年6月19日去世，享年44岁。[35]

（47）陆玛丽（Marie Lu），中国赵口庄人，1918年10月9日去世，享年72岁。[36]

（48）玛丽·詹森（Marie Johnson），英国伦敦人，1918年12月3日去世，享年36岁。[37]

（49）露易莎·马瑟（Louisa Mather），英国马切斯特（Manchester）人，1918年12月14日去世，享年66岁。[38]

（50）费尔南德·米尼奥（Fernande Mignot），法国人，1919年1月18日去世，享年43岁。[65]

（51）卡洛特·德瓦内（Charlotte Devane），爱尔兰科克（Cork）人，1919年3月13日去世，享年47岁。[64]

（52）玛德琳·雷纳尔（Madeleine Reynal），法国圣西普里安（St-Cyprien）人，1919年3月24日去世，享年47岁。[63]

（53）玛丽·海伦娜·维亚尔（Marie-Hélène Vial），法国日尔（R.DE.Gières）人，1920年1月22日去世，享年52岁。[62]

（54）玛丽·雷诺（Marie Reynaud），意大利罗马人，1921年3月20日去世，享年57岁。[61]

（55）玛丽·赵（Marie Zhao），中国北京人，1921年5月1日去世，享年68岁。[60]

（56）玛丽·巴拉（Marie Bara），法国圣马洛（Saint-Malo）人，1921年7月3日去世，享年56岁。[59]

（57）李菲洛梅内（Philomène Li），中国人，1922年7月4日去世，享年58岁。[39]

（58）胡菲洛梅内（Philomène Hu），中国北京人，1923 年 10 月 12 日去世，享年 77 岁。[41]

（59）玛丽·奥多旺（Marie Audoin），法国沙托布里昂（Châteaubriant）人，1924 年 8 月 2 日去世，享年 32 岁。[42]

（60）玛丽·沙尔梅（Marie Charmey），法国人，1924 年 8 月 11 日去世，享年 57 岁。[43]

（61）卡洛特·贝纳尔德斯（Charlotte Bernaldez），墨西哥人，1927 年 4 月 9 日去世，享年 72 岁。[44]

除此之外，还有 11 位修女的墓冢在 1900 年后佚失，无迹可寻。①

1. 欧玛丽（Marie Ou），中国北京人，1865 年 11 月 10 日去世，享年 22 岁。

2. 文生·蒙穆捷（Vincent Montmoutier），法国人，1868 年 3 月 1 日去世，享年 35 岁。

3. 珍妮·瓦莱耶（Jeanne Valeyre），法国佩里盖于（Périgueux）人，1877 年 5 月 13 日去世，享年 45 岁。

4. 玛丽·菲利普（Marie Philippe），法国布莱维尔（Bleville）人，1877 年 4 月 30 日去世，享年 41 岁。

5. 卡洛特·维塞尔（Charlotte Veyssière），法国人，1878 年 4 月 30 日去世，享年 29 岁。

6. 贺玛丽（Marie Ho），中国北京人，1878 年 11 月 28 日去世，享年 56 岁。

7. 朱莉·特立尼达·德·阿胡达（Julie-Trinidad de Ahumada），墨西哥人，1891 年 4 月 18 日去世，享年 46 岁。

8. 安吉拉·罗斯·沃纳（Angèle-Rose Werner），法国埃吉什姆（Eguishem）人，1893 年 4 月 30 日去世，享年 42 岁。

9. 罗斯·梅迪厄（Rose Meidieux），法国赛维拉克（Sévérac）人，1895 年 7 月 24 日去世，享年 40 岁。

10. 伊丽莎白·罗斯·吉尔霍德斯（Elisabeth-Rose Gilhodès），法国佩里盖于（Périgueux）人，1895 年 8 月 15 日去世，享年 58 岁。

11. 菲洛梅内·达·席尔瓦（Philomène da Silva），中国上海人，1900 年 3 月 25 日去世，享年 36 岁。

直至 1927 年，在北京去世的仁爱会修女 20 余位，最后一位在北京去世的仁爱会修

---

① Cf. *Jean-MariePlanchet. C.M. Les Martyrs de Pékin-Pendant la Perscution des Boxeurs*, Pékin: Imprimerie des Lazaristes 1922. p. 278. 另参见高智瑜、[美] 马爱德主编：《虽逝犹存：栅栏——北京最古老的天主教墓地》，澳门特别行政区政府文化局、美国旧金山大学利玛窦研究所 2001 年版，第 82 页。

春秋石銘 北京栅栏墓地
THE HISTORY 历史及现存碑文考
ON THE TOMBSTONES

女为玛丽·布歇（Marie Boucher）①，她于 1951 年 7 月 18 日去世，享年 72 岁。

　　除仁爱会修女墓地(见图 3-27)外，若瑟修女会去世的修女们也曾葬于栅栏墓地(见图 3-28)。天主教北京教区若瑟修女会为本地修女会，以圣若瑟为主保，为此称之为"若瑟修女会"，亦称"圣若瑟贞女会"，其会祖为田嘉璧主教。田嘉璧管理北京教务中，传教创设中"其最著者，即圣若瑟贞女（皆本地人）会与苦修会是也"②。田嘉璧由于在祈祷中受大圣若瑟的默启，于是产生了创建中国籍修女会的愿望。而 1870 年梵蒂冈大公会议讨论中国代牧问题时涉及了成立中国籍修女会的问题。"若瑟会系道地的国产女修会，因所

图 3-27　仁爱会修女墓地

图片来源：高智瑜、[美] 马爱德主编：《虽逝犹存：栅栏——北京最古老的天主教墓地》，澳门特别行政区政府文化局、美国旧金山大学利玛窦研究所 2001 年版，第 83 页。

图 3-28　圣若瑟修女会墓地

图片来源：高智瑜、[美] 马爱德主编：《虽逝犹存：栅栏——北京最古老的天主教墓地》，澳门特别行政区政府文化局、美国旧金山大学利玛窦研究所 2001 年版，第 83 页。

属会员'完全是生长在中国的女子们'"③。经过两年半的筹备工作，1872 年在仁爱会创办的圣文生医院旁边成立了女修会，第一任院长为王苏撒纳。由仁爱会为若瑟会培育修女。已经发愿的修女，或者服务于总院，或者被遣往各院及乡村，协助教区传教，辅助传教士教育妇女和儿童，为他们讲授教理，且为穷人服务。"教诲经言，抚育孤幼等事，甚为便易"④。"教读教中幼童稚女，并教欲保守入教的妇女以经言要理"⑤。在修会创立之初，若瑟修女会重视医药及看护病人等方面的训练，故一般在离城区较远的地方设立了诊疗所。后又于 1923 年在北堂总会院成立了若瑟女子完全师范学校⑥。她们生前一直坚持隐居、劳动、祈祷的生活模式，去世以后也与仁爱会修女一样，葬于栅栏墓地。

①　参见高智瑜、[美] 马爱德主编：《虽逝犹存：栅栏——北京最古老的天主教墓地》，澳门特别行政区政府文化局、美国旧金山大学利玛窦研究所 2001 年版，第 82 页。
②　[法] 樊国梁：《燕京开教略》（下），救世堂清刻本，1905 年，第 60 页。
③　李德彰：《北平若瑟修女会略史》，《公教妇女》1934 年第 4 期，第 33 页。
④　[法] 樊国梁：《燕京开教略》（下），救世堂清刻本，1905 年，第 61 页。
⑤　李德彰：《北平若瑟修女会略史》，《公教妇女》1934 年第 4 期，第 35 页。
⑥　随着教育部取消各私立师范学校，后改为普通中学，名为光华女子高级初级中学校。

图 3-29　教徒墓地

图片来源：《近事：本国之部　栅栏》，《圣教杂志》1916 年第 5 期，第 218 页。

此外，还有玛丽亚方济各传教女修会（Franciscan Missionaries of Mary）的修女玛丽·薇洛妮克（Marie-Véronique，？—1916），她本在玛丽亚方济各传教女修会所管理的圣心学校工作，后在林懋德主教的号召下，接任栅栏仁爱会的工作，后于 1916 年 11 月 24 日下午 5 点去世于圣米歇尔医院，由于她对栅栏孤儿院所作出的贡献，死后葬于仁爱会的墓地中，就是古老天主教墓地旁边①。

除了古老传教士墓地外，还有近代所形成的墓地，其中以遣使会和圣母小昆仲会墓地为主，此外还为外国教徒存有一席安息之地。"教友墓碑，风景绝佳，平中近办万安公墓，此地葬法，可资参考"②（见图 3-29）。至此栅栏墓地已为京郊典型墓地群，蔚为可观（见图 3-30）。

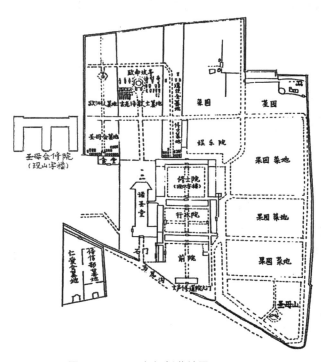

图 3-30　1927 年栅栏墓地平面图

---

① Cf. *Le Bulletin Catholique de Pékin, Pékin:Imprimerie des Lazaristes du Pei-T'ang,* 1918.p.454.

② 呆生：《国史研究专号：沟通中西文化的几位先锋：滕公栅栏教茔简史（附照片）》，《北辰画刊》1935 年第 2 期，第 1 页。

第三节　圣母小昆仲会修院与京师私立上义师范学校

在栅栏墓地周围，除了墓地、教堂、医院、育婴堂、孤儿院以及农场果园外，同时期还兴起了不同修会的教育事业。除了遣使会的文声修道院外，还有圣母小昆仲会修院以及京师私立上义师范学校，二者独立发展，互不干扰。

（一）圣母小昆仲会修院

圣母小昆仲会（Marist Brothers），亦被称为法国圣母小昆仲会、圣母文学会、圣母修会或主母会，由圣马塞林·瑟夫·本尼迪克特·尚巴纳（St. Saint Marcellin Joseph Benedict Champagnat，1789—1840）于1817年1月2日在法国创立。其宗旨是在各地建学堂、设学院，教育青少年，培养人才，传播福音。

圣母小昆仲会与栅栏墓地的渊源始于1891年，在时任北京宗座代牧主教都士良和副主教林懋德的号召下，有六位来自法国圣·热·拉瓦尔省（Saint-Genis-Laval）的圣母小昆仲士于同年3月8日离开马赛，前来中国。这一批圣母小昆仲会士为玛丽·甘迪大（Marie-Candide）、奥利司到尼格（Aristonique）、安多尼（Antonin）、类思·弥额尔（Louis-Michel）、玛丽·白流司（Marie Bailius）和若瑟·斐理西德（Joseph-Félicité）[1]（见

图3-31　最早来华的圣母小昆仲会士合影

图片来源：*Bulletin de l'institut des Petits Frères de Marie*, 1916.p.29.

---

[1]　参见高智瑜、[美] 马爱德主编：《虽逝犹存：栅栏——北京最古老的天主教墓地》，澳门特别行政区政府文化局、美国旧金山大学利玛窦研究所2001年版，第71页。

图 3–31）。4 月 12 日在天津登岸，他们经过短期的语言训练之后，最早在南堂的法文学校（见图 3–32）教授法文，还有天津的圣路易斯学院（St. Louis College）[①]，其主要语言为英文。在华的职责主要为培养教会人才，讲解经文要理。

图 3–32　南堂法文学校

图片来源：*Le Bulletin Catholique de Pékin, Pékin: Imprimerie des Lazaristes du Pei-T'ang*, 1918.p.272.

　　当时圣母小昆仲会在京所开创的事业，除了南堂法文学校、北堂圣心修院以及专收外国学生的圣弥厄尔学堂外，即在栅栏修院接管了孤儿院。正是由于他们来华后出色的工作，1892 年底，北京教区打算将栅栏孤儿院交于圣母小昆仲会管理。困于资金缺乏，直到 1893 年初圣母小昆仲会才开始接管工作。当时被称为"北京平则门外栅栏圣母小昆仲会院"（La Procure des Frères Maristes , Chala près Pékin）[②]。到了 1893 年 3 月，当时已收养百余儿童。而 1895 年对圣母小昆仲会来说是至为艰难的一年（见图 3–33），寒冷潮湿的早春让圣母小昆仲会士们染上了斑疹伤寒，几天内 8 位圣母小昆仲会士相继去世。"会疫起，修士染之者，殊不乏人"[③]。1898 年又有圣母小昆仲会士来华，陆陆续续在湖北武昌、汉口等地成立修院。然而义和团运动使得孤儿院事业停止，亦有数位圣母小昆仲会士在运动中丧生。庚子赔款后，随着上海、武昌、汉口、广东、南宁、南昌等地传教事业的发展，最终到 1908 年时全国发展到 17 处会院，总共 2120 名学生，156 类科目，包括 8 位兄弟，80 位发永愿兄弟，36 位发暂愿兄弟，10 名新生。而在直隶府，当时圣母小昆仲会的望会生、初学生、修士们（学习哲学 2 年，神学 4 年）都在栅栏修院学习（见图 3–34）。

[①]　Cf. *Bulletin de l'institut des Petits Frères de Marie*, 1916.p.29.

[②]　Cf. *Le Bulletin Catholique de Pékin, Pékin: Imprimerie des Lazaristes du Pei-T'ang*, 1918.p.87.

[③]　《近事：本国之部　栅栏味增爵修会》，《圣教杂志》1916 年第 10 期，第 263 页。

图 3-33　1895 年圣母小昆仲会士在耶稣圣心像前合影

图片来源：美国旧金山大学利玛窦中西文化历史研究所。

图 3-34　栅栏国籍圣母小昆仲会士：一为康迪特（Candide）会士，时 40 岁；一为戴法纳（Thèophane）会士，时 38 岁。

图片来源：美国旧金山大学利玛窦中西文化历史研究所。

　　1902 年，在南堂法文学校主任米歇尔的领导下，位于城内西城区西安门大街真如镜大街（今称真如镜胡同，临近北堂）的圣母小昆仲会总院迁至栅栏。由于当时考虑城内离政治中心太近，可能会被政府收购或者无法独立办学，所以需要在城外重新建立修院。这时在栅栏墓地的井中出土了一尊耶稣圣心像（见图 3-35），而对耶稣圣心像的修复工作成就了在栅栏墓地建造修院的契机。当时仅南堂和栅栏墓地出土了两尊耶稣圣心像。而南堂的圣心像已支离破碎，所幸栅栏墓地的耶稣圣心像几近完整，仅有三根手指折损，前额和心脏处被亵渎物遮蔽，但被清洗后，重新得以上色修复。"此圣心像，在庚子前，本在栅栏堂中者，旋为拳匪毁去三手指，额上亦打损数处，至今仍复返

图 3-35　1901 年耶稣圣心像

图片来源：*Bulletin de l'institut des Petits Frères de Marie*, 1916.p.29.

图 3-36　1902 年耶稣圣心像纪念亭

图片来源：高智瑜、[美] 马爱德主编：《虽逝犹存：栅栏——北京最古老的天主教墓地》，澳门特别行政区政府文化局、美国旧金山大学利玛窦研究所 2001 年版，第76页。

图 3-37　1917 年圣母小昆仲会在耶稣圣心像纪念亭前合影

图片来源：*Le Bulletin Catholique de Pékin, Pékin: Imprimerie des Lazaristes du Pei-T'ang*, 1918.p.404.

故所"①。由于"圣心为清洁及成全之根源也"②，故 6 月 17 日在栅栏墓地为其举行了弥撒，将其暂时放置于鲜花环绕的基座上，后专门为其建造纪念亭（见图 3-36），以后圣母小昆仲会以此为栅栏地标，多在此拍照留影（见图 3-37）。而在耶稣圣心像纪念亭不远处，还建有圣母山（其远景见图 3-38，其近景见图 3-39）。如今还残存耶稣圣心像纪念亭拱券用

图 3-38　耶稣圣心像纪念亭与不远处圣母山

图片来源：高智瑜、[美] 马爱德主编：《虽逝犹存：栅栏——北京最古老的天主教墓地》，澳门特别行政区政府文化局、美国旧金山大学利玛窦研究所 2001 年版，第74页。

① 《近事：本国之部　北京　九月十五日栅栏主母会修士总院举行祝圣圣心像》，《圣教杂志》1918 年第 11 期，第 515 页。

② 《近事：本国之部　北京　九月十五日栅栏主母会修士总院举行祝圣圣心像》，《圣教杂志》1918 年第 11 期，第 515 页。

石（见图 3-40）。

为了保护耶稣圣心像，圣母小昆仲会打算为其在栅栏地修建一处住院。当时圣母小昆仲会的考虑一是由于这片地方历史上因传教士墓地而有名，"修士欲觅得相当地址，自然注意于栅栏一边。况中国圣教史中，栅栏之名，班班可考，彼修士岂肯忍然忘之乎？"[1] 二是已有圣母小昆仲会士在栅栏地服务，在 1893—1900 年间圣母小昆仲会在栅栏孤儿院管理了 150—160 名孤儿，所以已熟悉栅栏地。三是其间亦有圣母小昆仲会士如范雅东和任有安在栅栏墓地长眠。因此尽管栅栏墓地的孤儿院旧址已被遣使会修院使用，但是还存有空地供圣母小昆仲会使用，特别是在遣使会与北京铁路线之间，有两条 50 米宽的地，大概面积五亩，东至墓基，西界为京张铁路，南达大道，北邻花园。考虑再三，最后整个修院打算迁至栅栏处，准确地说是在栅栏墓地的旁边。"圣母会省修院即在墓基之旁"[2]，"不啻特为主上所留置，以复兴省院之旧址，而保护其各种缔造之事业者然"[3]。圣母小昆仲会以适中的价格购买了这片土地，打算在栅栏墓地原有建筑的基础上加盖新楼。

在对这片地进行规划后，1910 年 1 月 18 日开始修建住院，即如今的山字楼。建造准备过程有序而严谨，其中水泥是由法国专家负责。"以是工程之进行甚速，半载之间，大厦落成。且于建造之际，又无意外之险，未始非上主冥冥中庇护之所致也"[4]。3 月 21 日，开始动土。工作到了 4 月中旬时，墙体已经立起来了。到了 7 月初，已封

图 3-39　露德圣母山

图片来源：高智瑜、[美] 马爱德主编：《虽逝犹存：栅栏——北京最古老的天主教墓地》，澳门特别行政区政府文化局、美国旧金山大学利玛窦研究所 2001 年版，第 76 页。

图 3-40　现残存耶稣圣心像纪念亭拱券用石

[1] 《近事：本国之部　栅栏味增爵修会》，《圣教杂志》1916 年第 10 期，第 263 页。
[2] 《近事：本国之部　栅栏味增爵修会》，《圣教杂志》1916 年第 10 期，第 263 页。
[3] 《近事：本国之部　栅栏味增爵修会》，《圣教杂志》1916 年第 10 期，第 264 页。
[4] 《近事：本国之部　栅栏味增爵修会》，《圣教杂志》1916 年第 10 期，第 264 页。

房顶。8 月末，主体建筑几乎完成，9 月 2 日完工。山字楼建筑面积约 5200 平方米，房基占地面积 1891.5 平方米，建筑面积 5526.4 平方米，建筑高度 10 米[①]，亦有说法建筑面积 6954.5 平方米，楼高 14 米[②]。地上三层，房屋 183 间；地下一层，大小房屋 18 间，可容纳三百学生。其平面为"山"字形，灰砖红瓦，山字中间"丨"字为女殉道者纪念堂，在"丨"字外墙顶上刻有"1910"字样，说明山字楼为 1910 年竣工。整个山字楼为公学生、高中生、初学生、神哲学院学生们提供不同的空间，相对独立，互不干扰。"修会分补习科、初学院、读书院及修院四部，各部自划一区，绝不连属"[③]。此外还有运动室、宿舍、楼梯和独立的庭院。初学生在一楼，有 2 个房间，二楼有宿舍、洗衣房、盥洗室，还有独立楼梯和庭院。经院生同样拥有自己的公寓和研究室，不受干扰地生活和学习。而中间的礼拜堂是学生们唯一会面的地方，大家都有独立的过道去那里。在楼前有宽阔的地方供其散步，呼吸新鲜空气，并且种植果蔬，还有花园，供奉着耶稣圣心像。为了保持简洁的风格，圣母小昆仲会并不花费时间在建筑外墙上，连圣堂也无外部装饰。"圣堂建于中央，无外表之装饰，一人其中，对于天主及圣事之热心虔诚，莫不油然而生。其构造之式，甚合圣母会修士之堂，以供奉圣母，故定其名曰致命之后"[④]。整个建筑比例和谐，线条干净，安详肃穆。圣堂高 6 米，宽 30 米，左右有对称的 2 米宽的甬道。科林斯柱式的罗马柱耸立，柱首为镀金涡卷形制纹饰，优雅简洁。而祭台是由土山湾工作坊完成并运至于此，壁龛中放置了 5 尊精美的木雕，正中是圣母玛利亚；右边两位为因传教遇难的遣使会神父董文学（Jean-Gabriel Perboyre，1802—1840）[⑤] 和圣母小昆仲会士圣伯多禄·玛利亚·查纳（Pierre-Louis-Marie Chanel，1803—1841）[⑥] 的雕像；左边为颂扬玛利亚为遇难者主保的画。1910 年 11 月 1 日在此处举行了弥撒，由林懋德主教主持，庆祝山字楼的建成，"参此大礼者，纵经岁月，弗忘其盛，圣母会修士之创业于栅栏也。其目的有二：养成教师，为各堂口学校之木铎者，直接之传教也；以中法学校扩充圣教之势力者，间接之传教也"[⑦]。因此山字

---

① 参见中共北京市委党校内部资料：《关于口字楼"3.26"火灾事故经过及时的安全防范工作情况报告》，2002 年 4 月 24 日。

② 参见中共北京市委党校内部资料：《加强火灾预防落实安全措施——中共北京市委党校山字楼火灾隐患整改工作情况》，2002 年 8 月 14 日。

③ 《近事：本国之部　栅栏味增爵修会》，《圣教杂志》1916 年第 10 期，第 264 页。

④ 《近事：本国之部　栅栏味增爵修会》，《圣教杂志》1916 年第 10 期，第 264 页。

⑤ 董文学，1802 年 1 月 6 日生于法国洛特省卡迪斯区的蒙哥斯蒂村（Mongesty），1835 年来华传教，当时处于清朝的禁教时期，他秘密潜入中国内地河南、湖北一带传教。1838 年终被清政府发现，并于 1839 年 9 月 15 日在湖北襄阳市谷城县茶园沟被捕，押送至武昌，于 1840 年 9 月 11 日在武昌受绞刑殉道，当时葬于武汉红山墓地，其遗骸被运往法国，1860 年运到遣使会总院。1889 年 11 月 10 日被"封圣"。参见 ［法］荣振华、方立中、热拉尔·穆赛、布里吉特·阿帕乌：《16—20 世纪入华天主教传教士列传》，耿昇译，广西师范大学出版社 2010 年版，第 574 页。

⑥ 圣伯多禄·玛利亚·查纳，1803 年 7 月 12 日出生于法国安省的布雷斯地区蒙勒韦尔，1831 年入圣母小昆仲会，1841 年 4 月 28 日在大洋洲富图纳岛遇难。1954 年荣列圣品，他是大洋洲第一位殉道圣人，也是大洋洲的主保圣人。

⑦ 《近事：本国之部　栅栏味增爵修会》，《圣教杂志》1916 年第 10 期，第 264 页。

楼一直作为圣母小昆仲会修院培养在华会士的场所。在档案中使用的称谓有"天主教圣母小昆仲会文学所"或"圣母文学会"等（其旧照见图 3–41，其现状见图 3–42）。

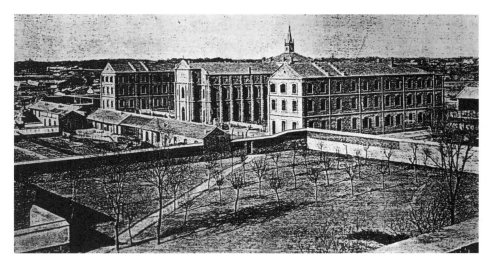

图 3–41　圣母小昆仲会修院（现山字楼）旧照

图片来源：高智瑜、［美］马爱德主编：《虽逝犹存：栅栏——北京最古老的天主教墓地》，澳门特别行政区政府文化局、美国旧金山大学利玛窦研究所 2001 年版，第 73 页。

到 1914 年，栅栏圣母小昆仲会修院教育已井然有序，"已经近乎繁荣"[1]，他们已为中国教省培养了 32 位修士，其他的都在法文学校做辅助工作人员。此外还有 60 名见习学生在读，以及 15 名在学业毕业后即开始成为修道生的学生。1916 年 1 月 31 日，在栅栏圣母小昆仲会修院为若瑟修士（Joseph Gabriel）举行进会后 50 年纪念金庆大礼[2]。8 月 7 日，在栅栏圣母小昆仲会院举办纪念圣母小昆仲会来华 25 周年纪念活动。"八月七日，栅栏主母会省会举行该会修士前来中国廿五年银庆，甚形热闹"[3]。最早来华的圣母小昆仲会士

图 3–42　圣母小昆仲会修院（现山字楼）现状

图片来源：北京方略博华文化传媒有限公司摄影师杨华正先生。

---

① *Le Bulletin Catholique de Pékin*, Pékin: Imprimerie des Lazaristes du Pei-T'ang, 1919.p.409.

② 参见《近事：本国之部　一月三十一日栅栏主母会省会为若瑟修士举行进会后五十年纪念金庆大礼》，《圣教杂志》1916 年第 4 期，第 169 页。

③ 《近事：本国之部　八月七日栅栏主母会省会举行该会修士前来中国廿五年银庆》，《圣教杂志》1916 年第 10 期，第 468 页。

中，当时还有人在栅栏工作。"内有三位，至今健在。一名安多尼，即现在任省会长。一名类思·弥额尔，现为栅栏修院长。一名奥利司到尼格，在上海虹口方济各学校"①。当时在礼拜堂举行纪念弥撒，除了圣母小昆仲会士和荣休修士以外，一些社会名流和教徒家庭也前来参加。②1917 年 1 月 2 日为栅栏圣母分会成立百周之期，圣母小昆仲会在栅栏会院举行盛典，当时林懋德主教及北京代理主教兼遣使会会长德懋谦神父（Gustave-Alphonse-Jérôme Vanhersecke，1867—1945）莅临栅栏圣母小昆仲会修院。午膳后合影以示纪念（见图 3–43）。下午 2 时举行领圣体大弥撒后，活动结束。③

图 3–43　1917 年 1 月 2 日栅栏圣母小昆仲会修士合影

图片来源：*Le Bulletin Catholique de Pékin*, Pékin: Imprimerie des Lazaristes du Pei-T'ang, 1917.p.48.

1918 年 6 月 2 日，为栅栏举行应圣体大礼之期。教徒不下千余人。内有学校，及西堂北堂各学校全体学生，复有法国兵一小队，及留养京中的灾民。此外还有圣母小昆仲会修士、仁爱会修女、若瑟会修女及教徒等。"先期设有奉供圣体台 3 座，其 2 座设在味增爵会修道院内，其一座设在主母会修士院内"④。1918 年 9 月 15 日，在栅栏修院为出土新造的耶稣圣心像举行祝圣仪式。"像之形式甚精美，系由马司铎绘图建造者"⑤。总会长为

① 《近事：本国之部　八月七日栅栏主母会省会举行该会修士前来中国廿五年银庆》，《圣教杂志》1916 年第 10 期，第 468 页。
② Cf. *Le Bulletin Catholique de Pékin*, Pékin: Imprimerie des Lazaristes du Pei-T'ang, 1916.p.322.
③ 参见《近事：本国之部　一月二日为栅栏主母分会修会成立百周之期》，《圣教杂志》1917 年第 3 期，第 135 页。
④ 《近事：本国之部　六月二日主日为栅栏举行应圣体大礼之期》，《圣教杂志》1918 年第 8 期，第 366 页。
⑤ 《近事：本国之部　北京　九月十五日栅栏主母会修士总院举行祝圣圣心像》，《圣教杂志》1918 年第 11 期，第 515 页。

其祝圣，咏经祈主，诸学生教员奉献圣心诵，"继求主降幅于圣教会，亦降福于中法二国及栅栏传教会"①。

到了1940年8月15日，圣母小昆仲会在栅栏修院已有国籍会士8位，初学士12位，并派四位有教学经验的会士前往辅仁大学深造。而圣母院在华所主办的学校，已有20余座，"计北京六座，天津三座，上海五座等，去年各校学生达七千余名"②，可见其规模。

（二）京师私立上义师范学校

"京师私立上义师范学校"（其名称见图3–44，其公章见图3–45）最早创于"前清光绪三十一年"③。1905年，前身叫"中法上义学校"（Collége Franco-Chinois），地址在北京城内参谋部旧址。直到1909年7月才迁于栅栏地。"前清光绪年间，该校地点在皇城内，宣统末年，迁移于阜成门外石门，将原有校址让与摄政王即今之参谋本部"④。当时吉善

图3–44　上义师范学校名称

图片来源：高智瑜、[美] 马爱德主编：《虽逝犹存：栅栏——北京最古老的天主教墓地》，澳门特别行政区政府文化局、美国旧金山大学利玛窦研究所2001年版，第77页。

图3–45　京师私立上义师范学校公章

图片来源：高智瑜、[美] 马爱德主编：《虽逝犹存：栅栏——北京最古老的天主教墓地》，澳门特别行政区政府文化局、美国旧金山大学利玛窦研究所2001年版，第77页。

---

① 《近事：本国之部　北京　九月十五日栅栏主母会修士总院举行祝圣圣心像》，《圣教杂志》1918年第11期，第515页。

② 《圣母小昆仲会发展现况石门总院八位初学发愿上义中学仍迁回黑山扈》，《公教白话报》1940年第16期，第8页。

③ 北京市档案馆：《北京市私立上义中学立案重新登记的各种表册材料》，档号：153-001-00834。

④ 《近事：教育新闻京师上义师范注册之经过》，《圣教杂志》1916年第7期，第317页。

（生卒年不详）①、李慎修（生卒年不详）② 先后为校长。

当时栅栏墓地学校面积约 80 亩地，校舍面积 3605 平方米，三层大楼 2 座，平房 16 座。教室 18 间，图书馆 4 间，实验室 8 间，体育场室内 11 间，露天设施 5 处，共 18 亩 6 分。寄宿房间 27 间，整个校园前为园地，校西靠近铁道，其余都是郊野。整体建筑购置约 118790 元，并且在民国二年（1913）后逐年添建校园建筑。③ 最初课程完全为西文，直到 1912 年开始推行中外课程并行。在当时学务局颁发立案学校应遵循的办法中，明确规定学校校长及设立人或代表人并经理人等职务，均限定由本国人担任，并且学校选址，需与教会地址划分清楚，"即有权就教会附近堂室设学者，亦应将学校所占房舍作为学校借用或租赁"④。而教会的捐助只能作为学校经费中寄附金的一种，而不能认为教会担任经费或者补助。在招收对象上，不得专收教会中人。在授课内容上，不宜涉及宗教论说。

1918 年"中法上义学校"改制师范，更名为"私立上义师范学校"。法文中标注为"栅栏圣母小昆仲会高等师范学校"（École Normale des Frères Maristes de Cha-la）⑤ 或者简称为"栅栏高等师范学校"（École Normale de Cha-la）⑥。而被中华民国教育部批准的名称为"京师私立上义师范学校"（King-che-le-li-Chang-yi-che-fan-shué-siao）⑦。1919 年张巽甫（1868—？）⑧ 接理校务成为校长，将学校改组为"上义师范学校"，且遵照中华民国教育部（以下简称"教育部"）的规章，将学校改制为"完全师范学校"。同年 6 月 28 日，就教会设立师范学校一事对京师学务局进行了指示，认为私立上义师范学校立案一事需学务局"查照教民设学特别规定办法酌量办理"⑨。同年 11 月 22 日，"私立上义师范学校"获得教育部批准办学。在立案时，校名为"北平特别市私立上义师范学校"，由此成为中华民国政府批准的第一所私立教会学校。在此之前，师范生皆由政府培养，而上义师范学校的学制非常严格，必须经过 5 年学习并通过考核才能毕业从事教学工作，而且专注培养国籍圣母小昆仲会士教师。

1919 年前后，日本记者中野江汉及拓本专家前往栅栏墓地参观及采集资料，拓下了利玛窦、汤若望、南怀仁等 5 块碑石的拓片。当时石门常年闭锁，只能从石门西北侧"上义师范学校"的校门进入，随行的人惊叹此处"实在是威风凛凛的学校啊，我竟全然不知

① 吉善，生卒年不详，法国人，圣母文学会顾问，原法文专门学校校长，文学会咨议，上义中学校长。

② 李慎修，生卒年不详，法国人，圣母文学会总院参议，曾任文学会会长，上义中学校长。

③ 参见北京市档案馆：《北京私立志成、励成、女子两级中学、上义师范学校立案呈报事项表》，档号：J004-002-00438。

④ 《近事：教育新闻京师上义师范注册之经过》，《圣教杂志》1916 年第 7 期，第 317 页。

⑤ Cf. *Le Bulletin Catholique de Pékin*, Pékin: Imprimerie des Lazaristes du Pei-T'ang, 1920.p.53.

⑥ Cf. *Le Bulletin Catholique de Pékin*, Pékin: Imprimerie des Lazaristes du Pei-T'ang, 1920.p.98.

⑦ Cf. *Le Bulletin Catholique de Pékin*, Pékin: Imprimerie des Lazaristes du Pei-T'ang, 1920.p.55.

⑧ 张巽甫，湖北河阳人，宛陵襄垣两公学卒业，单级速记国语心理教育测验毕业，曾任怀宁邳州海门南汇师校校长，现任盛新中学校校长。1917 年 2 月到校工作，教授国文，任上义师范学校校长时 54 岁，教育部曾奖三等二级文杏章。

⑨ *Le Bulletin Catholique de Pékin*, Pékin: Imprimerie des Lazaristes du Pei-T'ang, 1922.p.55.

100
春秋石铭
THE HISTORY
ON THE TOMBSTONES
北京栅栏墓地
历史及现存碑文考

图 3–46　上义师范学校十名国籍候选生在北京栅栏住院留影

图片来源：美国旧金山大学利玛窦中西文化历史研究所。

图 3–47　栅栏国籍圣母小昆仲会士毕业照

图片来源：*Le Bulletin Catholique de Pékin*, Pékin: Imprimerie des Lazaristes du Pei-T'ang, 1922.p.128.

还有此等气派的学校"①。当时入学的学生都要求加入了圣母小昆仲会，在完成学业之后被分配到圣母小昆仲会主管的学校教书（其候选生见图 3–46，其毕业照见图 3—47）。上义师范学校采取的是与西方接轨的现代教育体系，这区别于传统的师范教育。其 5 年学习生活主要是关于西方科学知识、德行、信仰等方面的学习。

随着学生人数的增加，见习修士、教授、职工等也日益增多，栅栏圣母小昆仲会楼已容纳不下这么多人，于是圣母小昆仲会在京西黑山扈另购置一地以做新校区使用，且建造了圣若瑟楼②。"中国圣母小昆仲会修士总院设于北平西郊黑山扈，内有上义中学（即上义师范前身）圣母小昆仲会修士读书院，及疗养院，规模颇称宏大"③。1919 年校董会设立呈报事项表上所写的名称是"上义师范学校校董会"，地址是"北平西苑黑山扈"，当时校董会成员 6 人，名单见表 3–1：

表 3–1　上义师范学校校董会成员名单

编号	姓名	籍贯	职业	住址
1	杨友松	安徽怀亭	文学会总务课主任校董会主席	阜外文学会院
2	许国忠	河北香河	文学会分院财务主任	西苑北黑山扈文学会分院

① ［日］中野江汉：《北京繁昌记》，东方书店 1993 年版，第 327 页。另参见 ［日］中野江汉：《北京繁昌记》，韩秋韵译，北京联合出版公司 2017 年版，第 329 页。

② 如今的黑山扈圣若瑟楼旧址现称为"309 医院天主堂"，2012 年成为海淀区文物保护单位，编号为 4—20，地址为黑山扈路甲 17 号解放军 309 医院内家属区黑山扈 17 号院 18 栋楼的后面，标记为 100 号楼。整栋楼外形完整，大致保持原样，然已被封。大楼正面汉白玉榜书题刻隶书"上义师范学校"字样。在上方有花体字母"F""S""M"，其为 Fratres Maristae a Scolis 的简写，亦有称为 Petits Frères de Marie，意指"专门办教育的圣母玛利亚小兄弟"，以象征圣母小昆仲会的教育使命。后又在山上修建圣母山、教堂、"圣母院"（"圣母疗养院"，1921 年，如今建筑上依然可见"圣母院"字样）、天摩拱门和引水渠等。

③ 《北平郊外便衣队掳劫黑山扈圣母会修士总院》，《公教白话报》1937 年第 19 期，第 395 页。

编号	姓名	籍贯	职业	住址
3	苏国璋	河北清苑	前盛新中学主任	西苑北黑山扈文学会分院
4	聂连昌	河北武清	前德新学校主任	黑山扈农业试验场
5	李慎修	法国里昂	文学会总院参议	阜成门外石门文学会院
6	吉善	法国	文学会顾问	阜成门外石门文学会院

1927 年 9 月当黑山扈新校舍（若瑟楼旧照见图 3-48，现状见图 3-50；其圣母院旧照见图 3-49，现状见图 3-51）落成时，栅栏校区让于上义师范附属小学，而中学部迁至黑山扈。在教育部 1929 年"私立中小学校立案用表"中所填名称为"北平特别市私立上义师范学校"，种类为"六年师范"，校址是"北平阜成门外石门 / 西苑北黑山扈"。

图 3-48　黑山扈圣母小昆仲会若瑟楼旧照

图片来源：*Vicariat Apostolique de Pékin: État de la Mission du 1er juillet 1931 au 30 juin 1932*. p.30. Cf. *Le Bulletin Catholique de Pékin*, Pékin:Imprimerie des Lazaristes du Pei-T'ang, 1932.p.171.

图 3-49　黑山扈圣母院远景旧照

图片来源：*Vicariat Apostolique de Pékin: État de la Mission du 1er juillet 1931 au 30 juin 1932*. p.30. Cf. *Le Bulletin Catholique de Pékin*, Pékin: Imprimerie des Lazaristes du Pei-T'ang, 1932.p.171.

当时修士见习班和师范学校后五年的课程学习都搬到了黑山扈校区，正是圣母小昆仲会教学坚持长达十年的课程学习（三年高小、六年师范、一年见习班），"该会在京西北三十里黑山扈分院主办上义中学，原系师范，为该会训练初学及师资的最高学府，校舍洪伟，成绩亦佳"[1]，所以"有了这样踏实的基础，无怪乎圣母会办的学校都是中国著名的学校"[2]。

---

① 《圣母小昆仲会发展现况石门总院八位初学发愿上义中学仍迁回黑山扈》，《公教白话报》1940 年第 16 期，第 8 页。

② 高智瑜、[美] 马爱德主编：《虽逝犹存：栅栏——北京最古老的天主教墓地》，澳门特别行政区政府

据所查资料，张巽甫为校长，何致中（1884—?）[1]为训育主任，傅辞筑（1878—?）[2]为教务主任，杨友松（1864—?）[3]为事务主任，除杨友松为专任以外，其余都是兼任，可见在学校初期，人员组合上是集合众多教会学校的力量。不过师范学校校董会在北平特别教育局立案表登记的事务所在地一直到1929年11月20日都是"北平阜成门外石门、西苑北黑山扈"（见图3–52）。校董成员增加法国人安国祥，在学校也担任英译专修学校主任，其住址写的是西苑北黑山扈英译专修校内。当时任职的16位老师全为

图 3–50　黑山扈若瑟楼现状图

图 3–51　黑山扈圣母院现状图

男性，且为专任，由6位法国人和10位中国人构成，学校教育步入稳定阶段。当时上义师范学校坚持用中文和法文双语教学，并且对语言有严格的要求，这是圣母小昆仲会在全国开办学校的一贯作风，当时栅栏上义师范学校（Ecole normale de Chala）有学生90人。[4]1929年，当时在上义师范学校任职教师名单列表如下（见表3–2）：

文化局、美国旧金山大学利玛窦研究所2001年版，第78页。

[1]　何致中，广东南海人，上海方济各英译学校毕业，暑期党义训练毕业，曾任北平高等法文专校教员，1919年2月开始在上义师范学校教授国文，中华民国教育部曾奖三等三级文杏章。

[2]　傅辞筑，上海人，培元公学卒业，曾任海门师范学校校长，1918年2月开始在上义师范学校教授教育、国文，中华民国教育部曾奖励三等三级文杏章。

[3]　杨友松，安徽怀宁人，怀宁公学卒业，原徐州救济会会长，曾任培元公学校长，上海若翰学校学监，上义师范学校学监。1918年2月开始在上义师范学校专任事务主任，天主教圣母文学会总务主任，中华民国教育部曾奖励三等三级文杏章。

[4]　Cf. *Le Bulletin Catholique de Pékin*, Pékin: Imprimerie des Lazaristes du Pei-T'ang, 1922.p.417.

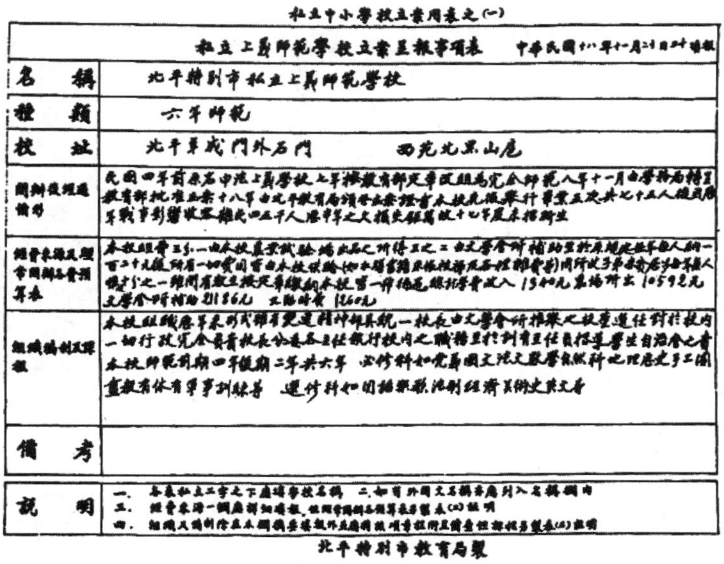

图 3-52　上义师范学校立案用表

图片来源：北京市档案馆：《北京私立志成、励成、女子两级中学、上义师范学校立案呈报事项表》，档号：J004-002-00438。

表 3-2　1929 年任职上义师范学校教师名单

编号	姓名	籍贯	学历	所授学科及周时数	到校年月
1	王继根（1897—?）	江苏崇明	江苏两级师范毕业	历史、地理（6）	1920 年 9 月
2	贾长春（1905—?）	河北深县	暑期党义训练班毕业	党义（6）	1929 年 9 月
3	李怀钰（1888—?）	湖北武昌	湖北武备学堂、北平体育学校毕业	体育、军事训练（9）	1920 年 9 月
4	张文明（1885—?）	法国阿尔代什（Ardèche）	阿尔代什师校毕业	法文、乐歌（11）	1916 年 1 月
5	穆天和（1888—?）	法国杜城（Doubs）	杜城优师毕业	数学、乐歌（10）	1916 年 1 月
6	王仁和（1891—?）	河北邯郸	中法学校毕业	地理、历史（12）	1924 年 8 月
7	孙永寿（1902—?）	河北宛平	法文专校毕业，美术学校研究员	手工图画（8）	1925 年 8 月
8	潘永仁（1890—?）	法国萨瓦（Savoie）	萨瓦师校毕业	法文（6）	1927 年 9 月
9	王振宇（1903—?）	河北蓟县	上义师范本科第一部毕业，科学研究员	理化、数学（13）	1925 年 8 月
10	张玉池（1902—?）	河北献县	上义师范本科第一部毕业，科学研究员	国文（9）	1928 年 9 月

春秋石铭
北京栅栏墓地
历史及现存碑文考

编号	姓名	籍贯	学历	所授学科及周时数	到校年月
11	王润（1906—?）	河北通县	上义师范本科第一部毕业，科学研究员	物理、数学（9）	1929 年 8 月
12	高尚志（1880—?）	法国里昂（Lyon）	里昂师校毕业	法文（10）	1929 年 8 月
13	佟依仁（1887—?）	法国马赛（Marseille）	马赛师校毕业	化学、哲学（10）	1929 年 8 月
14	李慎修（1879—?）	法国里昂（Lyon）	里昂优师毕业	法文（12）	1929 年 8 月
15	李毓秀（1889—?）	河北吴桥	天津优师毕业	国文（12）	1929 年 9 月
16	张鹏爱（不详）	河北永年	前清附生	国文（6）	1929 年 10 月

1929 年 1 月 14 日由教育部再次颁发立案证书，先后举行毕业典礼 13 次，而官方备案私立上义师范学校自 1921—1929 年历年毕业生共 75 人，几乎都前往各地的教会学校任职。①1931 年 8 月在《教育近闻》中报道此书。按照原国民政府教育行政原则，私立师范学校是不予立案的，因此独得破例："该校独得破例，经教育部直接批准立案，诚异数也，可见该校成绩之一班矣"②。

1933 年私立上义师范学校改办中学③，当时由教育部主导，社会局执行，上义师范学校正式改名为"私立上义中学"，并且不再招收师范生，相应的学校章程规则、立案用表全部进行更正，1934 年完成。改为私立上义中学后，其实当时学校里还有 4 个师范班，但是被强令结束，不能再招收一年级新生。当时教育部下发指令，其中称，虽然对校长张巽甫的教学资格并无异议，但是由于限制私人办理师范教学，因此对现有 4 个班的师范生"应即结束，不得再招一年级新生"④。

> 张巽甫曾任本校校长十六年，盛新初级中学校长五年，得有前教育部给予第三等二级文杏章第一二八号执照一纸，已符第一零八条第三项之规定，至于周同惠、王仁和，辞去职务已经六月，张天宪系初中教员，正在检定委员会审查资格，中学并无教育学科，因本校尚有师范四班，已奉令历年结束。刘保忠与杨玉书所担任之教育钟点系属于师范班内者，非中学另有教育钟点也。
>
> 北平市私立上义中学校校董会会长杨友松⑤

---

① 参见北京市档案馆：《上义师范学校立案呈报事项表》，档号：J004-002-00438。

② 《上义师范学校学校教育部准予立案》，《教育益闻录》1931 年第 3 期，第 276—277 页。

③ 参见北京市档案馆：《私立上义师范学院改办中学、变更学制修正章表和校董会组织情形的呈文及教育部社会局的指令》，档号：J002-003-00106。

④ 北京市档案馆：《私立上义师范学校改办中学、变更学制修正章表和校董会组织情形的呈文及教育部社会局的指令》，档号：J002-003-00106。

⑤ 北京市档案馆：《私立上义师范学院改办中学、变更学制修正章表和校董会组织情形的呈文及教育部社会局的指令》，档号：J002-003-00106。

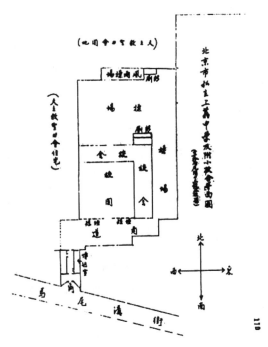

图 3-53　北京市私立上义中学及附小校舍平面图

图片来源：北京市档案馆：《北平私立立德、光华、文德小学和上义附小登记备案卷》，档号：153-001-00934。

图 3-54　1935 年北京私立上义中学毕业证书

图片来源：北京市档案馆：《北平私立上义中学毕业证书、中国童子军北平市训练员训练所毕业证书》，档号：J004-002-02057。

1935 年 3 月 2 日，时任全国公教学校视察主任于斌神父（1901—1978）参观已改名的私立上义中学，并为该校师生演讲，题为"公教教师使命之尊贵"，认为公教教师之使命，"要教养一班青年肖似耶稣基利斯督，活超性之生命"①。并对上义师范学校办学政策和校园予以赞许，"该校创设既久，立案有年，校中设备完善"②（其校舍平面图见图 3-53）。1935 年 5 月 2 日社会局的督学孙世庆对私立上义中学进行行政与教学考察时，该校编制有 5 班，一年级为初级中学，三、六年级为旧制师范班。全校学生一年级 18 人，三年级 16 人，四年级 6 人，五年级 9 人，六年级 7 人，共计 56 人③。学生毕业后以公教教师为业（其毕业证书见图 3-54）。

1937 年 7 月 7 日"七七事变"爆发后，学校教学因战事而无法正常进行，多有村民前来避难，课程不得不停止，而学生们也受到惊吓。"自七月二十八日平郊战事发生以来，附近村民前往避难者最多，时至五六千名"④。并且遭遇便衣队掳劫，"被掳者有味增聚会爱尔兰籍马司铎及荷兰籍魏司铎。圣母会修士法籍二位，班籍二位，匈牙利籍二位，德籍、捷克籍各一位"⑤。在此形势下，栅栏修院积极开展营救工作，并且同年 9 月上义中学从黑山扈校区重新迁回栅栏地，借用附小的教室授课。张巽甫年迈告老，校长遂由刘保忠接任。当战火稍息时，1940 年 8 月师生又重新回到黑

① 《于大司铎参观上义师范》，《公教学校》1935 年第 2 期，第 11 页。
② 《于大司铎参观上义师范》，《公教学校》1935 年第 2 期，第 11 页。
③ 参见北京市档案馆：《私立上义师范学校改办中学、变更学制修正章表和校董会组织情形的呈文及教育部社会局的指令》，档号：J002-003-00106。
④ 《北平郊外便衣队掳劫黑山扈圣母小昆仲会修士总院》，《公教白话报》1937 年第 19 期，第 395 页。
⑤ 《北平郊外便衣队掳劫黑山扈圣母小昆仲会修士总院》，《公教白话报》1937 年第 19 期，第 395 页。

山扈校舍。"事变时暂避京内，闻本学期仍将迁回故址上课，现有学生七十五人云"①。至 1941 年刘保忠因病辞职，董事会遂聘请杨玉书充任校长，1948 年 8 月杨玉书转聘为天津法汉中学校长，由此校长空缺，由教导主任张瑞廷代理校长。而当 1948 年人民解放军解放京津之初，由于战事临近北京西郊，在黑山扈的学生们或惧怕炮火，或投考革命大学、参军或转入市内私立中学读书，皆纷纷离校。教职工因无学生上课，亦相继离散。而黑山扈修院也受其影响，当时，遣使会士威廉神父（Piet Willems，1877—1947）在此教授神学 16 年②，并且一直居于黑山扈。③ 他在黑山扈期间经历了战争和病痛，最终去世于黑山扈。如今在百山圣母山遗址左侧门内遗留一石碑（见图 3–55），碑上为汉文与法文双语书写，法文如下：

图 3–55　威廉神父墓碑

PIET WILLEMS AUMÔNIER NÉ A MEYEL-HOLLANDE LE 28 NOVEMBRE 1877 DÉCÉDÉ A HESHANHU LE 26 AOÛT 1947.R. I. P.

译为中文为"匹特·威廉神父，1877 年 11 月 28 日生于荷兰梅耶，1947 年 8 月 26 日去世于黑山扈。息止安所"。而碑身汉文部分毁坏严重，只能依稀看到些许文字（补充）：

魏司铎之墓　魏公讳□□洗名□多。一八七七年十一月廿八日生于荷兰，自幼

---

① 《圣母小昆仲会发展现况　石门总院八位初学发愿　上义中学仍迁回黑山扈》，《公教白话报》1940 年第 16 期，第 8 页。

② 曾记载圣母小昆仲会士在栅栏墓地、黑山扈都工作过，最后去世在黑山扈的有：F. Mie Archangelus，1886 年 12 月 18 日出生于法国的维莱法莱（Villers-Farlay），1932 年 2 月 9 日去世。E. Emile-Etienne，1861 年 4 月 28 日出生于法国的维拉尔德朗（Villard-de-Lans），1935 年 2 月 23 日去世。F. Ma-ti-ya（Malhisas），1892 年 11 月 1 日出生于中国，1940 年 12 月 2 日去世。Louis Wang Tchen Koei，1941 年 1 月 30 日去世。F.Louis-Norbert，1908 年 10 月 24 日出生在法国的杜城，1948 年 11 月 26 日去世。资料来源于意大利圣母小昆仲会总会档案。

③ 威廉神父，其中文名仅知"魏"姓，名字未详。最早为圣眷会成员，1912 年从法国来到中国，不久便于 1912 年 12 月 14 日在保定府的圣伯多禄圣保禄大教堂由中国保定府副主教富成功（Joseph Fabruèges C.M，1872—1929）主持晋升铎品。后随遣使会士戴牧灵（Tremorin，约 1886—1965）在保定府附近的田各庄传教。1913 年 8 月他入遣使会，前往高家庄传教，1914 年初去程留市村，居 4 年有余。当时国家时局混乱，1924 年他返回到他的家乡梅耶（Meyel）度过短暂的假期，1925 年 1 月 25 日开始返回中国，此后再也没有回过故里。他从法国前往意大利，在罗马短暂停留后，经热那亚向东穿过苏伊士运河，过锡兰科伦波、新加坡、菲律宾马尼拉等地后，于 1925 年 3 月 22 日抵达中国。随后 1930 年他便来到了北京西郊的黑山扈，当时属于保定府。1947 年 5 月 10 日因心肺疾病住进北京东交民巷的圣米歇尔医院（Saint Michel），7 月份回到黑山扈住院，8 月 26 日去世。

弃俗精修。一九一二年十二月八日荣膺铎品。翌年远涉重洋，履我中土，先后传教于保定、南关、四各庄、高家庄、程六市及南宋村等处。一九三一年来平西黑山扈圣母小昆仲会，任初试院驻院神师，凡十六载。公性和蔼，奉职勤诚，信德坚实，□茹如饴。一九四七年春突患重病惟以年逾古稀，虽经调治，终告不支，遂于同年八月廿六日安逝于本会院，享年七十有一岁。公元一九四七年十一月一日立。

1948 年 9 月开学时，黑山扈上义师范学校返校人数仅 20 余名。到了 12 月，北京被封锁围困，无论是栅栏校区还是黑山扈校区的学生都撤到城内，而这两处教学地先后被国民党部队占领，一些圣母小昆仲会修士冒着生命危险，竭力保护学校（见图 3–56）。大致有 5 个学生还有 13 个修院修士，他们修筑堡垒，刨挖沟渠，竭力防止树木被砍伐，避免原有门窗被拆卸烧毁，甚至保护鸡、羊、猪不被吃掉等等[1]。然而考虑到学校无力运转，因此请求"教育当局许可将已返校之高、初中学生皆分别借读于城内耕莘南堂中学。至于黑山扈旧有校址，因距城过远，交通不便，则经市政府批准租让于玉泉山疗养院，专从事人民疗养事业。"本校本年暑期依照局方指示完成复校计划，决定迁校于阜外马尾沟十三

图 3–56 圣母小昆仲会士在黑山扈圣若瑟楼（上义师范学校）前合影

图片来源：美国旧金山大学利玛窦中西文化历史研究所。

---

① Cf. *Bulletin de l'Institut*, vol. XVIII, n. 134, avril 1949, pp. 421-424.

号，与本校附小同一地址，现于新迁校址业已正式开课"①。当时有初中一年级、二年级各1班，一年级学生38名，二年级学生8名②。

在1949年登记信息中，校名为"北京市私立上义中学"，性质为"私立普通中学"，校址为"北京阜外马尾沟13号"。综述学校名称的变更见表3-3。

表3-3 学校名称变更情况列表

编号	年份	名称
1	光绪三十一年（1905）	中法上义学校
2	民国八年（1919）	完全师范学校
3	民国八年（1919）	北平特别市私立上义师范学校
4	民国十八年（1929）	北平特别市阜成门外石门上义师范学校
5	民国二十二年（1933）	私立上义中学
6	1949年	北京市私立上义中学

除了中学教育外，上义师范学校还设立了附属小学。当时诸多从上义师范学校毕业的学生，如许日照③、王保莒④、张玉池⑤、王振宇⑥、王润⑦、吴酉俊⑧等直接成为附属小学的教员。1945年该附属小学又被称为"育才小学"，俗称"石门小学"。当时授课的还有外国神父，"每天都是跟着黄发碧眼高鼻卷须、一身黑色神父装束胸前挂着十字架的老师对着字母挂图学'啊、啊、呃、呃'发音"⑨。而附属小学一直存有两个校区，第一部在阜成门外马尾沟13号，在1949年的时候主要是五、六两个年级。第二部在西苑的黑山扈，主要是一、二、三年级复式班，然后是四、五两个年级⑩。当时记录在档的老师皆为男性。下为北平市私立上义附小学职员一览表⑪（见表3-4，其师生合影见图3-57）。

---

① 北京市教育局存档：《北京市私立上义中学立案至新登记的各种表册材料》，1949年2月2日，档号：153-001-00834。

② 参见北京市教育局存档：《北京市私立上义中学立案至新登记的各种表册材料》，1949年12月2日，档号：153-001-00834。

③ 许日照（1893—?），广东开平人，曾任汉口北平法文学校教员。

④ 王保莒（1899—?），河北宛平人，曾任宣化盛新小学校教员。

⑤ 张玉池（1896—?），河北献县人，在上义师范学校任国文教员，曾任盛新中学校教员。

⑥ 王振宇（1897—?），河北蓟县人，在上义师范学校教授理化、数学，曾任北平高等法文学校教员。

⑦ 王润（1904—?），河北宛平人，曾任崇正学校教员。

⑧ 吴酉俊（1906—?），内蒙古察哈尔宣化人，曾任海星学校教员。

⑨ 《我的六所小学母校》，见张国庆：《老北京忆往》，北京燕山出版社2015年版，第295页。

⑩ 参见北京市档案馆：《北京市私立立德、光华、文德小学和上义附小登记备案卷》，档号：153-001-00934，第86页。

⑪ 参见北京市档案馆：《北平市私立小学教职员一览表》，档号：J004-003-00748；《北京市私立立德、光华、文德小学和上义附小登记备案卷》，档号：153-001-00934。

图 3-57　1952 年栅栏上义师范学校师生合影

图片来源：美国旧金山大学利玛窦中西文化历史研究所。

表 3-4　北平市私立上义附小学职员一览表

编号	姓名	籍贯	职务	学历	入校时间
1	杨玉书	河北献县	校长	中国大学哲教系毕业	1939 年 9 月
2	何致中	广东南海	教导主任	高级师范毕业	1946 年 8 月
3	王景祺	河北蓟县	事务员	法文专科毕业	1947 年 8 月
4	任罗佳	河北束鹿	六年级级任	高级师范毕业	1947 年 8 月
5	张连琛	河北武清	五年级级任	高中毕业	1946 年 8 月
6	刘云波	河北任丘	四年级级任	天津西开中学毕业	1946 年 8 月
7	李永和	河北献县	二年级级任	高级师范毕业	1947 年 8 月
8	史秉权	北平市	一年级级任	高级师范毕业	1947 年 8 月
9	张云鹤	河北清苑	科任教员	高中毕业	1946 年 8 月
10	张瑞廷	河北蓟县	上义小学代理校长	辅仁大学国文学系	1947 年 8 月
11	萧汉乡	河北蓟县	六年级级任（兼四年级）	上义中学西苑黑山扈	1948 年 8 月
12	李金斌	察哈尔市宣化县	五年级级任	上义中学西苑黑山扈	1949 年 8 月
13	董延年	河北静海县	一、二、三年级复试班级任	上义中学西苑黑山扈	1949 年 8 月
14	谢士望	河北县	音乐	上义中学西苑黑山扈	1949 年 8 月
15	宇焕钧	察哈尔市宣化县	上义小学事务兼中学事务员	松花江大学国文系	1949 年 8 月
16	张同怀	河北献县	四年级级任	上义中学西苑黑山扈	1949 年 8 月

到了1951年，上义师范学校附属小学由北京市教育局接管，更名为"马尾沟小学"。1954年，马尾沟小学迁至车公庄大街以北，更名为"进步巷小学"。此外，1955年8月，一部分教学班调入北京市海淀区百万庄小学，有9名教师亦调入百万庄小学，1956年重新划区后更名为北京市西四区"苏联展览馆路小学"，1957年更名为如今的北京市西城区"展览路第一小学"。上义师范学校前后存活了不到半个世纪，在这段时间里，正值国家动荡之时，而学校将西方的办学机制吸收进来，对本土私立学校的办学不啻为一种有益的借鉴。

表3–5　上义师范学校校董会章程①

上义师范学校校董会简章	私立上义中学校董会简章	北京市私立上义中学董事会章程
第一章　总则 第一条　本会定名为上义师范学校校董会。 第二条　本会为谋教育之发展负本校经营之全责。 第二章　会员 第三条　凡负责补助本校之文学会员皆得为本会会员。 第四条　凡属本会会员皆享有平等之权利，有选举、被选举、提议、表决等权。 第三章　组织 第五条　由设立本校之文学会员全体大会或代表大会选任委员人为本会之执行机关。 第六条　执行委员任期以三年为限，但得连选连任之。 第四章　职务 第七条　执行委员代表本会对于本校财务应负之责任如下： 　　甲经费之筹划 　　乙预算及决算之审核 　　丙财产之保管与监察 第八条　对于本校行政有选任校长之权，惟所选校长既得主管教育行政机关之，认可后校长当完全负责校董会，不得直接参预。 第九条　校董会对于校长失职时有随时改选之责任。 第十条　上义师范学校之财产由文学会所借用。如万一学校停办，由校董会接收，将一切房屋、田园完全交还文学会。 第五章　会期 第十一条　本会最高权力机关惟全体大会或代表大会。	第一章　总则 第一条　本会定名为上义中学校董会。 第二条　本会为谋教育之发展负本校经营之全责。 第三条　凡属校董皆享有平等之权利，有选举、被选举、提议、表决等权。 第二章　组织 第四条　本会由设立本校文学会员聘请相当人员六人组织之再互推二人为当然校董。 第五条　由校董会互推一人为董事长，校董会任期以三年为限，任满后由设立者开会改选但旧有校董得速选连任之。 第三章　职务 第六条　校董会对于本校财务应负之责任如下： 　　甲经费之筹划 　　乙预算及决算之审核 　　丙财产之保管与监察 　　丁其他财务事项 第七条　对于本校行政有选任校长之权，惟所选校长既得主管教育行政机关之认可后校长当完全负责校董会，不得直接参预。 第八条　校董会对于校长失职时有随时改选之责任。 第九条　上义中学之财产由文学会所借用。如万一学校停办，由校董会接收，一切房屋、田园完全交还文学会。 第四章　会期 第十条　本会会议每半年召集一次，遇必要时可召临时会议。 第五章　附则	第一章　总则 第一条　本会定名为北京市私立上义中学董事会（以下简称本会）。 第二条　本会遵照新民主主义教育方针及人民政府公布之教育法令设立上义中学并致力促进其发展。 第三条　本会会务之进行悉依照人民政府颁布之有关董事会规章办理之。 第四条　本会设于北京阜外马尾沟十三号本校 第五条　凡本会校董皆享有平等权利，有选举、被选举、提议、表决等权。 第二章　组织 第六条　本会以董事十五人组织之。 第七条　本会设董事长一人，常务董事二人，均由各董事中推选。 第八条　董事长及常务董事之任期均以三年为限，但（得?）之连任。 第九条　具有下列资格之一者得聘任为本校董事。 1.本校之创办人。2.教育界负有相当名望者。3.热心赞助本校者。4.在本校任职多年有优良成绩者。 第三章　职务 第十条　董事会对于本校财务应负之责任范围如下： 　　甲经费之筹划 　　乙预算及决算之审核 　　丙财产之保管与监察 　　丁其他财务事项 第十一条　本会对于学校行政有制定学校校务方针以及选聘与解聘校长之权。 第十二条　本会各董事对于学校人事、行政及教导等事项，如认为有不适当时，得提交董事会会议处之，不得以个人名义加以干涉。 第十三条　上义中学之一切财产由本会洽向天主公教圣母文学会所借用而负责保管之。 第四章　会期 第十四条　本会会议规定每半年召集一次，遇必要时经董事三分之一以上之建议得召开临时会议。 第十五条　本会定期会议与临时会议均有董事长召集之，出席董事过半数时始得开会，以董事长为当然主席，如主席因事不到，由常务董事代理之。

---

① 　参见北京市档案馆：《北京市私立上义中学立案重新登记的各种表册材料》，档号：153-001-00834。

上义师范学校校董会简章	私立上义中学校董会简章	北京市私立上义中学董事会章程
第十二条　全体大会或代表大会每半年召集一次，遇必要时，由执行委员会议决可召临时大会执行委员会，会期每月一次。 第十三条　全体大会不能成立时，由各处文学会分院选派代表二人组织代表大会。 第六章　附则 第十四条　本简章有不适宜时，经执行委员会议决或会员三分之一提议于大会时修改之。 第十五条　本简章自大会通过之日施行之。	第十一条　本简章有不适宜时，经校董三分之一提议于大会时修改之。 第十二条　本简章自大会通过之日施行之。	第十六条　本会会议由主席临时指定记录一人，负责记录各决议案件，以备存查。 第十七条　本会所提之议案均以协商式议决之。 第十八条　本会全体会议在每学期终了一个月内召开，检讨学期工作，确定下学期工作计划，并将主要事项向教育局报告。 第五章　附则 第十九条　本简章如有未尽事宜，由本会修正后呈请备案。 第三十条　简章自呈准之日施行之。

通过对不同时期上义师范学校校董会章程的比较（见表 3-5），可以发现，虽然其内容愈来愈丰实，但是在办学性质、宗旨、机构制定和运行等方面不出左右，表现出职权分明的办学原则，其目的是不断明晰权责关系，深化教学改革。学校的行政组织管理是学校平稳运行的关键，其中包括董事会和行政职员系统两个部分，在章程中特别强调圣母小昆仲会对学校的管理权。经费是学校运转的基础，故一直作为办学的核心问题，近代教会学校的资金基本上是由教会补助、学校收取学费以及董事们的捐助等构成，上义师范学校也不例外。而在日趋完善的章程中，更加凸显出对董事本身的资格要求。

第四节　上义酒厂的建立与发展

在创办上义师范学校的同时，为了满足教会弥撒领用的需求，教会附属事业——酿造葡萄酒应运而生了。早在 1910 年，圣母小昆仲会自筹经费投资 6000 银圆用于酒厂的开办，其中建筑费及房屋花费 2700 元，酒窖花费 1800 元，各种机器设备花费 1500 元。法国人沈蕴璞修士①作为主要负责人，而里格拉（Ligela）为酿酒师开始在山字楼的地下室创办葡萄酒坊，主要是以法国工艺酿造干型葡萄酒，当时在栅栏墓地的四周种植了大片的葡萄②，这就是上义酒厂的前身。1912 年栅栏上义酒厂开始生产葡萄酒，当时厂房建筑面积占地三亩半。除了供应内部所需外，还逐渐销售至北京、上海、天津等大城市的各大饭店、西餐馆以及各大使馆。由于初期产品仅为少数人服务，所以规模不大，厂房面积仅1800 平方米，山字楼地窖存储能力仅 55 吨，每年实际产量十余吨。到了 20 世纪二三十年代，山字楼南面的葡萄酒厂已发展到 34 间厂房。地下有 16 个储酒池，地上有 3 个储酒

---

①　外文名不详。

②　参见许庆元编：《北京龙徽葡萄酒博物馆》，同心出版社 2012 年版，第 45 页。如今展览路与车公庄大街十字路口西南角小区叫作葡萄园小区。曾记载有公交站台叫葡萄园，如今已不存。

图 3-58 上义学校洋酒营业牌照	图 3-59 圣母会洋酒发票
图片来源：北京龙徽葡萄酒博物馆。	图片来源：北京龙徽葡萄酒博物馆。

池。栽培葡萄面积总计53亩。[1] 正因为此，栅栏墓地一度被称为"葡萄园"，在1916年《京都市内外城地图》中"葡萄园"所在地即栅栏墓地附属地。沈蕴璞于1928年卸任，由法国人包查尔担任负责人，直到1933年，改为法国人吉义，这迎来了上义酒厂的黄金时期。在1936年，弗兰克·多恩（Frank Dorn, 1901—1981）在《北平》风俗图中标识的"French Mission"（法国传教团）即圣母小昆仲会在栅栏墓地所属"山字楼"所创办的上义酒厂，图标即一位传教士，身旁为两瓶葡萄酒。

而1946年9月酒坊注册为"北京上义洋酒厂"，且正式申请登记领取营业执照（见图3-58），定名为"北京私立上义学校农场酿造厂"，向外出售葡萄酒（其发票见图3-59），经理由上义中学校长杨玉书兼任。杨玉书调任后，经理由酒厂技师法国人梁柱邦担任，李尚志为副经理，1948年后转任经理，酒厂开始独立核算、自负盈亏，资方仍为圣母文学会。1947年在向冀察热区货物税局北平分局所呈的函件中名称为"上议（义）学校洋酒酿造所"[2]或者"上义学校洋酒厂"[3]。"上义酒厂在西四区[4]，天主教圣母文学会开的工厂。

---

[1] 根据南堂赵景荣神父回忆，1950年他来到栅栏修院时，"山字楼"地下酒窖还在使用，当时有一位老神父，每天都在地窖工作，还有数位修士。

[2] 北京市档案馆：《驻上义洋酒厂税务员办公处关于报送到厂办公启用印记日期和该厂产销存储酒类表呈解征税款的呈及冀察热区货物税局北平分局的指令等》，1947年3月7日，档号：J212-001-00089。

[3] 北京市档案馆：《驻上义洋酒厂税务员办公处关于报送到厂办公启用印记日期和该厂产销存储酒类表呈解征税款的呈及冀察热区货物税局北平分局的指令等》，1947年3月14日，档号：J212-001-00089。

[4] 西四区，这属于北京市政区划分。关于北京政区沿革，开始以"区"划分自光绪三十一年（1905）始，当时北京内外城设46区，内城26区，外城20区。1908年内城合并为13区，外城合并为10区。1910年，内城合并为10区。1914年置京都市政公所，统辖城区，各县仍属顺天府。10月，北洋政府废顺天府，改置京兆地方。1918年1月，京都市政公所定名为京都市。1925年设东郊、西郊、南

现有职工十三人（原为十四人，七月病死一人），其中天主教徒九人"①。在上义酒厂职工登记簿上有8人的信息，整理如下（见图3-60、表3-6）。

图3-60　上义洋酒厂职工

图片来源：北京龙徽葡萄酒博物馆。

表3-6　初创上义酒厂天主教修士名单②

编号	姓名	别名	性别	年龄	文化程度	籍贯	宗教信仰	服务处所	备注
1	张秋季		男	30	上义中学高中毕业	河北献县	天主教修士	职员	营业
2	李尚志	九卿	男	54	同上	河北宁晋	同上	上义酒厂经理	
3	段昕	三多	男	31	同上	河北尚义	同上	会计	
4	刘振铎	天牧	男	60	同上	河北南宫	同上	职员	葡萄园
5	萧汉卿		男	32	同上	河北蓟县	同上	会计	
6	张士敏		男	35	同上	北京	同上	技师	
7	杨汝民		男	45	同上	河北尚义	同上	职员	葡萄园
8	丁宗耀		男		同上		同上	小工	

郊、北郊4区。1928年，改北京为北平，设北平特别市，直属行政院。内城合并6区，外城合并5区。1930年降为北平市，改属河北省。1937年日军占据北平后，改为北京特别市。1943年，因东交民巷使馆界收回，增设内七区。1945年日本投降，复为北平市。1947年5月，4郊区改为8区，城内12区，共20区。1949年北平市人民政府成立，临时划分32区，城区12区，郊区20区。后减为20区。同年改为北京市，为直辖市。1950年，内城5区，外城4区，郊区7区。1952年6月，内五区为东单、西单、东四、西四4区，外城为前门、崇文、宣武3区。郊外为东郊、南苑、丰台、海淀、石景山、门头沟6区，同年9月，河北省宛平县全部、房山、良乡部分划入。参见中华人民共和国民政部编：《中华人民共和国政区大典·北京市卷》，2013年，第2页。而西四区属西城关外坊。民国时分属内二区、内四区、西郊区、郊六区。1949年，分属第二区、第四区、第十六区。1950年，分属第二区、第四区、第十三区。1952年，分属西单区、西四区、海淀区。参见中华人民共和国民政部编：《中华人民共和国政区大典·北京市卷》，2013年，第48页。

① 北京市档案馆：《第二地方工业局关于对上义酒厂、上苏打厂、兴华染料厂合营材料》，档号：017-001-00491。

② 信息由北京龙徽葡萄酒博物馆提供。

根据相关材料，酒厂直接生产工人 8 人，职员 4 人，经理、副经理各 1 人。信息如下（见表 3–7）：

表 3–7　上义酒厂初期职工名单

编号	姓名	职能	编号	姓名	职能
1	李尚志（修士）	酒厂经理	2	李庆隆	生产组长
3	陈兴义	工人	4	陈兴合	工人
5	肖永文	工人	6	张殿恭	工人
7	韩照明	工人	8	王正义	工人
9	白志依	工人	10	张士华	销售员
11	郑宝杰	账房	12	邵珍	后勤服务
13	贾永利	看门人			

当时生产的酒类品种有：大汽酒、红白酒、红甜酒、浦提万、高月白兰地、金酒、干可那、外尔木特、小汽酒、薄荷酒、橘子酒、茴香酒、核桃酒、樱桃酒、葡萄酒、白兰地等（其广告见图 3–61，其酒桶见图 3–62）。随着上义师范学校的分校从栅栏迁往黑山扈，所以在黑山扈又开垦了 60 亩葡萄园。季羡林（1911—2009）先生在 1995 年时曾回忆其师陈寅恪（1890—1969）先生尤喜栅栏葡萄酒，因此自己前往栅栏买酒的经历：

在三年之内，我颇到清华园去过多次。我知道先生年老体弱，最喜欢当年住北京的天主教外国神父亲手酿造的栅栏红葡萄酒。我曾到今天市委党校所在地当年神

图 3–61　上义洋酒厂广告

图片来源：北京龙徽葡萄酒博物馆。

图 3–62　原山字楼酒窖橡木桶

图片来源：北京龙徽葡萄酒博物馆。

甫们的静修院的地下室中去买过几次栅栏红葡萄酒，又长途跋涉送到清华园，送到先生手中，心里颇觉安慰。几瓶酒在现在不算什么，但是在当时通货膨胀已经达到了钞票上每天加一个 0 还跟不上物价飞速提高的速度的情况下，几瓶酒已非同小可了。①

由此可见，当时栅栏葡萄酒在市面上已颇受大众喜欢。新中国成立后上义洋酒厂收归国有。1953 年，北京栅栏上义果酒厂改名为北京上义葡萄酒厂。1954 年 10 月，圣母文学会及上义酒厂修士全部被公安局审讯，后公安局派工作组来管理圣母小昆仲会财产及上义酒厂的经营事项，由梁伯元驻厂。② 随后上义洋酒厂开始实施经营权和股权分离，政府对其进行管理。1954—1956 年，上义洋酒厂由市公安局代管了 15 个月，代管只是为了"维稳"，并不关心生产和销售，因此地方工业局派人视察生产的时候，认为上义洋酒厂的销售情况并不理想。第二地方工业局党组对当时上义酒厂基本情况进行介绍：

> 厂内没有圣母文学会的代表，由职工自行经营，公安局有一同志驻厂。产品为葡萄酒，年可产廿余万斤。五四年销四万五千余斤；五五年上半年销两万斤，因销路少，每月赔钱现资产净值约三万元。③

后来根据党校的建筑计划，由北京市政府征购了栅栏山字楼上义酒厂的旧址，因此上义酒厂需要迁出。"因上义酒厂厂房是由圣母会租给，但因此厂是一个宗教性质的厂子，全国各地天主教做弥撒用酒都由本厂供应，政府为了不使此厂垮台而影响宗教政策，同时所出产品在国内外市场还有一定的信誉，因此决定把它保存下来"④。而该厂的葡萄园由党校管理使用。1955 年第二地方工业局报告上义酒厂的新址已经选定，在阜成门外田村山侧西郊八宝山路（如今的玉泉路 2 号），离阜成门 10 余里，地 120 亩（包括葡萄园）。新厂建筑面积约 3900 平方公尺（原为 3000 平方公尺），约需款 27.5 万元，购地用款、新增设备、改良设备以及迁移用款等项约需 7.5 万元，合计约 35 万元。党校行政处长杜立勋在党校《施工准备工作总结》中记载从 1955 年 10 月 5 日起半个月从党校就迁移葡萄 2000棵，挖掉葡萄 4000 棵左右，此外"并由上义酒厂的工人移植葡萄"⑤。搬迁工作直到 1956年 10 月才完成。搬迁过程中，与私营张蔚公司合并由海淀区工业局实行公私合营，完成社会主义改造。"上义酒厂（员工十三人）与另一私营葡萄酒厂合并。合并后年可产酒二十万斤，从业人员约三十人"⑥。而当年上义酒厂年产果酒五万市斤，质量尚好，所产香槟酒供

---

① 季羡林：《回忆老师陈寅恪》，见《君子如玉——季羡林谈文化大师》，现代出版社 2016 年版，第 56 页。

② 酒厂经理李尚志神父和酿酒师法国人梁志邦因中华圣母军支团事件而被带走。参见许庆元编：《北京龙徽葡萄酒博物馆》，同心出版社 2012 年版，第 56 页。

③ 北京市档案馆：《第二地方工业局关于对上义酒厂、上苏打厂、兴华染料厂合营材料》，档号：017-001-00491。

④ 《上义果酒厂基本情况》，北京龙徽葡萄酒博物馆。

⑤ 北京市档案馆：《关于扩建中级党校和新校舍建筑的预算报告、要求拨款的报告给中央市委的传示、批复函件等》，档号：118-001-00075。

⑥ 北京市档案馆：《请批准上义酒厂迁建投资》，《第二工业局有关对私营企业实行公私合营投资的请示和拨款的批复》，档号：017-001-00486。

不应求。① 在《北京上义果酒厂一九五七年工作总结》中提及当时完成总产值 1.084 千元，比 1956 年超出 3 倍多，总产量 393.9 吨，是 1956 年的 591%。② 所生产酒的类型为蒸馏酒、酿造酒、配制酒和加工酒。由此可见当时上义果酒厂的经济效益可观。到了 1958 年 3 月 3 日，上义酒厂在给北京市化学工业公司的信中已经提及更换厂名，拟从"公私合营上义果酒厂"更改为"公私合营北京上义葡萄酒厂"的决定（见图 3-63、图 3-64）。理由是"公私合营上义果酒厂"没有地名，往来函件时遇到很多不便，外地对此曾提出过意见。③

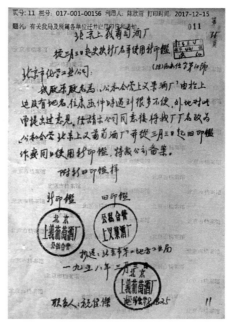

图 3-63　北京上义葡萄酒厂更改厂名通知

图片来源：北京市档案馆：《关于轻工业厂、社并厂、转厂变更名称的来往文件》，档号：112-001-00661。

图 3-64　北京上义葡萄酒厂更换新厂名并使用新印鉴通知

图片来源：北京市档案馆：《有关我局及所属各单位迁并启用印信和通知》，档号：017-001-00156。

　　酒厂名称在历史注册商标中名称多样，如"北京栅栏上义果酒厂""北京上义果酒厂""北京栅栏上义洋酒酿造厂""北京阜外栅栏上义果酒厂""北京阜外栅栏上义酒厂""北京上义酿酒厂"等（见图 3-65、图 3-66、图 3-67、图 3-68）。而在商标中所用的建筑图

① 参见北京市档案馆：《北京市第二地方公安局报送公私合营上义果酒厂迁建新厂设计任务书及年度计划由》，1955 年 12 月 22 日，档号：005-001-00951。

② 参见北京市档案馆：《北京上义果酒厂一九五七年工作总结（一九五八年一月二十八日）》，档号：017-001-00056。

③ 参见北京市档案馆：《北京上义葡萄酒厂从三月三日起更换新厂名并使用新印鉴》，档号：017-001-00156。

图 3-66　上义葡萄酒商标（二）
标注：北京栅栏 "CHALA PEKING
北京栅栏"

图片来源：北京龙徽葡萄酒博物馆。

示，皆是以黑山扈的圣母小昆仲会养老院或者葡萄园为原型，"老酒标中被葡萄坡地包围的酷似 Chateau 的建筑也是它"①，这里的"它"当指圣母小昆仲会养老院。

1959 年 1 月，在青岛举行的国庆筹备会议上，上义果酒厂所生产的大香槟、干白葡萄酒、威士忌和金酒被指定为国庆用酒，当时一位外交部司长提出建议，认为："'上义'二字是洋人起的名字，酒厂的注册商标'楼头牌'所描绘的也是黑山扈的教会学校，这些都染有殖民主义的阴影。基于割掉一切殖民主义尾巴的精神，厂名和商标是不是需要改一下！"②（其"楼头"商标见图 3-69）

后经轻工业局同意，1959 年 2 月 15 日，北京市政府将其更名为"北京葡萄酒厂"，并注册了"中华"商标。"将我厂所有产品使用之楼头牌商标改用新商标。现除大香槟酒已使用'中华牌'外，其余产品之商标牌号尚待确定"③，"上义"二字正式进入了历史。此后北京葡萄酒厂经营稳定，1962 年时产量达到 9200 吨。在产品品种上，除了原有之外，又增加了十余种，比如中国红葡萄酒、桂花陈、莲花白、玫瑰香等。在销售方面，亦是逐渐打开了国际市场。到了 1977 年，总出口已达到 1800 余吨。1985 年 5 月，北京葡萄酒厂与法国著名的酒业集团保乐力加签

图 3-65　上义葡萄酒商标（一）标注：北平栅栏 "CHALA PEPING"

图片来源：北京龙徽葡萄酒博物馆。

图 3-67　上义葡萄酒商标（三）标注：北京阜外栅栏上义酒厂出品

图片来源：北京龙徽葡萄酒博物馆。

---

①　许庆元编：《北京龙徽葡萄酒博物馆》，同心出版社 2012 年版，第 47—48 页。
②　许庆元编：《北京龙徽葡萄酒博物馆》，同心出版社 2012 年版，第 57 页。
③　北京市档案馆：《关于轻工业厂、社并厂、转厂变更名称的往来文件》，档号：112-001-00661。

订合作意向书。1985 年 5 月 29 日，北京葡萄酒厂正式向北京酿酒总厂申报了关于中法合资在北京葡萄酒厂的立项申请，拟与法国保乐力加酒业集团（Pernod Ricard）签订合作。1987 年 3 月 17 日，"北京友谊葡萄酿酒股份有限公司"正式注册成立。1988 年 1 月起改名为"北京龙徽酿酒有限公司"。时值中国农历龙年，故更名为"龙徽"。如今龙徽葡萄酒博物馆内地下室还存放有当时从栅栏地山字楼地下酒窖搬运过去的酒桶若干，酒桶上仍可见曾经的编号以及酒类信息。

图 3-68　上义葡萄酒商标（四）标注：北京栅栏上义洋酒酿造厂出品

图片来源：北京龙徽葡萄酒博物馆。

图 3-69　上义葡萄酒"楼头"商标

图片来源：北京龙徽葡萄酒博物馆。

第五节　新中国成立以来的修复与保护

新中国成立以后，栅栏墓地的产业转归中国天主教爱国会所有，宗教活动照常。据统计，北京市在新中国成立前有教堂 43 座，教徒约 2 万人，外籍神父 166 人，华籍神父 368 人。1951 年后，外籍神父缩减到 23 人，华籍神父只有 187 人（北京教区只占 83 人，外地教区 104 人），教徒 16000 人。[1] 在加强天主教徒和神职人员爱国主义教育和宗教政策的宣传外，还规范各类宗教活动。在这种形势下，栅栏地的文声修道院渐渐停办。

1954 年，栅栏墓地迎来了"分崩离析"的一年。北京市政府决定将党校迁于此处，党校前身是 1949 年 1 月所成立的中共北平市委干部训练班。8 月 5 日通过的《中共北京市委党校关于容纳学员数量及教研室情况的报告》中已经提出由于原校址为一日本国民

---

[1]　参见北京市档案馆：《市委宗教工作委员会关于天主教革新运动总结和宣传资料》，档号：001-006-00565，第 8 页。

小学，已破败不堪，故需重新修建新校舍。①12月29日，北京市委根据中央关于轮训全党高、中级干部和调整党校的计划，决定将北京市委党校扩建为中级党校，并开始筹备工作。当时学校负责人刘志兰（1917—1992）、北京市委副书记刘仁（1909—1973）和副市长张友渔（1898—1992）、薛子正（1905—1980）等写了书面请示，请求批准将阜成门外马尾沟天主教堂原址拨给党校作为新校址使用。1955年3月副市长冯基平主持会议，同意党校请求，决定由政府征购马尾沟天主教堂及周围土地，给党校盖新校舍。②7月20日，刘志兰等在写给北京市委的信中提及"北京中级党校地址在西直门与阜成门之间苏联展览馆前马路的旁边，学校所占用的建筑用地大部分是已绿化成林的外国教会旧址，总面积约十三万四千七百平方公尺（折合二百零二市亩）"③。9月13日，中央组织部函告北京市委原则同意扩建中级党校的报告，在西郊马尾沟12号外国教会旧址兴建新校舍。10月20日，开始新校舍的建筑。在党校《一九五五年大事记》中明确记载"10月20日，在北京市西郊马尾沟12号开始了新校舍的建筑"④。杜立勋在党校《施工准备工作总结》中记载，从10月5日起半个月从党校除了迁移、挖掉葡萄、其他大小树上千棵外，拆小亭子一个，小花房12间，100米长、1米高石头台阶一个，拆木桩、洋灰桩、铁圈、墙以及其他等零活⑤。

1956年8月基本建成，并迁入新校址（即栅栏墓地）⑥。"全校占地面积192亩。建筑面积87700平方米。除了办公教学楼、学院宿舍楼4栋、大礼堂、食堂外，其余为原址遗留旧教会宿舍和新建的职工宿舍"⑦。文声修道院的口字楼归属党校使用。该墓地的土地使用权原本属于教会，当时市政府"拨款10万元并在海淀区西北旺划拨16亩土地用于安置神职人员和迁移部分墓碑。利玛窦等主要传教士的墓碑在原址上保留，但只有存放权，没有土地使用权"⑧。市政府决定，党校自1955年4—10月支付10万元作为购买山字楼、口字楼及迁坟的费用。而周恩来总理亲自指示将利玛窦、汤若望、南怀仁三通墓碑原地保留，龙华民、徐日昇、索智能、刘保禄等人墓碑移至教堂后院。石门教堂依然可以进行宗教活动，教堂外墙的77通墓碑依然保留，院内自清朝至民国以来的传教士坟墓（包括肉

---

① 参见北京市档案馆：《中共北京市委党校关于容纳学员数量及教研室情况的报告》，档号：118-001-00066。
② 参见北京市委党校办公室：《关于对利玛窦等明清时期外国传教士墓地进行维修和加强开发、管理的设想（初稿）》，第2页。
③ 北京市档案馆：《关于扩建中级党校和新校舍建筑的预算报告、要求拨款的报告给北京市委的请示、批复函件等》，档号：118-001-00075。
④ 北京市档案馆：《1955年大事记》，档号：118-001-00073。
⑤ 参见北京市档案馆：《关于扩建中级党校和新校舍建筑的预算报告、要求拨款的报告给北京市委的请示、批复函件等》，档号：118-001-00075。
⑥ 参见北京市档案馆：《中共北京市委党校四十年发展概况（征求意见稿）》，档号：118-002-00102-00048。
⑦ 北京市档案馆：《中共北京市委党校基本情况介绍（无原文）》，档号：118-002-00073-00036，第36页。
⑧ 中共北京市委党校：《关于我校校园内的西方传教士墓地土地使用权问题的说明》，2010年3月22日，见《城市建设档案》，档案馆代号：411405。

丘坟和单人坟）迁至新墓区，并由天主教会绘制了新墓区位置图。其中迁走的坟墓多达837座。[1] 而当时迁走的其他传教士的遗骸至海淀区西北旺乡新辟墓地内，该项工程持续了约两年的时间。如今迁坟地已成为天主教陵园，并于1994年正式将当代过世的神职人员和教徒的骨灰安放在此。2016年10月19日天主教北京教区在新修教徒墓地后面空地中立有一纪念碑（见图3-70），上面镌刻"诸传教士、教友之墓"字样。

图 3-70　天主教陵园所立纪念碑

　　而在党校内，"传授无神论的共产党的干部学校与传播有神论的教堂和平共处，相安无事"[2]。教堂和文声修道院的神职人员从栅栏地搬到西什库教堂（北堂），上义酒厂搬迁至西郊田村。原石门教堂则由天主教捐献给党校，停止一切宗教活动，后成为学校的一座仓库。经过安置和处理后，原有建筑物全部归党校使用。当时杜立勋为建党校新校址而与教会谈判迁坟事宜代表之一，以打油诗的方式对当时校园墓地情况做了说明：

校院坟 [3]

党校园内一松林，原是教会墓地坟

墓穴共有八三七，多数都是国外人

院内教坟一七六，圣母女士七五人

中国神甫七十三，七十九个无人寻

南坟院外四三四，还有部分山西人

①　参见高智瑜、[美] 马爱德主编：《虽逝犹存：栅栏——北京最古老的天主教墓地》，澳门特别行政区政府文化局、美国旧金山大学利玛窦研究所2001年版，第93页。

②　吴彤：《市委党校大院西方传教士墓园沧桑》，见吴勇主编：《北京大院记忆》，学苑出版社2015年版，第236页。

③　由党校退休职工沈昌瑞提供。

当时负责迁坟事宜的除了杜立勋以外，党校代表还有杨务本。而教会代表为王汝楫和李静宜二人。1958 年 9 月 4 日，北京市在第一次文物普查中对利玛窦墓地及墓碑作了普查记录，当时编号为"墓 392 号"，名称为"利玛窦、南怀仁、汤若望三人墓"，地址为"西城区西直门外马尾沟甲 12 号（法国教堂后部现党校院内）"。对其具体情形记载为：

> 该墓群座（坐）北朝南、三墓东西平列，利玛窦居中、南怀仁墓居东、汤若望居西，墓地四周围有砖砌花园（墙），东西长 18.50m，南北长 10.3m。南面中部留门口一处，铁花栅门，门口宽 1.65m，三墓宝顶均为砖砌成，长方形，利墓高 1.50m，长 2.40m，宽 1.30m。汤墓高 1.40m，宽 1.20m，长 2.20m。南墓高 1.45m，宽 1.20m，长 2.25m。三墓前均有碑，形状相同，长方座，碑高 2.70m，宽 0.94m，座高 0.60m，宽 1.2m。墓碑前有石质花瓶一对，高 1.45m。墓前西梯外有石虎一个（形似明初），高 1.20/1.25m。残马（石）一对，高 0.7m，长 1.50m。文士相一个，高 1.70m。

并且记载南、汤二人墓碑身有断痕，其余完整。在保留价值一栏写到"此三人系外国对中国进行文化侵略最早的使者，故应予保留，以资历证"[1]。直至 1966 年，栅栏墓地一直被列为北京市文物保护单位。

1966 年 3 月 17 日，校园内的葡萄园改建成操场。1966 年 5 月，"文化大革命"爆发，北京市委党校陷于瘫痪，教学、科研工作停止，学校正常工作被中断。同年 8 月 15 日，红卫兵来到党校责令拆除外国人墓碑。党校工作人员常润华等人只好事先将利玛窦、汤若望、南怀仁三人墓碑就地放倒，原地深埋，并试图说服红卫兵就此作罢。1967 年 10 月开始，北京市革命委员会在党校举办毛泽东思想学习班。1968 年 10 月，北京市革命委员会正式决定撤销北京市委党校，撤销其编制。人员解散后，北京市革命委员会设立毛泽东思想学习班。1969 年 7 月，原党校教职员工被下放工厂、农村劳动或者重新安置。[2] 北京市革命委员会第四招待所使用原校舍及办公楼，在其入驻期间，开始进行房屋修建工程。

1973 年 5 月 17 日申请建食堂，"原列建筑食堂三千平米，现经领导批准再增加 500 平米面积，投资 9.25 万元"。"另有改建任务一百四十平米，围墙长三百三十米"[3]。1974 年 8 月 16 日为解决第四招待所搬迁院内住户问题，市建委、计委、财贸组联合批复建职工宿舍 2400 平方米，所需投资 21.6 万元。[4] 1975 年 6 月 10 日又同意修建 1 万平米第四招待所的餐厅。[5] 马尾沟教堂就在"大兴土木"热潮中被拆除。关于教堂拆除时间说法不

---

[1] 北京市民政局：《北京市民政局事业处关于修复利玛窦（意大利学者）坟墓拨款等问题的来往文书》，1979 年，第 20 号案卷。

[2] 根据北京市委党校原办公室退休人员沈昌瑞老师介绍，当时党校人员月工资 58 元以上的定为干部，全部下乡劳动；58 元以下的定性为工人与干部之间，所以被分到工厂上班。

[3] 北京市档案馆：《北京市革命委员会计划组关于第四招待所食堂追加任务的通知》(73) 京革计基字第 51 号，见《市计委、市建委下达建安工程任务书》，档号：125-004-00099。

[4] 参见北京市档案馆：《关于第四招待所建职工宿舍整合的复函》(74)（京革计基字第 104 号），见《市建委、计委、财贸组关于基建任务的批复、通知》，档号：125-004-00107。

[5] 参见北京市档案馆：《1975 年下达各公司建筑任务通知单（一）》，档号：125-005-00086。

一，根据相关记载马尾沟教堂已于1974年全部拆除，不复存在①。"1974年原马尾沟教堂被拆毁，原嵌在教堂墙上的墓碑散落在院中"②；"旧教堂是1974年，市委第四招待所为新建餐厅经有关方面领导批准拆除的"③；"原马尾沟教堂已于1976年拆除"④；"1977年马尾沟教堂被拆除建设宿舍，嵌在教堂外墙外的77位教士的墓碑因此散落"⑤（见图3–71、图3–72）。通过这些记录可以认为拆教堂不是一蹴而就的事情，可能延续了两三年。由于当时党校工作人员基本都已离校，加之关于那段时期的文献资料缺乏，所以如今对马尾沟教堂拆除情况知之甚少。

　　1975年11月，北京市委决定在毛泽东思想学习班的基础上重建北京市委党校。11月24日，北京市委发文（京发［1975］135号）通知为了使培训干部的工作适应革命形势发展的需要，市委决定北京市革命委员会毛泽东思想学习班即日起改为北京市委党校，市委第四招待所现址归还党校使用。1976年6月3日，党校向张铁夫（1922—2006）汇报党校和第四招待所交接工作。1976年的大地震使得"口字楼"损坏严重，被建筑部门认定为危房。"震后，房瓦错位，烟筒倒塌，有的墙已经震酥，有的墙倾斜裂缝严重，随时有

图3–71　诸圣堂拆毁后废弃貌

图片来源：美国旧金山大学利玛窦中西文化历史研究所。

图3–72　诸圣堂拆后散落的残碑

图片来源：吴梦麟：《滕公栅栏墓地修复忆旧》，见《民间影像》第八辑，上海同济大学出版社2018年版，第162页。

---

① 参见中共北京市委党校办公室：《关于对利玛窦等明清时期外国传教士墓地进行维修和加强开发、管理的设想》（初稿），1992年12月23日，第4页。

② 中国国家文物局、意大利外交部发展合作司、中国文化遗产研究院、意大利中央修复研究所：《利玛窦和外国传教士墓地保护修复方案》，2010年，第10页。

③ 北京市档案馆：《北京市委党校关于确定利玛窦墓及明清以来外国传教二大墓地为西城区文物保护单位的通知》，档号：118-002-00042。

④ 《关于马尾沟教学旧石门移地复建的报告》（京党校函第19号），1993年9月13日。

⑤ 中国国家文物局、意大利外交部发展合作司、中国文化遗产研究院、意大利中央修复研究所：《利玛窦和外国传教士墓地保护修复方案》，2010年，第7页。

倒塌可能"①。1977 年兴建食堂和职工家属宿舍。1979 年 2 月，北京市委通过了《关于为北京市委党校平反、恢复名誉的决定》，市委常委会经讨论肯定了党校 17 年所做的工作，认为市革命委员会 1968 年 10 月撤销党校的决定是错误的，应予平反，恢复名誉。

其间，直到 1978 年，利玛窦墓地重新进入人们的讨论范围。北京市民政局现仍存有《关于修复利玛窦（意大利学者）坟墓拨款等问题的来往文书》（见图 3–74），其中有一份纪要简要介绍了当时的情况。② 摘录如下：

表 3–8　北京市民政局关于修复栅栏墓地纪要

时间	负责部门 / 人	具体情况
1978 年 6 月 23 日	北京市民政局宗教处送市革委会副主任白介夫（1921—2013）阅示	"关于利玛窦坟墓的情况调查"。提及 1966 年 8 月墓地被红卫兵平了。
1978 年 6 月 30 日	白介夫给周志的信	与有关部门商办。
1978 年 7 月 8 日	时任中国科学院自然科学史研究所所长仓孝和（1923—1984）给周志的信	自然科学史研究所修复三个坟墓的意见。"当前对三人的坟墓进行一定程度的修复有现实政治意义。因此我们认为修复利玛窦等三人的坟墓是有必要的"。
1978 年 7 月 10 日	中国科学院自然科学史研究所	关于修复利玛窦等三人坟墓问题。"这不是一个北京市范围的问题，宜请示中央决定为宜"。
1978 年 7 月 12 日	北京大学校长周培源给白介夫的信	同意修复三人墓。（请步岳、维涛同志阅）请统战部阅，如同意修复坟墓的意见再由政法办请领导办批后通知民政局办。
1978 年 8 月 25 日	市委统战部	附利玛窦等三人资料。
1978 年 9 月 1 日	北京市民政局宗教处	此事按统战部意思酌办。
1978 年 9 月 5 日	北京市民政局宗教处给市委统战部的信	建议邀请统战部有关部门的同志商量研究一次。统战部的意见是明确的，建议以民政局名义请交中央民委。最后决定民族宗教处暂存研究后再定。

而关于利玛窦墓地的修复正式启动一直等到 1978 年 10 月 4 日，时任中国社会科学院副院长许涤新（1906—1988）撰写了关于中国学术代表团前往意大利参加"欧洲研究中国协会"的情况介绍，其中主要论及会议期间关于意方对利玛窦的重视，并且在会上有来自利玛窦故乡马切拉塔大学的法学和政治学系教授皮耶罗·科拉迪尼（Piero Corradini，1933—?）所转达的时任意大利交通部长和"意中经济文化交流协会会长"的维托里诺·科

① 北京市档案馆：《关于地震后党校建筑物情况及修缮意见的报告》，档号：118-002-00002。

② 关于这份档案为何在北京市民政局，颇为费解。根据北京市民政局档案室调研员王承文介绍，可能是当时将墓地自动归属于民政局的管辖范围，并且认为应由民政局来承担墓地的修复工作。故将当时整个事情经过记录在案。

隆博（Vittorino Colombo，1925—1996）先生的意愿，希望能够按照意大利保存的利玛窦墓碑的仿制品，用大理石镌刻一新碑，赠送中国，以便重树原处。[1] 这份报告通过中国社会科学院院长胡乔木（1912—1992）向中央汇报，并且提出"鉴于上述意大利学者和友好人士对利玛窦墓的重视，拟请院部向中央建议：对利玛窦的被平毁的坟墓，加以修复，保存中西学术交流的一个重要史迹。是否有当，请考虑。"同日胡乔木便上报给李先念副主席，写上"请审批，拟同意"。在页眉处，亦可看到请华国锋（1921—2008）主席及叶剑英（1897—1986）、邓小平（1904—1997）、汪东兴（1916—2015）副主席等人圈点，以表示同意（见图3–74）。[2]

1978年10月24日，中国社会科学院向北京市革命委员会发出一份题为《关于请修复意大利学者利玛窦墓》的函件（见图3–75）。

> 北京市革委会：
>
> 在我国元朝，意大利学者利玛窦来中国讲学，后来死在中国，葬在北京现市委党校院内。现在墓、碑均已平毁。今年九月，我院副院长许涤新同志访问意大利时，意柯拉迪尼教授反映，意交通部长科隆博今年上半年访华得知利玛窦墓已被平毁后，表示：愿意重新镌刻一个墓碑，希望重树原处。考虑到利玛窦曾对沟通中西方文化作

图 3–73　北京市民政局所存关于利玛窦修复档案卷

图片来源：北京市民政局：《北京市民政局事业处关于修复利玛窦（意大利学者）坟墓拨款等问题的来往文书》，1979年，第20号案卷。

图 3–74　胡乔木提请中央研究的许涤新关于墓地修复报告

图片来源：北京市民政局：《北京市民政局事业处关于修复利玛窦（意大利学者）坟墓拨款等问题的来往文书》，1979年，第20号案卷。

图 3–75　《关于请修复意大利学者利玛窦墓》的函件

图片来源：北京市民政局：《北京市民政局事业处关于修复利玛窦（意大利学者）坟墓拨款等问题的来往文书》，1979年，第20号案卷。

---

① 后因寻得利玛窦原碑，故未使用墓碑仿制品。

② 参见北京市民政局：《北京市民政局事业处关于修复利玛窦（意大利学者）坟墓拨款等问题的来往文书》，1979年，第20号案卷。

出过贡献，因此许涤新同志回国后向中央建议修复利玛窦的墓，并经华主席和四位副主席批准。

其中将"明代"写成了"元朝"。1979 年 1 月 13 日，在中国社会科学院经济所召开了关于利玛窦墓地修复工作的会议，由许涤新主持，考古学家夏鼐（1910—1985）也参加了此次会议。其中主要提及此事已经受到中央几位主席的圈阅，当时获得北京市委书记毛联珏（1922—1985）的批示，由市民政局主持墓地的修复工作①。当时夏鼐告知原墓碑砸毁后埋在党校院内，市文物局的赵光林知晓此事后，认为修复原则应尽量使用原碑、就地立碑，且以北京图书馆存有拓印碑文为准。负责修复工作技术指导的为市文物局的吴梦麟。由于利玛窦、汤若望、南怀仁的墓碑皆已埋于地下十余年，当时吴梦麟利用考古探沟发掘法，先后找到南怀仁、汤若望和利玛窦墓碑，出土时南怀仁、汤若望墓碑的碑身已断裂，利玛窦墓碑碑身虽完整，但多处被凿孔眼，文字部分已很难辨认。最后又查找有关文献资料，尽量恢复其墓碑原貌，一一重新立起来，形成如今规制。当时碑后墓冢也已破烂不堪，后原地修复，冢内具体情况如何，已然成谜。在吴梦麟的日记中如是写道：

> 1979 年
> 5 月 17 日至中国社科院考古研究所向夏鼐所长汇报利玛窦
> 墓碑已找到原碑，明后天将动工修复。
> 10 月 8 日至墓地了解施工情况。
> 10 月 13 日与市民政局刘建山、民政局修缮队李宗联在工地上商量下
> 一步工程事宜，请领导决定碑罩、墓葬形制方案。
> 12 月 10 日与民政局刘建山先生验收利玛窦墓工程。
> 1980 年
> 3 月 17 日与文物局计财处商量利玛窦墓工程结算事宜。
> 5 月 30 日、6 月 10 日至利玛窦墓看工程。
> 6 月 12 日利玛窦墓工程完工。②

1980 年元月 19 日，市民政局关于修复利玛窦墓地向当时北京市委书记毛联珏请示关于利玛窦墓给予拨款事宜，申请经费 1 万元，建议由市财政局文物保护费给予拨款。到了 2 月 8 日，毛联珏办公室提及利玛窦墓碑的修复是经过几位主席圈阅的，因此让白介夫负责报销事宜。2 月 20 日，白介夫告知已经把批示材料给市财政局行财处步银生。随后市财政局通知文物局计财处耿任龙前去报销，费用问题算是告一段落。而对利玛窦、汤若望、南怀仁墓地的修复工作也得以顺利完成，但也迫于经费紧张，仅利玛窦碑外有碑罩，而汤若望、南怀仁仅存墓碑，不再加碑罩。

而使整个墓地格局有所改变的是食堂的修建。1973 年北京市革命委员会关于第四招待所食堂修建下达了任务告知书，原列建筑食堂 3000 平方米，当时经领导批示，又增加

---

① 吴梦麟先生回忆，民政局认为是无主坟，因为传教士没有子嗣。
② 转引自吴梦麟：《滕公栅栏墓地修复忆旧》，见《民间影像》第八辑，同济大学出版社 2018 年版，第 161 页。

500 平方米，投资 92500 元。①1975 年市革命委员会第四招待所计划在原马尾沟教堂处筹建餐厅，最初预计餐厅面积为 1 万平方米，且于 6 月 10 日取得党校建筑施工通知单（见图 3–76）。也正是由于餐厅的建立，旧教堂被完全拆除，墓碑散落在院内。然而正当准备施工时，又因党校的恢复，第四招待所不得不搬迁，单位之间开始进行烦琐的交接工作，故餐厅停建。

党校恢复后，"口字楼"一层最早为食堂，分大、小 7 个餐厅，被称为"学员食堂"，参加培训的学员在"口字楼"用餐。而自 1956 年起，一层还被用作党校托儿所。托儿所主要是以幼儿部（3—7 周岁）为主，此外还有托儿部（1 周岁半至 3 周岁），必要时并设幼儿日托部。所有费用由党校承担②。托儿所一直存留到 20 世纪 70 年代末，后被关闭。据吴彤回忆："我们这群职工子弟就在那个 100 年前曾经是聚满信徒手捧圣经的院子里玩耍着度过了童年"③。而"职工食堂"则位于"山字楼"一层，供职工用餐。

自 1978 年党校开始修建新食堂，由于旧食堂分别位于"山字楼""口字楼"内，比较分散，并且它们都"是一九一〇年的建筑物，迄今已有六十八年的历史，因年久失修，早已超过使用保险期。特别是一九七六年强烈地震后，更加呈现倒塌危险。本想再加维修继续凑合使用，但经北京市建筑设计院（现名为北京建筑设计院有限公司）和市房管局反复检查鉴定，确认已无维修加固价值"④。随着党校学员人数越来越多，加上校内职工，就餐人数已达 1000 余人。"现有七个餐厅，地点分散，容人不多，已直接影响招收更多学员。我们的意见，兴建一座能容纳二千人就餐，面积约七千平方米的食堂，既是当前迫切要解决的问题，也是加强党校建设的长久之计"⑤。1981 年 10 月 16 日学校报请市委解决北党校迫切需要解决的问题包括新建学员食堂和职工宿舍问题。最终在 1982 年末开始筹备新建食堂

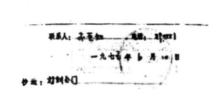

图 3–76　1975 年下达市革命委员会第四招待所建筑施工任务通知单

图片来源：北京市档案馆：《1975 年下达各公司建筑任务通知单》，档号：125-005-00086。

---

① 参见北京市档案馆：《市计委、市建委下达建安工程任务书》，档号：125-004-00099。

② 参见北京市档案馆：《市委党校 1956 年校部办公会议记录》，档号：118-001-00097。

③ 吴彤：《市委党校大院西方传教士墓园沧桑》，见吴勇主编：《北京大院记忆》，学苑出版社 2015 年版，第 237 页。

④ 北京市档案馆：《北京市委党校和第四招待所搬家交接工作的情况和图书馆订购书架及社会科学院商借我校校舍问题的请示、报告》，档号：118-002-00017。

⑤ 北京市档案馆：《北京市委党校和第四招待所搬家交接工作的情况和图书馆订购书架及社会科学院商借我校校舍问题的请示、报告》，档号：118-002-00017。

的工作，选址就定在诸圣堂遗址上。当时新修食堂计划总面积为 6000 平方米，分上下两层。北京建筑设计院的崔盛岗①、郭柏年等工程设计人员来校察看了现场，最后由崔盛岗工程师完成食堂的设计。"食堂主体的初步设计，面积为 5330 平方米，需投资 151.2 万元；尚有食堂的主、副食仓库及冷库等附属建筑，面积 630 平方米，需投资 22.6 万元。正在设计中，以上估算共需投资 173.8 万元"②。

在此期间，文物局就教堂遗址的保护与党校进行了交涉。1982 年 7 月西城区文物局发文通知马尾沟教堂为西城区文物暂保单位。③

> 你单位现占用的利玛窦墓及明清以来外国传教士墓地、马尾沟教堂，是具有一定价值的文物古迹。在尚未确定为市、区级重点文物保护单位之前，暂时予以保护，不得随意拆除和改建。因特殊情况，需要拆除、改建或迁移原古建筑及其附属建筑时，必须报请区文化局批准，并报市文物部门备案。

同年 12 月 17 日，党校在写给市文物局的函件中说明当时教堂遗址西侧和南侧尚散放着旧墓碑 77 块，党校提出了两个方案，"一、将墓碑集中恢复在教堂遗址南墙石门北面，为便利参观，在食堂和口字楼中间留六米宽的通道。二、将石碑集中到利玛窦墓前空地，可同时参观"④。1983 年 1 月 25 日在党校给北京市委的请示中，认为这块地丈量适中，布局合理，不宜变更。且由于市委原第四招待所本选用筹建食堂，故将旧教堂拆除殆尽，而旧教堂已毁，墓碑已碎，已无恢复和重建的可能。而最有影响的利玛窦墓碑已修复于院内，其他确有保留价值的碑石可集中于教堂遗址两端石门北面空地，既好管理，也利凭吊。为便于通行，可在"口字楼"与新食堂之间留一通道。⑤

与此同时，计划"在党校校舍地面内划出一部分新建两幢宿舍楼，建筑面积约七千平方米，即可基本解决职工宿舍紧张状况"⑥，由此"口字楼"南侧平房被拆，而在"口字楼

---

① 崔盛岗工程师，现就职于北京首建标工程技术开发中心，原供职于北京建筑设计研究院有限公司。2018 年 1 月 3 日上午笔者前往其单位拜访崔盛岗工程师，他负责了北京市委党校校内食堂、学员楼（即如今的观园大厦）还有图书馆的设计。崔盛岗回忆了 1983 年前往党校针对新建食堂图纸设计进行现场勘探情形。他提到有两点让他记忆深刻，第一点是利玛窦墓地即在党校内，第二即是食堂所在空地前身是教堂。这是当时党校基建处的宋志新同志告诉他的。当时空地上并无散落的墓碑。而口字楼此前为修女住院。

② 北京市档案馆：《中共北京市委党校关于送上食堂主体工程初步设计方案的报告》，档号：118-002-00048-00032。

③ 参见北京市档案馆：《马尾沟教堂为西城区文物暂保单位的通知》（西文字第 25 号），档号：118-002-00042-00013。

④ 北京市档案馆：《北京市委党校关于确定利玛窦墓及明清以来外国传教士大墓地为西城区文物保护单位的通知》，档号：118-002-00042。

⑤ 参见北京市档案馆：《中共北京市委党校关于市委党校新建食堂用地问题给张大中及北京市委的请示》，档号：118-002-00048—00001。

⑥ 北京市委党校：《关于申请兴建学员食堂和职工宿舍的请示报告》（校字［78］第 8 号），见《北京市委党校和第四招待所搬家交接工作的情况和图书馆订购书架及社会科学院商借我校校舍问题的请示、报告》，档号：118-002-00017。

春秋石铭 北京栅栏墓地 历史及现存碑文考
THE H STORY ON THE TOMBSTONES

西侧空地系旧教堂遗址，尚散放着一些墓碑"①。关于墓碑的放置问题，3 月 14 日北京市文物事业管理局曾给党校发函《关于同意在马尾沟教堂遗址修建食堂的复函》[（83）京文物字第 22 号] 中提出"请暂时堆放在这个教堂的南端空地上，待进一步研究后再行处理"。因此七十余残碑无序地露天堆放在现食堂的东南角，除了墓碑、石棺还有柱础，碑身与碑座分离，墓碑上全被涂上了白石灰，字迹已经模糊不清。石棺盖上本有拉丁文介绍的姓名、生卒年月等信息，由于当时考虑到修复成本，故只保存了墓碑和碑座。在清理中，在柱础周围还有约 60 公分大小的小木盒子若干，本是嵌在教堂外墙墓碑下方封闭的骨骸存放处器皿，然诸多腐烂不堪，建筑工人便将此丢弃。而关于当时山字楼的情况，1983 年北京市房管局的工作人员对"山字楼"进行了普查，"旧式山字楼原则不大动，主要是解决屋面漏雨"②。

1984 年 5 月 24 日，利玛窦墓地被列为北京市第三批文物保护单位。其理由一栏标注"利玛窦，意大利天主教传教士，明万历十年（1582）来中国，万历三十八年（1610）在北京逝世，葬于西郊马尾沟。利玛窦对于促进我国科学技术的发展和东西方文化交流作出了一定贡献。其墓的左右有比利时传教士南怀仁和日耳曼传教士汤若望的墓及碑"③。同年12 月 5 日，北京市文物局提出鉴于党校新建食堂又向南增加建筑用地，为了妥善地保护墓碑，考虑对国内外宗教界的影响，决定让党校将这些石碑移至到利玛窦墓附近，建成碑林，以供国内外各界人士观瞻。与此同时，北京市政府划定公布利玛窦及外国传教士墓地保护范围和建设控制地带，保护范围为现墓地院墙范围内，由党校管理使用。

1986 年 2 月 22 日意大利驻华大使馆向中国外交部、文化部以及北京市政府致函，告知由于 1988 年为郎世宁诞辰三百周年，为庆祝此纪念日，意大利政府计划在米兰召开一次关于郎世宁的学术会议以及展览，因此希望能够在北京找到郎世宁墓碑（见图 3–77），"在（纪念活动）筹备阶段对郎世宁所葬之墓产生好奇，不知如今是否仍存在'葡萄牙'或'栅栏'墓地，现为党校的地方"④。1986 年 3 月 18 日北京市人民政府外事办公室对外交部西欧司回复《关于查找郎世宁墓的情况》的函件，当时声称"北京市委党校院内目前只有三座外国传教士坟墓，即：意大利传教士利玛窦之墓、德国传教士汤若望之墓和比利时传教士南怀仁之墓。至于意大利画家耶稣会士郎世宁死后是否葬在北京市委党校院

---

① 北京市档案馆：《中共北京市委党校关于市委党校新建食堂用地问题给张六中及北京市委的请示》，档号：118-002-00048—00001。

② 其中介绍到山字楼维修建议：1. 瓦屋面挑顶返修、重铺油毡、钉挂瓦条、铺陶瓦（或水泥瓦），个别木檩槽朽或变形较大者加固（附檩），屋架局部支点不合理者，适当加强支点的强度。2. 外檐增设 50 公分高的水泥勒脚。3. 增设 10 道隔断墙。参见《北京市房管局住宅建筑工程公司关于市委党校维修加固工程调查报告》，见《北京市委党校和第四招待所搬家交接工作的情况和图书馆订购书架及社会科学院商借我校校舍问题的请示、报告》，档号：118-002-00017。

③ 《利玛窦墓及明清以来外国传教士墓地》，北京市文物局网站，wwj.beijing.gov.cn/bjww/362771/362780/522016/index.html。

④ 意大利驻华大使馆函件，编号：000572。

内，由于年代久远，建设施工时平整土地，目前已无从查找"①。后来，党校基建处组织人力、机械，起用吊车将墓碑逐一搬开，铲掉碑上的白石灰，终于在 5 月下旬找到郎世宁墓碑并告知市外事办。"该校基建处在墓碑堆里发现了郎世宁的墓碑，该碑基本完好，上面用汉字刻有'耶稣会士郎公之墓'，并有'西洋人郎世宁'的字样"②。借此机会，学校打算将郎世宁及院内散存的 70 多块传教士墓碑集中保护，建立碑林，届时郎世宁墓碑可得到更加妥善保护，并可供人凭吊。③ 这便是东边墓园的缘起。市文物局随即与党校合作，计划在利玛窦、汤若望、南怀仁墓园东面再修建一小园（见图 3-78），以放置清理出来的墓碑包括清政府于 1903 年在墓园中所立的"涤垢雪侮"石碑。整个工程自 7 月 1 日开工，8 月 31 日完成，总造价近三万元。因郎世宁的重要性，他的墓碑放在入园的左侧显眼处。其余的墓碑无序摆放，碑身与碑座是否匹配，无从考证。④ 经过清点，东园墓碑 60 通。至此，东西两个墓园总共保留了 63 通墓碑，其中 49 通为外国传教士墓碑，14 通为中国人墓碑。

到了 1987 年，党校在基建工作总结中提到"完成新食堂的收尾工程；新建小型体育场（3700 平方米）、汽车库（400 平方米）和传教士碑林"⑤。同年 11 月 20 日在《中共北京市委党校基本情况》中提及学校除了办公教学楼、学院宿舍楼 4 栋、大礼堂、食堂外，

图 3-77　郎世宁墓碑

图 3-78　碑林全貌

---

① 北京市档案馆：《北京市人民政府外事办公室关于查找郎世宁墓的情况》，档号：118-002-00130。

② 北京市档案馆：《北京市人民政府外事办公室关于查找郎世宁墓的补充情况》，档号：118-002-00130。

③ 参见北京市档案馆：《北京市文物事业管理局关于郎世宁墓地情况的报告》，档号：118-002-00130。

④ 2018 年 1 月 4 日上午在北京市委党校老年活动中心，笔者拜访了原基建处工作人员宋志新同志，证实了当时在摆放东院墓碑时，并没有对碑身和碑座进行研究，只要是碑身的隼与碑座的槽相匹配即可。

⑤ 北京市档案馆：《中共北京市委党校校务委员会 1986 年工作总结和 1987 年工作安排》，档号：118-002-00067-00001，第 7 页。

130
春秋石銘
THE HISTORY
ON THE TOMBSTONES
北京栅栏墓地
历史及现存碑文考

"其余为原址遗留旧教会宿舍和新建的职工宿舍"①，并且指出"这去党校与学术界联系较少，信息闭塞。党的十一届三中全会以后，在全国党校系统和理论教育领域，学术交流活动大大加强了。从去年开始，还派人出国访问和讲学，并接待外国代表团和学者的来访，开展了国际间的学术交流"②。这也是第一次在总结中介绍到党校的国际交流情况。

1988年6月18日，北京市委领导讨论党校工作时指出："党校院内的利玛窦墓是中西文化交流历史的象征，很多外宾前去参观，必须保护好。请市委党校和市有关部门研究后提出一个维修方案，维修费可由市财政局专拨"③。1988年1月5日至2月23日期间，日本学者市来京子根据矢尺利彦氏《北京四天主堂物语》一书记载，前往党校参观墓地情况④，当时已分西、东二园。1989年8月1日，西城区人民政府发文将"马尾沟教堂"列为西城区文物保护单位，将其定位于近现代重要史迹及代表性建筑，编号为1—41，陈述如下："名称：马尾沟教堂，年代：民国，地址：车公庄大街，使用单位：市委党校，保护理由：建于1911年，为近代优秀建筑，山字楼为最早修会建筑"⑤。

由于石门（见图3-79、图3-80）在"文化大革命"中被砸损，残缺不全且涂污严重，长期处于残墙断壁、渣土垃圾和陈旧公共厕所的包围之中，若不移建，将面临破坏殆尽的危险。并且石门作为单体石刻建筑，与"山字楼""口字楼"相距甚远，一方面在景观上极不协调，另一方面也不利于保护或者参观凭吊。因此，1993年9月13日党校申请将石门移入校内利玛窦墓地南侧，"拟将石门移至校园内利玛窦墓地前面东西马路南侧的绿

图3-79　石门移建前旧照

图片来源：吴梦麟：《滕公栅栏墓地修复忆旧》，见《民间影像》第八辑，同济大学出版社2018年版，第155页。

图3-80　1988年9月27日石门照片

图片来源：北京市委党校退休职工沈昌瑞老师。

① 北京市档案馆：《中共北京市委党校基本情况介绍》，档号：118-002-00073-C0036，第36页。
② 北京市档案馆：《中共北京市委党校基本情况介绍》，档号：118-002-00073-C0036，第43页。
③ 余三乐：《寻访利玛窦的足迹》，世界图书出版公司2016年版，第375页。
④ 参见［日］市来京子：《北京栅栏墓地の宣教师墓碑について》，见东北大学中国文史哲研究会编：《集刊东洋学》1988年第60号。
⑤ 西城区人民政府西政发（1989）第33号通知所附《西城区46处区级文物保护单位名单》。

化带中复建，以利于文物的保护和文物整体的景观"①。后得到西城区文物局的批复，由于石门当时为北京市西城区文物保护单位的单体建筑，在地上、地下尚遗存部分流散文物。因此文物局要求在拆除前需做好详细勘察、测绘、拍摄、录像等工作，以供文物部门存档。对所拆砖、瓦、石、金属等构件均需编号。并且按照"修旧如旧"的文物修缮原则，按原尺寸、形制、颜色、高度修复，并按原工艺方法施工。② 最终由北京市西城区政府出资，将位于党校南墙的原栅栏墓地石门向北移动 158.4 米，放置在利玛窦墓地的南面。具体位置在东西道路北侧路沿以北 4.5 米，距利玛窦墓围墙保护范围以南 23.5 米，与之平行。如今在石门左侧下方石面上刻有"马尾沟教堂石门于一九九三年十月由原址向北移位一百五十八点四米至此，并进行修缮。北京市西城区文化文物局一九九三年十月二十日立"。至此，原栅栏墓地遗存的文物基本得到妥善保护。

与此同时，"口字楼"南侧的两栋平房也被拆除（平房未拆毁前见图3-81），原因是党校拟建两栋住宅楼，平房位置与拟建新楼在地理位置上发生了冲突，并且认为两栋平房是民国时期仿"口字楼"建筑风格后建，因此申请拆除。③1994 年 11 月 18 日，党校向时任北京市委副书记、市委党校校长李志坚（1940—2016），北京市副市长、北京行政学院④ 院长张百发（1935—2019）打报告，认为"口字楼""山字楼"已是危房，可以拆除，不能再用。同年清华大学建筑学院对"口字楼"及东西配房进行测绘（见图 3-82、图 3-83、

图 3-81　文声修道院旧照（东西配楼未拆前）

图片来源：美国旧金山大学利玛窦中西文化历史研究所。

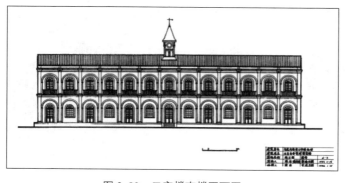

图 3-82　口字楼南楼正面图

图片来源：清华大学建筑学院：《北京马尾沟教堂口字楼及东西配房测绘》，1993 年 11 月 15 日。

---

① 北京市档案馆：《关于马尾沟教堂残旧石门移地复建的报告》，档号：118-002-00290。

② 参见《北京市西城区文化文物局关于对区级文物保护单位〈马尾沟教堂〉的石门移位修复的批复函》（西文字［93］第 33 号），1993 年 9 月 14 日。

③ 参见北京市档案馆：《关于在马尾沟教堂保护范围内新建楼房须拆除两栋旧平房的申请报告》，档号：118-002-00290。

④ 北京行政学院与中共北京市委党校实为同一单位。

图 3-84、图 3-85）。

1995 年经西城区房屋安全鉴定站检测口字楼为危险房屋，建议拆除重建。① 同年 10 月 24 日北京市委党校常务副校长杨静云（1934— ）再次请示拆除"口字楼"、"山字楼"，"两楼原基础下沉，承重墙墙体裂缝达 2—3 厘米，楼内木结构部分糟腐，楼梯的承重梁断裂，多处有塌陷危险"②。第二日市政府办公会议听取了汇报，会议同意"口字楼"、"山字楼"分两步予以拆除，并同意在 1996—1998 年三个年度内，拨款 1.1 亿元用于校舍的维修改造及新建项目。1997 年夏天，李志坚在视察党校工作时表示，"口字楼"和"山字楼"是重要文物，不能拆除，"'口字楼'是市级文物保护单位。文物，拆起来容易，再要修复就困难了。鉴于它已成为危房，可以考虑筹集资金，在保持原有外貌和风格的条件下进行翻建，使其成为北京行政学院对外文化交流的窗口"③。"口字楼"就此得以保全，并在今后成为中西文化交流的一个重要平台。

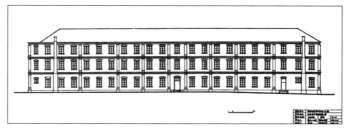

图 3-83 口字楼北楼正面

图片来源：清华大学建筑学院：《北京马尾沟教堂口字楼及东西配房测绘》，1993 年 11 月 15 日。

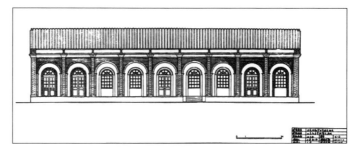

图 3-84 口字楼东配房正面图

图片来源：清华大学建筑学院：《北京马尾沟教堂口字楼及东西配房测绘》，1993 年 11 月 15 日。

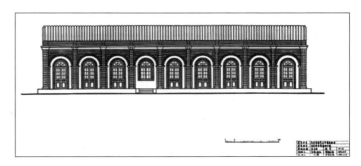

图 3-85 口字楼西配房正面

图片来源：清华大学建筑学院：《北京马尾沟教堂口字楼及东西配房测绘》，1993 年 11 月 15 日。

---

① 参见中共北京市委党校：《关于口字楼"3·26"火灾事故经过及平时的安全防范工作情况报告》，2002 年 4 月 2 日。

② 北京市档案馆：《关于拆除我校院内口字楼、山字楼，新建教学科研综合楼的请示》，档号：118-002-00390。

③ 余三乐：《寻访利玛窦的足迹》，世界图书出版公司 2016 年版，第 376 页。

在这一阶段，适逢美国旧金山大学利玛窦研究所所长马爱德神父把研究的目光投向栅栏墓地。自 20 世纪 80 年代后期开始，马爱德多次前往党校考察栅栏墓地，以极大的热情投入栅栏墓地的保护和研究工作。在 1993 年，马爱德即代表旧金山大学向在美国出席国际会议的国家主席江泽民汇报与党校合作研究利玛窦课题等中西文化交流的工作，得到了江主席的充分肯定。[1]1995 年，马爱德来访墓地，恰逢党校在中西文化交流研究所的基础上成立了"中国明史学会利玛窦分会"[2]。同年 5 月召开利玛窦逝世 385 周年纪念会。因此学校与美国旧金山大学合作研究利玛窦墓地变迁史的著作《虽逝犹存：栅栏——北京最古老的天主教墓地》一书在澳门以中、英、葡三种文字出版（此书作者见图 3–86）。1996年 9 月 5 日，马爱德与助手吴小新博士又一同访问墓地，计划对墓地进行进一步深入研究。1997 年 4 月 5 日就修缮利玛窦墓地事宜进行会谈。1998 年 1 月 10 日，马爱德与建筑学家卢卡斯神父（Thomas lucas）在参观了党校后，建议将"口字楼"作为中西文化交流中心，包括有博物馆、研究所、信息中心和少量客房，并建议将现存在五塔寺石刻艺术研究所的35 通原正福寺法国传教士墓碑迁入党校的利玛窦及外国传教士墓地[3]。整个过程记录在当时北京行政学院一份《关于翻建"口字楼"的有关资料》[4]中，其中包含马爱德神父、卢卡斯神父二人就翻建"口字楼"问题致法国驻华使馆文化合作专员顾美哲（Michel Culas）

图 3–86 （左起）马爱德、余三乐、高智瑜、林华工作合影

图片来源：北京市委党校退休教师林华女士。

---

① 参见高智瑜、林华：《悼念美国友人马爱德先生》，《北京干部教育报》1998 年 3 月 10 日。

② 余三乐：《春回大地百花齐放——中国明史学会利玛窦分会成立》，《北京干部教育报》1995 年 4 月 25 日。

③ 参见余三乐：《寻访利玛窦的足迹》，世界图书出版公司 2016 年版，第 376 页。

④ 参见北京行政学院：《关于翻建"口字楼"的有关资料》，北京行政学院中西文化交流中心内部资料，1999 年 5 月 8 日。

图 3-87　（左起第一排）林华、高智瑜；（左起第二排）余三乐、马爱德、王子恺、卢卡斯合影
图片来源：北京市委党校退休教师林华女士。

的信，二人对栅栏墓地、"口字楼"两处做了详尽的远景规划（二人与党校人员合影见图
3-87）。然而因为各种原因，最后并未实现。马爱德神父带着遗憾于 1998 年 1 月 27 日在
香港去世。如今在美国旧金山大学利玛窦研究所文献中，关于栅栏墓地的资料尤为详细，
这是马爱德神父从世界各地汇集的关于栅栏墓地的资料文献（其笔记见图 3-88、图 3-89）。
他将余生全部精力都奉献给了栅栏墓地。

　　1998 年 5 月 28 日新任旧金山大学利玛窦研究所所长吴小新博士再次来京，就翻建"口
字楼"问题与杨静云、党校副校长王子恺以及顾美哲等人进行了会谈，内容涉及翻建资金、
建立中西文化交流博物馆、"口字楼"产权问题等。①1998 年 2 月 19 日，在法国驻华大
使馆召开了七国（法国、德国、意大利、葡萄牙、比利时、瑞士、捷克）大使会议，探讨
了关于合作翻建"口字楼"的问题。8 月 13 日由北京行政学院向北京市政府提交了《关
于翻建"口字楼"方案的请示》[京行院（1998）39 号]，其中建议翻建所需的 4500 万元
由外方负担 3500 万元，中方负担 1000 万元，从而对"口字楼"进行落架大修，并且计划
在 2000 年前完成，以为利玛窦进京四百周年纪念活动做准备。北京市文物局于 1999 年
4 月 12 日批准了该修缮计划。② 但由于经费始终未到位，修缮计刘未能实施。直到 2001
年 9 月 18 日，党校与北京市文物局联合向市政府请示修缮"口字楼"和"山字楼"。市文
物局在全面勘测口字楼后，建议"落架大修"。当时的北京市委副书记、党校校长龙新民
（1946—　）批示要将"山字楼"和"口字楼"的修缮列入文物维修计划，从北京市文物

---

① 　参见余三乐：《寻访利玛窦的足迹》，世界图书出版公司 2016 年版，第 375 页。

② 　参见北京市文物事业管理局：《关于同意对"口字楼"进行大修的批复》（京文物字第 156 号），1999
年 4 月 12 日。

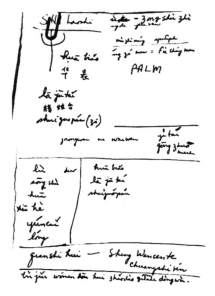 

图 3-88　马爱德生前写作栅栏墓　　　　图 3-89　马爱德生前写作栅栏墓地一书
地一书笔记（1）　　　　　　　　　　　笔记（2）

图片来源：美国旧金山大学利玛窦中西文　　图片来源：美国旧金山大学利玛窦中西文化历史
化历史研究所。　　　　　　　　　　　　研究所。

局维修专款中划拨一部分，党校自筹一部分。2001 年 11 月 9 日，北京市文物局把"口字楼"的修缮列入市政府文物建筑抢险修缮项目。随后安排了专项资金用于文物修缮，并要求党校抓紧制订修缮方案①。

　　然而 2002 年 3 月 26 日 23 时 50 分，居住在"口字楼"西侧三层 304 房间的住户使用"热得快"烧水棒烧水引发火灾，导致"口字楼"的西侧、北侧几乎全部烧毁（房屋 67 间，约 821 平方米）（见图 3-90、图 3-91）。"2002 年一个夜晚，由于一个住户电热器使用不当，'口字楼'着了一把大火，屋顶被烧毁，所有住户搬了出来，后经修复，只做教室用"②。2002 年 4 月 8 日，北京市文物局组织相关单位召开关于"口字楼"修缮会议，强调对"口字楼"的保护性修缮，此后只能作为办公室和教室使用，不再作为住宅或宿舍。是年，学校多次强调对"口字楼"的火灾防患工作。③2003 年 3 月 27 日北京市委副书记、市委党

① 参见北京市文物局：《关于西城区文物保护单位马尾沟教堂有关问题的说明》，2002 年 3 月 29 日，档号 49-113500046-2101。

② 吴彤：《市委党校大院西方传教士墓园沧桑》，见吴勇主编：《北京大院记忆》，学苑出版社 2015 年版，第 236—237 页。

③ 2002 年 4 月 10 日党校《干部教育报》（第 130 期）刊登《中共北京市委党校北京行政学院 2002 年工作要点》，其中重点强调了火灾预防工作，要求定点开展治安防火安全检查，及时消除各类隐患，特别是对重点防火部位"山字楼"和"口字楼"居民堆放在楼道的易燃物、杂物等彻底清理干净。而在 7 月 10 日党校《干部教育报》（第 136 期）刊登的《校党委布置安全工作》中提到："在安全防火方面，我校曾有过沉痛教训，全校各部处室要深刻吸取教训，举一反三，进一步提高狠抓安全工作

校校长龙新民到学校现场办公，要求"口字楼"按原样重建，作为文物保护起来，也可以作办公室来用。北京市文物局党组成员、巡视员、副局长孔繁峙（1935—　）表示要尽快将"口字楼"维修列入计划。2003年11月由北京市文物局和党校共同出资重建"口字楼"改造工程开工，原在其中办公的印刷厂迁出，楼内木地板也全部改造为水泥地面。本着尽量维持原貌的原则，维修工作直到2005年5月方才竣工。其间，于2004年10月18日，西城区文化委员会立文物保护标志碑一块，名为"马尾沟教堂遗存（'山字楼'、'口字楼'）"。

为了2008年北京奥运会做准备，北京市社会科学院研究员王灿炽，北京市文物研究所所长宋大川等政协委员反映计划将利玛窦与外国传教士墓地打造为"人文奥运"景观[①]。2006年5月25日，国务院将利玛窦墓列为第六批"全国重点文物保护单位"，编号为"6-0222-2-002"。对其的说明如下：

图3-90　火灾后口字楼（1）

图片来源：中共北京市委党校档案室。

图3-91　火灾后口字楼（2）

图片来源：中共北京市委党校档案室。

利玛窦是意大利传教士，也是一位数学家。明万历十年（1582）来中国传教，并向中国介绍西方的天文、历法、地理和数学等科学知识。1610年，利玛窦在京病逝，明万历帝赐"滕公栅栏"为其墓地，1611年入葬。以后，此地便成为京城传教士墓地，时人称之"栅栏墓地"。清初，顺治帝赐德国传教士汤若望墓地于栅栏墓地西侧。以后比利时传教士南怀仁等中外教士80余人葬于此。1900年墓地被毁，同年重修。60年代，墓地再毁。1979年，利玛窦、汤若望、南怀仁墓园得以重修。1984年，扩建新墓园，竖残存各国教士碑60尊。1993年，将清代石门移至墓园南端，形成现

重要性的认识"。9月25日的党校《干部教育报》（第138期）刊登的《中共北京市委党校北京行政学院2002年下半年工作要点》中提及："继续做好部分住户房屋产权证的办理工作及'口字楼'受灾户的安置工作"，重申加强火灾预防工作。

①　参见政协北京市委员会研究室：《净友》第86期，2004年5月12日。

今墓地格局。①

对当时现状描述为：

利玛窦和明清传教士墓地现有墓碑共63块，四周有矮墙围挡形成墓园，院内为绿地及甬路。利玛窦、汤若望、南怀仁三位早期重要的天主教士墓自成小院。门前置有宝瓶、棂星门、石座等石刻。东侧院内置有60位传教士的墓碑及1块光绪二十九年的重修墓地碑记。南侧遗有石羊、石座各一。现存墓碑均被露天安放，妥善保管，但略有风化。

而在《北京志·文物卷·文物志》中对其墓园介绍如下：

［墓园］坐北朝南，东西毗连的两个墓院，四周皆以砖砌花墙围绕，东院南北长25.70米、东西宽15.50米，为利类思等60位明清传教士墓碑碑林。西院较之东院向北缩进15米，为利玛窦、汤若望、南怀仁三位传教士的墓院。其中利玛窦墓居中，汤若望与南怀仁墓分列右、左两侧。三墓均为前碑后冢格局。重修的利玛窦墓，坐北朝南，墓高1.50米，长2.40米，宽1.30米。墓前列有明万历三十八年（1610）"耶稣会士利公之墓"碑。其碑为螭首方座式，碑高2.70米，宽0.94米，碑座高0.60米，宽1.20米。碑后约1米是墓冢。②

2009年12月14—18日，意大利文化遗产和活动部秘书长朱塞佩·普洛耶蒂（Giuseppe proietti）率领意大利文物保护和修复高级研究院专家和技术人员代表团访华③，针对性地对墓地进行研究，特别是对利玛窦墓修复项目开展初步资料编撰工作。意大利政府向国家文物局赠款10万欧元，共同开展对中国文物保护项目的合作。意大利方面对文化遗产保护尝试"风险图"的做法（即文化遗产的防灾、减灾工作）。并且与国家文物局局长单霁翔（1954—　）会晤，确定将墓地修缮保护作为合作项目，以纪念中意建交40周年与利玛窦逝世400周年。2010年，意大利总统乔治·纳波利塔诺（Giorgio Napoli-tano，1925—　）访华之前，北京市文物局对墓地进行了保护修复工程，遵循"最少干预"和"不改变文物原状"等原则，保护文物及其历史环境的真实性和完整性。中国国家文物局、意大利外交部发展合作司、中国文化遗产研究院、意大利中央修复研究所共同合作完成《利玛窦和外国传教士墓地保护修复方案》。当时计划修复的主要项目分为三部分，墓碑、砖棺、地坪。费用约计60万元④。提出修复意见的为国家文物局文物

① 北京市古代建筑研究所：《全国重点文物保护单位登记表》，2007年9月19日，档号：111200004-0001。

② 北京市地方志编纂委员会：《文物志》，见《北京志》，北京出版社2006年版，第436页。

③ 意方专家团还包括建筑师莫利塞大区建筑和风景总监斯蒂法诺·达（Stefano D'Amico），意大利中央高级保护和修复学院石质性和油画文物修复专家朱塞皮娜·玛丽亚·法齐奥（Giuseppina Maria Fazio）；意大利中央高级保护和修复学院生物学专家玛丽亚·皮亚·努加里（Maria Pia Nugari）；意大利中央高级保护和修复学院化学专家朱塞皮娜·维利亚诺（Giuseppina Vigliano）；意大利中央高级保护和修复学院建筑师卡罗·比罗齐（Carlo Birrozzi）。

④ 参见中国国家文物局、意大利外交部发展合作司、中国文化遗产研究院、意大利中央修复研究所：《利玛窦和外国传教士墓地保护修复方案》，2010年，第7页。

保护科技专家组组长王丹华（1934—　）及故宫博物院文物保护科技研究馆员、学术委员会委员陆寿麟（1940—　）和中国文物研究所总工程师付清远三位。三位专家意见综合如下（见表3-9）：

表3-9　文物专家关于栅栏墓地修复意见

编号	修复项目	计划实施	北京市文物局意见（综合专家意见）
1	墓碑	消毒灭菌、生物病害预防、清洁、勾缝和封护处理	墓碑修复应充分利用已有的历史资料，按照历史原貌进行修复 生物灭菌建议改为生物污垢的清除 针对表面风化现象，建议用防风化材料做表面封护 对于清洁方法，用氨盐会造成返黄现象，建议改用去离子水予以清洁的方法
2	砖棺	去除外来沉积物后，对裂纹进行填补，整体进行涂色处理	
3	地坪	适当降低标高保护碑体；墓园内铺满小方砖并进行绿化	不宜全部进行青砖铺墁，建议以墓碑基座石为地坪基准标高，对甬道予以青砖铺墁，其余部分尽可能以绿地处理，并做好有效排水
补充：修复过程中尽量去除水泥和铁构件			

　　2012年5月，中国文化遗产研究院完成《利玛窦和外国传教士墓地保护修复方案》。墓地修缮工程总投资60万元（预算金额54.6万元）[1]，集中在地坪修整、表面预加固、现场试验、石质材料保护、砖家保护、生态预防等。2013年开始对"山字楼"进行腾退工作，总共涉及租户78户，住房106间，占用建筑面积2584平方米。[2]

　　2018年6月12—27日，党校礼堂后部东北角新整理出一批石碑石刻，因常年处于土层保护状态，未见紫外线及酸雨与空气中粉尘颗粒之类环境因素干扰，除部分石碑石刻因历史原因遭受过人为破坏、划刻、泼漆、折断外，其基本保存状况相对较好。从历史而言，属于栅栏墓地的遗留问题，它与栅栏墓地的演变历史紧密相连。此批石碑石刻涉及墓葬建筑种类繁多，时间跨度长（从清初至民国），一方面碑主不乏天主教来华传教史上的重要人物，比如耶稣会士闵明我、杨秉义、马德昭、陈善策、郑玛诺5人墓碑的再现，已改写整个栅栏墓地现存墓碑数量。单庚子年之前的墓碑便增至68通，其碑主来自葡萄牙（16人）、意大利（12人）、法国（9人）、德国（8人）、捷克（2人）、比利时（2人）、斯洛伐克（1人）、瑞士（1人）、奥地利（1人）、斯洛文尼亚（1人）等地，此外还有15位中国籍神父。传教士们的肉身早已化为一抔黄土，融入中华历史之中，而这一通通厚重的

---

[1]　参见中国机械进出口（集团）有限公司：《利玛窦及外国传教士墓地保护修复工程竞争性谈判文件》，档号：0708-1241060LH357。

[2]　参见中共北京市委党校：《中共北京市委党校关于申请山字楼和食堂加层居民腾退资金的函》（京校函[2013] 17号）。

墓碑，便是他们为中西文化交融奉献一生的见证。另一方面，除了庚子年前的传教士墓碑外，此次整理的石碑石刻还有圣母小昆仲会修士墓碑。这不仅补充了墓地管理主体的历史空白，也符合管理墓地主体的修会接替顺序。还有数通庚子年以后去世教徒墓碑，这区别于现存的传教士墓碑，反映出墓地在历史上发展的多元性，及其作为天主教在华地标而不断发挥着作用。此外，还有寓意圣母的大型浮雕"圣宠之源"的方形石碑、"日下佳城"的刻石等纪念碑类，还有些许碑身、残碑棺盖以及诸多墓地相关附属物如石五供、石狮、石礅、柱础、屋顶脊饰筑构件等。这些都是栅栏墓地重要的历史见证，并且其本身也具有极高的艺术价值。

纵观历史，栅栏墓地多次出现在文人题咏中。曾与利玛窦交游的李贽（1527—1602）写下《赠利西泰》以示当时传教的艰辛：

> 逍遥下北溟，迤逦向南征。
>
> 刹利标名姓，仙山纪水程。
>
> 回头十万里，举目九重城。
>
> 观国之光未，中天日正明。①

而积极推动利玛窦墓地选址的内阁大学士叶向高（1559—1627）曾作《赠西国诸子》以示对来华传教士的同情理解与敬佩之情：

> 天地信无垠，小智安足拟。
>
> 爰有西方人，来自八万里。
>
> 蹑屏历穷荒，浮槎过弱水。
>
> 言慕中华风，深契吾儒理。
>
> 着书多格言，结交多贤士。
>
> 淑诡良不矜，熙攘乃所鄙。
>
> 圣化被九埏，殊方表同轨。
>
> 拘儒徒管窥，大观自一视。
>
> 我亦与之游，冷然待深旨。②

同时代的嘉兴文学家李日华（1565—1635），在明万历年间曾作诗《赠利玛窦》：

> 云海荡朝日，乘流信彩霞。
>
> 西来六万里，东泛一孤槎。
>
> 浮世常如寄，幽栖即是家。
>
> 那堪作归梦，春色任天涯。③

在《帝京景物略》中记载其诗为：

---

① （明）李贽：《焚书续焚书》，中华书局 1975 年版，第 247 页。

② （明）刘侗、于奕正：《天主堂》，《帝京景物略》卷四，金陵弘道堂藏版，《续修四库全书》史部，第 343 页。

③ （明）李日华：《大西国》，《紫桃轩杂缀》卷一，《四库全书存目丛书》，影印清康熙刻本，子部第 108 册，第 14 页。

云海荡落日，君犹此外家。

西程九万里，东泛八年槎。

蠲洁尊天主，精微别岁差。

昭昭奇器数，元本浩无涯。①

明代礼部尚书、东阁大学士郑以伟（1570—1633）亦有《挽利玛窦用昔年赠韵》：

天涯次日泪沾衣，红雨纷纷春色微。

海贾传书存实意，主恩赐葬近郊畿。

从来到处堪观化，何必西方有履归。

待子四门夷乐在，辽东鹤去巳人非。②

明代文学家谭元春（1586—1637）有《过利西泰墓》一诗凭吊：

来从绝域老长安，分得城西土一棺。

斫地呼天心自苦。挟山超海事非难。

私将礼乐攻人短，别有聪明用物残。

行尽松楸中国大，不教奇骨任荒寒。③

明末清初著名诗人、戏曲家尤侗（1618—1704）曾对墓地作《外国竹枝词》的《欧罗巴》诗云：

天主堂开天籁齐，钟鸣琴响自高低。

阜成门外玫瑰发，杯酒还浇利泰西。④

杜立勋（1918—1996）曾写十余首关于栅栏墓地的打油诗，其中《校园碑林》如是写道：

党校院内有碑林，大部都是外国人。

六十三位传教士，内有十四中国民。

八国之中郎世宁，乾隆赞他画艺新。

一九零零被破坏，都是光绪以前人。

此碑教堂做基石，一九八二修碑林。

我国政策大开放，团结国际友好宾。⑤

---

① （明）刘侗、于奕正：《天主堂》，《帝京景物略》卷四，金陵弘道堂藏版，《续修四库全书》史部，第343页。

② 郑以伟：《挽利玛窦用昔年赠韵》，《灵山藏》卷四，《四库禁毁》集部第175册，第463页。

③ （明）刘侗、于奕正：《利玛窦坟》，《帝京景物略》卷五，金陵弘道堂藏版，《续修四库全书》史部，第393页。

④ （清）尤侗：《外国竹枝词·欧罗巴》，见（清）张潮辑：《昭代丛书》，上海古籍出版社1990年版，第58页。

⑤ 根据市委党校办公室退休人员沈昌瑞老师所提供资料。杜立勋有《玛窦坟》《校园碑林》《校园坟》《石门坟》《肉丘坟》《致命坟》《藏枪坟》《争议坟》《迁坟》《坟外坟——铜像坟》《荒草坟》《三塔寺与车公坟》等打油诗。

余三乐在 1998 年亦曾写过一首《栅栏春晓》① ：

> 惊雷滚过万物新，好雨接踵洗风尘。
> 先赏素兰洁一树，再修青草香满身。
> 喜鹊踱步觅食懒，啄鸟鸣梆护木勤。
> 绿里斑驳石几许，沧桑阅尽四百春。

　　时过境迁，岁月无言，墓地历史已然成诗，然又传递着历史的讯息。栅栏墓地走过的四百余年，不仅是中西文化交流的历史见证，更体现出人类文明进程中信仰融突和合的尝试。

---

① 余三乐：《栅栏春晓》，《北京干部教育报》1998 年 4 月 10 日。

第四章
耶稣会现存墓碑碑主传记及碑文解读

　　耶稣会士可谓栅栏墓地的真正"主人"，他们凭借着自身卓越能力，迅速开拓了海外传教事业，成为来华传教的主力军。他们的目的是让中国人信仰天主教，而耶稣会采取注重学术的策略使得传教活动变得别树一帜。较之于其他修会，耶稣会更加重视修士个人文化素质培养（一般训练达 15 年之久），注重科学和艺术的修养，"耶稣会士通常是欧洲最有才华的人"①，他们规定所必修学习任务，"可能是欧洲最艰深的课程"②。故耶稣会士个个都是鸿儒硕彦，堪称精英云集，从而使耶稣会士团体具有明显的文化性和学术性，这也为后面能够在中国进行文化、学术传教提供了知识修养保障。他们一方面在华赢得了士大夫阶层的好感，另一方面通过著述、书信以及教务报道等多种书面形式将关于中国各个方面的情况带回欧洲，使得欧洲学者和统治者们对他们传教事业予以广泛支持。③ 从 16—18 世纪，在华活动过的耶稣会士共达 900 余名，其中除 100 余名是中国人（包括澳门人）外，其余都是外国人。④ 他们来自不同的国家，带着共同的传教任务、宣传教义并从事日常的宗教事务，"接受信徒的忏悔，为病人做圣事，教育异教徒，和一些文人雅士进行讨论等等"⑤。至为关键的是，他们在华不仅学习中国满文、汉文，还从事学术研究，研究中国古籍、绘制中国地图，天文、地理无不涉及，甚至深入各省，调查民情民俗、文化掌故、物产工艺等。此外，还进入中华的官方体系，参与中国的政治外交活动。

　　作为东亚宗徒的圣方济各·沙勿略在印度果阿、马拉巴、马六甲和日本等地成功传教以后，就试图打开中国的大门。"我想在今年，即 1552 年前往中国王国。因为那是可光

---

① ［意］柯毅霖：《晚明基督论》，王志成、思竹、汪建达译，四川人民出版社 1999 年版，第 12 页。

② 李炽昌主编：《文本实践与身份辨识——中国基督徒知识分子的中文著述（1583—1949）》，上海古籍出版社 2005 年版，第 3 页。

③ 参见［美］孟德卫：《奇异的国度：耶稣会士适应政策及汉学的起源》，陈怡译，大象出版社 2010 年版，第 1 页。

④ 参见［法］杜赫德编：《耶稣会士中国书简集：中国回忆录》I，郑德弟、朱静译，大象出版社 2001 年版，第 6 页。

⑤ 《关于中国传教会现状的汇报（1703）》，由耶稣会士卫（魏）方济（François Noël，1651—1729）在罗马呈尊敬的耶稣会总会长，见［法］杜赫德编：《耶稣会士中国书简集：中国回忆录》I，郑德弟、朱静译，大象出版社 2001 年版，第 237 页。

大我主耶稣教义的国家"①，并且预设中国为他最后生命的传教地，在给友人迪奥戈·佩雷拉（Diogo Pereira）的信中言及"我主天主以其怜悯定会使我们今生在中国聚首，为其效劳，否则来世相逢在天堂"②。然而由于中国当时森严的海禁和唯我独尊的封闭文化，他最终没有能够进入中华内地，1552 年 12 月 3 日死于中国广东沿海的上川岛。③ 而步他后尘的范礼安（Alessandro Valignano，1539—1606）④，曾任中国和日本教区视察员，他多次往返于印度、澳门、日本。面对中华如"岩石般"的森严海禁，他制定了文化调和的传教方针——"适应政策"，致力将天主教传入中国。此后的耶稣会士，大都是在范礼安的指导下在澳门学习中文，掌握基本的中国传统礼仪。然而在他打算来华时，身染重病，遗憾地长眠在澳门。他的学生罗明坚（Michele Ruggieri，1543—1607）在中国创建基督宗教传教团。罗明坚被称为"耶稣会中国传教的奠基者、学习汉语的先驱和第一本汉语基督宗教著作的作者"⑤。由于多年在华奔波，因身体健康问题前往意大利那不勒斯撒列诺（Salerno）耶稣会公学服务，担任诺莱（Nole）学院的神师，最终安逝当地。耶稣会士中努力为中华开教者皆已离去，利玛窦继续着这份传教事业。利玛窦不仅成功进入京城，而且缘于他在世的影响，在他离世后，庞迪我、熊三拔等耶稣会士以及中国官员一同为耶稣会乃至整个天主教来华团体争取到了在华的第一块传教士墓地——栅栏墓地。

在栅栏墓地现存墓碑中，每通碑身分别用汉文、拉丁文（汤若望、南怀仁碑上载有满文）镌刻其生平，或详或略，长短不一。主要记载了碑主姓名、所属修会、国籍、来华时间、所任官职、生卒年、年龄及在会时间等。其中，耶稣会士不仅是栅栏墓地最早的主人，亦是现存墓碑最多的修会，目前存有 53 通。此外，2018 年在党校内又整理出 5 通，迄今总共有 58 通耶稣会士墓碑。

---

① 戚印平：《远东耶稣会士研究》，中华书局 2007 年版，第 109 页。

② 原文载 George Schurhammer, *Epistolae S.Francisci Xaverii Aliaque eius Script*, Vol. 2. Rome:1944—1945，转引自顾卫民：《中国天主教编年史》，上海世纪出版集团 2003 年版，第 68 页。

③ 关于沙勿略的墓碑，樊国梁记载"墓前有碑一通，高五尺，阔三尺，镌有辣丁（拉丁）、葡萄牙、中国与日本文。曰近世大宗徒，方济各沙勿略之墓"。参见 [法] 樊国梁：《燕京开教略》，见中国宗教历史文献集成编纂委员会编纂：《东传福音》第六册，黄山书社 2005 年版，第 314 页。然如今已不得见。唯有衣冠冢上仅存中文和拉丁文，"大明耶稣会士泰西圣人范济各沙未尔于嘉靖二十一年壬子之冬升天　真福 – 崇祯十二年巳卯 – 众会友立碑"。

④ 关于范礼安的生卒年，费赖之一书有介绍，为"1538 年 12 月 20 日—1606 年 1 月 20 日"。后被布鲁克尔考订作"1539 年 2 月"。参见 [法] 费赖之：《在华耶稣会士列传及书目》，中华书局 1995 年版，第 20 页。荣振华称"1539 年 2 月初（或 20 日）诞生于阿布鲁齐省的基艾蒂城"；"1606 年 1 月 20 日逝世于澳门"。参见 [法] 荣振华、方立中、热拉尔·穆赛、布里吉特·阿帕乌：《16—20 世纪入华天主教传教士列传》，耿升译，广西师范大学出版社 2010 年版，第 358—359 页。由此可见其生卒年为"1539 年 2 月 15 日—1606 年 1 月 20 日"。

⑤ [美] 夏伯嘉：《利玛窦——紫禁城里的耶稣会士》，上海古籍出版社 2012 年版，第 104 页。

第一节　西园墓碑

如今墓园部分按照其方位划为西、东二园。其西园形成时间较早，可追溯至 1903 年。赔款修复之后便形成了独立的墓园，几经波折，如今整个墓园东西长 14.9 米，南北宽 11.1 米，专以放置利玛窦、汤若望、南怀仁的墓碑及墓冢（见图 4–1）。墓碑坐北朝南，前有一条甬道直通石门。

图 4–1　西园利玛窦、汤若望、南怀仁三碑现状

图片来源：北京方略博华文化传媒有限公司摄影师杨先生。

（一）利玛窦

（MATTHAEUS RICCIUS/Matteo Ricci）

在利玛窦（见图 4–2）的家乡意大利马切拉塔市中心的切萨雷·巴蒂斯蒂（Piazza Cesare Battisti）广场边一建筑窗边立有石碑，用意大利语介绍道：

IN QUESTO LUOGO NACQUE IL 6 OTTOBRE 1552 P MATTEO RICCI S.J. APOS-TOLO SCIENZIATO UMANISTA PONTE FRA ORIENTE E OCCIDENTE CARISSIMO AL POPOLO CINESE IN MEZZO AL QUALE OPERO PER UN TRENTENNIO DOVE MORÌ L 11 MAGGIO 1610. I CONCITTADINI NEL IV CENTENARIO DEL SUO INGRESSO IN

图 4-2 利玛窦像

图片来源：美国旧金山大学利玛窦中西文化历史研究所。

CINA.MACERATA 6 OTTOBRE 1983.①

上面写道，利玛窦不仅是一位耶稣会传教士，更是科学家、人文学者，他将余生 30 余年的时光全都献给了中国，成为中西文化交流的标志性人物。方豪如是评价："利玛窦，恐怕是从古以来，所有到过中国的外国人中，最出名的一个"②。而在马切拉塔主座教堂门前，竖有一尊利玛窦的雕塑，雕塑下方写道：

A PADRE MATTEO RICCI NEL IV CENTENARIO DEL SUO INGRESSO IN CINA I LIONS MACERATESI，10 SETTEMBRE 1983．DONATO AL CENTRO DIOCESANO PADRE MATTEO RICCI NEL IV CENTENARIO DEL SUO IN GRESSO IN PECHINO, 24 GENNAIO 2001.③

以此纪念利玛窦作为马切拉塔人来华 400 年，肯定了他在中西文化交流史上所做的贡献。此外，在马切拉塔大学礼堂内存放着利玛窦墓碑的复制品以及载有意大利历史学家、作家、诗人、文学评论家伊斯德罗·德尔伦恭（Isidoro

---

① 汉译：利玛窦，一位耶稣会神父，1552 年 10 月 6 日诞生在这里。他作为一名科学家、人文学者，被誉为连接东西方之间的桥梁。他对中国人非常友好，在他们之中生活工作了 30 余年。1610 年 5 月 11 日逝世于北京。马切拉塔——他的家乡人，于他踏上中国土地的 400 周年纪念之际立，1983 年 10 月 6 日。

② 方豪：《中国天主教史人物传》上，中华书局 1988 年版，第 72 页。

③ 献给利玛窦神父，在其进入中国 400 年之际，马切拉塔狮子会，1983 年 9 月 10 日。利玛窦天主教中心于其进入北京 400 周年之际献，2001 年 1 月 24 日。而在教堂墙上有对利玛窦墓碑碑文的意大利文、汉文、英文翻译。内容如下：

A DIO OTTIMO MASSIMO

Il Padre Matteo Ricci, maceratese, membro della Compagnia di Gesù, nela quale visse 42 anni, dopo averne trascorsi 28 nella sacra missione in Cina, dove, essendo stata portata la fede Cristiana per la terza volta〔dopo i Nestoriani e Francescani〕, fondò per primo residenze per I confratelli, infine, celebre per fama di dottrina e di virtù, morì a Pechino nell'anno di Cristo 1610, il giorno 11 maggio all'età di 59 anni.

献给至尊至善的天主

利玛窦神父，马切拉塔人，耶稣会士，在会四十二年。他在华传教二十八年。在那里，继第三次基督宗教信仰入华热潮（景教和方济各会之后），他第一次为耶稣会兄弟建立住院，并因为他的教化和美德之功而被颂扬。最终于一六一零年五月十一日逝世于北京，享年五十九岁。

To God Most Good and Most Great

Father Matteo Ricci, from Macerata, member of the Company of Jesus in which he lived for 42 years, after spending 28 of those years on the holy miss ion in china, where, the Christian faith having being brought for the third time〔after the Nestorians and the Franciscans〕, he was the first to found residenoe for the brothers, and finally, celebrated for his teadching and viture, he died in Beijing in the year of Our Lord 1610, on 11th May, at the age of 59 years.

Del Lungo，1841—1927）为利玛窦所作评介的石碑。①

关于利玛窦的研究，学界成果丰硕，在此不再赘述。② 为利玛窦作传之人在明清亦早已有之，其中多有论及其卒后茔地。主要著作罗列如下：

表4–1　明清论及利玛窦生平及卒后茔地著作汇总

序号	书名	作者	提及身份或其卒、葬情况
1	《利玛传》	（明）刘承范 （约1553—约1629）	利玛窦者，西域高僧也，别号西泰。③
2	《利玛窦》	（明）方弘静 （1516—1611）	海外利马窦者，自言欧罗巴国人。④
3	《欧罗巴国记》	（明）徐时进 （生卒年不详，万历二十三年即1595年进士）	其国人利马窦，取海从岭粤入中国。 其人目巨而深，色近碧，耳扩而开，浓髭包颔，芃芃而短，鼻中昂而準下垂，中国之貌，远人为之者肖其三四。⑤
4	《钦敕大西洋国士葬地居舍碑文》	（明）王应麟 （生卒年不详，万历八年即1580年进士）	迄今万历庚辰，有泰西儒士利玛窦号西泰，友辈数十，航海九万里，观光中国……适庚戌春而利氏卒……伏乞敕下顺天府查给地亩，收葬安插，昭我圣朝柔远之仁。……行宛平县，有籍没杨内官私创二里沟佛寺房屋三十八间，地基二十亩，牒大司从（徒），禀成命而界之居。⑥

---

① 内容如下："XI MAGGIO MCMX Matteo Ricci, Della compagnia di Gesù, evangelizzatore dell estremo oriente，Apostolo di civiltà e d'umana fraternità, divul gatore di scienza，nella caritàCristiana pio conciliatore di credenze, Rivelatore da mondo a mondo, di paesi, di costume, di pensieri, d'affetti. Ha degne onoramze nella sua Macerate compoendosi il terzo secolo, da quelle che alla salma di lui largiva e al suo nome ha mantenuto la Cina, da lui amata come patria seconda.Isidoro del Lungo."汉译：1910年5月11日。利玛窦，耶稣会士，远东传教士，文明与人类友谊之使徒，科学普及者。天主仁爱下虔诚之信仰抚慰者。从一个世界到另一个世界的乡土、风俗、思想、情感等认知的开启者。在他逝世三世纪之际，其故乡马切拉塔享其盛誉。中国赋予他不朽的身与名。中国于他，如第二故乡。——德罗·德尔伦恭
② 参见叶农：《从〈利玛传〉到〈畸人传〉——明清时期耶稣会士利玛窦传记探略》，《北京行政学院学报》2013年第1期。
③ 参见汤开建汇释、校注：《利玛窦明清中文文献资料汇释》，澳门特别行政区政府文化局、上海古籍出版社2017年版，第4页。
④ 参见（明）方弘静：《千一录》卷十八，《续修四库全书》影印本，第1126册，第371页。
⑤ 参见徐时进：《鸠兹集》卷六，转引自汤开建汇释、校注：《利玛窦明清中文文献资料汇释》，澳门特别行政区政府文化局、上海古籍出版社2017年版，第11、15页。
⑥ 参见（清）黄伯禄：《正教奉褒》，见中国宗教历史文献集成编纂委员会编纂：《东传福音》第六册，黄山书社2005年版，第512、515页。

序号	书名	作者	提及身份或其卒、葬情况
5	《利玛窦》	（明）沈瓚	利玛窦，西洋人也。……庚戌年卒于京，年六十四、五矣。有诏赐葬地焉。①
6	《欧罗巴国》	（明）李睟光（朝鲜）（1563—1628）	欧罗巴国，亦名大西国。有利玛窦者，泛海八年。②
7	《利玛窦》	（明）顾起元（1565—1628）	利玛窦，西洋欧罗巴人。面皙，虬须，深目而睛黄如猫，通中国语。③
8	《大西国》	（明）李日华（1565—1635）	国人利玛窦者，结十伴航海，漫游历千余国，经六万里，凡六年，抵安南而入广东界，时从者俱死。玛窦紫髯碧眼，面色如桃花。④
9	《利玛窦传》	（明）朱怀吴（生卒年不详）	利姓，玛窦名，本姓利著，今去著。……万历三十七年死，葬于京师。⑤
10	《大西洋利玛窦》	（明）沈德符（1578—1642）	利玛窦，字西泰，以入贡至，因留不去。近以病终于邸，上赐赙葬甚厚，今其墓在西山。⑥
11	《利玛窦》	（明）钱希言（生卒年不详）	利玛窦，大西国人，游于中华十五年矣。……庚戌年夏，中疫卧病，服参而死。⑦
12	《西裒僧》	（明）钱希言（生卒年不详）	时有西域异人利玛窦者，航海梯山，来朝圣君……庚戌之夏，玛窦病殁，卒于京师。⑧
13	《读先生后传》	（明）李九标（生卒年不详）	自西泰利子之惠顾吾邦也，五十年于兹矣。……与夫给禄赐葬之荣宠。⑨

① 参见（明）沈瓚：《近事丛残》，《明清珍本小说集》第一册，广业书社 1928 年版，第 77 页。

② （明）李睟光（朝鲜）：《诸国部·外国》，《芝峰类说》（上辑）卷二，首尔朝鲜古书刊行会 1915 年版，第 53 页；转引自汤开建汇释、校注：《利玛窦明清中文文献资料汇释》，澳门特别行政区政府文化局、上海古籍出版社 2017 年版，第 21 页。

③ （明）顾起元：《利玛窦》，《客座赘语》，中华书局 1997 年标点本，第 193 页。

④ （明）李日华：《大西国》，《紫桃轩杂缀》卷一，《四库全书存目丛书》，影印清康熙刻本，子部第 108 册，第 14 页。

⑤ （明）朱怀吴：《利玛窦传》，《昭代纪略》，日本内阁文库藏明天启六年朱怀吴序刊本，第 67—71 页；转引自汤开建汇释、校注：《利玛窦明清中文文献资料汇释》，澳门特别行政区政府文化局、上海古籍出版社 2017 年版，第 24—25 页。

⑥ （明）沈德符：《万历野获编》卷三十《外国》，中华书局 1959 年版，第 785 页。

⑦ （明）钱希言：《仙幻》，《狯园》卷四，《续修四库全书》，影印清抄本，第 1267 册，第 597 页。

⑧ （明）钱希言：《释异》，《狯园》卷五，《续修四库全书》，影印清抄本，第 1267 册，第 613 页。

⑨ （明）李九标：《读先生后传》，见［比利时］钟鸣旦、［荷］杜鼎克主编：《耶稣会罗马档案馆明清天主教文献》第十二册，台湾利氏学社 2002 年版，第 223—225 页。

序号	书名	作者	提及身份或其卒、葬情况
14	《大西利西泰子传》	（明）张维枢（生卒年不详，万历二十六年即1598年进士）	西泰利子玛窦者，大西欧罗巴洲意大里国人也。……安坐而逝，为庚戌年四月。……议将二里沟房屋三十八间，地二十亩葬利子，并为庞、熊诸子奉天主焚修祝釐之所。①
15	《利玛窦列传》	（明）张岱（1597—1679）	利玛窦者，大西洋国人，去中国八万里，行三年，以万历八年始至。……万历三十七年死，葬于京师。②
16	《利玛窦》	（明）张赓（约1569—？）（明）韩霖（约1601—约1647）	利玛窦，字西泰，意大理亚国人。……至三十八年庚戌四月卒，御赐葬墓在北京平子门外二里沟。③
17	《欧罗巴》	（明）傅维麟（1608—1667）	初有国儒利玛窦……病卒，赐葬于阜成门外二里沟，曰利泰西墓。④
18	《西洋来宾》	（清）花村看行侍者（生卒年不详）	大西洋十字架教主，利马窦也。……卒于庚戌年，奉旨以陪臣礼葬阜成门外三里许。⑤
19	《利玛窦传》	（清）张尔岐（1612—1678）	利玛窦，欧罗巴国人……越庚戌，玛窦死，诏以陪臣礼葬阜成门外。⑥
20	《利玛豆传》	（清）陆希言（1631—1704）	利玛豆，字西泰，依大利亚国人。……至三十八年庚戌四月卒，御赐祭葬，墓在北京阜地城门外滕公栅栏。⑦
21	《利玛窦》	（清）万斯同（1638—1702）	利玛窦，字西泰，欧罗巴人，万历九年自本国航海九万里入中国。……万历三十八年，玛窦卒，诏以陪臣礼，葬阜成门外二里嘉祐观之旁。祔而葬于左，即玉函也。⑧

---

① 参见（明）张维枢：《大西利西泰子传》，见［比利时］钟鸣旦、［荷］杜鼎克主编：《耶稣会罗马档案馆明清天主教文献》第十二册，台湾利氏学社2002年版，第223—225页。

② （明）张岱：《利玛窦列传》，《石匮书》卷二百零四，《续修四库全书》，影印南京图书馆藏稿本，第320册，第205—207页。

③ （明）张赓、韩霖：《圣教信证》，见［比利时］钟鸣旦、［荷］杜鼎克、［法］蒙曦等编：《法国国家图书馆明清天主教文献》第四册，台湾利氏学社2009年版，第529—531页。

④ （明）傅维麟：《大西国》，《明书》卷一百六十六，《四库全书存目丛书》，影印康熙四十三本诚堂刻本，史部第40册，第443页。

⑤ （清）花村看行侍者：《西洋来宾》，《谈往》，《四库全书存目丛书》，影印清康熙刻说玲本，史部第55页，第666—667页。

⑥ （清）张尔岐：《利玛窦传》，《蒿庵闲话》，《续修四库全书》，影印清康熙本，第1136册，第104—106页。

⑦ （清）陆希言：《利玛豆传》，参见《天主总论》，见钟鸣旦、杜鼎克、黄一农、祝平一等编：《徐家汇藏书楼明清天主教文献》第十四册，台湾辅仁大学神学院1996年版，第292页。

⑧ （清）万斯同：《方技》上，《明史》卷三百九十七，《续修四库全书》，影印清抄本，第302页。

序号	书名	作者	提及身份或其卒、葬情况
22	《欧逻巴》	（清）万斯同（1638—1702）	万历中，有大西洋人利玛窦，……久之病卒，赐葬阜成门外二里沟，曰利泰西墓。①
23	《意大利亚传》	（清）张廷玉（1672—1755）	万历时，其国人利玛窦至京师。……玛窦安之，遂留居不去，以三十八年四月卒于京，赐葬西郭外。②
24	《利玛窦传》	（清）赵世安（生卒年不详）	利玛窦，字西泰，大西洋人。虬髯碧眼，声若巨钟。……墓在方井。③
25	《利玛窦传》	（清）阮元（1764—1849）	利玛窦，明万历时航海到广东，是为西法入中国之始。④
26	《欧罗巴》	陆凤藻（生卒年不详）	万历中有大西洋人利玛窦，……久之病卒，赐葬阜成门外，曰利泰西墓。⑤
27	《利玛窦编年》	（清）黄伯禄（1830—1909）	神宗万历八年，教士利玛窦来华……万历三十八年三月十八日，利玛窦病故，礼部奏闻，上震悼，各部大臣、翰苑诸公，暨在京绅士，俱赠赙诣唁。四月二十三日，自利玛窦卒后，朝中诸公，议请葬地。庞帝我、熊三拔等具疏奏请。帝即将阜成门滕公栅栏官地二十亩，房间三十八间，赐给庞迪我等，永远承受，以资筑坟营葬，并改建堂宇，为供奉天主及著釐之所。十月玛窦出殡，帝遣大员致祭，顺天京兆王应麟素与玛窦善，特撰碑记。⑥
28	《大西西泰利先生行迹》	［意］艾儒略（Giulio Aleni，1582—1649）	西泰利先生玛窦者，大西欧罗巴州按《万国全图》，天下总分五大洲，其在中国最西者，谓欧罗巴。意大里亚国人也。……同会以病笃宽其安寝，利子竟不敢纤毫僭越焉。有顷，忽闭目如有所思，而安然坐逝矣。时万历庚戌年四月也。⑦

---

① 参见（清）万斯同：《外藩传》上，《明史》卷四百一十四，《续修四库全书》，影印清抄本，第614页。

② （清）张廷玉：《外国》七，《明史》卷三百二十六，中华书局1977年版，第8460页。

③ 此处有误。利玛窦墓在北京，而非杭州大方井传教士墓。参见（清）赵世安：《寓贤》，《（康熙仁和县志）》卷二十二，康熙二十六年刻本，第21—22页。

④ （清）阮元等：《畴人传》卷四十四，彭卫国、王原华点校，广陵书社2009年版，第507页。

⑤ （清）陆凤藻：《小知录》，清嘉庆九年（1804）钱大昕序刊本，第20页；转引自汤开建汇释、校注：《利玛窦明清中文文献资料汇释》，澳门特别行政区政府文化局、上海古籍出版社2017年版，第24—25页。

⑥ （清）黄伯禄：《正教奉褒》，见中国宗教历史文献集成编纂委员会编纂：《东传福音》第六册，黄山书社2005年版，第512页。

⑦ ［意］艾儒略：《大西西泰利先生行迹》，见汤开建汇释、校注：《利玛窦明清中文文献资料汇释》，澳门特别行政区政府文化局、上海古籍出版社2017年版，第29—39页。

序号	书名	作者	提及身份或其卒、葬情况
29	《利玛窦传》	[法] 樊国梁（1837—1905）	又遣一人，名玛窦利克西，及华名利玛窦，字西泰氏也。……未几，安然而逝，年五十九岁……时阜成门外滕公栅栏有官邸二十亩，房间三十八间，系杨太监籍没之寺院。……发引日，大呈仪物，于诸圣瞻礼日举行大祭，柩至茔地，葬于六角亭前，茔地门额大书"钦赐"二字。①

除此之外，如汾屠立神父（Pietro Tacchi Venturi，1861—1956）所撰《利玛窦神父历史著作集》（1910）；德礼贤神父（Pasquale M.d'Elia）编撰《利玛窦全集》（1942）资料最为翔实；罗光（1911—2004）的《利玛窦传》（1960）；裴化行（Henri Bernard，1889—1975）的《利玛窦评传》（1983）；邓恩（George Harold Dunne，1905—1998）的《从利玛窦到汤若望：晚明的耶稣会传教士》（1983）、《一代巨人：明末耶稣会士在中国的故事》（2014）；平川佑弘（1931—　）的《利玛窦传》（1999）、史景迁（Jonathan D.Spence，1936—　）的《利玛窦传——利玛窦的记忆宫殿》（2011）皆为介绍利玛窦生平必读书籍。此外，在方豪《中国天主教人物传》、费赖之《在华耶稣会士列传》等书中记载较详。而菲利普·米尼尼（Filippo Mignini）的《利玛窦——凤凰阁》、宋黎明的《皇帝的新装——利玛窦在中国（1582—1610)》、夏伯嘉的《利玛窦：紫禁城里的耶稣会士》等书亦是近时佳作，其中亦多提及其卒葬情况。

利玛窦出生于 1552 年 10 月 6 日，他是里奇和珍妮·安乔莱利（de J.B. Ricci et de Jeanne Angiolelli）的儿子②，他的父亲是一位医生，自小生活较为优越。1571 年 8 月 16 日③进入罗马奎里纳尔（Quirinale）的安德鲁初修院（Sant'Andrea），当时利玛窦 19 岁。在当见习生一年后，他开始学习哲学和神学，并且提出想去海外印度、中国等远东传教的愿望。其间他署名为"Matteo Riccio"。1577 年 5 月 18 日从罗马出发，1578 年 3 月 24 日在里斯本圣刘易斯港乘坐"圣路易斯号"船出发赴华，同年 9 月 13 日到达印度果阿。1580 年 7 月 25 日在印度珂钦晋铎 1582 年 8 月 7 日抵达澳门，随后到达广州，1583 年 9 月 10 日抵达肇庆。在肇庆府创建了第一所天主教在华住院——仙花寺。1600 年 5 月 19 日利玛窦动身前往北京，中途辗转韶州、南昌、南京等地传教。1601 年 1 月 24 日抵京(也有说法是 1601 年 1 月 4 日④）。在京与士大夫多有交游，与徐光启（1562—1633）关系最为亲密，二人同译《几何原本》。在《明史》中记载："其国人东来者，大都聪明特达之士，

---

① 参见 [法] 樊国梁：《燕京开教略》（中），救世堂清刻本，1905 年，第 13 页。

② Cf. Thomas, AL. Michaud,. *Histoire de la mission de Pékin*. 1923-1925.p.73.

③ 亦有称其 1571 年 8 月 15 日进入耶稣会修院。Cf. A. Thomas,. *Histoire de la mission de Pékin*，1923-1925.p.73.

④ Cf. *Peking, Ses palais, ses temples et ses environs: guide historique et descriptif*. Illustré par Y. Darcy, compositions originals de J. Malval.Tien-tsin, Chine, Librairie Française, 1937.p.147.

意专行教，不求禄利。其所著书多华人所未道，故一时好异者咸尚之。而士大夫如徐光启、李之藻辈，首好其说，且为润色其文词，故其教骤兴。"① 四库馆臣对其评价为："利玛窦，西洋人，万历中航海至广东，是为西法入中国之始。利玛窦兼通中西之文，故凡所著书，皆华字华语，不烦译释。"② 将利玛窦作为中西文化交流的先驱。

1610 年 5 月 11 日利玛窦逝世于北京。关于其逝世时间，王应麟在《利玛窦墓碑记》中载："万历三十八年闰三月十八日，利玛窦病故。"③

碑文（见图 4–3）

汉文

耶稣会士利公之墓 ④

利先生讳玛窦，号西泰，大西洋意大里亚国人。⑤ 自幼入会真修。明万历壬午年航海首入中华衍教，万历庚子年来都，万历庚戌年卒。在世五十九年，在会四十二年。⑥

拉丁文

D. O. M.

P. MATTHÆUS RICCI?, ITALUS MACERATENSIS, SOC.IESU PROFESS?, IN QUA VIXIT ANNOS XLII, EXPENS$_{IS}$ XXVIII IN SACRA APUD SINAS EXPEDITIONE; UBI PRIM?, CUM CHRI FIDES TERTIO IAM INVEHERETUR, SOCIORUM DOMICILIA EREXIT: TANDEM DOC-

---

① （清）张廷玉主编：《明史》列传二百十四，中华书局 1997 年版，第 8461 页。

② （清）永瑢等：《四库全书总目》，中华书局 1965 年版，第 894 页。

③ （清）黄伯禄：《正教奉褒》，见中国宗教历史文献集成编纂委员会编纂：《东传福音》第六册，黄山书社 2005 年版，第 514 页。

④ 现存墓碑上的中榜表达方式皆为修会加其中文姓氏即"某修会某公之墓"的模式。

⑤ 在墓碑上，国名都是用传统表达方式。意大利为大西洋意大里亚国；德国（日耳曼）为大西洋日尔玛你亚国＼热尔玛尼亚国＼入尔玛泥亚国；法国为大西洋弥郎国人；葡萄牙为大西洋路大尼亚国＼博尔都亚国＼波尔都噶里亚国；西班牙为大西洋依西巴尼亚国；波西米亚为大西洋波夜米亚国等。关于意大里亚的介绍，见于《明史·列传第二百十四·外国七》中。在《皇清职贡图》中关于大西洋国人有生动的形象描绘，其中包括大西洋国夷人、大西洋国夷妇、大西洋合勒未祭亚省夷人、大西洋合勒未祭亚省夷妇、大西洋翁加里亚国夷人、大西洋翁加里亚国夷妇、大西洋波罗泥亚国夷人、大西洋波罗泥亚国夷妇、大西洋国黑鬼奴、大西洋国黑鬼奴妇、大西洋国夷僧、大西洋国女尼。其中，关于大西洋国夷僧形象与利玛窦形象相仿。其中介绍："大西洋有教化、治世二王，贸易者，皆治世类；夷僧则教化类也。奉天主耶稣像，夷人敬信之。……凡通晓天官家言，曾游京师者，皆留髭须，解华语，能制仪器"。参见《皇清职贡图》，哈佛大学哈佛燕京图书馆珍藏本，第 42—43 页。

⑥ 1571 年 8 月 16 日进入罗马奎里纳尔的安德鲁初修院。1582 年 8 月 7 日抵达澳门。1600 年 5 月 19 日前往北京。墓碑上为"庚戌"，实为"庚戌"。1610 年 5 月 11 日逝世于北京。汉文与拉丁文部分墓碑皆称利玛窦享年 59 岁，此为中国传统虚岁算法。按照公历，利玛窦去世时实未满 58 岁。

TRINÆ ET VIRTUTIS FAMA CELEBER OBIIT PEKINI A.C. MDCX. DIE XI. MAII, ÆT. SUÆ LIX.

拉丁文解读 ①

D. O. M.

P [ATER] MATTHAEUS RICCI [US], ITALUS MAC-ERATENSIS, SOC [IETATE] IESU PROFESS [US], IN QUA VIXIT ANNOS XLII, EXPENSIS XXVIII IN SACRA APUD SINAS EXPEDITIONE; UBI PRIM [US], CUM CHRI [STIANA] FIDES TERTIO IAM INVEHERETUR, SOCIORUM DOMICILIA EREXIT. TANDEM DOCTRI-NAE ET VIRTUTIS FAMA CELEBER OBIIT PEKINI A [NNO] C [HRISTI] MDCX.DIE XI. MAII, AET [ATIS] SUAE LIX.

图 4-3　利玛窦墓碑碑阳拓片

图片来源：中国国家图书馆，馆藏号：
北京 1876。

英译

To God Most Good and Most Great

Father Matteo Ricci, Italian, from Macerata, professed of the Society of Jesus, in which he lived for 42 years, of which he spent 28 in the sacred campaign in China; there he was the first to put in place Xianhua Si in Zhaoqing, the first Catholic residence in China. As the Christian faith was introduced for the third time. Having achieved fame through his teaching and his virtue he died in Beijing, in the Year of Our Lord 1610, on May 11th, 59 years of age.

汉译

献给至善至尊的天主

利玛窦神父，意大利马切拉塔人，耶稣会士，在会 42 年，在华传教 28 年。随着第三次基督宗教入华热潮，来华后在肇庆首修住院仙花寺，建立传教团体。他以传授教理和广施美德著称。1610 年 5 月 11 日逝世于北京，享年 59 岁。

碑文比较与解析

墓碑的汉文部分，一方面按照传统规制，主要介绍了碑主姓名、国籍、来华时间、来京时间、去世时间、阳寿；另一方面也加上了表明其信仰的词汇，比如"自幼入会真修"

---

① 如今墓碑上的拉丁文部分破损程度不一，依原文誊写，文中 [ ] 内为解读文字。而拉丁文抬头 D. O. M. 即 DEO OPTIMO MAXIMO，对应 To God Most Good and Most Great，即"献给至善至尊的天主"。下同。

以及在会时间。

　　拉丁文部分与汉文相比较，更强调利玛窦信仰层面的内容，特别是他对来华传教士团体所立之功。其一，表明了利玛窦来华时期是继唐代景教①、元代也里可温教②之后的又一次基督宗教在中华的兴起。耶稣会士的入华，实现了"两个完全相互独立发展起来的文化之间的第一次真正实质性的接触"③。其二，强调了利玛窦来华建造住院之功。这里所提及的"首修住院"，一方面是 1585 年在广东肇庆修建仙花寺，这是中国内地第一座天主教堂；另一方面是于 1605 年在北京选址修筑了北京的第一座经堂，虽然规模很小，但是后由汤若望进行扩建，于 1650 年建造了北京城内最古老的大教堂，即宣武门教堂（俗称南堂，如今的北京教区主座教堂）。这对来华传教士而言，具有重要的开拓之功。其三，强调利玛窦在华对天主教义的传播以及对其德行的赞美。他对中华典籍无所不读，对习俗礼仪无所不晓，入乡随俗，熟习《六经》《四书》等经典，能够在日常交往中达到信手拈来的熟练程度，又在熟悉中国传统文化的基础上，积极传播西方文化、科学、技艺等。据利玛窦所说，此举不但把科学介绍给大明帝国，提供中国人一种有用的工具，而且也因此使中国人更敬重教④。美国学者孟德卫认为："利玛窦的适应方法既包含了对儒家传统本质的理解，又包含了将基督宗教介绍到中国的巧妙方法"⑤。近代学者李约瑟对利玛窦评价道："他不仅是一位杰出的语言学家，几近完美地掌握了中文；而且是一位显著的科学家和数学家，他和他的传教士同伴们不断地效仿儒家士大夫的习俗，从而顺利地受到朝廷的欢迎，从而助于历法改革以及激发对科技各方面的兴趣。"⑥

　　在论及利玛窦德行时，碑文拉丁文中称其"广施美德"。而在士大夫眼里，以利玛窦

---

① 第一次基督宗教传入的种种传说，似乎并没有达成确切共识，然而以唐朝景教作为基督宗教信仰在中国的兴起标志已被广泛认可。"景教"即基督宗教，更确切地说即古代基督宗教的聂斯脱利派（Nestorianism，基督宗教的支派，被视为天主教的异端。聂斯脱利派，也称为神圣使徒大公叙利亚东方教会（The Holy Apostolic Catholic Assyrian Church of the East，简称为 The Assyrian Church of the East），唐人称之为大秦教。参见陈垣：《基督宗教入华史略》，载《陈垣学术论文集》第一集，中华书局 1980 年版，第 84 页。

② 元代称之为"迭屑"（tarsa，即波斯语"达娑"）、"也里可温"（arkagun，也叫耶里可温、也里阿温等）。关于中文书籍中关于称呼记载，参见［英］阿·克·穆尔：《一五五〇年前的中国基督宗教史》，郝镇华译，中华书局 1984 年版，第 248—270 页。陈垣在《元也里可温教考》中将国人和日本人对"也里可温"的称谓做了一个罗列和评判。参见陈垣：《陈垣学术论文集》第一集，中华书局 1980 年版，第 2—6 页。在《元典章》中有"和尚在前，次道士，也里可温在后"的记载。参见陈垣：《基督宗教入华史略》，《陈垣学术论文集》第一集，中华书局 1980 年版，第 86 页。

③ ［法］谢和耐：《中国与基督教：中西文化的首次撞击》，耿昇译，上海古籍出版社 2003 年版，第 3 页。

④ 参见利玛窦：《利玛窦书信集》（上），罗渔译，台湾光启出版社、辅仁大学出版社 1986 年版，第 356 页。

⑤ ［美］孟德卫：《奇异的国度：耶稣会士适应政策及汉学的起源》，陈怡译，大象出版社 2010 年版，第 43 页。

⑥ Joseph Needham, *Science and Civilisation in China*, Vol.I. With the research assistance of Wang Ling. Cambridge University Press, 1954.Preface.p.149.

为代表的传教士"大都聪明特达之士，意专行教，不求禄利"①。"利子以纯全之德，负奇颖之资，大为诸当道所敬服"②。在《礼部题准利玛窦御葬疏》中提及利玛窦"犬马报恩，忠赤之心，都城士民共知"③，正是在其影响下，来华的传教士们皆"立身谦逊，履道高明，杜色欲，薄名誉，贤智与共，知愚不肖"④。李日华称利玛窦"见人膜拜有礼，人亦爱之，信其为善人也"⑤，沈德符亦言其"性好施，能缓急人，人亦感其诚厚，无敢负者"⑥。在万历朝至天启初年的儒生士大夫阶层中，缘于利玛窦的人格魅力而对西学、天主教持友善态度的人远远超出拒斥之人，"玛窦精通儒术，一时名士均乐与之游"⑦，其中吸引了如成启元（生卒年未详）、李应试（生卒年未详）、徐光启、李之藻（1565—1630）、杨廷筠（1562—1627）、孙元化（1581—1632）等官绅儒生，还受到当时冯琦（1558—1604）、张问达（？—1625）、叶向高（1559—1627）、冯应京（1555—1606）等士大夫的帮助扶持⑧，利玛窦亦不再以外教人士示人，而名为"泰西儒士利玛窦号泰西"（顺天府尹王应麟所撰的《钦敕大西洋国士葬地居舍碑文》）。礼部侍郎吴道南赞颂利玛窦："其慕义远来，勤学明理，著述有称，乞收葬"⑨。罗光在其书中如是评价利玛窦："利玛窦的伟大，不在于灌输西学，不在于精通中文，乃是在于他能克己，能勇进，能识时，另外是在于他爱主心切，不求荣己，只求荣主。"⑩也正是因为利玛窦在华广被认可，才有机会死后获得赐地。当时有宦官质疑，问叶向高："诸远方来宾者，从古皆无赐葬，何独厚于利子？"叶向高以利玛窦至高的道德学问回复："子见从古来宾，其道德学问有一如利子乎？姑毋论其他，即其所译《几何原本》一书，即宜钦赐葬地矣！"⑪因此，栅栏墓地"是1610年利玛窦去世后皇帝给予他的官方葬地，以纪念他在华功绩"⑫。

---

① （清）张廷玉主编：《明史》列传二百十四，中华书局1997年版，第8461页。

② 《钦命传教约述》，见韩琦、吴旻校注：《熙朝崇正集熙朝定案（外三种）》，中华书局2006年版，第204页。

③ 韩琦、吴旻校注：《熙朝崇正集熙朝定案（外三种）》，中华书局2006年版，第21页。

④ 韩琦、吴旻校注：《熙朝崇正集熙朝定案（外三种）》，中华书局2006年版，第24页。

⑤ （明）李日华：《大西国》，《紫桃轩杂缀》卷一，《四库全书存目丛书》，影印清康熙刻本，子部第108册，第14页。另参见方豪：《中国天主教史人物传》上，中华书局1988年版，第76页。

⑥ 方豪：《中国天主教史人物传》上，中华书局1988年版，第76页。

⑦ 陈垣：《浙西李之藻传》，载《陈垣学术论文集》第一集，中华书局1980年版，第71页。

⑧ 关于明末受洗的官员以及对天主教持友善态度的儒生士大夫具体情况。参见黄一农：《两头蛇——明末清初第一代天主教徒》，上海古籍出版社2006年版，第74—110页。

⑨ 徐宗泽：《增订徐文定公文集》（卷首下），第15—16页；罗光：《利玛窦传》，台湾学生书局1982年版，第231—235页。

⑩ 罗光：《利玛窦传》，台湾学生书局1979年版，第7页。

⑪ ［意］艾儒略：《大西西泰利先生行迹》，见［比利时］钟鸣旦、［荷］杜鼎克主编：《耶稣会罗马档案馆明清天主教文献》第十二册，台湾利氏学社2002年版，第222页。

⑫ *Peking, ses palais, ses temples et ses environs : guide historique et descriptif*, illustré par Y. Darcy, compositions originals de J. Malval.Tien-tsin, Chine, Librairie Française, 1937.p.280.

（二）汤若望

（IOANNES ADAMUS SCHALL/JohannAdam Schall von Bell）

在汤若望（见图4-4）的故乡德国科隆市中心弥勒黑特教堂（Minoritenkirche）竖有一尊身穿清代官服的汤若望雕像，纪念铜牌上写道："1644年，他被委任为北京天文台的负责人，在中国很有声望。他还是顺治皇帝的朋友和顾问。1666年在北京去世，中国人至今还在纪念他"。

图4-4　汤若望像

图片来源：美国旧金山大学利玛窦中西文化历史研究所。

汤若望，字道未①，原名约翰·亚当·沙尔·冯·白尔。"汤若望，初名约翰亚当沙耳，姓方白耳氏"②。1592年5月1日出生于日耳曼北莱茵-威斯特法伦州（North Rhine-Westphalia）科隆的一个古老的名门望族。他是亨利·德根哈特（Henri Degenhard）与其第三位妻子玛利亚·沙伊法特·德·麦罗德（Maria Scheiffart de Merode）的儿子③。年幼时就读于耶稣会三王冕贵族中学。1608年汤若望从科隆前往罗马，进入罗马的德意志学院学习。1610年，他先后完成了哲学、古典文学、数理、天文学等课程。1611年10月他加入了耶稣会，10月21日进入罗马的圣安德雷初修院，成为了一名见习修士。在见习期间，汤若望有机会接触到了海外耶稣会士寄往罗马的信件，由此深受鼓舞，决心前往东方传教。1613年10月，他开始了为期四年的神学和数学研究。1614年他开始申请前往中国传教，并在罗马拜访了金尼阁。1618年晋铎为神父。

1618年4月16日，在金尼阁的带领下，汤若望、邓玉函、罗雅谷等22名传教士以葡萄牙当局的名义从里斯本起航，从此告别了欧洲故土，一生再未

---

① 参见［法］荣振华、方立中、热拉尔·穆赛、布里吉特·阿帕乌：《16—20世纪入华天主教传教士列传》，耿昇译，广西师范大学出版社2010年版，第315页。

② （清）赵尔巽等：《清史稿》列传五十九，卷二七二，中华书局1977年版，第10019页。

③ Cf. *Diccionario Histórico de la Compañía de Jesús: Biográfico-temático*, Charles E. O'Neill, Joaquín Maríaínguez, Universidad Pontificia Comillas, 2001.p.3514—3516. *Alfons Vaeth S. J. Johann Adam Schall von Bell S. J.*, Monumenta Serica Monograph Series XXV.Steyler Verlag Nettetal, 1991.*Western Learning and Christianity in China, The Contrubution and Impact of Johann Adam Schall von Bell, S. J.(1592—1666)*, Edited by Roman Malek.Monumenta Serica Monograph Series XXXV/1.China-Zentrum and the Monumenta Serica Institute Sankt Augustin, 1991.

返回。他们历经艰辛，于 1619 年 7 月 15 日到达澳门。由于当时中国对基督宗教传教活动控制颇严，以及对其教徒迫害加剧，汤若望在澳门滞留了两年的时间。1623 年 1 月 25 日与龙华民一起抵京帮助徐光启进行历法改革，其间一方面继续学习语言，另一方面从事天文观测活动，撰写论文。为了接替金尼阁的工作，汤若望 1627 年到达陕西西安，1628 年 7 月 31 日在西安发愿。在西安待了近两年的时间。1630 年，在邓玉函弥留之际，经徐光启的推荐，汤若望于同年 12 月份抵京供职于钦天监，由他负责修订历法，整编《崇祯历书》，制作天文仪器，设厂铸炮。1633 年获得崇祯皇帝钦赐匾额"钦褒天学"。在京十余年间，便为 140 余人领洗。1644 年由多尔衮（摄政王）任命为钦天监监正。供奉朝廷期间，顺治帝对汤若望宠幸有加，认他为"义父"，尊他为"玛法"（满语，尊敬的老爷爷）。1650 年顺治帝给汤若望赐宣武门内天主堂侧隙地一方，以资重建圣堂。当时孝庄文皇太后颁赐银两，亲王官绅等相率捐助。汤若望主持修建，并撰记立石，名为《都门建堂碑记》①。1658 年 2 月 2 日，赐"光禄大夫"，爱锡通微教师②、通政使司通政使、加二品又加一级、掌钦天监印务，成为历史上在中国任官阶衔最高的欧洲人之一③，并为极少数获封赠三代以及恩荫殊遇的远臣。赐地建筑天主堂，御题匾文颂扬天主之教。④ 汤若望入宫不仅无须太监传唤，免除谨见时的叩跪之礼，顺治帝还不顾上下尊卑的惯例，到汤若望所居住的馆舍去看望。仅 1656—1657 年两年间，皇帝亲临汤若望住处叙谈求教，就有 24 次之多。汤若望成为在华天主教传教事业的"保护神"。1661 年顺治帝去世，康熙继位。康熙延称其为"玛法"⑤。而士大夫金之俊（1593—1670）称汤若望"匡赞英主，跻一世于仁寿彰彰也"，"先生之学，于是全乎大道"⑥。魏裔

---

① 其内容如下："自昔西汉时，有宗徒圣多默者初入中国传天主正教，次则唐贞观以后，有大泰国西士数人，入中国传教，又次明嘉靖时，圣方济各入中国界传教，至万历时西士利玛窦等，先后接踵入中国传教，译有经典，著有书籍，传衍至今。荷蒙清朝特用西法，定造时宪新历，颁行历务，告竣。谨于都城宣武门内虔建天主新堂，昭明正教。时天主降生一千六百五十年，为大清顺治七年岁次庚寅"。参见（清）黄伯禄：《正教奉褒》，见中国宗教历史文献集成编纂委员会编纂：《东传福音》第六册，黄山书社 2005 年版，第 551 页。

② "上赐汤若望号'通微教师'。谨案：世祖皇帝赐号本系通玄教师，后于康熙朝因避朝讳，遂改为通微教师"。参见 [比利时] 钟鸣旦、[荷] 杜鼎克、黄一农、祝平一等编：《徐家汇藏书楼明清天主教文献》第二册，辅仁大学神学院 1996 年版，第 999 页。另参见（清）黄伯禄：《正教奉褒》，见中国宗教历史文献集成编纂委员会编纂：《东传福音》第六册，黄山书社 2005 年版，第 552 页。另参见韩琦、吴旻校注：《熙朝崇正集熙朝定案（外三种）》，中华书局 2006 年版，第 394—395 页。

③ 南怀仁在过世前的职务为"钦天监治理历法、加工部右侍郎、又加二级"，并获谥号"勤敏"，所获恩礼较汤若望稍高。转引自黄一农：《耶稣会士汤若望在华恩荣考》，《中国文化》1992 年第 7 期，第 170 页。

④ 参见 [法] 费赖之：《在华耶稣会士列传及书目》，冯承钧译，中华书局 1995 年版，第 170 页。

⑤ Michele Ferrero, *Spritiual Sinology-Imaginary letters from the Middle Ages to today:50 missionaries who loved China*. Don Bosco Press, 2012.p.79.

⑥ 金之俊，江苏吴江人，进士，曾任吏、兵、工三部尚书。参见（清）黄伯禄：《正教奉褒》，见中国宗教历史文献集成编制委员会编纂：《东传福音》第六册，黄山书社 2005 年版，第 570—571 页。

介（1616—1686）称其"器大神宏，无愧于古之圣贤"，"谓先生为西海之儒，即中华之大儒可也"①。龚鼎孳（1616—1673）亦称汤若望"道德洽闻，倾动朝著"②。汤若望在华事业重心已转移至天文历法、翻译西方科技著作、输入西洋火器等当时先进技艺方面，成为继利玛窦以后最有影响的耶稣会士。"汤若望在北京供职达四十年之久，卓越的一生，在利玛窦之后，足为传教士的领袖"③。

然而1664年伊斯兰教天文学家杨光先（1597—1669）撰写《请诛邪教状》，以邪说惑众、潜谋造反、历法荒谬等罪状控告汤若望，由此汤若望"遭棍杨光先倚恃权奸，指为新法舛错"④，且被"火其书而毁其居"⑤，致使入狱，革职绞监候。

由于牢狱之灾，汤若望落下病疾。1664年，汤若望在狱中中风而半身不遂，无法说话，"汤公以衰颓老翁，备遭荼毒，就审时，猝患麻痹，口舌结塞，不能道只字"⑥。出狱后与南怀仁、利类思、安文思同住一处。由于心情悲愤抑郁，最终1666年8月15日逝世于北京。"此时公年老力衰，益以系狱久，又备受荼毒，自知死期将至，乃作书别同会诸公，或有失德，概求宽恕，卒于一六六六年八月十五日圣母升天瞻礼日备领圣事而与世长辞矣"⑦。且"司铎死后，丧仪甚盛"⑧，直至康熙八年（1669）在南怀仁、利类思、安文思的奏疏下，汤若望的名望才得以恢复。1669年7月20日和硕康亲王杰淑等人奏疏认为将汤若望官职及所赐嘉名革去实属冤枉，"应将汤若望通微教师之名，复行给还，该部请照原品级赐恤"⑨。并且将工部所变卖阜成门外堂及房屋以原价取回空地，归还给南怀仁等人。汤若望获得葬资524两，以资筑建汤若望坟茔并表立墓碑石兽。"汤若望通微教师之名既复行给还，照伊原品级赐恤，应照原任通政使司通政使加二级又加一级掌钦天监印务事汤若望，给与合葬之价，并给与一品致祭银两，遣官读文致祭，祭文内院撰拟"⑩。康熙

① 魏裔介，河北邢台柏乡人，进士。曾任都御史、太子太保、吏部尚书、保和殿大学士、太子太傅等职。参见方豪：《中国天主教人物传》（中册），中华书局1988年版，第10页。另参见（清）黄伯禄：《正教奉褒》，见中国宗教历史文献集成编纂委员会编纂：《东传福音》第六册，黄山书社2005年版，第577页。

② 龚鼎孳，安徽合肥人，进士。曾任户、刑二部左右侍郎，都察院左都御史等。参见（清）黄伯禄：《正教奉褒》，见中国宗教历史文献集成编纂委员会编纂：《东传福音》第六册，黄山书社2005年版，第579页。

③ ［法］高龙鞶：《江南传教史》第二册，周士良译，台湾辅仁大学出版社2009年版，第222页。

④ ［比利时］钟鸣旦、［荷］杜鼎克、黄一农、祝平一等编：《徐家汇藏书楼明清天主教文献》第二册，台湾辅仁大学神学院1996年版，第996页。

⑤ ［比利时］钟鸣旦、［荷］杜鼎克、黄一农、祝平一等编：《徐家汇藏书楼明清天主教文献》第二册，台湾辅仁大学神学院1996年版，第999页。

⑥ 《南怀仁传》，《圣教杂志》1934年第2期。

⑦ 仲群：《明末清初传教士传略——汤若望传》，《圣教杂志》1934年第1期，第28页。

⑧ 渠志廉：《汤若望司铎年谱》，《磐石杂志》1934年第11期，第22页。

⑨ （清）黄伯禄：《正教奉褒》，见中国宗教历史文献集成编纂委员会编纂：《东传福音》第六册，黄山书社2005年版，第616—617页。

⑩ 韩琦、吴旻校注：《熙朝崇正集熙朝定案（外三种）》，中华书局2006年版，第83页。

且在御祭之文中"爰锡通微教师之号"①，其中以罗列前代掌管历法之名士而引出汤若望之功，认为自羲和、汉代洛下闳、张衡，唐代的李淳风、僧一行等人，甚至元代的郭守敬，其历法代有损益，经纬尚有舛错。汤若望"精于象纬，阅通历法"②，"一时专家治历，如魏文奎等，推测之法实不及尔"③，对其赞誉甚高。

1669 年 11 月 16 日，康熙派遣礼部大员，捧谕祭文一道，至汤若望墓前致祭，时利类思、安文思、南怀仁等供设香案跪迎，恭听宣读。汤若望的墓碑碑面宽三尺三寸（约 1 米），高六尺六寸（约 2 米），"碑建成从中央倾斜折叠的形状，碑文不同于利玛窦，中间无碑石"④。汤若望墓地规制无疑为在华传教士中最高的一座。原墓碑上有门生李祖白所撰悼文：

> 吾师汤道未先生，讳若望，西海热尔玛尼亚人。幼龄学道，入耶稣会，以宣传天主正教为务，三十游中华，为天启二年。嗣以凤谙历学，岁己巳，由大学士徐文定公荐，应召来京，修历成十余载。恭遇国朝建鼎，遂用西洋新法，造历颁行。泳荷恩礼优异，迄今未艾云。门人李祖白谨识。⑤

根据《青龙桥茔地志》称"此文刻于碑上，现存北京栅栏茔地"⑥，该茔地志作于 1940 年，可见此碑为 1940 年之后佚失不存。

在如今墓地入口处所存的石门曾为栅栏墓地的正门，用满、汉两种文字书写"钦赐"二字⑦。可见此墓门与汤若望有关，根据樊国梁的《燕京开教略》记载，汤若望墓园的尽头确乎有一石门，"中有甬道一条，由墓所直达茔门"⑧。而南怀仁去世后，康熙皇帝"复恩给祭葬，御制祭文碑文，赐谥以光墓门云"⑨。故此石门自汤若望墓园建成时便已存在。

---

① "通微教师"又称"通玄教师"（Preceptor of the young monarch），即是对汤若望的天文学功绩进行了肯定。参见［比利时］钟鸣旦、［荷］杜鼎克、黄一农、祝平一等编：《徐家汇藏书楼明清天主教文献》第二册，台湾辅仁大学神学院 1996 年版，第 1021—1023 页。

② 韩琦、吴旻校注：《熙朝崇正集熙朝定案（外三种）》，中华书局 2006 年版，第 84 页。

③ 韩琦、吴旻校注：《熙朝崇正集熙朝定案（外三种）》，中华书局 2006 年版，第 84 页。

④ 此说法存疑，"碑建成从中央倾斜折叠的形状"与现实不符。参见［日］中野江汉：《北京繁昌记》，韩秋韵译，北京联合出版公司 2017 年版，第 335 页。

⑤ 旧金山利玛窦中西文化研究所，档案：*Zhalan Cemetery Rubbings of tombstones* 166. 参见顾卫民：《中国天主教编年史》，上海书店出版社 2003 年版，第 180 页。

⑥ 吴德辉：《青龙桥茔地志》（1940 年），中国国家图书馆 2007 年（缩微品），第 41 页。

⑦ "石门"后成为栅栏墓地的俗称。在老北京，提及石门教堂、石门坟地，百姓远近皆知。参见李兰琴：《汤若望传》，东方出版社 1995 年版，第 175—176 页。

⑧ ［法］樊国梁：《燕京开教略》（中），救世堂清刻本，1905 年，第 32 页。

⑨ 杭州后学何文豪、张星曜、杨达等同述：《昭代钦崇天教至华叙略》，见韩琦、吴旻校注：《熙朝崇正集熙朝定案（外三种）》，中华书局 2006 年版，第 204 页。

碑文（其碑阳见图 4–5，其碑阴见图 4–6）

图 4–5 汤若望墓碑碑阳拓片

图 4–6 汤若望墓碑碑阴拓片

汉文

碑阳

汤先生，讳若望，号道未，大西洋日尔玛你亚国人也。自幼入耶稣会。于明天启甲子年①来中华行教，崇祯庚子年②钦取修历。至顺治二年③，清朝特用新法，恩赉有加。卒于康熙四年乙巳④，寿七十有五。

---

① 即 1624 年。汤若望于 1619 年 7 月 15 日到达澳门，1624 年 1 月 25 日与龙华民一起抵京。

② 此处"庚子"为"崇祯庚午年"之误，1630 年汤若望在邓玉函逝世后被招至北京修订历法，邓玉函 5 月 11 日逝世，汤若望 12 月由西安抵达北京。

③ 即 1645 年。1645 年由顺治皇帝册封为正五品。他修西洋新历，使得中国人认可了欧洲天文学。

④ 康熙四年即 1665 年。然汤若望逝世于 1666 年 8 月 15 日，而 1666 年为丙午年。

碑阴

耶稣会士汤公之墓 ①

皇帝谕祭原任通政使司通政使，加二级又加一级，掌钦天监印务事②。故汤若望之灵曰：鞠躬尽瘁，臣子之芳踪。恤死报勤，国家之盛典。尔汤若望，来自西域，晓习天文，特畀象历之司，爰锡通微教师之号。遽尔长逝，朕用悼焉。特加恩恤，遣官致祭。呜呼！聿垂不朽之荣，庶享匪躬之报。尔如有知，尚克歆享。康熙八年十一月十六日。③

拉丁文

P. IOANNES ADAMVS SCHAL. COLONIENSIS SOC IESV PROEESSVS VIXIT IN SOCI-
ETATE ANIS LVIII EX QVIBVS XLVII INSVMPSIT IN OPVS EVANGELII IN REGNO SINĒSI.
EVOCATVS A REGE IN CVRIĀ COLLATIS STVDIIS CV P. IACOBO RHO EDITIS MVLTIS
LIBRIS CORREXIT KALĒDARIV SINENSE QVOD CV TOTIVS REGNI PLAVSV VT EXCIPER-
ETVR EFFECIT. OBIIT PEKINI AN. SAL. MDCLXVI DIE XV. AVG. ÆT. VERO LXXV.

---

① 汤若望墓碑汉文与拉丁文生平简介在碑阳，而"耶稣会士汤公之墓"、康熙谕祭之文与满文说明在碑阴，有别于其他碑文。原因是汤若望在去世后4年才得以平反，去世时尚是"罪人"身份，故在碑阳部分是中文和拉丁文部分。在平反后，再在碑阴重新添上中榜"耶稣会士汤公之墓"、康熙谕祭之文以及满文。墓地重建时，文物专家吴梦麟按照文物修复原则，根据1958年北京市文物部门和国家图书馆皮藏的拓片保持墓碑被毁前的原貌。比如《北京图书馆藏中国历弋石刻拓本汇编》以及《北京繁昌记》（1919）中记载，皆为如此摆置。而在来华传教士所现存墓碑中，仅汤若望与南怀仁二人碑文有满文说明，显示出当时官方（康熙）对他们所作贡献的认可程度。"清朝最初四十五年内，占支配地位的是汤若望神父和南怀仁神父的伟大形象。他们在北京取到的官方地位，甚至比利玛窦神父从前享有的犹有过之"。此御祭之文为利类思、安文思、南怀仁在汤若望墓前跪接。"给与合葬之价，并给与一品致祭银两，遣官读文致祭，祭文内院撰拟"。

② "通政使司通政使"即古代官署名。简称"通政使"。明代设置，为通政使司之长官。执掌呈转、封驳内外奏章和引见臣民之言事者等事宜，并参与大政、大狱之会议及会推文武官员。清沿明制，设通政使司，置通政使满、汉各一人，为九卿之一。初制满员正二品，汉员正三品，至康熙九年（1670）定制，满员、汉员均正三品。钦天监：古代官署名。掌管天文、历法、气象和占卜一类事，由前此各朝的太史局、司天台、司天监等沿袭而来，明代洪武三年（1370）正式称为"钦天监"。清代循称"钦天监"，并设监正、监副等官，规定"钦天监监正"满一人、西洋一人，皆正五品。"监副"满、汉各一人，左右监副各西洋一人，皆正六品。按照清时邮典，满汉大臣所得的造葬银两俱照其加赠品级给与，一品官的造坟银为500两、致祭银为25两，且部院堂官加衔至一品、二品者卒，亦可获遣官读文致祭一次以及工部立碑的恩遇。

③ 此处"故汤若望之灵曰：鞠躬尽瘁，臣子之芳踪。恤死报勤，国家之盛典"为传统御祭碑文写作用语，象征碑主为臣子典范，对国家社稷之贡献。而"呜呼！聿垂不朽之荣，庶享匪躬之报。尔如有知，尚克歆享"的类似表述也常用于御祭之文中，表达皇帝对臣子功绩的认可以及对其去世的哀悼之心。墓碑上"灵曰"与"耶稣"二字相重叠。而第一竖行、第二竖行中间"公入耶稣会"与原碑文上"汤若望之灵曰鞠躬"相重叠。由此可知此碑阴与碑阳均被使用，刻有汤若望生平。而后碑阴重刻中榜满、汉御祭之文。Cf. Johann Adam Schall von Bell S. J., *Missionar in China,* kaiserlicher Astronom und Ratgeber am Hofe von Peking，1592—1666：ein Lebens-und Zeitbild, Nettetal，1991. pp.348, 345.

拉丁文解读

P [ATER] IOANNES ADAMUS SCHAL [L], COLONIENSIS, SOC [IETATE] IESU PRO-
FESSUS, VIXIT IN SOCIETATF [SOCIETATE] AN [N] IS LVIII, EX QUIBUS XLVII [ANNOS]
INSUMPSIT IN OPUS EVANGELII IN REGNO SINE [N] SI. EVOCATUS [EST] A REGE IN
CURIA [N], COLLATIS STUDIIS CUM IACOBO RHO, EDITIS MULTIS LIBRIS, CORREXIT
KAL [EN] DARIU [M] SINENSE, QUOD CU [M] TOTIUS REGNI PLAUSU, UT EXCIPER-
ETUR, EFFECIT. OBIIT PEKINI AN [NO] SAL [UTIS] MDCLXVI DII XV AUG [USTI] AET
[ATIS] VERO LXXV.

英译

Father Johannes Adam Schall Von Bell, from Cologne, professed of the Society of Jesus, in
which he lived for 58 years, he spent 47 of these years in the work of the evangelization in the king-
dom of China. Having been called to court by the Emperor, he did scientific research together with
Jacobus Rho, and after publishing many books he corrected the Chinese calendar, which earned him
the praise of the whole kingdom, so that the new calendar was accepted. He died in Beijing in the year
of salvation 1666, on August 15th, aged 75.

汉译

献给至善至尊的天主

汤若望神父，德国科隆人，耶稣会士，在会 58 年，其中在华传教 47 年。他被康熙传至
朝廷，与罗雅谷一起从事科学研究，相继出版诸多著作。由于修正历法(《崇祯历书》)而获得全
国颂扬，自此新历法得以接受。救世后 1666 年 8 月 15 日逝世于北京，享年 75 岁。

满文（见图 4-7）转拉丁文

hūwangdi hese dade tung jeng ši sy yamun i alifi hafumbure hafan juwe jergi nonggiha geli emu
jergi nonggifi kin tiyan giyan yamun i doron i baita be kadalara / akū oho tang žo wang de wecere
gisun.. beyebe akūmbume hūsun be wacihiyarangge.. amban oho niyalma i sain yabun. akū oho be
gosire / kicehe de karularangge.. gurun booi wesihun kooli.. tang žo wang si abkai šu be urebufi. wargi
baci jihe manggi.. uthai hūwangli / weilere be cohome kadalabufi tung wei giyoo ši sere gebu buhe
bihe.. gaitai akū ojoro jakade. bi nasame gūnime ofi. cohome hafan / takūrafi kesi isibume wecembi..
ai gukurakū wesihun be tutabufi. sini faššaha de karulaha.. sara gese oci alime gaisu.. / elhe taifin i
jakūci aniya omšon biyai juwan ninggun.. /

满文汉译

皇帝御赐祭汤若望，原任通政使司通政使(正三品)，加二级再加一级，任钦天监监正。
已故汤若望之灵言：鞠躬尽瘁，这是作为臣子得以遵循的原则。而臣子以死报国，辛勤工作，
这是国家昌盛的原因。汤若望来自西洋国，晓通天文，就职于钦天监，赐以"通微教师"。今

闻其突然病逝，朕深感悼惜，特此恩加体恤，派遣官员前来致以哀悼。呜呼！愿其荣耀永垂不朽，忠心耿耿之心得以回报。如果您有知，请来享用祭品与香火。康熙八年十一月十六日。

碑文比较与解析

汤若望墓碑碑阳、碑阴皆有汉文，碑阳为其生平简介，碑阴为御祭之文。在其生平中，着重强调他对修订历法的贡献。"当时入华的天主教士中，精天算者即占相当比例，汤若望更为其中的佼佼者"[1]。其御祭之文的目的乃为汤若望平反正名，强调其在华的政治地位，在《清史稿》中有其传。故被后人认为"名业与利玛窦相并，堪称为耶稣会之二雄"[2]。1664年4月20日，汤若望遭受了前所未有的攻击。伊斯兰教天文学家杨光先（1597—1669）撰写《请诛邪教状》，以邪说惑众、潜谋造反、历法荒谬等罪状控告汤若望，"别疏又举汤若望舛谬三事：一、遗漏紫炁，一、颠倒觜参，一、颠倒罗计"[3]。1665年4月15日，经议政王会议，以数条罪名判处汤若望等人凌迟处斩。"汤若望及刻漏科杜如预、五官挈壶正杨宏量、历科李祖白、春官正宋可成、秋官正宋发、冬官正朱光显、中官正刘有泰皆凌迟处死；故监官子刘必远、贾文郁、可成子哲、祖白子实、汤若望义子潘尽孝皆斩"[4]。由此汤若望入狱。后因京师地震，宫内发生火灾，汤若望获孝庄太皇太后特旨释放，李祖白、宋可成、宋发、朱光显、刘有泰等五名钦天监官员被斩首，时宪历亦遭废止。"得旨，汤若望等并免流徙，祖白、可成、发、光显、有泰斩，自是废新法不用"[5]。杨光先乃出任钦天监监正，吴明煊（明炫之弟）为监副，复用大统旧术，然而杨光先所恢复的《大统历》及《回回历》推算历日，屡有差错。持新法之比利时传教士南怀仁等与持旧法之杨光先等交争不已，康熙七年（1668）十一月，特派员察勘两造实际观测，证明新法优于旧法。杨光先被革职，任南怀仁为钦天监监副，于康熙九年（1670）复行时宪历。经过这场斗争，新

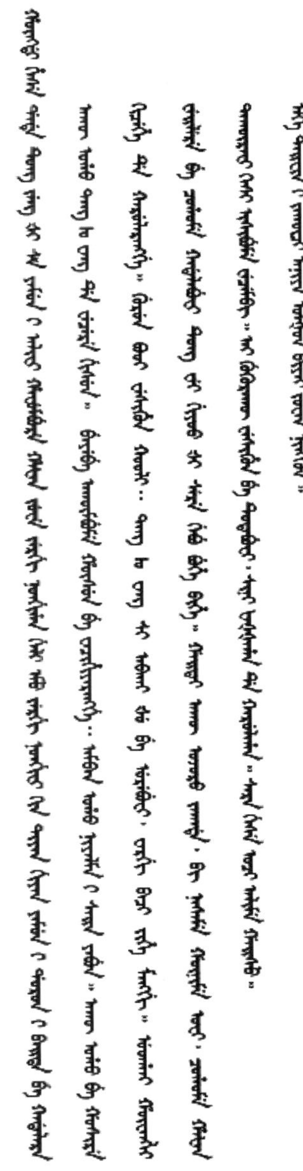

图 4-7　汤若望墓碑拓片碑阴满文原文

图片来源：由北京市社科院满学研究所所长赵志强研究员提供。

---

① 黄一农：《耶稣会士汤若望在华恩荣考》，《中国文化》1992年第7期。
② 许明龙主编：《中西文化交流先驱》，东方出版社1993年版，第99页。
③ （清）赵尔巽等：《清史稿》列传五十九，卷二七二，中华书局1977年版，第10021页。
④ （清）赵尔巽等：《清史稿》列传五十九，卷二七二，中华书局1977年版，第10021页。
⑤ （清）赵尔巽等：《清史稿》列传五十九，卷二七二，中华书局1977年版，第10022页。

法终于战胜旧法。"我国研究历学已数千年了，至汤若望才真正窥得天道，测算无误"①。直至康熙八年（1669）即在汤若望去世后4年，在南怀仁、利类思、安文思的奏疏下，汤若望的名望才得以恢复，且获康熙御祭文一道。

拉丁文部分提到了其同伴罗雅谷，更注重耶稣会士的团队工作。当时通过礼部题荐，"以西儒罗雅谷、汤若望、邓玉函等精习历法，旁通诸学，遂蒙钦召入京"②。罗雅谷与汤若望早在邓玉函病故后便奉召前往北京参与修历工作，"尚有汤若望、罗雅谷二臣者，其术业与玉函相埒，而年力正强，堪以效用"③。崇祯九年（1636）二人奉命指授筹放铳炮之法，修历演器，并且相继出版诸多著作，其参与所修的《西洋新法算书》100卷共13套收于《四库全书》中④。"罗雅谷、汤若望等撰译书表，制造仪器，算测交食躔度，讲教监局官生，数年来呕心沥血，几于颖秃唇焦，功应首叙"⑤。由于修正历法而获得全国颂扬，自此新历法得以推行。而正是汤若望在顺治帝时期在钦天监的地位，不仅开启了中华天文学史上的传教士时代，从而使得传教士在此后近两百年间，接续担任钦天监监正或监副等要职，更使得传教士凭借天文学获得在华的合法身份，从而促进了中西文化的交流。

其满文内容与汉文部分相同。

（三）南怀仁
（FERDINANDUS VERBIEST/Ferdinand Verbiest）

早在18世纪，比利时布鲁日圣·克鲁伊斯(Sint-Kruis-Brugge)的鲁伊海姆(Rooigem)城堡内，立有一尊南怀仁⑥（见图4-8）的雕塑，在其周围环绕着四名在主教花园玩耍的中国小孩。他们分别代表着南怀仁的特长，天文学、音乐、绘画和建筑学。虽然后来这四个小雕像被布鲁日市长（Hippolyte Visart de Bocarmé，1818—1851）运到了布鲁日城，装饰格鲁修斯博物馆（Gruuthuse Museum）的花园。但南怀仁的雕像仍然留在鲁伊海姆城堡内，成为法兰德斯主教（Joannes-Robertus Caimo, 1777—1794）的私人财产。而在比利时彼滕大教堂旁亦竖有南怀仁铜像。

---

① 曹京实：《汤若望与中国天历》，《中德学志》1943年第1—2期。

② （明）黄明乔：《天学传概》，见韩琦、吴旻校注：《熙朝崇正集熙朝定案（外三种）》，中华书局2006年版，第228页。

③ 韩琦、吴旻校注：《熙朝崇正集熙朝定案（外三种）》，中华书局2006年版，第32页。

④ 参见（清）纪昀等总纂：《钦定四库全书总目》（整理本）上，卷首三"凡例"，中华书局1997年版，第1392页。

⑤ 韩琦、吴旻校注：《熙朝崇正集熙朝定案（外三种）》，中华书局2006年版，第35页。

⑥ Cf. Charles E. O'Neill, Joaquín María Domínguez, *Diccionario Histórico de la Compañía de Jesús: Biográfico-temático,* Universidad Pontificia Comillas, 2001.pp.3928-3929.

南怀仁，"初名佛迪南特斯，姓阜泌斯脱氏"[1]，字勋卿，又字敦伯[2]。于1623年10月9日出生于比利时布鲁塞尔附近的西佛兰德斯（Flandes Occidental）的彼滕（Pittem）小镇。他是塔拉戈纳地区为法警兼税务员朱多克·韦尔比埃（Judoc-Verbiest）和安娜·范·赫克（Anne Van Hecke）的长子。自幼聪颖，相继在布鲁日和科特赖克修院学习人文学，1641年9月29日进入比利时安特卫普马利内斯初修院学习哲学和数学，后又回到鲁汶学习。"公年甫十七，已善属文，声誉鹊起"[3]。他于1645—1646年在科特赖克修了一门课程，学习拉丁诗歌。他一直想去南美洲传教，所以1647年提出申请，但是被西班牙当局拒绝。1647—1652年他在布鲁塞尔修院表现完美，他又前往罗马学习了一年的神学课程，然后剩余的时间留在塞维利亚，他又申请前往南美洲传教，然而再次被拒绝。1655年晋铎后，他的传教诉求转向了东方，最终被批准前往中国传教。1657年4月4日他从里斯本出发，随同卫匡国（Martino Martini，1614—1661）一行30余传教士于1658年6月17日到达澳门。[4]1659年2月16日在澳门发愿，随后以天文学家的身份召入宫中协助汤若望工作，

图4-8 南怀仁像

图片来源：美国旧金山大学利玛窦中西文化历史研究所。

1660年6月9日抵京。1668年，南怀仁弹劾钦天监监正杨光先、监副吴明烜，指出吴氏历的错误，且通过测验证明南怀仁所指逐款皆符，吴氏所称逐款不合。南怀仁趁机要求康熙为汤若望平反，恢复其官职及称号，即"原任通政使司通政使，加二级又加一级，掌钦天监印务事""爱锡通微教师之号"。与此同时，南怀仁继任钦天监监副。杨光先被革职，遣回原籍，病死途中，"坐光先斩，上以光先老，贷其死，遣回籍，道卒"[5]。除此之外，南怀仁在地图绘测方面有卓越的贡献。康熙甲寅年（1674）出版了中文版世界

---

① （清）赵尔巽等：《清史稿》列传五十九，卷二七二，中华书局1977年版，第10024页。

② 关于南怀仁的字，墓碑上仅称"敦伯"二字。参见《辞海》，中华书局1980年版，第479页。

③ 《南怀仁传》，《圣教杂志》1934年第2期，第81页。

④ Cf. *Diccionario Histórico de la Compañía de Jesús: Biográfico-temático*, Charles E. O'Neill, Joaquín María Domínguez, Universidad Pontificia Comillas, 2001.p.3928. 另参见 [法] 荣振华、方立中、热拉尔·穆赛、布里吉特·阿帕乌：《16—20世纪入华天主教传教士列传》，耿昇译，广西师范大学出版社2010年版，第368页。

⑤ （清）赵尔巽等：《清史稿》列传五十九，卷二七二，中华书局1977年版，第10024页。

地图《坤舆全图》（*Great Universal Geographic Map*）①，此为中国古代世界地图的集大成者，较为全面地描述了当时五大洲、四大洋的地理风貌，而图上释文对各地的地貌特征、风土人情、奇禽异兽等进行了揭述，这对研究明清时期世界地貌和中国领土情况有重要的价值。

由于操劳过度，南怀仁最终疾病缠身，他生前曾有一篇奏疏，其中论及"臣以卧疾""病入膏肓，命垂旦夕"等。到了1687年11月，病情急转直下，"上频遣太医诊视，侍卫存问"②。1688年1月28日，南怀仁逝世于北京，在去世前，他写下遗折：

> 臣南怀仁谨奏，为君恩高厚未报，临死哀鸣，仰祈睿鉴事。臣怀仁远西鄙儒，自幼束身谨行，远来元一，皇上素所洞悉。因臣粗知象纬，于顺治年间伏遇世祖章皇帝召臣来京，蒙养多年。蒙皇上命臣治理历法，未效涓埃，过荷殊恩，加臣太常寺卿，又加通政使司通政使。臣具疏抗辞，未蒙俞允。寻又加臣工部右侍郎，叨兹异数，至隆极渥，翊复宠赉频颁，名难言馨。臣扪心自揣，三十年来并无尺寸微劳，仰报皇恩于万一，今臣病入膏肓，命垂旦夕，自此永辞天阙，伏枕叩首，恭谢天恩，臣不胜涕泣感激之至。③

在徐日昇、安多所著的《南先生行述》中提及："侍卫赵和二员捧上谕一道，奖嘉优恤并赐银二百两、大缎十端，以茶酒诣柩前奠哭远臣，荷兹异数隆恩，既叨荣于生前又复蒙哀于身后，自古优恤远臣之典，从未有若斯之巨盛也。（升）等涕泣感激叩谢天恩，曷其有极。公生于前士戌九月初十日辰时，终于康熙丁卯十二月二十六日申时，享年六十六岁"④。

1688年2月，南怀仁出殡时，康熙差内大臣一等公固山佟国舅、赵侍卫，并一等侍卫四员，送至茔地。佟国舅传旨："南怀仁有体面人，平生毫无虚假，治理历法，效力多年，自吴三桂变乱以来，制造炮器，有他的军功。"宣毕，佟国舅又说："因他这样好，所以皇上差我们来送他、祭他、哭他"⑤。随后三月赐谥号"勤敏"，"勤敏"二字为清代所明确的为宗室和群臣可选用的谥字，"勤"代表夙夜匪懈，"敏"代表应事有功，好古不殆。⑥翌年四月，康熙又亲撰文立牌纪功，"康熙之所以报公者至矣。然公所冀上主之赏报，岂止区区者之所得而比拟哉"⑦。由此可见康熙对他在华业绩的认可以及其对去世的痛悼之情。

---

① 《坤舆全图》存有墨色版和彩色版。其墨色版在台北故宫博物院和美国国会图书馆。唯一的彩色版现存于河北大学图书馆，为1925年河北大学前身天津工商大学购买所得。

② 韩琦、吴旻校注：《熙朝崇正集熙朝定案（外三种）》，中华书局2006年版，第342页。

③ 韩琦、吴旻校注：《熙朝崇正集熙朝定案（外三种）》，中华书局2006年版，第342页。

④ ［葡］徐日昇、［比利时］安多：《南先生行述》，法国国家图书馆，编号Chinois, 1032, p.4.

⑤ 转引自韩琦、吴旻校注：《熙朝崇正集熙朝定案（外三种）》，中华书局2006年版，第343页。

⑥ 参见郭海波：《〈皇朝谥法考〉所见清代官员谥法研究》，东北师范大学硕士学位论文，2016年，第20页。

⑦ 《南怀仁传》，《圣教杂志》1934年第2期，第87页。

166

春秋石铭
THE HISTORY
ON THE TOMBSTONES
北京栅栏墓地
历史及现存碑文考

碑文（其碑阳见图 4–9，其碑阴见图 4–10）

图 4–9　南怀仁墓碑碑阳拓片

图片来源：中国国家图书馆，馆藏号：北京 1902。

图 4–10　南怀仁墓碑碑阴拓片

图片来源：中国国家图书馆，馆藏号：北京 1900。

汉文

碑阳

耶稣会士南公之墓

　　南先生讳怀仁，号敦伯，泰西拂郎德里亚国人。自幼入会真修，于顺治十六年岁次巳亥[①]入中国传教，卒于康熙二十七年岁次戊辰十二月二十六日[②]，寿六十六岁，在会四十七年。

碑阴

　　钦天监治理历法、加工部右侍郎、又加二级，谥"勤敏"。

　　朕惟古者立太史之官，守典奉法，所以考天行而定岁纪也。苟称厥职，司授时之典，实

---

① 此处应为"己亥"，即 1659 年。

② 中文记载康熙二十七年戊辰十二月二十六日，1689 年 1 月 28 日。拉丁文记载南怀仁为 1688 年 1 月 28 日去世。根据文献考察，拉丁文更可信。故中文为误。

嘉赖之。况克殚艺能，有资军国，则生膺荣秩，殁示褒崇，岂有靳焉。尔南怀仁，秉心质朴，肆业淹通。远泛海以输忱，久服官而宣力，明时正度，历象无讹，望气占云，星躔式叙。既协灵台之掌，复储武库之需，覃运巧思，督成火器，用摧坚垒，克裨戎行，可谓莅事惟精，奉职弗懈者矣。遽闻溘逝，深切悼伤，追念成劳，易名"勤敏"。呜呼！锡命永光乎重壤，纪功广示于遐陬。勒以贞珉，用垂弗替。康熙贰拾捌年肆月初壹日 ①。

拉丁文

D. O. M.

P. FERDINANDUS VERBIEST. BELGA. IV. VOTA PROFESSUS VIXIT IN SOC JESU ANN: XLVII. IN SINENSI MISSIONE XXIX: NAT ANN: LXVI...PEKINI...NUAR...NI MDCL...VIII.

拉丁文解读

D. O. M.

P [ATER] FERDINANDUS VERBIEST, BELGA, IV VOTA PROFESSUS, VIXIT IN SOC [IETATE] JESU ANN [OS] XLVII, IN SINENSI MISSIONE XXIX, NAT [US] ANNOS LXVI [OBIIT?] PEKINI [XXVIII?] [JA] NUAR [II] [AN] NI MDCLXXXVIII.

英译

To God Most Good and Most Great

Father Ferdinand Verbiest, a Belgian, professed of four vows, he lived in the Society of Jesus for 47 years and in the China mission for 29 years. He died in Beijing at the age of 66, on 28th January in the Year of Our Lord 1688.

汉译

献给至善至尊的天主

南怀仁神父，比利时人，发"四愿"，入会 47 年，在华传教 29 年。于 1688 年 1 月 28 日逝世于北京，享年 66 岁。

满文（见图 4-11）转译拉丁文

kin tiyan giyan yamun i hūwangli fa be dasat [ame icihiya] ra. weilere jurgan i ici ergi ashan i amban nonggiha. geli juwe jergi nonggiha. amcame kicebe ulhisu gebu buhe nan hūwai žin i bei bithe. /

bi gūnici. julge tai ši hafan be sindafi kooli [durun be gin] gguleme dahame. abkai doro be kimcime. aniyai ton be toktobumbihe. unenggi afaha tušan be muteci. erin be ulara kooli yargiyan i akdahabi. geli erdemu muten be / tucibume. gurun cooha de tusa araci. bisire de [wesihun tu] šan be

① 即 1689 年 5 月 19 日。此碑文于康熙二十八年闰三月十七日启奏，经康熙御览之后发下，并赐谥号"勤敏"，碑文刻有"钦赐"二字。

alifi. akū] oho de dabali temgetuleme tuwabure be
hairara doro bio. nan hūwai žin sini banin gulu nom-
hon. taciha erdemu ambula hafuka. gorokici /mederi
be doome jifi unenggi be tucibuhe. hafan i [tušan de
goida] tala bifi faššame yabuha. erin be getukeleme
du be tob obure jakade. hūwangli arbun tašarabuha
ba akū. sukdun be tuwame tugi be kimcire jakade.
/usiha. oron teisu teisu banjinaha. abkai šu i tušan
[be hūwaliyam] bufi. geli coohai agūra i baitalan be
tesubume. faksi gūnin be ambarame tucibufi. tuwa i
agūra be weileme šanggabufi. akdun ing be efuleme /
coohai baita de tusa arahangge. afaha tušan de kicehe.
hafan [tehen] gge heolen akū seci ombi. gaitai akū
oho be donjire jakade. ambula nasame gūnimbi.
faššame yabuha be amcame gūnime. gebu be halame
kicebe ulhisu / sehe. ai. hese wasimbufi šeri fejergi
be enteheme eldembume. gung b [e saišame] goroki
bade ambarame selgiyembume. bei wehe de folofi.
mohon akū tutabuha..elhe taifin i orin jakūci aniya
duin biyai ice de ilibuha.

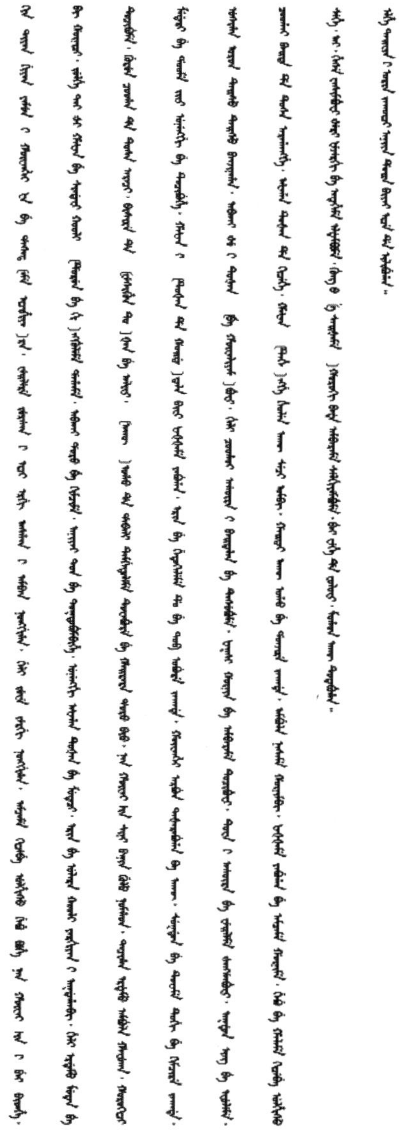

满文汉译

（南怀仁）任职钦天监，治理历法，如今升为
工部右侍郎（从二品），再加二级，封其谥号为"勤
敏"。

朕回想古代国家所选用记录历史和立法的官
员，都是遵守圣人经典，奉行天地之法，所以能
够考量天地运行的规律从而定下年代与纲纪。您
如此尽职地工作，在钦天监能够治理历法，实在
是值得称道。况且您殚精竭虑，对保卫国家安全
作出重大贡献。因此生前获得荣耀和官阶，去世
后获得褒扬和尊崇，岂有不给予的道理呢？您南
怀仁，如此衷心质朴，专于学业，知识广博。远渡重洋，热忱传学，在华任官，竭力服务。明
确中华历法，调度时节，准确无误地观察天象，根据阴阳之气而预测阴晴变化，掌握日月星辰
运行的度次。不仅能够辅助钦天监监正的工作，而且还能够制造国家军事武器，运用聪明才
智，督造火器大炮，摧毁坚固营垒，使得军队能够克服困难一直前行。可以说您所经手的事务
皆能完美完成，供奉朝廷没有丝毫懈怠。今突然听闻去世，深表哀悼，为了追念您在华功劳，

图 4-11　南怀仁墓碑拓片碑阴满文原文

图片来源：北京市社科院满学研究所所长赵志强
研究员提供。

赐予您谥号"勤敏"。呜呼！朕赐予的诏命是为了让您的荣光永存于大地之上，在天地间无论远近各地都纪念您的功绩。在此用石碑铭刻您的德行，您的功绩是无法替代的。康熙二十八年四月初一。

碑文比较与解析

南怀仁墓碑自然风化及历史人为损坏极为严重，如今已难以辨认。

汉文部分较为翔实，碑阳为其生平，仅简要介绍其人生历程，并没介绍其在华功绩。而碑阴为御祭之文，翔实展示了南怀仁在华功绩与政治地位，如前所述，他死后被敕封的职衔应是来华传教士中最高的一位。在祭文中，不仅论述南怀仁德才双备，勉力事奉朝廷，特别强调其在天文历法和督造兵器方面的功绩。1660 年南怀仁受召前往北京协助汤若望。汤若望去世后，康熙八年（1669），南怀仁被授以钦天监监副。康熙九年（1670），南怀仁被授以监正。并制成六件观象台仪器：黄道经纬仪、赤道经纬仪、地平经仪、地平纬仪、纪限仪、天体仪①（现存于北京市古天文台），并绘图立说。清代数学家、天文学家阮元称"西人熟于几何，故所制仪象极为精审。盖仪象精审则测量真确，测量真确则推步密合。西法之有验于天，盖仪象有以先之也"②。这些仪器在梅文鼎《勿庵历算笔记》一卷中提及历来西法约有 9 家，其中将利玛窦以后的西法称为"新历法"③。其中包含南怀仁的《仪象志》《永年历》，这说明其天文学著作已广被认可，纳入了官方的学术体系之中。《仪象志》即《灵台仪象志》十六卷（1674），《永年历》即《康熙永年历法》三十二卷（1678）。此外，南怀仁还著有《康熙永年历法交会表》四卷及《康熙八年日食图》《康熙十年月食图》《简平归总星图》《赤道南北星图》《御览简平新仪式用法》等。自南怀仁以后，"颁布时宪书及书中节气、闰法，日食月食一切推算，皆本于南怀仁，南怀仁与今之旧历是最有关系的一个人物"④。

1678 年 8 月 15 日，南怀仁致信给耶稣会总会长奥里瓦（Orival）⑤希望能够招募新的成员来华。在北京期间，南怀仁深刻体会到"在这个国家，用天文学装饰起来的基督宗教易于接近高官们"⑥，故对以后来华传教士的要求中，谙熟天文学成为了一个重要的参考系。至此，他的提议与巴黎天文台台长关于派耶稣会士数学家去东方进行天文观测的计划

---

① 参见（清）赵尔巽等：《清史稿》列传五十九，卷二七二，中华书局 1977 年版，第 10024 页。

② （清）阮元等：《畴人传》卷四十五，彭卫国、王原华点校，广陵书社 2009 年版，第 21 页。

③ "一为唐《九执历》，二为元扎马鲁鼎《万年历》，三为明玛沙伊赫《回回历》，四为陈壤、袁黄所述《历法新书》，五为唐顺之、周述学所撰《历宗通议》《历宗中经》，皆旧西法也。六曰利玛窦《天学初函》、汤若望《崇祯历书》、南怀仁《仪象志》《永年历》，七曰穆尼阁《天步真原》、薛凤祚《天学会通》，八曰王锡阐《晓庵新法》，九曰揭暄《写天新语》，方中通《揭方问答》，皆西法也"。参见（清）纪昀等总纂：《钦定四库全书总目》（整理本）上，中华书局 1997 年版，第 1399 页。

④ 凌霄汉阁主：《元明清之修历人物——郭守敬、徐光启、龙华民、汤若望、南怀仁》，《全家福》1941 年第 11 期，第 2 页。

⑤ 罗马耶稣会档案馆，编号：Jap-Sin104, pp.312R-V。

⑥ 转引自樊洪业：《耶稣会士与科学》，中国人民大学出版社 1992 年版，第 155 页。

不谋而合，故获得了路易十四的支持。加上 1660 年对华贸易公司的成立，在中华帝国、日本王国和交趾支那及其毗邻诸岛传播信仰并开展商业成为了法国最主要的海外扩展事业。故 1684 年当赴华耶稣会士柏应理（Philippe Couplet，1622—1693）到达法国觐见路易十四，说明优秀的教内人才对海外传教事业的重要性，而 1685 年 3 月 3 日，法国大使出访暹罗促成了派出第一批六位耶稣会士"国王数学家"来华计划的实现。① 自南怀仁后，"自是钦天监用西洋人，累进为监正、监副，相继不绝"②。

　　南怀仁还擅长铸炮，他所铸造的大炮轻巧精准，康熙皇帝称赞"南怀仁尽心竭力，绎思制炮妙法"③；"仁自十三年迄十五年制造轻巧木炮、红衣铜炮共一百三十位，以应当时戡乱之急需"④。并评价说南怀仁"制造轻巧木炮甚佳"⑤，"所制新炮，从未有如此之准者"⑥，具有护国救民之大功。在整个康熙朝所造的 905 门火炮中半数以上与南怀仁直接相关。根据《熙朝定案》和《清朝文献通考·兵十六》中统计，南怀仁造炮数为 513 门。而根据徐日昇、安多合著的《南先生行述》记载，南怀仁制红衣铜炮 130 门，制神威战炮 320 门。后来，又制成红衣大炮 53 门，又制造一千斤铜炮（神功将军炮）80 门。因此，南怀仁造炮数量至少为 583 门⑦。而南怀仁关于《神威将军炮》《武成永固大将军炮》《神功军炮》的设计被选入《钦定大清会典》中，他还进呈《神武图说》以系统阐明准炮之法。清代火炮发展的高峰时期为康熙时期，而南怀仁在其中功不可没。

　　南怀仁谥号为"勤敏"，在明清之际来华传教士中，南怀仁是唯一一位身后得到谥号的。"勤敏"二字，恰好是对南怀仁在钦天监供职期间勤勉、聪敏之评价。在《清史稿》中将南怀仁与汤若望、杨光先相并列。

　　而拉丁文内容与汉文部分相比至为简略。从拉丁文部分看不出南怀仁的具体在华事迹。

---

① 六名"国王数学家"包括白晋、洪若翰（Jean de Fontaney，1643—1710）、张诚（Jean-Fran oisGerbillon，1654—1707）、李明（Louis le Comte / Louis-Daniel Lecomte，1655—1728）、刘应（Mgr Claudusde Visdel ou，1656—1737）、塔夏尔（Guy Tachard，1651—1712）. Cf. Nicolas Standaert, *Jesuits in China,* the cambridge companion to the Jesuits, Ed.Thomas coorcester,Cambridge University Press, 2008, pp.169-185, "Bouvet was one of the five Jesuits sent by Louis XIV to China as mathematicians and astronomers", Albert Chan, *Chinese Books and Documents in the Jesuit Archives in Rome:A Descriptive Catalogue: Japonica-Sinica I-IV*, Armonk, N.Y.: M.E. Sharpe, 2002. p.518. 传教士以数学家的身份进入中国，一方面是传教士们传教策略的确定，打算将宗教与科技文化相融合的方式进入中国；另一方面也存在着文化身份的问题，拥有"国王数学家"的传教士融合了政治、文化和宗教三种元素，也反映出中西文化遭遇时的复杂性。

② （清）赵尔巽等：《清史稿》列传五十九，卷二七二，中华书局 1977 年版，第 100024—10026 页。

③ 韩琦、吴旻校注：《熙朝崇正集熙朝定案（外三种）》，中华书局 2006 年版，第 137 页。

④ 韩琦、吴旻校注：《熙朝崇正集熙朝定案（外三种）》，中华书局 2006 年版，第 138 页。

⑤ 韩琦、吴旻校注：《熙朝崇正集熙朝定案（外三种）》，中华书局 2006 年版，第 137 页。

⑥ 韩琦、吴旻校注：《熙朝崇正集熙朝定案（外三种）》，中华书局 2006 年版，第 21 页。

⑦ 有人统计为 566 门，疑有误。参见舒理广、胡建中、周铮：《南怀仁与中国清代铸造的大炮》，《故宫博物院院刊》1989 年第 1 期。

第二节　东园墓碑

　　之所以将其余 60 通墓碑存放的墓园称为"东园"（见图 4–12），是因其位于利玛窦、汤若望、南怀仁三人墓园的东面。如前所述，此 60 通墓碑本镶嵌在诸圣堂的墙上，后随着教堂拆毁而散落校内。在经过寻求郎世宁墓碑事件以后，此墓园才得以修建。而墓园内墓碑摆放并无规律可循。除了郎世宁墓碑为东园左侧第一排第一通以示醒目外，其余墓碑既非按照卒年顺序或其所属修会，又非按照墓碑规制大小排列，仅做到墓碑之间横竖对齐，其间留有参观甬道而已。

图 4–12　东园碑林

图片来源：北京方略博华文化传媒有限公司摄影师杨先生。

（一）邓玉函

（IOANNES TERENTIU /Johann Terrenz）

　　邓玉函 ①，原名为 Schreck（Terrentius），字函璞，耶稣会士，德国人。1576 年出

---

① 参见 [法] 荣振华、方立中、热拉尔·穆赛、布里吉特·阿帕乌：《16—20 世纪入华天主教传教士列传》，耿昇译，广西师范大学出版社 2010 年版，第 317 页。Cf. *DiccionarioHistórico de la Compañía de Jesús: Biográfico-temático*, Charles E. O'Neill, Joaquín María Domínguez, Universidad Pontificia Comillas, 2001.p.3533.

生于巴登大公国康斯坦茨（Konstanz）教区宾根（Bingen）的一个律师家庭，现属于日耳曼巴登－符腾堡州（Banden-Württemberg）。他在宾根的圣母升天教堂（Stadtpfarrkirche Mariae Himmelfahrt）受洗。1590年，在弗莱堡大学（Albert-Ludwigs-Universität Freiburg）学习医学。1594年1月12日以优异成绩获得学士学位，1596年1月9日被授予硕士学位。1603年在纽伦堡（Nürnberg）附近的阿尔特道夫（Altdorf）大学学医，然后前往意大利帕多瓦大学（Università di Padova）继续学医。在登记材料上已将姓"Schreck"改为拉丁文的"Terrentius"，并且他成为意大利数学家、物理学家、天文学家伽利略（Galileo Galilei，1564—1642）的学生。随即前往罗马。当时其好友，主教、医生、植物学家、药剂学家法贝尔（Johannes Faber，1574—1629）如此评价邓玉函："他已经见识过整个欧洲，是一位科学奇才，特别是在自然科学方面"①。最终在罗马日耳曼学院（The German College of Rome）作为老师教授课程。他在学术界与伽利略以及日耳曼天文学家、物理学家、数学家约翰尼斯·开普勒（Johannes Kepler，1571—1630）都保持着长期的联系。1611年5月3日，他被任命为意大利猞猁之眼国家科学院（又称为意大利猞猁研究院、灵采研究院，Accademiadei Lincei; Lincean Academy; Academy of the Lynxes）院士。此科学院由意大利贵族科学家、植物学家费特里考·欠席（Federico Angelo Cesi，1585—1630）创建。② 伽利略是第六位被授予院士者，邓玉函是第七位。二人仅相差几天，该荣誉"为当时第一流科学家方能获得的殊荣"③。1611年11月1日邓玉函在罗马进入耶稣会初修院，1618年4月晋铎。他在来华之前，已经通晓多种语言，比如德、英、法、葡、拉丁、希腊、希伯来、阿拉姆语等。④ 在化学、医学和数学卓有建树，同时在哲学方面也是闻名遐迩。此外在动物学、植物学、矿物学、机械工程等诸科广被称道。"邓为物理学家，亦精哲学与数学，在欧洲颇负盛名；各国君王名卿极优遇之"⑤。还曾试图和西班牙国王菲利普二世的御医赫尔南得兹（Francisco Hernandez de Toledo，1517—1581）一起编撰

① 转引自 ［德］埃利希·蔡特尔：《邓玉函，一位德国科学家、传教士》，孙静远译，《国际汉学》2012年第1期，第45页。

② 意大利猞猁之眼国家科学院（Accademiadei Lincei/Lincean Academy），音译林琴科学院，所用徽章上有猞猁标志。是意大利科学院前身，也是意大利最高学术研究机构。林琴科学院于1603年在罗马成立，设立于意大利罗马科西尼宫帕拉左柯西尼（Palazzo Corsini），它是欧洲历史最悠久的科学院。1847年，教皇庇护九世将其改组为罗马教廷新猞猁科学院（Pontificia Accademiadei NuoviLincei）。1870年，意大利军队占领罗马时曾被收归意大利国有。后又归还罗马教廷。1936年，由教皇庇护十一世正式改组成立为罗马教廷科学院（Pontifical Academy of Sciences），为直属于天主教教皇名下的自然科学研究院，亦称"教皇科学院"。学院曾一度消亡，现在是意大利国家级科技研究机构。

③ 朱维铮主编：《基督教与近代文化》，上海人民出版社1994年版，第2页。

④ 对于"大秦景教流行中国碑"上的古老叙利亚文，邓玉函是当时来华传教士中唯一认识的人，他破译了一个"景教团"62名神甫和一位主教的名字。参见 ［德］埃利希·蔡特尔：《邓玉函，一位德国科学家、传教士》，孙静远译，《国际汉学》2012年第1期。

⑤ 方豪：《中西交通史》（下），上海人民出版社2015年版，第674页。

《新西班牙药典》（Rerum Medicarum Novae Hispaniae Thesaurus），此事因前往东方传教而未能完成。

邓玉函被称为"来华传教士中最博学者"①。1613 年，欧洲视察员金尼阁奉中华副省会会长龙华民之命返回欧洲募招科学人才。1616 年，邓玉函随同金尼阁一同从罗马出发，途经佛罗伦萨和安科纳，前往里昂、慕尼黑、法兰克福、美因茨、科隆、奥格斯堡、慕尼黑等文化重镇游学以及搜罗人才。除了预备献给中国皇帝和达官显贵的珠宝和工艺品外，还收到了捐助、书籍、数学、天文仪器等②，其中在旅途中得到的有关神学的和科学的著作不下 757 本③。1618 年 4 月 17 日④，在金尼阁的带领下，他同汤若望、罗雅谷、傅泛际（Francois Furtado，1587—1653）等人乘坐"圣卡洛斯号"（San Carlos）从里斯本出发一起来华，试图用他们的科学知识来带动宗教信仰的传播。整个航程艰辛异常，海盗肆掠、瘟疫疾病不断。1618 年 10 月到达印度果阿。1619 年 7 月 22 日到达澳门⑤，并开始学习中文。

1621 年 5 月 5 日，邓玉函首入内陆，前往广东、江西等地。1621 年 6 月 26 日到达杭州传教。其间在嘉定和杭州学习中文。1623 年以后在宣武门内教堂东面首善书院内开办历局，推算天文，监制象限仪、纪限仪、平悬浑仪、交食仪、列宿经纬天球、万国经纬地球仪、平面日晷、转盘、星球、候时钟、望远镜等，并翻译纂修历书。⑥作为天文学家，邓玉函于 1623 年开始在钦天监工作，修订历法，翻译欧洲科学著作。他著述甚多，单法国国家图书馆收录的中文书籍即有《童幼教育》《黄赤道距离表》《泰西人身说概》《远西奇器图说》《崇祯历书·割圆八线表》，此外还有《测天约说》《大测》《正球升度表》等。他所编写的四本天文学方面书籍皆被编入《崇祯历书》：《测天约说》（汤若望修正刊印）、《黄赤正球》（龙华民修正刊印）、《大测》（邓玉函、汤若望共同完成）、《八线表》（汤若望和罗雅谷修正刊印）⑦。他还曾给日耳曼天文学家开普勒写信，介绍中国推算交食的方法以及中国古籍《尚书》《诗经》中关于星座、日月食的记述⑧。1626 年 9 月底邓玉函在北京发愿。当 1627 年开普勒的《鲁道夫星历表》（Tabulae Rudolphinæ）在欧洲出版后，邓玉函立即写信希望开普勒能够寄给他，以帮

---

① 曹增友：《传教士与中国科学》，宗教文化出版社 2000 年版，第 37 页。

② 《北堂图书馆藏西文善本目录》（附录），国家图书馆出版社 2009 年版，第 19 页。

③ ［德］埃利希·蔡特尔：《邓玉函，一位德国科学家、传教士》，孙静远译，《国际汉学》2012 年第 1 期。

④ Cf. *DiccionarioHistórico de la Compañía de Jesús: Biográfico-temático,* Charles E. O'Neill, Joaquín María Domínguez, Universidad Pontificia Comillas, 2001.p.3533.

⑤ 包世杰一书中认为到达澳门时间为 1619 年 7 月 19 日。Cf. Jean-Marie Planchet, C.M. *Le Cimetière et Les Oevres Catholiques de Chala 1610−1927,* Pékin:Imprimerie des Lazaristes 1928.p.137. 蔡特尔书中提及到达澳门时间为 7 月 2 日。[德]埃利希·蔡特尔：《邓玉函，一位德国科学家、传教士》，孙静远译，《国际汉学》2012 年第 1 期。

⑥ 参见张宗平、吕永和：《清末北京志资料》，北京燕山出版社 1994 年版，第 564 页。

⑦ 参见曹增友：《传教士与中国科学》，宗教文化出版社 2000 年版，第 40—43 页。

⑧ 参见 [英] 李约瑟：《中国科学技术史》第四卷第二册，科学出版社 1975 年版，第 661 页。

助中华历法改革。1629 年明代崇祯皇帝召邓玉函与徐光启一起工作，改革历法，然而由于一直患痼疾，终因操劳过度，在利玛窦去世后 20 年后的同一天在他的住所突然逝世，即 1630 年 5 月 11 日逝世于北京①，享年 54 岁。徐光启于崇祯三年五月的奏疏中叙述道：

> 先是臣光启自受命以来，与同西洋远臣龙华民、邓玉函等，日逐讲究翻译，至十月二十七日计一月余，所著述翻译《历书》《历表》稿草七卷……不意本年四月初二日臣邓玉函患病身故。此臣历学专门，精深博洽，臣等深所倚仗，忽兹倾逝，向后绪业甚长，止藉华民一臣，又有本等道业，深惧无以早完报命。臣等访得诸臣同学尚有汤若望、罗雅谷二臣者，其术业与玉函相埒，而年力正强，堪以效用。②

这里不仅提及邓玉函对中华科学书籍的翻译之功，而且对他的评价是"历学专门，精深博洽，臣等深所倚仗"，并且对汤若望、罗雅谷等人的评价是以他为标杆。可见他在士大夫阶层的影响力是巨大的。

邓玉函去世时年仅 54 岁。曾任北堂图书馆馆长的荷兰遣使会士惠泽霖（Hubert GermainVerhaeren, 1877—?）在《北堂书史略》中言称邓玉函"因精确预测出日全食而被明崇祯皇帝委以改革中国历法之任，但不久就离奇死去"③。"离奇死去"是指精通医术的他服用了自己调配的中药而丧命。"他是一种药物自我试验的牺牲品。一种本来是为他的康复给他服用的药物，却使他致命"④。他在逝世前已意识到自己犯下了滥用药物的致命错误，人类的身体并非能够完全平衡药物的作用，特别是中医是把身体作为一个整体来看待，而非只是疼痛的部位。不得不正视中、西医学治疗方式的差异。⑤ 他被葬在利玛窦墓的左边，"祔左而葬者，其友邓玉函。……卒于崇祯三年四月二日"⑥。他是第二位葬于栅栏墓地的传教士。他的葬礼很隆重，在出殡当天，有庄重的出殡队伍抬着十字架走在最前面，很多人参与了葬礼，在栅栏墓地，举行了天主教弥撒。他去世后，伽利略在其著作中提到，"我们失去了一位同伴，亲爱的邓玉函（Terrentio），因为他的离去我们失去了同伴"⑦。

---

① 关于邓玉函的去世时间，还有人认为是 1630 年 5 月 13 日。

② （明）徐光启撰，王重民辑校：《徐光启集》（下），中华书局 1962 年版，第 344 页。

③ 《北堂图书馆藏西文善本目录》（附录部分），国家图书馆出版社 2009 年版，第 19 页。

④ [德] 埃利希·蔡特尔：《邓玉函，一位德国科学家、传教士》，孙静远译，《国际汉学》2012 年第 1 期。

⑤ Cf. Michele Ferrero, Spritiual Sinology-Imaginary letters from the Middle Ages to today: 50 missionaries who loved China. Don Bosco Press, 2012.p.45.

⑥ （明）刘侗、于奕正：《帝京景物略》卷四，金陵弘道堂藏版，《续修四库全书》史部，第 208 页。

⑦ *DiccionarioHistórico de la Compañía de Jesús: Biográfico-temático*, Charles E. O'Neill, Joaquín María Domínguez, Universidad Pontificia Comillas, 2001.p.3533.

碑文（见图 4-13）

图 4-13　邓玉函墓碑碑阳拓片

图片来源：中国国家图书馆，馆藏号：北京 1886。

汉文

耶稣会士邓公之墓

邓先生，讳玉函，号函璞，大西洋入尔玛泥亚国人也。明天启辛酉年 ① 来中华衍教，乙丑年入京都。崇祯初年上命修历 ②。庚子年卒 ③，寿五十有四岁，在会真修十九年。

拉丁文

D. O. M.

P. IOANNES TERENTI. CONSTANTIENSIS. GERMAN?, SOC. IESU PROFESSUS, VIXIT IN. EA XIX. ANNIS, ETIX. IN SINICA MISSIONE;VIR IN OMNI SCIENTIA EGREGIE DOCTUS, ET GERMANÆ SINCERITATIS TENACISSIMUS: CUM SINENSI CALENDARIO REFORMANDO INITIUM FACERET, VITÆ POSUIT FINEM, PEKINI DIE XI. MAII. A.C, MDCXXX. ÆTATIS SUÆ LIV.

拉丁文解读

D. O. M.

P [ATER] IOANNES TERENTI [US] CONSTANTIENSIS, GERMAN [US], SOC [IETATE] IESU PROFESSUS, VIXIT IN EA XIX. ANNIS, ET IX. IN SINICA MISSIONE; VIR IN OMNI SCIENTIA EGREGIE DOCTUS, ET GERMANAE SINCERITATIS TENACISSIMUS. CUM SINENSI CALENDARIO REFORMANDO INITIUM FACERET, VITAE POSUIT FINEM, PEKINI DIE XI. MAII. A [NNO] C [HRISTI] MDCXXX. AETATIS SUAE LIV.

英译

To God Most Good and Most Great

Father Johann Terrenz, a German from Constance in Germany, professed of the Society of Jesus, in which he lived 19 years, and 9 years in China. This man was very erudite in all scientific disciplines, and he was most persistent and tenacious in a spirit of genuine sincerity. Just as he began the work of reforming the Chinese calendar, he ended his life. He died in Beijing, on the 11th of May in

---

① 即 1621 年。1621 年 6 月 26 日在杭州传教。

② 1625 年来华，1629 年 9 月 27 日被传召至京改革历法。

③ "庚子"为"庚午"之误，1630 年 5 月 11 日逝世于北京。

the Year of Our Lord 1630, 54 years of age.

汉译
献给至善至尊的天主

邓玉函神父，德国人，来自康斯坦茨，耶稣会士，在会 19 年，在华传教 9 年。他学识渊博，是众多学科领域的杰出学者，精于求真，坚持不懈，坦率真诚，正当他引领中国历法改革之际，不幸于 1630 年 5 月 11 日逝世于北京，享年 54 岁。

碑文比较与解析

碑文汉文部分提及邓玉函前来中华是奉命修订历法，强调他在华对朝廷所作出的贡献。

拉丁文部分较之汉文，更为详细。强调邓玉函个人学识与品行，提及他是百科全书式的人物，非常博学，并且拥有着真诚而坚强的精神意志。汤若望将他评价为"一位因其从事的所有科学工作透彻而缜密，更因追求良好的道德和谦虚的品格而杰出的人物"[①]。在罗马耶稣会档案馆里藏有关于邓玉函评价的年度报告，认为"他是一个精通多种技能和多种学科的人，尤其精通数学。……他全神贯注地学习语言和文献，从中取得如此丰富的知识"[②]。邓玉函被称为"一位最有名望、兴趣最为广泛、最引人注目的学者"，"留存在北京栅栏公墓的墓碑碑文中评价他是位广泛领域的杰出学者。一位近代史学家描绘他是多门学科的巨匠"[③]。他一方面对当时的中国概况做了大量的报告，如关于植物和动物的区别，关于化学与药物、数学与天文学、机械工程、地理学，关于当代史以及有关他的旅途奇遇等的报告；而另一方面，他深切地希望能够为中国争取到西方世界先进科学的汲养。早在1623 年，邓玉函就凭借自己与欧洲的数学家、天文学家们的联系，不断写信咨询西方推测日月食的资料、最新出版的天文学书籍。然几经周转，当开普勒回信并寄来"鲁道尔夫"测表时，邓玉函已去世 16 年了。[④] 但是这对汤若望、南怀仁及其以后的传教士在华的历法工作大有裨益。此外，他还从欧洲带来了第一台伽利略望远镜，这为中国的天文观测提供了重要工具。在此基础上，碑文突出强调他引领中国历法的改革之功。特别是邓玉函与龙华民二人依照西洋历法成功推测出 1629 年 6 月 21 日的日食，随即被召入钦天监，当时"夏尔（汤若望）才是个开始者，而他的同伴龙华民和特伦茨（邓玉函）却已是有名望的人了"[⑤]，这标志着"耶稣会传教在中国最富有神话般时代的开始"[⑥]。

---

① Johann Adam Schall von Bell, *Hiatorica relation de ortu et progressu fidei orthodoxae in Regno Chinensi per Missionarios Societatis Jesu ab Anno 1581 usque ad Annum 1669*, Regensburg, 1672.p.12.

② 转引自 [德] 埃利希·蔡特尔：《邓玉函，一位德国科学家、传教士》，孙静远译，《国际汉学》2012 年第 1 期。

③ [德] 埃利希·蔡特尔：《邓玉函，一位德国科学家、传教士》，孙静远译，《国际汉学》2012 年第 1 期。

④ 参见郭金荣：《耶稣会士邓玉函与中西文化交流》，《同济大学学报》2002 年第 3 期。

⑤ Alfons Vath S. J. *Johann Adam Schall von Bell SJ*.Steyler Verlag, Nettetal, 1991.p.71.

⑥ George H.Dumes, *Das gross Exempel. Schwabenverlag*, Stuttgart, 1965.p.259.

（二）罗雅谷

（IACOBUS RHO/Giacomo Rho）

罗雅谷①，字味韶，耶稣会士，意大利人。1592 年 1 月 29 日出生于意大利米兰附近的帕维亚（Pavia）。他的父亲是一名高贵而学识渊博的法学家。②1614 年 8 月 24 日在意大利阿罗纳（Arona）入初修院。③ 罗雅谷起初对哲学和神学的研究兴趣并不大，而是在数学方面表现出色。在加入耶稣会并通过系统训练后，他开始从事教学工作，一直在米兰教授数学。1616 年 6 月 14 日在米兰申请前往中国，1617 年在罗马由枢机圣罗伯·白敏（又翻译为罗伯托·贝尔拉米诺，Robert Cardinal Bellarmine，1542—1621）为其晋铎。他的兄弟乔瓦尼（Hermano Giovanni，1590—1662）同样也是耶稣会士。1618 年 4 月中旬乘坐"圣卡洛斯号"同汤若望、金尼阁以及 44 位同伴前往印度果阿。1622 年到达澳门，罗雅谷在圣保禄学院④ 开始为传教做准备。当时澳门受到荷兰船队的攻击，在英国船舶的帮助下，封住了澳门的港口。罗雅谷下令通过附近四门大炮进行防守，在经过一段时期的围困以后，荷兰人撤回了他们的船只。罗雅谷教授和训练当地人使用火炮和军事定向防御工事的结构。1624 年，罗雅谷陪同王肃丰（又名高一志，Alfonso Vagnoni，1566—1640）一起前往中国山西，尽管他的健康状况不佳，但是依然坚持工作了五六年的时间，并于 1628 年 8 月 28 日在山西绛州发愿。1630 年，他奉召前往北京帮助汤若望，与徐光启、汤若望、龙华民和邓玉函等人共事，进行中国历法的改革，编修《崇祯历书》，"是向中国首次明确介绍伽利略关于星体发光学说的第一人"⑤。他通过天文观测，测量出恒星的距离、规模和位置。他们一起建造了精密的仪器并且发表论文。此外，他还成为将对数概念（Logaritmos）引入中国的第一人，并教会中国人使用集合概念。直到 1634 年，他出版了关于天文学、数学、理论和实践等相关报告 137 卷，并且将此呈献给了明朝最后一位皇帝（崇祯皇帝）。1636 年，历法告成，当时清军攻打京城，兵部又举荐罗雅谷"料理御前

---

① 参见［法］荣振华、方立中、热拉尔·穆赛、布里吉特·阿帕乌：《16—20 世纪入华天主教传教士列传》，耿昇译，广西师范大学出版社 2010 年版，第 286 页。

② Cf. DE BACKER-SOMMERVOGEL, *Biblioth. de la Comp. de Jésus*, VI（9 vols., Brussels and Paris, 1890—1900），1709-11; HUC, Christianity in China, Tartary and Thibet, II（tr. New York, 1884），pp.265-266.

③ 另一种说法是 1614 年 8 月 24 日在米兰进入初修院。Cf. *Diccionario Histórico de la Compañía de Jesús: Biográfico-temático*, Charles E. O'Neill, Joaquín Maríaínguez, Universidad Pontificia Comillas, 2001.p.3342.

④ 早在 1594 年，澳门耶稣会经罗马耶稣总会批准，在澳门创办了一所专门培养进入中国内地以至日本等东方国家传教的耶稣会士的圣保禄学院。这是澳门的第一所大学，也是中国大地上第一所大学。俗称三巴寺，"'三'者葡文圣（San）之译音；'巴'者，'保禄'第一音之异译也。又称'大三巴'"。

⑤ 高智瑜、［美］马爱德主编：《虽逝犹存：栅栏——北京最古老的天主教墓地》，澳门特别行政区政府文化局、美国旧金山大学利玛窦研究所 2001 年版，第 139 页。

领发神器"①，"罗雅谷等，指授开放铳炮诸法，颇为得力"②。然而不久，罗雅谷即于 1638 年 4 月 26 日逝世于北京。在罗雅谷去世时，正是天主教在华取得极为有利生存环境之时，诸多官员参加了他的葬礼。

碑文（见图 4–14）

汉文

耶稣会士罗公之墓

图 4–14　罗雅谷墓碑碑阳拓片

图片来源：中国国家图书馆，馆藏号：北京 1878。

罗先生，讳雅谷，号味韶，大西洋弥郎国人也。③ 于明天启甲子年来中华衍教。崇祯庚午年上取修历④。崇祯戊寅年卒⑤，寿四十有七岁，在会真修二十二年。

拉丁文

D.O.M.

P. IACOB? RHO MEDIOLANENSIS. PROFESS? Soc. IESU VIXIT IN EA ANNIS XXII. ET XIV. IN SINICA MISSIONE, UBI EDITIS MULTIS LIB$_{RIS}$ INSTAURATIONEM SINICI CALEN-DARII VALDE PROMOVIT. OBIIT PEKINI DIE. XXVI. APRI-LIS. A.C. MDCXXXVIII. ÆTATIS SUÆ XLVII.

拉丁文解读

D.O.M.

P [ATER] IACOB [US] RHO MEDIOLANENSIS, PROFES [SUS] Soc [IETATE] IESU, VIXIT IN EA ANNIS XXII. ET XIV IN SINICA MISSIONE, UBI, EDITIS MULTIS LIB [RIS], IN-STAURATIONEM SINICI CALENDARII VALDE PROMOVIT. OBIIT PEKINI DIE XXVI. APRI-LIS A [NNO] C [HRISTI] MDCXXXVIII. AETATIS SUAE XLVII.

---

① （明）黄明乔：《天学传概》，参见韩琦、吴旻校注：《熙朝崇正集熙朝定案（外三种）》，中华书局 2006 年版，第 229 页。

② （清）黄伯禄：《正教奉褒》，见中国宗教历史文献集成编纂委员会编纂：《东传福音》第六册，黄山书社 2005 年版，第 533 页。

③ "大西洋弥郎国人"即意大利米兰人。罗雅谷于 1592 年 1 月 29 日出生于意大利米兰附近的帕维亚。

④ 1624 年来华，1630 年继邓玉函之位主持天文修历之业。

⑤ 1638 年 4 月 26 日逝世于北京。

英译

To God Most Good and Most Great

Father Giacomo Rho, from Milano, professed of the Society of Jesus, in which he lived for 22 years, and 14 of these in the China mission, where he edited and published many books and made great progress with the reform of the Chinese calendar. He died in Beijing on the 26th of April in the Year of Our Lord 1638, aged 47.

汉译

献给至善至尊的天主

罗雅谷神父，意大利人，来自米兰，耶稣会士，入会 22 年，在华传教 14 年，编辑出版了多部书籍，并积极促进中国的历法改革。于 1638 年 4 月 26 日逝世于北京，享年 47 岁。

碑文比较与解析

罗雅谷碑文的汉文部分与邓玉函的碑文几近一致，除了简要介绍其生平外，主要强调罗雅谷在钦天监的工作及其对中国历法的改革之功。

拉丁文与汉文部分相比，除了积极推动历法改革之外，还强调了罗雅谷在华出版书籍以宣扬天主教教义和传递真理。他一生出版了包括天文、数学、历法、伦理、神学等方面的著作。其中天文学著作所占比例庞大，如《测量全义》10 卷、《五纬表》11 卷、《五纬历指》9 卷、《月离历指》4 卷、《月离表》4 卷、《日躔历指》1 卷、《日躔表》2 卷、《黄赤正球》1 卷、《筹算》1 卷、《比例规解》1 卷、《历引》2 卷，以及《日躔考》《昼夜刻分》《五纬总论》《日躔增五星图》《水木土二百恒星表》《周岁时刻表》《五纬用则》《夜中测时》《周岁警言》等。其著作主要分神学及天文学两类，罗列如下（见表 4–2）：

表 4–2　罗雅谷著作列表

编号	图书馆 罗雅谷著作	罗马耶稣会档案馆汉籍目录①	《中国书目》②	《北堂藏书楼天主教文献目录》	明清耶稣会士译著书目③	《法国国家图书馆明清天主教文献》④
1	《哀矜行诠》	Japonica-SinicaI147；147b	14°.Cordier 208	1984 哀矜行诠，三卷，清北京首善堂重刻本	编号 37	

---

① Albert Chan. *Chinese books and documents in the Jesuit Archives in Rome*, a descriptive catalogue:Japonica-Sinica I-IV. Armonk, N.: M.E. Sharpe, c2002. 此外，[比利时] 钟鸣旦、[荷] 杜鼎克主编：《耶稣会罗马档案馆明清天主教文献》十二册（台湾利氏学社 2002 年版）收录其《哀矜行诠意》第五册，编号 1 。

② Henri Cordier, *Bibliotheca Sinica.Dictionnaire Bibliographique des Ouvrages relatifs à L'empire Chinoise*. Volume II, Paris: Librairie orientale & Américaine. 1905-1906.

③ 参见徐宗泽编著：《明清间耶稣会士译著提要》，中华书局 1989 年版。

④ 参见 [比利时] 钟鸣旦、[荷] 杜鼎克、[法] 蒙曦等编：《法国国家图书馆明清天主教文献》二十六册，台湾利氏学社 2009 年版。

编号	图书馆 罗雅谷著作	罗马耶稣会档案馆汉籍目录	《中国书目》	《北堂藏书楼天主教文献目录》	明清耶稣会士译著书目	《法国国家图书馆明清天主教文献》
2	《天主经解》	Japonica-SinicaI 147a	4°.Cordier205		编号 3	VOL 21-145.Chinois 7313
3	《圣母经解》	Japonica-Sinica I 147c	3°.Cordier 211			VOL 21-146.Chinois7316
4	《求说》	Japonica-Sinica I 147d	7°.Cordier209，云间堂		编号 43	VOL 21Chinois 7311
5	《圣记百言》	Japonica-Sinica I 147e	7°. Cordier 210，三山景教堂的重刻本			VOL 23Chinois 7329
6	《周岁警言》		11°.Cordier 212			
7	《斋克》			2063 四卷，抄本，一册九十八页；2064 抄本，存二卷1—2，一册三十八页		VOL 19 Chinois7341；7342
8	《死说》				编号 39	
9	《圣母行实》					Chinois 6699
10	《五纬历指》	Japonica-Sinica II 25	1°—9°.Cordier 216			
11	《五纬表》	Japonica-Sinica II 26	1°—10°.Cordier 216			
12	《日躔历指》	Japonica-Sinica II 27	1°.Cordier220	0824 一卷，明刻本，一册		Chinois 4957
13	《日躔表》	Japonica-Sinica II 28	2°—3°. Cordier220			
14	《月离表》	Japonica-SinicaI 29	5°—8°. Cordier 218	0822 四卷，明刻本，二册一函（虫蛀）		
15	《月离历指》	Japonica-Sinica II 30;34	1°—4°. Cordier 217	0823 明刻本，存三卷（1、3、4），三册		
16	《黄赤正球》		4°—5°. Cordier 221			
17	《比例规解》	Japonica-Sinica II 31	6°.Cordier 214			
18	《筹算》	Japonica-Sinica II 32				
19	《测量全义》	Japonica-Sinica II 33	1°—10°. Cordier 213			
20	《割圆八线表》	Japonica-Sinica II 35				
21	《比例规》		1°.Cordier 214			
22	《浑天仪说》					Chinois 2110

由此可见，在他墓碑碑文的拉丁文部分着重提及他编辑出版了多部书籍，也间接反映出耶稣会士团体具有明显的文化性和学术性，这也为能够在中国进行文化、学术传教提供了知识保障。

（三）安文思

（GABRIEL MAGALHAES/Gabriel de Magalhães）

安文思①，字景明，耶稣会士，葡萄牙人。1610年②生于葡萄牙的科英布拉(Coimbra)附近莱里亚(Leiria)的佩德罗高镇(Pedrógão)。他是葡萄牙探险家、航海家麦哲伦(Fernão de Magalhães，1480—1521) 的后裔。由于幼年在叔父家度过，而叔父为当地主教的咨议司铎，因此受其影响，于1625年在科英布拉进入初修院学习，1627年加入耶稣会。当他作为初修生完成了哲学、修辞学课程以后，获得了前往东方传教的机会，并于1634年3月21日到达印度果阿，同年晋铎。在果阿两年的时间里，他攻读神学，然后修完修辞学和哲学课程，"考中文学、理学、道学三科进士，为文学、理学之师"③。1637年4月27日离开果阿，6月11日到达马六甲，在马六甲做了短暂停留以后，于1639年到了澳门。本来他被授命在澳门圣保禄学院教授修辞学一年，然而因为赴内地传教而搁浅。安文思于1640年前往内地，首站到达到杭州，在那里学习中文。当他得知在四川开教的利类思因身体有恙而需要同伴时，立即申请前往四川辅助利类思传教。1642年5月4日安文思离开杭州，8月28日抵达成都。他们二人建立了非常的友谊，不断在成都、保宁（今阆中）、重庆三处发展教友。"利、安二司铎同心同德，敷传圣教"④。他们为多人施洗，并教化其前往四川各地传教。然传教之路并非坦途，屡次受挫。特别是遭遇了当地道士（他们称之为Bonzo⑤）对传教士的猛烈攻击，道士们聚众前往衙门状告传教士蓄意谋反。"从省内各地来的几千名道士聚集在一起，挑起一场对基督教的迫害"⑥。此次风潮，几经波折，最终在官府的安抚下，历经三个月才得以平息。然而像成都这样由几千名道士集会公开反对天主教的活动，则是中国天主教史上的第一次。⑦ 随后又遇到更大的挫折，当张献忠初入川

---

① 参见 [法] 荣振华、方立中、热拉尔·穆赛、布里吉特·阿帕乌：《16—20世纪入华天主教传教士列传》，耿昇译，广西师范大学出版社2010年版，第225—226页。Cf. *Diccionario Histórico de la Compañía de Jesús: Biográfico-temático*, Charles E. O'Neill, Joaquín María Domínguez, Universidad Pontificia Comillas, 2001. p.2468.

② 在《安文思传略》中将其出生年写为1609年，疑似有误。[葡] 安文思：《中国新史》，何高济译，大象出版社2004年版，第181页。

③ 文学即修辞学，理学为哲学，道学为神学。参见《安先生行述》，法国国家图书馆，编号：Chinois，2014，第1—3页。又参见《远西景明安先生行述》，[比利时] 钟鸣旦、[荷] 杜鼎克主编：《耶稣会罗马档案馆明清天主教文献》第十二册，台湾利氏学社2002年版，第329页。

④ 古洛东：《圣教入川记》，四川人民出版社1981年版，第5页。

⑤ Bonzo，愿意为和尚，但是由于四川属于道教圣地，故此处译为"道士"。参见 [意] 利类思：《安文思传略》，见 [葡] 安文思：《中国新史》，何高济译，大象出版社2004年版。

⑥ [葡] 安文思：《中国新史》，何高济译，大象出版社2004年版，第39页。

⑦ 参见汤开建：《沉与浮：明清鼎革变局中的欧洲传教士利类思与安文思（上）》，《北京行政学院学报》2014年第4期。

时，他们逃往四川雅安天全县一带山中。1644 年张献忠攻占成都，在成都建立大西政权，改成都为西京，年号大顺。当时成都知县吴继善向张献忠上书，极力推荐安文思、利类思之才，"极赞二位司铎才德兼优，观驻附近山中，若迎二人出山匡功国事，必有可观"①。而在见到安文思和利类思之后，因二人长于天文、地理、算学等事，张献忠"深赞其才能，尤为敬重"②，不仅赏赐银两、绸缎和官服，甚至官邸，还封赐二人徽号"天学国师"③，甚至许诺"修建礼拜天主的大教堂，同时他赐给他们一所豪宅，神父们在宅内悬挂救世主的像，给一些人施洗礼"④，但修建教堂一事情并未实现。1647 年，清军南下，张献忠引兵拒战，在西充凤凰山被流矢击中而死。随后，二人被视为犯人押解至京，四川教务也由此中断。二人在北京住了七年以后，才通过汤若望的引荐，见到顺治皇帝。1655 年顺治皇帝下诏，"赐给他们一所房屋，一座教堂、薪俸及金钱"⑤。"顺治十二年十月，利类思意大利国人、安文思葡萄牙国人蒙上赐银米房屋，缮折谢恩。"⑥二人请求将其住宅改建为教堂，奉圣若瑟为主保，获得准许后便修建了圣若瑟堂。这是北京城内第二座天主教堂，亦是最早的东堂。"都中四堂，虽大小不等，而工程之精致，则以东堂为第一"⑦。东堂"正祭台之式样，颇似罗马之圣类思祭台，此堂建筑及彩绘之壮丽，尤以线法规则画饰之圆屋顶，曾引动各界人士前来参观。见者莫不称奇叹绝。曾有两位奥斯定会司铎，自罗马来京，亦谓此圣堂之华丽，实与此伟大京都相称"⑧。

1661 年顺治皇帝去世以后，安文思又觐见了康熙皇帝，并凭借非凡的天赋博得康熙的欢心。他在机械才能方面具有惊人的天赋，他曾多次为清宫制造自鸣钟和机械人，"欲以此博帝欢"。他建造的机器人，具有人的形状，"不能发言，身内置有发条，能自行十五分钟，右手执一出鞘剑，左臂悬一盾"⑨。"曾为年幼的康熙皇帝制造过一个自动玩具，能行走十五分钟的机器人"⑩。他制造的自鸣钟，每一个小时都会叫一次，在很远的地方都能听到。

安文思于 1677 年 5 月 6 日傍晚逝世于北京，他在椅子上已然弥留之状，其他神父们为其做临终祷告。在他去世后，康熙皇帝特下谕旨，念其功绩，赐资修筑坟茔。"生于巳酉年七月初五日，殁于康熙十六年丁巳四月初五日戌时，享年六十九岁，于本月十七日瘞

---

① 古洛东：《圣教入川记》，四川人民出版社 1981 年版，第 20 页。
② 古洛东：《圣教入川记》，四川人民出版社 1981 年版，第 24 页。
③ 古洛东：《圣教入川记》，四川人民出版社 1981 年版，第 21 页。
④ [葡] 安文思：《中国新史》，何高济译，大象出版社 2004 年版，第 182 页。
⑤ [葡] 安文思：《中国新史》，何高济译，大象出版社 2004 年版，第 184 页。
⑥ 韩琦、吴旻校注：《熙朝崇正集熙朝定案（外三种）》，中华书局 2006 年版，第 284 页。
⑦ [法] 樊国梁：《燕京开教略》，见中国宗教历史文献集成编纂委员会编纂：《东传福音》第六册，黄山书社 2005 年版，第 369 页。
⑧ 刘迺义：《郎世宁修士年谱》，《公教学志》1944 年第 1 期，第 12 页。
⑨ 方豪：《中西交通史》（下），上海人民出版社 2015 年版，第 642 页。
⑩ 高智瑜、[美] 马爱德主编：《虽逝犹存：栅栏——北京最古老的天主教墓地》，澳门特别行政区政府文化局、美国旧金山大学利玛窦研究所 2001 年版，第 141 页。

葬阜成门外滕公栅栏之原(园)"①。出殡之日，皇帝特意派遣内臣3名大员送至栅栏墓地，由南怀仁按照天主教礼仪为其举行葬礼。当时送葬教徒及缙绅贵客多达800余人，游行队伍盛陈仪仗，10余名佩带武器的士兵走在最前面清道，京城衙门领路员手举牌符，告示民众让路，违者受惩。24名吹鼓手一路奏乐缓行，随后是载有圣谕的锦缎担架由太监照拂，其中有的太监甚至是伺候康熙皇帝的。紧接着即是载有十字架、圣母像、圣米迦勒像的三台担架，担架周围皆由教徒随行，手里拿有灯笼、香炉、蜡烛、旌旗等。再后面是安文思神父的画像，紧跟其后的便是教徒，其中60余位教徒身穿丧服，最后才是众神父。神父走在庄重的灵柩前，棺材位于金红色的担架上面，在富丽的红色天鹅绒华盖下，华盖有白色和蓝色缎子镶边。棺材由70人运送，他们头戴丧帽。声势浩大，前后相距1里。到达栅栏墓地后，全体人哀恸哭泣，唱咏圣乐，做祷告和念诵，在圣母祭的歌声中将棺材放入墓穴中。②《安先生行述》记载其葬礼：

> 虽劳心焦思，有所不惜，故其殁也。蒙皇上悯伤谕旨奖嘉特赐银二百两，大缎十端，遣内侍矜恤远臣，荷兹莫大，天恩诚异数也。距生于巳酉年七月初五日殁于康熙十六年丁巳四月初五日戌时，享年六十九岁，谨约略其生平梗概，以志不朽云。远西同会利类思、南怀仁全述。③

在葬礼准备中利类思和南怀仁开列了仪单：

> 御亭一座
> 上谕一道
> 十字圣架一座
> 天主圣母圣像亭一座
> 总领天神圣像亭一座
> 钦赐安文思影亭一座
> 前有示牌十六面圣教绸缎长幡十五对每亭一座
> 俱列鼓手细乐提炉五对
> 捧炉五对
> 宫灯五对
> 左右执香持蜡次第随班行走
> 末后棺柩上有棺罩绸彩④

当时康熙还询问置办此等仪物银两是否充足，可见皇帝的关心程度。且在出殡之日，

---

① ［比利时］钟鸣旦、［荷］杜鼎克主编：《耶稣会罗马档案馆明清天主教文献》第十二册，台湾利氏学社2002年版，第333页。

② 参见［葡］安文思：《中国新史》，何高济译，大象出版社2004年版，第186页。

③ （明）徐日昇、［比利时］安多：《安先生行述》，法国国家图书馆，编号：Chinois, 2014. pp.1-3。另参见《远西景明安先生行述》，见［比利时］钟鸣旦、［荷］杜鼎克主编：《耶稣会罗马档案馆明清天主教文献》第十二册，利氏学社2002年版，第329页。

④ ［比利时］钟鸣旦、［荷］杜鼎克主编：《耶稣会罗马档案馆明清天主教文献》第十二册，台湾利氏学社2002年版，第329页。

差遣"差侍卫袭、萨等三员送至茔地，并谕到塚前详看葬时天主教所行诸礼，及众奉教者群集跪念经文等仪，将所见者，逐一回奏"[1]。其葬礼场面宏大，在当时实属罕见，"不图圣者遭禁时，京师辇毂之下，乃有如此圣礼，诚意外之奇闻也"[2]。

碑文（其碑阳见图 4-15，其碑阴见图 4-16）

汉文[3]

碑阳

耶稣会士安公之墓

上谕："谕今闻安文思病故，念彼当日在世祖章皇帝时，营造器具，有孚上意。其后管理所造之物，无不竭力，况彼从海外而来，历年甚久，人质朴夙著，虽负病在身，本期疗治痊可，不意长逝，朕心伤恼，特赐银二百两、大缎十匹，以示朕不忘远臣之意，特谕。"康熙十六年四月初六日。[4]

拉丁文

图 4-15　安文思墓碑碑阳拓片

图片来源：中国国家图书馆，馆藏号：北京 1896。

P. GABRIEL MAGALHÃES LVSIT.^{S}, SOC IESV, PROFES.^{S} VOTORV IV, ANOS NATVS XVI. SOC^{TI} NOMEN DEDIT; PROPAGADÆ RELIGIONIS STVDIO IN SINAS PROFECT.SMIRVM QVĀLVM IN DOMINI VINEA TOLERAVIT: BIS ĪCLVS.^{S} IN CARCERE BIS NECI ADIVDICAT.^{S}, BIS CAPTIVVS, BIS TORTVRA PERPESSVS, LÆTHALITER VVLNERAT.^{S} MVLTIPLICI VITÆ PERICVLO PER: FVCT.^{S}, TADEM ANNO MISSIONIS XXXVIIÆT.^{IS}LXIX, SALVTIS MDCLXXVII, DIE VI MAII DE RE CHRISTIANA, ET VOCE, ET SCRIPTO PRÆCLA: ... ERIT PEKINI ... MIGRAVIT ... SEX ... LV

---

[1]　[比利时] 钟鸣旦、[荷] 杜鼎克主编：《耶稣会罗马档案馆明清天主教文献》第十二册，台湾利氏学社 2002 年版，第 331—332 页。

[2]　萧静山：《天主教传行中国考》，见陈方中主编：《中国天主教史籍汇编》，台湾辅仁大学出版社 2003年版，第 178 页。

[3]　*Diccionario Histórico de la Compañía de Jesús: Biográfico-temático,* Charles E. O'Neill, Joaquín María Domínguez, Universidad Pontificia Comillas, 2001.p.2468.

[4]　1677 年 5 月 7 日，即安文思去世后的次日。康熙发布上谕念安文思制造器具之功（安文思为工程师、自动机械制造师），发放帑银 200 两，大缎 10 匹以作葬资。此上谕连同安文思的简要生平一起被刻并印发放给当时的王公贵胄以及官员和众基督徒，同时刻在墓碑碑阴上。仅安文思和利类思墓碑如此规制，碑阳为上谕，碑阴为其生平简介。

拉丁文解读

P [ATER] GABRIEL MAGALHAES, LVSIT [LUSITANUS], SOC [IETATIS] IESU PROFES [SUS], VOTORU [M] IV, AN [n] OS NATUS XVI SOC [IETATE] NOMEN DEDIT PROPAGA [N] DAE RELIGIONIS STVDIO(STUDIO), IN SINAS PROFECT [USEST], MIRUM [EST] QUALUM IN DOMINI VINEA TOLERAVIT, BIS ICLUS [EST], IN CARCERE, BIS NECI ADIU-DICAT [USEST], BIS CAPTIVVS, BIS TORTVRA PERPESSUS, LAETHALITER VULNERAT [US] MULTIPLICI, VITAE PERICULO PERFUCT. TA [N] DEM ANNO MISSIONIS XXXVII, ÆT [ATIS] LXIX, SALUTIS MDCLXXVII, DIE VI MAII DE RE CHRI [S] TIANA ET VOCEET SCRIPTO PRAECLARUS OBIIT PEKINI [F...REGIONEM MIGRAVIT...VARIIS EXCULT...]

英译

Father Gabriel de Magalhães, Portuguese, of the Society of Jesus, professed of four vows, at the age of 16 he dedicated himself to the cause of mission work in the Society. He went to China, and it is miraculous, what he suffered in the vineyard of the Lord, he was beaten twice, was imprisoned and sentenced to death penalty twice, he was detained and twice suffered torture, he was repeatedly lethally wounded, and escaped the danger of death. Finally, having served in the mission for 37 years, at the age of 69, he died in Beijing in the year of Salvation 1677, on May 6th, notably meritorious in the Christian mission as preacher and author [at Peking he peacefully migrated to the Lord…]

汉译

安文思神父，葡萄牙人，耶稣会士，发"四愿"。16 岁入耶稣会，为了传播天主教前往中国，为天主历经千辛万苦。他被判过两次监禁；两次被判死刑；两次受严刑拷打。伤痛甚重，几近致命，所幸死里逃生。救世后 1677 年 5 月 6 日逝世于北京，在华传教 37 年，享年 69 岁。衷于讲道，宣扬圣教，著书立说，（应享信者的赏报）。

碑阴

安先生讳文思，号景明，大西洋路大尼亚国人也。[①]自幼入会真修。明崇祯十三年庚辰来中华传教[②]，大清顺

图 4–16　安文思墓碑碑阴拓片

图片来源：北京行政学院编（余三乐撰稿）：《青石存史》，北京出版集团 2012 年出版，第 158 页。

---

① 安文思 1610 年生于葡萄牙的科英布拉附近的佩德罗高镇，麦哲伦后裔。

② 即 1640 年。1642 年 8 月入川，曾与利类思一道传教，后被张献忠部队俘获。

治五年戊子入都，卒于康熙十六年丁巳①。在会(真)修五十二年。

碑文比较与解析

　　碑文的汉文部分，碑阳为上谕之文，碑阴为其生平。在康熙颁布的"上谕"中，提及安文思因营造器具之才而为朝廷效力。然其人质朴夙著，身患重疾不治而亡，皇帝深为怜悯。由此可见安文思在华最终受到了清廷的认可。碑阴的生平部分相对简要，并未突出他的具体才华或事迹。

　　拉丁文与汉文部分相比，详细很多，其拉丁文祭文"无疑是出于南怀仁之手"②，特别是对安文思在华所遭受的苦难进行了详尽的记载。其中提及他遭遇两次监禁，被判死刑，受到了严刑拷打。安文思在1648年5月26日的信中称："六个月来，我的手脚全部折断，被摧残得完全不成人形"③。他们在北京从礼部转入光禄寺两年，以"叛逆罪"囚居光禄寺。随之二人又"视如罪犯"一般在佟固山家里为奴五年，二人到1651年最终获释。然而牢狱之灾给他身心带来难以愈合的创伤，"安文思和其他人一起被捕，整整四个月身上系着九条链子，三条在脖子上，三条在手臂上，三条在腿上。他还挨了四十鞭，并被终身逐出鞑靼地"④。由于大地震的原因，他们摆脱了流放之灾，然而去世前三个月，受刑时脚上的伤再度破裂，他极力忍耐着痛苦。随后这些创伤导致并发症，鼻孔流血从而阻止他呼吸，他为了避免窒息，只能坐在椅子上睡眠，此状态让病情日益严重，痛苦万分。安文思与利类思的友谊一直为后人称道，他自己也言及"利类思神父一直是我最大的安慰者，是我三十年颠沛、苦难和囚禁生活中不可分离的伴侣"⑤。1662年二人建成救世主堂，又称圣若瑟堂，俗称东堂。当时即为葡萄牙传教士在北京的中心据点。在拉丁文碑文中，还提及安文思的传教工作以及著书立说，他所著的《中国新史》(*Doze Excellencias da China*)，直译为《中国的十二个特点》⑥，主要是以传教士的身份考察中国社会的方方面面，从中国名称版图、历史语言、圣贤典籍、习俗工艺、物产水运、君主制度、国家机构运行、京城

---

① 即1648年。肃亲王豪格将二人送至北京。1677年5月6日逝世于北京。

② [法] 高龙鞶：《江南传教史》第二册，周士良译，台湾辅仁大学出版社2009年版，第192页。

③ António de Gouvea.Cartas Âmuas da China.Macau:Instituto portaguesdo Oriente, 1998, pp.364-365.

④ [葡] 安文思：《中国新史》，何高济译，大象出版社2004年版，第184—185页。其中提及的鞑靼，原名Tartar，又译作达旦，达达，一般省译"R"音。名字来源于蒙古草原最强大的塔塔儿部，欧洲人用它统称北方的少数游牧民族。参见[葡]安文思：《中国新史》，何高济译，大象出版社2004年版，第193页。

⑤ [葡] 安文思：《中国新史》，何高济译，大象出版社2004年版，第50—51页。

⑥ 关于此书名称，亦有人翻译为《中国新志》，其1688年英译本标题为 *A New History of China, Containing a Description of the Most Considerable Particulars of that East Empire*. 全汉译名为《中国新史：包含对东方王国至为详尽刻致的描述》。而1689年孟德卫英译本标题为 *A New History of the Empire of China, Containing a Description of the politc Government, Towns, Manners and Customs of the People, etc*. 全汉译名为《中华帝国新史：包含对政治政府、城镇、人民行为礼俗的描述》。参见赵欣：《汉学名著安文思〈中国新志〉英译者辨误》，《江南大学学报》2009年第4期。

宫殿布局等，成为 17 世纪西方汉学史上的代表著作之一。不仅推动了西方世界对中国的认知，而且也为当代人提供了珍贵的历史资料。

（四）利类思

（LUDOVICUS BUGLIUS/Lodovico Buglio）

利类思（见图 4-17），其姓又作 Bouglio, Bulhio, Bolius, Bullio, Bullius 等，其名又作 Luigi，字再可，耶稣会士，意大利人。1606 年 1 月 26 日出生于西西里岛卡塔尼亚省的米内奥镇（Mineo）。其家庭显赫，父亲为伯爵，母亲亦是侯爵的女儿。1612 年 5 月 18 日进入马耳他骑士团，1622 年 11 月 28 日在巴勒莫进入初修院①，当他完成见习期以后，随即前往罗马学院（Roman College）学习，并晋铎为神父。在来华之前，他的天文学、地理学、哲学等造诣已然卓越。

图 4-17　利类思像

图片来源：图片来自意大利西西里岛殷铎泽基金会会长吉塞佩波洛多噶罗 Giuseppe Portogallo。

1635 年 4 月 13 日利类思从葡萄牙里斯本启程前往中国，1636 年到达澳门，开始学习中文，随即到达南昌，他的汉语达到了很高的水平。1639 年到达江南地区，并在金陵、豫章、两浙地区传教，曾为 700 余人施洗。在东阁大学士刘宇亮（生卒年不详，1619 年进士）②的积极推动下，利类思随即前往四川成都，开创了四川教区。③ 在其府上客堂内设祭坛，悬挂耶稣和圣母像，宣传要理，并为教徒施洗，建立了四川最早的天主教教堂。"1639 年在四川省首府设立耶稣会住院，第一个到这里传教的是利类思神父"④。缘由刘宇亮"善待圣教，时加护佑，并劝利类思到四川传教，开化同乡人"⑤。1641 年，利类思为 30 人施洗，并教化他们前往四川各地传教。1642 年利类思邀请安文思入川传教。抵川后相继在成都、

---

① 参见 [法] 荣振华、方立中、热拉尔·穆赛、布里吉特·阿帕乌：《16—20 世纪入华天主教传教士列传》，耿昇译，广西师范大学出版社 2010 年版，第 86—87 页。Cf. *Diccionario Histórico de la Compañía de Jesús: Biográfico-temático*, Charles E. O'Neill, Joaquín María Domínguez, Universidad Pontificia Comillas, 2001.p.568.

② 刘宇亮，绵竹（今属四川德阳市）人。万历四十七年进士。官至内阁首辅。其传见于《明史》列传第一百四十一。参见（清）张廷玉等：《明史》，中华书局 1974 年版，第 6536 页。

③ 关于利类思在四川开教时间，应为 1639 年而不是 1640 年。详见汤开建：《沉与浮：明清鼎革变局中的欧洲传教士利类思与安文思》（上），《北京行政学院学报》2014 年第 4 期。

④ 《1647 年耶稣会中国副省年度报告》，第 357 页。

⑤ 古洛东：《圣教入川记》，四川人民出版社 1981 年版，第 2 页。

保宁（今阆中）、重庆三处发展教友。此后，利类思与安文思共同生活在一起的时间至少 35 年。这在早期来华传教士中，恐怕是耶稣会记录中的"唯一"①。

然而 1644 年张献忠入川，9 月成都沦陷。张献忠在成都平原拉开了四川有史以来最残酷的大屠杀。无论官绅士民都难逃残害。对于利类思和安文思，张献忠强迫二人为其服务。然安、利二人依然在四川地区开展传教活动。

当清军打败张献忠后，他们二人又被视为犯人押解到北京并被监禁起来。他们通过汤若望在顺治帝面前的恳请而获得了自由。1649 年 3 月 27 日在北京发愿。1655 年在北京创建了东堂住院，1662 年修建东堂。然而在顺治死后，由于杨光先对钦天监耶稣会士的攻击，使得他在教案期间，即 1664 年，被捕入狱，1669 年被康熙释放。他在北京多年，始终如一地努力工作，毫不懈怠，以言辞和著述传扬基督教理，居功至伟，在当时耶稣会士中被公认为汉语造诣最高深者，所遗著作、译作达 20 余种。主要翻译了托马斯·阿奎那（St. Thomas Aquinas，约 1225—1274）的《神学大全》（*Summa Theologiae*）一部分，命名为《超性学要》，这是将亚里士多德哲学推介给中国人的重要作品。在其自序中将托马斯称为"杰出一大圣托马斯"②，《神学大全》一书乃"义据宏深，旨归精确，自后学天学者，悉禀仰焉"③。因此他"仰承先哲正传，愿偕同志，将此书遍译华言，以告当世"④。此外他还撰写简述天主教教义的《主教要旨》等。在安文思和南怀仁的帮助下，还编写《御览西方要纪》，简称《西方要纪》。此书主要是为皇帝提供关于与欧洲最重要的国家进行海上贸易的参照，成为 17 世纪地理学和地图学在中国发展的标志。针对杨光先的《不得已》，他著有《不得已辨》等文章。此外还翻译了《弥撒经典》《七圣事礼典》《司铎课典》《司铎典要》《圣母小日课》《善终瘗荃礼典》《已亡者日课经》等，并且获得了金尼阁的同意，在中国弥撒仪式上得以使用。此外，因为历狱而撰的护教著作，如《圣教简要》《不得已辨》《奏疏》等。最后进呈御览作品，如《西方要纪》《天主正教约征》《狮子说》《进呈鹰说》等。"所译书中，《超性学要》《弥撒经典》《七圣事礼典》《司铎课典》等尤为重要，而《狮子说》《进呈鹰说》二书则为最早传入中国的西洋生物学，亦值得注意"⑤，可以看到利类思对宗教实践的重视。值得注意的是，在利类思的中文作品中，我们可以看到南怀仁、鲁日满、安文思、柏应理等传教士的名字，但从未见到清初最为重要的传教士汤若望之姓名。虽然利类思在《圣教简要》的末尾提及汤若望的著作《圣（主）教缘起》，但在其他著作中，未曾见到汤若望参与订阅等编辑活动。此亦反映出利类思、安文思曾与汤若望之间有过嫌隙与纷争。

1682 年 8 月，利类思病情加重，康熙频频差遣侍卫前来询问。1682 年 10 月 7 日逝世于北京。其时康熙下旨，由皇室金库资助，为其修筑坟墓，皇帝亲令撰写墓碑碑文，记

---

① 汤开建：《沉与浮：明清鼎革变局中的欧洲传教士利类思与安文思（上）》，《北京行政学院学报》2014 年第 4 期。

② ［意］圣托马斯著：《超性学要》，［意］利类思译，上海土山湾印书馆 1920 年版，第 4 页。

③ ［意］圣托马斯著：《超性学要》，［意］利类思译，上海土山湾印书馆 1920 年版，第 4 页。

④ ［意］圣托马斯著：《超性学要》，［意］利类思译，上海土山湾印书馆 1920 年版，第 5 页。

⑤ 方豪：《中国天主教人物传》（中册），中华书局 1988 年版，第 83 页。

其事功，为后人称颂。其葬礼非常隆重。"利类思卒，所行殡礼，亦颇隆重，有过之，无不及者"①。"初八日，上遣一等侍卫噶，同侍卫赵昌、袭、萨来堂，赐茶酒祭奠。葬日亦依安文思出殡仪单举行，特差侍卫三员送至茔地"②。

碑文（其碑阳见图 4-18，其碑阴见图 4-19）

汉文
碑阳

耶稣会士利公之墓

上谕："谕南怀仁等：今闻赵昌来奏，利类思年老久病，甚是危笃。朕念利类思自世祖章皇帝时至于如今，效力多年，老成质朴，素知文翰，况尔等俱系海外之人。利类思卧病京邸，绝无亲朋资助，深为可悯。故特赐银二百两、缎十匹，以示朕优念远臣之意。特谕。"
康熙二十一年九月初七日。③

图 4-18　利类思墓碑碑阳拓片

拉丁文

P. LVD. BVCLIVS, NATIONE SICVL^S, PATRIA PANORM^{NUS}.F. S^{OC}.I.VOT⁴.PROFES^S. SINICA MISSIONE EXORATA, ANOS VI ET XL EIDE IPEDIT, CO... TI VBIQVE LABORVIT VRBINVVE FORTVNA... ANNIS NĀQVE PROCELLA IN SVCHŪENSIMVL ... C XRI

NOMĒ EO PRIM ... INVEXIT EIVS IGRESSV... XCEPIT, CAPTIV^{TE} SVBI DE FAME, NVD^{TE}. CARCERIB^S VĪCVLIS, VVLN^{BS} VITÆ DISCRIMINE FIDĒ VSQVEQVAQVE OBLVCTĀTIB^S. INT... DIFFICILI STADIO, SIBI NVSPIA DISSIMILIS, ET CVRSVM ĪPIGRE TENVIT, ET QVA INIERAT ALACRITATE, EADE ET CŌSVMAVIT PEKINI. DIE VII MĒSIS OCT. ANI SAL¹⁶⁸²ÆT⁷⁶, SOC⁶⁰. DE RE CHRISTIANA ET LĪGVA ET CALAMO, EDITISQVE IN LVCĒ LIBRS OPTIME MERITVS. IPSIVS FVNVS E REGIO ÆRARIO CVRARI IVSSIT ĪPERATOR KAMHI. EPITAPHIO REGIA MANV ADORNATO. VIVĒTEM SILICET QVATI FACERE IN EIVS MORT, NO OBSCVRE TESTATVBVS.

---

① 萧静山：《天主教传行中国考》，见陈方中主编：《中国天主教史籍汇编》，台湾辅仁大学出版社 2003 年版，第 178 页。
② 韩琦、吴旻校注：《熙朝崇正集熙朝定案（外三种）》，中华书局 2006 年版，第 338 页。
③ 即 1682 年 10 月 7 日。此谕发于利类思去世前几日，康熙皇帝特派侍卫捧上谕在南堂内宣读，南怀仁等恭聆，葬礼按照安文思卒后情形办理。该谕旨刻于碑阳。

拉丁文解读

P [ATER] LUD [OVICUS] BUGLIUS, NATIONE SICUL [US], PATRIA PANORM [US], F [RATER] SOC [IETATIS] I [ESU] VOT [A] PROFESS [US]. SINICA MISSIONE EXORATA, AN [N] OS VI ET XL EIDE [M] I [M] PE [N] DIT, CO [NSTAN?] TI UBIQUE LABORU [M] TURBINU [M] VEFORTVNAE [...] AN [N] IS NA [M] QUE PROCELLA IN SICHUAN SIMUL [A] C XP [IST] I NOME [N] EO PRIM [UM] [IN] VEXIT EIUS I [N] GRESSU [M] [E] XCEPIT. CAPTIV [US], SUBI [N] DE FAME, NUD [US] CARCERIB [US], VI [N] CULIS, VULN [ERIBUS], VITAE DISCRIMINE FIDE [M] USQUEQUAQUE OBLUCTA [M] TIBUS IN DIFFICILI STADIO, SIBI NUSPIA [M] DISSIMILIS ET CURSU [M] I [M] PIGRE TENUIT. ET QUA INIERAT ALACRITATE EADE [M] ET CO [N] SUM [M] AVIT PEKINI. DIE VII ME [N] SIS OCT [OBRIS] AN [N] I SAL [UTIS] 1682, AET [ATE] 76, SOC [IETATE] 60. DE RE CHRISTIANA ET LI [N] GUA ET CALAMO EDITISQUE IN LUCE LIBR [I] S OPTIME MERITUS. IPSIUS FUNUS E REGIO AERARIO CURARI JVSS [U] M [EST], I [M] PERATOR KAMHI [=KANGXI], EPITAPHIO REGIA MANU ADORNATO, VIVE [N] TEM SILICET QUA [N] TI FACERE IN EIUS MORTE NO [N] OBSCUR [AR] E TESTA [N] TUBUS.

英译

Father Lodovico Buglio, from Sicily, Palermo being his home, a confrere of the Society of Jesus, professed in the vows. Having asked to be sent to the China Mission, he spent there 46 years, sharing a fate of constant work in a turbulent era, for the upheavals in Sichuan made their inception just as the Name of Christ was brought there for the first time. He was captured and suffered successively hunger, naked, imprisonment, chains, wounds, danger of life, but could survive the adversities attacking him from all sides in this difficult fight, he always kept his identity and arduously held on to his course. He died in Beijing, with the same alacrity, with which he had begun his race, on October 7th, in the year of salvation 1682, aged 76, having lived in the Society for 60 years. He made great contributions to the cause of Christianity by his preaching and by the writings which he published. It was decreed that his funeral should be financed by the royal treasury, and Emperor Kangxi wrote his epitaph with his own hand, clearing testifying by his reaction to Buglio's death that how much he esteemed him while he was living and to prevent this man from being forgotten by posterity.

汉译

利类思神父，意大利人，来自西西里岛的巴勒莫地区①，耶稣会士，发"四愿"。为了信仰而前往中国传教，在华 46 年。时局不稳却为主不懈工作，首次将天主传入四川，在大动荡中坚持传教。他不幸被捕入狱，先后遭受赤身露体、饥寒交迫，披枷带锁、严刑拷打，因此伤痕累累、生命危在旦夕。然而他凭借其坚强意志在逆境中渡过难关，他总是能够清楚自己使命并

---

① 出生地稍有偏差，实为意大利西西里岛卡塔尼亚省米内奥市。

且一路隐忍，坚持不懈殷勤传教。救世后 1682 年 10 月 7 日逝世于北京，享年 76 岁，在会 60 年。通过宣传基督宗教教义和刊印书籍著称于世。康熙亲诏由国库出资为其举办葬礼并修筑坟茔，康熙御笔亲撰墓志铭以彰显其功，万世铭记。

汉文
碑阴

利先生讳类思，号再可，大西洋意大理亚国人也[①]。自幼入会真修[②]。明崇祯十年丁丑来中华传教。大清顺治五年戊子入都[③]。卒于康熙二十一年壬戌[④]，寿七十有七，在会真修六十年。

碑文比较与解析

利类思墓碑与安文思墓碑相似，碑文的汉文部分，碑阳为上谕之文，碑阴为其生平。在康熙颁布的"上谕"中，提及利类思年老久病乃至去世的过程，康熙念其在华效力长达 40 余年，怜悯其卒，故特赐银 200 两、缎 10 匹作为葬资。碑阴的生平部分相对简要，并没突出他的具体才华或事迹。

拉丁文部分除了介绍其生平外，重点是介绍了利类思在华传教之功，将天主教传入了四川。在这个过程中他遭遇磨难，多次被捕入狱，历经严刑拷打。利类思一路隐忍，进京后，除了修建东堂外，还通过宣传教义和翻译、刊印书籍坚持传教。康熙亲诏由国库出资为其举办葬礼并修筑坟茔。

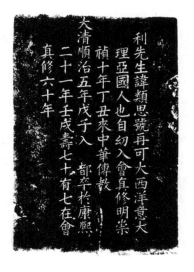

图 4-19　利类思墓碑碑阴拓片

图片来源：高智瑜、[美] 马爱德主编：《虽逝犹存：栅栏——北京最古老的天主教墓地》，澳门特别行政区政府文化局、美国旧金山大学利玛窦研究所 2001 年版，第 53 页。

（五）郭天爵

（FRANCISCUS SIMOIS/Francisco Simões）

郭天爵，字良贵，耶稣会士，葡萄牙人。1650 年 9 月 8 日出生。1660 年 10 月 28 日进入初修院。1668 年郭天爵学业还未毕业，即赴印度继续完成学业，然后留在当地教授神学长达 7 年。1681 年前晋铎，关于其发愿时间，费赖之认为是 1681 年 8 月 15 日[⑤]，而

---

①　利类思 1606 年 1 月 26 日出生于西西里卡塔尼亚的米尼奥。

②　1612 年 5 月 18 日进入马耳他骑士团，1622 年 11 月 28 日在巴勒莫进入初修院。

③　即 1637 年来华，1648 年入京。

④　1682 年 10 月 7 日逝世于北京。

⑤　参见 [法] 费赖之：《在华耶稣会士列传及书目》，冯承钧译，中华书局 1995 年版，第 464 页。

荣振华则认为可能是 1685 年 2 月 2 日在果阿发愿。[①]1690 年前往中国，到达澳门，1691 年在南京、上海等地数月，1692 年到达山东，1693 年在真定府（又称正定府，如今河北正定县）传教，当时身体已染疾，1694 年 5 月 13 日又回到江南地区，最后带病前往北京。荣振华一书认为其于 1694 年 5 月 5 日或者 9 日逝世。

碑文（见图 4-20）

汉文

耶稣会士郭公之墓

郭先生，讳天爵，号良贵，泰西波尔都噶里亚国人。[②]自幼入会精修。越一载，游小西洋后为超性学师[③]，讲道诲人。四十岁始来中华，至真定府敷教二年，抱恙赴京四月余，忍苦善终，时康熙三十三年甲戌四月十二日[④]。在世四十四年，在会二十八年。

图 4-20　郭天爵墓碑碑阳拓片

图片来源：中国国家图书馆，馆藏号：北京 1904。

拉丁文

D. O. M.

P. FRANCISC, SIMOIS LUSITAN, PROFESSUS SOC. JESU, NAT. A.^{1650} 8. SEPT. INGRESS, SOC. A.^{1666}. OCT:^{28}. ADHUC TYRO IN INDIAM VENIT. INDE POST ABSOLUTA STUDIA, DOC, TAM ^{7}. ANNIS THEOLOGIAM ET HABITAS AD POPULUM DICTIONES, AD SINAS TRASIVIT A.^{1690}. MISSIONĒ URBIS CHING TING BIENNII INDEFESSO LABORE EXCOLENS IN MORBUM INCIDIT, OB QUEM PEKINŪ DELATUS, INTRA QUADRIMESTRE OBIIT ANNO ^{1694}, DIE ^{5}. MAIIÆTAT:^{44}. SOCIETAT:^{28}.

拉丁文解读

D. O. M.

P [ATER] FRANCISC [US] SIMOIS, LUSITAN [US], PROFESSUS SOC [IETATIS] JESU, NAT [US] A [NNO] 1650 8. SEPT [EMBRIS], INGRESS [US] SOC [IETATEM] A [NNO] 1666

---

① 参见 [法] 荣振华、方立中、热拉尔·穆赛、布里吉特·阿帕乌：《16—20 世纪入华天主教传教士列传》，耿昇译，广西师范大学出版社 2010 年版，第 328 页。
② 郭天爵 1650 年 9 月 8 日出生于葡萄牙。
③ 1668 年修业未毕即赴印度完成学业，教授神学长达 7 年。
④ 即 1694 年 5 月 13 日，与拉丁文记载时间不符。

OCT [OBRIS] 28. ADHUC TYRO IN INDIAM VENIT. INDE POST ABSOLUTA STUDIA DOC TAM 7. ANNIS THEOLOGIAM ET HABITAS AD POPULUM DICTIONES AD SINAS TRA [N] SIVIT A [NNO] 1690. MISSIONE URBIS(MISSIONĒURBIS) CHING TING BIENNI INDEF-ESSO LABORE EXCOLENS IN MORBUM INCIDIT, OB QUEM PEKINU [M] DELATUS [EST], INTRA QUADRIMESTRE OBIIT ANNO 1694, DIE 5. MAII. AETAT [IS] 44 SOCIETAT [IS]: 28.

英译

To God Most Good and Most Great

Father Francisco Simões, Portuguese, professed of the Society of Jesus, born in 1650, on September 8th, he entered the Society in the year 1666, on October 28th. Still a novice he came to India. From there he was transferred to China, after having completed studies, after having taught theology for seven years, and after holding many popular preaching activities, which was in 1690. After two years of indefatigable work in the mission of the city of Zhending, he fell ill, and because of this he was transferred to Beijing, where he died within four months, in the year 1694, on May 5th, aged 44, having been in the Society for 28 years.

汉译

献给至善至尊的天主

郭天爵神父，葡萄牙人，耶稣会士。出生于 1650 年 9 月 8 日。1666 年 10 月 28 日入会。当他还是见习修士时便受召前往印度。完成学业以后，教授 7 年的神学并向许多人讲道。1690 年来华。在正定府不懈传教 2 年后，积劳成疾，转赴北京，然而不到 4 个月，便于 1694 年 5 月 5 日逝世，享年 44 岁，在会 28 年。

碑文比较与解析

郭天爵墓碑汉文部分与拉丁文部分大体相同。在论及其生平时，主要论及郭天爵深厚的学养以及殷勤的讲道；早年在印度学习、教授及传教；中年来华以后，先后在正定府、北京传教，最终在京去世。

（六）翟敬臣

（CAROLUS DOLZE/Charles Dolzé）

翟敬臣 [①]，字慎中，耶稣会士，法国人。1663 年 3 月 25 日出生于法国梅斯（Metz）

或斯特拉斯堡（Strasbourg）[①]，1683 年 10 月 1 日在香槟教区（Grande Champagne）进入初修院，当时已为文学士。1698 年 10 月 24 日，翟敬臣在白晋的带领下，同孟正气（Jean Domenge，1666—1735）、南光国、习圣学、雷孝思（Jean-Baptiste Regis，1663—1738）、巴多明（Dominique Parrenin，1665—1741）、颜理伯（Philibert Geneix，1667—1699）、马若瑟（Joseph Hennry M.de Premare，1666—1736）、卜纳爵（Ignace-Gabriel Baborier，1663—1727）、卫嘉禄（Chareles de Belleville，1657—1730）修士等十余人乘坐法国“艾菲特利特”（Amphitrite）号前往中国。[②] 他们于 1698 年 11 月 4 日到达广州。1699 年 2 月 2 日翟敬臣在中国发愿。然因身体本弱，加上水土不服，学习中文艰辛，他身体逐渐衰弱，加剧了他青年时代曾数次发作过的水肿病。到北京后，病情加重，尽管他服用了从欧洲带来的药物，但仍愈演愈烈。康熙十分关心他身体，亲自派人送去御药，还派御医为其诊治，但是依然不见好转。1700 年康熙去塞外避暑，当时翟敬臣已因水肿而患溃疡病长达半年之久，中西药物都尝试过，皆不见好转。康熙得知之前好几人因去塞外避暑而治好了这种病，所以就想带着他出巡。然而为时已晚，当翟敬臣达到塞外以后，又患上了严重的腹泻，情况愈来愈糟。其他随行的樊继训、鲍仲义、白晋、卫嘉禄等人建议将翟敬臣送往临近的城市里治疗，然而 1701 年 7 月 24 日“这位可怜的神父在离开皇帝营地的当天就死了”[③]。翟敬臣的信德甚高，在教内备受尊崇，即使在病中，他“从未卧床不起，仍坚忍自持，祈祷如常”[④]。翟敬臣去世前亲自抄写了 12 或 15 页关于鞑靼地区标注的小册子，并交由张诚保管。张诚对他的去世深表遗憾，他评价其为人风趣、性格极佳，且罕见的虔诚，即使在患病期间，他也显示出惊人的毅力，从不卧床，忙于祈祷或从事慈善事业，他的一生是“充满美德和善行的一生”[⑤]。因此“这位神父的死是我们传教事业的一个重大损失，因为他是一位非常能干的后起之秀，皇帝已对他非常赏识，他有可能对教会作出较大的贡献”[⑥]。随后他的灵柩被运回北京，安葬于栅栏墓地。亦有其他说法认为他去世于

① 参见［法］荣振华、方立中、热拉尔·穆赛、布里吉特·阿帕乌：《16—20 世纪入华天主教传教士列传》，耿昇译，广西师范大学出版社 2010 年版，第 131 页；另参见［法］伊夫斯·德·托玛斯·德·博西耶尔夫人：《耶稣会士张诚——路易十四派往中国的五位数学家之一》，辛岩译，陈志雄、郭强、古伟瀛、刘益民审校，大象出版社 2009 年版，第 116 页。而费赖之认为其出生在梅斯。［法］费赖之：《在华耶稣会士列传及书目》，冯承钧译，中华书局 1995 年版，第 505 页。

② 除了费赖之在《在华耶稣会士列传及书目》中记载了其中 10 人外，还有樊继训，聂云龙（Giovanni Gherardini，生卒年不详）修士等。参见吴志良、汤开建、金国平主编：《澳门编年史》第二卷，广州人民出版社 2009 年版，第 715 页。

③ ［法］伊夫斯·德·托玛斯·德·博西耶尔夫人：《耶稣会士张诚——路易十四派往中国的五位数学家之一》，辛岩译，陈志雄、郭强、古伟瀛、刘益民审校，大象出版社 2009 年版，第 120 页。

④ ［法］费赖之：《在华耶稣会士列传及书目》，冯承钧译，中华书局 1995 年版，第 505 页。

⑤ ［法］杜赫德编：《耶稣会士中国书简集：中国回忆录Ⅱ》，郑德弟、朱静等译，大象出版社 2001 年版，第 30 页。

⑥ ［法］伊夫斯·德·托玛斯·德·博西耶尔夫人：《耶稣会士张诚——路易十四派往中国的五位数学家之一》，辛岩译，陈志雄、郭强、古伟瀛、刘益民审校，大象出版社 2009 年版，第 120 页。

1701 年 7 月 31 日 [1] 或 1701 年 7 月 22 日。 [2]

碑文（见图 4-21）

汉文

耶稣会士翟公之墓

耶稣会士翟先生，讳敬臣，号慎中，泰西拂郎济亚国人。[3] 缘慕贞修，弃家遗世，在会二十年。于康熙三十八年己卯 [4]，东来中华，传天主圣教。至康熙四十年辛巳六月十五日卒于口外蒙古 [5]，年三十七岁。

拉丁文

D. O. M.

P. CAROLUS DOLZE METENSIS SOC. IESU. PRO-
FESSUS VIXIT IN SOCIETATE ANNIS XX. IN SINENSI
MISSIONE ANNIS III. OBIIT IN TARTARIA IUL. DIE
XXIV. AN. DOM. MDCCI. ÆT. XXXVIII.

拉丁文解读

D. O. M.

P [ATER] CAROLUS DOLZE, METTENSIS, SOC
[IETATE] IESU PROFESSUS, VIXIT IN SOCIETATE AN-
NIS XX. IN SINENSI MISSIONE ANNIS III. OBIIT IN TARTARIA IUL [II] DIE XXIV. AN [NO]
DOM [INI] MDCCI. AET [ATE]. XXXVIII.

图 4-21　翟敬臣墓碑碑阳拓片

图片来源：中国国家图书馆，馆藏号：北京 1906。

英译

To God Most Good and Most Great

Father Charles Dolzé, from Mette [Metz], professed of the Society of Jesus, he lived in the Society for 20 years, in the China mission for 3 years. He died in Tartary [Mongolia or Manchuria] on the

---

[1] 参见高智瑜、［美］马爱德主编：《虽逝犹存：栅栏——北京最古老的天主教墓地》，澳门特别行政区政府文化局、美国旧金山大学利玛窦研究所 2001 年版，第 151 页。

[2] Cf. *Cinq lettres inédites du P. Gerbillon, S. J., missionnaire français à Pe-King*: (XVIIe et XVIIIe siècles) / publiées par M. Henri Cordier-1906, p.27.

[3] 翟敬臣 1663 年 3 月 25 日出生于法兰西梅斯城。

[4] 即 1699 年。

[5] 即 1701 年 7 月 24 日，去世于外蒙古。

196
THE HISTORY
ON THE TOMBSTONES

春秋石铭
北京栅栏墓地
历史及现存碑文考

24th of July, in the Year of Our Lord 1701, aged 38.

汉译

献给至善至尊的天主

翟敬臣神父，法兰西人，来自梅斯，耶稣会士。在会 20 年，在华传教 3 年，1701 年 7 月 24 日逝世于鞑靼地区，享年 38 岁。

碑文比较与解析

翟敬臣墓碑的汉文与拉丁文部分大体相同，大致介绍了其生平，均说明了他具体的逝世地点。汉文称其享年 37 岁，拉丁文称其享年 38 岁。

翟敬臣（逝世于 1701 年）、南光国（逝世于 1702 年）、樊继训（逝世于 1703 年）、习圣学（逝世于 1704 年）四人，因去世时间相近，其碑文体例基本一致，以下不再赘述。

（七）南光国

（LUDOVICUS PERNON/Louis de Pernon）

南光国（Pernon 又做 Parnon），字用宾，耶稣会士，法国人。其生平甚略。1664 年 7 月 28 日出生于法兰西西部省蒙托邦城（Montauban）①。他是医学博士若望·德·佩隆（Jean de Peron）和保禄·德·隆贝斯（Paul de Lombes）的儿子，出生后第二天即接受洗礼。他是一位音乐家，精于提琴和长笛。1680 年 9 月 2 日进入初修院。1694 年晋铎。1698 年 2 月 2 日发愿，同年 11 月 4 日到达广州，后又辗转到北京。1699 年他成为清廷小型西洋乐队成员之一，供职朝廷，曾为宫廷制造数种乐器。1702 年 11 月 4 日逝世于北京。

碑文（见图 4-22）

汉文

耶稣会士南公之墓

耶稣会士南先生，讳光国，号用宾，泰西拂郎济亚国人。② 缘慕贞修，弃家遗世，在会

---

① 关于其出生日期，有多种说法，荣振华一书中记为 1664 年 7 月 21 日或者 7 月 28 日。参见 ［法］荣振华、方立中、热拉尔·穆赛、布里吉特·阿帕乌：《16—20 世纪入华天主教传教士列传》，耿昇译，广西师范大学出版社 2010 年版，第 271 页。

② 南光国 1664 年 7 月 28 日生于法兰西西部省蒙托邦城。

图 4-22　南光国墓碑碑阳拓片

图片来源：中国国家图书馆，馆藏号：
北京 1908。

二十一年。于康熙三十八年巳卯 ①，东来中华传天主教，至康熙四十一年壬午十月十五日卒于顺天府 ②。年三十八岁。

拉丁文

D.O.M.

P. LUDOV. PERNON MONTALBA. SOC. IESU PRO-FESSUS VIXIT IN SOCIETATE ANNIS XXI. IN SINENSI MISSIONE ANNIS IV. OBIIT PEKINI DIE IV. NO.AN. DOM. MDCCII. ÆT.XXXIX.

拉丁文解读

D.O.M.

P [ATER] LUDOV [ICUS] PERNON, MONTALBA, SOC [IETATE] IESU PROFESSUS, VIXIT IN SOCIETATE ANNIS XXI, IN SINENSI MISSIONE ANNIS IV. OBIIT PE-KINI DIE IV. NO [VEMBRIS] AN [NO] DOM [INI] MDCCII, AET [ATIS]. XXXIX.

英译

To God Most Good and Most Great

Father Louis de Pernon, from Montalba, professed of the Society of Jesus, he lived in the Society for 21 years, and in the China mission for 4 years. He died in Beijing on November 4th in the Year of Our Lord 1702, at the age of 39.

汉译

献给至善至尊的天主

南光国神父，法国人，来自蒙塔巴，耶稣会士，在会 21 年，来华传教 4 年。1702 年 11 月 4 日逝世于北京，享年 39 岁。

碑文比较与解析

南光国墓碑汉文与拉丁文部分相比大体相同，大致介绍了其生平，来华情况以及具体逝世地点。

---

① "巳卯"为"己卯"之误，即 1699 年来华。

② 即 1702 年 11 月 4 日逝世于北京。

春秋石铭　北京栅栏墓地
THE HISTORY　历史及现存碑文考
ON THE TOMBSTONES

（八）樊继训

（PETRVS FRAPPERIE/Pierre Frapperie）

樊继训[①]，字述善，耶稣会士，法国人。1664 年 3 月 9 日出生于法国夏朗德省（Charente）的昂古莱姆（Angoulême）。1686 年 10 月 2 日有可能在法国波尔多（Bordeaux）进入初修院。他在欧洲时，就早已显现出自己的医学才华。1697 年 2 月 2 日在当地晋铎。他是随着白晋于 1698 年从法国来华的数位耶稣会士之一[②]，他与殷弘绪（Francois Xavier d'Entrecolles，1664—1741）、傅圣泽（Jean Françoise Foucquet，1665—1741）经过印度的金德讷格尔（Chandannagar，曾拼作 Chandernagor 或 Chandernagar）和印度尼西亚的巴达维亚（印度尼西亚首都雅加达 Jakarta 的旧称），于 1699 年 7 月 24 日到达厦门[③]。他因医学才能抵京，在朝廷从事外科医生的工作，"精于内外科医术，深得皇帝器重"[④]、"已享良医与良药师之盛名也"[⑤]。曾试图拯救皇孙之命，终不得治，但是在临终时为其洗礼，拯救其灵魂。此外，樊继训还与鲍仲义一起作为御医陪同康熙南下出巡。但实为不幸，他来北京后的第三年，即 1703 年 11 月 18 日逝世于北京。[⑥]11 月 23 日，康熙谕旨称樊继训逝世后因念其美德，特发放皇子胤礽（1674—1725）帑金 200 两、缎 10 匹以筑坟茔，御医安泰前往北堂宣传旨意，闵明我等人恭聆圣谕。

---

① 参见 [法] 荣振华、方立中、热拉尔·穆赛、布里吉特·阿帕乌：《16—20 世纪入华天主教传教士列传》，耿昇译，广西师范大学出版社 2010 年版，第 158 页；[法] 费赖之：《在华耶稣会士列传及书目》，冯承钧译，中华书局 1995 年版，第 563 页。Cf. *Diccionario Histórico de la Compañía de Jesús: Biográfico-temático*，Charles E. O'Neill, Joaquín María Domínguez, Universidad Pontificia Comillas, 2001. p.1523.

② 1693 年，康熙派出白晋作为中国特使回访法国，给路易十四带去礼物，将中国和康熙皇帝介绍到了欧洲。此外还获得了路易十四的财政帮助和人力支持，招募和筹集了更多的有识之士前往中国传教，包括樊继训、颜理伯、翟敬臣、南光国、习圣学、卫嘉禄、雷孝思、马若瑟、巴多明等九人，此后他们均在中国传教事业和中国文献研究及其传播均作出了不可磨灭的贡献。

③ 费赖之认为是 1700 年 8 月 7 日。参见 [法] 费赖之：《在华耶稣会士列传及书目》，冯承钧译，中华书局 1995 年版，第 573 页。

④ [法] 费赖之：《在华耶稣会士列传及书目》，冯承钧译，中华书局 1995 年版，第 573 页。

⑤ [法] 费赖之：《在华耶稣会士列传及书目》，冯承钧译，中华书局 1995 年版，第 573 页。

⑥ 荣振华一书为 11 月 20 日，其证据来自孟正气和洪若翰的书信。费赖之记载其去世时间为 1703 年 11 月 2 日。

碑文（其碑阳见图 4-23，其碑阴见图 4-24）

图 4-23　樊继训墓碑碑阳拓片

图片来源：中国国家图书馆，馆藏号：北京 1910。

图 4-24　樊继训墓碑碑阴拓片

图片来源：北京行政学院编（余三乐撰稿）：《青石存史》，北京出版集团 2012 年版，第 167 页。

汉文
碑阳

耶稣会樊公之墓

　　耶稣会弟子樊，讳继训，号述善，泰西拂郎济亚国人①。缘慕贞修，弃家遗世，在会十七年。于康熙三十九年庚辰②，东来中华。至康熙四十二年癸未十月初十日③卒于顺天府，年三十九岁。

---

① 樊继训 1664 年 3 月 9 日出生于法国夏朗德省的昂古莱姆。碑文言其"号述善"，荣振华一书称"字继善"。参见［法］荣振华、方立中、热拉尔·穆赛、布里吉特·阿帕乌：《16—20 世纪入华天主教传教士列传》，耿昇译，广西师范大学出版社 2010 年版，第 158 页。

② 即 1699 年。1699 年 7 月 24 日到达厦门。费赖之一书记载 1700 年 8 月 7 日。参见［法］费赖之：《在华耶稣会士列传及书目》，冯承钧译，中华书局 1995 年版，第 563 页。

③ 即 1703 年。1703 年 11 月 18 日逝世于北京。荣振华一书记载 11 月 20 日。参见［法］荣振华、方立中、热拉尔·穆赛、布里吉特·阿帕乌：《16—20 世纪入华天主教传教士列传》，耿昇译，广西师范大学出版社 2010 年版，第 158 页。

拉丁文

D. O. M.

FR. PETRVS FRAPPERIE. GALLUS. COADJ: TEMPORALIS. FUIT. IN. SOC. JESU. AN-NIS. XVII. IN. MISSIONE. SINENSI. AN. III OBIIT. PEKINI. DIE. II. NOVEM. ANNI. DOMINI. M. DCCIII. AC. ÆTATIS. SVÆ. XXXIX.

拉丁文解读

D. O. M.

FR [ATER] PETRVS FRAPPERIE, GALLUS. COADJ [UTOR] TEMPORALIS FUIT IN SOC [IETATE] JESU ANNIS XVII, IN MISSIONE SINENSI AN [NIS] III. OBIIT PEKINI DIE II NOVEM, ANNI DOMINI MDCCIII AC AETATIS SVAE XXXIX.

英译

To God Most Good and Most Great

Brother Pierre Frapperie, a Frenchman, he was a temporal coadjutor in the Society of Jesus for 17 years, in the China mission for three years. He died in Beijing on November 2nd, in the Year of Our Lord 1703, aged 39.

汉译

献给至善至尊的天主

樊继训弟兄，来自法兰西，作为耶稣会辅理修士 17 年，在华传教 3 年，于 1703 年 11 月 2 日逝世于北京，享年 39 岁。

碑阴

康熙四十二年十月十五日报上发来御札内，开谕赫世亨 ① ：据大阿哥所奏，樊继训病故。似此外科，委实难得。且人品亦优，深为可悯，朕甚悼之。尔可齐集西洋人等，传此旨意，将大阿哥所付赏赉之物以赐之。特谕。钦此钦尊。即于本月十六日领大阿哥颁发帑金 ② 二百两、缎十匹。赫世亨随带广储司员外郎安泰、茶膳房人员，赍至北堂，宣传旨意，行奠茶酒，并发赏物。闵明我等齐集恭领，磕头谢恩讫。

碑文比较与解析

樊继训墓碑的汉文分碑阳和碑阴两部分。碑阳介绍其生平，碑阴为皇帝御祭之文，其中论及樊继训的才干与德行。在他病故后，康熙念其医术高超，特别是在外科上的才

---

① 即 1703 年 11 月 23 日。赫世亨，满洲完颜氏，出身镶黄旗包衣。从康熙四十二年开始以内务府员外郎的官职兼任武英殿总监造。

② "帑金"指国库中的钱币，而常用的"帑银"指国库中银两，二者稍有区别。

干，加之人品兼优。因此命令大阿哥赏赐葬资帑金 200 两、缎 10 匹，并且命令广储司员外郎安泰、茶膳房人员将葬资送至北堂，传达谕旨。并记载了传教士闵明我等人叩头谢恩。在此凸显其在华的政治地位以及朝廷对其的厚爱。拉丁文较之于汉文部分简略，简要介绍其生平。

（九）习圣学

（CAROLUS DE BROISSIA/Jean-Charles-Étienne Froissard de Broissia）

习圣学，又名利圣学[①]，字述古，耶稣会士，法国人。1660 年 8 月 10 日出生于法国汝拉省（Jura）的多尔区（Dole）。出身于名门望族，他的父亲若望 – 伊纳爵 – 博纳旺杜尔（Jean-Ignace-Bonav-enture Froissard de Broissia，1627—1694）是马耳他骑士团的指挥官和贝桑松（Besançon）著名的大史诗作家，他的叔父若望 – 克洛德 – 约瑟（Jean-Claude-José）是布鲁瓦西亚的侯爵（Marquis de Broissia）。而他有两个兄弟，与他一样同为耶稣会士，此外还有一位为方济各会士，一位加尔默罗会士。1682 年 4 月 24 日在法国里昂进入修院学习，直到 1693 年。1697 年 8 月 15 日在拉弗莱什（La Flèche）发愿。

1698 年习圣学乘坐"安菲特律特"号船前往中国，于同年 11 月 4 日到达广州。1700 年他和法兰西耶稣会士孟正气（Jean Domenge，1666—1735）一起到达江西饶州，当时江西省北部分三个住院：抚州、饶州、九江，分别由傅圣泽、殷弘绪和孟正气三人管理。1701 年 7 月习圣学到达浙江宁波，当时法国耶稣会士可以通过此地自由进入中国，而无须通过葡萄牙人的管辖，甚至前往日本。在宁波他待了两三个月时间。1703 年康熙亲视河工，南巡抵达杭州，当时习圣学居杭州天主堂，专程与郭天宠（Jean Baptista，1658—1714）[②] 一起前往黄金桥北十里恭迎圣驾，并受康熙接见。

几经周折后奉旨进入北京。当时山西代牧区宗座代牧意大利耶稣会士张安当（Antonie Posateri，1640—1705）曾要求习圣学前往山西做他的帮手。当时有迹象表明，主教指定他有朝一日担任继任人。

然而，1704 年 9 月他突然在半路得了疾病，而且病情来势极猛，以致同行的人不敢将其移出所乘船只。9 月 8 日在刚过山东临清的船上因为高烧而病逝[③]，"圣学溯运河而上，行

---

① 参见 [法] 荣振华 、方立中、热拉尔·穆赛 、布里吉特·阿帕乌：《16—20 世纪入华天主教传教士列传》，耿昇译，广西师范大学出版社 2010 年版，第 85 页。Cf. *Diccionario Histórico de la Compañía de Jesús: Biográfico-temático*, Charles E. O'Neill, Joaquín María Domínguez, Universidad Pontificia Comillas, 2001.p.553.

② 郭天宠，又名郭若望，葡萄牙科英布拉人。1695 年入华，先后管理南京、镇江、丹阳等教区。费赖之言及 1701 年后其事迹不详，包括卒年。荣振华考证"重建了杭州教堂"，1714 年 2 月 28 日逝世于澳门。

③ 费赖之、荣振华书中皆认为其逝世于 1704 年 9 月 18 日。参见 [法] 荣振华、方立中、热拉尔·穆赛、布里吉特·阿帕乌：《16—20 世纪入华天主教传教士列传》，耿昇译，广西师范大学出版社 2010 年版，第 85 页；[法] 费赖之：《在华耶稣会士列传及书目》，冯承钧译，中华书局 1995 年版，第 504 页。

至山东临清得疾殁"①，后其灵柩运至北京，葬于栅栏墓地。当时北京教区总会长张诚在北京城外20里的地方迎接，"张诚神甫迎之于二十里外，悲泣不已，葬北京坟园"②。张诚告诉殷弘绪"他在这位亲爱的死者的灵柩上掉了许多泪水，还说他将久久感受到中国因失去这位如此圣洁热忱的传教士而遭受的损失"③。1704年11月15日殷弘绪在饶州就给习圣学的兄弟德布鲁瓦西亚侯爵写了一封信告知了习圣学去世的消息。其中论及习圣学不仅有勇敢的诺言，而且有不可动摇的忠诚。他专注执着，即便最小的事也会认真去做。"我尤其佩服他在坚持不懈的工作以及令人烦恼的挫折中所持有的那份平和隐忍，通过这些（工作和挫败）上帝不断地检验着他的德行，他一直严于律己"④，以此称颂其德行。

碑文（见图 4–25）

汉文

耶稣会士习公之墓

　　耶稣会士习先生，讳圣学，号述古，泰西拂郎济亚国人。缘慕贞修，弃家遗世，在会二十三年。于康熙三十七年戊寅⑤东来中华传天主圣教。至康熙四十三年甲申八月二十日由水路行至山东临清州，卒于舟中⑥，年四十四岁。

拉丁文

D.O.M.

P. CAROL. DE BROISSIA DOLANUS SOC. IESU PRO-FESSUS VIXIT IN SOCIETATE ANNIS XXIII IN SINENSI MIS-SIONE ANNIS VI. OBIIT LINTCIN DIE VIII. SEP. AN. MDC-

图 4–25　习圣学墓碑碑阳拓片

图片来源：中国国家图书馆，馆藏号：北京 1912。

---

① ［法］费赖之：《在华耶稣会士列传及书目》，冯承钧译，中华书局 1995 年版，第 504 页。

② 原文为 "Son corps fut porté au cimetière de cetteville"，其中论及所葬地，直译为 "这个城市的墓地"，冯承钧翻译为 "北京坟园"，即为 "栅栏墓地"。［法］费赖之：《在华耶稣会士列传及书目》，冯承钧译，中华书局 1995 年版，第 505 页。

③ ［法］杜赫德编：《耶稣会士中国书简集：中国回忆录Ⅱ》，郑德弟、朱静等译，大象出版社 2001 年版，第 24 页。

④ *Diccionario Histórico de la Compañía de Jesús: Biográfico-temático*，Charles E. O'Neill，Joaquín María Domínguez，Universidad Pontificia Comillas，2001.p.553. 另翻译为 "我尤其赞赏他在连续的逆境和恼人的意外事件——这一切似乎是上帝为进一步净化他美德而设置的——中能镇定自若。他对自己如此苛刻"。参见 ［法］杜赫德编：《耶稣会士中国书简集：中国回忆录Ⅱ》，郑德弟、朱静等译，大象出版社 2001 年版，第 22 页。

⑤ "戌寅"恐有误，实为"戊寅"，1698 年。

⑥ 即 1704 年 9 月 8 日逝世于临清。

CIV. AET. XXXXIV.

拉丁文解读

D. O. M.

P [ATER] CAROL [US] DE BROISSIA, DOLANUS, SOC [IETATE] IESU PROFESSUS, VIXIT IN SOCIETATE ANNIS XXIII, IN SINENSI MISSIONE ANNIS VI. OBIIT LINTCIN [=LINQING], DIE VIII. SEP [TEMBRIS] AN [NO] MDCCIV. AET [ATE] XXXXIV.

英译

To God Most Good and Most Great

Father Jean-Charles-Étienne Froissard de Broissia, from Dole, professed of the Society of Jesus, he lived in the Society for 23 years, in the China Mission for 6 years. He died in Linqing, on September 8th, in the year 1704, aged 44.

汉译

献给至善至尊的天主

习圣学神父，来自多尔区。耶稣会士，在会 23 年，在华传教 6 年。1704 年 9 月 8 日逝世于山东临清，享年 44 岁。

碑文比较与解析

习圣学墓碑汉文与拉丁文部分内容大致相同，除了简要介绍生平外，均交代了其明确的去世地点。而汉文部分更为详细地记载了其在华的经历，强调他为了专心修道，弃家遗世，远离故土，来中华宣传圣教，凸显他对教会的献身精神。

（十）安多

（ANTONIUSTHOMAS/Antoine Thomas）

安多①，字平施，耶稣会士，比利时人。1644 年 1 月 25 日出生于比利时的那慕尔（Namur）。他是那慕尔市检察官（Procureur）菲利普·多玛斯（Phalippe Thomas）和玛利亚·黛莱（Marie Derhet）的儿子，在当地完成学业。加入耶稣会后，他相继去了法国阿尔芒蒂耶尔（Armentières）、休伊（Huy）和比利时的图尔内（Tournai）等地学习。1660 年 9 月 24 日在比利时图尔内进入初修院。② 他一直希望能够到海外传教，特别是中国。

---

① Cf. *Diccionario Histórico de la Compañía de Jesús: Biográfico-temático*, Charles E. O'Neill, Joaquín María Domínguez, Universidad Pontificia Comillas, 2001.p.3791.

② 参见［法］荣振华、方立中、热拉尔·穆赛、布里吉特·阿帕乌:《16—20 世纪入华天主教传教士列

204
春秋石铭
THE HISTORY
ON THE TOMBSTONES
北京栅栏墓地
历史及现存碑文考

他向耶稣会总会长奥利瓦（Juan Pablo Oliva）提出了请求，并将业余时间都投入到高等数学和天文学的学习之中。他"博学而尤精数学"[1]。1671—1675 年他在法国北部省的杜埃（Douai）学习神学，其间于 1674 年晋铎，并且教授了两年的哲学，终于被指派前往中国传教。他从里斯本出发，在科英布拉作了短暂的停留，短期教授数学和天文学。其间他遇见了日后最大的捐助者公爵夫人玛丽亚·德阿威罗·德阿尔科斯·马克达（Maria d'Aveiro d'Arcos and Maqueda）。1678 年 2 月 2 日在西班牙的布尔戈斯（Burgos）发愿。1679 年 4 月 3 日随同其他 19 位耶稣会士从里斯本出发，乘坐"圣安东尼号"（S.António）前往印度。经过艰苦的旅程，终于在 9 月 26 日到达果阿，待了 8 个月后再次启航，经过马六甲海峡，于 8 月 30 日到达泰国暹罗城南部城市首都约提亚（Juthia）。由于战事导致交通受阻，他又待了近半年的时间，并成功劝导国王康斯坦斯·弗尔孔（Constantin Phaulkon，1647—1688）皈依天主教。1682 年 5 月 20 日他又重新启程，在 7 月 4 日达到澳门。在澳门期间他观测了 1683 年 7 月 4 日的日食和 1685 年 6 月 16 日的月食。由于安多熟知天文历法，根据南怀仁的举荐，安多奉召进京。1685 年 11 月 8 日抵京后，与徐日昇共同负责钦天监事务，且参与绘制地图、对俄外交等工作。当南怀仁去世后，接替其职务。适逢闵明我出差时，亦曾代为监正。1696 年和 1702 年两次随驾出关。20 年间，他因广博扎实的知识和才能，以及他行为的谨慎和细致，而备受康熙的尊重和青睐。康熙经常与他讨论科学、道德、治国理政等问题。他用满文所撰写的关于代数的三册书籍专供皇帝使用，还参与黄河洪水泛滥整治及救灾工作。在教内多次担任中国副省会长，他按照康熙 1692 年所颁发的容教令，极力推动传教活动。而在礼仪之争中，他不遗余力地捍卫在华传教士立场，针对传信部对耶稣会士传教事业的诬枉之说，专门撰写申辩书。安多一生著述甚多，除了官方文书和教会信札外，还有对中华传教区的概况介绍，而《南先生行述》《南怀仁神甫赞》等是研究南怀仁生平不可缺少的资料。安多于 1709 年 7 月 28 日去世，葬在南怀仁的旁边。[2]

碑文（见图 4—26）

汉文

耶稣会士安公之墓

上谕："安多自西洋以来，于天文历法事宜，甚实效力。今闻溘逝，朕深为轸恻，照赏徐日昇例，赐银二百两、大缎十端，以示优恤远臣之意。特谕李国屏、王道化送去，钦此。"

安先生讳多，号平施，泰西拂朗德里亚国人。自幼入会真修。康熙二十五年丙寅岁入中

传》，耿昇译，广西师范大学出版社 2010 年版，第 348 页。

[1] ［法］费赖之：《在华耶稣会士列传及书目》，冯承钧译，中华书局 1995 年版，第 404 页。

[2] 汉文记载为 1709 年 8 月 1 日，拉丁文所记载的 1709 年 7 月 28 日。参见 ［法］费赖之：《在华耶稣会士列传及书目》，冯承钧译，中华书局 1995 年版，第 407 页。

国传教 ①，至康熙四十八年岁次已丑六月念六日卒 ②。寿
六十五岁，在会四十八年。

拉丁文

D.O.M.

P.ANTON THOMAS, BELGA, IV. VOTA PROFESS.
VIXIT IN SOC. JESU ANNIS, XLVIII, IN SINENSI MIS-
SIONE XXIV: NATUS LXV. ANNOS OBIIT PEKINI XX-
VIII. JUL. MDCCIX.

拉丁文解读

D.O.M.

P(ATER) ANTON(IUS) THOMAS, BELGA, IV. VOTA
PROFESS(US). VIXIT IN SOC(IETATE) JESU ANNIS XL-
VIII, IN SINENSI MISSIONE XXIV. NATUS LXV ANNOS,
OBIIT PEKINI, XXVIII JUL(II) MDCCIX.

图 4-26　安多墓碑碑阳拓片

图片来源：中国国家图书馆，馆藏号：
北京 1918。

英译

To God Most Good and Most Great

Father Antoine Thomas, a Belgian, professed of four vows. He lived in the Society of Jesus for
48 years, and dwelt in the China mission for 24 years. At the age of 65 he died in Beijing, on the 28th
of July 1709.

汉译

献给至尊至善的天主

安多神父，比利时人，发"四愿"。他在会 48 年，来华传教 24 年。1709 年 7 月 28 日逝
世于北京，享年 65 岁。

碑文比较与解析

安多墓碑汉文部分碑阳为康熙御祭之文。对其在天文历法方面的功绩作了充分的肯
定，亦可看出康熙对其甚是器重。当安多生病时，康熙多次派遣太医孙诗百、王元佐等人
前去诊治，每日调理，并咨询其情况。在得知安多的病情尚未恢复时，又"颁赐人参一斤。

---

① 即 1686 年。碑文有误。安多实为 1682 年抵达澳门，根据南怀仁的举荐，康熙诏其于 1685 年 11 月
进京。安多任钦天监监副，与徐日昇共同负责钦天监事务，且参与过绘制地图的工作。
② 此处"念"应为"廿"，1709 年 8 月 1 日，这与拉丁文所记载的 1709 年 7 月 28 日不一致。"已丑"为"己
丑"之误。

二十四日，又赐人参膏一瓶，并谕善为调养”①。在其去世时，又被告知按照赐予徐日昇的葬资标准，赐帑银 200 两、大缎 10 端作为其葬资。并且特让时任武英殿总监造李国屏、养心殿监造王道化二人送去。由此可知安多在中华的政治待遇。碑阳部分的汉文生平，与拉丁文部分意思大致相同。拉丁文部分较之于汉文部分简略。

（十一）庞嘉宾
（CASPAR CASTNER/Caspar Castner）

庞嘉宾②，字慕斋，耶稣会士，德国人。1665 年 2 月 7 日生于巴伐利亚的慕尼黑，1681 年 9 月 18 日于兰茨贝格（Landsberg am Lech）进入初修院。1687 年在拉蒂斯博纳（Ratisbonne）语法学校担任教职。1694 年在英戈尔施塔特（Ingolstadt）学习并晋铎。曾向总长蒂索·冈萨雷斯（P.General Tirso Gonzalez）四次提出前往亚洲传教的请求，而“其数学学识与史学及神学学识并为丰赡，颇适于传教中国”③。于 1695 年 6 月 5 日抵达德国巴伐利亚州慕尼黑和纽伦堡之间的艾希施泰特（Landkreis Eichstätt），1696 年从里斯本出发，绕过好望角，途经爪哇、苏门答腊岛，1697 年 5 月到达澳门，后被派往安南传教。1700 年到达广东佛山，主持佛山教务，在当地为 300 余人洗礼。1700 年 3—6 月期间，他曾负责在广州上川岛为圣方济各·沙勿略修筑教堂事务，并著有《上川岛建堂记》（*Relatio Sepulturae Magno Orientis Apostolo S. Francisco Xaverio erectae in Insula Sanciano anno saeculari*）。1702 年，当时中国副省会、日本省会和四个中国主教共同选举庞嘉宾和卫方济（Francois Noël，1651—1729）一起作为特派员前往罗马向教皇奏呈关于礼仪之争的意见书。他们二人于 1702 年 12 月抵达欧洲，并用了两年时间在欧洲跟教廷各部门协商，然而调解失败。1704 年教皇克莱孟十一世发布关于中国礼仪的禁约。庞、卫二人于 1706 年开始返回中国。庞嘉宾在从里斯本前往澳门之前曾说服葡萄牙人从帝汶（如今的印度尼西亚）走，而不要穿越马六甲海峡，这样无须经过印度的果阿，从而节省一年的时间到达澳门。

1707 年 7 月 22 日，庞嘉宾同卫方济抵达澳门，同行的还有石可圣、林济各、梅若翰（麦思理，Jean-Baptist Messari，1673—1723）、德玛诺（Romin Hinderer，1669—1744）、公类思（又名孔禄食、孔禄世、孔路师，Louis Gonzaga，1707—1718）、台维翰（又译白若翰，Jean-Baptiste Bakowski，1672—1731）、随弥嘉（又译魏哥尔，Michel Viera，1681—1761）修士、利奥定等人。④ 庞嘉宾凭借着自己的数学才能前往北京，“若西洋人内有记忆巧思，

---

① 韩琦、吴旻校注：《熙朝崇正集熙朝定案（外三种）》，中华书局 2006 年版，第 354 页。

② 庞嘉宾外文名字多样，或称 Caspar Castner; Caspar Kastner; Kaspar Castner; Gasper Kastner 等。

③ ［法］费赖之：《在华耶稣会士列传及书目》，冯承钧译，中华书局 1995 年版，第 495 页。

④ 利奥定身世不明。参见吴志良、汤开建、金国平主编：《澳门编年史》第二卷，广州人民出版社 2009 年版，第 745 页。

或系内外科大夫者，急速着督抚差家人送来"①。与庞嘉宾同赴京城的还有石可圣、林济各二人，并在 11 月 22 日以后居住在北京。由于精于历算，庞嘉宾在钦天监担任监正一职。他在华领取了朝廷所颁发的"票"②，他作为皇子之师，曾和卫方济一起就 1656 年教皇亚历山大七世针对礼仪之争所做的裁定进行了解释。在他看来，中华传统礼仪并非是迷信鬼神，而是对天、祖先和孔子的尊敬怀念之心。应该因地制宜地去理解中国人的传统风俗，不要试图去革除，需要更多的耐心和决心去制定适应中国人的弥撒礼仪。③1709 年 11 月 9 日庞嘉宾在北京去世。

碑文（见图 4–27）

汉文

耶稣会士庞公之墓

庞先生，讳嘉宾，号慕斋，系泰西热尔玛尼亚国人也。自幼入会精修。于康熙三十六年岁次丁丑④入中华传教，卒于康熙四十八年己丑岁十月初八日⑤，年四十五岁，在会二十九年。

拉丁文

D. O. M.

P. CASPAR CASTNER MONACENSIS GERMAN, SOC. IESU IV. VOT. PROFESS, VENIT

---

① 吴志良、汤开建、金国平主编：《澳门编年史》第二卷，广州人民出版社 2009 年版，第 746 页。

② 康熙下达谕旨，对滥议中国礼仪之西洋人行为及其往来加以限制，"只得将定例先明白晓谕，命后来之人谨守法度，不能少违方好。"参见中国第一历史档案馆编：《清中前期西洋天主教在华活动档案史料》第一册，中华书局 2003 年版，第 11 页。1707 年 2 月，内务府咨行礼部，奉旨"除将先经本府给领印票、居住各省堂中修道传教者，听其照常居住，不必禁止。其未经领票、情愿赴领者，地方官速催来京，毋许久留，有司亦不许阻滞。若无票而不愿领票者，驱往澳门安插，不许存留内地。"参见（清）黄伯禄：《正教奉褒》，韩琦、吴旻校注《熙朝崇正集熙朝定案（外三种）》，中华书局 2006 年版，第 367 页。此令随准内务府咨，转行直隶各省督抚，然后所属府、厅、州、县，皆遵照办理。1708 年康熙正式制定"印票"制度："于四十七年四月内由武英殿议得，凡各省天主堂居住修道西洋人等有内务府印票者，任其行走居住，不必禁止，未给印票者，凡堂不许居住，往澳门驱逐等，因具奏通行各省在案查得此等，西洋人俱仰慕圣化航海而来，与本国人共相效力，居住各省者，俱领有印票，各修其道，历有年所并无妄作非为，其御史樊绍祚条奏严行禁止之处，相应无容议可也。"参见《康熙诏书》，梵蒂冈图书馆，编号：Borgia-Cinese, 439A（m）2。

③ 参见 [法] 荣振华、方立中、热拉尔·穆赛、布里吉特·阿帕乌：《16—20 世纪入华天主教传教士列传》，耿昇译，广西师范大学出版社 2010 年版，第 98 页。*Diccionario Histórico de la Compañía de Jesús: Biográfico-temático*，Charles E. O'Neill, Joaquín María Domínguez, Universidad Pontificia Comillas, 2001.pp.705-706.

④ 即 1697 年 5 月到达澳门。

⑤ 即 1709 年 11 月 9 日逝世于北京。

208
THE HISTORY
ON THE TOMBSTONES

春秋石铭

北京栅栏墓地
历史及现存碑文考

IN SINAS A. C. MDCXCVII. OBIIT PEKINI DIE IX. NOV. A. C. MDCCIX A SOCIETATE INITA XXIX. ÆTATIS SUÆ XLV.

图 4–27　庞嘉宾墓碑碑阳拓片

图片来源：口国国家图书馆，馆藏号：北京 1920。

拉丁文解读

D.O.M.

P [ATER] CASPAR CASTNER, MONACENSIS GERMAN [US], SOC [IETATE] IESU IV. VOT [A] PROFESS [US], VENIT IN SINAS A [NNO] C [HRISTI] MDCXCVII. OBIIT PEKINI DIE IX. NOV [EMBRIS] A [NNO] C [HRISTI] MDCCIX, A SOCIETATE INITA XXIX, AETATIS SUAE XLV.

英译

To God Most Good and Most Great

Father Caspar Castner, from Munich in German, professed of four vows in the Society of Jesus, he came to China in the Year of Our Lord 1697. He died in Beijing on November 9th 1709, 29 years after entering the Society, aged 45.

汉译

献给至善至尊的天主

庞嘉宾神父，德国人，来自慕尼黑，耶稣会士，发"四愿"。1697 年来华。于 1709 年 11 月 9 日逝世于北京，在会 29 年，享年 45 岁。

碑文比较与解析

庞嘉宾墓碑汉文与拉丁文部分大体相同，皆较为简略，在拉丁文部分明确了他的故乡即慕尼黑。

（十二）罗德先

（BERNARDUS RHODES/Bernard Rhodes）

罗德先，字慎斋①，耶稣会辅理修士，法国人。1646 年 7 月 15 日出生于法国阿列日

---

① 费赖之一书写为"恒斋"。参见［法］费赖之：《在华耶稣会士列传及书目》，冯承钧译，中华书局 1995 年版，第 562 页。

省（Ariège）的帕米埃（Pamiers）。1674 年 7 月 7 日在上加龙省（Haute-Garonne）的图卢慈（Toulouse）进入初修院。1684 年 8 月 15 日晋铎。他早年作为辅理修士和塔夏尔（Guy Tachard）① 一起在印度的朋迪榭里（Pondicherry）被俘，由荷兰人押往阿姆斯特丹，后获释。他回到法国以后，即申请前往中国传教，1697 年与宋若翰（Jean-François Pélisson）② 从路易港出发前往巴西，随后到达昂儒昂岛（Anjouan），直至印度的金德讷格尔。在那里，他遇到了傅圣泽、殷弘绪、樊继训。随后乘坐"乔安娜号"（Joanna）到达印度的马德拉斯（Madrás）和印度尼西亚雅加达的巴达维亚（Batavia），1698 年他又和殷弘绪、傅圣泽一起乘坐"萨拉号"（Saragalley）从印度的金德讷格尔出发，于 1699 年 7 月 24 日抵达厦门。

罗德先来华后，以医生的身份前往北京为康熙效劳。他本人温和、朴实、谦逊，加之他的医术精湛，擅长外科，精通药理，善于配药，康熙非常看重他。特别是有些疑难杂症连御医都束手无策，而罗德先却能够进行有效的医治。不仅为康熙治愈心悸症和上唇生瘤，而且还为其他人治病。"皇帝把他关心的好几名病人托付于他，因为中国医生未能治好他们疾病，罗德先教友使他们恢复了健康，使皇帝龙颜大悦"③。罗德先还用金鸡纳霜医治好了康熙的疟疾，康熙每次前往鞑靼地区的巡视都由他陪同。"帝尝作十次旅行，皆历时六月以上，修士随侍左右"④。而罗德先仁心仁术，更愿意为穷人治病，为其提供药物，并且分文不取。

由于超负荷的工作，加之天气骤寒，罗德先患上了重伤风并伴有高烧，但是他依然继续治疗病人。终于在 1715 年 11 月在从热河⑤ 返回北京的途中，罗德先在离京城距离不到一日的地方（鞑靼地区）病倒了。由于病情加重，康熙让杨秉义陪他先走，但是病势日重，极度虚弱，11 月 10 日上午 8 时背诵着圣母连祷文，死在杨秉义的怀中。巴多明在信中记载："年逾七十的罗德先（Bernard Rhodes）教友已经无法跟随皇帝继续其漫长的鞑靼之行了。当时我还不知道这是我们最后一次结伴旅行。当月 10 日，在离北京一天行程之处，上帝为奖赏他而把他召到了天国，我们为此深感悲痛。不仅传教士和信徒，甚至连非基督徒都因失去他而万分难过"⑥。杨秉义让人将其遗体送至栅栏墓地，北京城所有的耶稣会士都前往迎接，11 月 25 日得以下葬。

---

① 参见 [法] 荣振华、方立中、热拉尔·穆赛、布里吉特·阿帕乌：《16—20 世纪入华天主教传教士列传》，耿昇译，广西师范大学出版社 2010 年版，第 340 页。

② 荣振华书中称"傅圣铎"。参见 [法] 荣振华、方立中、热拉尔·穆赛、布里吉特·阿帕乌：《16—20 世纪入华天主教传教士列传》，耿昇译，广西师范大学出版社 2010 年版，第 265 页；[法] 费赖之：《在华耶稣会士列传及书目》，冯承钧译，中华书局 1995 年版，第 562 页。

③ [法] 杜赫德编：《耶稣会士中国书简集：中国回忆录Ⅱ》，郑德弟、朱静等译，大象出版社 2001 年版，第 132 页。

④ 方豪：《中西交通史》（下），上海人民出版社 2015 年版，第 676 页。

⑤ 热河省：省会承德市，是中国旧行政区划的省份之一。1914 年 2 月成立，1955 年 7 月 30 日撤销。位于目前河北省、辽宁省和内蒙古自治区交界地带。

⑥ [法] 杜赫德编：《耶稣会士中国书简集：中国回忆录Ⅱ》，郑德弟、朱静等译，大象出版社 2001 年版，第 131 页。

210
春秋石铭
THE HISTORY
ON THE TOMBSTONES
北京栅栏墓地
历史及现存碑文考

碑文 （见图 4–28）

汉文

耶稣会罗公之墓

耶稣会弟子罗，讳德先，号慎斋，泰西拂郎济亚国人。缘慕贞修，弃家遗世，在会四十一年。于康熙三十八年巳卯① 东来中华，至康熙五十四年乙未九月二十三日卒于顺天府②，年六十九岁。

拉丁文

D. O. M.

F. BERNARDUS. RHODES. GALLUS. COADJ: TEMPORAL: FORMATUS. FUIT. IN. SOC: ANNIS. XL. IN. MISSIONE. SINENSI. XVI. OBIIT. IN.REDITU. E. TARTARIA. DIE. X. NOV.ANNI. DOMINI. M. DCC. XV. ÆTATIS. LXX.

拉丁文解读

D. O. M.

F [RATER] BERNARDUS RHODES, GALLUS, COADJ [UTOR] TEMPORAL [IS] FORMATUS. FUIT IN SOC [IETATE] ANNIS XL, IN MISSIONE SINENSI XVI. OBIIT IN REDITU E TARTARIA, DIE X NOV [EMBRIS] ANNI DOMINI MDCCXV, AETATIS LXX.

图 4–28　罗德先墓碑碑阳拓片

图片来源：中国国家图书馆，馆藏号：北京 1926。

英译

To God Most Good and Most Great

Brother Bernard Rhodes, a French man, educated as temporal coadjutor, he lived in the Society for 40 years, and in the China mission for 16 years. He died when returning from Tartary [Mongolia], on November 10th in the Year of Our Lord 1715, at the age of 70 years.

汉译

献给至善至尊的天主

罗德先修士，法兰西人，辅理修士，在会 40 年，在华传教 16 年，1715 年 11 月 10 日在鞑靼(蒙古)地区返回京城的途中去世。享年 70 岁。

---

① 即 1699 年，"巳卯"应为"己卯"之误。
② 1715 年 11 月 10 日在鞑靼地区去世。

碑文比较与解析

　　罗德先墓碑汉文与拉丁文部分大体相同，然就去世地点有所差异，拉丁文部分言其去世于鞑靼地区，而汉文部分称其去世于顺天府。此外，汉文部分更强调其为修道而作出的努力，弃家遗世，专心修道。

（十三）陆伯嘉

（JACOBUS BROCARD/Jacques Brocard）

　　陆伯嘉，字德音，耶稣会辅理修士，法国人。1664 年 3 月 21 日生于法兰西杜城（Doubs）的沙泰尔布朗（Chantelblanc）城 ①，在其 31 岁的时候，1695 年 3 月 25 日在杜城的贝桑松（Besanzón）城进入初修院。1700 年他乘坐"安菲特律特"号以建筑师、机械师的身份被派往中国。陆伯嘉 1701 年 9 月 9 日抵京，继而从事传教事业并在中国度过了一生，他在华制作手表及乐器，备受皇家喜爱。陆伯嘉"在华十七年，皆在宫中制造钟表与物理器具，及皇帝或大臣所爱好之机器" ②。通过他与杜德美的通信，得知他在为皇子胤礽效命时是其人生最痛苦的一段时间，言称感受到了"耶稣基督十字架的全部痛苦" ③。其中记载 1704 年 2 月 12 日他奉命将几件铁制品涂成蓝色，这让他深感为难，因为他认为这是偶像崇拜器具上的零件。当时杜德美帮助他进行改进，然此事为白晋所阻止，这不仅激怒了皇子，也导致白晋遭遇了苦役。陆伯嘉一直未忘却传教使命。在马国贤为其写的悼词中，言其"是一良师，多才识，善服从，廉洁过人。凡识之者，莫不誉其善" ④。1718 年 10 月 7 日逝世于北京。

碑文（见图 4-29）

汉文

耶稣会陆公之墓

　　耶稣会弟子陆，讳伯嘉，号德音，泰西拂郎济亚国人。缘慕贞修，弃家遗世，在会二十三年。于康熙三十九年庚辰 ⑤ 东来中华，至康熙五十七年戊戌闰八月十四日卒于顺

---

① 参见 [法] 荣振华、方立中、热拉尔·穆赛、布里吉特·阿帕乌：《16—20 世纪入华天主教传教士列传》，耿昇译，广西师范大学出版社 2010 年版，第 84—85 页。

② 方豪：《中西交通史》（下），上海人民出版社 2015 年版，第 641 页。

③ *Diccionario Histórico de la Compañía de Jesús: Biográfico-temático*, Charles E. O'Neill, Joaquín María Domínguez, Universidad Pontificia Comillas, 2001.p.551.

④ [法] 费赖之：《在华耶稣会士列传及书目》，冯承钧译，中华书局 1995 年版，第 603 页。

⑤ 即 1700 年入华，1701 年 9 月 9 日抵京传教。

天府 ①，年五十七岁。

拉丁文

D. O. M.

F. JACOBUS. BROCARD. GALLUS. COADJ. TEM-
PORALIS. FUIT. IN. SOC. JESU. ANNIS. XXIII. IN. MIS-
SIONE. SINENSI. XVII. OBIIT. PEKINI. DIE. VII OCT.
ANNI. DOMINI. MDCCXVIII. ÆTATIS LVII.

拉丁文解读

D. O. M.

F [RATER] JACOBUS BROCARD, GALLUS,
COADJ [UTOR] TEMPORALIS, FUIT IN SOC [IETATE]
JESU ANNIS XXIII, IN MISSIONE SINENSI XVII. OBIIT
PEKINI DIE VII OCT [OBRIS] ANNI DOMINI MDCCX-
VIII. AETATIS LVII.

图 4-29　陆伯嘉墓碑碑阳拓片

图片来源：中国国家图书馆，馆藏号：北京 1930。

英译

To God Most Good and Most Great

Brother Jacques Brocard, a Frenchman, temporal coadjutor [religious brother], he was in the society of Jesus for 23 years, and in the mission in China for 17 years. He died in Beijing on October 7th in the Year of Our Lord 1718, aged 57.

汉译

献给至善至尊的天主

陆伯嘉弟兄，法国人，辅理修士，耶稣会士，入会 23 年，在华传教 17 年。于 1718 年 10 月 7 日逝世于北京，享年 57 岁。

碑文比较与解析

陆伯嘉墓碑汉文与拉丁文部分均较为简略，内容大体相同。与庞嘉宾墓碑写法大致一致。

---

① 1718 年 10 月 7 日逝世于北京。

（十四）纪理安

（KILIANUS STUMPF/Kilian Stumpf）

纪理安，字云风，耶稣会士，德国人。1655 年 9 月 13 日或 14 日 [①] 出生于日耳曼巴伐利亚州的维尔茨堡（Würzburg）。1670 年进入维尔茨堡大学学习，1673 年毕业后成为一名教师，并于同年 7 月 17 日在美因茨（Mainz）进入初修院。1684 年 12 月 23 日在维尔茨堡晋铎。他系统学习了哲学、神学、数学、物理学、天文学等知识。1689 年 2 月 2 日在班贝格（Bamberg）发愿。纪理安在维尔茨堡大学哲学院学习之后，心怀着前往印度的渴望，他加入了耶稣会。纪理安随后被派往中国，1691 年从里斯本出发。当时随行的有沈福宗（Michalel Alphonsius Shen Fu-tsung，1657—1692）[②]、贝尔纳·德维特（Bernard de Wit，1658—1692）[③]、麦雅各（Jakob Moërs，1658—1692）[④] 和玛诺·平托（Manuel Pinto，1637—1692）[⑤] 等人，不过除了纪理安以外，其他人都在途中不幸去世了。

1694 年 7 月 15 日到达澳门，随后前往广州，等待契机入京。当康熙皇帝听闻纪理安才华后，遂召其入京。1695 年 7 月抵京，致力供奉朝廷。纪理安充分展现在天文学、数学、科学技艺等方面的才能，还开办了一间玻璃厂，烧制诸多精美的玻璃器皿以及望远镜镜头

---

① 荣振华一书认为是 9 月 13 日。参见 [法] 荣振华、方立中、热拉尔·穆赛、布里吉特·阿帕乌：《16—20 世纪入华天主教传教士列传》，耿昇译，广西师范大学出版社 2010 年版，第 339 页。耶稣会历史辞典认为 9 月 14 日。Cf. *Diccionario Histórico de la Compañía de Jesús: Biográfico-temático*, Charles E. O'Neill, Joaquín María Domínguez, Universidad Pontificia Comillas, 2001.p.3651.

② 沈福宗，中国人，1657 年生于南京，1684 年跟随柏应理（Philippe Couplet，1623—1693）前往欧洲，先后前往葡萄牙、意大利、法国、荷兰、英国等诸国。并与罗马教皇英诺森十一世和法国国王路易十四、英国国王詹姆斯二世等会见，结识当地名流，先后工作于梵蒂冈图书馆、法国国家图书馆、牛津大学图书馆等地，在海外整编中华书籍，传播中华文化。1692 年 9 月 2 日逝世于返程途中，在莫桑比克（Moçambique）附近。参见 [法] 荣振华、方立中、热拉尔·穆赛、布里吉特·阿帕乌：《16—20 世纪入华天主教传教士列传》，耿昇译，广西师范大学出版社 2010 年版，第 49 页。

③ 贝尔纳·德维特，德国人，1658 年出生于埃默里希（Emmerich），1691 年乘船出发前往中国，然而在途中逝世。Cf. Joseph Dehergne, S. J., *Répertoire des jésuites de Chine de 1552 à 1800*. p.297. 荣振华一书将"Emmerich"翻译为"埃姆利克"。另参见 [法] 荣振华、方立中、热拉尔·穆赛、布里吉特·阿帕乌：《16—20 世纪入华天主教传教士列传》，耿昇译，广西师范大学出版社 2010 年版，第 377 页。

④ 麦雅各，德国人，1658 年 1 月或 6 月 2 日出生于科隆，1691 年乘船出发前往中国，然而逝世于途中，可能在莫桑比克。参见 [法] 荣振华、方立中、热拉尔·穆赛、布里吉特·阿帕乌：《16—20 世纪入华天主教传教士列传》，耿昇译，广西师范大学出版社 2010 年版，第 243 页。

⑤ 玛诺·平托，葡萄牙人，1637 年出生于波尔多，1692 年在从日本前往中国的途中逝世。参见 [法] 荣振华、方立中、热拉尔·穆赛、布里吉特·阿帕乌：《16—20 世纪入华天主教传教士列传》，耿昇译，广西师范大学出版社 2010 年版，第 276 页。

等。1699 年起，他担任在华耶稣会书记员一职，负责誊抄官方文件以及在华耶稣会档案，并寄往教廷。他是"一名分析透辟、眼光敏锐的观察家和报告人"①。"当此扰乱时代，此神甫盖为此时代中之柱石"②。1711 年 11 月 27 日任钦天监监正，度过了长达九年的时光，一直到 1720 年卸任。其间 1714—1718 年任中国和日本的视察员。然而，他最重要的职位是罗马教皇特使、在华宗座代牧和宗座官（Protonotary Apostolic）。纪理安在其《北京大事记》（*Acta Pekinensia*）③ 中，对礼仪之争期间教皇特使铎罗来华大小事宜（主要就礼仪之争与耶稣会士在华财务状况）都作了精确而透彻的描述，时间跨度从 1705 年到 1712 年。他将这份长达 1467 页的手写报告以拉丁文、意大利文、法文、葡萄牙文等多语种方式寄回罗马，其中有诸多历史档案，甚至包括未出版的手稿。1719 年 11 月 21 日被耶稣会总会长米格尔·安吉尔·坦布里尼（Miguel Ángel Tamburini，1648—1730）召回罗马报告中国传教区的传教情况。

疾病缠身的纪理安在中国的 20 余年里不断受到批评和争议。不仅遭到朝廷的排斥，而且在传教士内部，他"与他的法国同行们之间没有建立起亲密的友谊"④，且强烈反对索隐学派的学说⑤，然而这并不影响他受人尊重。1720 年 7 月 24 日逝世于北京，"人皆惜之"⑥。他的葬礼非常盛大，无论是在教会内还是在华地位上他都获得了大家的一致崇敬。1720 年戴进贤在对其悼词中说道："有特别重大意义的是他（纪理安）制造玻璃的高超技能"⑦，"他所历所为，皆居功至伟"⑧。

---

① ［德］柯蓝妮：《纪理安——维尔茨堡与中国的使者》，余三乐译，《国际汉学》2004 年第 2 期。

② ［法］费赖之：《在华耶稣会士列传及书目》，冯承钧译，中华书局 1995 年版，第 477 页。

③ 最早藏于罗马耶稣会档案馆，标号为 ARSI, Jap.Sin138。

④ ［德］柯蓝妮：《纪理安——维尔茨堡与中国的使者》，余三乐译，《国际汉学》2004 年第 2 期。

⑤ "索隐"二字，与圣经《旧约》里的"Figura"（"Figurisme"或"Figurism"）相对应的中文翻译。"索隐学派 Figurism"亦可称为"索隐学"，即为耶稣会士白晋及其弟子马若瑟、傅圣泽等人在研究中华传统经典特别是《易经》上所形成的学说。他们结合经典言义，将《易经》不仅作为诸经典的主旨，而且将其放置到理解圣人之大旨的至高地位，以此对应西方的《圣经》，从而对《易经》的意义进行追索，探寻中华宗教文化根源。他们都不同程度地相信在中国经典中能够找到天主的启示，关于创世纪、人类的堕落、洪水等，也预示了救世主的到来、三位一体、最后的晚餐等，这即是《圣经》在异域国度索隐研究的体现。法国汉学家戴密微（Paul Demiéville）将白晋称为"旧约象征说者"，将《易经》作为《圣经》的文本载体通过"象征"的形式试图在中国经典中能够预示《新约》的教义。参见 ［法］戴密微：《中国汉学研究概述》（上），《中国文化研究》1993 年第 2 期。关于中国索隐学派的总体情况，参见 *Claudia von Collani, Die figuristen in der Chinamission,* Frankfurt am Main, 1981. pp.81-108；另参见陈欣雨：《白晋易学思想研究——以梵蒂冈图书馆中文易学资料为基础》，人民出版社 2017 年版。

⑥ ［法］费赖之：《在华耶稣会士列传及书目》，冯承钧译，中华书局 1995 年版，第 479 页。

⑦ ［德］柯蓝妮：《纪理安——维尔茨堡与中国的使者》，余三乐译，《国际汉学》2004 年第 2 期。

⑧ *Diccionario Histórico de la Compañía de Jesús: Biográfico-temático,* Charles E. O'Neill, Joaquín María Domínguez, Universidad Pontificia Comillas, 2001.p.3651.

碑文（见图 4–30）

汉文

耶稣会士纪公之墓

纪先生讳理安，号云风，系大西洋热尔玛尼亚国人。自幼贞修。于康熙三十三年岁次甲戌^①入中国，钦命治理历法九载，于五十九年六月二十日卒。^② 在会四十七年，享寿六十五岁。

图 4–30　纪理安墓碑碑阳拓片

图片来源：中国国家图书馆，馆藏号：北京 1934。

拉丁文

D. O. M.

P. KILIANUS STUMPF HERBIPOLITES GERMA-
NUS, SOCIET. IESU IV. VOTA PROEESS. VIXIT IN SI-
NENSI MISSIONE XXVI. ANNIS. OBIIT PEKINI IN DNO
DIE XXIV. JUL. A.C. MDCCXX. SOCIETATIS INITAE
XLVIII. ÆTATIS SUÆ LXV.

拉丁文解读

D. O. M.

P [ATER] KILIANUS STUMPF, HERBIPOLITES GERMANUS, SOCIET [ATIS] IESU,
IV. VOTA PROFESS [US], VIXIT IN SINENSI MISSIONE XXVI. ANNIS. OBIIT PEKINI IN D
[OMI] NO, DIE XXIV.JUL [II]. A [NNO] C [HRISTI] MDCCXX. SOCIETATIS INITAE XL-
VIII. AETATIS SUAE LXV.

英译

To God Most Good and Most Great

Father Kilian Stumpf, a German from Wuerzburg, of the Society of Jesus, professed of four vows, he lived in the China mission for 26 years. He died in Beijing in the Lord, on the 24th of July in the Year of Our Lord 1720, 48 years after having entered the Society, and at the age of 65.

汉译

献给至善至尊的天主

纪理安神父，德国人，来自维尔茨堡，耶稣会士，发"四愿"，他在华传教 26 年，1720

---

① 即 1694 年。1691 年出发前往中国，1694 年 7 月 15 日到达澳门，荣振华一书言称 1695 年抵京。

② 1720 年 7 月 24 日逝世于北京。

年 7 月 24 日逝世于北京，安息主怀。在会 48 年，享年 65 岁。

碑文比较与解析

纪理安墓碑汉文与拉丁文部分大体相同。略有差别的是汉文部分更强调其"钦命治理历法九载"，重在颂扬其在华修历之功。由于康熙器重其才能，故"每次巡幸辄命之扈从，授钦天监监正"①，并长达九年的时光。这说明了他在华的政治身份和被官方认同的情况。拉丁文部分是强调纪理安在华传教长达 26 年的时间，是着重于其对教会的贡献。此外汉文部分言其在会 47 年，拉丁文部分言其在会 48 年，二者相差一年。

（十五）杜德美

（PETRUS JARTOUX/Pierre Jartoux）

杜德美，字嘉平②，耶稣会士，法国人。1668 年 8 月 2 日出生于法国埃弗勒(Evreux)。1687 年 9 月 29 日在阿维尼翁（Avignon）进入初修院。1698 年晋铎为神父。他拥有卓越的数学才能，"杜德美神甫对分析数学、代数学、机械学、时计学等科最为熟练"③，且立志前往东方传教。

1701 年 9 月 9 日抵达广州，随后前往北京，为朝廷服务。1703 年 2 月 2 日在北京发愿。后遵循康熙的命令，因领"票"而获得在中国长期居住的合法权利。康熙皇帝于 1708 年传谕杜德美、巴多明、白晋、雷孝思、费隐等人，与中国学者何国栋（生卒年不详）、明安图（1692—1765）、索柱（生卒年不详）、白映棠（生卒年不详）、贡额（生卒年不详）以及钦天监的喇嘛楚儿沁藏布（生卒年不详）和兰木佔巴（生卒年不详）、理藩院主事胜住（生卒年不详）等十余人，从事《皇舆全览图》的绘制工作。杜德美主要绘制北直隶省、辽东和中国鞑靼地区的地图，"德美于测绘长城、辽东、直隶、塞北等处地图颇为尽力"④。1710 年又与费隐、雷孝思二人前往黑龙江一带绘图，1711 年与费隐、白晋、山遥瞻等人绘测长城西部，即山西、陕西、甘肃等省，直抵新疆东部哈密，直到 1718 年才结束，历时十年，1719 年绘制出 32 幅手绘图。地理学家丹维尔（Jean-Baptiste d'Anville）以《皇舆全览图》为蓝本绘制了《中国新地图》（*Nouvel atlas de la Chine*，1737），使这本

---

① ［法］费赖之：《在华耶稣会士列传及书目》，冯承钧译，中华书局 1995 年版，第 477 页。

② 参见［法］费赖之：《在华耶稣会士列传及书目》，冯承钧译，中华书局 1995 年版，第 594 页；［法］荣振华、方立中、热拉尔·穆赛、布里吉特·阿帕乌：《16—20 世纪入华天主教传教士列传》，耿昇译，广西师范大学出版社 2010 年版，第 192 页。Cf. *Diccionario Histórico de la Compañía de Jesús: Biográfico-temático*, Charles E. O'Neill, Joaquín María Domínguez, Universidad Pontificia Comillas, 2001. p.2140.［法］樊国梁：《燕京开教略》，见中国宗教历史文献集成编纂委员会编纂：《东传福音》第六册，黄山书社 2005 年版，第 349 页。

③ ［法］费赖之：《在华耶稣会士列传及书目》，冯承钧译，中华书局 1995 年版，第 594—595 页。

④ ［法］费赖之：《在华耶稣会士列传及书目》，冯承钧译，中华书局 1995 年版，第 595 页。

地图在欧洲世界也得到了普及和推广。到了雍正时期，他继续延用为康熙朝测绘地图的西方传教士杜德美、巴多明、雷孝思、费隐、麦大成、冯秉正（Joseph-Francois–Marie-Anne de Moyriac de Mailla，1669—1740）、德玛诺（Romin Hinderer，1669—1744）等人补充资料，完善大清帝国地图，延续至乾隆，正式完成《皇舆全览图》的第二版。谢和耐评价此地图"比同时代的欧洲地图要好得多"①。此外，杜德美与雷孝思一起发现地球经度长度上下不等，证实地球为扁圆形，这为地理学作出了一大贡献。② 杜德美还著有《周经密率》《求弦正矢捷法》等。在钦天监监正明安图（1692—1765）刊行的《割圆密率捷法》（又名《求周径密率捷法》）中提及"割圆术中之杜术"即指称杜德美③。1720 年 11 月 30 日杜德美逝世于北京。

碑文（见图 4–31）

汉文

耶稣会士杜公之墓

耶稣会士杜先生，讳德美，号嘉平，泰西拂郎济亚国人。缘慕贞修，弃家遗世。在会三十四年。于康熙三十九年庚辰④东来中华传天主圣教。至康熙六十年辛丑十一月初一日卒于顺天府⑤，年五十三岁。

拉丁文

D. O. M.

P. PETR. JARTOUX EBREDUN. SOC. IESU PRO-FESSUS VIXIT IN SOCIETATE AN. XXXIII. IN SINEN. MISSIONE AN. XIX. OBIIT PEKINI NO[V]. DIE XXX. AN. DOM. MDCCXX. ÆT. LII.

图 4–31　杜德美墓碑碑阳拓片

图片来源：中国国家图书馆，馆藏号：北京 1936。

---

① ［法］荣振华、方立中、热拉尔·穆赛、布里吉特·阿帕乌：《16—20 世纪入华天主教传教士列传》，耿昇译，广西师范大学出版社 2010 年版，第 309 页；*Gravé sur planches decuivreen 1718*（*cet Atlas*）*est meilleur queles cartescontemporaines de l'Europe*. p.453.

② 参见高智瑜、［美］马爱德主编：《虽逝犹存：栅栏——北京最古老的天主教墓地》，澳门特别行政区政府文化局、美国旧金山大学利玛窦研究所 2001 年版，第 172 页。

③ 转引自方豪：《中国天主教史人物传》，中华书局 1988 年版，第 435 页。

④ 即 1700 年。

⑤ 即 1720 年 12 月 18 日。与拉丁文不符，实为 1720 年 11 月 30 日逝世于北京。荣振华一书为 11 月 3 日逝世于鞑靼地区。

拉丁文解读

D. O. M.

P [ATER] PETR [US] JARTOUX, EBREDUN [US], SOC [IETATE] IESU PROFESSUS, VIXIT IN SOCIETATE AN [NOS] XXXIII. IN SINEN [SI] MISSIONE AN [NOS] XIX. OBIIT PEKINI NOV [EMBRIS] DIE XXX. AN [NO] DOM [INI] MDCCXX. AET. LII.

英译

To God Most Good and Most Great

Father Pierre Jartoux, from Evreux, professed of the Society of Jesus, he lived in the Society for 33 years, and in the China Mission for 19 years. He died in Beijing, on November 30th, in the Year of Our Lord 1720, aged 52.

汉译

献给至善至尊的天主

杜德美神父,法兰西人,来自埃夫勒,耶稣会士。在会 33 年,在华传教 19 年。1720 年 11 月 30 日逝世于北京,享年 52 岁。

碑文比较与解析

杜德美墓碑的汉文部分与拉丁文部分大致相同。汉文部分更强调他来中华宣传圣教之功。

(十六)麦大成

(FRANCISCUS CARDOSO/João Francisco Cardoso)

麦大成,字尔章,耶稣会士,葡萄牙人。1677 年 6 月 13 日出生于葡萄牙莱里拉(Leiria)的摩斯港,1692 年 12 月 22 日在葡萄牙的里斯本进入初修院,1708 年 ①3 月从里斯本出发,曾在果阿传教。礼仪之争事起后,时任果省视察员的金弥格(Miguel do Amaral,1657—1730)建议派麦大成前往中国。其使命是"向康熙皇帝赠送礼物,说服他允许澳门卸下监管铎罗的负担并将铎罗转往果阿,保护澳城的利益和支持专属传教士的保教权政策"②。1710 年 7 月 26 日麦大成与杨秉义二人到达澳门,8 月 8 日至广州,由于俱晓天文历法,皆请求进京服务。二人于 1711 年 7 月抵京,将葡萄牙国王带来的礼物呈献给康熙

---

① 荣振华一书称"1710 年",参见 [法] 荣振华、方立中、热拉尔·穆赛、布里吉特·阿帕乌:《16—20 世纪入华天主教传教士列传》,耿昇译,广西师范大学出版社 2010 年版,第 93 页。Cf. *Diccionario Histórico de la Compañía de Jesús: Biográfico-temático*, Charles E. O'Neill, Joaquín María Domínguez, Universidad Pontificia Comillas, 2001.p.658.

② 吴志良、汤开建、金国平主编:《澳门编年史》第二卷,广州人民出版社 2009 年版,第 765 页。

皇帝，其中包括西班牙的葡萄酒。"康熙帝颇爱西班牙之葡萄酒，谕诸大臣，凡西士进此酒者，应由该西士将酒瓶封固，立即送至京师"①。在当时，葡萄酒被认为是上等补品，故备受推崇。"西洋上品葡萄酒，乃大补之物，高年饮此，如婴童服人乳之力，谆谆泣陈，求朕进此，甚觉有益，饮膳亦加"②。从1711年开始，麦大成与雷孝思一起绘制鞑靼地区和山东省地图。1712年又和汤尚贤一起绘制山西、陕西地图。"遂命麦大成测绘山西省及陕西省图，汤尚贤（Petrus V.du Tartre）协助之"③。1712—1715年绘制江西、广东、广西等地地图。根据冯秉正所言，地图测绘事业仅法国人担任，麦大成和费隐作为葡萄牙人，仅随行，分担旅行之劳，并未参加测绘事业。④1716年2月25日麦大成在北京发愿，由纪理安主持。他一直留在北京供职朝廷，康熙皇帝去世一年后，麦大成于1723年8月14日在北京逝世。

碑文（见图4–32）

汉文

耶稣会士麦公之墓

麦先生讳大成，号尔章，泰西波尔都噶里亚国人。自幼入会真修。康熙四十九年庚寅岁⑤入中华传教。于雍正元年七月十四日卒⑥，年四十七岁，在会三十年。

拉丁文

D.O.M.

P. FRANCISC?. CARDOSO LVSITANUS SOC. IESU
IV. VOT. PROFESSUS, VIXIT IN SINENSI MISSIONE XIII.
ANNIS: OBIIT PEKINI DIE XIV. AVG. A. C. MDCCXXIII.
ÆTATIS SVÆ XLVII. AB INITA SOCIETATE XXX.

拉丁文解读

D.O.M.

P [ATER] FRANCISC [US] CARDOSO, LUSITA-

图4–32　麦大成墓碑碑阳拓片

图片来源：中国国家图书馆，馆藏号：北京1938。

---

① ［法］费赖之：《在华耶稣会士列传及书目》，冯承钧译，中华书局1995年版，第632页。

② 韩琦、吴旻校注：《熙朝崇正集熙朝定案（外三种）》，中华书局2006年版，第367页。

③ 方豪：《中西交通史》，上海世纪出版集团2015年版，第726页。

④ 参见［法］费赖之：《在华耶稣会士列传及书目》，冯承钧译，中华书局1995年版，第633页。

⑤ 即1710年。

⑥ 即1723年8月14日逝世于北京。

NUS, SOC [IETATIS] IESU, IV. VOT [A] PROFESSUS, VIXIT IN SINENSI MISSIONE XIII. ANNIS, OBIIT PEKINI DIE XIV. AUG [USTI] A [NNO] C [HRISTI] MDCCXXIII. AETATIS SUAE XLVII. AB INITA SOCIETATE XXX.

英译

To God Most Good and Most Great

Father João Francisco Cardoso, from Portugal, of the Society of Jesus, professed of four vows, he lived in the Mission of China for 13 years, and he died in Beijing on August 14th in the Year of Our Lord 1723, aged 47, 30 years after entering the Society.

汉译

献给至善至尊的天主

麦大成神父，葡萄牙人，耶稣会士，发"四愿"，在华传教 13 年，1723 年 8 月 14 日逝世于北京，享年 47 岁，在会 30 年。

碑文比较与解析

麦大成墓碑汉文与拉丁文部分大体相同。拉丁文部分更强谓其在华传教之功，传教长达 13 年的时间。

（十七）汤尚贤

（PETRUS VINCENTIUS DE TARTRE/Pierre Vincent de Tartre）

汤尚贤，字宾斋，耶稣会士，法国人。1669 年 1 月 22 日出生于法国洛林的蓬塔穆松（Pont-à-Mousson）。1685 年 10 月 14 日在法国洛林大区（Région Lorraine）默尔特 – 摩泽尔省（Meurthe et Moselle）的南锡（Nancy）进入初修院。在获准赴华传教后，随同洪若翰（Jean de Fontaney，1643—1710）等 9 人出发。[①]1701 年 8 月 7 日到达上川岛，1701 年 11 月 25 日到广州，随后到江西，1704 年到达山西太原，随后因为精于数学而被招至北京，以治理历算。又以地图学家的身份于 1710 年参与《皇舆全览图》的测绘工作，随同雷孝思、杜德美等人在辽东地区测绘地图，又同麦大成一起测绘山西、陕西两省地图，随后又前往江西、两广等地绘制地图。1711 年任山西张安当（Posateri Antonio，1640—1705）主教[②]的代理

---

① 参见 [法] 费赖之：《在华耶稣会士列传及书目》，冯承钧译，中华书局 1995 年版，第 601 页。
② 张安当，字敬斋，意大利巴勒莫人，耶稣会士，1676 年 11 月 4 日到达广东，先后在上海、南京、陕西、甘肃等地。1696 年任山西第一位宗座代牧，1705 年 1 月 18 日逝世于山西太原府。自张安当死后，山西再未设立主教，空悬达 11 年之久。从 1716 年至 1844 年止，山西、陕西两省教区合并为一，称为山陕教区，归方济各会士管理。参见 [法] 荣振华、方立中、热拉尔·穆赛、布里吉特·阿帕乌：

副本堂。1715 年曾为山西唯一传教士。①1716 年回到北京复命。康熙曾言及地图中某河流位置错误，汤尚贤极其委婉地面陈其绘测无误，康熙方始了解，自认曰"错了!"②1718 年在北京担任法兰西住院的长上。汤尚贤研究过《易经》，对《易经》某些段落进行了说明，在雷孝思所翻译的拉丁文《易经》中曾援引其说，"雷孝思利用冯秉正神甫之译文并用满文译本对照，参以汤尚贤神甫之解释，由是其义较明"③1724 年 2 月 25 日汤尚贤逝世于北京，其墓地位于栅栏中的葡萄牙人墓地。④

碑文（见图 4–33）

汉文

耶稣会士汤公之墓

耶稣会士汤先生，讳尚贤，号宾斋，泰西罗搭零日呀国人。缘慕洁修，弃家遗世。在会四十年。于康熙三十九年庚辰⑤东来中华传天主圣教，至雍正二年甲辰二月初二日卒于顺天府⑥，年五十六岁。

拉丁文

D. O. M.

P. PET. VINC. DE TARTRE MUSSIPONT. SOC. IESU PROFESSUS VIXIT IN SO^C. AN. XXXX. IN SIN. MISS. AN. XXIV. OBIIT PEKINI DIE XXV. FEB. AN. DOM. MDCCXXIV. ÆT. LVI.

拉丁文解读

D. O. M.

P [ATER] PET [RUS] VINC [ENTIUS] DE TAR-

图 4–33　汤尚贤墓碑碑阳拓片

图片来源：中国国家图书馆，馆藏号：北京 1940。

《16—20 世纪入华天主教传教士列传》，耿昇译，广西师范大学出版社 2010 年版，第 280 页。

① 费赖之书为山西。参见［法］费赖之：《在华耶稣会士列传及书目》，冯承钧译，中华书局 1995 年版，第 602 页。方豪一书中记为陕西，疑有误。参见方豪：《中国天主教史人物传》，中华书局 1988 年版，第 435 页。

② 方豪：《中国天主教史人物传》上，中华书局 1988 年版，第 435 页。

③ ［法］费赖之：《在华耶稣会士列传及书目》，冯承钧译，中华书局 1995 年版，第 602 页。

④ 参见高智瑜、［美］马爱德主编：《虽逝犹存：栅栏——北京最古老的天主教墓地》，澳门特别行政区政府文化局、美国旧金山大学利玛窦研究所 2001 年版，第 175 页。

⑤ 即 1701 年。1701 年 8 月 7 日到达上川岛。

⑥ 即 1724 年 2 月 25 日逝世于北京。

TRE, MUSSIPONT [IS]. SOC [IETATE] IESU PROFESSUS, VIXIT IN SO [CIETATE] AN [NOS] XXXX, IN SIN [ENSI] MISS [IONE] AN [NOS] XXIV. OBIIT PEKINI DIE XXV. FEB [RUARII] AN [NO] DOM [INI] MDCCXXIV. AET [ATE] LVI.

英译

To God Most Good and Most Great

Father Pierre Vincent de Tartre, from Pont-à-Mousson professed of the Society of Jesus, he lived in the Society for 40 years, and in the China mission for 24 years. He died in Beijing on February 25th in the Year of Our Lord 1724, aged 56.

汉译

献给至善至尊的天主

汤尚贤神父，来自法兰西洛林，耶稣会士，在会 40 年，在华传教 24 年。1724 年 2 月 25 日逝世于北京，享年 56 岁。

碑文比较与解析

汤尚贤墓碑汉文与拉丁文部分大体相同。汉文部分强调其不辞辛苦来华传播圣教，为传教奉献一生。拉丁文部分则提及其传教时间长达 24 年。

（十八）麦有年

（PAULUS DE MESQVITA/Paulo de Mesquita）

麦有年，字积德，耶稣会士，葡萄牙人。1692 年 2 月 13 日[①]生于葡萄牙布拉加教区的巴斯托（Barstow）。1709 年 9 月 8 日在里斯本进入初修院。经由张安多的提携，随同陈善策一起赴华。他以数学家的身份 1726 年 8 月 26 日入华，11 月 19 日抵京。1727 年 2 月 2 日在北京发愿。1729 年 3 月 5 日逝世于北京。冯承钧认为："三十六岁疑为三十三岁之误，否则生年殁年必有一误"[②]。

---

① 关于其出生年，费赖之书中为 1696 年。参见 [法] 费赖之：《在华耶稣会士列传及书目》，冯承钧译，中华书局 1995 年版，第 722 页。荣振华书中为 1692 年。参见 [法] 荣振华、方立中、热拉尔·穆赛、布里吉特·阿帕乌：《16—20 世纪入华天主教传教士列传》，耿昇译，广西师范大学出版社 2010 年版，第 241 页。墓碑汉文与拉丁文部分并无生年说明。

② [法] 费赖之：《在华耶稣会士列传及书目》，冯承钧译，中华书局 1995 年版，第 722 页。

碑文（见图 4-34）

汉文

耶稣会士麦公之墓

麦先生，讳有年，号积德，泰西博尔都噶尔国人也。自幼入会真修，于雍正四年岁次丙午 ① 入中国传教，在会二十年。于己酉年二月初六日卒于京都 ②，年三十六岁。

拉丁文

D. O. M.

P. PAVLVS DE MESQVITA LVSITAN SOC: IESU IV VOTA PROFES VIXIT IN EA ANN. XX IN SINENSI MIS-SIONE IV. OBIIT V. MARTII AÑ. DÑI MDCCXXIX ÆTA-TIS VERO XXXVI.

拉丁文解读

D. O. M.

P [ATER] PAULUS DE MESQVITA LUSITAN [US], SOC [IETATIS] IESU, IV VOTA PROFES [SUS], VIXIT IN EA ANN [OS] XX, IN SINENSI MISSIONE [ANNOS] IV. OBIIT V. MARTII AN [NO] D [OMI] NI MDCCXXIX, AETATIS VERO XXXVI.

图 4-34 麦有年墓碑碑阳拓片

图片来源：中国国家图书馆，馆藏号：北京 1944。

英译

To God Most Good and Most Great

Father Paulo de Mesquita, Portuguese, of the Society of Jesus, professed of four vows; he lived in the Society for 20 years, and in the China mission for 4 years. He died on March 5th in the Year of Our Lord 1729, aged 36.

汉译

献给至善至尊的天主

麦有年神父，葡萄牙人，耶稣会士，发"四愿"。他在会 20 年，在华传教 4 年。逝世于 1729 年 3 月 5 日，享年 36 岁。

---

① 即 1726 年。麦有年于 1726 年 8 月 26 日入华。

② 即 1729 年 3 月 5 日逝世于北京。

碑文比较与解析

麦有年墓碑汉文与拉丁文部分大体相同。汉文部分强调其逝世于北京，拉丁文部分更强调其来华传教的时间。

（十九）张安多

（ANTONIUS DE MAGALHAES/António de Magalhães）[①]

张安多，字敬修，耶稣会士，葡萄牙人。1677 年生于葡萄牙维塞乌（Viseu）教区的科尔蒂索斯（Cortiços）。[②]1692 年 10 月 19 日在科英布拉进入初修院。1696 年开始启程前往东方传教，1700 年到达阿富汗，1705 年抵华，在澳门晋铎，1711 年 2 月 2 日在上海发愿。1716 年负责北京葡萄牙耶稣会团体。"传教中国，饶有成绩"[③]。1718 年在保定遭遇了仇教事件。由于嘉乐（Carlo Ambrogio Mezzabarba，1685—1741）[④] 大主教作为教皇特使来华商议礼仪之争事宜，1721—1725 年间张安多作为康熙派往葡萄牙的特使前往里斯本进行外事谈判，时隔 6 年返回中国。尽管雍正皇帝对张安多"待之尚厚"，然而对"当时教务毫无补益"[⑤]，这与雍正对天主教一贯的反对态度是相吻合的。"雍正不喜西士，于圣教道理多所隔膜"[⑥]。最终张安多于 1735 年 3 月 24 日逝世于北京，葬于栅栏墓地，安文思的墓地旁边。

---

① Magalhaes，又写作 Magalhães，古代写法 Magalhaēs。

② 参见 [法] 荣振华、方立中、热拉尔·穆赛、布里吉特·阿帕乌：《16—20 世纪入华天主教传教士列传》，耿昇译，广西师范大学出版社 2010 年版，第 224—225 页。Cf. *Diccionario Histórico de la Compañía de Jesús: Biográfico-temático,* Charles E. O'Neill, Joaquín Maríaínguez, Universidad Pontificia Comillas, 2001.p.2467.

③ [法] 费赖之：《在华耶稣会士列传及书目》，冯承钧译，中华书局 1995 年版，第 621 页。

④ 嘉乐，意大利人，亚历山大城总主教、教皇克莱孟十一世特使，"礼仪之争"主要当事人之一。1720 年 12 月 25 日，嘉乐奉教皇之命带着禁令抵达北京，期间觐见康熙十三次，礼遇甚隆。然而最终针对礼仪问题，康熙被彻底惹恼，认为嘉乐"不解中国字义，如何妄论中国道理之是非？"并在禁令上御批"览此告示，只可说得西洋人等小人如何言得中国之大理，况西洋人等，无一人同汉书者，说言议论，令人可笑者多。今见来臣告示，竟是和尚道士、异端小教相同。此传乱言者，莫遇如此。以后不必西洋人在中国行教，禁止可也。免得多事。"参见陈垣编：《康熙与罗马教皇使节关系文书》，北平故宫博物院民国二十一年编，影印本，另参见中国宗教历史文献集成编纂委员会编纂：《东传福音》第八册，黄山书社 2005 年版，第 134、144 页。"八项准许"内容参见 [美] 苏尔、诺尔编，沈宝义、顾卫民、朱静译：《中国礼仪之争——献一百篇》，上海古籍出版社 2001 年版，第 105—106 页。

⑤ [法] 费赖之：《在华耶稣会士列传及书目》，冯承钧译，中华书局 1995 年版，第 621 页。

⑥ 参见萧若瑟：《圣教史略》，光绪三十一年初版，献县张家庄天主堂印，1932 年。另参见中国宗教历史文献集成编纂委员会编纂：《东传福音》第八册，黄山书社 2005 年版，第 324 页。

碑文（见图4-35）

汉文

耶稣会士张公之墓

张先生，讳安多，号敬修，系大西洋波耳都噶里亚国人。自幼入会。于康熙四十四年[①]入中华传教。于康熙六十年钦命往西洋赍送礼物。[②]于雍正四年回京复命。[③]卒于雍正十三年三月初一日。[④]享寿五十八岁，在会四十三年。

拉丁文

D. O. M.

P. ANTONIUS DE MAGALHAĒS LUSITAN'S.I.IV VOT. PROF. MISSIONĒ ABA. C. ₁₇₀₅ INGRESS?, ET CŪ REGIIS MUNERIB? A. 1721. IN EUROPĀ MISSUS. AC INDE REDUX A. ₁₇₂₆. MULTA TULIT, FECITQUE IN DNO PEKINI DEFUNCTUS DIE 24. MART. A. ₁₇₃₅. ÆTATIS SUÆ LVIII. AB INITA SOCIET. XLIII.

图4-35　张安多墓碑碑阳拓片

图片来源：中国国家图书馆，馆藏号：北京1946。

拉丁文解读

D. O. M.

P [ATER] ANTONIUS DE MAGALHAES, LUSITAN [US], S [OCIETATE] I [ESU], IV VOT [A] PROF [ESSUS], MISSIONE AB A [NNO] C [HRISTI] 1705 INGRESS [US], ET CU [M] REGIIS MUNERIB [US] A [NNO] 1721 IN EUROPA [M] MISSUS [EST]. AC INDE REDUX A [NNO] 1726. MULTA TULIT FECITQUE, IN D [OMI] NO PEKINI DEFUNCTUS DIE 24. MART [IS] A [NNO] 1735. AETATIS SUAE LVIII. AB INITA SOCIET [ATE] XLIII.

英译

To God Most Good and Most Great

Father António de Magalhães, Portuguese, of the Society of Jesus, professed of four vows, he en-

---

① 即1705年。

② 即1721年作为特使前往葡萄牙进行外事访问。

③ 即1726年回北京复命。

④ 1735年3月24日逝世于北京。

tered the Mission in the Year of Our Christ 1705, and was sent to Europe with royal presents in 1721. And from there he came back in the year 1726. He endured and accomplished many things, and he died in the Lord on March 24th, 1735, aged 58, having entered the Society 43 years earlier.

汉译

献给至善至尊的天主

张安多神父，葡萄牙人，耶稣会士，发"四愿"，1705 年入传教团，1721 年奉诏赍送礼物到欧洲皇室，1726 年返回中华。他忍苦行善诸多。1735 年 3 月 24 日安息主怀，享年 58 岁。在会 43 年。

碑文比较与解析

　　张安多墓碑汉文与拉丁文部分大体相同，均强调了他作为康熙特使前往葡萄牙进行外事活动一事。1721 年 5 月 27 日张安多陪同嘉乐抵达澳门。钦差大臣李秉忠将康熙赠送给葡萄牙国王若望五世和教皇克莱孟十一世的礼品交于张安多。张安多的任务主要是通过斡旋，使罗马教廷能够准许中国天主教徒保有中国传统习俗。1722 年张安多抵达欧洲。12 月 24 日，张安多觐见葡萄牙国王若望五世，带去了康熙的礼物，还汇报了天主教在中国的处境，并建议葡萄牙能够派使团为康熙祝 70 大寿，"目的是加强耶稣会士在礼仪之争和北京宫廷中的地位来保护葡萄牙的利益"①。随后 1726 年 6 月 10 日，张安多又陪同葡萄牙使臣麦德乐（Alexandre Metello de Sousa e Menezes，1687—1766）乘坐"奥利维拉圣母号"（Nossa Senhora da Oliveira）三桅战船经里约热内卢到达澳门，6 月 12 日登岸。澳门议事会及澳督欧嘉苏化对他表示了最为热烈的欢迎，炮台战船，礼炮齐鸣。张安多身份为顾问。随行的除了陈善策和麦有年外，还有其他传教士和士兵。他们带了若望五世回赠给康熙的 30 箱礼品，其中包括名贵织料衣物、葡萄牙货币、酒等礼物，详细名单在《清会典事例·朝贡》中有所记载。然而他 1726 年抵华时，康熙已驾崩 4 年。张安多携同陈善策、麦有年及仆役 6 人急行入京朝贺雍正登基。他们于 11 月 19 日到达，11 月 24 日觐见雍正皇帝。"雍正四年，张安多回华。先是，康熙六十年，安多奉旨使往葡国，赍送礼物，通问国王，至是回京复命，荷蒙慰劳备至"②。"帝奖其功，赐物品，命之为葡国专使译人"③。同年 12 月 9 日，雍正派他携官吏一人奔赴广州迎接麦德乐入京。1727 年 5 月 18 日，麦德乐觐见雍正皇帝，递上国书，随后献上礼品。7 月 16 日，麦德乐使团离开北京。

　　此外，在拉丁文中，还强调其为人德行，在华不辞辛劳传教行善，突出其传教之功。

---

① 　吴志良、汤开建、金国平主编：《澳门编年史》第二卷，广州人民出版社 2009 年版，第 838 页。

② 　韩琦、吴旻校注：《熙朝崇正集熙朝定案（外三种）》，中华书局 2006 年版，第 373 页。

③ 　[法] 费赖之：《在华耶稣会士列传及书目》，冯承钧译，中华书局 1995 年版，第 621 页。

（二十）严嘉乐
（CAROLUS SLAVICEK/Karl Slaviček）

严嘉乐，亦称严家乐、颜家乐、燕嘉禄等，字宪侯，耶稣会士，波希米亚人。数学家、天文学家、音乐家。1678 年 12 月 24 日出生于捷克的摩拉维亚，1694 年 10 月 9 日在布尔诺（Brno）进入初修院。1706 年在普拉加（Praga）晋铎。1704—1707 年在布拉格学习神学课程，1707—1708 年间在伊钦（Jičín）度过了耶稣会士在宣誓前的修戒期（Tertian-ship）。随后在奥洛莫乌茨（Olomouc，今波兰弗罗茨瓦夫）研习哲学，并教授希伯来语和数学。1712 年 2 月 2 日在奥洛莫乌茨发愿。由于身体不适，1714—1715 年他留在布尔诺帮助雅库布·克雷萨（Jakub Kresa，1648—1715）[1] 出版了其数学著作。作为他的学生，严嘉乐翻译了他的手稿，后来严嘉乐在奥洛莫乌茨任教，教授数学。1714 年，严嘉乐向坦布里尼会长申请，希望能够前往东方传教，特别是前往中国，并且不断加深在数学和音乐方面的造诣。在戴进贤和徐懋德写给圣彼得堡汉学家托菲尔·西格弗利德·拜尔（Teofil Sigfríd Bayer，1694—1738）的信中，言及严嘉乐去世后在天国定为音乐相伴。"在那天堂的和谐音乐里一定会包含中国的、印度的歌声，我们的歌声，还有您的歌声，因为您曾表现出想同他见面的强烈愿望，您说您已准备好，哪怕是到捷克去与他会面，互相以最美妙的声音相邀"[2]。

1715 年 7 月 10 日严嘉乐终于被批准前往中国传教，1715 年前往里斯本，1716 年 3 月 13 日傍晚严嘉乐随斐利斯·若瑟·佩雷拉（又译为费利什·佩雷拉，Felix José Pereira，1674—1723)[3]、戴进贤、徐懋德及其他 10 余位耶稣会士一起登上"圣安娜号"（Saint Anna）[4]，3 月 14 日下午出发，1716 年 8 月 30 日凌晨到达澳门，9 月 8 日，他听到了杨秉义神父去世的消息，非常悲痛，因为他本计划前往北京见杨秉义神父一面。9 月 14 日到达广州稍事休息后，9 月 25 日动身，先走水路到达南昌，12 月 8 日又走陆路前往北京。1717 年 1 月 2 日抵京地区，2 月 3 日第一次见到了康熙，他和其他传教士都用三叩九拜的大礼向皇帝致敬。随后，他与戴进贤一起入宫为皇帝服务，在宫中他展现出了其在理论数学和应用数学上的才华以及音乐上的天赋，他以"夜莺"（philomela）自称，这是从他的

---

① 雅库布·克雷萨（1648—1715）是巴洛克时代的最重要的捷克数学家之一。在克雷萨时代，三角函数是使用几何导出的。克雷萨率先引入代数的三角法。克雷萨去世以后，由于天主教教义的使用，捷克地区的数学和科学地位下降，而此时，严嘉乐已经在中国，20 余年以后，捷克地区的科学研究工作已基本荒废。

② 参见［捷克］严嘉乐：《中国来信》，丛林、李梅译，大象出版社 2002 年版，第 148 页。

③ 参见［法］荣振华、方立中、热拉尔·穆赛、布里吉特·阿帕乌：《16—20 世纪入华天主教传教士列传》，耿昇译，广西师范大学出版社 2010 年版，第 267 页。

④ 参见严嘉乐从广州寄给布尔诺尤利乌斯·兹维克尔的信（1716 年 10 月 24 日）。参见［捷克］严嘉乐：《中国来信》，丛林、李梅译，大象出版社 2002 年版，第 17 页。

捷克姓名翻译过去的。① 此外，他还修理钟表和乐器。为了休养身体，1721 年他回到广州，此后陆陆续续在广州和北京两地辗转，其间，1722—1723 年还在江西九江和南昌等地停留过一段时间，然而 1725 年颁布的"领票"制度使得他不得不回到北京，随后以医生的身份常住在北京。1735 年 8 月 24 日在北京逝世。而关于严嘉乐去世的消息，戴进贤和徐懋德写信告知了圣彼得堡汉学家托菲尔·西格弗利德·拜尔（Teofil Sigfríd Bayer，1694—1738），拜尔立即告诉了阿姆斯特丹的《日耳曼藏书》杂志编辑，在 1737 年该杂志的第 40 卷发布了讣告，"如果我没有弄错的话，这是迄今为止我国传教士惟一发表过的'讣告'的人"②。讣告中写道："从一封 1736 年 12 月 28 日写于北京的信中我们得知捷克耶稣会士严嘉乐神父的死讯，他于 1735 年 8 月 24 日去世，享年 57 岁。近 18 年来他的身体不好，他认为是不适应当地气候所致。因此他早就要求返回欧洲。可是他的疾病并没有影响他思想的敏锐和活跃。在诸多学科中他的成就卓著。在他的遗作中也包括关于中国音乐的手稿和他对月球天平动的观测结果"③。

严嘉乐的主要著作集中在文学和天文学方面，他还亲手绘制了北京城的最古老的平面图。他将自己在中国的生活都记录下来，并写成信件寄往欧洲，戓为了欧洲世界了解中国风俗习惯的重要参考资料。后集合于《中国来信》中。

碑文（见图 4-36）

汉文

耶稣会士严公之墓

严先生，讳嘉乐，号宪侯，系大西洋波夜米亚国人。自幼贞修。于康熙五十五年④ 钦召进京，内廷供奉。卒于雍正十三年七月初七日 ⑤。享寿五十七岁，在会四十一年。

拉丁文

D. O. M.

P. CAROL? SLAVICEK MORAV? S.I. IV VOT. PROF. A. ^1716 VENIT IN SINĀ VARIIS EX-CULT?. SCIENTIIS, ET FRACTIS IN AULÆ SERVITIO VIRIB?. MULTŪ IN DNO LABORAVIT ÆGER, PEKINI PIE MORTU? DIE XXIV. AUG. A. ^1735. ÆTATIS SUÆ LVII. INITÆ SOCIET. XLI.

---

① ［捷克］严嘉乐：《中国来信》，丛林、李梅译，大象出版社 2002 年版，第 99 页。
② ［捷克］严嘉乐：《中国来信》，丛林、李梅译，大象出版社 2002 年版，第 85 页注释。
③ ［捷克］严嘉乐：《中国来信》，丛林、李梅译，大象出版社 2002 年版，第 85 页。
④ 即 1716 年。严嘉乐于 1717 年 1 月 2 日抵京。
⑤ 即 1735 年 8 月 24 日在北京逝世。

拉丁文解读

D. O. M.

P [ATER] CAROL [US] SLAVICEK, MORAV [US], S [OCIETATIS] I [ESU], IV VOT [A] PROF [ESSUS], A [NNO] 1716 VENIT IN SINA, VARIIS EXCULT [IS] SCIENTIIS, ET FRACTIS IN AULAE SERVITIO VIRIB [US], MULTU [M] IN D [OMINO] NO LABORAVIT. AEGER, PEKINI PIE MORTU [US] [EST], DIE XXIV. AUG [USTI] A [NNO] 1735. AETATIS SUAE LVII, INI-TAE SOCIET [ATIS] XLI.

图 4-36　严嘉乐墓碑碑阳拓片

图片来源：中国国家图书馆，馆藏号：北京 1948。

英译

To God Most Good and Most Great

Father Karl Slaviček, from Moravia, of the Society of Jesus, professed of four vows. He arrived in China in 1716 and cultivated many different arts and sciences. He wore himself out in the service of the Court, he worked hard and achieved much for the Lord. He fell sick and died in Beijing on the 24th of August 1735, at the age of 57, and 41 years after he entered the Society.

汉译

献给至善至尊的天主

严嘉乐神父，来自捷克摩拉维亚，耶稣会士，发"四愿"，1716 年抵达中国，通晓多门艺术和科学。尽管体弱多病，但不遗余力彰显天主荣耀，在朝廷侍奉多年。1735 年 8 月 24 日在北京不治而亡，享年 57 岁，在会 41 年。

碑文比较与解析

　　严嘉乐墓碑汉文与拉丁文相比较，汉文部分更强调他在朝廷对皇帝的侍奉之功，他来华后钦召入京，供职内廷，"奉召进京，内廷行走"[1]，且深得康熙宠爱，"待一兼通历算、音律之人久矣，今得汝，朕心甚欢"[2]。由此可见严嘉乐在华的政治地位和所受官方认同情况。

　　拉丁文部分注重对其个人才能的赞扬，"其人深通算术，熟练音乐，而于数种机械技

---

① 　韩琦、吴旻校注：《熙朝崇正集熙朝定案（外三种）》，中华书局 2006 年版，第 367 页。
② 　[法] 费赖之：《在华耶稣会士列传及书目》，冯承钧译，中华书局 1995 年版，第 669 页。

艺亦颇谙练"①，"尤善弹六弦琴"②，"又于时计，风琴之制造与修理亦优之"③，"拉丁文颇流利纯洁"④。康熙见到他以后，询问相关算术和几何学问题，发现他对答如流，且会多种乐器，非常高兴。"他（皇帝）早就希望来一个好乐师，同时又是一个好数学家。由于我兼有这二者，皇帝对此高度评价和赞扬，这样就使德里格先生的威望大为下降"⑤。可见严嘉乐才华出众，备受康熙青睐。在拉丁文中也提及他的身体状况，严嘉乐自幼"性多忧郁，常郁郁寡欢"⑥。而在华期间，正是由于其身体病因，所以赴南方广州、九江、南昌等地养病。包括他的著作《月动测验》，也因病故而中辍。最后因病去世。尽管如此，依然为主侍奉一生，这是在拉丁文中所凸显的他对教会的贡献，他殷勤写作信札报告，这对教会了解传教士在华情况起到了至关重要的作用。

（二十一）何天章

（FRANCISCUS XAV. À ROSARIO/He Tianzhang/Francisco Xavier à Rosario）

何天章，字起文，耶稣会士，中国澳门人。1667 年出生于澳门。其父亲为欧洲人，母亲为华人。1685 年 9 月 28 日在澳门进入初修院。⑦1689 年开始进入教区传教，1691 年 1 月 16 日，他和张安当神父一起前往大陆，在 24 岁的时候由广州伊大仁主教（Bernardinus della Chiesa，1643—1721）⑧ 主持在圣方济各会教堂举行的晋铎仪式。随后 1692 年和

---

① ［法］费赖之：《在华耶稣会士列传及书目》，冯承钧译，中华书局 1995 年版，第 669 页。

② ［法］费赖之：《在华耶稣会士列传及书目》，冯承钧译，中华书局 1995 年版，第 669 页。

③ ［法］费赖之：《在华耶稣会士列传及书目》，冯承钧译，中华书局 1995 年版，第 669 页。

④ ［法］费赖之：《在华耶稣会士列传及书目》，冯承钧译，中华书局 1995 年版，第 669 页。

⑤ 严嘉乐从北京寄给布尔诺尤利乌斯·兹维克尔的信（1717 年 3 月 19 日）。参见 ［捷克］严嘉乐：《中国来信》，丛林、李梅译，大象出版社 2002 年版，第 32 页。

⑥ ［法］费赖之：《在华耶稣会士列传及书目》，冯承钧译，中华书局 1995 年版，第 670 页。

⑦ 费赖之一书记为 1685 年。参见 ［法］费赖之：《在华耶稣会士列传及书目》，冯承钧译，中华书局 1995 年版，第 412 页。荣振华一书称 1686 年。参见 ［法］荣振华、方立中、热拉尔·穆赛、布里吉特·阿帕乌：《16—20 世纪入华天主教传教士列传》，耿昇译，广西师范大学出版社 2010 年版，第 304—305 页；*Diccionario Histórico de la Compañía de Jesús: Biográfico-temático*, Charles E. O'Neill, Joaquín María Domínguez, Universidad Pontificia Comillas, 2001.p.1892.

⑧ 1684 年，第一批传信部方济各会士意大利人伊大仁（Bemardino della Chiesa，1643—1721），又名康和之。1643 年生于意大利威尼斯，入方济各会。1680 年任为巴主教 Pallu 的副理主教，巴主教以全国总代牧的身份前往中国，伊主教成为亚可理（Argolis）的领衔主教。在从罗马至暹罗转而于 1684 年 8 月 27 日抵达广东。1685 年 4 月 8 日祝圣了中国的第一位主教罗文藻。1690 年，北京教区宣告成立，伊大仁为第一任主教。1701 年，伊大仁在山东临清修建主教公署，此后他一直坐镇临清管理北京教区，直到 1721 年 12 月 20 日病逝。为了能够保证天主教继续在中国传播，他顶住教皇的压力，带领多名方济各会士领取了"印票"，继续留在中国传教。参见 ［法］樊国阴：《遣使会在华传教史》，

1695 年两次到达山西绛州，1700 年 11 月 1 日在山西绛州又由长上艾逊爵（又名艾若瑟，Joseph-Antoine Provana，1662—1720）主持其发愿。1701 年，他在绛州与艾逊爵神父一起传教，负责 16 所圣堂和大批小经堂。1718 年 2 月 12 日抵京，当时雍正实施禁教，何天章无奈之下更改了原来的姓氏"房"。由于雍正年间的教难，1725 年 3 月他在广州被驱逐。后又辗转入京，1730 年患病。随后 1731 年去了河南，同年返回山西绛州，1731—1735 年，他一直居住在山西，致力传教且为 200 人施洗。他信仰坚定，性情温和。从他的信中可以看到他熟练地掌握拉丁文和葡萄牙文。他于 1736 年 5 月 11 日逝世于北京。

碑文（见图 4–37）

汉文

图 4–37　何天章墓碑碑阳拓片

图片来源：中国国家图书馆，馆藏号：北京 1950。

耶稣会士何公之墓

何先生，讳天章，号起文，系奥门人。[①] 自幼入耶稣会，传教四十五年。卒于乾隆元年四月初一日。[②] 享寿六十九岁，在会五十年。

拉丁文

D. O. M.

P. FRANC. XAV. À ROSARIO. S.I. COAD. FORM. MACAENSIS SINA, EXACTIS XLV ANIS IN MISSIONE, ET L IN SOCIET. OPERARIUS AC RELIGIOS. FIDEL[IS] OBIIT PEKINI DIE XI MAII A.C. MDCCXXXVI. ÆTATIS SUÆ LXIX.

拉丁文解读

D. O. M.

P [ATER] FRANC [ISCUS] XAV [ERIUS] ÀROSARIO, S [OCIETATIS] I [ESU], COAD [IUTOR] FORM [ATUS], MACAENSIS, SINA, EXACTIS XLV AN [N] IS

IN MISSIONE ET L IN SOCIET [ATE], OPERARIUS AC RELIGIOS [US] FIDELIS OBIIT PE-

---

吴宗文译，台湾华明书局 1977 年版，第 111 页。伊主教"德行罕见，能力超群。他富有经验，教皇认为没有谁比他更适合统领这么繁荣的一个传教会了"。参见 [法] 李明：《中国近事报道（1687—1692）》，郭强、龙云、李伟译，大象出版社 2004 年版，第 296 页。

① 何天章 1667 年出生于澳门。"奥门"即"澳门"。

② 1736 年 5 月 11 日逝世于北京。

KINI DIE XI MAII A [NNO] C [HRISTI] MDCCXXXVI. AETATIS SUAE LXIX.

英译

To God Most Good and Most Great

Father Francisco Xavier à Rosario, of the Society of Jesus, educated as a member of the Society in Macao. He was a Chinese and spent 45 years in the mission, and 50 years in the in the Society. This reliable and faithful worker and confrere died in Beijing on May 11th in the Year of Our Lord 1736, aged 69.

汉译

献给至善至尊的天主

何天章神父，耶稣会士，辅理修士。中国澳门人，传教 45 年，在会 50 年。他虔诚勤恳，为主效力，1736 年 5 月 11 日逝世于北京，享年 69 岁。

碑文比较与解析

何天章墓碑汉文部分至为简洁，而在拉丁文部分更强调他的传教工作。他不仅虔诚，而且殷勤传教。他在内地辗转多处，为多人受洗，特别是在山西时，曾让当地一个栲栳村（今属永济市）全村人入教。①1724 年教难后，何天章被驱逐回澳门，当时他在绛州所管理的天主堂后改为东雍书院使用。1731—1735 年，教难过后，何天章神父回到山西绛州，劝化了 200 余人入教。而时逢雍正将苏努（1648—1725）一家流放关押，何天章曾前往边外鞑靼地区慰问，且带去诸神父慰问物资。由此可见他对在华传教事业所作的贡献。

（二十二）苏霖

（IOSEPH SUAREZ/José Suarez）

苏霖，字沛苍，耶稣会士，葡萄牙人，光学仪器专家。1656 年 2 月 15 日出生于葡萄牙的科英布拉教区的圣康巴道（Santa Comba Dão）。1673 年 3 月进入初修院。1684 年 4 月乘“圣安东尼奥”号船到达澳门，1684 年 10 月 2 日到达上海，1685 年在扬州传教。1688 年前往北京，1690 年在北京修院发愿。随即被派往广州探寻闵明我回国信息，并采办康熙喜爱的西洋枪及历算仪器。1692 年 10 月 15 日随同主教罗历山（Alexandre Ciceri，1637—1704）、李国正（Emmanuel Ozorio，1663—1710）一同返京。1692—1697 年任北京修院院长。1704 年苏霖教化苏努一家信教，当时苏努虽并未信教，然而“家中上下人等，大半皆为耶稣会士苏霖（字沛苍）所化，奉教甚诚，苏霖赋以圣洗，而导其敬主守规

---

① 参见［法］费赖之：《在华耶稣会士列传及书目》，冯承钧译，中华书局 1995 年版，第 413 页。

之事"①。此事成为苏努家族不幸的导火索。方豪在《中国天主教史人物传》中专列"苏努、苏尔金、勒什亨、鲁尔金、书尔陈、库尔陈、乌尔陈、木尔陈等"一章，将他们作为在华天主教史家族信教的典型，方豪认为"苏努之为教友，殆无可疑"②。

苏霖于1711年任中国教区副省会长。1736年9月14日逝世于北京。在华时间长达52年，是栅栏墓地所葬传教士中在华时间最长者。当苏霖去世时，康熙下旨赐赠葬资。"旨礼部速差员往江宁府天主堂取西洋人苏霖赴京。钦此。钦遵派官前往苏霖遵即赴京，居住宣武门堂内。因精于视学，专管远视、近视、存目、老花等各玻璃镜，小心供奉，历四十九年。今于乾隆元年八月初十日病故。年八十一岁。臣等查从前西洋人安文思、利类斯等病故原有，具折奏闻之例合，将苏霖病故情由遵例，奏闻谨奏。乾隆元年八月十七日奏本日奉旨，赐帑银贰百两。钦此"③。

苏霖墓碑碑阴本有《圣母堂碑记》和零散残缺的满、汉文字。1654年朝廷把利玛窦墓地的两旁土地赐予汤若望，曾在此建立一座圣母堂，内有碑文铭记此事，圣母堂1660年竣工。至苏霖去世时，已时隔近80年。可推断当时圣母堂已毁，此碑为旧物改用。④

碑文（见图4-38）

汉文

耶稣会士苏公之墓

苏先生讳霖，号沛苍，系大西洋波尔都噶里亚国人。自幼真修。于康熙二十三年岁次甲子⑤入中国。于康熙戊辰年⑥钦召进京，内廷供奉。卒于乾隆元年八月初十日⑦，蒙钦赐帑银二百两。在会六十三年，享寿八十一岁。

拉丁文

D. O. M.

P. IOSEPH SUAREZ S. I. LUSITAN. IV VOTA PROFESSUS. VIXIT IN MISSIONE SINICA ANNOS LII, E QUIB. XLVIII EXEGIT PEKINI, UBI PLENUS MERITIS ET ANIS IN DNO DECESSIT. DIE XIV. SEPTEMB. A.C. MDCCXXXVI ÆTATIS SUÆ LXXXI. A SOCIETATE INITA LXIII.

---

① ［法］樊国梁：《燕京开教略》（中），救世堂清刻本，1905年，第63页。
② 方豪：《中国天主教史人物传》（下册），中华书局1988年版，第51页。
③ ［德］戴进贤等：《睿鉴录》，《法国国家图书馆明清天主教文献》第十六册，第419—420页。
④ 参见高智瑜、［美］马爱德主编：《虽逝犹存：栅栏——北京最古老的天主教墓地》，澳门特别行政区政府文化局、美国旧金山大学利玛窦研究所2001年版，第187页。
⑤ 即1684年。
⑥ 即1688年。
⑦ 即1736年9月14日逝世于北京。

拉丁文解读

D.O.M.

P [ATER] IOSEPH SUAREZ, S [OCIETATIS] I [ESU], LUSITAN [US], IV VOTA PROFESSUS, VIXIT IN MISSIONE SINICA ANNOS LII, E QUIB [US] XLVIII EXEGIT PEKINI, UBI PLENUS MERITIS ET AN [N] IS IN D [OMI] NO DECESSIT. DIE XIV. SEPTEMB [RIS] A [NNO] C [HRISTI] MDCCXXXVI, AETATIS SUAE LXXXI. A SOCIETATE INITA LXIII.

图 4-38 苏霖墓碑碑阳拓片

图片来源：中国国家图书馆，馆藏号：北京 1954。

英译

To God Most Good and Most Great

Father José Suarez, of the Society of Jesus, Portuguese, professed of four vows, he lived in the China Mission for 52 years, of which he spent 48 in Beijing, where he abounding in good deeds and in old age left us in the Lord, on September 14th, in the Year of Our Lord 1736, aged 81, having entered the Society 63 years ago.

汉译

献给至善至尊的天主

苏霖神父，耶稣会士，葡萄牙人，发"四愿"。在华传教 52 年，在北京 48 年，为主效力多年，功行完满。1736 年 9 月 14 日安息主怀，享年 81 岁，在会 63 年。

碑文比较与解析

苏霖墓碑汉文与拉丁文部分大体相同。而汉文部分更强调他在朝廷中的任职，包括去世后官方对其重视，获得葬银 200 两："乾隆元年八月初十日，苏霖卒。高宗纯皇帝颁赐葬银二百两，以示优恤"①。

拉丁文部分更强调其信仰，他在华致力为主传教，"霖传教热心，上自朝廷显贵，下至街市弃儿，鲜不受其感化"②。而苏努一家被流放边外，但仍不背教，以至于雍正帝因谕廷臣曰："彼西洋之教不必行于中国，中国之教岂能行于西洋？如苏努之子乌尔陈等愚昧不法之辈，背祖宗，违朝廷，甘蹈刑戮而不恤，岂不怪乎？"③ 这与苏霖对苏努一家的感化

① 韩琦、吴旻校注：《熙朝崇正集熙朝定案（外三种）》，中华书局 2006 年版，第 374 页。
② ［法］费赖之：《在华耶稣会士列传及书目》，冯承钧译，中华书局 1995 年版，第 401 页。
③ 王之春：《清朝柔远记》，中华书局 1989 年版，第 65 页。

之功是紧密联系在一起的，"具见霖劝化感人之深"①。

（二十三）任重道

（JACOB ANTONINI/Giacomo Antonini）

任重道②，字致远，耶稣会士，意大利人。1701 年 5 月 29 日出生于意大利东北部弗留利－威尼斯朱利亚大区（Friuli-Venezia Giulia）的乌迪内市（Udine）。当他 17 岁的时候，前往威尼斯，1718 年 4 月 24 日进入初修院学习，并立志前往东方传教。1734 年 4 月 2 日乘船前往中国。他与天文学家傅作霖、画家张纯一、钟表专家席澄源（Sigismondo Meinardi da San Nicola，1713—1767）一同进京。辗转多地，直到 1737 年才到达澳门，1738 年 1 月 12 日与傅作霖一起离开澳门。同年 5 月 1 日最终抵京。他作为珐琅专家，一直在北京传教并供职朝廷，1738 年 12 月 8 日在北京发愿。1739 年 11 月 7 日逝世于北京。

碑文（见图 4–39）

汉文

耶稣会士任公之墓

任先生讳重道，号致远，系大西洋意大里亚国人。自幼真修。于乾隆三年岁次戊午③进京传教，卒于乾隆四年十一月初七日④。在会二十一年，享年三十八岁。

拉丁文

D. O. M.

P. ACOB? ANTON. NI S.I. VENET?. IV VOTA PROFESSUS, PEKINUM VENIT ANNO SALUTIS MDCCXXXVIII, UBI CONSUMMATUS IN BREVI, EQUENTI MOX ANNO VII. NOVEMB. PIE IN DÑO OBIIT RELICTO MAGNO SUI DESIDERIO VIXIT ANNOS XXXVIII IN SOCIETATE XXI.

---

① ［法］费赖之：《在华耶稣会士列传及书目》，冯承钧译，中华书局 1995 年版，第 401 页。

② 费赖之书中记其外文名为"Jacques Antoini"，即"Giacomo Antonini"。参见 ［法］荣振华、方立中、热拉尔·穆赛、布里吉特·阿帕乌：《16—20 世纪入华天主教传教士列传》，耿昇译，广西师范大学出版社 2010 年版，第 57 页。

③ 即 1738 年。

④ 即 1739 年 11 月 7 日逝世于北京。

拉丁文解读

D.O.M.

P. [J] ACOB ANTON [I] NI, S [OCIETATIS] I [ESU] VENET [US]. IV VOTA PROFESSUS. PEKINUM VENIT ANNO SALUTIS MDCCXXXVIII. UBI CONSUMMATUS IN BREVI [S] EQUENTI MOX ANNO VII. NOVEMB [RIS] PIE IN D [OMI] NO OBIIT, RELICTO MAGNO SUI DESIDERIO. VIXIT ANNOS XXXVIII, IN SOCIETATE XXI.

英译

To God Most Good and Most Great

Father Giacomo Antonini, member of the Society of Jesus, a native of Venice. Professed of four vows, he came to Beijing in the year of salvation 1738. Here his strength was soon exhausted, and he died in the following year, on the 7th of November he faithfully died in the Lord, leaving back his great desire. He lived 38 years, 21 of these in the Society.

图 4-39　任重道墓碑碑阳拓片

图片来源：中国国家图书馆，馆藏号：北京 1964。

汉译

献给至善至尊的天主

任重道神父，耶稣会士，威尼斯人，发"四愿"。主历 1738 年抵京，在京不久精疲力竭，于 1739 年 11 月 7 日安息主怀，然其热忱传教之心长存。享年 38 岁，在会 21 年。

碑文比较与解析

任重道墓碑汉文与拉丁文部分相比较，汉文部分至为简要，而拉丁文部分突出其才能，一方面他作为珐琅专家，在华期间不遗余力，尽显其才，备受官方重用。"其人以德艺见称于时"①；另一方面他虔诚侍主，在华热心传教，成为北京教区传教士重要的一员。

（二十四）林济各

（FRANCISCUS STADLIN/Franz Stadlin）

林济各②，字雨苍，耶稣会士，德国人。1658 年 6 月 18 日出生于瑞士的楚格(Zug)。

---

① ［法］费赖之：《在华耶稣会士列传及书目》，冯承钧译，中华书局 1995 年版，第 774 页。

② 费赖之书其外文名为"François-Louis Standlin"，参见 ［法］费赖之：《在华耶稣会士列传及书目》，

1687 年 9 月 28 日在摩拉维亚（Moravia）的布尔诺（Brno）进入初修院。1698 年 2 月 2 日在波罗尼亚（Polonia）的布雷斯劳（Breslau，亦作弗罗茨瓦夫 Wroclaw）发愿。作为熟练的制表师，他在日耳曼的乌尔姆（Ulm），奥地利的维也纳（Viena），捷克的布拉格（Praga），日耳曼的德累斯顿（Dresde）和柏林（Berlin）工作过。加入耶稣会后，他在布雷斯劳（1689—1700）、布尔诺（Brno，1700—1701）、莱格尼察（Liegnitz，1701—1702）、利托梅日采（Litoměice，1702—1703）和尼斯（Neisse，1703—1704）等地先后从事制表工作。

  1702 年当庞嘉宾作为中国使者返回欧洲召集有志之士前往中国传教，当时曾言中国朝廷需精于技艺之人。林济各打算与他一起前往中国，1706 年启程来华，同行的还有石可圣（Léopold Liebstein，1665—1711）、德玛诺（Romin Hinderer，1669—1744）、孔禄食（Luigi Gonzaga，1673—1718）[①] 等人。他作为钟表匠和自动机械制造匠供职朝廷，备受乾隆的青睐，在京生活 32 年（亦有记载为 33 年[②]）。然而不幸身患瘫疾，1740 年 4 月 14 日逝世于北京。

碑文（见图 4-40）

汉文

耶稣会林公之墓

  林公讳济各，号雨苍，系大西洋热尔玛尼亚国人。年二十九岁入会，随耶稣会士传教。于康熙四十六年[③]入中国，进京内廷供奉。于乾隆五年三月十八日去世[④]。蒙钦赐帑银贰百两、大缎十端。在会五十三年，享寿八十二岁。

  冯承钧译，中华书局 1995 年版，第 628 页；另见 [法] 荣振华、方立中、热拉尔·穆赛、布里吉特·阿帕乌：《16—20 世纪入华天主教传教士列传》，耿昇译，广西师范大学出版社 2010 年版，第 338 页。西班牙辞典中称 "Franz Ludwig Standlin"。Cf. *Diccionario Histórico de la Compañía de Jesús: Biográfico-temático*，Charles E. O'Neill，Joaquín María Domínguez，Universidad Pontificia Comillas，2001. p.3629.

① 费赖之一书被称为公类思（Louis Gonzaga，? —1718），参见 [法] 费赖之：《在华耶稣会士列传及书目》，冯承钧译，中华书局 1995 年版，第 630 页。另见 [法] 荣振华、方立中、热拉尔·穆赛、布里吉特·阿帕乌：《16—20 世纪入华天主教传教士列传》，耿昇译，广西师范大学出版社 2010 年版，第 172—173 页。

② 参见高智瑜、[美] 马爱德主编：《虽逝犹存：栅栏——北京最古老的天主教墓地》，澳门特别行政区政府文化局、美国旧金山大学利玛窦研究所 2001 年版，第 191 页。

③ 即 1707 年。

④ 即 1740 年 4 月 14 日逝世于北京。

拉丁文

D. O. M.

F. FRANCISC? STADLIN HELVETI? TUGIENSIS VIXIT IN SOCIETATE LIII ANOS ET EX HIS PEKINI EXEGIT XXXIII. HABILIS ATQUE INDEFESSUS IN ARTE AUTOMATARIA. OBIIT. IN DNO XIV. APRIL. A. C. MDCCXL. ÆTATIS SUÆ LXXXII.

拉丁文解读

D. O. M.

F [RATER] FRANCISC [US] STADLIN, HELVETI [US], TUGIENSIS, VIXIT IN SOCIETATE LIII AN [N] OS, ET EX HIS PEKINI EXEGIT XXXIII. HABILIS ATQUE INDEFESSUS IN ARTE AUTOMATARIA. OBIIT IN D [OMI] NO XIV. APRIL [IS] A [NNO] C [HRISTI] MDCCXL, AETATIS SUAE LXXXII.

图 4-40　林济各墓碑碑阳拓片

图片来源：中国国家图书馆，馆藏号：北京 1966。

英译

To God Most Good and Most Great

Brother Franz Stadlin, from Zug in Switzerland, he lived in the Society for 53 years, and 33 of these he spent in Beijing. Skilled and untiring he cultivated the art of automatic devices. He died in the Lord April 14th, in the Year of Our Lord 1740, aged 82.

汉译

献给至善至尊的天主

林济各修士，德国人，来自瑞士的楚格，在会 53 年，来华在京 33 年。他技艺精湛，孜孜不倦地从事自动机械制作。1740 年 4 月 14 日安息主怀，享年 82 岁。

碑文比较与解析

林济各墓碑汉文与拉丁文部分相比，在汉文部分强调官方地位以及对其葬礼的重视，赐以葬资。"乾隆五年三月十八日，林济各卒。上赐银二百两，大缎十匹"①。由此可见其在华的政治地位与其所获官方认同情况。

拉丁文中强调其在自动机械制造方面高超的才能。"性奢机械，对于时计，精研有素"②。来华后，正是由于他的努力使得清朝宫廷制造钟表技艺达到了较高的水平，"制造

---

① 韩琦、吴旻校注：《熙朝崇正集熙朝定案（外三种）》，中华书局 2006 年版，第 374 页。

② ［法］费赖之：《在华耶稣会士列传及书目》，冯承钧译，中华书局 1995 年版，第 628 页。

奇巧机械器物甚多"①。此外还成为中国与瑞士在钟表制作和贸易方面交流的代表，康熙曾认为他的钟表"比西洋钟表强远了"②，由此可见其精湛的制表技艺。

（二十五）费隐

（EREMBERTUS FRIDELLI/Ehrenbert Xaver Fridelli）

费隐③，字存诚，耶稣会士，奥地利人，地图学家。1673 年 3 月 11 日出生于奥地利蒂罗尔（Tirol，古称上奥地利）的林茨（Linz）。1688 年 10 月 12 日在莱奥本（Leoben）进入初修院。1702 年在奥地利维也纳晋铎。在学习期间，他获得了前往东方传教的机会。费隐于 1704 年从葡萄牙里斯本启程，年末抵达印度果阿，原计划赴日本传教，但教会派他去江苏镇江。于是 1705 年 8 月 8 日到达澳门，1705 年 10 月 12 日到达江苏镇江，一直待到 12 月份。1707 年由于通晓数学被召至京城，同年 12 月 8 日在北京发愿。1708 年康熙上谕传教士分赴蒙古各部、中国各省，"遍览山水城郭，用西学量法，绘画地图"④，其中就包括费隐，他因出色的地图绘测才能，与白晋、雷孝思、杜德美等人奉蒙古等处绘制地图。1710 年 6 月 26 日他协助雷孝思、杜德美等人绘制地图，主要测绘直隶、东三省、黑龙江北一带，1711 年又同杜德美、山遥瞻一起绘制了喀尔喀诸部地图。1713 年"杜德美、费隐、潘如、汤尚贤奉派往山西、陕西、甘肃绘图"⑤。后潘如病故，费隐本也染病，然病愈后，1715 年又与雷孝思一起绘制了云南、贵州、湖南、湖北等地图，1718 年工作才结束。根据费赖之书中所载冯秉正所言"中国地图与塞外地图，并处法国人手，费隐神甫仅伴行而已"⑥，此言恐有己见，当时涉及法国人与葡萄牙人争夺保教权之事。费隐在《熙朝定案》中多次提及自己前往各地绘测地图之事。刘松龄评论"隐自北而南，历地甚广，测绘之余，兼传布教务云"⑦。方豪在书中论及"当时绘图工作，几全由耶稣会士担任"⑧，这里并没有说全为法国人承担，而是强调耶稣会士。并且在书中明确提及参与康熙全国图的

---

① ［法］费赖之：《在华耶稣会士列传及书目》，冯承钧译，中华书局 1995 年版，第 628 页。

② 高智瑜、［美］马爱德主编：《虽逝犹存：栅栏——北京最古老的天主教墓地》，澳门特别行政区政府文化局、美国旧金山大学利玛窦研究所 2001 年版，第 191 页。

③ 参见 ［法］荣振华、方立中、热拉尔·穆赛、布里吉特·阿帕乌：《16—20 世纪入华天主教传教士列传》，耿昇译，广西师范大学出版社 2010 年版，第 158—159 页。Cf. *Diccionario Histórico de la Compañía de Jesús: Biográfico-temático*, Charles E. O'Neill, Joaquín María Domínguez, Universidad Pontificia Comillas, 2001. p.1530.

④ （清）黄伯禄：《正教奉褒》，见韩琦、吴旻校注：《熙朝崇正集熙朝定案（外三种）》，中华书局 2006 年版，第 366 页。

⑤ 参见方豪：《中国天主教史人物传》（上），中华书局 1988 年版，第 299 页。另参见韩琦、吴旻校注：《熙朝崇正集熙朝定案（外三种）》，中华书局 2006 年版，第 367 页。

⑥ ［法］费赖之：《在华耶稣会士列传及书目》，冯承钧译，中华书局 1995 年版，第 619 页。

⑦ ［法］费赖之：《在华耶稣会士列传及书目》，冯承钧译，中华书局 1995 年版，第 618 页。

⑧ 方豪：《中国天主教史人物传》，中华书局 1988 年版，第 299 页。

THE HISTORY ON THE TOMBSTONES

教士共 10 人，按照国籍，"奥国即为费隐"，称其"在各省测绘地图时，仍不忘传教"①。费隐曾绘制过地图涉及省份如下（见表 4-3）：

表 4-3　费隐曾绘制过地图涉及省份

编号	年份	地区	同行
1	1708	蒙古、直隶等处	白晋、雷孝思、杜德美
2	1709	直隶	雷孝思、杜德美
3	1710	直隶、东三省、黑龙江北一带	雷孝思、杜德美
4	1711	喀尔喀诸部（中国清代漠北蒙古族诸部的名称）	杜德美、潘如
5	1713	山西、陕西、甘肃	杜德美、潘如、汤尚贤
6	1715	云南、贵州、湖南、湖北	雷孝思
7	1723	陕西里海间	雷孝思

　　1721 年费隐重建了东堂，并且担任院长。东堂重建工程由利博明设计，郎世宁负责建筑的绘画和装饰。之后雍正皇帝又派遣费隐和雷孝思一起绘制陕西里海间地图，这张地图是通过各种渠道而收集来的文件绘制而成，呈现给皇帝以后，由杜赫德绘制了副本。在北京担任了 6 年葡萄牙传教团体会长后，费隐继续回到了圣若瑟住院任长上，尽管已处于禁教时期，但是费隐继续在北京负责传教。1743 年 6 月 4 日逝世于北京。

碑文（见图 4-41）

汉文

耶稣会士费公之墓

　　费先生讳隐，号存诚，泰西热尔玛尼亚国人。自幼入会真修，于康熙四十九年庚寅②入中国传教。于康熙五十年辛卯③钦召进京，内廷供奉。卒于乾隆八年癸亥闰四月十二日④，蒙钦赐帑银二百两。在会五十五年，享寿七十岁。

拉丁文

D. O. M.

P. EREMBERT? FRIDELLI S. I. GERMANUS. IV VOTA PROFESSUS, VENIT AD SINAS ANNO MDCCV, UBI MULTIS PRO DEI GLORIA LABORIBUS PERFUNCT PEKINI IN DOM-

---

① 方豪：《中国天主教史人物传》，中华书局 1988 年版，第 299 页。

② 即 1710 年。

③ 即 1711 年。实则费隐到京为 1707 年左右。参见[法]荣振华、方立中、热拉尔·穆赛、布里吉特·阿帕乌：《16—20 世纪入华天主教传教士列传》，耿昇译，广西师范大学出版社 2010 年版，第 158 页。

④ 即 1743 年 6 月 4 日逝世于北京。

INO OBIIT DIE IV IUNII A. C. M. DCCXLIII. ÆTATIS SUÆ
LXX. SOCIETATIS INITÆ LV.

拉丁文解读

D. O. M.

P [ATER] EREMBERT [US] FRIDELLI S [OCIETATIS]
I [ESU], GERMANUS, IV VOTA PROFESSUS, VENIT AD
SINAS ANNO MDCCV, UBI MULTIS PRO DEI GLORIAM LA-
BORIBUS PERFUNCT [IS], PEKINI IN DOMINO OBIIT, DIE
IV JUNII A [NNO] C [HRISTI] M. DCCXLIII, AETATIS SUAE
LXX. SOCIETATIS INITAE LV.

图 4-41　费隐墓碑碑阳拓片

图片来源：中国国家图书馆，馆藏号：北京 1970。

英译

To God Most Good and Most Great

Father Ehrenbert Xaver Fridelli, of the Society of Jesus,
from German speaking area, professed of four vows, he came to
China in 1705, where he served in many works performed for the
glory of God. He died in the Lord, in Bejing, on June 4th in the
Year of Our Christ 1743, aged 70 years and having entered the Society 55 years earlier.

汉译

献给至善至尊的天主

费隐神父，耶稣会士，奥地利人，来自德语区，发"四愿"。1705 年来华，致力为主服务多年，于 1743 年 6 月 4 日于北京安息主怀，享年 70 岁，入会 55 年。

碑文比较与解析

费隐墓碑汉文与拉丁文部分相比，汉文部分强调其服务朝廷以及官方对其葬礼的重视，乾隆赐以葬资。"乾隆八年闰四月十二日，费隐卒。上赐银二百两"[①]。拉丁文部分中强调其对天主的虔敬之心，为主在华传教多年。

（二十六）吴直方

（BARTHOLOMAEUS DE AZEVEDO/Bartolomeu de Azevedo）

关于吴直方，在荣振华一书中记载有两人，一位是编号 56 的吴直方（Bartolomeu de

---

① 韩琦、吴旻校注：《熙朝崇正集熙朝定案（外三种）》，中华书局 2006 年版，第 367 页。

Azevedo）①。1718 年 8 月 24 日出生于葡萄牙布拉加教区的维亚纳（Vianensis）。1736 年 3月 22 日进入初修院（拉丁文记载是 1735 年），1744 年到达澳门，且在同年晋铎。1745 年6 月 4 日抵京，1745 年 10 月 29 日逝世于北京。②

编号 57 亦为吴直方（Bartolomeu de Azevedo），同为葡萄牙人，1792 年亦埋葬于栅栏墓地。其他情况并无记载。③

按照其生平，此墓碑应属编号为 56 号的吴直方。

碑文（见图 4-42）

汉文

耶稣会士吴公之墓

吴先生讳直方，号正义，泰西波尔都噶尔亚国人。自幼入会真修。乾隆九年甲子④ 传教至澳门，乾隆十年五月十五日⑤奉旨到京。本年十月初五日弃世⑥，在会十年，享年二十七岁。

拉丁文

D. O. M.

P. BARTHOLOMÆUS DE AZEVEDO. S. I. LUSITANUS,
NATUS ANNO MDCCXVIII. SOCIETATEM INGRESSUS AÑ
O MDCCXXXV. PEKINUM VENIT ANNO MDCCXLV. UBI
EODEM ANNO OBIIT DIE XXIX OCTOBR[IS]. VIR CERTE
INGENTIS SPEI. ET MULTIS ARTIBUS AC VIRTUTIBUS EX-
CULTUS.

图 4-42　吴直方墓碑碑阳拓片

图片来源：中国国家图书馆，馆藏号：北京 1974。

---

① 参见［法］荣振华、方立中、热拉尔·穆赛、布里吉特·阿帕乌：《16—20 世纪入华天主教传教士列传》，耿昇译，广西师范大学出版社 2010 年版，第 63 页。

② 荣振华记载吴直方卒于 1755 年 10 月 29 日，疑有误。参见［法］荣振华、方立中、热拉尔·穆赛、布里吉特·阿帕乌：《16—20 世纪入华天主教传教士列传》，耿昇译，广西师范大学出版社 2010 年版，第 19 页。

③ 参见［法］荣振华、方立中、热拉尔·穆赛、布里吉特·阿帕乌：《16—20 世纪入华天主教传教士列传》，耿昇译，广西师范大学出版社 2010 年版，第 63 页。

④ 即 1744 年到达澳门，且在同年晋铎。

⑤ 吴直方于 1745 年 6 月 4 日抵京。

⑥ 即 1745 年 10 月 29 日逝世于北京。

拉丁文解读

D. O. M.

P [ATER] BARTHOLOMAEUS DE AZEVEDO. S [OCIETATIS] J [ESU], LUSITANUS, NATUS ANNO MDCCXVIII. SOCIETATEM INGRESSUS AN [N] O MDCCXXXV. PEKINUM VENIT ANNO MDCCXLV. UBI EODEM ANNO OBIIT DIE XXIX OCTOB [RIS]. VIR CERTE INGENTIS SPEI. ET MULTIS ARTIBUS AC VIRTUTIBUS EXCULTUS.

英译

To God Most Good and Most Great

Father Bartolomeu de Azevedo, of the Society of Jesus, from Portugal, born in the year 1718, he entered the Society in the year 1735, arrived in Beijing in the year 1745, where he died in that same year, on the 29th of October. He was certainly a man of great hope, and educated well in many arts and virtues.

汉译

献给至善至尊的天主

吴直方神父，耶稣会士，葡萄牙人。1718 年出生，1735 年入会，1745 年抵京，同年 10 月 29 日去世。他是一位饱含希望、德才兼备的人。

碑文比较与解析

吴直方墓碑汉文与拉丁文部分相比，汉文部分并未提及其才能，而是强调其奉旨入京，对朝廷的服务之功。拉丁文部分对其德行和才能进行了颂扬，"饱含希望"一词流露出惋惜之情。费赖之书中记载其"艺多而德厚，随人属望甚殷，不幸甫抵中国卒"①。

（二十七）高嘉乐

（CAROLUS DE REZENDE/Carlos de Rezende）

高嘉乐，又名高尚德②，字怀义，耶稣会士，葡萄牙人。1664 年 11 月 4 日出生于葡萄牙里斯本。1680 年 2 月 18 日在里斯本进入初修院。为文科大学士。在来华前，已教授两年的古典学，三年的修辞学。1695 年启程，1696 年 11 月 13 日到达广东，1724 年抵京，随后前往正定府传教。在华居住了 50 年，在正定府住了 28 年之久，在北京度过了 22 年。1746 年 2 月 5 日在北京逝世。

---

① ［法］费赖之：《在华耶稣会士列传及书目》，冯承钧译，中华书局 1995 年版，第 863 页。

② 参见［法］荣振华、方立中、热拉尔·穆赛、布里吉特·阿帕乌：《16—20 世纪入华天主教传教士列传》，耿昇译，广西师范大学出版社 2010 年版，第 285 页。

碑文（见图 4-43）

汉文

耶稣会士高公之墓

高先生，讳嘉乐，号怀义，泰西波尔都噶尔亚国人，自幼入会真修。康熙三十五年 [1] 进广东，至北直真定府传教。雍正二年 [2] 进京，卒于乾隆十一年正月十五日 [3]，年八十三岁，在会六十六年。

拉丁文

D.O.M.

P. CAROLUS DE REZENDE S.J. LUSITANUS. IV VOTA PROFESSUS, VENIT AD MISSIONEM SINICAM AN. MDCXCVI. IN QUA EXEGIT ANNOS L. IN CHIM TIM FU XXVIII: PEKINI XXII; UBI PLENUS DIERUM ET MERITORUM PIE IN DNO DECESSIT DIE V. FEBRUARII ANNO SALUTIS MDCCXLVI. ÆTATIS SUÆ LXXXIII, A SOCIETATE INITA; LXVI.

图 4-43　高嘉乐墓碑碑阳拓片

图片来源：中国国家图书馆，馆藏号：北京 1976。

拉丁文解读

D.O.M.

P [ATER] CAROLUS DE REZENDE S [OCIETA-TIS] J [ESU], LUSITANUS, IV VOTA PROFESSUS, VENIT AD MISSIONEM SINICAM AN [NO] MDCXCVI, IN QUA EXEGIT ANNOS L, IN CHIMTIMFU XXVIII, PEKINI XXII, UBI PLENUS DIERUM ET MERITORUM PIE IN D [OMI] NO DECESSIT DIE V. FEBRUARII ANNO SALUTIS MDCCXLVI, AETATIS SUAE LXXXIII, A SOCIETATE INITA; LXVI.

英译

To God Most Good and Most Great

Father Carlos Rezende, of the Society of Jesus, from Portugal, professed of four vows, he came to the mission in China in the year 1696, where he spent 50 years, 28 years in Zhengding Fu, and 22 years in Beijing, where he died piously in the Lord, in old age and abounding in good works, on the 5th of

---

① 即 1696 年。

② 即 1724 年。

③ 即 1746 年 2 月 5 日逝世于北京。

February in the year of salvation 1746, at the age of 83, having entered the Society 66 years ago.

汉译

献给至善至尊的天主

高嘉乐神父，耶稣会士，葡萄牙人，发"四愿"。1696 年来华传教，在华 50 年，在正定府 28 年，北京 22 年，虔诚奉主，为主效力多年，救世后 1746 年 2 月 5 日于北京安息主怀，功行完满，享年 83 岁，在会 66 年。

碑文比较与解析

高嘉乐墓碑汉文与拉丁文部分相比，汉文部分较为简要。拉丁文部分更为详细，强调了他秉承着对天主的信仰，在华五十年间不辞辛劳地奉献了一生。早年在正定、保定等地传教时便已"饶有成绩，教内外咸识其人"①。葡萄牙国王约翰六世于 1711 年 10 月 9 日提议委任他为西安府主教，但教皇拒绝创建新教区。后以治理历算之名前往北京，然其主要精力放在北京及近畿传教。1722—1725 年任中国副省会长，"年逾八十，热忱未减"②。

（二十八）戴进贤

（IGNATIUS KEGLER/Ignatius Kögler）

戴进贤③，字嘉宾，耶稣会士，德国人，天文学家、数学家。1680 年 5 月 11 日生于日耳曼巴伐利亚州的兰茨贝格（Landsberg am Lech）。1696 年 10 月 4 日在兰茨贝格进入初修院。随后他获得了文学学士，并在因戈尔施塔特（Ingolstadt）大学任教，教授数学、希伯来语等东方语言长达三年的时间。1709 年 5 月 25 日在艾希斯泰特（Eichstätt）晋铎。1714 年 2 月 2 日在因戈尔施塔特发愿。他一直向修会表达自己想去东方传教的愿望，终于在 1714 年获得批准，被派往中国。1716 年 3 月 14 日他与严嘉乐一起从里斯本出发，1716 年 8 月 31 日抵达澳门。1717 年 1 月 2 日奉旨进京，进入钦天监工作，随即为钦天监监正，治理历法，还负责监制天文仪器。为康熙皇帝服务长达 30 年，官至二品礼部侍郎。在教内还担任中华省副省会长。他尽管面临着皇帝对天主教消极态度，但是仍然积极地投身于天文事业中，和宋君荣（Antoine Gaubil，1689—1759）、鲍友管、刘松龄等人共事。在华期间，他著有《策算》《黄道总星图》《中国交蚀图录》等，还与数学家梅毂成、何国

---

① ［法］费赖之：《在华耶稣会士列传及书目》，冯承钧译，中华书局 1995 年版，第 491 页。

② ［法］费赖之：《在华耶稣会士列传及书目》，冯承钧译，中华书局 1995 年版，第 491 页。

③ 参见 ［法］荣振华、方立中、热拉尔·穆赛、布里吉特·阿帕乌：《16—20 世纪入华天主教传教士列传》，耿昇译，广西师范大学出版社 2010 年版，第 197—198 页。*Diccionario Histórico de la Compañía de Jesús: Biográfico-temático*, Charles E. O'Neill, Joaquín María Domínguez, Universidad Pontificia Comillas, 2001.pp.2210-2211.

宗、明安图一同编纂《历象考成后编》《仪象考成》① 等书，费时十年监制玑衡抚辰仪（清朝铸造的最后一件大型铜质天文仪）②。戴进贤常常与欧洲各国学者保持书信往来，交换经验。他与严嘉乐一样参加欧洲人编著学术著作的工作，如苏西埃（Étienen Souciet）神父在所出版的《观测报告》中收录了戴进贤的文章。③1746 年 3 月 30 日突然中风，逝世于北京，享年 66 岁。

碑文（见图 4–44）

汉文

耶稣会士戴公之墓

戴先生，讳进贤，号嘉宾，泰西热尔玛尼亚国人。自幼入会真修。传教东来，康熙五十五年间奉旨进京④，至康熙五十八年十一月二十九日奉上谕："非通晓历法之人，不能细查微小增减，不觉渐错。戴进贤虽系新来，尚未全晓清、汉话语，其历法、算法上，学问甚好，为人亦沉重老实。着放纪理安员缺，钦此"⑤。雍正三年三月二十日⑥奉旨："戴进贤治理历法，着改授监正加礼部侍郎衔，钦此"。乾隆十一年三月初九日去世⑦。蒙赐帑银二百两、大缎十端，钦此。约计在会五十三年，管理监务二十九年，享寿六十有七。

拉丁文

D. O. M.

P. IGNATIUS KEGLER S.J. GERMANUS, IV VOTA PROFESS. VENIT AD SINAS A. D.

---

① 《仪象考成》，又称《御定仪象考成》，由传教士戴进贤、刘松龄、鲍友管和中国学者何国宗、明安图等人所撰，成书于乾隆十七年（1752），共 32 卷。1744 年的版本总共包括 32 卷，1756 年的版本是 35 卷。大多数卷都包含了太阳在一年中不同时期的位置变化。这部书是从乾隆九年（1744）至十七年（1752），经历了 8 年的时间将书编成的。全书共 32 卷。书中有一些篇章是为了说明天文仪器而撰写的，其余大量篇幅是各种星表。在这次测量的前后，英国和日耳曼也都进行了同样的测量，中国所进行的这次测量，在时间上正处于西欧两国之间，它是当时世界上对恒星所进行的三次规模测量中的一次。就《仪象考成》所载星表中的星数来看，它多于英、法两国星表中的星数，是当时世界载入星数最多的星表，后被《四库全书》收录。

② 高智瑜、[美] 马爱德主编：《虽逝犹存：栅栏——北京最古老的天主教墓地》，澳门特别行政区政府文化局、美国旧金山大学利玛窦研究所 2001 年版，第 199 页。

③ 参见 [捷克] 严嘉乐：《中国来信》，丛林、李梅译，大象出版社 2002 年版，第 151 页。

④ 1716 年 8 月 31 日抵达澳门。1717 年 1 月 2 日奉旨进京，参与钦天监工作。

⑤ 此为 1720 年 1 月 8 日所颁布的谕旨。钦天监监正纪理安去世，戴进贤担任钦天监监正。戴进贤为西洋人中实授钦天监监正的第一人。参见高智瑜、[美] 马爱德主编：《虽逝犹存：栅栏——北京最古老的天主教墓地》，澳门特别行政区政府文化局、美国旧金山大学利玛窦研究所 2001 年版，第 199 页。

⑥ 即 1725 年 5 月 2 日。

⑦ 即 1746 年 3 月 30 日逝世于北京。

MDCCXVI EODEM ANNO PEKINUM ACCITUS EST; UBI XXIX ANNIS PRÆFUIT TRIBUNALI ASTRONOMICO; DEMUM ANNIS AC MERITIS PLENUS DIEM SUUM PIE IN DOMINO OBIIT DIE XXX MARTII ANNO SALUTIS MDCCXLVI ÆTATIS SUÆ LXVI SOCIETATIS INITÆ LIII.

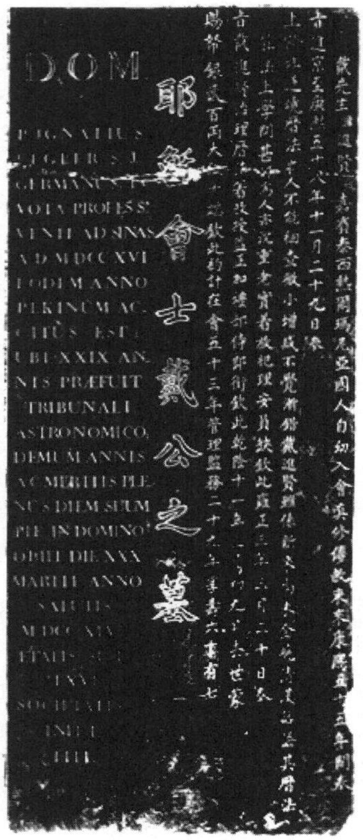

图 4–44　戴进贤墓碑碑阳拓片

图片来源：中国国家图书馆，馆藏号：北京 1978。

拉丁文解读

D. O. M.

P [ATER] IGNATIUS KEGLER, S [OCIETATIS]. J [ESU], GERMANUS, IV VOTA PROFESS [US], VENIT AD SINAS A [NNO]. D [OMINI] MDCCXVI, EODEM ANNO PEKINUM ACCITUS EST, UBI XXIX ANNIS PRAEFUIT TRIBUNALI ASTRONOMICO. DEMUM ANNIS AC MERITIS PLENUS, DIEM SUUM PIE IN DOMINO OBIIT, DIE XXX MARTII ANNO SALUTIS MDCCXLVI, AETATIS SUAE LXVI, SOCIETATIS INITAE LIII.

英译

To God Most Good and Most Great

Father Ignatius Kögler, of the Society of Jesus, a German, professed of four vows, he came to China in the Year of Our Lord 1716, and in that same year he was summoned to Beijing, where he directed the Bureau of Astronomy for 29 years. Finally, abounding in years and achievements, he died in his day, faithfully in the Lord, on March 30th of the year of Salvation 1746, aged 66, having lived in the society for 53 years.

汉译

献给至善至尊的天主

戴进贤神父，耶稣会士，德国人，发“四愿”。1716 年来华，同年受召进京。在钦天监职管 29 年。为主效力多年，成就斐然，功成寿满，最终荣归天主。于 1746 年 3 月 30 日安息主怀，享年 66 岁，在会 53 年。

碑文比较与解析

戴进贤墓碑汉文与拉丁文部分相比，汉文部分更加强调其官方地位以及官方对他葬礼的重视，不仅有皇帝的御祭之文，还有官方赐予的葬资。在祭文中，提及戴进贤“其历法、算法上，学问甚好”。戴进贤“其学识鸿博，中西人士，皆钦佩之，置之于莅华最著名而最练达的传教师之列，诚无愧色"[1]。他对日月食进行系统观测，并根据观测检验用剌锡尔、弗兰姆斯蒂德（John Flamsteed，1646—1719）等人的天文表所做预报的精度。此外，他同样检测了曼福瑞迪（Eustachio Manfredi，1674—1739）天文历书中所做预报的经度。这些观测大部分是在教堂内部的天文仪器上"秘密"进行的，那里装备了远比钦天监观象台上的仪器先进的观测仪器。他负责钦天监历法的确立和使用，观察天体的运行，他的报告也与当时的欧洲天文学研究进行交流。宋君荣在 1720 年 8 月的一封信中就提到，戴进贤当时已经用"来自英格兰"的天文表预报了一次日食，结果与他自己根据剌锡尔表所作出的预报不同。他关注到日耳曼耶稣会天文学家格拉马迪奇（Nicasius Grammaticus，1864—1736）根据牛顿月亮理论编纂的日月运动表，来华之后，两人保持着持续的通信关系。宋君荣称格拉马迪奇热切地将他了解到的一切告诉戴进贤，同时也把从戴进贤在华的研究信息传递给欧洲的其他天文学家。戴进贤不仅向欧洲介绍中国的数学和天文学，也了解欧洲相关领域的最新进展，并将其翻译介绍到中国。他和在俄国圣彼得堡科学院工作的日耳曼汉学家西奥菲勒斯·西格弗里德·拜尔（Thephilus Siegfried bayer，1694—1738）保持通信多年，并且寄去《易经》的副本。用娴熟的希伯来文描述了开封府的教堂，这些信件都在 19 世纪用拉丁文原文出版。

在谕旨中谈及戴进贤不仅学问好，而且为人稳重老实。费赖之书中记载"其为人好学不倦，援笔成文，惟语言较为迟钝，而不善于应付事机，对于应用汉语答辩尤形困难"[2]，可以看出他为人敦厚。雍正虽然仇教，"朕欲阻其内入，毋使捣乱我中国"[3]。但是不泯戴进贤之功，1731 年加礼部侍郎衔。"戴进贤治理历法，着改授监正加礼部侍郎衔，钦此"[4]。这是郎世宁以外，唯一获得如此殊荣的人。"皇帝准奏，第二天就封戴进贤为礼部侍郎，这样就把钦天监监正这个只有欧洲人才用的官名改成了一个常见的官名。"[5]

1746 年 3 月 30 日戴进贤逝世于北京，蒙赐帑银 200 两，大缎 10 端。可见戴进贤在华的政治地位和获官方认同的情况。

拉丁文部分强调戴进贤秉承着坚定的信仰，对传教事业所作出的贡献。他曾两次担任视察员（1732、1741），一次任日本—中华副省会长（1738），尽力协调教廷与朝廷之间的关系。当雍正要将传教士全都逐出广州时，戴进贤一方面为传教士说情，另一方面也苦劝诸传教士力持慎重，以免整个在华传教事业的失败。此外，戴进贤宅心仁厚，将自己所得俸禄几尽用于救济教中贫民。"戴进贤是德意志传教士中继汤若望之后最有名望和影响的人"[6]。

---

① ［法］费赖之：《在华耶稣会士列传及书目》，冯承钧译，中华书局 1995 年版，第 654 页。

② ［法］费赖之：《在华耶稣会士列传及书目》，冯承钧译，中华书局 1995 年版，第 656 页。

③ 顾长声：《传教士与近代中国》，上海人民出版社 1991 年版，第 16 页。

④ 参见严嘉乐从北京寄给布尔诺尤利乌斯·兹维克尔的信（1725 年 11 月 20 日）。参见 ［捷克］严嘉乐：《中国来信》，丛林、李梅译，大象出版社 2002 年版，第 47 页。

⑤ 参见严嘉乐从北京寄给布尔诺尤利乌斯·兹维克尔的信（1725 年 11 月 20 日）。参见 ［捷克］严嘉乐：《中国来信》，丛林、李梅译，大象出版社 2002 年版，第 47 页。

⑥ ［捷克］严嘉乐：《中国来信》，丛林、李梅译，大象出版社 2002 年版，第 151 页。

（二十九）罗怀忠

（JOSEPHUS DA COSTA/Giuseppe da Costa）

罗怀忠[①]，又名罗怀中，字子敬，耶稣会士，意大利人，外科医生及药剂师。1679年8月6日出生于意大利的那不勒斯王国莱切附近的马格里（Magri）[②]。1700年3月11日在那不勒斯进入初修院，1710年8月15日在那不勒斯发愿。1714年4月2日，在耶稣会总会长坦布里尼的许可下，他与郎世宁从里斯本搭乘"圣母希望号"（Notre Dame de l'Espérance）出发，在印度果阿转乘。1715年的8月17日到达澳门，9月3日，广州巡抚杨琳将二人召至广州，同年11月22日抵京，行医三十二年之久。"康熙五十四年，罗怀忠以精明外科医理，奉召进京，内廷行走"[③]。

罗怀忠在北京度过了自己的一生，主要是治病救人。在治疗和照顾因感染而生病的人的时候，不幸自己也染上溃疡疾，于1747年3月1日逝世于北京[④]。他备受爱戴，当人们得知他去世时，"贫寒废疾悲泣者，人数甚众"[⑤]。乾隆为了表彰其功，御赐葬资200两修筑坟茔，以示皇恩浩荡。

碑文（见图4-45）

汉文

耶稣会士罗公之墓

罗公讳怀忠，号子敬，泰西意大理亚国人。冠时[⑥]入会真修。随耶稣会士传教，康熙五十四年[⑦]间进京。精通外科，善调诸药。内廷行走，效力多年。兼之施药济人，亲手理治各等疮毒，日日行之少厌怠，三十余年受恩者无算。乾隆十二年正月二十日去世[⑧]，蒙恩旨赐内帑

---

① 参见［法］荣振华、方立中、热拉尔·穆赛、布里吉特·阿帕乌：《16—20世纪入华天主教传教士列传》，耿昇译，广西师范大学出版社2010年版，第116页。Cf. *Diccionario Histórico de la Compañía de Jesús: Biográfico-temático,* Charles E. O'Neill, Joaquín María Domínguez, Universidad Pontificia Comillas, 2001.pp.976-977.

② 费赖之书中称生于卡拉布尔（Calabre）。参见［法］费赖之：《在华耶稣会士列传及书目》，冯承钧译，中华书局1995年版，第651页。

③ 韩琦、吴旻校注：《熙朝崇正集熙朝定案（外三种）》，中华书局2006年版，第367页。

④ 荣振华一书称逝世于1747年2月28日。参见［法］荣振华、方立中、热拉尔·穆赛、布里吉特·阿帕乌：《16—20世纪入华天主教传教士列传》，耿昇译，广西师范大学出版社2010年版，第116页。

⑤ ［法］费赖之：《在华耶稣会士列传及书目》，冯承钧译，中华书局1995年版，第651页。

⑥ "冠时"即弱冠之年，指20岁。罗怀忠1700年3月11日在那不勒斯进入初修院，且为外科医生。

⑦ 即1715年。

⑧ 1747年3月1日逝世于北京。荣振华一书称罗怀忠逝世于1747年2月28日。

银二百两，钦此。约计在会四十七年，享寿六十有八。

拉丁文

D. O. M.

F. JOSEPHUS DA COSTA S.J. NEAPOLITAN?. VIX-IT IN SOCIETATE ANNOS XLVII: PEKINI XXXII INDEF-ESSÆ CHARITATIS IN SUA ARTE CHIRURGICA. OBIIT DIE Iᵃ. MARTII A.C. MDCCXLVII, ÆTATIS SUÆ LXVII.

拉丁文解读

D. O. M.

F [RATER] JOSEPHUS DA COSTA S [OCIETATIS] J [ESU], NEAPOLITAN [US], VIXIT IN SOCIETATE ANNOS XLVII, PEKINI XXXII, INDEFESSAE CHARITA-TIS IN SUA ARTE CHIRURGICA. OBIIT DIE I MARTII A [NNO] C [HRISTI] MDCCXLVII, AETATIS SUAE LXVII.

图 4–45　罗怀忠墓碑碑阳拓片

图片来源：中国国家图书馆，馆藏号：北京 1982。

英译

To God Most Good and Most Great

Brother Giuseppe da Costa, of the Society of Jesus, a Neapolitan. He lived in the Society for 47 years, in Beijing for 32 years, by his art of surgery he showed untiring care and love. He died March 1st in the Year of Our Lord 1747, aged 67.

汉译

献给至善至尊的天主

罗怀忠神父，耶稣会士，意大利人，来自那不勒斯。在会 47 年，在京 32 年。作为外科医生，凭借高超医术广施善行。1747 年 3 月 1 日去世，享年 67 岁。

碑文比较与解析

罗怀忠墓碑汉文与拉丁文部分，均强调其高超的医术，以及他在华的贡献。他在来华之前，已经是训练有素的医生和药剂师，"其生活纯洁，医术精良颇著名于那波利那不勒斯区"①。他以精通外科医理的医生身份奉召入京。他在华时，不仅为皇帝及朝中王公大臣诊治，而且他利用自己所获赠的财物购置房产，在京城开了一间诊所，购买医疗设施和药物，维持诊所的日常开销。罗怀忠慷慨行医，常常赠送药物给患者，特别是对寒苦人家、无家可归者更是关心。"贫病之人来就诊者，则赠以善言、财物；不能来诊者则自赴

① ［法］费赖之：《在华耶稣会士列传及书目》，冯承钧译，中华书局 1995 年版，第 651 页。

病者家，有时为之诊治终日"①。在治病的同时，他亦不忘救赎心灵，诸多被医治好的病人以及新生婴儿前来领洗入教。

汉文部分更加强调其官方地位以及对他葬礼的重视，不仅有皇帝的御祭之文，还有官方赐予的葬资。"乾隆十二年正月二十日，罗怀忠卒。上赐银二百两。"②

（三十）孙觉人

（JOSEPHUS AGUIAR/Sun Jueren/Joseph de Aguiar）

孙觉人，字若瑟、铎音，耶稣会士，中国人。1714 年 11 月 25 日出生于江苏常熟。1742 年 9 月 21 日进入初修院。曾研究中国文学 10 年，拉丁文 4 年。1751 年在北京修院毕业，升为司铎。1752 年 1 月 1 日逝世于北京，享年 37 岁。"不幸于一七五二年一月一日遭疾殁"③。

碑文（见图 4-46）

汉文

耶稣会士孙公之墓

孙先生讳觉人，号铎音，江南常熟县人。年二十八岁入会贞修。乾隆十六年五月内进京传教④，本年十一月十五日去世⑤，年三十七岁，在会九年。

拉丁文

D. O. M.

P. JOSEPHVS AGUIAR S.J. SINA EX PROVINCIA KIAM NAN. VIXIT IN SOCIETATE ANNOS IX. EODEM QUO MISSIONEM INGRESSUS EST. ANNO PEKINI OBIIT I. JANUARII MDCCLII ÆTATIS SUÆ XXXVII.

拉丁文解读

D. O. M.

P [ATER] JOSEPHUS AGUIAR S [OCIETATIS] J [ESU], SINA, EX PROVINCIA KIAM

---

① ［法］费赖之：《在华耶稣会士列传及书目》，冯承钧译，中华书局 1995 年版，第 651 页。
② 韩琦、吴旻校注：《熙朝崇正集熙朝定案（外三种）》，中华书局 2006 年版，第 367 页。
③ ［法］费赖之：《在华耶稣会士列传及书目》，冯承钧译，中华书局 1995 年版，第 843 页。
④ 即 1751 年 6 月抵达北京。
⑤ 即 1752 年 1 月 1 日逝世于北京。

NAN [JIANGNAN]. VIXIT IN SOCIETATE ANNOS IX.
EODEM, QUO MISSIONEM INGRESSUS EST, ANNO,
PEKINI OBIIT I. JANUARII MDCCLII AETATIS SUAE
XXXVII.

英译
To God Most Good and Most Great

Father Joseph de Aguiar, of the Society of Jesus, a Chinese, from the Province of Jiangnan, he lived in the Society for 9 years. In the same year when he entered the Society, he also died, in Beijing, on the first of January of 1752, aged 37.

汉译
献给至善至尊的天主

孙觉人神父，耶稣会士，中国人，原籍江南，在会9年。在北京入耶稣会，1752年1月1日去世，享年37岁。

图 4-46 孙觉人墓碑碑阳拓片

图片来源：中国国家图书馆，馆藏号：北京 1988。

碑文比较与解析

孙觉人墓碑汉文与拉丁文部分大致相同，强调其所属修会为耶稣会，以及在来京后不到一年的时间便去世。

（三十一）樊守义
（LUDOVICUS FAN/Fan Shouyi/Louis Fan）

樊守义，又称守利、守和、诗义、利和 ① 等，圣名类思，耶稣会辅理修士，中国人。1682年6月13日出生于山西绛州 ②，在其《身见录》自序中自称为平阳人，"余姓樊氏名守义，生长山右之平阳" ③。樊守义幼时便跟随艾逊爵（又称艾若瑟，Antonio Francesco Giuseppe Provana，1662—1720）④ 学习天主教教义及其他知识。1702年跟随艾逊爵前往北京

---

① ［法］费赖之：《在华耶稣会士列传及书目》，冯承钧译，中华书局1995年版，第680页。

② 关于樊守义出生日期有多种说法，或者1682年6月18日，或者1682年1月13日，见［法］荣振华、方立中、热拉尔·穆赛、布里吉特·阿帕乌：《16—20世纪入华天主教传教士列传》，耿昇译，广西师范大学出版社2010年版，第140页。

③ 转引自阎宗临：《身见录校注》，见《中西交通史》，广西师范大学出版社2007年版，第187页。

④ 艾逊爵，字若瑟。意大利人。1662年10月23日生于皮埃蒙尼斯（时属意大利），1695年抵达澳门，然后前往山西，河南等地传教，后前往北京。1708年1月14日作为康熙使臣前往罗马，樊守义与之随行。1719年启程返回中国，然由于咽病，1720年3月15日逝世于好望角附近的海上。"盖若瑟归

效力，担任他的中文翻译。1707 年随同艾逊爵出使罗马教廷，随行还有陆若瑟（Raymond-Joseph Arxo，1659—1711）①、卫方济。1708 年 1 月 14 日樊守义从澳门启程，途经菲律宾的巴拉望岛（Palawan）、婆罗洲（Borneo，今加里曼丹）、马六甲海峡（Malacca）、邦加岛（Bangka）、苏门答腊岛（Sumatra）、爪哇岛（Java）、巴达维亚（Batavia，今日雅加达）等，绕过好望角，1709 年 9 月初从葡萄牙里斯本上岸，受到葡萄牙国王若望五世（Jean V）的召见。随后又辗转三个多月，最终抵达意大利。他们从热那亚（Genoa）进入意大利，经托斯卡纳（Toscana）区的里窝那（Livorno）、比萨（Pisa）、锡耶纳（Siena）而到罗马，见到了教皇克莱孟十一世（Clement XI，1700—1721 年在位）。他们就教皇特使铎罗来华情况、中国礼仪问题以及传教士在华境遇等向教皇作了呈报。樊守义不仅顺利地完成了出使任务，而且在罗马入耶稣会。停留了 5 个月以后，他前往意大利多地游学，先后去了弗拉斯卡蒂（Frascati）、蒂沃利（Tivoli）、那不勒斯（Naples）、卡普亚（Capua）、佛罗伦萨（Florence）、博洛尼亚（Bologna）、摩德纳（Modena）、帕尔玛（Parma）、帕维亚（Pavia）、米兰（Milan）、伦巴底大区（Lombardia）、诺瓦拉（Novara）、沃丽切利（Vorcelli）、都灵（Torino）、皮埃蒙特大区（Piemont）、洛雷托（Loreto）等地，历时 10 余年启程回国。②回程中复见葡萄牙国王，获得赐金 100 两。"于五十八年三月初旬至大西洋波尔多噶利亚国起身回中国，于康熙五十九年六月十三日至广东广州府，于是年八月二十八日至京，于九月初五日到热河，九月十一日在于波罗湖同北三十里叩见皇上，赐见赐问良久，此乃余往大西洋之略志也"③。他于 1719 年 3 月动身回国，先至广州，将海外经历以及见闻写成报告即《身见录》，送给两广总督杨琳。此书是中国人所写的第一部欧洲游记，成为研究国人在欧洲交流情形的第一手文献。④"《身见录》一书，实国人所撰第一部欧洲游记，至为可贵。"⑤雷立柏将其定义为"中国人关于意大利的最早报告"，并认为《身见录》是一

<hr>

抵大浪山，即死于樊守义怀中，故其事唯守义知之最详"。参见［法］费赖之：《在华耶稣会士列传及书目》，冯承钧译，中华书局 1995 年版，第 682 页。费赖之一书记载"疾未愈，欲回华复命，会友阻之，不听。行至好望角附近殁于舟中，时一七二〇年二月七日。同行之樊守义神甫为之成殓，实以香料，运回广州"。参见［法］费赖之：《在华耶稣会士列传及书目》，冯承钧译，中华书局 1995 年版，第 485 页。

① 当时康熙帝派遣耶稣会士龙安国（Antoine de Barros，1664—1708）、薄贤士（Antoine de Beanbvollier，1656—1708）、艾若瑟、陆若瑟等四人，分为两组前往教廷呈递对礼仪问题的意见书。可惜龙安国、薄贤士二人同日（1708 年 1 月 20 日）死于海中，龙安国遇难于里斯本附近，薄贤士在同日风波中沉海。艾若瑟和陆若瑟虽顺利完成出访任务，但回国时艾若瑟死于船上，而陆若瑟事后回西班牙，1711 年逝世于西班牙。

② 高智瑜、［美］马爱德主编：《虽逝犹存：栅栏——北京最古老的天主教墓地》，澳门特别行政区政府文化局、美国旧金山大学利玛窦研究所 2001 年版，第 205 页。

③ 方豪：《中西交通史》下，上海世纪出版集团 2015 年版，第 725 页。

④ 此书原稿并未刊行，藏于罗马图书馆中，夹在傅凡际（P. Fustado）译义，李文藻达辞《名理探》一书内。阎宗临先生于 1937 年将原稿摄回，1941 年最早发表在桂林《扫荡报》（文史地副刊）第 52—53 期。《山西师范学院学报》1959 年 2 月号重新刊载。

⑤ 方豪：《中西交通史》下，上海世纪出版集团 2015 年版，第 719 页。

部很了不起的著作，虽然只是一份不超过 4000 字的 14 页手稿"①。

1730 年 2 月 2 日樊守义在北京发宗教助理愿。其回京后，一直居住在北京。自雍正始，各省厉行禁教。他不畏艰险，曾积极传教于近畿、山东、辽宁一带。并多次冒险乔装为商贾前往青海西宁慰问苏努一家，为其眷受洗。"守义为华人，不启人疑，是以不难携北京诸神甫之巨金往赠此被谪之宗室"②。随后还往来直隶、辽东一带鼓励教徒，并为数百人施洗，上千人聆听告解和领受圣体。③1753 年 2 月 28 日逝世于北京，享年71 岁。

碑文（见图 4-47）

汉文

耶稣会士樊公之墓

樊先生讳守义，号利和，系山西绛州人。④ 卒于乾隆十八年正月廿六日 ⑤，享寿七十一岁，传教三十三年，在会四十四年。

拉丁文

D. O. M.

P. LUDOVIC. FAN S.I. COAD. FORM. SINA PROV. XANSI INGR. SOC ROMÆ MDCCIX AD SINAS REVERS. EXACTIS XXXIII ANNIS IN MISSIONE ET XLIV IN SOCIET. OPERARIUS INDEFESSUS. AC RELIGIOSUS VIGILANS. OBIJT PEKINI DIE XXVIII FEBR ÆTATIS SUÆ LXXI.

拉丁文解读

D. O. M.

P [ATER] LUDOVIC [US] FAN, S [OCIETATIS] I [ESU], COAD [IUTOR] FORM [ATUS], SINA, PROV [INCIAE] XANSI. INGR [ESSUS] SOC [IETATEM] ROMAE, MDCCIX, AD SINAS REVERS [US], EXACTIS XXXIII ANNIS IN MISSIONE ET XLIV IN SOCIET [ATE],

图 4-47　樊守义墓碑碑阳拓片

图片来源：中国国家图书馆，馆藏号：北京 1990。

---

①　［奥］雷立柏：《我的灵都——一位奥地利学者的北京随笔》，新星出版社 2017 年版，第 87 页。

②　［法］费赖之：《在华耶稣会士列传及书目》，冯承钧译，中华书局 1995 年版，第 681 页。

③　参见［法］费赖之：《在华耶稣会士列传及书目》，冯承钧译，中华书局 1995 年版，第 681 页。

④　樊守义 1682 年 6 月 13 日出生于山西绛州。

⑤　即 1753 年 2 月 28 日逝世于北京。

OPERARIUS INDEFESSUS AC RELIGIOSUS VIGILANS, OBIJT [=OBIIT] PEKINI DIE XXVIII FEBR [UARII], AETATIS SUAE LXXI.

英译
To God Most Good and Most Great

Father Louis Fan, of the Society of Jesus, trained as a religious priest, Chinese from Shanxi Province. He entered the Society in Rome, in the year 1709, and he returned to China. After having served 33 years in the mission and 44 years in the Society, this indefatigable worker and vigilant priest died in Beijing on the 28th of February, aged 71.

汉译
献给至善至尊的天主

樊守义，耶稣会士，培养为辅理修士，中国人，原籍山西省。于 1709 年在罗马入会，后返回中国。传教 33 年，入会 44 年，孜孜不倦，言行谨慎，于 2 月 28 日逝世于北京，享年 71 岁。

碑文比较与解析

樊守义墓碑汉文部分相对简略，仅提及其姓名、籍贯、生卒年、传教、在会年数。

而拉丁文部分较之于汉文更加丰实，记载了樊守义前往罗马一事。此外，还论及了樊守义的德行，孜孜不倦，言行谨慎。他自小"笃志好学，体质柔弱"[①]，在入会的 40 余年中，樊守义葆有传教热情，不仅曾旅居欧洲 10 余年，在中西文化交流史上占有独特的地位，而且回国后依然致力于传教，"孑然一身，走遍直隶及辽东各地，抚慰教友，勉以忠勇"[②]。"勤劳三十三年"[③]，终其一生而无悔。

（三十二）许立正
（IGNATIUS HIU/Xu Lizheng/Ignatius Hiu）

许立正，字秉元，中国人。1697 年出生于安徽五河县。在北京任职教授长达 23 年，一生未婚，在临终前受洗入会，1757 年 7 月 29 日逝世于北京。[④]

---

① 转引自阎宗临：《身见录校注》，《中西交通史》，广西师范大学出版社 2007 年版，第 197 页。

② 方豪：《中国天主教史人物传》（下），中华书局 1988 年版，第 34 页。

③ 方豪：《中国天主教史人物传》（下），中华书局 1988 年版，第 34 页。

④ 参见［法］费赖之：《在华耶稣会士列传及书目》，冯承钧译，中华书局 1995 年版，第 933 页。

碑文（见图4-48）

汉文

耶稣会许公之墓

许先生讳立正，号秉元，江南五河县人。于雍正十二年 ① 入堂讲道，因其自幼未婚，宣力有年，仪表端方，恩准临终进会。于乾隆二十二年六月十四日 ② 去世，享寿六十三岁。

拉丁文

D. O. M.

IGNATIUS HIU, SINA. EX PROV. KIAMNAN. IN COLLEGIO PEKINENSI CATECHISTAM EGIT; UBI ANNIS XXIII SEDULAM REI CHRISTIANÆ NAVAVIT OPERAM; SEMPER COELEBS IN ARTICULO MORTIS SOCIETATIS VOTA NUCUPAVIT. PIE OBIIT XXIX JULII, ANO MDCCLVII, ÆTATIS LXIII.

图4-48 许立正墓碑碑阳拓片

图片来源：中国国家图书馆，馆藏号：北京1992。

拉丁文解读

D. O. M.

IGNATIUS HIU, SINA EX PROV [INCIA] KIAMNAN [=JIANGNAN], IN COLLEGIO PEKINENSI CATECHISTAM EGIT, UBI ANNIS XXIII SEDULAM REI CHRISTIANAE NAVAVIT OPERAM. SEMPER COELEBS, IN ARTICULO MORTIS SOCIETATIS VOTA NU [N] CUPAVIT. PIE OBIIT XXIX JULII, AN [N] O MDCCLVII, AETATIS LXIII.

英译

To God Most Good and Most Great

Ignatius Hiu, a Chinese from the Province of Jiangnan, he was catechist[3] in the college in Beijing, where he worked sedulously for the Christian cause for 23 years. He was always celibate, and shortly before his death he pronounced the vows of the Society. He died piously on July 29th in the year 1757, aged 63.

---

① 即1734年。

② 即1757年7月29日。

③ Catechist，近Catechistam，讲解教义（要理）者，传道员。参见吴金瑞：《拉丁汉文辞典》，台湾光启出版社1981年版，第206页。Catechist同Catechistam：（1）教理讲授者；（2）传教员。参见辅仁神学著作编译会：《神学词语汇编》，台湾光启文化事业2005年版，第155页。

汉译

献给至善至尊的天主

许立正，中国人，原籍江南省，他在耶稣会北京会区从事教理讲授工作，专注于基督宗教福传事业 23 年。一生未婚，在弥留时宣誓发愿，进入修会。于 1757 年 7 月 29 日逝世，享年 63 岁。

碑文比较与解析

许立正墓碑汉文与拉丁文部分大体相同，都非常强调许立正虔诚的信仰以及为教区所作的贡献，独身慕道，最后临终受洗。

在其他的墓碑汉文中，针对其信仰历程如此详细介绍并不多见，因此可推测其碑文为教内人士所写。

（三十三）鲁仲贤

（JOANNES WALTER/Johann Walter）

鲁仲贤，字尚德，斯诺伐克人，音乐家。1708 年 1 月 6 日出生于斯诺伐克的日利纳（Zilina）。精通音律，能作词曲，善配乐器，21 岁入会，曾为文学大学士，哲学造诣精深[1]。自入会起，他就请求赴海外传教。1738 年赴印度，1739 年他成为巴拉巴尔传教区的一员。1740 年 10 月 10 日同汤执中（Pierre d'Incarville，1706—1757）、石若翰（Jean-Baptiste de la Roche，1704—1785）、纪文（Gabriel-Léonard de Brossard，1703—1785）等人一起抵达澳门。由于他精通音乐，1742 年受乾隆召见而进京，作为乐师供职朝廷多年。闲暇时他仍不忘传教，对贫病者尤其关心。终生居于北京，1759 年 6 月 27 日去世。

碑文（见图 4-49）

汉文

耶稣会士鲁公之墓

鲁先生，讳仲贤，号尚德，泰西玻赫米亚国人。自幼进会贞修。于乾隆六年岁次辛酉[2]传教至澳门。乾隆七年壬戌十月二十八日[3]奉旨进京。卒于乾隆二十四年巳卯六月初二日[4]。在

---

[1] 参见［法］荣振华、方立中、热拉尔·穆赛、布里吉特·阿帕乌：《16—20 世纪入华天主教传教士列传》，耿昇译，广西师范大学出版社 2010 年版，第 376 页。

[2] 即 1741 年。

[3] 即 1742 年。

[4] "巳卯"应为"己卯"，即 1759 年 6 月 27 日。

会三十年，寿五十有一。

拉丁文

D. O. M.

P. JOANNES VALTER S.I. NATUS BILIMÆ
BOHEMIÆ AN. MDCCVIII. AB INITA SOCIETATE.
MISSIONES TRANSMARINAS EXPETENS. PROV.
MALABARICÆ FUIT ADSCRIPTUS AN. MDCCXXX-
IX. INDE OB MODULOS MUSICOS QUOS CHELI
AMÆNITER CANEBAT IN NOSTRAM V PROVIN-
CIAM MUTATUS IMPETRATO IMPE ORIS ANUTU
PKINUM VENIT. A. MDCCXLII. UBI IV. VOTA
PROFESSUS, MISSIONI SINICÆ UTILEM OPERAM
IMPENDIT. DIEM SUUM OBIJT XXVII JUNIIJ AN.
MDCCLIX. ÆTATIS LI. SOCIETATIS XXX. MISSION.
XVII.

拉丁文解读

D. O. M.

P. JOANNES VALTER S.I. NATUS BILIMAE
BOHEMIAE. AN. MDCCVIII AB INITA SOCIETATE
MISSIONES TRANSMARINAS EXPETENS PROV.

图 4-49　鲁仲贤墓碑碑阳拓片

图片来源：中国国家图书馆，馆藏号：北京 1996。

MALABARICAE FUIT ADSCRIPTUS AN. MDCCXXXIX INDE OB MODULOS MUSICOS
QUOS CHELI AMÆNTER CANEBAT IN NOSTRAM V PROVINCIAM MUTATUS IMPETRATO
IMPEORIS ANUTU PKINUM VENIT A. MDCCXLII. UBI IV. VOTA PROFESSUS, MISSIONI
SINICAE UTILEM OPERAM IMPENDIT. DIEM SUUM OBIJT XXVII JUNII AN. MDCCLIX.
AETATIS LI. SOCIETATIS XXX. MISSION. XVII.

英译

To God Most Good and Most Great

Father Johann Walter of the Society of Jesus was born in Zilina in Czechoslovakia in 1708. From
his entrance into the Society, he requested the overseas missions. In 1739 he became a member of the
Malabar Province.Because of his musical skills he changed to our Vice Province and at the request of
the Emperor came to Peking in 1742. He was professed of 4 vows there and rendered a useful service
to the China Mission. He died on the 27th of June 1759 at the age of 51 years of which 30 in the Soci-
ety and 17 in the [China] Mission.

汉译

献给至善至尊的天主

耶稣会士鲁仲贤，1708 年出生于如今的斯诺伐克的日利纳。自入会起，他就请求派往海外传教。1739 年他成为巴拉巴尔传教区的一员。由于精通音乐，他随即转到我们的副教省区，1742 年蒙皇帝召见进京，发四愿，且为中国教会作出卓有成效的服务。1759 年 6 月 27 日去世，享年 51 岁，在会 30 年，在华 17 年。

碑文比较与解析

鲁仲贤墓碑汉文与拉丁文部分相比，汉文部分相对简略。拉丁文部分对他的海外传教经历介绍得更为详细，鲁仲贤海外传教并非直接来华，而是先在印度半岛传教，先后在马拉巴尔教区（Malabar）、安詹加（Anjenga）等传教。来华是由于其突出的音乐才能正好适应了乾隆欲寻精通音乐之士的需求。"仲贤深通乐律，甚得皇帝宠眷"①。钱德明称根据乾隆的喜好，"凡供奉者，无论具何才能，皆未可轻视。盖终有一日被传召也。帝之好尚时有变迁，有如季候。昔好音乐与喷泉，今好机械与建筑……同一好尚或将恢复，则应常有其人亦备供奉"②。因此鲁仲贤被召至入京，与魏继晋一起供奉内廷，教授子弟十八人乐歌。

（三十四）利博明

（FERDINANDUS MOGGI/Ferdinando Bonaventura Moggi）

利博明③，字敏公，耶稣会士，意大利人，建筑师、画家、雕刻家。1684 年 7 月 14 日出生于意大利的佛罗伦萨。1711 年 12 月 13 在罗马进入初修院。1720 年与同乡傅方济（François Folleri，1699—1766）一起在里斯本乘坐"卡博的纳·斯拉号"（Nossa Senhora do Cabo）前往中国传教。他们途经果阿，于 1721 年 9 月 6 日到达澳门，然后 11 月抵京觐见康熙皇帝。当时正是礼仪之争愈演愈烈之时，利博明也参与其中。同年和费隐、郎世宁一起重建了东堂（1720 年在北京地震中被毁）。1728 年东堂得以重新开放。重建以后，东堂在 1730 年地震中保存完好。然而 1812 年教堂在火灾中再次被毁。利博明在东堂生活了 28 年的时间④。刘松龄来华以后住在东堂旁边的小住院里，与利博明和郎世宁共同生活

---

① ［法］费赖之：《在华耶稣会士列传及书目》，冯承钧译，中华书局 1995 年版，第 839 页。

② ［法］费赖之：《在华耶稣会士列传及书目》，冯承钧译，中华书局 1995 年版，第 839—840 页。

③ 参见 ［法］荣振华、方立中、热拉尔·穆赛、布里吉特·阿帕乌：《16—20 世纪入华天主教传教士列传》，耿昇译，广西师范大学出版社 2010 年版，第 243—244 页。Cf. *Diccionario Histórico de la Compañía de Jesús: Biográfico-temático,* Charles E. O'Neill, Joaquín María Domínguez, Universidad Pontificia Comillas, 2001.p.2715.

④ Cf. Francesco Vossilla, *Some notes regarding Giuseppe Castiglione and Ferdinando Moggi as architects in Beijing.*

了一段时间，在他 1730 年 12 月 23 日写给总会长的书信中有东堂的草图以及对利博明的赞赏之辞①。除了大量的艺术创作，利博明更多的时间是投入到了传教之中。他于 1761 年 8 月 27 日去世。

碑文（见图 4-50）

汉文

耶稣会修士利公之墓

利先生讳博明，号敏公，意大理亚国人。康熙六十年②抵澳，即蒙钦召来京效力。精镌图章，亦工绘事，弼教赞铎，功德兼优。卒于乾隆二十六年七月廿七日③。在会五十年，寿七十有七。

图 4-50　利博明墓碑碑阳拓片

图片来源：□国国家图书馆，馆藏号：北京 1998。

拉丁文

D. O. M.

F. FERDI. NANDUS MOGGI SOC. JESU ITALUS. FLORENTINUS JUSSU IMPERATORIS KAMHI PEKI-NUM VENIT AN. DOM. MDCCXXI, UBI CÆLATORIA ARTE CLARS PICTORIA QUOQ NON PARUM IN-STRUCTUS DUM PER VIRES LICUIT UTILEM MISSIO-NI OPERAM POSUIT MERITIS TANDEM AC DIEBUS PLENUS OBIIT DIE XXVII AUG ANNO DOMINI MDC-CLXI ÆTATIS LXXVII SOCIET. L FORMATI COADJUT. XXXIV.

拉丁文解读

D. O. M.

F [RATER] FERDINANDUS MOGGI, SOC [IETATIS] JESU, ITALUS, FLORENTINUS, JUSSU IMPERATORIS KAMHI [=KANGXI] PEKINUM VENIT AN [NO] DOM [INI] MDC-CXXI, UBI CAELATORIA ARTE CLAR [US], PICTORIA [ARTE] QUOQ [UE] NON PARUM INSTRUCTUS, DUM PER VIRES LICUIT, UTILEM MISSIONI OPERAM POSUIT. MERITIS

① Cf. N. Vampelj Suhadolnik, *Ferdinand Augustin Hallerstein on Giuseppe Castiglione's Art*, Asian Studies, Vol. 3, No 2 (2015), pp. 33-56.
② 即 1721 年 9 月 6 日来华，作为画家和雕刻家居住在北京。
③ 即 1761 年 8 月 26 日。与拉丁文不符。荣振华、费赖之书中皆称其 1761 年 8 月 27 日逝世于北京。

TANDEM AC DIEBUS PLENUS OBIIT DIE XXVII AUG [USTI], ANNO DOMINI MDCCLXI. AETATIS LXXVII, SOCIET [ATIS] L, FORMATI COADJUT [ORIS] XXXIV.

英译

To God Most Good and Most Great

Brother Ferdinando Bonaventura Moggi, of the Society of Jesus, an Italian from Florence, who came to Beijing by order of Emperor Kangxi, in the Year of Our Lord 1721, where he was famous for his skill as sculptor, and he was quite accomplished also in the art of painting, so that he served the mission well, as long as he could. Abounding in good works and in good age he died on August 27th in the Year of Our Lord 1761, aged 77, having entered the society 50 years ago, and having lived as a full member of the Society for 34 years.

汉译

献给至善至尊的天主

利博明弟兄，耶稣会士，意大利人，来自佛罗伦萨。1721 年奉康熙诏令抵京。其雕塑技艺盛名天下，在绘画艺术上也成就斐然，因此不遗余力地传教，为主效力多年，1761 年 8 月 27 日逝世，享年 77 岁，作为辅理修士在会 34 年。

碑文比较与解析

利博明墓碑汉文与拉丁文部分大体相同，都非常强调利博明的绘画才能以及他在中华所作出的贡献。他在没有加入耶稣会之前，就已经是技艺精湛的画家、雕塑师和雕刻家。"其人研习绘画、雕刻、雕金诸术有素，曾不断为传教会大尽其力。"[①] 在耶稣会档案中，记载利博明为雕塑家或者雕刻师，或者一名绘图师。而在档案记载中，同列在罗马人目录下的同伴郎世宁被标记为"一位真正娴熟的画家"[②]。当他来华到达广州时，当时两广总督杨琳向康熙汇报新到的两位西洋人利博明和法良（Francesco Folleri，1699—1767），言及利博明为炮兵专家，法良为铜版画家，他们都想尽早进京为康熙服务。"又有新到西洋人一名法良能刻铜板，一名利白明能造炮位，俱愿进京效力"[③]。在严嘉乐从北京寄给布尔诺尤利乌斯·兹维克尔的信（1725 年 11 月 20 日）中提及由于皇帝允许让那些可以为他服务的外国学术专门人才前往北京，"佛罗伦萨的教士利博明，他是铜雕刻专家"[④]，因此便留住北京。在北京期间利博明和郎世宁不仅通过修筑住院或教堂，为辅理修士们提供了住所，教授他们技艺，并建立了工作坊。而且还教授中国技师西方建筑、绘画、雕塑等方面的知识大大提升其专业技能。

---

① ［法］费赖之：《在华耶稣会士列传及书目》，冯承钧译，中华书局 1995 年版，第 684 页。

② 耶稣会罗马档案馆，编号：Jap. Sin. 134, f. 436.

③ 中国第一历史档案馆：《康熙朝汉文朱批奏折汇编》第八册，档案出版社 1984 年版，第 828 页。

④ ［捷克］严嘉乐：《中国来信》，丛林、李梅译，大象出版社 2002 年版，第 46 页。

拉丁文部分还提及他在华致力于传教事业，凸显了他对教会的贡献。

（三十五）罗启明

（EMMANOEL DE MATTOS/Manuel de Matos）

罗启明，字曜东 ①，耶稣会辅理修士，葡萄牙人。1725 年生于葡萄牙维泽乌城（Vicensis），1746 年 4 月 5 日在埃武拉（Evora）进入初修院。1751 年他在郎若瑟（Joseph de Araujo，1721—1755）的带领下，同高慎思、穆方济（François Moser，1711—1748）、毕安多（Antoine Pires，1721—?）一起抵达澳门。1751 年 8 月 22 日罗启明作为外科医生和药剂师抵京，与之同行的是钱德明 ②、高慎思二人。在京诸多神父进行了迎接，数日后，觐见乾隆皇帝。曾以御医身份随乾隆巡视各地。本来会长打算升其为司铎，然而罗启明推辞，他希望能够为穷苦人解除疾苦。最后因劳成疾，1764 年 11 月 22 日逝世于北京葡萄牙住院。

碑文（见图 4–51）

汉文

耶稣会修士罗公之墓

罗先生讳启明，号曜东。泰西玻尔都噶尔国人。幼肄外科，弱冠入会③，持守谦恭，屡辞神品，术业所便，甘就辅弼。乾隆十六年④来京效用，志宣圣信，言行化人，施医舍药，兼济神形，不知倦怠，积劳成瘵，功完谢世，洵为仁爱牺牲⑤。计在会一十八年，卒于乾隆二十九年十月一十九日⑥，享年三十九岁。

拉丁文

D. O. M.

F. EMMANOEL DE MATTOS LUSITANUS SOC. JESU COADIUT. FORM. PEKIN. VENIT AN MDCCLI MOX AD SACERDOTIUM INVITATUS, MARTHAE SORTEM PRÆELEGIT.

① 荣振华书中写为"耀东"，参见 [法] 荣振华、方立中、热拉尔·穆赛、布里吉特·阿帕乌：《16—20 世纪入华天主教传教士列传》，耿昇译，广西师范大学出版社 2010 年版，第 235 页。

② 钱德明曾言"天气晴和之时，吾人则赴郊外故旧遗骸埋葬之地祈祷"。此地所指即栅栏墓地。参见 [法] 费赖之：《在华耶稣会士列传及书目》，冯承钧译，中华书局 1995 年版，第 842 页。

③ 弱冠，即 20 岁。1746 年 4 月 5 日在埃武拉进入初修院。

④ 1751 年 8 月 22 日作为外科医生和药剂师抵京，曾以御医身份随乾隆巡视各地。

⑤ "洵为仁爱牺牲"，即是为了仁爱之心而付出生命，赞扬他仁心仁术，在华救治病人之功。

⑥ 即 1764 年 11 月 12 日逝世于北京，与拉丁文 11 月 22 日不符。

图 4-51 罗启明墓碑碑阳拓片

图片来源：中国国家图书馆，馆藏号：北京 2000。

UT ARTE CHIRURGICA IN SINENSIU UTILI-
TATE LIBERIUS UTI POSSET. ET QUIA ZELO
ANIMARŪSIMUL POLLEBAT. MULTIS VALUIT
ESSE CORPORIS, ANIMAEQUE SALUTI. EX AS-
SIDUO TANDEM LABORE IN PTHYSIM INCIDENS,
VICTIMA CHARITATIS OCCUBUIT DIE XXII NO-
VEMBR. AN. MDCCLXIV. AB INITA SOC. XVIII
ÆTATIS XXXIX.

拉丁文解读

D.O.M.

F [RATER] EMMANOEL DE MATTOS, LUSITA-
NUS SOC [IETATIS] JESU, COADIUT [OR] FORM
[ATUS], PEKIN [UM] VENIT AN [NO] MDCCLI.
MOX AD SACERDOTIUM INVITATUS [EST], MAR-
THAE SORTEM PRAEELEGIT, UT ARTE CHIRUR-
GICA IN SINENSIU [M] UTILITATE LIBERIUS
UTI POSSET. ET QUIA ZELO ANIMARUM SIMUL
POLLEBAT, MULTIS VALUIT ESSE CORPORIS
ANIMAEQUE SALUTI. EX ASSIDUO TANDEM LABORE IN PTHYSIM INCIDENS, VICTIMA
CHARITATIS OCCUBUIT DIE XXII NOVEMBR [IS] AN [NO] MDCCLXIV. AB INITA SOC
[IETATE] XVIII, AETATIS XXXIX.

英译

To God Most Good and Most Great

Brother Manuel de Matos, Portuguese, educated as coadjutor of the Society of Jesus, he came to Beijing in 1751. Soon he was invited to become priest, but he preferred the lot of Martha, so that he would be more free to use his chirurgical skills for the benefit of the Chinese people. And since he also had great zeal for the souls, he was able to benefit many people in body and soul. Due to his industrious work he caught tuberculosis and died as a victim of his charity work on November 22nd in the year 1764, 18 years after entering the Society, and 39 years of age.

汉译

献给至善至尊的天主

罗启明修士，葡萄牙人，耶稣会辅理修士。1751 年抵京，很快便被邀晋铎，但他坚辞，希望能够效仿"玛尔大"，能够更加自由地运用他的外科技术来造福华人。又因为拥有虔诚的灵魂，所以他能够使众人身心受益。由于他辛勤工作，不幸患上肺病，1764 年 11 月 22 日逝世，为传教事业牺牲自我。在会 18 年，享年 39 岁。

碑文比较与解析

罗启明墓碑汉文与拉丁文部分均较为详细，内容一致。一方面主要强调了罗启明数次辞去晋铎神父的机会，以辅祭的身份来施展自己的医学才能；另一方面论述他不仅具备高超的医术，而且仁心仁术，为穷人治病，广施仁爱。"世人获治者为数甚众"①。在拉丁文部分，引用了《圣经》中"Marthae sortem"（"玛尔大的命运"）来形容罗启明。玛尔大，又称马大，伯达尼人（Bethany，又称伯大尼），是拉匝禄（Lazarus，又称拉撒路）及玛利亚的姐妹，她是一位勤劳好动，做事爽快勤奋的女人。② 在这里引用，引申罗启明没有晋铎为神父，而是希望能够做具体的事情，为更多的中国人服务，从而称颂他的德行。

（三十六）郎世宁

（IOSEPHUS CASTIGLIONE/Giuseppe Castiglione）

郎世宁③，包世杰翻译为"良世寗"④。又称士宁、石宁，无字，耶稣会士，意大利人，画家、建筑师。1688 年 7 月 19 日出生于米兰（Milan）。他是彼得·卡斯迪里奥内（Petro Castiglione）和玛利亚·魏哥内（Maria Vigone）的儿子。关于他的家庭情况和早期学习艺术的信息已然知之甚少，"而传其生涯者，则寥若晨星，盖乏足徵之资料耳"⑤。他的绘画天赋是在进入耶稣会后才被发现。1707 年 1 月 16 日他在意大利的热那亚（Génova）进入初修院。1710 年曾装饰科英布拉耶稣会总院圣堂，作壁画多幅，并为葡萄牙王子画像。当时在北京的耶稣会士告知教廷朝廷需要一位画家，郎世宁主动申请到东方传教。1714 年 4 月 12 日他离开里斯本，同年的 9 月 7 日到达印度的果阿，1715 年 7 月 10 日抵达澳门，与他同船的还有一位意大利外科医生罗怀忠。他们从澳门转赴广州，稍作停留，同年 12 月 22 日进入北京，至京数日后，由马国贤任翻译，觐见康熙。随后郎世宁以其画艺长期供职于如意馆，为康熙皇帝服务。在葡萄牙修院即东堂居住。"恒在内廷，彩饰宫殿，

---

① [法] 费赖之：《在华耶稣会士列传及书目》，冯承钧译，中华书局 1995 年版，第 915 页。

② 参见《路加福音》10：38—42；《若望福音》/《约翰福音》11：1，12：2—3。参见辅仁神学著作编译会：《神学词语汇编》，台湾光启文化事业 2005 年版，第 670 页。

③ 参见 [法] 荣振华、方立中、热拉尔·穆赛、布里吉特·阿帕乌：《16—20 世纪入华天主教传教士列传》，耿昇译，广西师范大学出版社 2010 年版，第 97—98 页。Cf. *Diccionario Histórico de la Compañía de Jesús: Biográfico-temático,* Charles E. O'Neill, Joaquín María Domínguez, Universidad Pontificia Comillas, 2001.pp.701-702.

④ Jean-Marie Planchet, C.M. *Le Cimetière et Les Oevres Catholiques de Chala 1610—1927,* Pékin:Imprimerie des Lazaristes 1928.p.34.

⑤ [日] 石田干之助：《郎世宁传考略（上）》，傅抱石译，《国闻周报》1936 年第 1 期。

甚惬上意"①。"万岁常向他们两个说话，就是画画的郎老爷，官名士宁，圣名若瑟(Joseph Castiglione)，很有德的，万岁很爱他的。"②《清史稿》记载："郎世宁，西洋人。康熙中入值，高宗尤赏异。凡名马、珍禽、琪花、异草，辄命图之，无不奕奕如生。设色奇丽，非秉贞等所及。"③ 他的作品名誉天下，篦扇画轴等物，只要是书有郎世宁之名，"动值千金，至今尤然"④。其作品大都藏于内府石渠宝笈初编，续编，三编，所载共53件。此外尚有清帝后像多件，分四集印行，其在外流传者绝少。⑤ 郎世宁"其所作画稿，既具西洋画之风格，而又得中国画之精神，藏入禁中，不下五十余幅。而北京宣武门内天主堂之画壁，尤为精妙，神采焕发，如觌实况，庚子之变，尽毁于匪，惜哉"⑥。亦有称"存世的宫廷卷轴画有人物肖像、花鸟走兽、历史纪实、山水风俗画等，仅《石渠宝笈》记载就达五十六件之多"⑦。禁教时，郎世宁领票留于北京。1721年，他与费隐、利博明一起参与了即东堂的重建工作，他主要负责圣画的绘制。"郎世宁修士则以其艺才，作各种图画装饰之"⑧。1722年12月8日，郎世宁发愿。1747年，当时供职宫廷画院如意馆的蒋友仁(Michael Benoist，1715—1774)主持圆明园西洋式喷泉建造。郎世宁作为主要设计师参与了此工作。"是年奉命参与圆明园欧式喷水之作"⑨。并和蒋友仁、利博明、王志诚(Jean-DenisAttiret，1702—1768)等传教士一起对圆明园中物品进行了绘画。同年，郎世宁被授予三品官职，从1762年开始，郎世宁和王致诚、艾启蒙、安德义一起为铜版组画《乾隆平定准部回部战图》册（又称《乾隆平定西域战图》册）绘制图稿。铜版画草稿主要是由郎世宁负责，他画了其中的若干幅，还用拉丁文和法文写了具体说明。遗憾的是当这套铜版组画竣工从法国运回中国时，郎世宁已经因病去世了。⑩1766年7月16日他逝世于北京。"以乾隆三十一年，辛未卒，年六十八岁⑪。曾被旨恩恤，葬于北平阜成门外，至今其墓尚存。（地名耶稣会士坟，亦名石门。明末清初来华耶稣教士灵葬此地）。墓上建有石刻乾隆谕旨"⑫。

---

① [法] 樊国梁：《燕京开教略》，见中国宗教历史文献集成编纂委员会编纂：《东传福音》第六册，黄山书社2005年版，第355页。

② 方豪：《中西交通史》（下），上海人民出版社2015年版，第640页。

③ （清）赵尔巽等：《清史稿》列传二百九十一，卷五百四，中华书局1977年版，第13912页。

④ [法] 樊国梁：《燕京开教略》，见中国宗教历史文献集成编纂委员会编纂：《《东传福音》第六册，黄山书社2005年版，第355页。

⑤ 参见《郎世宁小传》，《磐石杂志》1933年第4卷。

⑥ 剑禅：《郎世宁之历史》，《江苏省立第三中学杂志》1920年第3期。

⑦ 张照：《秘殿珠林石渠宝笈汇编》，北京出版社2004年版，第156—158页。

⑧ 刘迺义：《郎世宁修士年谱》，《公教学志》1944年第1期，第12页。

⑨ [日] 石田干之助：《郎世宁传考略（上）》，傅抱石译，《国闻周报》1936年第1期，第32页。

⑩ 参见聂崇正编：《郎世宁全集》，天津人民美术出版社2015年版，第10页。

⑪ 墓碑拉丁文记载其去世为78岁。

⑫ 《郎世宁小传》，《磐石杂志》1933年第4卷，第9页。

碑文（见图4-52）

汉文

耶稣会士郎公之墓

乾隆三十一年六月初十日奉旨①，西洋人郎世宁，自康熙年间入值内廷②，颇著勤慎，曾赏给三品顶戴。今患病溘逝。念其行走年久，齿近八旬，着照戴进贤之例，加恩给予侍郎衔，并赏内府银叁百两料理丧事，以示优恤。③钦此。

拉丁文

D.O.M.

F. IOSEPHUS CASTIGLIONE ITALUS MEDIO-LAN. COAD FORMAT. SOC. JESU DE MANDATO IM-PERATORIS PEKIN. VENIT AN. DOMINI MDCCXV UBI PICTORIA SUA ARTE QUAM MAGNO EUROPÆI NOM. HONORE PER AN. XV IN AULA EXERCU PRÆCLARAM MISSIONI DEDIT OPERAM RELI-GIOSÆSIMUL PERFECTIONIS PRÆCLARUS ET IPSE CULTOR PIE OBIJT DIE XVI JULIJ ANNI DOMINI MDCCLXVI ÆT. LXXVIII SOC. LIX CUM DIMIDIO.

图4-52　郎世宁墓碑碑阳拓片

图片来源：中国国家图书馆，馆藏号：北京2002。

拉丁文解读

D.O.M.

F [RATER] IOSEPHUS CASTIGLIONE, ITALUS, MEDIOLAN [ENSIS], COAD [IUTOR] FORMAT [US] SOC [IETATIS] JESU, DE MANDATO IMPERATORIS PEKIN. VENIT AN [NO] DOMINI MDCCXV, UBI PICTORIA SUA ARTE, QUAM MAGNO EUROPAEI NOM [INIS] HONORE PER AN [NOS] XV IN AULA EXERCU [IT], PRAECLARAM MISSIONI DEDIT OP-ERAM, RELIGIOSAE SIMUL PERFECTIONIS PRAECLARUS, ET IPSE CULTOR, PIE OBIJT DIE XVI JULIJ, ANNI D(OM)INI MDCCLXVI, AET [ATE] LXXVIII, SOC [IETATE] LIX CUM DIMIDIO.

---

① 郎世宁1766年7月16日逝世于北京。此谕旨颁布于郎世宁去世的当天。

② 内廷是指宫廷画苑如意馆。他精于绘画，在欧洲已经相当出名，在如意馆任职后，白天进宫作画，晚上回到东堂住宿，效力长达40余年，其画作在宫内排名第一。

③ 他的葬资按照戴进贤的标准颁发，赐予"侍郎"官衔，300两帑银作为葬资。

英译

To God Most Good and Most Great

Brother Giuseppe Castiglione, an Italian from Milan, a formed coadjutor of the Society of Jesus. He came to Beijing by order of the Emperor, in the year 1715, where he, by virtue of his painting skills, which he practiced in the imperial court for 15 years, thereby greatly advancing the reputation of the name "Europe", made an outstanding achievement for the mission. Equally distinguished in the persuit of religious perfection. He died piously on July 16th, in the Year of Our Lord 1766, aged 78, having lived in the Society for 59 and a half years.

汉译

献给至善至尊的天主

郎世宁弟兄，来自意大利，米兰人，耶稣会辅理修士。1715 年奉召进京，凭借着杰出的绘画才能在内廷侍奉 15 年[①]，为欧洲博得了极大的声誉，他为传教事业作出了巨大的贡献。同样，在宗教事务方面他也卓越出色。1766 年 7 月 16 日逝世，享年 78 岁，在会 59 年。

碑文比较与解析

郎世宁墓碑汉文与拉丁文部分相比较，汉文部分为皇帝的御祭之文，突出郎世宁在中华的政治地位，加封官衔以及赐予葬资。"世宁历事康熙、雍正、乾隆三朝，备受荣宠"[②]。"世宁在华五十余年，历康熙、雍正、乾隆三朝之久，此等报复，始终如一"[③]。"郎世宁修士在内廷供职，最得皇上欢心。"[④] 继康熙对其宠爱后，雍正对郎世宁所作多种画像，亦"十分满意，故赏赉亦颇丰"[⑤]。而乾隆皇帝更是对其青睐有加，他所赐给郎世宁的银两、饭食、锦缎，都超过一般画家。单 1736 年郎世宁便获得人参一斤、纱二匹和上用缎二匹、貂皮二张的赏赐，[⑥] 在郎世宁卧病期间，更是赏银百两以示恩宠。而在郎世宁 70 岁时，乾隆念其效力多年，为其举行盛大的祝寿仪式。不仅太子赏赐颇丰，乾隆御笔颂辞相送。"赐缎六疋，袍褂一件，玛瑙朝珠一串，四字御书匾额一块以奖之"[⑦]。且郎世宁拜领回程路上，乐队随行，官员陪同。沿途无论教徒还是百姓皆为他欢祝。而当郎世宁逝世时，乾隆随即下旨表其功绩，哀其辞世，授其官职，赐其葬资。"世宁葬于京西阜成门外传教士墓地，此处也是先郎世宁来华的传教士利玛窦、汤若望等人的最后归宿。1900

---

① 15 年恐有误。

② ［法］费赖之：《在华耶稣会士列传及书目》，冯承钧译，中华书局 1995 年版，第 649 页。

③ 刘迺义：《郎世宁修士年谱》，《公教学志》1944 年第 1 期。

④ 萧若瑟：《圣教史略》（光绪三十一年初版，献县张家庄天主堂印，1932 年），见中国宗教历史文献集成编纂委员会编纂：《东传福音》第八册，黄山书社 2005 年版，第 329 页。

⑤ 刘迺义：《郎世宁修士年谱》，《公教学志》1944 年第 1 期。

⑥ 参见陈凌云：《郎世宁绘画风格及成因研究》，复旦大学硕士学位论文，2017 年，第 33 页。

⑦ ［法］费赖之：《在华耶稣会士列传及书目》，冯承钧译，中华书局 1995 年版，第 649 页。

年其墓犹存，在诸传教士墓中最后一列，北数第三号"①。由此可见郎世宁在华地位至为崇高。

拉丁文部分突出其绘画才能，将其视为欧洲艺术的代言人，"其画以西法而参中国之技，声名颇著内外"②。"郎公画法，参酌中西，善写生人物，花鸟，奕奕有神，尤工画马"③。"凡名马，珍禽，异草。辄命图之，无不栩栩如生。设色奇丽，非秉贞等所及"④。"他是一位才华横溢的学者"⑤。"郎公为圣教在华传教士之一大画家，画法参照中西，别具风格，其所制作，诚为艺苑环宝，至今为世界所珍重"⑥。研究中国美术史的瑞士学者奥斯伍尔德·喜仁龙（Osvald Sirén，1879—1966）指出，在对后来较为年轻的传教士画家如王志诚（Jean-Denis Attiret，1702—1768）、艾启蒙等人，郎世宁无疑有重大的影响。特别是艾启蒙，他抵京后便跟随郎世宁学画。郎世宁去世后，他"足以代之而无愧色"⑦。除了西洋画师，当时诸多宫廷一等中国画师如丁观鹏（生卒年不详）、张为邦（生卒年不详）、戴正（生卒年不详）等均是郎世宁的学生，可见郎世宁之德高望重。他一方面在华教授学生，融合中西绘画技术；另一方面通过自己的才能在华传播了欧洲文化，更是为传教事业以及教内事务奉献了自己的一生。作为辅理修士，他凭借画技，协助传教工作。刘松龄称"郎世宁为一出众画家，尤其是一位虔诚修士"⑧。"修士禀性谦良，又能舍己从人，而且事事以荣主救灵为目的，故尚能愉快尽职也。"⑨因投皇帝所好，教会派出技艺高超的画家来辅助传教事业。而在1736年，因禁教愈演愈烈，除了供奉内廷的传教士之外，其他一律驱逐，加上教难又起，耶稣会士们纷纷请求郎世宁为缓和禁教情愿。郎世宁借乾隆至馆赏画之机，跪伏在地，痛哭哀请，望乾隆开恩使天主教能在中国行教。随后郎世宁不仅自己数次凭借己力在皇帝面前请求对天主教在华事业实行宽容政策，而且还鼓励其他传教士对教务的前途充满信心。由于他的多次流涕请愿，乾隆每每耐心听郎世宁祈求，并安慰道"汝尽可放心，且告诉神父们放心，朕必不禁绝天主教也"⑩，'我将阅之，汝可安心作画"⑪；"朕未禁汝教，汝辈可自由信奉"⑫ 等。1737年11月乾隆颁布谕旨，"天主教非邪教

① 中国第一历史档案馆：《清中前期西洋天主教在华活动档案史料》第四卷，中华书局2003年版，第44—326页。

② ［日］石田干之助：《郎世宁传考略（上）》，傅抱石译，《国闻周报》1936年第1期。

③ 《郎世宁小传》，《磐石杂志》1933年第4卷。

④ （清）赵尔巽等：《清史稿》列传二百九十一，卷五百四，中华书局1977年版，第13912页。

⑤ ［法］费赖之：《在华耶稣会士列传及书目》，冯承钧译，中华书局1995年版，第646页。

⑥ 《郎世宁小传》，《磐石杂志》1933年第4卷。

⑦ ［法］费赖之：《在华耶稣会士列传及书目》，冯承钧译，中华书局1995年版，第864页。

⑧ 刘迺义：《郎世宁修士年谱》，《公教学志》1944年第1期。

⑨ 刘迺义：《郎世宁修士年谱》，《公教学志》1944年第1期。

⑩ 萧若瑟：《圣教史略》（光绪三十一年初版，献县张家庄天主堂印，1932年），参见中国宗教历史文献集成编纂委员会编纂：《东传福音》第八册，黄山书社2005年版，第329页。

⑪ ［法］费赖之：《在华耶稣会士列传及书目》，冯承钧译，中华书局1995年版，第648页。

⑫ ［法］费赖之：《在华耶稣会士列传及书目》，冯承钧译，中华书局1995年版，第648页。

可比，不必禁止，钦赐"①。此旨对传教士而言确为一大保障，这也使得本暂居澳门40余传教士能够改装返华。故"世宁之功，可云伟矣"②；"郎世宁片言之力，大胜于千百奏疏也"③。

（三十七）沈东行

（JOSEPHUS SARAIVA/Shen Dongxing/Joseph Saraiva）

沈东行，字若瑟，耶稣会士，中国人。1709年12月8日④出生于上海松江娄县，1733年10月31日进入初修院。1739年3月1日抵京。同年晋铎，在京长期居住在东堂，曾研究中国文学9年，神学3年。1744年6月7日在保定府涿鹿县刘家庄发愿。1747年12月偕黄安多从罟里村前往苏州。刘松龄称其为"卓绝传教师"⑤。致力于传教27年。1766年12月17日病逝于北京近郊。沈东行著有《易简祷艺》三卷。

碑文（见图4-53）

汉文

耶稣会士沈公之墓

沈先生者，系云间娄邑人氏⑥，讳东行。冠年矢志，入会精修，积行数年，晋登神品。⑦迹其生平，凛遵长命，敏行慎言，其德其才实足为中修之巨擘也。至若炽情爱主，念切同侪，有加靡己。是以秉铎二十七年，历燕、辽、青、豫，未遑宁息，口宣身率，竭尽忠诚，沾其化者，莫不踊跃恐后。今于乾隆三十一年十一月十五日，功全行满，主命宠临，享年五十有七。⑧无数刻之微疚，颓断息于神业。

---

① 刘迺义：《郎世宁修士年谱》，《公教学志》1944年第1期。

② 刘迺义：《郎世宁修士年谱》，《公教学志》1944年第1期。

③ ［法］樊国梁：《燕京开教略》，见中国宗教历史文献集成编纂委员会编纂：《东传福音》第六册，黄山书社2005年版，第355页。

④ 关于其出生日期，荣振华一书记载不一，或者为1709年10月31日，或者为1709年12月5日，或者时12月8日。参见［法］荣振华、方立中、热拉尔·穆赛、布里吉特·阿帕乌：《16—20世纪入华天主教传教士列传》，耿昇译，广西师范大学出版社2010年版，第314页。

⑤ ［法］费赖之：《在华耶稣会士列传及书目》，冯承钧译，中华书局1995年版，第762页。

⑥ 沈东行1709年10月31日出生于云间娄邑，即今日上海市松江区。

⑦ 1733年10月31日在北京进入初修院，1739年晋铎。

⑧ 即1766年12月16日逝世于北京附近。拉丁文记为1766年12月17日。

拉丁文

D. O. M.

P. JOSEPHUS SARAIVA SINA NANK. SOC. JES. COAD. SPIR. FORMAT. PER XXVII ANN. MISSIONI PEKINEN. SEDULO NAVAVIT OPERAM IN EAQ ZELO, VERBO, ET EXEMPLO MULTOS AD CHRISTŪI AD-DUXIT. DENIQ PLENUS MERITIS IN IPSA MISSIONIS EXCURSIOE OBIJT DIE XVII DECEMB. ANNI MDC-CLXVI ÆTATIS LVII SOC. XXXIII.

拉丁文解读

D. O. M.

图 4-53　沈东行墓碑碑阳拓片

图片来源：中国国家图书馆，馆藏号：北京 2004。

P [ATER] JOSEPHUS SARAIVA, SINA, NANK [IN-ENSIS], SOC [IETATIS] JES [U], COAD [IUTOR] SPIR [ITUALIS] FORMAT [US], PER XXVII ANN [OS] MIS-SIONI PEKINEN [SI] SEDULO NAVAVIT OPERAM. IN EAQ [UE] ZELO, VERBO, ET EXEMPLO MULTOS AD CHRISTU [M] ADDUXIT. DENIQ [UE] PLENUS MERI-TIS IN IPSA MISSIONIS EXCURSIO [N] E OBIJT, DIE XVII DECEMB [RIS] ANNI MDCCLX-VI, AETATIS LVII, SOC [IETATIS] XXXIII.

英译

To God Most Good and Most Great

Father Joseph Saraiva, a Chinese from Nanjing, of the Society of Jesus, educated as spiritual coadjutor. He diligently served the mission in Beijing for 27 years, where he led many to Christ by his zealous preaching and exemplary life. Finally, abounding in good works, he died in the outer regions of this mission, on December 17th 1766, aged 57, having lived in the Society for 33 years.

汉译

献给至善至尊的天主

沈东行神父，中国人，原籍中国南京，耶稣会辅理修士。在北京致力传教 27 年，言传身教，热情传道，严于律己，为主效力多年，功行完满。1766 年 12 月 17 日逝世在外地传教途中，享年 57 岁，在会 33 年。

碑文比较与解板材

沈东行墓碑汉文与拉丁文部分介绍皆较详细。二者都强调沈东行传教之功，其一生奉献天主，德行值得称颂。在汉文部分，更加详细介绍其传教经历和传教效果。言及沈东行遵守长上之命，敏行慎言，德才兼备。并怀着对天主热忱的爱，辗转各地传教，历直隶、辽东地区、山东北部、河南中南部等地，"钦其言行被感化者而入教者甚众"①。由此可见沈东行在华的传教贡献。拉丁文部分总结其热心传教，严于律己，为主效力多年。

（三十八）魏继晋

（FLORIANUS BAHR/Florian Joseph Bahr）

魏继晋，又名魏福良②，字继晋或善修，耶稣会士，波兰人。1706 年 8 月 14 日出生于西里西亚的法尔肯贝（Falkenberg），他是一位管风琴师的儿子③，在没有加入耶稣会前就表现出卓越的音乐天赋，精通音乐，尤善提琴。幼时在莫拉维亚（Moravia）的布尔诺学习哲学，1726 年 10 月 9 日在布尔诺入初修院，曾获得文艺硕士学位，并教授拉丁文二年。1736 年，他在奥洛穆茨（Olomouc）的大学开始了神学研究。1738 年 8 月 5 日同鲍友管、刘松龄、南怀仁、席伯尔等人所乘坐的"圣安娜号"船抵达澳门。10 月，内务府将其姓名交于广东督抚，令其派人伴送进京。1739 年 3 月 1 日抵京。来华后开始学习中文，一年后已便可用中文讲道和举行弥撒，"语言明畅，满、汉听众皆乐聆其说"④。他精通音律，在华期间曾任宫廷乐师，与鲁仲贤合作乐曲、歌词，教授皇家子弟十八人乐歌，演奏长笛和小提琴等。由于乾隆喜好无常，当时对欧洲音乐并不十分感兴趣，魏继晋又开始专研绘画和制表工艺。他为东堂长上，有时也会走访北京以外的教区，他常常在北京近郊宝坻县传教，离京城五日的路程。为了尊重中华传统"男女授受不亲"的礼仪，单独为已婚或者单身女性领洗，教授天主教教义，并负责照顾弃婴。他1762—1771 年任中国和日本的视察员。期间回应了针对耶稣会士的指控，包括关于祭祀仪式问题。他详细地说明了传教士的葬礼礼仪以及在参与中国祭祀仪式时应该谨慎牢记规范。为了区别民间葬礼和宗教行为，1770 年 9 月他命令在京的耶稣会士不要参加乾隆五弟弘昼（1712—1770）的葬礼。他著有《德华词典》，词典由六种语言组成（中文、法文、拉丁文、意大利文、葡萄牙文和德文），收入 2000 个单词。⑤1771 年 6 月 7 日因患中风逝世于北京。

---

① ［法］费赖之：《在华耶稣会士列传及书目》，冯承钧译，中华书局 1995 年版，第 763 页。

② 参见 ［法］荣振华、方立中、热拉尔·穆赛、布里吉特·阿帕乌：《16—20 世纪入华天主教传教士列传》，耿昇译，广西师范大学出版社 2010 年版，第 65 页。

③ Cf. *Diccionario Histórico de la Compañía de Jesús: Biográfico-temático*, Charles E. O'Neill, Joaquín María Domínguez, Universidad Pontificia Comillas, 2001.p.324.

④ ［法］费赖之：《在华耶稣会士列传及书目》，冯承钧译，中华书局 1995 年版，第 776 页。

⑤ 参见高智瑜、［美］马爱德主编：《虽逝犹存：栅栏——北京最古老的天主教墓地》，澳门特别行政区政府文化局、美国旧金山大学利玛窦研究所 2001 年版，第 219 页。

碑文（见图 4-54）

汉文

耶稣会士魏公之墓

耶稣会士魏先生，讳继晋，号善修，泰西热尔玛尼亚国人。大清乾隆四年来京传教 ①。惠爱含忍，抚恤教众，历三十余载。神功为业，讲道为务，以致圣教日衍。② 卒于乾隆三十六年③，在会四十五年，值会④九年，享寿六十有六。

拉丁文

D. O. M.

P. FLORIANUS BAHR, GERMANUS SILESIUS, SOCIETATIS JESU. IV VOTA PROFES.NATUS MDC-CVI. DIE VI AUGUSTI. SOCIET. ^{EM} INGRESSUS. MDC-CXXVI VENIT PEKINU MDCCXXXIX HIC EXIMIA CARIT.^E CONSTANTE ZELO AC INVICTA PATIENT.^A REM CHRISTIANAM FOVIT, AUXIT, SUSTIN. ^{UIT} PER XXX ET AMPLIUS ANOS INDEFATIGAB.^{ILIS} OPERAR. ET DIVINI VERBI PRAECO ASSID. ^{UE} PRAEFUIT COL-LEGIO RECTOR ANNIS VI TOTI MISSIONI VISIT.^{OR} IN ANNUM NONUM. OBIIT DIE VII JUNII MDCCLXXI.

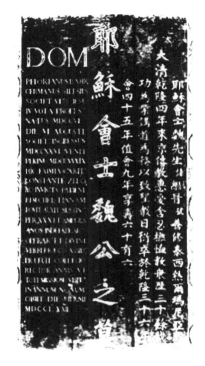

图 4-54 魏继晋墓碑碑阳拓片

图片来源：中国国家图书馆，馆藏号：北京 2006。

拉丁文解读

D. O. M.

P [ATER] FLORIANUS BAHR, GERMANUS, SILESIUS, SOCIETATIS JESU. IV VOTA PROFES [SUS], NATUS MDCCVI, DIE VI AUGUSTI, SOCIET [ATE] INGRESSUS MDC-CXXVI, VENIT PEKINU [M] MDCCXXXIX, HIC EXIMIA CARIT [ATE] CONSTANTE ZELO AC INVICTA PATIENT [IA] REM CHRISTIANAM FOVIT, AUXIT, SUSTIN [UIT], PER XXX ET AMPLIUS AN [N] OS INDEFATIGAB [ILIS] OPERAR [IUS] ET DIVINI VERBI PRAECO,

---

① 即 1739 年 3 月 1 日抵京。

② 即本人为文学士、宫廷乐师。1762—1771 担任中国和日本的巡按使，且负责照料弃婴的慈善事业。

③ 1771 年 6 月 7 日逝世于北京。

④ "值会"即"在会""入会"。

ASSID [UE] PRAEFUIT COLLEGIO RECTOR① ANNIS VI, TOTI MISSIONI VISIT [ATOR] ②, IN ANNUM NONUM OBIIT, DIE VII JUNII MDCCLXXI.

英译

To God Most Good and Most Great

Father Florian Joseph Bahr, German from Silesia, of the Society of Jesus, who professed the four vows. He was born in 1706, on August 6th, entered the Society in 1726, came to Beijing in 1739, here he served, developed and sustained the cause of Christianity by his outstanding love, constant zeal and invincible patience. For more than 30 years he was an untiring worker and preacher of the Divine Word, he was the diligent rector of the college for 6 years and the visitator of the whole mission, in the ninth year of this office he died on June 7th, 1771.

汉译

献给至善至尊的天主

魏继晋神父，日耳曼人，来自西里西亚，耶稣会士，发"四愿"。出生于 1706 年 8 月 6 日，1726 年入会，1739 年来京。他秉承着博大超凡的爱心、持久的热忱和无与伦比的耐心不断为天主服务，发展教义，坚持不懈。作为北京耶稣会教务视察员 6 年，全传教团视察员 9 年。逝世于 1771 年 6 月 7 日。

碑文比较与解析

魏继晋墓碑汉文与拉丁文部分相比，大体相同，都论述其在华一生致力于传教，广施爱心，惠及众人。他热衷于讲道传教，凭借其出色的演讲才能，在华 30 余年，无论是在京城内还是郊外，每逢休息日或节日，他必讲道，有时甚至一日两次。此外，在具体传教事务上，他必亲力亲为。当他在北京东堂传教时，入教人数大增，仅 1 年内入教人数便由 873 人增至 3300 人。除了京城，在宝坻的传教事业更是可观。当时县内教徒 2000，散于百余村镇，魏继晋不但召集其共同祈祷，而且单 1747、1748 年两年，领洗者近 800 人，告解者近 4300 人，领圣体者近 4200 人。③

在拉丁文中还提及他在教内的职务。

---

① Rector：（1）院长。此词源自拉丁文（regere 管制、驾驭、指导），指某个团体、修院、学校、堂区等机构的领导与管理者。（2）堂区司铎，主任司铎。参见辅仁大学著作编译委员会：《神学词语汇编》，台湾光启出版社 2007 年版，第 866 页。

② Visitator [apostolicus]，宗座视察员。同 visitor，指为特殊需要代表教皇或教廷探访教区或修会的专员。参见辅仁大学著作编译委员会：《神学词语汇编》，台湾光启出版社 2007 年版，第 1077 页。

③ 参见［法］费赖之：《在华耶稣会士列传及书目》，冯承钧译，中华书局 1995 年版，第 776 页。

（三十九）鲍友管

（ANTONIUS GOGEISL/Anton Gogeisl）

鲍友管①，字义人，耶稣会士，德国人，数学家。1701年10月30日出生于巴伐利亚的齐根堡（Ziegenburg）。1720年9月13日在巴伐利亚的来登斯堡进入初修院。教授文学5年，并在英果尔施塔特城（Ingolstadt）研究数学。1737年从葡萄牙里斯本出发，到达印度果阿。1738年5月8日又与其他耶稣会士一道乘坐"圣安娜号"船前往中国进行传教，1738年8月15日到达澳门，并于1739年3月1日抵京。抵京后，一直供职于钦天监达26年，1746年任钦天监监副。当戴进贤去世以后，继任钦天监监正。此外，他于1748—1754年还担任北京神学院院长，负责北京南堂事务，定期将耶稣会的情况向欧洲汇报。他和戴进贤、刘松龄等人合编了《仪象考成》。鲍友管于1771年10月12日逝世于北京。

碑文（见图4–55）

汉文

耶稣会士鲍公之墓

耶稣会士鲍先生，讳友管，号义人，泰西热尔玛尼亚国人。自幼入会精修。大清乾隆四年②来京传教，乾隆十一年奉旨补授钦天监监副③，历任二十六载。勤敏监务，敬寅恕属，德业兼著，卒于乾隆三十六年④。享寿七十有一。蒙恩旨赐内帑银二百两为安葬之资。

拉丁文

D. O. M.

P. ANTONIUS GOGEISL GERMANUS BAVARUS SOCIETATIS JESU IV VOTA PROFESSUS NATUS MDCCI DIE XXX OCTOBRIS INGRESSUS SOCIETATEM MDCCXX VENIT PEKINUM MDCCXXXIX DUM COLENDAE VIN DOMINI TOTUS INCUMBIT, MDCCXLVI COLLEGIO ASTRONOMICO ASSESSOR ADSCRIPTUS IN EODEM REM ASTRONOMICĀ UNA EXCOLUIT XXVI ANNIS ATQUE MODESTIA PRUDENT MORUM CANDORE, OMNIBUS CHARUS OBIIT XII OCTOBRIS MDCCLXXI.

---

① 参见［法］荣振华、方立中、热拉尔·穆赛、布里吉特·阿帕乌：《16—20世纪入华天主教传教士列传》，耿昇译，广西师范大学出版社2010年版，第168—169页。Cf. *Diccionario Histórico de la Compañía de Jesús: Biográfico-temático*, Charles E. O'Neill, Joaquín María Domínguez, Universidad Pontificia Comillas, 2001.p.1767.

② 即1739年。荣振华一书记其1738年8月5日来华，1739年3月1日抵京。

③ 1746年任钦天监监副。1748—1754年任北京神学院的教区院长。

④ 1771年10月12日逝世于北京。

图 4-55　鲍友管墓碑碑阳拓片

图片来源：中国国家图书馆，馆藏号：北京 2008。

拉丁文解读

D. O. M.

P [ATER] ANTONIUS GOGEISL, GERMANUS BAVARUS, SOCIETATIS JESU IV VOTA PROFESSUS, NATUS MDCCI DIE XXX OCTOBRIS, INGRESSUS SOCIETATEM MDCCXX, VEN [IT] PEKINUM MDC-CXXXIX, DUM COLENDAE VIN [EAE] DOMINI TOTUS INCUMBIT, MDCCXLVI COLLEGIO ASTRO-NOMICO ASSESSOR ADSCRIPTUS IN EODEM REM ASTRONOMICA UNA EXCOLUIT. XXVI ANNIS ATQUE MODESTIA, PRUDENT [IA] MORUM CANDORE OM-NIBUS CHARUS, OBIIT XII OCTOBRIS MDCCLXXI.

英译

To God Most Good and Most Great

Father Anton Gogeisl, a German from Bavaria, professed of the Society of Jesus, born in 1701, on October 30th, he entered the Society in 1720 and came to Beijing in 1739. He put all his efforts in the care for the vineyard of the Lord, was assigned to be a member of the Astronomical Bureau in 1746, where he did research in astronomy for 26 years. He was dear to all in his old age, known by his modesty, prudence and integrity of conduct. He died October 12th, 1771.

汉译

献给至善至尊的天主

鲍友管神父，德国人，来自巴伐利亚，耶稣会士。生于 1701 年 10 月 30 日。1720 年入会，1739 年来京。他致力于数学研究，1746 年被任命为钦天监监副，在钦天监从事天文学研究长达 26 年。他一生亲和，谦虚谨慎，坦率正直，博得世人尊重。1771 年 10 月 12 日逝世。

碑文比较与解析

鲍友管墓碑汉文与拉丁文部分介绍均较为详细，差别不大。皆论述了其在华官职，授钦天监监副，从事天文学研究。"乾隆十一年，鲍友管日耳曼国人奉旨补钦天监监副"①。汉文部分着重叙述他的官职以及对朝廷的贡献，言及他"勤敏监务，敬寅恕属，德业兼著"，与刘松龄墓碑汉文评价一致，充分说明二人通过辛勤工作，德业兼修，从而在华得到了令人尊崇的政治地位和官方认同。最后强调官方赐予葬资，"乾隆三十六年，鲍友管卒。上赐

---

① 转引自韩琦、吴旻校注：《熙朝崇正集熙朝定案（外三种）》，中华书局 2006 年版，第 375 页。

葬银二百两"①。拉丁文部分强调了其数学才能和在钦天监的工作，最后称颂他的德行。

（四十）侯若翰

（IOANNES HEU/Hou Ruohan/John Hou）

侯若翰即侯钰②，字己修，耶稣会士，中国人。1744 年出生于北京。在学习拉丁文以后，1773 年 2 月进入修院③，不幸染上肺病，数日后去世，1773 年 2 月 14 日，在殁前发愿，随即去世。享年 29 岁。④

碑文（见图 4–56）

汉文

耶稣会侯公之墓

耶稣会侯若翰，系本京人氏，讳钰，号己修。曾习辣丁书，已准入肆修德之业。⑤ 因染瘰疾之症，临终时恩准许愿，在会终身修道矣。终于乾隆三十八年正月二十一日⑥，年二十九岁。

拉丁文

D. O. M.

FR. IOANES HEU SINA PEKINENS. SOC. JESU EDOCTUS LATINIT^{EM}. ET IN NOVITIATŪ ADMISSUS. CONTRACTA PTHISI MORTIQUE PROXIMUS SOCI-ETATIS VOTA NUNCUPAVIT. PIE OBIIT DIE XIV FEB-RUARII ANNO MDCCLXXIII ÆTATIS XXIX.

图 4–56　侯若翰（侯钰）墓碑碑阳拓片

图片来源：中国国家图书馆，馆藏号：北京 2010。

---

① 转引自韩琦、吴旻校注：《熙朝崇正集熙朝定案（外三种）》，中华书局 2006 年版，第 376 页。

② 参见 ［法］费赖之：《在华耶稣会士列传及书目》，冯承钧译，中华书局 1995 年版，第 1041 页。

③ 荣振华书中言及 1773 年 2 月 14 日入修院，恐有误。参见 ［法］费赖之：《在华耶稣会士列传及书目》，冯承钧译，中华书局 1995 年版，第 184 页。

④ 参见 ［法］荣振华、方立中、热拉尔·穆赛、布里吉特·阿帕乌：《16—20 世纪入华天主教传教士列传》，耿昇译，广西师范大学出版社 2010 年版，第 184 页。

⑤ 侯钰为北京人，"辣丁书"即"拉丁文"，他为见习修士。

⑥ 即 1773 年 2 月 12 日。时间与拉丁文不符。

拉丁文解读

D. O. M.

FR [ATER] IOAN [N] ES HEU, SINA, PEKINENS [IS]. SOC [IETATIES] JESU, EDOC-TUS LATINIT [ATE] ET IN NOVITIATU [M] ① ADMISSUS. CONTRACTA PTHISI MOR-TIQUE PROXIMUS SOCIETATIS VOTA NUNCUPAVIT. PIE OBIIT DIE XIV FEBRUARII ANNO MDCCLXXIII, AETATIS XXIX.

英译

To God Most Good and Most Great

Frater [Seminarian] ② John Hou, a Chinese, from Beijing, of the Society of Jesus, having been educated in Latin studies and admitted to the novitiate, he contracted a pulmonary disease. Before his death he professed the vows of the Society, and he died piously on the 14th of February 1773, aged 29.

汉译

献给至善至尊的天主

侯若翰神父（神学院学生），中国人，原籍北京，入耶稣会，学习拉丁文，成为（神学院）见习修士。然而不幸患上肺病。临终前发誓愿，1773 年 2 月 14 日虔诚离世，享年 29 岁。

碑文比较与解析

侯钰墓碑汉文与拉丁文部分内容几近一致，都言及侯若翰研习拉丁文，然而却在入修院后，因肺病而去世，临终前发誓愿，终身修道。

（四十一）刘松龄

（AUGUSTINUS HALLERSTEIN/Augustinus Von Hallerstein）

刘松龄 ③，字乔年，耶稣会士，日耳曼人（今斯诺文尼亚人），数学家、天文学家。1703 年 8 月 27 日出生于卢布尔雅那(Ljubljana)④，其家族为日尔曼显赫的莱巴赫(Laibach)

---

① Novitiatum，同于 Novicius、Novitius，译为新者、初学者、学徒者、不谙练者。参见吴金瑞：《拉丁汉文辞典》，台湾光启出版社 1981 年版，第 935 页。

② Frater，译为兄弟、昆仲、堂兄弟、族弟、知己、同国之人。Seminarium，译为修生、修士。参见吴金瑞：《拉丁汉文辞典》，台湾光启出版社 1981 年版，第 612、939 页。

③ 参见 [法] 荣振华、方立中、热拉尔·穆赛、布里吉特·阿帕乌：《16—20 世纪入华天主教传教士列传》，耿昇译，广西师范大学出版社 2010 年版，第 182 页。Cf. *Diccionario Histórico de la Compañía de Jesús: Biográfico-temático,* Charles E. O'Neill, Joaquín María Domínguez, Universidad Pontificia Comillas, 2001.pp.1871-1872.

④ 关于刘松龄的出生日期，荣振华一书与墓碑日期一致，费赖之一书称 1703 年 8 月 2 日。[法] 费赖之：

男爵家族，父亲亚内兹·费迪南德·哈勒施泰因（Janez Ferdinand Hallerstein，1669—1736）是庄园领主、卡尼奥尔州的总督，其母亲玛利亚·苏珊·伊丽莎白·埃伯格（Marija Suzana Elizabeta，1681—1725）是多尔庄园领主、男爵亚内兹·丹尼尔·埃伯格（Janze Danijel Erberg，1647—1716）的女儿。在《刘松龄——旧耶稣会在京的最后一位传教士》一书中详细介绍了刘松龄的亲属师友关系，涉及人物繁多，（见表4-4）。

表4-4　刘松龄的亲属关系表

编号	称谓	名字	相关信息
1	本人	刘松龄（Augustinus Hallerstein，1703—1774）	家庭次子
2	父亲	亚内兹·费迪南德·哈勒施泰因（Janez Ferdinand Hallerstein，1669—1736）	男爵、普拉尼那（Planina）庄园领主、卡尼奥尔州总督、卢布尔雅那Saint Dizma联合兄弟会成员
3	母亲	玛利亚·苏珊·伊丽莎白·埃伯格（Marija Suzana Elizabeta，1681—1725）	多尔庄园领主、男爵亚内兹·丹尼尔·埃伯格）女儿
4	祖父	费迪南德·伊格纳茨·哈勒施泰因（Ferdinand Ignac Hallerstein，？—1711）	霍夫曼城堡及土地权所有者
5	祖母	玛利亚·罗扎莉娅·冯·霍恩瓦特（Marija Rozalia von Hohenwart）	霍夫曼城堡及土地权所有者
6	外祖父	亚内兹·丹尼尔·埃伯格（Janze Danijel Erberg，1647—1716）	男爵、多尔庄园领主、卢布尔雅那Saint Dizma联合兄弟会成员
7	外祖母	苏珊·玛格丽特·丁茨·冯·安格伯格（Suzana Margareta Dinzl von Angerburg，1661—1699）	
8	外舅祖父	亚内兹·亚当·埃伯格（Janze Adam Erberg，约1688—1721）	男爵
9	舅舅	亚当·丹尼尔（Adam Danijiel，1678—1679）	
		弗兰克·米歇尔（Frank Mihael，1679—1760）	
		约瑟夫·理查德（Jozef Richard，1685—1706）	
		伊纳爵·安东（Ignac Anton，1688—？）	
		亚内兹·莱纳尔特（Janez lenart，1689—？）	

《在华耶稣会士列传及书目》，冯承钧译，中华书局1995年版，第780页。此外索默尔沃热尔书中称1703年8月18日。参见［美］斯坦尼斯拉夫·叶茨尼克：《刘松龄——旧耶稣会在京的最后一位传教士》，周萍萍译，上海三联书店2014年版，第17页。

编号	称谓	名字	相关信息
9	舅舅	亚内兹·欧内斯特·艾伯格（Janez Ernest Erberg, 1692—1717）	神学博士，卢布尔雅那的诵经司铎
		伊诺森西·沃尔贝克·安东·弗兰克·艾伯格（Inocenc Volbenk Anton Franc Erberg, 1694—1766）	
		弗兰克·克萨韦尔·安东·埃伯格（Franc Ksaver Anton Erberg, 1695—1746）	
		亚内兹·本杰明（Janez Benjamin, 1699—1759）	继承多尔庄园，从事天文学、物理学研究
10	姨妈	安娜·玛格丽特（Ana Margareta, 1686—?） 玛利亚·塞西莉亚（Marjia Cecilija, 1690—?）	修女
11	外祖母（继）	玛利亚·安娜·阿普费尔塔（Marija Ana Apfaltrer）	
12	哥哥	弗兰克·亚当（Franc Adam, 1702—1763/1764）	
13	弟弟	亚内兹·维切特（Janez Vajkard） 约翰·安德烈·伊纳爵 阿文迪斯神父 亚历山大神父 卡尔·约瑟夫·朱尼 劳伦斯·西格蒙德·克萨韦尔	
14	妹妹	玛利亚·安娜·伊丽莎白（Marija Ana Elizabeta） 爱莲·玛格达莱纳 弗朗西斯卡修女 玛利亚·克丝康斯坦察·贝雅特丽 玛丽亚·凯瑟琳 玛利亚·海伦娜·莫妮卡 玛利亚·约瑟夫·格诺韦法 玛丽亚·克里斯蒂娜·塞西莉亚 玛利亚·苏珊（Marjia Suzana, 1725—?）	
15	侄子	弗兰克·卡尔·哈勒施泰因（Franc Karel Hallerstein）	男爵

　　刘松龄家族关系庞大，他出生第二天就接受了洗礼。1715—1721 年在卢布尔雅那耶稣会学校修习哲学。1721 年 10 月 27 日在奥地利的维也纳进入耶稣会初修院修习哲学。

1724 年在莱奥本（Leoben）复习人文课程，取得文科学士。1725 年在克拉根福特（Klagenfurt）从事教职工作，讲授语法。1726—1727 年他又前往维也纳讲授语法、数学等课程。1728 年他回到家乡卢布尔雅那教授修辞学，并引导信众。1729—1730 年前往奥地利的格拉茨（Graz）研究神学，1731 年在尤登堡（Judenburg）晋铎，1731—1735 年在蒂米什瓦拉（Timisoara）引导信众。关于来中国的愿望，早在 1723 年他还在修院见习期的时候就请愿前往亚洲传教，1727 年又提出请求，但是一直到 1735 年才被批准。1735 年 9 月刘松龄从意大利的里亚斯特（Trieste）出发，在葡萄牙的里斯本停留较长的时间学习天文学后，1736 年 4 月 25 日从里斯本乘坐阿勒康特尔（Alkantar）的"圣彼得号"（San-Pietro）出发前往印度果阿，1737 年 11 月 1 日在印度果阿发愿。1738 年 6 月 29 日抵达马六甲海峡。随后于 8 月 5 日抵达澳门。9 月 4 日刘松龄应澳门议事会之邀，测绘澳门城郊地图。

1739 年 3 月 1 日同魏继晋、鲍友管一起北上。他以宫廷天文学家、数学家以及辅理主教的身份于 6 月 13 日抵达北京，供职于钦天监，长居东堂住院。起初是协助徐懋德和戴进贤治理历算，先任监副，后转为监正。除了钦天监的工作外，刘松龄还承担了一些地图绘制工作。1748 年他和傅作霖一起绘制了鞑靼地区木兰一带地图，还描述了当地的水域、气候、土壤、动植物特征。清政府平定准噶尔以后，他在西北地图绘制中也起过一定作用。刘松龄还对中国人口进行了统计，1760 年他计算出的中国人口数近 2 亿人，较之于钱德明的统计精准很多，多次被外国学者引用。

1751—1762 年刘松龄接替德玛诺任耶稣会日本—中国教区视察员，1752—1753、1766—1769 年两度担任中国副省会长。1773 年 7 月 29 日，刘松龄中风，11 月 13 日向乾隆提出辞呈，然而被乾隆婉拒，希望他能继续工作。1773 年 7 月，教廷即将宣布解散耶稣会，由于刘松龄笃爱修会，听闻耶稣会即将解散的消息，终于 1774 年 10 月 29 日在北京郁郁而终。当时乾隆驸马，兵部、工部尚书福隆安（1746—1784）启奏"今病故之三品衔监正刘松龄"，"奴才酌拟赏刘松龄二百两"① 作为葬资，后准奏。刘松龄的死讯最早刊载在欧洲的《科隆报》（Kölner Zeitung）上。在刘松龄去世后的 3 个星期后，11 月 21 日，教皇发出解散耶稣会的通告。

碑文（见图 4–57）

汉文

耶稣会士刘公之墓

耶稣会士刘先生，讳松龄，号乔年，泰西热尔玛尼亚国人。自幼入会精修。大清乾隆

---

① 《内务府杂档》357 号。转引自 [斯洛文尼亚] 米加主编：《斯洛文尼亚在中国的文化使者——刘松龄》，朱晓珂、褚龙飞译，吕凌峰审校，大象出版社 2015 年版，第 108 页。

图4-57　刘松龄墓碑碑阳拓片

图片来源：中国国家图书馆，馆藏号：北京2012。

四年① 来京传教，乾隆八年奉旨补授钦天监监副，乾隆十一年特授监正，乾隆十八年因接送波尔都噶俚亚国使臣有功，赏给三品职衔食俸，共在监三十一载②。勤敏监务，敬寅恕属，德业兼著。卒于乾隆三十九年，享寿七十有二③。蒙恩旨赐内库银二百两为安葬之资。

拉丁文

D. O. M.

P. AUGUSTINUS HLLERSTEIN GERMANUS CAR-NIOLUS IV. VOT^{AM} PROFESSUS S. J. NATUS AN. MDC-CIII IN INGRE^{SUS}SOC^{TEM}. AN. MDCCXXII INGRESSUS MISSIONĒ PEKINENSEM AN. MDCCXXXIX PRÆFUIT TRIBUNALI ASTRONOMICO ANNIS XXX CONSTANT. LABORIS MIS^{ONI}. PRÆFUIT VISIT^{OR}. ANIS. X. OC-CAS^{NE}. LEGAT^{IS}. LUSIT$\cancel{E}$. QUAM JUSSU IMPER^{RIS} AN. MDCCLIII. MACAO DUXIT PEKINUM ET ILLUC REDUXIT AD MANDARINATUM III. ORDINIS EVEC-TUS EST. PLENUS. MERITIS OBIIT PEKINI AN. MDC-CLXXIV. DIE XXIX. OCTOBRIS. FUNUS TANDEM DU-CENTIS ARGENTI UNCIIS DECORAVIT. IMPERATOR QUI VIRI AMISSIONEM DOLERE SE PRIVATIS COLLO-QUIIS NON SEMEL CONTESTARI DIGNATUS EST.

拉丁文解读

D. O. M.

P [ATER] AUGUSTINUS H [A] LLERSTEIN, GERMANUS, CARNIOLUS, IV VOT [A] PROFESSUS S [OCIETATIS] J [ESU]. NATUS AN [NO] MDCCIII, INGRES [SUS] SOC [IETATEM] AN [NO] MDCCXXII, INGRESSUS MISSIONE PEKINENSEM AN [NO] MDC-CXXXIX, PRAEFUIT TRIBUNALI ASTRONOMICO ANNIS XXX, CONSTANT [IS] LABORIS MIS [SIONI] PRAEFUIT VISIT [ATOR] AN [NIS] X. OCCAS [IONE] LEGAT [IONE] LUSIT [ANIA], QUAM JUSSU IMPER [ATORIS] AN [NO] MDCCLIII MACAO DUXIT PEKINUM ET ILLUC REDUXIT, AD MANDARINATUM III ORDINIS EVECTUS EST. PLENUS MERITIS OBIIT PEKINI AN [NI] MDCCLXXIV, DIE XXIX OCTOB [RIS]. FUNUS TANDEM DUCENTIS

---

① 即1739年。1739年3月1日作为天文学家和辅理主教的身份抵京。
② 在钦天监工作31年，1753年5月5日封为三品官职。
③ 1774年10月29日逝世于北京。

ARGENTI UNCIIS DECORAVIT IMPERATOR, QUI VIRI AMISSIONEM DOLERE SE PRIVATIS COLLOQUIIS NON SEMEL CONTESTARI DIGNATUS EST.

英译

To God Most Good and Most Great

Father Augustinus Von Hallerstein, a German from Carniolus [today Slovenia], professed of four vows as a member of the Society of Jesus. Born in 1703, he entered the Society in the year 1722, entered the mission in Beijing in 1739, where he served as the rector of the bureau of astronomy for 30 years, constantly working, he was also the visitator of the mission for ten years. On the occasion of the Portuguese Legation, which, by imperial order, he led from Macao to Beijing and back to Macao in 1753, he was elevated to the rank of a mandarin of the third order. Abounding in merits he died in Beijing in the year 1774, on the 29th of October. The Emperor donated a sum of two hundred taels of silver for his funeral. The Emperor not only once testified in private conversation that he painfully mourned the loss of this man.

汉译

献给至善至尊的天主

刘松龄神父，日耳曼人，来自卡留雷斯（今天的斯洛文尼亚），耶稣会士，发"四愿"。他出生于 1703 年，1722 年入会。1739 年抵京，任钦天监监正长达 30 年，任 10 年的中国传教区负责人和耶稣会视察员，指导教务工作。由于奉诏往返于澳门与北京之间接送葡萄牙使节有功，赏赐三品职衔食俸，功德完满。1774 年 10 月 29 日逝世于北京。皇帝赐予他白银 200 两作为葬资。乾隆私下在数次谈话中透露出对失去刘松龄神父的悲伤之情。

碑文比较与解析

刘松龄墓碑汉文与拉丁文部分比较，相差不大。二者皆陈述了刘松龄在华官职，从钦天监监副到监正，再被授以三品职衔。1743 年 12 月 2 日，徐懋德去世，刘松龄奉旨补授遗缺，担任钦天监监副，官授六品。"乾隆八年，刘松龄日耳曼国人奉旨补授钦天监监副"①。1746 年戴进贤死后，同年 5 月 6 日，刘松龄被授予钦天监监正，官授五品。"乾隆十一年，刘松龄奉旨补授钦天监监正"②，任钦天监监正约 30 年。在此期间，刘松龄在北京相继观测到彗星运行轨迹、水星凌日、金星凌日、日食、月食、天体距离（月亮与太阳、木卫观测）、恒星、极光、大气电荷、地震等现象，英国皇家学会的《皇家学会会刊》相继宣读了刘松龄 1746—1750 年间的天文观测成果。主持制造天球仪、玑衡抚辰仪等天文测量仪器，修订《灵台仪象志》《仪象考成》等重要天文学典籍。1752 年 8 月 11 日葡萄牙国王若泽一世（José I）的使臣巴哲格（Francisco Xavier Assis Pacheco de Sampaio）乘

---

① 韩琦、吴旻校注：《熙朝崇正集熙朝定案（外三种）》，中华书局 2006 年版，第 374 页。

② 韩琦、吴旻校注：《熙朝崇正集熙朝定案（外三种）》，中华书局 2006 年版，第 375 页。

坐 "无染受孕和卢济塔尼亚圣母号" （Nossa Senhora da Conceiç Ā Lucitania），带着进献乾隆皇帝的礼物抵达澳门，目的是 "培养同中国当朝皇帝的友谊，促进在华各传教团的保存与发展，重建葡萄牙国王的保教权及其他政治利益" [1]。乾隆派刘松龄带领外交使团前去接应欢迎。1753 年 5 月 5 日，由于接待葡萄牙使节，从五品官跻身到三品官职。"乾隆十八年，刘松龄奉旨赏给三品职衔" [2]。

汉文部分，称颂其德行。刘松龄在钦天监的工作勤奋快捷，以身作则，严格要求自己，而对属下宽仁，可谓德业兼著。"松龄处理事务谨慎贤明，刚毅而有材具，全国神甫皆爱戴之" [3]；"其交游甚广，对人殷勤谦和，不特中国大员敬重其人" [4]。去世后获得官方葬资，"乾隆三十九年，刘松龄卒。上赐葬银二百两" [5]。因此 "是一位有着重要贡献的文化使者和天文历法学家，值得深入考证他在中国的历史功绩" [6]。

拉丁文部分强调了他在教内的职务，刘松龄担任副区长六年以及视察员六年，"其德行超著" [7]。并且提及刘松龄相继担任钦天监监副和监正，深受乾隆皇帝喜爱，"得乾隆皇帝宠眷" [8]。乾隆皇帝对刘松龄的去世深感惋惜，私下在数次谈话中透露出对失去刘松龄的悲伤之情。

（四十二）陈圣修

（IOANNES FRANCISCUS REGIS/Chen Shengxiu/Jean-François Xavier Régis）

陈圣修，字寄耘，耶稣会士，中国人。1713 年 9 月 25 日出生于广州。1732 年 9 月 7 日进入初修院。"文德兼优，终其身以传教为职志" [9]。1738 年晋铎。1744 年 8 月 15 日在澳门发愿，1751 年在广州传教 [10]，曾两次被捕受杖。1776 年 8 月 7 日殁于北京。

---

① 吴志良、汤开建、金国平主编：《澳门编年史》第二卷，广州人民出版社 2009 年版，第 990 页。
② 韩琦、吴旻校注：《熙朝崇正集熙朝定案（外三种）》，中华书局 2006 年版，第 376 页。
③ [法] 费赖之：《在华耶稣会士列传及书目》，冯承钧译，中华书局 1995 年版，第 784 页。
④ [法] 费赖之：《在华耶稣会士列传及书目》，冯承钧译，中华书局 1995 年版，第 784 页。
⑤ 韩琦、吴旻校注：《熙朝崇正集熙朝定案（外三种）》，中华书局 2006 年版，第 376 页。
⑥ [斯洛文尼亚] 米加主编：《斯洛文尼亚在中国的文化使者——刘松龄》，朱晓珂、褚龙飞译，吕凌峰审校，大象出版社 2015 年版，第 110 页。
⑦ [法] 费赖之：《在华耶稣会士列传及书目》，冯承钧译，中华书局 1995 年版，第 784 页。
⑧ [法] 费赖之：《在华耶稣会士列传及书目》，冯承钧译，中华书局 1995 年版，第 780 页。
⑨ [法] 费赖之：《在华耶稣会士列传及书目》，冯承钧译，中华书局 1995 年版，第 757 页。
⑩ 参见 [法] 荣振华、方立中、热拉尔·穆赛、布里吉特·阿帕乌：《16—20 世纪入华天主教传教士列传》，耿昇译，广西师范大学出版社 2010 年版，第 285 页。

碑文（见图 458）

汉文

修士陈公之墓

陈先生，讳圣修，字寄耘，系广东顺德县人，享寿六十有四。自幼入耶稣会，传教三十余年。几历艰辛 ①，与人克忍、克让、律己、守约、甘贫。所谓自修之良士，爱众之惠人。今卒于乾隆四十一年六月二十四日 ②。谨泐碑以志之。

拉丁文

D.O.M.

P. IOANĒS FR. REGIS. SINA EX PROV. KUAM TUM NATUS AN. 1713. INGRES. SOC. ANNO MDCCXXXII VIRTUTE AC LITTERIS EXCULTUS. FACTUS SACERDOS. ET IN COADIUTOREM SPIRIT. FORMATUS, SACRIS MISSIONIBUS. OPERAM DEDIT. ASSIDUAM, IN QUIBUS CAPTUS BIS. AC PERCUSSUS CAUSA FIDEI QUAM ARDENTER PRÆDICABAT. PLENUS TANDEM MERITIS PIE OBIIT PEKINI DIE VII AUGUST. MDCCLXXVI.

图 4-58　陈圣修墓碑碑阳拓片

图片来源：中国国家图书馆，馆藏号：北京 2016。

拉丁文解读

D.O.M.

P [ATER] IOANES FR [ANCISCUS] REGIS, SINA, EX PROV [INCIA] KUAMTUM [GUANGDONG], NATUS AN [NO] 1713, INGRES [SUS] SOC [IETATEM] ANNO MDC-CXXXII, VIRTUTE AC LITTERIS EXCULTUS, FACTUS [EST] SACERDOS. ET IN COAD-IUTOREM SPIRIT [UALEM]. FORMATUS [EST]. SACRIS MISSIONIBUS OPERAM DEDIT ASSIDUAM, IN QUIBUS CAPTUS [EST] BIS. AC PERCUSSUS [EST] CAUSA FIDEI, QUAM ARDENTER PRAEDICABAT. PLENUS TANDEM MERITIS PIE OBIIT PEKINI, DIE VII AU-GUST [I]. MDCCLXXVI.

---

① 　根据拉丁文记载，他曾两次被捕和受刑。

② 　即 1776 年 8 月 7 日逝世于北京。

英译

To God Most Good and Most Great

Father Jean-François Xavier Régis, a Chinese from the Province of Guangdong, born in the year 1713, he entered the Society in the Year of Our Lord 1732. Cultivated in virtue and letters, he was ordained priest, and was educated as a clerical member [of the Society of Jesus]. He worked assiduously for the holy missions and was imprisoned twice in the mission field. He suffered beatings for the sake of the faith, which he ardently preached. Finally, abounding in good works he died piously in Beijing, on August 7th, 1776.

汉译

献给至善至尊的天主

陈圣修神父，中国人，原籍广东省，1713 年出生。1732 年入会。修德习文，晋升辅理修士，他不遗余力地宣传圣教，然而在教区被捕两次，遭受殴打。他因热心传教而备受折磨，为主效力多年，1776 年 8 月 7 日虔诚离世于北京。

碑文比较与解析

陈圣修墓碑汉文与拉丁文部分相比，汉文部分论及在其 30 余年的传教生涯中，其德行尤为人称道。他自修爱众，克忍、克让、律己、守约、甘贫等，为主奉献一生，对其所遭受的牢狱之苦并未提及。

在拉丁文部分除了强调陈圣修对天主的虔诚和致力于传教事业之外，还特别提及由于禁教风波，他在教区遭遇酷刑，不仅被捕入狱，还遭受皮肉之苦。

（四十三）艾启蒙

（IGNATIUS SICHELBARTH/Ignaz Sichelbarth）

艾启蒙[1]，字醒庵，耶稣会士，波希米亚人。1708 年 9 月 26 日生于波希米亚的捷克内代克（Nejdek）。1736 年 10 月 20 日进入初修院。在见习期就完成了哲学的学习，并且展示出对时事问题的真知灼见。此外，他还具有杰出的绘画才能以及音乐天赋，擅长制造乐器。1736 年 5 月 17 日进入耶稣会。并且表现出想到中国传教的强烈愿望。1743 年启程来华，1744 年在澳门晋铎，1745 年抵京。当时郎世宁在宫廷里工作，他拜郎世宁为师，

---

[1] 参见 [法] 荣振华、方立中、热拉尔·穆赛、布里吉特·阿帕乌：《16—20 世纪入华天主教传教士列传》，耿昇译，广西师范大学出版社 2010 年版，第 322 页。Cf. *Diccionario Histórico de la Compañía de Jesús: Biográfico-temático,* Charles E. O'Neill, Joaquín María Domínguez, Universidad Pontificia Comillas, 2001.p.3568.

从事绘画，供职如意馆，特授奉宸苑卿三品职衔。①《清史稿》中仅将郎世宁和艾启蒙二人作为西洋绘画艺术的代表人物。其中记载"艾启蒙，亦西洋人。其艺亚于郎世宁。"②虽绘画不及郎世宁之精，"然足以代之而无愧色"③，擅画人物肖像，马、狗动物，尤工翎毛。他参与了《御笔平定西域战图十六咏》的绘制，其余三人为郎世宁、王致诚、安德义（Joannes Damascenus Salusti，？—1781）。乾隆三十年（1765）分批将画样送往法国，至乾隆四十三年(1778)16幅原稿、铜版、印画才全部完成后并送回至宫廷，历时13年之久，"支付款数达二十万四千里拉"，当时1里拉相当于1两白银，非常昂贵④。然而仅艾启蒙一人见到成品。1766年郎世宁去世以后，他继承郎世宁的工作，继续在宫廷工作，并且为乾隆皇帝以及朝廷的其他官员作画。1751年2月2日在北京发愿。艾启蒙非常勤奋和严谨，深受乾隆器重。70岁大寿时，获得乾隆御赐朝服和"海国耆龄"匾额。1780年10月6日艾启蒙因长期病痛而逝世于北京，皇帝恩赐葬银。

碑文（见图 4–59）

汉文

耶稣会士艾公之墓

　　司铎艾公，讳启蒙，号醒庵，系泰西玻厄弥亚国人。生于康熙四十七年。⑤ 壮时矢志精修⑥，乾隆元年⑦入耶稣会，继而至中国传教。惬所素愿，因其精于绘法，于乾隆十年⑧奉旨进京，在如意馆效力多年，甚合上意。是以屡颁特宠，频赐厚惠，即授以"奉宸苑卿"，三品职衔食俸。于乾隆四十二年叨蒙恩庆七旬盛典，兼赐御书"海国耆龄"匾额。⑨ 至于德行之标，难以悉举。而坚忍之操，尤为特著。今终于乾隆四十五年九月重阳日⑩，享寿七十有三。既卒之后，又蒙钦赐内帑银贰百两以为殡葬之资焉。

拉丁文

D. O. M.

P. IGNAT. SICHELBARTH S.I. NATUS IN BOHEMIA AN. MDCCVIII INGR. SOC. AN.

---

① 刘迺义：《郎世宁修士年谱》，《公教学志》1944 年第 1 期。

② 参见（清）赵尔巽等：《清史稿》列传二百九十一，卷五百四，中华书局 1977 年版，第 13912 页。

③ [法]费赖之：《在华耶稣会士列传及书目》，冯承钧译，中华书局 1995 年版，第 864 页。

④ 参见中国第一历史档案馆编：《乾隆西域战国密档荟萃》，北京出版社 2007 年版，第 3 页。

⑤ 1708 年 9 月 26 日生于波希米亚的内代克。

⑥ 1736 年 10 月 20 日进入初修院。

⑦ 即 1736 年。

⑧ 即 1745 年。

⑨ 即 1777 年，同年 70 岁大寿，获得乾隆御赐"海国耆龄"匾额。

⑩ 九月重阳日，即农历九月初九，公历 1780 年 10 月 6 日逝世于北京。

MDCCXXXVI. PROFESSUS IV VOT. AN. MDCCLI VE-NIT PEKINUM AN MDCCXLV UBI ARTE PICTORIA UTILEM MISSIONI GRATAMQUE IMP. OPERAM PO-SUIT. MANDARINATU TERT. ORDINIS PROPTER^{E}A MUNERATUS UNA CUM CONGRUA GRADUI RESPEN-DENTE SOLEMNE QUOQUE IPSI FECIT IMPERATOR ÆTATIS ANNŪ SEPUAGESIMUM MISSIS CUM POMPA LITTERIS HONORIS. ALIISQUE MUNERIBUS AD MOR-TEM SE PARAVIT LONGO VIRTUTUM EXERCITIO NOMINATIM PATIENTIÆ QUA PER ANNOS MULTOS UTRIUSQUE TIBIÆ CORROSIONEM STRENUE SUS-TINUIT. RITE MUNITUS SACRAMENTIS PIE OBIIT DIE VI OCTOBRIS MDCCLXXX DEFUNCTUM PROSECU-TUS HONORE IMPER. AD FUNERIS EXPENSAS MISIT DUCENTAS ARGENTI UNCIAS.

图4-59 艾启蒙墓碑碑阳拓片

图片来源：中国国家图书馆，馆藏号：北京2018。

拉丁文解读

D.O.M.

P [ATER] IGNAT [IUS] SICHELBARTH, S [OCIE-TATIS] I [ESU], NATUS IN BOHEMIA, AN [NO] MDC-CVIII, INGR [ESSUS] SOC [IETATEM] AN [NO] MDC-CXXXVI, PROFESSUS IV VOT [A] AN [NO] MDCCLI, VENIT PEKINUM AN [NO] MDCCXLV, UBI ARTE PICTORIA UTILEM MISSIONI GRATAMQUE IMP [ERATORI] OPERAM POSUIT. MANDARI-NATU TERT [II] ORDINIS PROPTER [E] A MUNERATUS, UNA CUM CONGRUA GRADUI RESPENDENTE. SOLEMNE QUOQUE IPSI FECIT IMPERATOR AETATIS ANNU [M] SEP [T] UAGESIMUM, MISSIS CUM POMPA LITTERIS HONORIS ALIISQUE MUNERIBUS. AD MORTEM SE PARAVIT LONGO VIRTUTUM EXERCITIO, NOMINATIM PATIENTIAE, QUA PER ANNOS MULTOS UTRIUSQUE TIBIAE CORROSIONEM STRENUE SUSTINUIT, RITE MUNITUS SACRAMENTIS PIE OBIIT DIE VI OCTOBRIS MDCCLXXX. DEFUNCTUM PROS-ECUTUS HONORE, IMPER [ATOR] AD FUNERIS EXPENSAS MISIT DUCENTAS ARGENTI UNCIAS.

英译

To God Most Good and Most Great

Father Ignaz Sichelbart, of the Society of Jesus, born in Bohemia, in the year 1708, he entered the Society in 1736, professed his vows in 1751, came to Beijing in 1745, where he accomplished a useful work for the mission by his paintings, which was also pleasing to the Emperor. For this he was awarded the mandarinate of the third rank, together with a salary according to his rank. At his seventieth birthday the Emperor solemnly made a celebration, officially sending him letters of honor and other presents. He prepared himself for death for a long time through the practice of the virtues, especially patience, by which he bore the gradual corrosion of both shinbones. He died piously and strengthened by the sacraments on October 6th 1780. In honor of the deceased the Emperor sent two hundred silver taels of for the expenses of his funeral.

汉译

献给至善至尊的天主

艾启蒙神父，耶稣会士，1708 年生于波希米亚(今捷克西部)。1736 年入会，1751 年发"四愿"。1745 年抵京，从事绘画，以传圣教，备受皇帝青睐，授予三品官职，并给予俸禄。皇帝还为他举办 70 寿辰庆典，御书匾额以示尊敬，并附赠礼物。他一贯坚持德行操守，不畏生死，长期隐忍，承受胫骨之痛多年，1780 年 10 月 6 日妥领圣事后安逝。为悼念其功，皇帝赐 200 两帑银作为葬资。

碑文比较与解析

艾启蒙墓碑汉文与拉丁文部分比较，二者都论述了艾启蒙在华任职情况，且备受乾隆宠爱。艾启蒙一直供职于如意馆，为皇帝效力多年，乾隆屡次颁布诏书以示宠爱，并且频频恩赐礼物，授予官职。"乾隆十年，艾启蒙奥地利国人以精于绘事奉旨进京，特派在如意馆效力，甚合上意，特授奉宸苑卿，三品职衔"①。"奉宸苑卿"即掌园囿禁令并本苑事务。在雍正年间即定奉宸苑堂官为三品卿职，乾隆继续沿用。艾启蒙得以三品职衔食俸。而在他七十岁生日之际，乾隆特赐"海国耆龄"牌匾，"乾隆四十五年八月，艾启蒙时年七十，恭遇庆祝七袠圣寿，上赐御书'海国耆龄'匾额一方，送至馆舍，谨敬悬挂"②。而正是由于艾启蒙之功，皇帝不仅加恩于他，也福及在京传教士，多人获得皇帝赐品，在京师的赶考士子们也对传教士刮目相看，"见皇上加恩于西士，将来对于天主教或者不加仇视也"③，为天主教在华的生存争取到宽容的环境。艾启蒙去世后，乾隆钦赐内帑银二百两以为殡葬之资，"乾隆四十五年九月初九日，艾启蒙卒。上赐葬银二百两"④。以此肯定他在华所作出的贡献。

在拉丁文部分还强调他为传教事业所忍受的痛苦，记载他一直承受着剧烈的胫骨之痛，"时其两腿业已腐烂"⑤，从而在病痛中去世。

---

① （清）黄伯禄：韩琦、吴旻校注：《熙朝崇正集熙朝定案（外三种）》，中华书局 2006 年版，第 375 页。
② （清）黄伯禄：韩琦、吴旻校注：《熙朝崇正集熙朝定案（外三种）》，中华书局 2006 年版，第 377 页。
③ ［法］费赖之：《在华耶稣会士列传及书目》，冯承钧译，中华书局 1995 年版，第 866 页。
④ 《正教奉褒》，韩琦、吴旻校注：《熙朝崇正集熙朝定案（外三种）》，中华书局 2006 年版，第 377 页。
⑤ ［法］费赖之：《在华耶稣会士列传及书目》，冯承钧译，中华书局 1995 年版，第 866 页。

（四十四）傅作霖

（FELIX DA ROCHA/Félix da Rocha）

傅作霖，字利斯①，又字清臣，耶稣会士，葡萄牙人，绘图专家、作家。1713 年 8 月 31 日出生于葡萄牙里斯本。1728 年 5 月 1 日在葡萄牙的埃武拉(Évora) 进入初修院。在他的见习期，他专研哲学、神学共八年，并在此期间一直表达想到中国传教的愿望。1735 年 4 月 13 日② 出发前往里斯本，1737 年到达澳门修院，继续学习神学。1738 年在澳门晋铎。

1738 年 1 月 12 日同任重道 (Giacomo Antonio，1701—1739)、卢若望 (João de Loureiro，1717—1791)③ 被敕封为宫廷天文学家，同年 5 月 1 日抵京。1743 年，当时副省会长陈善策让其管理河间府教区，因傅作霖传教有方，使得"此教区成为直隶一省内教徒最众信道最笃之区"④。在教廷发布禁令三年后，傅作霖和刘松龄被审讯，所有宗教物品十字架、宗教版画、念珠等都被没收，乾隆念其绘制地图之功，并未治罪。1747 年 2 月 2 日在北京发愿。1749 年奉命与刘松龄一起测绘黑龙江木兰地图。1753 年任钦天监监副，官职六品。不久升为三品。1755 年赏二品衔。随后 1756 年与高慎思一起测绘准噶尔回疆及厄鲁特所居布喀尔境一带，1759 年二人重赴诸地完成绘制。1774 年傅作霖接替刘松龄，成为钦天监监正。乾隆两征金川，前后历时 29 年之久。傅作霖于 1774 年和 1777 年前往大、小金川地区，绘制地图。为了攻破大、小金川土司的坚固防线，他运用精确的测量技术对金川进行实地测量，设计制造火炮、冲天炮襄助金川战事。傅作霖历任葡萄牙传教会负责人，中国省会长，两任视察员。1781 年 5 月 22 日在北京去世。

---

① 参见 [法] 荣振华、方立中、热拉尔·穆赛、布里吉特·阿帕乌：《16—20 世纪入华天主教传教士列传》，耿昇译，广西师范大学出版社 2010 年版，第 295 页。Cf. *Diccionario Histórico de la Compañía de Jesús: Biográfico-temático*, Charles E. O'Neill, Joaquín María Domínguez, Universidad Pontificia Comillas, 2001.p.3382.

② 荣振华中文译本中记载为 1735 年 4 月 3 日，恐有误。参见 [法] 荣振华、方立中、热拉尔·穆赛、布里吉特·阿帕乌：《16—20 世纪入华天主教传教士列传》，耿昇译，广西师范大学出版社 2010 年版，第 295 页。

③ 卢若望 (João de Loureiro，1717—1791)，植物学家、医生和天文学家，1753 年任传教区区长，1778 年在广州担任司库三年，1781 年返回里斯本，随即被选为科学院院士，同时也是伦敦皇家学会的成员。1791 年 10 月 18 日逝世于里斯本。参见 [法] 荣振华、方立中、热拉尔·穆赛、布里吉特·阿帕乌：《16—20 世纪入华天主教传教士列传》，耿昇译，广西师范大学出版社 2010 年版，第 221 页。

④ [法] 费赖之：《在华耶稣会士列传及书目》，冯承钧译，中华书局 1995 年版，第 806 页。

碑文（见图 4–60）

汉文

耶稣会士傅公之墓

耶稣会士傅先生，讳作霖，号清臣，泰西玻尔都噶里亚国人。自幼入会，矢志贞修。于乾隆三年来 ① 京传教，十八年 ② 奉旨授为钦天监监副。二十年 ③ 蒙恩加三品职衔食俸。屡次奉命出差西路回部、两金川等处测量绘图。乾隆三十九年 ④ 奉旨，特授钦天监监正。今终于乾隆四十六年四月二十九日 ⑤，又蒙钦赐内帑银贰百两安葬。在会四十七年，值会数年，享寿六十九岁。

拉丁文

D. O. M.

P. FELIX DA ROCHA LUSITANUS PROF. IV. VOT. IN SOC^TE. JESU NAT AN. MDCCXIII DIE XXXI AUG. INGRES. SOC. AN. MDCCXXVIII. DIE I MAII. PEKINUM VENIT AN. MDCCXXXVIII. UBI V.PROV.^LEM EGIT. RECTOREM COLLEGIJ. AC SUP^EM. RESID^TIAE. IN GRATIAM LUSITANÆ LEGATIONIS FACTUS ASSESSOR IN TRIB^LI. MATHESEOS AN. MDCCLIII. MISSUS AD MAPPASDESCRIBENDAS REGNI ELUTHORUM

图 4–60　傅作霖墓碑碑阳拓片

图片来源：中国国家图书馆，馆藏号：北京 2020。

IN TARTARIA OCCIDENTALI. DONATUS FUIT AB IMP. MANDARINATU TERTIIORDINIS ET CONGRUA GRADUI RESPONDENTE AN. MDCLV. DUABUS ALIIS MISSIONIBUS FUCTUS EST AD EIUSDĒ OPERIS COMPLEMENTUM. ITEM ALIIS DUABUS AD MAPPAS DESCRIBENDAS UTRIUSQUE REGNI KINCHUEN UNDE REDUX. SPECIALI DECRETO IMPERATORIS PRÆSES TRIBUNALI MATHESEOS CONSTITUITUR. PLENUS TANDEM MERITIS PIE OBIIT DIE XXII MAII MDCCLXXXI AD FUNERIS IMPENSAS DE DIT IMPERATOR DUCENTAS ARGENTI UNCIAS.

---

① 即 1738 年。1738 年 1 月 12 日被敕封为宫廷天文学家。同年 5 月 1 日抵京。

② 即 1753 年。

③ 即 1755 年。

④ 即 1774 年。

⑤ 即 1781 年 5 月 22 日逝世于北京。

D. O. M.

P [ATER] FELIX DA ROCHA, LUSITANUS, PROF [ESSUS] IV VOT [A], IN SOC. JESU, NAT [US] AN [NO] MDCCXIII DIE XXXI AUG [USTI]. INGRES [SUS] SOC [IETATEM] AN [NO] MDCCXXVIII DIE I MAII. PEKINUM VENIT AN [NO] MDCCXXXVIII. UBI V [ICE] PROV [INCIALEM] EGIT, RECTOREM COLLEGIJ. AC SUP [ERIOREM] RESID [ENTIAE]. IN GRATIAM LUSITANIAE LEGATIONIS FACTUS [EST] ASSESSOR IN TRIB [UNALI] MATHESEOS AN [NO] MDCCLIII. MISSUS [EST] AD MAPPAS DESCRIBENDAS REGNI ELUTHORUM IN TARTARIA OCCIDENTALI. DONATUS FUIT AB IMP [ERATORE] MANDARINATU [M] TERTIIORDINIS ET CONGRUA GRADUI RESPONDENTE AN [NO] MDCCLV. DUABUS ALIIS MISSIONIBUS FU [N] CTUS EST AD EIUSDE [M] OPERIS COM-PLEMENTUM, ITEM ALIIS DUABUS AD MAPPAS DESCRIBENDAS UTRIUSQUE REGNI KINCHUEN, UNDE REDUX SPECIALI DECRETO IMPERATORIS PRAESES TRIBUNALI MATHESEOS CONSTITUITUR. PLENUS TANDEM MERITIS PIE OBIIT DIE XXII MAII MDC-CLXXXI. AD FUNERIS IMPENSAS DEDIT IMPERATOR DUCENTAS ARGENTI UNCIAS.

To God Most Good and Most Great

Father Félix da Rocha, Portuguese, professed of four vows in the Society of Jesus, born in the year 1713, on August 31st, entered the Society in the year 1728, on the first of May. He came to Beijing in the year 1738, where he acted as vice provincial and rector of the college, and as superior of the residence. Thanks to the Portuguese legation he was made researcher at the Astronomical Bureau in the year 1753. he was sent to produce maps of the kingdom of the Eluti in western Tartary [Mongolia]. He was granted by the Emperor the mandarinate of the third order and a responding remuneration, which was in the year 1755. He served also at two other missions, aiming at completing the same project, and even to draw two other maps of both kings of the area Kinchuen [Jinchuan]. Being recalled from there by a special imperial decree, he was made director of the Bureau of Astronomy. Finally he died, abounding in merits, and faithfully, on May 22nd 1781. The Emperor granted two hundred taels of silver for the expenses of his funeral.

献给至善至尊的天主

傅作霖神父，葡萄牙人，耶稣会士，发"四愿"。出生于 1713 年 8 月 31 日。1728 年 5 月 1 日入会。1738 年抵京，历任中国传教区副省长、院长和会长。由于葡萄牙大使馆的推荐，1753 年被任命为钦天监监副。他被派往蒙古鞑靼地区绘制地图，1755 年被赐予三品官衔食俸。

此外他还担任其此外出任务，旨在完成绘制大、小金川①帝国地图的工作。后被召回，奉旨特授钦天监监正。1781 年 5 月 22 日德行完满离世。皇帝赐 200 两帑银作为葬资。

碑文比较与解析

傅作霖墓碑汉文与拉丁文部分比较，皆强调其在华的官方地位。他供职于钦天监，相继担任监副、监正等职，且加三品职衔食俸。乾隆二十一年（1756）正月十一日"己卯，谕，同左都御史何国宗，前往伊犁等处测量之监副傅作霖，著赏给三品职衔。西洋人高慎思，著赏给四品职衔。俱准照衔食俸。其马匹廪给，亦即照衔支给"②。他致力于地图绘制工作，特别是蒙古鞑靼地区以及大小金川帝国的地图绘制工作。傅作霖主要完成《西域图志》（1761）以及《乾隆内府地图》又称《乾隆十三排地图》，"最主要之测绘人乃宋君荣（Antonius Gaubil），完成全工者为蒋友仁，协助者有傅作霖（Felix da Rocha）及高慎思"③。这是当时世界上最大的亚洲地图。李约瑟曾高度评价这一地图的意义，认为："中国在制图方面又一次走在了世界各国的前面"④。在他去世时，乾隆钦赐内帑银 200 两进行安葬。

在拉丁文部分，还强调其在教内的职务。傅作霖历任中国传教区副省长、院长和会长。其德行兼备，关心众传教士。特别是在禁教期间，他极力解救各地传教士，在四川救出了巴黎外方传教会士刘德胜（又称艾神父、娄神父等，Jean Gleyo，1734—1786）⑤。在他的帮助下，其葡萄牙籍同伴穆若瑟（José Simões, 1676—?）⑥ 的传教活动仅仅受限制而未遭遇更多的影响。此外还有 1753 年被禁于南京狱中的郎若瑟（Joseph de Araujo，1721—1755）、卫玛诺（Viegas Emmanuel，1713—1755）、毕安多（Antoine Pires，1721—

---

① 大、小金川，川西藏区地名，东西毗邻。大金川（现称四川金川县）、小金川（现称四川小金县）同位于川西北高原，青藏高原东部边缘。大金川位于阿坝藏族羌族自治州西南部，隶属四川省阿坝州。小金川位于阿坝州南部，因小金川得名。大小金川之役是清朝乾隆皇帝所取的十二武功代表之一，持续了 20 余年才结束。

② （清）觉罗勒德洪等奉敕修纂：《大清高宗纯（乾隆）皇帝实录》，第 60 册，第五〇三卷，参见中国第一历史档案馆编：《乾隆朝上谕档》第 2 册，广西师范大学出版社 2008 年版，第 822 页。

③ 方豪：《中西交通史》下册，岳麓书社 1987 年版，第 873 页。

④ [英] 李约瑟：《中国科学技术史》第 5 卷第 1 分册，科学出版社 1976 年版，第 235 页。

⑤ 刘德胜，1734 年 2 月 25 日生于法国圣布里厄（St-Brieuc），1763 年进入外方传教会，1764 年赴华，1767 年前往四川，负责安岳县。1769 年教案爆发时，他在荣昌被捕并遭受严刑拷打，在监狱中度过了 9 年。1777 年被释放。最后 1786 年 1 月 6 日逝世于昭通府。参见 [法] 荣振华、方立中、热拉尔·穆赛、布里吉特·阿帕乌：《16—20 世纪入华天主教传教士列传》，耿昇译，广西师范大学出版社 2010 年版，第 889 页。1776 年傅作霖曾书请求川督开释，但一直没有获准，傅作霖一直追问，后刘德胜终得释放，傅作霖供给其衣物。参见 [法] 费赖之：《在华耶稣会士列传及书目》，冯承钧译，中华书局 1995 年版，第 807 页。

⑥ 穆若瑟 1705 年来华，1707 年在临清，1707 年 6 月 23 日抵京，1713 年在江西南昌，1721 年任副省司库，1724—1725 年，当省会闭安多出发前往印度支那的时候，他任日本副省会长，他陆陆续续在中国传教区度过了近 40 年，后又到澳门。参见 [法] 荣振华、方立中、热拉尔·穆赛、布里吉特·阿帕乌：《16—20 世纪入华天主教传教士列传》，耿昇译，广西师范大学出版社 2010 年版，第 329 页。

?)、费德尼（Devis Ferreira，1720—1784）、林若瑟（Joseph da Sylva，1725—1782）等人，在他的周旋下，最终出狱并于 1754 年被解赴澳门。

（四十五）林德瑶
（IOANNES DE SEIXAS/João de Seixas）

林德瑶，字洁修，耶稣会士，葡萄牙人，数学家、天文学家。1710 年 8 月 15 日出生于葡萄牙里斯本。1727 年 11 月 29 日进入初修院。1741 年在越南的安南、南圻等地传教，然而遇到教难，所以只好辗转他处。1742 年被派往中国，在江南地区传教 9 年。1745 年 12 月 8 日在上海发愿，后返回欧洲。1752 年葡萄牙使臣巴哲格访华，林德瑶 8 月 11 日同船抵澳，此外还有汤德微（Viegas Manuel，生卒年不详）、张依纳爵等人，他们携带了诸多进献给乾隆的礼品。随后一直留在京城，常年居住在东堂。1785 年 1 月 22 日逝世于北京。在会 58 年。著有《照永神镜》[1]《圣沙勿略九日敬礼》《耶稣会首圣伊纳爵九日敬礼》等书。

碑文（见图 4-61）

汉文
耶稣会士林公之墓

耶稣会修士林，讳德瑶，号洁修，系路西大尼亚国京都人。年七十有五，在会四十八年。同本国巴大人来京[2]，殷勤传教，历久勿衰。今安逝于乾隆四十九年十二月十二日。[3]

拉丁文
D. O. M.

P. IOANNES DE SEIXAS LUSITANUS LISBONENSIS. NATUS DIE XV AUG. AN. MDCCXI PROFESSUS IV VOT IN SOCIET. IESU QUAM FUERAT INGRESSUS ANNO MDCCXXIX. PER IX. ANNOS MISSIONEM NANKIN. COLUIT. REDUX MACAUM IN COMITATU LEGATIONIS LUSITANIÆ VENIT PEKINUM ANNO MDCCLIII, UBI REI CHRISTIANÆ SEDULAM PARITER AC ASSIDUAM OPERAM DEDIT PIE OBIJT D. XXII IANUARIJ ANNO MDCCLXXXV.

---

[1] 此书由田嘉璧主教于 1878 年在北京重印，1925 年再版。参见 [法] 荣振华、方立中、热拉尔·穆赛、布里吉特·阿帕乌：《16—20 世纪入华天主教传教士列传》，耿昇译，广西师范大学出版社 2010 年版，第 319 页。
[2] 1752 年同葡萄牙使臣巴哲格访华，抵京后以终余年。
[3] 1785 年 1 月 22 日逝世于北京。

拉丁文解读

D. O. M.

P [ATER] IOANNES DE SEIXAS, LUSITANUS LISBO-
NENSIS, NATUS DIE XV AUG [USTI] AN [NO] MDCCXI,
PROFESSUS IV VOT [A] IN SOCIET [ATE] IESU, QUAM
FUERAT INGRESSUS ANNO MDCCXXIX. PER IX. AN-
NOS MISSIONEM NANKIN COLUIT. REDUX MACAUM IN
COMITATU LEGATIONIS LUSITANIAE VENIT PEKINUM
ANNO MDCCLIII, UBI REI CHRISTIANAE SEDULAM
PARITER AC ASSIDUAM OPERAM DEDIT. PIE OBIJT D
[IE] XXII IANUARIJ, ANNO MDCCLXXXV.

图 4-61　林德瑶墓碑碑阳拓片

图片来源：中国国家图书馆，馆藏
号：北京 2152。

英译

To God Most Good and Most Great

Father João de Seixas, Portuguese from Lisbon, born Au-
gust 15th 1711, professed of four vows in the Society of Jesus,
which he had entered in the year 1729. For 9 years he served at
the mission in Nanking. Having returned to Macao he came to
Beijing when he accompanied the Legation of Portugal, in the
year 1753. Here [in Beijing] he served the cause of Christianity sedulously and assiduously. He died
piously on January 22nd, in the year 1785.

汉译

献给至善至尊的天主

林德瑶神父，葡萄牙人，来自里斯本，生于 1711 年 8 月 15 日，1729 年入会，发"四愿"。
在南京传教 9 年。返回澳门后，1753 年陪同葡萄牙大使从澳门抵京，殷勤传教且不畏艰辛，
1785 年 1 月 22 日逝世。

碑文比较与解析

　　林德瑶墓碑汉文与拉丁文部分内容一致，皆强调 1752 年林德瑶陪同葡萄牙国王若泽
一世使臣巴哲格访华之事，当时整个使团受到了热烈的欢迎。使团供携带礼物 29 箱，当
澳门城得知葡萄牙使团的到来时，各炮台礼炮齐鸣。澳门总督、议事会成员、各教会负责
人以及澳门城知名人士皆迎接问候。乾隆专门差遣刘松龄一行人前往澳门迎接，可见其受
重视程度。到达广州时，两广总督阿里衮按照皇帝的旨意给予使团优待，为使团提供了
1100 两白银的补助。① 来京后，使团亦受到朝廷隆重的礼遇。

① 　参见吴志良、汤开建、金国平主编：《澳门编年史》第二卷，广州人民出版社 2009 年版，第 993 页。

拉丁文部分还强调他在华传教之功，特别是在南京传教 9 年，言称林德瑶殷勤传教，不畏艰辛。1744 年当德玛诺（Romin Hinderer，1669—1744）病危时，林德瑶前去探视，德玛诺去世时，"临祝者林德瑶、黄安多二神甫与教友多人"①。1748 年黄安多（Antoin-Joseph Henriques，1707—1748）、谈方济（Tristan d'Attimis，1707—1748 ）二人在苏州被捕入狱时，林德瑶也曾试图前去探望，但被阻隔未遂。由此可见林德瑶对教会中人的关心以及对教会的贡献。

（四十六）艾若翰

（JOANNES SIMONELLI /Ai Ruohan/Jean Simonelli）

艾若翰，又作艾若望②，字九三，耶稣会士，中国江西人。出生日期有待考证，荣振华一书记录为 1714 年 2 月 25 日，墓碑拉丁文记载为 1715 年，汉文记载为 1716 年。马爱德一书认为艾若翰生于 1714 年 2 月 14 日。③1743 年 3 月 19 日在澳门进入修院学习，1748 年在江西被捕，后被保释以后，押解澳门，1749 年 11 月 28 日到达澳门。随后 1770 年在广州任司库，1779 年在广州期间的署名为"Semonety"。然而由于禁教风潮，1785 年又被捕，押解至北京。最后于 1785 年 2 月 11 日死于狱中。

碑文（见图 4–62）

汉文

耶稣会士艾公之墓

艾若翰，系江西人，耶稣会司铎。生于康熙五十五年。④ 传教多处，为天主历尽艰辛。于乾隆五十年正月在苦中坚忍而卒⑤，时年七十一岁。

拉丁文

D. O. M.

P. JOANNES SIMONELLI, SINENSIS KIÁSINÉNSIS, SOCIETAT. JESU COADIUTOR SPIRITUALIS. NATUS ANNO MDCCXV, EVANGELII PROPAGATIONI IMCÚMBENS, CAUSA

---

① ［法］费赖之：《在华耶稣会士列传及书目》，冯承钧译，中华书局 1995 年版，第 625 页。

② 参见 ［法］荣振华、方立中、热拉尔·穆赛、布里吉特·阿帕乌：《16—20 世纪入华天主教传教士列传》，耿昇译，广西师范大学出版社 2010 年版，第 328—329 页。

③ 参见高智瑜、［美］马爱德主编：《虽逝犹存：栅栏——北京最古老的天主教墓地》，澳门特别行政区政府文化局、美国旧金山大学利玛窦研究所 2001 年版，第 237 页。

④ 即 1716 年。拉丁文记载为 1715 年，而荣振华一书记载为 1714 年 2 月 25 日。

⑤ 1785 年 2 月 11 日逝世于北京狱中。

FIDEI CAPTUS, PEKINÚ QUE DUCTUS ANNO MDC-
CLXXXV, IBIDE IN VINCULIS PRO CHRIST. OBIIT
MENSE FEBRUARII EJUSDÉ ANNI. ÆTATIS LXX.

拉丁文解读

D. O. M.

P [ATER] JOANNES SIMONELLI, SINENSIS, KIA
[NG] SINENSIS, SOCIETAT（E）. JESU COADIUTOR
SPIRITUALIS. NATUS ANNO MDCCXV, EVANGELII
PROPAGATIONI IMCUMBENS, CAUSA FIDEI CAPTUS,
PEKINU [M] QUE DUCTUS ANNO MDCCLXXXV,
IBIDE [M] IN VINCULIS PRO CHRISTO OBIIT, MENSE
FEBRUARII EJUSDE [M] ANNI, AETATIS LXX.

英译

To God Most Good and Most Great

Father Jean Simonelli, Chinese, from Jiangxi, a reli-
gious priest in the Society of Jesus. He was born in 1715,
worked hard for the spreading of the gospel, was detained
because of his faith, was brought to Beijing in the year 1785,
where in February of the same year he died in prison for
Christ, aged 70.

图 4-62　艾若翰墓碑碑阳拓片

图片来源：中国国家图书馆，馆藏号：北
京 2026。

汉译

献给至善至尊的天主

艾若翰，中国人，原籍江西。耶稣会辅理修士。1715 年出生，为传福音不辞辛苦，不幸
被捕。1785 年被押送入京，同年 2 月殉道死于狱中，享年 70 岁。

碑文比较与解析

艾若翰墓碑汉文与拉丁文部分意思大致相同，传教多处，为天主历尽艰辛。汉文部
分陈述相对婉约，言其在艰苦中坚忍而卒。

在拉丁文部分对他的遭遇介绍得更为详细。具体说明吴若翰为了传教，由于禁教风
潮，他先后两次被捕，第一次于 1748 年 1 月 28 日在江西被捕，第二次于 1785 年被捕且
押至北京，最终不幸死于狱中。

（四十七）高慎思

（JOSEPHUS ESPINHA/José de Espinha）

高慎思①，字若瑟，耶稣会士，葡萄牙人，绘图专家。于 1722 年 12 月 25 日出生于葡萄牙拉美古教区的维拉尔·托尔比姆（Villar Torpim）。1739 年 5 月 4 日进入初修院。② 曾获得文艺硕士学位，专研数学 2 年。1749 年晋铎。同年出发前往印度果阿，1751 年 8 月 22 日同钱德明（Jean-Joseph-Marie Amiot，1718—1793）以及罗启明（Emmanuel de Mottos，1725—1764）一起抵达京城。1755 年高慎思作为绘制地图专家，又与傅作霖一起被派往鞑靼地区，实地勘测并绘制了中国西部蒙古族厄鲁特地区（今新疆准噶尔一带）以及土尔扈特地区（今中国与哈萨克斯坦交界处）地图。

高慎思在华期间，任中国副省省会长，一直致力于捍卫葡萄牙的保教权。1774 年澳门新主教基马拉（Alexandre da Silva Pedrosa Guimaraes）将北京教区管理权归收已有，他任命高慎思为其代表人兼北京教区副主教。这与教廷传信部任命的教区副主教约瑟夫·泰雷兹（Joseph de Ste-Thérèse）之间管辖权发生冲突，由此在京传教士的意见产生了分歧。葡萄牙人支持高慎思，法国人和传信部的传教士支持南京主教南怀仁（Mgr Gottfried Xavier von Laimbeckhoven，1707—1787）。1775 年，高慎思由澳门主教任命为北京代理主教。但后来高慎思对此事进行悔过。"已而自承其误，晚年力自修持"③。1788 年 7 月 10 日逝世于北京。

碑文（见图 4—63）

汉文

耶稣会士高公之墓

泰西修士玻尔都亚国人高讳慎思。幼而入会，矢志修道。及所学既博，大业已成，即于乾隆十六年进京。④ 二十年、二十四年⑤ 两次派往伊犁绘图。恩赏四品顶戴食俸。三十六年任钦天监监副，四十五年补授监正。⑥ 天文历数亦皆熟谙，且值会多年，统率众士。今卒于

---

① 参见［法］荣振华、方立中、热拉尔·穆赛、布里吉特·阿帕乌：《16—20 世纪入华天主教传教士列传》，耿昇译，广西师范大学出版社 2010 年版，第 138 页。

② Cf. Charles E. O'Neill 一书记载为 6 月 4 日，*Diccionario Histórico de la Compañía de Jesús: Biográfico-temático,* Charles E. O'Neill, Joaquín María Domínguez, Universidad Pontificia Comillas, 2001.pp.1314-1315.

③ ［法］费赖之：《在华耶稣会士列传及书目》，冯承钧译，中华书局 1995 年版，第 912 页。

④ 即 1751 年。1749 年出发前往果阿，1751 年到达澳门，同年 8 月 22 日抵京。

⑤ 即 1755 年和 1759 年。

⑥ 1771 年出任钦天监监副，1780 年出任钦天监监正。荣振华一书记载为 1770 年出任钦天监监副，

五十三年六月初六日 ①，年六十有六。蒙恩发内帑银二百两安葬，谨勒石以志之。

拉丁文

D. O. M.

P. JOSEPHUS ESPINHA LUSITANUS PROFESSUS. QUATUOR VOTORUM SOCIETATIS. JESU. NATUS ANNO M. DCC. XXII. DIE XXV DECEMB. INGRESSUS SOCI-ETATEM DIE VI. JUNII M. DCC. XXX. VIII. PEKINU IN-GRESSUS M. DCC. LI. BIS MISSUS AB IMPERATORE AD DISCRIBEND^{as}. MAPPAS. TANDEM PRÆSES TRIBUNALIS ASTRONOMICI, PLENUS MERITIS ET LABORIBUS PA-TIENTER TOLERATIS PIE OBIIT IN DNO DIE X. JULII M. DCC. LXXX. VIII.

图 4–63　高慎思墓碑碑阳拓片

图片来源：中国国家图书馆，馆藏号：北京 2032。

拉丁文解读 ②

D. O. M.

P [ATER] JOSEPHUS ESPINHA, LUSITANUS, PRO-FESSUS QUATUOR VOTORUM SOCIETATIS JESU. NATUS ANNO M. DCC. XXII. DIE XXV DECEMB [RIS]. INGRES-SUS SOCIETATEM DIE VI JUNII M. DCC. XXX. VIII. PE-KINU [M] INGRESSUS M. DCC. LI, BIS MISSUS AB IM-PERATORE AD DISCRIBENDAS MAPPAS. TANDEM PRAESES TRIBUNALIS ASTRONOMICI [ERAT]. PLENUS MERITIS ET LABORIBUS PATIENTER TOLERATIS PIE OBIIT IN D [OMI] NO, DIE X JULII M. DCC. LXXX. VIII.

英译

To God Most Good and Most Great

Father José de Espinha, Portuguese, professed of four vows of the Society of Jesus. He was born on December 25th 1722, entered the Society on June 6th 1738, came to Beijing in 1751, was twice sent by the Emperor to produce maps [of China], finally he was director of the Bureau of Astronomy. Abounding in merits and having patiently accepted all labors and pains, he died piously in the Lord, on July 10th 1788.

1781 年出任钦天监监正。年代与实际不符，三十六年即 1771 年，当时，监副为柳芝芳，左监副为鲍友管，右监副为傅作霖，没有缺席，而鲍友管去世后，高慎思担任右监副。

① 即 1788 年 7 月 10 日逝世于北京。

② 雷立柏认为，从拉丁文字体、排行和字距来看，这可能是 60 余通石碑中最优美的碑文。

汉译

献给至善至尊的天主

高慎思神父，葡萄牙人，在耶稣会发"四愿"。他出生于1722年12月25日，于1738年入会，1751年抵京。两次被乾隆派往（伊犁）绘制地图，最后为钦天监监正。功德完满且隐忍顽强。1788年7月10日安息主怀。

碑文比较与解析

高慎思墓碑汉文与拉丁文部分皆较为详细。

汉文部分言及高慎思因其才华被乾隆召至京城，"乾隆十六年，高慎思葡萄牙国人奉召进京效用"[①]。"乾隆二十四年，高慎思奉派往伊利绘图，恩赐四品顶戴"[②]。强调高慎思的两次前往伊利绘图之功，并因此授四品顶戴食俸。1755年当清军取得平准战争[③]初步胜利时，乾隆便开始命令左都御史何国宗、五官正明安图、副都统富德以及傅作霖、高慎思二人携带仪器进入了新疆地区，在新疆的高山峡谷、湖泊河流、沙漠原野中开始了实地测绘和详细记载，统入《皇舆全图》，以昭中外一统之盛。"国家抚有疆宇，谓之版图，版言乎其有民，图言乎其有地"[④]。由于天山南路的叛乱尚未完全平息，测绘主要是在天山北路进行，天山南路只测量了吐鲁番地区及开都河流域一带，测绘工作至当年10月中止。1775年高慎思作为专业绘制地图专家，又与傅作霖一起被派往鞑靼地区，绘制了中国西部蒙古族厄鲁特地区（今新疆准噶尔一带）以及土尔扈特地区（今中国与哈萨克斯坦交界处）的地图。在绘制过程中，又分南北两路：高慎思在南路，向西到吐鲁番、喀什一带，主要负责巴里坤（今新疆维吾尔自治区巴里坤哈萨克族自治县城关镇）的工作；傅作霖在北路，前往塔尔巴克台地区。1756年3月21日前往伊犁测量土地、绘制地图，1759年基本完成新疆的测绘工作。在实地勘测的基础上，绘制出《皇舆西域图志》，并将新疆和1774年8月—1777年3月对西藏的地图绘测资料补充进康熙时期《皇舆全览图》，从而形成《乾隆内府地图》（又称乾隆十三排地图）。1759年，清军彻底平定回部首领大小和卓之乱，统一了天山南北。5月乾隆再次派出了测绘队前往天山南麓各地测绘舆图。测绘队由明安图率领，成员有傅作霖、高慎思、鲍友管、刘松龄等。他们到过哈密（Kharni）、巴库尔（Barkul）、吐鲁番（Turfan）、库尔勒（Korla）、玛纳斯（Manas）和其他一些重要地方。傅作霖神父北上至伊犁（Ili），高慎思南下经喀什噶尔（Cachgar），二人在肃州

---

① （清）黄伯禄：《正教奉褒》，转引自韩琦、吴旻校注：《熙朝崇正集熙朝定案（外三种）》，中华书局2006年版，第376页。

② （清）黄伯禄：《正教奉褒》，转引自韩琦、吴旻校注：《熙朝崇正集熙朝定案（外三种）》，中华书局2006年版，第376页。

③ 平准战争即康熙二十九年至康熙三十六年（1690—1697）清朝与厄鲁特蒙古的准噶尔部进行了长达七年的战争，战因是由蒙古分支准噶尔部与喀尔喀部之间的矛盾引起的，康熙出兵征讨，其间三次御驾亲征，经过乌兰布通和昭莫多两大战役，清廷获得全面的胜利。参见左书谔：《平准战争与康熙的后勤供应》，《新疆师范大学学报》（哲学社会科学版）1987年第1期。

④ （清）赵尔巽等：《清史稿》，中华书局1977年版，第10185页。

（Su-cheu）（甘肃）会合。①1761 年 6 月，《西域图志》告成，深受乾隆赞赏。

高慎思回到北京后，作为教省副省长依然从事教会工作，居住在宣武门天主堂。1771 年出任钦天监右监副，给刘松龄、傅作霖等人当助手，1777 年升为左监副，1780 年出任钦天监监正，"乾隆四十五年，高慎思奉旨补授钦天监监正"②。他担任此职一直到1788 年 7 月 10 日去世。

在汉文部分还重点提及高慎思擅长天文历数，在钦天监担任监副，"乾隆三十六年，高慎思奉旨授钦天监监副"③。同时在教内德高望重，在教会内统率众会士。最后提及皇帝对其甚为宠爱，赐发葬银 200 两，"乾隆五十三年，六月初六日，高慎思卒。上赐银二百两"④，且刻石载其功绩。

在拉丁文部分，特别强调了高慎思的德行，在华功德完满且隐忍顽强。

（四十八）张依纳爵

（即张舒，IGNATIUS FRANCISCUS/Inácio Francisco）

张依纳爵，即张舒，耶稣会士，葡萄牙人。1725 年 8 月 14 日生于葡萄牙科英布拉教区（Diocese de Coimbra）的孔拉利亚（Conraria）。1742 年 8 月 24 日进入初修院。1750 年前后晋铎。1752 年 8 月 11 日随同葡萄牙使臣巴哲格乘坐"无染受孕和卢济塔尼亚圣母号"，带着进献乾隆皇帝的礼物抵达澳门，进而北上，以外科医生的身份留居北京。1767 年 11 月 4 日在京郊通州发愿。1792 年 12 月 9 日逝世于北京。

碑文（见图 4–64）

汉文

耶稣会士张公之墓

司铎依纳爵张，玻尔都亚国人，生于雍正三年八月十四日⑤。年十八岁入会精修⑥。于乾

① Cf. Franciso Rodriques, *Jesuitas Portuguese Astronomos na China,* Macau: Instituto Cultural Macau, 1990.p.48.
② （清）黄伯禄:《正教奉褒》，转引自韩琦、吴旻校注:《熙朝崇正集熙朝定案（外三种)》，中华书局 2006 年版，第 376 页。
③ （清）黄伯禄:《正教奉褒》，转引自韩琦、吴旻校注:《熙朝崇正集熙朝定案（外三种)》，中华书局 2006 年版，第 376 页。
④ （清）黄伯禄:《正教奉褒》，韩琦、吴旻校注:《熙朝崇正集熙朝定案(外三种)》，中华书局 2006 年版，第 376 页。
⑤ 张依纳爵（张舒）1725 年 9 月 20 日生于葡萄牙科英布拉教区的孔拉里亚。
⑥ 1742 年 8 月 24 日进入初修院。

图 4-64 张依纳爵（张舒）墓碑
碑阳拓片

图片来源：中国国家图书馆标记为"张依
纳墓碑"，馆藏号：北京 2038。

隆十七年，同本国钦差来京入觐。① 后传教四十余年，德备功全。安逝于乾隆五十七年十月二十六日 ②。

拉丁文

D. O. M.

P. IGNATIUS FRANCISCUS, LUSITANUS, PROFESSUS SOCIETATIS JESU, NATUS ANNO MDCCXXV DIE XIV AUGUSTI, INGRESSUS SOCIETATEM ANNO MDCCXLII, PEKINŪ CUM LUSITANIÆ LEGATO VENIENS ANNO MDCCLII, TANDÉ MERITIS PLENUS PIE OB DORMIVIT IN DOMINO DIE IX DECEBRIS MDCCXCII.

拉丁文解读

D. O. M.

P [ATER] IGNATIUS FRANCISCUS, LUSITANUS, PROFESSUS SOCIETATIS JESU, NATUS ANNO MDCCXXV DIE XIV AUGUSTI, INGRESSUS SOCIETATEM ANNO MDCCXLII, PEKINU [M] CUM LUSITANIAE LEGATO VENIENS ANNO MDCCLII, TANDE [M] MERITIS PLENUS PIE OBDORMIVIT IN DOMINO, DIE IX DECE [M] BRIS MDCCXCII.

英译

To God Most Good and Most Great

Father Inácio Francisco, from Portugal, professed of the Society of Jesus, born in the year 1725, on August 14th, he entered the Society in 1742. He came to Beijing together with the ambassador of Portugal in the year 1752. Finally, abounding in good works, he died piously in the Lord on December 9th 1792.

汉译

献给至善至尊的天主

张依纳爵(张舒)，葡萄牙人，耶稣会士。生于 1725 年 8 月 14 日。1742 年入会。1752 年与葡萄牙大使一起抵京。为主效力多年，德行完满，功绩卓著，于 1792 年 12 月 9 日安息主怀。

---

① 1752 年同葡萄牙特使巴哲格一起抵华。

② 1792 年 12 月 9 日逝世于北京。

302
春秋石铭
THE HISTORY
ON THE TOMBSTONES
北京栅栏墓地
历史及现存碑文考

碑文比较与解析

张依纳爵（张舒）墓碑汉文与拉丁文部分相比较，大体相同，均简要介绍其生平，且提及他与葡萄牙使臣巴哲格带着进献乾隆皇帝的礼物抵达澳门，随后入京一事。此外，皆提及其对教内的贡献。他来华以后，管理葡萄牙传教团事务，且"抚慰京师与近郊教徒"①。

汉文部分言称其在华传教时间长达 40 余年，德备功全。而在拉丁文部分特别强调其传教功绩卓著。

（四十九）崔保禄

（PAULUS SOEIRO/Cui Baolu/Paul Soeiro）

崔保禄，耶稣会辅理修士，中国人。1724 年生于山西潞安府（今山西长治县）②。1749 年 2 月 1 日或 6 月 29 日在澳门进入初修院。1754 年抵京且于同年晋铎，他在京工作 41 年。根据刘松龄、晁俊秀（François Bourgeois，1723—1792）、安国宁（Anoré Rodrigues，1729—1796）等人的书信记载，1775 年 2 月 13 日，当日众修士集聚南堂，庆贺耶稣会圣女加大利纳利克西（St. Catherine of Ricci，1522—1590）的瞻礼日，崔保禄参与其中。当时晚上 7 点至 8 点举行大祭之时，烟气忽然从台下冒出，扑鼻难忍，主祭者几近无法完成弥撒，细加查验，却不知所因。当修士、信友出堂后，才知火势突起，整个南堂随之付之一炬③，"各牖烈焰熛飞，迅于电掣，画栋雕梁，霎时俱成灰烬"④。在教堂内所悬康熙御赐匾额均毁于火灾。包括康熙于 1675 年所书的"万有真元"和"敬天"匾额、康熙四十二年（1688）南堂重建时御赐的"敕建天主堂"（见图 4–65）。"堂之前面，镌有'敕建天主堂'五字匾额一方，

图 4–65 "敕建天主堂"匾额图示

图片来源：关于"敕建天主堂"匾额的下落，直至道光年间仍存。后由遣使会士管理。道光七年（1827）道光皇帝饬令拆毁教堂，匾额被黄缎包裹，交内务府，寄藏于库中。参见［法］樊国梁：《燕京开教略》（中），救世堂清刻本，1905 年，第 44 页。

---

① ［法］费赖之：《在华耶稣会士列传及书目》，冯承钧译，中华书局 1995 年版，第 916 页。

② 荣振华书中提及陕西或山西。按照墓志铭，应为山西。参见［法］荣振华、方立中、热拉尔·穆赛、布里吉特·阿帕乌：《16—20 世纪入华天主教传教士列传》，耿昇译，广西师范大学出版社 2010 年版，第 334 页。

③ ［法］费赖之：《在华耶稣会士列传及书目》，冯承钧译，中华书局 1995 年版，第 872 页。

④ ［法］樊国梁：《燕京开教略》（中），救世堂清刻本，1905 年，第 78 页。

乃中国人士之所重"①。康熙五十年(1711)三月初七日，康熙再次御赐匾额三方，皆是颂美圣教之意。"正中一匾曰'万有真原'，两旁御制对联曰'无始无终，先作形声真主宰；宣仁宣义，聿昭拯济大权衡'"②（见图4-66）。匾额题词每字高二尺半有余，对联题词每字高近一尺。火灾后，高慎思、安国宁两位神父上书引咎。而乾隆并没有问责，而是赐银1万两，饬令将天主堂照康熙例重建，且加高加大。并且亲自御笔亲书匾额与对联，只是"万有真元"不存，仅剩"万有真原"（见图4-67）。

在教堂重建中，崔保禄与其他修士一起催工督匠，重建工程很快竣工。待南堂修复后，崔保禄一直居于此，1795年12月4日逝世于北京。

图4-66 康熙御笔"万有真元"对联图示

图片来源：参见［法］杜赫德编：《耶稣会士中国书简集：中国回忆录》(II)，郑德弟、朱静等译，大象出版社2001年版，第44页。在《耶稣会士中国书简集：中国回忆录》的插图说明中将上联和下联倒置。

图4-67 乾隆御笔"万有真原"对联图示

图片来源：参见［法］樊国梁：《燕京开教略》（中），救世堂清刻本1905年，第41页。

碑文（见图4-68）

汉文

耶稣会修士崔公之墓

司铎保禄崔，系山西潞安府人。幼入耶稣会，至修业已成，传宣圣教四十一载。年至

---

① ［法］樊国梁：《燕京开教略》（中），救世堂清刻本，1905年，第44页。
② ［法］樊国梁：《燕京开教略》（中），救世堂清刻本，1905年，第44页。

七十，于乾隆六十年十月二十四日安然长逝 ①。

拉丁文

D. O. M.

P. PAULUS SOEIRO, XANSINENSIS, SOCIETA-
TIS IESU, COADIUTOR SPIRITUALIS, EVANGELICÆ
PRÆDICATIONI IN DIOECESI PEKINENSI INCUM-
BENS PER XLI ANNORUM SPATIUM. PIE OBIIT DIE IV
DECEMBRIS ANNI MDCCXCV, ÆTATIS LXX.

拉丁文解读

D. O. M.

P [ATER] PAULUS SOEIRO, XANSINENSIS, SOCIE-
TATIS IESU, COADIUTOR SPIRITUALIS, EVANGELICAE
PRAEDICATIONI IN DIOECESI PEKINENSI INCUMBENS
PER XLI ANNORUM SPATIUM, PIE OBIIT DIE IV DE-
CEMBRIS ANNI MDCCXCV, AETATIS LXX.

图 4–68　崔保禄墓碑碑阳拓片

图片来源：中国国家图书馆，馆藏号：北
京 2042。

英译

To God Most Good and Most Great

Father Paul Soeiro, from Shanxi, a religious priest in the Society of Jesus. He worked hard for
the preaching of the gospel in the Diocese of Beijing for a period of 41 years. Faithfully he died on
December 4th of the year 1795, aged 70.

汉译

献给至善至尊的天主

崔保禄，原籍山西，耶稣会士，副理修士。他在北京教区不辞辛苦传教 41 年，1795 年 12
月 4 日逝世，享年 70 岁。

碑文比较与解析

崔保禄墓碑汉文与拉丁文部分内容大致相同，皆强调崔保禄对教区所作的贡献，一
生奉献于传教事业。

---

① 　1795 年 12 月 4 日逝世于北京。

第三节　2018 年新整理墓碑

2018 年 6 月在党校内新整理出的石碑石刻中（见图 4–69，图 4–70），再现了耶稣会士闵明我、杨秉义、马德昭、陈善策、郑玛诺五人墓碑。在《虽逝犹存：栅栏——北京最古老的天主教墓地》一书中将郑玛诺、闵明我、杨秉义、马德昭四人放置于"栅栏墓地佚失的墓碑（部分）"中[1]，陈善策未被收录其中。而在《北京地区基督教史迹研究》中亦称诸位"墓碑已不存，仅存拓片"[2]。在此次文物整理之前，学界几乎一致认定墓碑已无迹可寻。而在考狄书中，郑玛诺编号为 22°、闵明我编号为 44°、杨秉义为 43°、陈善策为 66°、马德昭为 65°、[3] 在包世杰书中，郑玛诺编号为 11°、闵明我编号为°、杨秉义为 26°、陈善策为 47°、马德昭为 48°、[4] 而义和团运动之后新修诸圣堂外墙所嵌墓碑中，五人依然存在，郑玛诺编号为 15°、闵明我编号为 31°、杨秉义为 25°、陈善策为 58°、马德昭为

图 4–69　2018 年新整理墓碑现场（1）

---

① 高智瑜、[美] 马爱德主编：《虽逝犹存：栅栏——北京最古老的天主教墓地》，澳门特别行政区政府文化局、美国旧金山大学利玛窦研究所 2001 年版，第 263 页。

② 陈善策的拓片信息可在中国国家图书馆"碑帖菁华"中查询。年代为"清乾隆 13 年（1748）5 月 22 日卒"；地点为"北京市西城区北营房北街（马尾沟）教堂"；拓片原物状况为"旁题简历"；数目与尺寸为"1 张（又 1 份 1 张）138×68cm"；为 1984—1985 年北京馆藏。

③ Cf. Henri Cordier, *Bibliotheca Sinica.Dictionnaire Bibliographique des Ouvrages relatifs à L'empire Chinoise*. Volume II, Paris: Librairie orientale & Américaine. 1905-1906.p.1035.

④ Cf. Jean-Marie Planchet, C.M. *Le Cimetière et Les Oevres Catholiques de Chala 1610—1927*, Pékin:Imprimerie des Lazaristes 1928.pp.58-59.

图 4-70　2018 年新整理墓碑现场（2）

66°。① 由此可知，五人墓碑应当是在 1974 年拆毁教堂之后遗失在党校内，后被掩埋堆放至此。高马士（Josef Kolmaš, 1933—?）修订严嘉乐《中国书信》一书时，在《严嘉乐从北京寄往布尔诺尤利乌斯兹维克尔的信（1717 年 3 月 19 日）》的注释中对栅栏墓地所葬传教士情况作了说明，其中包含闵明我和杨秉义二人。

> 中国代教省和法国传教团各有自己的墓地，位于内城城外西北角。葡萄牙人的墓地在栅栏，是明朝万历皇帝（1573—1619 年在位）赠送，用以安葬利玛窦的。后来陆续埋葬在这里的还有郎世宁、罗怀忠、聂若望、樊守义、费隐、闵明我、戴进贤、利博明、杨若瑟、麦有年、徐懋德、高嘉乐、罗雅谷、汤若望、索智能、纪理安、苏霖、南怀仁等；在此安息的捷克传教士有魏继晋、石可圣、艾启蒙、林济各、阳广文②、鲁仲贤，还有严嘉乐（葬于 16 号墓穴）。法国人的墓地远一些，在正福寺，是 1730 年买的。埋葬在那里的有白晋、沙如玉、殷弘绪、宋君荣、冯秉正、巴多明、陈圣修、安泰等。在北京地图上这两处墓地均用 X 标出。现在这两处墓地早已不存在了。③

这五人不仅才能出众，大多在教内担任职务，而且都服务于清廷，为中华的天文历法、建筑工程、地图测绘、数学计算、医学等方面作出了杰出的贡献。此次墓碑的再现，不仅改写了整个栅栏墓地现存墓碑数量，特别是对耶稣会士在华传教功绩研究进行补充，而且对研究其生平事迹意义重大。

---

① Cf. Jean-Marie Planchet, C.M. *Le Cimetière et Les Oevres Catholiques de Chala 1610—1927*, Pékin:Imprimerie des Lazaristes 1928.pp.132-133.

② 阳广文即杨秉义。

③ ［捷克］严嘉乐:《中国来信》，丛林、李梅译，大象出版社 2002 年版，第 161 页。

（一）郑玛诺

（EMANVEL SEQVEIRA/Zheng Manuo/Manuel de Sequeira）

郑玛诺，字惟信，耶稣会士，中国人。他被称为"中国第一位去往欧洲的留学生，很可能是第一位去往欧洲的中国基督徒，同时他也是耶稣会的第一位中国神父"①。

1635 年 5 月 25 日郑玛诺出生于澳门的一个天主教家庭。1645 年 12 月 20 日因罗历山② 提议带领中国及越南北圻、南圻少年各一人前往罗马深造。最终"会长以经济困难，只允许带郑玛诺前往，得其父亲同意"③ 前往罗马。过马六甲海峡、印度果阿，经波斯到达亚美尼亚，其间多次被劫掠、拘禁，可能凭借郑玛诺熟练的亚美尼亚语，所幸有惊无险，他们 5 年后到达罗马。1651 年 10 月 17 日进入修院学习修辞学、逻辑学、物理化学、音乐和外语等多门课程。"而在初修院注册簿第三十四号名下，不仅称其健康状况良好，又注明其教育程度为'文学生'"④。1653 年秋加入耶稣会，并转入罗马公学学习修辞学、哲学、逻辑学、物理化学、音乐和希腊语等多门课程，"玛诺以一年读毕，亦属罕见"⑤。毕业后居留罗马，以华人身份教授拉丁文、希腊文法以及拉丁、希腊文学，这是史无前例的。在其 9 年的留学生涯里表现优异，深得教内人士赏识。随后继续在罗马攻读神学。他首次明确提出教会本地化问题，对日后中国基督教事业的开拓有着重大影响。1662 年在葡萄牙候船期间，曾在科英布拉学习神学，且于 1664 年在科英布拉耶稣会会院中晋铎，"是为耶稣会华人晋司铎之第一人"⑥。1666 年 4 月 13 日郑玛诺同其他 14 位传教士从里斯本出发返华。行前受到葡萄牙国王的接见，1666 年 10 月 13 日到达印度的果阿。由于当地耶稣会规定，郑玛诺不得不在当地服务一段时间才能返回中国，1668 年 5 月 14 日启程，8 月 19 日到达澳门，随后 1669 年抵达广州。杨光先仇教案件平息后，1671 年，郑玛诺奉康熙上谕，与闵明我、恩理格（Christian Herdtricht，1624—1684）二人入京传教。郑玛诺身患肺病，加之水土不服，病情加剧，抵京时，肺部已全部腐烂。他在病中挣扎一年多，1673 年 5 月 26 日在北京去世，享年 38 岁。"十三年甲寅卒，墓在阜成门外滕公栅栏"⑦。

---

① ［奥］雷立柏编：《我的灵都——一位奥地利学者的北京随笔》，新星出版社 2017 年版，第 93 页。
② 参见 ［法］荣振华、方立中、热拉尔·穆赛、布里吉特·阿帕乌：《16—20 世纪入华天主教传教士列传》，耿昇译，广西师范大学出版社 2010 年版，第 330 页。费赖之一书称与卫匡国一起前往罗马。疑有误。因卫匡国 1650 年赴罗马，其时间与郑玛诺前往罗马时间不符合。费赖之，第 380 页。参考罗历山事迹，1645 年 12 月 2 日，他从澳门出发时，即在澳门为郑玛诺施洗，并让其陪同前往罗马。参见 ［法］荣振华、方立中、热拉尔·穆赛、布里吉特·阿帕乌：《16—20 世纪入华天主教传教士列传》，耿昇译，广西师范大学出版社 2010 年版，第 287 页。
③ 方豪：《中国天主教史人物传》（中），中华书局 1988 年版，第 188 页。
④ 方豪：《中国天主教史人物传》（中），中华书局 1988 年版，第 188 页。
⑤ 方豪：《中国天主教史人物传》（中），中华书局 1988 年版，第 188 页。
⑥ ［法］费赖之：《在华耶稣会士列传及书目》，冯承钧译，中华书局 1995 年版，第 380 页。
⑦ 方豪：《中国天主教史人物传》（中），中华书局 1988 年版，第 188 页。

在他逝世后，安文思上书总会长，非常痛惜郑玛诺神父的逝世，他认为郑玛诺"确为中国的光辉与荣耀"[1]。并且希望能够尽快培养中国籍的神父，使得郑玛诺后继有人。郑玛诺经历了"旅途的困难、西方世界的分裂、外国语言的多样性、中国传教士在华所受的控制、中国教会的需要、疾病的可怕以及当时医学的落后"[2]。但在他身上，体现出了令人叹服的素质。

墓碑现状（见图 4–71、图 4–72）

材质为房山白，墓碑高 140 厘米，宽 69 厘米，厚 19 厘米。碑首与碑身连为一体，碑首为流云纹饰，篆额天宫为十字架，外有如意纹环绕，规制精美。其碑身四周并无边饰。碑身残缺，下方被凿为隼状。拉丁文缺失严重。碑阴的碑首亦为流云纹饰，篆额天宫为一十字架与小写"ihs"所构成的"寿"字，同于安文思、利类思之碑阴。碑身部分为典型的耶稣会标志，形制精美。两侧嵌有金属条，已氧化生锈。

图 4–71　郑玛诺残碑碑阳　　　　图 4–72　郑玛诺残碑碑阴

碑文（见图 4–73）

汉文

耶稣会士郑公之墓

郑先生讳玛诺，号惟信，中国广东香山人也。自幼入会真修。康熙十二年癸丑四月十一日卒于京师[3]，寿三十有八。

---

① 方豪：《中国天主教史人物传》（中），中华书局 1988 年版，第 188 页。
② ［奥］雷立柏编：《我的灵都——一位奥地利学者的北京随笔》，新星出版社 2017 年版，第 96 页。
③ 即 1673 年 5 月 26 日逝世于北京。

图 4-73　郑玛诺墓碑碑阳拓片

图片来源：中国国家图书馆，馆藏号：北京 1894。

拉丁文

P. EMANVEL SEQVEIRA, NATIONE SINA, PATRIA MACAENSIS; ADOLESCENS ROMÃ PROFECTVS; IBIQVE INGRESS SOC^ATE IESV, PRIMVS SINARÜ EX EADEM SOC^TE SACERDOTIO DECORAT. EST. PHILOSOPHIÆ AC THEOLOGIÆ STVDIIS, CŪ LAVDE, ABSOLVTIS, PRÆDICANDI EVÃGELII CAVSA REDIIT AD SVOS. OBIIT PEKIM AN... AL. MDCLXXIII DIE XXVI MAII ÆT. VERO XXXVIII.

拉丁文解读

P(ATER) EMANVEL SEQVEIRA, NATIONE SINA, PATRIA MACAENSIS, ADOLESCENS ROMÃ PROFECTVS (EST), IBIQVE INGRESS(US) SOC(TEM) IESV, PRIMVS SINARÜ(M) EX EADEM SOC(IETATE) SACERDOTIO DECORAT(US) EST. PHILOSOPHIÆ AC THEOLOGIÆ STVDIIS. CŪ(M) LAVDE-ABSOLVTIS, PRAEDICANDI EVÃ(N)GELII CAVSA REDIIT AD SVOS. OBIIT PEKINI AN(NO) SAL(UTIS) MDCLXXIII DIE XXVI MAII AET(ATIS). VERO XXXVIII.

英译

Father Manuel de Sequeira, a Chinese from Macao, as a young boy went to Rome where he entered the Society of Jesus. He was the first Chinese Jesuit of the Society of Jesus. He completed the study of philosophy and theology, he returned to China to preach the Gospel to his own people. He died in Beijing on 26th May, 1673 at the age of 38.

汉译

郑玛诺神父，来自中国澳门，年幼时前往罗马，入耶稣会。他是耶稣会中第一位中国神父。出色地完成哲学、神学学业后返回中国，向同胞们传播福音。1673 年 5 月 26 日逝世于北京，享年 38 岁。

碑文比较与解析

郑玛诺墓碑汉文与拉丁文部分相比较，汉文部分对其生平介绍较为简略。

拉丁文部分介绍较为详细，强调了他在欧洲的游学经历。郑玛诺是名副其实的第一位华人留学生，在国外不仅学有所成，海外教学，而且还加入耶稣会，获得非常高的名望。"自幼往西国罗马京师习格物穷理超性之学，并西国语言文学。深于音乐，辨析微茫"①。

① 方豪：《中国天主教史人物传》（中），中华书局 1988 年版，第 188 页。

并且提及郑玛诺的哲学、神学成绩优异。在 1665 年葡萄牙耶稣会名册中称他为"天资颖悟""有进步"等。① 而他回国以后辛勤传教,广播教义。当他在澳门时,曾上书耶稣会总会长言及"过去不愿录用中国司铎。在此紧急关头,非本国司铎,不足以挽救危局。据余判断,此事如不迅即付诸实施,已往传教事业将尽成泡影"②,可见他对在华传教事业的关切。

(二) 闵明我

(PHILIPP GRIMALDI/Claudio Filippo Grimaldi)

闵明我③,字德先,耶稣会士,意大利人。1638 年 9 月 27 日出生于意大利西北部皮埃蒙特大区的库内奥(Cuneo) 的名门贵族家庭。1657 年④ 1 月 14 日在希埃里进入修院学习。学业未满,便前往中国传教。1666 年 4 月 15 日从里斯本启程赴华,到达澳门后继续完成学业。当时适逢诸多传教士禁锢于广州。1669 年由于方济各会同名者闵明我 (Domingo Fernández de Navarrete, 1618 —1689) 出逃,闵明我前往广州取代其位置,并未被发现。随即又以建筑工程师的身份于 1671 年前往北京供奉于朝廷。发明水力机,制造道路运输蒸汽涡轮机模型等。深受康熙宠爱,"帝对明我宠眷甚隆"⑤。他先后于 1683 年和 1685 年陪康熙前往鞑靼地区。并继南怀仁之后于 1688 年被任命为钦天监监正,"至是南公卒,上命西儒闵明我、徐日昇、安多三先生治理历法,授甲喇章京,传教京师"⑥。1686—1694 年间奉康熙之命去俄国从事外交活动。⑦"臣闵明我持兵部

---

① 参见方豪:《中国天主教史人物传》(中),中华书局 1988 年版,第 188 页。

② 方豪:《中国天主教史人物传》(中),中华书局 1988 年版,第 188 页。

③ 参见 [法] 荣振华、方立中、热拉尔·穆赛、布里吉特·阿帕乌:《16—20 世纪入华天主教传教士列传》,耿昇译,广西师范大学出版社 2010 年版,第 179 页。历史上来华传教士有两位"闵明我",另一位多明我会士西班牙人(Domingo Fernández de Navarrete, 1618—1689),1659 年入华,主要在福建、漳州、福安、浙江等地传教,1665 年发生教案后,因汤若望事件被放逐,1669 年在广州再次收到驱逐令,只得返回澳门。他在马德里发表了《中华帝国的历史、政治、伦理及宗教概述》(*Tratados historos, politicos, ethicos, yreligiosos de la monarchia de China*),在欧洲世界影响很大。耶稣会视察员甘类思(Luis de Gama, 1610—1672)告知耶稣会的闵明我(本文墓碑碑主)顶替他的职位。闵明我:《上帝许给的土地——闵明我行记和礼仪之争》,何高济、吴翊楣译,大象出版社 2009 年版,第 1—2 页。

④ 费赖之记载闵明我入会时间为 1657 年,参见 [法] 费赖之:《在华耶稣会士列传及书目》,冯承钧译,中华书局 1995 年版,第 369 页。荣振华记载此时间为 1658 年。参见 [法] 荣振华、方立中、热拉尔·穆赛、布里吉特·阿帕乌:《16—20 世纪入华天主教传教士列传》,耿昇译,广西师范大学出版社 2010 年版,第 179 页。

⑤ [法] 费赖之:《在华耶稣会士列传及书目》,冯承钧译,中华书局 1995 年版,第 371 页。

⑥ 杭州后学何文豪、张星曜、杨达等同述:《昭代钦崇天教至华叙略》,参见韩琦、吴旻校注:《熙朝崇正集熙朝定案(外三种)》,中华书局 2006 年版,第 204 页。

⑦ 在闵明我出访期间,钦天监事务由安多、徐日昇二人代理。参见 [法] 费赖之:《在华耶稣会士列传及书目》,冯承钧译,中华书局 1995 年版,第 371 页。

印文，泛海差往俄罗斯"[1]。1694 年 8 月 28 日返回北京复命。随后又赴澳门，迎接来华传教士入京。他还参与校订《康熙永年历法》，此为重要的历法推算参考。此外，闵明我在教内先后担任副省会长、北京修院院长以及中国—日本视察员等职务。1700 年时曾奏请在城内专门为法国传教士修筑一所教堂，得到准许。教堂落成后，1703 年 12 月以视察员的神父行祝圣礼。然教堂于 1774 年焚毁。

闵明我最后数年之事不详，居于北京。1712 年 11 月 8 日逝世于北京。

墓碑现状（见图 4–74）

材质为汉白玉。墓碑高 125 厘米，宽 68 厘米，厚 20 厘米。并无碑首和碑座，其碑身四周有缠枝草蔓纹。两侧及顶端正中嵌有金属条，已氧化生锈。汉文部分文字已有裂纹，不易辨认，拉丁文部分相对完好。碑身下方有被油漆涂抹痕迹。碑阴左上角缺失。

图 4–74　闵明我残碑碑阳

碑文（见图 4–75）

汉文

耶稣会士闵公之墓

闵先生，讳明我，号德先，泰西依大里亚国人。自幼入会真修。于康熙十年岁次辛亥[2] 入中国传教。卒于康熙五十一年岁次壬辰[3] 十月十二日寿七十三岁，在会五十四年。

拉丁文

D. O. M.

P. PHILIPP. GRIMALDI, PEDEMOTAN; IV. VOTA PROFESS; VIXIT IN SOC. JESU ANNIS LIV. IN SINENSI MISSIONE XLI; NATUS LXXIII. ANNOS OBIIT PEKINI VIII. NOV. MDCCXII.

英译

To God Most Good and Most Great

Father Claudio Filippo Grimaldi, from Piemonte（Italy），professed of four vows. He lived in the

---

① 吴梦麟、熊鹰：《北京地区基督教史迹研究》，文物出版社 2010 年版，第 133 页。

② 即 1671 年。

③ 即 1712 年。

Society of Jesus for 54 years and in China Mission for 41 years. He died in Beijing at the age of 73, on November 8th, 1712.

汉译

献给至善至尊的天主

闵明我神父，来自意大利皮埃蒙特大区，发“四愿”。入会 54 年，在华 41 年，1712 年 11 月 8 日逝世于北京，享年 73 岁。

碑文比较与解析

闵明我墓碑汉文与拉丁文部分内容大致相同。拉丁文具体说明其来自意大利皮埃蒙特大区。

图 4–75 闵明我墓碑碑阳拓片

图片来源：中国国家图书馆，馆藏号：北京 1922。

（三）杨秉义

（FRANCISC THILISCH/Franz Thilisch）

杨秉义，又称为阳秉义、阳广文、杨广文，耶稣会士，德国人，数学家。1670 年 1 月 16 日出生于德国布雷斯劳－西里西亚（Silesius Wratislaviensis）的布雷斯劳（Breslau），现在波兰境内。1684 年 10 月 1 日在布尔诺（Brno）进入修院学习。1709 年从里斯本出发，经过果阿到达澳门，在澳门待了一段时间，接到麦大成的邀请以后，1710 年 10 月 27 日出发，1711 年 2 月 6 日抵京，他凭借卓越的数学才能留在北京为康熙服务，担任宫廷数学家和出巡随同。纪理安对其评价为“阳广文是在数学和神学方面有卓越学识的人，他的一生堪称典范”①。他对夏至、黄赤交角精密的计算获得皇帝首肯，“皇帝命之解决一三难题，秉义解决明确，帝喜”②。1715 年他负责，监察长城的山体运动情况和修复主干道路。此外还参与黄赤交角的计算，和傅圣泽等人一起进行探讨。

1716 年 9 月杨秉义在热河因痢疾而病倒，随从官吏认为并无大碍，而他自己也不愿别人向皇帝告知其病情。然不料每况愈下，当康熙听闻此事后，言辞训斥众人。9 月 7 日康熙亲自传旨，由马国贤及宗人府笔贴式③杨新田护送其返京。但是为时已晚，9 月 8 日逝世于热河。④“康熙五十五年，圣驾幸热河，杨秉义奉旨扈从。七月二十三日，

---

① ［捷克］严嘉乐著：《中国来信》，丛林、李梅译，大象出版社 2002 年版，第 39 页。

② ［法］费赖之：《在华耶稣会士列传及书目》，冯承钧译，中华书局 1995 年版，第 634 页。

③ 清代官名，掌管翻译满、汉章奏文学等事。

④ 参见［法］荣振华、方立中、热拉尔·穆赛、布里吉特·阿帕乌：《16—20 世纪入华天主教传教士列传》，耿昇译，广西师范大学出版社 2010 年版，第 347—348 页。

卒于口外，上为震悼念"①。

墓碑现状（见图 4–76、图 4–77）

材质为房山白。残碑仅余两块。第一块为螭首，为盘龙左右各两条，龙头朝下，龙体倒立，碑身正、背两面均用龙足盘交，中心"篆额天宫"为十字架，形制精美。较为完整，含少许碑身。高 112 厘米，长 78 厘米，宽 27 厘米。仅能看到"D.O.M."以及"耶"字。螭首右侧及顶端正中嵌有金属条，已氧化生锈。第二块为碑身左下角，高 65 厘米，宽 53 厘米，厚 24 厘米。碑身文字可见中榜"……之墓"。中文"泰西波厄弥亚国人……十九年岁次庚……四十六岁"。碑身四周无边饰。

图 4–76　杨秉义残碑碑阳（1）　　图 4–77　杨秉义残碑碑阳（2）

碑文（见图 4–78）

汉文

耶稣会士杨公之墓

杨先生，讳秉义，号履方，泰西波厄弥亚国人也。自幼入会真修，于康熙四十九年② 岁次庚寅入中国传教。丙申四月 ③ 随驾热河，七月念三日卒于口外④，年四十六岁。

拉丁文

D. O. M.

P. FRANCISC; THILISCH, BOHEMUS, IV. VOTA PROFESS; IN SOCIET. JESU ĀNIS XXXI.

---

① 韩琦、吴旻校注：《熙朝崇正集熙朝定案（外三种）》，中华书局 2006 年版，第 367 页。
② 即 1710 年。
③ 即 1716 年。
④ 这里用"念"代"廿"，言及杨秉义去世时间为农历的七月二十三日。

VIXIT. IN SINENSI MISSIONE VI. NATUS XLVI. ANNOS
OBIIT IN GEHO VIII. SEPT. MDCCXVI.

英译

To God Most Good and Most Great

Father Franz Thilisch, from Bohemia, professed of four
vows, he lived in the Society of Jesus for 31 years, in the China
mission for 6 years. He died in Johol at the age of 46, on September 8th, 1716.

汉译

献给至善至尊的天主

杨秉义神父，波希米亚人，发"四愿"。在会 31 年，在
华传教 6 年。1716 年 9 月 8 日逝世于热河，享年 46 岁。

图 4–78　杨秉义墓碑碑阳拓片

图片来源：中国国家图书馆，馆藏
号：北京 1928。

碑文比较与解析

　　杨秉义墓碑汉文与拉丁文部分大体相同。汉文部分
强调他随驾前往热河，说明康熙对他的宠爱。康熙对数学非常热爱，特别是法国国王路易
十四的六位"国王数学家"（Mathématiciens du Roy）来华，更是掀起了由康熙主持的中
西数学交流热潮。洪若翰神父在给拉雪兹神父的信里提到康熙曾多次表示"所有人皆来宫
廷，通数学者留在朕的身边候用，余者可前往其想去的省份"[①]。正是由于杨秉义出色的数
学才能，"帝喜"，故"命之供奉内廷"且"命之扈从，巡历塞外"[②]。因此，在汉文部分中
更突出他在华的政治身份。

　　拉丁文部分更侧重于杨秉义对传教事业的贡献，他在华传教 6 年，且"生活纯洁，
信心虔笃，并守苦行，热烈信仰圣方济各"[③]。

（四）陈善策

（DOMINICUS PINHEYRO/Domingos Pinheiro）

陈善策，字敬之，耶稣会士，葡萄牙人。1688 年 3 月 21 日出生于葡萄牙里斯本教区

---

① 　[法] 杜赫德编：《耶稣会士中国书简集》（中国回忆录）I，郑德弟、朱静译，大象出版社 2001 年版，
　　第 264 页。
② 　[法] 费赖之：《在华耶稣会士列传及书目》，冯承钧译，中华书局 1995 年版，第 634 页。
③ 　[法] 费赖之：《在华耶稣会士列传及书目》，冯承钧译，中华书局 1995 年版，第 634 页。

的洛里什（Loures）①。1704 年 11 月 9 日进入修院，凸显出其艺术才能。赴华前曾得文艺硕士学位，教授文学五年，在弗沃拉（Fvora）教授五年数学，并且是葡萄牙国王若望五世（Jean V）兄弟若瑟的家庭教师。他作为数学家于 1725 年前往中国，随后于 1726 年 6 月 10 日，陪同葡萄牙麦德乐乘坐"奥利维拉圣母号"三桅战船经里约热内卢到达澳门，6 月 12 日登岸，后于 8 月 26 日抵京。随后一直居住在北京。当时北京三处天主堂（南堂、北堂、东堂）全由耶稣会管理。陈善策及葡萄牙人都住在东堂。他掌管东堂长达 15 年的时间，特别是改善了东堂的住所环境，"先是驻所甚贫苦，不足以供居者之所需。善策自任道长后，善为管理，由是需要无缺"②。陈善策两次任副省会长，其间正值教难时期，他能够妥善应付，并且被选为北京教区负责候选人。他在华长期传授教理，一生奉献于传教事业，备受尊崇。1748 年 6 月 16 日去世。

墓碑现状（见图 4–79）

材质为房山白。墓碑高 190 厘米，宽 87 厘米，厚 25 厘米。碑首和碑首连为一体，螭首为盘龙左右各两条，龙头朝下，龙体倒立，碑身正、背两面均用龙足盘交，中心"篆额天宫"处已模糊不清。碑身其中汉文缺失二十字。左表括号中的文字为佚失部分。两侧嵌有金属条，已氧化生锈。碑身碑阳、碑阴四周皆有缠枝草蔓纹。

碑文（见图 4–80）

汉文

图 4–79　陈善策残碑碑阳

耶稣会士陈公之墓

陈先生，讳善策，号敬之。泰西玻尔都噶尔亚国人，自幼入会真修。雍正四年③丙午同极西使臣大人来京传教。乾隆十三年④戊辰五月二十二日去世。在会四十四年，享年六十岁。

---

① 费赖之一书翻译为卢尔。参见［法］费赖之：《在华耶稣会士列传及书目》，冯承钧译，中华书局 1995 年版，第 722 页。耿昇翻译为卢雷斯。参见［法］荣振华、方立中、热拉尔·穆赛、布里吉特·阿帕乌：《16—20 世纪入华天主教传教士列传》，耿昇译，广西师范大学出版社 2010 年版，第 274 页。

② ［法］费赖之：《在华耶稣会士列传及书目》，冯承钧译，中华书局 1995 年版，第 723 页。

③ 即 1726 年。

④ 即 1748 年。

拉丁文

D. O. M.

P. DOMINICUS PINHEYRO. S. J. LUSITANUS. IV. VOTA PROEESS; ANO MDCCXXVI INCOMITATU LEGA-TIONISLU-SITANICÆ PEKINUM VENIT; UBI XXII FERME ANNIS COLLEGIO ET RESIDENTIÆ PER VICES. TOTI VICE PROVINCIÆ BIS PRÆFUIT, PARI SEMPER ZELO ET FRUCTU. AD LABORUM EVOCATUSPRÆ MIA DIE XVI JUNII ANNO MDCCXLVIII, ÆTATIS SUÆ, LX; SOCIETA-TIS. XLIV.

拉丁文解读

D. O. M.

P. DOMINICUS PINHEYRO S. J. LUSITANUS. IV. VOTA PROEESS; ANO MDCCXXVI IN COMITATU LEGATION-ISLU-SITANICAE PEKINUM VENIT; UBI XXII FERME. ANNIS COLLEGIO ET RESIDENTIAE PER VICES. TOTI VICE PROVINCIÆ BIS PRÆFUIT. PARI SEMPER ZELO ET FRUCTU AD LABORUM EVOCATUSPRAE MIA DIE XVI JUNII ANNO MDCCXLVIII, ÆTATIS SUÆ, LX; SOCIETATIS, XLIV.

图 4-80 陈善策墓碑碑阳拓片

图片来源：中国国家图书馆，馆藏号：北京 1984。

英译

To God Most Good and Most Great

Father Domingos Pinheiro, Entered the Society of Jesus. From Loures, Portugal. Professed of four vows. He came to Beijing in 1726 with the Portuguese envoy of Alexandre Metello de Sousa e Menezes and served as a missionary for 22 years. He served as dean of the Dongtang（St Joseph's Church）and president of the vice provincial of China. He died at the age of 60, on June 16th, 1748. He lived in the Society of Jesus for 44 years.

汉译

献给至善至尊的天主

陈善策神父，耶稣会士，葡萄牙卢西塔努斯人，发"四愿"。1726 年随着外交使臣抵京，在京 22 年，担任学院院长和中国副省会会长。1748 年 6 月 16 日去世，享年 60 岁，在会 44 年。

碑文比较与解析

陈善策墓碑汉文与拉丁文部分相比较，内容大体一致。皆言及他随同葡萄牙使臣麦德乐来华一事。

拉丁文部分强调陈善策的教内职务。他曾任葡萄牙籍神父所住之东堂长上长达 15 年，并两任副区长。他在位期间，整个教区安然无恙。并且除了祈祷与管理之外，还拯救世人灵魂，讲道说理，尽管年事已高，仍然辛勤传教。"任余为之，愿终此生，尽我天职。余自莅此国以来，除此以外，无他愿也"①。

（五）马德昭
（ANTONIUS GOMES/António Gomes）

马德昭，字钦明，耶稣会士，葡萄牙人。1706 年②出生于葡萄牙的昆特拉·达拉巴（Quintela da Lapa），1725 年 5 月 28 日在科英布拉进入初修院。1727 年从印度果阿出发，在第乌岛（Diu）和萨尔塞特岛（Salsette Island）传教，后于 1742 年 9 月 8 日在果阿发愿，随后抵华，1744 年在北京作为外科医生供奉朝廷。1746 年在江南做传教士，1748—1751年任中国耶稣会副省会长。三年未满，1751 年 4 月 20 日病逝于北京。

墓碑现状（见图 4–81）

材质为房山白。墓碑高 260 厘米，宽 95 厘米，厚 33 厘米。碑首和碑身连为一体，以祥云连接，几近完整。螭首为盘龙左右各两条，龙头朝下，龙体倒立，碑身正、背两面均用龙足盘交，中心"篆额天宫"为典型的"IHS"标志。碑身汉文部分有被凿痕迹。碑阳、碑阴四周皆有缠枝草蔓纹。

碑文

中文（见图 4–82）

耶稣会士马公之墓

马先生，讳德昭，号钦明，泰西玻尔都噶尔亚国人。自幼入会真修，乾隆八年岁次癸亥③传教至澳门。乾隆九年三月初十日④奉旨到京。于乾隆十六年岁次辛未年五月二十五日弃世⑤，在会二十六年，享年四十六岁。

---

① ［法］费赖之：《在华耶稣会士列传及书目》，冯承钧译，中华书局 1995 年版，第 724 页。
② 费赖之记载为 1705 年，荣振华言及 1706 年。参见［法］费赖之：《在华耶稣会士列传及书目》，冯承钧译，中华书局 1995 年版，第 847 页。
③ 即 1743 年。
④ 即 1744 年 4 月 22 日。
⑤ 即 1751 年 6 月 18 日去世。拉丁文碑日期为 4 月 20 日。

拉丁文

D. O. M.

P. ANTONIUS GOMES S.J. LUSITANUS IV. VOTA PRO-
FESSUS, VENIT PEKINUM ANO MDCCXLIV; UBI ARTEM
CHIRURGICAM MULTA CHARITATE EXERCUIT. V-PRO-
VINCIÆ PRÆFUIT IN TERTIUM USQ^{UE} ANNUM. PIE IN
DOMINO OBIIT DIE XX APRILIS MDCCLI, ANNO ÆTATIS
XLVI; SOCIETATIS XXVI.

英译

To God Most Good and Most Great

Father António Gomes, of the Society of Jesus.Portuguese.
professed of four vows. He came to Beijing in 1744. He prac-
ticed as a surgeon with much charity.During his third year as
Vice Provincial he died piously in the Lord on April 20th, 1751 at
the age of 46. He lived in the Society of Jesus for 26 years.

汉译

献给至善至尊的天主

马德昭神父，耶稣会士，葡萄牙人，发"四愿"。1744
年到京，作为外科医生，他医术精湛，仁心仁术，在他成为
耶稣会副省会长指导全省传教事业的第 3 年，1751 年 4 月
20 日安息主怀，享年 46 岁，在会 26 年。

碑文比较与解析

马德昭墓碑汉文与拉丁文部分都介绍了其生平。而
拉丁文部分侧重强调马德昭的职业和在华业绩。他作为
外科医生，广行善事。"曾肄业执行外科医术，遂在京以
其术救济贫苦无告之人"①，并在华担任耶稣会副省会长约
3 年。

图 4-81　马德昭残碑碑阳

图 4-82　马德昭墓碑碑阳拓
片拉丁文

图片来源：中国国家图书馆，馆藏
号：北京 1986。

---

① ［法］费赖之：《在华耶稣会士列传及书目》，冯承钧译，中华书局 1995 年版，第 848 页。

第五章
其他修会现存墓碑碑主碑文与传记

在第三次天主教来华传教热潮中，进入中国传教的各个修会都努力实践着各自的传教策略。耶稣会走的是上层路线，认为首先要征服"首脑人物"[①]，才能够使得上帝在中华得以传播。而方济各会、多明我会等则"到处持着十字架，宣讲耶稣救世的大事"，他们在"欧洲素为向贫民宣道的修会"，所以着力于劝化平民，认为唯有深入民间，才可能使上帝的观念根植于于中华。尽管传教策略有异，然安息之所相同，他们死后皆葬于栅栏墓地。故栅栏墓地所承载的不是具体某个修会，而是整个传教士团体的灵魂，是他们共有的安息之乡，通往天堂之门。

第一节　方济各会

方济各会（Ordo Fratrum Minorum），又称方济会，或译法兰西斯会、佛兰西斯会，是罗马天主教的修会成员，由意大利阿西西（Assisi）的方济各（Franciso Javier，1182—1226）建立，旨在为穷人带来更深刻的属灵认识与慰藉。1209 年获得教皇依诺森三世的批准成立。以《圣经·马太福音》[②] 作为个人委身座右铭，终身忍受贫穷，不置恒产。致力于在主教的允许下对世俗民众的传道。该教会有三个独立分支：方济各小兄弟会（Ordo Fratrum Minorum，简称 O.F.M.）、方济住院兄弟会（Ordo Fratrum Minorum Conventualium，简称 O.F.M.Conv），以及方济会嘉布遣会（Ordo Fratrum Minorum Capuccinorum，简称 O.F.M.Cap）。

方济各会来华历史悠久，早在元代时，由于蒙古的势力已经扩展到欧洲，1245 年教皇依诺森四世（Innocentius IV）在法国里昂召开第一届大公会议，决定派遣意大利方

---

① ［法］埃德蒙·帕里斯：《耶稣会士秘史》，张茹萍、勾永东译，罗结珍校，中国社会科学出版社 1990 年版，第 24 页。

② "随走随传，说'天国近了！'医治病人，叫死人复活，叫长大麻风的洁净，把鬼赶出去。你们白白地得来，也要白白地舍去。腰袋里不要带金银铜钱"（太 10：7—9）。参见《马太福音》，《圣经》中文和合本，中国基督教三自爱国运动委员会、中国基督教协会 2007 年版，第 17 页。

济各会士柏郎嘉宾（Giovanni da Piano di Carpine，1182—1252）等出使元朝廷，希望能够劝告请求蒙古皇帝罢兵、勿杀害无辜，"尤不可虐待基督宗教徒"①，并希望能够将基督宗教介绍到中国，劝皇帝入教、善待教徒等。到了 1253 年，法国国王路易九世（Louis IX，1214—1270）再次派法国方济各会士卢布鲁克（Guillaume de Rubruquis，约 1210 或 1220—1270 或 1290）及意大利人克雷莫雷（Barthélémy De Crèmone，生卒不详）一行东行到蒙古帝国传教，依然遭到元宪宗蒙哥（1209—1259）的婉拒。而第一个获准在中国传教的是天主教方济各会教士孟高维诺（Giovanni da Montecorvino，1246—1328），他受教皇尼古拉四世（Nicolas IV）的派遣于 1289 年出使元朝政府，元政府设崇福司，掌管基督宗教教士等事。孟高维诺在华宣教三十余年，不仅率先在汗八里建立了第一座天主教教堂（共修三座）为多达三万人洗礼②，"大德三年……士庶感化入教者三万余人"③，收养百名幼童，还将《圣经》翻译成中文，成为传教最得力的传教士。故被任命为第一任汗八里总主教，兼管远东教务，其传教事业蓬勃发展，以至于在《元典章》中有"和尚在前，次道士，也里可温在后"的记载④。然而自孟氏以后，无人继任，随着元朝的覆灭，天主教又一次销声匿迹。

最早葬于栅栏墓地的方济各会士为陆安，他是传信部派往中华的第一位方济各会士。明末清初的"中国礼仪之争"后，方济各会士为了保证中国天主教传播工作的延续，领取了清政府颁发的"印票"，得以在中国继续传教。

（一）陆安
（ANGELVS A BVRGO S SYRI/Angelo da Borgo San Siro）

陆安，字乐然，方济各会士，意大利人。1671 年出生于意大利帕维亚。作为传信部派往中华的第一位圣方济各会士，他于 1720 年 9 月 23 日到达澳门，1722 年 2 月 22 日，康熙召其进宫制造钟表。在他来华时，由马国贤担任其翻译和指导，二人一同工作到 1723 年 9 月。当时由于二人整日要在北京内府度过，然而离畅春园的住所需要两个多小时的路程，他们想住在法国耶稣会（北堂）或者葡萄牙耶稣会（南堂），但遭拒绝。因此，马国贤借此机会为在北京的传信部传教士寻一住所，他用自己的俸禄购置了一处地产。"买下了一座地段不错，外面有黄墙围住的大宅院。那房子原本是毁坏了，我几乎是重新修

---

① 转引自顾卫民：《中国天主教编年史》，上海世纪出版集团 2003 年版，第 11 页。

② "根据我的计算，迄今为止，我同地已为大约六千人施行了洗礼。如果没有上述的造谣中伤，我可能已为三万余人施行了洗礼，因为我是在不断地施行洗礼的。"转引自顾卫民：《中国天主教编年史》，上海世纪出集团 2003 年版，第 25 页。

③ （清）黄伯禄：《正教奉褒》，见中国宗教历史文献集成编纂委员会编纂：《东传福音》第六册，黄山书社 2005 年版，第 507 页。

④ 参见陈垣：《基督宗教入华史略》，《陈垣学术论文集》第一集，中华书局 1980 年版，第 86 页。

造了一遍"①。然后当陆安与马国贤一同满心欢喜地刚住进去的时候，康熙驾崩。随后，遭遇雍正禁教政策，开始驱逐传教士。陆安被留在宫中继续为皇帝服务，凭借其丰富的机械知识为皇帝设计喷泉和铜钟。然而因为其所做的涉及偶像崇拜的内容，而与马国贤意见相左。马国贤因此也停止为朝廷服务，重返欧洲，回到那不勒斯开始筹建圣家书院事宜。陆安于1724年5月15日逝世于北京，葬于栅栏墓地。

碑文（见图5-1）

图5-1　陆安墓碑碑阳拓片

图片来源：中国国家图书馆，馆藏号：北京1942。

汉文

圣方济各会士陆公之墓

陆先生，讳安，号乐然，泰西依大里亚国人。自幼入会真修。于康熙五十九年庚子②入中国传教。卒于雍正二年癸卯三月二十八日。③ 在会三十六年，享寿五十二岁。

拉丁文

D. O. M.

P. ANGELVS A BVRGO SI. SYRJ PAPIEN^S ORDINIS S^I. FRANCISCI PEKINV. VENIT ANO DŌNI MDCCXXII UBI PLENVS MERITIS OBIIT IN HAITIEN ANNO MDCCXXVI DIE XV MAIJ AETATIS SVAE LII.

拉丁文解读

D. O. M.

P [ATER] ANGELUS A BURGO S [ANCTAE] SYRJ [=ANGELO DA BORGO SAN SIRO], PAPIEN [US], ORDINIS S [ANCTI] FRANCISCI, PEKINU [M] VENIT AN [N] O DO [MI] NI MDCCXXII, UBI PLENUS MERITIS OBIIT IN HAITIEN [=HAI DIAN], ANNO MDCCXXVI DIE XV MAIJ, AETATIS SUAE LII.

英译

To God Most Good and Most Great

Father Angelo da Borgo San Siro, from Pavia, of the Order of Saint Francis. He came to Beijing in the

---

① ［意］马国贤：《清廷十三年——马国贤在华回忆录》，李天纲译，上海古籍出版社2004年版，第104页。

② 即1720年。

③ 即1724年5月2日。"雍正二年"不应为"癸卯"，而应为"甲辰"。拉丁文记载陆安1726年5月15日卒于北京海淀，疑将1724年写成了1726年。真实的时间是1724年5月15日。

春秋石铭　北京栅栏墓地
THE HISTORY　历史及现存碑文考
ON THE TOMBSTONES

Year of Our Lord 1722, where he died in Haidian, abounding in merits, in the year 1726, on May 15th, aged 52.

汉译

献给至善至尊的天主

陆安神父，意大利人，来自帕维亚，圣方济各会士。1722 年抵京，功德完满，1726 年 5 月 15 日逝世于北京海淀，享年 52 岁。

碑文比较与解析

陆安墓碑汉文与拉丁文部分内容大致一致。在拉丁文部分介绍他的故乡为意大利的帕维亚，并称其在华为主传教的贡献，称颂其功德完满。

（二）叶宗孝

（EUSEBIUS A CITTADELLA/Eusebio da Cittadella）

叶宗孝，字承先，1716 年出生于意大利帕多瓦（Padova）。笔者推断"叶宗孝"即"叶尊孝"。《天主教要注略》一书的作者为"泰西圣方济各会士叶尊孝著"[1]。在《梵蒂冈图书馆藏明清中西文化交流史文献丛刊》的提要中仅言及"意大利叶尊孝著""其撰述时间不详"，然并没有对作者更多介绍。根据其国别（二人同为意大利人）、修会（同为方济各会）以及碑文生平（来华传教，且为博学之士），可以断定二人为同一人。叶宗孝由传信部派遣来华，在华传教 20 余年，后被传信部除名。在南堂生活两年，1785 年 4 月 12 日逝世于北京，葬于栅栏墓地。

碑文（见图 5-2）

汉文

圣方济各会士叶公之墓

圣方济各会修士欧瑟彼阿叶，讳宗孝，号承先，系物诺西亚国人。原乃信德部所遣铎德[2]。来京传教二十余年。诚博学仁恕之士。后因信德部断其供给，遂移居南堂约有二年。[3]

---

[1] 梵蒂冈馆藏：RACCOLTAGENERALE-ORIENTE-III285.7. 此外在梵蒂冈尚藏 12 部，法国国家图书馆 4 部。参见张西平、［意］马西尼、任大援、［意］裴佐宁主编《梵蒂冈图书馆藏明清中西文化交流史文献丛刊》（第一辑），大象出版社 2014 年版，第 530—531 页。

[2] 信德部即天主教罗马教廷传信部。

[3] 他被传信部除名，在南堂生活两年。

图 5-2　叶宗孝墓碑碑阳拓片

图片来源：中国国家图书馆，馆藏号：北京 2028。

今于乾隆五十年三月十四日安逝①，寿六十有九。

拉丁文

D. O. M.

P. FR. EUSEBIUS. A CITTADELLA PATAVIJ. ORD. MIN. STRICTÆ OBSERV. REFORMAT. AC S. CONG DE PROPAG. FIDE ALUMNUS. NATUS ANNO MDCCXVI PEKINŪ VOCATUS, PER XX ET ULTRA ANNOS UTILEM MISSIONI POSUIT OPERAM VIR SANÈ PIUS, AC DOCT. QUOD EX ALBO MISSIONARIORUM S. CONG. DELETUS IILE FUERIT ECCLESIÆ NANTANNENSI ADSCRIPTUS EST SOCIUS. UBI PER BIENNIUM FERÈCONVIXIT. AC DEMUM PIE OBIJT D. XII. APR. MDCCLXXXV.

拉丁文解读

D. O. M.

P [ATER] FR [ATER] EUSEBIUS A CITTA DELLA PATAVIJ, ORD [INIS] MIN [ORUM] STRICTAE OBSERV [ANTIAE] REFORMAT [I] AC S [ACRAE] CONG [REGATIONIS] DE PROPAG [ANDA] FIDE ALUMNUS. NATUS ANNO MDCCXVI, PEKINU [M] VOCATUS, PER XX ET ULTRA ANNOS UTILEM MISSIONI POSUIT OPERAM. VIR SANE PIUS AC DOCT [YS], QUOD EX ALBO MISSIONARIORUM S [ACRAE] CONG [REGATIONIS] DELETUS IILE FUERIT, ECCLESIAE NANTANNENSI ADSCRIPTUS EST SOCIUS, UBI PER BIENNIUM FERE CONVIXIT. AC DEMUM PIE OBIJT D [IE] XII APR [ILIS] MDCCLXXXV.

英译

To God Most Good and Most Great

Father Brother Eusebio da Cittadella, from Patavia, a member of the Reformed Minorites of the Strict Observance and a member of the Sacred Congregation of the Propagation of the Faith. Born in 1716, he was called to Beijing, where he served the mission well for 20 years and longer. He was a very pious and learned man, whose name was deleted from the list of the missionaries of the Sacred Congregation, and thus he was assigned to the South Church where he lived for two years. He died piously on April 12th, 1785.

---

① 1785 年 4 月 22 日逝世于北京。拉丁文记记载为 4 月 12 日。

汉译

献给至善至尊的天主

叶宗孝神父，意大利人，来自帕多瓦省，属于圣方济各小兄弟会，严格遵循教义，为天主教传信部的一员。出生于 1716 年，被召至北京，在华传教 20 余年。他虔诚而博学，后被传信部除名，故安排到南堂生活两年，1785 年 4 月 12 日逝世。

碑文比较与解析

叶宗孝墓碑汉文与拉丁文部分相比较，内容大体一致。一方面皆言及叶宗孝为传信部派遣，在华 20 多年，然被传信部除名，后在南堂居住两年。另一方面皆强调其德行，博学多识而仁爱宽厚。在拉丁文部分提及到他的故乡为意大利的帕多瓦，并论及他对教会教义的严格遵循。

（三）伊克肋森细亚诺（伊客善）

（CRESCENTIANUS AB EPOREDIA/Crescenziano Cavalli of Ivrea）

伊克肋森细亚诺，即伊客善，方济各会士，意大利人。1744 年出生于意大利伊夫雷亚（Ivrea）。1783 年他在两位奥斯定会士和三位洗者若翰会士（the Congregation of St. John Baptist）的陪伴下抵华，先到广州，翌年进京。当时意大利方济各会基本活动于山东西部和直隶省部分地区。伊客善于禁教风潮中在山东四处躲避，先居于平阴县，后由虔诚的信徒将他藏于东阿县的一个山洞里。尽管被发现，但是他又及时转移了。最终在陈店村被捕。由于他总是能够从官兵手里逃逸，所以被认为拥有超凡的能力。在他被押往省城的路途中，用狗血涂在他的脸上，以抵御他的魔性"evil spirit"①。当时他和毕亚基尼（Atto Biagini）二人都被查明在山东活动，在当地神父李巴尔多禄茂（Li Bartholomew）的陪同下离开山东，二人被送至北京以待审讯和判决。1785 年 4 月 11 日抵达北京。毕亚基尼不幸死于狱中。后来伊客善同其余十一位来华传教士一起被释放，除了方济各会士外，还有巴黎外方传教会士、洗者若翰会士。② 他们被交移给北京教区。先安置于南堂，后在获得赦免以后，被派往北京的四堂。由于山西、山西宗座代牧金乐理（Mariano Zaralli，1726—1790)③ 突然于 1790 年 4 月 6 日在潞安府襄垣县赵家岭村视察教务时煤气中毒去世，

---

① Bernward H. Willeke, *Impeial Government and Catholic Missions in China during the years 1784-1785*, The Franciscan Institute St.Bonaventure, N.Y. 1948.p.110.

② Cf. Bernward H. Willeke, *Impeial Government and Catholic Missions in China during the years 1784-1785*, The Franciscan Institute St.Bonaventure, N.Y. 1948.p.157.

③ 也有说法说当时他是山东方济各会会长。Cf. Bernward H. Willeke, *Impeial Government and Catholic Missions in China during the years 1784-1785*, The Franciscan Institute St.Bonaventure, N.Y. 1948.p.106.

伊客善被任命为其继承人。① 然而在祝圣前他于1791年12月24日去世。后葬于栅栏墓地。在伊客善去世时，正值教皇庇护六世（Pope Pius VI，1717—1799）任命他为格洛日教区（位于阿尔巴尼亚南部）主教之时。

碑文（见图5-3）

图5-3　伊克肋森细亚诺（伊客善）墓碑碑阳拓片

图片来源：中国国家图书馆，馆藏号：北京2036。

汉文

圣方济各会士伊公之墓

伊克肋森细亚诺，系意大里亚国人，圣方济各会修士②。乾隆四十八年③入中国传教，至四十九年④。为天主受多苦，阅九月始脱。在南堂赞襄教务，明著热爱，大彰善表。于五十六年十一月二十九日病殁⑤，年四十七岁。约计其时正比阿第六位教皇定为格洛日府主教⑥。

拉丁文

D. O. M.

P. Er. CRESCENTIANUS AB EPOREDIA, ITALUS PEDEMONTANUS, ORDINIS MINORŪ OBSERVANTIUM, AS. CONGR. DE PROPAG. FIDE AD SINAS MISSUS ANN MDCCLXXXIII. IN XĀTUNENSI MISSIONE IN ODIŪ FIDEI CAPTUS. IN CARCERES PEKINENSES DETRUSUS AN. MDCCLXXXV. ET POST NOVEM MENSIU PASSOS LABORES LIBERATUS, NĀTANENSI ECCLESIÆ ADSCRIPTUS IBIDEM POST EGREGIA PIETATIS AC SACERDOTALIS ZELI MONUMENTA RELICTA PIÉ OBIIT DIE XXIV DECEBRIS AN. MDCCXCI; ÆTATIS XLVII; QUOQUIDĒ CIRCITER TĒPORE ROMÆ PIUS VI. P. M. IPSUM ELEGERAT EPISCOPUM CROJÉ SEM. ET VICARIUM APOSTOLICŪ XANSINENSEM.

---

① Cf. Bernward H. Willeke, *Impeial Government and Catholic Missions in China during the years 1784-1785*, The Franciscan Institute St.Bonaventure, N.Y. 1948.p.22.

② 这里统称为圣方济各会修士。碑文拉丁文中记载伊克肋森细亚诺为 ORDINIS MINORU[M] OBSERVANTIUM，属圣方济各小兄弟会。

③ 即1783年来华。

④ 即1784年。

⑤ 1791年12月24日逝世于北京。

⑥ 比阿第六位教皇即教皇庇护六世。

拉丁文解读

D. O. M.

P [ATER] FRIAR CRESCENTIANUS AB EPOREDIA. ITALUS, PEDEMONTANUS, OR-
DINIS MINORU [M] OBSERVANTIUM. A S [ANCTA] CONGR [EGATIONE] DE PROPAG
[ANDA] FIDE AD SINAS MISSUS ANN [O] MDCCLXXXIII, IN XATUNENSI MISSIONE
IN ODIU [M] FIDEI CAPTUS, IN CARCERES PEKINENSES DETRUSUS AN [NO] MDC-
CLXXXV, ET POST NOVEM MENSIU [M] PASSOS LABORES LIBERATUS, NATANENSI
ECCLESIAE ADSCRIPTUS, IBIDEM POST EGREGIA PIETATIS AC SACERDOTALIS ZELI
MONUMENTA RELICTA, PIE OBIIT DIE XXIV DECE [M] BRIS AN [NO] MDCCXCI, AETA-
TIS XLVII, QUO QUIDE [M] CIRCITER TE [M] PORE ROMAE PIUS VI P [ONTIFEX] M
[AXIMUS] IPSUM ELEGERAT EPISCOPUM CROJESEM ETVICARIUM APOSTOLICUM
XANSINENS.

英译

To God Most Good and Most Great

Father Bishop Crescenziano Cavalli of Ivrea, Italian from Piedmont, of the Order of the Obser-
vant Franciscans. He was sent to China by the Holy Congregation of the Faith in the year 1783. he was
in the mission of Shandong, where he was detained because of hatred against the [Christian] faith, he
was sent to the prison of Beijing in 1785, and after suffering there for nine months, he was freed and
assigned to the Nantang church, where he left many outstanding signs of his religious piety and pas-
toral zeal. He died piously on the 24th of December in the year 1791, aged 47. However, around that
time the Pontiff of Rome, Pope Pius VI nominated him to be bishop of Crojese and Apostolic Vicar of
Shanxi.

汉译

献给至善至尊的天主

来自意大利皮埃蒙特大区的伊克肋森细亚诺神父，为方济各小兄弟会士。1783 年他由传
信部派遣来华传教，起初在山东教区，然而被仇视基督信仰的势力所逮捕，于 1785 年送至北
京监狱，随后遭受 9 个月的牢狱之灾。释放后被送至南堂。他虔敬热爱传教事业，大彰善表而
留下美名。1791 年 12 月 24 日去世，享年 47 岁。大致同时，教皇庇护六世任命他为格洛日府
主教 ① 和山西的宗座代牧。

碑文比较与解析

伊克肋森细亚诺墓碑汉文与拉丁文部分内容大体一致。汉文部分论及到他在华一方
面遭受禁教所带来的痛苦；另一方面又坚持教务，衷心为主，殷勤传教。此外还提及他在

---

① 格洛日（Croia）：阿尔巴尼亚南部的一个主教区。关于他任命的碑文，在山西太原。

教内的职务，被教皇任命为主教。

拉丁文部分更为详细地记载了他在华遭受的磨难，从山东辗转至北京，一路遭遇被捕、入狱，历时九月方才解脱。此外，在拉丁文中还明确了其在华的宗教职位，被任命为格洛日主教山西的宗座代牧。

第二节　奥斯定会

奥斯定会（Augustinian Order），又译为奥古斯丁会（Augustinians，或思定会），天主教四大托钵修会之一[①]。原指遵从奥古斯丁（Aurelius Augustine of Hippo，354—430）所创守则的隐修士，最早以隐修会的形式存在于北非，传入欧洲时间不详，直至12世纪在欧洲各地已有其修院。他们需抛弃家庭、财产而追随基督，在教会内集体过清贫生活，脱离世俗事务，除日常祈祷外，还要从事济贫、传教等活动。1244年在意大利成立，当时居住在斯卡纳地区的数个奥斯定修会团体希望教皇英诺森四世（Innocent Ⅳ，1195—1254）能够使其形成有规则的统一团体，以圣奥古斯丁为修会之名，有自己的住院，定期聚会，并选出会长作为他们的领袖。不多久，随着在整个意大利教会修士人数的剧增，到1256年，教皇亚历山大四世（Alexander Ⅳ，约1199—1261）发布《教会许可》通谕，准许其为正式修会。早期以严格隐修著称的修道方式逐渐出现一种自我沉思修道与牧灵工作相结合的生活方式，其修士不仅甘愿"托钵乞食"，过清贫禁欲生活，而且热心布道，传播上帝的福音。

关于在中国的传教情况，自1575年始，西班牙奥斯定会士多次由菲律宾进入中国福建，但未得驻留。1680年在广州成立传教据点，随后在北京、江南等地传教。后又中断百余年，直到1879年设立湘北代牧区，中心机构设于湖南澧州，受制于西班牙传教士。新中国成立后，该会外籍教士撤出中国大陆。

栅栏墓地现存墓碑中，山遥瞻为唯一的奥斯定会士。然而他在华极尽其才，贡献极大，特别是在绘制《皇舆全览图》的工作中功不可没。

① 托钵修会（Mendicants 或 Mendicant Orders），又译"乞食修会"，旧译"托钵僧团"，是13世纪上半叶罗马教会所创建的天主教修道组织。最早托钵修会为方济各会和多明我会，"因为这类修士远离金钱，过着极端禁欲的生活，将乞讨作为一种修行方式，因此被称为托钵僧，这类团体就被称为托钵修会"。（参见黄旭华、李盛兵：《中世纪大学执教资格授予权博弈——托钵修会 VS 教师行会》，《高教探索》2018年第12期。）他们坚决维护基督正统教义，组织严密，谨守清贫，不置恒产（个人和团体），发贫穷誓愿，以便将所有时间和精力投身于宗教工作。他们云游四方，宣传清贫福音。主要派别有方济各会和多明我会、奥古斯丁会（或译"奥斯定会"）和加尔默罗会，合称四大托钵修会，15世纪后陆续扩大。

山遥瞻

（GUILIELM. BONJOUR FABRI/Guillaume Bonjour-Favre）

山遥瞻，字景云，奥斯定会士，法国人。1669 年出生于法国图卢兹（Toulouse）。他亦是来华从事地图测绘工作的传教士中唯一的一位奥斯定会士。"独山氏为奥斯定会，学识最佳"①。擅长地理学，在欧洲时已负盛名，"最长于地学，在欧洲已负盛名"②；"山氏在欧洲亦著名"③。1705 年罗马教廷派铎罗主教来华解决礼仪之争问题未果，1707 年康熙将铎罗押往澳门，教皇克莱孟十一世于 1707 年 8 月 1 日晋升铎罗为枢机主教，派传信部六人咨送枢机礼冠给铎罗，山遥瞻为其中之一。1709 年到达澳门，1710 年 1 月 6 日深夜六人晋谒铎罗，呈上礼冠。"罗玛信德部差有德理格、理拔、潘如等五人，五人抵澳后，曾以教皇所赐枢机大主教之荣冕，献上铎罗。及铎罗卒，五人治其棺殓。"④ 这里的"理拔"即马国贤。陈垣亦称，"康熙四十六年，教堂擢多罗为枢机主教，由信德部派修士五人奉命东来。既至澳，多罗乃荐其中精天算之山遥瞻、精音律之德理格、精绘画之马国贤，三人留华效力"⑤。

山遥瞻随即于 1710 年 9 月 27 日由澳门启程，最终 1711 年 2 月 5 日抵京。自此，开始在华传教并参与《皇舆全览图》的测绘工作，并居住于北堂。1712 年山遥瞻和费隐负责测绘四川、云南地区。在法国国家图书馆藏有其绘制的《黑龙江源图》《河套图》《哈密图》《色楞厄河图》等。因劳累过度，山遥瞻被瘴气所袭，于 1714 年 12 月 25 日卒于云南，享年 45 岁。遗体运回北京安葬。当山遥瞻尸骨到京时，经各方商定，为纪念山遥瞻，奥斯定会在栅栏墓地为其立碑。

碑文（见图 5–4）

汉文

奥斯定会士山公之墓

山先生，讳遥瞻，号景云，泰西拂郎济亚国人也。自幼入会真修。于康熙四十九年岁次庚寅入中国传教，奉命出差云南⑥，五十三年十一月十九日卒于漫丁地方⑦，年四十五岁。

---

① 方豪：《中西交通史》，上海世纪出版集团 2015 年版，第 726 页。
② 方豪：《中国天主教史人物传》（中），中华书局 1988 年版，第 299 页。
③ 方豪：《中西交通史》，上海世纪出版集团 2015 年版，第 726 页。
④ ［法］樊国梁：《燕京开教略》，见中国宗教历史文献集成编纂委员会编纂：《东传福音》第六册，黄山书社 2005 年版，第 347 页。
⑤ 陈垣：《陈白沙画像与天主教士》，《陈垣学术论文集》，中华书局 1980 年版，第 189 页。
⑥ 1712 年受康熙派遣前往云南参与《皇舆全览图》的测绘工作。
⑦ 1714 年 12 月 25 日去世于云南。

拉丁文

D. O. M.

P. F. GUILIELM. BONJOUR FABRI, TOLOSAN. ORD. EREM. S. AUG. VIXIT IN SINESI MISSIONE ANN. IV. ANNOS NATUS XLV. OBIIT IN MOM PIM PROV^Æ. YUNNAN XXV. DEC. MDCCXIV.

拉丁文解读

D. O. M.

P [ATER] FRATRIS GUILIELM [US] BONJOUR FABRI, TOLOSAN [US], ORD [INIS] EREM [ITARUM] S [ANCTI] AUG [USTINI].VIXIT IN SINE [N] SI MISSIONE ANN [OS] IV. ANNOS NATUS XLV. OBIIT IN MOM PIM PROV [INCIA] YUNNAN XXV. DEC [EMBRIS] MDCCXIV.

图 5-4　山遥瞻墓碑碑阳拓片

图片来源：中国国家图书馆，馆藏号：北京 1924。

英译

To God Most Good and Most Great

Father Friar Guillaume Bonjour-Favre, from Toulouse, of the Order of the Hermits of St. Augustine. He lived in the China Mission for 4 years. At the age of 45 he died in Manding, in Yunnan Province, on the 25th of December 1714.

汉译

献给至善至尊的天主

山遥瞻神父，法兰西人，来自图卢兹，奥斯定会士。在华传教 4 年。1714 年 12 月 25 日逝世于云南漫丁，享年 45 岁。

碑文比较与解析

山遥瞻墓碑汉文与拉丁文部分比较，汉文部分相对翔实，主要介绍其来华以后奉旨前往云南测绘地图一事。康熙年间，在承担绘制地图的传教士当中，"几近由耶稣会士担任，山氏独属奥斯定会"①。山遥瞻一直参与《皇舆全览图》的测绘工作。例如 1711 年同费隐、杜德美等一起绘制了喀尔喀诸部地图。1713 年同杜德美、费隐、汤尚贤奉派往山西、陕西、甘肃绘图，随后与费隐一起前往四川、云南绘图。最后去世于云南。拉丁文部分介绍相对简略。

① 方豪：《中国天主教史人物传》（中），中华书局 1988 年版，第 299 页。

第三节　圣家会

1732 年 4 月 7 日在意大利那不勒斯由马国贤（Matteo Ripa，1682—1746）成立了一所专收中国修生的圣家书院，本名为耶稣基督公学圣家堂（Collegio della Congregazione della Sacra Famiglia di Gesù Cristo），为如今那不勒斯东方大学（Università degli Studi di Napoli L'Orientale）的前身，亦被称为圣家修院、中国学院、文华书院等。①

马国贤，1682 年 3 月 29 日出生于意大利埃博里（Eboli），来自吉福尼（Giffoni）的一个贵族家庭。在罗马求学时，加入意大利本土的一个天主教传教机构——虔劳会（Congregazione dei preti secolari missionari），此修会并不为太多人所知。后由罗马传信部派遣来华，1710 年抵达澳门，随即北上入京，以画家和铜版雕刻家的身份供职朝廷，并被罗马教廷授予"教廷学院院士"（Apostolical Prothonotary）。1723 年 11 月 15 日，马国贤由于礼仪之争中的印票制度而离开北京，与他一起返欧的还有四位中国年轻教徒谷文耀（Giovanni Gu，1701—1763）、殷若望（Giovanni Yin，1705—1735）、黄之汉（Philippo Huang，1711—1776）、吴露爵（Lucio Wu，1713—1763）② 及中文老师王雅敬③ 等。"我终

---

① 参见宾静：《清朝禁教时期华籍天主教神职人员的国外培养》，《世界宗教研究》2015 年第 6 期。

② 方豪神父所考证，前往意大利时，谷文耀（《清廷十三年——马国贤在华回忆录》中翻译为"顾若望"），古北口人，24 岁时与殷若望一起出国、晋铎以及返回中国。先传教四川，后至河北。1763 年卒于北京。殷若望，河北固安人，20 岁时，"为圣家会之第一华籍司铎"。1734 年晋铎后回国，1735 年 11 月 15 日（《清廷十三年——马国贤在华回忆录》中记载为 1735 年 10 月 15 日），因受到江上大鱼惊吓而卒于湘潭。谷文耀与殷若望二人毕业时成绩优异，受到枢机主教贝德拉（又译佩德哈，Cardinal Petra）的首肯，希望能把殷若望培养成主教，殷若望表示希望能够为教会献身。二人还获得教皇召见。他们的回国标志着圣家书院的第一批学生的毕业。"我们新办学院里的两个中国学生已经作为传教使徒开赴中国去了。因为是中国人，他们不是这么容易就被捉住。我们可以指望他们在为当地同胞的良善和福祉等广大方面取得成功。"参见［意］马国贤：《清廷十三年——马国贤在华回忆录》，李天纲译，上海古籍出版社 2004 年版，第 134 页。吴露爵（《清廷十三年——马国贤在华回忆录》中翻译为"尤路西奥"），江苏金山人，12 岁，1741 年 3 月 18 日晋铎。他一直居于意大利。后由于侵犯神品、伪造那不勒斯主教证书、两次从教区叛逃的罪行，而被圣家书院除名，且遭到数次监禁。1763 年 8 月去世于罗马。在这四人中，并未提及黄之汉的名字。参见方豪：《中国天主教人物传》中册，中华书局 1988 年版，第 153—155 页。在《传教士本土化的尝试：试论意大利传教士马国贤与清中叶中国书院的创办》一文中提及四人中一人名为黄巴桐(1712—1776)，应为黄之汉。参见夏泉、冯翠：《传教士本土化的尝试：试论意大利传教士马国贤与清中叶中国书院的创办》，《世界宗教研究》2010 年第 3 期。

③ 王雅敬，江苏浦东川沙人，他为赴意大利求学四位学生的中文老师。1734 年 9 月 10 日王雅敬率着谷文耀、殷若望二人回国。王雅敬回国后，以传教士终于一生。参见方豪：《中国天主教人物传》中册，中华书局 1988 年版，第 154—155 页。"他们的老师让我特别感动。他已经有 30 岁了，留下了母亲和妻子，还有四个孩子。"参见［意］马国贤：《清廷十三年——马国贤在华回忆录》，李天纲译，上海古籍出版社 2004 年版，第 121 页。

于带着我的 4 个学生和他们的老师，离开了这座'巴比伦'——北京"①。马国贤之所以打算创办一所罗马正统的神学院，致力于培养中国本土传教士，这是与当时礼仪之争引发的禁教热潮密切相关的。根据他在华的传教经验，由于中国面积辽阔，加上外国传教士的语言、习惯问题，本土神职人员的匮乏势必阻碍传教事业的延续，一旦外国传教士离开中国或者死去，传教事业将面临重大危机。"我受到了教皇本笃十三的召唤，向他提交了一份沉思很久的宗教群体的计划。"②在此之前，澳门圣若瑟修院已开始培养本土传教士，而早在 1714 年，为了给教会培养人才，马国贤就在古北口计划招揽学生，当时接收了四位学生，其中就有殷若望。1715 年 6 月，他已尝试在北京创办一所学校，由他讲授基督教义，由另外一名中文老师讲授中文知识，每天主要从事宗教祈祷和神学学习。"对于培植中国本籍圣职人员，较其它任何西洋教士尤为致力"③。他先在中国创校，后迁至那不勒斯。中国学生在修院学成后再回到中国各地服务。马国贤认为"在天主教的教会里，应该责无旁贷地建立一个宗教团体，专门的目的就是使本地人有能力来行使传教使命"④。通过马国贤的奔走呼号，终于得到了罗马传信部、那不勒斯地方政府以及查理六世的支持与资助，再加上一些贵族的捐款，1732 年 7 月 25 日书院得以正式开学，由一个学院和一个教团组成，学生有中国人和印度人。教团由传教士们组成，他们为学生提供必要的义务指导，除了参加学院学生的教育外，还与整个团体住在一起，目的是把他们培养成合格的职业传教士，此书院成为"当时西方唯一一所培养中国学生的书院"⑤。学院学生要发五愿：安贫；服从尊长；加入圣会；参加东方教会，听从传信部的调遣；毕生为罗马天主教会服务，不进入任何其他社群。⑥也慢慢由最初单个学院、单个教团的规模逐步扩大，"凡有志来远东传教的西人和土耳其人，均可入院"⑦。据方豪考证，圣家书院自开办到停办，在长达 136 年办学活动中共培养中国本土传教士学生 106 人。⑧这些中国学生来自中国十多个省市，以广东最多。圣家书院被孟德斯鸠高度评价为"能使在中国传教获得成功唯一可行的方式"⑨。圣家书院一方面体现出为别样的传教方式，可以说是中国近代教会大学的前身。另一方面也确实为中国传教事业提供了源源不断的后备力量，其毕业的学生们"后来实际

---

① [意] 马国贤：《清廷十三年——马国贤在华回忆录》，李天纲译，上海古籍出版社 2004 年版，第 116 页。

② [意] 马国贤：《清廷十三年——马国贤在华回忆录》，李天纲译，上海古籍出版社 2004 年版，第 129 页。

③ 方豪：《中国天主教人物传》（中），中华书局 1988 年版，第 197 页。

④ [意] 马国贤：《清廷十三年——马国贤在华回忆录》，李天纲译，上海古籍出版社 2004 年版，第 171 页。

⑤ 夏泉、冯翠：《传教士本土化的尝试：试论意大利传教士马国贤与清中叶中国书院的创办》，《世界宗教研究》2010 年第 3 期。

⑥ 参见 [意] 马国贤：《清廷十三年——马国贤在华回忆录》，李天纲译，上海古籍出版社 2004 年版，第 131 页。

⑦ 方豪：《同治前欧洲留学史略》，《方豪六十自定稿》（上），学生书局 1969 年版，第 398 页。

⑧ 参见方豪：《中国天主教人物传》中册，中华书局 1988 年版，第 347 页。

⑨ [英] 罗伯特·夏克尔顿：《孟德斯鸠评传》，沈永兴、许明龙、刘明臣译，中国社会科学出版社 1991 年版，第 132 页。转引自刘亚轩：《马国贤与那不勒斯中国学院》，《教育评论》2014 年第 5 期。

上在 63 年间承担中国腹地基督徒们的生活"①。

而第一批学生由马国贤带到那不勒斯的四名中国人中②，其中就包括黄之汉。而在文献中，皆称其名为黄巴桐，并未记载其生平。在方豪的《中国天主教史人物传》中，其他四人均被提及，单单没有涉及黄之汉的事迹。在马国贤在华回忆录中亦是找寻不到其踪迹，但方豪在《同治前欧洲留学史略》中提及黄巴桐③。在宾静《清朝禁教时期华籍天主教神职人员的国外培养》一文的"禁教时期赴那不勒斯圣家书院进修的中国修生"列表中记载"黄巴桐，河北固安人，1712 年出生，雍正二年（1724）出国，1760 年回国，1776年去世。卒地不详"④。根据黄巴桐的教名、生卒年以及生平事迹，与黄之汉完全吻合。

黄之汉
（PHILIP MAR HOANG / Huang Zhihan/Filippo Maria Huang）

黄之汉，又称黄巴桐，圣家会士，碑文上记载其为北京人。而在方豪书中，称其为河北固安人。他在马国贤的带领下，与另外四位中国人于 1723 年 11 月 15 日离开北京，1724 年 11 月到达那不勒斯，成为圣家学院学生，并于 1734 年回国。1741 年 3 月 18 日晋铎，1742 年入会。后在泰东（Taidong 音译）地区传教 11 年⑤，不幸患上了肺病（肺结核）。随后回到北京，养病两年，然而身体每况愈下，最终 1776 年 4 月 29 日逝世于北京，享年65 岁。葬于栅栏墓地。

碑文（见图 5–5）

汉文

耶稣圣家会士黄公之墓

黄先生，讳之汉，圣名斐理伯，本都人。自幼立志精修，在会院三十四年，专务超性学

---

①　[法]沙百里：《中国基督徒史》，耿昇、郑德弟译，中国社会科学出版社 1998 年版，第 182 页。

②　四人中，殷若望、谷文耀、黄之汉三人于 1734 年回国。吴露爵在那不勒斯待了 39 年，直至去世。原因为被罗马教廷终身监禁。参见宾静：《清朝禁教时期华籍天主教神职人员的国外培养》，《世界宗教研究》2015 年第 6 期。

③　参见方豪：《同治前欧洲留学史略》，《方豪六十自定稿》（上），台湾学生书局 1969 年版，第 380 页。

④　宾静：《清朝禁教时期华籍天主教神职人员的国外培养》，《世界宗教研究》2015 年第 6 期。

⑤　中文碑文中言及为"他乡"传教十一年。拉丁碑文中提及他回国后在 DISTRIC.TAITUNG（District of Taidong），音译为泰东地区，具体指何地未知。根据历史名称，泰东地区意为"极东"，旧时泛指东亚（今中国、蒙古、朝鲜、韩国、日本）、南亚（今尼泊尔、不丹、孟加拉国、印度、巴基斯坦、斯里兰卡、马尔代夫）、东南亚（今菲律宾、越南、老挝、柬埔寨、缅甸、泰国、马来西亚、文莱、新加坡、印度尼西亚）诸国。

图 5-5 黄之汉墓碑碑阳拓片

图片来源：中国国家图书馆，馆藏号：北京 2014。

文，后奉领教皇圣命，于乾隆二十八年 ① 敷教他乡十有一载。因劳力身疾，回京养疾二载后，终于乾隆四十一年三月初九日，享寿六十五岁 ②。

拉丁文

D. O. M.

D. PHILIP^{US}. MAR^A. HOANG PEKIN^{SIS}. ALUMNUS COLLEGII NEAP^{NI}. S. F. I. C. EX QUO POST XXXIV. AN-^{RUM}. STUDIUM REMISSUS AD SINAS. PER $_{XI}$ ANNOS MISSI^{ONEM}. FECIT IN DIST$_{RIC}$^{TU}. TAITUNG UBI PHTHI-SIM. CONTRAXIT. IDEO PEKINŪ^M. REVERSUS, PER I^{IOS}. AN^{OS}. VALETUDINEM CURAVIT. IN DIES VERO DEFICIENTBUS. VIRIBUS. TANDEM OBIIT XXIX APR-LIS. A^{NO}. D^{NI}. MDCCL. XXVI. ÆT^{TIS}. LXV.

拉丁文解读

D. O. M.

D [OMINUS] PHILIP [US] MAR [IA] HOANG, PEKIN [US], ALUMNUS COLLEGII NEAP [OLIS] S [ACRAE] F [AMILIAE] I [ESU] C [HRISTI], EXQUO POST XXXIV AN [NORUM] STUDIUM, REMISSUS AD SINAS, PER XI ANNOS MISSI [ONEM] FECIT IN DISTRIC [TU] TAITUNG, UBI PHTHISIM CONTRAXIT, IDEO PEKINU [M] REVERSUS PER II. AN [NOS] VALETUDINEM CURAVIT, IN DIES VERO DEFICIENT [IBUS] VIRI [BUS TANDEM OBIIT XXIX APR [ILIS] A [NNO] D [OMINI] MDCCLXXVI, AET [ATIS] LXV.

英译

To God Most Good and Most Great

Reverend Filippo Maria Huang, from Beijing, a student of the College of Naples, and a member of the Congregation of the Holy Family of Jesus Christ, from where he has studied for thirty-four years, then he was sent back to China. He did mission work for 11 years in the district of Taidong, where he contracted tuberculosis, thus he returned to Beijing, where he cured his sickness for two years, but gradually he became weaker, and finally he died on the 29th of April in the Year of Our Lord 1776, aged 65.

---

① 即 1763 年。

② 1776 年 4 月 26 日去世。拉丁文记载其去世时间为 1776 年 4 月 29 日。

汉译

献给至善至尊的天主

黄之汉先生，北京人，那不勒斯圣家书院学生，圣家会士。在会精修 34 年。后回到中国，在泰东传教 11 年，然而患上肺病。随后回到北京，养病两年，然而身体每况愈下，最终于 1776 年 4 月 29 日逝世于北京，享年 65 岁。

碑文比较与解析

黄之汉墓碑汉文与拉丁文部分比较，汉文部分并没有提及他在圣家学院学习的经历。但是强调黄之汉对神学的专注，以及奉教皇之命传教十一年，以此彰显他在海外的影响力。

拉丁文部分更为详细地说明了他在海外留学的身份以及具体的修会名称，作为意大利那不勒斯圣家学院的学生，他加入了圣家会，在会长达 34 年，强调他对教会的贡献。在回国后，拉丁文中提及他在泰东地区传教 11 年，并染上肺病。

第四节　圣若翰保弟斯大会（洗者若翰会）

圣若翰保弟斯大会，又称为洗者若翰会（The Congregation of St. John Baptist），其主要以圣若翰洗者（又译作施洗的约翰）为主保。"若翰"名字的意思是"天主是仁慈的"或者"天主显示自己是仁慈的"。若翰① 为耶稣基督的表兄，他在旷野中宣传悔改的洗礼，为耶稣福付洗，向世人见证耶稣为人类的救世主，故被称为"若翰洗者""主的前驱"。而在圣人列品祷文中继三位一体天主者、圣母玛利亚、天使（圣弥厄尔、圣嘉俾厄尔、圣拉法厄尔）后，名列"真福之神诸圣品者"第一。在天国诸圣中，圣教会仅为两人庆祝诞生：一为圣母（圣母诞生日为 9 月 8 日），二即圣若翰洗者（圣若翰洗者日是 6 月 24 日）。圣若翰保弟斯大会于 1749 年成立于意大利热那亚，18 世纪消亡。

在栅栏墓地中，仅哆啰一人属于圣若翰保弟斯大会士。

---

① 在《圣经·约翰福音》第一章第 6—43 节便是施洗约翰为耶稣作见证的证明及其经过。约翰"这人来，为要作见证，就是为光作见证，叫众人因他可以信"（约 1：7）。洗者若翰在约旦河外伯大尼为耶稣施洗，"看哪，神的羔羊，除去世人罪孽的"（约 1:29）。（《约翰福音》，《圣经》中文和合本，第 161 页）而若翰亦为耶稣所赞美，耶稣告诉门徒说，约翰"比先知大多了"（太 11:9）。"我实在告诉你们：凡妇人所生的，没有一个兴起来大过施洗约翰的"（太 11:11）。

哆啰

（IOSEPHUS FRANCISCUS DE TURRI/ Giuseppe Francesco della Torre）

哆啰，又译为多罗，还被称为"罗玛府当家""罗马当家"①"啰玛当家"②"罗玛当家"③。"书内所称罗玛当家即现住省城夷馆之哆啰，罗玛乃西洋地名，与之管事故称当家等语。"④"据罗玛当家供我名叫哆啰，因管理罗玛地方的事，人都叫我做罗玛当家，是本国派来天朝地方料理夷人往来的事故"。⑤

哆啰，圣若翰保弟斯大会士，意大利热那亚（Genoa）人，其早年生活不详。1781年7—10月在澳门做短暂停留，1781年抵达广州，先居住在广州府，其来华的目的是处理天主教特别是传信部事务。由于当时办理西洋人书信事务的席道明病故，故由他来接办西洋人书信事务。1782年管理西洋堂事务的大臣奏"今席道明病故无人接管，现有西洋人多罗、马记录诺二人在广东居住，若令多罗、马记诺长住省城接管一切，实为妥便。……今汪达洪等既称现有西洋人多罗、马记诺可以接管"⑥。1782年2月14日奉旨"知道了"⑦。由于当时朝廷在各地搜获西洋书信，因此哆啰必然卷入纷争之中。而1784年在朝廷拿获的西洋信中，多次出现哆啰的名字，比如8月20日湖广总督特成额奏曰："该西洋人四名系广东罗玛当家所前往陕传教。"⑧9月30日，当时被定为犯人的蔡伯多禄"曾同湖广人在哆啰馆内延清西洋人四名，邀乐昌人谢伯多禄、高要人谢禄茂一同起身送往湖广等语"⑨。10月14日，"有京城天主西堂那姓托寄洋字信十封付与广东啰玛当家，又另带有天主北堂汪姓寄啰玛当家信一封"⑩。11月，"本年啰玛当家寄与信内言及广东新到西洋神甫十一人"⑪。乾隆接到报告后，下令直隶、山东、山西及湖广等地严密访拿传教士及信教人等。到了1784年9月，湖广总督特成额上奏地方查获西洋人情况，在查获的西洋人随带箱四口内贮存物品清单中与哆啰直接相关的有"哆啰麻袍一件"、"哆啰麻大衫一件"、"哆啰麻大裈一件"⑫等，且出现数次。同月8月23日湖北巡抚李绶上奏言及由于查获西洋人的书信

---

① 中国第一历史档案馆：《清中前期西洋天主教在华活动档案》，中华书局2003年版，第346页。
② 中国第一历史档案馆：《清中前期西洋天主教在华活动档案》，中华书局2003年版，第486页。
③ 中国第一历史档案馆：《清中前期西洋天主教在华活动档案》，中华书局2003年版，第344页。
④ 中国第一历史档案馆：《清中前期西洋天主教在华活动档案》，中华书局2003年版，第381页。
⑤ 中国第一历史档案馆：《清中前期西洋天主教在华活动档案》，中华书局2003年版，第385—386页。
⑥ 中国第一历史档案馆：《清中前期西洋天主教在华活动档案》，中华书局2003年版，第339页。
⑦ 中国第一历史档案馆：《清中前期西洋天主教在华活动档案》，中华书局2003年版，第339页。
⑧ 中国第一历史档案馆：《清中前期西洋天主教在华活动档案》，中华书局2003年版，第344—345页。
⑨ 中国第一历史档案馆：《清中前期西洋天主教在华活动档案》，中华书局2003年版，第380页。
⑩ 中国第一历史档案馆：《清中前期西洋天主教在华活动档案》，中华书局2003年版，第486页。
⑪ 中国第一历史档案馆：《清中前期西洋天主教在华活动档案》，中华书局2003年版，第582页。
⑫ 参见中国第一历史档案馆：《清中前期西洋天主教在华活动档案》，中华书局2003年版，第371—373页。

336
春秋石铭
THE HISTORY
ON THE TOMBSTONES
北京栅栏墓地
历史及现存碑文考

系"西洋人罗玛当家"所发，加之被获西洋人四名吧咖哩傲嘛、吧咖哩哄、吧咖哩嘈噎、吧咖哩哄啉咖是呀[1]均被押解入京，交于刑部审办。哆啰因受牵连而被革退，广东巡抚孙士毅上奏论反本计划在其革退后，将其押往澳门，再送回意大利。"查哆啰管理洋人寄信事务现已遵旨革退，押交澳门回伊本国"。洋行商人潘文严（生卒年不详）带领哆啰进京认罪，哆啰于 1785 年 3 月 21 日抵达北京，然而"此案的结果，多罗死于刑部，其余西洋人永远监禁"[2]。同年 4 月 29 日，哆啰卒于刑部。而他去世的情况，不得而知，终年 54 岁。哆啰死后，至于西洋人书信事务几经商议，最终还是由西洋人在广州办理通信事务。

碑文（见图 5–6）

汉文

圣若翰保弟斯大会士 [3] 哆啰公之墓

圣若翰保弟斯大会士哆啰先生，圣名方济各若瑟，泰西意大里亚国人。于乾隆四十六年[4]东来中华，住居在广东广州府，为罗玛府当家，办理圣教事务及传信德大部事件。于乾隆五十年三月二十一日在京都为办理传教要务卒于刑部[5]，现年五十四岁。

拉丁文

D. O. M.

REVERENDUS ADMODUM DOMINUS IOSEP$_H$^{US} FRAN-CISCUS DETURRI. GENUENSIS. UN^{US} EX PRIMIS. SACER-DOTIBUS CONGREGATIONIS. S. IOANNIS. BAPTISTÆ PRO-TONOTARIUS. APOSTOLICUS. AC, SA^{CRAE} CONGREG^{ONIS} DE PROPAG^{DA} FIDE IN SINIS, PROCURATOR. VIR. TENERA IN DEUM PIETATE. MORUM, GRAVITATE AC MUNERIS EXCU-TIONE, SEDULA. INSIG^{NIS}. VENIT CANTONEM ANNO. DOM^{NI} MDCCLXXXI. IM P ER. KIENLUNG XLVI. OBŸT PEKINI. IN VINCULIS. PRO CHRIS^{TO} DIE XXIX APRILI^S, D... DCCLX...

图 5–6　哆啰墓碑碑阳拓片

图片来源：中国国家图书馆记载为"哆囉方济各若瑟墓碑"，馆藏号：北京 2030。

---

① 参见中国第一历史档案馆：《清中前期西洋天主教在华活动档案》，中华书局 2003 年版，第 417 页。

② 丁琼：《乾嘉平间对西洋人往来书信的管理》，《历史档案》2006 年第 2 期。

③ 圣若翰保弟斯大会 1749 年成立于意大利热那亚，18 世纪消亡。

④ 即 1781 年。

⑤ 1784—1785 年教难期间，于 1785 年 4 月 29 日在北京刑部监狱中去世。

拉丁文解读

D.O.M.

REVERENDUS ADMODUM DOMINUS IOSEPHUS FRANCISCUS DE TURRI. GE-
NUENSIS. UNUS EX PRIMIS SACERDOTIBUS CONGREGATIONIS S [ANCTI] JOANNIS
BAPTISTAE, PROTONOTARIUS APOSTOLICUS AC SA [CRAE] CONGREG [ATIONIS]
DE PROPAG [ANDA] FIDE IN SINIS PROCURATOR. VIR TE NER AIN AT DEUM PI-
ETATE MORUM GRAVITATE AC MUNERIS EXCUTIONE SEDULA INSIG [NIS]. VENIT
CANTONEM ANNO DOM [INI] MDCCLXXXIIMPER KIEN LUNG XLVI. OBIIT PE KINI
IN VINCULIS PRO CHRIS [TO], DIE XXIX APRILIS.(ANO DNI MDCCLXXXV AETA-
TIS XLIV).

英译

To God Most Good and Most Great

Reverend Sir Giuseppe Francesco della Torre, from Genoa, one of the first priests of the Con-
gregation of Saint John the Baptist, apostolic prothonotary and procurator of the Sacred Congregation
of the Propaganda Fide in China. He was accomplished in his piety and pure life style and known for
fostering the work of evangelization. He came to Canton in the Year of Our Lord 1781 which was the
forty-sixth year of the regin of Emperor Qianglong. He died in Beijing, imprisoned for the sake of
Christ, on the 29th of April(in the year of 1785 at the age of 54).

汉译

献给至善至尊的天主

哆啰先生，意大利人，来自热那亚，圣若翰保弟斯大会的首批神父之一，为本修会中华
教区法院首席书记和司账。生活节俭，侍主虔诚，成熟刚毅，以勤勉尽职著称。1781 年来到
广东。后由于基督信仰被捕，于(1785 年)4 月 29 日逝世于北京狱中，享年 54 岁。

碑文比较与解析

哆啰墓碑汉文与拉丁文部分比较，内容大体相同，都记载了哆啰来华经历和教内职
务，作为本修会在华事务负责人，由于教难而死于狱中。

在拉丁文中还强调了他的德行，节俭刚毅，勤恳尽职，特别是其对信仰的虔诚，并
为此奉献一生。

第五节　遣使会

遣使会(Congrégation de la Mission,Congregation of Priests of the Mission)，又称为"味

增爵会"，由法国人文生·德·保罗（Saint Vicent de Paul，1581—1660 年）等六位司铎在 1625 年 4 月 17 日在巴黎圣拉匝禄院（前身麻风院）创立。其宗旨是向乡间贫苦民众们派遣布道使者。又以第一座住院的地址为巴黎的圣–辣匝禄（Saint-lazare），因此也被称为"辣匝禄会"（Lazarites，Lazarists 或 Lazarians）。1633 年 1 月 12 日获教皇乌尔班八世（Urban Ⅷ）批准。在创会前期，该会并不太活跃，传教范围仅局限于乡下贫民和病人。

由于法国遣使会来华是由法国国王路易十六钦定的，因此具有一定的官方性质，这不同于同时期在华传教的其他修会。较之于耶稣会，遣使会不仅一改耶稣会士的传教策略，深入到中华贫穷和边远地区，着眼于下层贫民，而且非常注重本地神职人员的培养。根据方立中《1697—1935 年入华遣使会士列传》统计，其间在华 964 名遣使会司铎中，华人多达 355 人，远远超过 1/3。[①]而在栅栏墓地所葬遣使会士中，华人司铎比例甚高，几近一半。

由于来华遣使会士的生活和工作条件有限，因此来华遣使会士多积劳成疾去世，"50 岁之前去世的人占很大比例"[②]。比如在栅栏墓地中，50 岁以前去世的遣使会士存有拓片者如下：

1. 裴亚伯尔多安当（Albert-Antoine-Pontique Périer），1871—1894 年，法国人，年仅 23 岁。

2. 马誉驰（Jules Martin），1882—1905 年，法国人，年仅 23 岁。

3. 文德来（Antoine-Claude Chavanne），1862—1900 年，法国人，年仅 38 岁。

4. 谢嘉林（Emmanuel-Joseph-Marie Catheline），1870—1906 年，法国人，年仅 36 岁。

5. 汪若翰（Jean-Baptiste Wang），1864—1911 年，中国人，年仅 47 岁。

6. 梁报国（Charles Rambaud），1886—1912 年，法国人，年仅 26 岁。

7. 濮贻谋（Louis-Eugène Barrué），1884—1918 年，法国人，年仅 34 岁。

8. 褚德明（Martin Tch'ou），1871—1919 年，中国人，年仅 48 岁。

9. 齐净德（Joseph Ts'i），1890—1917 年，法国人，年仅 27 岁。

10. 蔡怀民（Benoît Ts'ai），1889—1922 年，中国人，年仅 33 岁。

11. 贾希恭（Joseph Kia），1900—1929 年，中国人，年仅 29 岁。

12. 王汝亮（Ambroise Wang），1905—1932 年，中国人，年仅 27 岁。

13. 夏文德（Joseph Shia），1890—1937 年，中国人，年仅 47 岁。

14. 杜秉钧（D.Joannes-Bapt Tou），1893—1941 年，中国人，年仅 48 岁。

15. 武道衡（Pierre Lacroix），1886—1919 年，法国人，年仅 33 岁。

---

① 参见《遣使会传教士的在华活动（代序）》，见 [法] 荣振华、方立中、热拉尔·穆赛、布里吉特·阿帕乌：《16—20 世纪入华天主教传教士列传》，耿昇译，广西师范大学出版社 2010 年版，第 542 页。

② 《遣使会传教士的在华活动（代序）》，见 [法] 荣振华、方立中、热拉尔·穆赛、布里吉特·阿帕乌：《16—20 世纪入华天主教传教士列传》，耿昇译，广西师范大学出版社 2010 年版，第 542 页。

法国遣使会在华墓地很多，北京地区主要有栅栏墓地和正福寺墓地。根据记载，"在北京主要有栅栏墓地(共安葬64人)"，"法国的入华天主教传教士都被安葬于栅栏墓地"。①然而栅栏墓地现存墓碑仅福文高一通，其余遣使会墓碑皆已佚失，仅存碑文拓片或在文献中明确记载去世后葬于栅栏墓地的。而在正福寺墓地1900年6月被毁前包含遣使会士36人②。在河北正定府的柏堂墓地(东栢棠村小修道院坟场)安葬着近50人。此外，还有杭州的大方井墓地("天主圣教修士之墓")、宁波的江北白沙路外人墓地，四川盐亭凤凰山墓地和武昌红山墓地等。

福文高
（DOMINICUS IOACQIMUS FERREIRA/Domingos Joaquim Ferreira）

　　福文高，又名福多明我，味增爵会修士，葡萄牙人。1758年8月4日出生于葡萄牙里斯本教区。③1777年5月8日进入里斯本拉弗尔修院（Séminaire de Rilhafoles），且于1779年5月9日发愿。在他来华前，曾在埃武拉（Evora）学习。1784年7月到达澳门。1791年，福文高和李拱辰前往澳门，在圣若瑟神学院（Séminamire Saint-Joseph）任教十年。当时葡萄牙国正择选遣使会士数人来华，以继承耶稣会事业。"其内有福文高、李拱辰二人"④。嘉庆六年（1801）奉旨进京效力，5月24日抵京，时任北京主教汤士选安排其住在东堂⑤。1804年4月17日，受遣使会代理主教布鲁奈（M.Brunet）要求，负责遣使会修院工作，并进入钦天监工作，被授予钦天监右堂，"嘉庆六年，福文高葡萄牙国人奉旨进京，十一月特投（授）钦天监监副"。1806年升为钦天监左堂，1808年升为钦天监监正，同时兼理算学馆。"嘉庆十三年六月，福文高奉旨补授钦天监监正，兼理算学馆事务。"

① 参见《遣使会传教士的在华活动（代序）》，见 [法] 荣振华、方立中、热拉尔·穆赛、布里吉特·阿帕乌：《16—20世纪入华天主教传教士列传》，耿昇译，广西师范大学出版社2010年版，第532页。

② 在正福寺墓地1900年6月被毁前的遣使会士36人中包含法国人19名、中国人15名、爱尔兰人1名、意大利人1名。待义和团运动后墓地修复，仅存遣使会墓碑21通，其中法国人13名、中国人7名、爱尔兰1名。"文化大革命"期间，正福寺墓碑被损毁，部分墓碑被当作建筑材料用于修建防空洞，其余被拉走或砸坏，散落各处。20世纪90年代防空洞内的墓碑被安置于北京石刻艺术博物馆内。如今在馆内展出遣使会墓碑12人，未展出遣使会墓碑7人。参见明晓艳、[法] 魏扬波主编：《历史遗迹——正福寺天主教墓地》，文物出版社2007年版，第33、36、54—55、58页。

③ Cf. Joseph van den Brandt, *Les Lazaristes en Chine, 1697-1935 Notes biographiques*, Pei-P'ing Imprimerie des Lazaristes, 1936.pp.13-14.

④ [法] 樊国梁：《燕京开教略》，见中国宗教历史文献集成编纂委员会编纂：《东传福音》第六册，黄山书社2005年版，第367页。

⑤ Cf. Nicolas Standaert, *Handbook of Christianity in China, Volume one :635-1800*, Leiden, Boston, Köln: Brill, 2001.p.351.

1823 年福文高因病退休，居住于北堂。当时北堂仅他与高守谦（Vervissimo Monteiro da Serra，？—1852 年）二人居住。1824 年 2 月 1 日去世。享年 76 岁。皇帝赐帑银一百两为安葬费，并立墓碑纪念。"道光四年正月初二日，福文高卒。上赐葬银一百两。"① 这是栅栏墓地现存唯一的味增爵会士墓碑。②

碑文（见图 5–7）

汉文

图 5–7　福文高墓碑碑阳拓片

图片来源：中国国家图书馆，馆藏号：北京 2052。

味增爵会修士福公之墓

味增爵会修士福多明我③，系大西洋博尔都亚国人，讳文高。于嘉庆六年奉旨进京效力④，本年十一月十四日⑤，蒙恩授钦天监右堂，至十年十二月初五迁升左堂⑥，十三年六月二十二转移正堂⑦ 兼理算学馆。道光三年四月十五⑧ 因疾致仕，四年正月初二寿终，享年七十有六⑨。蒙恩赏内帑银壹百两为茔葬之资，谨砌石以志。

拉丁文

D. O. M.

P. DOMİNİCUS IOACQUIMUS FERREIRA LUSİTANUS SACERDOS CONGREGATİONİS MİSSİONİS. PERVENİT PEKINUM ANNO MDCCCİ EODEM ANNO İNTRAVİT TRIBUNAL MATHEMATİCÆ UBI PER XXIII ANNOS. LABORAVIT ET CUJUS TANDEM PRÆSES EUİT. SENİO CONFECTUS BİE OBİİT ANNO MDCCCXXİV DİE PRIMA FEBRUARII ÆTATE LXXVI ANNORUM.

---

① 韩琦、吴旻校注：《熙朝崇正集熙朝定案（外三种）》，中华书局 2006 年版，第 378 页。

② 参见北京石刻艺术博物馆馆藏：《石刻拓片编目提要》，学苑出版社 2014 年版，第 62 页。另参见高智瑜、[美] 马爱德主编：《虽逝犹存：栅栏——北京最古老的天主教墓地》，澳门特别行政区政府文化局、美国旧金山大学利玛窦研究所 2001 年版，第 257 页。

③ 多明我即 Domingos 的音译，故福多明我即福文高。

④ 即 1801 年。荣振华记载 1801 年 5 月 24 日抵京。

⑤ 即 1801 年 12 月 19 日。

⑥ 即 1806 年 1 月 14 日。"钦天监右堂"即钦天监右监副。"左堂"即钦天监左监副。

⑦ 即 1808 年 8 月 13 日。"正堂"即钦天监监正。

⑧ 即 1823 年 5 月 25 日。

⑨ 即 1824 年 2 月 1 日去世。根据其享年 76 岁推算，应为 1748 年出生。

D. O. M.

P [ATER] DOMINICUS IOACQUIMUS FERREIRA, LUSITANUS, SACERDOS CONGRE-GATIONIS MISSIONIS, PERVENIT PEKINUM ANNO MDCCCI, EODEM ANNO INTRAVIT TRIBUNAL MATHEMATICAE, UBI PER XXIII ANNOS LABORAVIT, ET CUJUS TANDEM PRAESES FUIT. SENIO CONFECTUS BIE [=PIE] OBIIT, ANNO MDCCCXXIV, DIE PRIMA FEBRUARII, ETATE [=AETATE] LXXVI ANNORUM.

英译

To God Most Good and Most Great

Father Domingos Joaquim Ferreira, Portuguese, priest of the Congregation of the Mission. He came to Beijing in the year 1801, and in the same year he entered the Bureau of Astronomy, where he served for 23 years, and whose director he finally became. Weakened by his old age he died in the year 1824, on the first day of February, at the age of 76 years.

汉译

献给至善至尊的天主

福文高神父，葡萄牙人，遣使会士。1801 年抵京，同年奉旨进入钦天监，服务 23 年，最后升为监正。年老体衰，逝世于 1824 年 2 月 1 日，享年 76 岁。

碑文比较与解析

福文高墓碑汉文与拉丁文部分比较，内容大体相同。汉文部分还强调了朝廷对其的重视，去世后赠以葬资，并镌刻于石以此铭记。

第六节　修会不详

（一）吴若翰

（JOANNES REME DIIS/ Wu Ruohan/ João a Remediis）

吴若翰，澳门人，修会不详。生于 1764 年。1785 年来京，1787 年晋铎。他辛勤传教多年，甘愿献身，因劳成疾，于 1793 年 7 月 6 日去世，享年 29 岁。葬于栅栏墓地。

碑文（见图 5-8）

汉文

司铎吴公之墓

吴若翰，系澳门人，生于乾隆二十九年①，至四十九年来京②。嗣于五十二年洊升司铎③，传教有年，不辞况瘁④，于五十八年五月二十九日全领圣事⑤，平安卒世，时年三十岁。

拉丁文

D. O. M.

P. JOANNES À REMEDIIS, MACHAESIS, NATUS ANNO MDCCLXIV, PEKINŪ VENIENS ANNO MDC-CLXXXV, IBIQUE SACERDOTIO INITIATUS ANNO MDC-CLXXXVII, EVĀGELICAE PRÆDICATIONI IN DIÆCESI PEKINENSI SEDULÓ IMCUMBENS, PIÉ ÌN DOMINO OBIIT DIE VI JULII AN. MDCCXCIII, ÆTAT. XXIX.

图 5-8　吴若翰墓碑碑阳拓片

图片来源：中国国家图书馆，馆藏号：北京 2040。

拉丁文解读

D. O. M.

P [ATER] JOANNES À REMEDIIS MACHAESIS, NATUS ANNO MDCCLXIV, PEKINU [M] VENIENS ANNO MDCCLXXXV, IBIQUE SACERDOTIO INITIATUS ANNO MDC-CLXXXVII, EVA [N] GELICAE PRAEDICATIONI IN DIAECESI PEKINENSI SEDULO IM-CUMBENS, PIE IN DOMINO OBIIT DIE VI JULII AN [NO] MDCCXCIII, AETAT [E] XXIX.

英译

To God Most Good and Most Great

Father João a Remediis, from Macao, born in 1764, who came to Beijing in 1785, and there he was initiated to priesthood in the year 1787. He assiduously conducted the preaching of the gospel in

---

① 吴若翰生于 1764 年。

② 即 1784 年，和拉丁文 1785 年不符。

③ 即 1787 年。

④ "况瘁"见于《诗·小雅·出车》。"忧心悄悄，仆夫况瘁"，"况"通"怳"，意为憔悴。而"不辞况瘁"为不辞劳累。参见（汉）毛亨传、郑玄笺，（唐）孔颖达疏：《毛诗正义》，李学勤主编：《十三经注疏》，北京大学出版社 1999 年版，第 599 页。

⑤ 1793 年 5 月 29 日逝世于北京。

the Diocese of Beijing, and die faithfully in the Lord on July 6th in the year 1793, aged 29.

汉译

献给至善至尊的天主

吴若翰神父，澳门人，生于 1764 年。1785 年来京，1787 年晋铎。他甘愿献身，在北京传播福音。1793 年 7 月 6 日安息主怀，享年 29 岁。

碑文比较与解析

吴若翰墓碑汉文与拉丁文部分比较，凸显出他为教区所作的贡献，言及他在北京教区传播福音，为主献身。

在汉文中提及吴若翰因劳成疾，而且在去世时领傅油圣事。从行文来看，用语不仅属于教会术语，比如对圣事的重视，而且讲究文辞，比如"不辞况瘁"等语，说明此碑文多由教内且具有文学素养的人士所写。

（二）傅安多尼

（ANTONIUS DUARTE / Fu Anduoni/ António Duarte）

傅安多尼，原籍南京南汇县（今为上海浦东南汇区）人，修会不详。1752 年出生。1788 年抵京修道，1796 年晋铎。勤勉传播福音三年，逝世于 1799 年 10 月 6 日，享年 47 岁。

碑文（见图 5-9）

汉文

司铎傅公之墓

司铎傅安多尼，系松江府南汇县人 ①。于乾隆五十三年 ② 到京修道，嘉庆元年升受撒责之位 ③，年四十七岁。今于四年九月初八日长逝 ④。

---

① 松江府南汇县，即如今的上海南汇区。

② 1788 年。

③ 即 1796 年。1792 年晋铎。"撒责"即司铎、神父。明清时期的耶稣会士教将 Sacerdos（priest）译作"撒责尔铎德"，随后的文献渐渐简称为"铎""铎德"或"司铎"。在最早的一批中国本土神学家们的著作里，即开始大量地使用"撒责尔铎德""司铎"等词。在杨廷筠的《代疑篇》里，杨氏可能是第一个使用"撒责尔铎德"的中国人，随后杨廷筠在《天释明辨》，严谟的《天帝考》等著作里随处可见。傅安多尼所属何修会代考。

④ 即 1799 年 10 月 6 日逝世于北京。

图 5-9　傅安多尼墓碑碑阳拓片

图片来源：中国国家图书馆，馆藏号：北京 2044。

拉丁文

D. O. M.

P. ANTONIUS DUARTE, NANKINENSIS, NATUS ANNO M.DCC. LII, PEKINŪ VENIENS ANNO M. DCC. LXXX. VIII, IBIQUE SACERDOTIO INITIATUS ANNO M. DCC. XC. VI, POST TRIENNIUM SOLER. TER PERACT. IN EVANGELICA PRÆDICATIONE PIÈ OBIIT DIE VI. OCTOBR. ANNO M. D. CC. XC. IX.

拉丁文解读

D. O. M.

P [ATER] ANTONIUS DUARTE, NANKIN [G] ENSIS, NATUS ANNO MDCCLII, PEKINU [M] VENIENS ANNO MDCCLXXXVIII, IBIQUE SACERDOTIO INITIATUS ANNO MDCCXCVI, POST TRIENNIUM SOLERTER PERACT [UM] IN EVANGELICA PRAEDICATIONE, PIE OBIIT DIE VI. OCTOBR [IS], ANNO MDCCXCIX.

英译

To God Most Good and Most Great

Father António Duarte, from Nanking [Jiangnan], born in 1752, he arrived in Beijing in 1788, where he was initiated to the priesthood in the year 1796. After three years of diligently preaching the gospel he died piously on October 6th, in the year 1799.

汉译

献给至善至尊的天主

傅安多尼神父，原籍南京（江南），生于 1752 年。1788 年抵达北京，1796 年晋铎。勤勉传播福音三年，逝世于 1799 年 10 月 6 日。

碑文比较与解析

傅安多尼墓碑汉文与拉丁文部分比较，大体相同。拉丁文中突出他在教会内的工作，他在晋铎以后，热忱传教三年，最后安息主怀。

（三）李保禄（山西）

（PAULUS A CRUCE//Li Baolu/Paul of the cross）

李保禄，原籍山西太原，修会不详。出生于 1760 年。1785 年到北京进入修院学习，1791 年晋铎。他在京传教 12 年，于 1802 年 12 月 1 日逝世 ①，享年 42 岁。

碑文（见图 5-10）

汉文

司铎李公之墓

司铎李保禄，系山西太原府太原县人。于乾隆五十年到京修道 ②，至五十七年升受撒责之位 ③。今于嘉庆七年十二月初一日 ④ 长逝，年四十二岁。

拉丁文

D.O.M.

P. PAULUS A CRUCE XANCINENSIS. NATUS. ANNO MDCCLX. PEKINUM VENIENS ANNO MDCCLXXXV IBIQUE SACERDOTIO INITIATUS ANNO. M. DCCXCI POST DUODECIN ANNOS SOLERTER PERACTIS IN EVANGELICA PRÆDICATIONE PIE OBIIT DIE XXIU DECEMBRIS ANNO M. DCC. OIII.

拉丁文解读

D.O.M.

P [ATER] PAULUS A CRUCE. XANCINENSIS [=SHANX-INENSIS], NATUS ANNO MDCCLX. PEKINUM VENIENS ANNO MDCCLXXXV, IBIQUE SACERDOTIO INITIATUS ANNO MDCCXCI, POST DUODECI [M] ANNOS SOLERTER PERACTIS IN EVANGELICA PRAEDICATIONE PIE OBIIT, DIE XXIV DECEMBRIS ANNO MDCCOIII [=MDCCCIII].

图 5-10　李保禄墓碑碑阳拓片

图片来源：中国国家图书馆，馆藏号：北京 2046。

---

① 拉丁文标注 1803 年 12 月 24 去世。

② 即 1785 年。

③ 即 1792 年晋铎。

④ 即 1802 年 12 月 1 日去世。拉丁文所注去世时间有误。

英译

To God Most Good and Most Great

Father Paul of the Cross, from Shanxi, born in the year 1760. He came to Beijing in 1785, and there he was initiated to the priesthood, in the year 1791. After twelve years of diligent preaching of the gospel he died piously on the 24th of December of the year 1803.

汉译

献给至善至尊的天主

李保禄神父，原籍山西，出生于 1760 年。1785 年抵京，1791 年晋铎。辛勤传教 12 年，于 1803 年 12 月 24 日安息主怀。

碑文比较与解析

李保禄墓碑汉文与拉丁文部分比较大体相同。拉丁文更突出他信仰忠诚，辛勤传教长达 12 年。

（四）李保禄（天津）

（PAULUS LY / Li Baolu/ Paul Ly）

李保禄，修会不详。顺天府宝坻县（今天津市宝坻县）人。出生于 1860 年，1886 年晋铎，在保定府和北京地区传教。1895 年 3 月 7 日日逝世于栅栏，年仅 36 岁。

碑文（见图 5–11）

汉文

李司铎保禄之墓

李神父圣名保禄，系顺天府宝坻县人①，距生于救世后一千八百六十年，光绪十二年升铎德品位②，传教于保定府等处。兹于光绪二十一年二月十一日因病安逝于滕公栅栏③，享年三十有六。

拉丁文

HIC JACET PAULUS LY NATUS IN PAO-TI-SHIEN AN. 1860. ORDINATUS SACERDOS AN. 1886. FECIT MISSIONES IN PAO-TING-FOU ET PEKING. DEFUNCTUS EST IN CHALA-EUL DIE

---

① 宝坻县今属天津。
② 即 1886 年晋铎。
③ 即 1895 年 2 月 11 日去世。

图 5-11 李保禄墓碑碑阳拓片

图片来源：中国国家图书馆，馆藏
号：北京 2066。

7 MARTII AN 1895. R. I. P.

拉丁文解读

HIC JACET PAULUS LY, NATUS IN PAOTI [BAODI]
SHIEN [XIAN], AN [NO] 1860. ORDINATUS SACERDOS
AN [NO] 1886. FECIT MISSIONES IN PAOTINGFOU [BA-
ODINGFU] ET PEKING. DEFUNCTUS EST IN CHALA EUL
[CHALA-ER], DIE 7 MARTII AN [NO] 1895. R [EQUIES-
CAT] I [N] P [ACE].

英译

Here rests Paul Ly, born in Baodi, in the year 1860. He was
ordained priest in the year 1886, did missionary work in Baoding
Fu and Beijing, and died in Chala'er, on March 7th, 1895. May
he rest in peace.

汉译

这里安息着的李保禄，出生于顺天府宝坻县。1886 年
晋铎，在保定府和北京传教。1895 年 3 月 7 日逝世于栅栏
墓地。愿他安息。

碑文比较与解析

李保禄墓碑汉文与拉丁文部分比较，内容大体相同，皆明确说明其去世后葬于栅栏
墓地。

在栅栏墓地历史中，诸多墓碑虽逃过了义和团运动，然由于历史原因和社会运动，最终湮灭在历史之中，仅余拓片作为其存在的依据。比如，在诸圣堂修好以后，耶稣会龙华民、徐日昇、索智能、刘保禄等墓碑移至教堂后院。而其他耶稣会士鲍仲义、徐懋德、于禄来等人，遣使会德理格、李拱辰、毕学源、张多默、邱安遇、郝正国、蓝保禄、裴亚伯尔多安当等人，此外还有多明我会的郭多明，十字会的夏真多，奥斯定会的张中一，济各会的汤士选、方纪谷等人墓碑皆嵌于教堂外墙之上，后在 1972 年拆毁教堂之后踪迹难寻。在义和团运动之后去世的传教士或者国籍神父，其坟冢及墓碑原存于栅栏墓地内。新中国成立后由于筹建党校，需要大规模迁坟，在迁坟过程中坟冢、墓碑皆无从考证，虽有记载迁至海淀区西北旺乡，然如今所在地了无痕迹，且无迹可寻。

此外，还有少许耶稣会士墓碑毁于义和团运动，因此既无墓碑又无拓片。在义和团运动以后去世的一些遣使会士的墓碑也不知何因，只有历史记载，而无实物证明其葬于栅栏墓地。因此本章主要补遗墓地佚失人物碑文及传记，从而尽量还原栅栏墓地曾经的墓葬规模以及安息的碑主信息。

第一节　耶稣会（有拓片者）

（一）龙华民

（NICOLAUS LONGOBARDI/Niccolò Longobardo）

龙华民（见图 6-1），字精华，耶稣会士，意大利人。1559 年 9 月 10 日诞生于西西里的卡尔塔吉罗内城（Caltagirone）① 的贵族家庭。先在墨西拿（Messina）进入初修院，后又转至巴勒莫（Palermo）学习文学、哲学、神学七年，并教书三年。1582 年入耶稣会。他曾多次申请前往远东地区传教，但未被批准。龙华民于 1590 年至 1593 年之间晋铎，

① 关于其出生年，参见余三乐：《来华耶稣会士龙华民事迹》，《韶关学院学报》2012 年第 9 期。

图 6-1　龙华民像

图片来源：图片参见 *Prospero Intorcetta: Traduttore di Confucio* 孔子的译者——殷铎泽, a cura di Gaetano Gullo, testi di Gaetano Gullo e Marina Battaglini.Regione Siciliana-Assessorato dei Beni Culturali e dell'Identità Siciliana, Biblioteca Centrale della Regione Siciliana. 2010.

1596 年 4 月 10 日启程赴华，1597 年 7 月 20 日到达澳门，1597 年 12 月 28 日到达韶州（即韶关），在当地传教多年。"我们把西西里人龙华民神父和黄明沙修士留在韶州，他们在那里孤独地居住了好几年"①。在利玛窦未去世前，即指定龙华民为自己的继承人，担任中国副省会会长，负责耶稣会在华的传教事务。

利玛窦临终时，龙华民尚未赶到北京。在利玛窦的遗书中关于整个传教工作的那份计划"是寄给中国传教团负责人龙华民神父的"，寄信人为"本传教团前负责人利玛窦神父"②。利玛窦之所以青睐龙华民，一方面是由于他们同为意大利人，另一方面，他对龙华民在韶州的工作非常欣赏，还极力向罗马教廷推荐。龙华民于 1610 年至 1622 年期间，担任耶稣会中国区负责人。1611 年 5 月 3 日抵京。利玛窦去世后，由龙华民指导设计利玛窦墓地，即耶稣会在华的第一座墓地，且亲自主持了利玛窦的葬礼。随后于 1617 年 12 月 24 日，由郭居敬司铎主持，他在杭州杨廷筠家中小堂发愿。龙华民于 1619 年与史惟贞共同创建了陕西传教区。1621 年在杭州听闻允许传教士入京后，龙华民便与阳玛诺一起于 1627 年入京，随即任北京长上，并且从事修订历法工作。"崇祯二年，文定以礼部侍郎入朝，遂以龙华民、邓玉函、罗雅谷、汤若望四先生荐修历法"③。随后 1645 年在济南、青州及山东诸城传教。

龙华民最为人熟知的，即是他在传教策略上和利玛窦相左，"龙华民在明末天主教史上的地位，不是因为翻译算书，推测天文，或儒化天主教神学，阐演天儒合一之说，而是因为他是利玛窦传教策略的主要反对者"④。在事关信仰上，龙华民立场坚定，他结合自己的传教事实和理论所学，在一些观点上与利玛窦的主张完全背道而驰，甚至被认为"引起中国礼仪问题之第一人"⑤。龙华民对中国根深蒂固的传统认知并不以为然，其虔诚的宗教热忱使他轻视了在华的传教困难。他一改利玛窦的谨慎态度，对传教的指导过于冒进，从

---

① ［意］利玛窦、金尼阁：《利玛窦中国札记》，何高济、王遵仲、李申译，中华书局 1983 年版，第 443 页。

② ［意］利玛窦：《耶稣会与天主教进入中国史》，文铮译，梅欧金校，商务印书馆 2014 年版，第 481 页。

③ （明）李瑞和：《上海天主堂碑记》，参见［比利时］钟鸣旦、［荷］杜鼎克、黄一农、祝平一等编：《徐家汇藏书楼明清天主教文献》第十册，台湾辅仁大学神学院 1996 年版，第 509 页。

④ ［美］夏伯嘉：《天主教与明末社会：崇祯朝龙华民山东传教的几个问题》，《历史研究》2009 年第 2 期。

⑤ ［法］费赖之：《在华耶稣会士列传及书目》，冯承钧译，中华书局 1995 年版，第 65 页。

而直接导致 1616 年"南京教案"的发生，万历皇帝颁旨将北京的庞迪我、熊三拔、南京的王丰肃、谢务禄等人驱逐到澳门。加之 1618 年日本省会区与中国副省会区分判为二，龙华民的策略使得中国的传教形势更加严峻。甚至在对上帝（Deus）的汉译上，他反对利玛窦所翻译的"天"，而是使用音译的"陡斯"。这引起了耶稣会士和教徒们关于关于上帝称谓的讨论，当时支持他的是熊三拔，而徐光启、杨廷筠、李之藻等人皆认同利玛窦的翻译。龙华民还写下《论中国宗教的几个问题》（*Traité sur quelques points de la Religion des Chinois*, 1701）[1]，集中探讨了关于西方的神（de Dieu）、天使（dea Anges）、灵魂（de L'ame）的中文翻译，是否和上帝、天神、灵魂相对应。这在欧洲引起了激烈的讨论。龙华民直到"南京教案"后，才开始逐渐认可利玛窦的学术传教策略。

龙华民著述甚多，编撰宗教用语手册，比如《圣教日课》《死说》《圣若撒法行实》《灵魂道体说》《丧葬经书》等。方豪认为在为中国所使用天主教经文上，龙华民"功绩最著"[2]。而费赖之亦称其编纂的洗礼用语，"至今尚宗之"[3]。他还于 1626 年撰写《地震解》，介绍西洋地震学说，从而解释地震的起源问题。1629 年又参与《崇祯历书》中修订工作。

龙华民 95 岁时因跌伤而卧床不起，他在临终前，命人诵读耶稣受难记，哭泣言及"死时获闻我主死难之事，我之幸矣"[4]。1654 年 12 月 11 日，在华民逝世于北京。他在华度过了 58 年光阴，顺治帝曾命人为其画像。在听闻龙华民去世后，又赐予葬资 300 两，并遣官祭奠。

碑文（见图 6-2）

汉文

耶稣会士龙公之墓

龙先生，讳华民，号精华，系泰西西济利亚人，生于一千五百五十九年。自幼入会真修，万历丁酉年[5]航海东来，宣传圣教。利玛豆去世后，升为管理中国耶稣会务上司，曾严禁奉教信友崇奉中国礼典。卒于一千六百五十四年洋十二月十一日，享寿九十有五[6]。

按：此墓原有碑志，庚子夏被拳匪劫毁。兹于光绪三十二年丙午[7]重立。

---

① 庞景仁指出，龙华民所了解的理学是通过官员的俗见获得的，所以"他不能了解中国人的古代的思想，也不能了解朱子学本身"中了解中国。参见庞景仁：《马勒伯朗士的"神"的观念和朱熹的"理"的观念》，冯俊译，商务印书馆 2005 年版，第 29 页。另参见张西平：《中国与欧洲早期宗教和哲学交流史》，东方出版社 2001 年版，第 345—349 页。

② 方豪：《中国天主教史人物传》（上），中华书局 1988 年版，第 72 页。

③ [法] 费赖之：《在华耶稣会士列传及书目》，冯承钧译，中华书局 1995 年版，第 65 页。

④ [法] 费赖之：《在华耶稣会士列传及书目》，冯承钧译，中华书局 1995 年版，第 68 页。

⑤ 即 1597 年来华。

⑥ 龙华民享年 95 岁，为葬于栅栏墓地传教士中最为长寿之人。

⑦ 即 1906 年。

拉丁文

D. O. M.

HIC JACET NICOLAUS LONGOBARDI NATUS IN CALATAGIRONE SICILLIÆ AN. 1559, INGR. EST IN SOCIE TATEM JESU AN. 1582, VENIT AD SINAS AN.1597, DE- FUNCTO MATTHÆO RICCI, SUPERIOR FUIT SOCIETATIS JESU IN SINIS MULTUM LABORAVIT AD FIDEM PROPA- GANDAM, PLURIMUM IMPROBAVIT RITUS SINENSES, OBIIT PEKINI DIE 11 DECEMBRIS AN. 1654 ÆTATIS SUÆ 95. R. I. P.

英译

To God Most Good and Most Great

Here lies Niccolò Longobardo, Born in Caltagirone, Sicily, in 1559. He entered the Society of Jesus in 1582 and came to China in 1597. After the death of Matteo Ricci, he was the Su- perior of the Society of Jesus in China. He labored much for the propagation of the faith and strongly disapproved of the Chinese Rites. He died in Beijing on 11th December, 1654, aged 95. May he rest in peace.

图 6–2　龙华民墓碑碑阳拓片

图片来源：中国国家图书馆，馆藏号：北京 1880。

汉译

献给至善至尊的天主

龙华民 1559 年出生于意大利西西里岛的卡尔塔吉罗内城。1582 年进入耶稣会，1597 年前往中国。利玛窦作古后，由他担任中国区耶稣会会长一职。他极力反对传教策略对中华礼仪的适应。1654 年 12 月 11 日逝世于北京，享年 95 岁。息止安所。

碑文比较与解析

龙华民墓碑汉文与拉丁文部分比较，内容大体相同。均强调了利玛窦去世以后，他作为中国区耶稣会会长对中华礼仪的态度。龙华民反对利玛窦对中华礼仪的适应政策，特别是关于天、上帝、天主等译名问题以及对于祭天、祭祖、祭孔的态度问题，这直接导致了礼仪之争的爆发。

在汉文中还提及此碑并非原碑，原碑上还有墓志铭，但在义和团运动后被毁，此拓片所显示的墓碑为 1906 年重立。在诸圣堂修好以后，龙华民墓碑被镶在诸圣堂后墙。后党校建立时，在进行校园规划时将其墓碑移至教堂后院，后在拆毁教堂中踪迹全无。

（二）徐日昇

（THOMAS PEREYRA/Tomé Pereyra）

徐日昇，字寅公，耶稣会士，葡萄牙人。1645 年 11 月 1 日诞生于布拉加教区（Braga）的圣·马尔蒂诺·多瓦尔（S.Martinho de Valle），出身贵族。1661 年 9 月 25 日于科英布拉进入初修院，大文学士。1663 年 9 月 25 日入耶稣会。1666 年请赴印度，在果阿或澳门完成学业。1672 年抵华，1673 年 1 月经南怀仁推荐以精通音乐来京，襄助治理历法，兼任宫廷音乐教师。1680 年 8 月 15 日在北京发愿，由南怀仁主持。他谙熟音乐，对中国音乐亦有研究，每闻中国歌曲，即能仿奏，深受康熙赞誉，"是人诚天才也"[1]，且赠予贡缎二十四匹。他和德理格一起著有《律吕正义》，在他去世后才得以出版。1688 年，南怀仁病殁，徐日昇署理钦天监监副，且著有《南先生行述》。

1689 年，中俄尼布楚边界谈判时，与张诚同为拉丁文翻译。正因为此功劳，康熙应允了天主教可以在华自由传播，颁布容教令。而康熙也称"主要是因为徐日昇神父的请求"[2]。1689 年 10 月 18 日与安多返回北京，1688—1694 年代理钦天监监正，1691—1695 年任副视察员和副省会长。1696 年 2 月 30 日，康熙亲征厄鲁特蒙古，六军启行，徐日昇扈从。当闵明我被任命为北京主教时，徐日昇为其辅理主教，他继汤若望之后，重建南堂，"至是日升更建新堂九所，将旧堂广而扩之，俾成欧式"[3]。并且在南堂中装置大风琴一架、大报时钟一架、庭内放置大鼓一架等。

在礼仪之争中，由于不仅涉及在华传教士内部在传教策略上的分歧，而且也波及传教士、清朝朝廷与罗马教廷关于中国祭祀祭孔等礼仪问题的争议。当时中华礼仪之争问题主要有三：第一，中国的哪些字词可以代表天主？耶稣会士试图在中国古典中寻求到天主的"中国称谓"（a name for God）[4]。第二，关于儒生们祭祖、祭孔行为，应该视为迷信而被禁止还是视为一种道德尊敬而被容忍？甚至有第三条路线，即去除必要的形式而调整为天主教可容忍的行为。第三，关于一些不能忽视的各种枝节问题，如天主教徒是否能够参与非宗教的中国传统祭祀节日？对基督徒的祖辈（不信仰基督宗教），是否能够用基督宗教的仪式？神父是否可以忽略儒家道德规范为女性实施圣礼？欧洲天主教的仪式、教义是否能够转化为中国可接受的形式？等等。[5] 针对此，徐日昇积极回应，坚持利玛窦方针，他与安多、张诚等人谨奏，认为拜孔子、祭祀祖先、祭拜郊天并非迷信，而是关系中国风

---

① [法] 费赖之：《在华耶稣会士列传及书目》，冯承钧译，中华书局 1995 年版，第 381—382 页。

② [葡] 佛朗西斯·罗德里杰斯：《葡萄牙耶稣会天文学家在中国（1583—1805）》，黎明、恩平译，澳门文化司署 1990 年版，第 92 页。

③ [法] 费赖之：《在华耶稣会士列传及书目》，冯承钧译，中华书局 1995 年版，第 383 页。

④ Cf. Kenneth Scott Latourette, *A history of Christian Missions in China*, Taipei: Cheng-wen Publishing Company, 1973.p.133.

⑤ Cf. Nicolas Standaert, *Handbook of Christianity in China, Volume one :635-1800*, Leiden, Boston, Köln: Brill, 2001.p.681.

俗。康熙认为其言"有合大道，敬天及事君亲敬师长者系天下通义"①。徐日昇为教会所做的努力，从某种程度上使利玛窦以来的传教之梦变为了现实，且让来华传教士的修会变得多元，除了耶稣会以外，方济各会、多明我会、奥斯定会等皆纷纷来华。

徐日昇在康熙心目中地位甚高，当时康熙南巡时，经常以"可认得徐日昇?"②来作为与地方传教士谈话的内容，可见其分量。徐日昇终其一生在北京，1708年12月24日逝世于此。

碑文（其碑阳见图 6-3，其碑阴见图 6-4）

图 6-3 徐日昇墓碑碑阳拓片

图片来源：中国国家图书馆，馆藏号：北京 1916。

图 6-4 徐日昇墓碑碑阴拓片

图片来源：北京行政学院编：《青石存史》，北京出版集团 2012 年出版，第 223 页。

汉文
碑阳

耶稣会士徐公之墓

上谕："朕念徐日昇斋诚，远来效力岁久，渊通律历，制造咸宜，扈从惟勤，任使尽职，秉性贞朴无间，始终夙夜殚心，忠悃日着，朕嘉许久矣。忽闻抱病，犹望医治痊可。遽尔溘

---

① （清）黄伯禄：《正教奉褒》，见韩琦、吴旻校注：《熙朝崇正集熙朝定案（外三种）》，中华书局 2006 年版，第 363 页。

② 参见韩琦、吴旻校注：《熙朝崇正集熙朝定案（外三种）》，中华书局 2006 年版，第 190 页。

逝，朕怀深为轸恻。特赐银二百两、大缎十端，以示优恤远臣之意。特谕。"

徐先生，讳日昇，号寅公，泰西波耳多阿里亚国人，自幼入会真修，于康熙十二年岁次癸丑①入中国传教。卒于康熙四十七年岁次戊子十一月十四日②，寿六十四岁，在会四十六年。

拉丁文

D. O. M.

P. THOMAS PEREYRA LUSITAN, IVVOTA PROFESS, VIXIT IN SOCIE. SU ANN XLUI IN SINENSI MISSIONE XXXVI OBIIT PEKIN XXIV DEC, MDCC, VIII ANNOS NAT LXIV.

英译

To God Most Good and Most Great

Father Tomé Pereira, Portuguese, professed of four vows, he lived in the Society for 46 years and 36 years in the mission of China. Died in Beijing on December 24th 1708, the age of 64 years.

汉译

献给至善至尊的天主

徐日昇，来自葡萄牙。发"四愿"，在会 46 年，在华 36 年。于 1708 年 12 月 24 日逝世于北京，享年 64 岁。

碑阴

礼部抄出钦天监治理历法臣徐日昇、安多谨题：为敬陈始末缘由，仰祈睿鉴事。

本年九月内，杭州府天主堂住居臣殷铎泽差人来说，该巡抚交与地方官，欲将堂拆毁，书版损坏，以为邪教，逐出境外等语。此时不将臣等数万里奔投苦衷于君父前控诉，异日难免报仇陷害之祸。伏见我皇上统驭万国，临莅天下，内外一体，不分荒服，惟恐一人有不得其所者，虽古帝王亦所莫及，即非正教亦得容于履载之中。且皇上南巡，凡遇西洋之人，俱颁温旨教训，容留之处，众咸闻知。今以为邪教，抚臣于心何忍！且先臣汤若望蒙世祖章皇帝隆恩，特知尽心，将旧法不可用之处以直治理，惟上合天时，方可仰报知遇之恩，而不知为旧法枉罹不忠之愆。后来杨光先等屈陷以不应得之罪。皇上洞鉴，敕下议政王贝勒大臣九卿詹事科道质明，而是非自白。

先臣汤若望虽经已故，奉旨召南怀仁，加恩赐予官爵，命治理历法，承恩愈隆，故知无不言，言无不尽。西洋所习各项书籍，历法本源、算法律吕之本、格物等书，在内廷纂修二十余年，至今尚未告竣。皇上每项既已详明，无庸烦读。若以为邪教，不足以取信，何以自顺治初年以至今日，命先臣制造军器，臣闵明我持兵部印文，泛海差往俄罗斯，臣徐日昇、张诚赐参领职衔，差往俄罗斯二次乎？由是观之，得罪于人者，不在为朝廷效力，而在怀私不忠。若

---

① 即 1673 年。1666 年离欧，经印度果阿，1672 年抵澳门。

② 即 1708 年 12 月 25 日。

忠而无私，无不心服者；若私而不忠，不惟人心不服，而亦不合于理。先臣跋涉数万里者，非慕名利，非慕富贵而来，倘有遇合，将以阐明道教，自来至中国，随蒙圣眷，于顺治十年特赐敕命治理历法，十四年，又赐建堂立碑之地。康熙二十七年，臣南怀仁病故，以侍郎品级赐谥号，谕祭之处，案内可查。以臣等语音，易习满书，特令学习满书，凡俄罗斯等处行文，俱在内阁翻译。臣等何幸，蒙圣主任用不疑，若以臣等非中国族类，皇上统一天下，用人无方，何特使殷铎泽无容身之地？实不能不向隅之泣。臣等孤子无可倚之人，亦不能与人争论是非，惟愿皇上睿鉴，将臣等无私可矜之处察明施行，为此具本谨题，臣等无任战栗待命之至。康熙三十年十二月十六日具题。本月十八日奉旨：该部议奏。①

　　康熙三十一年二月初二日，大学士伊桑阿等奉上谕：前部议将各处天主堂照旧存留，止令西洋人供奉，已经准行。现在西洋人治理历法，前用兵之际制造军器，效力勤劳，近随征阿罗素，亦有劳绩，并无为恶乱行之处，将伊等之数目为邪教禁止，殊属无辜。尔内阁会同礼部议奏。钦此。②

　　礼部等衙门尚书降一级臣顾八代谨题：为钦奉上谕事。该臣会议得，查得西洋人仰慕圣化，由万里航海而来，现今治理历法，用兵之际，力造军器火炮，差往阿罗素，诚心效力，克成其事，劳绩甚多，各省居住西洋人并无为恶乱行之处，又并非左道惑众，异端生事。喇嘛僧道等寺庙尚容人烧香行走，西洋人并无违法之事，反行禁止，似属不宜。相应将各处天主堂俱照旧存留，凡进香供奉之人仍许照常行走，不必禁止。俟命下之日，通行直隶各省可也。康熙三十一年二月初三日会题。本月初五日奉旨：依议。③

碑阴汉译

　　礼部关于钦天监治理历法的官员徐日昇、安多奏折的抄本。为了陈述事情的原委，特此在此说明，请皇帝明鉴此事。

　　本年(1692年)九月内，杭州天主堂本堂殷铎泽神父派人来说，当地巡抚给地方官下令，要把当地的教堂拆毁，毁坏天主教书籍及制版，将天主教当作邪教、将传教士驱逐出境等。如果现在不将我们做臣子的不惜不远万里而来的苦衷告诉皇帝，改日很难澄清被陷害的危险。万人之上的皇帝您统御万国，治理天下，使得四海都受惠于您的恩泽。即使古代帝王明君都比不上您，即使不是正教(儒家)也允许在国内立足。并且您南巡时，只要遇到西洋人，您都颁布圣旨使得他们在中国有居住之地，大家都已经听闻。如今有人将天主教看作邪教，这对我们来说是无法忍受的呀！况且已经去世的臣子汤若望获得顺治皇帝的恩宠，全心全力为皇帝服务，将

①　此碑阴内容抄件保存在《熙朝定案》《正教奉褒》中，内容个别稍有不同。参见韩琦、吴旻校注：《熙朝崇正集熙朝定案（外三种）》，中华书局2006年版，第181—183、356—358页。在梵蒂冈图书馆所藏Borg. Cinese 376中内容相对完整。然其中"喇嘛"被简写作"喇麻"，"顾八代"被写作"顾巴代"，时间上也略有差异。顾八代上奏的时间为康熙三十一年二月初三（3月20日），梵蒂冈图书馆所藏Borg·Cinese 376记载的是二月初二。

②　在《熙朝定案》中，后有"该臣等会议得，查得西洋人仰慕圣化，由万里航海而来云云"。参见韩琦、吴旻校注：《熙朝崇正集熙朝定案（外三种）》，中华书局2006年版，第184页。

③　参见韩琦、吴旻校注：《熙朝崇正集熙朝定案（外三种）》，中华书局2006年版，第185页。

旧法进行改革，使得历法能够与四时相合，如此才能够回报皇帝的知遇之恩，但是他并没有想到会因此招来被冤枉为不忠的责难。后来杨光先等人以莫须有的罪名诬陷汤若望。还请皇帝您明察。如今议政王、贝勒、大臣、九卿、詹事、科、道等一起将事情调查清楚，还原真相。汤若望虽然已经去世，但是皇帝能够下旨给南怀仁，从而对汤若望加官进爵，并且任命传教士继续治理历法，这是您对我们更大的恩宠，因此可以畅所欲言。西洋人对各种书籍的研习，历法的缘起，算学、乐理的本质，还有自然科学等，在朝廷纂修二十多年，至今还没有完成。皇帝您非常明了这些工作，所以我没有必要再详细说明了。如果这样还认为天主教是邪教，这是无法让人信服的。那为什么从顺治皇帝初年到如今，命令之前的西洋臣子制造军器，其中闵明我持着兵部官印文书，乘船前往俄罗斯进行外事访问，而后徐日昇、张诚又领命第二次前往俄罗斯？从这里看出，我们得罪的人，并不是在为朝廷出力做事，而是因为他存有私心，并且对您不忠。如果真能忠心耿耿，没有人不真心佩服；如果怀有私心，对您不忠，那就不单单有人不服，也不符合天理。之前的那些传教士不远万里来华，并不是为了追求名利富贵。如果机会合适，我们也会宣传天主教教义。从来到中国开始，我们就得到了皇帝的恩宠，在顺治十年就领命修订历法，十四年又赐给我们建造教堂、竖立纪念碑的土地。康熙二十七年，南怀仁病故，又赐给他"侍郎"这样的品级，皇帝颁祭奠他的圣旨，可以在内府查到。以我们的口音，学习满语比较容易，您又特令我们学习满语，如果有俄罗斯等国语言，都让内阁进行翻译。我们是多么荣幸，唯独您能够这样信任我们。皇上您一统天下，用人不分南北，如果我们这样的异族人都能成为您的臣子，为您效力，那为何唯独让殷铎泽在华没有容身之地呢？这想起来就让人难过，只能躲在墙角哭泣。我们这些孤苦无依的人，又不能和别人一争长短，只有乞求您明断曲直，将我们无私可褒奖的地方明察。为此我们奉上此奏本，并且无比小心翼翼的等待您的旨意。一六九一年十二月十六日谨题。本月十八日奉旨：礼部讨论后将处理意见向皇帝奏闻。

一六九一年二月初二，大学士伊桑阿等传上谕：之前礼部议定将全国各处的天主堂按照以前的规制存留，允许西洋人不再供奉。现在西洋人治理历法，在国家需要用兵的时候制造军器，为朝廷效力勤劳，最近又跟随着征伐阿罗素，也立下了战功，而且没有为非作歹的事情。将这些作为邪教禁止，确实有些无辜。就让内阁和礼部一起商量，并将议定的结果告诉我。

礼部等衙门尚书降一级臣顾八代恭敬具题：臣在钦奉上谕事处供职，查明西洋人由于仰慕皇帝您的智慧与功德。从万里之外航海来华，如今在华治理历法，在用兵打仗的时候，又全力制造军器火炮。派遣征伐阿罗素，全心全力效力朝廷，完成任务，立下很多功绩。全国各省居住的西洋人并没有恶行或者动乱，并且也不是用歪门邪道来迷惑大众，成为异端而生是非。既然喇嘛、僧人、道士所居住的寺庙都可以允许人前往烧香祈福，那么西洋人并没有做什么违法的事情，但却对他们禁止，这确实不妥。因此应该让各地的天主堂按以前的规制保留，前往教堂礼拜的人应该允许他们的行为，不必进行禁止。待命令颁发的时候，直隶各个省都可以通行。一六九二年二月初三日具题。二月初五得到皇帝旨意：按照提议实行。

碑文比较与解析

徐日昇墓碑至为特别。其碑阳为康熙上谕和汉文、拉丁文生平。碑阴为奏折内容。

汉文部分较为详细，其碑阳刻有康熙的上谕。康熙念徐日昇效力朝廷多年，通晓律历，制造有方，并且尽职尽责，德行淳朴，忠心耿耿。因此康熙对其嘉许颇多。在徐日昇去世后，特赐银二百两，大缎十端，以示优恤远臣之意。

　　徐日昇的碑阴乃为字数最多的碑。而此碑与其他碑不同的是，其他碑大多镌刻皇帝，针对其葬礼的谕旨或生平，而徐日昇碑阴却是奏折内容以此作为演教"标志"。奏折关系杭州教案，其天主堂被拆事件始末。碑上记载奏折事件背景为1691年时任浙江巡抚张鹏翮（1649—1725）① 打算拆除杭州武林门内的天主堂。此堂为1663年卫匡国和洪度贞（Humbert Augery，1616—1673）所建造。张鹏翮实则遵照1669年康熙对天主教的禁令，试图拆除天主堂，毁掉教堂中所存放的书版，将传教士逐出境外。当时在杭州主持教务的意大利传教士殷铎泽（Prospero Intorcetta，1626—1696）立刻写信给在北京供职的徐日昇等人，请求帮助。徐日昇和安多以钦天监的名义正式上奏，向康熙申诉。朝廷认为将天主教列为左道异端的邪教而加以禁止，确实不宜，应对天主教采取宽容政策。最终康熙应允了他们的请求，各处天主堂保留，且允许天主教在华传教。② 正是由于此事，康熙发布了一系列的谕旨，除了碑上所记载的二月初五，康熙批示"依议"，在此前正月二十三日康熙已对"已经行文浙江等省，其杭州府天主堂，应照旧存留，止令西洋人供奉"批示"依议"。而到二月初二时，诸多大学士一起奉上谕，并且同礼部议奏，其所提议的"相应将各处天主堂俱照旧存留，凡进香供奉之人仍许照常行走，不必禁止"。获得康熙同意，诸大学士皆在奏折上落款留名，按照顺序如下：

　　　　礼部尚书降一级顾八代

　　　　经筵讲官尚书熊赐履

　　　　经筵讲官左侍郎席尔达

　　　　左侍郎兼翰林院侍读学士王顒昌

　　　　经筵讲官右侍郎多奇

　　　　右侍郎兼翰林院学士王泽弘

　　　　文华殿大学士兼吏部尚书伊桑阿

　　　　武英殿大学士兼吏部尚书阿兰泰

　　　　太子太保太和殿大学士兼礼部尚书王熙

　　　　文华殿大学士兼户部尚书张玉书

　　　　内阁学士兼礼部侍郎满丕

　　　　内阁学士兼礼部侍郎图纳哈

　　　　内阁学士兼礼部侍郎思格则

　　　　内阁学士兼礼部侍郎王国昌

　　　　内阁学士兼礼部侍郎王尹方

---

① 张鹏翮，字运青，四川遂宁人。康熙九年（1670）进士，选庶吉士。康熙二十八年（1689）任浙江巡抚。参见（清）赵尔巽等：《张鹏翮传》，《清史稿》卷279，中华书局1977年版，第10132页。

② 参见龚缨晏：《关于康熙时期的几起天主教案子——梵蒂冈图书馆所藏相关中文文献研究》，《社会科学战线》2007年第3期。

内阁学士兼礼部侍郎王机

内阁学士兼礼部侍郎李柟

此等官员皆可谓皇帝身边亲近之人，且身份多为学士，他们对天主教的态度对皇帝是有重要的参考意义的，也可见当时官方对天主教在华传教事务是持宽容态度的。1692年5月9日，殷铎泽来京后被康熙召见，康熙收下了他所呈现的《穷理》等书籍以及方物十二种，"这些方物，朕念你老人家原来诚心，俱全收了，不令一件带回去"①，然后赐其茶，殷铎泽谢恩而出。5月17日殷铎泽与安多一起前往畅春园谢恩辞行，蒙赐筵宴，且获琼玉膏一瓶。此外，康熙还考虑殷铎泽年老体迈，特命载谕舟返回杭州。

在奏折中，特别提到了南怀仁的功劳，他不仅供职钦天监，而且还制造火炮，建立军功，可谓兢兢业业，勤恳忠心，而他的功绩亦受到了官方的认可，所以康熙赐予他"勤敏"。"康熙非常喜欢那些愿意效力、必要时肯做出自我牺牲的人，赐予他们殊荣"②。尽管传教士对世俗的高官厚禄、皇恩荣耀并不在意，但是当涉及与皇帝及朝廷对话时，政治身份和官方认同是非常重要的筹码。而南怀仁是继汤若望之后在朝廷最有影响力的传教士，将他的事迹载于奏折中，实借他之名凸显来华传教士对朝廷的贡献，以求能够得到康熙的怜悯之心，从而允许天主教在华的传播。

而康熙对徐日昇在廷效力甚为满意，认为他"俱勉力公事，未尝有错"，而"朕向深知真诚可信"③。"朕看西洋人真实而诚悫可信，罗刹着徐日昇去。"④因此对徐日昇屡次嘉奖，1688年特赐其蟒袍一件、大缎四匹，又赐蟒素鞍衬两副。随后又遣派御前侍卫捧赐米色御服、御貂外衣两袭到徐日昇的住所。1694年康熙赐予其牙金扇一柄，其上绘有自鸣钟，楼台花树等。且御题《戏题自鸣钟》："昼夜循环胜刻漏，绸缪宛转报时全。阴阳不改衷肠性，万里遥来二百年"⑤。由此可见对徐日昇的宠爱。

拉丁文部分仅简要介绍其生平。

（三）鲍仲义

（JOSEPH BAUDINUS/Giuseppe Baudino）

鲍仲义，字仲义，耶稣会士，意大利人。1657年10月20日出生于意大利皮埃蒙特

---

① 参见韩琦、吴旻校注：《熙朝崇正集熙朝定案（外三种）》，中华书局2006年版，第359页。

② ［德］莱布尼茨：《中国近事——为了照亮我们这个时代的历史》，梅谦立、杨保筠译，大象出版社2005年版，第72页。

③ （清）黄伯禄：《正教奉褒》，见韩琦、吴旻校注：《熙朝崇正集熙朝定案（外三种）》，中华书局2006年版，第367页。

④ 杭州后学何文豪、张星曜、杨达等同述：《昭代钦崇天教至华叙略》，见韩琦、吴旻校注：《熙朝崇正集熙朝定案（外三种）》，中华书局2006年版，第205页。

⑤ （清）黄伯禄：《正教奉褒》，见韩琦、吴旻校注：《熙朝崇正集熙朝定案（外三种）》，中华书局2006年版，第360页。

大区的库内奥。1680 年 8 月 11 日在热那亚进入修院学习。1692 年启程来华，1694 年 7 月 11 日到达澳门，同年从广州赴北京，在北京作医师和药剂师。1699 年，作为御医陪同康熙下江南。1718 年 12 月 24 日逝世于北京。

碑文（见图 6–5）

汉文

耶稣会鲍公之墓

鲍先生，讳仲义，号质菴，泰西侬大里亚国人也，自幼入会。于康熙三十三年岁次甲戌①入中国，康熙五十七年戊戌十一月初三日卒②，年六十一岁。

拉丁文

D. O. M.

F. JOSEPH BAUDINUS. PEDEMŌTAN. COADJUTOR TEMPO RALIS FORMAT, IN SOC. JESU VIXIT ANNIS XXXVIII. IN SINIS XXIV. OBIIT PEKINI XXIV. DEC. MDC-CXVIII. ANNOS NAT. LXI.

图 6–5　鲍仲义墓碑碑阳拓片

图片来源：中国国家图书馆，馆藏号：北京 1932。

英译

To God Most Good and Most Great

Brother Giuseppe Baudino, from Piemont, Itlay, cooperator of temporary formation in the Society of Jesus. Lived 38 years in the Mission and 24 years in China, died in Beijing on December 24th, 1718, at the age of 61 years.

汉译

献给至善至尊的天主

鲍仲义神父，来自意大利皮埃蒙特大区，辅理修士。在会 38 年，在华 24 年。1718 年 12 月 24 日逝世于北京，享年 61 岁。

碑文比较与解析

鲍仲义墓碑汉文与拉丁文部分皆较简略。在拉丁文中表明了其身份为辅理修士。

---

① 即 1694 年。
② 即 1718 年 12 月 24 日逝世于北京。

（四）徐懋德

（ANDREAS PEREYRA/André Pereyra）

徐懋德，字卓贤，耶稣会士，葡萄牙人。1689 年 2 月 4 日出生于波尔图（Porto），其父母均为英国人。1707 年 6 月 17 日进入初修院时为埃武拉大学新设的文学士。1716 年 3 月 14 日，乘直接驶往澳门的船出发。1716 年 8 月 31 日到达澳门，1716 至 1722 年在广州，后返回澳门。1724 年 6 月 18 日于广州发愿。1724 年 9 月 5 日抵京，被任命为钦天监监副，作为监正戴进贤的助手。1729—1732 年和 1735—1741 年两次被任命为副省会长。其间，1736 年被任命为圣彼得堡科学院的院士。1743 年 12 月 2 日逝世于北京。

碑文（见图 6-6）

汉文

耶稣会修士徐公之墓

徐先生，讳懋德，号卓贤，泰西玻尔都噶尔国人。童年入会，立志贞坚。时值康熙五十五年[①] 亲来粤东，圣教广传一十四载，终日乾乾。雍正甲辰[②]，奉旨传宣，授职监副，管理钦天内外治事，独著精专，阖会善士，颂声万千。天主命至，功完德全。乾隆癸亥，遂善终焉。帑银二百，皇恩无边。计在会中，三十六年，五十四岁，享寿绵绵，勒诸贞石，荣光常悬。[③]

图 6-6　徐懋德墓碑碑阳拓片

图片来源：中国国家图书馆，馆藏号：北京 1972。

拉丁文

D. O. M.

P. ANDREAS PEREYRA LUSITAN QUAT. VOTOR. PROFESS. SOC. JESU. CANTONEM VENIT AN. MDCCXVI. UBI PER XIV AN. FIDEM NON MEDIOCRI FRUCTU PROPAGAVIT. PEKINU ACCITUS IN TRIBUN. ASTRONOM. PER XV. AN. OPERA LOCAVIT. VPROVINC. BIS PRÆFUIT. OIBUS APPRIME CHARUS IN AGENDIS NEGOTIJS. AFFLICTIS QUE LEVANDIS MIRE DEXTER. TANDEM VOCATUS AD PRÆMIA. PIE OBIJT DIE II. DECEMB AN. MDCCXLIII ÆTATIS LIV. SOC. XXXVI.

---

① 1716 年 8 月 31 日到达澳门，后前往广州传教。

② 即 1724 年，他供职钦天监，担任钦天监监副。

③ 1743 年 12 月 2 日逝世于北京。

To God Most Good and Most Great

Father André Pereyra, Portuguese, professed of the four vows of the Society of Jesus, arrived in Canton in 1716, where during fourteen years he spread the faith with no small results. Summoned to Beijing, he worked for fifteen years in the Imperial Bureau of Astronomy. Twice he headed the Vice Province, having been especially good in managing affairs and capable in lifting up the afflicted. Finally called to his reward, he piously died on December 2nd, 1743, at the age of 54 years, having lived in the Society for 36 years.

汉译

献给至善至尊的天主

徐懋德神父，来自葡萄牙，耶稣会士，发"四愿"。1716 年到达广州，传教长达 14 年，随后被召入京，供职钦天监达 15 年。他两次被任命为副省会长。他在教务管理中重视人才，善于给穷苦人安慰。1743 年 12 月 2 日虔诚去世，享年 54 岁，在会 36 年。

碑文比较与解析

徐懋德墓碑汉文与拉丁文部分比较，汉文部分行文讲究，多引经据典。比如"终日乾乾"指每日孜孜以求，自强不息，勤奋努力，出自于《易·乾卦》九三爻："君子终日乾乾，夕惕若厉，无咎"①。"善士"指有德之人，出自于《孟子·万章下》："一乡之善士，斯友一乡之善士；一国之善士，斯友一国之善士；天下之善士，斯友天下之善士；以友天下之善士为未足，又尚论古之人。"②徐懋德不仅在华辛勤传教长达 14 年，而且供职钦天监。由于他德才兼备，一方面获得教内教外人士的推崇，另一方面亦是获得官方赞誉，去世时获得葬资，并且以碑载其功绩。

拉丁文部分除了记载在华供职钦天监以外，还介绍其在教内职务，两次担任中国区副省会长，并且为教会贡献颇多。

（五）索智能

（POLYCARPUS DE SOUSA/Policarpo de Sousa）

索智能，字睿公，葡萄牙人。1697 年 1 月 26 日出生于葡萄牙科英布拉。1725 年出发前往中国，与葡萄牙使臣麦德乐同行，1725 年到达南京。1726 年 8 月 26 日，索智能、

---

① （魏）王弼注，（唐）孔颖达疏：《系辞上》，《周易正义》卷七，李学勤主编：《十三经注疏》标点本，北京大学出版社 1999 年版，第 23 页。

② （汉）赵岐注，（宋）孙奭疏：《万章章句下》，《孟子注疏》卷十，李学勤主编：《十三经注疏》标点本，北京大学出版社 1999 年版，第 291 页。

黄安多等十余位葡萄牙耶稣会士抵达澳门。1726 年被作为司库而召至北京，1732 年 12 月 8 日于北京发愿，1740 年 12 月 17 日任北京主教。1743 年（而不是据墓志铭记载的 1741 年）11 月 3 日在澳门举行祝圣典礼。1757 年 5 月 26 日逝世于北京，葬于栅栏墓地。

碑文（见图 6-7）

汉文

耶稣会士主教索公之墓

索老先生，讳智能，号睿公，泰西波尔都噶尔国人。康熙辛卯年① 进会，雍正丙午年同西国使臣抵澳②。雍正戊申年③ 传教江南，巳酉年④ 遵旨来京。勤业精修，剧理教务者十有三载。乾隆庚申年⑤ 选授主教，癸酉年领受神秩⑥，秉铎都门者先后又一十六载。聿修厥职，德范辉悬，拯济神形，始终不倦，洵哉贫寠，怙恃久矣，群灵善牧。乾隆丁丑年寿登六秩⑦，功成安逝。

拉丁文

D. O. M.

D. POLYCARPUS DE SOUSA. LUSITANUS. CONIM-BRICENSIS SOCIETATIS JESU. EPISCOPUS PEKINENSIS IN COMITATU LEGATIONIS LUSITANICÆ VENIT IN SINAS. INGRESSUS MISSIONEM. PRIMUM NANKINU; DEINDE PEKINUM TENUIT; UBI QUATUOR VOTA PROFESSUS EST. POST ANNOS XIII VITÆ RELIGIOSÆ EXEMPLIS PLENOS, ET RE CHRISTIA NAUTROBIQ'MAGNO STUDIO PROMOTA. FACTUS EPISCOPUS. ET CONSECRATUS MACAI. QUO IN HONORE ANNOS XVI OMNIBUS APOSTOLICI MUNERIS VIRTUTIBUS COMPLEVIT. ANI-MARUM ZELO CUM PRIMIS. ET IN PAUPERES LARGITATE. VERUS PATER PAUPERUM. ET PASTOR ANIMARUM.OBIIT PEKINI. MAII XXVI. ANNO MDCCLVII ÆTATIS LX, SOCIETA-

图 6-7　索智能墓碑碑阳拓片

图片来源：中国国家图书馆，馆藏号：北京 1994。

----

① 即 1711 年。

② 1725 年与葡萄牙使节麦德乐一起前往中国，抵达澳门。

③ 即 1728 年。

④ 即 1729 年。"巳酉"为"己酉"之误。

⑤ 即 1740 年。

⑥ 即祝圣年，"癸酉年"为 1741 年，疑有误，实为"癸亥年"即 1743 年。

⑦ 1757 年索智能满 60 岁。同年 5 月 26 日逝世于北京。

英译

To God Most Good and Most Great

D. Policarpo de Sousa, Portuguese, of Coimbra, member of the Society of Jesus. Bishop of Beijing. Arrived in China in the company of the Portuguese Legation. Entered into the Mission, he first reached Nanjing, then Beijing where he professed the four vows. After 13 years, full of the examples of religious life, and great through the studious promotion of the cause of Christianity under all aspects, he was made a bishop and consecrated in Macao. In whoss honor, he lived sixteen years full of the virtues of the apostolic ministry, above all with apostolic zeal, and generosity towards the poor, as a true father of the poor and pastor of the souls. He died in Beijing an May 26th, 1757, the 60th year of life, the 46th in the Society, the 31st of his mission, the 25th of his profession, the 16th of his episcopate.

汉译

献给至善至尊的天主

索智能主教，来自葡萄牙科英布拉，入耶稣会。他随葡萄牙使臣麦德乐来华，他先在南京传教，随后前往北京，发"四愿"。勤业精修，热忱传教达 13 年。他被任命为主教，且在澳门祝圣。德行完备，热心传教，慷慨济民，被视为穷人的神父和灵魂的拯救者。1757 年 5 月 26 日逝世于北京，享年 60 岁。在会 46 年，在华传教 31 年，晋铎 25 年，任主教 16 年。

碑文比较与解析

索智能墓碑汉文与拉丁文部分比较内容大体相同，皆较为翔实。皆提及索智能随同葡萄牙使臣来华之事，并且在华传教长达 13 年，他被任命为主教，并获诸圣，担任主教 16 年。他德才兼备，广受尊崇。而汉文碑文用语讲究。"聿修厥职，德范辉悬，拯济神形，始终不倦，洵哉贫窭，怙恃久矣，群灵善牧"用语极妙，"聿修厥德"出自《诗经·大雅·文王》："无念尔祖，聿脩厥德，永言配命，自求多福"[1]，形容他坚守信仰，念前人之功，延续来华传教士的事业，恪守职责，修行其德，不仅注重个人修养，而且拯救人的身心，孜孜不倦。而"洵哉贫窭"则是称颂其能够忍受贫苦而不失贞节，亦是出自于《诗经·国风·邶风·北门》："出自北门，忧心殷殷。终窭且贫，莫知我艰"[2]。其中说明索智能主教能够不畏艰险，持之以恒的坚持传教，获得评价甚高。

---

① （汉）毛亨传、汉郑玄笺，（唐）孔颖达疏：《毛诗正义》，李学勤主编：《十三经注疏》，北京大学出版社 1999 年版，第 964 页。

② （汉）毛亨传、汉郑玄笺，（唐）孔颖达疏：《毛诗正义》，李学勤主编：《十三经注疏》，北京大学出版社 1999 年版，第 169 页。

（六）刘保禄

（PAULUS LIEU/ Liu Baolu/Paul Lieou）

刘保禄[1]，字开铁，耶稣会士，中国人。1741 年 8 月 7 日出生于湖广，1763 年 9 月 30 日进入初修院，1784 年在湖广北部被判处终生流放和沦为奴隶，在皮肤上刺金印。1791 年 4 月 21 日逝世于北京，葬于栅栏墓地。

碑文（见图 6-8）

汉文

耶稣会士刘公之墓

刘铎保禄，湖广人。生于天主降生后一千七百四十一年八月初七日，在一千七百六十三年二月三十日进耶稣会，后于一千七百九十一年四月二十一日去世。

拉丁文

D. O. M.

P. PAULUS LIEU SINESIS NATUS AÑO MDCCXLI IDIE VIIAUGUSTI, INGRESSUS SOCIETATE DIE XXX SEPTEBRIS MDCCLXIII. TANDEM PIE OBIIT IN DOMINO DIE XXI APRILIS MDCCXCI.

英译

To God Most Good and Most Great

Father Paul Lieu, Chinese, born on August 7th, 1741. Entered the Society of Jesus on September 30th, 1763. Piously died in the Lord on April 21st, 1791.

图 6-8　刘保禄墓碑碑阳拓片

图片来源：中国国家图书馆，馆藏号：北京 2034。

---

[1]　耶稣会士中有两人皆名刘保禄。另一位刘保禄，字汉良，1717 年 10 月 10 日诞生于出生于河北宣化府，1741 年 1 月 15 日离开澳门，1742 年 6 月 29 日到达巴黎路易大帝学院，1747 年 10 月 31 日于巴黎进入初修院，1749 年 12 月 19 日，偕钱德明和康神父从洛里昂乘维尔福利克斯号船出发。1750 年 7 月 27 日抵华，先到湖广，然后又到北京，他从那里出发（1772）视察了乌兰哈达（今满洲的赤峰）的信徒，当地未见传教士长达 20 年的时间，刘保禄每年必赴赤峰，坚持数年。1794 年 8 月 1 日逝世于北京，葬于正福寺。

汉译

献给至善至尊的天主

刘保禄神父，中国人，出生于 1741 年 8 月 7 日，1763 年 9 月 30 日入会。1791 年 4 月 21 日去世。

碑文比较与解析

刘保禄墓碑汉文与拉丁文部分几近一致，至为简略。

（七）索若瑟

（JOSEPHUS BERNARDUS DE ALMEIDA/José Bernardo de Almeida）

索若瑟，又名索德超，字越常，耶稣会士，葡萄牙人。1728 年 9 月 18 日出生于科英布拉教区的佩内拉（Penela），包世杰则认为是 1728 年 1 月 5 日出生。1746 年 2 月 23 日于里斯本附近的阿罗伊奥斯进入初修院。1755—1758 年之间启程，当时尚不是司铎。1759 年 5 月 13 日，到达澳门，随后入京。1781 年任钦天监监副，1793 年获正三品官职。1795 年任钦天监监正，监理算学馆，历时 25 年。同时也是医师和药剂师。1805 年 11 月 12 日逝世于北京，葬于栅栏墓地。

碑文（见图 6-9）

汉文

耶稣会修士索公之墓

耶稣会修士索若瑟，系大西洋博尔都亚国人，讳德超，号越常，生于天主降生后一千七百二十八年，至一千七百四十六年始入会精修，陶冶既成。乾隆二十四年[1] 奉旨进京，效力宣教，至四十六年蒙恩授钦天监监副，五十八年复蒙恩赏三品职衔，六十年转授监正，监理算学馆，计司监务事业凡二十有五载[2]。今于嘉庆十年九月二十有二日寿终[3]，享年七十有八岁，蒙恩赐内帑银一百五十两为茔葬之资。谨砌石以志之。

拉丁文

D. O. M.

P. JOSEPHUS BERNARDUS DE ALMEIDA, LUSITANUS, PROFESSUS QUATUOR VOTO-

---

① 即 1759 年。

② 1781 年任钦天监监副，1793 年获正三品官职。1795 年任钦天监监正，监理算学馆，历时 25 年。

③ 1805 年 11 月 12 日逝世于北京。

RUM SOCIETATIS IESU. NATUS DIE XV IANUARII. ANNI
MDCCXXVIII. INGRESSUS SOCIETATEM DIE XXIII FEB-
RUARII ANNI MDCCXLVI PEKINUM APPULSUS ANNO
MDCCLIX VBI PER VIGINTI QUINQUE ANNOS IN TRI-
BUNALI ASTRONOMICO CUIUS TANDEM PRAESES FUIT.
SENIO CONFECTUS PIE OBIIT DIE XII NOVEMBRIS AN-
MDCCCV.

图 6-9　索若瑟墓碑碑阳拓片
图片来源：中国国家图书馆，馆藏
号：北京 2048。

英译

To God Most Good and Most Great

Father José Bernardo de Almeida, from Portugal. Professed
of the four vows in the Society of Jesus, he was born on January
15th, 1728, entered the Society on February 23th, 1746, arrived in
Beijing 1759 and worked as Director in the Imperial Bureau of As-
tronomy for 25 years. Worn out by old age, he died on November
12th, in the year 1805.

汉译

献给至善至尊的天主

索若瑟神父，来自葡萄牙，入耶稣会，发"四愿"。1728 年 1 月 15 日出生，1746 年 2 月
23 日入会。1759 年入京并供职于钦天监长达 25 年，曾任钦天监监正。鞠躬尽瘁，于 1805 年
11 月 12 日去世。

碑文比较与解析

索若瑟墓碑汉文与拉丁文部分比较，内容大体相同，但汉文更加详细地介绍了他在
钦天监供职的经过。正是由于他所作出的功绩，官方赐予其葬资。

（八）于禄来

（JOSEPH MARIA IRURE HISPANUS/Joseph Maria Irure Hispanus）

于禄来，字福宸，教名若瑟，西班牙人。1909 年出生于西班牙斯帕卢（Hispanus），
12 岁入耶稣会，24 岁入华传教。1938 年 1 月 22 日突然染病逝世于北京耶稣会住院，年
仅 29 岁，葬于栅栏墓地。

碑文（见图 6-10）

图 6-10　于禄来墓碑碑阳拓片

图片来源：中国国家图书馆，馆藏号：北京 2186。

汉文

耶稣会司铎于公福宸之墓

公讳禄来，号福宸，圣名若瑟，西班牙国人。生于前清宣统元年岁次己酉①，自幼弃家修道，入耶稣会。晋升司铎后不远数万里来中国传教，乃未及一月忽染重病于民国二十七年一月二十二日②，善终于北京本会修道院。计在会十三年，寄世二十九岁。

拉丁文

D. O. M.

P. JOSEPH. MARIA IRURE HISPANUS S. J. SACERDOS VIXIT IN SOC. ANN. 13 IN MISS. SIN. DIES 24 OBIIT PEKINI DIE 22 JAN. AN. DOM: 1938 AETATIS 29. R. I. P.

英译

To God Most Good and Most Great

P. Joseph Maria Irure Hispanus, a Spanish Jesuit priest, lived in the Society for 13 years and in the Mission of China when he was 24 years. Died in Beijing on January 22nd, in the Year of Our Lord 1938, the 29th of his life. May he rest in peace.

汉译

献给至善至尊的天主

于禄来神父，来自西班牙斯帕卢，13 岁入耶稣会，24 岁入华传教。1938 年 1 月 22 日逝世于北京，年仅 29 岁。息止安所。

碑文比较与解析

于禄来墓碑汉文与拉丁文部分大体一致，较为简略。汉文部分提及他突染重病去世。

---

① 即 1909 年。

② 1938 年 1 月 22 日去世于耶稣会修道院。

368

春秋石铭
THE HISTORY
ON THE TOMBSTONES

北京栅栏墓地
历史及现存碑文考

（九）沙崇福

（JOSEPH RADULPHUS SAUVÉ/Joseph Radulphus Sauvé）

沙崇福，字雅宜，教名乐笃，耶稣会辅理修士，加拿大人。1886 年 12 月 13 日出生。1908 年 3 月 18 日入会，1927 年 10 月 29 日晋铎。其所学专业为工程学，在徐州教区传教期间，曾花 11 年时间修筑圣堂及附属校舍。此教堂即徐州耶稣圣心堂，1910 年由法国传教士艾赉沃（Leopold Gain）出资，德籍传教士、建筑师吴若瑟设计，教堂为典型的罗马式砖石结构建筑风格，堂顶外部为重檐结构，内部为盎格鲁——诺曼底式（Anglo-Normen architecture），即棱状穹窿。空中俯瞰，教堂呈巴西利卡十字形。因劳成疾，后前往北京就医。1939 年 5 月 4 日逝世于北京中央医院①，葬于栅栏墓地。

碑文（见图 6–11）

汉文

图 6–11　沙崇福墓碑碑阳拓片

图片来源：中国国家图书馆，馆藏号：北京 2192。

耶稣会辅理会士沙公雅宜之墓

公讳崇福，号雅宜，圣名乐笃。加拿大人，生于前清光绪十二年岁次丙戌②。自幼弃家修道，入耶稣会。不远数万里来中国传教，在徐州教区服务。本其风习之工程学，用十一年之长时期建筑圣堂及该区校舍。始终孜孜，从无倦容，不幸积劳成疾，乃来北京就医③。竟于中华民国二十八年五月四日善终于北京中央医院，计在会三十一年，寄世五十三戴④。

拉丁文

F. JOSEPH RADULPHUS SAUVÉ. CANADENSIS FRATER COADJUTOR S. J. VIXIT IN SOCIETATE ANN. 31 IN MISS. SÜCHOWENSI ANN 11. OBIIT PEKINI DIE 4 MAII AN. DOM. 1939 AETATIS 53. R. I. P.

---

①　北京中央医院，为国人在北京修成的第一所新式医院。1907 年伍连德博士回国筹措建设医院，1916 年 6 月动工，1917 年 12 月落成，1918 年 1 月 27 日正式开业。1946 年更名为中和医院。新中国成立后，更名为中央人民医院，1956 年改为北京人民医院。2000 年改名北京大学人民医院。2012 年被列为西城区文物保护单位。

②　沙崇福 1886 年 12 月 13 日出生于加拿大。

③　他专研工程学，在徐州花 11 年时间修筑圣堂及附属校舍。后前往北京就医。

④　"戴"为"载"。1939 年 5 月 4 日逝世于北京中央医院。

英译

Brother Joseph Radulphus Sauvé, from Canada, Jesuit Lay brother. Lived in the Society for 31 years, in the mission of Xuzhou for 11 years, Died in Beijing on May 4th, 1939, at the age of 53 years. May he rest in peace.

汉译

沙崇福会士，来自加拿大，入会 31 年，在中国徐州传教长达 11 年。1939 年 5 月 4 日逝世于北京，享年 53 岁。息止安所。

碑文比较与解析

沙崇福墓碑汉文与拉丁文部分比较，汉文较为详细，不仅论及他在华传教情况，还重点提及了他在徐州建造教堂及修院校舍之功。赞誉他不辞辛劳，孜孜不倦，最后因病逝世于北京中央医院。

拉丁文部分相对简要。

（十）牟理藻
（BERNARDUS MORISEAUX/Beranrdus Moriseaux）

牟理藻，字裴如，耶稣会士，法国人。出生于 1871 年 9 月 21 日。1905 年 7 月 13 日晋铎。1909 年 10 月 10 日前往中国传教，先后在永年、河间等地传教。1943 年 9 月 21 日在北京地质生物研究所（Institute de Géo-Biologie, Pékin）[①] 工作，同年 12 月 25 日逝世于北京，葬于栅栏墓地。

---

① 北京地质生物研究所，前身为天津工商学院附设教学与研究机构：天津黄河—白河博物馆 Mesee Haong ho pai ho de Tientsin，简称"北疆博物院"，是专门对我国北方广大疆域内地理、自然进行勘测、考察的科研机构，曾藏有古生物、古人类化石及动物、植物、岩矿标本 20 余件，其中有模式标本 1000 多件。早在 20 世纪 30 年代，北疆博物院就已经在国际上赫赫有名，被誉为当时世界上的"第一流博物馆"。参见郑津春、李庆奎：《北疆博物院百年历史回顾》，《大众文艺》2011 年第 21 期。1940 年 6 月，北疆博物院利用日军对英、法租界解除封锁的短暂时机，以建立一个"私立北京地质生物研究所"为名，把最重要的标本、实验室设备和部分图书资料，转移到北平使馆区东交民巷台基厂三条三号。参见于树香：《近代法国传教士对我国北方的科学考察与天津北疆博物馆》，《史学研究》2002 年第 6 期。在《北疆博物院大事记》中记载："1940 年 6 月，为保护北疆博物院重要标本资料，罗学宾和德日进建立了'北京地质生物研究所'（Institute de Géo-Biologie, Pékin），德日进任名誉所长，罗学宾担任所长，并把最重要的标本、仪器和图书资料转移至北平使馆区的东交民巷台基厂三条三号。"（《北疆博物院大事记》，《化石》2017 年第 3 期。）

碑文（见图 6–12）

汉文

耶稣会司铎牟公裴如之墓

公讳理藻，号裴如，圣名伯尔纳多，法国人，生于前清同治十年岁次辛未[①]。自幼弃家修道，晋铎后入耶稣会。于宣统元年[②]来中国传教于永年、河间等处[③]，民国三十二年[④]九月二十一日来北京地质生物研究所，同年十二月二十五日谢世升天[⑤]，计在会三十八年，寄世七十二岁。葬于栅栏墓地。

拉丁文

D. O. M.

P. BERNARDUS MORISEAUX GALLUS S. J. SACERDOS VIXIT IN SOC. ANN. 38. IN MISS SIN. ANN. 34. OBIIT PEKINI DIE 25 DECEMBR. AN. DOM. 1944 ÆTATIS 72. R. I. P.

英译

To God Most Good and Most Great

Father Bernardus Moriseaux, from France, Jesuit priest, lived in the Society for 38 years, in the Mission of China for 34 years, died in Beijing on 25th December in the Year of Our Lord 1944, at the age of 72 years. May he rest in peace.

图 6–12　牟理藻墓碑碑阳拓片
图片来源：中国国家图书馆，馆藏号：北京 2218。

汉译

献给至善至尊的天主

牟理藻，法国人。在会 38 年。来华传教长达 34 年，1944 年 12 月 25 日逝世于北京，享年 72 岁。息止安所。

碑文比较与解析

牟理藻墓碑汉文与拉丁文部分比较，汉文部分更详细地介绍了其在华传教情况，并

---

① 牟理藻出生于 1871 年 9 月 21 日。
② 即 1909 年。
③ 永年、河间等处隶属于献县教区。
④ 即 1943 年。
⑤ 1943 年 12 月 25 日逝世于北京。拉丁文所注卒年有误。

且提及他在京的工作单位。

拉丁文部分较为简略。

第二节　耶稣会（无拓片者）

（一）徐复元

（Xu Fuyuan/Christophe）

徐复元，又名徐福园，费赖之认为其"字善长"①，辅理修士，中国人。在考狄书中提及此人②，他 1600 年出生于广州，1627 年可能在杭州进入初修院，1640 年 7 月 20 日逝世于北京，"1640 年被埋葬于栅栏的公墓中"③。"Christophe, Christophorus, Frère Coadj, S. J.中国人，葬于栅栏公墓"④。"卒于 1640 年的徐复元及邱良厚，也葬于此。以后这茔地不断有教士葬入，成为中国教会最早的公墓。"⑤

（二）邱良厚

（Qiu Lianghou/Pascal Mendez）

丘良厚，又称仇良炳、邱良禀、邱良厚，中国人。有两人标注为"Mendez"，一为邱良禀（Domingos Mendez K'ieou）⑥，二为邱良厚（Pascoal Mendez），根据生平简历及逝世

① ［法］荣振华、方立中、热拉尔·穆赛、布里吉特·阿帕乌：《16—20 世纪入华天主教传教士列传》，耿昇译，广西师范大学出版社 2010 年版，第 104 页。

② Cf. Henri Cordier, Bibliotheca Sinica. Dictionnaire Bibliographique des Ouvrages relatifs à L'empire Chinoise.Volume II, Paris:Librairie orientale & Américaine.1905-1906. p. 1033.

③ ［法］荣振华、方立中、热拉尔·穆赛、布里吉特·阿帕乌：《16—20 世纪入华天主教传教士列传》，耿昇译，广西师范大学出版社 2010 年版，第 104 页。

④ ［法］荣振华、方立中、热拉尔·穆赛、布里吉特·阿帕乌：《16—20 世纪入华天主教传教士列传》，耿昇译，广西师范大学出版社 2010 年版，第 104 页。

⑤ ［法］高龙鞶：《江南传教史》第二册，周士良译，台湾辅仁大学出版社 2009 年版，第 398 页。

⑥ 邱良禀（Domingos Mendes K'ieou），字原初，辅理修士，中国澳门人。1582 年出生于澳门，祖籍浙江。1605 年在韶州进入初修院，1611 年在广州被囚禁，同年发世俗助理愿，1612 年在南雄，1613 年在北京，1621—1626 年在交趾支那，1633 年在海南，1652 年 4 月 15 日逝世于澳门。参见［法］荣振华、方立中、热拉尔·穆赛、布里吉特·阿帕乌：《16—20 世纪入华天主教传教士列传》，耿昇译，广西师范大学出版社 2010 年版，第 238 页。

地点，应为邱良厚。

邱良厚，字永修。1584 年出生于澳门的天主教家庭，父母皆为教徒。1608 年进入初修院，被誉为"最好的传道员"，教授教义长达 10 年，随后为辅佐教师。"其人之足重，或因其具有一完备教士之德行，抑因其传教不倦之热忱，皆未能决也"①。他先到达南雄，1613 年在南昌，1621 年后居于北京，在北京先后追随毕方济、龙华民等人，辛勤传教，"劝人信奉本教精勤不息，人皆受其感化"②。1624 年 10 月 2 日发世俗助理愿。1640 年 8 月 26 日逝世于北京③，因其德行，诸多士大夫参加其葬礼，葬于栅栏墓地。

（三）石可圣
（Leopold Liebstain）

石可圣，又称为石连台瓦（Léopold Lintaiva），或简称雷（Lei），字修斋，耶稣会士，波希米亚人。1667 年 1 月 20 日出生于西里西亚（Silésie）的尼斯（Neisse），1685 年 10 月 14 日进入初修院，1703 年 2 月 2 日在布雷斯劳（Breslau）发愿。他于 1705 年 1 月 26 日申请前往中国。1706 年启程并到达澳门，1707 年 11 月 22 日抵京，担任宫廷音乐家。"此人极受帝与宫中人敬重"④。他在 1696—1700 年间晋铎，1711 年 4 月 26 日逝世于北京，葬于栅栏墓地。⑤

（四）贾方济
（Jia Fangji/Francisco Calado）

贾方济，耶稣会士，中国澳门人，考狄书中称其为"五品修士"，标记其墓地标号为"35.François Lalado（Macaiste），sous-diacre"⑥。考狄将其称为拉拉多（Lalado）。而在第 1031 页标号"6.François Cardoso, S. J."不知是否与此人相关。"他不是法方济司铎，我只知道他于 1694 年到达"⑦。1735 年去世，葬于栅栏墓地。

---

① [法] 费赖之：《在华耶稣会士列传及书目》，冯承钧译，中华书局 1995 年版，第 126 页。
② [法] 费赖之：《在华耶稣会士列传及书目》，冯承钧译，中华书局 1995 年版，第 126 页。
③ 费赖之书为 1640 年 7 月 26 日去世。[法] 费赖之：《在华耶稣会士列传及书目》，冯承钧译，中华书局 1995 年版，第 126 页。
④ 方豪：《中西交通史》（下），上海人民出版社 2015 年版，第 756 页。
⑤ [法] 荣振华、方立中、热拉尔·穆赛、布里吉特·阿帕乌：《16—20 世纪入华天主教传教士列传》，耿昇译，广西师范大学出版社 2010 年版，第 213 页。
⑥ Cf. Henri Cordier, *Bibliotheca Sinica.Dictionnaire Bibliographique des Ouvrages relatifs à L'empire Chinoise*. Volume II, Paris:Librairie orientale & Américaine, 1905-1906.p. 1034.
⑦ [法] 荣振华、方立中、热拉尔·穆赛、布里吉特·阿帕乌：《16—20 世纪入华天主教传教士列传》，

（五）贾克兴
（Jia Kexing/Paul Kia）

贾克兴，字弘业，耶稣会士。1740 年出生于北京。在学习拉丁文后进入初修院。1774 年 3 月 14 日在临终前发愿，同日逝世于北京，葬于栅栏墓地。

（六）安国宁
（André Rodrigues）

安国宁，字永康，耶稣会士，葡萄牙人，天文学家。1729 年 2 月 2 日或 3 日出生于葡萄牙科英布拉教区的莫尔塔加，为文科博士。1745 年 4 月 23 日在阿罗伊奥斯进入初修院，1749 年晋铎。1754 年从里斯本出发前往中国，1759 年 5 月 13 日抵京。1767 年为国籍修生的老师。1767 年 2 月 2 日在北京东堂发愿。1775 年任钦天监监副，稍后又任钦天监监正。1793 年 8 月 19 日在中国任三品官，曾为英国使团担任翻译。1796 年 12 月 2 日逝世于北京，葬于栅栏墓地。

（七）胡若望
（Hu Ruowang/Jean Hou）

胡若望，辅理修士，中国人。"埋葬于北京滕公栅栏墓地的中国耶稣会士，但我不知道其逝世时间"[1]。在考狄的《中国书目》中对此并无记载。

（八）罗保禄
（Luo Baolu/Loefro paul）

罗保禄，辅理修士，中国人。他葬于栅栏墓地，其他情况一无所知。[2]

耿昇译，广西师范大学出版社 2010 年版，第 89 页。

[1] [法] 荣振华、方立中、热拉尔·穆赛、布里吉特·阿帕乌：《16—20 世纪入华天主教传教士列传》，耿昇译，广西师范大学出版社 2010 年版，第 188 页。

[2] [法] 荣振华、方立中、热拉尔·穆赛、布里吉特·阿帕乌：《16—20 世纪入华天主教传教士列传》，耿昇译，广西师范大学出版社 2010 年版，第 216 页。

第三节 遣使会（有拓片者）

（一）德理格

（TEODORICVS PEDRINI/Teodorico Pedrini）

德理格（见图6-13、图6-14），字性涵，圣味增爵会士，音乐家。1671年6月30日生于意大利的安科纳（Ancóne）边境省的费尔莫（Fermo）。他是当地最出名的公证人乔瓦尼·弗朗西斯科·佩里尼（Giovanni Francesco Pedrini，1630—1707）和妮可洛萨·佩里尼（Nicolosa Piccioni，1650—?）的儿子。1671年7月6日由保罗·菲利波·特奥多里科·佩里尼（Paolo Filippo Teodorico Pedrini）在费尔莫的米开朗琪罗教堂为他领洗。1687年他开始修道，1690年在费尔莫进入修会。1692年6月26日从费尔莫大学毕业，其专业是古典法（Utroque iure）。1692年11月16日—1697年8月7日他在罗马皮切诺学院（Collegio Piceno），在此期间，他于1696年加入了阿卡迪亚学院（Academy of Arcadia）。1698年2月24日在罗马入遣使会，随后被升为辅理修士。两周后，1698年复活节在罗马拉特朗圣若望大殿（the Basilica of St. John Lateran）被晋为司铎。6月他进入罗马圣乔瓦尼和保罗遣使会所，一直到1702年，其间于1700年2月25日在罗马发愿。

在会见教皇克莱孟十一世（Clement XI）后，德理格1703年12月26日在圣玛洛（Saint-Malo）随铎罗一起乘船出发赴华。铎罗将教皇发出七条"禁约"[1]带往中国，然而在马尼拉被迫滞留，直到1708年3月8日马国贤一行人从伦敦出发至马尼拉，德理格才有机会与其共同赴华。当时他"穿着假装的船长制服上岸，下午才由铎罗枢机主教使团的两个教士陪同回到船上"[2]。"时有信德部所差朝重效用之传教士五人。内有名理拔者，又有名德理格，字性函者，乃遣使会之修士"[3]。"理拔"

图6-13　德理格像（1）

图6-14　德理格像（2）

---

① 参见方豪：《嘉乐传》，《中国天主教史人物传》，宗教文化出版社2007年版，第457页。

② 参见［意］马国贤：《清廷十三年——马国贤在华回忆录》，李天纲译，上海古籍出版社2004年版，第29—30页。

③ ［法］樊国梁：《燕京开教略》（中），救世堂清刻本，1905年，第53页。

即马国贤。除了马国贤外，当时教皇派遣在罗马佛罗伦萨圣乔万尼会（San Giovanni de Fiorentini）的芬那利博士（Dr.Funari）、图卢兹奥古斯丁会的山遥瞻神父、卢卡小辅祭者会（Chierici Minori of Lucca）的庞克修神父（F. Ceru）、圣母会（Order of the Mother of God）的潘如（F.Perrone），此外还有顾阿玛尼（Guarmani）的绅士作为外科医生随行和世俗传教士任掌晨，一同来华传教①。而在马国贤眼里，德理格是"'神圣学院'（Sacred College）的光辉人物"②。他们一行于 1710 年 1 月 3 日到达澳门。德理格精通乐理，并善于演奏和制作西洋乐器。1711 年 2 月 5 日抵京以后备受康熙宠爱，"德理格相貌出众，接物和蔼，博于各学，而特精于音律。皇上于其初至，即甚爱之"③。随即入宫，"德理格，意大理国人，奉召来京，内廷供职"④。由于康熙在宫内藏有大量的乐器，因此让德理格给古钢琴和音钗调音，并且成为专门教授太子的音乐教师。"令授太子西学，太子者，即后日嗣位之雍正皇帝也"⑤。康熙皇帝允许德理格在宫内骑马，在德理格下马时，皇子需上前请安，尊称其为老师。在传教士们看来，这是何等渥宠。此外，德理格为皇帝谱写了多部管弦乐与通奏低音的奏鸣曲，与徐日昇一起主持编纂《律吕正义》。在《律吕正义》之《续编统说》中记载："相继又有壹大里呀国人德理格者，亦精律学，与徐日昇所传源流无二。以其所讲声律节奏，覆之经史所载律吕宫调，实相表里。故取其条例形号，分配于阴阳二均高低字谱，编集成图，使谈理者有实据，而入用者亦有所持循云"⑥。从中可以看出德理格对此书贡献殊多。除在宫中为皇子讲授乐理外，德理格还将管风琴介绍到中国。康熙 60 岁寿辰时，朝中大臣和西洋传教士皆进献寿礼，"德理格制作了一架小风琴，只要碰一下弹簧，带有时钟装置的风琴就会自动弹奏音乐"⑦，皇帝非常高兴地接受了，并对此发明兴奋不已。

　　1714 年，由于教皇克莱孟十一世再次明文禁止中国的礼仪，而德理格将此禁令呈报于康熙，结果康熙大怒，认为是德理格与教廷的不当沟通所导致的，斥责"德理格乃无知光棍之类小人"⑧。"先颜裆(铛)、德理格等不通小人，妄带书信，以致坏事。"⑨康熙面谕德理格，认为其书信并不符合圣意，同时也不符合利玛窦规矩。谕令"若不随利玛窦规矩，并利玛窦以后二百年的教传不得中国，连西洋人也留不得"⑩。甚至"立命锁拿德理格，

①　[意]马国贤：《清廷十三年——马国贤在华回忆录》，李天纲译，上海古籍出版社 2004 年版，第 11 页。
②　[意]马国贤：《清廷十三年——马国贤在华回忆录》，李天纲译，上海古籍出版社 2004 年版，第 30 页。
③　[法]樊国梁：《燕京开教略》（中），救世堂清刻本，1905 年，第 58 页。
④　（清）黄伯禄：《正教奉褒》，见韩琦、吴旻校注：《熙朝崇正集熙朝定案（外三种）》，中华书局 2006 年版，第 368 页。
⑤　（清）黄伯禄：《正教奉褒》，见韩琦、吴旻校注：《熙朝崇正集熙朝定案（外三种）》，中华书局 2006 年版，第 368 页。
⑥　清圣祖御定：《御制律吕正义》，见《文渊阁四库全书》，台湾商务印书馆 1982 年版，第 215 册，第 187 页。
⑦　[意]马国贤：《清廷十三年——马国贤在华回忆录》，李天纲译，上海古籍出版社 2004 年版，第 76 页。
⑧　[意]马国贤：《清廷十三年——马国贤在华回忆录》，李天纲译，上海古籍出版社 2004 年版，第 159 页。
⑨　[意]马国贤：《清廷十三年——马国贤在华回忆录》，李天纲译，上海古籍出版社 2004 年版，第 161 页。
⑩　[意]马国贤：《清廷十三年——马国贤在华回忆录》，李天纲译，上海古籍出版社 2004 年版，第 152 页。

系之缧绁，笞以棍杖，历经万苦不屈，随交刑部，收监候决"①。德理格极力解释，"我新来到中国，不甚懂中国的言语礼法，不识中国的字义，不曾同马国贤商量"②。后康熙念其勤劳，加上皇子朝臣的屡次求情，最后将德理格释放。1720 年康熙又以德理格在新年时因病未到宫中循九叩首礼给皇帝拜年，加之两年前皇太后世祖孝惠章皇后博尔济吉特氏去世时德理格未入宫吊丧，因此以轻忽之罪将德理格捉拿。"1720年 2 月 8 日下午，还在中国新年的欢乐和喜庆之中，有两个当差从房间里抓走了我们的朋友德理格。"③同年 12 月教皇特使嘉乐带着禁令来华，这一次康熙被彻底惹恼，认为嘉乐"不解中国字义，如何妄论中国道理之是非？"④康熙认为既然教皇禁令与中国礼仪大相悖戾，"尔天主教在中国行不得，务必禁止。教既不行，在中国传教之西洋人亦属无用。除会技艺之人留用，再年老有病不能回去之人仍准存留，其余在中国传教之人，尔俱带回西洋去"⑤。此事康熙认为是由于颜珰、德理格之人妄书妄信，颠倒是非，"委屈当

图 6–15　德理格墓碑旧照

图片来源：Jean-Marie Planchet, C.M. *Le Cimetière et Les Oevres Catholiques de Chala 1610-1927*, Pékin:Imprimerie des Lazaristes. 1928.

日利玛窦、汤若望、南怀仁、利类思、安文思、罗丽山、徐日昇等旧西洋人行悖教之事"⑥。德理格虽然被宽恕，但是他惑乱钦使，因此被罚以杖刑，身负铁链九条，然后一直囚禁监中。"德理格之罪，朕亦必声明，以彰国典"⑦。待雍正皇帝即位以后，直至 1723 年 2 月 23 日才将其释放。出狱后，1723 年德理格用私储在西直门大街南侧置买一所院落，建成天主堂，初称"圣母七苦堂"（Church of Our Lady of Sorrows），"出其私储，买院落一所，建堂一座，共费洋钱二千一百三十元，退居其内，即现今之西堂是也"⑧。其建筑整体坐南朝北，灰砖砌筑，哥特式建筑，拥有一座三层的尖顶塔楼，南为祭台，北为钟楼，教堂内部有高大的科林斯柱和尖顶券窗。建成后不久，德理格即将西堂献给了传信部，从而传信部派遣的传教士皆可住于此。西堂

①　（清）黄伯禄：《正教奉褒》，见韩琦、吴旻校注：《熙朝崇正集熙朝定案（外三种）》，中华书局 2006 年版，第 368 页。

②　[意] 马国贤：《清廷十三年——马国贤在华回忆录》，李天纲译，上海古籍出版社 2004 年版，第 152 页。

③　[意] 马国贤：《清廷十三年——马国贤在华回忆录》，李天纲译，上海古籍出版社 2004 年版，第 85 页。

④　陈垣编：《康熙与罗马教皇使节关系文书》，北平故宫博物院民国二十一年编（影印本），中国宗教历史文献集成编纂委员会编纂：《东传福音》第八册，黄山书社 2005 年版，第 134 页。

⑤　[意] 马国贤：《清廷十三年——马国贤在华回忆录》，李天纲译，上海古籍出版社 2004 年版，第 160 页。

⑥　[意] 马国贤：《清廷十三年——马国贤在华回忆录》，李天纲译，上海古籍出版社 2004 年版，第 164 页。

⑦　[意] 马国贤：《清廷十三年——马国贤在华回忆录》，李天纲译，上海古籍出版社 2004 年版，第 161 页。

⑧　[法] 樊国梁：《燕京开教略》（中），救世堂清刻本，1905 年，第 59 页。

建成后，德理格则一直居于此。1740 年时，德理格要求回欧洲，虽被批准，却终未离去。最后于 1746 年 12 月 10 日在西堂去世，享年 77 岁，在华传教 40 年。他被安葬于栅栏墓地的传信部墓地中（见图 6-15）。"葬于阜成门外利玛窦茔地之路南，即信德部西堂之茔地，门额亦书钦赐字样。"①

嘉庆教难期间，清政府颁发谕令除了李拱辰、高守谦、毕学源等寓居北京，且授以钦天监监正、监副之职外，其他传教诸士，俱令潜居各堂，不准外出。由于居于西堂的传信部修士四人因外出而被逐，官府随即将西堂拆毁。半个世纪后，1860 年第二次鸦片战争结束后，清政府将教堂归还教会。1866 年由孟振生负责重修西堂，暂时修小堂一所，供教徒瞻礼之用。1867 年落成。但仅过 30 年，庚子年遭义和团焚毁。直至 1912 年由仁爱会修女博朗西耶氏（Benemeritæ Rosaliæ）。筹资恢复原貌，改名"加尔默罗圣母圣衣堂"（Our Lady of Mount Carmel Church）。如今在教堂内东、西两侧有汉文及拉丁文《改建圣母圣衣堂碑记》（汉文见图 6-16，拉丁文见图 6-17），其中记载德理格肇建教堂之功：

图 6-16　北京西堂《改建圣母圣衣堂碑记》汉文　　　　图 6-17　北京西堂《改建圣母圣衣堂碑记》拉丁文

汉文

改建圣母圣衣堂碑记

窃维圣教永存苍生，洪济数千年，轶废轶兴。诚大主之仁慈，灵佑在焉！遣使会司铎德理格，于一千七百二十三年独输巨资，购置斯基，恭建圣母七苦堂一座。一千八百一十一年，适清嘉庆间圣教蒙难，全堂被毁。迨至一千八百六十七年，主教孟慕理重为构筑，宏工钜制，规模一新。讵意一千九百年六月十五日遭拳匪之祸，本堂金司铎遇害，台宇院落一炬无遗。一千九百十二年仁爱会脩女博郎西耶氏复捐资新刱，更易今名。落成之日，北京林主教饬勒石以志颠末云尔。

西历一千九百十三年二月　勒石

———————————

① ［法］樊国梁：《燕京开教略》，见中国宗教历史文献集成编纂委员会编纂：《东传福音》第六册，黄山书社 2005 年版，第 348 页。

拉丁文

D. O. M.

TEODORICUS PEDRINI. PRESB. CONGR. MISS., INFANTIUM IMPERATORIS KANGHSI PRÆCEPTOR, AN. DOM. 1723 HUNC FUNDUM PROPRIO ÆRE EMIT, IN EOQUE ECCLE-SIAM SUB AUSPICIIS SEPTEM DOLORUM B.M.V. DEO DEDICAVIT, QUÆ TEMPORE PER-SECUTIONIS KIATSING（1811）FUNDITUS EST DESTRUCTA. POSTEA A.D.1867, ILL. DD. MOULY, C. M., HIC NOVUM SACRUM ÆDIFICAVIT.QUOD DIE 15 JUNII 1900 BOXORES FLAMMIS TRADIDERUNT, DUM PAROCHUM ECCLESIÆ MAURITIU DORE, C. M. SAC-ERDOTEM CRUDELITER TRUCIDANT. TANDEM, ANNO DOMINI 1912 LARGITATE BEN-EMERITÆ ROSALIÆ BRANSSIER, SOCIETATIS PUELLARUM CARITATIS, TERTIA HÆC ECCLESIA SUB TITULO B. M.DE MONTE CARMELO ÆDIFICATA EST. IN QUORUM MEMO-RIAMILL.DD.JARLIN, C.M., VIC, AP. PEKINENSIS, HUNC LAPIDEM. EREXIT.

英译

Teodorico Pedrini, priest of the Congregation of the Mission, he arrived in China in the period of the Emperor Kangxi regin. In 1723, he purchased the estate and built the church, called the Church of Notre Dame Seven Bitterness. But it was destroyed in 1811. In 1867, Bishop Joseph-Martial Mouly rebuilt the church. However, on June 15, 1900, the Boxers once again destroied the church and killed Maurice-Chareles-Pascal Doré. In 1912, the nun Benevenitæ Rosaliæraised funds to restore the origi-nal appearance of the Church and was renamed Our Lady of Mount Carmel Church. As for memory, Bishop of the Beijing Diocese Stanilas Jarlin set up this monument.

汉译

德理格，遣使会士。康熙朝来华。1723 年购买了此处地产修建了这座教堂，命名为圣母七苦堂。但 1811 年的时候被毁坏。1867 年孟振生重建教堂。但是 1900 年 6 月 15 日义和团再次将把教堂摧毁。遣使会士金葆光神父 ① 被杀害。1912 年，经由仁爱会修女博朗西耶氏筹资恢复原貌，改名圣母圣衣堂。北京教区林懋德主教建成此碑以示谨记。

在"文化大革命"十年间，西堂被没收，先后做过钮扣厂、电扇厂以及同仁堂中药提炼厂占用，教堂顶端十字架被毁，钟楼被拆，后 20 世纪 90 年代才暂停使用。直至 1994 年才恢复宗教活动。

---

① 金葆光神父（Maurice-Chareles-Pascal Doré，1862—1900）于 1862 年 5 月 15 日生于巴黎，1880 年 9 月 26 日在巴黎入修院，1882 年 9 月 27 日发愿，1887 年 4 月 17 日在同地晋铎。1888 年 10 月 16 日到达北京，在直隶北部做传教士，最后于 1900 年 6 月 15 日在西堂为义和团所杀。参见 [法] 荣振华、方立中、热拉尔·穆赛、布里吉特·阿帕乌：《16—20 世纪入华天主教传教士列传》，耿昇译，广西师范大学出版社 2010 年版，第 623—624 页。

碑文 （见图 6-18）

图 6-18　德理格墓碑碑阳拓片

图片来源：中国国家图书馆，馆藏号：北京 1980。

汉文

圣未瞻爵会士德公之墓

德先生，讳理格，号性涵，泰西依大里亚国人。自幼入会真修①。于康熙四十九年庚寅②入中国传教，于康熙五十年辛卯③钦召进京，内廷供奉。卒于乾隆十一年丙寅十一月十四日④。蒙恩赐帑银贰百两。在会五十八年。享寿七十七岁。

拉丁文

D. O. M.

D. TEODORICVS PEDRINI CONGREGATIONIS MIS-
SIONIS SACERDOS ITALVS VENIT AD SINAS ANN$_O$ MDC-
CVI VBI MVLTIS PRO DEI GLORIA LABORIBVs PERFVNC-
TVS OBIIT PEKINI DIE XII DECEMBRIs ANNO MDCCXLVI
ÆTATIS SVÆ LXXVII.

英译

To God Most Good and Most Great

Father Teodorico Pedrini, Italian priest of the Congregation of the Mission. Came to China in the year 1706, having performed many works for the glory of God, he died in Beijing on December 12th, 1746, in the 77th year of his life.

汉译

献给至善至尊的天主

德理格神父，遣使会士，意大利人。1706 年来华，致力为主服务多年，1746 年 12 月 12 日于北京安息主怀，享年 77 岁。

---

① 汉文言及其"自幼入会真修"并不恰当，1698 年 2 月 24 日在罗马入修院，时年 27 岁，1700 年 2 月 25 日在罗马发愿时已 29 岁。参见 [法] 荣振华、方立中、热拉尔·穆赛、布里吉特·阿帕乌：《16—20 世纪入华天主教传教士列传》，耿昇译，广西师范大学出版社 2010 年版，第 550 页。

② 即 1706 年来华。

③ 即 1711 年前往北京。

④ 即 1746 年 12 月 10 日在北京去世，拉丁文卒日记载有异。

碑文比较与解析

德理格墓碑汉文与拉丁文部分相比至为简略，汉文部分重点强调他来华后服务于朝廷，去世时获得官方葬资 200 两，表明他在华的业绩受到了官方的认可。拉丁文部分强调其传教身份，介绍其来华后为主传教多年。

（二）李拱辰

（JOSEPH NUNEZ RIBEIRO /José Nunez Ribeiro）

李拱辰，遣使会士，葡萄牙人。1767 年 6 月 23 日生于葡萄牙，1783 年 10 月 28 日入里斯本里拉弗尔修院。1785 年 10 月 29 日同地发愿。1791 年 9 月 11 日到达澳门，在澳门圣若瑟修院工作 10 年，后前往北京，并于 1801 年 5 月 24 日抵达。① 李拱辰从 1803 年 2 月 8 日起便掌管东堂，两年后任命状才抵达北京。曾供职清朝钦天监，并在福文高去世后成为监正。"李拱辰为东堂上司，兼钦天监监正。"② 汤士选在去世前，本来选沈东行继任北京主教，1805 年在澳门举行了升授主教礼。待汤士选于 1808 年去世后，沈东行因为各种阻挠，并未入京，故北京事务都交由李拱辰代理。他在缺乏头衔的情况下主持圣事。1810 年嘉庆皇帝颁布谕旨，允许李拱辰、高守谦、毕学源等寓居北京，并且授以钦天监监正之职。

1812 年东堂的修士由于见到禁教风波愈演愈烈，打算将北堂书库中尤其珍贵的书籍转移寄藏于安全的地方。由于白天恐被察觉，故夜晚拣选，然而不慎失火，整个书库被烧，并且延至其他房屋，"一时俱成灰烬，惟大堂屹然无恙"③。事后朝廷严禁重修，并且下令籍没东堂。李拱辰只好携全部神父、修士退居南堂。直至 1814 年，东堂才得以重修。

1818 年李拱辰以教会主教的身份成为施行圣事者。道光年间，北京遣使会传教士日渐凋零，当时仅主教毕学源与李拱辰二人居住于南堂。其时李拱辰已在钦天监供职长达 22 年时间。1826 年高守谦返回葡萄牙，高守谦去后不久，李拱辰因"悲悼成疾"④，于 1826 年 10 月 14 日在北京去世，其墓葬在栅栏墓地。他是第一位葬于栅栏墓地的遣使会士。

---

① 参见［法］荣振华、方立中、热拉尔·穆赛、布里吉特·阿帕乌：《16—20 世纪入华天主教传教士列传》，耿昇译，广西师范大学出版社 2010 年版，第 555 页。

② ［法］樊国梁：《燕京开教略》，见中国宗教历史文献集成编纂委员会编纂：《东传福音》第六册，黄山书社 2005 年版，第 367 页。

③ ［法］樊国梁：《燕京开教略》，见中国宗教历史文献集成编纂委员会编纂：《东传福音》第六册，黄山书社 2005 年版，第 368 页。

④ ［法］樊国梁：《燕京开教略》，见中国宗教历史文献集成编纂委员会编纂：《东传福音》第六册，黄山书社 2005 年版，第 370 页。

碑文（见图6-19）

图6-19 李拱辰墓碑碑阳拓片

图片来源：中国国家图书馆，馆藏号：北京2060。

汉文及拉丁文

李拱辰总司铎纪念碑

IN MEMORIAM JOSEPH NUNEZ RIBEIRO, E CON-GREGATIONE MISSIONIS, LUSITANENSIS, A.D. 1767 NATI, QUI ANNO 1783 INSTITUTUM INGRESSUS, PRIMUS SUPERIOR DOMUS TUNGTANG ET PRAESES IN TRIBU-NALI ASTRONOMIAE A.D.1883 RENUNTIATUS.DIOECE-SIS PEKINENSIS ADMINISTRATOR FUIT AB ANNO 1808 AD ANNUM 1826, QUO E VIVIS SUBLATUS EST, ÆTATIS SUÆ LIX.[1]

英译

In memory of José Nunez Ribeiro, of the Congregation of the Mission. From Portugal. Born in A.D. 1767, entered the Institute in the year of 1783. First Superior of the East Church residence and Director of the Imperial Bureau of Astronomy. Resigned his function in A.D. 1803, became the Administrator of the Diocese of Beijing from 1808 until 1826, in which year he passed away, at the age of 59 years.

汉译

这里纪念李拱辰，遣使会士。1767年出生，1783年进入修会。随后任东堂长上以及供职钦天监，1808年被任命为北京教区的代理会长。1826年去世，享年59岁。

碑文比较与解析

李拱辰墓碑仅标题为汉文，名为"李拱辰总司铎纪念碑"。拉丁文部分为其生平简介，主要交代其在华官方职位和教内职位。

（三）毕学源

（CAJETANUS PIRES PEREIRA /Cajetano Pires Pereira）

毕学源（见图6-20），字敬穷，遣使会士，葡萄牙人。1763年出生于葡萄牙卡武埃

---

[1] 李拱辰墓碑除标题外，全为拉丁文。文中出现"1883年"，疑似有误，应为1803年。

鲁（Carvoeiro）附近的塞尔代拉（Cerdeira），后在里斯本入修院。1799 年 5 月 22 日乘船出发赴华，于 1800 年 8 月 22 日到达澳门。他被任命为南京主教，并且于 1804 年 8 月 29 日被确认出任这一职务。随后于 1804 年 10 月抵京，1806 年由汤士选主教为其祝圣主教。他曾在钦天监任职，又于 1827 年被任命为北京教区的主持施行圣事者。李拱辰去世后，在钦天监任职的传教士仅毕学源一人。"李拱辰卒后，只有主教毕学源一人在京治理"①。毕学源一直居于南堂，并为保存南堂做了莫大的贡献。"南堂得以存留者，皆毕学源之力也"②。

图 6-20 毕学源像

图片来源：Jean-Marie Planchet, C.M. *Le Cimetière et Les Oevres Catholiques de Chala 1610-1927*, Pékin: Imprimerie des Lazaristes 1928. p.32.

毕学源主教在华传教长达 38 年。其间由于禁教之风，关于南堂房屋院落的归属存在问题，毕学源力保其归属教会。当时朝廷降旨，官府要将其全部没收，归于内务府大臣管理。幸而毕学源恐其事变，在去世前就将"其堂之地契文约，俱托俄国教士魏姓收存"③。魏姓，即东正教传教士魏若明。因此在毕学源去世后，魏若明向内务府追索遗业，最终道光皇帝降旨将南堂归还给魏若明收领，从而保存了南堂。此外，还包括栅栏墓地、正福寺墓地和南堂书库等教产。"毕学源死前将南堂地契托与俄罗斯东正教的'阿尔希曼德里托魏'，归其所有，故免于废绝。而滕公栅栏、正福寺茔地及南堂书库亦由俄国东正教保管，免于荒废。"④ 毕学源于 1838 年 11 月 2 日在南堂去世。在去世前，自撰碑文，镌刻在碑石上，立碑时只需刻上年月而已。毕学源去世后，由东正教教士葬于栅栏墓地。毕学源卒后，朝中再无传教士居任官职。

根据方立中考证，各种文献中对毕学源主教的年龄记载不相吻合，分别有 69 岁、71 岁、75 岁和 95 岁之说，他暂以其墓碑中提供的 75 岁一说为准。⑤ 墓碑汉文称其享年 73 岁，拉丁文记载为 75 岁。

碑文（见图 6-21）

汉文

圣味增爵会毕加日当主教之墓

圣味增爵会修士毕，号学源，讳敬穷，系泰西玻尔都亚国人⑥。由铎德洊升南京主教，于嘉

---

① ［法］樊国梁：《燕京开教略》（下），救世堂清刻本，1905 年，第 16 页。
② ［法］樊国梁：《燕京开教略》（下），救世堂清刻本，1905 年，第 16 页。
③ ［法］樊国梁：《燕京开教略》（下），救世堂清刻本，1905 年，第 20 页。
④ 张宗平、吕永和：《清末北京志资料》，北京燕山出版社 1994 年版，第 583 页。
⑤ 参见［法］荣振华、方立中、热拉尔·穆赛、布里吉特·阿帕乌：《16—20 世纪入华天主教传教士列传》，耿昇译，广西师范大学出版社 2010 年版，第 558 页。
⑥ 毕加日当即毕学源。"加日当"为"Cajetan"音译。1863 年生于葡萄牙卡武埃鲁附近的塞尔代拉。

图 6-21　毕学源墓碑碑阳拓片

图片来源：中国国家图书馆标记为"毕敬穷墓碑"，馆藏号：北京 2054。

庆九年① 奉旨进京效力，至道光二年十二月蒙恩补授钦天监右监②。于道光六年九月因疾致仕，在监勤劳茂著，于道光十八年九月二十日寿终③，享年七十三岁。

拉丁文

D.O.M.

CAJETANUS PIRES PEREIRA LUSITANUS CON-GREGATIONIS MISSIONIS ÆPISCOPUS NANKINENSIS, PEKINUN VENIT ANNO MILLE SIMO OCTIN GEN-TESSINO QUARTO FUIT IN TRIBUNALI MATHESI PER QUENQUE ANNOS. PIE OBIIT ANNO MDCCCXXXVIII MENSE NOV. DIE III LXXV ÆTATE ANNORUM.（*A Russis sepultus*）

英译

To God Most Good and Most Great

Cajetano Pires Pereira, Portuguese of the Congregation of the Missions. Bishop of Nanjing, arrived in Beijing in 1804, was in the Directorate of Mathematics for five years. Died piously on November 3rd, 1838, at the age of 75 years.（Buried by the Russians）

汉译

献给至善至尊的天主

毕学源，葡萄牙人，遣使会士。曾被任命为南京主教，1804 年入京，担任算学馆馆长五年。1838 年 11 月 3 日虔诚离世，享年 75 岁。（由俄国人埋葬）

碑文比较与解析

毕学源墓碑汉文与拉丁文部分内容大体相同。汉文部分强调他的德行，在钦天监工作功绩突出，并提及他带病任职，勤劳不倦。

拉丁文言及毕学源为算学馆馆长，疑有偏差，应为钦天监右堂。

---

① 即 1804 年。
② 即 1822 年。
③ 即 1838 年 11 月 2 日在北京南堂去世。由东正教教士葬于栅栏，为其立碑，字体为花体字，拉丁文卒日记载有异。

（四）张多默

（TCHANG THOMAS/Zhang Duomo/ Tchang Thomas）

张多默，遣使会士，中国人。1788 年出生于北京，后在北京入修院，该修院于 1812 年关闭后，赴澳门完成了其他学业，并于 1816 年晋铎。其全部传教生涯是在北京及其郊区度过的，由于教案的原因，他化名为"张五老爷"。1850 年他因年老体衰停止传教，然后将一栋房子和 100 两白银送给了教区。由于他是北京葡萄牙教省的唯一传教士，所以当时负责教产的雷司铎（Joaquim-José-Leite，1764—1853）[1] 便允许他拥有自己的财产。1851 年 3 月 23 日在北京去世，被埋葬在核桃园[2]，享年 63 岁。1900 年之后，其遗骸被迁葬于栅栏墓地。[3]

碑文（见图 6-22）

汉文

圣味增爵会士张公之墓

圣味增爵会张神父，圣名多默，北京人。生于乾隆五十三年[4]，后升铎德，即传教于近畿一带。至道光末年圣教多难之时[5]，维持有方，教友大受其益。后因劳成病，卒于咸丰元年[6]，享年六十有三。

拉丁文

D. O. M.

HIC JACET TCHANG THOMAS SACERDOS CONGREGATIONIS MISSIONIS NATUS IN

---

[1] 雷思铎于 1764 年 9 月 16 日出生于葡萄牙吉马朗伊什（Guimaraes）的因英凡特斯新村（Villanova dos Infante），1799 年 5 月 22 日赴华，1801 年 5 月 20 日抵达澳门，1808 年被任命为澳门圣若瑟修院院长。1824 年返回葡萄牙，由于教案，两次被捕。1883 年在澳门总督面前捍卫传教事业，1841 年 5 月 20 日，教廷传信部委托他管理南京教区的世俗财产。1853 年 6 月 25 日在澳门去世，墓地在澳门圣若瑟教堂中。参见 [法] 荣振华、方立中、热拉尔·穆赛、布里吉特·阿帕乌：《16—20 世纪入华天主教传教士列传》，耿昇译，广西师范大学出版社 2010 年版，第 565 页。

[2] 这里提及的"核桃园"位于栅栏墓地的西南方向，占地 40 余亩。曾葬有遣使会士，到 1940 年时，因路程较远，后安葬者甚少。参见《青龙桥茔地志》（1940 年），中国国家图书馆 2007 年（缩微品），第 47 页。

[3] 参见 [法] 荣振华、方立中、热拉尔·穆赛、布里吉特·阿帕乌：《16—20 世纪入华天主教传教士列传》，耿昇译，广西师范大学出版社 2010 年版，第 565 页。

[4] 张多默 1788 年生于北京。

[5] 道光年间禁教之风仍甚，道光帝随即谕旨军机大臣等严厉搜捕捉拿奉教之人。

[6] 即 1851 年。

CIVITATE PEKINENSI ANNO 1788 DEFUNCTUS EST ANNO 1851 ÆTATIS SUÆ LXIII.R.I.P.

英译

To God Most Good and Most Great

Here lies Tchang Thomas, priest of the Congregation of the Mission, born in the City of Beijing in the year of 1788, died in the year of 1851, at the age of 63 years. May he rest in peace.

汉译

献给至善至尊的天主

这里安息着张多默神父，遣使会士。1788 年出生于北京，1851 年去世，享年 63 岁。息止安所。

图 6-22　张多默墓碑碑阳拓片

图片来源：中国国家图书馆，馆藏号：北京 2056。

拉丁文部分相对简略。

碑文比较与解析

张多默墓碑汉文与拉丁文部分内容大体相同。文部分提及他传教所处时期正是道光年间禁教之风兴盛时期，而他能够有效维持传教事业，使得教友大受其益，最后因病去世。

（五）邱安遇

（JOSEPH TSIOU /Qiu Anyu/Joseph Tsiou）

邱安遇，字云亭，遣使会士，中国人。他出生于广东，自幼入会，晋铎后先在南方各省传教，后于咸丰年间前往北京一带。邱安遇精通医术，在保定府看病治人，宣传教义。后前往天津，1861 年因病去世于天津堂，享年 58 岁。先葬于天津，1906 年迁葬于栅栏墓地。

碑文（见图 6-23）

汉文

圣味增爵会士邱公之墓

圣味增爵会邱神父，圣名若瑟，号安遇，字云亭，系广东省人，自幼入会精修，升铎德后先在南省传教，后于咸丰年间调来京畿，因通医术，先在保定府地面看病施药籍而传宣圣道，后往天津，遂于咸丰十一年 ① 因病谢世于天津堂，享年五十八岁。先葬于天津，光绪卅二年移来。

拉丁文

D. O. M.

HIC JACET JOSEPH TSIOU SACERDOS NATUS IN KOUANG TOUNG. POSTPRI MITIAS LABORIS PROVINCIIS MERIDIONALIBUS IMPENSAS VENIT IN PAO TING FOU UBI SUBNOMINE MEDICI LATENS MULTASCURAVIT ANIMAS ETLUCRI FECIT CHRISTO OBIIT IN TIEN TSIN ANN. 1861, ÆTATIS SUÆ 58. R. I. P.

图 6–23 邱安遇墓碑碑阳拓片

图片来源：中国国家图书馆标记为"邱若瑟墓碑"，馆藏号：北京 2058。

英译

To God Most Good and Most Great

Here lies the priest Joseph Tsiou, born in Guangdong. After the initial labors performed in the southern provinces, he came to Baoding Fu, where under the name of doctor he healed many souls and gained them for Christ. Passed away in Tianjin in the year of 1861, at the age of 58 years. May he rest in peace.

汉译

献给至善至尊的天主

这里安息着邱安遇神父，他出生于广东，最初在南方多地传教，后传教保定府，通过看病治人，使得多人信教。1861 年去世于天津，享年 58 岁。息止安所。

碑文比较与解析

邱安遇墓碑汉文与拉丁文部分内容大体相同，皆论及他在多地传教，且通过看病治人进行传教。

汉文部分对其去世后情况的表述更为详细。

（六）蓝保禄

（PAULUS LAN/Lan Baolu/Paul Lan）

蓝保禄（见图6–24），遣使会士，中国人。1833 年 7

图 6–24 蓝保禄像

图片来源：美国旧金山大学利玛窦中西文化历史研究所。

---

① 即 1861 年。

月 15 日出生于直隶省丰润县小稻地。1855 年 2 月 1 日在安家庄入修院，1857 年 3 月 25 日同地发愿，同年 11 月 29 日同地晋铎，随后在宣化、北京东部以及城内西堂等处传教。1883 年 3 月 11 日因病在天津去世，享年 51 岁。后迁葬于栅栏墓地。

碑文（见图 6-25）

汉文

圣味增爵会士蓝公之墓

圣味增爵会蓝神父，圣名保禄，系丰润县小稻地人。距生于救世后一千八百三十三年，一千八百五十五年入会，后于咸丰七年升铎德品位①，曾传教于宣化府、京东及西堂所属等处。兹于光绪九年因病谢世于天津，享年五十有一。②

拉丁文

D. O. M.

HIC JACET PAULUS LAN NATUS IN FONG JOUN SHIEN ANN. 1833 CONGREGATIONEM MISSIONIS INGRESSUS ANN. 1855 SACERDOTIO AUCTUS EST ANN. 1857 LABORIBUS MISS. SE IMPENDIT IN SUEN HOA FOU, KING TONG &. PIE OBIIT IN TIEN TSIN ANNO 1881 ŒTATIS SUÆ 51. R. I. P.

图 6-25　蓝保禄墓碑碑阳拓片

图片来源：中国国家图书馆，馆藏号：北京 2062。

英译

To God Most Good and Most Great

Here lies Paul Lan, born in Fengrun County in the year of 1833. Entered into the Congregation of the Mission in 1855, ordained a priest in 1857, devoted himself to the mission in Xuanhua Fu, the east of Beijing and other places, piously passed away in 1881, at the age of 51 years. May he rest in peace.

汉译

献给至善至尊的天主

这里安息着蓝保禄神父，他 1833 年出生于(河北)丰润县，1855 年入遣使会，1857 年晋铎。他辛勤传教于宣化府、北京东部等地，1881 年去世于天津，享年 51 岁。息止安所。

---

① 即 1857 年晋铎。

② 1883 年 3 月 11 日在天津去世，拉丁文卒年记载有误。1907 年从天津迁葬栅栏墓地。

春秋石铭　北京栅栏墓地
历史及现存碑文考

碑文比较与解析

蓝保禄墓碑汉文与拉丁文部分内容相同，皆言及生平、传教经历及去世信息。

（七）裴亚伯尔多安当

（ALBERTUS ANTONIUS PÉRIER/ Albert-Antoine-Pontique Périer）

裴亚伯尔多安当 ①，遣使会士，法国人。1871 年 2 月 21 日生于法国伊泽尔省（Isère）维埃纳（Vienne）区的迪埃莫（Diemoz）。1889 年 10 月 14 日，在巴黎入修院，1891 年 4 月 13 日到达上海。当年 11 月 21 日在北京发愿，后赴直隶北部做传教士。1893 年升为副祭（五品修士）。1894 年 7 月 23 日在天津去世，年仅 23 岁。后迁葬于栅栏墓地。

碑文（见图 6–26）

汉文

圣味增爵会裴先生之墓

裴先生，圣名亚伯尔多安当，系法兰西人。距生于千八百七十一年，于千八百八十九年入会，于九十一年来中国，千八百九十三年受五品神职，次年即因病卸世 ②，享年二十有三。

拉丁文

D. O. M.

HIC JACET ALBERTUS ANTONIUS PÉRIER NATUS ANNO 1871. CONGREGATIONEM MISSIONIS INGRESSUS ANNO 1889 AD SINAS VENIT ANNO 1891 ORDI. NATUS SUBDIACONUS AN. 1893 AN. 1894. PR ÆMATURE DECESSIT E VITA ÆTATIS SUÆ 23. R. I. P.

图 6–26　裴亚伯尔多安当墓碑碑阳拓片

图片来源：国国家图书馆，馆藏号：北京 2064。

英译

To God Most Good and Most Great

Here lies Albert-Antoine-Pontique Périer, born in 1871, entered

---

① 在《1697—1935 年在华遣使会士列传》中记载为"裴副主祭"。参见 [法] 荣振华、方立中、热拉尔·穆赛、布里吉特·阿帕乌：《16—20 世纪入华天主教传教士列传》，耿昇译，广西师范大学出版社 2010 年版，第 629 页。

② 1894 年 7 月 23 日在天津去世，1907 年迁葬栅栏墓地。

into the Congregation of the Mission in 1889, arrived in China in 1891, ordained Subdeacon in 1893, died prematurely in the 23 year of his lifein 1894. May he rest in peace.

汉译
献给至善至尊的天主
这里安息着裴亚伯尔多安当，1871 年出生。1889 年入遣使会，1891 年晋铎。1893 年升五品神职。1894 年去世，年仅 23 岁。息止安所。

碑文比较与解析
裴亚伯尔多安当墓碑汉文与拉丁文部分大体相同，都言及其升五品神职，且英年早逝。

（八）文德来
（ANTONIUS CHAVANNE/Antoine-Claude Chavanne）

文德来，遣使会士，法国人。1862 年 8 月 20 日生于法国卢瓦尔省的圣 – 萨蒙（Saint-Chamond）。1882 年 10 月 17 日在巴黎入修院，1884 年 10 月 18 日同地发愿。1899 年 10 月 27 日到达上海，后赴直隶北部做传教士。先在修道院教授神学，次年义和团运动时期在北堂被围时略受创伤，数日后复患疹疾，于 1900 年 7 月 26 日去世，享年 39 岁，在会 18 年。葬于栅栏墓地。

碑文（见图 6-27）

汉文
圣味增爵会士文公之墓
圣味增爵会文神父，圣名安多尼，系法兰西人。距生于救世后一千八百六十二年。一千八百八十二年入会，八十七年升铎德品位。光绪二十五年来中国[1]，先在修道院教超性学，次年拳匪作乱，北堂被围时略受创伤，数日后复患疹疾，因而安然谢世[2]。享年三十有九，在会一十八年。

拉丁文
D. O. M.
HIC JACET ANTONIUS CHAVANNE GALLUS NATUS IN SAINT CHAMOND ANNO 1862.

---

① 1899 年来华。
② 1900 年 7 月 26 日逝世于北京。

INGRESSUS IN CONG. MISSIONIS ANNO 1882. ORDINATUS SACERDOS AN. 1887. AD SINAS VENIT AN. 1899. DOCUIT THEOLOGIAM IN SEMINARIO, OBIIT IN PETANG TEMPO-RE BELLI 26 JULII 1900 ÆTATIS SUÆ 39. R. I. P.

图 6–27　文德来墓碑碑阳拓片

图片来源：中国国家图书馆标记为"文安多尼墓碑"，馆藏号：北京2068。

英译

To God Most Good and Most Great

Here lies Antoine-Claude Chavanne, French, born in the year 1862 in Saint-Chamond. Entered into the Congregation of the Mission 1882, ordained a priest in 1887, arrived in China in 1899, taught theology in the Seminary, died at the Northern Church (Beitang), during the time of war (Battle of Beitang druring the the Boxer Rebellion) on July 26th, 1900, in the 39 year of his life. May he rest in peace.

汉译

献给至善至尊的天主

这里安息着文德来神父，法国人。1862 年出生于圣萨蒙，1882 年入遣使会，1887 年晋铎。1899 年入华，在修院里教授神学。1900 年去世于北堂保卫战中，年仅 39 岁。息止安所。

碑文比较与解析

文德来墓碑汉文与拉丁文部分大体相同，皆言及其生平，来华后在修院教授神学，后在北堂保卫战中负伤去世。

（九）李儒林

（BARTHOLOMÆUS LY / Li Rulin/Barthélemy Li）

李儒林（见图 6–28），遣使会士，中国人。1836 年 7 月 4 日生于河南省林县。1866 年 5 月 29 日晋铎，1864 年 1 月 25 日在靳家岗入修院，1870 年 1 月 15 日发愿。他先在河南做传教士，后于 1870 年抵京宗座代牧区。先于蔚州传教，后在北京南堂、东堂等处帮助处理教务，1903 年 4 月 26 日在北京因病去世，享年 68 岁，在会 39 年。葬于栅栏墓地。

图 6–28　李儒林像

图片来源：美国旧金山大学利玛窦中西文化历史研究所。

碑文（见图 6–29）

图 6–29 李儒林墓碑碑阳拓片

图片来源：中国国家图书馆标记为"李巴尔多禄茂墓碑"，馆藏号：北京 2072。

汉文

圣味增爵会士李公之墓

圣味增爵会李神父，圣名巴尔多禄茂，系河南彰德府林县人，距生于救世后一千八百三十六年，一千八百六十四年入会，六十六年升铎德品位。先在河南传教，后于同治十一年① 调入直隶传教于蔚州，后在京内助理南堂、东堂等处教务，兹于光绪二十九年三月二十八日亥初因病安然谢世于南堂②，享寿六十有八，在会三十九年。

拉丁文

D. O. M.

HIC JACET BARTHOLOMÆUS LY SINENSIS NATUS IN HO NAN AN. 1836, INGSSUS IN CONG. MISS. AN 1864. ORDINATUS SACERDOS AN. 1866, PRIMO FECIT MISSIONEM IN HO NAN DEINDE VENIT IN TCHE LY FECIT MISSIONEM IN YU TCHOU, TANDEM PER MULTOS ANN. IN NAN TANG ET TONG TANG COOPERATUS EST IN NEGOTIIS MISSIONIS OBIIT IN NAN TANG DIE 26 APR. AN. 1903 ÆTATIS SUÆ 68. R. I. P.

英译

To God Most Good and Most Great

Here lies Barthélemy Li, Chinese, born in Henan in the year of 1836, entered the Congregation of the Mission in 1864, ordained a priest in 1866, first did missionary work in Henan, then went to Yuzhou, in the Zhili province, finally for many years involved in negotiations of the mission at the South Church（Nantang）and the East Church（Dongtang）. died at Nantang on April 26th, 1903, at the age of 68. May he rest in peace.

汉译

献给至善至尊的天主

这里安息着李儒林神父，中国人。1836 年出生于河南。1864 年入遣使会，1866 年晋铎。

---

① 即 1872 年。

② 1903 年 4 月 26 日在北京去世。

春秋石铭
THE H STORY
ON THE TOMBSTONES

北京栅栏墓地
历史及现存碑文考

他先在河南传教，随后前往直隶府的蔚州，最后在南堂和东堂辅助教务工作。1903 年 4 月 26 日去世，享年 68 岁。息止安所。

碑文比较与解析

李儒林墓碑汉文与拉丁文部分大体相同，介绍其生平，且着重介绍其在北京的教务活动。

（十）马誉驰

（JULIUS MARTIN /Jules Martin）

马誉驰，遣使会士，法国人。1882 年 9 月 13 日生于法国科特多尔省（即金海岸省，CÔte d'Or）的第戎（Dijon）。1901 年 9 月 13 日到达上海，1903 年在北京被授副主祭（五品修士）的神品。1904 年 1 月 27 日在嘉兴入修院。1905 年 2 月 27 日在北京因病去世，年仅 24 岁，葬于栅栏墓地。

碑文（见图 6–30）

汉文

圣味增爵会马先生之墓

圣味增爵会修士马先生，圣名儒略，系法国人，生于救世后一千八百八十二年，光绪二十七年 ① 来中国，二十九年入会，是年八月间升为五品辅祭。兹于光绪三十一年二月二十五日 ② 因病谢世，年仅二十有四。

拉丁文

D. O. M.

HIC JACET JULIUS MARTIN GALLUS NATUS IN DI-JON ANNO. 1882, AD SINAS VENIT ANNO 1901, INGR. IN CONGREGATI ONEM MISSIONIS. ANNO 1903, EODE-_MANNO ORDINATU_S SUBDIACONUS, OBIIT PEKINI DIE 27 FEBRUAR ANNO SALUTIS 1905 ÆTATIS SUÆ 24. R. I. P.

图 6–30　马誉驰墓碑碑阳拓片

图片来源：中国国家图书馆标记为"马儒略墓碑"，馆藏号：北京 2088。

① 即 1901 年来华。

② 1905 年 2 月 27 日在北京英年早逝，年仅 24 岁。

英译

To God Most Good and Most Great

Here lies Jules Martin, French, born in Dijon in 1882, he came to China in 1901, entered the Congregation of the Mission in 1903, in 1903 ordained Subdeacon, passed away on February 27th, in the Year of Salvation 1905, at the age of 24. May he rest in peace.

汉译

献给至善至尊的天主

这里安息着马誉驰，法国人，1882 年出生于第戎。1901 年来华，1903 年入会，同年晋五品神职。救世后 1905 年 2 月 27 日安息主怀，年仅 24 岁。息止安所。

碑文比较与解析

马誉驰墓碑汉文与拉丁文部分大体相同，言其晋升五品神职，然英年早逝。

（十一）谢嘉林

（EMMANUEL JOSEPH CATHELINE/Emmanuel-Joseph-Marie Catheline）

谢嘉林，遣使会士，法国人。1870 年 2 月 19 日生于法国伊尔维莱纳省（Ille-et-Vilaine）的蒙特福特（Montfort）。1891 年 1 月 20 日在巴黎入修院，1893 年 12 月 8 日同地发愿。1894 年 9 月 24 日到达上海，1896 年 5 月 30 日在北京晋铎。随后传教于保定、宣化等地。1906 年 11 月 10 日在天津去世，年仅 37 岁。后迁葬于栅栏墓地。

碑文（见图 6-31）

汉文

圣味增爵会士谢公之墓

圣味增爵会谢神父，圣名马努厄尔，系法国人。距生于降生后一千八百七十年。后于一千八百九十一年入会，一千八百九十四年来中国，一千八百九十六年升授铎德品级，传教于保定府、宣化府等处，今于光绪三十二年九月二十四日因病卒于天津①，享年三十有七。

---

① 1906 年 11 月 10 日在天津去世。

拉丁文

D. O. M.

HIC JACET EMMANUEL JOSEPH CATHELI. NE GAL-
LUS NATUS AN.1870 IN CONG. MISS RECEPTUS AN.1893.
AD SINAS VENIT AN. 1894. FIDEM PRAEDICAVIT IN PAO
TING FOU ET SUEN HOA FOU. POST DIUTURNAS INFIRMI-
TATES PATIENTER TOLERATAS IN PACE CHRISTI QUIEVIT
IN TIEN TSIN.AN.1906 ÆTATIS SUÆ 37. R. I. P.

英译

To God Most Good and Most Great

Here lies Emmanuel–Joseph–Marie Catheline, French, born
in 1870, received into the Congregation of the Mission in 1893, ar-
rived in China in 1894, preached the faith in Baoding Fu and Xuan-
hua Fu. After long and patiently accepted illnesses he passed away
in the peace of Christ in Tianjin in the year of 1906, at the age of
37 years. May he rest in peace.

图 6–31　谢嘉林墓碑碑阳拓片

图片来源：中国国家图书馆标记为
"谢玛努厄尔墓碑"，馆藏号：北京
2092。

汉译

献给至善至尊的天主

这里安息着谢嘉林，法国人，1870 年出生。1893 年入遣使会，1894 年来华，秉持信仰传教于保定府、宣化府。在病弱中，他最终安息主怀。1906 年去世于天津，年仅 37 岁。息止安所。

碑文比较与解析

谢嘉林墓碑汉文与拉丁文部分大体相同，论及生平及传教经历，最后因病去世于天津。

（十二）史思绪

（JACOBUS CHE /Shi Sixu/Jacques Che）

史思绪，遣使会士，中国人。1852 年 6 月 1 日生于北京。1880 年 5 月 1 日在北京晋铎，1884 年 4 月 27 日在同地入修院，1886 年 7 月 19 日在同地发愿后赴直隶北部，传教于保定、天津、北京东部等地。1906 年 12 月 18 日在武清县小韩村去世，享年 55 岁。后迁葬于栅栏墓地。

碑文（见图 6-32）

图 6-32　史思绪墓碑碑阳拓片

图片来源：中国国家图书馆标记为"史雅各伯墓碑"，馆藏号：北京 2094。

汉文

圣味增爵会士史公之墓

圣味增爵会史神父，圣名雅各伯，系北京城内人，距生于救世后一千八百五十二年。光绪六年① 升铎德品位，后于光绪十年入会②，曾传教于保定府、天津、京东等处。兹于光绪三十二年十一月初四日因病谢世于京东小韩村③，享年五十有五。

拉丁文

D. O. M.

HIC JACET JACOBUS CHE SACERDOS NATUS IN CIVITATE PEKINI AN. 1852. ORDINATUS SACERDOS AN. 1880, IN CONGREGATIONEM MISSIONIS INGRESSUS AN. 1884, MISSIONEM FECIT IN VARIIS LOCIS PAO TING FOU, TIEN TSINET KIUNG TOUNG AN. 1906, DEFUNCTUS EST IN SIAO HEN TSAUN ÆTATIS SUÆ 55. R. I. P.

英译

To God Most Good and Most Great

Here lies the priest Jacques Che, born in the City of Beijing in the year of 1852, ordained a priest in the year of 1880, entered the Congregation of the Mission in the year of 1884, did missionary work in various places as Baoding Fu, Tianjin and the east of Beijing. Passed away in the year of 1906 in Xiaohan Cun, at the age of 55 years. May he rest in peace.

汉译

献给至善至尊的天主

这里安息着史思绪，1852 年生于北京城内，1880 年晋铎。1884 年入遣使会，在保定府、天津和北京东部等地传教。1906 年逝世于小韩村，享年 55 岁。息止安所。

---

① 即 1880 年。

② 即 1884 年。

③ 1906 年 12 月 18 日在武清县小韩村去世。

春秋石铭　北京栅栏墓地
历史及现存碑文考

THE HISTORY
ON THE TOMBSTONES

碑文比较与解析

　　史思绪墓碑汉文与拉丁文部分大体相同，论及生平及传教经历，以及其去世于天津武清小韩村。

（十三）李广明

（PETRUS LY/Li Guangming/Pierre Li）

　　李广明，遣使会士，中国人。1855 年 2 月 14 日生于直隶省怀来县双树子。1881 年 5 月 1 日在北京晋铎。1887 年 3 月 25 日入修院，1889 年 9 月 27 日在发愿，后赴直隶保定、顺天府等地传教。1909 年 8 月 16 日在北京因病去世，享年 55 岁，在会 22 年。葬于栅栏墓地。

碑文（见图 6–33）

汉文

圣味增爵会士李公之墓

　　圣味增爵会李神父，圣名伯多禄，系宣化府保安双树村人。距生于救世后一千八百五十五年，即咸丰五年。自幼入院真修，于一千八百八十一年升铎德，一千八百八十七年入会，曾传教于保定府及顺天府所属各处。兹于宣统元年七月初一日因病安然卸世 [1]，在会二十二年，享寿五十有五。

拉丁文

图 6–33　李广明墓碑碑阳拓片

图片来源：中国国家图书馆标记为"李伯多禄墓碑"，馆藏号：北京2104。

D. O. M.

HIC JACET PETRUS LY. SACERDOS CONGR. MISS. NATUS IN SUEN-HOA-FOU, CHOANG-CHOU-TZE. ANNO 1855. SACERDOTIO AUCTUS ANNO 1881. CONGR. MISS. INGRESSUS. ANNO 1887. PROPAGANDÆ FIDEI OPERAM NAVAVITIN PAO-TING-FOU ET KING-TONG.OBIIT PEKINI. DIE 16 AUGUSTI 1909. ÆTATIS SUÆ 55. R. I. P.

英译

To God Most Good and Most Great

Here lies Pierre Li, priest of the Congregation of the Mission, born in Xuanhua Fu, Shuangshu

---

[1] 　1909 年 8 月 16 日在北京去世。

Cun, in the year of 1855, ordained a priest in the year of 1881, entered the Congregation of the Mission in 1887, labored for the propagation of the faith in Baoding Fu and the east of Beijing（Shuntian Fu）, died in Beijing on august 16th, 1909, at the age of 55 years.May he rest in peace.

汉译

献给至善至尊的天主

这里安息着李广明，遣使会士，1855 年出生于宣化府双树村。1881 年晋铎，1887 年入遣使会，在保定府和北京东部(顺天府)等地传播信仰。1909 年 8 月 16 日逝世于北京，享年 55 岁。息止安所。

碑文比较与解析

李广明墓碑汉文与拉丁文部分大体相同，论及其生平及传教经历，且逝世于北京。

（十四）郝正国
（PAULUS HO/Hao Baolu/Paul Ho）

郝正国（见图 6–34），又名郝保禄，遣使会士，中国人。1846 年 10 月 5 日生于内蒙古归化厅的小纳林。1865 年 9 月 4 日在西湾子入修院。1871 年 1 月 6 日在北京发愿，同一天晋铎，后于北京宗座代牧区做传教士。于 1910 年 10 月 4 日在保定府去世，享年 65 岁。后迁葬于栅栏墓地。

图 6–34 郝正国像

图片来源：Jean-Marie Planchet, C.M. *Le Cimetière et Les Oevres Catholiques de Chala 1610-1927*, Pékin:Imprimerie des Lazaristes 1928.p.96.

碑文（见图 6–35）

汉文

圣味增爵会士郝公之墓

圣味增爵会郝神父，圣名保禄，系西口州归化城人，距生于救世后一千八百四十六年，自幼入院精修，于一千八百六十五年入会，同治十年升铎德[①]，曾传教于保定府及顺天府所属各处。后在京十余年，翻译圣书多种，因劳心过度旋于去年夏际双目表明，以后身体渐衰，病势日增，遂于宣统二年九月初二日午后五点半钟平安谢世[②]，享年六十有五。

---

① 即 1871 年。

② 即 1910 年 9 月 2 日在保定府去世。

拉丁文

D.O.M.

HIC JACET PAULUS HO SACERDOS CONGR. MISS.
NATUS IN CIVITATE MONGOLIÆ KOUI-HOA-TCHEUNG,
ANNO 1846. CONGR. MISS. INGRESS. ANNO. 1865, SACER-
DOS ORDINATUS EST ANNO 1871. ET IN PAO-TING-FOU
ET CHOUN-TIEN-FOU LABORIBUS MISSIONUM IMPEN-
DIT OPERAM POSTEA PER DECEM ET AMPLIUS ANNOS
IN DOMO PETANG IN VERTENDIS EXARANDISQUE PIIS
LIBRIS HAUD LEVEM INDUSTRTAM POSUIT; EXQUO
LABORE VIRIBUS EXHAUSTIS ET AMISSIS LUMINIBUS,
DIUTURNÆ PATIENTIÆ MERITIS ORNATUS, IN PERPETUÆ
PACIS ET LUCIS REGIONEM MIGRAVIT. DIE 4 OCTOBRIS
1910, ÆTATIS SUÆ LXV. R. I. P.

图 6–35　郝正国墓碑碑阳拓片

图片来源：中国国家图书馆标记
为"郝保禄墓碑"，馆藏号：北京
2106。

英译

To God Most Good and Most Great

Here lies Paul Ho, priest of the Congregation of the Mis-
sion. Born in the city of Guihua Cheng, Mongolia, in 1846; entered the Congregation of the Mission
in 1865; ordained a priest in 1871; engaged in missionary work in Baoding Fu and Shunde Fu, later
for over ten years in the residence of the Northern Church, spending no little effort in translating and
writing pious books. His energy exhausted by this work, and having lost his sight, decorated with the
merits of daily patience, migrated into the region of eternal peace and light, on 4th October 1910. May
he rest in peace.

汉译

献给至善至尊的天主

这里安息着郝正国，遣使会士，1846 年出生于归化城，1865 年入遣使会，1871 年晋铎，
他在保定府、顺天府传教。随后居于北堂。他致力于翻译圣书，直到精力耗尽。他长期忍耐，
德行庄重，葆有平和之心。1910 年 10 月 4 日去世，享年 65 岁。息止安所。

碑文比较与解析

郝正国墓碑汉文与拉丁文部分内容大体相同，皆言及具体生平及传教经历，还论及
其对教会圣书的翻译之功。汉文部分论述其病情，乃至去世情况。而拉丁文部分更强调其
德行，隐忍庄重，平和处世。

（十五）汪若翰

（Joan Baptista Wang/Wang Ruohan/Jean-Baptiste Wang）

　　汪若翰，遣使会士，中国人。1864 年 5 月 13 日生于北京。1894 年 5 月 19 日在北京晋铎，1899 年 1 月 24 日入修院，1901 年 1 月 25 日发愿。于直隶北部宣化、保定等地传教，后在城内北堂管理教务。1911 年 5 月偶染时瘟，6 月 24 日在北京去世，年仅 48 岁，在会 12 年。葬于栅栏墓地。

碑文（见图 6–36）

图 6–36　汪若翰墓碑碑阳拓片

图片来源：中国国家图书馆，馆藏号：北京 2108。

汉文

圣味增爵会士汪公之墓

　　圣味增爵会汪神父，圣名若翰，系北京城人。距生于救世后一千八百六十四年，自幼入院精修。于一千八百九十四年升铎德，千八百九十九年入会，先传教于宣化、保定府等处，后在京北堂管理堂中事务。兹于宣统三年五月偶染时瘟，遂于本月二十八日午前十句钟平安卸世于北堂养病院①，年仅四十八岁，在会十有二年。

拉丁文

D.O.M.

　　HIC JACET Joan. Baptista WANG. SACERDOS CONGR. MISS. NATUS PEKINI AN. 1864. SACERDOTIO INITIATUS ANNO 1894 & POST 5 AN. CONGR. MISS. INGRESS. PRIUS IN SUEN-HOA-FOU & PAO-TING-FOU FIDEI PROPAGANDÆ ADLABORA VIT; POSTEA IN DOMO PETANG PROCURATORIS MUNUS UMPLEV., DONEC PAUCORŪ DIERUM MORBO INOPINATO ABSUMPTUS BURO SUAMSIMPLICIE ATEM. ANIMI LENITATEN OMNIBUS MAGNUM RELINQUENS SUI DESIDERIUM. OBIIT DIE 24 JUNII 1911. ÆTATIS SUÆ 48. R. I. P.

---

① 　汪若翰 1911 年 6 月 24 日因病在北京去世。养病院即圣味增爵医院，医院建筑为中式风格。Cf. Jean-Marie Planchet, C. M. *Le Cimetière et Les Oevres Catholiques de Chala 1610-1927*, Pékin: Imprimerie des Lazaristes 1928.p.235.

To God Most Good and Most Great

Here rests Jean Baptiste Wang, priest of the Congregation of the Mission, born in Beijing in the year of 1864, ordained a priest in the year of 1894, 5 years later he entered the Congregation of the Mission and worked for the spread of the faith in Xuanhua Fu and Baoding Fu. Afterwards, he worked in Beitang as procurator until ... Leaving to everybody a great yearning for him, he passed away on June 24th, 1911, at the age of 48 years. May he rest in peace.

汉译

献给至善至尊的天主

这里安息着汪若翰，遣使会士，1864 年出生于北京，1894 年晋铎，5 年后进入遣使会并在宣化府、保定府各地传教。后在北堂担任司账……为众人所爱戴。1911 年 6 月 24 日去世，享年 48 岁。息止安所。

碑文比较与解析

汪若翰墓碑汉文与拉丁文部分大体相同，论及其生平及传教经历，且逝世于北京。拉丁文部分还记载他的德行受众人仰慕。

（十六）高若翰
（Joańnes Bapt.CAPY / Jean Capy）

高若翰，遣使会士，法国人。1846 年 5 月 26 日生于法国洛特省（Lot）的卡斯特洛普雅克（Castelot-Pouillac），1869 年 9 月 8 日在罗卡马杜尔（Rocamadour）晋铎。1874 年 9 月 7 日在巴黎入修院，1876 年 9 月 8 日同地发愿。1888 年 11 月 3 日到达上海，后赴直隶北部做传教士。1912 年 5 月 25 日在北京去世，享年 66 岁，在会 38 年。葬于栅栏墓地。

碑文（见图 6–37）

汉文

圣味增爵会士高公之墓

圣味增爵会高神父，圣名若翰，系法国人。距生于救世后一千八百四十六年，自幼入院精修，一千八百六十九年升铎德，一千八百七十四年入会。光绪十四年来中国①，曾传教于顺

---

① 即 1888 年来华。

图6-37 高若翰墓碑碑阳拓片

图片来源：中国国家图书馆，馆藏号：北京 2110。

天府、天津、永平府等处，后在东交民巷圣弥厄尔堂管理教务多年，兹于中华民国元年阳历五月二十五日因病平安卸世[1]，享年六十有六，在会三十八年。

拉丁文

D. O. M.

HIC JACET Joañnes Bapt. CAPY. GALLUS. SACERDOS CONGR. MISS. NATUS AN 1846. SACERDOTIO INSIGNITUS ANNO 1869. QUINTOPOST ANNO SOCIETATI S. VINCENTII NOMEN DEDIT. AN. 1888 AD SINAS APPULSUS.VERBI DIVINI PR EDICAT ORPER 15 ANNOS IN CHOUN-TIEN, TIENTSIN & YOUNG-PING-FOU MAGNO ANIMARUM LUCRO HOC IN MUNERE VERSATUS EST. POSTEA PEKINIAPUD LEGATIONES IN REGENDA S. MICHAELIS ECCLESIA VENERANDAM SENECTUTEM CONSUMPSIT. OBIIT DIE 25 MAII, ANNO DOMINI 1912. ÆTATIS SUÆ LXVI. R. I. P.

英译

To God Most Good and Most Great

Here rests Jean Capy, from France, priest of the Congregation of the Mission, born in 1846, ordained a priest in 1869, after the fifth year joined the Congregation of St Vincent. In the year of 1888 he arrived in China. For 15 years he worked with great success as preacher of the Divine Word in Shuntian, Tianjin and Yongping Fu. Later with the Legations he lived in Beijing a venerable age presiding over St. Michael's Church. He died on 25th May, in the Year of Our Lord 1912, at the age of 66 years. May he rest in peace.

汉译

献给至善至尊的天主

这里安息着高若翰，法国人，遣使会士，1846 年出生。1869 年晋铎，5 年后晋铎。1888 年来华，在顺天府、天津和永平府等地传教长达 15 年时间。他在教会担任重要角色，并在北京圣弥厄尔堂管理教务多年。1912 年 5 月 25 日去世，享年 48 岁。息止安所。

碑文比较与解析

高若翰墓碑汉文与拉丁文部分大体相同，论及其生平、传教经历和教内职务，且逝世于北京。

---

[1] 1912 年 5 月 25 日在北京去世。

（十七）梁报国

（CAROEUS RAMBAUD/Charles Rambaud）

梁报国，遣使会士，法国人。1886 年 7 月 29 日生于法国安德尔卢瓦尔省（Indre-et-Loire）的图尔（Tours）。1908 年 9 月 25 日在巴黎入修院，1910 年 9 月 27 日同地发愿，同年 11 月 25 日到达上海。1912 年 9 月 7 日在城内北堂晋铎，1912 年 10 月 14 日在栅栏去世，年仅 26 岁。葬于栅栏墓地。

碑文（见图 6–38）

汉文

圣味增爵会士梁公之墓

圣味增爵会梁神父，圣名嘉禄，公系大法国都落尼城人[①]。生于纪元后千八百八十六年，世学通后二十二岁入会精修，务圣学焉。二十四岁来华，一千九百一十二年升授铎德之位。公素嗜学，而克己修身之功尤苦，故积劳成疾，把病甚久。然步法圣主，为人立表。虽病当沉痛中亦莫不受之怡然。竟于去年阳十月十四日安逝于栅栏本院[②]，年仅二十六岁。以才德素优，青俊之铎德，贵志以终，诚可慨也。

纪元后一千九百一十三年阳历十一月二十九日立。

拉丁文

D. O. M.

Hic jacet CAROEUS RAMBAUD Gallus natus Turonibus an. 1886, ingress. in Cong. Miss. anno 1908, ad Sinas venit anno 1910, ordinatus sacerdos an 1912.eodem anno Chala die14 Octobris, post diuturnam infirmitatem proanimabus patienter toleratam, præmature decessit e vita. Ætatis suæ XXVI. R. I. P.

英译

To God Most Good and Most Great

Here rests Charles Rambaud, from France, born in Tours in the year 1886, entered the Congregation

图 6-38　梁报国墓碑碑阳拓片

图片来源：中国国家图书馆标记为"梁嘉禄墓碑"，馆藏号：北京2114。

---

① 梁报国于 1886 年 7 月 29 日生于安德尔卢瓦尔省的图尔。

② 1912 年 10 月 14 日在栅栏去世。

of the Mission in the year 1908, arrived in China in the year 1910, was ordained a priest in the year 1912. Died prematurely on October 14th of the same year in Chala, after a long sickness patiently accepted for the salvation of the souls, at the age of 26 years. May he rest in peace.

汉译

献给至善至尊的天主

这里安息着梁报国，法国人，1886 年出生于图尔。1908 年入遣使会，1910 年来华。1912 年晋铎。同年 10 月 14 日去世于栅栏。他克服灵魂弱点，长期容忍痛苦，最后不幸早夭，年仅 26 岁。息止安所。

碑文比较与解析

梁报国墓碑汉文与拉丁文部分大体相同，论及其生平，称颂其德行，好学多才，克己修身。且明确提及其不幸英年早逝，去世于栅栏。

（十八）王君山

（PAULUS OUANG/Wang Junshan/Paul-Joseph Wang）

王君山（见图 6-39），遣使会士，中国人。1837 年 10 月 9 日生于直隶省河间府任邱县赵家坞。1869 年 1 月 5 日，王君山加入北京遣使会，并于 1870 年 11 月 21 日由田嘉璧祝圣为神父。1871 年 1 月 6 日发愿，并于同年 11 月 21 日在同地晋铎。后赴北京宗座代牧区做传教士，曾短暂管理过宣化教区。之后在北京服务 40 年之久，先后担任过堂区神父、大修院院长、圣婴会会长、主座教堂总铎职务。其间有两年时间，他以主任身份负责管理遣使会设于天津的账房。

王君山利用空闲时间翻译教会书籍，出版讲道文集，撰写传教生活文章。他的主要作品有：《真道解疑》《辨道浅言》《女学典型》《真修训范》（为贞女而写）、《策怠神鞭》《轻世金书直解》《谈道遗稿》。翻译作品如《默想耶稣苦难》《炼灵圣月》《朝拜圣体》《圣母圣范》《遵主圣范》。除此之外，他还有很多作品是以田嘉璧主教的名义发表的[①]。1913 年 2 月 7 日在北京去世，享年 77 岁。葬于栅栏墓地。

图 6-39　王君山像

图片来源：*Annales de la Congrégation dela Mission*, Paris, Librairie F. Didot frères et fils, 1914, p.371.

---

① 资料由索邦大学博士田炜帅神父提供。

碑文（见图 6–40）

汉文

圣味增爵会士王公之墓

圣味增爵会王神父，圣名保禄，系河间府任丘县赵家坞人。距生于救世后一千八百三十七年，自幼入院精修，于一千八百六十九年入会，同治八年升铎德①。曾传教于天津、宣化，后在京四十余年间管理修院，翻译圣书多种，嗣后管理北堂教友②。因劳心过度，身体渐衰，遂于中华民国二年二月初七日午前九点三刻因病平安卸世③，享年七十有七。

拉丁文

D. O. M.

HIC JACET PAULUS OUANG SACERDOS CONGR. MISS NATUS IN PAGO TCHAO-KIA-OU JEN-KIOU SIEN HO-KIEN-FOU ANNO 1837. CONGR. MISSIONIS AGGR. ANNO 1869, ET SACERDOS ORDINATUS AN. 1871, TUM IN SUEN-HOA-FOU, TUM IN TIEN-TSIN-FOU LABORIBUS MISSIONUM IMPENDIT OPERAM. POSTEA AMPLIUS QUADRAGINTA ANNIS IN DOMO PE-TANG. NONNULLIS ET VARIIS MUNERIBUS FUNCTUS EST NUNC SACRASLITTER. ASINSEMINARIO DOCENS, NUNC PIOS LIBROS COMP. ONENS, VEL SALUTI ANIMARUM INCUMBENS IN PAROCHIALI MINISTERIO. TANDEM SENECTUTE CONFECTUS ET MULTIS.MERITIS ORNATUS, IN DOMO PETANG. OBDOBMIVIT IN DOMINO 7 FEBR. 1913 AETATIS SUAE LXXVII. R. I. P.

图 6–40　王君山墓碑碑阳拓片

图片来源：中国国家图书馆标记为"王保禄墓碑"，馆藏号：北京 2112。

英译

To God Most Good and Most Great

Here rests Paul-Joseph Wang, priest of the Congregation of the Mission, born in the year of 1837 in the village of Zhaojiawu, Renqiu County, Hejian Fu, entered into the Congregation of the Mission in the year of 1869, was ordained a priest in the year of 1871, engaged in missionary work at times in Xuanhua Fu. At times in Tianjin Fu. Later occupied with various offices in the residence of the Northern Church（Beitang）for over 40 years, at times teaching the Holy Sciences in the seminary, at times

---

① 即 1869 年晋铎。

② 1869 年 1 月 5 日入遣使会。

③ 1913 年 2 月 7 日在北京去世。

writing pious books or engaged with the good of the souls in the parochial service. Finally, exhausted by old age, and decorated with many merits, he passed away in the Lord in the residence of the Northern Church, on 7th February 1913, at the age of 77 years. May he rest in peace.

汉译

献给至善至尊的天主

这里安息着王君山，遣使会士，1837 年出生河间府任丘县赵家坞。1869 年入遣使会，1871 年晋铎。曾在宣化府和天津传教，后管理北堂 40 余年，退休后他翻译诸多圣书。随后他为教区助理。由于年老体弱，积劳成疾。他德行为人称道。1913 年 2 月 7 日安息主怀，享年 77 岁。息止安所。

碑文比较与解析

王君山墓碑汉文与拉丁文部分大体相同，较为详细地论及其生平及传教经历，一生翻译大量宗教书籍，且在教内担任职务，最终积劳成疾而卒。

（十九）齐净德

（JOSEPH TSI /Qi Jingde/Joseph Ts'i）

齐净德，遣使会士，中国人。1890 年 8 月 3 日生于直隶省宝坻县的李焕庄。1910 年 8 月 26 日在栅栏入修院，1912 年 8 月 27 日同地发愿，1914 年 12 月 19 日在同地晋铎。后赴直隶北部传教于长辛店，而后又于北京修院教读。1917 年 4 月初身染瘟疹，救治无效，妥领终传等圣事后于 4 月 9 日在北京去世，年仅 28 岁。葬于栅栏墓地。

碑文（见图 6–41）

汉文

圣味增爵会士齐公之墓

圣味增爵会齐神父若瑟，系京兆宝坻县李宦庄人，距生于清光绪十六年①。光绪二十八年② 进北京修院，宣统二年③进圣味增爵会，民国三年升司铎之职④，遂传教于京南长辛店，后于北京修院教读，突于民国六年阳历四月初身染瘟疹，医药罔效，妥领终传等圣事，十八日午前九

---

① 齐净德 1890 年 8 月 3 日生于直隶省宝坻县的李焕庄。
② 即 1902 年。
③ 即 1910 年。
④ 即 1914 年。

点半钟安然逝世于圣味增爵医院 ①，享年二十有八。

图6-41　齐净德墓碑碑阳拓片

图片来源：中国国家图书馆标记为"齐若瑟"，馆藏号：北京2116。

拉丁文

D. O. M.

HIC JACET JOSEPH TS'I SACERDOS CONGREGATIO-
NIS MISSIONS, NATUS IN PAGO LY-HOUAN-TCHOUANG,
PAO-TI-SHIEN ANNO 1890; INGRESSUS SEMINARIUM PEKINI
ANNO 1902. INTERNUMQUE SEMINARIUM CHALA ANNO
1910. DEMUM SACERDOTIO INITATUS EST ANNO 1914. TUNC
NOMINATUS VICARIUS IN PAGO TCHANG-SIN-TIEN PRO
FIDE PROPAGANDA, IBI TAM SUA VITER CUM OMNIBUS
EGIT UT PERPAUCIS MENSIBUS ELAPSIS, CHRISTIFIDELES
JAM BONITATIS EJUS MEMORIAM TENUERINT. EXHINC AD
SEMINARIUM MINUS PEKINI REVOCATUS AD DOCENDOS
ET FORMANDOS IN CLERICALIDISCIPLINA ALTMNOS EL
COMMISSOS, HOC MUNUS INFATIGABILITER ADIMPLE-
VIT. HIS IN LABORIBUS, MORBO CORREPTUS ET TANDEM
CONFECTUS, SACRAMENTIS MUNITUS, IN HOSPITIO SANCTI VINCENTII PIE OBIIT DIE 9
APRILIS ANNO DOMINI MCMXVII. R. I. P.

英译

To God Most Good and Most Great

Here rests Joseph Ts'i, priest of the Congregation of the Mission, born in the year of 1890 in the
village of Lihuan Zhuang, Baodi County. In 1902 he entered the Seminary of Beijing, and in 1910 the
"internal" seminary of Chala. 1914 he was finally ordained a priest. Then he was appointed chaplain
in the village of Changxin Dian for the propagation of faith. There he treated all people so kindly,
that after a very short time the faithful had already a deep impression of his goodness. Then he was
recalled to the Minor Seminary of Beijing to teach and to educate seminarians and students in the
clerical discipline. He untiringly fulfilled this office. In these labors, affected by sickness and finally
consumed, armed with the sacraments, he piously passed away in St.Vincent Hospital, on April 9th,
1917. May he rest in peace.

汉译

献给至善至尊的天主

这里安息着齐净德，遣使会士。1890年出生于保定府李焕庄，1902年入北京修院，1910

---

① 1917年4月18日在北京圣味增爵医院去世。

年入栅栏修院。1914 年晋铎。随后被任命长辛店天主堂本堂。他待人谦和，众教徒因他的善良而对他印象颇深。后他又被召回在北京小修院教授修生和学生。他竭尽全力完成工作，不辞辛劳，积劳成疾，1917 年 4 月 9 日去世于圣味增爵医院。年仅 28 岁。息止安所。

碑文比较与解析

齐净德墓碑汉文与拉丁文部分大体相同，较为详细地论及其生平、传教经历及教育事业，最终积劳成疾而卒。

拉丁文部分还突出描述其信仰的虔诚和对工作的认真负责。

（二十）彭宗义

（JOSEPH PONZI/Joseph Ponzi）

彭宗义（见图 6–42），遣使会士，意大利人。1857 年 1 月 25 日生于意大利罗马省的费伦蒂诺（Ferntino）。1872 年 10 月 18 日在罗马入修院。1877 年 12 月 25 日在普莱桑斯（Plaisance）发愿，1880 年 5 月 22 日晋铎。1882 年 10 月 2 日到达上海，后赴直隶北部做传教士。于 1917 年 8 月 16 日在北京去世，享年 60 岁。葬于栅栏墓地。

图 6–42　彭宗义像

图 片 来 源：Jean-Marie Planchet, C.M. *Le Cimetière et Les Oevres Catholiques de Chala 1610-1927*, Pékin:Imprimerie des Lazaristes 1928.p.96.

碑文（见图 6–43）

汉文

圣味增爵会士彭公之墓

圣味增爵会彭神父，圣名若瑟，系意国近罗玛费兰第诺村人①，距生于降生后一千八百五十七年。一千八百七十二年进会，一千八百八十年升受司铎，二年后来中国，遂传教于京东、宣化、保定等府及北京西堂、东堂②。突于民国六年阳八月十六日下午十点钟因病安然逝世于北京圣味增爵医院③，享年六十。

拉丁文

D. O. M.

HIC JACET JOSEPH PONZI, ITALUS. SACERDOS CONG. MISS. NATUS FERENTINI

---

① 彭宗义 1857 年 1 月 25 日生于罗马的费伦蒂诺。
② 即 1882 年来华，随后在北京及近郊多地传教。
③ 1917 年 8 月 16 日在北京圣味增爵医院去世。

ANNO 1857, INGRESSUS CONG. MISS. ANNO 1872. AUCTUS EST SACERDOTIO ANNO 1880. POST DUOS ANNOS PERVENIT PEKINUM, FECIT MISSIONEM IN DIVERSIS DISTRICTIBUS VICARIATUS. TANDEM MUNERE PAROCHI TOUNGTANG FUNGENS. OBIIT PEKINI DIE 16 AUGUSTI A.D. 1917, ÆTATIS SUÆ 60. R. I. P.

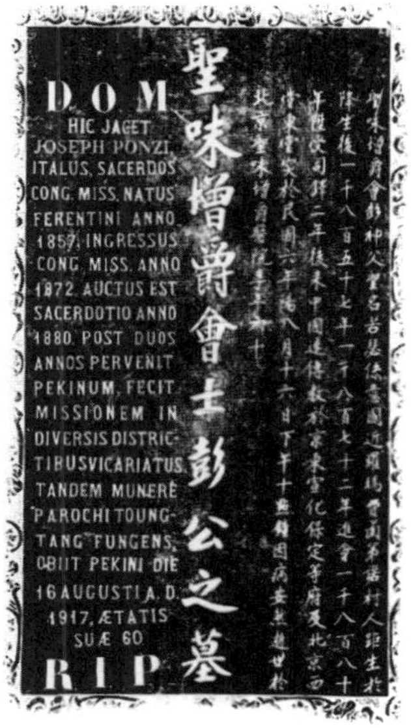

英译

To God Most Good and Most Great

Here rests Joseph Ponzi, priest of the Congregation of the Mission. Born in Ferentino in the year 1857, entered the Congregation of the Mission in the year 1872, was ordained a priest in the year 1880. Two years later he arrived in Beijing, did missionary work in the districts of the Vicariate, finally held the office of pastor of the East Church [Dongtang]. Died in Beijing on August 16th, 1917. at the age of 60 years. May he rest in peace.

图 6–43　彭宗义墓碑碑阳拓片

图片来源：中国国家图书馆标记为"彭若瑟墓碑"，馆藏号：北京2118。

汉译

献给至善至尊的天主

这里安息着彭宗义，意大利人，遣使会士。1857 年出生于费伦蒂诺，1872 年入会，1880 年晋铎，两年后来华传教，在众多地区传教，后服务于东堂。1917 年 8 月 16 日逝世于北京，享年 60 岁。息止安所。

碑文比较与解析

彭宗义墓碑汉文与拉丁文部分大体相同，论及其生平及传教经历。汉文还详细记载其去世信息，包含具体时间和地点。

（二十一）濮贻谋

（LUDOVICUS BARRUE/Louis-Eugène Barrué）

濮贻谋（见图 6-44），遣使会士，法国人。1884 年 1 月 17 日生于法国塞纳马鞍省（Seine-et-Marne）克莱（Clay）区的马恩河畔安奈（Annet-sur-Marne）。1902 年 9 月 7 日在巴黎入修院。同年 11 月 21 日到达上海，1904 年 9 月 8 日

图 6—44　濮贻谋像

图片来源：Jean-Marie Planchet, C.M. *Le Cimetière et Les Oevres Catholiques de Chala 1610-1927*, Pékin:Imprimerie des Lazaristes 1928.p.96.

在杭州发愿，1907 年 6 月 9 日在嘉兴晋铎，后赴直隶北部做传教士。1918 年 6 月 12 日在北京去世。其墓地在栅栏。

碑文（见图 6-45）

图 6-45　濮贻谋墓碑碑阳拓片

图片来源：中国国家图书馆标记为"濮类斯墓碑"，馆藏号：北京 2120。

汉文

圣味增爵会士濮公之墓

圣味增爵会濮神父，圣名类斯，法国巴黎人，生于一千八百八十四年一月十七日。一千九百零二年进会来中国，一千九百零七年阳六月九日升司铎品级，遂传教于保定府，后调回北京修院教读[1]。因劳呕血，突于民国七年阳六月十二日午前一点钟安然逝世于北京圣味增爵医院[2]。

拉丁文

D. O. M.

HIC JACET LUDOVICUS BARRUE. GALLUS, PRESBYTER CONGR. MISS. NATUS IN PAGO ANNET-SUR-MARNE DIE 17 JAN. 1884. ANNO 1902 CONGR. MISSION. PARISIIS INGRESSUS VENIT AD SINAS. SACERDOTIUM ACCEPIT KIA SHING FOU DIE 9 JUNII 1907. MISSIONES PAO TING FOU ET NAN-TANG FECIT PER UNUM AUT ALTERUM ANNUM. DEIN SE VOVITEDUCATIONI SEMINARISTARUM. HIC SCIENTIA ET MANSUETUDINE CONSPICIUS, VIRIBUS EXHAUSTIS PIISSIME IN DOMINO OBDORMIVIT DIE 12 JUNII 1918. AETATIS SUAE 34. R. I. P.

英译

To God Most Good and Most Great

Here rests Louis-Eugène Barrué, French, priest of the Congregation of the Mission. Born January 17th, 1884, in the village Annet-sur-Marne, entered the Congregation of the Mission in Paris in the year 1902, and arrived in China. Ordained a priest on June 9th, 1907. in Jiaxing Fu, he did missionary work for one or two years in Baoding Fu and the South Church（Nantang）. Then he dedicated himself to the education of the seminarians. There he was outstanding for his knowledge and kindness. His

---

① 1907 年 6 月 9 日晋铎。后在保定府传教，随后调回北京栅栏文声修道院。

② 1918 年 6 月 12 日在北京去世。

strength exhausted, he died very piously in the Lord, on June 12th, 1918, at the age of 34 years. May he rest in peace.

汉译

献给至善至尊的天主

这里安息着濮贻谋，法国人，遣使会士。1884 年 1 月 17 日出生于马恩河畔安奈。1902 年入遣使会。他自巴黎来华，1907 年 7 月 9 日在嘉兴府晋铎。在保定府和南堂传教一两年时间。他在北京修院（圣文声修道院）教书。为主竭尽全力，于 1918 年 6 月 12 日安息主怀，享年 34 岁。息止安所。

碑文比较与解析

濮贻谋墓碑汉文与拉丁文部分大体相同，皆较为详细地论及其生平、传教经历及教育事业，最终积劳成疾而卒。

汉文还详细记载其去世信息，包含具体时间和地点。

（二十二）褚德明

（MARTINUS TCHOU/ Chu Deming/ Martin Tch'ou）

图 6–46　褚德明像

图片来源：Jean-Marie Planchet, C.M. *Le Cimetière et Les Oevres Catholiques de Chala 1610-1927*, Pékin:Imprimerie des Lazaristes 1928.p.128.

褚德明（见图 6–46），遣使会士，中国人。1871 年 6 月 17 日生于直隶省宣化府黄土梁。1898 年 10 月 28 日在北京晋铎，1910 年 8 月 19 日在栅栏入修院，1912 年 8 月 20 日在同地发愿，后赴直隶北部做传教士。他于 1918 年 10 月 17 日在北京去世。其墓地在栅栏。

碑文（见图 6–47）

汉文

圣味增爵会士褚公之墓

圣味增爵会褚神父，圣名玛尔定，宣化府人，距生于清同治十年四月三十日①。一千八百九十八年升司铎品级，遂传教于宣化、永宁，后调回北京修院教读，最后于北堂司账多年。因劳成疾，遂于民国七年阳十月十七日下午二钟安然逝世于北京北堂②，享年四十有八。

① 褚德明于 1871 年 6 月 17 日生于直隶省宣化府黄土梁。
② 1918 年 10 月 17 日在北京去世。

拉丁文

D. O. M.

HIC JACET MARTINUS TCHOU. PRESBYTER CONG. MISSIONIS NATUS SUEN HOA FOU DIE 17 JUNII A. D. 1871 SACERDOTIO AUCTUS DIE 28 OCTOB. 1898, MISSIONEM FECIT IN YOUNGNING, UBI OCCASIONE. PERSECUTIONIS BOXORUM MULTA PERPESSUS VIX MORTEM EFFUGIT. A.D. 1910 CONGR. MISS. INGRES. SUSCEPIT OFFICIUM PROCURATORIS DOMUS PETANG, QUODUSQUE AD MORTEM ADIMOLEVIT. PLENUS MERITIS OBDORMIVIT IN DOMINO DIE 17 OCTOBRIS A.D. 1918. AETATISS SUAE 47. R. I. P.

英译

To God Most Good and Most Great

Here rests Martin Tch'ou, priest of the Congregation of the Mission, born in Xuanhua Fu on 17th June 1871, was ordained a priest on 28th October 1898, did missionary work in Yongning Fu, where on the occasion of the Boxer persecution he suffered much, hardly escaping death. In the year of 1910 he entered the Congregation of the Mission and assumed the office of procurator of the North Church (Beitang) residence, which he held until his death. Full of merits, he died in the Lord on 17th October 1918, at the age of 47 years. May he rest in peace.

图 6–47 褚德明墓碑碑阳拓片

图片来源：中国国家图书馆标记为"褚玛尔定墓碑"，馆藏号：北京 2122。

汉译

献给至善至尊的天主

这里安息着褚德明，遣使会士，1871 年 6 月 17 日出生在宣化府。1898 年晋铎，在永宁府传教。在义和团运动中，他遭遇诸多苦难，几近死亡。1910 年入遣使会并且担任北堂司账。1918 年 10 月 17 日安息主怀，享年 47 岁。息止安所。

碑文比较与解析

褚德明墓碑汉文与拉丁文部分大体相同，均较为详细地论及其生平和传教经历。在汉文部分中提及他所担任的教内职务。在拉丁文部分记载其在义和团运动中所遭遇的苦难。

（二十三）武道衡

（PETRUS LACROIX/Pierre Lacroix）

武道衡，遣使会士，法国人。1886 年 2 月 27 日生于法国克雷兹省蒂勒（Tulle）区的克雷兹（Corrèze）。1905 年 6 月 20 日在达克斯入修院，1912 年 7 月 14 日在同地晋铎。于同年 9 月 7 日到达栅栏，先在直隶沿海做传教士，自 1917 年 4 月 9 日起调至北直隶。1919 年 3 月 18 日在北京去世，年仅 33 岁。其墓地在栅栏。

碑文（见图 6-48）

汉文

圣味增爵会士武公之墓

圣味增爵会武神父，圣名伯多禄，法国人，距生于降生后一千八百八十六年阳二月二十七日。一千九百零五年进会，一千九百十三年来华，遂传教于天津圣类斯堂，一千九百十七调升北京大修院[①]教读。突于民国八年阳三月十八日因染瘟疹之症逝世于北京圣味增爵医院[②]，年仅三十有三。

拉丁文

D. O. M.

HIC JACET PETRUS LACROIX, GALLUS PRESBYT. CONG. MISS. NATUS DIE 27 FEBRUARII A.D. 1886, INGRES. EST CONGR. MISS. DIE 15 JUNII 1905. ANNO 1912 SACERDO-TIO AUCTUS EST ET VENIT IN SINAS. REXIT ECCLESIAM-SANCTI LUDOVICI IN TIEN-TSIN PEP[③] QUATUOR ANNOS. POSTEA IN MAJORI SEMINARIO PEKINENSI ECCLESIAS-TICAS DISCIPLINAS DOCUIT USQUE AD MORTEM. PIE OB-DORMIVIT IN DOM. DIE 18 MARTII A.D. 1919 AETATIS SUAE XXXIII. R. I. P.

图 6-48　武道衡墓碑碑阳拓片

图片来源：中国国家图书馆标记为"武伯多禄墓碑"，馆藏号：北京 2124。

---

① 即栅栏文声修道院教读。

② 1919 年 3 月 8 日在北京圣味增爵医院去世。

③ PEP 可能误写，应为 PER。

To God Most Good and Most Great

Here rests Pierre Lacroix, from France, priest of the Congregation of the Mission, born 27th February, 1886, entered the Congregation of the Mission on 15th June, 1905, ordained a priest in 1912, he came to China, guided the Church of Saint Louis in Tianjin for four years. Later he taught Church discipline in the Major Seminary（the Saint Vincent Seminary）in Beijing, until his death. Fell asleep in the Lord on 18th March, 1919, at the age of 33 years. May he rest in peace.

汉译

献给至善至尊的天主

这里安息着武道衡，法国人，遣使会士。1886 年 2 月 27 日出生，1905 年 7 月 15 日入遣使会。1912 年晋铎，随后前往中国。他在天津的圣类斯堂福传思念，随后前往北京，在圣文声修道院教授教规，直至去世。1919 年 3 月 18 日去世，年仅 33 岁。息止安所。

碑文比较与解析

武道衡墓碑汉文与拉丁文部分大体相同，皆较为详细地论及其生平、传教经历及教育事业。在汉文部分还详细介绍其去世消息，包含具体病因及去世地点。

（二十四）梅道远
（CYPRIANUS HERMET/Cyprien Hermet）

梅道远（见图 6–49），遣使会士，法国人。1851 年 11 月 21 日生于法国阿韦龙省（Aveyron）圣 – 阿弗里克（Saint-Affrique）区圣 – 伊宰尔（Saint-Izaire）。1874 年 10 月 14 日在巴黎入修院，1876 年 10 月 17 日在同地发愿，1878 年 6 月 15 日在同地晋铎。1913 年 4 月 11 日到达上海，后赴直隶北部做传教士。1919 年 4 月 26 日去世，享年 69 岁。葬于栅栏墓地。

碑文（见图 6–50）

汉文

圣味增爵会士梅公之墓

圣味增爵会梅神父，系法国人氏，距生于降生后一千八百五十一年阳历十一月念一日 [①]。一千八百七十四年进会，越四载升司铎品级，遂于法国管理修院多年后升赤道国省会长之职，

---

① "念"为"廿"之代写。

十有九载，最后来华，初副理北京大修院，嗣升东堂本堂司铎。因年迈力疲，遂于民国八年阳四月念六日安然谢世①，享年六十有九。

拉丁文

D. O. M.

HIC JACET CYPRIANUS HERMET, GALLUS, PRESBYT, C. M.NATUS 21 NOV. 1851 CONGR. MISSIONIS INGRESSUS 1874. SACERDOTIO AUCTUS 15 JUN. AN. 1874. DIU IN GALLIÆ SEMINARIIS ALUMNOS EDUCANDOS SUSCEPIT. DEIN PER 19 ANNOS ÆQUITORIALEM PROVINCIAM REXIT. INDE AD SINAS APPULSUS PEKINI IN MAJORI SEMINARIO PRIUS IN TUNGTANG DEIN AD ULTIMUM USQUE SPIRITUM LABORAVIT. TANDEM PIE OBDOR MIVIT IN DOMINO 26 APR. A.D. 1919 ÆTATIS SUÆ 68. R. I. P.

图 6–49　梅道远像

图 片 来 源：Jean-Marie Planchet, C.M. *Le Cimetière et Les Oevres Catholiques de Chala 1610-1927,* Pékin:Imprimerie des Lazaristes 1928.p.96.

英译

To God Most Good and Most Great

Here rests Cyprien Hermet, from France, priest of the Congregation of the Mission, born on 21st November 1851, entered the Congregation of the Mission 1874, was ordained a priest on 15th June, 1874. For a long time he received in France the alumni for education, then he was for 19 years the superior of the Equator Province. Then he arrived in China, where he worked first in the Major Seminary at the East Church（Dongtang）and then until his last breath. Finally he piously fell asleep in the Lord on 26th April, 1919. at the age of 68 years. May he rest in peace.

汉译

献给至善至尊的天主

这里安息着梅道远，法国人，遣使会士。1851 年 11 月 21 日出生，1874 年入遣使会。1874 年 6 月 15 日晋铎。他在法国管理同会教育多年，然后任赤道国省会会长长达 19 年。随后来华入京，先辅理修院，随后在东堂大修院工作。1919 年 4 月 26 日逝世，享年 68 岁。息止安所。

图 6–50　梅道远墓碑碑阳拓片

图片来源：中国国家图书馆标记为"梅公墓碑"，馆藏号：北京 2126。

---

① 　1919 年 4 月 26 日逝世于北京。

碑文比较与解析

梅道远墓碑汉文与拉丁文部分大体相同，皆较为详细地论及其生平、传教经历、教育事业及教内职务。

（二十五）庞锡祉

（PAULUS BANTEGNIE/Paul Bantegnie）

庞锡祉，遣使会士，法国人。1859 年 2 月 3 日生于法国北方省（Nord）的索莱姆（Solesmes）。1884 年 10 月 5 日在巴黎入修院。1886 年 9 月 19 日到达上海，于同年 11 月 1 日在正定发愿，后赴直隶西南部做传教士。1896 年 8 月返回法国，于 1900 年 4 月 5 日又返回直隶北部。1921 年 3 月 6 日在北京去世，享年 63 岁。葬于栅栏墓地。

碑文（见图 6-51）

图 6-51　庞锡祉墓碑碑阳拓片

图片来源：中国国家图书馆标记为"庞保禄墓碑"，馆藏号：北京 2128。

汉文

圣味增爵会士庞公之墓

圣味增爵会庞神父圣名保禄，系法国人，距生于降生后一千八百五十九年阳二月三日，一千八百八十四年进会，一千八百八十七年升司铎品级于正定府，遂传教于正定府、北京南堂、栅栏等处，突于民国十年阳三月六日午正二刻染中风之疾，安领终传圣事，延至晓七时安然卸世于北京北堂①，享年六十有三。

拉丁文

D. O. M.

HIC JACET PAULUS BANTEGNIE GALLUS, PRESBY-TER C. M., NATUS SOLESMES IN DIŒCESI CAMERA-CENSI DIE 3 FEBRUARII 1859. CONGREGATIDNEM MIS-SIONIS INGRESSUS DIE 3 OCTOBRIS 1884, SINAS PETIT ET VOTA EMITTIT TCHENGTINE OU DIE 1 NOVEMBRIS 1886, IBIDEM SACERDOTIO AUCTUS EST DIE 1 MAII 1887, A.D. VERO 1900 PEKINUM VENIT. UBI PRIUS IN NANTANG, DEIN IN CHALA, POSTREMO IN PETANG

---

① 1921 年 3 月 6 日在北京去世。

ULTIMAS VIRES CONSUMPSIT. DONEC DIE 6 MARTII 1921 SUBITANEA MORTE AB-
SUMPTUS EST. R. I. P.

英译
To God Most Good and Most Great

Here rests Paul Bantegnie, from France, priest of the Congregation of the Mission, born on 3rd
February, 1859 in Solesme in the diocese of Cambray（Cambrai）entered die Congregation of the Mis-
sion on 3rd October, 1884, arrived in China and made his vows on 1st November, 1886 in Zhengding
Fu, where he was ordained a priest on 1st May, 1887. in the Year of Our Lord of 1900 he arrived in Beijing,
where he consumed his strength first at the South Church（Nantang）, then in Chala and at the end at the
North Church（Beitang）, where he finally was taken away by a sudden death on 6th March, 1921.
May he rest in peace.

汉译
献给至善至尊的天主

这里安息着庞锡祉，法国人，遣使会士，1859 年 2 月 3 日出生于康布雷。1884 年 10 月 3
日入遣使会。随后来华，1886 年在正定府发愿。1887 年晋铎。1900 年入京，最初他在南堂，
随后在栅栏(修院)，最后居于北堂。1921 年 3 月 6 日突然去世。息止安所。

碑文比较与解析

庞锡祉墓碑汉文与拉丁文部分大体相同，皆较为详细地论及其生平及传教经历。汉
文部分则侧重介绍其去世信息，包含具体病因、去世时间和去世地点。

（二十六）任桂清
（PAULUS JEN/Ren Guiqing/Paul Jen）

任桂清，遣使会士，中国人。1883 年 6 月 23 日出生于直隶省宣化府的南屯。1908
年 12 月 3 日在北京晋铎，1911 年 8 月 19 日在栅栏入修院，1913 年 11 月 15 日同地发愿，
后赴直隶北部做传教士。1922 年 5 月 27 日在通州永乐店去世，享年 40 岁。葬于栅栏墓地。

碑文（见图 6-52）

汉文
圣味增爵会士任公之墓

任神父，圣名保禄，宣化府深井南屯人。距生于降生后一千八百八十三年阳六月二十三

图 6–52　任桂清墓碑碑阳拓片

图片来源：中国国家图书馆标记为"任保禄墓碑"，馆藏号：北京2130。

日，一千八百九十六年入修道院，越十二载升受司铎，一千九百十三年进圣味增爵会，传教于京东、大口屯、阳原县、东城、甯河、卢台及武清县、桐柏镇。因劳致疾，突于民国十一年阳五月二十七日上午八时安然逝世于桐柏镇属永乐店村①，得年四十。

拉丁文

HIC JACET PAULUS JEN PARESBYTER CONGREG. MISSIONIS, IN PAGO NANTOUN NATUS DE 23 JUNII A.D. 1883, SACERDOS FACTUS DIE 3 DECEMBRIS 1908. LABORAVIT IN DISTRICTU KINGTUNG. DEIN INGRESSUS S.VINCENT. FAMILIAM DIE 15 NOV. 1913, REXIT PAROCHIAS LUTAI ET TUNGPAI IN QUA LONGO MORBO CONFECTUS DIE 27 MAII A.D. 1922 OCCUBUIT AETATIS SUAE XXXIX. R. I. P.

英译

Here rests Paul Ren, priest of the Congregation of the Mission, born on 23rd June, 1883, in the village of Nantun; ordained a priest on 3rd December, 1908, he did missionary work in the district east of Beijing; then on 15th November of 1913 he entered the family of St. Vincent, and was pastor of the parishes of Lutai and Tongbai. There, consumed by a long sickness, he passed away on 27th May, 1922, at the age of 39 years. May he rest in peace.

汉译

这里安息着任保禄，遣使会士。1883 年 6 月 23 日出生于宣化府南屯人。1908 年 12 月 3 日晋铎，随后传教于北京东部。1913 年 11 月 15 日入遣使会，后传教于卢台，桐柏等地。积劳成疾，1922 年 5 月 27 日因病去世。息止安所。

碑文比较与解析

任保禄墓碑汉文与拉丁文部分大体相同，皆较为详细地论及其生平及传教所经之处。汉文部分侧重介绍其去世信息，包含去世时间和具体地点。

---

① 1922 年 5 月 27 日在北京通州永乐店去世。

（二十七）蔡怀民

（BENEDICTUS TSAI/Cai Huaimin/Benoît Ts'ai）

蔡怀民，遣使会士，中国人。1889 年 2 月 1 日生于直隶省武清县小韩村，1910 年 2 月 16 日在栅栏入修院，1912 年 2 月 17 日同地发愿，1916 年 6 月 29 日在同地晋铎，"6 月 29 日星期二，在栅栏举行了一次晋铎仪式。当日亦是耶稣的两个忠实使徒圣彼得和圣保罗的殉道日……接下来一位神职人员蔡本笃，来自北京教区晋铎"[1]。1922 年 6 月 3 日因病在立教村去世，年仅 33 岁。其墓葬在栅栏。

碑文（见图 6–53）

汉文

圣味增爵会士蔡公之墓

蔡神父，圣名本笃，系京兆武清县小韩村人。距生于光绪十五年正月初一日[2]，光绪二十八年入修道院[3]，宣统二年进圣味增爵会[4]，民国五年升司铎[5]，传教于长辛店及立教村。突于民国十一年阳六月二日身染急症[6]，次日安然逝世于立教村，得年三十有三。

拉丁文

HIC JACET BENEDICTUS TSAI PRESBYTER CON-GREG. MISSIONIS SIAOHANTSOUN. NATUS A.D. 1889. IN DOMO CHALA RELIGIONEM INGRES. AN. 1910, IBIDEM SACERDOTIO EST AUCTUS DIE 29 JUNII 1916. POST BREVE MINISTRIUM PASTORALE IN LIKIAO, IBIDEM MORTE IMPROVISA RAPTUS EST DIE 3 JUNII 1922 AETATIS SUAE XXXIII. R. I. P.

图 6–53　蔡怀民墓碑碑阳拓片

图片来源：中国国家图书馆标记为"蔡本笃墓碑"，馆藏号：北京 2132。

---

[1]　*Le Bulletin Catholique de Pékin*, Pékin:Imprimerie des Lazaristes du Pei-T'ang, 1916.p.247.

[2]　蔡怀民 1889 年 2 月 1 日生于直隶省武清县小韩村。

[3]　即 1902 年入修道院。

[4]　即 1910 年入遣使会。

[5]　即 1916 年晋铎。

[6]　1922 年 6 月 3 日在立教村因病去世。

英译

Here rests Benoît Ts'ai, priest of the Congregation of the Mission, born in the year of 1889 in Xiaohan Cun, in 1910 he entered the Congregation in the residence of Chala; on June 29th, 1916 he was ordained a priest; after a short pastoral service in Lijiao he was taken away by a sudden death on 3rd June, 1922, at the age of 33 years. May he rest in peace.

汉译

这里安息着蔡怀民，遣使会士。1899 年出生于小韩村。1910 年在栅栏入遣使会。1916 年 6 月 29 日晋铎。后传教于立教村数年。1922 年 6 月 3 日突然因病去世，享年 33 岁。息止安所。

碑文比较与解析

蔡怀民墓碑汉文与拉丁文部分大体相同，皆较为详细地论及其生平及传教经历。汉文部分侧重介绍其去世信息，包含去世病因、时间和具体地点。

（二十八）康云峰
（KANG BARNAB/Kang Yunfeng/Barnbé K'ang）

康云峰，遣使会士，中国人。1860 年 6 月 7 日生于北京。1906 年 8 月 30 日在嘉兴入修院，1908 年 5 月 31 日在同地晋铎。他于同年 9 月 6 日在北京发愿，后赴直隶东部做传教士。1929 年 3 月 5 日在北京去世，享年 50 岁。葬于栅栏墓地。

碑文

汉文（见图 6–54）

圣味增爵会士康公之墓

圣味增爵会康神父，圣名巴尔纳伯，北京人。距生于光绪六年四月三十日①，一千九百零六年于嘉兴府入会。一千九百零八年升司铎品级，回京于修院教读，后传教于天津、京南、北京。一千九百十八年始司账于北堂，一千九百二十四年为北堂议员。因劳成疾遂于一千九百二十九年三月初五日，安然逝世于圣弥厄尔医院②，享年五十岁。

---

① 康云峰 1860 年 6 月 7 日生于北京。
② 1929 年 3 月 5 日在北京栅栏圣弥厄尔医院去世。

拉丁文

D.O.M.

HIC JACET KANG BARNAB. SACERDOS C. M. NATUS PEKINI, ANNO D. 1880 INGRESSUS FAMILIAM S. VIN-CENTII. IN KIASHING A.1906, ET 1908 EST CONSECRATUS SACERDOS. MISSIOMUM LABORI ADDICTUS DEIN 1918 PROCURATOR EST RENUNTIATUSDOMUS PETANG. TE MORBO MOLESTOQUE LABORE PRÆMATURE CON-SUMPTIS VIRIBUS. VIX NATUS 50 A. IN PACE CHRISTI QUIEVIT, DIE 5 MARTII 1929. R. I. P.

英译

To God Most Good and Most Great

Here rests Barnbé Kang, priest of the Congregation the Mission, born in Beijing in the year of 1880. He entered the family of St. Vincent in Jiaxing in the year of 1906; in 1908 he was ordained a priest and assigned to the missionary work. Then in 1918 he was named procurator at the residence of the North Church（Beitang）. Prematurely consumed by sickness and cumbersome work, he went to rest in the peace of Christ at the age of hardly 50 years, on 5th March 1929. May he rest in peace.

图 6-54 康云峰墓碑碑阳拓片
图片来源：中国国家图书馆标记为"康巴尔纳伯墓碑"，馆藏号：北京 2140。

汉译

献给至善至尊的天主

这里安息着康云峰，遣使会士。1880 年出生于北京。1906 年在嘉兴进入遣使会。1908 年晋铎并开始从事传教工作。1918 年在北堂担任司账。由于疾病和繁重的工作，过早地消耗了生命，于 1929 年 3 月 5 日安息主怀，享年 50 岁。息止安所。

碑文比较与解析

康云峰墓碑汉文与拉丁文部分大体相同，皆较为详细地论及其生平、传教经历及教内职务。汉文部分交代了去世具体地点。

（二十九）贾希恭

（JOSEPH KIA/Jia Xigong/Joseph Kia）

贾希恭，遣使会士，中国人。1900 年 8 月 28 日出生于直隶省通州贾家疃。1921 年 9

月 18 日在嘉兴进修院，1923 年 9 月 23 日在同地发愿，1927 年 7 月 3 日在法国达克斯（Dax）晋铎。1928 年 10 月 13 日回国，在河北廊坊苏桥镇做传教士。1929 年 3 月 21 日在苏桥镇去世，年仅 30 岁。葬于栅栏墓地。

碑文（见图 6–55）

汉文

圣味增爵会士贾公之墓

圣味增爵会贾神父，圣名若瑟，贾家疃人。距生于一千九百年八月二十五号，一千九百二十一年九月十八号于嘉兴府入会，一千九百二十七年七月三号在法国升司铎品级①，回中国后为苏桥副堂。不幸于一千九百二十九年三月二十一号突然病故于苏桥②，享年三十岁。

拉丁文

D. O. M.

HIC JAÇET D. JOSEPH KIA SACERDOS C. M. NATUS IN PAGO KIA-KIA-TOAN. DIE 28 AUG. 1900. HIC. A. 1921 NOVITIATUM C. M. INGRESSUS ESTIN KIASHING DEIN PROFECTUS IN GALLIAM. IBIDE SACERDOS FACTUS DIE 3 JUNII 1927. REDUX IN PATRI. ET VICARIUS SOUTSIAO NOMINATUS VIX MANUS AD MISSIONUM LABOREM AD-MOVERAT, QUUMIMPROVISA MORTE SUBLATUS EST. 21 MARTII 1929. R. I. P.

图 6–55 贾希恭墓碑碑阳拓片

图片来源：中国国家图书馆标记为"贾若瑟墓碑"，馆藏号：北京 2142。

英译

To God Most Good and Most Great

Here rests Dom Joseph Kia, C. M. priest, born on 28th of August 1900 in the village of Jiajia Tuan. In the year of 1921 he entered the C. M. novitiate in Jiaxing. Then he went to France and there was ordained a priest on 3rd June, 1927. Returned to his native country, he was nominated vicar of Suqiao. He had hardly put his hand upon the missionary word, when he was carried away by unforeseen death, on 21st March, 1929. May he rest in peace.

---

① 贾希恭 1927 年 7 月 3 日在法国达克斯晋铎。
② 1929 年 3 月 21 日在中国河北廊坊文安县境北部苏桥镇去世。

汉译

献给至善至尊的天主

这里安息着贾希恭，遣使会士，1900 年 8 月 28 日生于贾家疃，1921 年在栅栏入遣使会，1927 年 6 月 3 日在法国晋铎。当他回到中国后，又在苏桥天主堂担任副本堂。因病去世于 1929 年 3 月 21 日。息止安所。

碑文比较与解析

贾希恭墓碑汉文与拉丁文部分大体相同，论及其生平、传教地点及教内职务。汉文部分侧重介绍其去世具体地点。

（三十）都止善
（PAULUS DUTILLEUL/Paul Dutilleul）

都止善，遣使会士，法国人。1862 年 7 月 14 日生于法国北方省的康布雷（Cambrai）。1886 年 6 月 29 日在康布雷晋铎，1897 年 11 月 6 日在巴黎入修院，1899 年 11 月 7 日在威伦豪特斯堡（Werńhoutsburgs）发愿。1902 年 9 月 25 日到达上海，相继出任舟山、嘉兴和栅栏遣使会修院的院长。后在北京宗座代牧区做传教士，1929 年 12 月 19 日在北京去世，享年 67 岁。葬于栅栏墓地。

碑文（见图 6-56）

汉文

圣味增爵会士都公之墓

圣味增爵会都神父，圣名保禄，法国人。距生于一八六二年七月十四号，一八八六年六月二十九号升司铎品，一八九七年入会，后于法国、荷兰国、中国浙江嘉兴府、北平栅栏、北堂，一生经管神学班。于一九二九年十二月十九号因老病没于西什库养病院，享年六十七岁。

拉丁文

D. O. M.

HIC JACET PAULUS DUTILLEUL SACERDOS C. M. DIE 14 JUL. 1862 NATUS CAM-ERACI.SACERDOTIO AUCTUS 29 JUNII 1886. INGRESSUS EST SOCIETATEM VINCENTI-ANAM A.D. 1897 PER TOTAM FERE VITAM MODERAVIT CLERICALEM JUVENTUTEM. SENECTUTE CONFECTUS PIE IN DNO OBDORMIVIT IN PETANG, DIE 19 DEC. A.D. 1929.

图 6-56 都止善墓碑碑阳拓片

图片来源：中国国家图书馆标记为"都保禄墓碑"，馆藏号：北京 2144。

英译

To God Most Good and Most Great

He rests Paul Dutilleul, C. M. priest, born on 14th July, 1862, in Cambrai, ordained a priest on 29th June in the year of 1886, entered the Congregation of the Mission in 1897. For almost all of his life he guided the clerical youths and finally went to rest in the Lord at Beitang, on 19th December, 1929.

汉译

献给至善至尊的天主

这里安息着都止善，法国人，遣使会士。1862 年 7 月 14 日出生于康布雷。1886 年 6 月 29 日晋铎。1897 年入遣使会。他一生几乎都在修院教导学生，1929 年 12 月 19 日在北堂安息主怀。息止安所。

碑文比较与解析

都止善墓碑汉文与拉丁文部分大体相同，论及其生平、传教经历以及其教育事业。汉文部分则侧重介绍其去世具体地点。

（三十一）陆铎

（GREGORILS LOU/Lu Duo/Grégoire Lou）

陆铎，遣使会士，中国人。1850 年 4 月 14 日出生于直隶省宛平县的曹各庄。1876 年 3 月 19 日在北京晋铎，1892 年 11 月 28 日在同地入修院，1894 年 11 月 29 日在同地发愿，后赴直隶北部做传教士。于 1930 年 2 月 25 日在北京去世，享年 81 岁。葬于栅栏墓地。

碑文（见图 6-57）

汉文

圣味增爵会士陆公之墓

圣味增爵会陆神父，圣名陆我略，顺天府宛平县平西曹各庄人。距生于道光二十九年三月八日^①，十五岁入修道院，读辣丁文^②。一千八百七十六年三月十九号升司铎品，

---

① 陆铎 1850 年 4 月 14 日出生于直隶宛平县的曹各庄。
② "辣丁文"即拉丁文。

一千八百九十二年十一月二十九号于北堂入会，传教于顺天府、永平府、保定府、宣化府、天津府。一千九百十二年西堂本堂。又毓英中学校长，前曾两次于修院，又于一千九百二十四年养老在正福寺。一千九百二十六年移于北堂，因老病遂于一千九百三十年二月二十五号安然逝世于圣味增爵医院，享寿八十一岁。

拉丁文

D. O. M.

HIC JACET GREGORILS LOU C. M. PRESBYTER NATUS IN PAGO TSAOKOTCHOANG A.D. 1850. PRESBYTER FACTUS DIE 19 MARTII 1876 INGRESSUS EST VINCENTIANAM RELIGIONEM A.D. 1892 VARIOS DISTRICTUSPERAGRAVIT & EVANGELIZAVIT. TANDEM PLENUS DIERUM OBDORMIVIT IN DOMINO IN PETANG DIE 25 FEBRUARII 1930. R. I. P.

图 6-57　陆铎墓碑碑阳拓片

图片来源：中国国家图书馆标记为"陆阨我略墓碑"，馆藏号：北京 2146。

英译

To God Most Good and Most Great

Here rests Grégoire Lou, C. M. priest, born in the village of Caogezhuang, in the year of 1850. Ordained a priest on 19th March, 1876, he entered the Vincentian Congregation in the year 1892, worked and evangelized various districts. Finally, full of years, he went to rest in the Lord at Beitang, on 25th February, 1930. May he rest in peace.

汉译

献给至善至尊的天主

这里安息着陆铎，遣使会士，1850 年出生于曹各庄。1876 年 3 月 19 日晋铎。1892 年入遣使会。后在各地传教，最终在北堂荣休，1930 年 2 月 25 日去世于北堂。息止安所。

碑文比较与解析

陆铎墓碑汉文与拉丁文部分大体相同，皆论及其生平及传教经历。汉文部分侧重介绍其去世具体地点。

（三十二）王汝亮

（WANG AMBROSIUS /Wang Ruliang/Ambroise Wang）

王汝亮，遣使会士，中国人。1905 年 9 月 25 日生于北京。1925 年 9 月 1 日在嘉兴入修院，1927 年 9 月 14 日发愿，1932 年 2 月 21 日晋铎。同年 8 月 6 日在北京去世，年仅 27 岁。其墓地在栅栏。

碑文（见图 6-58）

图 6-58　王汝亮墓碑碑阳拓片

图片来源：中国国家图书馆，馆藏号：北京 2150。

汉文

圣味增爵会士王公之墓

　　圣味增爵会王司铎，圣名盎博落削 ①，讳汝亮，北平人，生于一九零五年，一九一八年入修院，一九二五年嘉兴入会。一九三二年升司铎前已得肺症，自觉病危乃竭力勇走全德之路，以短期备多时，年仅二十七岁。一九三二年八月六日卸世于养病院，葬于此地。

拉丁文

D. O. M.

HIC JACET. D. WANG AMBROSIUS CONGR. MISSIONIS NATUS PEKINI DIE 25 SEPTEMBRIS 1905. SEMINARIUM INGRESSUS AN. 1918. NOVITIATUM VERO C. M. AN. 1925. IN KIASHING DEIN DIE 21 FEBRUARII AN. 1932 SACERDOS CONSECRATUS EST QUUM JAM SE MORBO PERICULOSO PULMONUM SCIEBAT AFFECTUM. TAMEN UT GIGAS PER-CURREBAT VIAM PERFECTIONIS. DIE 6 AUGUSTI 1932 ANIMAM DEO PIE EFFLAVIT ET SIC CONSUMMATUS IN BREVI EXPLEVIT TEMPORA MULTA. AETATIS SUAE AN. 27. R. I. P.

英译

To God Most Good and Most Great

　　Here rests Dom Ambroise Wang of the Congregation of the Mission, born in Beijing on 25th September, 1905; entered the seminary in 1918, the C.M. novitiate in 1925 in Jiaxing; then, on 21st February, 1932, he was ordained a priest, when he knew already that he was infected by a dangerous pulmonary decease, but like a giant he ran the way of perfection, expiring his soul in God on 6th August, 1932, and perfected in a short time, he fulfilled many years, at the age of 27 years. May he rest in peace.

①　圣名"盎博落削"为"St. Ambrose"的汉译名。

汉译

献给至善至尊的天主

这里安息着王汝亮，遣使会士。1905 年 9 月 25 日出生于北京。1918 年入修院学习，1925 年入会。1932 年在嘉兴晋铎。不久后他得知自己患上肺病，然坚持福传工作。1932 年 8 月 6 日不幸早夭，年仅 27 岁。息止安所。

碑文比较与解析

王汝亮墓碑汉文与拉丁文部分大体相同，皆论及其生平、传教经历以及患病情况。汉文部分侧重介绍其去世具体地点。

（三十三）林懋德
（STANISLAUS JARLIN/Stanislas-François Jarlin）

林懋德(见图 6–59)，遣使会士，法国人。1856 年 1 月 20 日生于法国埃罗省(Hérault)的赛特（Sète）。1884 年 5 月 7 日在巴黎入修院，1886 年 5 月 8 日在同地发愿。同年 11 月 4 日到达上海，1889 年 1 月 20 日在北京晋铎后，赴直隶北部做传教士。1899 年 8 月 23 日被任命为省巡按使，同年 12 月 28 日当选为法尔巴度斯（Pharbaetus）的主教和樊国梁的辅理主教。1900 年 4 月 29 日，由樊国梁在北京为其祝圣，1905 年 4 月 4 日任宗座代牧。主教任期内成果丰硕，共为六位主教祝圣，为 100 多名本地修生晋铎，共发展 73920 名天

图 6–59　林懋德旧照

图片来源: *Vicariat Apostolique de Pékin:État de la Mission du ler juillet 1931 au 30 juin 1932*.p.15.

图 6–60　林懋德墓碑旧照

图片来源：美国旧金山大学利玛窦中西文化历史研究所。

主教徒。至林懋德去世时，该教区发展成了六个宗座代牧区，总共包括 40 万名天主教徒。1933 年 1 月 27 日林懋德在北京去世，其墓地（见图 6-60）位于栅栏。

碑文（见图 6-61）

图 6-61　林懋德墓碑碑阳拓片

图片来源：中国国家图书馆，馆藏号：北京 2152。

汉文

圣味增爵会林主教之墓

林主教圣名达尼老，讳懋德，系法国人，距生于降生后一千八百五十六年一月二十日。一千八百八十四入会，一千八百八十六年来中国，一千八百八十九年升司铎，传教于保定府。为奉教、外教者大劳其力，一千八百九十七年作北京副主教，一千八百九十九年始定在中国为遣使会巡监，后被选为北京副代牧，乃于一千九百十四月二十九日升主教爵位 ①。正拳匪作乱时，尽力维持在北堂避难教众 ②。一千九百零五年荣升北京正主教，平时勤劳，爱慕教友，救济贫苦，广传圣教二十八年之久，教友自四万增致四十万。圣德已满，兹因年老多病，于一千九百三十三年一月二十七日安然谢世，享寿七十有七，望其息止安所。

拉丁文

D. O. M.

HIC JACET EXC. AC REV. STANISLAUS JARLIN GALLUS. NATUS A 1856. IN CONGR. MISS INGRES. A 1884. MISSUS AD SINAS A. 1886. SACERDOTIO INITIATUS AN. 1889. IN PAO-TING-FU AB AN. 1891 AD AN. 1894 INTER FIDELES INFIDE-LESQUE STRENUE LABRAVIT. VICARIUS GENERALIS PEKINENSIS AB A. 1897. A. 1899 VIX PROMOTUS VISITATOR PROVINCIAE SINENSIS CONGR. MISS. CUM ELECTUS EST EPISCOPUS COADJ. PEKIN. CUM TIT. PHARBAETHEN. CONSECRATUS EPISCOPUS DIE 29 APRIL. 1900. RESIDENTIAMPETANG CONTRA AGGRESSUS BOXORUM DEFENDIT. VICARIUS APOST. PEKIN. AN. 1905. QUO IN HONORE. 28 ANNOS COMPLEVIT CONVERSIONE INFIDELIUM AMOREQUE CHRISTIANORUM. QUORUM NUMERUM PLUS QUAM DECIES AUXIT. VITAM PERFUNCTAM LABORIBUS ET VIRTUTIBUS INSIGNEM. OBDORMIVIT IN DOMIN. DIE 27 JAN. 1933. AET. SUAE 77. R. I. P.

---

① 1900 年 4 月 29 日，由樊国梁在北京为其祝圣，升为主教。

② 义和团时期北堂为天主教直隶北境的总堂，樊国梁为主教，林懋德为副主教。

To God Most Good and Most Great

Here rests the Excellent and Reverend Stanislas-François Jarlin, from France. Born in the year 1856. Entered the Congregation of the Mission in the year 1884 and came to China in 1886, was ordained a priest in the year 1889. From the year 1891 to the year 1894 he worked assiduously among the Christians and non-Christians in Baodingfu. From 1897 on he was Vicar General of Beijing. Just promoted to Visitator of the China Province of the Congregation of the Mission, he was elected Coadjutor bishop of Beijing and Titular bishop of Farbeto, consecrated as bishop on 29th April, 1900. He defended the Beitang residence against the attacks of the Boxer. In 1905 he became Apostolic Vicar of Beijing, where he fulfilled with honor 28 years in the conversion of the unfaithful and in love of the Christians, whose number grew more than ten times. He had a life full of labor and outstanding in virtues. Fell asleep in the Lord on 27th January, 1933, at the age of 77 years. May he rest in peace.

汉译

献给至善至尊的天主

这里安息着杰出的且受人爱戴的林懋德(主教),法国人,1856 年出生。1884 年入遣使会,1886 年来华。1889 年晋铎。从 1891 年到 1894 年他在保定府殷勤传教于教徒和非教徒之间,1897 年任北京教区副主教。随后升为中国省遣使会视察员。后为北京教区副代牧,1900 年 4 月 29 日为北京教区主教。在北堂抵御义和团的进攻。1905 年为北京总主教。他说服众人信教,教徒人数增长了 10 倍。他殷勤传教长达 28 年,成绩显著。1933 年 1 月 27 日去世,享年 77 岁。息止安所。

碑文比较与解析

林懋德主教墓碑汉文与拉丁文部分大体相同,皆详细地论述了其生平、传教经历、教内职务以及他的德行,特别是对他对整个教区的贡献予以充分的肯定。

(三十四) 柯来盟

(PHILIBERTUS CLEMENT/Philibert Clément)

柯来盟(见图 6–62),遣使会士,法国人。1868 年 1 月 31 日生于法国索恩 – 卢瓦尔省(Saône-et-Loire)特立韦(Trivy)。1891 年 5 月 23 日在奥顿(Autun)晋铎。1910 年 12 月 5 日到达中国,1910 年 12 月 7 日在栅栏入修院,1912 年 12 月 8 日在同地发愿,后赴直隶省北部做传教士。1933 年 12 月 22 日在北京去世,享年 66 岁。葬于栅栏墓地。

图 6-62　柯来盟像

图片来源：*Vicariat Apostolique de Pékin:État de la Mission du ler juillet 1931 au 30 juin 1932.* p.23.

图 6-63　柯来盟墓碑碑阳拓片

图片来源：国国家图书馆，馆藏号：北京 2154。

碑文（见图 6-63）

汉文

圣味增爵会士柯公之墓

圣味增爵会柯神父，圣名斐理伯尔都，讳来盟，字睦隣，法国人。距生于一八六八年一月三十一日，一八九一年五月二十三日升司铎品，先传教于法国。一九一〇年十二月五日到中国，本年本月七日入会，发愿后传教于平东。数月后即为圣弥厄尔本堂①，二十余年殷勤教务，立书房及保守学，数种报张主笔，北堂议员。因勤劳过度，竟得痰症，于一九三三年十二月二十二日逝世于法国医院，享年六十有六，请众信友为彼此祈求，早登天域。

拉丁文

D. O. M.

Hic jacet PHILIBERTUS CLEMENT GALLUS. PRESBYTER CONG. MISSIONIS. NATUS IN PAGO TIVRY, DIOECES AUGUSTODUN. 31 JAN 1868. SACEDOTIO INITIAT 23 MAII 1891. PER UNDECIM AN UT CAPELLANUS IN PARAY LE MONIAL, UT PAROCHUS IN VITRY ET BELLEVUE LABORAVIT. AD SINAS APPULSUS 5 DEC, 1910. CONG. MISS. INGRES. IN CHALA, VOTIS EMISSIS 8 DECEM. 1912. IN VARIIS SUIS OFFICIIS. TUM UT SCRIPTOR TUM UT PRAEDICATOR, OBEUNDIS, ADMIRABILI ZELO POLLEBAT, NUNQUAM SIBI PARCENS, INVICTO LABORE PARITERQUE CONSILIO EMERITUS, REPETINO MORBO CORREPTUS EST. DIE 22 DECEMBRIS 1933. R. I. P.

英译

To God Most Good and Most Great

Here rests Philibert Clément, from France, priest of the Congregation of the Mission, born on 31st January, 1868, in the village of Tivry, of the diocese of Autun, ordained a priest on 23rd May, 1891. Worked for eleven years as chaplain in Paray-le-Monial, as pastor in Vitry and Bellevue. Arrived in China on 5th December, 1910.

---

① 圣弥厄尔堂即东交民巷天主堂。

Entered the Congregation of the Mission in Chala, made his vows on 8th December, 1912. In his various activities as writer or preacher he was strong with admirable zeal, without ever sparing himself, outstanding through indomitable labor as well as his counsel. Taken away by sudden illness on 22nd December 1933. May he rest in peace.

汉译

献给至善至尊的天主

这里安息着柯来盟，法国人，1868 年 1 月 31 日出生于奥古斯托芬教区的特立韦。1891 年 5 月 23 日晋铎。先在法国帕雷勒尼亚传教，随后在维特里、贝尔维尤等地传教。1910 年 12 月 5 日来华，入栅栏文声修道院，1912 年 12 月 8 日发愿。他从事多种职业，无论是写作还是讲道都表现出色，且葆有热忱。他荣休后，因病于 1933 年 12 月 22 日去世。息止安所。

碑文比较与解析

柯来盟墓碑汉文与拉丁文部分大体相同，皆详细地论述了其生平、传教经历、教内职务。汉文部分侧重记载其去世信息，包含具体病因及去世地点。拉丁文部分侧重对信仰心怀热忱，且殷勤工作。

（三十五）戴德荣

（ÆMILIUS DEHUS PRESBYTER/Emile-Jean-Baptise Déhus）

戴德荣（见图 6-64），遣使会士，法国人。1864 年 11 月 1 日生于法国巴黎，1884 年 7 月 15 日同地入修院，1890 年 5 月 31 日晋铎。当年 10 月 26 日到达上海，后赴直隶省北部作传教士。1934 年 12 月 23 日在北京去世，享年 70 岁。葬于栅栏墓地。

碑文（见图 6-65）

汉文

圣味增爵会士戴公之墓

戴神父，讳德荣，圣名厄尔禄，系法国巴利斯京人 ①。生于一八六四年十一月一日，一八八四年七月十五日进遣使会，

图 6-64　戴德荣像

图片来源：*Vicariat Apostolique de Pékin:État de la Mission du ler juillet 1931 au 30 juin 1932*. p.22.

---

① 戴德荣 1864 年 11 月 1 日生于巴黎。

图6-65 戴德荣墓碑碑阳拓片

图片来源：中国国家图书馆，馆藏号：北京2160。

一八九零年五月三十一日升司铎，即来华传教于北平教区各处。庚子拳匪仇教，神父于大宝甸，本善牧为羊舍命之宗旨，极力保护教友。自一九一二年升任北平南堂本堂，兼京南总堂①。因劳成疾，功德已满，安息于主时一九三四年十二月二十三日。

拉丁文

D. O. M.

Hic Jacet ÆMILIUS DEHUS PRESBYTER CONG. MISS. NATUS PARISIIS, DIE 1 NOV. 1864. CONG. MISS. INGRESSUS DIE 15 JULII 1884. SACERDOTIO. AUCTUS 31 MAII 1890; EODEM ANNO SINAS PETIIT. STRENUE IMOENDIT OPERAM IN DIVERSIS DISTRICTIBUS VICARIATUS PEKINENSIS. IN PERSECUT BOXORUM DUX VERUS & PASTOR COMISSAS SIBI OVES MIRABILITER DEFENDIT IN PAGO TA-PAO-TIEN. AB AN. 1912 PAROCHIAM IMMAC.CONCEPTIONIS B. M. V. IN URBE PEKINENSI REXIT NECNON DISTRICT KING-NAN. SENECTUTE CONFECTUS MULTISQUE MERITIS ORNATUS OBDORMIVIT IN DOMINO D. 23 DEC. 1934. R. I. P.

英译

To God Most Good and Most Great

Here rests Emile-Jean-Baptise Déhus, priest of the Congregation of the Mission, he was born in Paris on 1st, November, 1864. Entered on 15th July, 1884. Ordained a priest on 31st May, 1890, in the same year arrived in China, engaged vigorously in the diverse districts of the Vicariate of Beijing. In the Boxer persecution, as a true guide and pastor he wonderfully protected the sheep entrusted to him in the village of Dabao Dian. From 1912 onward he was pastor of the Church of the Immaculate Conception of the Virgin Mary in Beijing of the district south of Beijing. Consumed by old age and decorated with many merits, he fell asleep in the Lord on 23rd December, 1934. May he rest in peace. May he rest in peace.

汉译

献给至善至尊的天主

这里安息着戴德荣，法国人，生于1864年11月1日。1884年7月15日入会，1890年5月31日晋铎。同年来华传教于北京教区各地。在义和团运动中，作为大宝甸天主堂

①　京南总铎区大致包括南堂城外、牛房、肖家务、采育、白家疃、长辛店、桑峪、正福寺等堂区。

本堂，他极力保护教徒并抵御义和团进攻。随后前往北京教区，管理京南地区。他因劳成疾，功德完满，1934 年 12 月 23 日去世。息止安所。

碑文比较与解析

　　戴德荣墓碑汉文与拉丁文部分大体相同，皆详细地论述了其生平、传教经历、教内职务，并且论及在义和团运动中对教徒的保护。

（三十六）梅士吉
（AUGUSTINUS MAES/Auguste Maes）

　　梅士吉（见图 6-66、图 6-67），遣使会士，法国人。1854 年 3 月 23 日生于法国北方省（Nord）敦刻尔克（Dunkerque）区的贝尔格（Bergues）。1876 年 9 月 26 日在巴黎入修院，1878 年 2 月 26 日到达上海，同年 9 月 27 日在北京发愿。此后于 1878 年 3 月 14 日至 1932 年 6 月 30 日，在北京负责遣使会印刷厂，担任厂长达 54 年。1936 年 2 月 11 日在北京去世，享年 82 岁。葬于栅栏墓地。

图 6-66　梅士吉像（1）

图片来源：*Vicariat Apostolique de Pékin:État de la Mission du 1er juillet 1931 au 30 juin 1932*. p.20.

图 6-67　梅士吉像（2）

图片来源：*Le Bulletin Catholique de Pékin*, Pékin:Imprimerie des Lazaristes du Pei-T'ang, 1918.p.134.

碑文（见图 6-68）

汉文

圣味增爵会梅先生之墓

　　圣味增爵会修士梅先生，讳士吉，圣名奥斯定，系法兰西国人。生于一八五四年三月

图 6-68　梅士吉墓碑碑阳拓片

图片来源：中国国家图书馆，馆藏号：北京 2166。

二十三日，一八七六年九月二十六日进遣使会，一八七八年三月十四日来中华，在北平任遣使会印书馆馆长五十四年之久，后因年老静养于北堂①。兹于一九三六年二月十一日妥领圣事，安然谢世于圣味增爵医院，享年八十有二。

拉丁文

D. O. M.

Hic jacet AUGUSTINUS MAES, GALLUS, FRATER CO-ADJUTOR CONGR. MISSIONIS, NATUS BERGUES, DIE 23 MARTII 1854; INGRESSUS FAMILIAM S.VINCENTII DIE 26 SEPTEMBRIS 1876, VENIT AD SINAS ANNO 1878, DIREC-TOR FUIT TYPOGRAPHIAE. PETANG PER QUINQUAGINTA QUATUOR ANNOS; OBIIT PEKINI. DIE 11 FEBRUARII 1936. AETATIS SUAE LXXXII. R. I. P.

英译

To God Most Good and Most Great

Here rests Auguste Maes, from France, a temporal coadjutorof the Congregation of the Mission, born in Bergues on 23rd March, 1854, entered the Congregation of St. Vincent on 26th September, 1878; was the director of the printing press atthe North Churh（Beitang） for fifty-four years; died in Beijing on 11th February, 1936, at the age of 82 years.

汉译

献给至善至尊的天主

这里安息着梅士吉，法国人。遣使会副理修士。1854 年 3 月 23 日出生于法国贝尔格。1876 年 9 月 26 日入会，1878 年来华。担任北堂印刷厂厂长长达 54 年。1936 年 2 月 11 日逝世于北京，享年 82 岁。

碑文比较与解析

梅吉士墓碑汉文与拉丁文部分大体相同，皆论述了其简要生平、传教经历、教内职务。汉文部分包含其具体去世地点。

---

① 遣使会印刷厂（l'imprimerie des Lazaristes à Pekin），亦称遣使会印书馆或北堂印书馆，全称为北平西什库天主堂遣使会印书馆，该印书馆创建于 1864 年，为天主教在中国采用近代铅活字印刷术印书最早的印刷机构。该馆拥有先进的印刷设备和各种铅字，具有排印中、日、梵、德、英、法、意、荷、西班牙、波兰、希腊、拉丁、希伯来、佛兰芒、叙利亚、马来、大宛，以及中国藏、满、蒙等少数民族文字的能力。80 年中，印书达 400 万册。其间，法国梅士吉在北堂印书馆工作长达 54 年之久。

（三十七）顾英稣

（PAULUS CORSET/Paul Coreset）

顾英稣，遣使会士，法国人。1880 年 6 月 29 日生于法国北方省（Nord）的图尔宽（Tourcoing）。1898 年 9 月 21 日在巴黎入修院，1903 年 3 月 25 日同地发愿，1905 年 6 月 17 日在同地晋铎。1905 年 10 月 6 日到达上海，后赴直隶西南做传教士。1915 年 1 月至 1919 年 9 月在法国应征入伍，然后又返回中国。顾英稣于 1920 年 2 月 21 日被调往天津宗座代牧区，1929 年 6 月 25 日出任栅栏文声修道院院长。1934 年 1 月加入北京宗座代牧区，1937 年 8 月 11 日去世，享年 58 岁。葬于栅栏墓地。

碑文（见图 6-69）

汉文

圣味增爵会士顾公之墓

顾神父，讳英稣，圣名保禄，法国人。生于一八八零年六月二十九日，一八九八年九月二十一日进修道院，一九零三年三月二十五日发遣使会圣愿，一九零五年六月十七日升铎德品位，是年十月六日即来中华传教于正定府。一九二零年调往天津教区，一九二九年六月二十五日升为北平栅栏大修道院院长，一九三四年一月改任北平圣弥厄尔堂本堂。兹于一九三七年八月十一日忽然病故，享年五十有八。

拉丁文

D. O. M.

Hic jacet PAULUS CORSET SACERDOS C. M. EX. TOURCIONG IN GALLIA ORIUNOUS UBI NATUS EST DIE 29 JUNII 1880. CONGREGATIONI MISSIONIS ADSCRIP- TUS EST DIE 25 MARTII 1903. ET SACERDOS ORDINA- TUS DIE 17 JUNII 1905. MOX NAVEM ASCENDIT ET DIE 6 OCTOBRISAD SINAS APPULIT. IN VICARIATIBUS TCHENG-TING FOU. TIEN-TSIN ET PEKING EGREGIAM MISSIONIBUS CONULIT OPERAM; MAUOR DEIN SEMINARIO IN CHALA PER QUINQUENNIUM. PRÆFUIT.ET DEMUM.ECCLESIAM S^T MICHAELIS IN URBE REGEBAT. QUUM. SUBITOOMNIUM LUCTU E VIVIS SUBLATUS EST. DIE 11 AU- GUSTI 1937. R. I. P.

图 6-69　顾英稣墓碑碑阳拓片

图片来源：中国国家图书馆，馆藏号：北京 2176。

To God Most Good and Most Great

Here rests Paul Corset, C. M. priest, hailing from Tourciong in France, where he was born on 29th June 1880; he entered the Congregation of the Mission on 25th March, 1903, was ordained a priest on 17th June 1905. Soon he went on the boat and on 6th October he arrived in China; he made outstanding contributions to the mission in the vicariate of Zhengding Fu, Tianjin and Beijing; for five years he was rector of the major seminary in Chala, and headed the church of St. Michael in the capital. To the sadness of all he was carried away from the living, on 11th August, 1937. May he rest in peace.

汉译

献给至善至尊的天主

这里安息着顾英稣，遣使会士，1880 年 6 月 29 日出生于法国图尔宽。1903 年 3 月 25 日入会，1905 年 6 月 17 日晋铎。随后他乘船赴华，于同年 10 月 6 日抵达，在正定府、天津和北京等地传教，贡献突出。任栅栏文声修道院院长一职达 5 年，后又为圣弥厄尔堂本堂。1937 年 8 月 11 日去世，众人悲悼。息止安所。

碑文比较与解析

顾英稣墓碑汉文与拉丁文部分大体相同，皆详细地论述了其生平、传教经历、教内职务等。

（三十八）夏文德

（JOSEOH SHIA/Xia Wende/Joseph Shia）

夏文德（见图 6–70），遣使会士，中国人。1890 年 2 月 24 日生于直隶省蔚州安庄。1910 年 7 月 8 日在栅栏入修院，1912 年 7 月 9 日在同地发愿，1917 年 6 月 29 日晋铎。后赴直隶北部做传教士，1937 年 9 月 10 日去世于扁城天主堂，享年 48 岁。葬于栅栏墓地。

碑文（见图 6–71）

汉文

圣味增爵会士夏公之墓

夏神父，讳文德，圣名若瑟。察哈尔蔚县安庄人氏①，生于一八九零年二月二十四日。一九零四年九月八日入北京修道院，一九一零年七月八日进遣使会。一九一七年六月二十九日

---

① 蔚县，1928 年归察哈尔省。夏文德生于 1890 年 2 月 24 日出生于蔚县安庄。

升铎德品位，遂传教于长辛店，后任三河县西关本堂。为人忠厚，热心教务。一九三六年因病休职，修养于香河县扁城，兹于一九三七年九月十日妥领圣事平安谢世于扁城天主堂[①]，享年四十有八。

图 6-70　夏文德像

图片来源：*Vicariat Apostolique de Pékin:État de la Mission du ler juillet 1931 au 30 juin 1932.*p.92.

拉丁文

D. O. M.

Hic Jacet JOSEOH SHIA SACERDOS C. M. NATUS DIE 24 FEBRUARII 1890. IN PAGO NGAN TCHOANG YU TCHEOU. ANNO 1912 DIE 9 JULII, EMISSIS VOTIS CONGREGATIONI MISSIONIS ADJUNCTUS EST ET DIE 29 JUNII 1917. SACIRDOTIO AUCTUS. MINISTERII SACRITIROCINIUM IN TCHANG SIN-TIEN POSUIT. DEIN PAROCHIAS TONG-KIA-TCHOANG ET TONG-SHIEN REXIT MAGNA CUM DEVOTIONE ET MANSUETUDINE SED OB MALAM VALETU DINEM ONERI CEDERE COACTUS. ULTIMOS VITÆ MENSES IN PAGO PIEN TCH'ENG PATIENTER EGIT. ET DIE 10 SEPTEMBRIS ANNI 1937. IN PACE QUIEVIT. R. I. P.

图 6-71　夏文德墓碑碑阳拓片

图片来源：中国国家图书馆，馆藏号：北京 2178。

英译

Here rests Joseph Shia, C. M. priest, born 24th February, 1890, in the village of Anzhuang Yuzhou. on 9th July, 1912, having made the vows, he was joined to the Congregation of the Mission, and on 29th June 1917 ordained a priest. He laid the initials of the holy ministry in Changxin Dian, then he administered the parishes of Tongjiazhuang and Tongxian with great devotion and kindness. But because of bad health he had to resign from the work. He lived the last months of his life with patience in the village of Biancheng, and peacefully passed away on 10th September, 1937. May he rest in peace.

汉译

献给至善至尊的天主

这里安息着夏文德神父，遣使会士。1890 年 2 月 24 日出生于蔚州安庄。1912 年 7 月 9 日入修院发愿，1917 年 6 月 29 日晋铎。他先在长辛店传教，随后又热心传教于童家庄、通县等

---

①　扁城，河北省廊坊市香河县安平镇扁城村。夏文德 1937 年 9 月 10 日去世于扁城天主堂。

地。因病停职休养。他最后时光是在扁城度过的，1937 年 9 月 10 日安静离世。息止安所。

碑文比较与解析

夏文德墓碑汉文与拉丁文部分大体相同，皆详细地论述了其生平及传教经历。

（三十九）张庆桐

（JOAN.BAPTISTA TCHANG / Zhang Qingtong /Jean-Baptistae Tchang）

张庆桐（见图 6–72），遣使会士，中国人。1892 年 6 月 18 日生于直隶省顺天府宝坻县大宝甸。1911 年 9 月 15 日入栅栏文声修道院，1913 年 9 月 16 日同地发愿，1919 年 1 月 25 日晋铎，后赴直隶北部（北京）做传教士，1937 年 9 月 18 日被杀害于二站天主堂，享年 46 岁。葬于栅栏墓地。

碑文（见图 6–73）

汉文

圣味增爵会士张公之墓

张神父，讳庆桐，圣名若翰，系顺天府宝坻县大宝甸人氏。生于一八九二年六月十八日，一九零四年九月八日入北京修道院，一九一一年九月十五日进遣使会，一九一九年一月二十五日升铎德品位，遂任北京小修道院教授、备修院院长等职，后任房山县二站天主堂本堂。兹于一九三七年九月十八日不幸因战事遇害于二站天主堂①，享年四十有六。

图 6–72　张庆桐像

图 片 来 源：*Vicariat Apostolique de Pékin:État de la Mission du ler juillet 1931 au 30 juin 1932*.p.17.

---

① 二站天主教堂所属的二站村位于房山区南，今属石楼镇辖村。二站天主堂由法国人建造，后于"文化大革命"期间被拆除，如今在其后面有一片空地，中间矗立着一座"房山二站村天主教堂惨案遗址"纪念碑。盝顶状底座，呈方形，长、宽均为 49 厘米，高 19 厘米。碑为汉白玉石质，呈收拢攒尖状，高 1.58 米，每面下宽上窄，下面最宽处为 30 厘米，上面最窄处为 20 厘米，正面南向楷书"房山二站村天主教堂惨案遗址"等字，其余三面刻惨案经过。文曰："一九三七年九月十五日，房山地区二站村等村民在石楼村南，帮助抗日的二十九军挖战壕，以阻止日本侵略军南侵，日军在其飞机疯狂轰炸的掩护下侵入了二站村，百姓四处避难，教堂前后有两层大院，都挤满了人。日军强行将所有男人赶到村西大沟里，硬把他们说成是抗日的八路军和二十九军，将他们成批杀害，然后日军又闯入教堂，对妇女进行欺辱杀害。传教士进行阻拦，也被开枪打死，并把尸体钉在十字架上。这次惨案共有一百一十多人被杀害，只有一人幸存。中共北京市委宣传部北京市文物事业管理局房山区人民政府一九九七年五月。"当时由于日军听说二站天主堂内养着"毛猴子"（即八路军），于是将天主

拉丁文

D. O. M.

Hic jacet JOAN. -BAPTISTA TCHANG SACERDOS C. M. NATUS IN PAGO TA-PAO-TIEN. PAO TI SHIEN. DIE 18. JUNII 1892. POST VOTA IN CONGREG. MISSIONIS EMISSA. DIE 16 SEPTEMBRIS 1913. ET SACRUM PRESBYTERATUS ORDI-NEM SUSCEPTUM DIE 25 JANUARII 1919. IN SEMINARIO MINORE JUVENTAM DOCUIT. DEIN PROBATORII IN SI-TANG PRÆFECTURAM SUSCEPIT. EXINDE PAROCHIÆ EUL-TCHAN IN FANG-CHAN.SHIEN PRÆPOSITUS. IBIDEM. SÆVIENTE BELLO. DIRAM NECEM SUSTINUIT. DIE 18 SEPTEMBRIS 1937. R. I. P.

图6-73　张庆桐墓碑碑阳拓片

图片来源：中国国家图书馆，馆藏号：北京2180。

英译

To God Most Good and Most Great

Here rests Jeaa-Baptiste Tchang, C. M. priest, born on 18 June, 1892 in the village Dabao Dian, Baoding Xian. After the emission of the vows in the Congregation of the Mission on 16th September 1913 and the reception of the priestly ordination on 25th January 1919, he taught the young people in the minor seminary, then assumed the position of prefect of the *probatorium* at the Western Church. Then he was put in charge of the parish of Erzhan in Fangshan Xian, where during the ravages of the war he suffered a painful death, on 18th September 1937. May he rest in peace.

汉译

献给至善至尊的天主

这里安息着张庆桐神父，遣使会士。1892年6月18日出生于保定县大宝甸村。1913年9月16日发愿后，1919年1月25日晋铎。他在北京小修院教书，后在西堂。他任房山二站天主堂本堂，传播福音。后于1937年9月18日被杀害。

碑文比较与解析

张庆桐墓碑汉文与拉丁文部分大体相同，皆论述了其生平、传教经历以及他在二站天主堂所遭遇的杀害。

堂围起来。神父呵斥"你们真没脸，无耻之徒"，日军恼羞成怒，随即将神父杀害。此处所言被杀害神父即张庆桐神父。参见马垒：《追忆房山区二站惨案》，《北京档案》2015年第12期。

（四十）佟殿荣

（PETRUS T'ONG/Tong Dianrong /Pierre T'ong）

佟殿荣（见图 6–74），遣使会士，中国人。1865 年 4 月 25 日出生于北京。1894 年 5 月 19 日在北京晋铎，1899 年 1 月 24 日入栅栏文声修道院。最初在蔚州的西河营传教，1901 年 1 月 25 日入遣使会。随后他担任北堂本堂长达 35 年。1937 年 10 月 10 日去世，享年 73 岁。葬于栅栏墓地。

图 6–74　佟殿荣像

图片来源：*Vicariat Apostolique de Pékin:État de la Mission du ler juillet 1931 au 30 juin 1932*.p.21.

碑文（见图 6–75）

汉文

圣味增爵会士佟公之墓

佟神父，讳殿荣，圣名伯多禄，北京人。距生于西历一八六五年四月二十五日，一八九四年五月十九日升铎德品位，遂传教于宣化、西河营等处，一八九九年一月二十四日进遣使会，一九零二年奉长命来北京署理北堂本堂。迨一九一三年二月七日王保禄司铎病故，遂升任北堂本堂，在职三十五载。神父热心教务，特重精修圣召，蒙神父之提携得升司铎及入修会之修士、修女五十余人。兹于一九三七年十月十日因病妥领圣事安然寿终于北堂医院，享年七十有三。

图 6–75　佟殿荣墓碑碑阳拓片

图片来源：中国国家图书馆，馆藏号：北京 2182。

拉丁文

D. O. M.

Hic jacet PETRUS T'ONG SACERDOS C. M. NATUS PEKINI. DIE 25 APRILIS 1865. POST SUSCEPTUM SACERDOTIUM. DIE 19 MAII 1894, CHRISTIANIS SI-HO-YING IN YUTCHEOU PRIMITIAS LABORIS APOSTOLICI DEDIT. VOTA IN CONGR. MISSIONIS EMISIT DIE 25 JANIIARII 1901. POSTEAQUE. PER 35 CONTINUOS ANNOS. ECCLESIÆ CATHEDRALI PET'ANG ADDICTUS. UT VICARIUS PRIMUM. DEIN UT PAROCHUS. GREGEM FIDELIUM CONSTANTI CURA DEVOTAQUE SOLLICITUDINE PASTOR BONUS NUTRIVIT. DIREXIT ET AUXIT. PLENUS DIERUM ET BONORUM OPERUM

QUIEVIT IN DOMINO. DIE 10 OCTOBRIS 1937. R. I. P.

英译

To God Most Good and Most Great

Here rests Pierre Tong, C. M. priest, born in Beijing on 25th April 1865. After his priestly ordination on 19 May 1894, he devoted the initials of his apostolic work to the Christians of Xihe Ying in Yuzhou. He made his vows in the Congregation of the Mission on 25th January 1901. Then he was assigned for 35 continuous years to the North Church（Beitang）, first as assistant, then as pastor. As pastor he served the flock of the faithful with constant care and devoted attention, nourishing, guiding, and increasing. Full of days and good works, he went to rest in the Lord on 10th October 1937. May he rest in peace.

汉译

献给至善至尊的天主

这里安息着佟殿荣，遣使会士，1865 年 4 月 25 日出生于北京，1894 年 5 月 19 日晋铎。最初在蔚州的西河营传教，1901 年 1 月 25 日发愿。随后他担任北堂本堂长达 35 年。起初为辅祭，后为本堂。作为本堂，他忠实不懈地关心、养育、引导和吸纳天主的羊群，生活充实，卓有成效。于 1937 年 10 月 10 日去世。息止安所。

碑文比较与解析

佟殿荣墓碑汉文与拉丁文部分大体相同，皆详细地论述了其生平、传教经历、教内职务，并且称颂其坚持不懈的传教工作。汉文部分言其因病去世，且说明了具体去世地点。

（四十一）王公覆

（MATTHAEUS WANG/Wang Gongfu/Matthieu Wang）

王公覆（见图 6-76），又名王广泰，遣使会士，中国人。1886 年 9 月 21 日出生于北京。1908 年 8 月 27 日在嘉兴入修院，1910 年 9 月 8 日在栅栏发愿，1912 年 7 月 7 日在栅栏晋铎，后赴直隶北部(北京)作传教士，1939 年 10 月 17 日去世于北堂医院，享年 53 岁。葬于栅栏墓地。

碑文（见图 6-77）

汉文

圣味增爵会士王公之墓

王神父讳广泰，号公覆，圣名玛窦。北京人，距生于一八八六年九月二十一日，一八八九

图 6-76　王公覆像

图片来源：*Vicariat Apostolique de Pékin:État de la Mission du ler juillet 1931 au 30 juin 1932*.p.68.

图 6-77　王公覆墓碑碑阳拓片

图片来源：中国国家图书馆标记为"王广焘墓碑"，馆藏号：北京2200。

年九月入北京修道院，一九零八年八月二十七日进遣使会。一九一二年七月七日升铎德品位，遂传教于武清县、皇后店、北旺等处。一九二四年升任通县贾家疃总铎。一九二九年调任涿县石窝本堂。一九三五年春偶染瘫症，遂来北京总堂静养。兹于一九三九年九月十七日妥领圣事安然谢世于北堂医院，享年五十有三。

拉丁文

D. O. M.

HIC JACET MATTHAEUS WANG NATUS PEKINI DIE 21 SEPT. 1886. IN SEMINARIUM INTERNUM CONGR. MISSIONIS RECEPTUS DIE 27 AUG. 1908. SACERDOS ORDINATUS DIE 7 JULII 1912, IN HOUANG-HO-TIEN PEI-WANG MISSIONEM FACIEBAT; DIRECTOR NOMINATUS EST IN DISTRICTU KIA-KIA-TOUAN ANNO 1924; TANDEM CURAM ANIMARUM GEREBAT IN CHE-WO 1929; MORTUUS EST PEKINI INNOSOCOMIO SANCTI VINCENTII DIE 17 OCT. 1939. SUAE AETATIS 53. R. I. P.

英译

To God Most Good and Most Great

Here rests Matthieu Wang, born in Beijing on 21 September 1886. Accepted into the internal seminary of the Congregation of the Mission on 27 August 1908, he was ordained a priest on 7 July 1912. He did missionary work in Huanghou Dian and Beiwang. In 1924 he was nominated ad district superior of Jiajia Tuan. Finally, in 1929, he bore the pastoral care of the souls in Shiwo. Passed away in the hospital of St. Vincent on 17 October 1939, at the age of 53 years. May he rest in peace.

汉译

献给至善至尊的天主

这里安息着王公覆，1886 年 9 月 21 日出生于北京。1908 年 8 月 27 日进入遣使会修院学习。1912 年 7 月 7 日晋铎。他在皇后店、北旺等地传教，1924 年为贾家疃总铎，随后成为石窝天主堂本堂。1939 年 10 月 17 日在北京圣味增爵医院去世，享年 53 岁。息止安所。

碑文比较与解析

王公覆墓碑汉文与拉丁文部分大体相同，皆详细地论述了其生平、传教经历、教内职务。汉文部分言其具体病因及去世地点。

（四十二）杜秉钧

（JOANNES-BAPT.TOU/Du Bingjun/Jean-Baptiste Tou）

杜秉钧（见图6–78），遣使会士，中国人。1894年2月6日生于直隶省宣化府上庄子。1914年8月5日在栅栏入修院，1916年8月6日同地发愿，1921年12月17日晋铎，后赴直隶北部做传教士。1941年11月10日去世于北堂圣味增爵医院，享年48岁。葬于栅栏墓地。

碑文（见图6–79）

图6–78 杜秉钧像

图片来源：*Vicariat Apostolique de Pékin:État de la Mission du 1er juillet 1931 au 30 juin 1932.p.171.*

汉文

圣味增爵会司铎杜公之墓

杜神父，讳秉钧，圣名若翰，宣化县上庄子人，生于一八九四年二月六日。一九一四年八月五日进遣使会，一九二一年十二月十七日晋升铎德，传教于苏桥、大口屯、北堂、东交民巷、石沟等处，一九三六年任明道院院长。一九三八年因病辞职，一九四一年十一月十日妥领圣事，病殁于北堂圣味增爵医院。享年四十有八。

拉丁文

D. O. M.

HIC JACET D. JOANNES-BAPT. TOU SACERDOS C. M.NATUS IN CHANGTCHOANGTSE, SUENHOAFOU, DIE 6 FEBR. 1894. RECEPTUS IN CONGR. MISSIONIS DIE 5 AUGUST. 1916. SACERDOTIO AUCTUS EST DIE 17 DEC. 1921. MINISTERIUM SACERDOTALE EXERCUIT IN SOUKIAO, TAKEOUTUN, PEKINI, CHEKEOU ETC. SCHOLAM CATECHISTARUM CURAVIT PEKINI PER DUOS ANNOS. POSTEA SEMPER INFIRMA VALETUDINE

图6–79 杜秉钧墓碑碑阳拓片

图片来源：中国国家图书馆，馆藏号：北京2206。

TANDEM MUNITUS SACRAMENTIS VITAM FINIVIT DIE 10 NOV. 1941. ÆTATIS SUÆ XL-VIII. R. I. P.

英译

To God Most Good and Most Great

Here rests D. Jean-Baptiste Tou, C. M. priest, born in Shangzhuangzi, Xuanhua Fu, on 6th February, 1894. Accepted into the Congregation of the Mission on 5th August 1916, he was ordained a priest on 17th December 1921. He exercised his priestly ministry in Suqiao, Dakoutun, Beijng, Shigou, etc. For two years he took care of the school for catechists of Beijing. Later he always of poor health. Finally, provided with the sacraments, he concluded his life on 10th November 1941, at the age of 48 years. May he rest in peace.

汉译

这里安息着杜秉钧，遣使会士。1894 年 2 月 6 日出生于宣化府上庄子。1916 年 8 月 5 日入会，1921 年 12 月 17 日晋铎。他先后传教于苏桥、大口屯、北京、石沟等地。在北京担任天主教明道学院院长两年。之后他身体变得羸弱，最终妥领圣事后，1941 年 11 月 10 日去世，享年 48 岁。息止安所。

碑文比较与解析

杜秉均墓碑汉文与拉丁文部分大体相同，详细地论述了其生平、传教经历及教内职务。汉文部分言及其具体去世地点。

（四十三）冯奎璋

（SIMON FONG/Feng Kuizahng/Simon Fong）

冯奎璋，遣使会士，中国人。1907 年 10 月 24 日出生于北京。（1926 年 9 月 7 日）在嘉兴入修院，1929 年 6 月被派往达克斯（Dax）继续其学业，（1933 年 7 月 2 日）在同地晋铎，他随后在罗马度过两年，1935 年 9 月 3 日返回中国，在栅栏文声修道院担任教授，1942 年 4 月 13 日逝世于北京，享年 35 岁。葬于栅栏墓地。

碑文（见图 6-80）

汉文

圣味增爵会司铎冯公之墓

冯神父，讳奎璋，圣名西满，北京人。距生于一九零七年十月二十四日。一九二六年九月七日进遣使会，赴法国留学^①，一九三三年七月二日领受铎品，复往罗马研究神学，一九三五年九月回国任栅栏文声修道院教授，一九四一年十二月任南岗子本堂，一九四二年四月十三日妥领圣事平安谢世，年仅三十有五。

图 6-80　冯奎璋墓碑碑阳拓片

图片来源：中国国家图书馆，馆藏号：北京 2208。

拉丁文

D. O. M.

HJC JACET D. SIMON FONGSACERDOS C. M. NATUS PEKINI DIE 24 OCT 1907; INGRESSUS CONGR. MISSIO^{NIS} DIE 7 SEPT. 1926. STUDUIT IN DAX GALLIÆ IBIQUE ORDINATUS EST SACERDOS DIE 2 JUL. 1933; BIENNIUM FUIT ROMÆ; INDE REVERSUS PEKINUM DIE 3 SEPT. 1935, DOCUIT IN SEMINARIO REGIONALI CHALA; NOMINATUS EST RECTOR PAROCHIÆ NANKANGTSE DIE 22 DEC. 1941; ACCRESCENTI INFIRMITATE, SACRAMENTIS MUNITUS OBDORMIVITIN DOMINO DIE 13 APR. 1942, ÆTATIS SUÆ XXXV. R. I. P.

英译

To God Most Good and Most Great

Here rests D. Simon Fong, C. M. priest, born in Beijing of 24th October 1907, entered the Congregation of the Mission on 7th September 1926; studied in Dax, France, where he was ordained a priest on 2nd July 1933. Went to Rome for two years, and from there returned to Beijing on 3 September 1935. Taught in the Regional Seminary of Chala, on 22nd December he was nominated rector of the Nangangzi with growing sickness, provided with the sacraments, he went to rest in the Lord on 13th April 1942, at the age of 35 of his life. May he rest in peace.

汉译

这里安息着冯奎璋，遣使会士。1907 年 10 月 24 日出生于北京。1926 年 9 月 7 日入遣使会。后在法国达克斯学习，并于 1933 年 7 月 2 日晋铎。随后前往罗马学习两年，再于 1935 年 9 月 3 日辗转回国。在栅栏文声修道院担任教授，后又为南岗子天主堂本堂。身体渐衰，领受终傅圣事后于 1942 年 4 月 13 日去世，年仅 35 岁。息止安所。

碑文比较与解析

冯奎璋墓碑汉文与拉丁文部分大体相同，皆详细地论述了其生平、传教经历、教内

---

① 冯奎璋 1929 年 6 月被派往法国达克斯留学。

职务以及去世情况。

（四十四）李德勋

（MATTHÆUS LY/Li Dexun/Matthieu Li）

李德勋，遣使会士，中国人。1905 年 2 月 28 日生于直隶省宣化府怀来县双树子。1930 年 8 月 12 日在嘉兴入修院，1932 年 8 月 13 日在乍浦发愿。1935 年 4 月 28 日在嘉兴晋铎，后赴北京宗座代牧区做传教士。1943 年 12 月 6 日去世，享年 38 岁。葬于栅栏墓地。

碑文（见图 6-81）

图 6-81　李德勋墓碑碑阳拓片

图片来源：中国国家图书馆，馆藏号：北京 2216。

汉文

圣味增爵会士李公之墓

圣味增爵会士李神父，讳德勋，洗名玛窦，怀来县双树村人。距生于公元一九零五年三月二十七日。一九二零年入北京小修道院，一九三零年入浙江嘉兴味增爵会，遂于一九三五年四月二十八日领受铎品，是年之夏返回北京，先后传教于京东、京南等地，一九四一年秋受任南堂副堂职务，一九四三年春被遣至黑山户圣母小昆仲会服务，忽于本年十二月一日患咳血症，来京修养，竟于本月六日妥领终传等圣事后不数刻而逝，年仅三十有八。

拉丁文

D. O. M.

HIC JACET D. MATTHÆUS LY SACERDOS C. M. NA-TUS IN CHOANG-CHOU-TZE, HOAI-LAI HSIEN, SUEN-HOA FOU, DIE 28 FEBRUARII 1905. SEMINARIUM PEKINENSE INGRESSUS DIE 8 SEPIEMBRIS 1920. ET IN SEMINARIUM INTERNUM C. M.RECEPTUS IN KIA-SHING ANNO 1930, SCERDOTIO AUGTUS EST DIE 28 APRILIS 1935. MINISTERIUM SACERDOTALE EXERCUIT IN LAO-KIA-TCHOANG, TA-K'O-TOUN, SOU-KIAO ET NAN-T'ANG. MORBO CORREPTUS, QUD PER INTEGRUM ANMUM LABORAVIT, TANDEM QUIEVIT IN DOMINO, MOMITUS SACERAMETIS, DIE 6 DECEM-BRIS 1943, IN NOSOCOMIO S. VINCENTII. ANNO 38 ÆTATISSUÆ ET 13 VOCATIOMIS RE-LIGIOSÆ. R. I. P.

To God Most Good and Most Great

Here rests D. Matthieu Li, C. M. priest, born on 28th February 1905, in Shuangshu Cun, Huailai County, Xuanhua Fu. Entered the seminary of Beijing on 8th September 1920, and in 1930 was accepted into the Internal Seminary of the Congregation of the Mission in Jiaxing, ordained a priest on 28th April 1935. He exercised the priestly ministry in Laojia Zhuang, Dakou Tun, Suqiao and Nantang. Attacked by sickness, he struggled for a whole year. Finally went to rest in the Lord, provided with the sacraments, on 6th December 1943, in the hospital of St. Vincent, at the 38th year of his life, the13th year of his religious vocation. May he rest in peace.

汉译

献给至善至尊的天主

这里安息着李德勋，遣使会士。1905 年 2 月 28 日出生于宣化府怀来县双树村。1920 年 9 月 8 日入北京修院。1930 年在嘉兴入遣使会总修院，1935 年 4 月 28 日晋铎。随后在老家庄（音译）、大口屯、苏桥和南堂等地传教，用功甚勤，最后于 1943 年 12 月 6 日在圣味增爵医院去世，年仅 38 岁，在会 13 年。息止安所。

碑文比较与解析

李德勋墓碑汉文与拉丁文部分大体相同，皆详细地论述了其生平、传教经历及去世信息。汉文部分论及具体病因。

（四十五）李席珍

（LY PAULUS/Li Xizhen/Paul Li）

李席珍（见图 6-82），教名保禄，遣使会士，中国人。1903 年 12 月 27 日出生于河北武清（今属天津）小韩村。1915 年在北京入修院，1922 年在嘉兴入遣使会，1929 年晋铎。主要在北京北部、东部一带传教，1944 年 10 月 24 日逝世于北京圣味增爵医院，享年 41 岁。葬于栅栏墓地。

碑文（见图 6-83）

汉文

圣味增爵会士李公之墓

圣味增爵会士李神父，洗名保禄，原籍河北武清小韩村人，生于一九零三年十二月廿七日，一九一五年入北京小修道院，一九二二年转浙江嘉兴遣使会院，一九二九年晋升司铎品，

图 6-82　李席珍像

图片来源：*Vicariat Apostolique de Pékin:État de la Mission du ler juillet 1931 au 30 juin 1932*.p.18.

图 6-83　李席珍墓碑碑阳拓片

图片来源：中国国家图书馆标记为"李保禄墓碑"，馆藏号：北京2226。

同年传教于苏县、敦家庄、贾家町、牛牧屯，兹于一九四四年十月廿四日于北京万桑医院妥领终传圣事安然逝世①，享年四十一岁。

拉丁文

Hic jacet D. LY PAULUS, Sacerdos C. M. NATUS ANNO 1903 IN PAGO SIAO-HAN-TS'OUN. OUTS'ING HSIEN. AD SEMINARIUM MINUS ADMISSUS EST ANNO 1915, ET ANNO 1922 IN SEMINARIUM CONGR. MISS. KIA-SHING. ANNO 1929 SACERDOS FACTUS, PAROCHIAE TOUN-KIA-TCHO-ANG VICARIUS PER ANNUM.DEINDE IN SEMINARIO MINO-RI PER QUINQUENNIUM PROFESSOR, VIRIBUS JAM FRAC-TUS, IN LABORE MISSIONUM APUD PAGOS KIA-KIA-TOAN ET NIOU-MOU-TOUN RELIQUOM VITAE CONSUMMAVIT. VIR MODESTUS[ET] SIMPLEX, ET LIOET CORPORE IMBEL-LIS, ANIMO TAMEN STRENUUS ET FIDELIS OPERARIUS, PIISSIME DEFUNCTUS EST DIE 24 OCT 1944, AETATIS 41 ANNO, VOCATIONIS 22. R. I. P.

英译

To God Most Good and Most Great

Here rests D. Paul Li, C. M. priest, born 1903 in the village Xiaohan Cun, Wuqing County. Was admitted to the Minor Seminary in the year 1915, and in 1922 to the seminary of the Congregation of the Mission in Jiaxing. Ordained a priest in 1929, he worked for one year as assistant. Then he was teacher in the minor seminary for five years. Already broken in his health, he passed the rest of his life doing missionary work in the localities of Jiajia Ting and Niumu Tun. He was a modest and simple man, and though nonmilitant in body, in his soul a decisive and faithful worker. Passed away very piously on 24 October 1944, at 41 years of his life and 22 years of his vocation. May he rest in peace.

---

①　1944 年 10 月 24 日逝世于北京万桑医院。万桑医院（Hôpital Saint-Vincent），又称万生医院，即北堂圣味增爵医院。

汉译

　　这里安息着李席珍，遣使会士。1903 年出生于武清县小韩村，1915 年在北京进小修院，1922 年在嘉兴入遣使会。1929 年晋铎。做了一年的辅祭后，在小修院教学 5 年。虽然身体报恙，但仍在贾家町和牛牧屯传教，以此度过余生。他始终保持谦逊朴实，积极传教，是天主最忠实和最虔诚的仆人。1944 年 10 月 24 日去世，享年 41 岁，在会 22 年。息止安所。

碑文比较与解析

　　李席珍墓碑汉文与拉丁文部分大体相同，皆较为详细地论述了其生平及传教经历。拉丁文中还论及其德性，谦逊忠实，虔诚传教。

（四十六）德懋谦

（AUGUSTUS VANHERSECKE/Gustave-Alphonse-Jérôme Vanhersecke）

　　德懋谦（见图 6–84），遣使会士，法国人。1867 年 12 月 26 日出生于法国北方省沃尔穆特（Wormhout）区的艾斯凯尔贝克（Esquel-becq）。1888 年 10 月 6 日在巴黎入修院，1890 年 10 月 7 日在同地发愿。1894 年 9 月 24 日到达上海，后于北京宣化府传教。义和团运动中参与了抵御工作。后在南堂指导教务四年，1912 年被升为教区副会长，1930 年为北堂院长。1945 年 2 月 10 日突发脑溢血，2 月 14 日去世，享年 78 岁。葬于栅栏墓地。

图 6–84　德懋谦像

图片来源：*Vicariat Apostolique de Pékin:État de la Mission du ler juillet 1931 au 30 juin 1932*.p.17.

碑文（见图 6–85）

汉文

圣味增爵会士德公之墓

　　圣味增爵会士德神父，讳懋谦，洗名奥斯定，距生于北法艾斯奎伯府公元一八六七年十二月二十六日，年二十一岁进巴黎遣使会，一八九四年五月十九日晋司铎品位。同年九月二十四日到到中国，遂服务于北京教区，先后传教于蔚县、宣化及北京南堂等处。一九二七年升任北京教区副主教，又于一九三零年兼任味增爵会北堂院长神父职。以迄于终。忽于一九四五年二月十日晚转脑溢血症乃告不治，遂领最后圣事，延至本月十四日安然逝世于北堂医院，享寿七十有八。

图 6-85　德懋谦墓碑碑阳拓片

图片来源：中国国家图书馆，馆藏
号：北京 2234。

拉丁文

Hic jacet D. AUGUSTUS VANHERSECKE Sacerdos C. M. NATUS ANNO 1867 IN PAGO ESQUELBECQ DIOECESIS CAMERACENSIS IN GALLIA. ANNO 1888 IN CONGR. MISSIONIS ADMISSUS. DIE 19 MAII 1894, SACERDOTIO AUCTUS EST. ET EODEM ANNO DIE 24 SEPT. AD SINAS APPULIT. PRIMITIAS LABORIS DISTRICTUSUANHOA FOU DEVOVIT. UBI BOXORUM PERSECUTION SRUINAS FELICITER RESTAURAVIT.INDE DISTRICTUM NAN-T'ANG PER 4 ANNOS REXIT. ANNO 1912 PROMOTUS EST VICARIUS GENERALIS ET ANNO 1930 SUPERIOR REGULARIS DOMUS PET'ANG. OMNIBUS OMNIA FACTUS. DUPLICISDIGNITATIS ONERA USQUE AD SENECTUTEM INDEFESSUS PORTAVIT. ORIIT（OBIIT）DIE 14 FEB 1945. AETATIS ANNO 78, VOCATIONIS 57.R. I. P.

英译

Here rests D. Gustave-Alphose-Jérôme Vanhersecke, C. M. priest, born in 1867 in the village of Esquel-becq, diocese of Cambrai in France. In 1888 he was admitted to the Congregation of the Mission, on 19th May 1894 he was ordained a priest, and on 24th September of the same year he arrived in China. He devoted the initials of his labor to the district of Xuanhua, where he happily restored the ruins of the Boxer persecution. Then he headed the South Church（Nantang）for 4 years, and in 1912 was promoted to Vicar General, and in 1930 Regular Superior of the North Church（Beitang）residence. Becoming everything for everybody, he tirelessly carried the burden of the double dignity until his old age. He passed away on 14th February 1945, the 78th year of his life, the 57th year of his vocation. May he rest in peace.

汉译

这里安息着德懋谦，遣使会士，1867 年出生于法国康布雷教区的艾斯凯尔贝克。1888 年入会，1894 年 5 月 19 日晋铎，同年 9 月 24 日入华。最初在宣化府传教，曾成功抵御了义和团的进攻。他在南堂指导教务 4 年，1912 年被升为教区副会长，1930 年为北堂修院院长。他尽力做好本职工作，一直保持尊严，孜孜不倦。1945 年 2 月 14 日去世，享年 78 岁，在会 57 年。息止安所。

碑文比较与解析

德懋谦墓碑汉文与拉丁文部分大体相同，皆详细地论述了其生平、传教经历及教内职务。汉文部分交代了其具体去世信息。拉丁文部分论及其德行，殷勤工作，竭力传教。

（四十七）罗安义

（HENRICUS NAUVIOLE/Jean-Henri-Gabriel Nauviole）

罗安义，遣使会士，法国人。1889 年 10 月 14 日出生于法国洛特省（Lort）布勒特努（Bretenoux）区泰西厄（Teyssieu）。1913 年 12 月 20 日在卡尔晋铎，1921 年 9 月 24 日在巴黎入修院。1923 年 9 月 29 日到达上海，于同年 10 月 7 日在天津发愿。自 1926 年 8 月 1 日起，他在北京栅栏文声修道院担任司库。1945 年 8 月 11 日去世，葬于栅栏墓地。

碑文（见图 6–86）

汉文

圣味增爵会士罗公之墓

圣味增爵会士罗神父，讳安义，圣名恩利格。法国人，生于一八八九年十月十四日，一九一三年十二月二十日晋司铎品位，一九二一年进巴黎遣使会，越二载发愿于天津首善堂①。遂传教于天津、北京。一九三六年为东交民巷本堂，殷勤管理教务，深得中外人心。因病妥领圣事，于一九四五年八月十一日逝世于万桑医院，享年五十有六。

拉丁文

D. O. M.

Hic jacet D. HENRICUS NAUVIOLE. Sacerdos C. M. NATUS ANNO 1889 DIE 14 OCTOBRIS, IN PAGO TEYSSIEU. DIOECESIS CADURCENSIS. SACERDOTIO INITIATUS. POST OCTO ANNOS SACRO MINISTERIO IN PATRIA DEDITOS. IN SEMINARIUM CONGR. MISS.ASSUMI POSTULAVIT. PERVENIT AD SINAS DIE 29 SEPT. 1923. ET VOTA EMISIT IN TIENTSIN. UBI PER TRIENNIUM LABORAVIT. INDE PER 10 ANNOS

图 6–86　罗安义墓碑碑阳拓片

图片来源：中国国家图书馆，馆藏号：北京 2238。

IN SEMINARIO CHA-LA PROCURATORIS OFFICIUM TENUIT. DONEC ANNO 1936 PAROCHUS ELECTUS EST ECCLESIAE S. MICHAELIS PEKINI. PASTORDEVOTISSIMAE CARITATIS. OM-

---

① 天津首善堂为遣使会在中国北方设立的管理教会财产的机构。它以经营房地产为主业，在天津拥有大量房地产，以其所收房租及投资所得利润支持天津、北京、保定、正定四个教区及北京神学院（即栅栏文声修道院）所需经费。首善堂初设于天津营道口上的紫竹林教堂内，1900 年迁于和平区承德道 21 号。1919 年建成现有建筑。1949 年天津解放后由中国神父接管。1956 年改为天主教区神学院，1958 年又改为天主教修女院。

NIA ET SEIPSUM PRO OVIBUS IMPENDEBAT. QUUM PRAEMATURA MORTE ABSUMPTUS EST. DIE 11 AUG. 1945, AETATIS ANNO 56, VOCATIONIS 24. R. I. P.

英译

To God Most Good and Most Great

Here rests D. Jean-Henri-Gabriel Nauviole, C. M. Priest, born on 14th October 1889 in the locality Teyssieu, in the diocese of Cahors. Ordained a priest, after eight years devoted to the holy ministry in his homeland, he asked to be admitted to the seminary of the Congregation of the Mission and arrived in China on 29th September 1923 and made his vows in Tianjin, where he worked for three years. Then he held for ten years the office of procurator in the seminary of Chala, until in 1936 he was elected pastor of St. Michael's church in Beijing. Pastor of most devoted charity, he invested everything and himself for the sheep, when he was taken away by premature death, on 11th August 1945, the 56th year of his life, the 24th year of his vocation. May he rest in peace.

汉译

这里安息着罗安义，遣使会士，1889 年 10 月 14 日出生于法国卡杜坎司教区的泰西厄。在他晋铎 8 年后入遣使会。1923 年 9 月 23 日来华，并在天津发愿。在栅栏文声修道院担任司账长达十年。直至 1936 年为北京圣弥厄尔堂本堂。他为主牧羊，辛勤传道。1945 年 8 月 11 日去世，享年 56 岁，在会 24 年。息止安所。

碑文比较与解析

罗安义墓碑汉文与拉丁文部分大体相同，详细地论述了其生平、传教经历、教内职务以及为教区所作的贡献。汉文部分交代了其具体去世地点。

第四节　遣使会（无拓片者）

（一）文华

（Alexandre Waelen）

文华 [1]，遣使会士，荷兰人。1851 年 12 月 28 日生于荷兰林堡省（Limbourg）的奥恩

---

[1] 参见 [法] 荣振华、方立中、热拉尔·穆赛、布里吉特·阿帕乌：《16—20 世纪入华天主教传教士列传》，耿昇译，广西师范大学出版社 2010 年版，第 607 页。Cf. Joseph van den Brandt, *Les Lazaristes en Chine, 1697-1935 Notes biographiques,* Pei-P'ing Imprimerie des Lazaristes, 1936.p.90.

塞尔－贝克（Oensel-Beek）。1872 年 10 月 16 日在巴黎入修院，1374 年 10 月 24 日发愿，1878 年 6 月 15 日晋铎。同年 10 月 4 日到达上海，先在直隶西南部，自 1901 年 3 月 30 日又到新设立的直隶东部传教区做传教士。1917 年 12 月 11 日在北京去世，其墓地在栅栏。墓碑汉文内容如下：

圣味增爵会文神父，圣名亚历山，系泰西荷兰国人。生于救世后一千八百五十一年，于一千八百七十二年入会，一千八百七十八年奉命来中国传教于正定、永平等处。兹于一千九百一十七年卒于京都。①

（二）李冲宽
（Wen Hua/André Li）

李冲宽②，又称为李安德肋弟兄③。遣使会辅理修士，中国人。1882 年 12 月 4 日生于直隶省宣化府宝坻县庞桥头，1913 年 11 月 6 日入栅栏文声修道院，1915 年 11 月 7 日发愿。他的全部传教士生涯都在栅栏文声修道院度过的。"他很简单，虔诚，顺从，羞愧，勤奋，非常随和"④。凭借着最有益的耐心承受着非常痛苦和长期的疾病。1917 年 10 月 19 日在北京的圣味增爵医院去世，其墓地在栅栏。墓碑汉文内容如下：

圣味增爵会友李先生，圣名安德肋，系京东宝坻县庞桥头村人。生于救世后一千八百八十二年，于一千九百一十三年入会。兹于一千九百一十七年卒于京都，享年三十有五。⑤

（三）姜玉亭
（Jiang Yuting/Thaddée Kiang）

姜玉亭⑥，遣使会辅理修士，中国人。1877 年生于直隶省保定府安州徐果庄，1913 年

---

① Jean-Marie Planchet, C.M. *Le Cimetière et Les Oevres Catholiques de Chala 1610-1927,* Pékin:Imprimerie des Lazaristes 1928.p.267.

② [法] 荣振华、方立中、热拉尔·穆赛、布里吉特·阿帕乌：《16—20 世纪入华天主教传教士列传》，耿昇译，广西师范大学出版社 2010 年版，第 681—682 页；Joseph van den Brandt, *Les Lazaristes en Chine, 1697-1935.* Notes biographiques, Pei-P'ing Imprimerie des Lazaristes, 1936. p.211.

③ 高智瑜、[美] 马爱德主编：《虽逝犹存：栅栏——北京最古老的天主教墓地》，澳门特别行政区政府文化局、美国旧金山大学利玛窦研究所 2001 年版，第 53 页。

④ *Le Bulletin Catholique de Pékin*, Pékin:Imprimerie des Lazaristes du Pei-T'ang, 1917. p.426.

⑤ Cf. Jean-Marie Planchet, C.M. *Le Cimetière et Les Oevres Catholiques de Chala 1610-1927,* Pékin:Imprimerie des Lazaristes 1928.p.269.

⑥ 参见 [法] 荣振华、方立中、热拉尔·穆赛、布里吉特·阿帕乌：《16—20 世纪入华天主教传教士列传》，耿昇译，广西师范大学出版社 2010 年版，第 682 页。Cf. Joseph van den Brandt, *Les Lazaristes*

12月7日入栅栏文声修道院，1916年1月25日发愿。他的全部传教士生涯都在栅栏文声修道院度过的。1921年1月10日在北京中央医院去世。其墓地在栅栏。碑文内容如下：

　　圣味增爵会友姜先生，圣名达陆，系保定府安新县徐果庄人。生于降生后一千八百七十七年，于一千九百十三年入味增爵会，于一千九百十六年发愿，兹于一千九百二十一年阳正月初十因病安然卸世，享年四十四岁。请众信友为彼祈求。①

第五节　多明我会

　　多明我会（Dominican Order），一译"多米尼克派"或"道明会"，属于天主教托钵修会的主要派别之一。1217年由西班牙人多明我（Domingo de Guzman，1170—1221）在法国南部普卢叶（Prouille）创立，同年获教皇洪诺留三世（Honorius Ⅲ）批准。除传教讲道外，主要致力于神哲学学术研究和高等教育等。曾主持异端裁判所②。

　　最早来华的多明我会士可上溯到1556年，葡萄牙人克鲁兹（Gaspar da Cruz）成功进入广州，虽来去匆匆，但仍被17世纪多明我会士视为"中国宗徒"③。1582年，西班牙多明我会士在菲律宾建立会省，明确来华传教的目标。1587年，第一批多明我会士到达马尼拉，建立了圣额我略会省，在那里学习中国语言。而明代来华的多明我会仅两位，即1631年的高奇神父（Ange Cocchi，1597—1664）和1633年来华的莫若翰神父（Juan Bautista de Morales）。④此后1587—1626年间西班牙多明我会士尝试进入中国大陆多达7次，皆以失败告终。⑤随后遣使会黎玉范神父（Juan Bautista Morales，1597—1664）和方济各会士利安当（Antonius a Santa Maria Caballero，1602—1669）抵华，帮助多明我会开展教务工作，扩大传教范围。1635年11月，在黎玉范的请求下，多明我会士苏芳积（Francisco Díez）到达福建福安，协助传教。而福安也成为多明我会在中国大陆早期重要的传教区⑥。根据教会文献记载，多明我会在闽东传教事业得到较快发展。每年"为八九百的外教人施洗，到1638年，他们的新教堂因为基督徒的增长已经不敷

---

　　　en Chine, 1697-1935. Notes biographiques，Pei-P'ing Imprimerie des Lazaristes, 1936.p.202.

①　Jean-Marie Planchet, C.M. *Le Cimetière et Les Oevres Catholiques de Chala 1610-1927*, Pékin:Imprimerie des Lazaristes 1928.p.268.

②　异端裁判所（Inquisitio Haereticae Pravitatis Sanctum Officium，又称异端裁判所、异端审判），主要负责侦查、审判和裁决天主教会认为是异端的法庭，曾监禁和处死异见分子。

③　参见张先清：《多明我会与明末中西交往》，《学术月刊》2006年第10期。

④　Cf. Nicolas Standaert. *Handbook of Christianity in China, Volume One: 635-1800*. Leiden, Boston: Brill, 2001.p.251.

⑤　参见张先清：《多明我会与明末中西交往》，《学术月刊》2006年第10期。

⑥　张先清：《多明我会士黎玉范与中国礼仪之争》，《世界宗教研究》2008年第3期。

使用"①。

　　而根据钟鸣旦统计，1665 年在华多明我会士有 9 位，其中并不包含葬于栅栏的郭多明。② 而 1688 到 1700 年，又共有 18 位多明我会士来华，有的人停留的时间很短，有的人则死在这里。③

郭多明
（DOMINIC CORONATUS/Domingo Coronado）

　　郭多明，字西达。1614 年出生于西班牙，1639 年入会。1648 年到马尼拉，1655 年 7 月到厦门。1656 年 10 月起在浙江传教，再前往山东传教，后在济宁被捕被押送北京。1664 年 5 月 9 日去世。葬于栅栏墓地。

碑文（见图 6-87）

汉文

图 6-87　郭多明墓碑碑阳拓片

图片来源：中国国家图书馆，馆藏号：北京 1888。

多明我会士郭公之墓

　　郭先生讳多明，号西达，大西洋依西巴尼亚国人也。自幼入多明我会真修。清朝初航海东来中国行教④。康熙叁年甲辰卒于京师⑤。

拉丁文

D.O.M.

P. F. DOMINIC CORONATUS HISPAN ORD. PRÆDICA-
TOR IN PERSECUTIONE A 1664 CUM PP. S.J. IN CURIĀ
DUCTUS ET CARCERE IBID INCLUSUS IN QVO AEGROTA-
VIT AD MORTEM, SED PER RP. S.I. IMPETRATA JUDICUM
VENIA AD ECCLESIAM TRANSLATUS. APUD EOSDEM IN
DOMINO OBIIT AN. SALUT. M. DC. LX. IV. 9. MAI.

①　张先清：《多明我会与明末中西交往》，《学术月刊》2006 年第 10 期。

②　参见赵殿红：《西班牙多明我会士闵明我在华活动述论》，《暨南学报》2009 年第 5 期。

③　参见赵殿红：《西班牙多明我会士闵明我在华活动述论》，《暨南学报》2009 年第 5 期。

④　1664 年来华传教。

⑤　即 1664 年 5 月 9 日逝世于北京。

拉丁文解读

D. O. M.

P [ATER] F [RATRIS] DOMINICCORONATUS, HISPAN [US], ORD [INIS] PRAEDICA-TOR [UM], IN PERSECUTION [E] A [NNO] 1664 CUM P [ATRES] S [OCIETATIS] J [ESU] IN CURIA DUCTUS ET CARCERE IBID [EM] INCLUSUS, IN QVO AEGROTAVIT AD MOR-TEM, SED PER RP [ATRES] S [OCIETATIS] I [ESU] IMPETRATA JUDICUM VENIA, AD ECCLESIAM TRANSLATUS APUD EOSDEM IN DOMOINO OBIIT AN [NO] SALUT [IS] MD-CLXIV 9th MAI.

英译

To God Most Good and Most Great

Father Friar Domingo Coronado, from Spain, a member of the Order of Preachers [Domini-can], during the persecution of 1664 he was sent to the imperial palace [in Beijing] together with several priests from the Society of Jesus, he was imprisoned there [in Beijing], caught a mortal disease, but because the fathers of the Society of Jesus pleaded for him, he was acquitted and brought to the church. In their community he died in the Lord on May 9th, in the year of salvation 1664.

汉译

献给至善至尊的天主

郭多明神父,来自西班牙,多明我会修士。1664 年禁教时期与数位耶稣会士一起被捕入狱。遭遇重病,险些丧命。众耶稣会士向官员祈求大发慈悲,将其送往耶稣会教堂,在他们的团体中于 1664 年 5 月 9 日安息主怀。

碑文比较与解析

郭多明墓碑的汉文与拉丁文部分相比较,汉文部分至为简略。

拉丁文部分详细介绍了作为多明我会士的郭多明在禁教时期所遭受的困难。他被捕入狱,又患重病,差点丧命。并且也论述到耶稣会士对其的帮助,不仅帮他向官方求情,获得赦免,还让其居住于耶稣会教堂,最后亦在此去世。

第六节　十字会

十字会(Ordo S.Crucis),此修会史料难考。约始于 13 世纪,17 世纪西北欧有几所十字会修道院,意大利的十字会于 1656 年解散。

夏真多

（HYACINTVS JORDANVS /Giacinto Giordano）

夏真多，字本元，意大利人。夏真多名字碑文记载为 HYACINTVS。1727 年他作为光学仪器专家，被传信部派往中国传教。1727 年 8 月 6 日从广州出发，10 月 21 日到北京，1728 年 6 月 21 日与德理格、陈善策等人被雍正召见。1736 年 6 月 26 日在北京去世，享年 43 岁。葬于栅栏墓地。

碑文（见图 6-88）

汉文

十字会士夏公之墓

夏先生，讳真多，号本元，泰西依大里亚国人。自幼入会真修。于雍正五年 ① 丙午入中国传教。卒于乾隆元年巳卯 ② 五月十八日。在会二十五年，享寿四十三岁。

拉丁文

D. O. M.

P.HYACINTVS JORDANVS CRVCIFERVS NEAPOL-
ITAN. VENIT AD SINAS ANNO SALVTIS MDCCXXVII
UBI IX ANNIS ANIMARVM ZELO CLARV. QVIEVIT IN
DOMINO ANO MDCCXXXVI ÆTATIS SVÆ ILIII.

英译

To God Most Good and Most Great

Father Giacinto Giordano, Cruciferus, from Naples, came to China in the year of salvation 1727, where for nine years he became known for his zeal of the souls. Went to rest in the Lord in the year 1736, at the age of 43 years.

图 6-88　夏真多墓碑碑阳拓片

图片来源：中国国家图书馆，馆藏号：北京 1952。

---

① "雍正五年"为丁未年，此处写"丙午"疑似有误。

② 乾隆元年为"丙辰年"，即 1736 年。此处写"巳卯年"疑似有误。夏真多于 1736 年 6 月 26 日在北京去世。

汉译

献给至善至尊的天主

夏真多弟兄，十字会士，来自意大利的那不勒斯，1727 年抵华，在华 9 年，其热忱之心为人所知。救世后 1736 年安息主怀，享年 43 岁。

碑文比较与解析

夏真多墓碑的汉文与拉丁文部分相比较，皆较为简略。拉丁文部分重点强调其对传教的热忱。

第七节　奥斯定会

张中一

（SERAFINUS A.S IOANNEBAPTA/Serafino di San Giovanni Battista）

张中一，字礼元，意大利人。1737 年来华，1738 年钦召进京，1742 年 8 月 9 日逝世于北京海淀，享年 50 岁。葬于栅栏墓地。

碑文（见图 6–89）

汉文

圣奥斯定会士张公之墓

张先生讳中一，号礼元，泰西依大里亚国人。自幼入会真修。于乾隆二年丁巳①入中国传教，于乾隆三年戊午年②钦召进京，内廷供奉。卒于乾隆七年壬戌六月初二日③。在会三十四年，享寿五十岁。

拉丁文

D. O. M.

P. SERAFINUS A.S IOANNE BAPTA. AUGVSTINIANVS EXCALCEATS MEDIOLANEN-SIS VENIT AD SINAS ANNO MDCCXXXVIII VBI PLENUS MERITIS MAGNO SVI DESSIDE-

---

① 即 1737 年来华。
② 1738 年入京供奉朝廷。
③ 1742 年 8 月 9 日逝世于北京。

RIO RELICTO OBIIT IN HAITIEN DIE NONA AVGVSTI A. C.
MDCCXLII ÆTATIS SVÆ...L

拉丁文解读

图 6-89　张中一墓碑碑阳拓片

图片来源：中国国家图书馆，馆藏号：北京 1968。

D.O.M.

P [ATER] SERAFINUS A. S [ANCTO] IOANNE
BAPT [ISTA] A. AUGVSTINIANVS EXCALCEAT [US].
MEDIOLANENSIS. VENIT AD SINAS ANNO MDCCXXX-
VIII. VBI PLENUS MERITIS MAGNO SVI DESSIDE-
RIO RELICTO, OBIIT IN HAITI [AN?]. EN DIE NONA
AVGVSTI, A [NNO] C [HRISTI] MDCCXLII ÆTATIS SV
[AEI] L.

英译

To God Most Good and Most Great

Father Serafino di San Giovanni Battista a Discalced Augustinian, from Milano, he came to China in the year 1738. Full of merits and distinguished for his selflessness. He died in Haidian [Beijing], on August 9th, in the Year of Our Lord 1742, aged [50].

汉译

献给至善至尊的天主

张中一神父，奥古斯定会士，来自意大利米兰。1738 年来到中国，他传绩卓著，满怀热忱，不幸于 1742 年 8 月 9 日逝世于北京海淀，享年(50 岁)。

碑文比较与解析

张中一墓碑的汉文与拉丁文部分相比较，皆简要介绍其生平。拉丁文部分还交代了其传教热忱以及具体去世地点。

第八节　方济各会

（一）汤士选

（ALEXANDER GOUVEA/Alexander de Gouvea）

汤士选，方济各会士，1751 年出生于葡萄牙埃武拉。1769 年入会。1782 年被任命为主教，1784 年抵京。相继担任钦天监监副、监正，并监理算学馆长达 20 年。1808 年 7 月 16 日逝世于北京，享年 57 岁。获得葬资 150 两，葬于栅栏墓地。

碑文（见图 6-90）

图 6-90　汤士选墓碑碑阳拓片

图片来源：中国国家图书馆，馆藏号：北京 2050。

汉文

圣方济各会修士汤士选之墓

　　大西洋修士汤亚立山，讳士选，系博尔都亚国人。生于天主降生后一千七百五十一年，至一千七百六十九年入会精修，由司铎洐圣主教，于乾隆五十年 ① 奉旨进京，专理天文，授职钦天监监副，转升监正，兼管国子监算学，历官凡二十载。卒于嘉庆十三年闰五月十三日②，寿五十七岁。蒙赐内帑银壹百伍拾两安葬，爰此志石。

拉丁文

D. O. M.

IL AC R. D. F. ALEXANDER GOUVEA TERTÏI ORDÏNIS S. FRANCISCÏ, LUSÏTANUS EBORENSÏS. FACTUS EPÏSCOPUS PEKÏNENSÏS ANNO MDCCLXXXII, QUO VENÏT ANNO MDCCLXXXIIII UBÏ CO^MPLEVÏT ANNOS XXIV OMNÏBUS APOSTOLÏCÏ MUNERÏS VÏRTUTÏBUS ZELO ET CARÏTATE VERUS ^PAU PERUM PATER E^T XX ÏN TRÏBUNALÏ ASTRONOMÏCO CUJUS TANDEM PræSES FUÏTPIE OBÏÏT PEKÏNÏ JULÏÏ VI ANNÏ MDCCCVIII AETATIS LVII EPISCOPATU^S XXVI.

英译

To God Most Good and Most Great

　　The Most Illustrious and Most Reverend Father Friar Alexandre de Gouvea, from Evora of Portugal, member of the Third Order of St. Francis, was named in 1782 Bishop of Beijing where he arrived in 1784. He served 24 years with all the virtues befitting his apostolic office. especially zeal and charity. He was a true father of the poor. He labored for 20 years as in the Imperial Bureau of Astronomy where he was the director. He died piously in Beijing on July 6th, 1808, aged 67, was a bishop for 26 years.

---

① 1785 年入京。
② 1808 年 7 月 6 日逝世于北京。

春秋石铭　北京栅栏墓地历史及现存碑文考

THE HISTORY ON THE TOMBSTONES

汉译

献给至善至尊的天主

至为杰出和备受尊敬的汤士选主教，来自葡萄牙埃武拉，方济各会士。1782 年被任命为主教，1784 年抵京。德行昭著，热忱传教，关心穷人长达 24 年。任钦天监监正长达 20 年。1808 年 7 月 16 日在北京虔诚离世，任主教 26 年。

碑文比较与解析

汤士选墓碑的汉文与拉丁文部分相比较，均较为详细地介绍其生平、来华经历、教内职务及官方任职。汉文部分强调其在华获官方认同，赐予其葬资。拉丁文部分还对其德行以及传教的热忱进行了描述。

（二）方方济各

（FRANCISCUS MAGI DE DERVIO/François-Marie magi de Dervio）

方方济各，又名方纪谷[①]，方济各会士，意大利人。1723 年出生。1762 年前往中国传教，1762 年在汉口被任命为宗座代牧。后在陕西建立了自己的住院，并且热忱饱满而又谨慎地对付着官方对教会的仇视态度。1763 年 1 月 25 日教皇克莱孟十三世任他为陕西的宗座代牧（Vicaire Apostolique Du Vicariat Du Chànsi Chènsi）和领衔弥勒德府（Miletopolis）主教，1765 年 11 月 10 日祝圣。1778 年他去职后然仍留在教区，庇护六世任命安科纳的方济各会士康安当（Marie-Antoine Sacconi，1741—1785）来接替他的工作。1784 年，四位方济各会士在荥阳府（音译 Siangyang Fou）被捕，送往北京。随即被监禁，而他们的被捕引发了新的教案，乾隆发布法令禁止天主教。方方济各受到牵连，作为前宗座代牧，他被锁链拷着脖子、手脚从陕西押往北京，后被判有罪，在监狱里受尽各种酷刑，1785 年 2 月 14 日去世，享年 62 岁。葬于栅栏墓地。

碑文（见图 6-91）

汉文

圣方济各会方公之墓

方方济各系意大利亚国人，圣方济各会修士，于乾隆二十七年[②]到中国传教，未几奉格勒

---

① Cf. Jean-Marie Planchet.C.M.*Le Cimetière et Les Oevres Catholiques de Chala 1610-1927*, Pékin: Imprimerie des Lazaristes 1928.p.270.

② 即 1762 年。

孟德第十三位教皇简命升受弥勒德府主教①，至乾隆四十九年为天主忍受多苦，因此染恙，坚贞耀信以卒世，时五十年正月初五日②，年六十二岁。

拉丁文

D. O. M.

ILLS^{MUS} ACR^{MUS} D F^r FRANCISCUS MAGI DE DERVIO, ITALUS, MEDIOLANENSIS, ORDINIS MINORUM, REFOR-MATORUM, À S. CONGRFGATIONE DE PROPAGANDA FIDE IN SINAS MISSUS ANNO MDCCLXII, PAILQOUE POSTEÀ À CLIMENTE XIII P. M. ERISCQPUS MILETO POLITANUS CREATUS AC VICARIUS APOSTO LICUSXANSINENSIS ELECTUS, CAUSAFI DEICAPTUS, AC PEKINUMDUCTUS, IBIDE ÆRUNIS, LABORIBUS, AC MORBO CONFECTUS, PIÉ AC GLORIOSÉ IN VINCULIS PRO IESU CHRISTI NOMINE OBIIT DIE XIII FEBRUARII AN NL MD CC LXXXV, ÆTATIS SUÆ LXII.

英译

To God Most Good and Most Great

The Most Illustrious and Reverend D. François-Marie Magi de Dervio, from Milan, Italy, of the Reformed Minor Brothers, sent to China by the Holy Congregation De Propaganda Fide in the year of 1762, then by Pope Clement XIII created Bishop of Miletopolis and elected Apostolic Vicar of Shanxi. For the faith he was arrested and brought to Beijing. Consumed by anguish, work and sickness he died piously and gloriously in chains for the name of Jesus Christ, on 13th February 1785, at the age of 62.

汉译

献给至善至尊的天主

至为杰出和备受尊敬的方纪谷主教，来自意大利米兰，方济各会会士。1762 年受传信部指派前往中国，随后被教皇克莱孟十三世任命为弥勒德府主教以及陕西教区宗座代牧。后被押往北京，遭受严刑拷打，病痛难忍，最终锁链缠身，不堪重负，虔诚为主献身于 1785 年 2 月 13 日，享年 62 岁。

---

① 1763 年 1 月 25 日被任命为陕西山西代牧，领衔弥勒德府主教。
② 1785 年 2 月 14 日去世。

碑文比较与解析

　　方纪谷墓碑的汉文与拉丁文部分相比较，皆介绍其生平、在华经历及教内职务，并且还提及他所遭受的牢狱之苦。针对其所遭遇的痛苦，碑文汉文较为含蓄，拉丁文部分描述更加直接。

（三）潘味德

（PETRUS PRANDI/Petrus Prandi）

　　潘味德，方济各会士。1900 年晋铎。主要在湖南一带传教，长达 39 年。1917 年 7 月 29 日去世，享年 69 岁。葬于栅栏墓地。

碑文（见图 6–92）

汉文

圣方济各会司铎潘公之墓

　　潘味德公献身天主，晋升铎位卅年有三①。归方济各会，甲癸匝五②，早离乡国，传教中土三十九年，不遑宁处，湘南冀北，历尽辛苦，六十九岁矍铄老父③。呜呼！今夏神归天府，遗体葬此，光照千古。

拉丁文

D. O. M.

Hic in Pace Christi quiescit R. P. PETRUS PRANDI. O.F.M. QUI XXXIX ANNORUM SPATIO ANTEA IN PROVINCIA HUNAN. DEMUM IN LEGATIONE ITALICA FRUCTUOSE PRO DOMINO LABORAVIT. PIE OBIIT PEKINI DIE XXIX JULII A.D. MCMXLII AETRAIS SUAE LXIX. SACERDOTII XLIII. RELIGIONIS L. R. I. P.

图 6–92　潘味德墓碑碑阳拓片

图片来源：中国国家图书馆，馆藏号：北京 2240。

---

① 　即潘味德晋铎时已 43 岁。

② 　"甲癸"指一旬，"匝五"即一周之半。可能言其 15 岁便离开故土，于 1878 年来华传教，主要传教于湖南地区。

③ 　1917 年 7 月 29 日逝世于北京，享年 69 岁。

英译

To God Most Good and Most Great

Here rests in the peace of Christ Rev. P. Petrus Prandi, O. F. M. who for the Lord worked fruitfully first for 39 years in the province of Hunan and later in the Legation of Italy. He died piously in Beijing on 29th July, 1917, at the age of 69 years of life, 18 years as a priest. May he rest in peace.

汉译

献给至善至尊的天主

这里安息着潘味德神父，方济各会士。在湖南传教长达 39 年。他将意大利教会传教工作在湖南省发扬光大。1917 年 7 月 29 日虔诚离世。享年 69 岁，晋铎 18 年。息止安所。

碑文比较与解析

潘味德墓碑的汉文与拉丁文部分相比较，皆简要介绍其生平、在华传教经历。汉文部分文辞考究，多有颂扬之词。拉丁文部分突出他对意大利教会的贡献。

（四）倪达尼厄尔
（DANIEL YTURRUARTE/Daniel Yturriarte）

倪达尼厄尔，方济各会士，西班牙人。1882 年 7 月 21 日出生于西班牙维多利亚教区。1903 年 1 月 24 日入会，1908 年 9 月 19 日晋铎。1912 年 7 月 19 日来华，赴陕西传教，曾在在延安府担任司账。后因身体多病，1924 年来京养病，同年 6 月 22 日去世，享年 42 岁。葬于栅栏墓地。

碑文（见图 6-93）

汉文

圣方济各会倪公之墓

圣方济各会倪神父达尼厄尔，系依斯巴尼亚国人①。生于一千八百十二年②，一千九百零三年进会，越五年升司铎品位。一千九百二十年来中国陕西延安府③，初传教于商州油房头等处，后因身体多病，调回延安府本堂司理账目。民国十三年来京养疴，遂于本年阳六月二十二日安

---

① "依斯巴尼亚国人"即西班牙人。

② 此处疑有误，应为 1882 年。倪达尼厄尔出生于 1882 年 7 月 21 日。

③ 陕西北境代牧区分为陕西中境代牧区和陕西北境代牧区，陕西北境代牧区神父都为西班牙籍方济各会士。1924 年 12 月 3 日，陕西北境代牧区更名为延安府代牧区。

然逝世于北京圣弥厄尔医院 ①，时年四十有二。

拉丁文

D. O. M.

HIC JACET DANIEL YTURRUARTE SACERDOS O. F. M., NATUS IN HISPANIA DIŒC. VICTORIENSI, DIE 21 JULII 1882 PROFESUS DIE 24 JANUARII 1903. SACERDOS ORDINAT. DIE 19 SEPT 1908, AD SINAS PERVENIT IN VICAR. SHENSI CENT. DIE 19 JULII 1912. VERBUM DEI PRÆDICAVIT PRIUS IN CHANGCHOW, DEIN IN DISTRICTU YUFANGTOO. DE-MUM PRÆ VALETUDINE MISSIONUM LABORIBUS IMPAR, IN YENANFU PROCURATORIS OFFICIUM AD MORTEM USOUE FIDELITER ADIMPLEVIT. PIE OBIIT PEKINIDIE 22 JUNII 1924, SUÆ 42. R. I. P.

图 6-93　倪达尼厄尔墓碑 碑阳拓片

图片来源：中国国家图书馆，馆藏 号：北京 2134。

英译

To God Most Good and Most Great

Here rests Daniel Yturruarte, O. F. M. priest, born in Spain, diocese of Victoria, on 21st July, 1882. made his vows on 24th January 1903, was ordained a priest on 19 th September 1908, arrived in China in the Vicariate of Central Shanxi on 19th July 1912. At first, He preached the Word of God in Shangzhou, and then he went to the district of Youfang Tou. With all his strength, he not strong enough for the missionary work, he faithfully carried the office of procurator in Yenan Fu until his death. Piously died in Bejing, on 22nd June 1924, at the age of 42 years. May he rest in peace.

汉译

献给至善至尊的天主

这里安息着倪达尼厄尔，方济各会士。1882 年 7 月 21 日出生于西班牙维多利亚教区。1903 年 1 月 24 日发愿，1908 年 9 月 19 日晋铎。1912 年 7 月 19 日来华，前往陕西教区。先在商州传教，后前往油房头等教区。他孜孜不倦传教，在延安府担任司账直至去世。1924 年 6 月 22 日安息主怀，享年 42 岁。息止安所。

碑文比较与解析

倪达尼厄尔墓碑的汉文与拉丁文部分相比较，均较为详细地介绍其生平、在华传教经历及教内职务。汉文部分交代了其具体去世地点。拉丁文部分突出他不遗余力的传教之功。

---

① 1924 年 6 月 22 日逝世于北京。

（五）时维真

（PLECHELMUS STALS /Plechelmus Stals）

时维真，荷兰人。1880 年 4 月 5 日出生于荷兰鲁尔蒙德教区的斯特兰普罗伊。1898 年入方济会初学院，1898 年晋铎，1899 年来华传教，一直在山西传教。1943 年因病来京调养，1944 年 7 月 18 日去世，享年 65 岁。葬于栅栏墓地。

碑文（见图 6–94）

图 6–94　时维真墓碑碑阳拓片

图片来源：中国国家图书馆，馆藏号：北京 2228。

汉文

方济各会时公之墓

时公讳名维真，荷兰人，生于西历一八八零年。一八九八年入方济会初学院，一九零五年晋铎，次年来华先后传教于绛州、黄崖、陵川、高平、白家庄、赵家岭、潞城、南关、羌城、晋城等地，最后调任张庄本堂。卒因年迈力衰，操劳过甚，遂致神经瘫挛，双臂不克，伸举无奈，养疴于潞安医院①。事变后被集中于太原，后转移北京，是年十一月谢世归主②，享年六十又五岁，仰众信友为彼代求。

拉丁文

D. O. M.

HIC IN PACE CHRISTI QUIESCIT R. P. PLECHELMUS STALS O. F. M. NATUS IN STRAMPROY DIOECESIS RURAE-MUNDENSIS IN HOLLANDIA DIE 5 APRILIS ANNI DOMINI 1880. POST STRENUUM LABOREM IN VICARIATU APOS-TOLICO DE LUANFU（SHASI）AB ANNO 1906. AD ANNUM 1943 JAM INFIRMITATE AFFECTUS PEKINUM DEPORTA-TUS IBIDEM IN DOMINO OBIIT DIE 18 JULII ANNI DOMINI 1944. AETATIS SUAE 65. PRO-FESSIONIS 45. SACERDOTII 40. R. I. P.

---

①　1906 年前往潞安医院。潞安府今在山西境内，为长治市。

②　1944 年 7 月 18 日逝世于北京。

英译

To God Most Good and Most Great

Here rests in the peace of Christ Rev. P. Plechelmus Stals, O.F.M. Born on 5th April 1880 in Stramproy, diocese of Roermond in Holland. After strenuous work in the Apostolic Vicariate of Luan Fu（Shanxi）from 1906 until 1943, stricken by sickness, he was transferred to Beijing, where he died on 18th July 1944, at the age of 65 years of life, 45 years in the Congregation, and 40 years as a priest. May he rest in peace.

汉译

献给至善至尊的天主

这里安息着时维真神父，方济各会士。1880 年 4 月 5 日出生于荷兰鲁尔蒙德教区的斯特兰普罗伊。1906 年他在潞安府教区传教，由于疾病，1943 年转至北京。1944 年 7 月 18 日去世，享年 65 岁，在会 45 年，晋铎 40 年。息止安所。

碑文比较与解析

时维真墓碑的汉文与拉丁文部分相比较，皆较为详细地介绍其生平及在华传教经历。汉文部分交代其具体去世消息，包含病因、去世时间和地点。

（六）穆宗西
（HERCULANUS MAIER/Herculanus Maier）

穆宗西，方济各会士，德国人。1906 年 10 月 28 日出生于德国罗滕堡 – 斯图加特教区（Dioecesis Rottenburgensis-Stutgardiensis）的瓦以汉（Weigheim）。1926 年 4 月 22 日加入方济各小兄弟会。1927 年 4 月 23 日发愿，1931 年 7 月 28 日晋铎。1933 年来华，主要在山西朔州一带的乡村传教。1944 年 4 月 3 日去世，享年 38 岁。葬于栅栏墓地。

碑文（见图 6–95）

汉文

方济格首会司铎穆公宗西之墓

公讳宗西，会名赫尔古拉诺，一九零六年腊月廿八日生于德国瓦以汉①。一九二六年入方济首会②，次年发愿，一九三一年六月廿八日晋铎。一九三三年来中国传教于山西朔州，并开

---

① 穆宗西 1906 年 10 月 28 日出生于德国罗滕堡 – 斯图加特教区的瓦以汉。

② 1926 年 4 月 22 日入方济各小兄弟会。

图 6-95　穆宗西墓碑碑阳拓片

图片来源：中国国家图书馆，馆藏号：北京 2224。

教于山阴。成绩卓著，嗣因奔走教务途中跌伤，医药无效。遂于一九四四年四月三日妥领圣事弃世升天，享年三十八岁。

拉丁文

D. O. M.

HIC JACET R. P. HERCULANUS MAIER OFM. NATUS IN WEIGHEIM DIOECESIS ROTTENBURGENSIS（GERMANIA）DIE 28 OCTOBRIS 1906. VESTITUS IN ORDINE FRATRUM MINORUM DIE 22 APRILIS 1926. PROFESSIONEM SIMPLICEM EMISIT DIE 23 APRILIS 1927. SACERDOTIO AUCTUS DIE 28 JUNII 1931. IN MISSIONEM DE SHOHCHOW（SHANSI）RERVENIT DIE 6 DECEMBRIS 1933. STRENUUS OPERARIUS IN VINEA DOMINI POST DUPLICEM OPERATIONEM CHIRUGICAM PATIENTISSIME TOLERATAM. ECCLESIAE SACRAMENTIS ROBORATUS PRAEMIUM LABORUM SUORUM RECEPTURUS PIISSIME IN DOMINO OBIIT PEKINI DIE 3 APRILIS 1944. R. I. P.

英译

To God Most Good and Most Great

Here rests Rev. P. Herculanus Maier, O. F. M. Born on 28th October 1906 in Weigheim, Diocese of Rottenburg（Germany）. Vested on 22nd April 1926 in the order of the Minor Brothers, he made simple vows on 23rd April 1927, and was ordained a priest on 28th June 1931. Arrived in the mission of Shuozhou（Shanxi）on 6th December 1933, he was a strenuous worker in the vineyard of the Lord. After two patiently chirurgical operations, fortified by the sacraments of the Church, he died piously in the Lord, to receive the reward of his labors, on 3rd April 1944. May he rest in peace.

汉译

献给至善至尊的天主

这里安息着穆宗西神父，方济各会士。1906 年 10 月 28 日出生于德国罗滕堡 – 斯图加特教区的瓦以汉。1926 年 4 月 22 日加入小兄弟会。1927 年 4 月 23 日发愿，1931 年 7 月 28 日晋铎。1933 年 12 月 6 日在山西朔州传教。经过两次外科手术，他依然靠着极大的坚韧为主工作，在妥领圣事后，于 1944 年 4 月 3 日安息主怀。息止安所。

碑文比较与解析

穆宗西墓碑的汉文与拉丁文部分相比较，均较为详细地介绍其生平、在华传教经历及对教会的贡献。汉文部分交代其去世信息，包含其病因及去世地点。拉丁文部分突出其

春秋石铭　北京栅栏墓地
历史及现存碑文考
THE HISTORY
ON THE TOMBSTONES

隐忍坚强之德。

第九节　圣母圣心会

比利时圣母圣心会（拉丁语 Congregatio Immaculati Cordis Mariae；法语 La Congréga-tion du Coeur Immaculé de Marie；荷兰语 Congregatie van het Onbevlekte Hart van Maria；英语 Congregation of the Immaculate Heart of Mary，简称为 C. I. C. M.）。此会是由南怀义神父（又被称为小南怀仁，Theophile Verbist，1823—1868）于 1862 年在比利时布鲁塞尔郊外的斯格脱（Scheut）创立的，因此也被称为"斯格脱修会"（Scheut Missions），其会士被称为"斯格脱神父"（Scheut Fathers）。

南怀义与马林（Mechlin）总主教区的司维业（Aloefs Van Segvelt）、良明化（François Vranckx）、费尔林敦（Remi Verlinden）三位布鲁塞尔堂区的助理司铎达成一致，创立了圣母圣心会。马林教区的史特尔克斯枢机主教（Engelbert Cardinal Sterckx，1792—1867）于 1862 年 11 月 28 日核准了它的第一部会宪。创立后，南怀义神父决定承接原本由遣使会负责的中华蒙古代牧区。1864 年，罗马教廷把蒙古教区划归圣母圣心会负责。"一千八百六十四年，比利时国圣母无玷圣心会司铎来华传教，教皇以蒙古委之。"[①] 蒙古地区最早天主教的传入可追溯至禁教时期，耶稣会士巴多明神父，他为当地村民张根宗受洗，此后陆续有村民入教，逐渐形成教徒自发形成的天主教村落，主要包括西湾子、大抢盘、黄榆洼、苦柳图、毛山东、马架子、松树嘴子、老虎沟等。1785 年法国遣使会接替了法国耶稣会在北京教区的传教工作，其中薛玛窦神父等人在西湾子设立教堂，发展教务。1838 年罗马教廷将满洲里、辽东、蒙古地区划为新教区，由巴黎外方传教会负责。1840 年罗马教廷将蒙古地区划为独立传教区，由孟振生担任第一任主教，西湾子成为蒙古教区总堂。由于当时教禁并未解除，故遣使会在蒙古教区的传教活动一直处于地下状态[②]。直至鸦片战争后，《天津条约》《北京条约》的陆续签订，传教士的传教活动才得以公开化。当时在华遣使会士人手短缺，主要精力放在了北京教区，故蒙古教区的传教活动开展得不如人意。在这种背景下，南怀义神父通过与法国遣使会的艰难谈判，在获得罗马教廷同意后，圣母圣心会才接替了遣使会蒙古教区的工作。

修会创立三年后，第一批传教士正式出发上路。1865 年 8 月 25 日，南怀义和司维业、良明化及韩默理（Ferdinand Hamer，1840—1900）[③] 以及南怀义的随从林辅臣（Paul

---

① （清）李林：《庚子教难记》，1902 年石印本，第 72 页。
② 参见张彧：《晚清时期圣母圣心会在内蒙古地区传教活动研究》，暨南大学博士学位论文，2006 年，第 26—28 页。
③ 内蒙古二十四顷地教案中，天主教西南蒙古教区主教韩默理神父被义和团所杀，这是长城以北震惊中外的大案。其受害情形记载于李林的《韩主教致命记》中。参见米辰峰：《从二十四顷地教案日期

图 6–96　南怀义棺椁旧照

图片来源:《北辰杂志》, 1934 年第 6 卷第 17 期, 第 1 页。

Splingard, 1842—1906) 等一行人由布鲁塞尔启程前往中国。南怀义被罗马传信部任命为蒙古教区宗座代牧。他们于 12 月 5 日抵达传教区的总堂西湾子 (现为河北省崇礼县), 圣母圣心会士与遣使会士协商移交了蒙古教区教务。 1866 年 9 月遣使会士从蒙古教区全部撤离, 并由南怀义担任教区副主教 (Vicariu generalis, 简称 V. G., 即教区主教的全职助理)。他们接手蒙古教区后, 由于传教区域幅员辽阔, 教徒分布极散, 当时整个教区 8000 名教徒, 分布在中、西、东 85 个传教站或村庄①, 为传教工作带来莫大的困难。1867 年, 司维业神父因被感染伤寒而死去。1868 年 2 月 23 日, 南怀义在前往滦平县老虎沟的途中感染斑疹伤寒病故, 年仅 45 岁。1931 年他的遗体被运回比利时圣母圣心会, 安葬于安德莱赫特的维比斯特教堂 (Verbist Chapel in Anderlecht) 的地下室 (见图 6–96)。

南怀义病逝后, 由遣使会转会的司牧灵 (Smoreburg Antoon-Everhard) 短暂担任副主教, 但很快就与其他传教士分道扬镳, 并于 1870 年辞职, 退出圣母圣心会。之后便由韩默理暂时接任。 1871 年巴耆贤 (Bax Jaak) 担任教区副主教, 此后此修会派遣诸多会士前来, 他们陆续在塞外开辟了 7 个教区: 西湾子教区、绥远教区 (主教座堂位于二十四顷地②, 1924 年迁往归化城, 即今呼和浩特)、热河教区、宁夏教区 (包括后来陕北的三边地带, 主教座堂位于三盛公, 即今磴口县)、大同教区、集宁教区 (主教座堂位于玫瑰营) 和赤峰教区。1878 年, 韩默理前往河西走廊, 开辟了甘肃教区。1883 年, 三位圣母圣心会士经过数月的长途跋涉, 深入新疆伊犁, 照顾因信仰被流放的教友。20 世纪, 甘肃和新疆的教务转交给圣言会负责。圣母圣心会的神父们在塞外地区渐渐组织了多个教友村, 在村子里遍设教堂、学校、医疗所、育婴堂、安老院, 甚至协助村民建筑围堡, 以防盗匪侵袭。近百年间, 设立 236 个有围堡的农村。直至 1955 年最后一名会士离开中国时, 前后共有 679 位传教士在中国服务, 建立中小学 960 所、孤儿院 19 所、养老院 11 所、医疗所 24 处。教友自 8000 多人增至 23.5 万多人, 教堂 224 座, 7 个教区, 培育中国籍神父 233 位、修女 300 余位。该会还创办了比利时鲁汶大学的中文

的分歧看教会史料的局限》,《清史研究》2001 年第 4 期。

①　参见 [比] 贝文典:《圣母圣心会在华简史》, 见古伟瀛主编:《塞外传教史》, 台湾光启出版社 2002 年版, 第 287 页。

②　二十四顷地教堂是由巴耆贤主教命中国人陆殿英神父从佃农高九威手中购得荒地。1880 年二十四顷地教堂建成, 陆殿英为首任本堂。随后韩默理主教将其发展为西南蒙古教区的总堂, 至 1900 年时, 所辖各教堂耕地约 100 多顷, 共建教堂七处。参见薄艳华:《韩默理与二十四顷教堂》,《内蒙古师范大学学报》2002 年第 2 期。

春秋石铭　北京栅栏墓地
THE HISTORY　历史及现存碑文考
ON THE TOMBSTONES

系，培训来华的传教士。

而在栅栏墓地葬有圣母圣心会士 11 人，大多属于西湾子教区（Dioecesis Sivanzeanus），后在北京或天津去世，被葬于栅栏墓地。由于圣母圣心会又俗称"斯格脱神父"（Scheut Fathers），因此在他们之中有的墓碑上会标明"Scheut"。

（一）王达文

（HERICUS VAN DAMME/Henri van Damme）

王达文（见图 6–97），又名王恩利格，圣母圣心会士，比利时人。1852 年 6 月 13 日出生于比利时兴厄讷（Hingene）。1874—1876 年在梅赫伦小修院进行哲学学习，1876—1879 年在梅赫伦、鲁汶等地完成神学学习。1879 年 6 月 7 日梅赫伦（Mechelen）晋铎，1880—1881 年在斯格脱总部入初学，1881 年 3 月 1 日来华传教，先在甘肃凉州学习一年的语言，继而在甘肃等地天主堂担任副本堂、本堂长达 10 年。1892 年前往蒙古，随后在归化城（即呼和浩特市旧称）、舍必崖、黄羊滩等地天主堂担任副本堂、本堂，1906 年 7 月 17 日去世于天津，享年 54 岁。后迁葬于栅栏墓地①。

图 6–97　王达文像

图片来源：古伟瀛：《在华圣母圣心会士名录（1865—1955）》，台湾南怀仁研究中心 2008 年版，第 517 页。

碑文（见图 6–98）

汉文

圣母圣心会司铎王公之墓

王神父，圣名恩利格，系比国人。生于救世后一千八百五十二年六月十三日。一千八百八十一年来中国传教，兹于一千九百零六年七月十七日因病谢世于天津。1906 自天津移此②。

拉丁文

D. O. M.

HIC DORMIT IN SPE R. P. HERICUS VAN DAMME, BELGA C. I. C. M. NATUS IN WINTHAM. DIE 13 JUNII 1852 OBIIT IN TIENTSIN, DIE 17 JULII 1906. R. I. P.

---

① 参见古伟瀛：《在华圣母圣心会士名录（1865—1955）》，台湾南怀仁研究中心 2008 年版，第 517 页。
② 去世后从天津移入北京，安葬于栅栏墓地。

英译

To God Most Good and Most Great

Here rests in hope P. Henri Van Damme, Belgian, of the Congregation of the Immaculate Heart of Mary(C.I.C.M). Born in Wintham, on 13th June 1852, he died in Tianjin on 17th July 1906. May he rest in peace.

汉译

献给至善至尊的天主

这里安息着王达文，圣母圣心会士，1852 年出生于温瑟姆①，1906 年 7 月 17 日去世。息止安所。

碑文比较与解析

王达文墓碑的汉文与拉丁文部分相比较，皆简略介绍其生平。汉文部分交代其去世地点，后迁葬于此。

（二）梅怀仁

（Josephus VERMEULEN /Jozef Vermeulen）

梅怀仁（见图 6–99），又名梅若瑟，圣母圣心会士，比利时人。1882 年 7 月 12 日出生于比利时贝克 – 布雷（Beek-Bree）②，自小在通厄洛（Tongerlo）的欧比特（Opitter）接受私人教育，1906—1907 年在斯格脱总部入初学，1907 年 9 月 8 日发初愿，随后两年完成哲学学习，1909—1912 年在鲁汶耶稣会神学院学习神学。1912 年 7 月 19 日在斯格脱晋铎③，同年 9 月 28 日启程来华，先在西湾子教区学习语言一年，随后担任黑麻湖天主堂副本堂和西湾子天主堂会计。1916—1918 年在平地泉天主堂和花儿桃力盖天主堂任副本堂，后又

图 6–98　王达文墓碑碑阳拓片

图片来源：中国国家图书馆标记为"王恩利格墓碑"，馆藏号：北京 2090。

图 6–99　梅怀仁像

图片来源：参见古伟瀛：《在华圣母圣心会士名录 1865—1955》，台湾南怀仁研究中心 2008 年版，第 644 页。

---

① 拉丁文记载其出生于温德姆港（Port of Wintham），而在《在华圣母圣心会士名录》记载其出生于"兴厄讷"。参见古伟瀛：《在华圣母圣心会士名录（1865—1955)》，台湾南怀仁研究中心 2008 年版，第 517 页。

② 另有观点认为他出生于 1885 年 7 月 27 日，参见古伟瀛：《在华圣母圣心会士名录（1865—1955)》，台湾南怀仁研究中心 2008 年版，第 644 页。

③ 另有观点认为他 1912 年 7 月 21 日晋铎，参见古伟瀛：《在华圣母圣心会士名录（1865—1955)》，台湾南怀仁研究中心 2008 年版，第 644 页。

担任哈拉沟天主堂本堂 3 年，井沟子本堂 5 年，1926 年休病假返回比利时 2 年，1928 年任二十号地天主堂本堂一年，最后在高家高儿山天主堂担任本堂。1933 年 3 月 22 日逝世于北京，享年 51 岁 ①。葬于栅栏墓地。

碑文（见图 6–100）

汉文

圣母圣心会司铎梅公之墓

梅神父，圣名若瑟，系比国人。生于救世后一千八百八十二年七月十二日，一千九百一十二年升铎德品位后即来中国传教。兹于一千九百三十三年三月二十二日因病谢世于北平。

拉丁文

D. O. M.

HIC DORMIT IN SPE R. P. Josephus VERMEULEN C. I. C. M. Belga, natus in Beeck die 12 Julii 1882. Sacerdos ordi. natus die 19 Julii 1912, eodem anno ad Sinas in Vic. Apost de Si-wan-tze. Pervenit. Obiit Pekini die 22 Martii 1933. R. I. P.

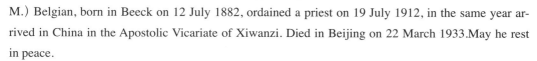

图 6–100　梅怀仁墓碑碑阳拓片

图片来源：中国国家图书馆标记为"梅若瑟墓碑"，馆藏号：北京 2156。

英译

To God Most Good and Most Great

Here rests in hope Rev. P. Jozef Vermeulen, of the Congregation of the Immaculate Heart of the Blessed Virgin Mary（C. I. C. M.）Belgian, born in Beeck on 12 July 1882, ordained a priest on 19 July 1912, in the same year arrived in China in the Apostolic Vicariate of Xiwanzi. Died in Beijing on 22 March 1933. May he rest in peace.

汉译

献给至善至尊的天主

这里安息着梅若瑟，圣母圣心会士，1882 年 7 月 12 日出生于贝克 – 布雷。1912 年 7 月 19 日晋铎，同年来华，在西湾子教区传教。1933 年 3 月 22 日去世。息止安所。

---

① 参见古伟瀛：《在华圣母圣心会士名录（1865—1955）》，台湾南怀仁研究中心 2008 年版，第 644 页。

碑文比较与解析

梅若瑟墓碑的汉文与拉丁文部分相比较，皆简略介绍其生平及来华传教经历。

（三）傅济华

（MARTINUS VOETS /Martien-Henri Voets）

傅济华（见图 6-101），又名傅玛尔定，圣母圣心会士，荷兰人。1889 年 11 月 23 日出生于荷兰海斯韦克(Heeswijk)。1904—1910 年在荷兰（Heeswijk）的欧普拉恩（O.Praem）学院学习人文学科，1910—1911 年在斯格脱进入初学。1911 年 9 月 8 日发初愿，随后学习哲学两年，进而在鲁汶、伦敦和哈伦（Haaren）等地学习神学，1916 年 7 月 30 日在荷兰斯帕伦达（Sparrendaal）晋铎。随后在荷兰拉赫米尔德（Lage Mierde）天主堂担任副本堂。1918 年 6 月 22 日来华，先在二十四顷地天主堂学语言，然后在美达尔、缸房营子、小淖尔等地天主堂担任副本堂，1922—1931 年在清水河天主堂担任本堂，最后于 1932 年在五松途路天主堂任本堂。1934 年 4 月 23 日在北京去世，享年 45 岁。[①] 葬于栅栏墓地。

图 6-101　傅济华像

图片来源：古伟瀛：《在华圣母圣心会士名录（1865—1955）》，台湾南怀仁研究中心 2008 年版，第 662 页。

碑文（见图 6-102）

汉文

圣母圣心会司铎傅公之墓

傅神父，圣名玛尔定，荷兰国人。生于救世后一千八百八十九年十一月二十三日，一千九百一十六年升铎德品位，一千九百一十八年来中国传教，一千九百三十四年四月二十三日因病谢世于北平。

拉丁文

D. O. M.

HIC DORMIT IN SPE P. MARTINUS VOETS C. I. C. M. BATAVUS, NATUS IN HEESWYK DIE 23 NOVEMB. 1889. SACERDOS ORDINATUS DIE 30 JUL.1916, ANNO 1918 AD SINAS IN VIC. APOST. DE SUIYUAN PERVENIT. OBIIT PEKINI DIE 23 APRILIS 1934. R. I. P.

---

① 参见古伟瀛：《在华圣母圣心会士名录（1865—1955）》，台湾南怀仁研究中心 2008 年版，第 662 页。

英译

To God Most Good and Most Great

Here rests in hope P. Martien-Henri Voets, of the Congregation of the Immaculate Heart of the Blessed Virgin Mary (C. I. C. M.) Bataver, born in Heeswyk on 23rd November 1889, ordained a priest on 20th July 1916; in 1918 he arrived in the Apostolic Vicariate of Sui-yuan, died in Beijing on 23rd April 1934. May he rest in peace.

汉译

献给至善至尊的天主

这里安息着傅玛尔定，圣母圣心会士，1889 年 11 月 23 日出生于荷兰海斯韦克。1916 年 7 月 30 日晋铎。随后来华在绥远教区传教。1934 年 4 月 23 日在北京去世。息止安所。

碑文比较与解析

傅济华墓碑的汉文与拉丁文部分相比较，皆简略介绍其生平及来华传教经历。

图 6-102　傅济华墓碑碑阳拓片

图片来源：中国国家图书馆标记为"傅玛尔定墓碑"，馆藏号：北京 2158。

（四）徐德常

（ARTHURUS SURMONT/Arthur Surmont）

徐德常（见图 6-103），又称徐雅尔笃，圣母圣心会士，比利时人。1877 年 9 月 22 日出生于比利时兹韦纲赫姆（Zwevegem），1890—1906 年在（Kortrij）的（Saint-Amandus）学院学习人文学科，1896 年在斯格脱入初学。1897 年 9 月 8 日入会，随后学习哲学 2 年，又在鲁汶耶稣会神学院学习神学 4 年。1902 年 7 月 12 日晋铎，担任哲学讲师和斯格脱学习监督 2 年。1904 年来华，先在西湾子学习中文，随后在西湾子小修院担任哲学和圣经学讲师。1906 年在后坝天主堂担任本堂神父 2 年，1908 年在玫瑰营子天主堂任本堂神父 2 年，1909 年前往菲律宾的甲米地（Cavite）修院任院长一职，后于 1911 年回到比利时担任斯格脱初学导师长达 20 年。1931 年再次来华，在山西大同大修院任圣经学讲师。1937 年 12 月 9 日逝世于北京。[1] 葬于栅栏墓地。

图 6-103　徐德常像

图片来源：古伟瀛：《在华圣母圣心会士名录（1865—1955）》，台湾南怀仁研究中心 2008 年版，第 483 页。

---

① 参见古伟瀛：《在华圣母圣心会士名录（1865—1955）》，台湾南怀仁研究中心 2008 年版，第 483 页。

碑文（见图 6-104）

图 6-104　徐德常墓碑碑阳拓片

图片来源：中国国家图书馆标记为"许雅尔笃墓碑"，馆藏号：北京2184。

汉文

圣母圣心会司铎徐公之墓

徐神父，圣名雅尔笃，比国人，生于救世后一千八百七十七年九月二十二日。一千八百九十七年入圣母圣心会，一千九百零二年晋升司铎，一千九百零四年来华在西湾子教区传教。一千九百三十七年十二月九日因病谢世于北京。

拉丁文

D. O. M.

Hic dormit in spe R. P. ARTHURUS SURMONT. CONGR. IMM. CORD. B. M. V. BELGA. DIE 22 SEPT. 1877 IN ZW-EVEGEM NATUS. DIE 8 SEPTEMBRIS 1897 RELIGIONEM INGRESSUS. DIE 12 JULII 1902 SACERDOTIO AUCTUS. ANNO 1904 AD VIC. APOST. DE SIWANTZE MISSUS. DIE 9 DECEMBRIS 1937. PEKINI VITA FUNCTUS. R. I. P.

英译

To God Most Good and Most Great

Here sleeps in peace Rev.P. Arthur Surmont, of the Congregation of the Immaculate Heart of the Blessed Virgin Mary（C. I. C. M.），Belgian, born on 22nd September 1877 in Zwevegem, on 8th September 1897 entered the Congregation, on 12th July 1902 ordained a priest, in 1904 sent to the Apostolic Vicariate of Xiwanzi, died in Beijing on 9th December 1937. May he rest in peace.

汉译

献给至善至尊的天主

这里安息着徐德常，圣母圣心会士，1877 年 9 月 22 日出生于比利时兹韦纲赫姆。1897 年 9 月 8 日入会，1902 年 7 月 12 日晋铎。随后在西湾子教区传教。1937 年 12 月 9 日逝世于北京。息止安所。

碑文比较与解析

徐德常墓碑的汉文与拉丁文部分相比较，皆简略介绍其生平及来华传教经历。

（五）吴广文

（BERNARDUS WOLTERS /Bernard Wolters）

吴广文（见图 6–105），又名吴伯尔纳多，圣母圣心会士，荷兰人。1904 年 3 月 2 日出生于荷兰热尔海德（Terheijden）。1916—1922 年在荷兰赫林格（Ginneken）的伊布拉（Ypelaar）小修院学习人文学科，1923 年 9 月 8 日入会，并相继在比利时斯格脱和荷兰的奈梅亨（Nijmegen）学习哲学 3 年，随后在鲁汶学习神学 4 年。1928 年 8 月 19 日晋铎。1929 年 9 月 26 日来华，先在北京学习语言，然后前往西湾子教区传教。1930 年在高家营子天主堂担任副本堂 3 年，又在二十三号天主堂担任本堂 4 年，最后回到高家营子天主堂担任本堂。1939 年 8 月 6 日逝世于北京，享年 35 岁[①]。葬于栅栏墓地。

图 6–105　吴广文像

图片来源：古伟瀛：《在华圣母圣心会士名录（1865—1955）》，台湾南怀仁研究中心 2008 年版，第 681 页。

碑文（见图 6–106）

汉文

圣母圣心会司铎吴公之墓

吴神父，圣名伯尔纳多，荷兰国人。生于救世后一九零四年三月二日。一九二三年九月八日入圣母圣心会，一九二八年八月十九日晋升司铎，一九二九年来华。在西湾子教区传教，一九三九年八月六日因病逝世于北京。

拉丁文

D. O. M.

HIC DORMIT IN SPE R.P. BERNARDUS WOLTERSCONGR. IMM. CORD. B. M. V. BATAVUS, DIE 2 MART. 1904 IN THRHEYDEN NATUS, DIE 8 SEPTEMBRIS 1923 RELIGIONEM INGRESSUS. DIE 19 AUGUSTI 1928 SACERDOTIOAUCTUS, ANNO 1929 AD VIC. APOST. DE SIWANTZE MISSUS, DIE 6 AUGUSTI 1939 PEKINI VITA FUNCTUS. R. I. P.

图 6–106　吴广文墓碑碑阳拓片

图片来源：中国国家图书馆标记为"吴伯尔纳多"，馆藏号：北京2198。

[①]　参见古伟瀛：《在华圣母圣心会士名录（1865—1955）》，台湾南怀仁研究中心 2008 年版，第 681 页。

To God Most Good and Most Great

Here rests in hope Rev.P. Bernard Wolters, of the Congregation of the Immaculate Heart of the Blessed Virgin Mary（C. I. C. M.），Bataver, born on 2nd March 1904 in Thrheyden, Holland.on 8 September 1923 entered the Congregation, on 19th August 1928 ordained a priest, 1929 sent to the Apostolic vicariate of Xiwanze, died on 6 August in Beijing. May he rest in peace.

汉译

献给至善至尊的天主

这里安息着吴广文，圣母圣心会士，1904 年 3 月 2 日出生荷兰热尔海德，1923 年 9 月 8 日入会，1928 年 8 月 19 日晋铎。随后在西湾子教区传教。1939 年 8 月 6 日逝世于北京。息止安所。

碑文比较与解析

吴广文墓碑的汉文与拉丁文部分相比较，皆简略介绍其生平及来华传教经历。

（六）缪赞猷

（PAULUS MEURIS /Paul Meuris）

缪赞猷（见图 6–107），又名缪保禄，圣母圣心会士，比利时人。1880 年 6 月 21 日出生于比利时（Saint.Joost-Ten-Noode）。1889—1900 年入初学，随后在斯格脱学习，1902 年 1 月 19 日入会。1904 年 9 月 12 日来华，在热河教区松树嘴子传教，1930 年担任松树嘴子天主堂会计助理长达 9 年。1939 年 12 月 26 日逝世于北京，享年 59 岁。[1] 葬于栅栏墓地。

碑文（见图 6–108）

图 6–107　缪赞猷像

图片来源：古伟瀛：《在华圣母圣心会士名录（1865—1955）》，台湾南怀仁研究中心 2008 年版，第 352 页。

汉文

圣母圣心会修士缪公之墓

缪修士，圣名保禄，比国人。生于一八八零年六月二十一日。于一九零二年一月十九日入圣母圣心会，一九零四年来华至热河省助理传教。一九三九年二月二十六日因病逝世于北京。

---

① 参见古伟瀛：《在华圣母圣心会士名录（1865—1955）》，台湾南怀仁研究中心 2008 年版，第 352 页。

拉丁文

D. O. M.

Hic dormit in spe FRATER-COADJUTOR PAULUS MEURIS CONGR. IMM. CORD. B. M. V., BELGA, DIE 21 JUNII 1880 IN ST. JOOST-TEN-NOODE NATUS, DIE 19 JANUARII 1902 RELIGIONEM INGRESSUS, ANNO 1904 AD VIC. APOST. DE JEHOL MISSUS, DIE 26 DECEMBRIS 1939 PEKINI VITA FUNCTUS. R. I. P.

英译

To God Most Good and Most Great

Here rests in hope the a temporal coadjutor Paul Meuris, of the Congregation of the Immaculate Heart of the Blessed Virgin Mary（C. I. C. M.）, Belgian, born on 21st June 1880, in St. Joost-Tennoode, on 19th January entered into the Congregation, in 1904 sent to the Apostolic Vicariate of Jehol, on 26th December 1939 died in Beijing. May he rest in peace.

图 6–108　缪赞猷墓碑碑阳拓片

图片来源：中国国家图书馆标记为"缪保禄墓碑"，馆藏号：北京2190。

汉译

献给至善至尊的天主

这里安息着缪赞猷弟兄，辅理修士。圣母圣心会士，1880 年 6 月 21 日出生于比利时圣若斯 – 滕 – 诺德。1902 年 1 月 19 日入会。1904 年在热河教区传教。1939 年 12 月 26 日逝世于北京。

碑文比较与解析

缪赞猷墓碑的汉文与拉丁文部分相比较，皆简略介绍其生平及来华传教经历。

（七）鞑启迪

（JOANNES POTTI/Jan Potti）

鞑启迪（见图 6–109），又名狄若望，圣母圣心会士，比利时人。1889 年 11 月 5 日出生于比利时蒂尔瑙特（Turnhout）。1903 年在蒂尔瑙特圣若瑟学院学习 6 年，1909—1910 年在斯格脱入初学，1910 年 9 月 8 日入会。学习哲学 2 年，随后在鲁汶和伦敦学习神学 3 年。1915 年 6 月 20 日在伦敦晋铎，担任比利时军队随军司铎。1919 年 12 月 8 日来华，先后担任高家营子、香火地、玫瑰营子以及圣家营子等地天主堂副本堂。1923 年在老虎沟天主堂担任本堂 3 年，然后前往狐狸沟、各达苏等地天主堂担任本堂，1932—1939 年在台路沟天主堂担任本堂。随后前往北京休养身体，1940 年 1 月 23 日因病逝世于北京，

图 6-109　�启迪像

图片来源：古伟瀛：《在华圣母圣心会士名录（1865—1955）》，台湾南怀仁研究中心 2008 年版，第 404 页。

图 6-110　鞥启迪墓碑碑阳拓片

图片来源：中国国家图书馆标记为"狄若望墓碑"，馆藏号：北京 2084。

享年 51 岁。① 葬于栅栏墓地。

碑文（见图 6-110）

汉文

圣母圣心会司铎狄公之墓

狄神父，圣名若望，比国人。生于一八八九年十月一五日，于一九一零年九月八日入圣母圣心会，一九一五年六月二十日晋升司铎。一九一九年来华至西湾子教区传教，一九四零年一月二十三日因病逝世于北京。

拉丁文

D. O. M.

Hic dormit in spe R. P. JOANNES POTTI, CONGR. IMM. CORD. B. M. V., BELGA, DIE 5 NOV. 1889 TURNHOLTI NATUS, DIE 8 SEPT, 1910 RELIGIONEM INGRESSUS, DIE 20 JUNII 1915 SACERDOTIO AUCTUS, ANNO 1919 AD VIC. APOST. DE SIWANTZE MISSUS. DIE 23 JANUARII 1940 PEKINI VITA FUNCTUS. R. I. P.

英译

To God Most Good and Most Great

Here rests in hope Rev .P. Jan Potti, of the Congregation of the Immaculate Heart of the Blessed Virgin Mary（C. I. C. M.），Belgian, on 5th November 1889 born in Turnholti, on 8th September 1910 entered into the Congregation, on 20th June 1915 ordained a priest, in 1919 sent to the Apostolic Vicariate of Xiwanzi, On 23rd January 1940 died in Beijing.May he rest in peace.

汉译

献给至善至尊的天主

这里安息着鞥启迪，圣母圣心会士，1889 年 11 月 5 日出生于比利时的蒂尔瑙特。1910 年入会，1915 年 6 月 20 日晋铎。随后在西湾子教区传教。1940 年 1 月 23 日逝世于北京。息止安所。

---

①　参见古伟瀛：《在华圣母圣心会士名录（1865—1955）》，台湾南怀仁研究中心 2008 年版，第 404 页。

鞮启迪墓碑的汉文与拉丁文部分相比较，皆简略介绍其生平及来华传教经历。

（八）施道德

（ALPHONSUS STAUTE/Alfons Staute）

图 6-111　施道德像

图片来源：古伟瀛：《在华圣母圣心会士名录（1865—1955）》，台湾南怀仁研究中心 2008 年版，第 477 页。

施道德（见图 6-111），又称施亚尔芬素，圣母圣心会士，比利时人。1904 年 4 月 30 日出生于比利时的根特布鲁日（Gent Brugge）。1917—1923 年在根特的圣格雷戈里（Saint-Gregorius）学院学习，1923 年在斯格脱入初学。1924 年 9 月 8 日入会，随后学习哲学 4 年，1926 年前往鲁汶学习神学 4 年，1929 年 8 月 18 日晋铎。1930—1931 年在鲁汶大学学习医学和商学。毕业后在斯格脱担任总会计助理。1933 年 11 月 7 日来华，先在北京学习语言，随后于 1935 年前往高家营子天主堂担任副本堂一年，又在二道河天主堂担任本堂 2 年，1940 年前往天津会院任会计助理。1941 年 10 月 8 日因病逝于北京①。葬于栅栏墓地。

碑文（见图 6-112）

汉文

圣母圣心会司铎施公之墓

施神父，圣名亚尔芬素，比国人，生于一九零四年四月三十日。一九二四年九月八日入圣母圣心会，一九二九年八月十八日晋升司铎，一九三三年来华在西湾子教区传教，一九四一年十月八日因病逝于北京。

拉丁文

D.O.M.

HIC DORMIT IN SPE R. P. ALPHONSUS STAUTE
CONGR. IMM. CORD. B. M. V. BELGA. DIE 30 APR. 1904
IN GENTBRUGGE NATUS. DIE 8 SEPTEMBRIS 1924 RELI-
GIONEM INGRESSUS DIE 18 AUGUSTI 1929. SACERDOTIO

图 6-112　施道德墓碑碑阳拓片

图片来源：中国国家图书馆标记为"施亚尔芬素墓碑"，馆藏号：北京 2204。

---

① 参见古伟瀛：《在华圣母圣心会士名录（1865—1955）》，台湾南怀仁研究中心 2008 年版，第 477 页。

AUCTUS ANNO 1933 AD VIC. APOST DE SIWANTZE MISSUS. DIE 8 OCTOBRIS 1941 PEKINI VITAFUNCUS. R. I. P.

英译

To God Most Good and Most Great

Here sleeps in hope the Rev. P. Alfons Staute of the Congregation of the Immaculate Heart of the Blessed Virgin Mary（C. I. C. M.）, Belgian, born on 30 April 1904 in Gent Brugge, entered the Congregation on 18 September 1924, 18 August 1929 was ordained a priest; in 1933 sent do the Apostolic Vicariate of Xiwanzi. Died on 8th October 1941 in Beijing. May he rest in peace.

汉译

献给至善至尊的天主

这里安息着施道德神父，圣母圣心会士，1904 年 4 月 30 日出生于比利时的根特。1924 年 9 月 8 日入会，1929 年 8 月 18 日晋铎。随后在西湾子教区传教。1941 年 10 月 8 日逝世于北京。息止安所。

碑文比较与解析

施道德墓碑的汉文与拉丁文部分相比较，皆简略介绍其生平及来华传教经历。

（九）陶维新

（FRANCISCUS VAN DORPE/Frantz Van Dorpe）

陶维新（见图 6-113），圣母圣心会士，比利时人。1878 年 11 月 22 日出生于比利时布鲁日教区的科特赖克（Kortrijk），1891—1897 年在阿尔斯特（Aalst）耶稣会圣若瑟学院完成人文学科学习，1897—1898 年在斯格脱入初学，1898 年 9 月 8 日发愿，并完成哲学学习，继而在鲁汶耶稣会神学院学习神学，1903 年 7 月 12 日晋铎。同年 9 月 15 日来华，在学习一年语言后，前往西湾子绥远教区传教。在玫瑰营子、平定脑包等地天主堂担任副本堂后，于 1906 年开始，担任其老文个气、玫瑰营子、迭力素等地天主堂本堂 9 年。1916 年任土默特区会长，1920 年任什达岱天主堂本堂。1922—1923 年任绥远省会咨议。自 1925 年始，又任归化城天主堂和二十三号天主堂本堂。1930 年担任临时省会长，1931—1936 年任包头天主堂本堂，最后任巴拉盖学院院长长达 7 年。1944 年 1 月 15 日

图 6-113　陶维新像

图片来源：古伟瀛：《在华圣母圣心会士名录（1865—1955）》，台湾南怀仁研究中心 2008 年版，第 544 页。

在北京圣弥厄尔医院去世。[1] 葬于栅栏墓地。

碑文（见图 6–114）

汉文

圣母圣心会士陶公之墓

圣母圣心会传教士陶维新，圣名方济各，比国人。生于一八七八年。一九零三年升铎品，当年来华传教于西湾子绥远教区，乃于一九四四年一月十五日于北京平安逝世。享年六十五岁。

拉丁文

D. O. M.

HIC JACET R. P. FRANCISCUS VAN DORPE. C. I. C. M. (SCHEUT) NATUS CORTRACI DIŒCESIS BRUGENSIS DIE 22. NOV. 1878. PRIMA VOTA EMISIT IN CONGREG. IMM. CORDIS MARIÆ DIE 8. SEPT. 1898; SACERDOTIO AUCTUS 12 JUNLII 1903, EODEM ANNO IN MONGOLIAM CEN-TRALEM PROFECTUS EST; ANNO 1908, SEDEM VOTIVAM B. MARIÆ V. EXSTRUXIT IN MOUO-TZE-CHAN; ANNO 1922 VICARIATUI APOST. DE SUI-YUAN ADDICTUS, IBIDEM STRENUE LABORAVIT, DONEC JAM FRACTUS LABORIBUS, ANNO 1943 IN WEI-HSIEN, DEIN PEKINUM DEPORTATUS, IN HOSPITALI S. MICHAELIS, EGGLESIÆ SACRAMENTIS ROBRATUS, PLACIDE OBIIT IN DOMINO. DIE 15. JAN. 1944. R. I. P.

图 6–114　陶维新墓碑碑阳拓片
图片来源：中国国家图书馆，馆藏号：北京 2220。

英译

To God Most Good and Most Great

Here rests Rev. P. Frantz Van Dorpe of the Congregation of the Immaculate Heart of Mary（C. I. C. M.）in Scheut. Born on 22nd November 1878 in Cortraci, diocese of Brugge. Made his first vows in the Congregation of the Immaculate Heart of Mary on 8th September 1898, was ordained a priest on 12th July 1903. In the same year he parted for Central Mongolia. In 1908 he built the Votive Station of the Blessed Virgin Mary in Mozishan. 1922 he was appointed to the Apostolic

---

[1]　参见古伟瀛：《在华圣母圣心会士名录（1865—1955）》，台湾南怀仁研究中心 2008 年版，第 544 页。

Vicariate of Suiyuan. There he worked strenuously until, broken by the labor, in 1943 he was brought to Weixian and then to Beijing. In the hospital of St. Michael, strengthened by the sacraments of the Church, he peacefully died in the Lord, on 15th January 1944 May he rest in peace.

汉译

献给至善至尊的天主

这里安息着陶维新，圣母圣心会士，1878 年 11 月 22 日出生于比利时布鲁日教区。1898 年 9 月 8 日发愿，1903 年 7 月 12 日晋铎。同年前往蒙古中心地区，1908 年他在磨子山修建了圣母堂。1922 年转入绥远教区传教，在那里他艰苦工作，直至积劳成疾。1943 年被带往温县，后又到达北京。1944 年 1 月 15 日在北京圣弥厄尔医院临终圣事后安息主怀。息止安所。

碑文比较与解析

陶维新墓碑的汉文与拉丁文部分相比较，拉丁文部分则更为详细地介绍其生平、来华传教经历以及在教区对教会所作出的贡献。

（十）宁士孚

（JULIUS NYS/Juul Nys）

宁士孚（见图 6–115），圣母圣心会士，比利时人。1903 年 2 月 22 日出生于比利时布鲁日教区的斯皮勒（Spiere）。1917—1923 年在摩斯伦(Moeskroen)的学院完成人文学科，1923 年 9 月 7 日入会，在斯格脱入初学一年，并学习哲学 2 年，继而又在鲁汶学习神学 4 年。1929 年 8 月 18 日晋铎。1930 年 8 月 18 日来华，先在北京学语言，1931 年前往绥远教区传教，担任巴拉盖天主堂副本堂 2 年。1933—1935 年在二十四顷地天主堂担任副本堂，随后在将军窑子天主堂担任本堂 8 年，并在小修院教书 10 余年。其耐心传教，颇受教徒爱戴。1943—1944 年被拘留在潍县和北京，1944 年 3 月 10 日在北京圣弥厄尔医院去世，享年 41 岁。① 葬于栅栏墓地。

图 6–115　宁士孚像

图片来源：古伟瀛：《在华圣母圣心会士名录（1865—1955)》，台湾南怀仁研究中心 2008 年版，第 380 页。

---

① 参见古伟瀛：《在华圣母圣心会士名录（1865—1955)》，台湾南怀仁研究中心 2008 年版，第 380 页。

碑文（见图 6–116）

汉文

圣母圣心会士宁公之墓

圣母圣心修会司铎宁士孚，比籍，生于一九零三年二月二十二日，于一九二四年九月八日入本修会，至于一九二九年八月十八日升铎品。次年到华传教于绥远教区萨拉齐等县。十余年中教内教外莫不仰之如善牧。因劳成疾，入北京法病院①，妥领终传圣体等事，于一九四四年三月十日夜一时与世长辞，享年四十一岁。

图 6–116　宁士孚墓碑碑阳拓片

图片来源：中国国家图书馆，馆藏号：北京 2222。

拉丁文

D. O. M.

HIC JACET R. P. JULIUS NYS C. I. C. M.（SCHEUT）NATUS IN ESPOERRES DIŒCESISI BRUGENSIS IN BELGIO DIE 22. FEBR. 1933.② INGRESSUS CONGREG. IMMACUL CORDIS MARIÆ DIE 7 SEPT. 1923. SACERDOTIO AUCTUS DIE 18. AUG. 1929. ADLLCTUS VICARIATUI APOST. DE SUI-YUAN. BREVI VITÆ DECURSU TAMDUAM PRDCURATOR. PAROCHUS AC PROFESSOR SEMINARII MINORIS QUANQUAM INFIRMA UTEBATUR VAL-ETUDNE, SEMPER EXSTITIT COMIS. BENIGNUS. PATIENS, PIETATE ET ANIMARUM ZELO CONSPICUUS. POST TOLERATOS EXSILII LABORES IN WEIHSIEN ET PEKINI.IN HOSPITALIS. MICHAELIS, EXTRENIS SACRAMENTIS MUNITUS, DEOANIMAM REDOIDIT DIE 10. MAR-TII 1944. R. I. P.

英译

To God Most Good and Most Great

Here rests Father Juul Nys, member of the Congregation of the Immaculate Heart of Mary（C. I. C. M.），he was born on February 22nd, 1933 [1903] .in diocese of Bruges, Belgium. He entered the Congregation on September 7th, 1923 and was ordained priest on August 18th, 1929. After a short time, he went to the Apostolic Vicar of Sui Yuan and taught in the minor seminary over ten yeas, he always kept the zeal and patient, and hold the great tolerance to labor for the Lord in Wei Xian and Beijing. After anointing of the sick he died quietly in the Lord on March 10th, 1944 in St. Michael's Hospital

---

① 北京法病院即北京圣弥厄尔医院。

② 此处应为 1903 年。

of Beijing. May he rest in peace.

汉译

献给至善至尊的天主

这里安息着宁士孚，圣母圣心会士，1903 年 2 月 22 日出生于比利时布鲁日教区。1923 年 9 月 7 日入会，1929 年 8 月 18 日晋铎。不久后前往绥远教区传教，在小修院教书 10 余年。他葆有热忱和耐心，在温县和北京等地耐心传教。1944 年 3 月 10 日在北京圣弥厄尔医院临终圣事后安息主怀。息止安所。

碑文比较与解析

宁士孚墓碑的汉文与拉丁文部分相比较，均详细地介绍其生平和来华传教经历，特别是他在教区不遗余力地从事教学和传教活动，最后积劳成疾而去世。

（十一）狄文华
（BENONIUS DE WILDE/Benoni de Wilde）

狄文华（见图 6–117），圣母圣心会士，比利时人。1885 年 5 月 24 日出生于比利时瓦尔斯霍特（Waarschoot）。1896—1902 年在根特的 Saint-Lieven 学院学习，1902—1903 年在斯格脱入初学，并于 1903 年 9 月 8 日入会。随后学习哲学 2 年，1905 年在鲁汶耶稣会神学院学习神学。1908 年 7 月 12 日晋铎，1908 年 9 月 7 日来华赴绥远教区传教多年，先是在二十四顷地学中文，随后在小韩营子天主堂任副本堂。1910—1924 年先后在三窑子、善岱、美达尔、广义魁（固阳）等地天主堂担任本堂，1924 年任绥远天主堂副本堂长达 7 年。1943 年入狱，被拘留于潍县和北京等地，1945 年 4 月 7 日逝世于北京，享年 60 岁。[1] 葬于栅栏墓地。

图 6–117 狄文华像

图片来源：古伟瀛：《在华圣母圣心会士名录（1865—1955）》，台湾南怀仁研究中心 2008 年版，第 146 页。

碑文（见图 6–118）

汉文

圣母圣心会狄公之墓

狄公，比籍，为圣母圣心会士。生于一八八五年五月廿四日，一九零八年七月十二日晋

---

①　参见古伟瀛：《在华圣母圣心会士名录（1865—1955）》，台湾南怀仁研究中心 2008 年版，第 146 页。

铎，同年九月来华赴绥远教区传教数载。一九四三年被拘异地，乃体弱病缠，延成痼疾，医药罔效，遂妥领终传圣事，竟于一九四五年四月七日与世长辞，享年花甲。公，布道心切，尤长于医学，凡遇病者不分教内教外，必竭诚调治，其爱人之行、扬教之功洵非浅鲜，而对全区铎会，不分中外，皆一视同仁。然未及返绥续建伟业，承主之召乃安然离此尘世。

图6-118　狄文华墓碑碑阳拓片

图片来源：中国国家图书馆标记为"狄公墓碑"，馆藏号：北京2236。

拉丁文

D. O. M.

Hic jacet R. P. BENONIUS DE WILDE C. I. C. M. (SCHEUT). NATUS IN WAARSCHOOT(BELGIUM)DIE 24 MAII 1885. SACERDOTIO AUCTUS DIE 12 JULII 1908. AD SINAS APPULSUS DIE 7 SEPTEMBRIS 1908. VIRIBUS IN REGNO DEI DILATANDO EXHAUSTIS. PEKINI EXSUL. PIE OBDORMIVIT IN DOMINO DIE 7 APRILIS 1945. R. I. P.

英译

To God Most Good and Most Great

Here rests the Rev.P. Benoni De Wilde, of the Congregation of the Immaculate Heart of Mary（C. I. C. M.）（Scheut）, born in Waarschoot（Belgium）on 24th May 1885. Ordained a priest on 12th July 1908, arrived in China on 7th September 1908. His strength exhausted in the spreading of the Kingdom, he passed away exiled in Beijing on7th April 1945. May he rest in peace.

汉译

献给至善至尊的天主

这里安息着狄文华，圣母圣心会士，1885年5月24日出生于比利时瓦尔斯霍特。1908年7月12日晋铎，1908年9月7日来华，他为了宣扬主的荣耀而耗尽精力，1945年4月7日逝世于北京。息止安所。

碑文比较与解析

狄文华墓碑的汉文与拉丁文部分相比较，均较为详细地介绍其生平和来华传教经历。汉文部分文辞考究，对其德行多有颂扬，特别是他的医德善行。无论是教内教外，他都能一视同仁，备受尊崇。

第十节　圣言会

　　圣言会（Societas Verbi Divini，简称 S. V. D.），1875 年由爱诺德·杨生神父（Arnold Janssen，1837—1909）创立。1879 年，传教士德国人安治泰（Johann Baptist Anzer，1851—1903）和奥地利人福若瑟（Josef Freinademetz，1852—1908）出发来华，自香港转至山东，1885 年建立山东南境代牧区，其中包括曹州府、兖州府、沂州府和济宁直隶州。1900 年，福若瑟神父被选任为省会长，在济宁附近戴家庄建立了圣言会的省会院。1933 年，圣言会从本笃会手中接管北京辅仁大学。

　　1921 年 12 月 17 日，罗马教廷传信部部长皮特罗·富玛尼松 – 比昂迪（Pietro Fuma-soni-Biondi）致信天主教本笃会负责在华办学事宜，转达教皇关于在华兴办大学的谕令。"均以此等责任委之美国本笃会最宜，以其筹经费较易也。"[①] 此任务 1923 年 8 月交于美国本笃会圣文森总会院开始筹建。1924 年 8 月，本笃会委托美国宾夕法尼亚州圣文森会院（Saint Vincent Archabbey）院长司泰莱（Aurelius Stehle）负责进行筹办，其他各会院予以支援。1925 年初步创立，司泰莱任命美国本笃会圣文森总会院神学院教授奥图尔神父（George Barry O'Toole O.S.B，1886—1944）为大学校长，具体负责筹备工作。奥图尔与英敛之（1867—1926）经多次晤面后，于 3 月中旬共同发表《美国圣本笃会创设北京公教大学宣言书》，对大学的办学宗旨、设置学科等进行了阐述。[②] 1927 年夏基本完成创校各项工作，决定把校名由"北京公教大学"（The Catholic University of Peking）改为"北京辅仁大学"（The Fu Jen University of Peking）。1928 年，北京归属国民政府，被改名为"北平特别市"，北平的大学也就接受国民政府的管理，由于招生规模不大，曾被降级为"辅仁学院"，后复名。1931 年在南京中央政府教育部正式备案。直至 1932 年，由于财务上的债务庞大，辅仁大学校方无力再运转学校的日常教学工作，最终美国本笃会圣文森总会院和"美国加西尼联会"因无力负担学校费用而请求教廷接管。教廷斥责本笃会是"没有纪律的修会"，经教廷驻华代表刚恒毅提议，1933 年 4 月教廷作出由圣言会取代本笃会负担辅仁大学办学经费的决定，接管前的过渡时期开支由教廷传信部负担。[③]

　　栅栏墓地存有圣言会拓片的碑主穆若瑟、鲍润生曾在辅仁大学工作过。穆若瑟曾任辅仁大学校务长，鲍润生曾任社会经济学系主任兼史学系教授等。

---

① 辅仁大学：《民国二十六年私立北平辅仁大学一览》，辅仁大学，1937 年，第 5 页。转引自孙邦华：《勉为其难，善始无终——美国天主教本笃会圣文森总会院对北京辅仁大学的创办始末》，《世界宗教研究》2015 年第 2 期。

② 参见孙邦华：《北京辅仁大学的学科发展史论（1927—1952）》，《北京社会科学》2018 年第 12 期。

③ 孙邦华：《勉为其难，善始无终——美国天主教本笃会圣文森总会院对北京辅仁大学的创办始末》，《世界宗教研究》2015 年第 2 期。

（一）穆若瑟

（JOSEPH MURPHY/Joseph Murphy）

穆若瑟（见图6-119），圣言会士，美国芝加哥人。1895年7月17日出生。1909年入伊利诺伊州台克尼（Techny）的圣言会学校，1916年发初愿，1921年入会并晋铎。曾在吉拉德（Girard）和米拉马尔（Miramar）的修道院任教，教授数学、历史和英语。后于1928年在罗马攻读神学2年，1930年获得神学博士学位。1930—1933年间在密西西比州圣路易斯湾（Bay St. Louis, Mississippi）的修道院教信理学、教会历史和圣经学。1933年6月20日接到通知他被任命为北京辅仁大学校务长。他从美国到欧洲，在奥地利和罗马总会长谈论接管辅仁大学的事。8月底到中国，与鲍润生神父等会士一起管理教务。1933年底还建立辅仁学生宿舍（230个床位）。由于操劳过度，1934年5月患心脏病住院长达6星期，1935年春天又暂时在宣化主徒会（Congregatio Discipulorum Domini, C.D.D.）① 会院休息。同年8月30日因心脏病复发而入北京圣弥额尔医院，9月5日去世。9月9日在北京栅栏埋葬（见图6-120），享年40岁。②

图6-119　穆若瑟像

图片来源：《德语月刊》（*Steyler Missionsbote*），1935/1936, p. 314。由雷立柏（Leopold Leeb）教授提供。

碑文（见图6-121）

汉文

圣言会士穆司铎之墓

圣言会士穆司铎，圣名若瑟，系于一八九五年七月十七日生于美国芝嘉哥城，自幼入会攻读。于一九二一年晋升铎品后，即任教于美国圣言会修院，继赴罗玛续求深造二年后，即荣膺博士学位。一九三三年来华，就辅仁大学校务长职③。为人和蔼热心，颇为识者所称道。嗣

---

① 教廷首任驻华代表刚恒毅总主教于1927年创立的第一个中国神职修会——主徒会。献身修会三愿生活，钻研中西学术，从事教育、出版、传教、牧灵、社会等工作，为中国人的提供一个新方向，这也是圣保禄在雅典揭示未识之神的传统方法。会院在当时察哈尔省（现为河北省）宣化市北郊建成母院爱玛坞会院，会士学成之后多在华北服务。1931年3月3日，教廷传信部正式批准成立主徒会。1931年3月31日，主徒会在宣化代牧区正式成立，"诸宗徒之后"荣福童贞圣母为修会主保。1949年，主徒会将总会院迁往台北继续从事福传工作。

② 参见《德语月刊》（*Steyler Missionsbote*），1935/1936年，第314页。由雷立柏（Leopold Leeb）教授提供。

③ "辅仁"二字取自于《论语·颜渊》中"君子以文会友，以友辅仁"。辅仁大学由罗马教廷天主教会创办。1923年8月9日，全美本笃会决议，由美国宾夕法尼亚省圣文森院院长司泰来统管此事，1925年

图6-120　穆若瑟墓碑旧照

图片来源：圆明园管理处研究人员刘阳先生。

图6-121　穆若瑟墓碑碑阳拓片

图片来源：中国国家图书馆，馆藏号：北京2162。

因操劳过度，卒至沉疴不起，于一九三五年九月五日安逝于平寓次，享年四十岁。葬于栅栏墓地。

拉丁文

D. O. M.

P. JOSEPH MURPHY. AMERICANUS CHICAGIENSIS. SOCIETATIS VERBI DIVINI. NATUS ANNO 1895. DIE 17 JULII. INGRESSUS IN SOCIETATEM VERBI DIVINI VOTA PERPETUA NUNCUPAVIT ANNO 1919. ORDINATUS SACERDOS ANNO 1921. IN VARIIS SEMINARIIS SOCIETATIS MAGIS TERIUM EXERCUIT. DEINDE ROMAE STUDIA THEOLOGICA CONTIUNUANS ANNO 1930 DOCTIRATU AUCTUS EST. PEVENIT PEKINUM ANNO 1933. UBI PER DUOS ANNOS CONSTANTI ZELO AC INVICTA PATIENTIA RECTOR PRAEFUIT UNIVERSITATI CATHOLICAE. PIE OBIIT DIE 5 SEPT, EMBRIS ANNI DOMINI 1935. AETATIS SUAE 40.

英译

To God Most Good and Most Great

P. Joseph Murphy, American from Chicago, of the Society of the Divine Word. Born on 17th July 1895, Entered the Society of the Divine Word and made his final vows in 1919. Ordained a priest in 1921. Taught in various seminaries of the Society, then pursued in Rome the study of theology and obtained the doctorate. Came to Beijing in 1933, where for two years, with constant zeal and unconquered patience, he was rector of the Fu Jen Catholic University. Died piously on 5th September of the Year of the Lord 1935, at the age of 40 years.

汉译

献给至善至尊的天主

这里安息着穆若瑟，来自美国芝加哥。圣言会士。1895年7月17日出生。1921年入会并发愿，后任职于圣言会修院。在罗

司泰来派本笃会教士奥图尔作首任大学校长。最早校址为清朝涛贝勒府旧址，初为辅仁社，后更名为辅仁大学。开办文科，最早开设中国文学、历史、哲学、英译、数学等课，按教育部规定，不设宗教课。1927年改组董事会，推选张继先为董事长，马相伯为董事，陈垣为校长，奥图尔为校务长，刘复为教务长。"一切课程悉依据部章，以介绍西欧新科学，发展中国旧文化为主旨"。参见陈垣：《私立北平辅仁大学缘起（附录）》，陈智超主编：《陈垣全集》第二十二册，安徽大学出版社2009年版，第525页。

马攻读神学 2 年，1930 年获得博士学位。1933 年来华入京。他保持恒常的热情，担任辅仁大学校务长。1935 年 9 月 5 日虔诚离世，享年 40 岁。

碑文比较与解析

穆若瑟墓碑的汉文与拉丁文部分相比较，均较为详细地介绍其生平、来华传教经历以及担任职务。汉文部分文辞考究，注重其德行。

（二）鲍润生

（FRANCISCUS X. BIALLAS /Franz Xaver Biallas）

鲍润生（见图 6-122），圣言会士，波兰人。1787 年出生于波兰东部的西里西亚省（województwo śląskie），1893 年入圣言会。1900—1902 年在柏林和莱比锡师从佛尔克（Alfred Forke，1867—1944）、高延（Johan Jacob Maria de Groot，1854—1921）和孔好古（August Conr Ady，1864—1925）等学习汉学，随后于 1905 年晋铎。1912 年 12 月—1914 年在索邦大学师从伯希和（Paul Pelliot，1878—1945）学习汉语和藏语。1918 年在莱比锡大学获得博士学位。他的博士学位论文《屈原的〈远游〉》（Kü'h Yüan's "Fahrt in die Feme"）不仅向西方世界译介《楚辞》，而且积极参与到中国学者关于屈原生平及其作品真实性的论争中。①

图 6-122　鲍润生像

图片来源：《德语月刊》（*Steyler Missionsbote*），1936/1937，第 205 页。

鲍润生 1921 年来华，先在山东兖州传教，1924 年在青岛传教。1926 年，历史学家张星烺（1889—1951）评价"鲍润生司铎已会晤数次，此君中国话不甚通了，而中国书籍颇能读也。其《离骚》译稿略示于余，尚无差误，翻译功夫甚见其勤也"②。1932 年前往上海，1933 年前往北京，在北京辅仁大学主管校务工作，担任社会经济系 ③ 主任兼史学系教授。"鲍氏于三年前来平就辅仁大学社会经济系主任职，颇为国人所称

---

① 参见陈亮：《他日若逢"山带阁"，引书定补"鲍山人"——德国汉学家鲍润生的〈楚辞〉研究》，《古典文学知识》2010 年第 5 期。

② 转引自陈亮：《他日若逢"山带阁"，引书定补"鲍山人"——德国汉学家鲍润生的〈楚辞〉研究》，《古典文学知识》2010 年第 5 期。

③ 1935 年 4 月 11 日，教育部再派孙国封等 3 人对辅仁进行第二次视察后，于 7 月对其发出第二次改进训令，对学科调整提出更为具体的要求，哲学、心理、教育、社会经济各系"从速酌量裁并，呈部核夺"。学校回应说，因同人多不赞成哲学与心理合并，社会经济学系学生众多，教育学院只有心理与教育两系，这些学科都不能裁并。

道云。"①1934 年开始创办著名汉学杂志《华裔学志》（*Monumenta Serica*），为其首任主编。《华裔学志》是 20 世纪 30 年代辅仁大学主办的汉学期刊，是国际汉学最重要的学术期刊之一。"Monumenta Serica"本义为"丝域的史迹"，陈垣（1880—1971）译为"华裔学志"②。同年陈垣有《题鲍润生司铎译楚辞》："屈子西为方外友，骞公早有楚辞音。如今又得新知己，鲍叔西来自柏林。演西也是西来客，天问曾刊艺海尘。此日若逢山带阁，印书定补鲍山人。"③诗中不仅提及鲍润生在屈原楚辞研究上的精深造诣，还以阳玛诺、利玛窦等人作为鲍润生之喻，赞许其汉学之功。1936 年 5 月 28 日鲍润生因染斑疹伤寒在北平去世。时《公教周刊》《公教进行》《磐石杂志》上，皆刊有其去世经过，大旨相同，刊录如下：

对汉学有二十余年之深刻研究之北平辅仁大学社会经济系主任兼华裔学志主编德人鲍润生博士，于上星期间，偶感身体不适，初未留意，渐次沉重，经该校校医张汉民医师诊断结果，始知为斑疹伤寒，当送法国医院治疗，但鲍氏病入膏肓，医药无效，延至五月噩耗传来，辅大教职员学生及鲍氏友好等莫不同声悲悼，鲍氏现年五十八岁，毕生尽力于学术著作，对汉学有三十余年之深刻研究，曾翻译楚辞为德文，深为彼邦学者所赞许，对文字学亦有相当深造，为不可多得之人才，近主编《华裔学志》，对汉学发表颇多，蜚声于国际间，识者誉为"明季利玛窦、汤若望"之继者。鲍氏平时办事，勤苦力，待人热诚，深为同仁所赞许，闻鲍氏逝世之前两日，以个人之著作，多未完了，颇为不安，特谆谆嘱托其友人顾盛博士代为整理，并以未完著作相托，该校全体师生，定于二十九日晨七时，在该校圣言会小堂举行亡者弥撒，并定于三十日晨八时在西什库天主堂举行追思大弥撒，即于是日瘗于阜成门外石门天主堂公墓云。④

图 6-123　鲍润生墓碑旧照

图片来源：圆明园管理处研究人员刘阳先生。

当他安葬之日，北京教区满主教、辅仁大学校长陈垣、教务长伏开鹏博士、文学院长沈廉士、理学院长严赤、教育院长张怀、秘书长英千里、国文等系主任余嘉锡及全体教职学生，以及鲍氏生前好友，如中华公教进行会总监督

① 《利玛窦汤若望之继者 鲍润生博士逝世》，《公教周刊》1936 年第 8 卷第 11 期。
② 《华裔学志》在北京期间共出版 13 卷（1935—1948），为了解 20 世纪三四十年代的汉学研究提供了重要史料。
③ 陈垣：《题鲍润生司铎译楚辞》，见陈智超主编：《陈垣全集》第 22 册，安徽大学出版社 2009 年版，第 550 页。
④ 《利玛窦汤若望之继者 鲍润生博士逝世》，《公教周刊》1936 年第 8 卷第 11 期，第 15 页。另参见《北平辅仁大学经济系主任鲍润生博士逝世》，《公教进行》1936 年第 8 卷第 18/19 期，第 600 页；《辅仁大学社经系主任鲍润生司铎逝世》，《磐石杂志》1936 年第 4 卷第 7 期，第 529 页。

于斌博士、德国大使代表陶德曼、艺术品收藏家福克森、天津工商学院尚校务长、新北辰杂志总编博牛大司铎、盛新中学卞校长、培根女子中学英校长等数百人皆"趋往阜成门外，石门天主堂公墓鲍氏墓前致弔"①。胡适在安葬之日唁电陈垣校长，转达他的哀伤之情，认为鲍润生"系大有为之人才，可惜！"②鲍润生在栅栏墓地的墓穴位于利玛窦、汤若望墓左侧，且在穆若瑟的墓前端，二者咫尺相邻。（见图6–123）

碑文（见图6–124）

汉文

圣言会士鲍司铎之墓

圣言会司铎鲍公，讳润生，圣名方济各·沙勿略。一八七八年生于波兰西来西亚省。幼入修院读书，一九零一年进圣言会，一九零五年升铎品，即执教于德国圣言会修院继攻读汉学，于柏林、巴黎等处旋荣膺汉学博士学位。一九二零年来华，先后在山东兖州、青岛及上海等地传教，并从事中西文字之著述，译楚辞为德文斐声士林，一九三三年夏奉上名接办北平辅仁大学任该校社经系主任兼史学系教授等职。一九三五年创刊华裔学志，对汉学多所贡献。公性坦直，好读书，待人接物诚敬和蔼，国内学者均乐与之游。一九三六年五月廿八日染斑疹伤寒症逝于北平法国医院③，享年五十八岁。

图6–124 鲍润生墓碑碑阳拓片
图片来源：中国国家图书馆，馆藏号：北京2170。

拉丁文

D. O. M.

P. FRANCISCUS X. BIALLAS NATUS EST IN PAGO SCHWIRTZ. DIOECESIS WRATISLAVENSIS. ANNO DOMINI MDCCCLXXVIII DIE XV. NOVEMBRIS. INGRESSUS SOCIETATEM VERBI DIVINI ET VOTA PERPETUA ANNO MCMIV NUNCUPATUS SACERDOTIO AUCTUS EST ANNO MCMV. STUDIIS SINOLOGICIS IN GERMANIA ET GALLIA PERACTIS PERVENIT AD SINAS. UBI TUM LABORIBUS PASTORALIBUS TUM SCRIPTIS SCIENTIFICIS MULTUM AD DEI GLORIAM ET HONOREMECCLESIAE CATHOLICAE CONTULIT. EX QUO A SUPERIORIBUS AD UNIVERSITATEM CATHOLICAM PEKINENSEM VOCATUS ERAT. INDEFESSO LABORE ET

---

① 《辅仁大学社经系主任鲍润生司铎逝世》，《磐石杂志》1936年第4卷第7期，第530页。
② 《胡适之先生唁鲍润生司铎——致辅仁大学陈垣校长书》，《我存杂志》1936年第7期，第433页。
③ 即1936年5月28日因染斑疹伤寒在北平去世。

STRENUO ARDORE HUIC MUNERI SE DEDIT. POST BREVISSIMUM MORBUM PIE OBIIT IN DOMINO ANNO MCMXXXVI DIE 28. MAJI.AETATIS SUAE ANNO LVIII. R. I. P.

英译

To God Most Good and Most Great

P. Franz Xaver Biallas, born on 15th November 1878 in the village of Schwirtz of the Diocese of Breslau. Entered the Society of the Divine Word and made his perpetual vows in the year of 1904. After the study of Sinology in Germany and France, he came to China, where with pastoral work and scientific writings he contributed much to the glory of God and the honor of the Catholic Church, and was therefore called by the superiors to the Catholic University of Beijing. With untiring work and strenuous fervor he dedicated himself to this office. After a very short sickness, he died piously in the Lord on 28th May 1936, the 58th year of his life. May he rest in peace.

汉译

献给至善至尊的天主

这里安息着鲍润生，他来自波兰布雷斯劳教区的施维尔茨。1904 年入圣言会且发愿，1905 年晋铎。他在德、法二国学习汉学。入华后传教，著有诸多学术著作宣扬天主教教义。在北京辅仁大学担任社会经济系主任。他不辞辛劳传教，1936 年 5 月 28 日因急病去世，享年58 岁。息止安所。

碑文比较与解析

鲍润生墓碑的汉文与拉丁文部分相比较，均较为详细地介绍其生平、来华传教经历以及担任职务。汉文部分文辞考究，言其颇有德行，性格坦率正直，爱好读书，待人接物诚敬和蔼，此外还交代了其具体的去世信息。拉丁文部分还突出其对教会的贡献。

第十一节　苦修会

这里所言称的"苦修会"（Cistercians）实指"熙笃会"（又译西多会）的一个分支严规熙笃会（Trappist）。而熙笃会又属于本笃会的支会，在《圣本笃会规》中，服从和忠于隐修生活包括向长上忏悔。而熙笃会会规更加严苛，其会士需发三愿——服从、恒居和忠于隐修生活（包括独身与贫穷）。

栅栏墓地所涉及的苦修会拓片碑主杨本笃属于杨家坪圣母神慰院（Our Lady of Consolation Abbey，即圣母神慰隐修院，亦翻译为 The Trappist Monastery of Yang Chia

494
春秋石铭
THE HISTORY
ON THE TOMBSTONES
北京栅栏墓地
历史及现存碑文考

图 6-125 杨家坪神慰院全景旧照

图片来源：Prior Ildephonse, O.S.B. *A Pilgrimage to The Trappist Monstery of Yang Chia Ping*, Bulletin Number 2 of the Catholic University of Peking, Beatty: The Archabbey Press, 1927. p.28.

图 6-126 杨家坪神慰院近景旧照

图片来源：*Chine. Temples. Tours et Portes chinoises. Églises. Portiques. Ponts. La Grande Muraille de Chine*。

Ping[①]）（见图 6-125、图 6-126），修院位于中国河北省张家口附近太行山区深处的涿鹿县南部的杨家坪，为该会于 1883 年在亚洲修建的第一座隐修院。早在 1870 年，法国遣使会田嘉璧在返欧时，曾有过在华教区建立隐修院的计划，"至苦修会之传入中国，亦系田主教创兴"[②]。当时他途经布鲁塞尔附近的加尔默罗会修院时，获得修女索菲亚（原为女公爵）的经济支持。田家璧主教在京西购置山林一区，方圆 50 余里。但她所捐赠的 6 万法郎因带队来华建院的修女生病而被迫取消。1883 年 2 月 21 日，熙笃会法国七泉修院（Germalevure-Abbaye de Sept-Fons）愿意承管此山，一个月后，索诺修士（Seignal）及其他数人前来中国来到中国打算修筑修院。其教堂遵循熙笃会的建筑风格，"典型的熙笃会教堂，籍着较低的高度，光秃平实的墙壁，用少数窗户采光而没有彩色玻璃，达到繁与简的平衡……拱门和非凡的拱形结构。这些房屋给任何走进它们的人注满平安与宁静，让灵魂在简朴、贫穷的氛围中易于默想"[③]。到 1926 年，杨家坪神慰院有 26 位神父，神哲学生 7、8 名，初学生 6 名，辅理修士 50 多名。在这个过程中，神慰院已经成功了吸纳了诸多国籍神职人员，"在九十五位神职人员中，其中几近三分之二为中国人，而在 35 位神父当中，有一半是中国人"[④]。到了 1928 年，当人数增加到 100 人时，神慰院又在河北正定的河滩成立分院圣母神乐院（The Monastery Of Our Lady of Liesse of Joy），俗称河滩苦修

---

① Prior Ildephonse, O.S.B. *A Pilgrimage to The Trappist Monstery of Yang Chia Ping*, Bulletin Number 2 of the Catholic University of Peking, Beatty: The Archabbey Press, 1927.p.23.

② ［法］樊国梁：《燕京开教略》（下），救世堂清刻本，1905 年，第 61 页。

③ 转引自 ［美］保罗·皮尔森（Paul M. Pearson）：《寻找乐园：托马斯·默顿和震颤派》，杨虹帆译，《世界宗教文化》2014 年第 3 期。

④ Prior Ildephonse, O.S.B. *A Pilgrimage to The Trappist Monstery of Yang Chia Ping*, Bulletin Number 2 of the Catholic University of Peking, Beatty: The Archabbey Press, 1927. p.29.

会，后来发展到 60 多人。1934 年时值杨家坪神慰院建院 50 周年，当地村民立碑颂其功德，称赞苦修会隐士建立学校教化儿童，且在军阀混战，土匪猖獗之时为当地人民提供容身之所护佑有功。内容抄录如下"颂德无疆 盖闻胞兴为怀，视天下为一家，中国犹一人，此古圣贤之心也。而杨家坪神慰院有焉，朔自光绪初年有苦修会隐士建院寄居以光荣天主，广扬圣教，设立学校，教育幼童，救援万灵为宗旨，以修己淑人，兼善博爱，务祈国泰民安为功夫。迄今五十年矣。而自民国成立，吾国军阀同室操戈，互相攻战，以至溃兵土匪四处劫掠，居民逃散，而我邻村难民多有避居修院者，而院士不分畛域，无不竭诚收纳，以施其博爱，与民共甘苦，同生死为怀。既非沽名又非图利，恻隐之心，实令人感佩无际，今逢建院今庆，爰勒碑以扬德，惠而伸感情焉。中华民国廿三年三月十一日 敬立"。此碑现存于杨家坪林场旧时教堂内。1947 年 7 月开始，土地改革后，杨家坪神慰院和圣母神乐院被没收，修会团体被迫解散。8 月 12 日会士们被迫离开杨家坪，经小龙门、清水、斋堂、桑峪、军响、板桥、门头沟等地，最终抵京栅栏圣母小昆仲会院。"10 月 18 日午夜，休息日的前夜，他们达到了北平西直门，稍后他们叩开了栅栏圣母会院的门"①。1947 年 8 月 30 日凌晨时分，杨家坪圣母神慰院被放火，损毁殆尽。

　　熙笃会严守圣本笃会规，主张生活严肃简朴，静默虔诚，远离尘世。重视个人清贫，没有私人财产，终身吃素，每日凌晨 3 点左右即起身前往教堂祈祷。自给自足，生活主要由祷告、劳作构成，终身不退休。该会修士们除了公共祈祷外，平时缄口不言。"熙笃会是一个缄默的修会，他们把一生献给了祷告、忏悔和劳作，而非传教"②。正是由于其严格的缄默规定，熙笃会又俗称哑巴会（其神职人员合影见图 6–127、图 6–128、

图 6–127 　普莱尔·伊尔德冯斯（Prior Ildephonse）与杨家坪神慰院神职人员合影

图片来源：Prior Ildephonse, O.S.B. *A Pilgrimage to The Trappist Monstery of Yang Chia Ping*, Bulletin Number 2 of the Catholic University of Peking, Beatty:The Archabbey Press, 1927. p.29.

图 6–128 　杨家坪苦修会院会士合影

图片来源：*Le Bulletin Catholique de Pékin*, Pékin: Imprimerie des Lazaristes du Pei-T'ang, 1916. p.206.

---

① Charles J.McCarthy, S. J. *Trappist Tragedy, The truth about the "Land Reformers" in Action*. Historiography of the Chinese Catholic Church, K.U.Leuven, Ferdinand Verbiest Foundation, 1994. p.332.

② Charles J.McCarthy, S. J. *Trappist Tragedy, The truth about the "Land Reformers" in Action*. Historiography of the Chinese Catholic Church, K. U. Leuven, Ferdinand Verbiest Foundation, 1994. p.325.

图 6-129　杨家坪苦修会院会士合影（1）

图片来源：*Chine.Temples.Tours et Portes chinoises.Églises.Portiques.Ponts.La Grande Muraille de Chine.* [photographie] / [Firmin Laribe]. [Ca 1900-1910]. 法国国家图书馆，编号：G126902。

图 6-130　杨家坪苦修会院会士合影（2）

图片来源：*Chine.Temples.Tours et Portes chinoises.Églises.Portiques.Ponts.La Grande Muraille de Chine.* [photographie] / [Firmin Laribe]. [Ca 1900-1910]. 法国国家图书馆，编号：G126902。

图 6-129、图 6-130）。

　　因杨本笃拓片的发现而呈现出杨家坪神慰隐修院与栅栏墓地的关系，这与杨本笃因病前往北京治疗，随后在中央医院去世有很大的关系。按照熙笃会的规定，会士死后安葬于本修院墓地，非常简单，仅白布裹身，并无棺木，亦不立碑对其生平进行概述。在杨家坪林场后院，如今还残存曾经会士墓地痕迹，乃零星几块石墩，上面凿有榫口，本立有十字架，然已不存。杨本笃能够葬于栅栏墓地，属于特例。

杨本笃

（N.M.BENEDICTI /Yang Bendu/N. M. Benedicti）

　　杨本笃，苦修会士。河北省宛平县人。自幼入杨家坪圣母神慰院。后因病来京就医，1941 年 2 月 17 日逝世于北京中央医院。葬于栅栏墓地。

碑文（见图 6-131）

汉文

苦修会杨司铎之墓

　　杨神父，圣名本笃，宛平县桑峪人 [1]。自幼入杨家坪苦修会精修。因病来京就医，

---

[1]　桑峪乡在民国时期随斋堂全境属河北省宛平县第四区，后又改称八区，区下设乡。1952 年 9 月 1 日，桑峪随河北省宛平县划入北京市京西矿区。1958 年 5 月，随京西矿区改为门头沟区至今。

一九四一年二月十七日妥领圣事平安卸世于北京中央医院。

拉丁文

IN MEMORIAM N. M. BENEDICTI O. C. R. SACER-
DOTIS DEFUNCTI DIE 17 FEB. 1941. R. I. P.

英译

To the memory of the priest N. M. Benedict O. C. R., who
died on 17th February 1941. May he rest in peace.

汉译

悼念杨本笃，他为严规熙笃会士（即苦修会士）。1941
年 2 月 17 日去世。息止安所。

碑文比较与解析

杨本笃墓碑的汉文与拉丁文部分相比较，拉丁文至
为简略。汉文部分除了介绍其生平外，还明确了其去世
地点。

图 6–131　杨本笃墓碑碑阳拓片

图片来源：中国国家图书馆，馆藏号：
北京 2202。

第十二节　修会不详

（一）邹斐理伯

（PHILIPPUS TSEOU/Zhou Feilibo/Philippus Tseou）

邹斐理伯，修会不详，中国人。1853 年出生在蔚州。1881 年晋铎。曾传教于京东、
宣化、天津等处，后因病回京调养。1901 年 2 月 23 日去世，享年 49 岁。葬于栅栏墓地。

碑文（见图 6–132）

汉文

邹司铎斐理伯之墓

邹神父，圣名斐理伯，系宣化府蔚州人，距生于救世后一千八百五十三年，光绪七年升

铎德品位，曾传教于京东、宣化、天津等处，后因病回京调养，兹于光绪二十有七年二月初二日戌刻平安谢世于养病院，享年四十有九。

图 6-132　邹斐理伯墓碑碑阳拓片
图片来源：中国国家图书馆，馆藏号：北京 2070。

拉丁文

D. O. M.

HIC JACET PHILIPPUS TSEOU SINENSIs. NATUS IN YU TCOU ANN. 1853, ORDINATUS SACERDOS ANNO 1881, FECIT MISSIONEM IN KIN TONG, SUEN-HOA FOU, TIEN-TSIN ETC. OBIIT PEKINIDIE 23 FEBR. ANNO SALUTIS 1901 ÆTATIS SUÆ 49. R. I. P.

英译

To God Most Good and Most Great

Here rests Philippus Tseou, Chinese, born in Yu Zhou, in 1853, ordained a priest in the year of 1881, worked as missionary east of the Capital, in Xuanhua, Tianjin, etc. He died on 23ʳᵈ February 1901, at the age of 49. May he rest in peace.

汉译

献给至善至尊的天主

这里安息着邹斐理伯，中国人，1853 年出生在蔚州。1881 年晋铎。后在京东、宣化府、天津等地传教。1901 年 2 月 23 日去世，享年 49 岁。息止安所。

碑文比较与解析

邹斐理伯墓碑的汉文与拉丁文部分相比较，大体相同，均介绍其生平、来华传教经历。汉文部分还交代了其去世信息，包括去世时间和地点。

（二）穆路济亚诺
（LUCIANUS MAUGEY/Lucianus Maugey）

穆路济亚诺，修会不详，法国人。1877 年出生于法国索留（Saulieu）。1901 年晋铎。1903 来华，随即因病于 1904 年 3 月 18 日在北京去世，享年 27 岁。葬于栅栏墓地。

碑文（见图 6-133）

图 6-133　穆路济亚诺墓碑
碑阳拓片

图片来源：中国国家图书馆，馆藏
号：北京 2086。

汉文

司铎穆公之墓

穆神父，圣名路济亚诺，系法国人，生于救世后一千八百七十七年，一千九百零二年升铎于德品位。光绪二十九年十一月来中国，兹于光绪三十年二月初二日[①]因病谢世于东交民巷养病院，年仅二十七岁。

拉丁文

D. O. M.

HIC JACET LUCIANUS MAUGEY GALLUS NATUS IN SAULIEU AN. 1877, ORDINATUS SACERDOS AN. 1901, AD SINAS VENIT AN. 1903, OBIIT PEKINI DIE 18 MARTII AN. 1904 ÆTATIS SIÆ 27. R. I. P.

英译

To God Most Good and Most Great

Here rests Lucianus Maugey, from France, born in 1877 in Saulieu, ordained a priest in 1901, arrived in China in 1903, died in Beijing on 18th March 1904, at the age of 27 years. May he rest in peace.

汉译

献给至善至尊的天主

这里安息着穆路济亚诺，法国人，1877 年出生于索留。1901 年晋铎。1903 年来华。1904 年 3 月 18 日在北京去世，享年 27 岁。息止安所。

碑文比较与解析

穆路济亚诺墓碑的汉文与拉丁文部分相比较，大体相同，均介绍其生平、来华传教经历。汉文部分还交代了其去世信息，包括去世时间和地点。

---

① 　即 1904 年 3 月 18 日逝世于北京。

（三）王玛弟亚

（OUANG MATHIAS/Wang Madiya/Ouang Mathias）

王玛弟亚，1852 年出生于宣化府深井镇。1881 年晋铎，随即传教于宣化府、天津府、永平府、顺天府等处。有建筑才能，曾在多处监理、修盖教堂等。1908 年 11 月 18 日在北京去世，享年 57 岁。葬于栅栏墓地。

碑文（见图 6–134）

汉文

司铎王公之墓

王神父，圣名玛弟亚，系宣化府深井川人①。距生于救世后一千八百五十二年，自幼入院真修，于一千八百百十一年擢升铎德，传教于宣化府、天津府、永平府、顺天府等处，因通于建造，曾在多处监理、修盖圣堂等。后因老成疾，兹于光绪三十四年十月二十五日②安然谢世，享年五十有七。

拉丁文

D. O. M.

HIC JACET OUANG MATHIAS. SACERDOS. NATUS IN CHEN-KING ANNO 1852. SACERDOTIO INITIATUS ANNO 1881. FIDEM PRÆDI. CAVIT IN VARIIS LOCISTIEN-TSIN-FOU. YOUNG-PING-FOU. ETC. OBIIT PEKINI. DIE 18 NO-VEMB. ANNO 1908. ÆTATIS SUÆ 57. R. I. P.

图 6–134　王玛弟亚墓碑碑阳拓片

图片来源：中国国家图书馆，馆藏号：北京 2100。

英译

To God Most Good and Most Great

Here rests the priest Ouang Mathias, born 1852 in Shenjing, ordained a priest in 1881, preached the faith in various places, in Tianjin Fu, Yongping Fu and other places. Died in Beijing on 18th November 1908, at the age of 57 years.May he rest in peace.

---

① 此处"川"字有误，应为深井镇人。

② 1908 年 11 月 18 日逝世于北京。

汉译

献给至善至尊的天主

这里安息着王玛弟亚，1852 年出生于深井，1881 年晋铎。他辗转各地传教，如天津府、永平府及其他各地。1908 年 11 月 18 日在北京去世，享年 57 岁。息止安所。

碑文比较与解析

王玛弟亚墓碑的汉文与拉丁文部分相比较，大体相同，均介绍其生平和来华传教经历。

（四）李玛尔谷

（MARCUS LY/Li Maergu/Marcus Ly）

李玛尔谷，1820 年出生于京北永宁，1854 年晋铎，随后在保定府、束鹿、蔚州等地传教。后在北京南堂管理教务。义和团运动后，他来到北堂。1909 年 8 月 9 日因病去世，享年 89 岁。葬于栅栏墓地。

碑文（见图 6-135）

汉文

司铎李公之墓

李神父，圣名玛尔谷，系京北永宁人。距生于救世后一千八百二十年，即嘉庆二十五年，自幼入院真修，于咸丰四年升铎德[①]，先传教于束鹿、宣化、蔚州等处，后在南堂多年助理教务，庚子后复来北堂[②]。兹于宣统元年六月二十四日因病安然卸世[③]，享寿八十有九。

拉丁文

D. O. M.

HIC JACET MARCUS LY. SACER. DOS. NATUS IN YUNG-NING ANNO 1820. SACER-DOS ORDINATUS ANNO 1854. VERBUM DEI SEMINAVIT IN PAO-TING-FOU. CHOULOU ET YU-TCHOO. JAM SE. NEX IN ECCLES. NAN-TANG PLURES PER ANN. SALUTI ANIM. CURAM IMPENDIT POST PERSECUTIO. NEM 1900 VENIT IN PEI-TANG. UBI OBIIT DIE 9

---

① 李玛尔谷 1854 年晋铎。

② 义和团运动后服务于北堂。

③ 即 1909 年 6 月 24 日逝世于北京。

AUGUSTI 1909. ÆTATIS VERO SUÆ 89. R. I. P.

图 6–135 李玛尔谷墓碑碑阳拓片
图片来源：中国国家图书馆，馆藏号：北京 2102。

英译

To God Most Good and Most Great

Here rests the priest Marcus Ly, born in 1820 in Yongning, ordained a priest in 1854, sowed the word of God in Baoding Fu, Shulu and Yuzhou. Already an old man, he took care of the souls at the South Church（Nangtang）for several years. After the persecution of 1900 he came to the North Church（Beitang）, where he died on 9th August 1909, at the age of 89. May he rest in peace.

汉译

献给至善至尊的天主

这里安息着李玛尔谷神父，1820 年出生于永宁，1854 年晋铎。在保定府、束鹿、蔚州等地传播福音。由于年岁已长，前往南堂服务数年。义和团运动后，他来到北堂。1909 年 8 月 9 日在北堂去世，享年 89 岁。息止安所。

碑文比较与解析

李玛尔谷墓碑的汉文与拉丁文部分相比较，大体相同，均介绍其生平、来华传教经历。

（五）常若翰

（TCH'ANG J.B. /Chang Ruohan/Tch'ang J. B.）

常若翰，修会不详，中国人。1889 年出生于宣化府西合营。1902 年入修院。1913 年晋铎。随后在信安教区传教。1927 年 2 月 7 日因病去世，享年 41 岁。葬于栅栏墓地。

碑文（见图 6–136）

汉文

司铎常公之墓

常神父，若翰，系宣化蔚县人。距生于降生后一千八百八十九年，自幼入修道院，肄业于一千九百十三年，历升铎品后遂传教信安。不幸于一千九百二十九年二月七号突得痰症，旋

图 6-136　常若翰墓碑碑阳拓片

图片来源：中国国家图书馆，馆藏
号：北京 2138。

于翌日午后五时妥领终传圣事溘然与世长辞 ①，享年四十一。

拉丁文

D. O. M.

HIC JACET D. TCH'ANG J. -B. SACERDOS. NAT. AN. 1889 IN OPPIDOSIHOYING. SUENHOAFOU. SEMINARIUM INGRESSUS AN. 1902. SACERDOT INITIATUSEST A. 1913. ABHINC IN PAROCHIA SINAN VIR PACIFICUS FIDELIUM ET INFIDELIUM SALUTI SE DEVOVEBAT. QUUM SUBITA-NEO MORBOABREPTUS. PIE OBIIT DIE 7 FEBRUARII 1929. ÆTATIS SUÆ 41. R. I. P.

英译

To God Most Good and Most Great

Here rests D. Tch'ang J. B., priest, born 1889 in the town of Xihe Ying, Xuanhua Fu. Entered the seminary in 1902 and was ordained a priest in 1913. From there on, as a peace loving man, he devoted himself to the good of Christians and non-Christians, when he was taken away by a sudden sickness and died piously on 7th February 1929, at the age of 41. May he rest in peace.

汉译

献给至善至尊的天主

这里安息着常若翰神父，1889 年出生于宣化府西合营镇。1902 年入修院。1913 年晋铎。此后，作为爱好和平之人，他投身于服务教徒与非基督徒的工作。但 1927 年 2 月 7 日因急病突然离世，享年 41 岁。息止安所。

碑文比较与解析

常若翰墓碑的汉文与拉丁文部分相比较，大体相同，均介绍其生平、来华传教经历。汉文部分还交代了其去世信息，包括病因及去世地点。

（六）姚方济各

（FRANC.YAO/Yao Fangjige/ Franciscus Yao）

姚方济各，修会不详，中国人。农历 1871 年五月十四出生于保定徐水县安家庄，

---

①　1927 年 2 月 7 日下午五点因痰症（肺病）逝世。

1885 年进修院。1898 年晋铎，随后在宣化、天津和北京南部传教。1928 年 4 月 23 日在东堂去世，享年 57 岁。葬于栅栏墓地。

碑文（见图 6-137）

汉文

司铎姚公之墓

姚神父，圣名方济各，系保定徐水县安家庄人。距生于清同治十年五月十四日①，光绪十一年入修院②，光绪二十四年升司铎品级③，遂传教于宣化、天津及京南等处。突于民国十七年阳四月二十三日午后四钟妥领终传圣事安然逝世于北京东堂④。享年五十有七。

图 6-137　姚方济各墓碑碑阳拓片

图片来源：中国国家图书馆，馆藏号：北京 2136。

拉丁文

D. O. M.

HIC JACET D. FRANC. YAO SACERDOS. NATUS IN PAGO NGANKIA TCHOANG. DIE 14 LUNÆ V ANNI X TOUNGDJE. SEMINARIUM INGRESSUS ANNO XI KOANGSHU. SACERDOTIO AUCTUS EST ANNO XXIV KOANGSHU. SACRO MINISTERIO FUIT ADDICTUS IN REGIONIBUS SUANHOA. TIENTSINET KINGNAN. ET DEMUM IN PAROCHIA TONGTANG. UBI PIE OBIIT DIE 23 APRILIS 1928. R. I. P.

英译

To God Most Good and Most Great

Here rests the priest D. Franciscus Yao, born in the village of Anjia Zhuang on the 14th, Lunar May, of the 10th year of Emperor Tongzhi's regin [14 May, 1871], entered the seminary in the 11th year of Emperor Guangxu's regin [1885], ordained a priest in the 24th year of Emperor Guangxu's regin [1898]. Exercised the holy ministry in the districts of Xuanhua, Tianjin and Jingnan [South Beijing], and finally in the East Church（Dongtang）parish, where he died piously on 23 April 1928. May he rest in peace.

---

① 姚方济各 1871 年 6 月 14 日出生于保定徐水县安家庄。

② 即 1885 年入修院。

③ 即 1898 年晋铎。

④ 1928 年 4 月 23 日逝世于北京。

汉译

献给至善至尊的天主

这里安息着姚方济各神父，同治十年(1871)农历五月十四出生于安家庄，光绪十一年(1885)进修院。光绪二十四年(1898)晋铎。随后致力在宣化、天津和北京南部地区传教。于1928年4月23日在东堂虔诚离世。息止安所。

碑文比较与解析

姚方济各墓碑的汉文与拉丁文部分相比较，大体相同，均介绍其生平、来华传教经历。汉文部分还交代了其去世信息，包含去世时间和地点。

（七）徐秉铎
（SHU TILADDAEUS/Xu Bingduo/Shu Thaddaeus）

徐秉铎（见图6–138），修会不详，中国人。1898年10月21日出生于宣化府蔚县上营庄。1912年入修院，1925年晋铎。他先任南堂及涿县、西仙坡副铎，随后任涿州党庄天主堂本堂。热心教务，宽厚仁慈。1931年3月2日因痰症（肺病）去世于涿州，享年33岁。后自涿州迁葬于栅栏墓地。

碑文（见图6–139）

图6–138　徐秉铎像

汉文

司铎徐公之墓

徐司铎，圣名远徒，讳秉铎，蔚县上营庄人。生于一八九八年。一九一二年入修院，一九二五年升司铎，先任南堂及涿县、西仙坡副铎，后任涿县党庄本堂，热心教务。一九三一年三月二日忽得痰症与世长别，享年三十三岁。自涿县迁葬于此。

拉丁文

D. O. M.

HIC JACET D. SHU THADDAEUS SACERDOS NATUS DIE 21 OCT. 1898 IN PAGO CHANGYINGTCHOANG YUHSIEN (SUENHOAFOU). SEMINARIUM INGRESSUS AN. 1912. SACERDOS INITIATUS EST AN. 1925. DEIN VICCARIUS IN NANTANG&SISIENPOUO. POSTEA PAROCHUS IN TANGCHAONG DISTRICTUS TCHOHSIEN. SALUTI FIDELIUM ET INFIDELIUM SE DEVOVEBAT. QUUM SUBITANEA MORTE ABREPTUS PIE OBIIT DIE 2 MARTII 1931. AETATIS SUAE AN. 33. R. I. P.

英译

To God Most Good and Most Great

Here rests the priest D. Shu Thaddaeus, born on 21st October 1898 in the village of Shangying Zhuang, Yuxian (Xuanhua Fu). Entered the seminary in 1912, was ordained a priest in 1925, was then vicar at Nantang and Xixian Po, and then pastor of the Dangzhuang district in Zhuozhou. Devoted himself to the good of Christians and non-Christians, when he was taken away by sickness and died piously on 2nd March 1931, at the age of 33 years. May he rest in peace.

汉译

献给至善至尊的天主

这里安息着徐秉铎，1898 年 10 月 21 日出生于宣化府蔚州上营庄。1912 年入修院，1925 年晋铎。他先为南堂和西仙坡天主堂做副本堂，随后任涿州党庄天主堂本堂。无论是对教友还是教外人士，他都竭力奉献自我。1931 年 3 月 2 日因病虔诚离世，年仅 33 岁。息止安所。

图 6-139　徐秉铎墓碑碑阳拓片
图片来源：中国国家图书馆，馆藏号：北京 2148。

碑文比较与解析

徐秉铎墓碑的汉文与拉丁文部分相比较，大体相同，均介绍其生平、来华传教经历以及他对传教事业的热心。汉文部分还交代了墓地迁葬于此。

（八）刘天铎

（JOSEPH LIOU/Liu Tianduo/Joseph Liou）

刘天铎（见图 6-140），1879 年 2 月 22 日出生于河北宛平胡林村。1907 年 6 月 16 日晋铎。先后传教于宣化、东城、武清、皇后店、王庆坨等地，随后担任永清总堂。1931 年因病辞去职务。1935 年 12 月 5 日逝世于北堂圣味增爵医院，享年 56 岁。葬于栅栏墓地。

图 6-140　刘天铎像

图片来源：*Vicariat Apostolique de Pékin:État de la Mission du ler juillet 1931 au 30 juin 1932.p.131.*

碑文 （见图 6–141）

图 6–141 　刘天铎墓碑碑阳拓片

图片来源：中国国家图书馆，馆藏号：北京 2164。

汉文

司铎刘公之墓

　　刘神父，讳天铎，圣名若瑟，系河北宛平胡林村人氏。生于一八七九年二月二十二日，一九零七年六月十六日荣登爵位，传教于宣化、东城、武清、皇后店、王庆坨等处。一九二八年任永清南关总堂，于一九三一年因病辞总堂职，修养于武清小韩村及平西黑山户 ① 等处。兹于一九三五年十二月五日病势转剧，安然逝世于北堂圣味增爵医院，享年五十有六。

拉丁文

D. O. M.

　　Hic jacet JOSEPH LIOU, SINENSIS. NATUS IN PAGO HOU-LIN. DIE 22 FEBRUARII 1879. ORDINATUS SACERDOS DIE 16 JUNII 1907; MISSIONARIUS IN SUAN-HOA-FOU, KING-TOUNG; DIRECTOR FUIT DISTRICTUS YOUNG-TS-ING, ETC. OBIIT PEKINI DIE 5 DECEMBRIS 1935. AETATIS SUAE LVI. R. I. P.

英译

To God Most Good and Most Great

　　Here rests Joseph Liou, Chinese, born in the village of Hulin, on 22nd February 1879, ordained a priest on 16th June 1907 and worked as missionary in Xuanhua Fu, Jingdong [East Beijing]；was director of Yongqing and other districts. Died in Beijing on 5th December, 1935, at the age of 56. May he rest in peace.

汉译

献给至善至尊的天主

　　这里安息着刘天铎，中国人，1879 年 2 月 22 日出生于胡林村。1907 年 6 月 16 日晋铎。他在宣化府、京东地区传教，随后担任永清天主堂以及其他地区总堂。1935 年 12 月 5 日逝世于北京，享年 56 岁。息止安所。

---

① "黑山户"即北京海淀区黑山扈。

碑文比较与解析

刘天铎墓碑汉文与拉丁文部分相比较,均介绍其生平、来华传教经历。汉文部分还交代了其去世信息,包含去世时间和地点。

(九) 贾廷堃

(SIMON KIA/Jia Tingkun/Simon Kia)

贾廷堃(见图6-142),修会不详,中国人。1856年2月25日出生于直隶省宛平城的太平岭。1886年7月18日晋铎。先后于顺天府、永平府、宣化府、保定府和天津府等地热忱传教。1908年因病在北京圣弥厄尔堂静养。1936年5月10日去世,享年80岁。葬于栅栏墓地。

图6-142 贾廷堃像

图片来源:*Vicariat Apostolique de Pékin:État de la Mission du ler juillet 1931 au 30 juin 1932.* p.23.

碑文(见图6-143)

汉文

司铎贾公之墓

贾神父,讳廷堃,圣名西满,直隶宛平县太平岭人。生于一千八百五十六年二月二十五日,一千八百八十六年七月十八日升铎德品位,遂传教于顺天府、永平府、宣化府、保定府、天津府等处。一千九百零八年来北京圣弥厄尔堂静养兹于一千九百卅六年五月十日妥领圣事,安然谢世于圣弥厄尔医院①,享年八十。

拉丁文

D. O. M.

Hic jacet SIMON KIA SACERDOS, NATUS IN PAGO T'AI-P'ING-LING, WAN-P'ING-HSIE(TCHE-LI). DIE 25 FEBRUARII 1856. ORDINATUS SACERDOS DIE 18 JULII 1886. FECIT MISSIONEM IN CHOEN-TIEN-FU. YONG-P'ING-FU, SUEN-HOA-FU, PAO-TING-FU, TIEN-TSIN-FU. DEINDE IN PAROCHIA SANCTI MICHAELIS PEKINI. IN SACRDOMINISTERIO CUM ZELO ANIMARUM MULTUM LABORAVIT

图6-143 贾廷堃墓碑碑阳拓片

图片来源:中国国家图书馆,馆藏号:北京2168。

---

① 即1936年5月10日去世于圣弥厄尔医院。

PIE OBIIT PEKINI.DIE 10 MAII 1936. AETATIS SUAE 80. R. I. P.

英译

To God Most Good and Most Great

Here rests the priest Simon Kia, born on 25th February, 1856 in the village Taiping Ling, Wanping Xian (Zhili), was ordained a priest on 18th July 1886. Did missionary work in Shuntian Fu, Yongping Fu, Xuanhua Fu, Baoding Fu, Tianjin Fu. Then he worked in the priestly ministry with great zeal for the souls in the parish of Saint Michael in Beijing and died piously in Beijing on 10th May 1936, at the age of 80. May he rest in peace.

汉译

献给至善至尊的天主

这里安息着贾廷堃，1856 年 2 月 25 日出生于直隶省宛平城的太平岭。1886 年 7 月 18 日晋铎。传教于顺天府、永平府、宣化府、保定府和天津府。他在北京圣弥厄尔堂热忱传教。1936 年 5 月 10 日虔诚离世，享年 80 岁。息止安所。

碑文比较与解析

贾廷堃墓碑汉文与拉丁文部分相比较，大体相同，均介绍其生平、来华传教经历。汉文部分还交代了其去世地点。拉丁文言及他热忱传教。

（十）张作霖

（BASILIUS TCHANG/Zhang Zuolin/Rasilius Tchang）

张作霖（见图 6–144），修会不详，中国人。1869 年 1 月 31 日出生于直隶省安肃县崔家庄。1898 年 10 月 28 日晋铎，先在北京东部、永平府传教。随后担任北京平方教堂本堂。1937 年 2 月 17 日逝世于北京中央医院，享年 68 岁。葬于栅栏墓地。

碑文（见图 6–145）

图 6–144　张作霖像

图片来源：*Vicariat Apostolique de Pékin:État de la Mission du ler juillet 1931 au 30 juin 1932.*p.89.

汉文

司铎张公之墓

张神父，讳作霖，圣名巴西略，直隶安肃县崔家庄人氏。生于一千八百六十九年一月三十一日。一千八百八十五年入修道院，一千八百九十八年十月二十八日升铎德品位，遂传教于永平、北京等处，后任平房天主堂本堂。因劳成疾，遂于一千九百三十七年二月十七日妥领圣事终于北平中央医院，享年六十有八。

图 6-145　张作霖墓碑碑阳拓片
图片来源：中国国家图书馆，馆藏
号：北京 2172。

拉丁文

D.O.M.

Hic jacet BASILIUS TCHANG SACERDOS. NATUS IN
PAGO TSOUI-KIA-TCUANG. NGAN SHU SHIEN (TCHE-
LI). DIE 31 JANIIARII 1869. ORDINATUS SACERDOS 28
OCTOBRIS 1898. FECIT MISSIONEM IN KING TUNG,
YUNG-PING-FU ETC. DENIQUE PAROCHUS IN PING
FANG PROPE PEKINUM PIE OBIIT IN HOSPITALI CEN-
TRALE PEKINI DIE 17 FEBRUARII 1937. AETATIS SUAE
LXVIII. R. I. P.

英译

To God Most Good and Most Great

Here rests the priest Basilius Tchang, born on 31st January
1869, in the place Cujia Zhuang, Ansu County of Zhili province;
ordained a priest on 28th October, 1898. Worked as missionary in
the east of Beijing, Yongping Fu; then was named Pastor of the Church of Pingfang in Beijing. Died
piously in the Central Hospital of Beijing on 17th February, 1937, at the age of 68. May he rest in
peace.

汉译

献给至善至尊的天主

这里安息着张作霖神父，1869 年 1 月 31 日出生于直隶省安肃县崔家庄。1898 年 10 月 28
日晋铎，在北京东部、永平府传教。随后担任北京平房天主堂本堂。1937 年 2 月 17 日在北京
中央医院离世，享年 68 岁。息止安所。

碑文比较与解析

张作霖墓碑汉文与拉丁文部分相比较，大体相同，均介绍其生平、来华传教经历以
及去世信息。

（十一）杨绍和

（MATHIAS YANG/Yang Shaohe/Mathias Yang）

杨绍和（见图 6-146），修会不详，中国人。1890 年 1 月 22 日出生于河北香河县扁城村。

1904 年 9 月 8 日入修道院。1914 年 12 月 19 日晋铎。先在皇后店、涿州、西皋庄等地传教，后任石家务天主堂本堂。1937 年 6 月 16 日因病逝世于北京医院。葬于栅栏墓地。

碑文（见图 6-147）

图 6-146　杨绍和像

图片来源：*Vicariat Apostolique de Pékin:État de la Mission du ler juillet 1931 au 30 juin 1932.*p.62.

汉文

司铎杨公之墓

杨神父，讳绍和，圣名玛弟亚，直隶香河县扁城村人。生于一八九十年一月二十二日。一九零四年九月八日入修道院，一九一四年十二月十九日升铎德品位，遂传教于皇后店、涿州、西皋庄等处，后任石家务天主堂本堂。兹于一九三七年六月十六日妥领圣事病故于北平中央医院，享年四十有八。

拉丁文

D. M. O.[①]

Hic jacet MATHIAS YANG SACERDOS. NATUS DIE 22 JANIIARII 1890 IN PAGO PIEN TCHENG. SIANG-HO SHIEN. ANNO 1914. DIE 19 DECEMBRIS AD SACERDO TIUM PROMOTUS EST. ET IN LOCIS HOANG HEOU TIEN. TCHOUOTCHEOU ET SI KAO TCHOANG FIDEI PROPA-GANDÆ LAEORAVIT. DEIN NOMINATUS PAROCHUS EC-CLESIAM CHE KIA OU. ADMINISTRAVIT. DONEC MORBO CAPTUS IN HOSPITIO PEKINI DIEM SUPREMUM OBIIT. 16 JUNII 1937. R. I. P.

图 6-147　杨绍和墓碑碑阳拓片

图片来源：中国国家图书馆，馆藏号：北京 2174。

英译

To God Most Good and Most Great

Here rests the priest Mathias Yang, born on 22nd January 1890 in the place Biancheng, Xianghe County; was ordained a priest on 19th December, 1914 and worked for the spread of the faith in Huanghou Dian, Zhuozhou and Xigao Zhuang; then he was nominated pastor of the Church of Shijia Wu. Then died of disease on 16th June, 1937 in a hospital in Beijing. May he rest in peace.

---

①　墓碑上有误，应为 D. O. M.。

汉译

献给至善至尊的天主

　　这里安息着杨绍和神父，1890 年 1 月 22 日出生于香河县扁城村。1914 年 12 月 19 日晋铎。在皇后店、涿州、西皋庄等地传教，后任石家务天主堂本堂。1937 年 6 月 16 日因病逝世于北京医院。息止安所。

碑文比较与解析

　　杨绍和墓碑汉文与拉丁文部分相比较，大体相同，均介绍其生平、来华传教经历及去世信息。

（十二）胡明善

（JOAN-BAPTISTA HOU/Hu Mingshan /Joan-Baptista Hou）

　　胡明善（见图 6–148），修会不详，中国人。1878 年 6 月 20 日出生于北京通州贾家疃。年幼时入北堂修院，1904 年晋铎。最初在保定府传教，随后任北堂副本铎。1909 年任纸房沟天主堂本堂，1910 年任东堂本堂，1913 年任小韩村天主堂本堂。随后任永清县南关镇总堂。1937 年 10 月因病前往北京疗养。1938 年 11 月 24 日因瘫症（中风）在北堂圣味增爵医院去世。葬于栅栏墓地。

图 6–148　胡明善像

图片来源：*Vicariat Apostolique de Pékin:État de la Mission du ler juillet 1931 au 30 juin 1932.p.110.*

碑文（见图 6–149）

汉文

司铎胡公之墓

　　胡神父，讳明善，圣名若翰，通州贾家疃人。距生于一八七八年六月二十日，自幼弃俗修道。于一九零四年晋升铎德品位，初传教于保定府，继任北堂副堂。一九零九年任纸房沟，一九一零年任宣化东城本堂，一九一三年任武清小韩村本堂，一九三一年任永清南关镇总堂。一本堂九三七年十月偶染瘫症，遂来北京诊治静养。兹于一九三八年十一月二十四日妥领圣事安然谢世于北堂圣味增爵医院，享年六十有一。

图 6-149　胡明善墓碑碑阳拓片

图片来源：中国国家图书馆，馆藏号：北京 2188。

拉丁文

D. O. M.

Hic jacet JOAN-BAPTISTA HOU. SACERDOS E VIC. AP. DE PEKING. NAUTS IN KIA-KIA-TWAN TUNG-HSIEN DIE 20 JUN. 1878. RECEPTUS ADOLESCENS IN SEMINARIUM PEI-TANG. SACERDOTIO INITIATUS 1904. SUO MINISTE-RIO APOSTOLATUS FUNCTUS PRIMO IN PAOTINGGOU DEIN IN PEIT'ANG. PAROCHUS IN CHE-FANG-KOW 1909. IN TUNGCHENG 1910. INSIAO-HAN-TS'UN 1913 CURAM ANIMARUM HABUIT. TANDEM DIRECTOR NOMINATUS EST IN DISTRICTU NAN-KWAN-CHEN, YUNG-TSING-HSIEN. MENSE OCTOBRI 1937 MORBO PARALYSIS COR-REPTUS PEKINUM REDIIT AD CURAM MEDICORUM. POST DIUTURNOS DOLORES PATIENTER TOLERATOS ULTIMIS SACRAMENTIS MINITUS ANIMAM SUAM DEO REDDIDIT 24 NOV. 1938 IN VALETUDINARIO S. V. PEI-T'ANG ANNO 61 SUAE AETATIS. R. I. P.

英译

To God Most Good and Most Great

Here rests the priest Joan-Baptista Hou, of the Apostolic Vicariate of Beijing, born on 20th June 1878, in Jiajia Tuan, Tongxian; as a youngster admitted to the Beitang Seminary, was ordained a priest in 1904. Exercised his apostolate first in Baoding Fu, then at the North Church(Beitang); in 1909 he was parish priest of Zhifang Gou, in 1910 in Dongcheng, in 1913 he had the pastoral care in Xiaohan village; Finally he was nominated to the district of Nanguan town, Yongqing County; in October 1937 he was struck by paralysis and returned to Beijing for medical care. After long pains which he bore with patience, fortified by the last sacraments, he returned his life to God on 24th November 1938 in the St. Vincent Hospital of Beitang, at the age of 61. May he rest in peace.

汉译

献给至善至尊的天主

这里安息着胡明善神父，1878 年 6 月 20 日出生于北京通州贾家疃。入北堂修院，1904 年晋铎。最初在保定府传教，随后任北堂副本铎。1909 年任纸房沟天主堂本堂，1910 年任东堂本堂，1913 年任小韩村天主堂本堂。随后任永清县南关镇天主堂总堂。1937 年 10 月生病，随后前往北京疗养。他忍耐病痛，终领圣体。1938 年 11 月 24 日在北堂圣味增爵医院安然去世，享年 61 岁。息止安所。

碑文比较与解析

胡明善墓碑汉文与拉丁文部分相比较，大体相同，均较为详细地介绍其生平、来华传教经历及去世信息。

（十三）杨晓渔

（LAURENTIUS YANG/Yang Xiaoyu/Laurentius Yang）

杨晓渔，修会不详，中国人。1895年8月13日出生于保定郭家庄。1908年9月6日入北京修道院，1918年5月16日晋铎。相继在西仙坡、信安、石沟等地传教。1928年任良乡普安屯天主堂本堂。1939年5月17日在涿县古庄头堂被匪徒所杀，享年45岁。葬于栅栏墓地。

碑文（见图6-150）

汉文

司铎杨公之墓

杨神父，讳晓渔，圣名老楞佐[①]。系顺天府宝坻县郭家申庄人，距生于救世后一八九五年八月十三日，一九零八年九月六日入北京修道院。一九一八年五月十五日升铎德品位。遂传教于西仙坡、信安、石沟等处。一九二八年升任良乡县普安屯本堂，一九三一年调任涿县古庄头本堂。兹于一九三九年五月为匪徒所弑于古庄头本堂，年仅四十有五。

拉丁文

D.O.M.

Hic jacet LAURENTIUS YANG NATUS IN PAGO KOUO-KIA-TCHOUANG. PAO-TI-SIEN; DIE 13 AUG. 1895. IN SEMI-NARIUM ADMISSUS DIE 6 SEPT. 1908. SACERDOS ORDI-NATUS DIE 16 MAII 1918. MISSIONEM FECIT IN SI-SIEN-POUO, SIN-NGAN, CHE-KOO; DEINDE CURAM ANIMARUM GESSIT IN POU-NGAN-T'OUEN. TANDEM VASTANTE BELLO. IN KOU-TACHOUANG-TOO OCCISUS EST A RAP-TORIBUS DIE 17 MAII ANN. D. 1939, AETATIS SUAE 45. R. I. P.

图6-150　杨晓渔墓碑碑阳拓片

图片来源：中国国家图书馆，馆藏号：北京2194。

---

① 老楞佐为"Lorenzo"音译。

To God Most Good and Most Great

Here rests Laurentius Yang, born in the village of Guojia Zhuang, Baoding Xian, on 13th August 1895. Admitted to the seminary on 6th September 1908, ordained a priest on 16th May 1918. Worked as missionary in Xixian Po, Xinan, Shigou; then he did pastoral work in Pu'an Tun. Finally, during the war, he was killed by bandits in Guzhuang Tou, on 17th May 1939, at the age of 45 years. May he rest in peace.

汉译

献给至善至尊的天主

这里安息着杨晓渔，1895 年 8 月 13 日出生于保定郭家庄。1908 年 9 月 6 日入会，1918 年 5 月 16 日晋铎。相继在西仙坡、信安、石沟等地传教，任普安屯天主堂本堂。1939 年 5 月 17 日在古庄头堂被匪徒所杀，享年 45 岁。息止安所。

碑文比较与解析

杨晓渔墓碑汉文与拉丁文部分相比较，大体相同，均较为详细地介绍其生平、来华传教经历及被匪徒所杀。

（十四）侯镇海

（PETRUS HEOU/Hou Zhenhai/Petrus Heou）

侯镇海（见图 6–151），修会不详，中国人。1854 年 10 月 4 日出生于河北保定清苑县。1874 年 3 月 3 日入修会，1886 年 7 月 18 日晋铎。先在大口屯、贾家屯、南屯等地传教。随后前往黑山扈圣母小昆仲会修院静养。1922 年曾驻居于清河的若翰小兄弟会。1939 年 7 月 15 日去世，享年 85 岁。葬于栅栏墓地。

图 6–151　侯镇海像

图片来源：*Vicariat Apostolique de Pékin:État de la Mission du ler juillet 1931 au 30 juin 1932.* p.17.

碑文（见图 6–152）

汉文

司铎侯公之墓

侯神父，讳镇海，圣名伯多禄，保定府清苑人。距生于清咸丰四年十月初四日 ①。同治

---

① 1854 年 10 月 4 日出生于河北保定清苑。

十三年入修道院①，光绪十二年七月十八日②升铎德品位。遂传教于大口屯、贾家疃、永宁、南屯、洛水坨、双树、韩村、桐柏等处。民国九年③来北京西堂修养，民国十一年④驻黑山户圣母小昆仲会。民国二十三年驻清河八德村若翰兄弟会⑤，兹于民国二十八年七月十五日妥领圣事安然谢世⑥，享年八十有五。

图6-152　侯镇海墓碑碑阳拓片

图片来源：中国国家图书馆，馆藏号：北京2196。

拉丁文

D. O. M.

Hic jacet PETRUS HEOU SACERDOS NATUS IN PAO-TING-FOU DIE 4 LUNAE DECIMAE 1854. INGRESSUS SEMI-NARIUM DIE 3 MARTII 1874. SACEROCTIO INITIATUS DIE 18 JULII 1886. PER 37 ANNOS MISSIONEM FACIEBAT IN TA-KOO-TUN, KIA-KIA-TOUAN, NAN-TUN ETC. TANDEM SEN-IO CONFECTUS PRIMUM QUIESCEBAT APUD F. MARISTAS IN HEISHANHU. DEIN APUD F. S. J. B. IN KIUNG-KO; IBI SACRAMENTIS MUNITUS OBDORMIVIT IN DOMINO DIE 15 JULII 1939. AETATIS SUAE 85. R. I. P.

英译

To God Most Good and Most Great

Here rests the priest Petrus Heou, born on the 4th day of October Lunar Month, 1854; entered the seminary on 3 March 1874, was ordained a priest on 18th July 1886. Worked as missionary for 37 years in Dakou Tun, Jiajia Tuan, Nan Tun and other places. Finally consumed by old age, he first rested with the Marist Fathers in Heishan Hu, then with the Little Brothers of St. John in Qinghe. Provided with the sacraments, he went to rest on 15 July, 1939, at the age of 85. May he rest in peace.

---

① 即 1874 年。

② 即 1886 年。

③ 即 1920 年。

④ 即 1922 年。

⑤ 若翰小兄弟会（Little Brothers of St. John），又名耀汉小兄弟会，以施洗约翰为"主保"故名。1930年由比利时神父雷鸣远创立于河北安国县，会长称家长，会士俱称弟兄，故名小兄弟会。1933年雷鸣远神父另将"若翰"译成"耀汉"作为会名，取其"复兴中华民族"之意。会士分神父与修士两级。会规规定终身素食，戒烟酒、戒鱼肉，以举办农村文教与慈善事业来进行传教活动。

⑥ 1939 年 7 月 15 日逝世于北京。

汉译

献给至善至尊的天主

这里安息着侯镇海神父。1854 年农历十月初四出生。1874 年 3 月 3 日入修会，1886 年 7 月 18 日晋铎。在大口屯、贾家屯、南屯等地传教。因年老体衰，先在黑山扈圣母小昆仲会修院静养，随后驻居于清河的若翰小兄弟会。1939 年 7 月 15 日在接收临终圣事后安然去世，享年 85 岁。息止安所。

碑文比较与解析

侯镇海墓碑汉文与拉丁文部分相比较，大体相同，均较为详细地介绍其生平、来华传教经历以及去世信息。

（十五）夏清波

（BALTHAZAR SHIA /Xia Qingbo/Balthazar Shia）

夏清波（见图 6–153），修会不详，中国人。1899 年 12 月 6 日出生于河北宣化蔚州西合营。1911 年在北京入修院。1913 年 6 月 18 日晋铎。他最早于北京小修院教书，随后前往西皋庄、王家口、安祖新庄等地传教。后任固城天主堂本堂。最后因肺病于 1942 年 6 月 16 日去世，享年 43 岁。葬于栅栏墓地。

图 6–153　夏清波像

图片来源：*Vicariat Apostolique de Pékin: État de la Mission du ler juillet 1931 au 30 juin 1932*. p.166.

碑文（见图 6–154）

汉文

司铎夏公之墓

夏神父，讳清波，圣名巴尔大撒①，系宣化府蔚州西合营人，距生于清光绪二十五年十二月初六日②。民国元年入北京修道院③，民国十三年六月十八日晋升司铎④，遂在北京小修道院教读，民国十八年赴涿县、西皋庄、大城县、王家口、文安县、苏桥、安祖新庄等处传教。民国二十一年升任固安县固城本堂司铎⑤。公素患肺痨，时发时愈，兹于民国三十一年六月十六

---

①　夏清波教名巴尔大撒，即 Balthasar。

②　1899 年 12 月 6 日出生于宣化府蔚州西河营。

③　即 1911 年。

④　即 1923 年晋铎。

⑤　1932 年任固安县固城天主堂本堂。

日妥领圣事平安谢世 ①，享年四十有三。

拉丁文

D. O. M.

Hic jacet BALTHAZAR SHIA SACERDOS EX PAGO SI-HO-YING YU-TCHEOU ORIUNDUS DIE SEXTO LUNAE XII ANNI XXV KOUANG-SU. INGRESSUS SEMINARIUM PEKNENSE PRIMO ANNO REIPUBLICAE SACERDOTIO AUCTUS EST DIE XVIII JUNII ANNI XIII REIPUBLICAE. PRIMO DOCUIT IN SEMINARIO. DEIN MISSIONEMFACIE-BAT IN SI-KAO-TCHOUANG, OUANG-KIA-K'OO. AN-ZU-SHING-TCHAUANG. NOMI NATUS EST PAROCHUS IN KU-TCHENG. DIUTURNO MORBO LABORABAT. TANDEM MUNITUS SACRAMENTIS VITAM FINIVIT DIE XVI JUNII ANNI XXXI REIPUBLICAE. AETATIS SUAE XLIII. R. I. P.

图6–154　夏清波墓碑碑阳拓片
图片来源：中国国家图书馆，馆藏号：北京 2210。

英译

To God Most Good and Most Great

Here rests the priest Balthazar Shia, born in the village of Xiheying, on the 6th day of the 12th Lunar month of the 25th year of Guangxu [1899]. Entered the Seminary of Beijing in the first year of the Republic [1911], was ordained a priest on 18 June of the 13th year of the Republic. First he taught in the Seminary, then he worked as a missionary in Xigao Zhuang, Wangjia Kou, Anzu Xinzhuang and other places, and was appointed pastor in Gucheng. Having suffered long from sickness, finally, provided with the sacraments, finished his life on 16 June of the 31st year of the Republic（1942），at the age of 43 years. May he rest in peace.

汉译

献给至善至尊的天主

这里安息着夏清波神父，光绪二十五年即 1899 年 12 月 6 日出生于蔚州西合营。民国元年即 1911 年在北京入修院。民国三年即 1913 年 6 月 18 日晋铎。他最早在北京小修院教书，随后前往西皋庄、王家口、安祖新庄等地传教。后任固城天主堂本堂。最终积劳成疾，于民国三十一年即 1942 年 6 月 16 日领临终圣事后去世，享年 43 岁。息止安所。

碑文比较与解析

夏清波墓碑汉文与拉丁文部分相比较，均较为详细地介绍其生平、来华传教经历以

---

① 即 1942 年 6 月 16 日逝世于北京。

及去世信息。

（十六）安钦明

（ANDREAS AN /An Qinming/Andreas An）

安钦明，修会不详，中国人。1883 年 2 月 16 日出生于河北徐水县安家庄。1907 年 6 月 16 日晋铎，先后传教于马家场、南堂、大口屯、西小庄、桑峪、上庄子等处。宣化成立教区后，历任南屯及双树天主堂的总本堂并总堂会计等职，随后前往北京休养。1942 年 7 月 19 日去世，享年 59 岁。葬于栅栏墓地。

碑文（见图 6–155）

图 6–155　安钦明墓碑碑阳拓片
图片来源：中国国家图书馆，馆藏号：北京 2212。

汉文

司铎安公之墓

安神父，讳钦明，圣名安德乐，祖籍河北徐水县安家庄。距生于天主降生后一八八三年二月十六日，自幼入修道院，一九零七年六月十六日领受司铎品位，先后传教于马家场、南堂、大口屯、西小庄、桑峪、上庄子等处。宣化成立教区后，历任南屯及双树总本堂并总堂会计等职，旋因病赴京休养，兹于一九四二年七月十九日妥领圣事安然逝世，享年五十九岁。

拉丁文

D. O. M.

Hic jacet ANDREAS AN SACERDOS SAECULARIS VICARIATUS SUANHWA NATUS DIE 16 MENSIS FEBRUARII A. D. 1883 IN PAGO AN-KIA-CHWANG（HOPEH-SU SUE）PRIMO LABORAVIT IN VICARIATU PEKINENSI DEINDE IN VCARIATU SUANHWA UBI MUNERE PAROCHI DIRECTORIS DISTRICTUS ET PROCURATORIS FUNCTUS EST IN VARIIS LOCIS TANDEM DIUTURNO MORBO LENTE CONSUMPTUS INTERIIT PEKINI DIE 19 JULII 1942 AETATIS SUAE 59. SACERDOTII VERO 35. R. I. P.

英译

To God Most Good and Most Great

Here rests Andreas An, secular priest of the Vicariate of Xuanhua, born on 16th of the month of

February A. D. 1883 in the village of Anjia Zhuang（Hebei Xushui）. He first worked in the Vicariate of Beijing, then in the Vicariate of Xuanhua, where he functioned as parish priest, district director and procurator in various places. Finally, slowly consumed by a long sickness, he died in Beijing on 19 July 1942, at the age of 59 years, after 35 years as a priest. May he rest in peace.

汉译

献给至善至尊的天主

这里安息着安钦明神父，1883 年 2 月 16 日出生于河北徐水县安家庄。最初在北京、宣化教区传教。在诸地担任天主堂本堂和司账，最终积劳成疾，1942 年 7 月 19 日接受临终圣事后去世，享年 43 岁。息止安所。

碑文比较与解析

安钦明墓碑汉文与拉丁文部分相比较，大体相同，均较为详细地介绍其生平、来华传教经历以及去世信息。

（十七）万常春
（ERNESTUS VINCENT/Ernestus Vincent）

万常春，修会不详，法国人。1882 年 4 月 14 日出生于法国昂热教区（Dioecesis Andegavensis）的圣弗洛朗镇（S. Florent）。1902 年来华，随后在北京修院学习神学。1905 年 5 月 21 日晋铎，随后传教于天津、保定、宣化、北京等地。1944 年 8 月 15 日病逝于北堂圣味增爵医院，享年 62 岁。葬于栅栏墓地。

碑文（见图 6–156）

汉文

司铎万公之墓

万神父，讳常春，洗名类斯，法籍。一八八二年四月十四日生，一八九五年进修道院，一九零二年九月廿四日来平续读神学于北堂。一九零五年五月廿一日晋升铎品，先传教于天津、保定、宣化，后任泥河湾、上庄子、张家口、少林口、正福寺、南岗子本堂。因劳成疾遂于一九四四年圣母升天日妥领圣事安逝于北平万生医院，享年六十有二。

拉丁文

D. O. M.

Hic jacet D. ERNESTUS VINCENT. SACERDOS, NATUS DIE 14 APRILIS 1882 IN OP-

图 6-156　万常春墓碑碑阳拓片

图片来源：中国国家图书馆，馆藏号：北京 2230。

PIDO S. FLORENT DIOECESIS ANDEGAVENSIS IN GALLIA. ANNO 1902 AD SINAS VENIT ET POST SACRA STUDIA PEKINI COMPLETA SACERDOS ORDINATUS EST DIE 21 MAII 1905. PER 40 ANNOS IN DISTRICTIBUS TIENTSIN PAOTING SUANHOA ETDEMUM PEKINI STRENUE LABORAVIT MAGNUM QUE NEOPHYTORUM NUMERUM DOMINICO OVILIAGGREGAVIT. PAROCHIAM NANKANGZE REGEBAT. QUANDO VIRIBUS EXHAUSTIS IN HOSPITIO S. VINCENTII PIAMMORTEM OBIIT. ANNO 1944 DIE FESTO ASSUMPTIONIS B. M. V. R. I. P.

英译

To God Most Good and Most Great

Here rests the priest D. Ernest Vincent, born on 14th April 1882 in the town of S. Florent, of the diocese of Angers, in France. Came to China in 1902 and after he had completed the sacred studies, was ordained a priest on 21st May 1905. For 40 years he worked diligently in the districts of Tianjin, Baoding, Xuanhua and finally in Beijing, making a great number of neophytes join the flock of the Lord. He was pastor of the parish of Nanganzi, when, his strength exhausted, he died a pious death in St. Vincent Hospital, on the feast of the Assumption of the Blessed Virgin Mary in 1944. May he rest in peace.

汉译

献给至善至尊的天主

这里安息着万常春，1882 年 4 月 14 日出生于法国法昂热教区圣弗洛朗。1902 年来华，随后在北京修院学习神学。1905 年 5 月 21 日晋铎，传教于天津、保定、宣化、北京等地。他热忱传教，后担任南岗子天主堂本堂。他耗竭心力，于 1944 年 8 月 15 日病逝于圣味增爵医院。息止安所。

碑文比较与解析

万常春墓碑汉文与拉丁文部分相比较，均较为详细地介绍其生平、来华传教经历以及去世信息。拉丁文中提及他对传教的热忱，殚精竭虑。

（十八）温化民

（WEN VENANTIUS/Wen Huamin/ Venantius Wen）

温化民，修会不详，中国人。1883年1月12日出生怀来县双树村，1889年在北京入会，1911年6月23日晋铎。先在芦台、涿州等地传教，1915年任河北长沟天主堂本堂，长达30年。后因高血压导致脑溢血于1945年2月13日去世，享年62岁。葬于栅栏墓地。

碑文（见图6–157）

汉文

司铎温公之墓

温神父，讳化民，圣名文南爵，原籍宣化怀来县双树村人。生于一八八三年正月十二日，一八九九年入北平修道院，一九一一年六月二十三日晋升铎品，遂传教于芦台、涿县等处。一九一五年升任长沟本堂，以迄于终。公平生热心教务，治理有方三十余年，未尝稍懈，晚年患血压高症，并未置意。遂于一九四五旧历元旦大脑溢血，安然逝世于长沟本堂。享年六十二岁。请众信友为彼祈求。

拉丁文

D. O. M.

Hic jacet D.WEN VENANTIUS SACERDOS. NATUS IN PAGO CHOANG-CHOU DITIONIS HOA LAI HIEN. 12 JANUARII 1883. SEMINARIUM INGRESSUS EST PEKINI ANNO 1899 ET AD SACERDOTIUM ELEVATUS DIE 23 JUNII 1911. POST TIROCINIUM APOSTOLICUM IN LOU-TAI ET TCHOUO-TCHEOU. ANNO 1915 RECTOR NOMINATUS EST PAROCHIAE TCHANG-KEOU. QUAM PER CONTINUOS 30 ANNOS PASTOR PIUS ET DEVOTUS ADMINISTRAVIT. IBIDEMQUEIN PACE QUIEVIT DIE 13 FEBRUARII 1945. R. I. P.

图6–157　温化民墓碑碑阳拓片

图片来源：中国国家图书馆，馆藏号：北京2232。

英译

To God Most Good and Most Great

Here rests the priest D. Venantius Wen, born on 12th January 1883 in the village of Shuangshu in Huailai County. Entered the seminary in Beijing in the year 1899 and was ordained a priest on 23rd

June 1911. After his apostolic introduction in Lutai and Zhuozhou, he was in 1915 appointed to the parish of Changgou, which he as pious and devoted pastor administered for 30 years and where he died in peace on 13th February 1945. May he rest in peace.

汉译

献给至善至尊的天主

　　这里安息着温化民神父，1883 年 1 月 12 日出生于怀来县双树村，1889 年在北京入会，1911 年 6 月 23 日晋铎。在芦台、涿州等地传教。他在长沟天主堂任本堂，虔诚传教长达 30 年。1945 年 2 月 13 日去世。息止安所。

碑文比较与解析

　　温化民墓碑汉文与拉丁文部分相比较，均较为详细地介绍其生平、来华传教经历。汉文部分交代其去世信息，特别是关于病因的介绍。

（十九）沈玛豆
（Shen Madou）

　　沈玛豆，修会、生平不详。1907 年迁葬于栅栏。

碑文（见图 6-158）

汉文

沈司铎玛豆之墓

1907 自核桃园移此

（二十）福保禄
（Fu Baolu）

　　福保禄，修会、生平不详，1907 年迁葬于栅栏。

碑文（见图 6-159）

图 6-158 沈玛豆墓碑碑阳拓片　图 6-159 福保禄墓碑碑阳拓片
图片来源：中国国家图书馆，馆藏　图片来源：中国国家图书馆，馆
号：北京 2098。　　　　　　藏号：北京 2096。

汉文

福司铎保禄之墓

1907 自核桃园移此。

第十三节　法文碑

在栅栏墓地还有一些法文碑，其碑主身份大部分为在义和团运动中阵亡的士兵。此部分法文碑目录信息存于徐自强主编的《北京图书馆藏北京石刻拓片目录》（1994），信息如下（见表 6-1）：①

表 6-1　法文碑目录信息表

编号	名称	相关信息
1	石殷（Chei In）	法文，1900 年，100cm×65cm，西城区北营房北街（马尾沟）教堂，编号为京 3611，石泐甚。腊拓本。
2	达麻（Damas Capilai）	残墓碣，法文，1900 年，30cm×68cm，西城区北营房北街（马尾沟）教堂，编号为京 3612，腊拓本。

---

① 徐自强主编：《北京图书馆藏北京石刻拓片目录》，1994 年，第 114、129 页。

编号	名称	相关信息
3	奎门讷（Quemener Jean）	残墓碣，法文，1900 年，33cm×66cm，西城区北营房北街（马尾沟）教堂，编号为京 3613，腊拓本。
4	郭斯林（Corselin Jules）	法文，1900 年 6 月 24 日，51cm×66cm，西城区北营房北街（马尾沟）教堂，编号为京 3615，腊拓本。
5	葛罗讷（Gaoanec Jean Marie）	法文，1900 年 6 月 27 日，49cm×67cm，西城区北营房北街（马尾沟）教堂，编号为京 3616，腊拓本。
6	达尔（Ernest Tardieu）	法文，1928 年 12 月 11 日，83cm×61cm，西城区北营房北街（马尾沟）教堂，编号为京 3614，腊拓本。

　　而在其《北京图书馆藏中国历代石刻拓本汇编》（1989）中并未收录。他们的身份多为海员。而其去世年月，其中 5 人皆为庚子义和团事变中身亡，当时"除了被埋的两人，一名法国海军陆战队士兵被杀"[1]；而在日方所统计的总体损失上，"法国总共四十五人（北堂的三十人除外），其中十一人死亡，二十一人受伤。他们的平民有三人死亡，四人受伤"[2]。在各国伤亡情况中法国战死了 6 人，其中有 1 名军官。[3]

　　拓片信息大致如下。

（一）石殷
(Chei In)

碑文（见图 6–160）

法文

CI GIT CHAHLI CHEI IN COLLAT AUO ^{D} RE UINI ^{P} E MA-RINE DÉCÉDÉ LE 5 AOUT 1900 PRIZE POUR LUI

汉译

　　这里安息着石殷，他为海军陆战队员。1900 年 8 月 5 日去世。为他祈祷。

图 6–160　石殷墓碑碑阳拓片

图片来源：中国国家图书馆，馆藏号：北京 3611。

---

① 《义和团起事：中国义和拳之乱的历史》，见《义和团运动文献资料汇编》英汉译卷（下），第 151 页。

② 《义和团起事：中国义和拳之乱的历史》，见《义和团运动文献资料汇编》英汉译卷（下），第 152 页。

③ 参见《日本参谋本部文件》，见路遥主编：《义和团运动文献资料汇编》日汉译卷（下），第 389 页。

（二）达麻

（Damas Capilai）

碑文（见图 6–161）

法文

De ROQUEFEUILLE De DAMAS Capilai

汉译

来自罗奎维尔

来自（尊敬的）达麻

（三）奎门讷

（Quemener Jean）

碑文（见图 6–162）

法文

LES ETAT（S）MAJORS ET ÉQU（IPAGES）

DE L'ESCADRE DE L'EXTRÊME ORIE（NT）

à

QUEMENER Jean

（M）atelot canonnier du DE（SC）

图 6–161　达麻墓碑碑阳拓片

图片来源：中国国家图书馆，馆藏号：北京 3612。

图 6–162　奎门墓碑碑阳拓片

图片来源：中国国家图书馆，馆藏号：北京 3613。

汉译

主力舰队(部队少校)和远东舰队全体船员(致)让·奎门讷

海员枪手(炮手)

（四）科尔塞林

（又译郭斯林，Corselin Jules）

碑文（见图 6-163）

LES ETAT(S) MAJORS ET ÉQUIPAGES

DE L'ESCADRE DE L'EXTRÊME(-)ORIENT

à

CORSELIN Jules

Matelot fusilie(r) de D'ENTRECASTEAUX

(t)ue le 24 juin 1900

ou défendant la Légation de France

汉译

主力舰队(部队少校)和远东舰队全体船员，致来自昂特雷卡斯托的于勒·科尔塞林，海员射击手。1900 年 6 月 24 日为保卫法国公使馆而被枪击身亡。

（五）高亚涅茨

（又译葛罗讷，Gaoanec Jean Marie）

碑文（见图 6-164）

法文

LES ETATS MAJORS ET ÉQUIPAGE(S)

DE L'ESCADRE DE L'EXTRÊME-ORIENT

à

LE GAOANEC Jean Marie

M^{TRE}canonnier du D'ENTRECASTEAUX

tue le 27 Juin 1900

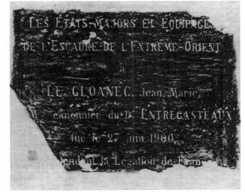

图 6–163　科尔塞林（郭斯林）墓碑碑阳拓片　图 6–164　高亚涅茨（葛罗讷）墓碑碑阳拓片

图片来源：中国国家图书馆，馆藏号：北京 3615。　图片来源：中国国家图书馆，馆藏号：北京 3616。

（ou déf）end（a）nt la légation de Fran（ce）

汉译

主力舰队（部队少校）和远东舰队全体船员，致来自昂特雷卡斯托的让·马力·高亚涅茨，海员枪手（炮手）。1900 年 6 月 27 日为保卫法国公使馆而去世。

（六）塔迪约

（又译达尔，Ernest Tardieu）

碑文（见图 6–165）

法文

ICI REPOSE

ERNEST TARDIEU

NÉ LE 21 NOVEMBRE 1878

DÉCÉDÉ LE 11 DÉCEMBRE 1928

À l'âge 50 ans

图 6–165　塔迪约（达尔）墓碑碑阳拓片

图片来源：中国国家图书馆，馆藏号：北京 3614。

汉译

这里安息着欧内斯特·塔迪约。1878 年 11 月 21 日出生，1928 年 12 月 11 日去世。享年 50 岁。

第十四节　2018 年校内新整理西文碑

2018 年在北京市委党校新整理出的石碑石刻中，就墓碑上所呈现的西文而言，可分为拉丁文、法文以及西班牙文碑。按照其年限，大致可以庚子年为限。在庚子年之前，墓碑上的西文主要集中在拉丁文上。耶稣会士尽管国别不一，但墓碑采用传统文字表达，皆为汉文与拉丁文部分双语对照呈现。而庚子年后的墓碑，大多都是用法文呈现，这显示出整个墓地管理主体的转变。起初，整个墓地是由耶稣会掌管，随着"礼仪之争"的矛盾激化，耶稣会在华事业日益凋敝，最终在 1773 年被完全中断。1784 年以后，教廷将中国耶稣会士开创的天主教在华财产（教堂、学校、北堂图书馆、医院、墓地等）交于遣使会接管，栅栏墓地也归于遣使会管辖。而法国圣母小昆仲会在 1893 年也开始接管栅栏孤儿院以及葡萄牙墓地和传信部墓地，因此可以看到栅栏墓地管理主体在庚子年后基本都是法国人。而在墓地碑主身份上也出现了变化，并不局限于传教士、修生、神父、修女等神职人员，还有外国信徒等。

（一）路易斯·C.德·奥尼斯
（Iouis C. de Onis）

墓碑（见图 6–166）碑身完整，墓碑高 190 厘米、宽 72 厘米、厚 15 厘米。此碑为西班牙文，字迹清晰，"dou"应为"don"，即"dominus"的缩写，表示"主""尊敬的"意思。

碑文

西班牙文

Aqui yace el ilmo Sr. dou Iouis C. de Onis. encạigado de negocios de Espãna en China. Fallerió el 17 de octubre de 1889. R. I. P.

汉译

这里安息着尊贵的路易斯·C.德·奥尼斯先生，他曾负责西班牙在华外交事务。1889 年 10 月 17 日去世，息止安所。

（二）圣母小昆仲会众弟兄纪念碑

在此次清理过程中，发现了一通圣母昆仲会众弟兄纪念碑（见图 6–167、图 6–168）。碑身几近完整，碑高 185 厘米、长 70

图6–166　路易斯·C.德·奥尼斯墓碑

厘米、宽 100 厘米，四周有缠枝草蔓纹饰。人数共 17 人，分别记载了其姓名，去世时间以及地点。然其中标明 5 人（编号 6—10）于 1906 年 2 月 25 日在南昌被害。1906 年在南昌发生教难，5 位神父被杀害，教堂和附属建筑物全都付之一炬①。"五位在一千九百零六年南昌被仇教人所毙"②。

内容如下：

① F. EMILLA　16 JUIN 1900　S^{T} GENIS-LAVAL

② F. J^{PH}-CHANEL　27 JUIN 1903　HANKEOU

③ F. P^{RE}-PASCAL　22 NOV 1903　TCHANG-TCHEOU

④ F. M^{IE}-NES TOR　10 AOUT 1904　ZOCE

⑤ F. L^{IS}-ST PHANE　3 SEPT 1905　CANTON

⑥ F. LEON

⑦ F. PROSPE -VICTOR　MASSACRES

⑧ F. LOUIS -URICE　A NAN-TCHANG

⑨ F. JOSEPH-AHPHIEN　25 FEVRIER 1906

⑩ F. MARIO

⑪ F. JOSEPH- TIEN　29 SEPT 1906 HONGKONG

⑫ F. F^{COIS}-NON　19 AOUT 1907　S^{T} GENIS-LAVAL

⑬ F. ELIE-FRACOIS　11 SEPT 1907　KI-AN

⑭ F. L^{IS}-RAPHAELIS　17 JUIL 1913　CANTON

⑮ F. J^{PH}-PROCULE

⑯ F. L^{IS}-ROSTKA　JUIN　1915

⑰ F. JEAN-VICTOR　9 MAI　1916　CHANGHAI

图 6–167　圣母小昆仲会众弟兄纪念残碑

就碑上所提及的圣热拉瓦尔省（出现两处）来看，此碑可能为圣母小昆仲会士纪念碑。根据圣母小昆仲会最早来华记载，1891 年时有 6 位圣母小昆仲会士来到中国，成为中华省会的创建人，他们分别为圣热拉瓦尔省的省会长和助理。可见圣母小昆仲会与圣热拉瓦尔省的密切渊源。经意大利圣母小昆仲会总会档案负责人科林·查默斯（Colin Chalmers）修士确认，这 17 位圣母小昆仲会士皆为法国人，来华传教且葬于中华，碑上地点即为其卒地。而遵循圣母小昆仲会的传统，会集合前往某个国家传教然去世于各地的弟兄信息，且刻于石碑上以示纪念。综合碑石（简称"碑"）和圣母小昆仲会总会档案（简称"档"）的信息，罗列如下（见表 6–1）：

图 6–168　圣母小昆仲会众弟兄纪念残碑局部

---

① Cf. *Bulletin Bulletin de l'Institut des Petits Freres de Marie*. Pékin:Imprimerie des Lazaristes, 1919, p.408.

② 《近事：八月七日栅栏主母省会举行该会修士前来中国廿五年银庆》，《圣教杂志》1916 年第 10 期。

表 6-1　众圣母小昆仲会士信息表 ①

编号	教名	俗名	出生日期	去世日期	去世地点
1	埃米利亚尼 (Emiliani)	马塞林·蓬特 (Marcellin Pontet)	1840.9.22	1900.61.126	圣热拉瓦尔 （碑）
2	约瑟夫·香奈儿 (Joseph Chanel)	维克托·瓦莱特 (Victor Vallet)	1876.3.26	1903.6.27（碑） 1903.6.15（档）	汉口（碑）
3	彼埃尔·帕斯卡 (Pierre Pascal)	让·路易斯·巴赞 (Jean Louis Bazin)	1859.3.19	1903.11.22（碑） 1903.9.11（档）	常州
4	玛丽·内斯特 (Marie Nestor)	朱勒·盖肯 (Jules Gacon)	1880.5.21	1904.8.10（碑）	Zoce（碑）待 考；上海（档）
5	路易斯·斯特凡 (Louis Stéphane)	皮埃尔·高斯尔 (Pierre Gauthier)	1885.3.22	1905.9.3（碑） 1905.10.3（档）	广东
6	里奥 Leon（不详）	不详	不详	1906.2.25（碑）	南昌
7	普罗斯佩尔·维克托 (Prosper Victor)	普罗斯·佩尔 (Prosper Paysal)	1877.11.30	1906.2.25（碑、 档统一）	南昌
8	路易斯·莫里斯 (Louis Maurice)	马里厄斯·杜兰·特拉松 (Marius Durand Terrasson)	1883.5.29	1906.2.25（碑、 档统一）	南昌
9	约瑟夫·安菲 (Joseph Amphien)	阿尔芒·吉略特 (Armand Guillot)	1885.8.19	1906.2.25（碑）	南昌
10	马里奥 Mario（不详）	不详	不详	1906.2.25（碑）	南昌
11	约瑟夫·安菲 (Joseph Amphien)	安托万·玛丽·尚帕农 (Antoine Marie Champagnon)	1864.9.16	1906.9.29（碑） 1906.9.30（档）	香港市民医院 （档）
12	弗兰西斯·诺埃尔 (François Noel)	尤金·帕维莱 (Eugène Pavillet)	1877.1.24	1907.8.19（碑）	圣热拉瓦尔 （碑）
13	伊利弗·兰西斯 (Elie François)	弗兰西斯·埃米尔乔利 (Francis Emile Joly)	1887.6.12	1907.9.11（碑）	KI-AN（碑） 待考
14	路易斯·拉斐尔 (Louis Raphaelis)	皮埃尔·伊丹 (Pierre Eydan)	1885.12.15	1913.7.17（碑）	广东（碑）
15	若瑟·普罗库莱 (Joseph Procule)	不详	不详	不详	不详
16	路易斯·科斯卡 (Louis Kostka)	不详	不详	1915.6（碑）	不详
17	让·维克托 (Jean Victor)	让·巴普蒂斯特·齐斯勒 (Jean Baptiste Zwisler)	1895.11.7	1916.5.9（碑）	上海（碑）

---

① 圣母小昆仲会士信息由意大利圣母小昆仲会总会档案负责人科林·查默斯（Colin Chalmers）提供。

从生卒年可知，诸多圣母小昆仲会士英年早逝，除 5 人年岁不详外，其中 9 人不到 30 岁便去世了，最年轻者 20 岁。其中有 5 人于 1906 年 4 月 25 日这一天在南昌被杀害。而有 4 人碑上卒年信息与圣母小昆仲会档案馆记载多有差别，可能是从中国传往圣母小昆仲会总会档案记载有误，也不排除刻碑过程中出现错误，真实情况已不可考。

（三）马尔特·亨利
（Marthe Henry）

墓碑（见图 6–169）几近完整，碑身长 168 厘米、宽 56 厘米、高 26 厘米。棺盖上为十字形墓碑，法文清晰可见。

碑文

法文
CI GIT MARTHE HENRY NEE DUVAL 3 OCT 1903 PPE.

汉译
这里安息着马尔特·亨利，1903 年 10 月 3 日逝世于北京。

（四）苏珊·布登
（Suanne Boudon）

墓碑（见图 6–170）几近完整，墓碑高 110 厘米、长 38 厘米、宽 16 厘米。其碑首与碑身一体，碑身上半部分为一十字架。四周无装饰。

碑文

法文
ICI REPOSE SUSANNE BOUDON DECIDE
A PEKIN LE 28 JUILLET 1906 PRIES ROURELEE.

汉译
这里安息着苏珊·布登，1906 年 7 月 28 日逝世于北京。

（五）马尔凯蒂·李·玛丽
（Marie Li Marchetti）

墓碑（见图 6-171）几近完整，墓碑高 156 厘米、长 75 厘米、宽 16 厘米。其碑首与碑身一体，篆额天宫部分内凹，并无文字。四周无装饰。

碑文

法文

ICI REPOSE MARIE LI NÉE MARCHETTI DÉCÉDÉ A PÉKIN LE 11 AOUT 1916 REQUI-
ESCAT IN PACE.

汉译

这里安息着马尔凯蒂·李·玛丽，1916 年 8 月 11 日逝世于北京。息止安所。

图 6-169　马尔特·亨利墓碑

图 6-170　苏珊·布登墓碑

图 6-171　马尔凯蒂·李·玛丽墓碑

（六）雷米·斯普林格尔德

（Remy Splingaerd）

此墓碑（见图 6-174）几近完整，碑身长 202 厘米、宽 92 厘米、高 22 厘米。其碑首与碑身一体，至为精美。碑主全名为瑞米·弗兰西斯·萨维埃·斯普林格尔德（Remy François Xavier Splingaerd，中文名为林亚纳），雷米长期在唐山煤矿担任翻译，当时美国总统胡佛（Herbert Clark Hoover，1874—1964）为此煤矿的总工程师。雷米随后受聘于临城煤矿，后来又在河南煤矿工作了数年。退休后，他一直在北平生活。雷米于 1931 年 3 月 2 日上午 7 点在北京法国医院去世，3 月 3 日上午 11 点在北京圣弥尔厄堂为雷米举行了葬礼和追思弥撒，随后又在栅栏墓地举行了弥撒，他的亲戚和朋友们都为他哀悼祈祷。

雷米为名门之后，其父是比利时人保罗·斯普林格尔德（Paul Splingaerd，1842—1906），中文名为"林辅臣"。林辅臣于 1865 年 8 月随圣母心会士南怀义神父等一行入华，1868 年在北京德国公使馆任警察。后因结识地质学家李希霍芬（Ferdinand von Richthofen，又译里希特霍芬，1833—1905）而开始深入中国内陆。1882 年因《中俄伊犁条约》中规定允许俄商前往肃州（即嘉峪关）贸易，因此清政府在肃州开始设立海关。时任北洋大臣李鸿章推荐林辅臣任肃州海关第一任税务官。1882—1896 年，林辅臣在肃州海关共工作 14 年。其间不仅负责海关税务，还负责司法、公共事务、教育、卫生等方面的工作，声望极高。在近代甘肃工业的创建工程中，林辅臣与其长子林阿德（Alphonse Splingaerd，1877—1943）积极参与购置机器，创办实业，"为近代甘肃工业的创建做出了贡献"[1]。此

图 6-172　林辅臣及妻子墓碑旧照

图片来源：比利时圣母圣心会前会长、南怀仁基金会创始人韩德力神父（Jeroom Heyndrickx，1931—　）。亦参见林辅臣家族网站。

图 6-173　林辅臣全家福

图片来源：图片中前排茶几右为林辅臣，茶几左为其中国夫人，子女围绕左右。转引自邓明：《晚清比利时父子的中国亲缘》，《档案》2005 年 12 月 30 日。雷米为后排左二。

---

[1]　《清末比利时人林辅臣后裔省档案馆寻根觅档》，《档案》2015 年第 12 期。

外，林辅臣在华还负责、参与修筑诸多铁路、大桥，其中包括兰州黄河大桥（今中山桥）的建造，他还发起玉门油矿的勘探工作等。林辅臣中文造诣极深，被称为名副其实的"中国通"，然而不幸在比利时返回甘肃途中，于1906年9月26日在陕西病故，葬于栅栏墓地。待雷米之母李加达利纳（Catherine Li）于1918年9月20日去世后，墓地改为合葬墓。（见图6-172）雷米之弟林子香（Jean-Baptiste Splingaerd,1889—1948）夫妇合葬墓亦在栅栏墓地。然因历史变迁，墓碑、拓片皆无，仅存照片。而雷米长兄林阿德之墓则位于天津马场道国际公墓。

雷米的妻子为兰州畅家巷张子厚的女儿，畅家巷张家是大族，家产丰厚且乐善好施（全家福见图6-173）。当天主教传入甘肃后，张家皈依了天主教，并于1882年在自家的一个院落中建立了兰州第一家天主教堂。

碑文（见图6-174）

法文

ICI REPOSE Remi Splingaerd Fils Bien-aime DU GENERAL ET DE MADAME PAUL SPLINGAERU A KWEIHWACHENC LE 15 FEVERIER 1879, DECEDE A PEPING LE 2 MARS 1931 MUNI DES SACREMENTS DE LEGLISE. A MON SPOUE A NOTRE PERE REGRELLE SON EPOUSE ANNA SES ENFANTS: ELISABETH, AUGUSTINE, MARGUERITE, SUZANNE, MARIE, ROSE, JOSEPH, CLAIRE, ET LUCIE. R. I. P.

汉译

这里安息着雷米·斯普林格尔德，林辅臣阁下亲爱的儿子。1879年2月15日出生于归化城，1931年3月2日逝世于北平教会圣堂。我们的父亲，他的妻子安娜，孩子们：伊丽莎白、奥古斯丁、玛格丽特、苏珊娜、玛丽、罗斯、约瑟夫、克莱尔和卢西亚。息止安所。

图6-174 雷米·斯普林格尔德墓碑

（七）玛德琳·米勒罗
（Madeleine Millereau）

墓碑（见图6-175）完整，字迹清晰，高190厘米、宽94厘米、厚25厘米。底部有典型的欧式纹饰。

碑文

法文

ICI REPOSE MADELEINE MILLEREAU, DÉCÉ-DÉ LE 6 FÉVRIER 1946, AGEE DE 52 ANS, À MON ÉPOUSE CHÈRE ET NOTRE MÈRE RECNETTÉE.PRIEZ（pour）ELLE.

汉译

这里安息着玛德琳·米勒罗，逝世于 1946 年 2 月 6 日，享年 52 岁。致亲爱的妻子和(孩子们的)母亲。为她祈祷。

除此之外，还有残碑若干，比如玛丽亚（1878—1843）墓碑（见图 6–176）、约翰（Joannes，1888—1944）墓碑（见图 6–177），上面仅名字和生卒年。此外，埃米（Aimée）墓碑的碑首（见图 6–178）上有文字"A MA CHÈRE EPOUSE A MA MERE BIEN-AIMÉE"，译为"致我亲爱的妻子、我的母亲——埃米"。还发现一碑座残件（其现状见图 6–179，其旧图见图 6–180），右上角残缺。为上下弧形规制，底座形如左右对称弧形，竖面有法文"C MON EP-OUX NOTRE PERE"，译为"我的丈夫，我们的父亲"。

就历史而言，此次新整理墓碑属于栅栏墓地的历史遗存。它与栅栏墓地的演变历史紧密相连。栅栏墓地从传统传教士墓地发展到修女、信徒墓地，可见随着时代变迁，400 余年来栅栏墓地不断发挥着作用，成为了天主教在华的地标。它一方面反映出中西文化交流在历史上融突和合，印证自明清以来的"西学东渐"的热潮。另一方面，更具有重要的现实意义，有力补充了中西文化交流的实物证明，可在

图 6–175　玛德琳·米勒罗墓碑

图 6–176　玛丽亚墓碑

图 6–177　约翰墓碑

外事交流活动中发挥重要的佐证作用，提升我国在保护世界文化遗产方面的影响力。

图 6-178　埃米墓碑碑首

图 6-179　碑座残件

图 6-180　残件所在墓碑旧照

图片来源：圆明园研究人员刘阳先生。

第十五节　曾在栅栏文声修道院学习、发愿、晋铎、工作的神父

此节主要涉及遣使会士。当时栅栏文声修道院作为遣使会在华的北方总修院，诸多遣使会士皆是从栅栏地毕业，再前往各地传教，特别是直隶省各区。时间上除了张步级较早外，其他皆集中于 1909 年至 1934 年这 30 年的时间内。而这段时间亦是栅栏文声修道

院平稳发展的时期。据方立中（Joseph Van de Brandt，1903—1908 年在华）的《入华遣使会士列传》（Les Lazaristes en Chine，1697—1935. Notes biographiques）统计，在 1697—1935 年间，在华遣使会士共有 946 人。他们之中绝大部分来自法国，也有少数来自荷兰、波兰、意大利、葡萄牙和德国。其主要活动区是北京、直隶、浙江、江西、上海、内蒙古、四川等地区。

1. 张步级（Pierre Tchang）

中国人，1844 年 10 月 15 日生于河北省宣化府西宁县牛坊沟村。1874 年 7 月 19 日在北京入修院。1897 年 10 月 22 日在栅栏逝世，其墓地在正福寺。①

2. 柴聊抱（Jean-Henri Serre）

法国人，1880 年 6 月 12 日生于法国康塔尔省的圣 – 博内 – 德萨勒（Saint-Bonnet-de-salers）。1909 年在栅栏文声修道院。②

3. 宋德馨（Jean-Baptiste Song）

中国人，1870 年 5 月 14 日生于河北省元氏县小留村。1909 年 7 月 1 日入栅栏文声修道院，1911 年 7 月 18 日在栅栏发愿。③

4. 陈世绵（Joseph Tch'en）

中国人，1881 年 7 月 24 日生于河北省元氏县南殷村。1909 年 7 月 18 日入栅栏文声修道院，1911 年 7 月 19 日在栅栏发愿。④

5. 尉文汇（Joseph Yu）

中国人，1885 年 8 月 13 日生于河北省赵县尉家庄。1909 年 7 月 18 日入栅栏文声修道院。1911 年 7 月 19 日在栅栏发愿。同年 10 月 18 日在栅栏晋铎。⑤

---

① Cf. Joseph van den Brandt, *Les Lazaristes en Chine, 1697-1935. Notes biographiques*, Pei-P'ing Imprimerie des Lazaristes, 1936. p.85.

② Cf. Joseph van den Brandt, *Les Lazaristes en Chine, 1697-1935. Notes biographiques*, Pei-P'ing Imprimerie des Lazaristes, 1936. p.164.

③ Cf. Joseph van den Brandt, *Les Lazaristes en Chine, 1697-1935. Notes biographiques*, Pei-P'ing Imprimerie des Lazaristes, 1936. p.176.

④ Cf. Joseph van den Brandt, *Les Lazaristes en Chine, 1697-1935. Notes biographiques*, Pei-P'ing Imprimerie des Lazaristes, 1936.p.176.

⑤ Cf. Joseph van den Brandt, *Les Lazaristes en Chine, 1697-1935. Notes biographiques*, Pei-P'ing Imprimerie des Lazaristes, 1936. p.176.

6. 尉文森（Jules Yu）

中国人，1887 年 11 月 9 日生于河北省石家庄市赵县，1909 年 7 月 18 日入栅栏文声修道院，1911 年 7 月 19 日发愿，1913 年 12 月 20 日在栅栏晋铎。①

7. 张辅仁（Paul Tchang）

中国人，1888 年 11 月 11 日生于河北省蓟州邦均镇。1909 年 10 月 5 日入栅栏文声修道院。1911 年 10 月 8 日在栅栏发愿，1916 年 12 月 23 日在栅栏晋铎。②

8. 王惠山（Mathias Wang）

中国人，1887 年 1 月 14 日生于河北省宝坻县小宝甸。1910 年 2 月 16 日入栅栏文声修道院。1912 年 2 月 17 日在栅栏发愿。1914 年 11 月 7 日在栅栏晋铎。③

9. 贾希中（Thomas Kia）（见图 6–181）

中国人，1889 年 3 月 15 日生于通州区贾家疃。1910 年 2 月 19 日入栅栏文声修道院。1912 年 2 月 20 日在栅栏发愿。1913 年 11 月 20 日在栅栏晋铎。④

10. 程九朝（Thomas Tch'eng）

中国人，1874 年 11 月 29 日生于河北省赵州的杨沪，1910 年 2 月 24 日在栅栏文声修道院发愿。⑤

11. 贺德惠（Joseph Ho）

中国人，1883 年 12 月 28 日生于北京。1910 年 9 月 8 日在栅栏文声修道院发愿，1911 年 3 月 18 日在栅栏晋铎。⑥

图 6–181　贾希中像

图片来源：参见 *Vicariat Apostolique de Pékin:État de la Mission du ler juillet 1931 au 30 juin 1932*. p.181。

---

① Cf. Joseph van den Brandt, *Les Lazaristes en Chine, 1697-1935. Notes biographiques*, Pei-P'ing Imprimerie des Lazaristes, 1936. p.177.

② Cf. Joseph van den Brandt, *Les Lazaristes en Chine, 1697-1935. Notes biographiques*, Pei-P'ing Imprimerie des Lazaristes, 1936. p.181.

③ Cf. Joseph van den Brandt, *Les Lazaristes en Chine, 1697-1935. Notes biographiques*, Pei-P'ing Imprimerie des Lazaristes, 1936. p.181.

④ Cf. Joseph van den Brandt, *Les Lazaristes en Chine, 1697-1935. Notes biographiques*, Pei-P'ing Imprimerie des Lazaristes, 1936. p.181.

⑤ Cf. Joseph van den Brandt, *Les Lazaristes en Chine, 1697-1935. Notes biographiques*, Pei-P'ing Imprimerie des Lazaristes, 1936. p.172.

⑥ Cf. Joseph van den Brandt, *Les Lazaristes en Chine, 1697-1935. Notes biographiques*, Pei-P'ing Imprimerie des Lazaristes, 1936. p.172.

12. 李尧然（Paul Li）

中国人，1886 年 2 月 13 日生于北京。1910 年 9 月 8 日在栅栏文声修道院发愿，1911 年 3 月 18 日在栅栏晋铎。①

13. 张先民（Joseph Tchang）

中国人，1889 年 2 月 13 日生于河北省宁晋县小营里。1910 年 6 月 6 日入栅栏文声修道院。1912 年 6 月 7 日在栅栏发愿。1915 年 6 月 29 日在栅栏晋铎。②

14. 许静之（Paul Hsu）

中国人，1887 年 6 月 3 日生于河北省迁安县杨各庄。1910 年 8 月 14 日入栅栏文声修道院。1912 年 8 月 5 日在栅栏发愿。1916 年 1 月 6 日在栅栏晋铎。③

15. 李德纯（Jean-Baptiste Li）

中国人，1891 年 6 月 14 日生于河北省宣化府怀来县双树子。1910 年 8 月 24 日入栅栏文声修道院。1912 年 8 月 25 日在栅栏发愿。④

16. 王增义（Jean-Baptise Wang）

中国人，1884 年 6 月 6 日生于河北省保定府定兴县庞各庄。1910 年 9 月 8 日在栅栏文声修道院发愿，1911 年 3 月 18 日在栅栏晋铎。⑤

17. 孟焕禹（Pierre Mong）（见图 6–182）

中国人，1855 年 12 月 14 日生于河北省保定府定兴县庞各庄。1910 年 9 月 8 日在栅栏文声修道院发愿，1911 年 3 月 18 日在栅栏晋铎。⑥

图 6–182 孟焕禹像

图片来源：参见 Vicariat Apostolique de Pékin:État de la Mission du ler juillet 1931 au 30 juin 1932. p.85。

---

① Cf. Joseph van den Brandt, *Les Lazaristes en Chine, 1697-1935. Notes biographiques,* Pei-P'ing Imprimerie des Lazaristes, 1936. p.173.

② Cf. Joseph van den Brandt, *Les Lazaristes en Chine, 1697-1935. Notes biographiques,* Pei-P'ing Imprimerie des Lazaristes, 1936. p.181.

③ Cf. Joseph van den Brandt, *Les Lazaristes en Chine, 1697-1935. Notes biographiques,* Pei-P'ing Imprimerie des Lazaristes, 1936. p.182.

④ Cf. Joseph van den Brandt, *Les Lazaristes en Chine, 1697-1935. Notes biographiques,* Pei-P'ing Imprimerie des Lazaristes, 1936. p.183.

⑤ Cf. Joseph van den Brandt, *Les Lazaristes en Chine, 1697-1935. Notes biographiques,* Pei-P'ing Imprimerie des Lazaristes, 1936. p.172.

⑥ Cf. Joseph van den Brandt, *Les Lazaristes en Chine, 1697-1935. Notes biographiques,* Pei-P'ing Imprimerie

18. 杨仁址（Chrétien Jansen）

荷兰人，1884 年 11 月 18 日生于荷兰北布拉班特省（Nord-Brabant）菲尔灵思贝克（Vierlings-beek）。1910 年 9 月 15 日抵华后，先被安置在栅栏文声修道院。①

19. 张福良（Étienne Tchang）

中国人，1890 年 12 月 26 日生于河北省广平府威县张家庄。1910 年 12 月 24 日入栅栏文声修道院。1912 年 12 月 25 日在栅栏发愿。②

20. 辛春海（Thomas Sin）

中国人，1887 年 5 月 13 日生于河北省顺德府任县留垒村。1911 年 1 月 8 日入栅栏文声修道院。1913 年 1 月 9 日在栅栏发愿。1913 年 12 月 20 日在栅栏晋铎。③

21. 展涤凡（Paul Tchan）

中国人，1891 年 11 月 28 日生于河北省保定府蠡县张村。1911 年 2 月 16 日入栅栏文声修道院。1913 年 2 月 17 日在栅栏发愿。1917 年 6 月 29 日在栅栏晋铎。④

22. 陈国栋（Stanislas Tch'en）

中国人，1891 年 11 月 28 日生于河北省保定府束鹿县刘家庄。1911 年 2 月 16 日入栅栏文声修道院。1913 年 2 月 16 日在栅栏发愿。1917 年 6 月 29 日在栅栏晋铎。⑤

23. 黄汝梅（Pierre Hoang）

中国人，1880 年 9 月 20 日生于河北省盐山县黄庄子。1911 年 5 月 28 日在栅栏文声修道院发愿，并安置于此。⑥

---

des Lazaristes, 1936. p.172.

① Cf. Joseph van den Brandt, *Les Lazaristes en Chine, 1697-1935. Notes biographiques*, Pei-P'ing Imprimerie des Lazaristes, 1936. p.184.

② Cf. Joseph van den Brandt, *Les Lazaristes en Chine, 1697-1935. Notes biographiques*, Pei-P'ing Imprimerie des Lazaristes, 1936. p.185.

③ Cf. Joseph van den Brandt, *Les Lazaristes en Chine, 1697-1935. Notes biographiques*, Pei-P'ing Imprimerie des Lazaristes, 1936. p.186.

④ Cf. Joseph van den Brandt, *Les Lazaristes en Chine, 1697-1935. Notes biographiques*, Pei-P'ing Imprimerie des Lazaristes, 1936. p.187.

⑤ Cf. Joseph van den Brandt, *Les Lazaristes en Chine, 1697-1935. Notes biographiques*, Pei-P'ing Imprimerie des Lazaristes, 1936. p.187.

⑥ Cf. Joseph van den Brandt, *Les Lazaristes en Chine, 1697-1935. Notes biographiques*, Pei-P'ing Imprimerie des Lazaristes, 1936. p.175.

24. **管魁秀**（Antoine Koan）

中国人，1889 年 6 月 13 日生于北京。1911 年 5 月 28 日在栅栏文声修道院发愿，居栅栏长达 12 年。①

25. **白世珍**（Joseph Pai）

中国人，1880 年 11 月 16 日生于河北省正定县固城。1911 年 6 月 2 日入栅栏文声修道院。1913 年 7 月 4 日在栅栏发愿。②

26. **王宾**（Étienne Wang）

中国人，1868 年 7 月生于河北省宣化府蔚县绫罗村。1911 年 6 月 5 日入栅栏文声修道院。1913 年 6 月 6 日在栅栏发愿。③

27. **范荣懋**（Étienne Fan）

中国人，1872 年 11 月生于北京。1911 年 6 月 8 日入栅栏文声修道院。1913 年 6 月 9 日在栅栏发愿。④

28. **米济民**（Jean Mi）

中国人，1883 年 7 月 4 日生于河北省宁晋县小营里。1911 年 7 月 11 日入栅栏文声修道院。1913 年 10 月 4 日在栅栏发愿。⑤

29. **申清铎**（François Chen）

中国人，1887 年 12 月 15 日生于河北省宁晋县唐邱。1911 年 7 月 16 日入栅栏文声修道院。1913 年 7 月 17 日在栅栏发愿。同年 12 月 20 日在栅栏晋铎。⑥

---

① Cf. Joseph van den Brandt, *Les Lazaristes en Chine, 1697-1935. Notes biographiques*, Pei-P'ing Imprimerie des Lazaristes, 1936. p.175.

② Cf. Joseph van den Brandt, *Les Lazaristes en Chine, 1697-1935. Notes biographiques*, Pei-P'ing Imprimerie des Lazaristes, 1936. p.187.

③ Cf. Joseph van den Brandt, *Les Lazaristes en Chine, 1697-1935. Notes biographiques*, Pei-P'ing Imprimerie des Lazaristes, 1936. p.188.

④ Cf. Joseph van den Brandt, *Les Lazaristes en Chine, 1697-1935. Notes biographiques*, Pei-P'ing Imprimerie des Lazaristes, 1936. p.188.

⑤ Cf. Joseph van den Brandt, *Les Lazaristes en Chine, 1697-1935. Notes biographiques*, Pei-P'ing Imprimerie des Lazaristes, 1936. p.188.

⑥ Cf. Joseph van den Brandt, *Les Lazaristes en Chine, 1697-1935. Notes biographiques*, Pei-P'ing Imprimerie des Lazaristes, 1936. p.188.

30. 马步宗（Slivestre Ma）（见图 6–183）

中国人，1889 年 9 月 25 日生于河北省宣化府施家营。1911 年 8 月 14 日入栅栏文声修道院。1913 年 8 月 15 日在栅栏发愿。1919 年 1 月 25 日在栅栏晋铎。①

31. 赵秉钧（Jean-Gabriel Tchao）（见图 6–184）

中国人，1890 年 8 月 28 日生于河北省宣化府。1911 年 8 月 14 日入栅栏文声修道院。1913 年 8 月 15 日在栅栏发愿。1919 年 1 月 25 日在栅栏晋铎。②

图 6–183　马步宗像

图片来源：*Vicariat Apostolique de Pékin：État de la Mission du ler juillet 1931 au 30 juin 1932*.p.77。

32. 陈惠众（Pierre Tch'en）

中国人，1893 年 11 月 12 日生于河北省宣化府蔚州西合营。1911 年 8 月 14 日入栅栏文声修道院。1913 年 8 月 15 日在栅栏发愿。1919 年 1 月 25 日在栅栏晋铎。③

33. 李希哲（Joseph Li）

中国人，1893 年 4 月 2 日生于河北省顺天府固安县白维翎。1911 年 8 月 19 日入栅栏文声修道院。1913 年 8 月 20 日在栅栏发愿。1919 年 1 月 25 日在栅栏晋铎。④

34. 陈启明（Job Tch'en）

中国人，1891 年 11 月 8 日生于河北省正定府栾城县王家庄。1911 年 9 月 3 日入栅栏文声修道院。1913 年 9 月 4 日在栅栏发愿。1916 年 1 月 6 日在栅栏晋铎。⑤

图 6–184　赵秉钧

图片来源：*Vicariat Apostolique de Pékin, État de la Mission du ler juillet 1931 au 30 juin 1932*.p.18。

---

① Cf. Joseph van den Brandt, *Les Lazaristes en Chine, 1697-1935. Notes biographiques,* Pei-P'ing Imprimerie des Lazaristes, 1936. p.189.

② Cf. Joseph van den Brandt, *Les Lazaristes en Chine, 1697-1935. Notes biographiques,* Pei-P'ing Imprimerie des Lazaristes, 1936. p.189.

③ Cf. Joseph van den Brandt, *Les Lazaristes en Chine, 1697-1935. Notes biographiques,* Pei-P'ing Imprimerie des Lazaristes, 1936. p.189.

④ Cf. Joseph van den Brandt, *Les Lazaristes en Chine, 1697-1935. Notes biographiques,* Pei-P'ing Imprimerie des Lazaristes, 1936. p.190.

⑤ Cf. Joseph van den Brandt, *Les Lazaristes en Chine, 1697-1935. Notes biographiques,* Pei-P'ing Imprimerie des Lazaristes, 1936. p.190.

35. 张舫济（François Tchang）

中国人，1890 年 3 月 12 日生于河北省顺天府宝坻县护路辛庄。1911 年 9 月 15 日入栅栏文声修道院。1913 年 9 月 16 日在栅栏发愿。1919 年 1 月 23 日在栅栏晋铎。①

36. 甘春霖（Eugène-Gustave Castel）（见图 6–185）

法国人，1885 年 4 月 18 日生于法国巴黎。1911 年 9 月 20 日抵华后，首先被安置在栅栏文声修道院②。

图 6–185　甘春霖像

图 片 来 源：*Vicariat Apos-tolique de Pékin:État de la Mission du ler juillet 1931 au 30 juin 1932.*p.19。

37. 艾耆荣（Joseph-Louis-Marie Gâté）

法国人，1879 年 1 月 11 日生于法国曼恩—卢瓦尔省（Maine-et-Loire）绍莱区（Cholet）的博普雷欧（Beaupréau）。1912 年 5 月 4 日入栅栏文声修道院，1914 年 5 月 26 日同地发愿，一直在北京教区传教。③

38. 方义模（Constant-André Fiandin）④

法国人，1876 年 6 月 12 日生于法国马赛。1906 年抵沪，1912 年调往栅栏文声修道院。"代替杨仁址（Chrétien Jansen）担任德行教授和检查员（professeur de moraleet de procureur）"。⑤

39. 米兆丰（Joseph Mi）

中国人，1890 年 5 月 14 日生于河北省赵州府宁晋县小营里。1912 年 9 月 15 日入栅栏文声修道院，1914 年 9 月 8 日在栅栏发愿，1916 年 1 月 6 日在栅栏晋铎。⑥

40. 孔令德（Joseph K'ong）

中国人，1891 年 12 月 11 日生于河北省赵州柏乡县西苏。1912 年 9 月 7 日入栅栏文

① Cf. Joseph van den Brandt, *Les Lazaristes en Chine, 1697-1935. Notes biographiques,* Pei-P'ing Imprimerie des Lazaristes, 1936. p.191.

② Cf. Joseph van den Brandt, *Les Lazaristes en Chine, 1697-1935. Notes biographiques,* Pei-P'ing Imprimerie des Lazaristes, 1936. p.192.

③ Cf. Joseph van den Brandt, *Les Lazaristes en Chine, 1697-1935. Notes biographiques,* Pei-P'ing Imprimerie des Lazaristes, 1936. p.139.

④ Cf. Joseph van den Brandt, *Les Lazaristes en Chine, 1697-1935. Notes biographiques,* Pei-P'ing Imprimerie des Lazaristes, 1936. p.168.

⑤ *Le Bulletin Catholique de Pékin*, Pékin:Imprimerie des Lazaristes du Pei-T'ang, 1918.p.200

⑥ Cf. Joseph van den Brandt, *Les Lazaristes en Chine, 1697-1935. Notes biographiques,* Pei-P'ing Imprimerie des Lazaristes, 1936. p.194.

声修道院，1914 年 9 月 8 日在栅栏发愿，1916 年 1 月 6 日在栅栏晋铎。①

41. **马振东**（Henri Marijnen）

荷兰人，1886 年 9 月 10 日生于荷兰盖勒德尔州（Gueldre）海尔德马尔森（Gelder-malsen）。1912 年 7 月 14 日晋铎，同年 9 月 7 日入栅栏文声修道院。先在天津滨海作传教士，1915 年被调任栅栏。②

42. **路云平**（Eugène-Alfred-Ferdinand Loïez）

法国人，1889 年 1 月 21 日生于法国加莱海峡省（Pas-de-Calais）的圣 – 奥梅尔（Saint-Omer）。1912 年 7 月 14 日晋铎，同年 9 月 7 日抵京，先居于栅栏文声修道院。1919 年返法。1924 年再回到栅栏。③

43. **马训**（Guillaume Maassen）

荷兰人，1885 年 12 月 25 日生于荷兰盖勒德尔（Gueldre）的赫伊森（Huissen）。1912 年 9 月 7 日入栅栏文声修道院，1916 年 1 月 6 日在栅栏晋铎。④

44. **袁清柏**（André Yuen）

中国人，1890 年 12 月 1 日生于河北省保定府蠡县齐家营。1912 年 9 月 25 日入栅栏文声修道院，1914 年 10 月 18 日在栅栏发愿，1920 年 2 月 1 日在栅栏晋铎。⑤

45. **相华**（Jean-Baptiste Siang）

中国人，1892 年 6 月 14 日生于河北省安国县南马村。1912 年 9 月 25 日入栅栏文声修道院，1914 年 10 月 18 日在栅栏发愿，1920 年 2 月 1 日在栅栏晋铎。⑥

---

① Cf. Joseph van den Brandt, *Les Lazaristes en Chine, 1697-1935. Notes biographiques*, Pei-P'ing Imprimerie des Lazaristes, 1936. p.195.

② Cf. Joseph van den Brandt, *Les Lazaristes en Chine, 1697-1935. Notes biographiques*, Pei-P'ing Imprimerie des Lazaristes, 1936. p.196.

③ Cf. Joseph van den Brandt, *Les Lazaristes en Chine, 1697-1935. Notes biographiques*, Pei-P'ing Imprimerie des Lazaristes, 1936. p.196.

④ Cf. Joseph van den Brandt, *Les Lazaristes en Chine, 1697-1935. Notes biographiques*, Pei-P'ing Imprimerie des Lazaristes, 1936. p.196.

⑤ Cf. Joseph van den Brandt, *Les Lazaristes en Chine, 1697-1935. Notes biographiques*, Pei-P'ing Imprimerie des Lazaristes, 1936. p.197.

⑥ Cf. Joseph van den Brandt, *Les Lazaristes en Chine, 1697-1935. Notes biographiques*, Pei-P'ing Imprimerie des Lazaristes, 1936. p.197.

46. 刘丰盛（Simon Lieou）

中国人，1887年生于河北省河间府南宫县北孟村。1912年9月26日入栅栏文声修道院，1914年12月8日在栅栏发愿，并一直居于栅栏文声修道院。[1]

47. 蓝华廷（Joseph Lan，**又译为兰华庭**）

中国人，1894年3月19日生于河北省唐山丰润区三女河乡黄花港村。1912年10月5日入栅栏文声修道院。1914年12月8日在栅栏发愿。[2]

48. 蓝廷晏（Jean-Baptiste Lan，**又译为兰廷雨**）

中国人，1891年2月14日生于河北省唐山丰润县小稻地。1913年8月14日入栅栏文声修道院，1915年8月15日在栅栏发愿。[3]

49. 许士魁（Joseph Hsu）

中国人，1891年12月25日生于河北省永平府迁安县杨各庄。1913年8月14日入栅栏文声修道院，1915年8月15日在栅栏发愿。[4]

50. 蓝天牧（Pierre Lan）

中国人，1892年2月22日生于河北省唐山丰润县小稻地。1913年8月14日入栅栏文声修道院，1915年8月15日在栅栏发愿。[5]

51. 安日禄（Jules-César Angelloz）

法国人，1887年5月3日生于法国上萨瓦省（Haute-Savoie）托纳区（Thones）大博尔南（Grand-Bornand）。1913年8月30日到达栅栏文声修道院。[6]

---

[1] Cf. Joseph van den Brandt, *Les Lazaristes en Chine, 1697-1935. Notes biographiques*, Pei-P'ing Imprimerie des Lazaristes, 1936. p.197.

[2] Cf. Joseph van den Brandt, *Les Lazaristes en Chine, 1697-1935. Notes biographiques*, Pei-P'ing Imprimerie des Lazaristes, 1936. p.197.另参见《天主教唐山教区成立120周年纪念册（1899—2019）》，2019年12月唐山教区，第68页。

[3] Cf. Joseph van den Brandt, *Les Lazaristes en Chine, 1697-1935. Notes biographiques*, Pei-P'ing Imprimerie des Lazaristes, 1936. p.198.另参见《天主教唐山教区成立120周年纪念册（1899—2019）》，2019年12月唐山教区，第64页。

[4] Cf. Joseph van den Brandt, *Les Lazaristes en Chine, 1697-1935. Notes biographiques*, Pei-P'ing Imprimerie des Lazaristes, 1936. p.198.

[5] Cf. Joseph van den Brandt, *Les Lazaristes en Chine, 1697-1935. Notes biographiques*, Pei-P'ing Imprimerie des Lazaristes, 1936. p.199.

[6] Cf. Joseph van den Brandt, *Les Lazaristes en Chine, 1697-1935. Notes biographiques*, Pei-P'ing Imprimerie

52. **林客鸢**（Théodore-Antoine Erkelens）

荷兰人，1887 年 11 月 13 日生于荷兰北布拉班特省（Nord-Brabant）布雷达（Breda）。1913 年 8 月 30 日到达栅栏文声修道院。①

53. **穆尔理**（Étienne Maury）

法国人，1886 年 10 月 10 日生于法国卢瓦尔省（Loire）圣 – 马丹 – 勒斯特拉（Saint-Martin-Lestra）。1913 年 8 月 30 日到达栅栏文声修道院。②

54. **李振铎**（Vincent Li）

中国人，1878 年 6 月生于河北省宝坻朱家铺。1913 年 11 月 13 日入栅栏文声修道院，1915 年 11 月 14 日在栅栏发愿。③

55. **袁松林**（Jacques Yuen）

中国人，1886 年 12 月 30 日生于河北省保定府蠡县齐家营。1913 年 11 月 6 日入栅栏文声修道院，1915 年 11 月 7 日在栅栏发愿，后一直居于栅栏文声修道院。④

56. **蓝爱典**（Étienne Lan）

中国人，1895 年 12 月 23 日生于河北省唐山丰润县黄花港。1913 年 11 月 6 日入栅栏文声修道院，1915 年 11 月 7 日在栅栏发愿，一直居于栅栏，1922 年迁往正定府。⑤

57. **闵孝宽**（François Min）

中国人，1889 年 11 月 6 日生于河北省石家庄市宁晋县朱家庄。1914 年 1 月 19 日入栅栏文声修道院，1916 年 1 月 20 日在栅栏发愿，1917 年 1 月 25 日在栅栏晋铎。⑥

---

des Lazaristes, 1936. p.199.

① Cf. Joseph van den Brandt, *Les Lazaristes en Chine, 1697-1935. Notes biographiques*, Pei-P'ing Imprimerie des Lazaristes, 1936. p.199.

② Cf. Joseph van den Brandt, *Les Lazaristes en Chine, 1697-1935. Notes biographiques*, Pei-P'ing Imprimerie des Lazaristes, 1936. p.200.

③ Cf. Joseph van den Brandt, *Les Lazaristes en Chine, 1697-1935. Notes biographiques*, Pei-P'ing Imprimerie des Lazaristes, 1936. p.201.

④ Cf. Joseph van den Brandt, *Les Lazaristes en Chine, 1697-1935. Notes biographiques*, Pei-P'ing Imprimerie des Lazaristes, 1936. p.201.

⑤ Cf. Joseph van den Brandt, *Les Lazaristes en Chine, 1697-1935. Notes biographiques*, Pei-P'ing Imprimerie des Lazaristes, 1936. p.201.

⑥ Cf. Joseph van den Brandt, *Les Lazaristes en Chine, 1697-1935. Notes biographiques*, Pei-P'ing Imprimerie des Lazaristes, 1936. p.202.

58. **米济世**（Pierre Mi）

中国人，1890 年 7 月 6 日生于河北省石家庄市宁晋县小营里。1914 年 1 月 19 日入栅栏文声修道院，1916 年 1 月 20 日在栅栏发愿。①

59. **徐静仁**（Vincent Shu）

中国人，1888 年 9 月 24 日生于北京。1914 年 3 月 15 日入栅栏文声修道院。②

60. **季宝信**（Paul Ki）

中国人，1893 年 3 月 6 日生于河北省宣化龙门坡。1914 年 3 月 15 日入栅栏文声修道院，1916 年 7 月 2 日在栅栏发愿，并居于栅栏。③

61. **李望宗**（Jean-Baptiste Li）

中国人，1894 年 2 月 21 日生于河北省济南章丘县胡迪。1914 年 4 月 18 日入栅栏文声修道院，1916 年 4 月 24 日在栅栏发愿，1921 年 6 月 15 日在栅栏晋铎。④

62. **王圣泽**（Paul Wang）

中国人，1872 年 12 月生于天津蓟州白马泉。1914 年 5 月 31 日入栅栏文声修道院，1916 年 6 月 11 日在栅栏发愿，且成为修道院教员。⑤

63. **李鸿祥**（Grégoire Li，**又名李醒华**）

中国人，1892 年 2 月 19 日生于河北唐山丰润县西欢坨村。1914 年 8 月 14 日入栅栏文声修道院，1916 年 8 月 15 日在栅栏发愿。⑥

---

① Cf. Joseph van den Brandt, *Les Lazaristes en Chine, 1697-1935. Notes biographiques*, Pei-P'ing Imprimerie des Lazaristes, 1936. p.203.

② Cf. Joseph van den Brandt, *Les Lazaristes en Chine, 1697-1935. Notes biographiques*, Pei-P'ing Imprimerie des Lazaristes, 1936. p.204.

③ Cf. Joseph van den Brandt, *Les Lazaristes en Chine, 1697-1935. Notes biographiques*, Pei-P'ing Imprimerie des Lazaristes, 1936. p.204.

④ Cf. Joseph van den Brandt, *Les Lazaristes en Chine, 1697-1935. Notes biographiques*, Pei-P'ing Imprimerie des Lazaristes, 1936. p.204.

⑤ Cf. Joseph van den Brandt, *Les Lazaristes en Chine, 1697-1935. Notes biographiques*, Pei-P'ing Imprimerie des Lazaristes, 1936. p.205.

⑥ Cf. Joseph van den Brandt, *Les Lazaristes en Chine, 1697-1935. Notes biographiques*, Pei-P'ing Imprimerie des Lazaristes, 1936. p.205.

64. 安兆民（Abel Ngan）

中国人，1894 年 1 月 12 日生于河北省永平府卢龙县雷家店子。1914 年 8 月 14 日入栅栏文声修道院。1916 年 8 月 15 日在栅栏发愿。①

65. 孟雷诺（René-Joseph Flament）

法国人，1862 年 7 月 14 日出生于法国北部（Quesnoy-sur-Deûle），1905 年前往北京传教，1915 年任栅栏文声修道院院长。1916 年前往保定府，1920 年续任栅栏文声修道院院长。1923 年担任北京神学院院长，1924 年往返于北京教区。1927 年返回到栅栏，1935 年 7 月 5 日离开。②

66. 文贵宾（Jean de Vienne de Hautefeuille）

法国人，1877 年 2 月 2 日生于法国北方省杜埃（Douai），1915 年前后在栅栏文声修道院任院长。③

67. 周济世（Joseph Tcheou）

中国人，1891 年 11 月 8 日生于河北省正定府藁城县小广扬。1915 年 1 月 24 日入栅栏文声修道院。1917 年 1 月 25 日在栅栏发愿。1919 年 6 月 29 日在栅栏晋铎。后赴直隶传教。1929 年又被调往栅栏。④

68. 萧崇山（Jean Siao）

中国人，1883 年 5 月 29 日生于河北省顺德府广宗县张固寨。1915 年 4 月 28 日入栅栏文声修道院。1917 年 4 月 29 日在栅栏发愿。⑤

69. 张希良（Jean Tchang）

中国人，1893 年 9 月 29 日生于北京。1915 年 8 月 3 日入栅栏文声修道院。1917 年

---

① Cf. Joseph van den Brandt, *Les Lazaristes en Chine, 1697-1935. Notes biographiques*, Pei-P'ing Imprimerie des Lazaristes, 1936. p.206.

② Cf. Joseph van den Brandt, *Les Lazaristes en Chine, 1697-1935. Notes biographiques*, Pei-P'ing Imprimerie des Lazaristes, 1936. p.152.

③ Cf. Joseph van den Brandt, *Les Lazaristes en Chine, 1697-1935. Notes biographiques*, Pei-P'ing Imprimerie des Lazaristes, 1936. p.133.

④ Cf. Joseph van den Brandt, *Les Lazaristes en Chine, 1697-1935. Notes biographiques*, Pei-P'ing Imprimerie des Lazaristes, 1936. p.207.

⑤ Cf. Joseph van den Brandt, *Les Lazaristes en Chine, 1697-1935. Notes biographiques*, Pei-P'ing Imprimerie des Lazaristes, 1936. p.208.

8 月 5 日在栅栏发愿。1919 年 6 月 29 日在栅栏晋铎。[1]

70. **许秉道**（Pierre Hsu）

中国人，1895 年 11 月生于天津武清县双树村。1915 年 12 月 22 日入栅栏文声修道院。1917 年 12 月 27 日在栅栏发愿。[2]

71. **刘安止**（André Lieou）

中国人，1895 年 1 月 2 日生于河北省邢台市宁晋县唐邱。1916 年 1 月 20 日入栅栏文声修道院。1918 年 1 月 21 日在栅栏发愿。1921 年 1 月 25 日在栅栏晋铎。[3]

72. **王拯世**（Louis Wang）

中国人，1894 年 9 月 10 日生于河北省正定府藁城县彭明甫。1916 年 2 月 21 日入栅栏文声修道院。1918 年 1 月 21 日在栅栏发愿。1921 年 1 月 25 日在栅栏晋铎。[4]

73. **董葆真**（Pierre Tong）

中国人，1879 年 1 月生于河北省正定府栾城县油通。1916 年 7 月 9 日入栅栏文声修道院。1918 年 9 月 1 日在栅栏发愿。[5]

74. **田德玉**（Paul T'ien）

中国人，1885 年 2 月 7 日生于河北省正定府灵寿县凤鹤楼。1916 年 7 月 9 日入栅栏文声修道院。1918 年 9 月 20 日在栅栏发愿。[6]

75. **包安德**（André Bruno）

意大利人，1886 年 12 月 26 日生于意大利亚历山大省（Alexandrie）莫拉雷（Molare）。

---

[1] Cf. Joseph van den Brandt, *Les Lazaristes en Chine, 1697-1935. Notes biographiques*, Pei-P'ing Imprimerie des Lazaristes, 1936. p.208.

[2] Cf. Joseph van den Brandt, *Les Lazaristes en Chine, 1697-1935. Notes biographiques*, Pei-P'ing Imprimerie des Lazaristes, 1936. p.209.

[3] Cf. Joseph van den Brandt, *Les Lazaristes en Chine, 1697-1935. Notes biographiques*, Pei-P'ing Imprimerie des Lazaristes, 1936. p.209.

[4] Cf. Joseph van den Brandt, *Les Lazaristes en Chine, 1697-1935. Notes biographiques*, Pei-P'ing Imprimerie des Lazaristes, 1936. p.209.

[5] Cf. Joseph van den Brandt, *Les Lazaristes en Chine, 1697-1935. Notes biographiques*, Pei-P'ing Imprimerie des Lazaristes, 1936. p.210.

[6] Cf. Joseph van den Brandt, *Les Lazaristes en Chine, 1697-1935. Notes biographiques*, Pei-P'ing Imprimerie des Lazaristes, 1936. p.210.

1916 年 9 月 3 日来华后，先分配到栅栏文声修道院，在栅栏居两年。①

76. **乔惟一**（Jean K'iao）

中国人，1895 年 10 月 3 日生于河北省赵县李家疃村。1916 年 9 月 11 日入栅栏文声修道院。1918 年 9 月 12 日在栅栏发愿。1921 年 1 月 25 日在栅栏晋铎。②

77. **吴德辉**（Philippe-Ambroise Ou）（**见图** 6–186）

中国人，1893 年 4 月 24 日生于北京南堂。1917 年 7 月 23 日入栅栏文声修道院。1919 年 7 月 24 日在北京北堂发愿。③

78. **陈诠义**（Ignace Tcheng）

中国人，1890 年 9 月 6 日生于江西省建昌府南丰县下河。1918 年 1 月 25 日在栅栏文声修道院晋铎。④

79. **安希孟**（Simon Ngan）

中国人，1894 年 5 月 11 日生于河北省保定府安肃县安家庄。1918 年 7 月 13 日入栅栏文声修道院。1920 年 7 月 19 日在栅栏发愿。⑤

图 6–186　吴德辉像

图片来源：*Vicariat Apostolique de Pékin:État de la Mission du 1er juillet 1931 au 30 juin 1932.p.1.*

80. **陈文彬**

中国人，1897 年出生于唐山迁安市杨各庄镇。1918 年 9 月 1 日入栅栏文声修道院。⑥

81. **安忠**

中国人，1898 年出生于唐山迁安市杨各庄镇。1918 年 9 月 1 日入栅栏文声修道院。⑦

---

①　Cf. Joseph van den Brandt, *Les Lazaristes en Chine, 1697-1935. Notes biographiques*, Pei-P'ing Imprimerie des Lazaristes, 1936. p.211.

②　Cf. Joseph van den Brandt, *Les Lazaristes en Chine, 1697-1935. Notes biographiques*, Pei-P'ing Imprimerie des Lazaristes, 1936. p.212.

③　Cf. Joseph van den Brandt, *Les Lazaristes en Chine, 1697-1935. Notes biographiques*, Pei-P'ing Imprimerie des Lazaristes, 1936. p.213.

④　Cf. Joseph van den Brandt, *Les Lazaristes en Chine, 1697-1935. Notes biographiques*, Pei-P'ing Imprimerie des Lazaristes, 1936. p.172.

⑤　Cf. Joseph van den Brandt, *Les Lazaristes en Chine, 1697-1935. Notes biographiques*, Pei-P'ing Imprimerie des Lazaristes, 1936. p.216.

⑥　参见《天主教唐山教区成立 120 周年纪念册（1899—2019）》，2019 年 12 月唐山教区，第 68 页。

⑦　参见《天主教唐山教区成立 120 周年纪念册（1899—2019）》，2019 年 12 月唐山教区，第 76 页。

82. **柏永青**（Antoine Op Heij）（**见图** 6–187）

荷兰人，1890 年 7 月 14 日生于荷兰林堡州（Limbourg）鲁尔蒙德区（Ruremonde）的霍斯特（Horst），1918 年 10 月 28 日抵沪后，先在栅栏文声修道院任教授，后前往上海，1931 年 5 月又重新回到栅栏。①

83. **步履中**（Georges-Eugène-Charles Prévost）

法国人，1896 年 6 月 29 日生于法国巴黎。1922 年 12 月 15 日抵沪，后任教于栅栏文声修道院，1926 年 7 月 24 日返法。②

84. **温文炳**（Henri Vonken）

荷兰人，1887 年 6 月 5 日生于荷兰北布拉班特省（Nord-Brabant）的比德尔（Budel）。1920 年调往栅栏文声修道院。③

85. **杨葆仁**（François Yang）

中国人，1898 年 7 月 18 日生于河北省石家庄市高邑县新庄。1921 年 7 月 25 日入栅栏文声修道院。1923 年 7 月 29 日在嘉兴发愿。后又调至栅栏。④

86. **张世舟**

中国人，圣名类思。1892 年 2 月 19 日生于河北省唐山市丰润县西欢坨村。1921 年 9 月 1 日入栅栏文声修道院。⑤

87. **叶义详**（Jean Riera）

西班牙人，1879 年 9 月 21 日生于西班牙巴利阿里省（Baléares）马略卡岛（Majorque）的马纳科尔（Manacor）。1922 年调入栅栏文声修道院。⑥

图 6–187　柏永青像

图片来源：*Vicariat Apostolique de Pékin:État de la Mission du ler juillet 1931 au 30 juin 1932*.p.16。

---

① Cf. Joseph van den Brandt, *Les Lazaristes en Chine, 1697-1935. Notes biographiques*, Pei-P'ing Imprimerie des Lazaristes, 1936. p.217.

② Cf. Joseph van den Brandt, *Les Lazaristes en Chine, 1697-1935. Notes biographiques*, Pei-P'ing Imprimerie des Lazaristes, 1936. p.231.

③ Cf. Joseph van den Brandt, *Les Lazaristes en Chine, 1697-1935. Notes biographiques*, Pei-P'ing Imprimerie des Lazaristes, 1936. p.208.

④ Cf. Joseph van den Brandt, *Les Lazaristes en Chine, 1697-1935. Notes biographiques*, Pei-P'ing Imprimerie des Lazaristes, 1936. p.224.

⑤ 参见《天主教唐山教区成立 120 周年纪念册（1899—2019）》，2019 年 12 月唐山教区，第 67 页。

⑥ Cf. Joseph van den Brandt, *Les Lazaristes en Chine, 1697-1935. Notes biographiques*, Pei-P'ing Imprimerie des Lazaristes, 1936. p.167.

88. 邸振铎（Grégoire Dimitriadès）

法国人，1892 年 1 月 13 日生于法国马其顿（Macédoine）塞雷斯州（Serrès）。1922 年 12 月 15 日抵沪后，曾任教于栅栏文声修道院。①

89. 家辣伯（Henri-Cyprien-Alfred Crapez）

法国人，1881 年 2 月 18 日生于法国北部省（Nord）的凯努瓦（Quesnoy）。1906 年 9 月 6 日抵沪，1923 年任栅栏文声修道院院长，1929 年调任上海。②

90. 陆士元（Cornelle Louws）

荷兰人，遣使会士，1897 年 11 月 9 日生于荷兰北布拉班特（Nord-Brabant）布雷达（Breda）附近的吉尔兹(Gilze)，1924 年 9 月 11 日抵达永平府，曾服务于栅栏文声修道院。③

91. 李蔚那（Aymard-Bernard Duvigneau）

法国人，1879 年 2 月 21 日生于法国朗德省（Landes）圣马丹 - 德赛尼昂区（St.Martin-de-Seignanx）的翁德尔（Ondres）。1904 年 9 月 17 日抵沪，1924-1929 年间在栅栏文声修道院。1932 年 7 月 1 日任遣使会印刷厂厂长。④

92. 马理格（Gédépm Marécaux）

法国人，1884 年 12 月 12 日生于法国北方省（Nord）的里尔（Lille）。1904 年 9 月 29 日抵沪。1924 年 1 月 10 日至 8 月 16 日在栅栏文声修道院。⑤

93. 赵锦华（又名赵振亚）

中国人，1904 年 1 月 6 日生于天津，1925 年入天津小修道院，后前往栅栏文声修道院。1928 年又前往嘉兴文生修道院。⑥

---

① Cf. Joseph van den Brandt, *Les Lazaristes en Chine, 1697-1935. Notes biographiques*, Pei-P'ing Imprimerie des Lazaristes, 1936. p.231.

② Cf. Joseph van den Brandt, *Les Lazaristes en Chine, 1697-1935. Notes biographiques*, Pei-P'ing Imprimerie des Lazaristes, 1936. p.167.

③ Cf. Joseph van den Brandt,Les Lazaristes en Chine,1697-1935.Notes biographiques，Pei-P'ing Imprimerie des Lazaristes, 1936. p.233.另参见《天主教唐山教区成立 120 周年纪念册（1899—2019）》，2019 年 12 月唐山教区，第 64 页。

④ Cf. Joseph van den Brandt, *Les Lazaristes en Chine, 1697-1935. Notes biographiques*, Pei-P'ing Imprimerie des Lazaristes, 1936. p.157.

⑤ Cf. Joseph van den Brandt, *Les Lazaristes en Chine, 1697-1935. Notes biographiques*, Pei-P'ing Imprimerie des Lazaristes, 1936. p.192.

⑥ Cf. Joseph van den Brandt,Les Lazaristes en Chine,1697-1935.Notes biographiques，Pei-P'ing Imprimerie

94. 王永铎

中国人，1907 年生于河北省唐山迁安市潘营村。1927 年 9 月 1 日入栅栏文声修道院。①

95. 赵天爵

中国人，1907 年生于河北省唐山丰润县西欢坨村。1927 年 9 月 1 日入栅栏文声修道院。②

96. 王沛如

中国人，1905 年生于河北省唐山卢龙县鼓楼后街。1927 年 9 月 1 日入栅栏文声修道院。③

97. 包世杰（亦称包士杰，Jean-Marie-Vincent Flanchet）（见图 6–188）

法国人，1870 年 7 月 23 日生于法国卢瓦尔省（Loire）圣热内 – 马利福（St.Genest-Malifaux）区的容西耶（Jonzieux）。1896 年 5 月 30 日在北京晋铎，随即赴北京宗座代牧区作传教士④。专门撰写《栅栏的天主教墓地及其事业（1610—1927）》（*Le Cimetière et Les Oevres Catholiques de Chala 1610-1927*）一书。

98. 方立中（Joseph Van de Brandt）（见图 6–189）

比利时人，1883 年 9 月 19 日在比利时安卫普特（Anvers）省的蒂尔瑙特（Turnhout）。1908 年 7 月 7 日被调到北京遣使会印刷厂。曾任在华遣使会助理主教，记录遣使会士在京情况，涉及栅栏文声修道院。⑤

图 6–188　包世杰像

图 片 来 源：参 见 *Vicariat Apostolique de Pékin:État de la Mission du ler juillet 1931 au 30 juin 1932.p.17*。

图 6–189　方立中像

图 片 来 源：*Vicariat Apostolique de Pékin:État de la Mission du ler juillet 1931 au 30 juin 1932.p.20*。

---

des Lazaristes, 1936. p.246. 另参见天津市档案馆主编，于学蕴、刘琳编著：《天津老教堂》，天津人民出版社 2005 年版，第 176 页。

① 参见《天主教唐山教区成立 120 周年纪念册（1899—2019）》，2019 年 12 月唐山教区，第 69 页。

② 参见《天主教唐山教区成立 120 周年纪念册（1899—2019）》，2019 年 12 月唐山教区，第 70 页。

③ 参见《天主教唐山教区成立 120 周年纪念册（1899—2019）》，2019 年 12 月唐山教区，第 70 页。

④ Cf. Joseph van den Brandt, *Les Lazaristes en Chine, 1697-1935. Notes biographiques*, Pei-P'ing Imprimerie des Lazaristes,1936. p.125.

⑤ Cf. Joseph van den Brandt, *Les Lazaristes en Chine, 1697-1935. Notes biographiques*, Pei-P'ing Imprimerie des Lazaristes, 1936. p.155.

99. 和毓华（Jean Herrijgers）

荷兰人，遣使会士，1901 年 10 月 11 日生于荷兰北布拉班特（Nord-Brabant）布雷达（Breda）附近的斯普伦德尔（Sprundel），1927 年 9 月 5 日到达永平府，曾服务于栅栏文声修道院①。

100. 樊国阴（Octave-Marie-Lucien Ferreux）

法国人，1875 年 5 月 2 日生于法国汝拉省（Jura）尚帕尼奥勒（Champagnole）区的蒙龙（Montrond）。1902 年 11 月 6 日抵沪，后在直隶省传教多年，1934 年 1 月出任栅栏文声修道院院长②，"一九三四年任栅栏大修院院长，他热心，守规，明智庄重，救灵心切，勇毅超凡，管理了这座数个教区的联合总修院"。③

101. 赵国贤（Pierre Tchao）

中国人，1880 年 10 月 5 日生于河北石家庄市雄州镇马蹄湾村。相继在嘉兴修院、栅栏文声修道院和保定府的小修院工作。④

102. 于纯璧（Alphonse-Marie-Joseph Hubrecht）（见图 6–190）

法国人，1883 年 3 月 7 日生于法国北方省（Nord）卡塞勒区（Cassel）的巴宛索夫（Bavainchove）。1909 年 9 月 17 日抵沪，后安置在栅栏文声修道院。⑤

图 6–190　于纯璧像

图片来源：参见 *Vicariat Apostolique de Pékin：État de la Mission du ler juillet 1931 au 30 juin 1932*.p.27。

103. 孟济华（Antoine-Joseph Hommers）

荷兰人，1891 年 6 月 27 日生于荷兰北布拉班特省（Nord-Brabant）的蒂尔堡（Tilbourg）。1918 年来华后，1919 年在栅栏

---

① Cf. Joseph van den Brandt,Les Lazaristes en Chine,1697-1935.Notes biographiques, Pei-P'ing Imprimerie des Lazaristes, 1936. p.245. 另参见《天主教唐山教区成立 120 周年纪念册（1899—2019）》，2019 年 12 月唐山教区，第 65 页。

② Cf. Joseph van den Brandt, *Les Lazaristes en Chine, 1697-1935. Notes biographiques*, Pei-P'ing Imprimerie des Lazaristes, 1936. p.147.

③ [法] 樊国阴：《遣使会在华传教史》，吴宗文译，台湾华明书局 1977 年版，第 9 页。

④ Cf. Joseph van den Brandt, *Les Lazaristes en Chine, 1697-1935. Notes biographiques*, Pei-P'ing Imprimerie des Lazaristes, 1936. p.157.

⑤ Cf. Joseph van den Brandt, *Les Lazaristes en Chine, 1697-1935. Notes biographiques*, Pei-P'ing Imprimerie des Lazaristes, 1936. p.178.

文声修道院任教①。"他虔诚、本真、思想深邃，才智过人。"②

104. 张士永（Jean Tchang）

中国人，1911 年 7 月 5 日生于天津安次县堤营村。曾于 1934 年被调入栅栏修道院。③

105. 樊惟一（Cornelle-Antonie Klamer）

荷兰人，遣使会士，1881 年 11 月 14 日生于阿姆斯特丹，1908 年 9 月 17 日到达上海，1921 年服务于遵化，永平府等地，后任教于栅栏文声修道院。④

106. 王德方

中国人，熙笃会士（苦修会）。1920 年生于河北省唐山迁安市潘营村。1938 年入栅栏文声修道院，1945 年晋铎。⑤

107. 刘景生

中国人，1916 年 9 月 2 日生于河北省唐山丰润区三女河乡黄花港村。1939 年 9 月 1 日入栅栏文声修道院。⑥

108. 李鸿皋

中国人，1919 年生。1939 年 9 月入栅栏文声修道院，1945 年 5 月 4 日在北京晋铎。⑦

109. 王永清

中国人，1922 年生于河北省唐山卢龙县城关北街。1941 年 9 月 1 日入栅栏文声修道院，1947 年在北京晋铎。⑧

---

① Cf. Joseph van den Brandt, *Les Lazaristes en Chine, 1697-1935. Notes biographiques,* Pei-P'ing Imprimerie des Lazaristes, 1936. p.215.

② *Le Bulletin Catholique de Pékin*, Pékin:Imprimerie des Lazaristes du Pei-T'ang, 1920. p.378.

③ Cf. Joseph van den Brandt, *Les Lazaristes en Chine, 1697-1935. Notes biographiques,* Pei-P'ing Imprimerie des Lazaristes,1936. p.254.

④ Cf. Joseph van den Brandt, *Les Lazaristes en Chine, 1697-1935. Notes biographiques,* Pei-P'ing Imprimerie des Lazaristes, 1936. p.169.另参见《天主教唐山教区成立 120 周年纪念册（1899—2019）》，2019 年 12 月唐山教区，第 55 页。

⑤ 参见《天主教唐山教区成立 120 周年纪念册（1899—2019）》，2019 年 12 月唐山教区，第 69 页。

⑥ 参见《天主教唐山教区成立 120 周年纪念册（1899—2019）》，2019 年 12 月唐山教区，第 72 页。

⑦ 参见《天主教唐山教区成立 120 周年纪念册（1899—2019）》，2019 年 12 月唐山教区，第 70 页。

⑧ 参见《天主教唐山教区成立 120 周年纪念册（1899—2019）》，2019 年 12 月唐山教区，第 74 页。

110. 王慎之

中国人，1921年生于河北省唐山迁安市潘营村。1942年9月1日入栅栏文声修道院。①

111. 董曾顺

中国人，1918年生于河北省邢台柏乡县鸦各营村。1942年9月1日入栅栏文声修道院，1947年在北京晋铎。②

112. 岳宝德

中国人，1920年生于河北省唐山迁安市黄金寨村。1940—1946年就读于栅栏文声修道院，1947年晋铎后服务于南堂。③

113. 董增魁

中国人，1922年生于河北省邢台柏乡县鸦各营村。1945年9月1日入栅栏文声修道院。④

114. 陈焕章

中国人，1925年3月8日生于唐山滦州市宜安村。1949—1951年就读于栅栏文声修道院，与他同行从卢龙小修院前往栅栏文声修道院的修生还有其他三人。当时他们一个班有六十人，其中来自永平府教区的修生就有十位。据记载，1950—1951年间所有河北省的修生们全都前往栅栏文声修道院学习。⑤

115. 徐哲

中国人，1927年7月28日出生于河北唐山平安城镇东贾庄子。1951年9月1日入栅栏文声修道院，1954年6月栅栏修院解散后回唐山教区。⑥

---

① 参见《天主教唐山教区成立120周年纪念册（1899—2019）》，2019年12月唐山教区，第69页。
② 参见《天主教唐山教区成立120周年纪念册（1899—2019）》，2019年12月唐山教区，第74页。
③ 参见《天主教唐山教区成立120周年纪念册（1899—2019）》，2019年12月唐山教区，第74页。
④ 参见《天主教唐山教区成立120周年纪念册（1899—2019）》，2019年12月唐山教区，第76页。
⑤ 参见《天主教唐山教区成立120周年纪念册（1899—2019）》，2019年12月唐山教区，第75页。
⑥ 参见《天主教唐山教区成立120周年纪念册（1899—2019）》，2019年12月唐山教区，第72页。

第七章
慕天之隅，和美之境——栅栏墓地艺术探微

栅栏墓地作为天主教在华的标志性墓地，除了墓碑文字背后所蕴含的丰富历史信息外，整个墓地艺术不容忽视。纵观中国石刻艺术，历史悠久，神韵非凡。它可上溯至新石器时代，经商周玉石雕刻、秦汉陵墓雕刻，南北朝乃至隋唐时期佛教、道教造像石刻的发展高峰，再通过两宋民间世俗化的转向，到了元明清时期总体上石刻艺术开始式微。然而栅栏墓地所具有的独特宗教元素让它在整个中国石刻艺术史上别树一帜，熠熠生辉。从栅栏墓地艺术中不仅可对传教士的在华地位以及生存处境一目了然，亦可看到中西墓碑艺术与文化的完美融合。

从广义而言，凡以石头为载体，并经过人的劳动加工而成作品即称为石刻。墓碑、祠庙碑、纪念碑就数量而言是碑刻中的主体。[1] 在栅栏墓地的语境下，亦是集中于墓葬石刻，以墓碑、石五供、墓门、纪念碑为主。

第一节 以碑载文——栅栏墓地采用
传统刻字碑形制

一般刻字碑主要由碑首、碑身和碑座三部分构成。栅栏墓地遵循石刻的固定形制，而且现存墓碑基本都是官方赐予，且等级较高，皆为刻字碑。"其墓碑大多为螭首方趺，利玛窦墓碑为其中较为高大者。每块石碑上分别用中文、拉丁文等不同文字镌刻墓志铭，或详或略，长短不一，记载墓中传教士所属修会、姓名、国籍、在会时间、来华年代、官职、卒地、亡期、年龄等个人资料。"[2]

碑首主要是体现碑主的社会地位和身份。整个栅栏墓地大多数碑首下为云盘，上作蟠龙（盘龙）或者游龙纹饰，图式多为双龙戏珠。[3] 根据碑身厚薄而定龙之规模，一般为两

---

[1] 参见徐自强、吴梦麟：《中国的石刻与石窟》，中国国际广播出版社 2009 年版，第 42 页。

[2] 向以鲜：《中国石刻艺术编年史》（愉悦卷·两宋、辽金、西夏、元、明、清），东方出版中心 2015 年版，第 1152 页。

[3] 经过统计，整座墓地雕龙分布为西园石门 12 条，利玛窦墓碑 14 条、汤若望墓碑 6 条、南怀仁墓碑 6

条或四条，分居左右，龙体倒立，龙头朝下，龙足盘交，中心留出"篆额天宫"位置。一般情况下，碑首的宽度、厚度都比碑身略宽、略厚，使得雨雪不直接淋于碑身之上，对碑身起到一定的保护作用。

碑身即墓碑主体，载有碑主生平或历史评价。栅栏墓地墓碑至为特别之处，在于碑身镌刻文字按照书法传统竖版书写，主要为汉文与拉丁文对照（汤若望、南怀仁二人墓碑还有满文）。汉文大多采用的是魏碑或正楷字体。拉丁文亦规范工整，严谨扼要。碑身边框多刻缠枝纹，又称"缠枝花""万寿藤"，最常见的是蔓草型卷草缠枝纹样，多以波浪形、回转形或蜗旋形等枝茎样式进行缠绕，并配以叶片、花朵或果实，以象征常青、连绵不断之吉祥含义。如今碑身两侧皆嵌有铁条，基本已氧化生锈。除了碑身两侧外，在碑身与碑座之间亦镶有铁条。"为了将两部分（碑身和碑座——笔者注）更牢固的联结在一起，接缝部位使用灰泥腻子勾缝，虽有利于保存，但水分较易渗入，导致铁条氧化"①。

碑座由整块石材制成，形状为长方体，上沿作棱边状，与地面接触部分多以浮雕装饰。栅栏墓地由于特殊的官方地位和历史变迁，除了利玛窦、汤若望、南怀仁墓碑与历史相符以外，现存的其它很多碑座、碑身与历史并不相符，这是由于诸圣堂被拆毁后，嵌在教堂外墙的传教士墓碑散落在校园各处，碑座与碑身分离。而无序堆放数十年后，多数碑座遗失，剩余碑座也难以与原碑身一一对应。当时建立东园的墓碑安放原则，即只要碑身的隼与碑座相合即可。如今整个栅栏墓地，带有纹饰的碑座仅存二十通，多刻有海水江崖、双龙戏珠、祥云灵芝等纹饰。颇有意思的是，在碑身和碑座上亦存有佛教万字符"卍"以及八法器（金鱼、宝伞、宝瓶、妙莲、右旋白螺、金刚结、胜幢、金轮）等。这说明当时为过世传教士打制墓碑、刻制碑文的石匠并不清楚天主教与佛教的信仰区别甚至二者的冲突，而是以普遍公认的美好寓意符号作为墓碑纹饰。

除了墓碑以外，墓地现存石门亦是传教士官方身份的集中体现。石门上刻有满、汉文所写"钦赐"二字。石门左右照壁为六边形的对称云龙图案，周边饰以祥云，龙纹与云纹融为一体，既取意虚幻飘逸的境界，又呈现威严肃穆的气势。故栅栏墓地不仅仅是来华传教士的安息之所，亦是皇权护佑下的异国天乡。由于汤若望墓地规制是传教士墓地中获得皇帝赐予的最高待遇，因此除在其碑前放置石供桌、石五供外，还专门修以甬道安放石像生。这是皇权仪卫的缩影，故历代帝王、重臣沿用不衰。但如今东园碑林花墙外仅存一只石羊。此石羊被马爱德称为"汤若望遗失的羊"②，是汤若望墓

条，由此统计西园共计雕龙 38 条。而东园戴进贤墓碑 22 条，刘松龄、傅作霖、樊继训、利博明等人墓碑各 10 条，汤尚贤、任致远、林德瑶等人各 8 条，郎世宁、艾启蒙、叶宗孝、林济各等人墓碑各 6 条，其他墓碑含龙 4 条。"保存至今的有石门 4 条，小园 26 条，大园 240 条，共计约 270 条"。参见高智瑜：《苍石碑魂——中西文化交流的历史见证》，《世界宗教研究》1996 年第 4 期。

① 中国国家文物局、意大利外交部发展合作司、中国文化遗产研究院、意大利中央修复研究所：《利玛窦和外国传教士墓地保护修复方案》，2010 年，第 12 页。

② Malatesta, Edward J. S. J.（1932-1998），*The Lost sheep of Johann Adam Schall: reflections on the past and present of the Zhalan [Shala] cemetery. Western Learning and Christianity in China, The Contribution and Impact of Johann Adam Schall von Bell, S. J. [1592-1666]* Edited by Roman Malek, S. V. D. Volume 1.

560
春秋石铭
THE HISTORY
ON THE TOMBSTONES
北京栅栏墓地
历史及现存碑文考

地规模的印证。

栅栏墓地如今仅存的三座坟冢，皆为传统墓葬规制。传教士坟冢采用的是"马鬣坟"，又称为"马鬣封"。《礼记·檀弓上》："昔者夫子言之曰：'吾见封之若堂者矣，见若坊者矣，见若覆夏屋者矣，见若斧者矣。'从若斧者焉，马鬣封之谓也。"郑玄注："俗间名。"孔颖达疏："子夏既道从若斧形，恐燕人不识，故举俗称马鬣封之谓也，以语燕人。马鬣鬣之上，其肉薄，封形似之。"① 由此可见，传教士所采用的墓冢形式为传统的坟墓规制。故如今墓地坟冢并非原制，而是修复而成的。

第二节　共慕天乡——栅栏墓地集中展示天主教墓葬元素

栅栏墓地作为最古老的天主教墓地，继利玛窦之后，墓园陆续安息着来华传教士百余人，他们来自不同的国度，分属不同的修会。此外，还有一些国籍神父亦埋葬于此。400 余年间整个栅栏墓地相继发展出多块墓地，先后有葡萄牙墓地、意大利传信部墓地（方济各会墓地）、欧洲人墓地、遣使会墓地、圣母小昆仲会墓地、修士墓地、仁爱会墓地、教徒墓地等，还包括殉难者藏骨堂（致命亭）等，每一块墓地都有分属的修会标志，从而使得这块墓地充满多元的异域宗教特色，成为天主教在华的重要地标之一，这从另一个维度彰显着天主教在华传教史。

早在利玛窦墓地初建时，就建有救世主堂以供天主圣像；圣母堂以供圣母像、汤若望墓地旁亦建有圣母堂，内供圣母抱天主耶稣像。随后，在栅栏墓地又建有圣弥厄尔教堂，以天使长圣弥厄尔作为墓地主保，象征战胜撒旦、战胜死亡、保护教会和接导亡灵。义和团运动后，又建有致命诸圣堂，以纪念北京教区在义和团运动中的 6000 名殉难者，且将被毁坏的明清传教士墓地残碑重新镶嵌于教堂外墙上。除此之外，遣使会和圣母小昆仲会还建有福音堂和小礼拜堂。"那位传教师正是上义师范学校的校长，是茔地的福音堂的主任，也是茔地的监管者。"② 如今教堂皆无，仅存的圣母小昆仲会礼拜堂（即如今"山字楼"内）也被封数十年，早已废弃不用。

在栅栏墓地最典型的天主教元素乃为十字架。每个教堂顶上皆有十字架，圣母堂"其墓顶上也安放了一个十字架"③。根据日本记者中野江汉回忆，整个墓地的核心是一座高大

Jointly published by China-Zentrum and the Monumenta Serica Institute, Sankt Augustin.

① （汉）郑玄注，（唐）颖达疏：《礼记正义》，李学勤主编：《十三经注疏》（标点本），北京大学出版社 1999 年版，第 239 页。

② ［日］中野江汉：《北京繁昌记》，韩秋韵译，北京联合出版公司 2017 年版，第 329 页。

③ ［法］杜赫德编：《耶稣会士中国书简集：中国回忆录Ⅰ》，郑德弟、朱静等译，大象出版社 2001 年版，第 268 页。

的十字架，墓碑以此为基准陈列。而教徒墓地中央亦为一座十字架，以作为墓地标志。而在殉难者藏骨堂（致命亭）的正面安置着十字架和耶稣像。① 在圣母小昆仲会墓地，"墓石上建有铁制的十字架"②。此外，具体到传教士墓碑，在碑首的篆额天宫一般都刻有十字架或修会标志。栅栏墓地中以髑髅地十字架（Cross of Calvary or Graded Cross）、拉丁十字架（Latin Cross Fleuree or Budded Cross）为主。

髑髅地十字架又叫分级十字架，在十字架下有阶数不等的阶梯。阶梯代表着耶稣受难十字架所立的小山——髑髅地，又名"各各他山"，位于耶路撒冷西北郊，是罗马统治者处死犹太人的刑场。"到了一个地方，名叫各各他，意思就是髑髅地……他们即将他钉在十字架上。"（马太福音 27∶33）"耶稣背着自己的十字架出来，到了一个地方，名叫髑髅地，希伯来话叫各各他。"（约翰福音 19∶17）

一般髑髅地阶梯为三级，十字架中心背后四隅斜刺，象征耶稣受刑罚时带着的荆棘冠冕，代表基督受难。"用荆棘编成冠冕，戴在他的头上。"（马太福音 27∶29）"兵丁用荆棘编作冠冕戴在他头上，给他穿上紫袍，又挨近他说：'恭喜犹太人的王啊！'"（约翰福音 19∶2）而在十字架中心为一花环，象征基督复活后从天父那里领受了荣耀的冠冕。"到了牧长显现的时候，你们必得那永不衰残的荣耀冠冕。"（彼得前书 5∶4）荆棘冠冕与荣耀冠冕分别位于十字架上中心的背后和前方，从死到生，象征耶稣的复活。拉丁十字架亦可称花蕾形十字架，十字端的三叶形代表了三位一体，即天主教的天主，即圣父、圣子、圣神为一体。十字架底座近似爱奥尼式，而四周有方框或藤枝草蔓纹式。此外，栅栏墓地中还有希腊十字架。底座为一等腰梯形（象征髑髅地），而希腊十字架常用作早期基督徒被迫害时的隐秘记号。

在这些纹饰中，除了常见的十字架之外，还有字母 IHS，IHS 为 In Hoc Salus，"藉此（十字架）得救"的意思，并且为希腊文耶稣圣名 ΙΗΣΟΥΣ（Iesus Hagiator Soter）的前三个字母所得，与拉丁文"Jesus Hominum Salvator"（耶稣为人类救世主）意思相同。故一般情况下，JHS 与 IHS 同为歌颂耶稣之功，在天主教墓地中使用甚为普遍。而若在 IHS 四周有三颗钉和太阳光，即耶稣会标志。三颗钉，代表耶稣基督受刑时一颗钉在双脚交叉处，另外两颗分别钉在两只手上，亦代表三位一体思想。太阳光，代表耶稣就像上帝发出来的"光"。"那光是真光，照亮一切生在世上的人。"（约翰福音 1∶9）"他是神荣耀所发的光辉，是神本体的真像，常用他权能的命令托住万有。他洗净了人的罪，就坐在高天至大者的右边。"（希伯来书 1∶3）③ 在栅栏墓地中，墓碑碑首篆额天宫处的图饰即是典型的宗教符号，罗列如下（见表 7–1）：

---

① 参见 ［日］中野江汉：《北京繁昌记》，韩秋韵译，北京联合出版公司 2017 年版，第 330 页。
② 参见 ［日］中野江汉：《北京繁昌记》，韩秋韵译，北京联合出版公司 2017 年版，第 330 页。
③ 《新约》，《圣经》中文和合本，中国基督教三自爱国运动委员会，中国基督教协会 2007 年版，第 383 页。

表 7-1 栅栏墓地篆额天宫图示

编号	图饰	对应碑主	特点
1	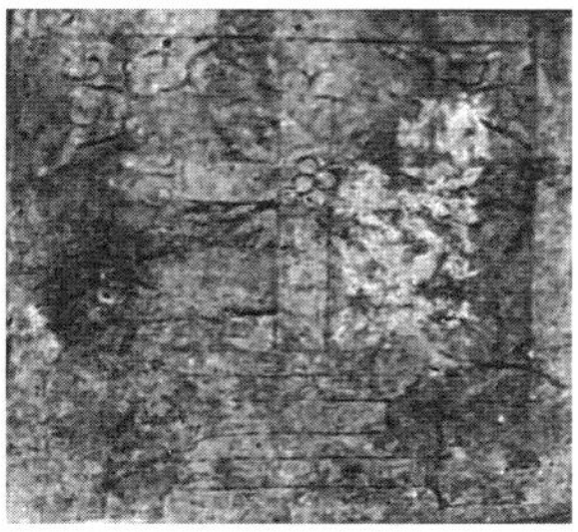 图 7-1 髑髅地十字架	利玛窦	髑髅地十字架，其阶梯多达六级。寓意利玛窦远渡重洋，辗转传教之辛苦。
2	 图 7-2 典型的教会标志（1）	任重道、吴直方、孙觉人、高嘉乐、罗怀忠、鲁仲贤、艾若翰、哆啰（本为圣若翰保斯第斯大会士）、樊守义、严嘉乐、许立正、戴进贤、苏霖（螭首被毁）、鲍友管、费隐、林德瑶、傅作霖、艾启蒙、林济各、马德昭	典型的教会标志。在此象征耶稣会。
3	 图 7-3 典型的教会标志（2）	刘松龄、侯若翰、魏继晋	典型的教会标志。由骨节构成，象征耶稣基督的受难。在此象征耶稣会。
4	 图 7-4 典型的教会标志（3）	沈东行	典型的教会标志。太阳光为典型耶稣会标志。  图 7-5 典型耶稣会标志

编号	图饰	对应碑主	特点
5	 图 7-6　典型的教会标志(4)	伊克肋森细亚诺（本为方济各会士）、崔保禄、利类思、叶宗孝、吴若翰	典型的教会标志。外围非太阳光，而是明显的缠枝草蔓纹式。在此象征耶稣会。
6	 图 7-7　典型的教会标志（5）	李保禄（修会不详）、傅安多尼（修会不详）	典型的教会标志。外围无太阳光。四周为草蔓纹式。在此象征耶稣会。
7	 图 7-8　典型的教会标志（6）	陈圣修、罗启明、利博明、张安多	至为简洁的教会标志。仅有三颗铁钉，没有太阳光或其他纹饰。在此代表耶稣会。
8	 图 7-9　典型的教会标志（7）	福文高（本为遣使会士）	典型的教会标志。有太阳光。碑阴为髑髅地十字架标志。  图 7-10　髑髅十字架标志。

564
春秋石铭
THE HISTORY
ON THE TOMBSTONES
北京栅栏墓地
历史及现存碑文考

编号	图饰	对应碑主	特点
9	 图 7-11　花蕾形十字架	庞嘉宾、罗雅谷、麦有年、安文思、麦大成、安多、纪理安、郭天爵、南光国、陆安（本为方济各会士）、习圣学、山遥瞻、翟敬臣、邓玉函、杜德美、樊继训、汤尚贤、郎世宁（已模糊不清）、郑玛诺、杨秉义、陈善策	花蕾形十字架。
10	 图 7-12　髑髅地十字架标志	张依纳爵	髑髅地十字架标志（仅两阶）。十字架中心处有光芒状刻纹（中心的圆圈加上四个斜刺，是耶稣受刑罚时带着的荆棘冠冕，代表基督）。旁有一凸字形方框（结合其职业，可能为药箱）。
11	 图 7-13　简约十字架标志  图 7-14　简约十字架标志	陆伯嘉、罗德先	十字架样式简略，十字端为箭头状。底座近似爱奥尼式。碑阴亦为祥云纹饰。

编号	图饰	对应碑主	特点
12	 图 7–15　遣使会标志	李保禄（修会不详）	VS 为遣使会（Congregation of Priests of the Mission） 创始人文生·德·保罗（Vincent de Paul）的缩写。

在墓碑上还镌刻有玫瑰花、百合（或鸢尾）、橄榄枝等西方宗教传统纹饰。玫瑰在早期并不象征圣母，比如在《圣经·旧约全书·雅歌》称新郎（良人）为玫瑰，新郎预表耶稣基督。而在 15 世纪由圣座正式颁布《玫瑰经》以敬礼圣母玛利亚后，玫瑰就象征圣母，也被教会作为信德的标记。特别是在利玛窦墓碑碑身四周刻有玫瑰花浮雕。而百合，自 13 世纪开始，便作为圣母或圣洁的象征，"我是沙崙的玫瑰花，是谷中的百合花"。（雅歌 2：1）"我的佳偶在女子中，好像百合花在荆棘内。"（雅歌 2：2）橄榄枝最早出自《圣经·创世纪》，在诺亚方舟之上，他放出去的鸽子衔回橄榄枝，"到了晚上，鸽子回到他那里，嘴里叼着一个新拧下来的橄榄叶子，挪亚就知道地上的水退了。"（创世纪8：11）所以橄榄枝便成为了"和平"的象征。此外，在墓地历史上，圣母小昆仲会于建造修院时便为出土的耶稣圣心像修建了纪念亭，成为当时修院留影的地标。在栅栏墓地的东南角，还建有露德圣母山，又称露德圣母洞。但如今早已不存。因此栅栏墓地所展示出的天主教的墓地元素，准确地传递了墓地的宗教属性。

第三节　多元索隐——栅栏墓地创生出
中西合璧墓葬艺术

而在栅栏墓地艺术中最大特色便是在跨地域、跨时空的发展中，吸收了来自不同文化的墓葬元素，并且完美地融合在一起，既在信仰层面表达了对天主的爱慕和追随，又在世俗社会层面在歌颂逝者功德的同时，体现出对皇权的敬畏以及对西方文化的"本土化"尝试。这是基督宗教在中华大地传教的一次大突破，以实物作为索隐天主教义的载体，使得神权与皇权在特定的状态下得以共存。

作为承载碑主生前重要信息的墓碑，栅栏墓地几乎所有的墓碑都是中西墓葬元素的融合，代表着信仰十字架或修会标志与代表皇权的盘龙完美地结合起来。在文字上，墓碑都以双语呈现，甚至还有三语，这种多语言墓碑从客观上就决定了它所蕴含的碑主信息有更广泛的阅读群体。特别是汉文与拉丁文部分所表达的意思并非完全一致，甚至有差别甚大的情况。这也体现出传教士在华复杂的政治环境。其中比如安文思、利类思的墓碑汉文部分，主要是呈现皇帝的上谕，突出在华朝廷对其的认可程度。而在拉丁文部分除了介绍他们在华特别是在四川的传教之功外，还反映出他们在华的真实遭遇，饱受颠沛流离之苦和牢狱之灾，而他们来京后，除了修建东堂外，还通过宣传教义和翻译、刊印书籍坚持传教。相较而言，拉丁文的信息比汉文更加充实。伊克肋森细亚诺主教的墓碑，汉文部分更强调他在华传教经历以及他的职位。而拉丁文部分更为详细地记载了他在华遭受的磨难。艾若翰墓碑汉文部分陈述相对婉约，言其在艰苦中坚韧而卒。而在拉丁文部分对他的遭遇介绍得更为详细，言其被捕后卒于狱中。由此可见，墓碑文字作为其生平的载体，以不同的侧重点记载其在华生活，在比较中不仅可以探究传教士在中西文化交流的历史，亦可发掘来华传教士的历史贡献和文化内涵。

就墓碑上所镌刻的纹饰来看，亦融合着中西方文化元素。如在安文思、利类思、郑玛诺墓碑的碑阴篆额天宫处刻有十字架与小写"ihs"所构成的"寿"字（见图7-16）。在传统墓葬文化中，寿字寓意长寿圆满，寄托了生者对逝去故人的美好祝愿。一方面既融合了宗教元素，另一方面亦契合了中华传统的墓葬诉求。如在费隐墓碑碑座上即含有祥云万字符。此外，在2018年新整理出的一方碑石（其旧照见图7-17，其现状见图7-18），几近完整，浮雕样式精美，多层镌刻，规制庞大，中间为花体字母"A""M"重叠而成象征万福玛利亚（Ave Maria），并以此为中心向外，一道道光芒动人心魄，周边为变换的祥云环绕。此块刻石，将天主教具有特殊含义的太阳光与中国传统的祥云纹以浮雕的形式完美而自然地结合在一起，再一次体现了栅栏墓地的中西文化融合的特色。

图7-16　十字架与小写"ihs"所形成的"寿"字

栅栏墓地石刻艺术是典型的中西墓葬文化的融合，一方面使得基督宗教信仰在异乡得以保存和延续，体现出天主教在华传教过程中本土化的进程；另一方面也遵循中华墓葬文化的传统，重视慎终追远、崇德报功的文化观念，庄严肃穆又不失风格。自天主教传入中国以来，"所历之种种困苦艰难，诚非身历其境者，所能道其只字"①。"利玛窦者诚为中国开教之功人哉"②。自此后，栅栏墓地得以不断扩大和发展，见证了天主教在华发展的兴衰。透过墓地石刻艺术，可强烈地感受到传教初期的欣欣向荣，特别是以汤若望、南怀仁时期为其黄金时代，上至王公大臣，下达平民百姓，皆受泽于传教士的治历铸炮、测验

① 徐宗泽：《中国天主教传教史概论》，商务印书馆2015年版，第128页。

② 徐宗泽：《中国天主教传教史概论》，商务印书馆2015年版，第128页。

地震等功，故其墓地规制亦按重臣之例，以至于汤若望"建立石碑以志盛事"①，墓葬仪式空前盛大。尽管期间也遭遇沈淮、杨光先之难，但整个 17 世纪天主教教务情况也因传教士的朝廷认可和官方地位而颇为可观。然而从雍正至道光年，随着礼仪之争的恶化，传教士被驱逐、教徒被抓捕和教产被充公，栅栏墓地所葬传教士皆为"领票"之士，也说明他们不仅永别故土，而且在华待遇并不如前受到优待，江河日下，甚至诸多被捕入狱，受难而卒。故在他们的墓碑上，汉文和中文所表达的内容各有所重，这是当时的无奈之举。其中也不乏诸多国籍神父，他们也多葬于栅栏墓地。"当教难危急之时，所赖以施行圣事，扶助教士信德者，中国神父之力居多，其中尤以何天章、龚尚

图 7-17　万福玛利亚浮雕镶于诸圣堂旧照

贤、樊守义、程儒良、罗秉中、高若望、陈圣修、沈东行诸人为最著。"②在这里所列举的国籍神父中葬于栅栏墓地，且现存墓碑的就有四位。而后随着耶稣会的解散和遣使会对栅栏墓地的接管，圣母小昆仲会的入驻，整个墓地增添了"法式"的建筑和墓碑，并且使得古老的栅栏墓地得到了守卫和保护。因此，栅栏墓地的石刻艺术与整个天主教在华传教史是紧密相连的，墓地为来华传教士提供了最有力、最持久的实物证明。（墓地雕刻艺术情况见表 7-2）

图 7-18　万福玛利亚浮雕现状

① 徐宗泽：《中国天主教传教史概论》，商务印书馆 2015 年版，第 150 页。
② 徐宗泽：《中国天主教传教史概论》，商务印书馆 2015 年版，第 181 页。

表 7-2 墓地雕刻艺术特征汇总

现存墓碑编号	碑首	碑身	碑座	传教士
1	双龙戏珠纹饰。篆额天宫为典型的髑髅地十字架标志。碑首侧部为双龙头部相并低垂。碑首和碑身之间有祥云连接。	碑身（含碑首）高386厘米，含碑罩高431厘米。宽142厘米，含碑罩宽229厘米。厚35.5厘米，含碑罩厚51.5厘米。墓碑碑身框架呈拱门形状，由大型的拱形结构和顶部的横檐梁构成，材质为水泥，外观仿砖制。利玛窦墓碑是墓园内唯一加有碑罩的墓碑。① 碑罩与墓碑之间为缠枝玫瑰花饰，用料可能为白水泥。碑罩厚度大于墓碑本身。碑阴部分没有任何文字或雕饰，直接磨光。在碑石与碑罩结合处，可以看到明显的腻子勾缝材料。在1947年栅栏影像资料里可看到当时利玛窦墓碑的碑身已有明显裂痕，应为义和团时期所毁。	碑座高55厘米。其底座稍稍高于其他墓碑，为海水江崖祥云纹饰。② 碑座碑阴亦为海水江崖祥云纹饰，较之碑阳稍简略。	利玛窦
2	无碑首。汤若望墓碑并无碑罩，碑首部分已亡佚，仅存碑首底部的棱边。	高248厘米，宽105厘米，厚30.5厘米。碑身铭文1/3处有明显的自左下向右上（仰角约为20度）的横向裂痕。③ 在碑阴螭首残处，可看到耶稣会 IHS 标志。碑身刻有康熙御赐之文，满汉对照。且通过碑阴上重叠的文字可推断此碑为原碑。	碑座高87厘米，宽144厘米，厚72.5厘米。底座正面为海水江崖之上双龙戏珠，珠悬于灵芝之上。上空有祥云映衬，反映碑主人关涉江山社稷之寓意。碑座碑阴纹饰与碑阳完全相同。左右碑侧亦为龙纹，遨游在江崖海水之上，旁有灵芝纹饰。	汤若望

---

① 吴梦麟女士回忆，由于资金缺乏，当时文物局只下拨了5000元维修资金，故只能给利玛窦加碑罩，而汤若望、南怀仁的墓碑仅修复，不再另加碑罩。

② "海水江崖"，亦可称"江崖海水"，俗称"江牙海水""海水江牙"，为传统吉祥纹样。下端为水脚，水脚之上为波涛翻滚的水浪，水中立一山石，并有祥云点缀，寓意福山寿海。除螭首外，此为栅栏墓地最为普遍的纹饰。

③ 根据吴梦麟回忆，当时从地下挖出时已为断裂状，裂缝粘合处修复痕迹明显。

现存墓碑编号	碑首	碑身	碑座	传教士
3	双龙戏珠纹饰。篆额天宫为耶稣会 IHS 标志，碑首侧部为双龙头部相并低垂。	碑身（含碑首）高 204 厘米，宽 101 厘米，厚 35 厘米。 碑身中部有明显的自左下向右上（仰角约为 45 度）的横向裂痕。碑身裂缝黏合处修复痕迹较汤若望碑尤为明显，铭文风化严重。碑阴无字。 碑身侧面为样式精美的如意灵芝纹饰。	碑座高 75 厘米，宽 126 厘米，厚 63.5 厘米。 碑座正面为海水江崖五兽同乐图（麒麟五子送福）。 碑座左右两侧为海水江崖双翼狮尾山羊纹饰，上半部分刻有祥云如意。	南怀仁
4	双龙戏珠纹饰。篆额天宫为典型的耶稣会 IHS 标志。碑首侧部为双龙头部相并低垂。碑首和碑身之间有祥云连接。	碑身（含碑首）高 240 厘米，宽 91 厘米，厚 25 厘米。 碑阳汉文、拉丁文合璧，碑阴无字。① 四周为缠枝纹。	碑座高 63 厘米，宽 100 厘米，厚 47 厘米。 碑座完整。正面为双龙戏珠。侧面为雄踞山崖的吠犬。	任重道
5	双龙戏珠纹饰，篆额天宫为耶稣会 IHS 标志。碑首侧部为双龙头部相并低垂。碑首和碑身之间有祥云连接。	碑身（含碑首）高 258 厘米，宽 86 厘米，厚 22 厘米。 碑阳汉文、拉丁文合璧，碑阴无字。② 四周为缠枝忍冬纹（又称卷草纹）。	碑座高 61 厘米，宽 102 厘米，厚 52 厘米。 碑座完整。正面为双龙戏珠，宝珠为海水江崖祥云所托。	刘松龄
6	双龙戏珠纹饰。篆额天宫为耶稣会 IHS 标志。碑首侧部为双龙头部相并低垂。碑首和碑身之间有祥云连接。	碑身（含碑首）高 202 厘米，宽 85 厘米，厚 22 厘米。 碑阳汉文、拉丁文合璧，碑阴无字。③ 四周为缠枝荷花纹。上面镶嵌有佛教"八法器"：散盖（宝伞），金鱼，吉祥瓶（宝瓶），妙莲，右旋白螺，金刚结，胜幢，金轮。样式精美，具有典型的佛教特色。	碑座高 70 厘米，宽 95 厘米，厚 50 厘米。 碑座完整。为海山如意纹，双狮喜福图，碑座侧面为花饰。	吴直方
7	祥云纹饰。篆额天宫为耶稣会 IHS 标志。（所刻修会有误。伊克肋森细亚诺属于方济各会）	碑身（含碑首）250 厘米，宽 85 厘米，厚 20 厘米。 四周为缠枝草蔓纹。	碑座高 65 厘米，宽 107 厘米，厚 48 厘米。 碑座完整。碑座正面为双龙戏珠图，侧面为松树，双翼狮尾的山羊图案。	伊克肋森细亚诺

① 参见北京石刻艺术博物馆馆藏：《石刻拓片编目提要》，学苑出版社 2014 年版，第 42 页。

② 参见北京石刻艺术博物馆馆藏：《石刻拓片编目提要》，学苑出版社 2014 年版，第 54 页。

③ 参见北京石刻艺术博物馆馆藏：《石刻拓片编目提要》，学苑出版社 2014 年版，第 43—44 页。

现存墓碑编号	碑首	碑身	碑座	传教士
8	双龙戏珠纹饰。篆额天宫为耶稣会 IHS 标志。碑首侧部为双龙头部相并低垂。碑首和碑身之间有祥云连接。	碑身（含碑首）高 190 厘米，宽 75 厘米，厚 25 厘米。碑阳汉文、拉丁文合璧，碑阴无字。① 四周为缠枝草蔓纹。碑身与碑座接缝处由水泥填补。	碑座高 57 厘米，宽 85 厘米，厚 38 厘米。碑座完整，四周为缠枝草蔓纹，底部为海水江崖，中间纹饰与四周草蔓纹饰同，体制稍大。	孙觉人
9	双龙戏珠纹饰。篆额天宫为耶稣会 IHS 标志。碑首侧部为双龙头部相并低垂。碑首和碑身之间有祥云连接。	碑身（含碑首）高 250 厘米，宽 90 厘米，厚 26 厘米。碑阳汉文、拉丁文合璧，碑阴无字。② 四周为缠枝草蔓纹。碑身与碑座接缝处由水泥填补。	碑座高 68 厘米，宽 115 厘米，厚 46 厘米。碑座完整，样式精美。底座为二鹿献宝图，底部为山崖海浪纹。碑座颜色与碑首、碑身有所差别。碑侧面为海水江崖灵芝纹。	高嘉乐
10	双龙戏珠纹饰。篆额天宫为耶稣会 IHS 标志。碑首侧部为双龙头部相并低垂。碑首和碑身之间有祥云连接。	碑身（含碑首）高 159 厘米，宽 66 厘米，厚 19 厘米。碑阳汉文、拉丁文合璧，碑阴无字。四周为缠枝草蔓纹。	碑座为水泥新砌，与碑身并不匹配。	侯若翰
11	祥云构成万字符（方向与传统表达相反），共五组。篆额天宫为耶稣会 IHS 标志，无外围和太阳光。然所刻修会错误。黄之汉为圣家会。	碑身（含碑首）高 159 厘米，宽 69 厘米，厚 21 厘米。碑阳汉文、拉丁文合璧，碑阴无字。四周为缠枝草蔓纹。	碑座为水泥新砌，与碑身并不匹配。	黄之汉
12	双龙戏珠纹饰（左上角残破）。篆额天宫为十字架标志。左右上方有祥云纹饰。十字架上有花纹。碑首侧部为双龙头部相并低垂。碑首和碑身之间有祥云连接。	碑身（含碑首）高 179 厘米，宽 75 厘米，厚 20 厘米。碑阳汉文、拉丁文合璧，碑阴无字。四周为缠枝草蔓纹。	碑座为水泥新砌，与碑身并不匹配。	罗雅谷

---

① 参见北京石刻艺术博物馆馆藏：《石刻拓片编目提要》，学苑出版社 2014 年版，第 45 页。

② 参见北京石刻艺术博物馆馆藏：《石刻拓片编目提要》，学苑出版社 2014 年版，第 44 页。

现存墓碑编号	碑首	碑身	碑座	传教士
13	双龙戏珠纹饰。篆额天宫为耶稣会 IHS 标志。碑首侧部为双龙头部相并低垂。碑首和碑身之间有祥云连接。	碑身（含碑首）高 229 厘米，宽 85 厘米，厚 20 厘米。 碑阳汉文、拉丁文合璧，碑阴无字。 四周为缠枝草蔓纹。	碑座为水泥新砌，与碑身并不匹配。	鲁仲贤
14	祥云纹饰。四框刻团花纹饰。篆额天宫为十字架标志。	碑身（含碑首）高 173 厘米，宽 66 厘米，厚 19 厘米。 碑阳汉文、拉丁文合璧，碑阴无字。① 四周并无纹饰。 碑面风化严重，碑阳碑文字迹模糊。	碑座为水泥新砌，与碑身并不匹配。	沈东行
15	双龙戏珠纹饰。篆额天宫为耶稣会 IHS 标志。碑首侧部为双龙头部相并低垂。碑首和碑身之间有祥云连接。	碑身（含碑首）高 207 厘米，宽 81 厘米，厚 22 厘米。 碑阳汉文、拉丁文合璧，碑阴无字。② 四周为缠枝花蔓纹。	碑座为水泥新砌，与碑身并不匹配。	罗怀忠
16	双龙戏珠纹饰。篆额天宫已然模糊，为十字架标志。碑首侧部为双龙头部相并低垂。碑首和碑身之间有祥云连接。	碑身（含碑首）高 164 厘米，宽 73 厘米，厚 19 厘米。 碑阳汉文、拉丁文合璧，碑阴无字。③ 四周为缠枝花蔓纹。	碑座为水泥新砌，与碑身并不匹配。	庞嘉宾
17	碑阳为祥云纹饰。篆额天宫为十字架，样式简略。 碑阴亦为祥云纹饰，篆额天宫为十字架，与碑阳略有不同。 底座为一等腰梯形(象征髑髅地)。	碑身（含碑首）高 159 厘米，宽 63 厘米，厚 19 厘米。 碑阳汉文、拉丁文合璧，碑阴无字。④ 四周并无纹饰。	碑座为水泥新砌，与碑身并不匹配。	陆伯嘉

---

① 参见北京石刻艺术博物馆馆藏：《石刻拓片编目提要》，学苑出版社 2014 年版，第 48 页。
② 参见北京石刻艺术博物馆馆藏：《石刻拓片编目提要》，学苑出版社 2014 年版，第 44—45 页。
③ 参见北京石刻艺术博物馆馆藏：《石刻拓片编目提要》，学苑出版社 2014 年版，第 35 页。
④ 参见北京石刻艺术博物馆馆藏：《石刻拓片编目提要》，学苑出版社 2014 年版，第 37 页。

现存墓碑编号	碑首	碑身	碑座	传教士
18	碑首纹饰特别。篆额天宫为耶稣会 IHS 标志。碑阴纹饰与碑阳有别，为海水江崖祥云如意纹。	碑身（含碑首）高 165 厘米，宽 63 厘米，厚 21 厘米。 碑阳汉文、拉丁文合璧，碑阴无字。① 四周为忍冬缠枝纹。	碑座为水泥新砌，与碑身并不匹配。	艾若翰
19	祥云如意团纹。篆额天宫为耶稣会 IHS 标志。外围非太阳光，而是缠枝草蔓纹式。	碑身（含碑首）高 172 厘米，宽 66 厘米，厚 16 厘米。 碑阳汉文、拉丁文合璧，碑阴无字。 四周为忍冬缠枝纹。	碑座为水泥新砌，与碑身并不匹配。	崔保禄
20	双龙戏珠纹饰，龙下有海水刀山。篆额天宫为髑髅地十字架标志。十字架中心处有光芒状刻纹。旁有一凸字形方框(结合其职业，可能为药箱，以示悬壶济世之功绩)。	碑身（含碑首）高 202 厘米，宽 73 厘米，厚 21 厘米。 碑阳汉文、拉丁文合璧，碑阴无字。② 四周为缠枝花蔓纹。 碑身左侧中部有明显的水泥修补痕迹。	碑座为水泥新砌，与碑身并不匹配。	张依纳爵
21	祥云纹饰。篆额天宫为耶稣会 IHS 标志。	碑身（含碑首）高 161 厘米，宽 53 厘米，厚 15 厘米。 碑阳汉文、拉丁文合璧，碑阴无字。 四周无纹饰。	碑座为水泥新砌，与碑身并不匹配。	李保禄
22	祥云纹饰。篆额天宫为耶稣会 IHS 标志。	碑身(含碑首)高 49 厘米，宽 81 厘米，厚 38 厘米。 碑阳汉文、拉丁文合璧，碑阴无字。 四周为缠枝花蔓纹。 碑身左、右下角有残缺，水泥修补。	碑座为水泥新砌，与碑身并不匹配。	傅安多尼
23	双龙戏珠纹饰。篆额天宫为十字架标志。碑首侧部为双龙头部相并低垂。碑首和碑身之间有祥云连接。	碑身（含碑首）高 176 厘米，宽 76 厘米，厚 20 厘米。 碑阳汉文、拉丁文合璧，碑阴无字。③ 四周为缠枝花蔓纹。 碑身左下方破损严重，后水泥填充修补。	碑座为水泥新砌，与碑身并不匹配。	麦大成

① 参见北京石刻艺术博物馆馆藏：《石刻拓片编目提要》，学苑出版社 2014 年版，第 58 页。
② 参见北京石刻艺术博物馆馆藏：《石刻拓片编目提要》，学苑出版社 2014 年版，第 60 页。
③ 参见北京石刻艺术博物馆馆藏：《石刻拓片编目提要》，学苑出版社 2014 年版，第 38 页。

现存墓碑编号	碑首	碑身	碑座	传教士
24	祥云纹饰。篆额天宫为十字架标志。	碑身（含碑首）高154厘米，宽64厘米，厚16厘米。 碑阳汉文、拉丁文合璧，碑阴无字。① 四周并无纹饰。	碑座为水泥新砌，与碑身并不匹配。	罗德先
25	双龙戏珠纹饰。篆额天宫为十字架标志。碑首侧部为双龙头部相并低垂。碑首和碑身之间有祥云连接。	碑身（含碑首）高202厘米，宽67厘米，厚19厘米。 碑阳汉文、拉丁文合璧，碑阴无字。 四周为缠枝花蔓纹。 碑身下方右下角稍有破损，为水泥修补。	碑座为水泥新砌，与碑身并不匹配。	哆啰
26	双龙戏珠纹饰。篆额天宫为十字架标志（花式）。碑首侧部为双龙头部相并低垂。碑首和碑身之间有祥云纹饰连接。	碑身（含碑首）高174厘米，宽70厘米，厚20厘米。 碑阳汉文、拉丁文合璧，碑阴无字。② 四周刻变形的卷草纹。 碑身左侧下部分有断裂情况，并未修复。	碑座为水泥新砌，与碑身并不匹配。	麦有年
27	双龙戏珠纹饰，左上角残。篆额天宫为耶稣会IHS标志。碑首侧部为双龙头部相并低垂。碑首和碑身之间有祥云纹饰连接。	碑身（含碑首）高170厘米，宽60厘米，厚23厘米。 碑阳汉文、拉丁文合璧，碑阴无字。③ 四周为缠枝草蔓纹。	碑座为水泥新砌，与碑身并不匹配。	陈圣修
28	双龙戏珠纹饰，龙下为双层祥云。碑阴篆额天宫处有耶稣会标志IHS所构成的一"寿"字，其中十字架为典型的拉丁十字架。	碑身（含碑首）高171厘米，宽70厘米，厚21厘米。 碑阳汉文、拉丁文合璧，碑阴有字。 四周并无纹饰。 碑身左、右下角有残缺，明显的修补痕迹。	碑座为水泥新砌，与碑身并不匹配。	安文思

① 参见北京石刻艺术博物馆馆藏：《石刻拓片编目提要》，学苑出版社2014年版，第37页。

② 参见北京石刻艺术博物馆馆藏：《石刻拓片编目提要》，学苑出版社2014年版，第39页。

③ 参见北京石刻艺术博物馆馆藏：《石刻拓片编目提要》，学苑出版社2014年版，第55页。

现存墓碑编号	碑首	碑身	碑座	传教士
29	祥云纹饰。篆额天宫为耶稣会 IHS 标志（所刻修会有误。福文高为遣使会士，应当为 VS），且凹于祥云部分，与碑身相平。 碑阴为祥云纹饰。篆额天宫为髑髅地十字架。	碑身（含碑首）高 177 厘米，宽 62 厘米，厚 19 厘米。 碑阳汉文、拉丁文合璧，碑阴无字。四周为缠枝草蔓纹。 碑身左部破损，水泥修补痕迹明显。	碑座为水泥新砌，与碑身并不匹配。	福文高
30	双龙戏珠纹饰。篆额天宫为十字架标志。碑首侧部为双龙头部相并低垂。碑首和碑身之间有祥云连接。	碑身（含碑首）高 178 厘米，宽 71 厘米，厚 16 厘米。 碑阳汉文、拉丁文合璧，碑阴无字。① 四周为缠枝草蔓纹。	碑座为水泥新砌，与碑身并不匹配。	樊守义
31	双龙戏珠纹饰。篆额天宫为花蕾形十字架。碑首侧部为双龙头部相并低垂。碑首和碑身之间有祥云连接。	碑身（含碑首）高 49 厘米，宽 81 厘米，厚 38 厘米。 碑阳汉文、拉丁文合璧，碑阴无字。 碑身左侧上方镌竖题大字"上谕"，下方镌上谕正文。② 四周为缠枝草蔓纹。	碑座为水泥新砌，与碑身并不匹配。	安多
32	双龙戏珠纹饰。篆额天宫为耶稣会 IHS 标志。碑首侧部为双龙头部相并低垂。碑首和碑身之间有祥云连接。	碑身（含碑首）高 210 厘米，宽 78 厘米，厚 23 厘米。 碑阳汉文、拉丁文合璧，碑阴无字。③ 四周为缠枝草蔓纹。 碑身中部有明显的横向裂痕，水泥修补痕迹明显。	碑座为水泥新砌，与碑身并不匹配。	严嘉乐
33	碑首整体缺失。	碑身（含碑首）高 184 厘米，宽 86 厘米，厚 3 厘米。 碑阳汉文、拉丁文合璧，碑阴无字。④ 四周为缠枝草蔓纹。 碑身右下角残损，水泥修补痕迹明显。	碑座为水泥新砌，与碑身并不匹配。	高慎思

---

① 参见北京石刻艺术博物馆馆藏：《石刻拓片编目提要》，学苑出版社 2014 年版，第 46 页。
② 参见北京石刻艺术博物馆馆藏：《石刻拓片编目提要》，学苑出版社 2014 年版，第 35 页。
③ 参见北京石刻艺术博物馆馆藏：《石刻拓片编目提要》，学苑出版社 2014 年版，第 41 页。
④ 参见北京石刻艺术博物馆馆藏：《石刻拓片编目提要》，学苑出版社 2014 年版，第 59 页。

现存墓碑编号	碑首	碑身	碑座	传教士
34	双龙戏珠纹饰。篆额天宫为耶稣会 IHS 标志。碑首侧部并无龙头。	碑身（含碑首）高 176 厘米，宽 74 厘米，厚 18 厘米。 碑阳汉文、拉丁文合璧，碑阴无字。① 四周为缠枝草蔓纹。 碑身底部受损，并未修补。左下角有水泥修补痕迹。	碑座为水泥新砌，与碑身并不匹配。	许立正
35	双龙戏珠纹饰。篆额天宫为耶稣会 IHS 标志。碑首侧部为双龙头部相并低垂。碑首和碑身之间有祥云纹饰连接。	碑身（含碑首）高 188 厘米，宽 72 厘米，厚 18 厘米。 碑阳汉文、拉丁文合璧，碑阴无字。 四周为缠枝草蔓纹。 碑身左上角和右下角分别破损，水泥修补痕迹明显。	碑座为水泥新砌，与碑身并不匹配。	陆安
36	双龙戏珠纹饰。篆额天宫为十字架标志。碑首侧部为双龙头部相并低垂。碑首和碑身之间有祥云纹饰连接。	碑身（含碑首）高 176 厘米，宽 74 厘米，厚 18 厘米。 碑阳汉文、拉丁文合璧，碑阴无字。② 四周为卷草纹。	碑座为水泥新砌，与碑身并不匹配。	南光国
37	双龙戏珠纹饰。篆额天宫为耶稣会 IHS 标志。碑首侧部为双龙头部相并低垂。碑首左上部缺失。碑首和碑身之间有祥云连接。	碑身（含碑首）高 300 厘米，宽 94 厘米，厚 32 厘米。 碑阳汉文、拉丁文合璧，碑阴无字。③ 四周为祥云龙纹。 碑身上三分之一处有横向裂痕。	碑座为水泥新砌，与碑身并不匹配。	戴进贤
38	双龙戏珠纹饰。篆额天宫为十字架标志。碑首侧部为双龙头部相并低垂。碑首和碑身之间有祥云纹饰连接。	碑身（含碑首）高 180 厘米，宽 74 厘米，厚 21 厘米。 碑阳汉文、拉丁文合璧，碑阴无字④。 四周为缠枝草蔓纹。	碑座为水泥新砌，与碑身并不匹配。	郭天爵

---

① 参见北京石刻艺术博物馆馆藏：《石刻拓片编目提要》，学苑出版社 2014 年版，第 46 页。
② 参见北京石刻艺术博物馆馆藏：《石刻拓片编目提要》，学苑出版社 2014 年版，第 34 页。
③ 参见北京石刻艺术博物馆馆藏：《石刻拓片编目提要》，学苑出版社 2014 年版，第 44 页。
④ 参见北京石刻艺术博物馆馆藏：《石刻拓片编目提要》，学苑出版社 2014 年版，第 33 页。

现存墓碑编号	碑首	碑身	碑座	传教士
39	双龙戏珠纹饰。篆额天宫为十字架标志。碑首侧部为双龙头部相并低垂。碑首和碑身之间有祥云连接。	碑身（含碑首）高 166 厘米，宽 77 厘米，厚 20 厘米。 碑阳汉文、拉丁文合璧，碑阴无字。① 四周为缠枝草蔓纹。 碑身有明显的斜向刮痕。	碑座为水泥新砌，与碑身并不匹配。	纪理安
40	双龙戏珠纹饰。篆额天宫为耶稣会 IHS 标志。碑首侧部为双龙头部相并低垂。碑首和碑身之间有祥云连接。	碑身（含碑首）高 170 厘米，宽 67 厘米，厚 16 厘米。 碑阳汉文、拉丁文合璧，碑阴无字。② 四周为缠枝草蔓纹。 碑身右下角破损，水泥修复痕迹明显。	碑座为水泥新砌，其体积较之于碑身过大，二者并不匹配。	罗启明
41	双龙戏珠纹饰。篆额天宫为十字架标志。碑首侧部为双龙头部相并低垂。碑首和碑身之间有祥云纹饰连接。	碑身（含碑首）高 172 厘米，宽 74 厘米，厚 17 厘米。 碑阳汉文、拉丁文合璧，碑阴无字。③ 四周为缠枝草蔓纹。 碑身风化严重，字迹已模糊。	碑座为水泥新砌，与碑身并不匹配。	习圣学
42	双龙戏珠纹饰。篆额天宫为十字架标志。碑首侧部为双龙头部相并低垂。碑首和碑身之间有祥云纹饰连接。	碑身（含碑首）高 175 厘米，宽 73 厘米，厚 21 厘米。 碑阳汉文、拉丁文合璧，碑阴无字。 四周为缠枝草蔓纹。	碑座为水泥新砌，与碑身并不匹配。	山遥瞻
43	双龙戏珠纹饰。篆额天宫为十字架标志。碑首左上部有残缺。碑首侧部为双龙头部相并低垂。碑首和碑身之间有祥云纹饰连接。	碑身（含碑首）高 149 厘米，宽 81 厘米，厚度 38 厘米。 碑阳汉文、拉丁文合璧，碑阴无字。④ 四周为缠枝草蔓纹。 碑身与碑座黏合处缝隙较大，可看到金属片嵌于其中。	碑座为水泥新砌，与碑身并不匹配。	翟敬臣

① 参见北京石刻艺术博物馆馆藏:《石刻拓片编目提要》,学苑出版社 2014 年版,第 37—38 页。
② 参见北京石刻艺术博物馆馆藏:《石刻拓片编目提要》,学苑出版社 2014 年版,第 49 页。
③ 参见北京石刻艺术博物馆馆藏:《石刻拓片编目提要》,学苑出版社 2014 年版,第 35 页。
④ 参见北京石刻艺术博物馆馆藏:《石刻拓片编目提要》,学苑出版社 2014 年版,第 34 页。

现存墓碑编号	碑首	碑身	碑座	传教士
44	双龙戏珠纹饰。篆额天宫为耶稣会IHS标志。碑首侧部为双龙头部相并低垂。碑首和碑身之间有祥云纹饰连接。	碑身(含碑首)高49厘米,宽81厘米,厚38厘米。碑阳汉文、拉丁文合璧,碑阴无字。① 四周为缠枝草蔓纹。	碑座高49厘米,宽81厘米,厚38厘米。碑座较为完整。碑阳、碑阴皆为海水江崖双龙戏珠纹饰。左右碑侧为双翼狮尾卷角山羊纹饰,羊身肥壮。	利博明
45	双龙戏珠纹饰。篆额天宫为十字架标志,有明显裂痕。碑首侧部为双龙头部相并低垂。碑首和碑身之间有祥云纹饰连接。碑阴篆额天宫处有耶稣会标志IHS所构成的一"寿"字,其中十字架为典型的拉丁十字架。现存墓碑中仅安文思、利类思的碑阴篆额天宫处有此标志。	碑身(含碑首)高182厘米,宽80厘米,厚19厘米。碑阳汉文、拉丁文合璧,碑阴有字。四周并无纹饰。碑身中部有竖向裂痕,并未修复。碑身底部有少许水泥修补痕迹。	碑座为水泥新砌,与碑身并不匹配。	利类思
46	碑首几近整体缺失。然从残断处可看到双龙戏珠纹饰。篆额天宫为耶稣会IHS标志。碑首侧部为双龙头部相并低垂。碑首和碑身之间有祥云纹饰连接。	碑身(含碑首)高172厘米,宽77厘米,厚28厘米。碑阳汉文、拉丁文合璧,碑阴无字。② 四周为缠枝草蔓纹。碑身有明显的斜向刮痕。	碑座为水泥新砌,与碑身并不匹配。	苏霖

---

① 参见北京石刻艺术博物馆馆藏:《石刻拓片编目提要》,学苑出版社2014年版,第48页。
② 参见北京石刻艺术博物馆馆藏:《石刻拓片编目提要》,学苑出版社2014年版,第41页。

现存墓碑编号	碑首	碑身	碑座	传教士
47	双龙戏珠纹饰。篆额天宫为十字架标志。碑首侧部为双龙头部相并低垂。碑首和碑身之间有祥云纹饰连接。	碑身（含碑首）高170厘米，宽74厘米，厚18厘米。碑阳汉文、拉丁文合璧，碑阴无字。① 四周并无纹饰。	碑座为水泥新砌，与碑身并不匹配。	杜德美
48	碑首两株仙草，篆额天宫为花蕾十字架和遣使会VS标志。	碑身（含碑首）高181厘米，宽61厘米，厚17厘米。碑阳汉文、拉丁文合璧，碑阴无字。四周并无纹饰。	碑座为水泥新砌，与碑身并不匹配。	李保禄
49	双龙戏珠纹饰。篆额天宫为耶稣会IHS标志。碑首侧部为双龙头部相并低垂。碑首左上部缺失。碑首和碑身之间有祥云纹饰连接。	碑身（含碑首）高169厘米，宽65厘米，厚17厘米。碑阳汉文、拉丁文合璧，碑阴无字。四周为缠枝草蔓纹。左下角残缺，水泥修补痕迹明显。	碑座49厘米，宽81厘米，厚度38厘米。碑座完整。碑阳、碑阴皆为海水江崖双龙戏珠纹饰。左右碑侧亦为飞龙在天，灵芝龙珠在侧。	傅作霖
50	双龙戏珠纹饰。篆额天宫为耶稣会IHS标志。碑首侧部为双龙头部相并低垂。碑首和碑身之间有祥云纹饰连接。	碑身（含碑首）高237厘米，宽83厘米，厚24厘米。碑阳汉文、拉丁文合璧，碑阴无字②。四周为缠枝草蔓纹。	碑座高64厘米，宽91厘米，厚37厘米。碑座相对完整。碑阳为海山祥云所构成的万字符。碑阴为海水江崖祥云纹饰。碑侧左右皆为海水江崖万字符（但方向相反，可能为工匠失误）。	费隐
51	双龙戏珠纹饰。篆额天宫为十字架标志。碑首侧部为双龙头部相并低垂。碑首和碑身之间有祥云纹饰连接。	碑身（含碑首）高180厘米，宽74厘米，厚21厘米。碑阳汉文、拉丁文合璧，碑阴无字。四周为缠枝草蔓纹。碑身与碑座接缝处有明显的水泥修补痕迹。	碑座高49厘米，宽77厘米，厚41厘米。碑座陈旧，有少许残破。并无任何纹饰。	邓玉函

---

① 参见北京石刻艺术博物馆馆藏：《石刻拓片编目提要》，学苑出版社2014年版，第38页。

② 参见北京石刻艺术博物馆馆藏：《石刻拓片编目提要》，学苑出版社2014年版，第43页。

现存墓碑编号	碑首	碑身	碑座	传教士
52	双龙戏珠纹饰。篆额天宫为耶稣会 IHS 标志。碑首侧部为双龙头部相并低垂。碑首和碑身之间为海浪纹饰连接。	碑身（含碑首）高 207 厘米，宽 78 厘米，厚 23 厘米。碑阳汉文、拉丁文合璧，碑阴无字①。四周为缠枝草蔓纹。	碑座为水泥新砌，与碑身并不匹配。	张安多
53	祥云纹饰。篆额天宫为耶稣会 IHS 标志。	碑身（含碑首）高 175 厘米，宽 66 厘米，厚 19 厘米。碑阳汉文、拉丁文合璧，碑阴无字。四周为缠枝草蔓纹。碑身与碑座黏合处可见金属片。	碑座高 55 厘米，宽 85 厘米，厚 32 厘米。碑座完整。碑阳为松林鹤鹿同春图。鹤鹿同春是中国传统寓意纹祥。六合是指天地四方（天地和东南西北），亦泛指天下。以"鹤"取"合"之音，"鹿"取"陆"之音，意为天下皆春，万物欣欣向荣之像。碑阴纹饰甚为奇特，江水海崖之上盛有聚宝盆，旁为以狮首人身像，双手抓毛，回看聚宝盆。寓为献宝图。碑侧左右为海水江崖飞龙戏珠图。	吴若翰
54	双龙戏珠纹饰。篆额天宫为耶稣会 IHS 标志。碑首侧部为双龙头部相并低垂。碑首和碑身之间有祥云纹饰连接。	碑身（含碑首）高 240 厘米，宽 84 厘米，厚 22 厘米。碑阳汉文、拉丁文合璧，碑阴无字。四周为缠枝草蔓纹。碑身底部残缺，水泥修补明显。	碑座高 60 厘米，宽 93 厘米，厚 42 厘米。碑座完整。碑阳为草叶构成的双龙戏珠纹饰。碑阴为海水江崖万字符，符上系有绸带，万字符一般右旋，即"卍"，代表吉祥海云，是佛的三十二相之一，为典型的佛教元素。左右碑侧山崖灵芝纹饰。	叶宗孝

---

① 参见北京石刻艺术博物馆馆藏：《石刻拓片编目提要》，学苑出版社 2014 年版，第 40 页。

现存墓碑编号	碑首	碑身	碑座	传教士
55	双龙戏珠纹饰。篆额天宫为耶稣会 IHS 标志。碑首侧部为双龙头部相并低垂。碑首和碑身之间有祥云纹饰连接。	碑身（含碑首）高 222 厘米，宽 90 厘米，厚 21 厘米。碑阳汉文、拉丁文合璧，碑阴无字。① 四周为缠枝草蔓纹。	碑座高 51 厘米，宽 91 厘米，厚 41 厘米。碑座完整。然无纹饰。	鲍友管
56	双龙戏珠纹饰。篆额天宫为耶稣会 IHS 标志。碑首侧部为双龙头部相并低垂。碑首和碑身之间有祥云纹饰连接。	碑身（含碑首）高 194 厘米，宽 70 厘米，厚 26 厘米。碑阳汉文、拉丁文合璧，碑阴无字。② 四周为缠枝草蔓纹。	碑座高 55 厘米，宽 87 厘米，厚 35 厘米。碑座相对完整。碑阳为方巾铜钱灵芝荷花纹饰。碑阴为海水江崖双龙戏珠纹饰。（疑似前后倒置）碑侧左右为方巾铜钱灵芝纹饰。	林济各
57	双龙戏珠纹饰。篆额天宫为耶稣会 IHS 标志。碑首侧部为双龙头部相并低垂。碑首和碑身之间有祥云纹饰连接。	碑身（含碑首）高 247 厘米，宽 71 厘米，厚 26 厘米。碑阳汉文、拉丁文合璧，碑阴无字。③ 四周为缠枝草蔓纹。碑身左下角及碑身与碑座接缝处残缺，水泥修补明显。	碑座高 63 厘米，宽 83 厘米，厚 35 厘米。碑座完整，碑阳为海水江崖双龙戏珠图案。碑阴为方巾铜钱莲花纹饰。碑侧为方巾灵芝荷花纹饰。	艾启蒙
58	双龙戏珠纹饰。篆额天宫为耶稣会 IHS 标志。碑首侧部为双龙头部相并低垂。碑首和碑身之间有祥云纹饰连接。	碑身（含碑首）高 205 厘米，宽 67 厘米，厚 20 厘米。碑阳汉文、拉丁文合璧，碑阴无字。④ 四周并无纹饰。	碑座高 55 厘米，宽 92 厘米，厚 32 厘米。碑座完整，碑阳、碑阴皆为为海水江崖双龙戏珠纹饰。碑侧右边为奔腾于山崖之上骏马纹饰，骏马回首瞻望祥云。左边为奔腾于山崖之上卷角山羊纹饰，山羊回首瞻望祥云。	林德瑶

① 参见北京石刻艺术博物馆馆藏：《石刻拓片编目提要》，学苑出版社 2014 年版，第 52 页。
② 参见北京石刻艺术博物馆馆藏：《石刻拓片编目提要》，学苑出版社 2014 年版，第 42 页。
③ 参见北京石刻艺术博物馆馆藏：《石刻拓片编目提要》，学苑出版社 2014 年版，第 57 页。
④ 参见北京石刻艺术博物馆馆藏：《石刻拓片编目提要》，学苑出版社 2014 年版，第 57 页。

现存墓碑编号	碑首	碑身	碑座	传教士
59	双龙戏珠纹饰。篆额天宫为十字架标志。碑首侧部为双龙头部相并低垂。碑首和碑身之间有祥云纹饰连接。	碑身（含碑首）高107厘米，宽56厘米，厚25厘米。碑阳汉文、拉丁文合璧，碑阴汉文。① 四周并无纹饰。碑身与碑座接缝处由水泥填补。	碑座高49厘米，宽81厘米，厚度38厘米。碑座完整，为双龙戏珠纹饰。碑侧为飞龙在天纹饰。较之于碑首与碑身，体积大很多，略显突兀。可能并非原碑座。	樊继训
60	双龙戏珠纹饰。篆额天宫为十字架标志。碑首侧部为双龙头部相并低垂。碑首和碑身之间有祥云纹饰连接。	碑身（含碑首）高192厘米，宽70厘米，厚25厘米。碑阳汉文、拉丁文合璧，碑阴无字。② 四周为缠枝草蔓纹。碑身左、右下角皆残破，水泥修补痕迹明显。	碑座高58厘米，宽92厘米，厚42厘米。碑座完整，为海水江崖双龙戏珠图案。碑阴为海水江崖如意灵芝纹。碑侧亦为海水江崖如意灵芝纹。	郎世宁
61	双龙戏珠纹饰。篆额天宫为IHS标志，纹饰精美。碑首侧部为双龙头部相并低垂。碑首和碑身之间有祥云纹饰连接。	碑身（含碑首）高260厘米，宽87厘米，厚23厘米。碑阳汉文、拉丁文合璧，碑阴无字。③ 四周为缠枝草蔓纹。	碑座高44厘米，宽100厘米，厚48厘米。碑座完整，为祥云如意纹饰。	魏继晋
62	双龙戏珠纹饰。篆额天宫为十字架标志。碑首侧部为双龙头部相并低垂。碑首和碑身之间有祥云纹饰连接。	碑身（含碑首）高180厘米，宽73厘米，厚25厘米。碑阳汉文、拉丁文合璧，碑阴无字。④ 四周并无纹饰。	碑座高45厘米，宽68厘米，厚35厘米。碑座完整，为双龙戏珠纹饰。	汤尚贤
63	无碑首。	碑身（含碑首）高116厘米，宽81厘米，厚22厘米。碑镶墙。碑阳汉文、拉丁文合璧。⑤	无碑座。	何天章

---

① 参见北京石刻艺术博物馆馆藏：《石刻拓片编目提要》，学苑出版社2014年版，第34页。
② 参见北京石刻艺术博物馆馆藏：《石刻拓片编目提要》，学苑出版社2014年版，第49页。
③ 参见北京石刻艺术博物馆馆藏：《石刻拓片编目提要》，学苑出版社2014年版，第52页。
④ 参见北京石刻艺术博物馆馆藏：《石刻拓片编目提要》，学苑出版社2014年版，第38页。
⑤ 参见北京石刻艺术博物馆馆藏：《石刻拓片编目提要》，学苑出版社2014年版，第41页。

现存墓碑编号	碑首	碑身	碑座	传教士
64	碑阳祥云纹饰。篆额天宫为十字架，外有如意纹饰环绕。碑阴部分亦为流云纹饰，篆额天宫为拉丁十字架与耶稣会小写"ihs"所构成的"寿"字。	碑身（含碑首）高140厘米，宽68厘米，厚19厘米。碑身部分为典型的耶稣会徽标志。四角有祥瑞花饰。拉丁文缺失严重。其碑身四周并无边饰。碑身残缺，下方被凿为隼状。两侧嵌有金属条，已氧化生锈。	无碑座。	郑玛诺
65	无螭首。	碑身高125厘米，宽68厘米，厚20厘米。碑阳汉文、拉丁文合璧，碑阴无字。四周有缠枝草蔓纹。两侧及顶端正中嵌有金属条，已氧化生锈。碑身下方有被油漆涂抹痕迹。	无碑座。	闵明我
66	双龙戏珠纹饰。篆额天宫为十字架标志。碑首侧部为双龙头部相并低垂。	碑身含两部分，第一部分高112厘米，长78厘米，宽27厘米。与螭首相连，仅能看到"D.O.M"以及"耶"字。第二部分为部分残碑为碑身左下角，高65厘米，宽53厘米，厚24厘米。碑身四周无边饰。	无碑座。	杨秉义
67	双龙戏珠纹饰。篆额天宫处已模糊不清。碑首侧部为双龙头部相并低垂。	碑身（含碑首）高190厘米，宽87厘米，厚25厘米。碑阳汉文、拉丁文合璧，碑阴无字。碑阳四周有缠枝卷草纹。两侧嵌有金属条，已氧化生锈。	无碑座。	陈善策
68	双龙戏珠纹饰。篆额天宫为典型的"IHS"标志。碑首侧部为双龙头部相并低垂。碑首和碑身以祥云纹饰连接，几近完整。	墓碑（含碑首）高260厘米，宽95厘米，厚33厘米。碑阳汉文、拉丁文合璧，碑阴无字。碑身碑阳、碑阴四周皆有缠枝草蔓纹。	无碑座。	马德昭

第八章
陆徵祥家族墓与栅栏墓地关系考

　　2018年6月中旬市委党校礼堂后门东北角新整理的石碑石刻中，有一块"日下佳城"刻石（见图8–1），右上角虽已残缺，但整体相对完整，样式简洁。碑石高1.26米，宽0.4米，厚0.15米。碑上清晰刻有"日下佳城，邹嘉来谨题"字样。邹嘉来（1853—1921）[①]其姓、名、印鉴皆全。1979年负责修复利玛窦、汤若望、南怀仁墓碑的考古专家吴梦麟先生多次回忆40年前修复栅栏墓地时，曾见过此碑石，而后不知所踪。对照历史文献可知，"日下佳城"本为陆徵祥（1871—1949）家族墓正门对联的下联（见图8–2）。原为"云间旧德，日下佳城"，右侧写有"云峰先生茔志"，左侧落款为"邹嘉来谨题"。"云间旧德"早已佚失。门联意为陆徵祥于1920年11月14日将其祖母及父母三人灵柩从上海（"云间"为上海松江旧称）迁至北京（"日下"为北京旧称）。其父陆云峰去世于1901年，享年67岁。而其母吴金灵（一称吴金玲），因身体孱弱，在陆徵祥8岁（即1878）时便离世，享年37岁。迁坟时，陆徵祥亲自前往上海，全程陪护。关于其迁坟之事，《申报》上有所报道：

图8–1　日下佳城残碑

图8–2　陆徵祥家族墓正门原貌

---

① 　邹嘉来，字孟方，号紫东，自号遗盦。江苏省苏州府吴县人。清朝大臣，清末民初政治人物。著作有《怡若日记》《遗盦日记》，编有《光绪壬午科顺天乡试朱卷》等。

陆徵祥运柩回京

前欧洲和议专使陆徵祥氏日前来讯，专运伊先人灵柩赴京。兹悉陆君先人之灵柩三具，陆续装竣，故于昨日（八日）沪宁路车。押运至宁，转津浦车返京。①
而在《大公报》上的"车站纪事"中记载"陆徵祥由浦口来京，随五点快车去京"②。而迁坟当日仪式非常庄严隆重，诸多政界要人和陆氏亲友皆到场参礼。可见当时此事件是具有重要的社会影响力的。

第一节　陆徵祥家族墓简介

陆徵祥家族墓（其原貌见图8–3、图8–5。其现状见图8–4、图8–6），史称"陆墓"③"陆公墓"④ 等，其建筑坊额刻有法语"FAMILLE LOU"（译为陆氏家墓），在包世杰书中将其称为"Lou-Koung-Mou 陆公墓""Tombeau de Mr Lou"（译为陆先生墓）。陆徵祥曾将自己在家墓中守孝的住所称为"慕庐"。墓堂四周呈椭圆形，植以松柏。墓室内正壁嵌刻墓主人姓名及生卒，即陆徵祥继祖母张氏（1822—1886）、其父陆云峰（1835—1901）、其母吴金玲（1842—1878）的生卒时间。"先祖妣张太夫人，生于道光二年壬午六月初四日，殁

图8–3　陆徵祥家族墓原貌（前有陆公墓碑）

图片来源：照片存于比利时圣安德肋隐修院陆徵祥院长博物馆（陆徵祥院长生前起居室）。见 Jean-Marie Planchet, C.M. *Le Cimetière et Les Oevres Catholiques de Chala 1610-1927*, Pékin: Imprimerie des Lazaristes 1928.p.127.

图8–5　陆徵祥墓室内原貌

图片来源：《北平阜成门外石门陆公墓堂》，《我存杂志》1934 年第 4 期。

---

① 《申报》1920 年 11 月 9 日。

② 《大公报》（天津版）1920 年 11 月 10 日。

③ 罗光：《陆徵祥传》，《罗光全书》第 27 册，台湾学生书局 1996 年版，第 395 页。

④ 罗光：《陆徵祥传》，《罗光全书》第 27 册，台湾学生书局 1996 年版，第 397 页。

图 8-4　陆徵祥家族墓现状　　　　图 8-6　陆徵祥家族墓现状

于光绪十二年丙戌九月二十二日。先考云峰陆公，生于道光十五年乙未十月十一日巳时，殁于光绪二十七年辛丑正月二十六日巳时。先妣吴太夫人，生于道光二十二年壬寅四月十九日亥时，殁于光绪四年戊寅五月二十七日戌时。"在生卒年上为陆云峰像。当时陆徵祥修筑家墓，同时也修筑了居所"慕庐"意为敬仰之室，打算携妻女为亲人守墓。在家墓的设计图上写着"西郊阜成门外北营房门牌一百二十一号，陆公墓院内原有北住房二排计十八间，因要坍塌拆修改盖北房十间，南平台各二间添盖小厕所各一间"[1]，如今早已不存。1930 年北平市公安局制《北平特别市城郊地图》栅栏墓地处标为"法国教堂"，街为马尾沟，紧邻陆公墓街。[2] 1931 年成立"陆公墓简易小学"（简称"陆公墓小学"），位于北礼士路与马尾沟交会处的西北角高坡上。[3] 而在 1934 年王华隆编著《北平四郊详图》中标识"陆公墓街"[4]，说明当时陆公墓已成为显要地标。新中国成立后，陆公墓便屡遭损毁。"日下佳城"一石如今在当校内被重新发现，可能是与 1952 年前后栅栏墓地附近修路相关。当时在栅栏墓地附近，有乱坟岗毗邻诸圣堂，"这一大片地方由于长年累月地掩埋尸骨，而成为乱坟岗子。那真是坟挨坟，坟挤坟，坟压坟，坟摞坟"[5]。而 1954 年整个栅栏墓地被北京市委党校接管，大规模的迁坟、兴建土木工程持续了约两年时间。也许在那个时期，陆徵祥家族墓的院墙遭遇拆毁，门上刻有"日下佳城"和"云间旧德"字样的条石作为建筑用材被移位使用，如今已无资料可寻。墓前陆徵祥本人的"哭亲像"与"孝子

① 图纸藏于布鲁日圣本笃隐修院。

② 中国文化遗产研究院编：《北平研究院北平庙宇调查资料汇编》（内二区卷），文物出版社 2016 年版，"扉页"。

③ 一直到 1949 年初，学校才更名为北平市军管会西四分会第十八区马尾沟小学，后于 1958 年更名为北京市西城区北礼士路第一小学，沿用至今。参见张国庆：《老北京忆往》，北京燕山出版社 2015 年版，第 300 页。

④ 中国国家图书馆：《北京古地图集》，测绘出版社 2011 年版，第 326 页。

⑤ 参见张国庆：《老北京忆往》，北京燕山出版社 2015 年版，第 77—78 页。

救亲像"均在大炼钢铁时期被熔炼。"文化大革命"十年更是让陆徵祥家族墓遭遇重创，作为小学的平房被拆毁，墓穴中三具灵柩被游街示众，最后损毁殆尽。墓室内汉白玉祭台断损半壁，圣母玛利亚像、耶稣圣心像以及其他基督宗教物品皆被捣毁，甚至墙壁上刻字都被人为破坏。随后整个墓室在闹市中几近被人遗忘。2001 年 7 月北京市文物局将其列为"第六批北京市文物保护单位"，取名为"陆徵祥家族墓"，现位于百万庄大街 8 号，保护理由为"陆徵祥（1871—1949）曾任驻荷、俄公使和外交总长。该墓坐东南朝西北，立面仿古希腊神庙，墓室四壁镶嵌着北洋政府首要、各界名流如袁世凯、段祺瑞、黎元洪、溥仪、康有为等五十余人的题词石刻，弥足珍贵"。如今家墓位于北京凌奇印刷制品有限公司内，离北京市委党校东门距离不到半里路。

源于此契机，关于陆徵祥家族墓与栅栏墓地的关系可进行一个较为清晰的梳理。

第二节　陆徵祥家族墓以栅栏墓地 作为选址依据

栅栏墓地作为在华最古老的天主教墓地，被视作"中国天主教不可动摇的基石"①。而陆徵祥家族墓的方位朝向与栅栏墓地紧密相关，家墓坐东南朝西北，正对栅栏墓地。"所谓陆公墓即陆氏在平为其先父母购建之茔地，在利玛窦、汤若望、南怀仁故家之东南隅，占地六亩。"②"北平城外，有名石门，即明清耶稣会暨近故味增爵会士墓地。距不半里，有陆公墓，前国务总理现本笃会士陆子兴先生葬父遗骸于此，因以名焉"③。关于墓地的缘起，陆徵祥作了详尽的自我说明，修筑家墓之年刚好是他在京结束政治生涯之时。

1920 年，我实现了准备许久的尽孝之举。我在北京阜成门附近的一片起伏的高地上购置了半公顷地，这片地正对栅栏天主教墓地。我将大部分面积建成一个花园，花园正中请人建了一座小礼拜堂，小礼拜堂的地下墓穴用以安放我的祖母和最敬爱的父母的遗骨。花园一角的小地窖则将成为我和妻子的安息之地。花园的正门面对着栅栏墓地，那儿安息着令人景仰的利玛窦、汤若望和南怀仁神父。④

墓地购于北京阜成门外三里许之石门，地广六亩，位于利玛窦、南怀仁茔园的东南。墓地周围绕以砖墙，高过人头。墙有两门，正门向北，门常锁，色绿，上一十字，高可四尺。西方有便门，入门草地一方，可三亩，小孩成群，戏草上。再

---

① Henri Bernard-Maitre, *Aux origines du cimetière de Chala : le don princier de la Chine au P. Ricci, Hautes Études,* Tientsin, 1934.p.1.

② 《北平陆公墓遥祝陆徵祥晋铎》，《圣教杂志》1935 年第 8 期，第 499 页。

③ 《陆公墓游记》，《我存杂志》1934 年第 2 卷第 4 期，第 48 页。

④ 陆徵祥：《回忆与随想——从民国外交总长到比利时修道院修士》，王眉译，远东出版社 2016 年版，第 82 页。

前行，得一院落，屋五六间，修女居之，附设小学。过院落，入茔地，松柏夹道，幽静清爽。茔地中心，一小堂。小堂下层墓室，墓穴三，葬兴老祖母、父母。小堂上层有祭坛，坛侧拱兴老的父母遗像，堂壁满刻当代名人袁世凯、徐世昌、段祺瑞、康有为等二十余人的题字。祭坛后，一小室，室壁书有兴老简史。室内存有兴老眼镜一副，拉丁文《师主篇》一册，铜制圣经模型一本。小堂正门外，两侧有石梯，门前屏以石栏，栏前一石碑，上刻"陆公墓"。赵尔巽所书"哭亲碑"则立于小堂中。①陆徵祥明确了墓园的选址即栅栏墓地的东南方，家墓的布局即花园为主，中央即墓室，规模并不大，上为礼拜堂，下为墓穴。小礼拜堂又分前后两室，前室有诸多政界名流题词，后室刻有宣统皇帝给陆徵祥曾祖父母、祖父母、父母的敕封诰命。此外，还有些许陆徵祥私人物品。而除了墓室以外，在花园角落有陆徵祥预备的夫妻合葬墓，墓园旁还有守墓屋室"慕庐"。"我将心怀对上帝的感激之情在这间小屋中度过余生，感谢通过父母从上帝那儿得到的一切爱。"②此处所提及的"陆公墓"（其碑阳见图8-7，其碑阴见图8-8）为陆徵祥于1920年11月14日亲自撰写，周传经正书。③碑阳为"陆公墓"三字，碑阴为记文。

碑阴记文内容如下：

图8-7 陆公墓碑碑阳　　　　　　图8-8 陆公墓碑碑阴

图片来源：陆［诚安］碑，中国国　　图片来源：陆［诚安］碑，中国国
家图书馆，馆藏号：北京1851。　　家图书馆，馆藏号：北京1852。

---

① 罗光：《陆徵祥传》，《罗光全书》第27册，台湾学生书局1996年版，第397页。

② 陆徵祥：《回忆与随想——从民国外交总长到比利时修道院修士》，王眉译，远东出版社2016年版，第82页。

③ 参见徐自强主编：《北京图书馆藏北京石刻拓片目录》，书目文献出版社1994年版，第126页。

光绪三十二年春徵祥奉使和兰①，既莅任，即筹备第二次平和公会以巩国际地位，并调查和属华侨实情，以谋交涉领期，于国事少有裨补，无负父诏师勉之殷。公暇，又思所以伸乌私而酬知遇者，欲为我考云峰公暨我妣吴太夫人迁墓合葬，且为我先师许文肃公摹像铸章。尝以语内子培德，则曰："君追念先德，感怀师训，余耳熟之矣。余亦以为今日之荣膺使命，何莫非父师余泽所遗愿，异邦羁旅，事艰并举。盍先作铸章之计，俟他日归国，再经营先墓未晚也。"宣统庚戌入觐述职，民国元年五年又两自欧归，均以身任政务，久绊京华，不克返故里寻吉壤，每怀宿愿未尝之憾。爰亟变计就都城近郊，访购茔地。六年，于阜成门外利玛窦、汤若望、南怀仁故冢之东南隅，得地六亩，以建墓堂、墓穴。信其足妥先灵，即延比工程师伏具夏特君拟绘图样。携示北堂杜懋德主教②，深予赞同，乃于八年春兴筑，材料则择其精良，工程则求其坚固，固不欲过奢，亦不敢从俭，要以尽人子必敬、必慎之诚，盖子孙之所以报答亲思者，此事最为切实，其余皆虚文也。是冬，工尚未竣，徵祥适使巴黎和会，幸承僚友李君殿璋始终为任董理之劳。九年一月，徵祥力疾回京报命，内子培德以余畏风寒，乃独偕李君先往观新墓建筑，归而亟赞美之。且曰："君既为许公铸章于前，复为先人营墓于后，今君志已竟。余为君喜。"三月，徵祥病瘥，始得亲往周视。于时心神之际，有不觉怆然。而尔怡然者。复兴李君谋所以壮观者数事，如奉悬云峰公像于正壁（像为俄前皇画师阿列克桑特罗甫斯基所手绘）。砌意大利石嵌，圣母像于其上方（像为康南海先生见赠）。镌刻前总统袁公、黎公、冯公、今大总统徐公暨诸僚友所提诗句于旁壁，更安圣母像于堂中，圣心像于后堂（像系驻义王劼孚公使见赠）。既竣，谨择于九年十一月十四日迁葬，礼成，爰志其缘起如此。回溯徵祥八岁丧母，十六岁丧祖母，三十一岁丧父。其间或以就学方言、同文，或以从役俄京使署，不获亲事高堂，稍奉甘旨，子职多亏，终夫抢恨。兹为此举，不过师古人刻木事亲之意，聊盖所愆，以赎余生云尔。

不孝子陆徵祥谨述

特授二等大绶宝光嘉禾章二等之虎章全权公使、外交部长周传经顿首拜书

在陆徵祥的自述中，他明确了家族墓修筑的缘起。由于陆徵祥早年8岁丧母、16岁丧祖母、31岁丧父，自己常年漂泊在外，常叹未尽孝道，如今在京为官，故打算建造家墓，以行孝德。陆徵祥深知在中国传统风俗里面，迁墓于他乡违背礼制，他也遭到时人的反对。于是他将此行为看作是"奉养"，"不是迁墓，而是奉养，我居官京师，父母在，必迎养至京，父母死了，迁柩到京，便于日常扫墓，这也是迎养"③。筑墓葬亲是中华古训，为了表达自己的大孝尊亲之心。经考虑，最终于1917年选址京城近郊即阜成门外利玛窦、汤若望、南怀仁墓地东南角购买6亩地以造家墓。墓地的建造由1919年开始，一年后建成。可看出，在家墓选址的标准上，陆徵祥一贯强调与栅栏墓地的临近关系。

---

① 此处"和兰"应为"荷兰"。

② 此处"杜懋德"应为"林懋德"，当时林懋德为北京教区主教。

③ 罗光：《陆徵祥传》，《罗光全书》第27册，台湾学生书局1996年版，第396页。

第三节　陆徵祥家族墓与栅栏墓地信仰相合

陆徵祥的父亲陆云峰所属修会为伦敦会（全名伦敦传道会，London Missionary Society），属于基督新教教派公理宗（Congregationalists）。陆徵祥在 4 岁时便接受了洗礼，常随父亲参与教会礼仪及团体活动，接受宗教熏陶。而除了家庭宗教信仰外，文中还提及的"先师许文肃公"即其老师许景澄（1845—1900）对其人生信仰选择有重要的引导作用。陆徵祥在《追念许文肃公》中提及"在俄时勉祥学习外交礼仪，联络外交专员讲求公法研究条约"，"感吾师培植之深厚而为祥布置之周且远也，呜呼，生我者父母，助我者吾妻，教育以裁成我者，吾师也"①。许景澄在信仰层面，曾"要求他特别关注基督宗教中最古老的一支——天主教会：学习其教理、考察其组织、观察其各项事业，如可能则进入其中，奉行教律，或可更进一步成为最古老修会当中的一员，研习精神生活的秘诀，把支撑基督信仰的精髓并传与国人"②。这是陆徵祥亲近天主教的一个不容忽视的原因。

陆徵祥天主教信仰虽可上溯至师从许景澄学习外交期间，而对其信仰转变影响最大的，莫过于他的妻子比利时人培德·博雯（Berthe-Françoise Bovy，1855—1926）。当他们相遇时，陆徵祥为新教徒，而培德为天主教徒。然而二人一见钟情，心神合一。1899 年 2 月 25 日二人在圣彼得堡圣加大利纳天主教堂举行婚礼。婚后二人的宗教生活从未倦怠，每日阅读经文，始终保持各自的信仰生活。但培德的虔诚和贤德、慈爱与虔敬使陆徵祥耳濡目染，对天主教信仰生活渐有领悟，获益良多。1911 年 10 月 25 日，陆徵祥在与其结婚的同一教堂由基督教会转入天主教会。"夫人表样好，实为最大原因"③。1926 年 4 月 16 日其妻子去世，挽联为"鹏图扶上九万里，鸿桉相庄十五年"④。1928 年 1 月 14 日在为妻子所做的吊文中，陆徵祥再次言及加入修士行列，这与妻子"纯以天主慈爱之道为志愿"有莫大关系，且自己甘愿舍身，"专事天主，奉行此道"⑤。而陆徵祥对妻子培德的感情以及由此而表现出来的精神层面的忠实，让同会深受感动⑥。在"陆公墓"的记文中提及到培德对陆徵祥家族墓修建的关心，1919 年待病痊愈时，便亲自前往家墓观赏。二人本计划去世后皆葬于此。因而这样的家族信仰使得与栅栏墓地毗邻至为适宜。

陆徵祥不仅对栅栏墓地所葬之人深感敬佩，他将利玛窦、汤若望、南怀仁视为传教楷模，并以此称颂雷鸣远神父，认为雷神父亦如利、汤、南三人，"为这个国家倾注了全

---

① 罗光：《陆徵祥传》，《罗光全书》第 27 册，台湾学生书局 1996 年版，第 294 页。

② Lou Tseng-Tsiang Pierre-Célestin, *Souvenirs et Pensées*, Paris, Cerf, 1948. p. 30.

③ 罗光：《陆徵祥传》，《罗光全书》第 27 册，台湾学生书局 1996 年版，第 295 页。

④ 罗光：《陆徵祥传》，《罗光全书》第 27 册，台湾学生书局 1996 年版，第 295 页。

⑤ 罗光：《陆徵祥传》，《罗光全书》第 27 册，台湾学生书局 1996 年版，第 331 页。

⑥ Cf. Neut Edouard, *Jean-Jaques Lou, Dom Lou*, Bruxelles, Synthèses, 1962. pp.45-46.

部的心血来传播福音"①。并且在京期间与栅栏墓地的诸多神父有所交往，特别是对栅栏墓地甚为了解并且与写作过有关栅栏墓地著作的包世杰神父更是私交甚笃。包世杰时任北堂本堂，陆徵祥 1911 年 4 月曾赠送自己的戎装照给包世杰神父。②1913 年 1 月 2 日林懋德、包世杰拜谒袁世凯时，陆徵祥参与会见，而同年 4 月 6 日陆徵祥又专程拜访了包世杰。③可见他与栅栏墓地早已联系紧密。

整个墓地凸显出基督宗教信仰，整个家墓由比利时建筑工程师伏尔夏所设计。建筑坐东南朝向西北，分上下两层，上属于罗马式诸圣堂式样，前方后圆，前室为方室，长4.17 米，宽 3.3 米；后室为半圆周形，长 2.15 米，宽 1.8 米。④ 在其墓室内，可明显感受到陆氏宗教信仰。室内正中即汉白玉天主教礼仪祭台一座，在其正上方是圣母玛利亚石膏像，而在祭台上亦放有一尊圣母玛利亚像。而前室半圆式穹顶上有满天星空的天使图案，而在后室曾有一尊耶稣圣心像，还供有铜制圣经模型一本，拉丁文《师主篇》一册等。⑤"上方砌有意大利石嵌圣母像，旁壁镌刻前总统袁、黎、冯、徐，暨僚友所题诗句。堂中置圣母像，后堂供圣心像。"⑥ 这说明了陆家的基督宗教信仰。如今仅存穹顶上的天使依稀可见。

第四节　陆徵祥家族墓与栅栏墓地同具传统官方墓葬元素

栅栏墓地作为明清两朝官方赐予的传教士墓地，从整个墓地建造的规制、具体墓碑、冢的级别都是按照传统官方限定的，这体现出传教士在华的政治身份和所受到的官方认可程度。比如利玛窦、汤若望墓地更是传统墓葬较高规制的典型。在其碑前放置石供桌、石五供外，还专门修以甬道。特别是汤若望墓地表立墓碑石兽，其墓葬规格沿用《明会典》《明太祖实录》"职官一品墓碑，螭首龟趺，石人石马、石羊石虎，石望柱各二"⑦。且依据《大清律》职官一品至三品墓碑，螭首龟趺，石兽并六 ⑧，如今墓园里仅存一石羊。"（汤若

---

① 陆徵祥：《回忆与随想——从民国外交总长到比利时修道院修士》，王眉译，远东出版社 2016 年版，第 105 页。

② Cf. Jean-Marie Planchet, C. M. *Le Cimetière et Les Oevres Catholiques de Chala 1610-1927*, Pékin: Imprimerie des Lazaristes 1928.p.126.

③ 参见陈志雄：《陆徵祥与民国天主教会》，中山大学博士学位论文，2009 年，第 27 页。

④ 周莎：《陆徵祥家庭墓庐概述》，《文物春秋》2013 年第 4 期。

⑤ 罗光：《陆徵祥传》，《罗光全书》第 27 册，台湾学生书局 1996 年版，第 397 页。

⑥ 《北平陆公墓遥祝陆徵祥晋铎》，《圣教杂志》1935 年第 8 期。

⑦ （清）黄伯禄：《正教奉褒》，见中国宗教历史文献集成编纂委员会编纂：《东传福音》第 6 册，黄山书社 2005 年版，第 629 页。

⑧ （清）黄伯禄：《正教奉褒》，见中国宗教历史文献集成编纂委员会编纂：《东传福音》第 6 册，黄山书

望）墓地的规制确乎很高，他的墓，同时象征着关于汤若望的纪念得以恢复，除了供桌以外，还有象征供品的陈列，这里有成对的大理石人物和动物，这些人物是为了在另外一个世界服务死者的。"[①]1726年《世界新闻报》（*Welt-Bott*）载文评论说："汤若望神甫安息在一架真可以说帝王一般的墓架之中"[②]，"其中汤若望的墓地是至为重要的，规制如同皇家贵族，一系列的大理石雕塑分列左右。在墓地甬道的尽头是一个祭坛，两步一台阶，阶梯平台上放置有大理石中式花瓶（有十字花纹香炉），祭坛的左右两侧分别有八步台阶，入口处立有圣人像"[③]。

而陆徵祥家族墓因着陆徵祥当时的政治地位和外交身份，因此备受当时政界名流的瞩目。家墓建成时所涉及的政治人物都属于当时政治核心人物。在墓室内正上方挽联是由同治状元、官至太保、东阁大学士、体仁阁大学士陆润庠（1841—1915）所题，上联"道貌严凝中外咸仰"，下联"家风宣振先后同符"，横批"世贵名荣"为民国书法家盛沅（1846—1935）所题。前室正门内的两侧为康有为（1858—1927）所题的门联"至孝能营万家家"、"阴德预大驷马闾"，横批为"丰德寿后"。而在墓室侧壁上更是由当时诸多政界风云人物的题刻。比如前总统袁世凯（1869—1916）所题刻"君室静安"，形容陆公一生所居，低调养德。大总统黎元洪（1864—1928）题刻"潜德幽光"，即赞扬陆公德行幽潜，光辉永存。而前副总统冯国璋（1859—1919）题"行为世则"，将陆公一生行为为后人之典范。国务总理段祺瑞（1865—1936）所题"万世之宁"，以此形容此墓护佑后世万代的安宁。时任大总统的徐世昌（1855—1939）题"宅幽育德"，形容此墓对后世育养德行有重要的垂范作用。其语皆出自于传统经典中赞誉德行之语。[④] 自西向东整合题词如下（见表8-1）：

表8-1 陆徵祥家墓题词汇总

序号	书者	题字	出处	序号	书者	题字	出处
前室							
1	袁世凯	君室静安	《淮南子·人间训》	19	黎元洪	潜德幽光	唐韩愈《答崔立之书》
2	冯国璋	行为世则	《新论·通塞》	20	徐世昌	宅幽育德	《易经·蛊卦》
3	段祺瑞	万世之宁	《尚书·商书·太甲》	21	伍廷芳	天和地德	《易经·乾卦·文言》
4	胡惟德	馨欬犹存	"馨欬"见唐顺之《与两湖书》	22	刘镜人	潜德留贻	"潜德"见刘歆《遂初赋》
5	陈篆	光垂休铭	《会稽刻石》	23	郭则	佳城葱郁	《博物志·异闻》

社 2005 年版，第 629 页。

① *Le Bulletin Catholique de Pékin*, Pékin: Imprimerie des Lazaristes du Pei-T'ang, 1916, p.34.

② [德]魏特：《汤若望传》第二册，杨丙辰译，知识产权出版社 2015 年版，第 202 页。

③ Henri Cordier, *Bibliotheca sinica. Dictionnaire bibliographique des ouvrages relatifs à l'Empire chinois*, Vol. 2.Paris: Librairie Orientale & Americaine, 1905.p.1027.

④ 部分参见周莎：《陆徵祥家庭墓庐概述》，《文物春秋》2013 年第 4 期，第 59、62 页。

序号	书者	题字	出处	序号	书者	题字	出处
			前室				
6	吴笈孙	遗型远裕	"遗型"见叶廷管《吹网录·二础云麾碑》	24	钱能训	宁神真宅	"真宅"《列子·天瑞》
7	徐世襄	阡表泷冈	《泷冈阡表》	25	孔昭立	林泉幽壤	"幽壤"见《晋书·礼志上》
8	刘符诚	道范常存	俗语	26	章祖申	人伦师表	《南史·沈约传》
9	刘崇杰	居仁宅义	《孟子·离娄上》	27	严鹤龄	名流息壤	"息壤"见郭璞注《海内经》
10	王金章	昭明景行	郭泰碑	28	王继曾	泽流遐裔	《南史·梁本纪论》
11	周传经	源远流长	《海州刺史裴君夫人李氏墓志铭》	29	陈恩厚	克昌厥后	《诗经·周颂·臣工之什·雍》
12	王景岐	寝成孔安	《诗经·颂·商颂》	30	朱诵韩	含弘光大	《易经·坤卦》
13	王廷璋	吉符丹篆	"吉符"见《后汉书·荀爽传》"丹篆"见《隋书·潘徽传》	31	朱鹤祥	积德垂光	"积德"见《书·盘庚上》"垂光"见嵇康《琴赋》
14	孙昌	处和履中	《焦氏易林注·颐卦》	32	刘锡昌	远绍宗风	"远绍"见韩愈《进学解》
15	陈广平	人伦楷模	"人伦"见《孟子·滕文公上》	33	朱寿朋	懿德惟光	汉泰山都尉孔君碑
16	李殿璋	先民矩矱	《明史·选举志一》	34	朱文柄	弈叶流芳	"弈叶"见曹植《王仲宣诔》"流芳"见《三国志·魏志·文德郭皇后传》
17	郭有道	昭铭景行	蔡邕《郭有道碑文》	35	刘乃蕃	阴行昭名	《淮南子·人间训》
18	张泽嘉	泽流遐裔	《南史·梁本纪论》	36	姚亚英	木本水源	《左传·昭公九年》
			后室				
1	溥仪	孝思维则	《诗经·大雅·下武》	6	杜蕴宝	七言诗（略）	
2	徐世昌	五言诗（略）		7	张一	《题记》（略）李月亭镌字	
3	张謇	五言诗（略）		8	溥仪敕封诰命	陆徵祥曾祖父母（1909年1月23日）	
4	梁士诒	五言诗（略）		9	溥仪敕封诰命	陆徵祥祖父母（1909年1月23日）	
5	孙宝琦	七言诗（略）		10	溥仪敕封诰命	陆徵祥父母（1909年1月23日）	

此外，立于墓室前的"哭亲碑"（其碑阳见图 8-9，其碑阴见图 8-10）碑阳为东三省总督赵尔巽（1844—1927）榜书"哭亲"二字，以及北京政府外交部总长夏诒霆（1878—1944）于 1926 年所写跋书①，他时任驻巴西全权公使，正值携儿女回国时，前往瑞士拜谒陆徵祥而作此篇《哭亲感言》②。两碑如今仅存拓片。"哭亲碑"碑阳内容如下：

图 8-9　哭亲碑碑阳　　　　　　图 8-10　哭亲碑碑阴

图片来源：中国国家图书　　　图片来源：中国国家图书
馆，馆藏号：北京 1853。　　　馆，馆藏号：北京 1854。

哭亲　赵尔巽敬题

客岁霆归自巴西，道经欧洲，絜儿女③ 谒子欣陆公于瑞士。公言："阔别数载，诸事鲜有可述。惟先人之墓已择地于京西郊外，由沪迁葬，一切规制，由泰西工程家绘图兴筑，均已竣工。余为东西南北之人，痛不克终身庐墓。因范已像为铜人，跪泣墓前，以抒哀感。近乞南海康先生为文，并拟请赵次山先生大书'哭亲'二字，分刻上石，以垂久远。然余意仍尚有未达，子其为我记焉"。霆谨志之，不敢忘。顷

---

① 在《北京图书馆藏北京石刻拓片目录》记载康有为撰并正书的"陆诚安及妻吴氏墓碑"，编号京1853。其中以康有为撰并正书为碑阳，赵尔巽榜书题及夏诒霆跋为碑阴。地点为"西城区北营房"。参见徐自强主编：《北京图书馆藏北京石刻拓片目录》，书目文献出版社 1994 年版，第 127 页。

② 参见罗光：《陆徵祥传》，《罗光全书》第 27 册，台湾学生书局 1996 年版，第 399—400 页。

③ 此处"儿女"应为"二女"。

以公暇，率二女谒公先墓，窃见其规模之善，缔构之精。有不能己于言者。方今世风日下，异说横行，承学之士，甚或自诩欧化。昌言非孝。然以公敷历海外，垂教十年，孺慕之忱，乃老而弥笃，即其经营先墓。凡夫一草一木，一椽一舍，亦悉为至性真诚之流露所蕴结而成。虽其孝思之纯笃，本诸天性然，亦可见吾国数千年以来，相传之孝义，实有足以贯古今，亘中外，而未容或泯者。而近世浅见寡闻者流，乃动辄摭西俗之一端，置吾国之名教纲维于不顾。其亦可以观于此而废然思返也哉！因有所感，遂信笔记之，质之于公，不识将以为何如也。

中华民国十五年岁次丙寅八月上瀚江阴夏诒霆谨识

夏诒霆文中所提及的"惟先人之墓已择地于京西郊外，由沪迁葬"即是说明了陆徵祥家族墓的位置以及迁葬之事，这也符合从"云间"到"日下"的碑石表达。通过对陆徵祥家族墓的介绍，借此彰显陆徵祥的孝道。而碑阴为1922年康有为撰写"陆诚安及妻吴氏墓碑"，题为"清诰赠资政大夫陆公云峰暨德配吴太夫人墓志铭"。康有为平生从不替人作墓志，仅只为陆公之亡母和自己的发妻而作。此文乃是他"念昔日救命的大恩，乃不言辞"[1]。因内容未见公开，故整理如下：

中国春秋时，列国并立，使才盖盛矣。自汉后二千年，阻大瀛海，自以国为天下，不知有欧美，何有外交？暨寰海棣通，既闭关不体外情，故一割乌苏里江东与俄，辄数千里。至光绪中叶，外部大臣，有谓安南不近海，有谓澳门近星架波，及俄交涉案有黑顶子帕米地举朝莫知，而奉使者亦皆闇昧外事，故坐亏败，失地、失权不可算数。中惟曾纪泽及薛福成、许景澄，后则称陆徵祥矣。徵祥师徐文肃公，文肃使俄，受文肃教畏谨鞠，治事有局。徵祥受其父处士云峰先生教循齐肃肃，非法不服，以温良恭俭闻。政乃有是令名也。徵祥八岁丧母——吴太夫人。父命北学于同文馆。遂游俄十余年，不得一见父而父逝。徵祥终身孺慕，自责失子之职，每言辄思父师，又以官京师，岁时不得省亲墓。岁庚申阳历十一月十四日，迁葬考妣于京城阜成门外三里许，利玛窦、南怀仁墓之东南，辟地六亩，大营冢。比利时名匠伏尔夏特写图，俄皇画师阿列克桑特罗甫斯基绘先像奉焉。罗刻一国显者题赠辞于壁，以显其亲。既罢使，相息隐瑞士，乃为书附哭亲图与行状，及今上皇帝题字，属有为铭冢曰："祥三十年处世接物，谨守先师许文肃训不稍越。恪遵先君庭诂，以慕亲涤生。过由己寡，刑妻育女，善与人同为程，假先生而令先人有传后世，则祥不孝之罪可少释。"其哭亲图，作长跪墓门像，可谓纯孝至诚矣。孝经纬曰："孝者，报也。孔子以人三合而生，非天不生，非父母不生。自天生，则万物一体，故主仁，报父母，则生事死祭葬，故尚孝。"迩者，欧美俗盛行，有以非孝为义者。徵祥数十年，久于欧俗，而纯孝能报父母师，岂忘恩义不报者是，而能报恩义者非耶。孔子之大义在报，故曰："欲报之德，昊天罔极。"若报义可破，则杀人可不偿，债负可不还耶？徵祥使荷兰，康有为将游俄，请徵祥为入境文书，徵祥戒勿游。曰："俄许吾约。康有为游俄则捕之，执逮中国，昔役俄使馆时，亲见约。若必游，请易姓

---

① 罗光：《陆徵祥传》，《罗光全书》第27册，台湾学生书局1996年版，第400页。

名。"乃止游，微陆使君乎！吾误入俄，身首殊以归中国矣。吾受大德，不敢以不文辞，谨按状曰："公讳诚安，道光十五年乙未十月十一日生，光绪二十七年辛丑正月二十六日卒。春秋六十有七。宣统元年以徵祥位大臣，诰赠资政大夫。吴太夫人生道光二十二年壬寅四月十九日生，光绪四年戊寅五月二十七日卒，春秋三十有七。宣统元年诰赠夫人。"公少贫苦，及吴太夫人早卒，徵祥在襁褓，公益瘁然踔属自立，在困弥亨，且能周人急，倾囊辍食，不吝。好讲诵先哲嘉言懿行，宗稼书先生学，以教徵祥。举国骛科举，咿唔八股求贵仕。公生上海，知外事，预令徵祥学欧文为有用学。亲友非之，不顾，送其北学京师曰："学不成毋相见！"及徵祥在俄，戒以"黾勉王事，吾足自养，勿以为念"。徵祥为中国使才，盖公生之、教之、成之，宜为铭。铭曰："老松轮囷磊砢屈严阿也，芝兰玉树生其根而交枝柯也，使相大营万家冢，报罔极也，孝子儒慕图跪墓门，自责失子职也。谈欧学而非孝者，视此宜式也。"

壬戌四月，南海康有为撰铭而书石也

琉璃厂李月亭刻石

在康有为文中，不仅再次具体说明了陆徵祥家族墓的建造时间和具体地址。"岁庚申阳历十一月十四日迁墓考妣于京城阜成门外三里许利玛窦、南怀仁墓之东南辟地六亩大营冢"，明确了陆徵祥家族墓与栅栏墓地的远近关系、所处方位以及墓地占地大小，并且也印证了陆徵祥家墓朝向刚好是西北方，正对着栅栏墓地。此外，还从传统儒家的孝道论证了陆徵祥家墓为传统孝义的典范。对陆徵祥而言，幼年丧母、祖母，刚而立之年又丧父，且二人未能面绝，在生前无法行奉养之孝，如今虽阴阳两隔，大孝尊亲之理更应践行。然而在归国之后，由于担任公职长居北京，无法为至亲扫墓悼念，因此有了在京修筑家墓的念头。在墓前还设有铜像一尊，为陆徵祥在迁葬三周年之际专门请意大利雕刻家罗马弱利（Guiseppe Romagnoh）所铸"孝子救亲像"，脸上带有泪痕，不仅"为先父母殁后追慕之表示，亦以志游子之风木之痛"[1]。这尊陆氏铜像作跪状，背负"子欲事亲不在，树欲静风不息"二行，使人赞之，可以想见陆氏孝思之一般。[2]

因此，从陆徵祥家族墓的题词以及所立碑石来看，主要凸显出传统墓葬文化的特质。"哭亲碑"为螭首龟趺碑，这凸显出此碑的政治地位。而室内所镌刻诸多政界名流题词，多为传统墓葬经典语录，亦可看出陆徵祥家族墓所集中呈现的孝道文化乃民国墓葬价值主流。

第五节　"慕庐"：天主教信仰与传统孝道文化的交融

陆徵祥家族墓正契合了陆徵祥一生将天主教信仰与传统孝道文化相结合的实践。"他

---

① 罗光：《陆徵祥传》，《罗光全书》第 27 册，台湾学生书局 1996 年版，第 397 页。
② 参见《北平陆公墓遥祝陆徵祥晋铎》，《圣教杂志》1935 年第 8 期，第 499 页。

尊重儒家思想，并深信能够为基督宗教信仰深化，二者相融乃为现代中国社会最完美的根基。"① 陆徵祥将孝道视为一切道德的完美基础，所有生活的来源，没有任何人的行为能够逃避它的法则，② 进而结合天主教信仰体认出"孝爱"。他认为耶稣基督道成肉身，在人的心灵之中，"向我们揭示出他奉献给圣父何等的孝道"③。而耶

图 8-11　康有为所题"慕庐"二字

图片来源：陆徵祥：《回忆与随想——从民国外交总长到比利时修道院修士》，王眉译，远东出版社 2016 年版，第 104 页。

稣又将这份孝道传给他的弟子，从而让他们称为义子。在陆徵祥看来，孝道是走近天主及天父的唯一途径。④ 因此，陆徵祥以"慕庐"（见图 8-11）作为守孝居室的名称，即是以慕先人之心来敬慕天主。而 1931 年 8 月 15 日圣母升天节，他因追思先父母、先师、先室，故将在布鲁日圣安德烈隐修院住所称为"慕庐"，在苦修生活中慕主慕亲，从而家族墓旁之慕庐变为修院之慕庐，从而将中国文化之孝道与天主教信仰之孝道相结合。陆徵祥自称"生为儒家"⑤，却死于天主的怀中。罗光认为，"孔门之孝，与兴老一生精神之所系，老年加以耶稣之孝，他卒能超凡入圣"⑥。方豪在其传中，称"陆氏孝思最笃，在北平栅栏筑'慕庐'以葬先人，在墓前树哭亲铜像，可见陆氏真能将东西文化融合为一，并能身体力行"⑦。

　　陆徵祥于 1935 年 6 月 29 日晋铎为神父。1946 年 5 月 18 日受教廷封赠为比利时根特圣伯多禄修道院领衔院长荣衔。1949 年 1 月 15 日，陆徵祥在比利时布鲁日的圣方济医院溘然长逝，葬于比利时布鲁日圣安德肋修院（Sint-Andries Abdij）墓地，与他的本笃会弟兄比邻。在耶稣十字像下方石板中间存其墓碑（见图 8-12）。碑文如下：

图 8-12　陆徵祥墓碑

①　Anne Vansteelandt, *Lu Zhengxiang*（*Lou TsengTsiang*）, *A Benedictine Monk of the Abbey of Sint-Andries*, Historiography of the Chinese Catholic Church, K.U.Leuven, Ferdinand Verbiest Foundation, 1994.p.224.

②　参见陆徵祥：《人文携手》，赵燕清、潘玉玲译，台湾光启文化事业 2014 年版，第 42 页。

③　参见陆徵祥：《人文携手》，赵燕清、潘玉玲译，台湾光启文化事业 2014 年版，第 51 页。

④　参见陆徵祥：《人文携手》，赵燕清、潘玉玲译，台湾光启文化事业 2014 年版，第 72 页。

⑤　罗光：《陆徵祥传》，《罗光全书》第 27 册，台湾学生书局 1996 年版，第 388 页。

⑥　罗光：《陆徵祥传》，《罗光全书》第 27 册，台湾学生书局 1996 年版，第 431 页。

⑦　方豪：《中国天主教史人物传》（下），中华书局 1988 年版，第 329 页。

碑文

PETRUS · CAELESTINUS

LOU · TSENG · TSIANG

ABB · TITUL · BLANDINIEN

OB · XV · IAN 🛡 MCMXLIX

拉丁文解读

Petrus Caelestinus

Lou Tseng Tsiang

Abbas Titularis Blandiniensis

Obiit 15 Ianuarius 1949

英译

Peter Celestine

LouTseng Tsiang

Titular Abbot of Blandain

Died 15 January 1949

汉译

天士伯多禄

陆徵祥

巴朗迪恩领衔荣誉院长

一九四九年一月十五日去世

其中他的牧徽尤其引人注意，上半部分为"天"字，下半部分是三把通往天国的钥匙。"天"字，一方面"天"对应的便是西方的上帝，是陆徵祥在宗教及精神生活中对中西至高无上者的统合实践。"它同时象征着双方：中国所有的精神传统和天主教会所有的真理和生活的准则"①。另一方面，其父陆云峰在父子作别最后一面时，将平生经验所得凝练为一字赠，以此作为遗嘱，此字即为"天"字。"人有一经，余只有一天字耳。倘汝以此一天字作一经看，作千金看，则余所遗汝教汝者。"②陆徵祥铭记此遗嘱终生。下半部分的三把钥匙是圣伯多禄修道院院长的标志。在天主教中，掌管钥匙的为十二宗徒首领圣徒伯多禄（Pietro），"你是伯多禄（盘石），在这盘石上，我要建立我的教会，阴间的门决不能战胜她。我要将天国的钥匙交给你：凡你在地上所束缚的，在天上也要被束缚；凡你在地上所释放的，在天上也要被释放。"（《玛窦福音》16：18—19）。而这三把钥匙即为陆徵祥升任

---

① 陆徵祥：《人文携手》，赵燕清、潘玉玲译，台湾光启文化事业 2014 年版，第 113 页。

② 罗光：《陆徵祥传》，《罗光全书》第 27 册，台湾学生书局 1996 年版，第 545 页。

圣伯多禄修道院院长时所戴修道院院长戒指上的纹饰，"在伯多禄修道院的徽章中象征着地位"①。陆徵祥牧徽上的三把钥匙，一方面是生前教内职务的代表，另一方面是否也有打开中国信仰之门的深意？此待考。

　　陆徵祥家族墓经历百年沧桑，如今仍具有重要的历史文化和学术研究价值。从一块"日下佳城"条石而引起的它与栅栏墓地关系的探讨仅是管中窥豹。陆徵祥家族墓不仅承载着陆徵祥的神修历程的转变，也是陆徵祥将天主教信仰之"慕主"与传统孝道文化之"慕亲"相融合的集中体现。

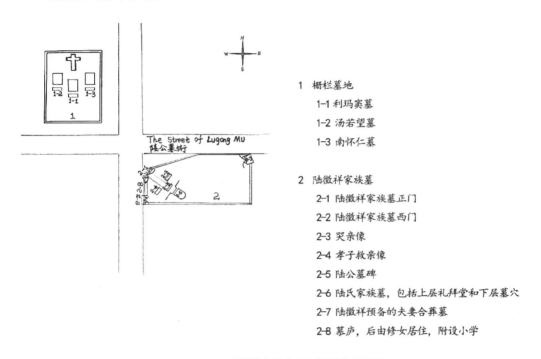

1　栅栏墓地

　　1-1　利玛窦墓

　　1-2　汤若望墓

　　1-3　南怀仁墓

2　陆徵祥家族墓

　　2-1　陆徵祥家族墓正门

　　2-2　陆徵祥家族墓西门

　　2-3　哭亲像

　　2-4　孝子救亲像

　　2-5　陆公墓碑

　　2-6　陆氏家族墓，包括上层礼拜堂和下层墓穴

　　2-7　陆徵祥预备的夫妻合葬墓

　　2-8　墓庐，后由修女居住，附设小学

图 8-13　陆徵祥家族墓与栅栏墓地关系图

---

① 　陆徵祥：《人文携手》，赵燕清、潘玉玲译，台湾光启文化事业 2014 年版，第 112 页。

第九章
栅栏：中西文化之镜的时空重构

栅栏墓地距今已有 400 余年的历史，它作为来华传教士第一座官方赐予的墓地，在历史上不仅是明清以来西方传教士在东方安息的一个最为集中的所在，更是来华传教士为信仰奉献一生的有力证明。自利玛窦始，以耶稣会士为主的天主教传教士便融入明末清初的西学东渐热潮之中，他们在带来"天主"的同时，更多的是将西方的先进科学技术和思想文化传入了中国。这非个人己力可为，而需要整个传教士团体不断投身到此事业中。他们需要远渡的，并非只是海陆之遥，还有世俗亲人朋友的生离死别以及生存环境的巨大变迁。对于前往异域的他们来说，在一个非基督宗教的国家里能够存活下去已属不易，能够"体面"地安息在他乡更是难上加难。

第一节　栅栏墓地的历史定位——来华
传教士的人生见证

随着"基督宗教入华的第三期"[①]——即明代耶稣会士沙勿略传入之天主教时期的到来，利玛窦步范礼安[②]、罗明坚后尘，开始思考适应中国传教的模式。利玛窦通过前车之鉴以及自我的生存经验，他已明确生硬的宗教植入在中华大地是行不通的，而寻常的民间走访亦无法使天主教在中国稳固下来。他试图开创一种"技术含量"更高的传教模式，即了解中华文化和习俗后，以"科学"的方式传教。"若是我们给他们教授科学，他们不

[①]　参见陈垣：《基督宗教入华史略·神学志》，1924 年第十卷第四号，第 17—23 页。另参见陈垣：《陈垣学术论文集》第一集，中华书局 1980 年版，第 93 页。Cf. Nicolas Standaer, *Handbook of Christianity in China*, Vol.1, Boston: Brill, 2001. p.296.

[②]　关于范礼安的生卒年，费赖之一书有介绍，为"1538 年 12 月 20 日—1606 年 1 月 20 日"，后被布鲁克尔考订作"1539 年 2 月"。参见 [法]费赖之：《在华耶稣会士列传及书目》，中华书局 1995 年版，第 20 页。荣振华称"1539 年 2 月初（或 20 日）出生于阿布鲁齐省的基艾蒂城"，"1606 年 1 月 20 日逝世于澳门"。参见 [法]荣振华等：《16—20 世纪入华天主教传教士列传》，耿昇译，广西师范大学出版社 2010 年版，第 358—359 页。由此可见其生卒年为"1539 年 2 月 15 日—1606 年 1 月 20 日"。

单可以变成学者，而且因著科学他们也容易进入我们的圣教。"[1]因此，他一方面对自我身份进行转化，从"天竺僧"到"儒僧"，进而转变到"儒士""道人""居士""术士"等身份[2]，以适应中华多元的信仰环境；另一方面深入到中华思想内核，"至于六经子史等篇，无不尽畅其意义"[3]，继而与当时士大夫阶层进行深层次的学术文化交流，"士大夫既相信我们，其余的人更容易劝化了"[4]。利玛窦提倡一种"儒耶融合"观念（Confucian-Christian Synthesis）[5]，合天主教教义和儒家思想。陈垣综合利氏生平为奋志汉学、赞美儒教、结交名士、排斥佛教、介绍西学以及译著华书[6]，以此亦可观利玛窦在华适应政策之进阶。"利玛窦的适应方法既包含了对儒家传统本质的理解，又包含了将基督宗教介绍到中国的巧妙方法。"[7]而利玛窦的社交圈亦波及到官僚、儒生士大夫、文人雅士、平民百姓等各个层面，这使他成为"第一批入华耶稣会士中间最具历史影响的杰出人物"[8]。李约瑟对利玛窦评价道："他不仅是一位杰出的语言学家，几近完美地掌握了中文；而且是一位显著的科学家和数学家，他和他的传教士同伴们不断地效仿儒家士大夫的习俗，从而顺利地受到朝廷的欢迎，从而助于历法改革以及激发对科技各方面的兴趣。"[9]甚至在后来的礼仪之争当中，关于对中华礼仪问题的回答，都分为遵循利玛窦方法模式"Thesis"和反对适用利玛窦方法的对立模式"Antithesis"。[10]由此可见利玛窦对整个来华传教士团体的影响。

到了晚年，利玛窦自知将不久于人世，他在书信中常称"我离墓穴已近""我因著年岁，一天一天老了"[11]等言。随着罗明坚在意大利去世，他一方面加紧着手于中国开教之初历史的记载，因唯他知晓。[12]另一方面又向法国国王亨利十四（Henri IV，1553—1610）的忏悔神父法国耶稣会士皮埃尔·戈登（Pierre Coton，1564—1626）发出呼吁，对当时尚无法国耶稣会士来华感到遗憾。[13]在利玛窦看来，关于天主教在华的未竟事业还有很

---

[1] 罗光：《利玛窦传》，《罗光全书》第 28 册，台湾学生书局 1996 年版，第 221 页。

[2] 关于利玛窦在华的身份考。参见宋黎明：《神父的新装——利玛窦在中国（1582—1610）》，南京大学出版社 2011 年版，第 2 页。

[3] [意]艾儒略：《大西利先生行迹》，民国八年铅印本，第 1 页。

[4] 罗光：《利玛窦传》，《罗光全书》第 28 册，台湾学生书局 1996 年版，第 221 页。

[5] Cf. David E.Mungello, *Curious land, Jesuit Accommodation and the Origins of Sinology,* Honolulu: University of Hawaii Press, 1994. pp.71-72, 105.

[6] 参见陈垣：《基督宗教入华史略》，《陈垣学术论文集》第一集，中华书局 1980 年版，第 87 页。

[7] [美]孟德卫：《奇异的国度：耶稣会士适应政策及汉学的起源》，大象出版社 2010 年版，第 43 页。

[8] 朱维铮主编：《利玛窦中文著译集》，复旦大学出版社 2012 年版，第 1 页。

[9] Joseph Needham, *Science and Civilisation in China*, Vol.I. With the research assistance of Wang Ling.Cambridge University Press, 1954.Preface, p.149.

[10] Cf. Standaert, Nicolas., *Handbook of Christianity in China, Volume one: 635-1800*, Leiden, Boston, Köln: Brill, 2001.p.681.

[11] 罗光：《利玛窦传》，《罗光全书》第 28 册，台湾学生书局 1996 年版，第 236 页。

[12] 利玛窦写成《天主教传入中国史》（*Storia dell'introduzione del Gristianesimo in Cina*）手稿，后金尼阁将此带回罗马，翻译为拉丁文且署名出版。

[13] Malachi Martin, *Les Jésuites*, Monaco, Le Rocher, 1989. pp.141-142.

多，而其中最亟须解决的事情便是在华特别是在京城能够拥有一片属于传教士的墓地。对传教士而言，这是史无前例的开创之业，在利玛窦之前来华后去世的耶稣会士在中华并无安息之所，他们死后遗体只有迁葬澳门的公墓，这是无奈之举，这也成为利玛窦去世前的心病。"因为你是从土而出的。你本是尘土，仍要归于尘土。"（《创世纪》3：19）① 然而前途未卜，生死已到。利玛窦希望自己在世生命的结束能够成为一个契机，一个关乎传教士在华肉身存留的标的。他在中华所作出的努力，是为了显耀上帝的荣光。在世生命的终结"原是教我们一举一动有新生的样式"，能够"像基督籍着父的荣耀从死里复活一样"。（《罗马书》6：19）② 因此在他临终时，他对床榻前的其他神父、修士说："我去之后，给你们留下的，是一扇敞开的大门，你们要立许多功劳；当然你们的困难和危险也不少。"③

1610 年 5 月 11 日，利玛窦身故后，遗体安葬在北京，但葬于何处，这并非一蹴而就，需要经过对墓地的申请、选址、地产交接、修建以及最后的安葬等多个环节。首当其冲的是要获得万历皇帝的首肯，在诸多朝中重臣的助力下，加之利玛窦自身在朝廷的影响，7 月 16 日万历皇帝准奏，赐阜成门外空闲地亩埋葬，故他在华的坟茔之所"就等于认可教会和基督教在中国的合法存在了"④。但一直等到 1611 年 2 月以后，待与仁恩寺的交接事宜后，传教士才真正得到墓地所有权。为了赶在诸圣瞻礼日举行利玛窦的下葬仪式，整个墓地建造工程快速而高效，除了利玛窦的墓园修建完毕，还在其中修建了救世主堂。骤然间，佛教寺庙变成了天主圣堂，这似乎是一件不可能发生的宗教事件，但却真实地载入了史册。

随后，栅栏墓地成为了来华传教士们在华的安息之所，他们来自不同的国家，但因为共同的传教使命抵达中华，且一起安息在异乡。诸多传教士凭借着广博的科学技术知识和高尚的品德修养，赢得了皇帝的恩宠和士大夫阶层的"衷心佩服"。⑤ 康熙请诸多传教士讲解数学、几何、天文学知识，"几何、物理、天文、医学、解剖学渐次成为他（康熙）关注和学习的内容，正是他对科学的爱好才使传教士可以自由地接近他，而这种自由是帝国要员甚至皇亲国戚都得不到的"⑥。所以康熙时代由于康熙的个人兴趣从而使地质学和地图绘制学都得到很大的发展⑦，"欧洲人通晓天文和代数，陛下用之是有益的"⑧。

在栅栏墓地现存墓碑中，获得皇帝谕旨的多达 8 人。谕旨主要论及传教士在华功绩、官方职位，以及其葬礼得到了官方的协助和葬资。《大明会典》规定："凡夷使病故、如系

① 《圣经》中文和合本，中国基督教三自爱国运动委员会，中国基督教协会出版 2007 年版，第 6 页。
② 《圣经》中文和合本，中国基督教三自爱国运动委员会，中国基督教协会出版 2007 年版，第 273 页。
③ 罗光：《利玛窦传》，《罗光全书》第 28 册，台湾学生书局 1996 年版，第 241 页。
④ [意]利玛窦、金尼阁：《利玛窦中国札记》，何高济等译，中华书局 1983 年版，第 617 页。
⑤ 罗光：《利玛窦传》，《罗光全书》第 28 册，台湾学生书局 1996 年版，第 167 页。
⑥ 马若瑟 1699 年 2 月 17 日给拉雪兹神父的信，参见 [法]杜赫德编：《耶稣会士中国书简集：中国回忆录 I》，郑德弟、吕一民、沈坚译，大象出版社 2001 年版，第 27 页。
⑦ Cf. Joseph Needham, *Science and Civilization in China*, Cambridge University Press, 1984.p.585.
⑧ 在耶稣会传教士殷弘绪神父在 1715 年 5 月 10 日于饶州致本会德布鲁瓦西亚神父的信中，提及 1711 年 12 月 23 日，帝国都察院御史樊绍祚公开攻击基督宗教，试图在全国禁教。参见[法]杜赫德编：《耶稣会士中国书简集：中国回忆录 II》，郑德弟、朱静译，大象出版社 2001 年版，第 155 页。

陪臣未到京者、本部题请翰林院撰祭文、所在布政司备祭品、遣本司堂上官致祭。仍置地营葬、立石封识。到京病故者、行顺天府给棺、祠祭司谕祭、兵部应付车辆人夫。各该赏衣服彩段、俱付同来使臣领回颁给。"[1] 当一个外国人"如果是抵达京城后死去，但尚未领到皇帝慷慨赐赠的，则有北京的行政长官拨款，为其办理丧事。若已领取赏赐，丧葬费则要用死者的这笔钱来支付。"[2] 就现存的六十八通墓碑而言，除了利玛窦以外，在碑文中提及皇帝赐资修筑茔地的就多达 18 人。按照卒年罗列如下（见表 9–1）：

表 9–1　在碑文中提及皇帝赐资修筑茔地的传教士

编号	碑文中提及获赐资修筑茔地的传教士	国别	谕旨	葬资
1	汤若望	德国人	皇帝谕祭原任通政使司通政使，加二级又加一级，掌钦天监印务。故汤若望之灵曰：鞠躬尽瘁，臣子之芳踪。恤死报勤，国家之盛典。尔汤若望，来自西域，晓习天文，特畀象历之司，爰锡通微教师之号。遽尔长逝，朕用悼焉。特加因恤，遣官致祭。鸣呼，聿垂不朽之荣，庶享匪躬之报。尔有所知，尚克歆享。康熙八年十一月十六日。	524 两帑银
2	安文思	葡萄牙人	上谕："谕今闻安文思病故，念彼当日在世祖章皇帝时营造器具，有孚上意。其后管理所造之物，无不竭力，况彼从海外而来，历年甚久，其人质朴夙着，虽负病在身，本期疗治痊可，不意长逝，朕心伤悯之，特赐银二百两、大缎十匹，以示朕不忘远臣之意。特谕。"康熙十六年四月初六日。	200 两帑银、大缎 10 端
3	利类思	意大利人	上谕："谕南怀仁等：今闻赵昌来奏，利类思年老久病，甚是危笃。朕念利类思自世祖章皇帝时至于如今，效力多年，老成质朴，素知文翰，况尔等俱系海外之人。利类思卧病京邸，绝无亲朋资助，深为可悯。故特赐银二百两、缎十匹，以示朕优念远臣之意。特谕。"康熙二十一年九月初七日。	200 两帑银、大缎 10 端
4	南怀仁	比利时人	钦天监治理历法、加工部右侍郎，又加二级，谥"勤敏"。朕惟古者立太史之官，守典奉法，所以考天行而定岁纪也。苟称厥职，司授时之典，实嘉赖之。况克殚艺能，有资军国，则生膺荣秩，殁示褒崇，岂有靳焉。尔南怀仁，秉心质朴，肄业淹通。远泛海以输忱，久服官而宣力，明时正度，象历无讹；望气点云，性躔式叙。既协灵台之掌，复储武库之需，覃运巧思，督成火器，用摧坚垒，克裨戎行，可谓莅事惟精，奉职弗懈者矣。遽闻溘逝，深切悼伤，追念成劳，易名"勤敏"。鸣呼！锡命永光乎重壤，纪功广示于遐陬。勒以贞珉，用垂弗替。康熙二十八年四月初一日。	200 两帑银、大缎 10 端

①　（明）申时行等修，（明）赵用贤等纂：《大明会典》卷 108，续修四库全书编纂委员会编：《续修四库全书》卷 791，上海古籍出版社 2003 年版，第 110 页。

②　[意]利玛窦：《耶稣会与天主教进入中国史》，文铮译，梅欧金校，商务印书馆 2014 年版，第 492 页。

编号	碑文中提及获赐资修筑茔地的传教士	国别	谕旨	葬资
5	樊继训	法兰西人	康熙四十二年十月十五日报上发来御札内，开谕赫世亨：据大阿哥所奏，樊继训病故。似此外科，委实难得，且人品亦优，深为可悯，朕甚悼之。尔可齐集西洋人等，传此旨意，将大阿哥所付赏赉之物以赐之。特谕。钦此钦尊。即于本月十六日领大阿哥颁发帑金二百两、缎十匹。赫世亨随带广储司员外郎安泰、茶膳房人员，赍至北堂，宣传旨意，行奠茶酒，并发赏物。	200 两帑银、大缎 10 端
6	安多	比利时人	上谕："安多自西洋以来，于天文历法事宜，甚实效力。今闻溘逝，朕深为轸恻，照赏徐日昇例，赐银二百两、大缎十端，以示优恤远臣之意。特谕李国屏、王道化送去，钦此。"	200 两帑银
7	苏霖	葡萄牙人	无。	200 两帑银
8	林济各	瑞士人	无。	200 两帑银
9	费隐	奥地利人	无。	200 两帑银
10	戴进贤	德国人	上谕："非通晓历法之人，不能细查微小增减，不觉渐错。戴进贤虽系新来，尚未全晓清汉话语，其历法、算法上，学问甚好，为人亦沉重老实。着放纪理安员缺，钦此。"雍正三年三月二十日奉旨："戴进贤治理历法，着改授监正加礼部侍郎衔，钦此。"蒙赐帑银二百两，大缎十端，钦此。	200 两帑银
11	罗怀忠	意大利人	蒙恩旨赐内帑银二百两，钦此。	200 两帑银
12	郎世宁	意大利人	乾隆三十一年六月初十日奉旨，西洋人郎世宁，自康熙年间入值内廷，颇着勤慎，曾赏给三品顶戴。今患病溘逝。念其行走年久，齿近八旬，着照戴进贤之例，加恩给予侍郎衔，并赏内府银三百两料理丧事，以示优恤。钦此。	300 两帑银
13	鲍友管	德国人	无。	200 两帑银
14	刘松龄	斯洛文尼亚人	无。	200 两帑银
15	艾启蒙	捷克人	无。	200 两帑银
16	傅作霖	葡萄牙人	无。	200 两帑银
17	高慎思	葡萄牙人	无。	200 两帑银
18	福文高	葡萄牙人	无。	100 两帑银

此外，墓碑已不存的耶稣会士徐日昇获得"上谕：朕念徐日昇斋诚，远来效力岁久，渊通律历，制造咸宜，扈从惟勤，任使尽职，秉性贞朴无间，始终夙夜殚心，忠悃日着，朕嘉许久矣。忽闻抱病，犹望医治痊可。遽尔溘逝，朕怀深为轸恻。特赐银二百两、大缎十端，以示优恤远臣之意，特谕。"其中获赐帑银 200 两，大缎 10 端。徐懋德获赐帑银 200 两；索若瑟获赐帑银 150 两；遣使会士德理格获赐帑银 200 两；方济各会士汤士选获赐帑银 150 两。共计 23 人。

皇帝御赐之文中往往情文并茂，斐然成章，比如"朕用悼焉"，"呜呼！"（汤若望）；"朕心伤悯之"（安文思）；"深为可悯"（利类思）；"深切悼伤，追念成劳"，"呜呼！"（南怀仁）；"深为可悯，朕甚悼之"（樊继训）；"朕深为轸恻"（安多）；"念其行走年久"（郎世宁）等。可见皇帝对传教士在华功绩的认可。而从其帑银以及大缎的赠予标准可以看到大致的赐葬规制。一般是赐葬 200 两帑银，且有附大缎 10 匹以示优待。赐葬最多的传教士为汤若望。按照清时邮典，满汉大臣所得的葬银俱照其加赠品级给予，一品官的造坟银为 500 两、致祭银为 25 两，且部院堂官加衔至一品、二品者卒，亦可获遗官读文致祭一次以及工部立碑的恩遇。其他传教士亦多根据其官职而获得赐葬之资。然至康熙后期，"礼仪之争"不仅凸显出传教士、清朝朝廷与罗马教廷之间关于中国祭天、祭祖、祭孔等问题的争议，更导致雍正、乾隆、嘉庆及道光诸帝，均历行禁教策略。但诸传教士在华身份并非以传教士行世，大多数人是以天文学家、数学家、地图测绘师、机械师、钟表师、医生、画师等身份留居北京，服务朝廷，因此他们在华去世后，官方对其认可更多是从他们对历法、军事及对宫廷的贡献出发，甚至《四库全书》亦将传教士在天文学、地理学、乐律学等方面的书籍纳入其中。这亦是他们获得葬资的主要原因。

而徐光启、李之藻、杨廷筠、王徵等一批文化心态较为开放且才识不凡的士大夫，则对西学进行了汲取和运用。一方面学习着西方先进科技文化，另一方面将中国的科技逐渐融入整个近代科技洪流中 [①]，开启了传教士所带来的西学东渐新时代。

第二节　栅栏墓地的文化镜像——西学东渐与东学西传的双向演进

西学东渐与东学西传，这是东西双向的文化汇通术语，言称东西方文化之间的接纳、吸收的认可程度。自 16 世纪始，中西交通之大船乘帆起航，传教士即这股潮流的"掌舵人"，他们几乎都是饱学之士，来华后上供职朝廷，下居全国各地。其中葬于栅栏墓地之传教士，乃为传教士团体中寓居京城且获官方认可之一类。

（一）栅栏墓地所葬传教士乃西学东渐的主导者

在栅栏墓地所葬的传教士中，特别是早期耶稣会士，他们以自己在天文、数学、医学、绘画、机械制造等方面出众的才华留居北京，服务于朝廷。耶稣会士由于修会的特性，一方面谨守戒律，大多发"四愿"（贞洁、神贫、听命、绝对服从教皇），强调组织的高度集权，维护经院哲学的传统权威；另一方面，又非常注重个人文化素养的修炼，强调

---

① 　Cf. Joseph Needham, *Science and Civilisation in China*, Cambridge University Press, 1959. Vol.III. Preface, p.3.

对科学技术的学习。他们所学的课程"可能是欧洲最艰深的课程"①，而成长出来的耶稣会士"通常是欧洲最有才华的人"②。在他们中间，很多人早年在欧洲时就已享誉盛名。比如邓玉函，他被视为来华传教士中最博学的人，在欧洲时与伽利略比肩，获得意大利"猞猁之眼"国家科学院院士称号。他所著的《奇器图说》（全名为《远西奇器图说录最》）被视为我国第一部机械工程学著作。樊继训在欧洲时已因高超的医术，以良医与良药师为人称道；山遥瞻以地理学著称，在欧洲时已负盛名。正是由于这样一个海外传教团体的到来，才使得东西方有"两个完全相互独立发展起来的文化之间的第一次真正实质性的接触"③。而耶稣会士在其早年学习中所形成的自由开放的学习态度对他们在面对异质文化所展现出的"理性的包容"有着至关重要的作用。正是这样，也为他们能够成为西学东渐的主力军奠定了坚实的知识基础。

"然近四百年来，中西文化之交流及中国天主教基础之奠定，实始于利玛窦之来华。"④ 利玛窦来华以后，与徐光启合译的第一部中文西方科学著作《几何原本》，被称为"字字精金美玉，为千古不朽之作"⑤。汤若望为帝王师，南怀仁官至二品，其他数十位供职钦天监的传教士对传统天文历法进行了破旧立新的更正与完善，其中戴进贤任该职长达30年。而从利玛窦的《坤舆万国全图》、南怀仁《坤舆全图》再到诸传教士合作的《皇舆全览图》，呈现了西方地舆学在中华大地的运用，并成为全世界地图绘制的典范。在铸炮方面，汤若望口授于明末学者及武器专家焦勖（生卒年不详）《则克录》（又名《火攻挈要》），主要介绍火炮战术源流、火炮兵器制作、枪炮模具制作、枪炮、地雷弹药原料，以及西方工艺制作度量衡基础知识。南怀仁在炮铳方面特别是所制造火炮、木炮，在平定三藩战争、包围东北、平定准噶尔叛乱、平定大小金川中扮演了重要的角色。而龙华民的《地震解》是西方早期地震知识传入中国的开端。鲍仲义、樊继训、罗德先、罗怀忠、罗启明、张依纳爵等人将西方的医学、药理学引入中华，他们不仅医术精湛，而且仁心仁术；不仅服务朝廷，也救治平民穷人。庞嘉宾、林济各、陆伯嘉、严嘉乐、陆安等人的钟表制造代表了西方先进机械技术，深得皇室喜爱。在乾隆时，圆明园特备"钟房"，专为接待管理宫中钟表之西洋教士。⑥ 而郎世宁、艾启蒙、利博明等人的绘画、设计才能的彰显，更是在中西绘画、建筑、艺术等方面的合璧上作出了巨大的贡献。诸如此类，李约瑟言称"在文化交流史上，看来没有一件足以和17世纪耶稣会传教士那样一批欧洲人的入华相比，因为他们充满了宗教的热情，同时又精通那些随欧洲文艺复兴和资本主义兴起而发展起来的科学。……这种交流作为两大文明之间文化联系的最高范例，仍然

① 李炽昌主编：《文本实践与身份辨识——中国基督徒知识分子的中文著述（1583—1949）》，上海古籍出版社 2005 年版，第 3 页。
② [意]柯毅霖：《晚明基督论》，王志成、思竹、汪建达译，四川人民出版社 1999 年版，第 12 页。
③ [法]谢和耐：《中国与基督教：中西文化的首次碰撞》，耿昇译，上海古籍出版社 2003 年版，第 3 页。
④ 方豪：《中西交通史》（下），上海世纪出版社 2015 年版，第 582 页。
⑤ 梁启超：《中国近三百年学术史》（附《清代学术概论》），台湾里仁书局 2005 年版，第 11 页。
⑥ 参见方豪：《中西交通史》（下），上海世纪出版社 2015 年版，第 640 页。

是永垂不朽的"①。

明廷为了翻译外国文书，永乐五年（1407）便设立四夷馆，后清代改为四译馆。在《四库全书总目》所搜收录的 36 本明末清初西方传教士及其中国协作者的著作中，有 28本是 1629 年以前出版的②，以利玛窦著作居多。并且很少涉及宗教类西方书籍，更多的是在天文学理算、机械水利、地理科学、乐律艺术等方面。《四库全书》言称"外国之作，前史罕载。然既归王化，即属外臣，不必分疆绝界"③，"西学所长在于测算"④，"测验渐密"⑤。从著作初版印刷时间来看，最早的是 1595 年利玛窦的《天主实义》，最晚的是1752 年戴进贤、刘松龄、鲍友管等人的《御定仪象考成》，历时 150 余年，而利玛窦的著作几近一半。这和编撰《四库全书》时，正值清廷禁教时期有莫大的关系。当时官方对明末清初来华传教士所带来的西学态度，收入《四库全书》的著作为科学著作，大抵是予以认同的，甚至还诠其不被重视之政治原因，比如《新法算法》当时由于"牵制于廷臣之门户，虽诏立两局，累年测验，明知新法之密，竟不能行"⑥。对传教士的其他著作，即使收录，但评价并不见高，特别是对存目录传教士著作的评价，更是一一进行了批驳。⑦ 比如，《（别本）坤舆外纪》"犹明季坊刻古书之陋习也"⑧。《西方要记》"大抵意在夸大其数，故语多粉饰失实"⑨。将利玛窦在《辨学遗牍》中对佛教的批判称"均所谓同浴而讥裸裎耳"⑩。《二十五言》"大旨多剽窃释氏，而文词尤拙"⑪。《天主实义》皆为附会儒教、攻击释氏之说，与佛教"本原则一耳"⑫。《畸人十篇》较之于《天主实义》"纯涉支离荒诞者，立说较巧"⑬。《交友论》"其言不甚荒悖"，等等。从栅栏墓地所葬传教士所著著作可以看到，就传教本职工作而言，他们著有很多宗教神学著作，一方面希望能够借此将上帝观念介绍到中国来，试图通过中华文化表达如"天主""天帝""天""主宰""道""理""神""太极"等形而上范畴使得上帝立于国人信仰之中。在耶稣会看来，他们能够通过中国人更加亲近和接受的本土文化遗产来完成传教使命。⑭ 耶稣会内部，也会用"天""天主"等词语以

① ［英］李约瑟：《中国科学技术史》第四卷第二分册，《中国科学技术史》翻译小组译，科学出版社 1975 年版，第 693—694 页。

② ［比利时］钟鸣旦：《〈四库全书总目〉对于"西学"的评价》，《中外关系史学会通讯》1981 年第 4 期。

③ 四库全书研究所整理：《钦定四库全书总目》卷首三，中华书局 1997 年版，"凡例"第 32 页。

④ （清）永瑢等：《四库全书总目》，中华书局 1981 年版，第 1137 页。

⑤ （清）永瑢等：《四库全书总目》，中华书局 1981 年版，第 892 页。

⑥ （清）永瑢等：《四库全书总目》，中华书局 1965 年版，第 896 页。

⑦ 参见吴伯娅：《〈四库全书总目〉对西学的评价》，《首都博物馆丛刊》2002 年第 16 期。

⑧ （清）永瑢等：《四库全书总目》，中华书局 1965 年版，第 680 页。

⑨ （清）永瑢等：《四库全书总目》，中华书局 1965 年版，第 680 页。

⑩ （清）永瑢等：《四库全书总目》，中华书局 1965 年版，第 1079 页。

⑪ （清）永瑢等：《四库全书总目》，中华书局 1965 年版，第 1080 页。

⑫ （清）永瑢等：《四库全书总目》，中华书局 1965 年版，第 1080 页。

⑬ （清）永瑢等：《四库全书总目》，中华书局 1965 年版，第 1080 页。

⑭ Cf. Wilhelm Hellmut; Wilhelm Richard, *Understanding the I Ching—The Wilhelm lectures on The book of hanges*. Princeton: Princeton University Press, New Jersey, 1979.p.36.

及用中华形而上学的词汇（如"理""太极""阴阳""三一""三才"等）来表示天主和三位一体的思想并进行探讨，比如当时杜德美、汤尚贤便反对白晋、傅圣泽的索隐派思想，"于1716年签署过有六十四项提议的驳书"①。另一方面，传教士们也希望通过著书立说，不仅仅在华发展信徒，同时还用于培养国籍神职人员，"最要者乃成立一国籍神职班"②，比如安文思的《超性学要》、利类思的《司铎课典》《司铎日课概要》《昭事经典》等著作。这些对培养国籍神父起到了至关重要的作用。在栅栏墓地中现存 14 位国籍传教士中，郑玛诺作为第一位华人耶稣会士，与罗历山、樊守义一起随同艾逊爵，而黄之汉则跟随马国贤等，前往欧洲进行游学深造。这些人前期都有学习传教士所著神学著作的基础，从而具备了前往海外留学的知识储备。就传教士的在华职业身份而言，他们的著作主要集中在科学器物层面，特别是在天文学方面的书籍，不仅成为向国人介绍西方天文学的重要著作，亦被纳入中华官方天文学体系之中。"六曰利玛窦《天学初函》，汤若望《崇祯历书》，南怀仁《仪象志》《永年历》，七曰穆尼阁《天步真原》、薛凤祚《天学会通》，八曰王锡阐《晓庵新法》，九曰揭暄《写天新语》，方中通《揭方问答》，皆西法也。"③ 在梅文鼎《勿庵历算笔记》中将利玛窦以后的西法称为"新历法"。南怀仁亦深刻地体会到"在这个国家，用天文学装饰起来的基督宗教易于接近高官们"④。故大多数葬于栅栏墓地的传教士中，均以天文学家的身份来华且供职于钦天监，比如汤若望、南怀仁、闵明我、徐日昇、庞嘉宾、纪理安、戴进贤等人皆是担任钦天监监正或监副，可见其重要性。

当时士大夫阶层对于传教士传播的宗教理论以及科学知识态度不一，有人拥护甚至皈依，如徐光启、李之藻、杨廷筠等人；有人嗤之以鼻，甚至上疏请求驱逐，如徐如珂、沈㴶、王启元等人。而绝大多数士大夫，是以中庸之态处之。"他们对传教士传播的某些知识和思想感到兴趣，但缺乏深入的了解，既没有全盘接受，也没有全盘否定。"⑤但是西方传教士所著之书，对明末学术的影响是非常浩大的。当时的明代风气，已陷入专究明心见性之空谈之风，认为经世致用之实学并不切用。清人阮元言称，"自明季空谈性命，不务实学，而此业遂微，台官步勘天道，疏阔弥甚。于是西人起而乘其衰，其矫然自异矣"⑥。西方传教士不仅带来具体的学问，而且传入西方科学的治学方法与精神。梁启超将"欧洲历算学之输入"称为一场应该在中国学术史上大书特书的大公案。"于是利玛窦、庞迪我、熊三拔、龙华民、邓玉函、阳玛诺、罗雅谷、艾儒略、汤若望等……对于各种学问有精神的研究……在这种新环境下，学界空气，当然变换。此后清朝一代学者，对于历算学都有兴味，而且最喜欢谈经世致用之学，大概受利、徐诸人影响不小。"⑦而胡适曾言清

① [德]柯兰霓：《耶稣会士白晋的生平与著作》，李岩译，大象出版社 2009 年版，第 89 页。
② 徐宗泽：《明清间耶稣会士译著提要》，上海世纪出版集团 2010 年版，第 8 页。
③ (清)纪昀等总纂：《钦定四库全书总目》（整理本上），中华书局 1997 年版，第 1399 页。
④ 转引自樊洪业：《耶稣会士与科学》，中国人民大学出版社 1992 年版，第 155 页。
⑤ 高寿仙：《西来何ích：利玛窦的知识传播和信仰传播》，《北京行政学院学报》2014 年第 2 期。
⑥ (清)阮元等：《畴人传》卷四十四，彭卫国、王原华点校，广陵书社 2009 年版，第 511 页。
⑦ 梁启超：《中国近三百年学术史》，里仁书局 2005 年版，第 11 页。

代考证学方法的来历时，亦将利玛窦、邓玉函等传教士的影响概括其中，认为这种影响"自不待言矣"①。

（二）栅栏墓地所葬传教士乃东学西传的推动者

不容忽视的是，栅栏墓地所承载的来华传教士对东学西传的贡献。耶稣会士来华，是欧美汉学史上具有标志性的事件，欧洲最早对中国思想的认知及后来兴起的汉学研究即来自于在华传教士们寄回欧洲的报告、书札、著作。葬于栅栏墓地之传教士，可谓来华传教士之精英，一方面他们多数供职朝廷，寓居京城，深受皇帝恩宠；另一方面，自康熙以降，皇帝也渐悉中西文化交流之风，并宽容处之。他们在华期间，对中国各方面的情况，有更广泛、更细致的观察。

在书信上，杜赫德神父的《耶稣会士中国书简集（中国回忆录）》（*Letters Edifiantes et Curieuses écrites des Missions étrangères*）"可以说是对康、雍、乾时期中国社会诸多方面的具有重要价值的笔录，是耶稣会士这个特殊群体眼里的中国"②。他们以独有的视角将中国的形象和信息介绍给欧洲，广为流传，成为当时欧洲人了解中国最时效的窗口。一方面通过传教士的书信记载了葬于栅栏墓地传教士的去世或葬礼情况，从而让欧洲人了解了中西合璧的丧葬礼仪。比如，在 1703 年耶稣会士洪若翰神父致国王忏悔师、耶稣会拉雪兹神父的信中，非常详细地记载了 1688 年南怀仁神父的葬礼及墓地情况。而 1704 年耶稣会士殷弘绪神父在给利圣学兄弟德布鲁瓦西亚侯爵的信中，则论述了利圣学的逝世及其美德。另一方面，通过葬于栅栏墓地传教士的书信，欧洲第一时间获取了关于中华文化的各方面信息。比如 1701 年汤尚贤神父致其父亲塔尔特尔先生的信中，详细讲述了自欧抵华的海上情况，最终抵达广州，进而北上。1705 年中国传教会总会长张诚神父论及，皇帝派多位传教士在北京郊区测绘地图的情况。1711 年杜德美神父致印度和中国传教区视察员的信中，对人参产地、形状、生长状况、采集进行了描述。此外，比如严嘉乐，他将中国历史上关于日食的统计和论证以及北京城地图的绘制等工作情况均通过书信的方式传递给了欧洲世界。他一直与欧洲科学界如法国巴黎、俄罗斯圣彼得堡等天文学家保持着通讯。比如 1730—1733 年间与法国历史学家苏西埃神父（F.Etienne Souciet），还有圣彼得堡汉学家拜尔（Teofil Sigfríd Bayer, 1694—1738）以及天文学家狄力索（Joseph Nicolas Delisle, 1688—1768）的信件，这些信中包含大量的天文学知识，特别是对《春秋》中 36 次日食的详细记载、阴历闰年记法等。这些信件"对于欧洲人认识中国科学、尤其是数学和天文学的历史具有重大的价值。同时，这些信件也是当时欧洲学术界对中国科学的发展和现状具有巨大兴趣的有力证明"③。此外，1732 年戴进贤、徐

① 徐宗泽：《明清间耶稣会士译著提要》，上海世纪出版集团 2010 年版，第 7 页。

② 郑德弟：《传教士汉学的开拓者——入华耶稣会士》，见张西平编：《欧美汉学研究的历史与现状》，大象出版社 2006 年版，第 85 页。

③ 余三乐：《寻访利玛窦的足迹》，世界图书出版公司 2016 年版，第 224 页。

懋德和严嘉乐给拜尔寄信，1736 年戴进贤和徐懋德又给他寄了信。在信中涉及中国语言文学、古代神兽麒麟、音乐等方面知识。这对欧洲人了解中华文化都起到了重要的作用。

在著作方面，根据费赖之记载，早在 16 世纪末，利玛窦曾将《四书》译为拉丁文，并寄回本国。1613—1614 年间，金尼阁把利玛窦用意大利文写的关于在华经历的回忆录手稿《基督教远征中国史》翻译成拉丁文，其名为 *De Christiana expeditioneapus Sinasab-Societate Iesususcepta, ex P. Matthaei Ricci commentariis*，分为 5 卷，后改名为《利玛窦中国札记》。此书陆续被翻译为法、德、西、英等众多译本，轰动整个欧洲。而安文思所著的《中国新史》被视为西方汉学奠基作之一，该书较为系统地把中国版图城郭、政治历史、语言文化、典籍名人、礼仪风俗、公共工程、工艺制造、水运物产等多方面介绍到了欧洲世界，不仅打破了以往汉学著作对宗教的依附关系，而且建立了较为完整的叙述性汉学体系。"美国学者拉赫说《中国新志》是当时内容最丰富、描述最精确的一部汉学著作。"① 汤尚贤曾深研并翻译《易经》，特别是对《易经》中的艰深难解之处作了注解。而他的研究成果为雷孝思在著作《中国最古之书〈易经〉》（*I-King, Antiquissimus Sinarumliber*）所采用，"原文之翻译，冯秉正协助最多，注解则采汤尚贤所译者"②，而此书能够称为欧洲人研《易》之典型，汤尚贤实居一功。该书如今藏于法国国家图书馆。

而葬于栅栏墓地的郑玛诺、樊守义、黄之汉等是最早前往欧洲的国籍神父，他们可谓使东方文化通过最为直接的方式走入了欧洲世界。郑玛诺在欧洲不仅是"健康良好"的"文学生"，以不到两年的时间完成了欧洲学生四年课业③，而且毕业后居留罗马，以华人身份教授拉丁文、希腊文法以及拉丁、希腊文学，这是史上第一例。袁国慰神父言及"一个中国人在欧洲文艺复兴的中心——罗马，著名的学校中教授拉丁、希腊文学，在历史上，尚无先例"④。樊守义将 10 余年在欧洲的见闻写成《身见录》，成为最早的一部国人记载的欧洲游记。在游学的过程中，他以优秀的语言能力很快融入当地生活，并且在拜见各国王公贵族、教皇主教等时介绍了中华文化。黄之汉在马国贤的带领下，成为第一批圣家学院学生。此书院为当时西方唯一一所培养中国学生的书院，可称为"西方最古老的汉学中心"⑤，并且连续办学 130 余年，为中国培养了诸多传教士。这些国籍学生涌入意大利那不勒斯，为那不勒斯带去了新鲜的东方人面孔以及文化生活。

当传教士在中华汲取异国思想之新奇时，欧洲世界正经历着由启蒙运动所带来的理性的时代，一方面，康乾盛世较之于欧洲的时局，无疑是一片"净土"，而生活于此的人民乃是由孔孟儒学教化出来的道德良民，"欧洲人竟以为中国人乃一纯粹有德性之民族，

① 转引自赵欣：《汉学名著安文思〈中国新志〉英译者辨误》，《江南大学学报》2009 年第 4 期。

② 方豪：《中西交通史》（下），上海世纪出版社 2015 年版，第 879 页。

③ 方豪：《中国天主教史人物传》（中），中华书局 1988 年版，第 191 页。

④ 方豪：《中国天主教史人物传》（中），中华书局 1988 年版，第 192 页。

⑤ ［意］蓝乔蒂：《意大利汉学：从 1945 年至今》，潘林译，见张西平编：《欧美汉学研究的历史与现状》，大象出版社 2006 年版，第 174 页。

中国称为若辈理想国家，孔子称为欧洲思想界之偶像"①。甚至如伏尔泰（Voltaire，1694—1778）在其小礼拜堂中供奉了孔子画像，朝夕敬拜。狄德罗则梳理了"中国哲学"（chinois，philosophie des）这一概念。② 而莱布尼茨作为当时最伟大的哲学家之一，除了和"国王数学家"领头人白晋进行密切的易学交流外，他还于 1687 年至 1690 年期间在罗马邂逅了闵明我。他建议在中国和欧洲国家都建立研究机构，让中国和西方的学者研究对方的语言和文化。马勒伯朗士（Nicolas Malebranche，1638—1715）曾依据巴黎外方传教会翻译的《朱子全书》而作《一位基督教哲学家与一位中国哲学家关于上帝存在和性质的对话录》（En-tretien d'un philosophe chrétien et d'un philosophe chinois sur l'existence et la nature de Dieu），马勒伯朗士着力捍卫基督教神学，借着朱熹学说的"无神论"与斯宾诺莎的"自然神论"划清界限。而这篇对话的中华信息，即是来自在华的龙华民等对"利玛窦规矩"均持质疑态度的人。"被利玛窦指定为耶稣会中国省区负责人的龙华民也持反对意见，耶稣会内部另一会士庞迪我亦主张中国教徒禁绝敬孔、祭祖。"③

因此诸多葬于栅栏墓地的传教士成为西方人了解中国的媒介，他们用生命践履着文化的交融，并且传递着异质文化的信息，使得中国话语渐渐深入到了西方世界中。这是对"欧洲中心论"学术观的冲击，成为启蒙运动中不可忽视的思想之花。

第三节　栅栏墓地的政教权衡——中西丧葬礼俗的融突

栅栏墓地的性质在经历由"佛"转"耶"后，便一直葆有独立的宗教特色。而天主教作为古老而成熟的宗教，在异质的文化中寻找着生长的土壤。由于成熟，所以有了"见地"，故冲突在所难免。"成熟文明的封闭性以及由此导致的自命不凡和普世主义神话必然引起相互间的冲突。"④ 而栅栏墓地所承载的政教关系有特定的含义，其"政"乃特指中华之政，特别是明清两代朝廷。从文化建构而言，中国文化建构更多体现一种"王权"主义文化或"政治权威"文化。⑤

其"教"乃天主教廷，进一步定义则是在中华摸索生存之道的天主教。二者关系又非单向的指称，因为在中国，早在周代鬼神祭祀观念便已流行开来，虽非政治实践的核心，但高居祭坛之上。随后的儒、释、道三教统合的观念更是活跃在政治生活中，因此论

---

① 方豪：《中西交通史》（下），上海世纪出版社 2015 年版，第 886 页。

② 参见朱谦之：《中国哲学对欧洲的影响》，世纪出版集团、上海人民出版社 2006 年版，第 297 页。

③ 孙尚扬：《明末天主教与儒学的交流和冲突》，文津出版社 1992 年版，第 18 页。

④ 李开盛：《成熟文明的冲突？——评唐纳德·帕查拉〈国际关系中的理论与历史〉》，《美国研究》2006年第 2 期。

⑤ 卓新平：《基督教与中国文化处境》，宗教文化出版社 2013 年版，第 41 页。

及政教权衡，大体可言中华朝廷及儒、释、道民间信仰社会信仰元素与天主教教廷之间关于丧葬礼俗方面的融突问题。

栅栏墓地所葬来华传教士所感知的大明王朝及大清帝国，虽然经历着改朝换代的革故鼎新以及不同民族之间的文化抗衡，但古老的中华文化却具有强烈的认同感。"中国人瞧不起其他民族是最大的障碍之一，甚至在下层群众中也有这种情绪。他们十分执着于他们的国家、他们的道德、他们的风俗习惯和他们的学说信条，他们相信只有中国才配引起人们的注意。"① 当面对来华传教士带来的西方宗教以及思想文化，甚至作为开明君主典型的康熙都不以为然，认为"既然中国经书，与你们西洋经书相同，又且先于你们，是高过你们了，则你们该请教于我们，不该传教于我们，——当随我们中国经书之解，从我们论帝王论理气之言"②。有这样的文化认知，必然给其他外来文化带来更大的阻力，特别是在教义上完全有所距离的文化，再加上政治干预，中西文化之间的"礼仪之争"变得不可避免。

从时间上来看，"礼仪之争"的激烈论争贯穿了栅栏墓地的发展。众所周知，"礼仪之争"③ 不仅反映在华传教士内部在传教策略上的分歧上，而且也波及传教士、清朝朝廷与罗马教廷之间关于中国祭祀祭孔等礼仪问题的争议上。问题之所以复杂，是因为来华传教士不仅深入中国的精神世界，而且也牵涉政治生活。栅栏墓地作为丧葬祭祀的场所，从其陈设与葬礼形式，均可以看到中国政治与西方宗教的双向融合。

利玛窦去世后，其墓地为朝廷特赐，故整个墓地规制和葬礼仪式都获得了朝廷首肯，官方撰文悼念，朝中大臣亲自送葬。而螭首方座与马鬣坟相合，茔地门额大书"钦赐"二字。其政治角色的赋予，也定位了整个墓地的性质。在整个葬礼安排中，都显示了宗教情怀与本土丧葬礼仪相杂，实为中西文化交流史之奇观。整个墓地的规制是由一座佛寺所改，虽仓促，然因耶稣会士主导，故具有明显的天主教特色，比如新建救世主堂和圣母堂等，其中堂中圣像也由佛像改为天主像、圣母像及圣人像。而墓碑本身刻有明显的天主教标志纹饰，如十字架、玫瑰花、拉丁文等。葬礼日选在诸圣瞻礼日举行大祭，这是天主教的传统节日，教会在此日庆祝、纪念所有离世升天的"圣者"。当日先举行诸圣节大礼弥撒和追思弥撒，所有的北京教徒参与全程。在利玛窦去世以后，耶稣会士于 1615 年就取得教皇保罗五世（Paul V）的同意，在进行祭礼的过程中可以使用当地的教徒和语言。④

---

① 《1703 年 2 月 10 日沙守信神父给郭弼恩神父的信》，见 [法]杜赫德编：《耶稣会士中国书简集》（中国回忆录）I，郑德弟、吕一民、沈坚译，大象出版社 2001 年版，第 242 页。

② 康熙诏书，梵蒂冈图书馆，Borgia·Cinese，439-C（c）。

③ 关于礼仪之争的研究，参见 Nicolas. Standaert, *Handbook of Christianity in China*, Volume one: 635-1800. pp.680-688；另参见孙尚扬、[比利时]钟鸣旦：《一八四〇年前的中国基督教》，学苑出版社 2004 年版，第 343—363 页。黄一农罗列到中文方面见陈垣所辑《康熙与罗马使节关系文书》(1932)；罗光《教廷与中国使节史》(1961)；李天纲《中国礼仪之争：历史、文献和意义》(1998)；顾卫民《中国与罗马教廷关系史略》(2000)；张国刚《从中西初识到礼仪之争：明清传教士与中西文化交流》(2003) 等。参见黄一农：《两头蛇：明末清初的第一代天主教徒》，上海古籍出版社 2006 年版，第 388 页。

④ Cf. Kenneth Scott Latourette, *A history of Christian Missions in China*, Cheng-wen Publishing Company,

然而事情并不顺利，耶稣会士内部，龙华民继利玛窦以后担任耶稣会总会长，他与利氏观点迥异，被视为利玛窦的对立面。[1] 其他的托钵修会（多明我会、方济各会、奥斯定会等）的门户之争成了礼仪之争扩大的直接因素。方济各会士利安当（Antonius a Santa Maria Caballero, 1602—1669）率先挑起了"与耶稣会之间的礼仪之争"[2]。1651 年耶稣会派卫匡国前往罗马对中国礼仪问题进行辩驳，最终教廷于 1656 年准许耶稣会士遵照他们的意见去做那些含有迷信的礼节与丧礼。只要不妨碍教徒的根本信仰，这些仪节均可以自由参加。[3] 传信部于 1659 年也发出传教指令，"只要中国人不公开反对宗教和善良风俗，不要去尝试说服中国人改变他们的礼仪、习俗方式"[4]。而后汤若望由于生前的官品，在未去世时就已经获得官赐墓地、葬资且修筑圣母堂，规制更是同于皇室。其葬礼甚大，而待平反后按照原品级赐恤，给予一品致祭银两，表立墓碑石兽，遣官读文致祭。其墓碑上更是满、汉双语补刻谕旨，成就满、汉、拉丁三语集于一碑之上，体现出其至高的政治身份。南怀仁的葬礼亦是受到朝廷的隆重礼遇，坟冢自为一处，出殡时康熙遣派大臣一等公固山佟国舅等一行人护送其棺枢至栅栏墓地，整个场面惊动京城。自此以后，葬于栅栏墓地的诸多人获得谕旨、祭文。栅栏墓地可称为西方宗教与中华政治调和的典型代表。

　　鉴于传教士在华的杰出贡献，康熙于 1692 年正式颁布了对传教士的"宽教敕令"，不仅取消了 1669 年所颁布的禁令[5]，还给予了传教士官方的认可地位，而且也对诸多传教士的去世赐予葬资，安排葬礼。1704 年 11 月 20 日，教皇克莱孟十一世（Clement XI）发出七条"禁约"。[6] 此谕令不仅使康熙对颜珰等人下达了驱逐令，还对滥议中国礼仪之西洋人行为及其往来加以限制，"只得将定例先明白晓谕，命后来之人谨守法度，不能少违方好"[7]，并于 1708 年正式制定"印票"制度。除了保护领有在华传教印票的传教士以外，其他人都一律驱逐出境。1709 年克莱孟十一世再次公开发布禁令，严厉批责了耶稣会士。但此时耶稣会士完全不受教皇所限制，继续在中国实施"耶稣会式的传教"。到了 1720 年 12 月，嘉乐带着禁令来华，这一次康熙被彻底惹恼了，康熙认为西洋人不仅"不通

Taipei, Taiwan, 1973.p.133.

[1]　Cf. Paul A.Rule, *K'ung-tzu or Confucius: The Jesuit interpretation of Confucianism,* Allen & Unwin, Sydney, London, Boston.1986.p.74.

[2]　孙尚扬、[比利时]钟鸣旦：《一八四〇年前的中国基督宗教》，学苑出版社 2004 年版，第 348 页。

[3]　Kenneth Scott Latourette, *A history of Christian Missions in China,* Taipei: Cheng-wen Publishing Company, 1973.p.137.

[4]　参见 [美]苏尔、诺尔编：《中国礼仪之争——西文文献一百篇》，沈宝义、顾卫民、朱静译，上海古籍出版社 2001 年版，第 11 页。

[5]　皇帝于康熙八年批准过如下判决："天主教除南怀仁等照常自行外，恐直隶各省复立堂入教，仍着严行晓谕禁止"。转引自杜赫德编：《耶稣会士中国书简集：中国回忆录Ⅱ》，郑德弟、朱静译，大象出版社 2001 年版，第 192 页。

[6]　参见方豪：《中国天主教史人物传》，宗教文化出版社 2007 年版，第 457 页。

[7]　中国第一历史档案馆编：《清中前期西洋天主教在华活动档案史料》第一册，中华书局 2003 年版，第 11 页。

中国诗书，不通中国文义"①，而且"西洋人自己流入异端之处"②，因此在全国范围内发布禁令。

而在禁教风波和教难愈演愈烈的形势下，诸位后来葬于栅栏墓地的耶稣会士奋力捍卫修会，比如1736年郎世宁多次借乾隆至馆赏画之机，跪伏在地，痛哭哀请，希望乾隆开恩使天主教能在中国行教。傅作霖在禁教期间，他极力解救各地传教士，甚至对其他修会也给予力所能及的帮助。有传教士禁教风潮中遭受磨难，仍不懈传教，甚至为此付出生命。比如1719年樊守义归国后，经历雍正后的各省厉行禁教，然而他仍积极传教于近畿、山东、辽宁一带。何天章因禁教而被迫改名换姓，1725年被驱逐，后又辗转赴京传教。艾若翰1785年因传教而被捕且押至北京，最终死于狱中。伊克肋森细亚诺在禁教风潮四处躲避，后被仇教势力所逮捕，1785年送至北京监狱长达9个月。陈圣修由于禁教风波，1751年在广州教区遭遇酷刑，不仅被捕入狱，还遭受皮肉之苦。而刘松龄由于笃爱修会，当听闻耶稣会即将解散的消息，终于1774年10月29日在北京抑郁而终，魂归栅栏。

由于中西方国家在社会政治、经济、地理、宗教、信仰、文化习俗等诸多因素的不同，故在丧葬礼俗上有各自的侧重，作为传教士，生死皆为上帝主宰，因此其墓地直面上帝，更多的是由宗教主导。而来华后，面对强势的中华文化，传教士必然有所"妥协"，坟冢墓碑不再仅仅是宗教元素的传递，还是政治和文化的象征。因此，栅栏墓地作为典型的中西合璧丧葬之地，一方面是来华传教士的安息之所和天堂之门，另一方面又是朝廷对传教士的政治体恤与身份认同，在"礼仪之争"中势必凸显传教士信仰与中华习俗之融突。

第四节　栅栏墓地的多元发展——近代北京教会与社会公共事业的重镇

栅栏墓地因利玛窦离世而立，"自利玛窦入中国，西人接踵而至"③，利玛窦被视为受天主垂示的典型。后来的大部分传教士以此取法，遵照"利玛窦规矩"，步其遗踪，以继续在华传教事业。而在传教方式上，"他以文字言论传播福音，从中国社会的顶峰下达一般民众"④。在庚子年前，栅栏墓地以天主教墓地的身份安然存有近300年，在清朝无论是顺治、康熙时代的"容教期"还是康熙晚年以至于雍正、乾隆、嘉庆、道光、咸丰年间的"禁教期"，诸多在京的来华传教士安葬于此，并未受到滋扰。"以后三百年，虽朝代变更，

---

① 陈垣编：《康熙与罗马教皇使节关系文书》，北平故宫博物院民国二十一年编，影印本，见中国宗教历史文献集成编纂委员会编纂：《东传福音》第八册，黄山书社2005年版，第132页。

② 陈垣编：《康熙与罗马教皇使节关系文书》，北平故宫博物院民国二十一年编，影印本，见中国宗教历史文献集成编纂委员会编纂：《东传福音》第八册，黄山书社2005年版，第140页。

③ (清)阮元等：《畴人传》卷四十四，彭卫国、王原华点校，广陵书社2009年版，第507页。

④ [法]高龙鞶：《江南传教史》第一册，周士良译，台湾辅仁大学出版社2009年版，第104页。

教士一再被迫离京，但这钦赐的茔地始终未脱教士之手。"① 在经过义和团运动的摧毁后，20 世纪的栅栏墓地，其墓地功能仍在延续，经过修复，在一定程度上不仅保存了古老传教士墓地的历史片断，也不断承载着新来法国修会团体，逐步形成了以遣使会、圣母小昆仲会为主的墓地，还发展出教徒墓地特别是欧洲人墓地等，继续发挥着其墓地的功能。而随着遣使会、圣母小昆仲会、仁爱会的入驻和管理，栅栏墓地更是发展出新的教会事业，除了墓地，教堂、修院、医院、农场、手工作坊使得"栅栏"成为一个地标，大家渐以"栅栏""大栅栏儿""大修院""石门"相称。更值得称道的是，栅栏墓地还推动着近代北京社会公共事业如教育、医院以及酒厂发展。相比明清耶稣会士所走的上层路线，晚清的天主教传教士在清政府式微的状况下，自《北京条约》保证传教士租赁与购买土地建造教堂的权利下，更加将视野放置民间，以兴办教育、设立医院、从事慈善事业作为最主要的传播途径，从而得以快速发展。

从教会教育而言，文声修道院是遣使会继嘉兴文生修道院以后在北京栅栏墓地所创立的重要教育机构，成为中国遣使会总会长住院和遣使会北方总修院所在地。20 世纪 20 年代应永平府、天津宗座代牧区等地的请求，修道院接收北方各省区的修士前来深造，从此文声修道院学生源源不断，陆陆续续为遣使会培养神父，服务于各个教区。庚子年后，葬于栅栏墓地的诸多遣使会士如齐净德、夏清波、濮贻谋、张庆桐等，圣母圣心会士宁士孚等人皆从事修院教育工作。而隶属于遣使会的仁爱会和若瑟修女会，在栅栏墓地也陆续办起了育婴堂、孤儿院、养老院和医院等教会慈善事业，使得栅栏墓地形成一大片教产事业。"深知仁爱会修女，对于慈善事业，悉能忠心服务，任劳任怨"②，本着耶稣救世的宗旨，修女们吃苦耐劳，良善心谦，尽心尽力地在栅栏地照顾病人和婴幼孤儿。圣母小昆仲会修院建成以后，一直作为圣母小昆仲会培养在华神职人员总院，对圣母小昆仲会的在华发展起到了至关重要的作用。

就社会办学而言，在圣母小昆仲会的主导下，1918 年栅栏墓地所成立的京师私立上义师范学校获教育部批准办学，并在教育部立案，成为中华民国政府批准的第一所私立教会学校，专门培养师范类学生。"北平圣母小昆仲会修士办的上义师范学校于本年八月内奉教育部批准予以立。按国府原定教育原则，私立师范学校不准立案。只准私立中学校内附设师范科。凡中等学校立案事宜应从省教育厅或特别市教育局办理。今上义学校，足然能独得破例，直接教育部批准立案，真是个特别的待遇，考其能达到此目的缘故全由该校各科成绩之优良所致。"③ 其教育理念及教学方式皆为现代西式教育模式，一改传统儒家经典的学习内容，开设外语、体育、自然科学、专业技能课程，学校还设有操场、体育馆、实验室、操作室等。从上义中学初中、高中所开设的课程及每周各学科教学、自习时数表可以看出所学科目较为丰富多样。（见表 9–2）因教会学校的特殊性而具有国际视野，采用双语教学，且学习多门语言，注重课堂教学与自习相结合的方式，尽可能地开启学生的

① ［法］高龙鞶：《江南传教史》第一册，周士良译，台湾辅仁大学出版社 2009 年版，第 104 页。
② 《北平中央医院仁爱会修女关于公教之工作》，《公教进行》1933 年第 49 期，第 17 页。
③ 《上义师范学校立案》，《天主公教白话报》1931 年第 21 期，第 337 页。

学习潜能。

表 9-2　上义中学初中、高中所开设的课程及每周各学科教学、自习时数表①

上义中学校		公民	体育	童子军	卫生	国文	英语	法语	算学	植物	动物	化学	物理	历史	地理	劳作	图画	音乐	周时数 36—37 小时	周自习时数 11—12 小时
	初中	公民	体育	童子军	卫生	国文	英语	法语	算学	植物	动物	化学	物理	历史	地理	劳作	图画	音乐	36—37 小时	11—12 小时
	高中	公民	体育		军训	国文	英语	法语	算学	生物学		化学	物理	本国历史	外国历史	本国地理	外国地理		33—36 小时	24—29 小时

圣母小昆仲会不到半个世纪，主办的学校已有 20 余座，在北京即有了 3 座。其中在黑山扈主办的上义中学原本属于师范学校，"为该会训练初学及师资的最高学府，校舍洪伟，成绩亦佳"②。此外，由圣母小昆仲会在栅栏墓地所创建的上义酒厂也颇为人称道，后注册为"北京上义洋酒厂"，正式申请登记领取营业执照，向外出售葡萄酒，成为北京最早的葡萄酒厂。新中国成立后收归国有，更名为北京龙徽酿酒有限公司。此外，葬于此的圣言会士穆若瑟和鲍润生二人生前为辅仁大学重要人物，穆若瑟任校务长，鲍润生为社会经济系主任，兼史学系教授。而创办于 1927 年的辅仁大学曾为北平四大名校之一，是由罗马公教创办的天主教大学，与上海震旦公学齐名，可谓民国高校教育之典范。不仅独立办理教学，拥有研究所、大学、中学、小学、幼儿园完整的教育体系，而且坚持学术自由，始终注重西方教育和民族文化并重的教学设置。"遵据国民政府颁定教育宗旨，及其实施方针，介绍西欧新科学，发展中国旧文化，舍短取长，不使偏胜，此本校成立之缘起及其宗旨也。"③而鲍润生所创办的《华裔学志》亦成为历史最悠久也是最重要的国际汉学学术期刊之一，如今仍为汉学研究之权威。

庚子年后的栅栏墓地，因教会发展教育、医疗事业而焕发出新的生机，它所承载的教会与社会服务事业，已成为民国社会公共事业的重要一隅。

第五节　栅栏墓地的时代特色——中西文化汇通的国际平台

在明清之际，栅栏墓地曾"红极一时"，多次受到皇帝亲赐葬资，几度修葺扩大。而在清朝晚期，它曾迟暮叹息，在禁教时期多少失落的灵魂悄然殁此，无人问津。随后的庚子义和团事件、"文化大革命"十年，使得栅栏墓地饱经沧桑，几近湮灭。然历史颇为眷

---

① 北京市档案馆：《私立上义师范学院改办中学、变更学制修正章表和校董会组织情形的呈文及教育部社会局的指令》，档号：J002-003-00106。

② 《圣母小昆仲会发展现况：石门总院八位初学发愿：上义中学仍迁回黑山扈》，《公教白话报》1940 年第 16 期，第 8 页。

③ 《私立北平辅仁大学缘起》，《教育益闻录》1929 年第 3 期，第 335 页。

顾，使其遗痕尚存。随后，在党和国家领导人的重视下，栅栏墓地经过陆续修缮，已从明清传教士墓地转变为中西文化交流的历史见证。它在历史中并未垂垂老矣，而是以一个全新的文化形象示人。

一方面作为全国重点文物保护单位，该文保单位所涵盖的人物备受所在国政府和官方机构的重视和关注。相关国家首相、总理、政府官员以及各国大使等不仅亲自拜谒该文保单位，还积极参与该文保单位的保护和利用工作。自 1987 年始，葡萄牙总理西瓦尔、比利时首相德阿纳、法国前总统德斯坦、捷克总统泽曼、意大利前后三任总统斯卡尔法罗、纳波利塔诺、马塔雷拉等国家领导人，以及德国大使史坦泽、意大利大使谢飒、奥地利大使塞迪科、捷克大使赛奇卡等各国使臣先后拜谒墓地，使得这座古老的墓园重新焕发了勃勃生机，成为一张中西文化交流的名片，承载着国与国之间的历史文化的往来。多元文化在此交汇，罗织出体现时代特色的文化图景。同时，它扩展了国际交往合作的广度和深度，凸显出文化的包容性。充分利用这些丰富的历史素材，可以进一步深化城市外交的内涵，积极推进城市间友好交流。此外，2018 年新整理出的遗留墓碑，仿佛是栅栏墓地再一次回到尘世，对话现实。这些墓碑的再现，在揭开和完善墓地演变历史的同时，更是为当下进一步开展国际间，特别是与法语国家的合作提供了新的交流平台。

另一方面，它有助于推动不同学术机构之间的对话。通过墓地，建立以学术为基础的交流模式，特别是与墓地碑主所属国的有关机构进行深入的学术文化交流，如意大利马切拉塔大学和中国研究中心、意大利文物保护和修复高级研究院、罗马大学东方文化学院、宗座传信大学汉学研究中心、德国圣奥古斯丁中国中心、汤若望协会、法国巴黎中国文化中心、比利时鲁汶大学南怀仁研究中心、美国旧金山大学利玛窦中西文化历史研究所等。这些机构与所在国学术界，甚至政府层面都有很深的联系，加强与这些机构的联系，不仅能够延续中西文化交流的传统，而且通过策划和组织论坛展会、学术交流研讨，举办各具地方特色的对外交往活动，可进一步加深相互理解，厚植国际人脉。而在碑文整理中所发现的诸多教徒碑或刻石所涉及的人物，不乏在中国近代史中对中西交流产生重要影响的人物，如陆徵祥、林辅臣次子林雷米等，这不仅可完善栅栏墓地的历史研究，亦可为历史人物的个案研究提供实物佐证。

纵观栅栏墓地历史，明清时期天主教在华官方认可程度使得栅栏墓地总体上安然渡过，并得以不断地扩大，成为天主教会在华最重要的墓地。庚子年的义和团运动，使其遭遇重创。满目疮痍的栅栏墓地即使得以修复，但已面目全非，古老的传教士墓地仅存残碑，坟冢皆损。民国时期的栅栏墓地除了承载墓地功能外，更是发展为一片集教堂、修院、学校、医院、酒厂、手工作坊、农场等一体的教产事业。此时的"栅栏"生机再现，且声名愈显。新中国成立后，由于此地管理主体的变更，"栅栏"正式成为历史。这一隅零落碑石，终成一席文物之地，于无声中守护着传教士的历史功绩。随着当今世界文明的和合乃至建构人类命运共同体的时代趋势，"栅栏"正焕发全新的生命力。它不仅是中西文化交流的历史见证者，更是当代国家交往、文化交流以及学术研究的文化使者，以深厚的文化涵养推动者中西文明的当代对话。

结　语

　　《易经·随卦》，其下卦以阳生震而动，上卦以悦象泽而随，彼此相孚，随顺其时。而"栅栏"，正是以别样的文化载体在中西文化历史长河中顺势而生，顺时而成，历古今而悦中外，体生死而悟天道，得以永呈动而悦、悦而随之象。

　　自今上溯，正可谓一部栅栏史，道尽中西交流事。就天主教而言，虽唐之景教有开山之功，元之也里可温教有中兴之势，然皆以类似"流产文明"的方式而告终，淹没于历史之中。真正实现中西文化内核碰撞的乃是明清栅栏墓地的碑主们。异质文化何以植入中华土壤？无论是走上层路线抑或亲近民众，无论是技艺才能还是学问德行，传教士们在实践中反复尝试，一位位术业有专攻的信仰坚守者终为上帝献身异国他乡，魂归栅栏。较之于故乡，墓地更切人生归宿；较之于教堂，墓地更显在世旅途。故"栅栏"早已留名青史，又残存至今，不断地昭示明清以来中西文化激荡的历史沉浮。

　　"栅栏"实非一地一名，而为异质文化交融之缩影。一方面有如利玛窦、汤若望、南怀仁、郎世宁等赫赫有名之来华教士，其中不乏外交军事重臣、钦天监官员、职方部地理地图专家，还有从事宫廷服务的如意馆画师、做钟处钟表师、太医院御医、乐师等，为中华引入西学之精髓，开国人之眼界，并结出中西合璧之硕果。另一方面，还有虽名不见经传然不应被遗忘之中国籍神父，比如郑玛诺、樊守义、黄之汉等人。他们作为最早深入天主教信仰内核之人，以西学和语言为径，凭一己之力，或和合中西文化，或将中华文化传播海外，引渠西方汉学之潮，共汇世界文明之海。

　　春秋四百堪余论，石铭栅栏任得失。人间多事，是非难定。栅栏所容，既有皇帝御笔悼文、赐葬立碑之辈；亦有遭遇禁教风波，横死狱中之孤。故世俗荣辱倚伏无定，人间悲欢皆入尘土。西士入华之时正值中华大地信仰多元、以儒为宗之际，故传教士本承上帝之旨，实为中西之虹。士大夫重其才学，民众则慕其医术。他们在华得以安居终老，并不单单倚仗信仰之佑，更多为仁厚谦卑之德与学识技艺之才。故栅栏，看似累累坟冢地，实乃德行之苑囿。历经岁月洗礼，如今虽地处闹市，仍独成幽隔，陈情西士之艰，续写文化之合。

栅栏墓地大事记

明隆庆年间	史称"滕公栅栏"。
1582 年	杨氏太监所属栅栏宅邸。
1610 年之前	佛教寺庙仁恩寺。
1610 年	利玛窦卒，万历皇帝钦赐茔地，此乃栅栏墓地之缘起。
1618 年	来华传教士被驱逐，两位国籍修士留守栅栏墓地。
1630 年	邓玉函卒，葬于栅栏墓地。
1654 年	龙华民卒，葬于栅栏墓地（后碑亡佚）。
1664 年	郭多明卒，葬于栅栏墓地，成为第一位葬于此的多明我会士。
1666 年	汤若望卒，葬于栅栏墓地，其为单独墓园。
1669 年	康熙皇帝为汤若望平反。
1673 年	郑玛诺卒，葬于栅栏墓地。
1677 年	安文思卒，葬于栅栏墓地。
1682 年	利类思卒，葬于栅栏墓地。
1688 年	南怀仁卒，葬于栅栏墓地。
1692 年	康熙皇帝颁布《容教令》。
1694 年	郭天爵卒，葬于栅栏墓地。
1701 年	翟敬臣卒，葬于栅栏墓地。
1702 年	南光国卒，葬于栅栏墓地。
1703 年	樊继训卒，葬于栅栏墓地。
1704 年	南怀仁卒，葬于栅栏墓地。
1706 年	意大利医生索格蒂卒，葬于栅栏，始建传信部墓地（或称西堂墓地）。
1708 年	徐日昇卒，葬于栅栏墓地（后碑亡佚）。
1709 年	7 月　安多卒，葬于栅栏墓地。
	11 月　庞嘉宾卒，葬于栅栏墓地。
1712 年	闵明我卒，葬于栅栏墓地。
1714 年	山遥瞻卒，葬于栅栏墓地，成为第一位葬于此的奥斯丁会士。
1715 年	罗德先卒，葬于栅栏墓地。
1716 年	杨秉义卒，葬于栅栏墓地。

1718 年	陆伯嘉卒，葬于栅栏墓地。
1720 年	7 月　纪理安卒，葬于栅栏墓地。
	11 月　杜德美卒，葬于栅栏墓地。
1723 年	麦大成卒，葬于栅栏墓地。
1724 年	2 月　汤尚贤卒，成为最后一位葬于栅栏墓地的法国籍传教士。
	5 月　陆安卒，葬于栅栏墓地，成为第一位葬于此的方济各会士。
1729 年	麦有年卒，葬于栅栏墓地。
1732 年	建成正福寺墓地，此后法国籍传教士皆葬于正福寺墓地。
1735 年	3 月　张安多卒，葬于栅栏墓地。
	8 月　严嘉乐卒，葬于栅栏墓地。
1736 年	5 月　何天章卒，葬于栅栏墓地。
	6 月　夏真多卒，葬于栅栏墓地，成为葬于此地唯一一位十字会士。
1739 年	任重道卒，葬于栅栏墓地。
1740 年	林济各卒，葬于栅栏墓地。
1743 年	费隐卒，葬于栅栏墓地。
1745 年	吴直方卒，葬于栅栏墓地。
1746 年	德理格卒，葬于栅栏墓地，成为第一位葬于此的遣使会士。
	2 月　高嘉乐卒，葬于栅栏墓地。
	3 月　戴进贤卒，葬于栅栏墓地。
1747 年	罗怀忠卒，葬于栅栏墓地。
1748 年	陈善策卒，葬于栅栏墓地。
1751 年	马德昭卒，葬于栅栏墓地。
1752 年	孙觉人卒，葬于栅栏墓地。
1753 年	樊守义卒，葬于栅栏墓地。
1757 年	5 月　索智能主教卒，葬于栅栏墓地（后碑亡佚）。
	7 月　许立正卒，葬于栅栏墓地。
1759 年	鲁仲贤卒，葬于栅栏墓地。
1761 年	利博明卒，葬于栅栏墓地。
1764 年	罗启明卒，葬于栅栏墓地。
1766 年	7 月　郎世宁卒，葬于栅栏墓地。
	12 月　沈东行卒，葬于栅栏墓地。
1771 年	6 月　魏继晋卒，葬于栅栏墓地。
	10 月　鲍友管卒，葬于栅栏墓地。
1773 年	侯若翰卒，葬于栅栏墓地。
1774 年	刘松龄卒，葬于栅栏墓地。
1775 年	教廷取缔耶稣会，栅栏墓地由遣使会接管。
1776 年	4 月　黄之汉卒，葬于栅栏墓地，成为现存碑主中唯一一位圣家会士。

	8 月　陈圣修卒，葬于栅栏墓地。
1780 年	艾启蒙卒，葬于栅栏墓地。
1781 年	傅作霖卒，葬于栅栏墓地。
1785 年	1 月　林德瑶卒，葬于栅栏墓地。
	2 月　艾若翰卒，葬于栅栏墓地。
	4 月 12 日　叶宗孝卒，葬于栅栏墓地。
	4 月 29 日　哆啰卒，葬于栅栏墓地，成为现存碑主中唯一一位圣若翰保弟斯大会士。
	汤士选主教接管栅栏墓地。
1788 年	高慎思卒，葬于栅栏墓地。
1791 年	伊克肋森细亚诺卒，葬于栅栏墓地。
1792 年	张依纳爵（张舒）卒，葬于栅栏墓地。
1793 年	吴若翰卒，葬于栅栏墓地。
1795 年	崔保禄卒，葬于栅栏墓地。
1799 年	傅安多尼卒，葬于栅栏墓地。
1802 年	李保禄（中国山西人）卒，葬于栅栏墓地。
1824 年	福文高卒，葬于栅栏墓地，成为现存碑主中唯一一位遣使会士。
1838 年	毕学源主教去世，栅栏墓地由东正教接管。
1860 年	栅栏墓地归还于天主教会。
1861 年	孟振生管理栅栏墓地，建立孤儿院和诊所（药房）。
1871 年	田家璧主教在栅栏墓地的东边修建修道院、农场等。
1873 年	樊国梁修建圣弥厄尔堂、育婴堂、出版社、学校等。
1887 年	戴济世主教建成 30 多间房子、一座医院、一座男孤儿院，由仁爱会修女管理。
1891 年	仁爱会在栅栏墓地建立工作坊。
1893 年	都士良负责完成圣弥厄尔堂内部装修工作。
	圣母小昆仲会接管栅栏墓地孤儿院。
1895 年	国际墓地由正福寺墓地迁至栅栏墓地。
	李保禄（中国北京人）卒，葬于栅栏墓地。
1900 年	义和团运动，栅栏墓地被毁。
1901 年	1901 年在栅栏墓地建成"殉难者藏骨堂"（又称"致命亭"）
1903 年	在栅栏墓地立庚子赔款修复墓地"涤垢雪侮"碑。
	建成"诸圣堂"（又称为"致命圣教堂"），原栅栏墓地残碑、碎碑、纪念碑嵌入教堂外墙内。
1909 年	遣使会在栅栏成立文声修道院（俗称"口字楼"）。栅栏地成为中国遣使会总会长住院和遣使会北方总修院所在地。
1910 年	在栅栏墓地建成圣母小昆仲会修院（俗称"山字楼"）。

栅栏墓地成为教会公共墓地。

筹办上义酒厂。

1916 年　在栅栏圣母小昆仲会院举办纪念圣母小昆仲会来华 25 周年纪念活动。

1919 年　圣母小昆仲会在栅栏成立上义师范学校。

1920 年　圣母小昆仲会在黑山扈建成圣若瑟楼（上义师范学校分校）。

1924 年　遣使会神哲学院从北堂迁至栅栏。

1927 年　遣使会在文声修道院举行晋牧庆祝会。

　　　　宗座第一驻华代表刚恒毅总主教前往栅栏文声修道院。

1945 年　国民党占用文声修道院的部分建筑。

1948 年　遣使会、圣母小昆仲会学生撤离，前往香港、澳门等地。

1954 年　遣使会文声修道院关闭。

　　　　北京市政府决定征用栅栏墓地为北京市委党校新校址。诸圣堂宗教活
　　　　动照旧。

1955 年　栅栏墓地 800 余坟墓迁至海淀区西北旺新辟墓地。（现为北京天主教
　　　　陵园）

1956 年　北京市委党校正式入驻栅栏墓地。

1958 年　诸圣堂停止宗教活动。

　　　　北京市文物局第一次对利玛窦，汤若望，南怀仁三人墓地进行文物考查。

1966 年　利玛窦、汤若望、南怀仁三人墓碑埋于地下。

1974 年　因筹建食堂，诸圣堂被拆毁，墓碑散落院中。

1975 年　北京市委党校恢复。

1978 年　中国社会科学院副院长许涤新向胡乔木院长提出修复利玛窦墓地建
　　　　议，并上报中央领导，李先念主席予以批示，同意修复。当时国家领
　　　　导人华国锋、叶剑英、邓小平、汪东兴四人圈阅同意。

1979 年　利玛窦、汤若望、南怀仁三人墓碑得以修复。

1982 年　西城区文物局定"马尾沟教堂"（山字楼）为西城区文物暂保单位。

1983 年　文声修道院南侧平房被拆。

1984 年　"利玛窦及明清以来传教士墓地"被列为北京市第三批文物保护单位。

1986 年　寻得郎世宁墓碑，在利玛窦墓园东侧建成碑林。

1987 年　葡萄牙首相席尔瓦参观栅栏墓地。

1989 年　西城区人民政府发文将"马尾沟教堂"列为西城区文物保护单位。

1991 年　一石羊出土，现放置于碑林门口左侧。

1993 年　将石门从北京市委党校南门外院墙处迁至利玛窦墓甬道前。

　　　　美国旧金山大学利玛窦中西文化历史研究所所长马爱德神父开始与北
　　　　京市委党校合作研究栅栏墓地课题。

1994 年　《历史遗痕：利玛窦及明清西方传教士墓地》一书出版。

1995 年　北京市委党校成立"中国明史学会利玛窦分会"。

《虽逝犹存：栅栏——北京最古老的天主教墓地》一书出版。

1998 年　意大利总统奥斯卡·路易吉·斯卡尔法罗（Oscar Luigi Scalfaro）参观栅栏墓地。

比利时首相让·吕克·德阿纳（Jean-Luc Dehaene）参观栅栏墓地。

2002 年　北京市委党校"口字楼"发生火灾，部分建筑损毁。

2003 年　《利玛窦在中国》历史文献片拍摄完成。

法国前总统德斯坦（Valéry Giscard d'Estaing）参观栅栏墓地。

2006 年　"利玛窦和外国传教士墓地"列为第六批"全国重点文物保护单位"。

2010 年　利玛窦逝世 400 周年。

意大利政府提出修复利玛窦、汤若望、南怀仁三人墓碑。中国国家文物局、意大利外交部发展合作司、中国文化遗产研究院、意大利中央修复研究所共同合作完成《利玛窦和外国传教士墓地保护修复方案》，历时两年。

3 月　在首都博物馆举办中意两国合作的大型展览《利玛窦：明末中西科学技术文化交融的使者》。

5 月　意大利驻华大使谢飒在利玛窦墓前致辞。

10 月　意大利总统纳波利塔诺（Giorgio Napolitano）偕夫人一行参观墓地。

2011 年　《青石存史——"利玛窦与外国传教士墓地"四百年沧桑》一书出版。

2013 年　北京市委党校开始对"山字楼"进行腾退工作。

2015 年　北京市委党校"口字楼"成立北京市党性教育基地。

9 月　捷克总统米洛什·泽曼（Milos Zeman）前来栅栏墓地为三位捷克传教士献花。

2017 年　意大利总统塞尔焦·马塔雷拉（Sergio Mattare）参观栅栏墓地。

2018 年　6 月　北京市委党校内新整理出耶稣会士墓碑 5 通，其余神职人员、教徒墓碑、残碑、修会纪念碑、建筑构件若干。

2019 年　1 月　北京市委党校分别为每通墓碑设立中英双语标识牌，总共六十四块。

10 月　"马尾沟教堂附属山字楼加固修缮工程"开始施工。

地图中的"栅栏墓地"

（图中"+"字为笔者标注栅栏墓地所在地）

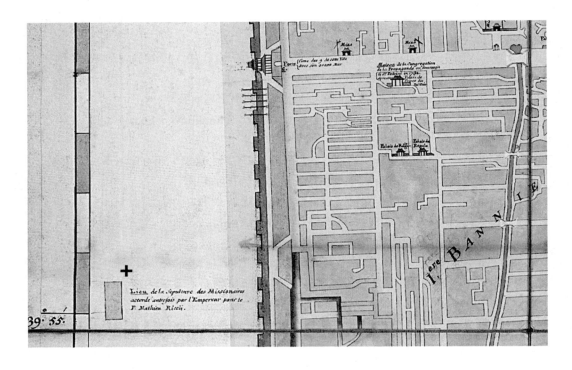

图1　1752年2月法国皇家地图师菲利普·布阿什（Philippe Buache，1700—1773）所绘制的《北京地图》（*Plan de Pékin*，全称为 *Plan de la Ville Tartare et Chinoise de Pékin*，《满城和中国北京城市地图》或《北京内外城图》），其原地图本由宋君荣神父绘制，仅包括北京满城。在地图中用法文标识"Lieu dela sepulture des Missionaires accorde autrefois par l'Empereur pour le P. Mathieu Riccii"（皇帝曾钦赐利玛窦的传教士墓地）。

图片来源：Philippe Buache. *Plan de Pékin*, Paris, 1752. 法国国家图书馆馆藏。

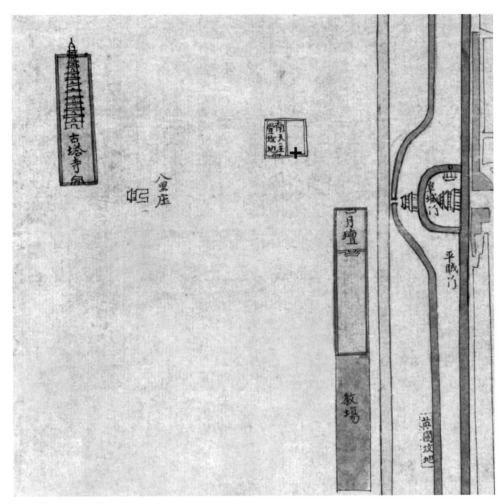

图 2 《北京全图》（1861—1887）中栅栏墓地标识为"南天主堂坟地"。

图片来源：美国国会图书馆。

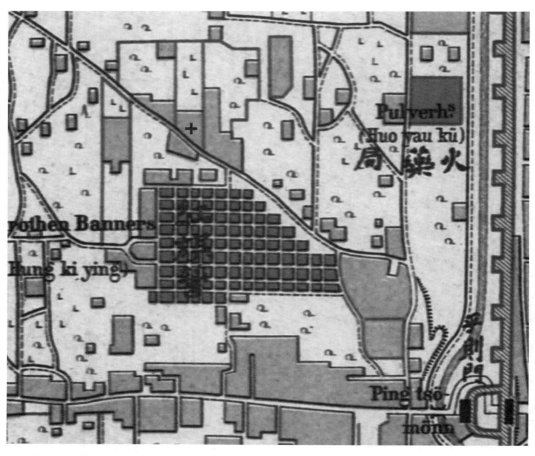

图 3 《北京全图》(1900) 由皇家普鲁士军火协会制图部门绘制。其中栅栏墓地对应标识为"Gräberfeld 坟墓"图示，并无文字说明。

图片来源：美国国会图书馆。

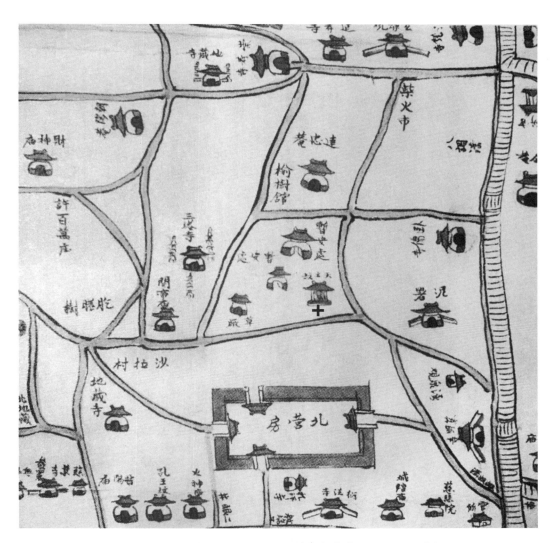

图 4 《北京西郊地图》（1875—1908）中栅栏墓地标识为"天主坟"。

图片来源：中国国家图书馆：《北京古地图集》，测绘出版社 2011 年版，第 193 页。

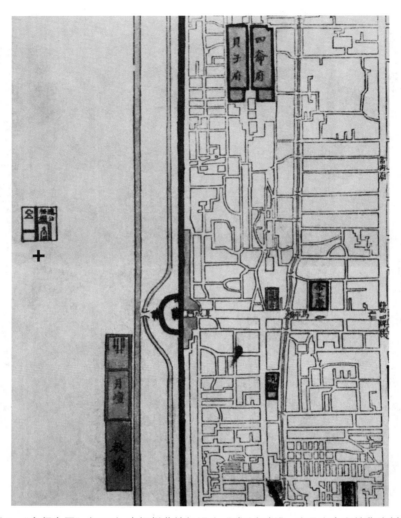

图 5 《京师全图》（1908）中栅栏墓地标识为"滕公栅栏"，这是迄今所搜集资料中最早将此地标识"栅栏"的地图。

图片来源：中国国家图书馆：《北京古地图集》，测绘出版社 2011 年版，第 232 页。

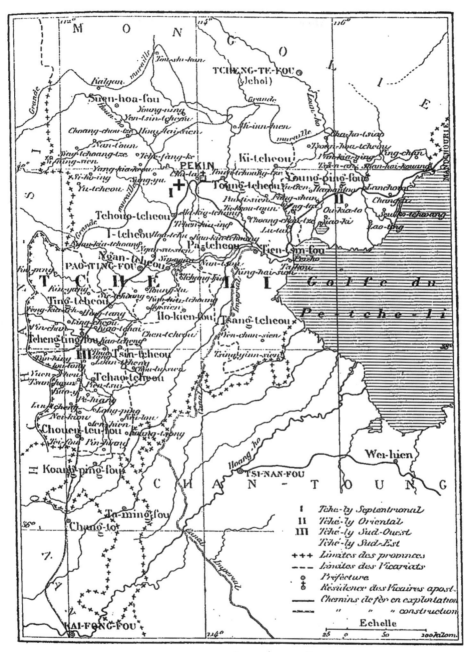

CARTE DU TCHÉ-LY (CHINE) 1909

图 6 《遣使会年鉴》（1909）地图上栅栏墓地标识为 "Cha-la"。

图片来源：*Annales de la Congrégation de la Mission*, 1910. p.57.

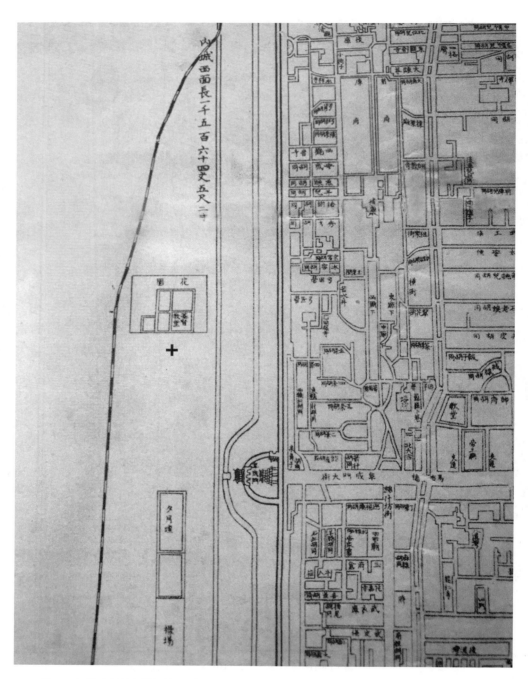

图 7 《订正改版北京详细地图》(1900 年版北京详细) 中将栅栏墓地标识为"基督教堂"以及"花园"。

图片来源：中国国家图书馆：《北京古地图集》，测绘出版社 2011 年版，第 204 页。

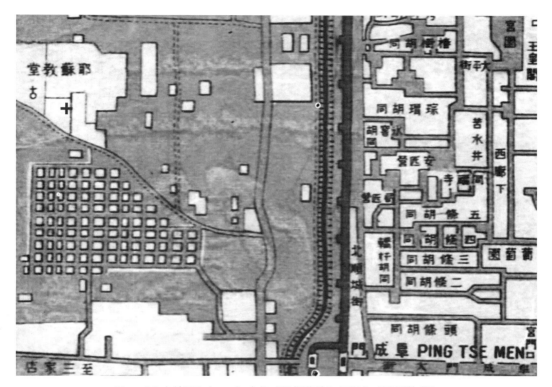

图 8　《北京地图》（1914）中将"栅栏墓地"标识为"耶稣教堂"。

图片来源：此图由天津中东石印局印刷，藏于美国国会图书馆。

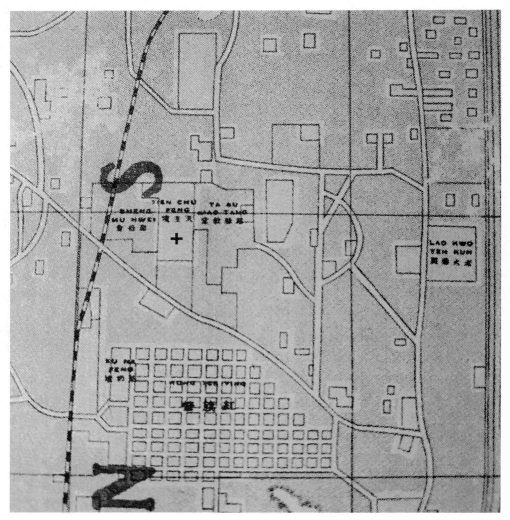

图 9　意大利马维德（Ath Mavrommati）绘测《北京新图——中华民国首善之地》（1915）中标识"栅栏墓地"为"耶稣教堂、天主坟、圣母小昆仲会"。

图片来源：中国国家图书馆：《北京古地图集》，测绘出版社 2011 年版，第 261 页。

春秋石銘
THE HISTORY
ON THE TOMBSTONES

北京栅栏墓地
历史及现存碑文考

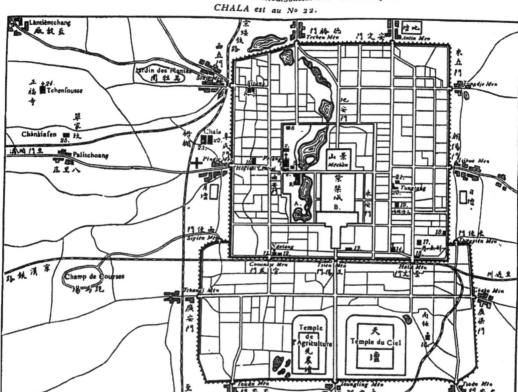

图 10　包世杰《天主教栅栏墓地及其业绩（1610—1927）》（1928）中栅栏墓地标识为"栅栏 Chala"。

图片来源：Jean-Marie Planchet, C.M. *Le Cimetière et Les Oevres Catholiques de Chala 1610-1927*, Pékin: Imprimerie des Lazaristes 1928. p.3.

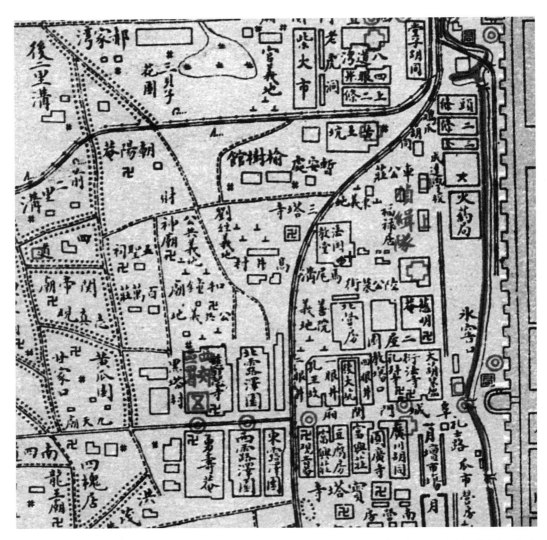

图 11 《北平特别市城郊地图》（1930），由北平市公安局制。栅栏墓地处标识为"法国教堂"，街为马尾沟，紧邻陆公墓街。

图片来源：中国文化遗产研究院编：《北平研究院北平庙宇调查资料汇编》（内二区卷），文物出版社 2016 年版，"扉页"。

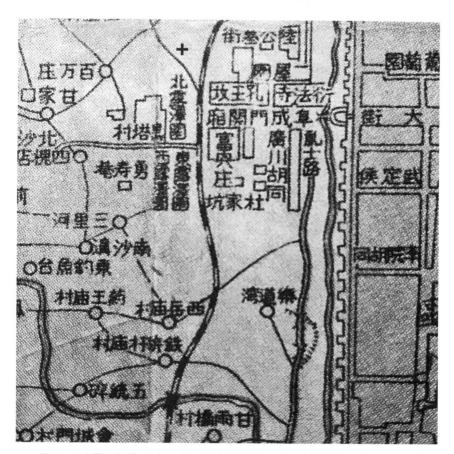

图12 《北平四郊详图》(1934)，由王华隆编著。其中栅栏墓地标识为"陆公墓街"即"栅栏墓地"所在地。

图片来源：中国国家图书馆：《北京古地图集》，测绘出版社 2011 年版，第 326 页。

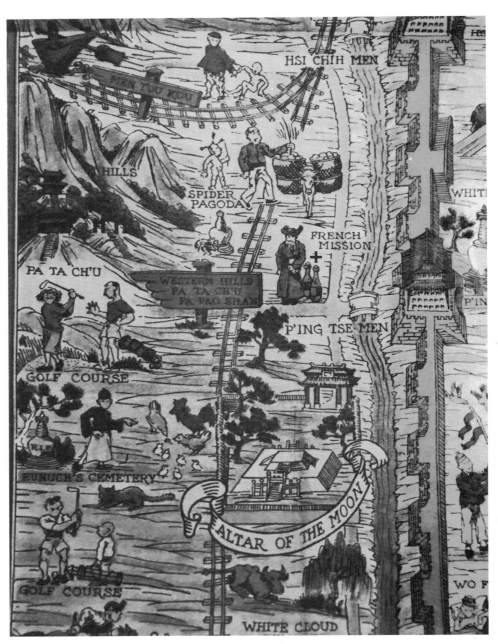

图 13　在《北平》（1936），弗兰克·多恩（Frank Dorn，1901—1981）绘制，亦称为老北京风俗地图。其中栅栏墓地标识为"French Mission"即圣母小昆仲会在"栅栏墓地"所属"山字楼"所创办的上义酒厂。

图片来源：《北平历史图（A Map and History of Peiping）》，北洋书局 1936 年版，正阳书局印行。

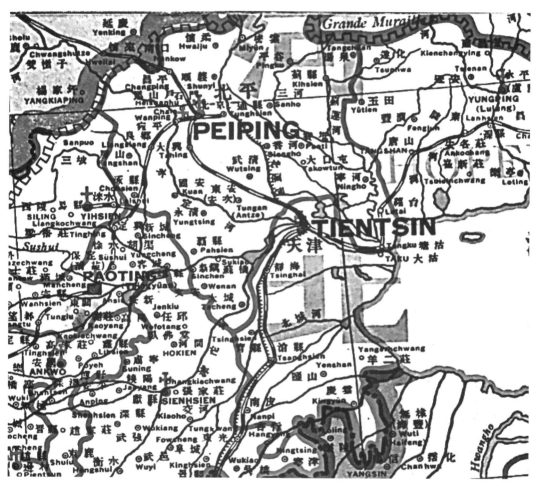

图 14 《中华天主教教区全图》（1936）中栅栏墓地标识为"石门""黑山户"等地。

图片来源：《中华天主教教区全图》，上海土山湾印书馆 1936 年版。

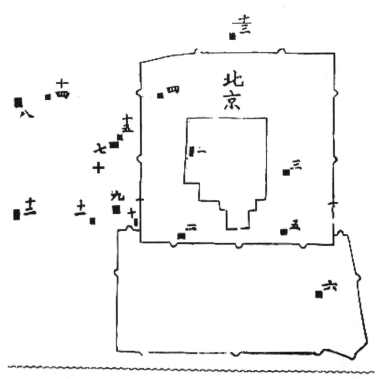

北京

一 救世堂
二 無原罪堂
三 聖若瑟堂
四 聖母聖衣堂
五 聖彌厄爾堂
六 聖女得肋撒堂
七 栅欄諸聖堂
八 正福寺塋地
九 青龍橋塋地
十三 角地塋地
十一 白雲觀塋地
十二 核桃園塋地
十三 森林塋地
十四 車道溝塋地
十五 煉靈會塋地

图 15 《青龙桥茔地志》（1940）中栅栏墓地标识为"七、栅栏诸圣堂"。

图片来源：吴德辉：《青龙桥茔地志》，1940年，中国国家图书馆 2007 年版（缩微品），第 3 页。

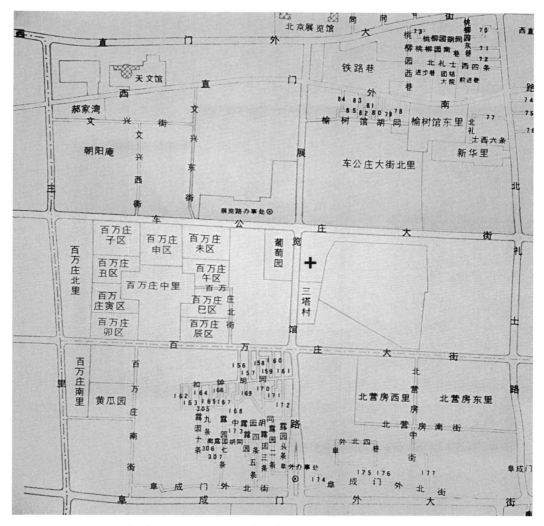

图16 《西城区地名图》（1981）中"葡萄园"所在地即"栅栏墓地"附属。

图片来源：北京市地名办公室、北京市绘测处 1981 年编制，正阳书局印行。

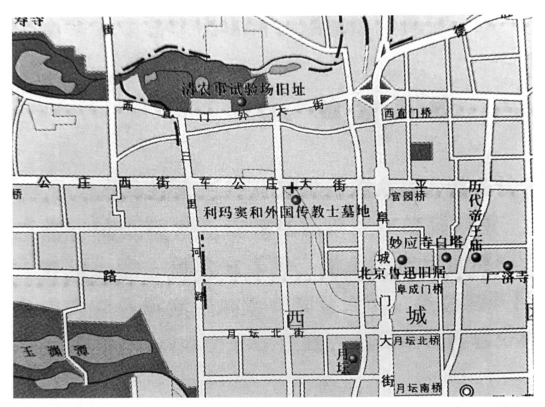

图 17　《北京市文物分布示意图（国家级文物保护单位)》(2007）中所标注的"利玛窦和外国传教士墓地"。

图片来源：《北京文物百科全书》编辑部：《北京文物百科全书》，京华出版社 2007 年版，扉页。

春秋石銘　北京栅栏墓地
THE HISTORY 　历史及现存碑文考
ON THE TOMBSTONES

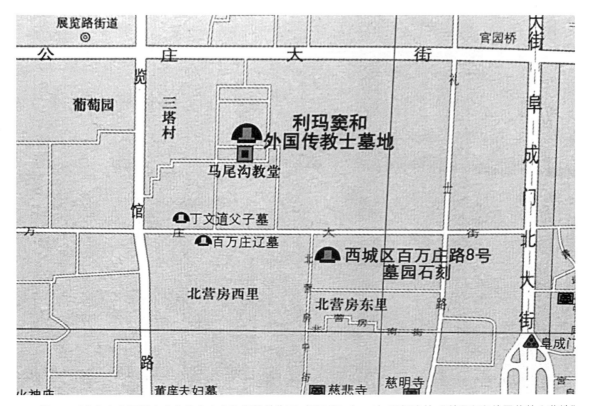

图 18 《北京市全国重点文物北京市文物保护单位图（城区）》（2008）所标注的"利玛窦和外国传教士墓地"和"马尾沟教堂"。

图片来源：中国国家文物局主编：《中国文物地图集》北京分册（上），科学出版社 2008 年版，第 72—73 页。

地图中"栅栏墓地"示意图汇总

编号	图示	名称	年代	说明
1		《北京地图》(Plan de Pékin)	1752	栅栏墓地标识为"Lieu dela sepulture des Missionaires accorde autrefois par l'Empereur pour le P.Mathieu Riccii"（皇帝曾钦赐利玛窦的传教士墓地）"。
2	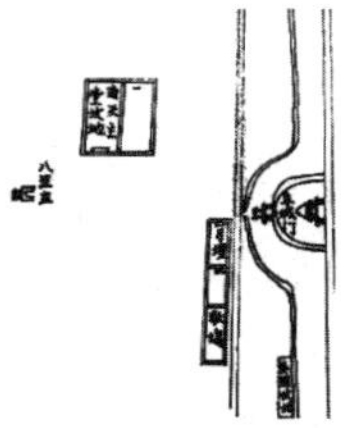	《北京全图》	1861—1887年	栅栏墓地标识为"南天主堂坟地"。
3	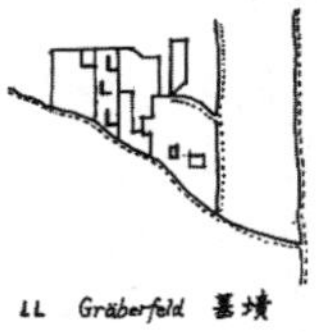	《北京全图》	1900年	由皇家普鲁士军火协会制图部门绘制。其中栅栏墓地标识为"Gräberfeld坟墓"图示，并无文字说明。
4	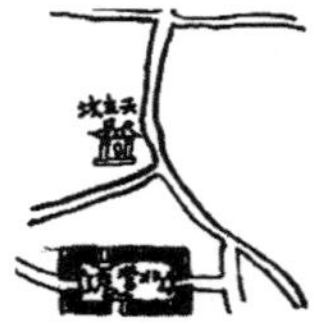	《北京西郊地图》	1875—1908年	栅栏墓地标识为"天主坟"。
5		《京师全图》	1908年	栅栏墓地标识为"滕公栅栏"，其中还对"诸圣堂"及"墓地"以图案形式进行明确标识。
6		《遣使会年鉴》	1909年	栅栏墓地标识为"栅栏（Cha-la)"。
7	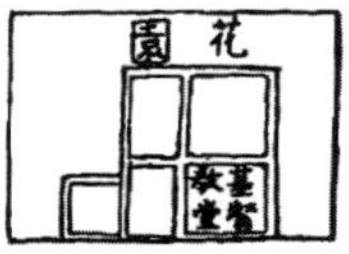	《订正改版北京详细地图》	1900—1911年	栅栏墓地标识为"基督教堂"。

编号	图示	名称	年代	说明
8	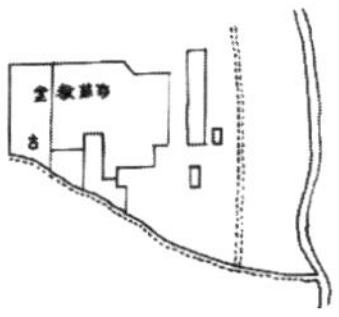	《北京地图》	1914 年	栅栏墓地标识为"耶稣教堂"。
9		《北京新图——中华民国首善之地》	1915 年	由意大利马维德（Ath Mavrommati）绘测，栅栏墓地标识为"耶稣教堂、天主坟、圣母小昆仲会"。
10		*Le Cimetière et Les Oevres Catholiques de Chala 1610-1927*	1928 年	由包世杰（Jean-Marie Planchet）所绘制，栅栏墓地标识为"栅栏 Chala"即栅栏墓地。
11	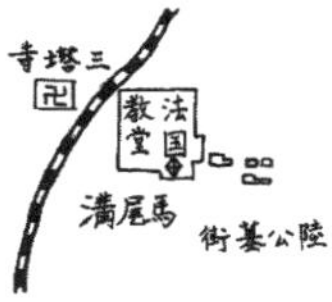	《北平特别市城郊地图》	1930 年	北平市公安局制。栅栏墓地标识为"法国教堂"，街为马尾沟，紧邻陆公墓街。
12		《北平四郊详图》	1934 年	由王华隆编著，其中"陆公墓街"附近即栅栏墓地所在地。
13		《北平》	1936 年	弗兰克·多恩（Frank Dorn，1901—1981）绘制"Eunuch's Cemetery"（太监墓地）即栅栏墓地，上方还有"French Mission"（法国传教团）。
14	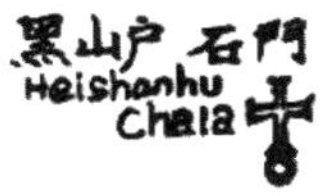	《中华天主教教区全图》	1936 年	吕道茂（Pelo R. P. J.B. Prud'homme）绘制，栅栏墓地标识为"石门""黑山户"等地。

编号	图示	名称	年代	说明
15	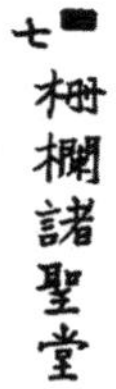	《青龙桥茔地志》中所标注"七、栅栏诸圣堂"	1940 年	栅栏墓地标识为"七、栅栏诸圣堂"。
16		《西城区地名图》	1981 年	其中"葡萄园"所在地即栅栏墓地附属部分。
17		《北京市文物分布示意图（国家级文物保护单位）》	2007 年	栅栏墓地标识为"利玛窦和外国传教士墓地"。
18	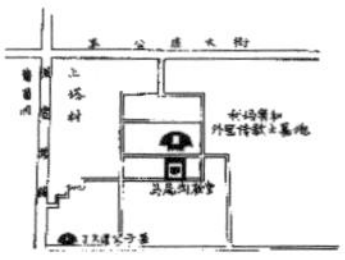	《北京市全国重点文物 北京市文物 保护单位图（城区）》	2008 年	栅栏墓地标识为"利玛窦和外国传教士墓地"和"马尾沟教堂"。

附　录

列表一　栅栏墓地现存传教士列表
（附现存位置示意图）

西园

1.利玛窦，1552—1610，意大利，耶稣会。

  Matteo Ricci, Italy, Society of Jesus.

2.汤若望，1592—1666，德国，耶稣会。

  Johann Adam Schall von Bell, Germany, Society of Jesus.

3.南怀仁，1623—1688，比利时，耶稣会。

  Ferdinand Verbiest, Belgium, Society of Jesus.

东园

1.任重道，1701—1739，意大利，耶稣会。

  Giacomo Antonini, Italy, Society of Jesus.

2.刘松龄，1703—1774，斯洛文尼亚，耶稣会。

  Augustin von Hallerstein, Slovenia, Society of Jesus.

3.吴直方，1718—1745，葡萄牙，耶稣会。

  Bartolomeu de Azevedo, Portugal, Society of Jesus.

4.伊克肋森细亚诺，1744—1791，意大利，方济各小兄弟会。

  Crescenziano Cavalli, Italy, Order of Friars Minor.

5.孙觉人，1714—1752，中国，耶稣会。

  Joseph de Aguiar, China, Society of Jesus.

6.高嘉乐，1664—1746，葡萄牙，耶稣会。

  Carlos de Rezende, Portugal, Society of Jesus.

7.侯若翰，1744—1773，中国，耶稣会。

  John Hou, China, Society of Jesus.

8.黄之汉，1711—1776，中国，圣家会。

Filippo Maria Huang, China, Holy Family of Naples.

9.罗雅谷，1592—1638，意大利，耶稣会。

  Giacomo Rho, Italy, Society of Jesus.

10. 鲁仲贤，1708—1759，斯洛伐克，耶稣会。

   Johann Walter, Slovak, Society of Jesus.

11. 沈东行，1709—1766，中国，耶稣会。

   Joseph Saraiva, China, Society of Jesus.

12. 罗怀忠，1679—1747，意大利，耶稣会。

   Giuseppe da Costa, Italy, Society of Jesus.

13. 庞嘉宾，1665—1709，德国，耶稣会。

   Caspar Castner, Germany, Society of Jesus.

14. 陆伯嘉，1664—1718，法国，耶稣会。

   Jacques Brocard, France, Society of Jesus.

15. 艾若翰，1714—1785，中国，耶稣会。

   Jean Simonelli, China, Society of Jesus.

16. 崔保禄，1724—1795，中国，耶稣会。

   Paul Soeiro, China, Society of Jesus.

17. 张依纳爵，1725—1792，葡萄牙，耶稣会。

   Inácio Francisco, Portugal, Society of Jesus.

18. 李保禄，1760—1802，中国，修会不详。

   Paul of the cross, China, Unknown.

19. 傅安多尼，1752—1799，中国，修会不详。

   António Duarte, China, Unknown

20. 麦大成，1676—1723，葡萄牙，耶稣会。

   João Francisco Cardoso, Portugal, Society of Jesus.

21. 罗德先，1646—1715，法国，耶稣会。

   Bernard Rhodes, France, Society of Jesus.

22. 哆啰，1731—1785，意大利，圣若翰保弟斯大会（已不存）。

   Francesco Giuseppe Della Torre, Italy, Congregation of St.John the Baptist（Dismissed）.

23. 麦有年，1693？—1729，葡萄牙，耶稣会。

   Paulo de Mesquita, Portugal, Society of Jesus.

24. 陈圣修，1713—1776，中国，耶稣会。

   Jean-François Xavier Régis, China, Society of Jesus.

25. 安文思，1610—1677，葡萄牙，耶稣会。

   Gabriel de Magalhães, Portugal, Society of Jesus.

26. 福文高，1748—1824，葡萄牙，遣使会。

   Domingos Joaquim Ferreira, Portugal, Congregation of the Mission.

27. 樊守义，1682—1753，中国，耶稣会。

   Louis Fan, China, Society of Jesus.

28. 安多，1644—1709，比利时，耶稣会。

Antoine Thomas, Belgium, Society of Jesus.

29. 严嘉乐，1678—1735，捷克，耶稣会。

Karl Slaviček, Czech, Society of Jesus.

30. 高慎思，1722—1788，葡萄牙，耶稣会。

José d'Espinha, Portugal, Society of Jesus.

31. 许立正，1697—1757，中国，耶稣会。

Ignatius Hiu, China, Society of Jesus.

32. 陆安，1671—1724，意大利，方济各会。

Angelo da Borgo San Siro, Italy, Franciscan Order.

33. 南光国，1664—1702，法国，耶稣会。

Louis de Pernon, France, Society of Jesus.

34. 戴进贤，1680—1746，德国，耶稣会。

Ignatius Kögler, Germany, Society of Jesus.

35. 郭天爵，1650—1694，葡萄牙，耶稣会。

Francisco Simões, Portugal, Society of Jesus.

36. 纪理安，1655—1720，德国，耶稣会。

Kilian Stumpf, Germany, Society of Jesus.

37. 罗启明，1725—1764，葡萄牙，耶稣会。

Emmanuel de Mattos, Portugal, Society of Jesus.

38. 习圣学，1660—1704，法国，耶稣会。

Jean-Charles-Étienne Froissard de Broissia, France, Society of Jesus.

39. 山遥瞻，1669—1714，法国，奥斯定会。

Guillaume Bonjour-Favre, France, Order of Saint Augustine.

40. 翟敬臣，1663—1701，法国，耶稣会。

Charles Dolzé, France, Society of Jesus.

41. 利博明，1684—1761，意大利，耶稣会。

Ferdinando Bonaventura Moggi, Italy, Society of Jesus.

42. 利类思，1606—1682，意大利，耶稣会。

Lodovico Buglio, Italy, Society of Jesus.

43. 苏霖，1656—1736，葡萄牙，耶稣会。

José Suarez, Portugal, Society of Jesus.

44. 杜德美，1668—1720，法国，耶稣会。

Pierre Jartoux, France, Society of Jesus.

45. 李保禄，？—1895，中国，修会不详。

Paul Ly, China, Unknown.

46. 傅作霖，1713—1781，葡萄牙，耶稣会。

Félix da Rocha, Portugal, Society of Jesus.

47. 费隐，1673—1743，奥地利，耶稣会。

Ehrenbert Xaver Fridelli, Austria, Society of Jesus.

48. 邓玉函，1576—1630，德国，耶稣会。

Johann Terrenz, Germany, Society of Jesus.

49. 张安多，1677—1735，葡萄牙，耶稣会。

António de Magalhães, Portugal, Society of Jesus.

50. 吴若翰，1764—1793，中国，修会不详。

João a Remediis, China, Unknown.

51. 叶宗孝，1717—1785，意大利，方济各会。

Eusebio A Cittadella, Italy, Franciscan Order.

52. 鲍友管，1701—1771，德国，耶稣会。

Anton Gogeisl, Germany, Society of Jesus.

53. 林济各，1658—1740，瑞士，耶稣会。

Franz Stadlin, Switzerland, Society of Jesus.

54. 艾启蒙，1708—1780，捷克，耶稣会。

Ignaz Sichelbarth, Czech, Society of Jesus.

55. 林德瑶，1710—1785，葡萄牙，耶稣会。

João de Seixas, Portugal, Society of Jesus.

56. 樊继训，1664—1703，法国，耶稣会。

Pierre Frapperie, France, Society of Jesus.

57. 郎世宁，1688—1766，意大利，耶稣会。

Giuseppe Castiglione, Italy, Society of Jesus.

58. 魏继晋，1706–1771，德国，耶稣会。

Florian Joseph Bahr, Germany, Society of Jesus.

59. 汤尚贤，1669—1724，法国，耶稣会。

Pierre Vincent de Tartre, France, Society of Jesus.

60. 何天章，1667—1736，中国，耶稣会。

Francisco-Xavier Rosario, China, Society of Jesus.

新园

1.郑玛诺，1635—1673，中国，耶稣会。

Manuel de Sequeira, China, Society of Jesus.

2.闵明我，1638—1712，意大利，耶稣会。

Claudio Filippo Grimaldi, Italy, Society of Jesus.

3.杨秉义，1670—1716，德国，耶稣会。

Franz Thilisch, Germany, Society of Jesus.

4.陈善策，1688—1748，葡萄牙，耶稣会。

Domingos Pinheiro, Portugal, Society of Jesus.

5.马德昭，1706—1751，葡萄牙，耶稣会。

António Gomes, Portugal, Society of Jesus.

6.刘类斯，1883—1905，中国，圣母小昆仲会。

Leisi Liu, China, Marists.

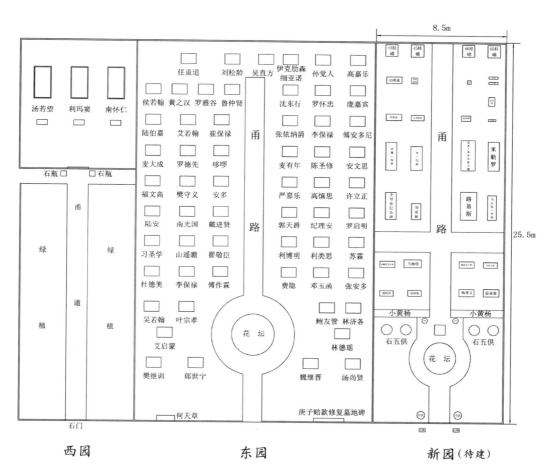

现存墓碑位置示意图

图片来源：由中国文化遗产研究院文物修复所梁行洲、王子艺二人提供。

列表二　现存 68 通传教士中文名字其号出处（按卒年）

编号	中文名字	外文名字	生卒年	中文号	释义（笔者自我揣义）
1	利玛窦	Matteo Ricci	1552—1610	西泰	"泰西"之倒，旧指西方国家。"字西泰，当取义于泰西之倒也"①。
2	邓玉函	Johann Terrenz	1576—1630	函璞	王徵《奇器图说》中称"函璞"，与"玉函"相对应，分"璞玉"为名号。
3	罗雅谷	Giacomo Rho	1592—1638	味韶	"味韶"见《论语·述而》："子在齐闻《韶》，三月不知肉味。曰：'不图为乐之至于斯也！'"
4	汤若望	Johann Adam Schall von Bell	1592—1666	道未	"道未"见《孟子·离娄下》："孟子曰'文王视民如伤，望道而未之见'"。
5	郑玛诺	Manuel de Sequeira	1635—1673	惟信	"信"乃儒家的伦理范畴。《论语·学而》："吾日三省吾身，为人谋而不忠乎？与朋友交而不信乎？传不习乎？信近于义，言可复也"。
6	安文思	Gabriel de Magalhães	1610—1677	景明	"文思"见《诗·周颂》篇名《思文》。"文思"为"思文"之倒。
7	利类思	Lodovico Buglio	1606—1682	再可	"再可"见《论语·公冶长》："季文子三思而后行。子闻之，曰：'再，斯可矣'"。
8	南怀仁	Ferdinand Verbiest	1623—1688	敦伯，又名勋卿	"怀仁"即"怀德仁里"。《论语·里仁》："里仁为美，择不处仁，焉得知"。"敦伯"与怀仁异曲同工。《易·系辞上》："安土敦乎仁，故能爱"。
9	郭天爵	Francisco Simões	1650—1694	良贵	"天爵"见《孟子·告子上》："孟子曰：'有天爵者，有人爵者。仁义忠信，乐善不倦，此天爵也'。""古之人修其天爵，而人爵从之"。
10	翟敬臣	Charles Dolzé	1663—1701	慎中	"敬臣"见《论语·子路》："子曰：'居处恭，执事敬，与人忠'"。《论语·卫灵公》："子曰：'言忠信，行笃敬'"。"慎中"即儒家"慎独"与"中庸"思想之合义。
11	南光国	Louis de Pernon	1664—1702	用宾	"光国""用宾"见《易经·观》："六四爻：观国之光，利用宾于王"。

---

① 方豪：《中西交通史》（下），上海人民出版社 2015 年版，第 587 页。

春秋石铭™ 北京栅栏墓地
THE HISTORY
ON THE TOMBSTONES 历史及现存碑文考

编号	中文名字	外文名字	生卒年	中文号	释义（笔者自我揣义）
12	樊继训	Pierre Frapperie	1664—1703	述善	"继训"乃继古人之训，"述善"乃传本性之善。儒家有圣人道统体系，而性本善乃儒家之主旨。
13	习圣学	Jean-Charles-Étienne Froissard de Broissia	1660—1704	述古	"述古"见《论语·述而》："子曰：'述而不作，信而好古，窃比于我老彭'"。
14	安多	Antoine Thomas	1644—1709	平施	"平施"见《易经·谦》："地中有山，谦。君子以衷多益寡，称物平施。孔颖达疏：称物平施者，称此物之多少，均平而施"。
15	庞嘉宾	Caspar Castner	1655—1709	慕斋	"嘉宾"见《诗·小雅·鹿鸣》："我有嘉宾，鼓瑟吹笙"。
16	闵明我	Claudio Filippo Grimaldi	1638—1712	德先	"德先"见《大学》："君子先慎乎德"。
17	山遥瞻	Guillaume Bonjour-Favre	1669—1714	景云	"遥瞻"见魏晋陶渊明的《和郭主簿·其二》："陵岑耸逸峰，遥瞻皆奇绝"。"景云"见《淮南子·天文训》："虎啸而谷风生，龙举而景云属"。
18	罗德先	Bernard Rhodes	1646—1715	慎斋	"德先"见《大学》："君子先慎乎德"。"慎斋"见《论语·述而》："慎终追远，民德归厚矣。"而"心斋"又是儒家修养静功的最高境界。
19	杨秉义	Franz Thilisch	1670—1716	履方	"秉义"见《诗经·大雅·荡》："而秉义类，强御多怼"。而"义"为国之四维之一。"履方"见《淮南子·本经训》："戴圆履方，抱表怀绳，内能治身，外能得人"。
20	陆伯嘉	Jacques Brocard	1664—1718	德音	"德音"见《诗经·大雅·皇矣》："维此王季，帝度其心。貊其德音，其德克明。"
21	纪理安	Kilian Stumpf	1655—1720	云风	纪理安为"Kilian"音译。云风为传统天神指称之一。
22	杜德美	Pierre Jartoux	1669—1720	嘉平	"德美"：德行纯美。"嘉平"：嘉好平和。
23	麦大成	João Francisco Cardoso	1677—1723	尔章	"大成"见《孟子·万章下》："孔子之谓集大成"。
24	汤尚贤	Pierre Vincent de Tartre	1669—1724	宾斋	"宾斋"。"宾"字见《周易·象》"观国之光，尚宾也"。"心斋"又是儒家修养静功的最高境界。

编号	中文名字	外文名字	生卒年	中文号	释义（笔者自我揣义）
25	陆安	Angelo da Borgo San Siro	1671—1724	乐然	"乐然"见《礼记·乐记》："凡音之起，由人心生也。"而"人心之动，物使之然也"。
26	麦有年	Paulo de Mesquita	1692—1729	积德	"积德"：《周易·坤·文言》"积善之家，必有余庆"。
27	张安多	António de Magalhães	1677—1735	敬修	"敬修"见《论语·宪问》："子路问君子。子曰：'修己以敬'"。
28	严嘉乐	Karl Slaviček	1678—1735	宪侯	"嘉乐""宪侯"见《诗·大雅·假乐》："嘉乐君子，宪宪令德，宜民宜人。受禄于天"。
29	何天章	Francisco Xavier Rosario Ho	1677—1736	起文	"天章""起文"比喻好文采、好文章。"天章"见明·宋应星《天工开物·丹青》："万卷横披，墨得朱而天章焕"。"起文"见《周礼·天官·宰夫》："六曰史，掌官书以赞治"。汉·郑玄注释："赞治，若今起文书草也"。
30	苏霖	José Suarez	1656–1736	沛苍	"苏霖"为"Suarez"音译，而"霖"与"沛"皆与雨水相关，象征上帝的福音。
31	任重道	Giacomo Antonini	1701—1739	致远	"重道""致远"见《易经·系辞下》："服牛乘马，引重致远。"又见《墨子·亲士》："良马难乘，然可以任重致远"。"致远"见《淮南子：主术训》："是故非澹泊无以明志，非宁静无以致远"。
32	林济各	Franz Stadlin	1658—1740	雨苍	待考
33	费隐	Ehrenbert Xaver Fridelli	1673—1743	存诚	"费隐"乃为其名"Fridelli"音译。《礼记·中庸》中"君子之道费而隐"。"存诚"见《中庸》："诚者，天之道也，诚之者，人之道也，诚者，不勉而中，不思而得，从容中道，圣人也。诚之者，择善而固执之者也"。
34	吴直方	Bartolomeu de Azevedo	1718—1745	正义	"直方"见《易经·坤卦》："六二爻：直方大，不习，无不利。象曰：六二之动，直以方也。不习，无不利，地道光也"。"正义"乃正天地之经义，比喻以天主教义正天地大义。

编号	中文名字	外文名字	生卒年	中文号	释义（笔者自我揣义）
35	高嘉乐	Carlos de Rezende	1664—1746	怀义	"嘉乐"见《诗·大雅·假乐》："嘉乐君子，宪宪令德，宜民宜人。受禄于天"。 "怀义"即"心怀仁义"，见《礼记·曲礼》："道德仁义，非礼不成。"仁义乃儒家"孔曰成仁，孟曰取义"。
36	戴进贤	Ignatius Köegler	1680—1746	嘉宾	"进贤"见《孔子家语·贤君》 "子曰：'赐，汝徒知其一，不知其二。汝闻进贤为贤耶？用力为贤耶？'子贡曰：'进贤为贤'"。 "嘉宾"见《诗·小雅·鹿鸣》："我有嘉宾，鼓瑟吹笙"。
37	罗怀忠	Giuseppe da Costa	1679—1747	子敬	"怀忠""子敬"见《说文解字》："忠，敬也，尽心曰忠"。
38	陈善策	Domingos Pinheiro	1688—1748	敬之	"善策"：结合其为数学家，可能意为善为筹策之学。 "敬之"："敬"乃儒家最重要的修行方式。
39	马德昭	António Gomes	1706—1751	钦明	"钦明"见《书·尧典》："钦明文思安安，允恭克让"。
40	孙觉人	Joseph de Aguiar	1714—1752	铎音	"觉人"见《孟子》："天之生此民也，使先知觉后知，使先觉觉后觉也"。 "铎音"见《礼记·明堂位》："振木铎于朝，天子之政也"。
41	樊守义	Louis Fan	1682—1753	利和、守利、守和	"守义"见《论语·里仁》："君子喻于义，小人喻于利"。 "守利""守和"见《孟子·公孙丑下》："天时不如地利，地利不如人和"。
42	许立正	Ignatius Hiu	1734—1757	秉元	"立正"见《论语·颜渊》："季康子问政于孔子，孔子对曰：'政者，正也。子帅以正，孰敢不正'"。 "秉元"见《论衡·对作》："《易》之乾坤，《春秋》之元，杨氏之玄，卜气号不均也"。
43	鲁仲贤	Johann Walter	1708—1759	尚德	"尚德"见《论语·宪问》："君子哉若人，尚德哉若人"。
44	利博明	Ferdinando Bonaventura Moggi	1684—1761	敏公	"博明"即"博学明辨"，《中庸·第二十章》："博学之，审问之，慎思之，明辨之，笃行之"。 "敏公"见《论语·公冶长》："敏而好学，不耻下问"。

编号	中文名字	外文名字	生卒年	中文号	释义（笔者自我揣义）
45	罗启明	Emmanuel de Mattos	1725—1764	曜东	"启明"见《书·尧典》："放齐曰：'胤子朱，启明。'"。《诗·小雅·大东》："东有启明，西有长庚"。 "启明"与"曜东"异曲同工。"东有启明"即"使东方曜"，为东方带来光明。
46	郎世宁	Giuseppe Castiglione	1688—1766	未知	待考。可能为"Castiglione"音译。
47	沈东行	Joseph Saraiva	1709—1766	未知	待考。
48	魏继晋	Florian Joseph Bahr	1706—1771	善修	"善修"即"修善"，修其善心。
49	鲍友管	Anton Gogeisl	1701—1771	义人	"义人"见《墨子·非命上》："义人在上，天下必治"。
50	侯若翰	John Hou	1744—1773	未知	"若翰"即其名"John"音译。
51	刘松龄	Augustinus von Hallerstein	1703—1774	乔年	"松龄"与"乔年"皆为长寿之义。"鹤寿松龄"以及"乔松之寿"。
52	黄之汉	Filippo Mario Huang	1711—1776	未知	待考。
53	陈圣修	Jean-François Xavier Régis Tch'en	1713—1776	寄耘	"寄耘"见《诗经·载芟》："千耦其耘，徂隰徂畛"。
54	艾启蒙	Ignaz Sichelbarth	1708—1780	醒菴	"启蒙"与"醒菴"，皆有启蒙，使人清醒之义。《易经·蒙卦》："亨。匪我求童蒙，童蒙求我。初筮告，再三渎，渎则不告，利贞"。
55	傅作霖	Félix da Rocha	1713—1781	利斯	"作霖"见《尚书·商书·说命上》："朝夕纳诲，以辅台德。若金，用汝作砺。若济巨川，用汝作舟楫，若岁大旱，用汝作霖雨"。
56	林德瑶	João de Seixas	1710—1785	洁修	"德瑶"：喻人之德行品格高洁。 "洁修"：纯正而美好。
57	艾若翰	Jean Simonelli Ngai	1714—1785	九三	"若翰"即其名"Jean"音译。
58	叶宗孝	Eusebio A Cittadella	1717—1785	未知	待考。
59	哆啰	Francesco Giuseppe Della Torre	1731—1785	未知	"哆啰"即其名"Torre"音译。

编号	中文名字	外文名字	生卒年	中文号	释义（笔者自我揣义）
60	高慎思	José de Espinha	1722—1788	若瑟	"慎思"见《礼记·中庸》："博学之，审问之，慎思之，明辨之，笃行之"。
61	伊克肋森细亚诺	Crescenziano Cavalli	1744—1791	未知	"克肋森细亚诺"即其名"Crescenziano"音译。
62	张依纳爵，又名张舒	Inácio Francisco	1725—1792	未知	"伊纳爵"即其名"Inácio"音译。
63	吴若翰	João a Remediis	1764—1793	未知	"若翰"即其名"João"音译。
64	崔保禄	Paul Soeiro Ts'ouei	1724—1795	未知	"保禄"即其名"Paul"音译。
65	傅安多尼	António Duarte	1752—1799	未知	"安多尼"即其名"António"音译。
66	李保禄	Paul of the cross	1760—1802	未知	"保禄"即其名"Paul"音译。
67	福文高，又名福多明我	Domingos Joaquim Ferreira	1758—1824	未知	"多明我"即其名"Paul"音译。
68	李保禄	Paul Li	？—1895	未知	"保禄"即其名"Paul"音译。

列表三　现存栅栏墓地西园、东园及新整理六十八通墓碑碑主生平列表

现存墓碑编号	人物	籍贯	生平	
1	利玛窦 （Matteo Ricci, 1552—1610）	意大利马切拉塔 Macerata, Italy	中文	号西泰，1552 年 10 月 6 日生于意大利马切拉塔。耶稣会士。1571 年在罗马学习哲学、神学及自然科学等。1582 年从印度果阿转至澳门学习中文。1583 年在广东肇庆建天主教在华首座住院——仙花寺。1601 年抵京。获得居住权，肇建南堂。将几何学、天文历法、地图、自鸣钟等西方先进科学引入中国，译中华经典，著书立说，为中西文化交流开拓者。1610 年 5 月 11 日逝世，享年 58 岁。万历皇帝钦赐栅栏墓地，其为首位葬于北京的传教士。
			英文	Matteo Ricci, also known as Xitai, was born in Macerata, Italy, on Oct. 6, 1552. Entered the Society of Jesus.In 1571, he began to study philosophy, theology and natural sciences in Rome. After serving in Goa, India, he came to Macao to learn Chinese. In 1583, he put in place Xianhua Si in Zhaoqing, the first Catholic residence in China. In 1601, he arrived in Beijing. He obtained the privilege to reside in Beijing and erected a chapel, which later became the South Church（Nantang）. He introduced geometry, astronomy and calendar, cartography, and automatic clockworks into China. He also translated some of the Confucian classics and wrote books introducing China, which made him a pioneer in the cultural exchange between China and the West. Ricci died on May 11, 1610, aged 58. Emperor Wanli granted Chala Cemetery as his burial plot, making Ricci the first missionary buried in Beijing.
2	汤若望 （Johann Adam Schall von Bell, 1592—1666）	德国科隆 Cologne, Germany	中文	号道未，1592 年 5 月 1 日生于德国科隆。耶稣会士。1608 年在罗马学习哲学、神学、数学、天文学等。1619 年抵达澳门。1623 年抵京。1630 年供职明朝钦天监，负责修订历法；整编《崇祯历书》；制造天文仪器；设厂铸炮造镜等。1644 年任清廷钦天监监正。著述甚多，涉及宗教、天文历法、算学等。清廷封其为"光禄大夫"，官至正一品，有"通微教师"之号。1666 年 8 月 15 日逝世，享年 74 岁。

春秋石铭
北京栅栏墓地
历史及现存碑文考

THE HISTORY
ON THE TOMBSTONES

现存墓碑编号	人物	籍贯		生平
2	汤若望（Johann Adam Schall von Bell, 1592—1666）	德国科隆 Cologne, Germany	英文	Johann Adam Schall von Bell, also known as Daowei, was born in Cologne, Germany, on May 1, 1592. Entered the Society of Jesus.In 1608, he began to study philosophy, theology, mathematics, astronomy and other sciences in Rome. In 1619, he reached Macao and arrived in Beijing in 1623. He had a post in the Imperial Bureau of Astronomy in 1630, in charge of modifying calendar, compiling the *Chongzhen Lishu*（*Writings on the Calendar from the Chongzhen Reign*）, elaborating astronomical instruments, casting cannons and making telescopes. In 1644, he was promoted to director of the Imperial Bureau of Astronomy. Schall was a prolific writer, focusing on the subjects of religion，astronomy and calendar,arithmetic.Emperor Kangxi bestowed him the title of *Guanglu dafu*（Grand Master for Splendid Happiness）, the highest official rank in Qing court. He was also honored as *Tongwei Jiaoshi*（Master of the Abstruse）. Schall died on Aug. 15, 1666, aged 74.
3	南怀仁（Ferdinand Verbiest, 1623—1688）	比利时彼滕 Pittem, Belgium	中文	号敦伯，1623 年 10 月 9 日生于比利时彼滕。耶稣会士。在比利时完成哲学、神学及自然科学等课程。1658 年抵达澳门。1660 年抵京，协助汤若望工作。后担任钦天监监副，官至工部右侍郎，正二品。设计制造大型天文仪器六件（现存于北京古观象台），铸造火炮，从事外交活动。著述甚多，涉及宗教、科学、地理学、地图学等。1688 年 1 月 28 日逝世，获康熙钦赐谥号"勤敏"，传教士中仅他获此殊荣，享年 65 岁。
			英文	Ferdinand Verbiest, also known as Dunbo, was born in Pittem, Belgium, on Oct.9, 1623. Entered the Society of Jesus. He completed his courses of philosophy, theology, and natural sciences in Belgium. He reached Macao in 1658 and Beijing in 1660. He served as Johann Adam Schall von Bell's assistant and later was positioned as the deputy director of the Imperial Bureau of Astronomy, with the official rank of You *Shilang*（vice minister）of the Ministry of Works. He was the designer and maker of six large-scale astronomical instruments（displayed at Beijing Ancient Observatory）and cannons. He was engaged in foreign affairs and wrote numerous works on religion, science, geography and cartography.After his death on Jan. 28, 1688. Emperor Kangxi honored him a posthumous name, *Qinmin*（ingeniousness and diligence）. Verbiest was the only missionary who got such an honorable title. Aged 65.

现存墓碑编号	人物	籍贯	生平	
4	任重道 (Giacomo Antonini, 1701—1739)	意大利乌迪内 Udine, Italy	中文	号致远, 自幼入会, 珐琅专家。与傅作霖等从澳门辗转北京, 享年 38 岁。
			英文	Giacomo Antonini, also known as Zhiyuan, cloisonné expert, joined the Society of Jesus in his youth. He travelled withFélix da Rocha all the way from Macao to Beijing. Aged 38.
5	刘松龄 (Augustin von Hallerstein, 1703—1774)	斯洛文尼亚卢布尔雅那 Ljubljana, Slovenia	中文	号乔年, 天文学家、数学家。耶稣会士。来华后任钦天监监正, 正三品。致力天文历法、人口统计、地图绘制及外交工作, 享年 71 岁。
			英文	Augustin von Hallerstein, also known as Qiaonian,entered the Society of Jesus.Astronomer and mathematician, was positioned as the director of the Imperial Bureau of Astronomy,third-rank official. He was committed to astronomy, calendrical science, demography, cartography and diplomacy. Aged 71.
6	吴直方 (Bartolomeu de Azevedo, 1718—1745)	葡萄牙维亚纳堡 Viana do Castelo, Portugal	中文	号正义, 自幼入会。来华后入京供奉朝廷, 享年 27 岁。
			英文	Bartolomeu de Azevedo, also known as Zhengyi, entered the Society of Jesus in his youth. He came to Beijing and served in the imperial court. Aged 27.
7	伊克肋森细亚诺 (Crescenziano Cavalli, 1744—1791)	意大利伊夫雷亚 Ivrea,Italy	中文	1783 年来华后辗转各地传教, 方济各会士。后入京居于南堂。曾任山西宗座代牧。享年 47 岁。
			英文	Crescenziano Cavalli,entered the Order of Friars Minor, had evangelized in many places before he finally settled down in the South Church (Nantang). He once served as Vicar Apostolic of Shanxi. Aged 47.
8	孙觉人 (Joseph de Aguiar, 1714—1752)	中国江苏 Jiangsu, China	中文	号铎音, 祖籍江南, 耶稣会士。修院学成后, 1751 年在北京传教, 享年 38 岁。
			英文	Sun Jueren, Christian name Joseph de Aguiar and style name Duoyin, was of Jiangnan origin, China.Entered the Society of Jesus. He did his missionary work in Beijing in 1751 after his studies in the seminary. Aged 38.
9	高嘉乐 (Carlos de Rezende, 1664—1746)	葡萄牙里斯本 Lisbon, Portugal	中文	号怀义, 自幼入会。在正定、北京等地传教长达五十年。享年 82 岁。
			英文	Carols de Rezende, also known as Huaiyi, entered the Society of Jesus in his youth and served as a missionary for 50 years in Zhengding, Beijing and beyond. Aged 82.

现存墓碑编号	人物	籍贯	生平	
10	侯若翰 (John Hou, 1744?—1773)	中国北京 Beijing, China	中文	修院见习修士，习拉丁文。享年 29 岁。
			英文	Hou Ruohan, Christian name John Hou, entered the Society of Jesus as a pre-seminarian, learning Latin. Aged 29.
11	黄之汉 (Philip Maria Huang, 1711—1776)	中国北京 Beijing, China	中文	圣家会士，随同意大利传教士马国贤前往意大利那不勒斯中国公学圣家堂（又称圣家书院）学习，将西方先进科学文化及书籍带回中国。享年 65 岁。
			英文	Huang Zhihan, Christian name Filippo Maria Huang, entered the Holy Family of Naples, went for his studies with Matteo Ripa at College of the Holy Family of the Chinese (Collgio dei Cinesi) in Naples, Italy and brought back western science and culture and relevant books. Aged 65.
12	罗雅谷 (Giacomo Rho, 1592—1638)	意大利帕维亚 Pavia, Italy	中文	号味韶，耶稣会士，天文学家、数学家。参与明末历法改革及《崇祯历书》的编撰，制造天文仪器，介绍欧洲神学、数学、天文历法等，享年 46 岁。
			英文	Giacomo Rho, also known as Weishao, entered the Society of Jesus, astronomer and mathematician. He was one of the reformers of calendar in late Ming Dynasty and one of the compilers of the *Chongzhen Lishu* (*Writings on the Calendar from the Chongzhen Reign*) and maker of astronomical instruments. He was a prolific writer with a number of works covering theology, mathematics, astronomy and calendar. Aged 46.
13	鲁仲贤 (Johann Walter, 1708—1759)	斯洛伐克日利纳 Žilina, Slovak	中文	号尚德，耶稣会士，音乐家。精通音律，善配乐器，作为乐师供职朝廷多年，享年 51 岁。
			英文	Johann Walter, also known as Shangde, entered the Society of Jesus, an accomplished musician proficient in tuning musical instruments, served as a court musician for many years. Aged 51.
14	沈东行 (Joseph Saraiva, 1709—1766)	中国上海 Shanghai, China	中文	1733 年入会修道，辗转多地传教长达 27 年。享年 57 岁。
			英文	Shen Dongxing, Christian name Joseph Saraiva, entered the Society of Jesus in 1733, after which he travelled around as a missionary for 27 years. Aged 57.

现存墓碑编号	人物	籍贯	生平	
15	罗怀忠 （Giuseppe da Costa, 1679—1747）	意大利那不勒斯 Naples, Italy	中文	号子敬，外科医生、药剂师。训练有素，精通外科，来华供职朝廷多年，以高超医术和广施善行著称，享年 68 岁。
			英文	Giuseppe da Costa, also known as Zijing, entered the Society of Jesus.surgeon and pharmacist, was well-trained and proficient in his surgical practice. He served in the imperial court for many years and was well known for his superb medical skills and his work of charity. Aged 68.
16	庞嘉宾 （Caspar Castner, 1665—1709）	德国慕尼黑 Munich, Germany	中文	号慕斋，耶稣会士，数学家、地图学家。精于历算，任钦天监监正。在"礼仪之争"中起重要调解作用，享年 44 岁。
			英文	Caspar Castner, also known as Muzhai, entered the Society of Jesus,mathematician, cartographer and expert in astronomy, served as the director of the Imperial Bureau of Astronomy. He played an important mediating role in the Chinese Rite Controversy. Aged 44.
17	陆伯嘉 （Jacques Brocard, 1664—1718）	法国沙泰尔布朗 Chantelblanc, France	中文	号德音，耶稣会士，建筑师、机械师。供职朝廷多年，擅长制作手表、乐器等。享年 54 岁。
			英文	Jacques Brocard, also known as Deyin.entered the Society of Jesus, as an architect and mechanician, he served as expert clockmaker and producer of musical instruments in the Qing imperial court for many years. Aged 54.
18	艾若翰 （Jean Simonelli,1714—1785）	中国江西 Jiangxi, China	中文	号九三，在澳门修院学习后辗转内地，传教多年，享年 71 岁。
			英文	Ai Ruohan, Christian name Jean Simonelli, was also called Jiusan. Having completed his study in theology in Macao, he served as a missionary around China. Aged 71.
19	崔保禄 Paul Soeiro, 1724—1795）	中国山西 Shanxi, China	中文	自幼入会。完成学业后至北京传教长达 41 年，享年 71 岁。
			英文	Cui Baolu, Christian name Paul Soeiro, entered the Society of Jesus in his youth. Having completed his studies, he came to Beijing, where he served as a missionary for 41 years. Aged 71.
20	张依纳爵 （Inácio Francis-co, 1725—1792）	葡萄牙孔拉利亚 Conraria, Portugal	中文	又名张舒，自幼入会，外科医生。1752 年随同葡萄牙使臣巴哲格来京，传教多年，享年 67 岁。
			英文	Inácio Francisco, surgeon,entered the Society of Jesus in his youth. He came to Beijing in 1752 with the Portuguese envoy of Francisco Xavier Assis Pacheco de Sampaio and served as a missionary for years. Aged 67.

现存墓碑编号	人物	籍贯	生平	
21	李保禄 (Paul of the cross, 1760—1802)	中国山西 Shanxi, China	中文	原籍山西，在京晋铎，传教数载，享年 42 岁。
			英文	Paul of the cross, of Shanxi origin, was an ordained priest in Beijing. He served as a missionary for several years. Aged 42.
22	傅安多尼 (António Duarte,1752—1799)	中国上海 Shanghai, China	中文	原籍江南，在京晋铎，传教三年后而卒，享年 47 岁。
			英文	António Fu, Christian name António Duarte, of Jiangnan origin, was an ordained priest in Beijing. He devoted three years to serving as a missionary for three years. Aged 47.
23	麦大成 (João Francisco Cardoso, 1676–1723)	葡萄牙莱里亚 Leiria, Portugal	中文	号尔章，耶稣会士，地图学家。将葡萄酒进献康熙，供奉朝廷，参与绘制《皇舆全览图》等，享年 47 岁。
			英文	João Francisco Cardoso, also known as Erzhang, entered the Society of Jesus,cartographer, presented wine to Emperor Kangxi. He held office at the imperial court and participated in the elaboration of *Huangyu Quanlan Tu* (*Universal Map of the Imperial Territories of the Kangxi Reign*). Aged 47.
24	罗德先 (Bernard Rhodes, 1646–1715)	法国帕米耶 Pamiers, France	中文	号慎斋，耶稣会士，医生、药剂师。医术精湛，擅长外科。享年 69 岁。
			英文	Bernard Rhodes, also known as Shenzhai, entered the Society of Jesus, served as a physician and pharmacist with excellent medical skills particularly in surgeon. Aged 69.
25	哆啰 (Francesco Giuseppe Della Torre, 1731—1785)	意大利热那亚 Genoa, Italy	中文	圣若翰保弟斯大会（又称圣若翰洗者传教会）首批神父之一，为该修会在华传教负责人。致力传教多年。享年 54 岁。
			英文	Francesco Giuseppe Della Torre, one of the first priests of the Congregation of St. John Baptist, was the superior of the China mission. He did missionary work in China for years. Aged 54.
26	麦有年 (Paulo de Mesquita, 1693?—1729)	葡萄牙巴斯托 Barstow, Portugal	中文	号积德，耶稣会士，数学家。自幼入会，来华传教四年，享年 36 岁。
			英文	Paulo de Mesquita, also known as Jide, entered the Society of Jesus, mathematician, joined the Society of Jesus in his youth. He came to China where he spent four years serving as a missionary. Aged 36.

现存墓碑编号	人物	籍贯	生平	
27	陈圣修 （Jean-François Xavier Régis, 1713—1776）	中国广东 Guangdong, China	中文	号寄耘，辅理修士。传教多年。享年 63 岁。
			英文	Jean-François Xavier Régis, coadjutor, entered the Society of Jesus, served as a missionary for years. Aged 63.
28	安文思 （Gabriel de Magalhães, 1610—1677）	葡萄牙莱里亚 Leiria, Portugal	中文	号景明，麦哲伦后裔。耶稣会士，文理皆通，擅机械制造。入川传教，后供奉朝廷，与利类思共建东堂，著《中国新史》，享年 67 岁。
			英文	Gabriel de Magalhães, also known as Jingming, descendant of the Portuguese discoverer Ferdinand Magellan, entered the Society of Jesus, was quite an expert in both sacred and secular sciences and excelled in the elaboration of mechanical devices. He entered Sichuan for missionary work, later he held office in the imperial court. Magalhães co-built the East Church with Lodovico Buglio in Beijing and wrote a book titled *A New History of the Empire of China* (*Doze Excellencias da China*). Aged 67.
29	福文高 （Domingos Joaquim Ferreira, 1748—1824）	葡萄牙里斯本 Lisbon, Portugal	中文	又名福多明我，遣使会士。相继掌管北京东堂、遣使会圣文声修道院，任钦天监监正，兼理算学馆。享年 76 岁。
			英文	Domingos Joaquim Ferreira, also known as Fu Duomingwo, entered the Congregation of the Mission. He was in charge of the East Church and the Seminary of the Congregation of the mission in Beijing. He was positioned as the director of the Imperial Bureau of Astronomy and the Bureau of Mathematics. Aged 76.
30	樊守义 （Louis Fan, 1682—1753）	中国山西 Shanxi, China	中文	号利和，耶稣会士，曾作为康熙使臣艾逊爵的助手前往罗马教廷，求学游历十余年后回国。著《身见录》。享年 71 岁。
			英文	Fan Shouyi, Christian name Louis Fan and also called Lihe, entered the Society of Jesus, went to the Roman Curia as an assistant to Antoine Francesco Giuseppe Provana, whom Emperor Kangxi sent as envoy. After more than ten years' study in Europe, he returned to China. He authored the *Shenjianlu* (the first report on Europe written by a Chinese). Aged 71.

现存墓碑编号	人物	籍贯	生平	
31	安多 （Antoine Thomas, 1644—1709）	比利时那慕尔Namur, Belgium	中文	号平施，耶稣会士，天文学家、地图学家。任钦天监监副，短期代理监正，绘制地图、参与对俄外交事务。享年 65 岁。
			英文	Antoine Thomas, also known as Pingshi, entered the Society of Jesus, astronomer and cartographer, was positioned as the deputy director and acting director of the Imperial Bureau of Astronomy. He was engaged in map-drawing and handling foreign affairs relating to Russia. Aged 65.
32	严嘉乐 （Karl Slaviček, 1678—1735）	捷克摩拉维亚Moravia, Czech	中文	号宪侯，耶稣会士，数学家、天文学家、音乐家、医生、钟表匠。通晓多门科学和艺术，著述颇丰。享年 57 岁。
			英文	Karl Slaviček, also known as Xianhou, entered the Society of Jesus, serving as a mathematician, astronomer, musician, physician and clockmaker, was a versatile and prolific missionary. Aged 57.
33	高慎思 （José de Espinha, 1722—1788）	葡萄牙拉梅古Lamego, Portugal	中文	号若瑟，耶稣会士，地图学家。负责新疆、鞑靼地区地图绘制，贡献极大。任钦天监监正。享年 66 岁。
			英文	José de Espinha, also known as Ruose, entered the Society of Jesus, cartographer, was responsible for the map drawing of Xinjiang and Tartary. Because of his outstanding contributions, he was positioned as the director of the Imperial Bureau of Astronomy. Aged 66.
34	许立正 （Ignatius Hiu, 1697—1757）	中国安徽Anhui, China	中文	号秉元，耶稣会士，在北京教区从事教理讲授和福传工作长达 23 年，享年 60 岁。
			英文	Xu Lizheng, Christian name Ignatius Hiu and also called Bingyuan, entered the Society of Jesus, served as catechist and evangelizer for 23 years in the Diocese of Beijing. Aged 60.
35	陆安 （Angelo da Borgo San Siro, 1671—1724）	意大利帕维亚Pavia, Italy	中文	号乐然，钟表师，翻译员。为宗座传信部派往中华的第一位方济各会士。享年 53 岁。
			英文	Angelo da Borgo San Siro, also known as Leran, entered the Franciscan Order clockmaker and translator, was the first Franciscan sent to China by the Sacred Congregation for the Propagation of the Faith（Sacra Congregatio de Propaganda Fide）. Aged53.

现存墓碑编号	人物	籍贯	生平	
36	南光国 (Louis de Pernon, 1664—1702)	法国蒙托邦 Montauban, France	中文	号用宾,耶稣会士,音乐家。擅长乐器制造,精于提琴、长笛等,为宫廷小型西洋乐队成员之一。享年38岁。
			英文	Louis de Pernon, also known as Yongbin, entered the Society of Jesus, musician, served as a member of the Western band in the imperial court. He was good at playing violin and flute and making musical instruments as well. Aged 38.
37	戴进贤 (Ignatius Kögler, 1680—1746)	德国兰茨贝格 Landsberg am Lech, Germany	中文	号嘉宾,耶稣会士,天文学家、数学家。任钦天监监正、礼部右侍郎,官至二品。参与编《历象考成后编》等书,监造玑衡抚辰仪。享年66岁。
			英文	Ignatius Kögler, also known as Jiabin, entered the Society of Jesus, astronomer and mathematician, was positioned as the director of the Imperial Bureau of Astronomy and You Shilang (vice minister) of the Ministry of Rites, second-rank official. He co-edited the *Lixiang Kaocheng Houbian* (*Later Volumes of the Thorough Investigation of Calendric Astronomy Imperially Composed*) and designed an elaborate equatorial armillary sphere. Aged 66.
38	郭天爵 (Francisco Simões, 1650—1694)	葡萄牙 Portugal	中文	号良贵。耶稣会士,早年在印度讲授神学。来华后在江南、山东、直隶等多地传教。因病卒于北京,享年44岁。
			英文	Francisco Simões, also known as Lianggui, entered the Society of Jesus, he teaching theology in India in his early years. Died of health deterioration in Beijing at 44 after his missionary travelling in Jiangnan, Shandong and Zhili.
39	纪理安 (Kilian Stumpf, 1655—1720)	德国维尔茨堡 Wurzburg, Germany	中文	号云风,耶稣会士,德才兼备。任钦天监监正、教区视察员等,造地平经纬仪,烧制玻璃器皿等,享年65岁。
			英文	Kilian Stumpf, also known as Yunfeng, entered the Society of Jesus, possessing both capacity and religious integrity, was positioned as the director of the Imperial Bureau of Astronomy and Apostolic Visitor of the Diocese. He also cast an altazimuth and developed techniques of glassware manufacturing. Aged 65.
40	罗启明 (Emmanuel de Mattos, 1725—1764)	葡萄牙维塞乌 Viseu, Portugal	中文	号曜东,耶稣会士,外科医生、药剂师。曾以御医身份随同乾隆巡游。因积劳成疾而卒,享年39岁。
			英文	Emmanuel de Mattos, also known as Yaodong, entered the Society of Jesus, was a surgeon and pharmacist. As imperial doctor, he accompanied Emperor Qianlong on his inspection tours. Overworked and exhausted, he fell ill and died at 39.

现存墓碑编号	人物	籍贯	生平	
41	习圣学 (Jean-Charles-Étienne Froissard de Broissia, 1660—1704)	法国多尔 Dole, France	中文	号述古，家世显赫。耶稣会士，来华后在江西、浙江、北京等地传教六年。病逝于山东临清，享年 44 岁。
			英文	Jean-Charles-Étienne Froissard de Broissia, also known as Shugu, was born into a noble family. Entered the Society of Jesus,after serving as a missionary in Jiangxi, Zhejiang and Beijing for six years, he died of illness in Linqing, Shandong, aged 44.
42	山遥瞻 (Guillaume Bonjour-Favre, 1669—1714)	法国图卢兹 Toulouse, France	中文	号景云，奥斯定会士，地理学家。在欧洲时已久负盛名。参与《皇舆全览图》绘测，主要负责四川、云南地区。卒于云南，享年 45 岁。
			英文	Guillaume Bonjour-Favre, also known as Jingyun, entered the Order of Saint Augustine. A famed geographer in Europe, participated in the elaboration of *Huangyu Quanlan Tu* (*Universal Map of the Imperial Territories of the Kangxi Reign*). In this function he travelled to Sichuan and Yunnan, where he died at 45.
43	翟敬臣 (Charles Dolzé, 1663—1701)	法国梅斯 Metz, France	中文	号慎中，耶稣会士，来华传教。在鞑靼地区因病去世，享年 38 岁。
			英文	Charles Dolzé, also known as Shenzhong, entered the Society of Jesus, served as a missionary in China and died of illness in Tartary. Aged 38.
44	利博明 (Ferdinando Bonaventura Moggi,1684—1761)	意大利佛罗伦萨 Florence,Italy	中文	号敏公，耶稣会士，建筑师、画家、雕刻家。凭借其精湛技艺供奉朝廷多年，与费隐重建灾后东堂。享年 77 岁。
			英文	Ferdinando Bonaventura Moggi, also known as Mingong,entered the Society of Jesus, architect, painter and sculptor, With exquisite craft,held office in the imperial court and rebuilt the East Church with Ehrenbert Xaver Fridelli after its destruction. Aged 77.
45	利类思 (Lodovico Buglio, 1606–1682)	意大利米内奥 Mineo,Italy	中文	号再可，家世显赫，学术造诣卓越。耶稣会士，入川传教，后服务清廷，与安文思共建东堂。译著众多，如《超性学要》等。享年 76 岁。
			英文	Lodovico Buglio, also known as Zaike, was of noble family origin and of excellent academic achievements. Entered the Society of Jesus, he built the East Church in Beijing together with Gabriel de Magalhães. He had served in Sichuan as a missionary before he was employed by the imperial court in Beijing.He translated a number of works, among which *Chaoxing Xueyao*, a partly translation of Thomas Aquinas'Summa Theologiae. Aged 76.

现存墓碑编号	人物	籍贯		生平
46	苏霖 (José Suarez, 1656–1736)	葡萄牙科英布拉 Coimbra, Portugal	中文	号沛苍，耶稣会士，光学仪器专家。在华传教52年，教内职务颇多，享年80岁。
			英文	José Suarez, also known as Peicang, entered the Society of Jesus, expert in optical instruments, served as a missionary in China for 52 years and offered service on many posts in the Church. Aged 80.
47	杜德美 (Pierre Jartoux, 1668—1720)	法国埃夫勒 Evreux, France	中文	号嘉平，耶稣会士，数学家、机械师、地理学家及制图专家。参与绘制《皇舆全览图》，享年52岁。
			英文	Pierre Jartoux, also known as Jianian, entered the Society of Jesus.mathematician, mechanician, geographer and cartographer, participated in the elaboration of *Huangyu Quanlan Tu* (*Universal Map of the Imperial Territories of the Kangxi Reign*). Aged 52.
48	李保禄 (Paul Ly, ? —1895)	李保禄 中国北京 Beijing, China	中文	生年不详，曾在保定、北京等地传教。
			英文	Little is known about his birth date. Paul Ly served as a missionary in Baoding, Beijing and beyond.
49	傅作霖 (Félix da Rocha,1713—1781)	葡萄牙里斯本 Lisbon, Portugal	中文	号利斯，耶稣会士，天文学家、地图绘制专家。学识渊博，任钦天监监正，正二品。参与绘制《皇舆全览图》，主要负责新疆、西藏、四川等地。享年68岁。
			英文	Félix da Rocha, also known as Lisi,entered the Society of Jesus,astronomer and cartographer,was positioned as the director of the Imperial Bureau of Astronomy,second-rank official. He was of immense erudition and was responsible for the cartographical description of Tibet, Sichuan and other areas. Aged 68.
50	费隐 (Ehrenbert Xaver Fridelli, 1673—1743)	奥地利林茨 Linz, Austria	中文	号存诚，耶稣会士，数学家、地图绘制专家。供奉朝廷多年，参与绘制《皇舆全览图》，负责重建东堂。享年70岁。
			英文	Ehrenbert Xaver Fridelli, also known as Cuncheng, Entered the Society of Jesus, mathematician and cartographer, held office in the imperial court and participated in the elaboration of *Huangyu Quanlan Tu* (*Universal Map of the Imperial Territories of the Kangxi Reign*). He was responsible for the reconstruction of the East Church. Aged 70.

现存墓碑编号	人物	籍贯	生平	
51	邓玉函 (Johann Terrenz, 1576–1630)	德国巴登—符腾堡 Baden-Württemberg, Germany	中文	号函璞,与伽利略齐名。耶稣会士,供职明廷钦天监多年,改革历法,著述颇丰,参与编纂《崇祯历书》。享年54岁。
			英文	Johann Terrenz, also known as Hanpu, enjoyed a reputation comparable to Galileo Galilei. Entered the Society of Jesus,he held office in the Imperial Bureau of Astronomy in the Ming Dynasty for years and revised the calendar. As a prolific writer, he also participated in the compilation of the *ChongzhenLishu* (*Writings on the Calendar from the Chongzhen Reign*). Aged 54.
52	张安多 (António de Magalhães, 1677—1735)	葡萄牙科尔蒂索斯 Cortiços, Portugal	中文	号敬修,耶稣会士,精研法理,教授法学。曾任康熙特使返回葡萄牙进行外事访问。享年58岁。
			英文	António de Magalhães, also known as Jingxiu, entered the Society of Jesus,was a law expert who also did relevant teaching. He returned to Portugal with a diplomatic mission as a special envoy of Emperor Kangxi. Aged 58.
53	吴若翰 (João a Remedi-is, 1764—1793)	中国澳门 Macao, China	中文	自幼入会。在京传教数载。享年30岁。
			英文	Wu Ruohan, Christian name João a Remediis, entered the seminary in his youth and served as a missionary in Beijing for several years.Aged 30.
54	叶宗孝 (Eusebio A Cittadella, 1717—1785)	意大利帕多瓦 Padua, Italy	中文	内科医生,方济各会士。在华传教二十余年,曾居南堂。享年68岁。
			英文	Eusebio A Cittadella, physician, entered the Franciscan Order. He served as a missionary in China for more than twenty years. He resided in the South Church for some time. Aged 68.
55	鲍友管 (Anton Gogeisl, 1701—1771)	德国齐根堡 Ziegenburg, Germany	中文	号义人,耶稣会士,数学家、天文学家。精于测量,任钦天监监正,负责南堂教务。著述颇丰,参与编纂《仪象考成》。享年70岁。
			英文	Anton Gogeisl, also known as Yiren, entered the Society of Jesus,mathematician and astronomer, was positioned as the director of the Imperial Bureau of Astronomy and was in charge of the South Church. Skillful insurvey and prolific in writing, he participated in the compilation of the *Yixiang Kaocheng* (*Qing Dynasty Star Charts*). Aged 70.

现存墓碑编号	人物	籍贯	生平	
56	林济各 (Franz Stadlin, 1658—1740)	瑞士楚格 Zug, Switzerland	中文	号雨苍，耶稣会士，钟表师、机械制造师。技艺高超，在朝廷供职多年。享年82岁。
			英文	Franz Stadlin, also known as Yucang,entered the Society of Jesus,clockmaker and machine designer, was employed at the imperial court for years for his unrivalled skills in mechanical manufacturing. Aged 82.
57	艾启蒙 (Ignaz Sichelbarth, 1708—1780)	捷克（内代克） Neudeck, Czech	中文	号醒庵，耶稣会士，音乐家、宫廷画师。尤善画马、犬，官至正三品。七十岁获乾隆御赐朝服及"海国耆龄"匾额。享年72岁。
			英文	Ignaz Sichelbarth, also known as Xing'an, entered the Society of Jesus,musician and court painter, excelled in depicting horses and dogs. He was honored the third rank official in the court, and at the age of 70 was bestowed by Emperor Qianlong a court dress and a plaque with the inscription *Haiguo Qiling*（*Venerable Senior from Overseas*）. Aged 72.
58	林德瑶 (João de Seixas, 1710—1785)	葡萄牙里斯本 Lisbon, Portugal	中文	号洁修。耶稣会士，1742年来华后传教江南，1752年随葡萄牙使臣巴哲格北上，后居于北京。享年75岁。
			英文	João de Seixas, also known as Jiexiu, entered the Society of Jesus,came to China and served as a missionary in Jiangnan at 1742,then Went north with Francisco Xavier Assis Pacheco de Sampaio, a Portuguese envoy at Beijing and beyond for years. Aged 75.
59	樊继训 (Pierre Frapperie, 1664—1703)	法国昂古莱姆 Angoulême, France	中文	号述善，耶稣会士，医生、药剂师。善于外科，供奉清廷多年，以太医身份陪同康熙出巡。享年39岁。
			英文	Pierre Frapperie, also known as Shushan, entered the Society of Jesus,was a doctor and pharmacist, adept in surgery. He served in the Qing court for years and accompanied Emperor Kangxi as an imperial physician on the Emperor's inspection tours. Aged 39.
60	郎世宁 (Giuseppe Castiglione, 1688—1766)	意大利米兰 Milan,Italy	中文	耶稣会士，画家、建筑师。康、雍、乾三朝御用画师，中西绘画合璧先驱。参与圆明园西洋楼设计，官至正三品，赐侍郎衔。享年78岁。
			英文	Giuseppe Castiglione, entered the Society of Jesus,painter and architect, served the three emperors（Kangxi, Yongzheng and Qianlong）as an artist in the imperial court and pioneered a style that is a fusion of European and Chinese traditions. He also participated in designing European palace of the Old Summer Palace. He obtained the title of *Shilang*（*vice minister*）, official of the third rank. Aged 78.

现存墓碑编号	人物	籍贯	生平	
61	魏继晋（Florian Joseph Bahr, 1706–1771）	德国法尔肯贝格 Falkenberg, Germany	中文	号善修，耶稣会士，宫廷乐师。精通音律，曾著《德华词典》（佚失）。享年 65 岁。
			英文	Florian Joseph Bahr, also known as Shanxiu, entered the Society of Jesus,was a proficient court musician. He compiled a German-Chinese Dictionary（not extant）. Aged 65.
62	汤尚贤（Pierre Vincent de Tartre, 1669—1724）	法国蓬塔穆松 Pont-à-Mousson, France	中文	号宾斋，耶稣会士，史学家、地图学家。参与《皇舆全览图》测绘工作，善研《易经》。享年 55 岁。
			英文	Pierre Vincent de Tartre, also known as Binzhai, .entered the Society of Jesus,historian and cartographer, participated in the survey of *Huangyu Quanlan Tu*（*Universal Map of the Imperial Territories of the Kangxi Reign*）. He was also well versed in *Ching*（*Book of Changes*）. Aged 55.
63	何天章（Francisco-Xavier Rosario Ho, 1667—1736）	中国澳门 Macao, China	中文	号起文，耶稣会士，工程师。前往内地后主要在山西传教，抵京后一年去世，享年 69 岁。
			英文	He Tianzhang, Christian name Francisco Xavier Rosario, also known as Qiwen, entered the Society of Jesus, engineer, evangelized mainly in Shanxi, an inland province of China after entering the Chinese mainland. He died at 69, one year after his arrival in Beijing.
64	郑玛诺（Manuel de Sequeira, 1635—1673）	中国澳门 Macao, China	中文	号惟信，幼年前往罗马深造，并加入耶稣会，回国后从事传教活动，终因病逝世于北京。被称为中国首位前往欧洲留学生，也是耶稣会首位中国神父。
			英文	Zheng Manuo, Christian name Manuel de Sequeira,also known as Weixin, as a young boy went to Rome where he pursue advanced studies and entered the Society of Jesus. He was known as the first Chinese student to travel to Europe, also the first Chinese priest of the Society of Jesus.
65	闵明我（Claudio Filippo Grimaldi,1638—1712）	意大利库内奥 Cuneo, Italy	中文	号德先，耶稣会士，建筑工程师，深受康熙宠爱，后任钦天监监正，教内职务颇多，后逝世于北京,享年74岁。
			英文	Claudio Filippo Grimaldi, also known as Dexian, entered the Society of Jesus,construction engineer, he was deeply favored by Emperor Kangxi and positioned as the director of the Imperial Bureau of Astronomy. He died in Beijing at the age of 73.

现存墓碑编号	人物	籍贯	生平	
66	杨秉义 (Franz Thilisch, 1670—1716)	德国布雷斯劳现属波兰 Breslau，Germany（Now belongs to The Republic of Poland）	中文	又称阳秉义、阳广文。号履方，耶稣会士，数学家。深受康熙皇帝认可，且参与长城修复工程。去世于热河，享年 46 岁。
			英文	Franz Thilisch, also known as Lüfang, entered the Society of Jesus,mathematician. He was recognized by Emperor Kangxi and participated in the Great Wall Restoration Project. He died in Johol at the age of 46.
67	陈善策 (Domingos Pinheiro, 1688—1748)	葡萄牙洛里什 Loures，Portugal	中文	号敬之，耶稣会士，数学家。掌管东堂，曾两次被选为北京教区负责候选人。逝世于北京，享年 60 岁。
			英文	Domingos Pinheiro, also known as Jingzhi, entered the Society of Jesus, mathematician. He served as dean of the Dongtang（St Joseph's Church）and president of the vice provincial of China.He died in Beijing, aged 60.
68	马德昭 (António Gomes, 1706—1751)	葡萄牙昆特拉·达拉巴 Quintela da Lapa, Portugal	中文	号钦明，耶稣会士，外科医生。来华后供职朝廷，曾任中国副省会长，逝世于北京，享年 45 岁。
			英文	António Gomes,also known as Qinming, entered the Society of Jesus,surgeon, he was employed by the imperial court after arrived in Beijing, he had ever been Vice Provincial he died in Beijing at the age of 45.

列表四 北京市档案馆所藏北平市社会局所做的碑文拓片目录

编号	名称	档号	档案年代	墓碑现状
1	石门教堂刘铎保禄墓碑临帖碑文	J002-008-01291 J002-008-01302	1940	亡佚
2	石门教堂索智能临帖碑文	J002-008-01292	1940	亡佚
3	石门教堂南怀仁墓碑文	J002-008-01294 J002-008-01296	1940	现存
4	石门教堂偏俄傅墓碑文	J002-008-01297 J002-008-01314	1940	亡佚
5	石门教堂南方齐（济）各碑文	J002-008-01298	1940	亡佚
6	石门教堂汤若望墓碑拓	J002-008-01300 J002-008-01304	1940	现存
7	石门教堂徐日昇墓碑拓	J002-008-01303	1940	亡佚
8	石门教堂龙华民墓碑拓	J002-008-01305 J002-008-01312	1940	亡佚
9	石门教堂林达尼墓碑拓	J002-008-01306 J002-008-01308	1940	亡佚
10	石门教堂东大楼圣宠之源额、祥云十字架碑拓	J002-008-01307	1940	圣宠之源现存 祥云十字架碑 亡佚
11	石门教堂毕敬穷墓碑文	J002-008-01309 J002-008-01315	1940	亡佚
12	石门教堂汤亚立山墓碑文	J002-008-01311	1940	亡佚
13	石门教堂李祖白撰汤若望纪恩碑拓	J002-008-01313	1940	亡佚

列表五　葬于正福寺墓地传教士现存墓碑、拓片目录

编号	姓名	生卒年	修会	国籍	墓碑状况
1	张诚 Jean-François Gerbillon	1654—1707	耶稣会	法国	现存于石刻艺术博物馆
2	白晋 Joachim Bouvet	1656—1730	耶稣会	法国	现存于石刻艺术博物馆
3	雷孝思 Jean-Baptiste Regis	1663—1738	耶稣会	法国	现存于石刻艺术博物馆
4	殷弘绪 François-Xavier Dentrecolles	1662—1741	耶稣会	法国	现存于石刻艺术博物馆
5	巴多明 Dominique Parennin	1665—1741	耶稣会	法国	现存于石刻艺术博物馆
6	罗秉中 Mathieu Lo	1717—1746	耶稣会	法国	现存于石刻艺术博物馆
7	沙如玉 Valentin Chalier	1693—1747	耶稣会	法国	现存于石刻艺术博物馆
8	冯秉正 Joseph de Moyriac de Mailla	1668—1748	耶稣会	法国	现存于石刻艺术博物馆
9	杨达 Thomas Yang	1671—1751	耶稣会	法国	亡佚
10	汤执中 Pierre d'Incarville	1706–1757	耶稣会	法国	现存于石刻艺术博物馆
11	安泰 Etienne Rousset	1689—1758	耶稣会	法国	现存于石刻艺术博物馆
12	纪文 Gabriel-Leonard de Brossard	1703—1758	耶稣会	法国	现存于石刻艺术博物馆
13	宋君荣 Antoine Gaubil	1690—1759	耶稣会	法国	亡佚
14	赵圣修 Louis Desrobert	1703—1760	耶稣会	法国	现存于石刻艺术博物馆
15	周若瑟 Josephus Tcheou	1672—1762	耶稣会	中国	亡佚
16	巴德尼（又名王致诚） Jean-Denis Attiret	1702—1763	耶稣会	法国	现存于石刻艺术博物馆
17	杨自新 Gilles Thebault	1703—1765	耶稣会	法国	现存于石刻艺术博物馆

春秋石銘　北京栅栏墓地
THE HISTORY ON THE TOMBSTONES　历史及现存碑文考

编号	姓名	生卒年	修会	国籍	墓碑状况
18	高若望（又名高尚德） P.Jean-Etienne Gao	1704—1767	耶稣会	中国	现存于石刻艺术博物馆
19	孙璋 Alexandre de La Charme	1694—1767	耶稣会	法国	现存于石刻艺术博物馆
20	嚴守志 Pierre de La Baume	1733—1770	耶稣会	法国	亡佚
21	李俊贤 Hubert de Méricourt	1729—1774	耶稣会	法国	亡佚
22	蒋友仁 Michel Benoit	1715—1774	耶稣会	法国	现存于石刻艺术博物馆
23	韩国英 Pierre-Martial Cibot	1727—1780	耶稣会	法国	现存于石刻艺术博物馆
24	方守义 Jacques-François-Dieudonnéd' Ollières	1722—1780	耶稣会	法国	现存于石刻艺术博物馆
25	金济时 Jean-Paul-Louis Collas	1736—1781	耶稣会	法国	亡佚
26	安若望达玛瑟诺 Bishop Giovanni Damasceno Salutti	1729—1781	奥斯定会	意大利	亡佚
27	刘默尔觉 Melchior Liu	1715—1782	耶稣会	中国	亡佚
28	贲代肋崩、吴德卧二人墓碑 Joseph Delpon and Etienne Devau	1754—1785 1741—1785	巴黎外方 传教会	法国	亡佚
29	汪达洪 Jean-Mattgieu de Ventavon	1933—1787	耶稣会	法国	现存于石刻艺术博物馆
30	赵进修 François Bourgeois	1722—1792	耶稣会	法国	现存于石刻艺术博物馆
31	钱德明 Jean-Joseph-Marie Amiot	1717—1793	耶稣会	法国	现存于石刻艺术博物馆
32	刘保禄 Paul Lieou	1717—1794	耶稣会	中国	现存于石刻艺术博物馆
33	刘多默 Thomas-Jean-Baptiste Lieou	1725—1796	耶稣会	中国	现存于石刻艺术博物馆
34	蓝方济各 Ignace-Xavier Lan	1727—1796	耶稣会	中国	亡佚

编号	姓名	生卒年	修会	国籍	墓碑状况
35	韩纳庆 Robert Hanna	1761—1797	传教会	爱尔兰	现存于石刻艺术博物馆
36	罗广祥（又称罗尼阁）Nicolas-Joseph Raux	1754—1801	遣使会	法国	亡佚
37	巴正茂（巴加禄） Charles Paris	1739—1804	遣使会	法国	亡佚
38	吉德明（冀若望） Jean-Joseph Ghislain	1750—1812	遣使会	法国	现存于石刻艺术博物馆
39	岳若翰 Jean Yao	1785—1813	遣使会	法国	亡佚
40	卫儒梅 Jean-Joseph-Léon-Vincent Talmier	1815—1862	遣使会	法国	亡佚
41	杨安德（杨安德肋） André Yang	1802—1862	遣使会	中国	亡佚
42	郑自贵 Jean Tcheng	1814—1866	遣使会	中国	现存于石刻艺术博物馆
43	贺安德（贺安德肋） André Jandard	1811—1867	遣使会	法国	现存于石刻艺术博物馆
44	孟振生主教 Bishop Joseph-Martial Mouly	1808—1868	遣使会	法国	现存于北京怀柔九公山公墓
45	赵玛窦 Matthieu Tchao	1809—1869	遣使会	中国	现存于石刻艺术博物馆
46	杨拂拉未亚诺 Flavien Gambart	1835—1870	遣使会	法国	现存于北京、怀柔九公山公墓
47	靳天西（靳若翰） Jean-Baptiste Kin	1803—1869	遣使会	中国	现存于石刻艺术博物馆
48	素布德（索拂理斯） Félix Saupurein	1834—1874	遣使会	法国	现存于石刻艺术博物馆
49	狄仁吉 Jean-Baptiste-Raphaël Thierry	1823—1880	遣使会	法国	现存于石刻艺术博物馆
50	田嘉璧主教 Bishop Louis-Gabriel Delaplace	1818—1884	遣使会	法国	现存于石刻艺术博物馆
51	丁孟德（丁儒斯定） Justin Dumonteil	1856—1885	遣使会	法国	亡佚
52	戴济世（达里布）主教 Bishop François-Ferdinand Tagliabue	1821—1890	遣使会	法国	现存于石刻艺术博物馆
53	马丕显（麻葛斯默） Cosme Ma	1834—1890	遣使会	中国	亡佚

编号	姓名	生卒年	修会	国籍	墓碑状况
54	雷明远（雷若瑟） Joseph Salette	1832—1891	遣使会	法国	亡佚
55	柯儒望（柯若望） Jean-Chrysostome Kho	1806—1891	遣使会	中国	现存于石刻艺术博物馆
56	陈天义（陈伯多禄） Pierre Tch'en	1834—1891	遣使会	中国	亡佚
57	谢凤来（谢若望类斯） Jean-Louis-Marie Chevrier	1826—1893	遣使会	法国	亡佚
58	德明远（德若翰） Jean-Baptiste-François-Joseph Dele-masure	1840—1893	遣使会	法国	亡佚
59	洪百禄（洪奥斯定） Augustin-Marie-Émile Humblot	1834—1896	遣使会	法国	亡佚
60	富成章 Jean-Baptiste Fioritti	1832—1896	遣使会	意大利	现存于石刻艺术博物馆
61	罗士文（罗亚立山） Alexandre-Jean Provost	1850—1897	遣使会	法国	现存于石刻艺术博物馆
62	张步级（张伯多禄） Pierre Tchang	1844—1897	遣使会	中国	现存于石刻艺术博物馆
63	郑恒德（郑巴尔大撒） Balthazar Tcheng	1827—1898	遣使会	中国	现存于石刻艺术博物馆
64	朱生明（朱若翰保弟斯大） Jean-Baptiste Tchou	1826—1899	遣使会	中国	现存于石刻艺术博物馆
65	都士良（都若翰保弟斯大）主教 Bishop Jean-Baptiste-Hippolyte Sar-thou	1840—1899	遣使会	法国	亡佚
66	巴哀米禄 Émile-Louis-Cornil Baes	1870—1900	遣使会	法国	亡佚
67	五位司铎，原名不详	1900 年后	遣使会	不详	亡佚
68	朱若翰等五位司铎，原名不详	1900 年后	遣使会	不详	亡佚
69	正福寺公教公墓记碑 HOC FIDEI CHRIST MONUMEN-TUM	1863 年立	天主教	中国	亡佚

列表六 《四库全书》及《四库全书存目》中栅栏墓地所葬传教士著作收录情况

1. 经部，乐类，《律吕正义续编》，又名《协均度曲》。这是康熙五十二年（1713）《御定律吕正义》五卷中的末卷，由徐日昇与德理格二人编成。"取西洋波尔都哈尔国人徐日昇及壹大里呀国人德礼格所讲声律节奏，证以经史所载律吕宫调诸法，分配阴阳二均字谱，亦有图有说。"① 成书于约康熙五十三年（1714）。

2. 史部，地理类四，《坤舆图说》，共两卷。内府藏本。南怀仁撰，时任钦天监监正。初刻于康熙十三年（1674）。其书上卷言地之所生，下卷载海外诸国道理、山川、民风、物产等，"大致与艾儒略《职方外纪》互相出入，而亦时有详略异同"②。

3. 子部，天文算法类一，《乾坤体义》，共两卷。两江总督采进本。利玛窦撰。此书上卷皆言天象，以人居寒、暖为五带，与《周髀》七衡说略同。而下卷皆言算术，以边线、面积、平圆、椭圆互相容较，"亦足以补古方田少广之所未及"③。此书被四库馆臣称为自徐光启等改用新法后"大辂之椎轮矣"④。完稿于万历二十八年（1600）前后。

4. 子部，天文算法类一，《新法算书》，共一百卷。编修陈昌齐家藏本。此书为龙华民、邓玉函、罗雅谷、汤若望与明朝时任大学士徐光启、太仆寺少卿李之藻、光禄卿李天经等人编撰的西洋新历。书首为修历缘起，皆为当时奏疏及考测辩论之事。书末为汤若望来华后所著《历法西传》《新法表异》二种，"其中有解、有术、有图、有考、有表、有论，皆钩深索隐，密合天行，足以尽欧逻巴历学之蕴"⑤。

5. 子部，天文算法类一，《测量法义》，共一卷。两江总督采进本。利玛窦译，徐光启撰。此卷含造器、论景及设问十五题"以明勾股测量之义"⑥。

6. 子部，天文算法类一，《测量异同》，共一卷。两江总督采进本。利玛窦译，徐光启撰。此卷"取古法九章勾股测量与新法相较，证其异同"⑦。

7. 子部，天文算法类一，《勾股义》，共一卷。两江总督采进本。利玛窦译，徐光启撰。此卷专言勾股之义，"以明几何原本之用也"⑧。

8. 子部，天文算法类一，《浑盖通宪图说》，共两卷。两江总督采进本。四库馆臣列

---

① （清）永瑢等：《四库全书总目》，中华书局 1965 年版，第 325 页。
② （清）永瑢等：《四库全书总目》，中华书局 1965 年版，第 634 页。
③ （清）永瑢等：《四库全书总目》，中华书局 1965 年版，第 894 页。
④ （清）永瑢等：《四库全书总目》，中华书局 1965 年版，第 895 页。
⑤ （清）永瑢等：《四库全书总目》，中华书局 1965 年版，第 896 页。
⑥ （清）永瑢等：《四库全书总目》，中华书局 1965 年版，第 896 页。
⑦ （清）永瑢等：《四库全书总目》，中华书局 1965 年版，第 896 页。
⑧ （清）永瑢等：《四库全书总目》，中华书局 1965 年版，第 896 页。

李之藻撰，方豪认为是由利玛窦口授，李之藻笔述。①"是书出自西洋简平仪法"②，卷首总论仪之形体，上卷以下，规画度分时刻及制用之法。后卷为诸图。在《圜容较义》介绍中言及"明李之藻撰，亦利玛窦之所授也"，暗指前本《浑盖通宪图说》即为二人合作所著。

9.子部，天文算法类一，《圜容较义》，共一卷。两江总督采进本。利玛窦授，李之藻撰。此书"虽明圜容之义而各面体比例之义胥于是见，且次第相生于周髀，圆出于方，方出于矩之义，亦多足发明焉"③。

10.子部，天文算法类一，《御定仪象考成》，共三十二卷。由传教士戴进贤、刘松龄、鲍友管和中国学者何国宗、明安图等人所撰。卷一至卷十三为总纪恒星及恒星黄道经纬度表。卷十四至卷二十五为恒星赤道经纬度表。卷二十六为天汉经纬度表。四库馆臣评价甚高，认为此书"密考天行随时消息，所以示万年修改之道者，举不越乎是编之范围矣"④。乾隆九年（1744）始撰，成书于乾隆十七年（1752）。

11.子部，天文算法类一，《御定历象考成后编》，共十卷。⑤由传教士戴进贤、徐懋德和中国学者明安图等人所撰。此书就第谷、旧法经纬中的三处微差即太阳地半径差、蒙气差、日月五星之本天问题进行论述。乾隆二年（1737）始撰，成书于乾隆七年（1742）。

12.子部，天文算法类二，《同文算指》，共十卷（前编二卷，通编八卷）。两江总督采进本。利玛窦译，李之藻演。前两卷论笔算定位、加减乘除之式，及约分、通分之法。后八卷以西术论《九章》。四库馆臣认为利玛窦"不惮其烦，积日累月，取诸法而合订是编，亦可以为算家考古之资矣"⑥。刻于明万历四十一年（1613）。

13.子部，天文算法类二，《几何原本》，共六卷。两江总督采进本。欧几里得撰，利玛窦口译，徐光启笔录。六卷由易入难，从简至繁，依次对三角形、线、圆、圆内外形、比例等进行论述。四库馆臣认为将此作为"牟冕西术，不为过矣"⑦。

14.子部，谱录类，《奇器图说》，共三卷。两淮盐政采进本。邓玉函撰，明王徵译。"玉函因以其国所传文字口授，徵译为是书。"⑧其书先论重之本体，以明立法之所以然，共六十一条。次论各色器具之法，共九十二条。后附多图，图皆有解说。四库馆臣对此书评价甚高，认为"制器之巧，实为甲于古今存有所长"并且"皆裨益民生之具，其法至便，而其用至溥"⑨。刻于明天启七年（1634）。

《四库全书存目》葬于栅栏墓地传教士的书籍还有：

1.史部，地理类存目七，《（别本）坤舆外记》，共一卷。大学士英廉购进本。南怀

---

① 参见方豪：《中国天主教史人物传》上册，中华书局1988年版，第80页。
② （清）永瑢等：《四库全书总目》，中华书局1965年版，第896页。
③ （清）永瑢等：《四库全书总目》，中华书局1965年版，第897页。
④ （清）永瑢等：《四库全书总目》，中华书局1965年版，第897页。
⑤ （清）永瑢等：《四库全书总目》，中华书局1965年版，第898页。
⑥ （清）永瑢等：《四库全书总目》，中华书局1965年版，第907页。
⑦ （清）永瑢等：《四库全书总目》，中华书局1965年版，第907页。
⑧ （清）永瑢等：《四库全书总目》，中华书局1965年版，第984页。
⑨ （清）永瑢等：《四库全书总目》，中华书局1965年版，第984页。

仁撰。① 此本为摘录《坤舆外纪》，并删其图说，为丛书之节本。

2. 史部，地理类存目七，《西方要纪》，共一卷。② 编修程晋芳家藏本。利类思、安文思、南怀仁等撰。此书二十条，专记西洋国土、风俗、人物、土产及海程远近。成书于康熙初年。

3. 子部，杂家类存目二，《辨学遗牍》，共一卷。两江总督采进本。前后两编，前编为利玛窦与虞淳熙辩论佛氏书，后编为辩莲池和尚《竹窗三笔》中攻击天子之说。③

4. 子部，杂家类存目二，《二十五言》，共一卷。浙江巡抚采进本。利玛窦撰。四库馆臣认为"西洋之人入中国自利玛窦始，西洋教法传中国亦自二十五条始"④。刊于明万历三十二年（1604）。

5. 子部，杂家类存目二，《天主实义》，共两卷。两江总督采进本。利玛窦撰。凡八篇，首篇论天主创造天地万物之功。二篇论士人错认天主。三篇论人魂不灭。四篇辨释鬼神及人魂异，五篇排辩轮回六道戒杀生之谬。六篇释意不可灭及天堂地狱之赏罚。七篇论人性本善及天主门士之学。八篇总举传教士独身之因，以及天主降生西土来由。明万历二十三年（1595）已在该地初版，后利氏到北京，两次重刊，最终成书于万历三十一年（1603）。⑤

6. 子部，杂家类存目二，《畸人十篇》，共两卷，⑥ 附《西琴曲意》一卷。两江总督采进本。利玛窦撰。十篇皆设为问答以申彼教之说。成书于万历三十六年（1608）。

7. 子部，杂家类存目二，《交友论》，共一卷。两江总督采进本。利玛窦撰。为利玛窦游南昌与建安王论友道，因著是编以献。成书于明万历二十三年（1595），初刻于万历二十七年（1599）。⑦

---

① 参见（清）永瑢等：《四库全书总目》，中华书局 1965 年版，第 680 页。
② 参见（清）永瑢等：《四库全书总目》，中华书局 1965 年版，第 680 页。
③ 参见（清）永瑢等：《四库全书总目》，中华书局 1965 年版，第 1079 页。
④ 参见（清）永瑢等：《四库全书总目》，中华书局 1965 年版，第 1080 页。
⑤ 参见（清）永瑢等：《四库全书总目》，中华书局 1965 年版，第 1080 页。
⑥ 参见（清）永瑢等：《四库全书总目》，中华书局 1965 年版，第 1080 页。
⑦ 参见（清）永瑢等：《四库全书总目》，中华书局 1965 年版，第 1080 页。

列表七　徐宗泽梳理葬于栅栏墓地传教士译著情况

编号	译著者	著作
1	利玛窦	《天主实义》二卷（1595）；《交友论》（1595）；《西国记法》（1595）；《二十五言》（1604）；《畸人十篇》二卷（1608）；《辩学遗牍》（1609）；《西琴八曲》；《斋旨》一卷；《几何原本》（1605）；《同文算指》十一卷（1614）；《勾股义》一卷（1614）；《圜容较义》一卷（1614）；《浑盖通宪图说》二卷（1607）；《经天该》一卷（1584）；《万国舆图》（1584）；《西字奇迹》一卷（1605）；《乾坤体义》二卷（1600 年前后）。
2	龙华民	《圣教日课》一卷（1602）；《死说》一卷；《念珠默想规程》一卷；《圣人祷文》；《圣母德叙祷文》；《急救事宜》一卷，《圣若瑟行实》（1602）；《地震解》（1614）；《灵魂道体说》一卷。
3	邓玉函	《崇祯历书》一百卷（合著）；《人身概说》二卷；《大测》二卷；《正秋升度表》一卷；《浑盖通宪图说》三卷；《测天约说》二卷；《黄赤距度表》一卷；《奇器图说》三卷。
4	汤若望	《进呈书像》一卷；《主教缘起》四卷（1643）；《浑天仪说》五卷，《西洋测日历》一卷（1645）；《民历补注释惑》一卷（1683）；《大测》二卷；《主制群徵》（二卷）；星图八幅；《真福训诠》一卷；《恒星表》五卷；《古今交食考》一卷（1683）；《交食历指》七卷；《学历小辨》一卷；《测食说》二卷；《新历晓惑》一卷；《测天约说》二卷；《远镜说》一卷（1630）；《新法历引》一卷；《恒星出没》二卷；《历法西传》；《交表表》；《西洋历法新书》三十六卷；《奏疏》四卷；《新发表异》二卷；《赤道南北两动星图》；拉丁文《中国耶稣会传教史略》。
5	罗雅谷	《哀矜行诠》三卷（1633）；《圣记百言》一卷（1632）；《圣母经解》（1628）；《周岁警言》一卷；《测量全义》十卷（1744），《五纬历指》九卷，《斋克》二卷；《月离历指》四卷；《天主圣教启蒙》；《日躔历指》一卷；《天主经解》（1628）；《历引》一卷；《求说》一卷（1676）；《圣母行实》；《比例规解》一卷（1630）；《五纬表》十一卷；《月离表》四卷；《日躔表》二卷；《筹算》一卷；《黄赤正球》一卷；《日躔考昼夜刻分》。
6	利类思	《超性学要》三十卷；《弥撒经典》五卷；《圣母小日课》一卷；《司铎典要》二卷；《善终瘗荃礼典》一卷；《圣事礼典》一卷，《天主正教约徵》一卷；《天学真诠》一卷；《西方纪要》一卷；《进呈鹰论》；《司铎课典》一卷；《司铎日课概要》；《昭事经典》三卷；《已亡日课》一卷；《圣教要旨》一卷；《圣教简要》一卷；《不得已辨》一卷；《狮子说》；《西历年月》一卷；《安公行述》；《灵性说》。
7	安文思	《复活论》二卷；《中国新史》。
8	南怀仁	《教要序论》一卷（1669）；《圣体答疑》一卷；《道学家传》一卷（1686）；《妄占辨》一卷；《妄推吉凶之辨》一卷；《告解原义》一卷（1730）；《善亚报略说》一卷（1670）；《仪象志》十四卷；《仪象图》二卷（1673）；《康熙永年历法》三十二卷（1678）；《熙朝定案》三卷；《简平规总星图》（1674）；《坤舆图说》二卷（1674）；《坤舆外纪》一卷（1676）；《赤道南北星图》（1672）；《验气说》一卷（1671）；《神威图说》（1681）；《测验纪略》一卷（1668）；《西方要纪》。
9	闵明我	《方星图解》一卷（1711）。
10	徐日昇	《南先生行述》一卷（1688）；《律吕正义》五卷（1713）。
11	杜德美	《周经密率》一卷；《求正弦正矢捷法》一卷。
12	戴进贤	《策算》（1722）；《黄道总星图》（约 1752 年）；《仪象考成》；《睿鉴录》（1736—1738）。
13	徐懋德	《历象考成》。
14	魏继晋	《圣若望枭玻穆传》一卷；《圣咏续解》（1771）。

英 文 目 录
Catalogue

Section V　Restoration and protection since the founding of the People's Republic of China

Chapter IV　Interpretation of the biographies and inscriptions on the existing tombstones of the Society of Jesus

Section I　The tombstones in the west graveyard

  1.Matteo Ricci

  2.Johann Adam Schall von Bell

  3.Ferdinand Verbiest

Section II　The tombstones in the east graveyard

  1.Johann Terrenz

  2.Giacomo Rho

  3.Gabriel de Magalhães

  4.Lodovico Buglio

  5.Francisco Simões

  6.Charles Dolzé

  7.Louisde Pernon

  8.Pierre Frapperie

  9.Jean-Charles-Étienne Froissard de Broissia

  10.Antoine Thomas

  11.Caspar Castner

  12.Bernard Rhodes

  13.Jacques Brocard

  14.Kilian Stumpf

  15.Pierre Jartoux

  16.João Francisco Cardoso

  17.Pierre Vincent de Tartre

  18.Paulo de Mesquita

  19.António de Magalhães

  20.Karl Slaviček

  21.HE Tianzhang/Francisco Xavier à Rosario

  22.José Suarez

  23.Giacomo Antonini

  24.Franz Stadlin

  25.Ehrenbert Xaver Fridelli

  26.Bartolomeu de Azevedo

Chapter V   Interpretation of the biographies and inscriptions on the existing tombstones of the other Catholic orders

2.José Nunez Ribeiro

3.Cajetan Pires Pereira

4.ZHANG Duomo/ Tchang Thomas

5.QIU Anyu/Joseph Tsiou

6.LAN Baolu/Paul Lan

7.Albert-Antoine-Pontique Périer

8.Antoine-Claude Chavanne

9.LI Rulin/Barthélemy Li

10.Jules Martin

11.Emmanuel-Joseph-Marie Catheline

12.SHI Sixu/Jacques Che

13.LI Guangming/Pierre Li

14.HAO Baolu/Paul Ho

15.WANG Ruohan/ Jean-Baptiste Wang

16.Jean Capy

17.Charles Rambaud

18.WANG Junshan/Paul-Joseph Wang

19.QI Jingde/Joseph Ts'i

20.Joseph Ponzi

21.Louis-Eugène Barrué

22.CHU Deming/Martin Tch'ou

23.Pierre Lacroix

24.Cyprien Hermet

25.Paul Bantegnie

26.REN Guiqing/Paulus Jen

27.CAI Huaimin/Benoît Ts'ai

28.KANG Yunfeng/Barnbé K'ang

29.JIA Xigong/Joseph Kia

30.Paul Dutilleul

31.LU Duo/Grégoire Lou

32.WANG Ruliang/Ambroise Wang

33.Stanislas-François Jarlin

34.Philibert Clément

35.Emile-Jean-Baptise Déhus

36.Auguste Maes

37.Paul Coreset

38.XIA Wende/Joseph Shia

春秋石銘 北京栅栏墓地
历史及现存碑文考

3.Marthe Henry

4.Suanne Boudon

5.Mariy Li Marchetti

6.Remy Splingaerd

7.Madeleine Millereau

Section XV   The Lazarists who stuided, professed of vows, ordained a priest,worked in the seminary of St.Vincent in Zhalan

Chapter VII   Research on the aesthetic beauty of Zhalan

I   Inscriptions on steles:traditional stele-engraving in Zhalan

II   Worship the Heaven: Catholic Tomb Elements in Zhalan

III   Multielement Figurism: The combination of Chinese and Western Art for the tomb

Chapter VIII   A Study of the Relationship between the tomb of Lu Zhengxiang（陆 徵祥，Lou Tseng-Tsiang, 1871—1949）'s family and Zhalan

I   The brief introduction of The tomb of Lu Zhengxiang's Family

II   The tomb of Lu Zhengxiang's family used Zhalan as the site selection

III   Same faith behind the tomb of Lu Zhengxiang 's family and Zhalan Cemetery

IV   Shared Traditional official tomb elements with The tomb ofLu Zhengxiang's family and Zhalan

V   Residence for the admiration of parents and relatives(Mulu, 慕廬): The blending of Catholic belief and traditional filial piety culture

Chapter VIIII   Zhalan Cemetery: Time and Space Reconstruction of Chinese and Western Cultural Exchanges

I   The historical status of Zhalan Cemetery: the witness of the missionaries'life in China

II   The cultural mirror image of Zhalan Cemetery: the rest place of the promoter of the eastward spread of Western culture

III   The balance between politics and religion of Zhalan Cemetery: Fusion of Chinese and Western funeral culture

IV   The Pluralistic development of Zhalan Cemetery: The important representative of the church and social public utilities in modern Beijing

V   The era characteristics of Zhalan Cemetery: The international platform of the covergence of Chinese and Western cluture

Conclusions

Timeline of Zhalan Cemetery

Appendix

The Zhalan (Chala) Cemetery in Maps

References

春秋石铭 北京栅栏墓地
历史及现存碑文考

参 考 文 献

一、英文文献

1. *Annales de la Congrégation dela Mission*（ou recuel de lettres édifiantes écrites par les prêtres de cette Congrégation et par les Filles de la Charité, Autres édtions des annales）, 1910.

2. Arlington, L.C.& Lewisohn, William. *In Search of Old Peking*, Heri vetch, The French Bookstore, Peking, 1935.

3. Backer, Augustin de. & Sommervogel, Carlos. *Biblioth. de la Comp. de Jésus*, VI 9 vols., Brussels and Paris, 1890-1900, 1709.

4. Bernard-Maitre, Henri S.J. *Aux origines du cimetire de chala:Le don peincier de la Chine au P.Ricci（1610-1611）*.Tientsin, 1934.

5. Bornet, Paul. *La relève de la Mission Russe en 1820-1821*. Deux stèles historique au Cimitière de Chala, 1948.

6. Bouillard, Georges. *Péking et ses environs Huitième Série-Les Temples autour de Hsiang ShanTien t'ai sze-Wo fo sze*, Pekin:Albert Nachbaur Editeur, Kanyu Hutung 16, 1924.

7. Brandt, Joseph van den.*Les Lazaristes en Chine, 1697-1935 Notes biographiques*，Pei-P'ing Imprimerie des Lazaristes, 1936.

8. Bredon, Juilet.*Peking, A historical and intimate description of its chief places of interest*. Kelly & Walsh, limited, 1922.

9. *Bulletin de l'Institut des Petits Freres de Marie*. Pékin: Imprimerie des Lazaristes, 1909, 1916, 1949.

10. *Catalogue of Chinese Rubbings from Field Museum*, Fieldiana Anthropology, New Series, No. 3. Edited by Hartmut Walravens. Reseached by Hoshien Tschen and M. Kenneth Starr, 1981.

11. Chan, Albert. *Chinese books and documents in the Jesuit Archives in Rome*, a descriptive catalogue: Japonica-Sinica I-IV. Armonk, N. Y. : M. E. Sharpe, 2002.

12. Collani, Claudia von. *Die figuristen in der Chinamission*, Frankfurt am Main, 1981.

13. *Communauté et Juvenistés*, Remaruqer la disparition des arbres dernier le monument, Voir ancienne photo de 1944.

14. Cordier, Henri. *Bibliotheca sinica. Dictionnaire bibliographique des ouvrages relatifs à*

l'Empire chinois, Vol. 2. Paris: Librairie Orientale & Americaine, 1905.

15. Cordier, Henri. *Cinq lettres inédites du P. Gerbillon, S. J., missionnaire français à Pe-King :(XVIIe et XVIIIe siècles)*, 1906.

16. Dehergne, Joseph S. J. *Répertoire des Jésuites de Chine de 1552 à 1800*. Rome/Paris: Institutum Historicum Societatis Iesu, 1973.

17. Darcy, Y. *Peking, Ses palais, ses temples et ses environs : guide historique et descriptif*, illustré par, compositions originals de J. Malval. Tien-tsin, Chine, Librairie Française, 1937.

18. D'Elia, P. Pasquale M. *Le Origini dell'arte Cristiana Cinese (1583-1640)*, Roma: Reale academia d'Italia, 1939.

19. Favier, Alphonse. *Péking*, Imprimerie des Lazaristes au Pé-T'ang, 1897 .

20. Favier, Alphonse. *The Heart of Pekin: Bishop A. Favier's Diary of the Siege, May-August, 1900* . edited by J. Freri. Boston : Marlier, 1901.

21. Ferrero, Michele. *Spritiual Sinology-Imaginary letters from the Middle Ages to today: 50 missionaries who loved China*. Don Bosco Press, 2012.

22. Gobien, Charles Le. & Du Halde, Jean Baptiste. & Patouillet, P. Louis. *Lettres édifiantes et curieuses, écrites par des missionnaires de la compagnie de Jésus*, Edition du Panthéon littéraire, 1843.

23. Tiedemann, R. G. (ed.) *Handbook of Christianity in China. Volume 2, 1800-present*. Leiden; Boston: Brill, 2009.

24. Hellmut, Wilhelm. *Wilhelm Richard, Understanding the I Ching—The Wilhelm lectures on The book of Changes*. Princeton: Princeton University Press, New Jersey, 1979.

25.Huc, M. L'abbé. *Christianity in China Tartary and Tibet. London: Longman, Brown, Green, Longmans & Roberts*, 1857.

26. Ildephonse, Prior. O. S. B. *A Pilgrimage to The Trappist Monstery of Yang Chia Ping*, Bulletin Number 2 of the Catholic University of Peking, Beatty: The Archabbey Press, 1927.

27. Johann Adam Schall von Bell S. J. *Missionar in China, kaiserlicher Astronom und Ratgeber am Hofe von Peking, 1592-1666*. Ein Lebens- und Zeitbild, Nettetal, 1991.

28. Keown-Boyd, Henry. *The Boxer Rebellion*, Dorset Press, New York, 1995.

29. Latourette, Kenneth Scott. *A history of Christian Missions in China*, Taipei: Cheng-wen Publishing Company, 1973.

30. *Le Bulletin Catholique de Pékin*, Pékin: Imprimerie des Lazaristes du Pei-T'ang, 1916, 1917, 1918, 1919, 1920, 1921, 1922, 1931, 1932.

31. McCarthy, SCharles J., *Trappist Tragedy, The truth about the "Land Reformers"in Action*. Historiography of the Chinese Catholic Church, K. U. Leuven, Ferdinand Verbiest Foundation, 1994.

32. Martin, Malachi, *Les Jésuites*, Monaco, Le Rocher, 1989.

33. M. d'ella, P. Pasquale. S. I. *Le Origini dell'arte Cristiana Cinese (1583-1640)*, Roma:

Reale academia d'Italia, 1939.

34. Magalhães, Gabriel de. & Gomes, Luís Gonzaga. *Nova relação da China : contendo a descrição das particularidades mais notáveis deste grande Império. Noticias de Macao*, 1997.

35. Malatesta, Edward J. & Zhiyu, Gao. *Zhalan: Departed, yet present, the oldest christian cemetery in Beijing*, Instituto cultural de Macao Ricci instititute, University of San Francisco, 1995.

36. Malatesta, Edward J. S. J. (1932-1998), *The Lost sheep of Johann Adam Schall: reflections on the past and present of the Zhalan [Shala] cemetery . Western Learning and Christianity in China, The Contribution and Impact of Johann Adam Schall von Bell, S. J. [1592-1666].* Edited by Roman Malek, S. V. D. Volume 1. Jointly published by China-Zentrum and the Monumenta Serica Institute, Sankt Augustin, 1992.

37. Malek, Roman. Edited. *Western Learning and Christianity in China, The Contrubution and Impact of Johann Adam Schall von Bell, S. J. (1592-1666)*. Monumenta Serica Monograph Series XXXV/1. China-Zentrum and the Monumenta Serica Institute Sankt Augustin, 1991.

38. Mungello, David E., *Curious land, Jesuit Accommodation and the Origins of Sinology*, Honolulu: University of Hawaii Press, 1994.

39. Needham, Joseph. *Science and Civilisation in China*, Vol. I. With the research assistance of Wang Ling. Cambridge University Press, 1954.

40. O'Neill, Charles E. & Domínguez, Joaquín María. *Diccionario Histórico de la Compañía de Jesús: Biográfico-temático*, Universidad Pontificia Comillas, 2001. *Peking, Ses palais, ses temples et ses environs : guide historique et descriptif,* illustré par Y. Darcy, compositions originals de J. Malval. Tien-tsin, Chine, Librairie Française, 1937 .

41. Planchet, Jean-Marie. C. M. *Les Martyrs de Pékin -Pendant la Perscution des Boxeurs*, Pékin: Imprimerie des Lazaristes, 1922.

42. Planchet, Jean-Marie. C. M. *Histoire de la mission de Pékin*, Pékin: Imprimerie des Lazaristes, 1923-1925.

43. Planchet, Jean-Marie. C. M. *Guide du touriste aux Monuments religieux de Pekin*, Imprimerie des Lazaristes du Petang, 1923.

44. Planchet, Jean-Marie. C. M. *Le Cimetière et Les Oevres Catholiques de Chala 1610-1927*, Pékin: Imprimerie des Lazaristes, 1928.

45.Reil, Sebald. *Kilian Stumpf (1655-1720): Ein Wurzburger Jesuit Am Kaiserhof Zu Peking*, Aschendorff, 1977.

46. Rodriques, Franciso, *Jesuitas Portuguese Astronomos na China*, Macao: Instituto Cultural Macao, 1990.

47. Schall von Bell, Johann Adam. S. J. *Missionar in China*, kaiserlicher Astronom und Ratgeber am Hofe von Peking, 1592-1666 : ein Lebens- und Zeitbild, Nettetal, 1991.

48. Schall von Bell, Johann Adam. S. J. *Hiatorica relation de ortu et progressu fidei ortho-*

doxae in Regno Chinensi per Missionarios Societatis Jesu ab Anno 1581 usque ad Annum 1669, Regensburg, 1672.

49. Schurhammer, George. *Epistolae S. Francisci Xaverii Aliaque eius Script*, Vol. 2. Rome, 1944-45.

50. Schütte, Josef Franz. *El Archivo del Japón : vicisitudes del archivojesuítico del Extremo Oriente y descripción del fondoexistenteen la Real Academia de la Historia de Madrid*, Spain : Real Academia de la Historia, 1964.

51. Standaert, Nicolas. *Jesuits in China,* the cambridge companion to the Jesuits, Ed. Thomas coorcester, Cambridge University Press, 2008.

52. Standaert, Nicolas. *Handbook of Christianity in China, Volume One : 635-1800*. Leiden, Boston: Brill, 2001.

53. Standaert, Nicolas, *Handbook of Christianity in China Volume Two: 1800-present*. Edited by R. G. Tiedemann. Leiden. Boston: Brill, 2010.

54. Streit, Robert . *Bibliotheca missionum VII, Chinesische Missionsliteratur, 1700-1799*. Herder, 1931.

55. Stücken, Christian. *Der Mandarin des Himmels : Zeit und Leben des Chinamissionars Ignaz Kögler SJ（1680 - 1746）,* Sankt Augustin, 2003.

56. Suhadolnik, N. Vampelj, *Ferdinand Augustin Hallerstein on Giuseppe Castiglione's Art*, 2015.

57. Tiedemann, Rolf Gerhard. *Handbook of Christianity in China Volume Two: 1800-present*. Leiden. Boston: Brill, 2010. Vaeth, Alfons S. J. Johann Adam Schall von Bell S. J., Monumenta Serica Monograph Series XXV. Steyler Verlag Nettetal, 1991.

58. Vansteelandt, Anne. *Lu Zhengxiang（Lou TsengTsiang）, A Benedictine Monk of the Abbey of Sint-Andries*, Historiography of the Chinese Catholic Church, K. U. Leuven, Ferdinand Verbiest Foundation, 1994.

59. Van den Brandt, Pierre-Joseph. *Les Lazaristes en Chine, 1697-1935 : notes biographiques, recueillies et mises à jour*. Pei-p'ing: Imprimerie des Lazaristes, 1936. Vossilla, Francesco. *Some notes regarding Giuseppe Castiglione and Ferdinando Moggi as architects in Beijing*. Asian Studies. Vol. 3, No. 2（2015）.

60. Walravens, Hartmut. *Catalogue of Chinese Rubbings from Field Museum,* Fieldiana Anthropology, New Series. No. 3. Reseached by Hoshien Tschen and M. Kenneth Starr, 1981.

二、中文文献

（一）古籍类

1（汉）毛亨传、郑玄笺，（唐）孔颖达疏：《毛诗正义》，李学勤主编：《十三经注疏》，北京：北京大学出版社 1999 年版。

2.（汉）郑玄注，（唐）孔颖达疏：《礼记正义》，李学勤主编：《十三经注疏》（标点本），北京：北京大学出版社 1999 年版。

3.（汉）赵岐注，（宋）孙奭疏：《孟子注疏》，李学勤主编：《十三经注疏》（标点本），北京：北京大学出版社 1999 年版。

4.（魏）王弼注，（唐）孔颖达疏：《周易正义》，李学勤主编：《十三经注疏》（标点本），北京：北京大学出版社 1999 年版。

5.（明）方弘静：《千一录》，《续修四库全书》影印本。

6.（明）傅维麟：《明书》，《四库全书存目丛书》，影印清康熙四十三本诚堂刻本。

7.（明）花村看行侍者：《谈往》，《四库全书存目丛书》，影印清康熙刻说铃本。

8.（明）黄金撰，周骏福辑：《皇明开国功臣录》（一），台北：明文书局 1991 年版。

9.（明）顾起元：《客座赘语》，北京：中华书局 1997 年版。

10.（明）李纶：《西域寺重修碑略》，（清）于敏中：《钦定日下旧闻考》卷九十六，北京：北京古籍出版社 2000 年版。

11.（明）李日华：《紫桃轩杂缀》，《四库全书存目丛书》，影印清康熙刻本。

12.（明）李贽：《焚书　续焚书》，北京：中华书局 1975 年版。

13.（明）刘侗、（明）于奕正：《帝京景物略》，北京：北京古籍出版社 1980 年版。

14.（明）钱希言：《狯园》，《续修四库全书》，影印清抄本。

15.（明）沈榜：《宛署杂记》卷十九，北京：北京古籍出版社 1980 年版。

16.（明）沈德符：《万历野获编》，北京：中华书局 1959 年版。

17.（明）沈瓒：《明清珍本小说集》，北京：广业书社 1928 年版。

18.（明）宋彦：《山行杂记》，《四库全书存目丛书》，济南：齐鲁书社 1996 年版。

19.（明）申时行等修，（明）赵用贤等纂：《大明会典》卷一○八，续修四库全书编纂委员会编：《续修四库全书》卷七百九十一，上海：上海古籍出版社 2003 年版。

20.（明）徐光启著，（清）李杕编辑，徐宗泽增补：《增订徐文定公集》，上海：徐家汇天主堂藏书楼，1933 年。

21.（明）张岱：《石匮书》，《续修四库全书》，影印南京图书馆藏稿本。

22.（明）张尔岐：《利玛窦》，《蒿庵闲话》，《续修四库全书》，影印清康熙本。

23.（明）郑以伟：《灵山藏》卷四，《四库禁毁》集部第 175 册。

24.（清）方浚师：《蕉轩随录》，北京：中华书局 1997 年版。

25.（清）纪昀等总纂：《钦定四库全书总目》，北京：中华书局 1997 年版。

26.（清）李杕：《拳祸记》，中国宗教历史文献集成编纂委员会编纂：《东传福音》第六册，黄山书社 2005 年版。

27.（清）李杕：《增补拳匪祸教记》，中国宗教历史文献集成编纂委员会编纂：《东传福音》第七册，黄山书社 2005 年版。

28.（清）李杕：《庚子教难记》，1902 年石印本。

29.（清）清圣祖御定：《御制律吕正义》，《文渊阁四库全书》，台北：台湾商务印书馆 1982 年版。

30.（清）万斯同：《明史》，《续修四库全书》，影印清抄本。

31.（清）吴长元辑：《宸垣识略》卷十三，北京：北京古籍出版社 1982 年版。

32.（清）阮元：《畴人传》，广陵书社 2009 年版。

33.（清）于敏中：《钦定日下旧闻考》，北京：北京古籍出版社 2000 年版。

34.（清）永瑢等编修，《四库全书总目》，北京：中华书局 1981 年版。

35.（清）张廷玉等：《明史》，北京：中华书局 1977 年版。

36.（清）张潮辑：《昭代丛书》，上海：上海古籍出版社 1990 年版。

37.（清）赵世安：《康熙仁和县志》，康熙二十六年刻本。

38.（清）赵尔巽等：《清史稿》，北京：中华书局 1977 年版。

39. 樊国梁：《燕京开教略》，救世堂清刻本，1905 年。

40. 湖北监利存泽堂：《刘氏族谱》，民国三年刻本。

41. 艾儒略：《大西利先生行迹》，民国八年铅印本。

42. 邹弢：《京都致命亭题词并引》，《三借庐集》，民国二十一年常熟开文社铅印本。

（二）著作类

1. 阿·克·穆尔：《一五五〇年前的中国基督宗教史》，郝镇华译，北京：中华书局 1984 年版。

2. 埃德蒙·帕里斯：《耶稣会士秘史》，张茹萍、勾永东译，罗结珍校，北京：中国社会科学出版社 1990 年版。

3. 安文思：《中国新史》，何高济译，郑州：大象出版社 2004 年版。

4. 包世杰：《拳时天主教友致命》，中国宗教历史文献集成编纂委员会编纂：《东传福音》第六册，合肥：黄山书社 2005 年版。

5. 北京大学历史系编写组：《北京史》，北京：北京出版社 1985 年版。

6. 北京大学历史系中国近代史教研室编：《义和团运动史料丛编》第一辑，北京：中华书局 1964 年版。

7. 北京遣使会编：《北堂图书馆藏西文善本目录》，北京：国家图书馆出版社 2009 年版。

8. 北京市档案馆编：《北京寺庙历史资料》，北京：中国档案出版社 1997 年版。

9. 北京石刻艺术博物馆馆藏：《石刻拓片编目提要》，北京：学苑出版社 2014 年版。

10. 北京市地方志编纂委员会：《文物志》，《北京志》，北京：北京出版社 2006 年版。

11. 北京图书馆金石组编：《北京图书馆藏中国历代石刻拓本汇编》，郑州：中州古籍出版社 1989 年版。

12. 北京行政学院编（余三乐撰稿）：《青石存史》，北京：北京出版集团 2012 年版。

13. 贝文典：《圣母圣心会在华简史》，参见古伟瀛主编：《塞外传教史》，台北：光启出版社 2002 年版。

14. 曹增友：《传教士与中国科学》，北京：宗教文化出版社 2000 年版。

15. 陈东风：《耶稣会士墓碑人物志考》，北京：中国文联出版社 1999 年版。

16. 陈垣：《基督宗教入华史略·神学志》，第十卷第四号，1924 年。

17.陈垣：《陈垣学术论文集》，北京：中华书局1980年版。

18.陈垣编：《康熙与罗马教皇使节关系文书》，北平故宫博物院民国二十一年编，影印本。

19.陈方中主编：《中国天主教史籍汇编》，台北：辅仁大学出版社2003年版。

20.陈欣雨：《白晋易学思想研究——以梵蒂冈图书馆中文易学资料为基础》，北京：人民出版社2017年版。

21.陈智超主编：《陈垣全集》第二十二册，合肥：安徽大学出版社2009年版。

22.《辞海》，北京：中华书局1980年版。

23.杜春和等编：《荣禄存札》，济南：齐鲁书社1986年版。

24.杜赫德编：《耶稣会士中国书简集：中国回忆录》I，郑德弟、朱静等译，郑州：大象出版社2001年版。

25.第一历史档案馆：《清中前期西洋天主教在华活动档案》，北京：中华书局2003年版。

26.方豪：《方豪六十自定稿》（上），台北：学生书局1969年版。

27.方豪：《中国天主教史人物传》，北京：中华书局1988年版。

28.樊洪业：《耶稣会士与科学》，北京：中国人民大学出版社1992年版。

29.樊国梁：《燕京开教略》，救世堂清刻本，中国宗教历史文献集成编纂委员会编纂：《东传福音》第六册，合肥：黄山书社2005年版。

30.樊国阴：《遣使会在华传教史》，吴宗文译，华明书局1977年版。

31.佛朗西斯·罗德里杰斯：《葡萄牙耶稣会天文学家在中国（1583—1805)》，黎明、恩平译，澳门文化司署，1990年。

32.弗拉里：《在北京的中心：樊国梁的围困日记》，《义和团运动史料丛编》第一辑，北京：中华书局1964年版。

33.辅仁大学：《民国二十六年私立北平辅仁大学一览》，台北：辅仁大学，1937年。

34.辅仁大学著作编译委员会：《神学词语汇编》，上海：天主教上海教区光启社，2007年。

35.高智瑜、马爱德：《虽逝犹存：栅栏——北京最古老的天主教墓地》，澳门特别行政区政府文化局，美国旧金山大学利玛窦研究所，2001年。

36.高龙鞶：《江南传教史》，周士良译，新北：辅仁大学出版社2009年版。

37.古伟瀛：《在华圣母圣心会士名录（1865—1955)》，鲁汶：比利时南怀仁研究中心，2008年。

38.故宫博物院明清档案部：《义和团档案史料》，北京：中华书局1959年版。

39.顾卫民：《中国天主教编年史》，上海：上海书店出版社2003年版。

40.顾长声：《传教士与近代中国》，上海：上海人民出版社1991年版。

41.古洛东：《圣教入川记》，成都：四川人民出版社1981年版。

42.中国国家图书馆：《北京古地图集》，北京：测绘出版社2011年版。

43.韩琦、吴旻校注：《熙朝崇正集熙朝定案（外三种）》，北京：中华书局2006年版。

44.黄一农：《两头蛇——明末清初第一代天主教徒》，上海：上海古籍出版社2006

年版。

45. 金醒吾著，冈本正文编，刘倩、郝琦校注：《京华事略北京纪闻》，北京：北京大学出版社 2018 年版。

46. 季羡林：《回忆老师陈寅恪》，《君子如玉——季羡林谈文化大师》，北京：现代出版社 2016 年版。

47. 柯兰霓：《耶稣会士白晋的生平与著作》，李岩译，郑州：大象出版社 2009 年版。

48. 柯毅霖：《晚明基督论》，王志成、思竹、汪建达译，成都：四川人民出版社 1999 年版。

49. 莱布尼茨：《中国近事——为了照亮我们这个时代的历史》，杨保筠译，郑州：大象出版社 2005 年版。

50. 雷立柏编：《中国基督宗教史辞典》，北京：宗教文化出版社 2013 年版。

51. 雷立柏编：《我的灵都——一位奥地利学者的北京随笔》，北京：星星出版社 2017 年版。

52. 利玛窦、金尼阁：《利玛窦中国札记》，何高济等译，北京：中华书局 1983 年版。

53. 利玛窦：《耶稣会与天主教进入中国史》，文铮译，梅欧金校，北京：商务印书馆 2014 年版。

54. 李约瑟：《中国科学技术史》，北京：科学出版社 1975 年版。

55. 李兰琴：《汤若望传》，北京：东方出版社 1995 年版。

56. 李明：《中国近事报道（1687—1692）》，郭强、龙云、李伟译，郑州：大象出版社 2004 年版。

57. 李炽昌主编：《文本实践与身份辨识——中国基督徒知识分子的中文著述（1583—1949)》，上海：上海古籍出版社 2005 年版。

58. 林华、余三乐、钟志勇、高智瑜编：《历史遗痕——利玛窦及明清西方传教士墓地》北京：人民出版社 1994 年版。

59. 梁启超：《中国近三百年学术史》(附《清代学术概论》)，台北：里仁书局 2005 年版。

60. 梁为楫、郑则民主编：《中国近代不平等条约选编与介绍》，北京：中国广播电视出版社 1993 年版。

61. 刘崇丰等搜集：《义和团歌谣》，上海：上海文艺出版社 1960 年版。

62. 利玛窦：《利玛窦全集》，刘俊馀、王玉川、罗渔译，台北：光启出版社、辅仁大学出版社 1986 年版。

63. 路遥主编：《义和团活动文献资料汇编》(英汉译卷)，济南：山东大学出版社 2012 年版。

64. 陆徵祥：《回忆与随想——从民国外交总长到比利时修道院修士》，王眉译，上海：远东出版社 2016 年版。

65. 陆徵祥：《人文携手》，赵燕清、潘玉玲译，台北：光启文化事业出版社 2014 年版。

66. 罗光：《陆徵祥传》，《罗光全书》，台北：台湾学生书局 1996 年版。

67. 罗光：《利玛窦传》，台北：台湾学生书局 1979 年版。

68. 罗伯特·夏克尔顿：《孟德斯鸠评传》，沈永兴、许明龙．刘明臣译，北京：中国社会科学出版社 1991 年版。

69. 孟德卫：《奇异的国度：耶稣会士适应政策及汉学的起源》，郑州：大象出版社 2010 年版。

70. 闵明我：《上帝许给的土地——闵明我行记和礼仪之争》，何高济、吴翊楣译，郑州：大象出版社 2009 年版。

71. 明晓艳、魏扬波主编：《历史遗迹——正福寺天主教墓地》，北京：文物出版社 2007 年版。

72. 聂崇正编：《郎世宁全集》，天津：天津人民美术出版社 2015 年版。

73. 裴化行：《利玛窦评传》，北京：商务印书馆 1993 年版。

74. 庞景仁：《马勒伯朗士的"神"的观念和朱熹的"理"的观念》，冯俊译，北京：商务印书馆 2005 年版。

75. 荣振华、方立中、热拉尔·穆赛、布里吉特·阿帕乌：《16—20 世纪入华天主教传教士列传》，耿昇译，桂林：广西师范大学出版社 2010 年版。

76. 沙百里：《中国基督徒史》，北京：中国社会科学出版社 1998 年版。

77. 圣托马斯：《超性学要》，利类思译，上海：上海土山湾印书馆 1920 年。

78.《圣经》中文和合本，中国基督教三自爱国运动委员会，中国基督教协会，2007 年。

79. 市来京子：《北京栅栏墓地的宣教师墓碑について》，东北大学中国文史哲研究会编：《集刊东洋学》1988 年第 60 号。

80. 宋黎明：《神父的新装——利玛窦在中国（1582—1610）》，南京：南京大学出版社 2011 年版。

81. 斯坦尼斯拉夫·叶茨尼克：《刘松龄——旧耶稣会在京的最后一位传教士》，周萍萍译，上海：上海三联书店，2014 年版。

82. 苏尔、诺尔编：《中国礼仪之争——西文文献一百篇》，沈宝义、顾卫民、朱静译，上海：上海古籍出版社 2001 年版。

83. 汤开建汇释、校注：《利玛窦明清中文文献资料汇释》，上海：上海古籍出版社、澳门特别行政区政府文化局 2017 年版。

84. 王铁崖：《中外旧约章汇编》，北京：生活·读书·新知三联书店 1957 年版。

85. 王之春：《清朝柔远记》，北京：中华书局 1989 年版。

86. 魏特：《汤若望传》，杨丙辰译，北京：知识产权出版社 2015 年版。

87. 吴梦麟、熊鹰：《北京地区基督教史迹研究》，北京：文物出版社 2010 年版。

88. 吴德辉：《青龙桥茔地志》（缩微品），北京：中国国家图书馆 1940 年版。

89. 吴金瑞：《拉丁汉文辞典》，台北：光启出版社 1981 年版。

90. 吴勇主编：《北京大院记忆》，北京：学苑出版社 2015 年版。

91. 吴志良、汤开建、金国平主编：《澳门编年史》，广州：广州人民出版社 2009 年版。

92. 夏伯嘉：《利玛窦——紫禁城里的耶稣会士》，上海：上海古籍出版社 2012 年版。

93. 向以鲜：《中国石刻艺术编年史》（愉悦卷·两宋辽金西夏元明清），北京：东方出版中心、中国出版集团 2015 年版。

94. 萧若瑟：《圣教史略》，献县张家庄天主堂印，1932 年。

95. 谢和耐：《中国与基督教：中西文化的首次碰撞》，耿昇译，上海：上海古籍出版社 2003 年版。

96. 徐宗泽：《明清间耶稣会士译著提要》，上海：上海世纪出版集团 2010 年版。

97. 徐宗泽：《中国天主教传教史概论》，北京：商务印书馆 2015 年版。

98. 徐自强、吴梦麟：《中国的石刻与石窟》，北京：中国国际广播出版社 2009 年版。

99. 许明龙主编：《中西文化交流先驱》，北京：东方出版社 1993 年版。

100. 许庆元编：《北京龙徽葡萄酒博物馆》，北京：同心出版社 2012 年版。

101. 严嘉乐：《中国来信》，丛林、李梅译，郑州：大象出版社 2002 年版。

102. 阎宗临：《身见录校注》，《中西交通史》，桂林：广西师范大学出版社 2007 年版。

103. 伊夫斯·德·托玛斯·德·博西耶尔夫人：《耶稣会士张诚——路易十四派往中国的五位数学家之一》，辛岩译，陈志雄、郭强、古伟瀛、刘益民审校，郑州：大象出版社 2009 年版。

104. 余三乐：《寻访利玛窦的足迹》，广州：世界图书出版公司 2016 年版。

105. 俞秋秋：《高僧智光与北京的几所寺庙》，见《纪念北京市社会科学院建立十周年历史研究所研究成果论文集》，1988 年。

106. 张国庆：《老北京忆往》，北京：北京燕山出版社 2015 年版。

107. 张力、刘鉴唐：《中国教案史》，成都：四川省社会科学出版社 1987 年版。

108. 张维华：《明史欧洲四国传注释》，上海：上海古籍出版社 1982 年版。

109. 张西平：《中国与欧洲早期宗教和哲学交流史》，北京：东方出版社 2001 年版。

110. 张西平：《欧美汉学研究的历史与现状》，郑州：大象出版社 2006 年版。

111. 张西平、马西尼、任大援、裴佐宁主编：《梵蒂冈图书馆藏明清中西文化交流史文献丛刊》（第一辑），郑州：大象出版社 2014 年版。

112. 张先清：《史料与视野：中文文献与中国基督教史研究》，上海：上海人民出版社 2000 年版。

113. 张照：《秘殿珠林石渠宝笈汇编》，北京：北京出版社 2004 年版。

114. 张宗平、吕永和：《清末北京志资料》，北京：北京燕山出版社 1994 年版。

115. 赵超：《中国古代石刻概论》，北京：文物出版社 1997 年版。

116. 钟鸣旦、杜鼎克、黄一农、祝平一等编：《徐家汇藏书楼明清天主教文献》，台北：辅仁大学神学院，1996 年。

117. 钟鸣旦、杜鼎克主编：《耶稣会罗马档案馆明清天主教文献》十二册，台北：利氏学社 2002 年版。

118. 钟鸣旦、杜鼎克、王仁芳主编：《徐家汇藏书楼明清天主教文献续编》，台北：利氏学社 2013 年版。

119. 钟鸣旦、杜鼎克、蒙曦等编：《法国国家图书馆明清天主教文献》二十六册，台北：利氏学社，2009 年版。

春秋石铭 北京栅栏墓地
历史及现存碑文考
THE HISTORY
ON THE TOMBSTONES

120.中野江汉：《北京繁昌记》，韩秋韵译，北京：北京联合出版公司2017年版。

121.周锡瑞：《义和团运动的起源》，张俊义、王栋译，南京：江苏人民出版社1995年版。

122.朱维铮主编：《基督教与近代文化》，上海：上海人民出版社1994年版。

123.朱维铮主编：《利玛窦中文著译集》，上海：复旦大学出版社2012年版。

124.中国宗教历史文献集成编纂委员会编纂：《东传福音》，合肥：黄山书社2005年版。

125.中国第一历史档案馆编：《义和团档案史料丛编》，北京：中华书局1990年版。

126.中国第一历史档案馆编：《清中前期西洋天主教在华活动档案史料》，北京：中华书局2003年版。

127.中国第一历史档案馆：《康熙朝汉文朱批奏折汇编》，北京：档案出版社1984年版。

128.中国史学研究会主编：《义和团》，上海：神州国光社1951年版。

129.中华人民共和国民政部编：《中华人民共和国政区大典·北京市卷》，北京：中国社会出版社2013年版。

130.中国文化遗产研究院编：《北平研究院北平庙宇调查资料汇编》（内二区卷），北京：文物出版社2016年版。

131.中央研究院近代史研究所：《教务教案档》，《中国近代史资料汇编》第一辑，台北：中央研究院近代史研究所，1974年。

132.佐藤公彦：《义和团的起源及其运动：中国民众的Nationlism的诞生》，彭曦、宋军译，北京：中国社会科学出版社2007年版。

（三）期刊报纸类

1.埃利希·蔡特尔：《邓玉函，一位德国科学家、传教士》，孙静远译，《国际汉学》2012年第1期。

2.保罗·皮尔森：《寻找乐园：托马斯·默顿和震颤派》，杨虹帆译，《世界宗教文化》2014年第3期。

3.《北疆博物院大事记》，《化石》2017年第3期。

4.《北京栅栏致命信人赞》，《善导报》1915年第31期。

5.《北平辅仁大学经济系主任鲍润生博士逝世》，《公教进行》1936年第18/19期。

6.《北平郊外便衣队掳劫黑山扈圣母小昆仲会修士总院》，《公教白话报》1937年第19期。

7.《北平陆公墓遥祝陆徵祥晋铎》，《圣教杂志》1935年第8期。

8.宾静：《清朝禁教时期华籍天主教神职人员的国外培养》，《世界宗教研究》2015年第6期。

9.薄艳华：《韩默理与二十四顷教堂》，《内蒙古师范大学学报》2002年第2期。

10.曹京实：《汤若望与中国天历》，《中德学志》1943年第1/2期。

11. 陈亮：《他日若逢"山带阁"，引书定补"鲍山人"——德国汉学家鲍润生的〈楚辞〉研究》，《古典文学知识》2010 年第 5 期。

12. 陈凌云：《郎世宁绘画风格及成因研究》，复旦大学硕士毕业论文，2017 年。

13. 陈欣雨：《二〇一八年滕公栅栏墓地新整理文物考》，《北京行政学院学报》2018 年第 5 期。

14. 陈欣雨：《庚子拳乱前后的北京栅栏墓地考》，《澳门理工大学学报》2018 年第 3 期。

15. 陈欣雨：《栅栏墓地前史考》，《北京行政学院学报》2018 年第 1 期。

16. 陈志雄：《陆徵祥与民国天主教会》，中山大学博士学位论文，2009 年。

17.《大公报》（天津版）1920 年 11 月 10 日。

18. 呆生：《国史研究专号：沟通中西文化的几位先锋：滕公栅栏教茔简史（附照片）》，《北辰画刊》1935 年第 2 期。

19. 戴密微：《中国汉学研究概述》（上），《中国文化研究》1993 年第 2 期。

20. 邓锐龄：《明西天佛子大国师智光事迹考》，《中国藏学》1994 年第 3 期。

21. 丁琼：《乾嘉平间对西洋人往来书信的管理》，《历史档案》2006 年第 2 期。

22. 方豪：《青龙桥茔地志校后记》，《上智编译馆馆刊》卷一，1946 年。

23.《辅仁大学社经系主任鲍润生司铎逝世》，《磐石杂志》1936 年第 7 期。

24.《傅铁山副委员长生平》，《人民日报》2007 年 4 月 28 日。

25. 高智瑜：《苍石碑魂——中西文化交流的历史见证》，《世界宗教研究》1996 年第 4 期。

26. 高智瑜、林华：《悼念美国友人马爱德先生》，《北京干部教育报》1998 年 3 月 10 日。

27. 郭金荣：《耶稣会士邓玉函与中西文化交流》，《同济大学学报》2002 年第 3 期。

28. 龚缨晏：《关于康熙时期的几起天主教案子——梵蒂冈图书馆所藏相关中文文献研究》，《社会科学战线》2007 年第 3 期。

29.《傅铁山副委员长生平》，《人民日报》2007 年 4 月 28 日。

30.《胡适之先生唁鲍润生司铎——致辅仁大学陈垣校长书》，《我存杂志》1936 年第 7 期。

31. 黄一农：《耶稣会士汤若望在华恩荣考》，《中国文化》1992 年第 7 期。

32. 侯海洋：《不该被遗忘的青龙桥天主坟——北京基督教史迹拾遗》，《北京文物》2017 年第 6 期。

33.《近事：八月七日　栅栏主母会省会举行该会修士前来中国廿五年银庆》，《圣教杂志》1916 年第 10 期。

34.《近事：本国之部　北京　九月十五日栅栏主母会修士总院举行祝圣圣心像》，《圣教杂志》1918 年第 11 期。

35.《近事：本国之部　一月二日为栅栏主母分会修会成立百周之期》，《圣教杂志》1917 年第 3 期。

36.《近事：本国之部　栅栏》，《圣教杂志》1916 年第 5 期。

37.《近事　教育新闻京师上义师范注册之经过》，《圣教杂志》1916 年第 7 期。

38. 柯蓝妮：《纪理安——维尔茨堡与中国的使者》，余三乐译，《国际汉学》2004 年第 2 期。

39. 剑禅：《郎世宁之历史》，《江苏省立第三中学杂志》1920 年第 3 期。

40.《郎世宁小传》，《磐石杂志》1933 年第 4 期。

41. 李德彰：《北平若瑟修女会略史》，《公教妇女》1934 年第 4 期。

42.《利玛窦汤若望之继者鲍润生博士逝世》，《福建公教周刊》1919 年第 11 期。

43.《利玛窦汤若望之继者鲍润生博士逝世》，《公教周刊》1936 年第 11 期。

44. 凌霄汉阁主：《元明清之修历人物——郭守敬、徐光启、龙华民、汤若望、南怀仁》，《全家福》1941 年第 11 期。

45. 刘耿：《利玛窦墓园的前七年（1610—1616）》，《北京行政学院学报》2018 年第 1 期。

46. 刘季人：《三塔寺位在何方》，《西城追忆》2006 年第 3 期。

47. 刘迺义：《郎世宁修士年谱》，《公教杂志》1944 年第 1 期。

48. 刘亚轩：《马国贤与那不勒斯中国学院》，《教育评论》2014 年第 5 期。

49. 马垒：《追忆房山区二站惨案》，《北京档案》2015 年第 12 期。

50. 米辰峰：《从二十四顷地教案日期的分歧看教会史料的局限》，《清史研究》2001 年第 4 期。

51. 那波利贞：《北京阜成门外栅栏儿的耶苏会地（上）》，《燕吴载笔录（十三回）》之《杂录》第七卷第三号。

52.《南怀仁传》，《圣教杂志》1934 年第 2 期。

53.《清末比利时人林辅臣后裔省档案馆寻根觅档》，《档案》2015 年第 12 期。

54. 渠志廉：《汤若望司铎年谱》，《磐石杂志》1934 年第 11 期。

55.《上义师范学校学校教育部准予立案》，《教育益闻录》1931 年第 3 期。

56.《上义师范学校立案》，《天主公教白话报》1931 年第 21 期。

57.《申报》1920 年 11 月 9 日。

58.《圣母小昆仲会发展现况　石门总院八位初学发愿　上义中学仍迁回黑山扈》，《公教白话报》1940 年第 16 期。

59.《私立北平辅仁大学缘起》，《教育益闻录》1929 年第 3 期。

60. 石田干之助：《郎世宁传考略（上）》，傅抱石译，《国闻周报》1936 年第 1 期。

61.《石门致命亭墓表》，《善导报》1915 年第 35 期。

62. 舒理广、胡建中、周铮：《南怀仁与中国清代铸造的大炮》，《故宫博物院院刊》1989 年第 1 期。

63. 孙邦华：《勉为其难，善始无终——美国天主教本笃会圣文森总会院对北京辅仁大学的创办始末》，《世界宗教研究》2015 年第 2 期。

64. 孙邦华：《北京辅仁大学的学科发展史论（1927—1952）》，《北京社会科学》2018 年第 12 期。

65. 汤开建：《沉与浮：明清鼎革变局中的欧洲传教士利类思与安文思（上）》，《北京行政学院学报》2014 年第 4 期。

66. 汤开建：《清宫画家法国耶稣会修士王致诚在华活动考述》，《国际汉学》2012 年第 2 期。

67.《题教会致命亭》，《新民报》1913 年第 4 期。

68.《挽光绪庚子石门致命教友文》，《善导报》1915 年第 31 期。

69. 王和平：《明清来华天主教传教士北京墓地考略（上）》，《历史档案》2004 年第 3 期。

70. 吴伯娅：《〈四库全书总目〉对西学的评价》，《首都博物馆丛刊》2002 年第 16 期。

71. 吴梦麟：《滕公栅栏墓地修复忆旧》，《民间影像》第八辑，上海：上海同济大学出版社 2018 年版。

72. 夏伯嘉：《天主教与明末社会：崇祯朝龙华民山东传教的几个问题》，《历史研究》2009 年第 2 期。

73. 夏泉、冯翠：《传教士本土化的尝试：试论意大利传教士马国贤与清中叶中国书院的创办》，《世界宗教研究》2010 年第 3 期。

74. 晓马：《滕公栅栏天主教士墓地的变迁》，《党校教学》1987 年第 6 期。

75. 叶农：《从〈利玛传〉到〈畸人传〉——明清时期耶稣会士利玛窦传记探略》，《北京行政学院学报》2013 年第 1 期。

76. 叶农：《试论清朝前中期耶稣会士与澳门的汉学活动》，《广东社会科学》2004 年第 3 期。

77.《于大司铎参观上义师范》，《公教学校》1935 年第 2 期。

78. 余三乐：《春回大地百花齐放——中国明史学会利玛窦分会成立》，《北京干部教育报》1995 年 4 月 25 日。

79. 余三乐：《栅栏春晓》，《北京干部教育报》1998 年 4 月 10 日。

80. 余三乐：《来华耶稣会士龙华民事迹》，《韶关学院学报》2012 年第 9 期。

81. 于树香：《近代法国传教士对我国北方的科学考察与天津北疆博物院》，《史学研究》2002 年第 6 期。

82. 张先清：《多明我会士黎玉范与中国礼仪之争》，《世界宗教研究》2008 年第 3 期。

83. 张先清：《多明我会与明末中西交往》，《学术月刊》2006 年第 10 期。

84. 张彧：《晚清时期圣母圣心会在内蒙古地区传教活动研究》，暨南大学博士学位论文，2006 年。

85. 赵殿红：《西班牙多明我会士闵明我在华活动述论》，《暨南学报》2009 年第 5 期。

86. 郑津春、李庆奎：《北疆博物院百年历史回顾》，《大众文艺》2011 年第 21 期。

87. 钟鸣旦：《〈四库全书总目〉对于"西学"的评价》，《中外关系史学会通讯》1981 年第 4 期。

88. 仲群：《明末清初传教士传略——汤若望传》，《圣教杂志》1934 年第 1 期。

89. 周莎：《陆徵祥家庭墓庐概述》，《文物春秋》2013 年第 4 期。

（四）档案资料

1.《南先生行述》，法国国家图书馆，编号：Chinois, 1032。

2. 艾儒略：《大西利先生行迹》，法国国家图书馆，编号：Chinois, 1016。

3.《康熙诏书》，梵蒂冈图书馆，编号：Borgia-Cinese，439A（m）2。

4. 旧金山利玛窦中西文化研究所档案：*Zhalan Cemetery Rubbings of tombstones 166*。

5. 罗马耶稣会士档案馆，编号：Japonica-Sinica104，312R-V。

6.《1647 年耶稣会中国副省年度报告》。

7. 中国国家图书馆馆藏葬于马尾沟教堂传教士拓片。

8. 中国国家图书馆：《栅栏致命坟亭诗》，编号：北京 2074。

9. 中国国家图书馆：《栅栏致命词》，编号：北京 2076。

10. 中国国家图书馆：《栅栏致命亭墓表》，编号：北京 2078。

11. 中国国家图书馆：《栅栏遇难信人合葬记》，编号：北京 2080。

12. 中国国家图书馆：《栅栏致命坟亭题诗》，编号：北京 2082。

13. 北京市档案馆：《市委宗教工作委员会关于天主教革新运动总结和宣传资料》，档号：001-006-00565。

14. 北京市档案馆：《北京市第二地方公安局报送"公私合营上义果酒厂迁建新厂设计任务书及年度计划"》，1955 年 12 月 22 日。档号：005-001-00951。

15. 北京市档案馆：《北京上义果酒厂一九五七年工作总结（一九五八年一月二十八日）》，档号：017-001-00056。

16. 北京市档案馆：《北京上义葡萄酒厂从三月三日起更换新厂名并使用新印鉴》，档号：017-001-00156。

17. 北京市档案馆：《请批准上义酒厂迁建投资》，1955 年 11 月 25 日，《第二工业局有关对私营企业实行公私合营投资的请示和拨款的批复》，档号：017-001-00486。

18. 北京市档案馆：《第二地方工业局关于对上义酒厂、上苏打厂、兴华染料厂合营材料》，1954 年 8 月 8 日，档号：017-001-00491。

19. 北京市档案馆：《北京市古代建筑研究所：全国重点文物保护单位登记表》，2007 年 9 月 19 日。档号：111200004-0001。

20. 北京市教育局：《北京市私立上义中学立案至新登记的各种表册材料》，档号：153-001-00834。

21. 北京市档案馆：《关于轻工业厂、社并厂、转厂变更名称的往来文件》，《关于上义酒厂更名为"北京葡萄酒厂"的请示》，档号：112-001-00661。

22. 北京市档案馆：《中共北京市委党校关于容纳学员数量及教研室情况的报告》，档号：118-001-00066。

23. 北京市档案馆：《1955 年大事记》，档号：118-001-00073。

24. 北京市档案馆：《关于扩建中级党校和新校舍建筑的预算报告、要求拨款的报告给中央市委的传示、批复函件等》，档号：118-001-00075。

25. 北京市档案馆：《市委党校 1956 年校部办公会议记录》，档号：118-001-00097。

26. 北京市档案馆：《关于北京市委党校和第四招待所搬家交接工作情况的报告》，档号：118-002-0001。

27. 北京市档案馆：《关于为北京市委党校平反、恢复名誉的决定》，档号：118-002-

00020。

28.北京市档案馆：《北京市委党校关于盖学员、职工宿舍及增加资金经费的请示报告》，档号：118-002-00022。

29.北京市档案馆：《北京市委党校关于确定利玛窦墓及明清以来外国传教士大墓地为西城区文物保护单位的通知》，档号：118-002-00042。

30.北京市档案馆：《北京市委党校和第四招待所搬家交接工作的情况和图书馆订购书架及社会科学院商借我校校舍问题的请示、报告》，档号：118-002-00017。

31.北京市档案馆：《马尾沟教堂为西城区文物暂保单位的通知》西文字第25号，档号：118-002-00042-00013。

32.北京市档案馆：《1978年7月1日中共北京市委党校关于市委党校新建食堂用地问题给张大中及北京市委的请示》（无原文），档号：118-002-00048-00001。

33.北京市档案馆：《中共北京市委党校关于对新建食堂工程设计意见给北京市设计院的函》（无原文），档号：118-002-00048-00015。

34.北京市档案馆：《中共北京市委党校关于送上食堂主体工程初步设计方案的报告》（无原文），档号：118-002-00048-00032。

35.北京市档案馆：《中共北京市委党校校务委员会1986年工作总结和1987年工作安排》，档号：118-002-00067-00001。

36.北京市档案馆：《中共北京市委党校基本情况介绍》（无原文），档号：118-002-00073-00036。

37.北京市档案馆：《中共北京市委党校四十年发展概况（征求意见稿）》，档号：118-002-00102-00048。

38.北京市档案馆：《北京市人民政府外事办公室关于查找郎世宁墓的情况》，档号：118-002-00130。

39.北京市档案馆：《北京市人民政府外事办公室关于查找郎世宁墓的补充情况》，档号：118-002-00130。

40.北京市档案馆：《北京市文物事业管理局关于郎世宁墓地情况的报告》，档号：118-002-00130。

41.北京市档案馆：《关于马尾沟教堂残旧石门移地复建的报告》，档号：118-002-00290。

42.北京市档案馆：《关于在马尾沟教堂保护范围内新建楼房须拆除两栋旧平房的申请报告》，档号：118-002-00290。

43.北京市档案馆：《关于拆除我校院内口字楼、山字楼，新建教学科研综合楼的请示》，档号：118-002-00390。

44.北京市档案馆：《北京市革命委员会计划组关于第四招待所食堂追加任务的通知》（73）京革计基字第51号，《市计委、市建委下达建安工程任务书》，编号：125-004-00099。

45.北京市档案馆：《关于第四招待所建职工宿舍整合的复函》（74）京革计基字第

104 号，《市建委、计委、财贸组关于基建任务的批复、通知》，档号：125-004-00107。

46.北京市档案馆：《1975 年下达各公司建筑任务通知单（一）》，编号：125-005-00086。

47.北京市档案馆：《北京市私立上义中学立案重新登记的各种表册材料》，档号：153-001-00834。

48.北京市档案馆：《北京市私立立德、光华、文德小学和上义附小登记备案卷》，档号：153-001-00934。

49.北京市档案馆：《北京市私立上义中学立案至新登记的各种表册材料》，档号：153-001-00834。

50.北京市档案馆：《北京市文物局关于西城区文物保护单位马尾沟教堂有关问题的说明》，2002 年 3 月 29 日。档号：49-113500046-2101。

51.北京市档案馆：《中国机械进出口（集团）有限公司：利玛窦及外国传教士墓地保护修复工程竞争性谈判文件》，档号：0708-1241060LH357。

52.北京市档案馆：《私立上义师范学院改办中学、变更学制修正章表和校董会组织情形的呈文及教育部社会局的指令》，档号：J002-003-00106。

53.北京市档案馆：《私立上义师范学院改办中学、变更学制修正章表和校董会组织情形的呈文及教育部社会局的指令》，档号：J002-003-00106。

54.北京市档案馆：《北京私立志成、励成、女子两级中学、上义师范学校立案呈报事项表》，档号：J004-002-00438。

55.北京市档案馆：《北平市私立小学教职员一览表》，档号：J004-003-00748。

56.北京市档案馆：《上义师范学校立案呈报事项表》，档号：J004-002-00438。

57.北京市档案馆：《驻上义洋酒厂税务员办公处关于报送到厂办公启用印记日期和该厂产销存储酒类表呈解征税款的呈及冀察热区货物税局北平分局的指令等》1947 年 3 月 7 日，档号：J212-001-00089。

58.北京市档案馆：《北京市委党校关于申请兴建学员食堂和职工宿舍的请示报告》（校字〔78〕8 号）。

59.北京市古代建筑研究所：《全国重点文物保护单位登记表》，2007 年 9 月 19 日，档号：111200004-0001。

60.中共北京市委党校：《关于我校校园内的西方传教士墓地土地使用权问题的说明》，2010 年 3 月 22 日，《城市建设档案》，档号：411405。

61.北京市民政局：《关于修复利玛窦（意大利学者）坟墓拨款等问题的来往文书》，1979 年，第 20 号案卷。

62.清华大学建筑学院：《北京马尾沟教堂口字楼及东西配房测绘》，1993 年 11 月 15 日。

63.中国机械进出口（集团）有限公司：《利玛窦及外国传教士墓地保护修复工程竞争性谈判文件》，编号：0708-1241060LH357。

（五）相关部门函件

1.北京市民政局：《关于修复利玛窦（意大利学者）坟墓拨款等问题的来往文书》，

1979 年，第 20 号案卷。

2. 中国社会科学研究院：《关于请修复意大利学者利玛窦墓的函》，社科（78）研字 34 号。

3. 意大利驻华大使馆函件，编号：000572。

4. 北京市人民政府外事办公室：《关于查找郎世宁墓的情况》，京政外发 [86]32 号，北京市文物局存。

5. 西城区人民政府西政发（1989）第 33 号通知所附《西城区 46 处区级文物保护单位名单》。

6. 中共北京市委党校办公室：《关于对利玛窦等明清时期外国传教士墓地进行维修和加强开发、管理的设想》（初稿），1992 年 12 月 23 日。

7. 西城区文物局：《北京市西城区文化文物局关于对区级文物保护单位〈马尾沟教堂〉的石门移位修复的批复函》，西文字（93）第 33 号，1993 年 9 月 14 日。

8. 中共北京市委党校：《关于马尾沟教学旧石门移地复建的报告》，京党校函第 19 号，1993 年 9 月 13 日。

9. 北京市委党校：《教堂保护范围内新建楼房须拆除两栋旧平房的申请报告》，1993 年 10 月 4 日，京党校函（1993）第 21 号。

10. 北京市文物事业管理局：《关于同意对"口字楼"进行大修的批复》（京文物字第 156 号），1999 年 4 月 12 日。

11. 北京行政学院：《关于翻建"口字楼"的有关资料》，北京行政学院中西文化交流中心，1999 年 5 月 8 日（内部资料）。

12. 中共北京市委党校内部资料：《关于口字楼"3.26"火灾事故经过及时的安全防范工作情况报告》，2002 年 4 月 24 日。

13. 中共北京市委党校：《关于口字楼"3.26"火灾事故经过及平时的安全防范工作情况报告》，2002 年 4 月 2 日。

14. 中共北京市委党校内部资料：《加强火灾预防落实安全措施——中共北京市委党校山字楼火灾隐患整改工作情况》，2002 年 8 月 14 日。

15. 中国国家文物局、意大利外交部发展合作司、中国文化遗产研究院、意大利中央修复研究所：《利玛窦和外国传教士墓地保护修复方案》，2010 年版。

16. 中共北京市委党校：《中共北京市委党校关于申请山字楼和食堂加层居民腾退资金的函》，京校函 [2013]7 号。

17. 北京宜然园林工程有限公司：《利玛窦和外国传教士墓地改善方案》，2016 年 6 月 16 日。

706
春秋石铭
THE HISTORY
ON THE TOMBSTONES
北京栅栏墓地
历史及现存碑文考

后　记

　　五载日月窗间过马，又是一轮花朝月夕。与墓地既已缘起，便不止于付梓。其间一度枯鱼涸辙，惶恐不安，引李易安之言，"忧患得失，何其多也"！

　　犹记首访墓地，正值春色渐浓，卉木蓁蓁，鸦雀乍啭，栅栏陈锁。幸遇一老者慷慨敞门，任由踱步。西园肃穆，仅存三塚；东园碑林，高低错落，别有一番天地。因博士论文已初涉传教士研究，故对墓园诸士心生景仰，悯恻难抑，瞻望良久，方才离去。后谋职于斯，幸与墓地朝夕相伴，时常于四时轮转中感受其历史生命之延续，心有戚戚，难以释怀，遂起研究之冲动。

　　稍探栅栏历史，便觉意趣盎然。此地辗转数百年，始终隶属官地，从未降俗民居。先辟而为墓地，新中国成立后又设党校，其间复立墓地文保单位。由明末而至民国，墓地所葬天主教神职人员及信徒若干，中西皆有，且多为名士。异质文化在此交汇，所载宗教元素多元。然因世事无常，变迁繁复，故历代研究多囿于其时，仍有待完善之处。论先行文献，国内寥寥，海外颇丰。一因墓地研究受旧俗避讳所限，非讨文哲所好。而史料散漫，又多据实物，终成学术冷门，留有空白。二因栅栏涉及传教士，文献史料多为外文，且流散海外，实难寻获。三因时事变迁，风云莫测，墓地遭遇天灾人祸，无端湮灭，历史难以接续，终成传说，野史穿插其中，真假难辨。故借诸多契机，遂着手研究。

　　写作并非易事，探幽历史涉及文献庞杂，如剥丝抽茧，头绪万千。无奈力有不逮，收效甚微。幸遇诸人慷慨相助，方成此书。

　　此书作序三人，皆恩泽于我。吾师张立文先生孜孜授业，伏案批阅，从白晋到栅栏，由易学之哲入墓地之史，先生时常春风化雨，谓予以传统哲学之境探天主教义之真谛，以墓地为契究中西文化之和合。古今通议，中西互鉴。受业恩师，实乃幸矣。论及栅栏修复历史，吴梦麟先生40年前因其深厚的考古学养亲自主持墓地修复，40年后又秉持对墓地深厚情感就书稿写作多为指导，恩惠有加，情深义重，没齿难忘。而墓地研究之当代学人余三乐老师，20余年着力于此，成果甚丰。多次当面指教后学，于学于文，受益良多。

　　此书之文献，获助多方。意大利传信部意大利利玛窦研究中心靖保禄神父与孙旭义神父为赴意查询资料提供便利支持，甚为感激。梵蒂冈图书馆余东女士对写作初衷多为肯定，坚定吾心。借美国旧金山大学利玛窦中西文化历史研究所奖学金项目得以亲见马爱德神父生前所集一手文献，弥足珍贵，深为感慨。早在20世纪80年代，马神父即投身于栅栏，倾余生之力四方搜寻，不堪辛苦，堪称现代研究栅栏墓地之发端者。而前任所长吴小新博士（Xiaoxin Wu Ed. D）对项目申请帮助甚大，且密切关注栅栏研究进展。档案主任马克文先生（Mark Stephen Mir）就海外栅栏文献搜寻贡献莫大，若无其倾力相助，书稿必如老妪之态，减色不少。此外，研究员曾永燊（Joseph Tsang）先生就墓地研究志同道合，关于栅栏交流甚多，遂成忘年之交。此外，研究所所长余安道博士（M. Antoni J Ucerler, S.J.D、助理研究员胡仕方（Stephen Ford）、项目助理 May Lee 女士等对书稿写作提供文献支持及生活帮助，一并致谢。意大利圣母小昆仲会学院档案馆科林·查默斯修士就圣母小昆仲会所驻栅栏历史及相关修士资料提供文献，从而完善圣母小昆仲会在华历史。比利时南怀仁基金会创办人、汉学家韩德力神父（Jeroom Heyndrickx）虽年岁已高，但热情不减，结缘栅栏，就圣母圣心会在华历史及现状进行深入交流，受教甚丰。比利时鲁汶大学南怀仁研究中心彼得·阿克曼（Pieter Ackerman）教授为其栅栏墓地所葬圣母圣心会士提供文献资料。法国巴黎外方传教会士沙百里神父（Jean Charbonnier）、法国历史学者曾永泉博士、法国巴黎索邦大学博士田炜帅神父等，在栅栏墓地研究法文资料方面提供了莫大帮助。

国内教会方面，北京教区赵建敏副主教一直慷慨相助，为探寻栅栏历史提供诸多线索，尤其促成与北京市天主教爱国会副主席孙尚恩神父、前秘书长赵景荣神父以及杭州教区主教曹湘德神父之会面。三人皆修道于栅栏圣文声修道院，为现世仅存栅栏修院之仅存见证人。他们对 70 余年前的栅栏样貌及生活经历之口述，佐证了栅栏修院之历史演变。中国人民大学文学院牛稚雄神父就文献考证给予及时帮助。中国人民大学硕士生汤海华神父提供陆徵祥家墓一手文献。贾维强神父告知北京教区老神父信息。贾家疃天主堂滕昭智神父为贾家疃教堂历史提供相关资料。

国内学者及相关机构方面，北京市建筑设计研究院崔建刚工程师提供 20 世纪 80 年代中期北京市委党校设计经过，为了解修建东园缘起提供了信息来源。北京市文物局向德春副局长为栅栏墓地研究资料提供了文物考察档案。北京市石刻艺术博物馆馆长郭豹、研究员刘卫东、副研究员熊鹰为考察栅栏墓地与正福寺墓地关系提供了帮助。中国人民大学图书馆王新老师颇为关心墓地研究进展，为书稿提供了关于栅栏墓地资料的善本文献。北京市档案馆王海燕处长为党校历史文献的查阅提供了极大的便利。中国文化遗产研究院文物修复所李黎所长对书稿图片搜集及新整理墓地修复建议给予极大的帮助，其图书馆王晓梅老师提供了栅栏墓地历史图片，而修复所工作人员梁行洲、王子艺等人提供了关于栅栏墓地示意图。中国社会科学院近代史所方建昌教授为庚子年后葬于栅栏墓地遣使会士提供历史图像资料。北京龙徽葡萄酒酒厂刘春梅董事长以及赵利斌总经理对栅栏圣母小昆仲会上义酒厂历史提供了原始文献。上海图书馆历史文献中心阅览部副主任、副研究馆员徐锦华先生提供了包世杰关于栅栏一书的原版文献。上海复旦大学博士王喜亮为栅栏墓地研究资料提供了诸多中外文献以及对书稿进行了更正。而北京市委党校曾直接从事栅栏墓地研究的退休干部高智瑜和林华夫妇为书稿提供了文献资料及图片影像材料。退休干部沈昌瑞、宋志新等人因其工作原因，曾参与栅栏墓地修复工作，并提供相关资料。校刊编辑部高寿仙教授为书稿历史部分写作提供了有效建议。图书馆于书平副研究员为帮助收集关于栅栏墓地的历史档案、联系相关研究机构提供了重要的帮助。而国际交流部主任张海平、

春秋石銘　北京栅栏墓地
THE HISTORY　历史及现存碑文考
ON THE TOMBSTONES

副主任陈聪、刘静娣以及工作人员陈璐、刘晓昀等人为栅栏墓地所葬教士生平简介提供了英文支持，并一同共事栅栏墓地标识牌工作。

碑文比较与解析方面，由于除汉文外，还涉及拉丁文、满文、法文等多种语言，此外书稿还涉及英文翻译，故在语言方面，幸得多为语言专家帮忙。墓碑拉丁文解读部分由中国人民大学教授雷立柏教授负责部分书稿的翻译及审定，部分拉丁文转译英文工作由意大利宗座传信部大学弥维礼神父、宗座圣十字架大学博士韦欢神父进行审定。书稿中满文部分由北京市社会科学院满学研究所所长赵志强研究员负责翻译。

书稿审阅及出版事宜，人民出版社方国根编审用心良苦，若非其全力以赴，竭力辅之，栅栏或沦为褓褓之难，无望面世。郭彦辰编辑亦用力甚勤，甚为感激。

能秉笔栅栏，实属幸事，亦期绵薄之力供道友参鉴。由于此书涉及问题甚多，研究受个人能力、世俗杂事囿限，文拙理浅，缺漏不足之处仍不可免，恳请方家不吝赐教。

庚子年立夏记于京华

责任编辑：方国根　郭彦辰
装帧设计：林芝玉

图书在版编目（CIP）数据

春秋石铭：北京栅栏墓地历史及现存碑文考 / 陈欣雨　著 . —北京：人民出版社，2020.5
ISBN 978 - 7 - 01 - 021595 - 2

I.①春…　II.①陈…　III.①罗马公教－墓葬（考古）－北京　IV.① K878.8

中国版本图书馆 CIP 数据核字（2019）第 262412 号

春秋石铭
CHUN QIU SHI MING
——北京栅栏墓地历史及现存碑文考

陈欣雨　著

人民出版社 出版发行
（100706　北京市东城区隆福寺街 99 号）

河北新华第一印刷有限责任公司印刷　新华书店经销

2020 年 5 月第 1 版　2020 年 5 月北京第 1 次印刷
开本：787 毫米 × 1092 毫米 1/16　印张：46.25
字数：1067 千字

ISBN 978 - 7 - 01 - 021595 - 2　定价：140.00 元

邮购地址 100706　北京市东城区隆福寺街 99 号
人民东方图书销售中心　电话（010）65250042　65289539